夜航船

文白对照

（上）

〔明〕张岱 撰
中华文化讲堂 译

團结出版社

图书在版编目（CIP）数据

夜航船 / (明) 张岱撰 ; 中华文化讲堂译. — 北京:

团结出版社, 2018.3

（谦德国学文库）

ISBN 978-7-5126-6047-2

Ⅰ. ①夜… Ⅱ. ①张… ②中… Ⅲ. ①笔记—中国—明代

②中国历史—史料—明代③《夜航船》—译文 Ⅳ.①K248.066

中国版本图书馆CIP数据核字(2018)第008486号

出版: 团结出版社

(北京市东城区东皇城根南街84号 邮编: 100006)

电话: (010) 65228880　65244790 (传真)

网址: www.tjpress.com

Email: zb65244790@vip.163.com

经销: 全国新华书店

印刷: 易阳印刷河北有限公司

开本: 145×210　1/32

印张: 43.25

字数: 980千字

版次: 2019年6月 第1版

印次: 2025年6月 第6次印刷

书号: 978-7-5126-6047-2

定价: 136.00元 (全3册)

出版说明

说起《夜航船》，余秋雨曾在他的散文中这样说："我的书架上有一部明代文学家张岱的《夜航船》。这是一部许多学人查访终生而不得的书，新近根据宁波天一阁所藏抄本印出。书很厚，书脊显豁，插在书架上十分醒目。文学界的朋友来寒舍时，常常误认为是一部新出的长篇小说。这部明代小百科的书名确实太有意思了，连我自己巡睃书架时也常常会让目光在那里顿一顿，耳边响起欸乃的橹声。"

《夜航船》是明代文学家张岱撰写的一部小百科全书，全书共计二十部、一百二十五类，收录四千余条目。从天文地理到经史百家，从政治人事到礼乐典章，从日用文玩到花鸟虫鱼，从三教九流到神仙方术，广采博收，无所不包。

张岱在本书的自序中讲了一个故事，讲述了他撰写《夜航船》的缘由：

昔有一僧人，与一士子同宿夜航船。士子高谈阔论，僧畏慑，拳足而寝。僧人听其语有破绽，乃曰："请问相公，澹台灭明是一个人、两个人？”士子曰：“是两个人。”僧曰：“这等，尧舜是一个人、两个人？”士子曰：“自然是一个人！”僧乃笑曰：“这等说起来，且待小僧伸伸脚。”

因此，张岱便编撰了一部详细叙述中国文化常识的类书，取名《夜航船》。作为类书，它既不显得过分庞大，知识面也不狭窄，更难能可贵的是，书中所列条目完整，不像有的类书那么支离。在张岱的笔下，这些条目条条都兼具故事性与趣味性，他在摘选具有代表性的条目时，精心编排文字，绝不枯燥乏味。如《卷一天文部·象纬》中的“二天”：

后汉苏章为冀州刺史，行部。有故人清河守，赃奸，章至，设酒叙欢。守曰：“人皆有一天，我独有二天。”章曰：“今日与故人饮，私恩也；明日冀州按事，公法也。”遂正其罪。

大意是，东汉的苏章担任冀州刺史，有一次到地方去巡行考核部下。恰好，他的一位老朋友在清河做太守，有些贪赃枉法的劣迹。于是，苏章到了清河，便设宴请老朋友叙旧，这位太守非常高兴，席间畅言：“别人头上都只有一个天，而我却有两个。”于是，苏章说：“今天和老朋友叙旧，是出于私人的情分；明天到冀州查办你，是出于公家的法令。”因此，便把那人依法治罪。

这短短的几行文字，时间、人物、地点、事件、过程等统统具备，有开始有结局。这样的条目阅读起来让人畅快淋漓。

《夜航船》用二十个大部、一百二十五个小类，以清晰的脉络将这些条目文字组织起来，几乎囊括了中国古代文化的全部类别，他剪裁得当，精选的文字，既保持了类书的特色，又具可读性。无论什么时候，无论从哪页翻开，都不影响你去阅读，而且趣味极佳，比如“宝玩部”“植物部”“荒唐部”等等。这里不妨摘录几条：

蓂荚：尧时有草生于庭，曰蓂荚，十五之前，日生一叶，十五后，日落一叶，小尽则一叶厌而不落，观之可以知旬朔，故又名之历草。（《植物部·草木》）

国色天香：唐文宗内殿赏花，问程修己曰：“京师传唱牡丹者称首。”对曰：“李正封云，国色朝酣酒，天香夜染衣。”帝因谓妃曰：“妆镜前饮一紫金盏，正封之诗可见矣！”（《植物部·花卉》）

城陷为湖：巢湖在合肥，世传江水暴涨，沟有巨鱼万斤，三日而死。合郡食之。独一姥不食。忽过老叟，曰：“此吾子也，汝不食其肉，吾可亡报耶？东门石龟目赤，城当陷。”姥日往窥之。有稚子戏以朱傅龟目。姥见，急登山，而城陷为湖，周四百余里。（《荒唐部·怪异》）

阿堵物：晋王衍妻喜聚敛，衍疾其贪鄙，故口未尝言钱。妻欲试之，令婢以钱绕床，使不得行，衍早起见钱，谓婢曰：“举此阿堵物去！”（《宝玩部·珍宝》）

这样一部有趣的书，若能时常翻读，掌握其中的典故，对阅读古代的各种典籍来说，都会有很大的帮助。

张岱(1597–1689?),初字维城,后字宗子,又字天孙,因著《石匮书》,世称“石公”,后又字石公,号陶庵,晚号六休居士、蝶庵、古剑老人(一作古剑陶庵老人)等。祖籍四川剑门(故其自称“蜀人”),其远祖可追溯至唐代名相张九龄之弟张九皋。

张岱出身仕宦之家,早年因患痰疾而长住外祖父家。他自幼博览群书,学识深广,善于思考,大胆敢言,很小时就提出过“若以有诗句之画作画,画不能佳;以有诗意之诗为诗,诗必不妙”等灼见。二十二岁开始编撰《古今义烈传》,历十年而成,惊动当时文坛。

天启和崇祯初年张岱度过了一段悠游自在的岁月,留下了一大批诗文。崇祯八年(1635年)参加乡试而不第。明亡,他先避兵灾于剡中,后隐居于四明山中,安于贫穷,杜门谢客,潜心著述,《陶庵梦忆》《西湖梦寻》《石匮书》等佳作,基本都完成于这一时期。后人依据他现存的作品推算,张岱终年大约为九十三岁。

张岱一生交游广泛,画家陈洪绶可谓其至交,张岱称陈洪绶为“字画知己”。陈洪绶(1599–1652),字章侯,号老莲,明末清初书画家、诗人。其画手法简练,色彩沉着含蓄,格调高古,享誉明末画坛,与当时的顺天崔子忠齐名,号称“南陈北崔”。有《九歌图》《〈西厢记〉插图》《水浒叶子》《博古叶子》等版刻传世。

此次出版,我们从陈洪绶的版画中摘取三十余幅和本书相关的版画,编排在相应的章节。以张岱的文字与陈洪绶的画作相呼应,以此来见证他们惺惺相惜的友情!

本书在整理出版时,原文以《续修四库全书》收录的“观术斋钞本”为底本进行点校，并广泛吸收前辈学者的校勘成果。张岱在辑录此书的过程中，所引文献和原典多有出入，鉴于此书的类书性质，在不影响文意的前提下，我们不做更改。为使文意通畅，在进行白话语译时，尽量忠于原著，推敲原文，最大限度保持原书的风貌。

囿于能力，在整理过程中难免会有疏漏错讹，恳请广大读者给予批评指正。

编者

总目

目 录

上 册

卷一·天文部

卷二·地理部

卷三·人物部

卷四·考古部

卷五·伦类部

序

天下学问，惟夜航船中最难对付。盖村夫俗子，其学问皆预先备办，如瀛洲十八学士、云台二十八将之类，稍差其姓名，辄掩口笑之。彼盖不知十八学士、二十八将虽失记其姓名，实无害于学问文理，而反谓错落一人，则可耻孰甚。故道听途说，只办口头数十个名氏，便为博学才子矣。余因想吾八越，惟余姚风俗，后生小子，无不读书，及至二十无成，然后习为手艺。故凡百工贱业，其《性理》《纲鉴》，皆全部烂熟，偶问及一事，则人名、官爵、年号、地方枚举之，未尝少错。学问之富，真是两脚书厨，而其无益于文理考校，与彼目不识丁之人无以异也。或曰："信如此言，则古人姓名总不必记忆矣。"余曰："不然。姓名有不关于文理，不记不妨，如八元、八恺、厨、俊、顾、及之类是也。有关于文理者，不可不记，如四岳、三老、臧榖、徐夫人之类是也。"

昔有一僧人，与一士子同宿夜航船。士子高谈阔论，僧畏慑，拳足而寝。僧人听其语有破绽，乃曰："请问相公，澹台灭明是一个人、两个人？"士子曰："是两个人。"僧曰："这等，尧舜是一个人、两个人？"士子曰："自然是一个人！"僧乃笑曰："这等说起来，且待小僧伸伸脚。”余所记载，皆眼前极肤浅之事，吾辈聊且记取，但勿使僧人伸脚则可已矣。故即命其名曰《夜航船》。

古剑陶庵老人张岱书

【译文】人世间的各种学问只有在夜里的航船中时最难应付。因为那些村民和俗人的学问都是提前准备好的，比如瀛洲十八学士、云台二十八将之类，如果有人稍微说错一点姓名，他们就要捂嘴嘲笑。这些人并不了解记错了十八学士、二十八将的名字并无关学问的根本，却反而认为弄错一个就可耻得不得了。所以他们道听途说，只不过记住几十个一口答得上来的名字而已，就敢自称是博学才子了。我因而想到我们浙江，只有余姚地区有这样的风俗：晚辈学子没有不读书的，但到了二十多岁一事无成，就只好学一门手艺。所以各种低贱营生的人往往都能把《性理大全》和《通鉴纲目》背诵得滚瓜烂熟，偶然被问到一件事，不管是人名也好，还是官职、年号、地理方位也好，都能详细地列举出来，没有一点错误。这些人可以说很博学了，真像是有两只脚的书柜子，可是对于写文章和考证校勘等学问并无帮助，跟那些不认识字的人没什么区别。或许有人会问：“如果确实如此，那么古人的名字都不一定要记住了。”我说：“不是这样，有些姓名和做文章没什么瓜葛，不记得也不妨事，比如八元、八恺、厨、俊、顾、及之类就是了。那些与做文章有关的就不能不记住，比如四岳、三老、臧榖、徐夫人之类的。”

曾有一个和尚跟士子同在一条夜晚航行的船里睡觉。士子高谈阔论，和尚特别敬畏佩服，蜷缩着脚躺在那里听。和尚听到士子的谈话里面有毛病，就问道：“澹台灭明是一个人还是两个人？”士子说：“是两个人。”“那么，尧舜是一个人还是两个人？”士子回答：“自然是一个人。”和尚于是笑着说：“这样的话，姑且让小僧我伸一伸脚。”我记录的东西都是眼前特别简单的事，我们这些士子姑且记一下，只是别让和尚伸脚就可以了。所以取名叫《夜航船》。

古剑陶庵老人张岱书

卷一 · 天文部

象纬

九天　东方苍天，南方炎天，西方昊天，北方玄天，东北旻天，西北幽天，西南朱天，东南阳天，中央钧天。

日、月、星谓之三光。日、月合金、木、水、火、土五星谓之七政，又谓之七曜。日月所止舍，一日更七次，谓之七襄。

【译文】九天　东方叫苍天，南方叫炎天，西方叫昊天，北方叫玄天，东北叫旻天，西北叫幽天，西南叫朱天，东南叫阳天，中央叫钧天。

太阳、月亮、星星合称“三光”。太阳、月亮与金、木、水、火、土五大行星合称“七政”，又称“七曜”。太阳和月亮停歇的处所，一天要变更七次，这就叫“七襄”。

二十八宿　东方七宿：角，木蛟；亢，金龙；氐，土貉；房，日兔；心，月狐；尾，火虎；箕，水豹。

北方七宿：斗，木獬；牛，金牛；女，土蝠；虚，日鼠；危，月燕；室，火猪；壁，水貐。

西方七宿：奎，木狼；娄，金狗；胃，土雉；昴，日鸡；毕，月乌；觜，火猴；参，水猿。

南方七宿：井，木犴；鬼，金羊；柳，土獐；星，日马；张，月鹿；翼，火蛇；轸，水蚓。

【译文】二十八宿　东方是青龙七宿：角，木蛟；亢，金龙；氐，土貉；房，日兔；心，月狐；尾，火虎；箕，水豹。

北方是玄武七宿：斗，木獬；牛，金牛；女，土蝠；虚，日鼠；危，月燕；室，火猪；壁，水貐。

西方是白虎七宿：奎，木狼；娄，金狗；胃，土雉；昴，日鸡；毕，月乌；觜，火猴；参，水猿。

南方是朱雀七宿：井，木犴；鬼，金羊；柳，土獐；星，日马；张，月鹿；翼，火蛇；轸，水蚓。

分野　角、亢、氐：郑，兖州。房心：宋，豫州。尾箕：燕，幽州。斗牛女：吴，扬州。虚危：齐，青州。室壁：卫，并州。奎娄胃：鲁，徐州。昴毕；赵，冀州。觜参：晋，益州。井鬼：秦，雍州。柳星张：周，三河。翼轸：楚，荆州。

【译文】分野　二十八个星宿在地面对应的国家和州分别是：角、亢、氐对应郑国和兖州。房、心对应宋国和豫州。尾、箕对应燕国和幽州。斗、牛、女对应吴国和扬州。虚、危对应齐国和青州。室、壁对应卫国和并州。奎、娄、胃对应鲁国和徐州。昴、毕对应赵国和冀州。觜、参对应晋国和益州。井、鬼对应秦国和雍州。柳、星、张对应周国和三河。翼、轸对应楚国和荆州。

纳音五行　甲子乙丑海中金，丙寅丁卯炉中火，戊辰己巳大林木，庚午辛未路旁土，壬申癸酉剑锋金，甲戌乙亥山头火，丙子丁丑涧下水，戊寅己卯城头土，庚辰辛巳金蜡金，壬午癸未杨柳木，甲申乙酉泉中水，丙戌丁亥屋上土，戊子己丑霹雳火，庚寅辛卯松柏木，壬辰癸巳长流水，甲午乙未沙中金，丙申丁酉山下火，戊戌己亥平地水，庚子辛丑壁上土，壬寅癸卯金箔金，甲辰乙巳覆灯火，丙午丁未天河水，戊申己酉大驿土，庚戌辛亥钗钏金，壬子癸丑桑柘木，甲寅乙卯大溪水，丙辰丁巳沙中土，戊午己未天上火，庚申辛酉石榴木，壬戌癸亥大海水。

天裂阳不足，地动阴有余。

梁太清二年六月，天裂于西北，长十尺，阔二丈，光出如电，声若雷。

唐中和三年，浙西天鸣，声如转磨，无云而雨。无形有声，谓之妖鼓；无云而雨，谓之天泣。

【译文】纳音五行　纳音五行是假借古代五音（宫商角徵羽）和十二音律组合而成，排列如下：甲子、乙丑海中金，丙寅、丁卯炉中火。戊辰、己巳大林木，庚午、辛未路旁土。壬申、癸酉剑锋金，甲戌、乙亥山头火。丙子、丁丑涧下水，戊寅、己卯城头土。庚辰、辛巳金蜡金，壬午、癸未杨柳木。甲申、乙酉泉中水，丙戌、丁亥屋上土。戊子、己丑霹雳火，庚寅、辛卯松柏木。壬辰、癸巳长流水，甲午、乙未沙中金。丙申、丁酉山下火，戊戌、己亥平地水。庚子、辛丑壁上土，壬寅、癸卯金箔金。甲辰、乙巳覆灯火，丙午、丁未天河水。戊申、己酉大驿土，庚戌、辛亥钗钏金。壬子、癸丑桑柘木，甲寅、乙卯大溪水。丙辰、丁巳沙中土，戊午、己未天上火。庚申、辛酉石榴木，壬戌、癸亥大海水。

天开裂是因为阳气不足，地震是因为阴气过剩。

南朝梁太清二年（公元548年）六月，天在西北方向裂开，裂缝长十尺，宽二丈，射出的光亮就像闪电，响声就像雷鸣。

唐中和三年（公元883年），浙西地区天上响起轰鸣声，就像推磨的声音，天上没有云却下起了雨。如果没有形状却有声音，就称作“妖鼓”；如果没有云就下雨则被称作“天哭”。

忧天坠　《列子》：杞国有人常忧天坠，身无所寄，至废寝食。比人心多过虑，犹如杞人忧天。

三才　天、地、人谓之三才。混沌之气，轻清为天，重浊为地。天为阳，地为阴。人禀阴阳之气，生生不息，与天地参，故曰三才。

【译文】忧天坠　《列子》记载，古时的杞国有个人经常担心如果天会塌下来自己就没处安身，竟至于废寝忘食。这个典故用来比喻人心中思虑过多，就好像杞人忧天。

三才　天、地、人三者被称为三才。宇宙初生之时的混沌之气，轻而清明的上升变为天，重而浑浊的下降变作地。天属于阳，地属于阴，人生来禀承阴阳二气，生生不息，与天、地并列为三，所以称作“三才”。

回天　天者，君象；回者，言挽回君心也。唐太宗欲修洛阳宫，张玄素谏，止之。魏征曰：“张公有回天之力。”

戴天　《礼记》：君父之仇，不共戴天。兄弟之仇，不反兵革。交游之仇，不与同国。

【译文】回天　天象征着君王，回的意思是挽回君王的心意。唐太宗要修筑洛阳宫，张玄素上奏折制止，魏征说：“张公有回天之力。”

戴天　《礼记》里说：对于君王和父亲的仇人，要与他不共戴天。对于兄弟的仇人，手中会时刻准备着武器，一旦遇上就不需返家再取。而对于朋友的仇人，不要和他们同在一个国度。

补天 女娲氏炼石补天。

如天 《通鉴》：帝尧其仁如天，其智如神，就之如日，望之如云。

补天浴日之功 宋赵鼎疏曰：顷者陛下遣张浚出使川陕，国势百倍于今，浚有补天浴日之功，陛下有砺河之誓，终致物议以被窜逐。臣无浚之功，而当此重任，去朝廷远，恐好恶是非，行复纷纷于聪明之下矣。

【译文】 补天 女娲曾烧炼五色石头来补残破的天。

如天 《资治通鉴》记载：尧帝的仁德好比青天，智慧好比神明，亲近他就像太阳般温暖，遥望他就像白云般高远。

补天浴日之功 宋朝赵鼎上疏给皇帝：之前陛下派遣张浚出使四川陕西等地，那时国力是现在的百倍，张浚稳定朝纲、辅佐幼主，有好比是补天浴日的功劳，陛下也有像汉高祖对群臣"使黄河如带，泰山若砺，国以永宁，爰及苗裔"的盟誓，可是最终还是招致议论，被陛下放逐。我没有张浚那般的功勋，却担当如此重要的任务，如今离朝廷很远，只怕是非猜忌的言论在陛下周围肯定不少吧。

二天 后汉苏章为冀州刺史，行部。有故人清河守，赃奸，章至，设酒叙欢。守曰："人皆有一天，我独有二天。"章曰："今日与故人饮，私恩也；明日冀州按事，公法也。"遂正其罪。

焚香祝天 后唐明宗登极之年，每于宫中焚香祝天曰："某，胡人，因乱为众所推，愿天早生圣人，为生民主。"

【译文】二天　东汉的苏章担任冀州刺史，到地方巡行，考察部下，发现一位老朋友在清河做太守，有些贪赃枉法的劣迹。于是苏章到清河，设宴请老朋友叙旧，这位太守说："别人都只有一个老天爷，我却有两个。"苏章说："今天和老朋友叙旧，是私人的情分；明天到冀州审查你，是公家的法令。"因此把那人依法治罪。

焚香祝天　后唐的明宗皇帝登基的那年，常于皇宫里焚香向上天祈祷，说："我是胡人，因国家动乱，被众人推举为皇帝，祝愿上天早些降生圣人，好为天下苍生做主。"

威侮五行　《通鉴》：帝启立，有扈氏无道，威侮五行，怠弃三正，启征之，大战于甘，灭之。

五星会天　《通鉴》：颛顼作历，以孟春之月为元。是岁正月朔旦立春，五星会于天，历营室。

五星聚奎　宋太祖乾德五年，五星聚于奎。初，窦俨与卢多逊、杨徽之，周显德中同为谏官。俨善推步星历，尝曰："丁卯岁五星聚奎，自此天下始太平。二拾遗见之，俨不与也。"

五星斗明　神宗万历四十七年，五星斗于东方，杜松、刘綎全军战没于浑河及马家寨等处。

【译文】威侮五行　《资治通鉴》记载：夏启立为王时，有扈氏的君王是个无道昏君，以淫威侵侮了五行，因怠惰而废弃了天地人三统。夏启于是去征讨，在甘这个地方大战，消灭了他。

五星会天　《资治通鉴》记载：颛顼帝制作历法，以春季的第一个月作为一年的开头。当年正月初一是立春，五大行星在天上会聚，经过了营室星。

五星聚奎　宋太祖乾德五年（公元967年），五大行星会聚在奎宿。之前，窦俨和卢多逊、杨徽之在五代周的显德年间同为谏官。窦俨善于推算星历，以此预测未来。他曾说："丁卯年五大行星会在奎宿会聚，从此以后天下安定太平。你们二位拾遗大人还能见到，我就看不到了。"

五星斗明　明神宗万历四十七年(公元1619年)，五大行星在东方天空上比斗，杜松、刘綎在浑河及马家寨等地全军覆没。

日　月

东隅，日出之地；桑榆，日入之地。日拂扶桑，谓之及时。日经细柳，谓之过时。

龙䵷　《天文志》：日月会于龙䵷尾。䵷音斗。

《广雅》：日初出为旭，日昕曰晞，日温曰煦；日在午曰亭午，在未曰昳，日晚曰旰，日将落曰晡。

《天官书》曰：日月薄蚀，日月之交。月行黄道，而日为掩，则日食，是曰阴胜阳，其变重。月行在望，与日冲，月入于暗之内，则月食，是曰阳胜阴，其变轻。圣人扶阳而尊君曰："日，君道也。"于其食，谨书而备戒之，日食为失德，月食为失刑。

【译文】东隅是太阳升起之地，桑榆是太阳落下之地。太阳拂过扶桑树时叫作"及时"，太阳经过细柳时叫作"过时"。

龙䵷　《天文志》记载：太阳和月亮交会于龙䵷之尾。䵷音斗。

《广雅》上说：太阳微微露出光亮叫作"旭"，太阳刚刚出来叫作"晞"，太阳出来照得人温暖时叫作"煦"，太阳在正午叫作"亭午"，太阳西斜时叫作"昳"，傍晚的时候叫作"旰"，太阳快落下时叫作"晡"。

《天官书》记载：太阳和月亮相互凌迫而引起日食和月食，这是日月相交的缘故。月亮在黄道运行，太阳被它遮蔽，便发生日食，这属于阴战胜阳，是很严重的天象变故。如果月亮在天上可见，和太阳冲撞，月亮进入黑暗之中，便发生月食，这属于阳战胜阴，是变故比较小的天象。古代的圣人顺应阳气而尊崇君王，说“太阳是君王之道”。发生日食便谨慎地记录下来，而且告诫君王。发生日食代表君王德行有了问题，发生月食代表国家刑法有了问题。

日落九乌　乌最难射。一日而落九乌，言羿之善射也。后以为羿射落九日，非是。

向日取火　阳燧以铜为之，形如镜，向日则火生，以艾承之则得火。

夸父追日　《列子》：夸父不量力，欲追日影，逐之于旸谷之阳际，渴欲得饮。赴河饮不足，将北走大泽中，道渴而死。

鲁戈返日　鲁阳公与韩构战，战酣日暮，援戈挥之，日返三舍。又，虞公与夏战，日欲落，以剑指日，日返不落。

【译文】日落九乌　乌鸦最难用弓箭射杀。一天之内射落九只乌鸦，是形容后羿擅长射箭罢了。后人认为射落九乌是射落九个太阳，这是不对的。

向日取火　阳燧是用铜制作而成的，形状像镜子，对着阳光便能产生火光，用艾绒去点就能得到火。

夸父追日　《列子》里说夸父不自量力，想追上太阳的影子，一直追到旸谷的北边，口渴难耐，想要喝水，跑到黄河，喝干了河水也没解渴，想再到北边的大泽去，半道上便渴死了。

鲁戈返日　鲁阳公和韩国结仇打仗，正打得激烈，眼看太阳就要落山了，鲁阳公举起戈来挥走了太阳，使它退回三个星宿的距离。另有记载：虞公和夏王交战，太阳要落下了，虞公用剑指着太阳，太阳退了回去没有落下。

白虹贯日　荆轲入秦刺秦皇，燕太子丹送之易水上，精诚格天，白虹贯日。

田夫献曝　《列子》：宋国有田夫曝日而背暖，顾谓其妻曰："负日之暄，人莫知其美者，以献吾君，必有重赏。"人皆笑之。

白驹过隙　《魏豹传》：人生易老，如白驹过隙。白驹，日影也。

冬月之日，有"黄绵袄"之称。

薄蚀朒朓　薄，无光也。蚀，亏缺也。朔见东方曰朒，晦见西方曰朓。朒音肉。朓音挑。

朏未成明，魄始成魄。月初三则生明也，月十六则生魄也。

【译文】白虹贯日　荆轲赶赴秦国暗杀秦始皇，燕国的太子丹在易水边上送别他，精诚动天，使得白虹贯穿太阳。

田夫献曝　《列子》记载：宋国有个农夫晒太阳，背上很暖和，回头对妻子说："晒太阳这么温暖，别人都不知道这其中的美妙，如果献给我们的君王，肯定会得到重赏。"别人听说后都嘲笑他。

白驹过隙　《汉书·魏豹传》上说："人的一生很容易变老，就好比太阳的影子穿过空隙。"白驹，指的是太阳的影子。

冬天的太阳有"黄棉袄"之称。

薄蚀朒朓　薄，指没有光亮。蚀，指亏缺。每个月初一在东方看到的月亮叫作朒，每月最后一天看见的月亮叫作朓。朒音肉。朓音挑。

每月初三的月亮（朏），还没有很明亮，月亮有魄时才生出光亮。每月初三便产生光亮，每月十六便产生魄。

翟天师 乾祐间尝于江岸玩月。或问："此中何所有？"翟笑曰："可随吾指观之。"俄见月规半天，琼楼玉宇烂然，数息间，不复见矣。

尹思遣儿视月中有物，知兵乱。

《淮南子》：日出于旸谷，浴于咸池，拂于扶桑，是谓晨明。登于扶桑，爰始将行，是谓朏明。至于曲阿，是谓朝明。临于曾泉，是谓早食。次于桑野，是谓晏食。臻于衡阳，是谓禺中。对于昆吾，是谓正中。靡于鸟次，是谓小迁。至于悲谷，是谓晡时。回于女纪，是谓大迁。经于虞渊，是谓高舂。顿于连石，是谓下舂。至于悲泉，爰止羲和，爰息六螭，是谓悬车。薄于虞泉，是谓黄昏。沦于蒙谷，是谓定昏。日入崦嵫，经细柳入虞泉之汜，曙于蒙谷之浦，垂景在树端，谓之桑榆。

《汉书》：新垣平文帝时，上言日当再中，臣以候知之。居顷之，日果再中。

《释名》：月，阙也。言满则复阙也。晦，灰也。月死而灰，月光尽似之也。朔，苏也。月死后苏生也。弦，月半之名也。其形一旁曲，一旁直，若张弓弦也。望，月满之名也。日在东，月在西，遥相望也。

【译文】翟天师 后汉乾祐年间，翟天师曾到江边赏月。有人问："这月亮里面有什么东西？"翟天师笑着回答："你可以顺着我的手指观看。"不一会只见半圆的月亮升到半空，里面琼楼玉宇十分辉煌，呼吸之间，就消失不见了。

尹思曾让儿子看月亮里有什么东西，以此推测天下将有兵祸。

《淮南子》记载：太阳从旸谷出来，在咸池洗澡，拂着扶桑树升上天空，这便是晨明。登上了扶桑，便开始出发前行，这便是朏明。等升到曲阿，这便是朝明。升到曾泉，便是早食。停歇于桑野，便是晏食。到达衡阳，便是禺中。和昆吾正对着时便是正中。落到鸟次，便是小迁。到达悲谷，便是晡时。再到女纪，便是大迁。经过虞渊，便是高舂。停顿于连石，便是下舂。到达悲泉，让羲和停止驾驶，让驾车的六条龙休息，这便是悬车。接近虞泉的时候便是黄昏。沉入蒙谷，便是定昏。太阳落入崦嵫山，经过细柳，落到虞泉的岸边，照亮蒙谷的水畔，把光影反照在树梢，这便是桑榆。

《汉书》记载：新垣平在汉文帝时向皇帝上疏说："今天太阳会再一次处于中天的位置，我是通过观测得知的。"不一会，太阳果然再次处于中天。

《释名》里说：月，意思是残缺，是说月亮圆满之后又残缺。晦，意思是灰暗，月亮完全被遮盖呈现灰色，月光也如此灰暗。朔，意思是复苏，月亮完全遮盖以后死而复苏。弦，是半月状时的名字，其形状一边弯曲，一边笔直，就像张开弦的弓。望，是满月时的名字，太阳在东方，月亮在西方，遥遥对望。

蟾蜍，月中三足物也。王充《论衡》：羿请不死之药于西王母，其妻嫦娥窃之奔月，是为蟾蜍。

月桂　《酉阳杂俎》：月桂高五百丈，有一人常伐之，树创随合。其人姓吴名刚，西河人，学仙有过，谪令伐桂。桂下有玉兔杵药。

爱日　言子爱父母，当如爱日之诚。

日光摩荡 周主遣赵匡胤率兵御辽北汉，癸卯发汴京。苗训，善观天文，见日下复有一日，黑光摩荡者久之，指示楚昭辅曰："此天命也。"是夕，次陈桥，遂有黄袍加身之变。

【译文】蟾蜍是月亮里面三只脚的动物。后汉的王充《论衡》里记载：后羿向西王母求得长生药，被他妻子嫦娥偷吃了，便飞到月亮里变成蟾蜍。

月桂 《酉阳杂俎》中说：月亮里的桂树高五百丈，有个人常常砍伐，砍伐的树的创口随即愈合。此人名叫吴刚，是西河人，曾经因为学仙时犯了错，被罚在这里砍桂树。桂树下面有玉兔在捣药。

爱日 说的是孩子爱父母就应该像爱太阳那般挚诚。

日光摩荡 五代周国的皇帝派遣赵匡胤领兵抵御辽国和北汉，癸卯从汴京出发。苗训擅长观测天文，他看见太阳下面还有一个太阳，黑色的光芒摩擦浮荡了很久。于是指着这个天象对楚昭辅说："这代表是天命所寄啊。"当晚，赵匡胤的军队驻扎在陈桥，便有了黄袍加身的事变。

日为太阳之精 《广雅》：阳精外发，故日以昼明。羲和，日御也。日中有金乌。《通鉴》：太昊有圣象，日月之明。

日出而作 尧时有老人，含哺鼓腹，击壤而歌，曰："日出而作，日入而息；凿井而饮，耕田而食，帝力何有于我哉？"

日亡乃亡 桀尝自言："吾有天下，如天之有日；日亡，吾乃亡耳！"

如冬夏之日 夏日烈，冬日温。赵盾为人，严而可畏，故比如夏日。赵衰为人，和而可爱，故比如冬日。

【译文】日为太阳之精　《广雅》里说：阳气的精华向外发散，因而太阳在白天明亮。羲和是替太阳驾车的车夫。太阳里面有金色的乌鸦。《资治通鉴》上说：上古的皇帝太昊氏有圣人的形象，像日月一样光明。

日出而作　尧帝时有个老人，吃饱饭鼓着肚子，玩击壤的游戏，说："我清晨就去劳作，傍晚就去休息，自己打井就能喝到水，自己种地就能吃上饭，帝王对我有什么恩典呢？"

日亡乃亡　夏桀曾经说：我拥有天下，如同天上有太阳；太阳灭亡，我才会灭亡呢！

如冬夏之日　夏天的太阳酷烈，冬天的太阳温暖。春秋时晋国大臣赵盾为人严肃，使人敬畏，所以被比作夏天的太阳；而他父亲赵衰为人温和，使人可亲，所以被比作冬天的太阳。

东隅桑榆　冯异大破赤眉，光武降书劳之曰："始虽垂翅回谿，终能奋翼渑池，可谓失之东隅，收之桑榆。"

蜀犬吠日　柳文：庸、蜀之南，恒雨少日，日出则群犬吠之。

日食在晦　汉建武七年三月晦，日食，诏上书不得言圣。郑兴上疏曰："顷年日食，每多在晦。先时而合，皆月行疾也。日君象，月臣象。君亢急，则臣促迫，故月行疾。"时帝躬勤政事，颇伤严急，故兴奏及之。

【译文】东隅桑榆　冯异大败赤眉的军队，光武帝刘秀写信慰劳说：你开始虽然在回谿损兵折将，最终还是在渑池奋勇杀敌，可谓早上错过，傍晚补过。

蜀犬吠日　柳宗元的文章里说，四川地区的南部，常常下雨，很少出太阳，每当出太阳时，家家户户的狗都叫起来。

日食在晦　东汉光武帝建武七年，公元31年三月的最后一天，发生了日食，皇帝下诏让臣子上疏不许提到“圣”字。郑兴上疏说：“近年的日食常常发生在每月最后一天。月亮提前和太阳重合，都是月亮走得太快的缘故。太阳是君王的象征，月亮是臣子的象征。君王如果太严苛急进，那么臣子也会严苛急进，所以月亮走得快。”当时皇帝亲自处理政务，稍嫌有些严厉和急迫，所以郑兴奏疏时提及了。

太阴　《史记》：“太阴之精上为月。”《淮南子》：“月御曰望舒，亦曰纤阿，中有玉兔。”

瑶光贯月　《通鉴》：昌意娶蜀山氏之女曰女枢，感瑶光贯月之祥，生颛顼高阳氏于若水。

月食五星　崇祯十一年四月己酉夜，荧惑去月仅七八寸，至晓逆行，尾八度掩于月，丁卯退至尾，初度渐入心宿。杨嗣昌上疏言：“古今变异，月食五星，史不绝书，然亦观其时。昔汉光武帝建武二十三年，月食火星，明年呼韩单于款五原塞。明帝永平二年，月食火星，皇后马氏德冠后宫，明年图画功臣于云台。唐宪宗元和七年，月食荧惑。明年兴师，连年兵败。今者月食火星，犹幸在尾，内则阴宫，外则阴国。皇上修德召和，必有灾而不害者。”然实考嗣昌所引年月俱谬。

【译文】太阴　《史记》记载：太阴的精华升到天上变成月亮。《淮南子》说：月亮的驾车夫叫望舒，又叫纤阿。月亮里有玉兔。

瑶光贯月　《资治通鉴》记载：昌意娶了蜀山氏的女儿女枢，女枢看见瑶光贯月的祥瑞，受到感应，便在若水旁边生下高阳氏颛顼帝。

月食五星　崇祯十一年（公元1638年），四月己酉日的晚上，火星离月亮只有七八寸远，到早上时反着天空运行方向而行，尾宿被月亮遮住了八次，丁卯日又退回到尾宿，第一次慢慢地进入心宿。杨嗣昌上疏皇帝说："古往今来的天象变异之中，月亮吞食五大行星的事件史书上屡有记载，可是也要看发生的具体时间。后汉光武皇帝建武二十三年（公元47年）发生月亮吞食火星的天变，第二年呼韩单于就入侵五原边塞地区。汉明帝永平二年（公元59年），月亮吞食火星，虽然皇后马氏的德行在后宫首屈一指，但第二年在云台绘制了功臣们的画像，马援因为是皇后亲戚的关系未能入选。唐宪宗元和七年（公元812年），月亮吞食火星，魏博节度使田博便来投降。宋太祖太平兴国三年月亮吞食火星，第二年便发动了战争，却连年打败仗。如今月亮吞食火星，幸亏只在尾宿，对内会使后宫不利，对外会让国家不利。皇上如果砥砺德行，让天下和平，即使发生灾祸也不会很严重。"可是我把杨嗣昌引用的文献核对考察一番，发现年月却都是错的。

论月　徐穉，年九岁，尝月下戏，人语之曰："若令月中无物，当极明耶？"穉曰："不然。譬如人眼中有瞳子，无此必不明。"

如月之初　后汉黄琬，祖父琼，为太尉，以日食状闻。太后诏问所食多少，琼对未知所况。琬年七岁，时在旁，曰："何不言日食之余，如月之初。"琼大惊，即以其言对。

赋初一夜月　苏福八岁时，赋《初一夜月》诗，云："气朔盈虚又一初，嫦娥底事半分无。却于无处分明有，恰似先天太极图。"

吴牛喘月　《风俗通》：吴牛苦于日，故见月而喘。

命咏新月　明太祖见太孙顶颅侧，乃曰："半边月儿。"一夕，太子、太孙侍，太祖命咏新月。懿文云：“昨夜严滩失钓钩，何人移上碧云头？虽然未得团圆相，也有清光遍九州。”太孙云：“谁将玉指甲，掐破碧天痕；影落江湖里，蛟龙未敢吞。”太祖谓“未得团圆”“影落江湖”，皆非吉兆。

【译文】论月　徐穉九岁时曾在月光下游戏，有人对他说：“要是让月亮里面没有那阴翳的东西，会不会极为明亮呢？”徐穉说：“不会。就好比人眼中有瞳仁，没有这个眼睛一定不能明亮。”

如月之初　后汉黄琬的祖父黄琼担任太守，有一回将日食的天象禀报给朝廷。太后下诏问太阳被遮蔽多少。黄琼不知道详细情况，黄琬当时在旁边，便说：“祖父大人为什么不说日食的最后时分就像每月初一的月亮呢？”黄琼对此非常惊讶，于是便用他的话禀报了。

赋初一夜月　苏福八岁的时候，赋了一首《初一夜月》的诗，诗说：“受阴阳之气盈虚的消长变化，不觉又到了初一的晚上。嫦娥仙子的面容为什么一点也看不清楚。可是却又在黑暗之中分明看见了朦胧的影子，就好像那《先天太极图》。”

吴牛喘月　《风俗通》记载：吴地的水牛因为劳作被毒太阳晒怕了，所以见到像太阳的月亮也下意识喘起来。

命咏新月　明太祖看见皇太孙的头颅骨有些歪斜，就称作“半边月亮”。有一天夜里，太子和太孙侍奉太祖，太祖让大家做咏月诗。懿文太子做的诗大意是：“昨夜严陵滩边丢失了钓鱼钩，是谁把它带到了碧云天边的呢？虽然没有圆圆的样子，也有照耀九州大地的清光。”太孙做的诗意思是：“谁用白玉一般的指甲掐破了碧蓝的天留下一道疤痕？疤痕的影子落在了江湖里，蛟龙也不敢来吞食。”太祖说“未得团圆”和“影落江湖”都不是好兆头。

星

北斗七星　第一天枢，第二旋，第三玑，第四权，第五玉衡，第六开阳，第七瑶光。第一至第四为魁，第五至第七为杓，合之为斗。按《道藏经》：七星，一贪狼，二巨门，三禄存，四文曲，五廉贞，六武曲，七破军，堪舆家用此。

斗柄东，则天下皆春；斗柄南，则天下皆夏；斗柄西，则天下皆秋；斗柄北，则天下皆冬。

《史记》：中宫、文昌下六星，两两相比，名曰三能。台，三台。色齐，君臣和；不齐，为乖戾。

【译文】北斗七星　第一颗到第七颗依次叫：天枢、璇、玑、权、玉衡、开阳、瑶光。第一颗到第四颗合称为“魁”，第五颗到第七颗合称为“杓”，七颗一起合称“斗”。按照《道藏经》上说：七星，一叫贪狼，二叫巨门，三叫禄存，四叫文曲，五叫廉贞，六叫武曲，七叫破军。堪舆家使用这种叫法。

北斗星的柄指向东边，人间就是春天；斗柄指向南，人间就是夏天；斗柄指向西，人间就是秋天；斗柄指向北边，人间就是冬天。

《史记》记载：北斗七星所在的中宫、文昌下面六颗星，两两相对，名字叫作“三能”。或叫台，三台。这些星的光亮程度一样就代表君臣关系和洽；如果不同，就代表君臣关系比较紧张。

泰阶六符　泰阶，三台也。每台二星，凡六星。符，六星之符验也。三台，乃天之三阶。经曰：泰阶者，天之三阶也。上阶为天子，中阶为诸侯、公卿，下阶为士、庶人。

景星形如半月，王者政教无私，则景星见。

始影琯朗　女星旁一小星，名始影，妇女于夏至夜候而祭之，得好颜色。始影南，并肩一星，名琯朗，男子于冬至夜候而祭之，得好智慧。

参商　高辛氏二子，长阏伯，次沉实，自相争斗。帝乃迁长于商丘，主商，昏见；迁次于大夏，主参，晓见。二星永不相见。

长庚即太白金星，朝见东方，曰启明；夕见西方，曰长庚。

【译文】泰阶六符　泰阶，就是三台。每台有两颗星，一共六颗星。符，指的是六颗星的应验征兆。三台，是登天的三个台阶。《黄帝泰阶六符经》说："泰阶就是登上天的台阶。上面的台阶是天子，中间的是诸侯、公卿、大夫，下面的台阶是士子和庶人。"

景星的形状就像半轮明月，君主的政教如果大公无私，景星就会显现。

始影琯朗　女星旁有一颗小星，被称作始影。女人们在夏至的夜晚等候它显现以后祭拜，就能获得美丽的容颜。始影的南边跟它并列的一颗星叫作琯朗，男人们在冬至的夜晚等候它出现以后祭拜，就能获得智慧。

参商　高辛氏有两个儿子，老大叫阏伯，老二叫沉实，两人互相打斗。高辛氏便把老大迁徙到商丘，掌管商星，晚上才出现；把老二迁徙到大夏，主管参星，清晨才出现。两颗星星永世不得碰面。

长庚　长庚星就是太白金星，早晨在东方显现，叫作启明星；傍晚在西方显现，叫作长庚星。

太白经天　太白，阴星，昼当伏，昼见即为经天；若经天，则天下草昧，人更主，是谓乱纪，人民流亡。

应劭曰："上阶上星为男主，下星为女主；中阶上星为三公，下星为卿大夫；下阶上星为上士，下星为庶人。三阶平则天下太平，三阶不平则百姓不宁，故曰六符。"

《晋志》：角二星，为天关，其间天门也，其内天庭也。故黄道经其中，七曜之所行。左角为理，主刑；右角为将，主兵。亢四星，天子内朝，天下之礼法也，亦为疏庙主疾疫。氐四星，为天根，王者之宿宫，又为后妃之府，将有淫欲之事，氐先动。房四星为明堂，天子布政之堂室也，亦四辅也。又为四表，中间为天衢，亦为天关，黄道之所经也。七曜繇乎天衢，则天下和平，亦天驷，为天马，主车驾，亦曰天厩，又主开闭为蓄藏之所由。又北小星为钩钤，房之钤键天之管钥，明而近房，天下同心。心三星，天王正位也。中星曰明堂，天子位为大辰，主天下之赏罚。前星为太子，后星为庶子。尾九星，后宫之场，亦为九子，色欲均明，大小相承，则后宫有叙。箕四星，为天津，后宫后妃之府，一曰天箕，主八风，凡日月宿在箕东壁翼者，风起北方，又主口舌。南斗六星，天庙也，为丞相太宰之位，酌量政事之宜，褒贤进良，禀授爵禄，又主兵。牵牛六星，天之关梁，主牺牲。其北二星，一曰即路，一曰聚火。又曰：上一星主道路，次二星主关梁，次三星主南越。须女四星，天之少府也，妇女之位，主布帛裁置、嫁娶。虚二星，冢宰之象也，主邑居庙堂祭祀之事，又主死丧。危三星，主天府，天市架屋，动则土功起。营室二星，为太庙天子之宫也，主土功事。东壁二星，主文章，天下图书之秘府。西方奎十六星，天之武库也，主以兵禁暴。娄三星，亦为天狱，主苑牧牺牲供给郊祀。胃三星，天之厨藏，五谷之仓也，又名大梁，主仓廪。昴七星，天之耳目也，主西方，又为旄头，胡星也，又主丧，主狱。昴、毕间二星，为天衢，三光之道也，主伺候关梁。毕八星，状如掩兔之毕，主边兵，主弋猎，又主刑罚。觜嶲三星，在参之右角，如鼎足形，主天之关，又为三军之候。参七星，白兽之体。中三星横列者，三将军也。南方东井八星，天之南门，黄道所经，为天之亭侯，主水衡事。鬼五星，天之目也，主视明察奸谋。中央一星，曰积尸，摇动失色则病疾。柳八星，天之厨宰，主尚食和滋味。昴七星，一曰天都，主衣裳文绣。张六星，主珍宝宗庙之用，及衣服天厨饮食赏赉之事。翼二十二星，为天子之乐府，又主夷狄远宾负海之客，明则礼乐兴，四夷来宾。轸四星，为冢宰辅臣也，主车骑足用，亦主风，有军出入，皆占于轸。

【译文】太白经天　太白星属于阴星，白天应当隐藏，白天显现就叫作“经天”；如果出现“经天”的天象，那么天下就要大乱，黎民百姓就要更换君王，这就叫“乱纪”，黎民百姓就会颠沛流离。

应劭说：“三阶六颗星的上阶的上面那颗星是代表男子的君王，下面那颗星代表女人的皇后；中阶的上面那颗星代表三公，下面那颗星代表卿大夫；下阶的上面那颗星代表士人，下面那颗星代表百姓。三阶如果平行并列，就象征天下安宁；三阶如果不平行并列就象征百姓不安宁。所以这六颗星叫作六符。”

《晋书·天文志》："角宿的两颗星称作'天关'，两颗星之间就是'天门'，里面就是'天庭'。所以太阳运行的轨道经过其间，也是太阳月亮和五大行星共同运行的通道。左边的角星象征法官，主管刑法；右边的角星象征大将，掌管军队。亢宿有四颗星，象征天子的内朝，掌管天下的礼法之所在，也叫'疏庙'，主管疾病瘟疫。氐宿四颗星是天的根蒂，象征君王的寝宫，也是后妃的居所，如果发生淫欲的事情，氐星就会先动摇。房宿的四颗星象征着明堂，是天子发布政令的朝堂所在，也被称为'四辅'，又称'四表'，星中间就是天街，也是天关，太阳运行轨道从这里经过。日月和五大行星经过天街，就会天下太平。又称'天驷'，也就是天马，主管皇帝车驾，也叫'天厩'。又主管开和关，是储藏必经的地方。北边的小星叫钩钤，是房宿的钥匙和锁，也是天上的钥匙和锁，如果它明亮并且接近房宿时，那么天下人就会上下一心。心宿的三颗星是天子最中央的位子。中间的星叫作明堂，是天子的座位，叫作大辰星，主管天下的刑罚和奖赏。前面那颗星代表太子，后面那颗星代表庶子。尾宿有九颗星，代表后宫的地方，也叫作'九子'，颜色光亮如果一样，大小相称，那么后宫就会长幼有序。箕宿四颗星，是天河渡口所在，是后宫后妃的居所，一个叫天箕，主管八方的风，但凡太阳和月亮在箕、东壁、翼停歇时，就会刮北风，另外还主管言语之事。南斗六颗星，也叫'天庙'，是丞相和太宰的位置，主管斟酌政事的适当与否，褒奖举荐贤德之人，授予爵禄等事，另外还主管军事。 牵牛六颗星，是天上的关卡和桥梁，主管祭祀所用的动物贡品。它北边的两颗星一个叫即路，一个叫聚火。又有一说，上面一颗星主管道路，接下来两颗星主管关卡桥梁，最后三颗星主管南越地区。须女四颗星，是天上的少府，是妇女的位置，主管布匹裁缝结婚嫁娶等事。虚宿的两颗星，是统领百官的冢宰的象征，主掌里巷居住及庙堂祭祀，也主管死亡及丧事。危宿有三颗星，主管天府和天街的房屋建造之事，它动摇就代表营造之事开动了。营室的两颗星是太庙天子的宫室，主管建筑营造。东壁的两颗星，主管文章学问，是天下图书的秘府所在。西方的奎宿十六颗星是天上的武器库，主管以武力禁止暴力的事情。娄宿的三颗星也是天上的牢狱，主管宫苑放牧祭品供给郊庙祭祀等事。胃宿的三颗星是天上的厨厅和储藏室，是五谷的仓库，又称作大梁，主管储藏粮食的仓库。昴宿的七颗星，是天的耳目，主管西方，又称为旄头，也就是所谓的胡星，又主管丧葬和官司。昴、毕之间的两颗星是天街，是太阳、月亮和星星的通道，主管侦查和关卡津梁。毕宿的八颗星形状就像捕捉兔子的长柄小网，主管边塞战争，主管打猎，还主管刑罚。觜觿的三颗星在参宿的右边角，好像鼎的三只脚的形状，主管天上的关卡，同时也是军队的侦查兵。参宿的七颗星，像白色老虎的形体。其中横排的三颗星被称作“三将军”。南方东井宿的八颗星是天上的南大门，太阳从这里经过，作为天上的亭侯，主管水利之事。鬼宿的五颗星是天的眼睛，主管审视明察奸人的图谋。中央的一颗星叫积尸，如果它晃动黯淡就代表着引来疾病。柳宿的八颗星是上天的厨师长，主管皇帝的饮食，调和各种食材变成美味。昴宿的七颗星，又称作天都，主管衣服和纹饰。张宿的六颗星主管珍宝和宗庙里面的器物以及衣物，御厨的饮食和赏赐等事。翼宿的二十二颗星，主管皇帝的音乐机构，还主管四方蛮夷和远方来客以及海滨的人民，如果这个星宿明亮就代表礼乐文明昌盛，万国来朝。轸宿的四颗星代表宰相和辅佐大臣，也主管车辆和坐骑的使用，也主管风，如果派遣军队征伐，都要对着轸宿占卜吉凶。

荧惑守心　荧惑，火星也。守心，谓行经心度，住而不过也。宋景公时，荧惑守心。公问子韦，对曰：“祸当君，可移之相。”公曰：“相，吾辅也。不可！”曰：“移之民。”曰：“民死，吾谁与为君？”曰：“移之岁。”曰：“岁饥则民死。”子韦曰：“君有至德之言三，荧惑必三徙。”果徙三舍。

【译文】荧惑守心　荧惑就是火星，守心的意思是火星经过心宿之时停止不动的天象。宋景公的时候，遇上这个天象，景公询问子韦这代表什么意思，子韦回答：“代表祸患要降临君王头上，不过可以转移到宰相头上。”景公说：“宰相是我的辅佐大臣，怎么可以这样做呢？”子韦又说：“也可以转移嫁给百姓。”景公说：“百姓死了，我做谁的君王呢？”子韦又说：“那么就嫁祸给收成吧。”景公说：“收成糟糕，百姓就要饿死了。”子韦说：“您说了三回有至高德行的话，火星的灾祸必定会迁徙三次。”经观测果然火星移动了三座星宿的距离。

岁星，木星也。所居之国为福，所对之国为凶。福主丰稔，凶主饥荒。一曰：岁星所在之国，有称兵伐之者必败。

彗星曰长星，亦曰欃枪。芒角四射者曰孛，芒角长如帚曰彗，极长者曰蚩尤旗。

金星一月移一宫，木星一岁移一宫，水星一月移一宫，火星两月移一宫，土星二十八月移一宫。

【译文】岁星就是木星，它所停留的国家会有大福，相对的国家会有大凶。大福引起丰收，大凶引起饥荒。还有个说法认为岁星所停留的国家如果议论战争的话，打仗必定惨败。

彗星又叫长星，又叫欃枪。光芒四射时叫作“孛”，光芒像拖着长长的尾巴时叫作“彗”，特别长的叫作“蚩尤旗”。

金星一个月移动一宫的距离（一宫等于周天十二分之一距离），木星一年移动一宫的距离，水星一个月移动一宫的距离，火星两个月移动一宫的距离，土星每过二十八个月移动一宫的距离。

客星犯牛斗　有人居海上，每年八月，见浮槎到岸，乃赍粮，乘之。至一处，见妇人织机。其夫牵牛饮水次。问："此是何处？"答曰："归问严君平。"君平曰："是日客星犯牛斗，即尔至处。"

问使者何日发　汉和帝时，遣使者二人，微行至蜀。李郃为郡侯吏，出酒共饮，问曰："君来时，知二使者以何日发行？"二人怪问其故，郃曰："见有二使星入益部耳。"自此名著。

五星奎聚　宋乾德五年三月，五星聚于奎。初，窦俨与卢多逊、杨徽之，周显德中同为谏官，俨善推步星历，尝曰："丁卯岁五星聚奎，自此天下始太平。二拾遗见之，俨不与也。"吕氏中曰："奎星固太平之象，而实重启斯文之兆也。文治精华，已露于斯矣。"

【译文】客星犯牛斗　传说有一个人住在海边，每年的农历八月，都能看到岸边漂来一只木筏。有一年他便带上干粮坐上那只木筏，不觉漂到一个地方，只见有女人在织布机边纺织，她的丈夫牵着牛到水边喝水。木筏上的人问他："这是哪里？"牵牛的回答说："你回家到成都询问严君平便知道了。"那人回家后便去找严君平，严君平说："那天客星冲犯的牛宿和斗宿，就是你漂流到的地方。"

问使者何日发　汉和帝的时候，皇帝派遣两个使臣，秘密来到蜀地。李郃是郡侯的官吏，设宴款待他们，并问："您二位来的时候，知道两位使臣在哪天出发吗？"两位使臣很奇怪，便问他缘故，李郃说："我夜观天象看见两个使星进入益州的分野。"李郃因此声名鹊起。

五星奎聚　宋太祖乾德五年，五大行星会聚在奎宿。之前，窦俨和卢多逊、杨徽之在五代周朝显德年间同为谏官。窦俨善于推算星历，以此预测未来。他曾说："丁卯岁五大行星会在奎宿会聚，从此以后天下安定太平。你们二位拾遗大人还能见到，我就看不到了。"宋人吕中的《宋大事记讲议》里说："奎星诚然是太平的预兆，但事实上还是重新开启文学时代的征兆啊。我宋朝文治的精华从这时已经显露端倪了。"

德星　颍川陈寔、荀淑，俱率子弟宴集一堂。太史奏德星聚颍，五百里内必有贤人会合。

客星犯御座　光武引严光入内，论道旧故，相对累日。因共偃卧，光以足加帝腹上。明日，太史奏客星犯御座甚急。帝笑曰："朕与故人严子陵共卧耳。"

晨星　刘禹锡曰："落落如晨星之相望。"谓故人寥落，如早晨之星，甚稀少也。

望星星降　何讽于书中得一发卷，规四寸许，如环而无端，用力绝之，两头滴水。方士曰："此名脉望，蠹鱼三食神仙字，则化为此。夜持向天中望星，星立降，可求丹服食也。"

【译文】德星　颍川的陈寔和荀淑带着各自的子弟们欢宴一堂，太史官启奏皇帝说："德星会聚于颍川，五百里之内必定有贤人聚集。"

客星犯御座　东汉光武帝召严光进入皇宫，和他叙旧，亲切交谈了好几天。两人在一张床上睡觉，严光不觉把脚搭在光武帝的肚子上。第二天太史官上奏说客星冲犯帝星。光武帝笑着说："不过是因为我和老友严光同床共寝而已。"

晨星　刘禹锡曾说："稀稀落落就像早晨的星星互相遥望。"指的是老朋友很多都离世了，就像早上的星星，极为稀少。

望星星降　何讽在书里面发现一卷头发般的东西，直径大约有四寸，玉环状，可是找不到头，使劲拉扯，两头滴水。拿去问炼丹的方士，方士说："这东西叫脉望，蠹鱼在书里只要吃了三次'神仙'这个词语就会变成脉望。你晚上拿着它对着天，从孔中望星星，望见的星星就会立刻落下，你就能向它祈求仙丹吃了。"

吞坠星　五代汤悦，自少颖悟。尝见飞星堕水盘中，掬而吞之，文思日丽。仕南唐，拜相。凡书檄制诰，皆出其手。

上应列宿　馆陶公主为子求郎，不许，赐钱十万缗。汉明帝谓群臣曰："郎官上应列宿，出宰百里，苟非其人，则民受其殃。"

文曲犯帝座　明景清建文中为御史大夫。文皇即位，清独委蛇侍朝，文皇颇疑之。时星者奏文曲犯帝座甚急，色赤。是日，清衣绯入。遂收清，得所带剑，不屈死，死后精灵犹见。

【译文】吞坠星　五代时的汤悦，小时候就很聪明，有悟性，曾经看到流星落在水盘里面，便捞出吃下去，因而文采一天比一天华丽。后来在南唐当官位至宰相，朝廷所有的诏书檄文都是他所作。

上应列宿　馆陶公主为儿子向皇帝请求郎官的职位，皇帝不允许，不过赏赐给他十万缗钱。汉明帝对大臣们说："郎官对应天上的星宿，出京做官，如果不是合适人选，百姓岂不要遭殃？"

文曲犯帝座　明朝的景清在建文帝时担任御史大夫。成祖即位后，唯独景清一人顺从奉承皇帝，成祖颇有些疑心。当时观天象的官员启奏说文曲星冲犯帝星，变成深红色，情况危急。当天景清穿着绯红色的官服入宫。因而逮捕了他，从他身上搜出暗藏的剑，他最终不屈而死，死后的灵魂还常常被人看见。

星长竟天 唐天祐二年彗星长竟天。宋徽宗五年，有星孛于西方，长竟天。明成化七年，彗星见。正德元年，彗星见，参井侵太微垣。万历四十六年，东方有白气，长竟天，其占为彗象，辽阳震报相踵。天启元年，土星逆入井宿。

星飞星陨 宋徽宗元年正月朔，流星自西南入尾抵距星，其光烛地。是夕，有赤气起东北，亘西方，中出白气二，将散，复有黑气在旁。任伯雨言：时方孟春，而赤气起于暮夜之幽，以天道人事推之，此宫禁阴谋下干上之证也。散而为白，而白主兵，此夷狄窃发之证也。明成化二十三年，有飞星流，光芒烛地。正德元年，陨星如雨。崇祯十七年，星入月中。占曰："国破君亡。"

【译文】星长竟天　唐朝天祐二年(公元905年)，天上出现彗星，长度极长，横贯大半个天空。宋徽宗崇宁五年(公元1106年)，有光芒四射的彗星在西边天空上出现。明朝成化七年(公元1471年)，彗星出现。正德元年(公元1506年)，彗星出现，参井冲犯太微星(代表皇宫)。万历四十七年(公元1618年)，东方天空上出现白色的气体，长度横贯天空，占卜后知悉是彗星的预兆，辽阳地区的地震报告接踵而来。天启元年，土星逆行进入井宿。

星飞星陨　宋徽宗建中靖国元年(公元1101年)，正月初一，有流星从西南方向进入尾宿的距星，光芒照耀大地。当天晚上就有大红色的气体从东北方升起，横贯西方的天空，中间冒出白色气体两股，即将消散的时刻发现旁边有黑色的气体。任伯雨说："当时是早春，却有大红气体在夜色昏暗中升起，从天道和人事两方面推测的话，这是皇宫有人密谋以下犯上的征兆。大红色气体消散之后出现白色气体，而白色气体意味着战争，这是外族背地里举兵入侵的征兆。”明代成化二十三年（公元1487年），有飞星像流水，光芒照耀大地。正德元年（公元1506年），观测到流星雨。崇祯十七年（公元1644年）有星星冲犯月亮，占卜预示的是：“国家覆灭，君主死亡”。

风风神名封十八姨，又名冯异。**云**云神名云将。

八风，八节之风，立春条风（赦小过，出稽留），春分明庶风（正封疆，修田畴），立夏清明风（出币帛，礼诸侯），夏至景风（辩大将，封有功），立秋凉风（报土功，祀四郊），秋分阊阖风（解悬垂，琴瑟不张），立冬不周风（修宫室，完边城），冬至广汉风（诛有罪，断大刑）。

四时风　郎仁宝曰：春之风，自下升上，纸鸢因之以起。夏之风，横行空中，故树杪多风声。秋之风，自上而下，木叶因之以陨。冬之风，着土而行，是以吼地而生寒。

【译文】风神名叫封十八姨，又叫冯异。云神名叫云将。

八风　八风，是指八个节气吹的风。立春时吹的叫“条风”（此时要赦免轻微的罪过，释放滞留监狱里的犯人），春分时吹的叫“明庶风”（此时要校正封疆和修整田地的边界），立夏时吹的叫“清明风”（此时应当取出宫中的财物派遣使者赏赐给各地诸侯），夏至时吹的叫“景风”（此时应该分清大将的功劳，并进行封赏），立秋吹的叫“凉风”（此时要向朝廷禀报收成情况，还要到四郊祭祀上天），秋分时吹的叫“阊阖风”（此时要解下悬挂的乐器，不再演奏音乐），立冬时刮的叫“不周风”（此时要修葺房屋，整修边防城池），冬至时刮的叫“广汉风”（此时要惩罚罪犯，执行死刑）。

四时风　郎瑛的《七修类稿》上说：春日的风是从下面吹到天上，所以风筝能够放飞起来；夏日的风在天上平行大地而吹，所以树梢往往发出风的响声；秋日的风是从上面往下刮，所以树叶凋零；冬日的风贴着大地刮，所以让大地发出吼声，产生寒冷。

少女风　管辂过清河，倪太守以天旱为忧。辂曰："树上已有少女微风，树间已有阳鸟和鸣。其雨至矣。"果如其言。

飓风　《岭表录》：飓风之作，多在初秋，作则海潮溢，俗谓之飓母风。

石尤风　石氏女为尤郎妇。尤为商远出，妻阻之，不从。郎出不归，石病且死，曰："吾恨不能阻郎行。后有商贾远行者，吾当作大风以阻之。"自后行旅遇逆风，曰："此石尤风也。"

【译文】少女风　管辂路过清河的时候，倪太守正为大旱而发愁。管辂说："树顶已经响起了少女微风，树间已经有阳鸟在互相歌唱，这代表就要下雨了。"后来果然和他说的相符。

飓风　《领表录》上说：飓风往往在初秋的时候刮起，每当刮起时就会有潮水泛滥，民间又称之为"飓母风"。

石尤风　一个姓石的人家的女儿嫁给姓尤的人为妻，丈夫做生意要远行，妻子阻拦，丈夫不答应。丈夫竟然一去不回，妻子生病快要死了，诅咒说："我恨我自己不能阻拦丈夫远行，以后如果有商人离家远行，我定当化作大风去阻拦他。"从此以后在外赶路的人遇到打头的大风便说："这就是石尤风。"

羊角风　《庄子》："大鹏起于北溟，而徙南溟也，抟扶摇羊角而上者九万里。"宋熙宁间，武城有旋风如羊角，拔木，官舍卷入云中，人民坠地死。

《尔雅》：南方谓之凯风，东方谓之谷风，北方谓之凉风，西方谓之泰风。焚轮谓之颓，扶摇谓之猋。风与火为庉。回风为飘。日出而风谓之暴。风而雨为霾。阴日风为曀。猛风曰飗，凉风曰飉，微风曰飈，小风曰飕。

花信风　唐徐师川诗云：“一百五日寒食雨，二十四番花信风。”《岁时记》曰：“一月二气六候，自小寒至谷雨。四月八气二十四候，每候五日，以一花之风信应之。”

【译文】羊角风　《庄子》上说：大鹏鸟从北海出发，飞向南海，乘着羊角一般的旋风上升到九万里高空。宋朝熙宁年间，武城刮起了旋风，就像羊角一般，将大树连根拔起，官府的府邸也被吹到天上，百姓吹到天上掉下来摔死。

《尔雅》记载：南方吹来的叫凯风，东方吹来的叫谷风，北方吹来的叫凉风，西方吹来的叫泰风。龙卷风叫“颓”。飙风叫“猋”。风和火交缠叫“庉”。旋风叫“飘”。日出时的风叫“暴”。又刮风又下雨叫“霾”。阴天的风叫“曀”。暴风叫“飗”，凉爽的风叫“飉”，微微的风叫“飈”，小小的风叫“飕”。

花信风　宋朝的徐师川有诗写道：“一百五日寒食雨，二十四番花信风。”《岁时记》记载：一个月有两个节气，六个节候。从小寒一直到谷雨，一共四个月八个节气二十四个节候，每个节候有五天，对应一种被春风吹开的花的消息。

泰山云　《公羊传》：泰山之云，触石而起，肤寸而合，不崇朝而雨天下。

卿云　若云非云，若烟非烟，郁郁纷纷，萧索轮菌，谓之庆云。王者德至于山陵，则卿云出。《春秋繁露》：“人君修德，则矞云见。”云五色为卿，三色为矞。

沆瀣　夜半清气从北方起者，谓之沆瀣。

神瀵　《列子》言：神瀵即《易》所谓山泽气相蒸，云兴而为雨也。陈希夷诗：“倏尔火轮煎地脉，愕然神瀵涌山椒。”

【译文】泰山云　《公羊传》说：“泰山上面的云触碰到石头就腾起，开始是很小的云，一早上时间雨就能下遍全天下。”

卿云　仿佛是云却不是云，仿佛是烟又不是烟，既浓郁又纷纭，既萧条又盘曲，这叫作庆云。君主的仁德之风吹到山上就会形成卿云。《春秋繁露》上说：君王砥砺德行的话就会出现矞云。五色的云彩叫作卿云，三色的叫矞云。

沆瀣　半夜里清明的空气从北方腾起就叫作沆瀣。

神瀵　《列子》上说：神瀵就是《易经》里讲的大山和大泽的空气互相蒸腾，因此产生云，化为雨。陈希夷的诗说：“火轮突然燃烧着大地的血脉，看到神瀵愕然间腾涌到山顶。”

白云孤飞　狄仁杰尝赴并州法掾，登天行山，见白云孤飞，泣曰：“吾亲舍其下。”

五色云　宋韩琦，弱冠及第，方传胪时，太史奏：“五色云现。”出入将相，为一代名臣。

风，天地之使也，大块之噫气，阴阳之怒而为风也。《洛神赋》：“屏翳收风。”屏翳，风师也，又名飞廉；飞廉，神禽，即箕主也。又曰：“箕主簸扬，能致风雨。”

风霾　明天启间，魏阉肆毒，风霾旱魃，赤地千里，京师地震，火灾焚烧，震压死伤甚惨。崇祯十七年正月朔，大风霾。占曰："风从乾起主暴。"兵破城。三月丙申，大风霾，昼晦。

【译文】白云孤飞　狄仁杰曾经到并州担任法掾，爬上太行山，看见白色云彩孤零零地飞过眼前，突然哭出来说："我妈妈在那白云下面居住啊。"

五色云　宋朝的韩琦二十岁进士及第，在朝廷殿试宣布进士名次时，太史上奏说："五色的云彩出现在天上。"后来韩琦出将入相，终为一代名臣。

风是天地间的使者，是大地的呼吸之气，阴气阳气搏斗愤怒化作了风。《洛神赋》记载：屏翳收风。屏翳就是风神，又叫飞廉。飞廉是神鸟，也就是箕宿的主星。又有说法：箕宿主管颠簸动荡，能招致风雨。

风霾　明朝天启年间，魏忠贤大肆侵害百姓，导致大风阴霾，数千里大旱，京城发生地震和火灾，死伤极为惨烈。崇祯十七年正月初一日也发生大风阴霾。占卜的说："大风是从乾卦所在方向刮起，预示有暴力动乱。"后来李自成攻破京城。三月的丙申日，也大风阴霾，白天昏暗。

风木悲　《春秋》：皋鱼宦游列国，归而母卒，泣曰："树欲静而风不息，子欲养而亲不在。"遂自刎死。

歌南风之诗　大舜弹五弦之琴，歌南风之诗，曰："南风之熏兮，可以解吾民之愠兮；南风之时兮，可以阜吾民之财兮。"

占风知赦　汉河内张成善风角，推占当赦，教子杀人。司隶李膺督促收捕，既而逢宥获免，膺愈愤疾，竟按杀之。

【译文】风木悲　《春秋》记载：皋鱼游历春秋列国，回家时母亲已经去世，他哭着说："大树虽然想安静可是风吹不停，儿子虽然想赡养可是母亲已经不在了！”因而自杀而死。

歌南风之诗　虞舜弹奏五弦琴，歌唱《南风》的诗：“南风温暖呦，可以解除我百姓的忧虑；南风及时呦，可以增加我百姓的钱财。”

占风知赦　汉朝的河内地区有个叫张成的擅长风角的占卜法（用五音占四方的风来定吉凶），有一次占卜得知即将天下大赦，于是叫儿子去杀人。担任司隶的李膺督促赶快将凶犯缉拿归案，不久就遇到大赦，张成的儿子因而被赦免，李膺十分痛恨这种行为，最终按照刑法处死了他。

祭风破操　操连船舰于赤壁，周瑜用黄盖火攻之策。时隆冬无东南风，诸葛孔明筑坛而祭，应期风至，大破曹兵。

云霞　云，山川之气也。日旁彩云名霞，东西二方赤色，亦曰霞。《易经》：“云从龙，风从虎。”孔子曰：“于我如浮云”。

云出无心　陶词：“云无心而出岫。”

占云　二至、二分，望云色以卜岁之丰凶水旱。

【译文】祭风破操　曹操将战船锁在一起，和刘备孙权对峙，周瑜用黄盖火攻的法子。当时正值严寒，没有东南风，诸葛亮便命人修筑了祭坛，登坛祈祷，到了指定的日期果然刮起东南风，于是大败曹操军队。

云霞　云，是山川之间的气体形成的。太阳周围的彩色云叫作霞，东西两个方向的大红色云彩也叫霞。《易经》里说“云从龙，风从虎。”孔子说：“做不义之事获得的财富在我看来像天上的浮云。”

云出无心　陶渊明的《归去来兮辞》写道：“白云悠然地从山口飘出来。”

占云　夏至和冬至，春分和秋分，这四个节气的当天可以通过观

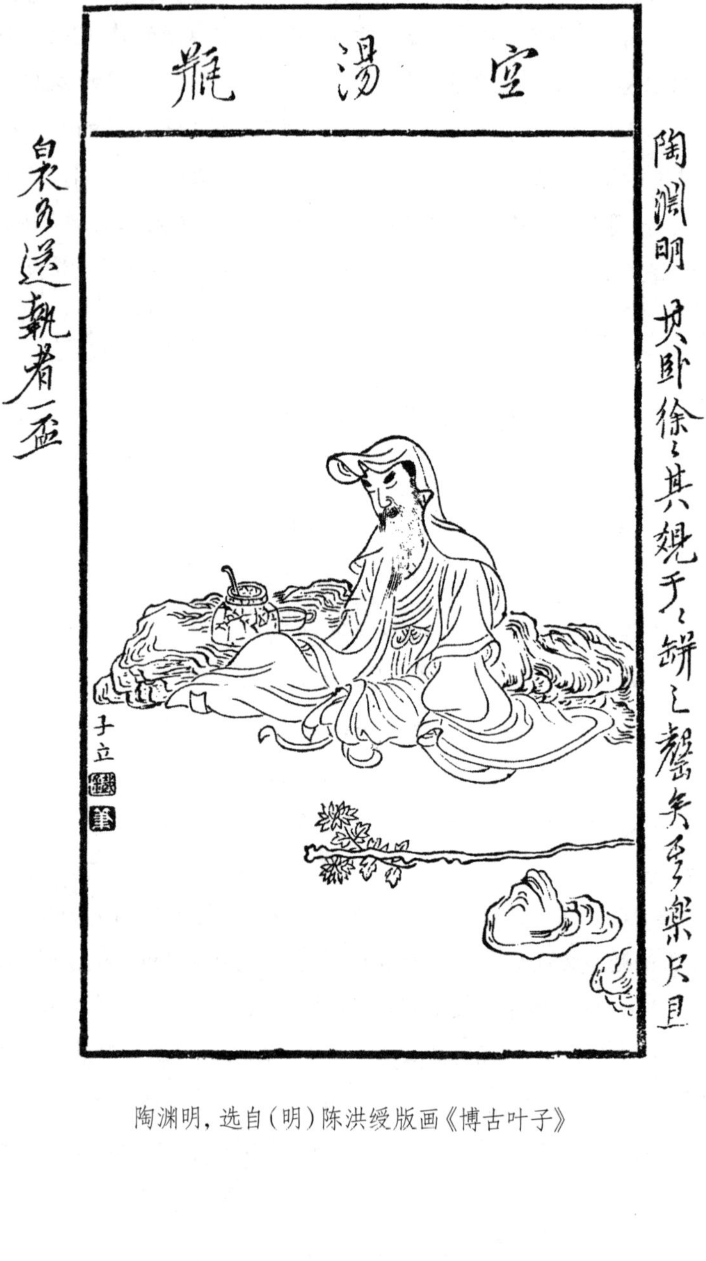

空湯瓶

陶淵明 其卧徐徐其覺于于缾之罄矣乎樂只且

白衣不送執者一盃

子立

鐵筆

陶渊明，选自（明）陈洪绶版画《博古叶子》

察云的颜色来推测一年的丰收与否和旱涝与否。

行云　楚襄王游于高唐，梦一女曰："妾在巫山之阳，高丘之上，朝为行云，暮为行雨。"彼旦视之，如其言。

落霞　王勃《滕王阁赋》："落霞与孤鹜齐飞。"后一士子夜泊江中，闻水中吟，此士曰："何不云'落霞孤鹜齐飞，秋水长天一色'。"鬼遂绝。

飓风　《岭表录》：飓风之作，多在初秋，作则海潮溢，俗谓之飓母风。明正德七年，流贼刘大等舟至通州狼山，遇飓风大作，舟覆，贼尽死。

【译文】行云　楚襄王到高唐游玩，夜里梦见一位女子，女子对他说："妾身住在巫山南边，高丘的上面，早上化为浮游的云气，傍晚化作落雨。"楚襄王清晨去观看，果然和她说法一致。

落霞　王勃写的《滕王阁赋》上说："落霞与孤鹜齐飞。"后来一名士子晚上在江上停船，听见水里面有声音低吟这句，士子说："为什么不说'落霞孤鹜齐飞，秋水长天一色'？"那个鬼便消失了。

飓风覆舟　《岭表录》记载：飓风常常在初秋刮起，每次都造成海潮泛滥，民间俗称"飓母风"。明朝正德七年（公元1512年），流寇刘大等人坐船到通州的狼山，遭遇飓风袭击，船翻掉了，流寇全部死亡。

雨 雨神名漭浣本郎，雨师名萍翳。

商羊舞　齐有一足鸟，舞于殿前。齐侯问于孔子，孔子曰：“此鸟名商羊。儿童有谣曰：‘天将大雨，商羊鼓舞。’是为大雨之兆。”后果然。

石燕飞　《湘州记》：零陵山有石燕，遇风雨则起飞舞，雨止还为石。

洗兵雨　武王伐纣，风霁而乘以大雨。散宜生谏曰：“非妖与？”武王曰：“非也，天洗兵也。”

雨工　唐柳毅，过洞庭，见女子牧羊道畔，怪而问之。女曰：“非羊也。此雨工雷霆之类也。”遂为女致书龙宫，妻毅以女。今为洞庭君。

【译文】商羊舞　齐国有一只脚的鸟在宫殿前翩翩起舞，齐侯便询问孔子，孔子说：“这鸟名叫商羊，童谣传说：‘天要下大雨，商羊就要起舞。’这是要下大雨的预兆。”后来果然下了大雨。

石燕飞　《湘州记》上说零陵山有一只石燕，遇到大风雨就翩翩起舞，雨停了仍旧是石头。

洗兵雨　周武王讨伐昏君商纣王，风停止了，却下起大雨。散宜生劝谏说：“难道不是坏兆头么？”周武王说：“并不是，这是老天爷帮我们清洗兵器。”

雨工　唐朝的柳毅路过洞庭湖看见有一位美丽少女在路边放羊（那些羊的步态极为雄健），柳毅因为好奇便上前询问，少女说：“这些并不是普通的羊，而是雨工和雷神变化而成的。”于是柳毅帮少女捎信到龙宫，龙王将少女嫁给他，现在做洞庭湖的主人。

蜥蜴致雨　关中求雨，寻蜥蜴十数，置瓮中，童男女咒曰：“蜥蜴蜥蜴，兴云吐雾，致雨滂沱，放汝归去。”宋咸平时用此法祷雨，屡验。

于小春月内雨为液雨。时雨为澍雨。雨雪杂下为雨汁。

御史雨　唐平原有冤狱，天久不雨。颜真卿为御史，按行部邑决狱而雨，号“御史雨”。

随车雨　宋陈戬知处州，时大旱，公下车，雨遂沾足，人谓之随车雨。

三年不雨　于公，东海郡决曹，决狱平恕。海州孝妇少寡，无子，姑欲嫁之，不肯。姑自经。姑女诬告孝妇，捕治，狱成。于公以为冤，太守竟杀之，郡中三年苦旱。后守听于公言，徒步往祭，立雨。

【译文】蜥蜴致雨　关中地区的人求雨往往找来十几条蜥蜴放在瓮里面，让童男童女念咒语：“蜥蜴蜥蜴，兴云吐雾。致雨滂沱，放汝归去。”宋朝的咸平年间使用这个方法求雨，每次都灵验。

在小春月里下雨叫作液雨。及时雨叫作澍雨。雨夹雪叫作雨汁。

御史雨　唐朝的平原郡因为有冤案，久久不下雨。那时颜真卿担任御史，巡行平原郡审判冤案刚结束，天就下起了雨，这雨被称为“御史雨”。

随车雨　宋朝的陈戬担任处州知州，当时正值大旱，他一下车，就下起雨来，而且雨量充足。百姓把这雨叫作“随车雨”。

三年不雨　于公做东海郡的决曹，断案子公正仁厚。海州有个孝顺的媳妇死了丈夫，没有儿子，婆婆想让她改嫁，媳妇不愿意，婆婆便自杀了。婆婆的女儿诬告孝顺媳妇杀死婆婆，官府逮捕了媳妇，杀婆婆的罪名成立。于公认为其中有冤情，太守最终还是杀了媳妇，致使东海郡连续三年大旱。后来太守听从于公的话，亲自徒步去祭奠这位孝顺的媳妇，立刻就下起了雨。

侍郎雨　正统九年，浙江台宁等府久旱，民多疾疫。上遣礼部右侍郎王英，赍香帛往祀南镇。英至绍兴，大雨，水深二尺。祭祀之夕，雨止见星。次日，又大雨，田野沾足。人皆曰：“此侍郎雨也。”

雨雹如斗　汉方储，官太常。永元中郊祀，储言且有天变，宜更择日，上不从。已而风日晴畅。郊还，责其欺罔，因饮鸩死。须臾，雨雹大如斗，死者千计。上使召储，无及矣。

冒雨剪韭　郭林宗友人夜至，冒雨剪韭作炊饼。杜诗：“夜雨剪春韭。”

雨粟雨金钱　仓颉造字成，天雨粟，鬼夜哭。大禹时，天雨金三日。翁仲儒家极贫，天雨金十饼，称巨富。熊衮至孝，父母死，不能葬，呼天号泣，天雨钱十万，以终其葬事。

【译文】侍郎雨　明朝正统九年（公元1444年），浙江台州、宁波等府大旱了很久，百姓很多都染上瘟疫。皇帝命礼部侍郎王英携着香和帛布到南方祭祀求雨。王英刚到绍兴就下起了瓢泼大雨，雨水有二尺来深。祭祀当晚，雨停后能看见星星。第二天又下大雨，田里有了足够的水。百姓都说："这是侍郎雨啊。"

雨雹如斗　汉朝的方储担任太常，永元年间皇帝举行郊祀，方储说将要有天象的剧变，最好改天再举行，皇帝并不听从他的建议。不久便风和日丽。皇帝郊祀回来以后便责备他欺君罔上，因而赐与毒酒。方储到家饮毒酒而死。可是没一会儿，天上下冰雹就像斗一样大，砸死了上千人。皇帝连忙召见方储，已经来不及了。

冒雨剪韭　郭林宗的朋友来看他，郭林宗亲自去菜园摘取韭菜给朋友做炊饼。杜甫的诗《赠卫八处士》便说："夜雨剪春韭。"

雨粟雨金钱　仓颉创造汉字成功以后，天上就下起了粟米，晚上鬼魂也因此哭泣。大禹时期，天上下了三天的金子。翁仲儒家特别穷，老天爷就给他下了十块金饼，后来变成大富翁。熊衮特别孝顺，父母去世，没钱下葬，于是对着苍天哭号，老天爷下了十万块钱，让他完成葬礼。

雨　《大戴经》云：天地积阴，温则为雨。雹，雨冰也，盛阳雨水温暖，阴气胁之不相入，则转而为雹。

毕星好雨　月行西南入于毕，则多雨。《易》曰："云行雨施，品物流形。"俗云："雨三日以往为霖。"小雨曰霡霂，大雨曰霶霈，久雨为霪雨，亦曰天漏。

祷雨　汤有七年之旱，太史占之曰："当以人祷。"汤曰："吾所为请雨者，民也。若以人祷，吾请自当。"遂斋戒，剪发断爪，素车白马，身婴白茅，以为牺牲，祷于桑林之野，以六事自责曰："政不节欤？民失职欤？宫室崇欤？女谒盛欤？苞苴行欤？谗夫昌欤？"言未已，大雨，方数千里。

【译文】雨　《大戴礼记》记载：天地之间积聚的阴气，温暖时就变成雨。冰雹下的是冰块，盛夏时节雨水温暖，阴气与雨水不能相容，就变成了冰雹。

毕星好雨　月亮向西南方向运行进入毕宿就会多雨。《易经》记载："云气流行，雨水降落，繁育万物，赋予形体。"俗语说："雨下了三天以上就叫霖雨。"小雨叫作霡霂，大雨叫作霶霈，雨下很久叫作霪雨，也叫作天漏。

祷雨　成汤在位时有七年的大旱，太史占卜后说："应当拿活人献祭祈祷方能灵验。"成汤说："我求雨就是为了百姓，如果拿人来祈祷求雨，我就自己来做祭品。"因而斋戒，剪掉头发和指甲，坐着白马驾驶的没有纹饰的车子，身上绑缚着白茅，作为祭品，在桑林的郊外祈祷，拿六件事情责怪自己："是我治理没有节制吗？奴役百姓太过分了吗？宫殿是很壮丽吗？嫔妃是很多吗？贪污腐败太盛行了吗？佞人太得势了吗？"还没说完，就下起大雨，绵延数千里。

霖雨放宫人　宋开宝五年，大雨，河决。太祖谓宰相曰："霖雨不止，得非时政所阙。朕恐掖庭幽闭者众。"因告谕后宫："有愿归其家者，具以情言。"得百名，悉厚赐遣之。

上图得雨　宋神宗七年，大旱，岁饥，征敛苛急，流民扶携塞道，羸疾无完衣，或茹木实草根，至身被锁械，而负瓦揭木，卖以偿官，累累不绝。监安上门郑侠乃绘所见为图，发马递上之言："陛下亲臣图，以行臣之言，一日不雨，乞斩臣，以正欺君之罪。"帝见图长叹，寝不能寐。翌旦，命罢新法十八事。民闻之，欢呼相贺。是日，大雨，远近沾洽。

【译文】霖雨放宫人　北宋开宝年间，天下大雨，黄河决堤。宋太祖对宰相说：“大雨不停，难道不是因为政事有缺憾吗？我恐怕后宫独守空房的宫女有很多。”因而传令后宫：“有愿意回家的以实情来告。”大约一百名宫女要回家，全部给予重赏并发送回家了。

上图得雨　宋神宗熙宁七年天下大旱，收成也很坏，而朝廷征收赋税仍很急迫，流亡的百姓互相搀扶着布满道路，身体瘦得不成样子，衣服破碎不堪，有的就挖草根吃果子，甚至于有的百姓没能力缴纳赋税因而被戴上枷锁，只好卖掉屋子用以偿还抵押，像这样的人很多。安上门的监门官名叫郑侠的因而画了一幅流民图，派人乘马送给皇帝看并且上书说：“陛下要能看到这幅画，能按我的话办，一天以内不下雨，就请求将我砍头，以惩罚我的欺君大罪。”皇帝看见流民图后久久叹息，夜不能寐。第二天早上就下令废除新的法令里的十八件事。老百姓听说后都欢欣鼓舞，互相庆祝。当天就下了大雨，无论远近都下足了雨水。

商霖　宋徽宗时，蔡京久盗国柄，中外怨疾。商英能立异同，更称为贤，帝因人望而相之。时久旱，彗星中天，商英受命。是夕，彗不见。明日，雨。帝喜书“商霖”二字赐之。

兵道雨　明蔡懋德，以参政备兵真定。天久旱，尺寸土皆焦。懋德祷雨辄应，属邑民争迎之。祷所至，即雨，民欢呼曰“兵道雨”。

大雹示警　周孝王命秦非子主马于汧、渭之间，马大蕃息，王封为附庸之君，邑于秦，使续伯益后。其日大雨雹，牛马死，江汉俱冻。

明天启二年，大雨雹着屋，瓦碛俱碎，禾稼多伤。

雨血　元顺帝二年正月朔，雨血于汴梁，着衣皆赤。

【译文】商霖　宋徽宗的时候，蔡京一直把持朝政，朝野上下人人都很痛恨。商英能有独立的主张，被人交口称赞，被认为是贤者，皇帝因为他受人爱戴便要封为宰相。当时干旱很久了，彗星也出现在天上，商英刚被任命为宰相的当晚彗星就不见了。第二天就下了雨。皇帝欣喜若狂，亲自书写了“商霖”两个字赐给他。

兵道雨　明朝的蔡懋德以参知政事的身份到真定驻军，那里已经干旱很久，所有田地都像烧焦了一样。蔡懋德每次祈祷求雨都能灵验，因而辖区内的老百姓争着欢迎他去求雨，他每到一处就下起雨，老百姓高兴地喊叫道：“这是兵道雨！”

大雹示警　周孝王命令秦非子在汧水和渭水之间的草地上主管养马等事，马群数量增加得很快，因而周孝王封秦非子为附属的君主，把秦地赐给他作为封地，让他继承伯益的后代。当但天就下起了大冰雹，牛群马群死伤无数，长江和汉水都结了冰。

明朝天启二年（公元1622年），天上下大冰雹，砸在屋顶，屋瓦和石头都砸碎了，田里的庄稼大多被蹂躏。

雨血　元顺帝元统二年（公元1334年）正月初一那天，汴梁城里下起了血雨，沾在衣裳上面都呈现血红色。

雷 电 虹霓

雷神名丰隆；电神名缺列；虹霓，一名挈贰，一名天弓，一名蝃蝀。

雷候 仲春之月，雷乃发声，始电。蛰虫咸动，启户始出。仲秋之月，雷始收声，蛰虫坏户。《传》曰：雷八月入地百八十日。

闻雷造墓 三国王裒父仪，以直言忤司马昭，见杀。裒终身未尝西向而坐，示不臣晋也。庐墓悲号，流涕着树，树为之枯。读《诗》至"哀哀父母"则三复呜咽，门人辄废《蓼莪》。母存日，畏雷，殁后，每雷震，即造墓，曰："裒在此。"

【译文】雷候 农历二月雷神就开始打雷闪电。冬眠的昆虫开始爬出洞穴。农历八月雷神就开始不打雷了，过冬的昆虫蛰伏在洞穴里，用泥土堵塞洞门。《传》里说："雷神到了农历八月份就钻入地底下，一直要待上一百八十天才出来。"

闻雷造墓 三国时期王裒的父亲王仪因为直言进谏触怒了司马昭，被司马昭杀害。王裒因此终身不曾面西坐下，代表绝不臣服晋朝。每天在父亲墓地旁的小房子里面哀号哭泣，泪水沾湿了树木，树木便也因此枯萎。当读《诗经》读到"哀哀父母"时总是不停地哭，他的学生们因此也就不读《蓼莪》这篇诗。他母亲还在世的时候特别害怕打雷，等到母亲死后每次打雷，他就赶到墓地旁对母亲说："孩儿王裒在这里。”

霹雳破倚柱　《世说》：夏侯玄尝倚柱读书，时暴雨，霹雳破所倚柱，衣服焦然，神色无变，读书如故。与《晋纪》诸葛诞事相同。

《世纪》：神农氏之末少昊氏娶附宝，见大电光绕北斗枢星照郊，感附宝孕，二十月生黄帝于寿丘。

《南唐书》：陆昭符，金陵人，开宝中为常州刺史。一日，坐厅事，雷雨猝至，电光如金蛇绕案，吏卒皆震仆，昭符神色自若，抚案叱之，雷电遽散。得铁索，重百斤，徐命举索纳库中。

【译文】霹雳破倚柱　《世说新语》记载：夏侯玄曾经靠着柱子读书，当时正下暴雨，突然一个闪电打下来，正击中他靠着的柱子，衣服都被烧烂了，面色一点也没改变，照旧读书。这和《晋纪》记载的诸葛诞事迹相同。

《帝王世纪》记载：神农氏的后代少昊氏娶了附宝，附宝有一次看见巨大的闪电缠绕着北斗枢星照耀郊外，因此受到感应，怀上了孩子。经过二十个月在寿丘这个地方生下了黄帝。

《南唐书》记载：陆昭符是金陵人氏，开宝年间担任常州刺史。有一天坐在公事厅里，突然暴风雷雨滚滚袭来，闪电光芒就好比金色的蛇盘绕着桌案，小吏士卒全部吓趴下。只有陆昭符一个人神态自若，用手掌按在桌案上大声呵斥闪电，一瞬间雷雨全都散去。在地上发现一根大铁索，重达百斤，陆昭符不紧不慢地让下人把铁索搬到库房里去。

孔子作《春秋》，制《孝经》，书成，告备于天，天乃洪郁起白雾摩地，赤虹自上而下，化为黄玉，长者三尺，上有刻文，孔子拜而受之。

汉灵帝时，有黑气堕温德殿中，大如车盖，隆起奋迅，五色，有头，体长十余丈，形貌如龙。上问蔡邕，对曰："所谓天投蜺也，不见足尾，不得称龙。"占曰："天子内惑女色，外无忠臣，兵革将起。"

【译文】孔子写作《春秋》和《孝经》完成以后，向上天报告两书已经完备。上天因而生出白色的浓雾降到地面，有大红色的虹霓从天而降，化作黄色的玉，玉有三尺来长，上面雕刻着文字，孔子对天跪拜后领受了黄玉。

汉灵帝的时候有黑色的气体降落在温德殿里，就像马车的车盖一般大，迅猛地升起，全身五种颜色，有头，大约十丈长，形象就像龙。皇帝询问蔡邕，蔡邕回答说："这就是所谓的天上扔下的蜺，看不到爪子和尾巴，算不上龙。"占卜的结果是："皇帝在后宫沉迷女色，在朝廷上没有忠臣辅助，天下即将大乱。"

雷州英灵冈，相传雷出于此。《国史补》：雷州春夏多雷，秋日则伏地中，其状如彘，或取而食之。又府城南有雷公庙，每岁乡人造雷鼓雷车送入庙中，或以鱼彘同食者，立有霆震。

感雷精　《论衡》曰："子路感雷精而生，故好事。"

雷神　曹州泽中有雷神，龙身而人首，鼓其腹则鸣。《史记》："舜渔于雷泽。"即此。

占虹霓诗　彭友信以贡至京师，遇上微行，占《虹霓》诗二句云："谁把青红线两条，和云和雨系天腰。"命友信续之，应声曰："玉皇昨夜銮舆出，万里长空驾彩桥。"上大悦，问其籍，命翌晨候于竹桥，同入朝。友信如言，候久不至，遂入朝。上召问故，以实对。上曰：“此秀才有学有行。”遂授北平布政使。

【译文】雷州的英灵冈，相传雷神在这里出世。《国史补》记载：雷州春夏两季打雷比较频繁，秋季雷神就潜伏地底，形状就像野猪，有人还捉来食用。又相传雷州西南有雷公庙，每年乡里人都会制作好雷鼓和雷车送到庙里，如果有人边吃鱼边吃这种野猪就会打雷。

感雷精　《论衡》里说：“子路是受雷神感应而生的，所以特别喜欢生事。”

雷神　曹州的大泽中有雷神，有龙的身体却长着人的头颅，敲打它的肚子就会发出响声。《史记》里记载：“虞舜帝在雷泽打鱼。”说的就是这里。

占虹霓诗　彭友信到京城参加贡举考试，遇到皇帝微服私访，皇帝随口吟出两句诗：“谁把青红色两条丝带连同云彩和雨系在天空的腰部呢？”让彭友信接着吟，彭友信立刻吟道：“玉皇昨晚乘着銮舆出了皇宫，所以天上架起了彩色的桥梁。”皇帝十分喜悦，问他籍贯是哪里，还让他明早在竹桥上面等候，好一起入京上朝。彭友信按照吩咐在那里等，等了很久也不见皇帝来，于是自己一个人到皇宫去了。皇上召来问他怎么不等自己就离开了，彭友信实话实说，说等了很久也不见皇帝来，自己就上路了。皇上说：“这个秀才既有学问又有品行。”于是授予他北平布政使的职务。

雷神名　雷，阴阳薄动，生物者也。又黔雷，天上造化神名。电，雷光也，阴阳激耀也。霹雳，雷之急激者。闪电曰雷鞭。唐诗：“雷车电作鞭。”又电神，名列缺。《思玄赋》：“列缺晔其照夜。”

律令　《资暇录》：律令是雷边捷鬼，善走，与雷相疾连，故符咒云："急急如律令。"

阿香　《搜神记》：永和中，有人暮宿道旁女子家。夜半闻小儿呼："阿香！官唤汝推雷车。"急骤雷雨。明日视宿家，乃一新冢。

谢仙　《国史》：祥符中，岳州玉仙观为天火所焚，惟留一柱，有"谢仙火"三字，倒书而刻之。何仙姑云："谢仙，雷部，司掌火。"

【译文】雷神名　雷是阴阳两种气的激荡震动，可以繁育万物。另有一说法，黔雷是天上主管制造万物的神灵的名字。电是雷的光芒，也是阴阳激荡照耀所产生。霹雳是一种特别迅疾激烈的雷。闪电又叫作雷鞭。唐人有诗句："雷车电作鞭。"另外电神的名字叫列缺。《思玄赋》里说："电神列缺光芒万丈照耀了黑夜。"

律令　《资暇录》里说："律令是雷神身旁跑得特别快的小鬼，和雷有关联，所以道士念咒语时总是说：'急急如律令'。"

阿香　《搜神记》里说："汉朝永和年间有人傍晚借宿路边一名女子家里，三更半夜那人听见有小孩子呼喊声：'阿香啊，天官喊你去推雷车呢！'突然就下起了大雷雨。第二天那人离开时，回头看借宿的人家，原来竟是一座新坟。"

谢仙　《国史》记载："北宋祥符年间，岳州的玉仙观被天降的雷火焚毁，只留下一个柱子，柱子上写着'谢仙火'三字，字是被倒着刻上去的。何仙姑说：'谢仙属于雷神的部下，掌管雷火。'"

雷震而生　陈时，雷州民陈氏获一卵，围及尺余，携归。忽一日，雷震而开，生子，有文在手，曰"雷州"。及长，名文玉，后拜本州刺史，多惠政。没而灵异，立庙以祀。

霹雳斗　齐神武道逢雷雨，前有浮图一所，使薛孤延视之。未至三十步，震烧浮图。薛大声喝杀，绕浮图走，火遂灭。及还，须发皆焦。

雷同　《论语谶》：雷震百里，声相附也，谓言语之符合，如闻雷声之相同也。

冬月必雷　《隋史》：马湖府西，万岁征西南夷过此，镌“雷番山”三字于石。山中草有毒，经过头畜，必笼其口，行人亦必缄默，若或高声，虽冬月必有雷震之应。

【译文】雷震而生　陈朝时，雷州的村民陈氏捡到一枚蛋，周长有一尺多，便把它带回家去了。突然有一天那个蛋像打雷一样震开，生出一个婴儿，婴儿手心里有文字，是“雷州”两字。婴儿长大以后起名字叫文玉，后来做了雷州的刺史，在任期间施行了很多好政策。死后还常常显灵，百姓为他建了庙祭祀他。

霹雳斗　高欢（东魏宰相，其子高洋建立北齐，尊其为神武帝）在进军途中遭遇大雷雨，正好前面有一座寺庙，于是让薛孤延去察看。还没走上三十步只见闪电劈在寺庙上，燃起大火把庙给烧着。薛孤延大喝一声，绕着庙奔跑，大火便熄灭了。他回到高欢身边时胡子和头发都烧焦了。

雷同　《论语谶》里说：“雷同的意思是打雷声传遍方圆百里的地方，每个地方的声音都互相附和。用来比喻说话一模一样，就像雷声附和一般。”

冬月必雷　《隋书》记载：“马湖府城的西边，皇上征讨西南蛮夷时经过这里，在石头上凿刻有‘雷番山’三字。这山上面的草木都有毒，路过的牧人要把所赶的牲畜嘴巴罩住，行人也要静默不能说话，假如大声说话，即使是冬天也会有打雷声来应和。”

暴雷震死 商武乙无道，为偶人，谓之天神。与博不胜，而戮之。为革囊盛血，仰射之，谓之射天。猎于河渭之间，暴雷震死。

假雷击人 《广舆记》：铅山人某，常悦东邻妇某氏，挑之，不从。值其夫寝疾，天大雷雨，乃着花衣为两翼，跃入邻家，奋铁椎杀之，仍跃而出。妇以其夫真遭雷击也。服除，其人遣媒求娶。妇因改适，伉俪甚笃。一日，妇检箱箧，得所谓花衣两翼者，怪其异制。其人笑曰：“当年若非此衣，安得汝为妻！”因叙事始末。妇亦佯笑。俟其出，抱衣诉官，论绞。绞之日，雷大发，身首异处，若肢裂者。

【译文】暴雷震死 商王武乙是个无道的昏君，把造的木偶称作天神，和木偶搏斗失败，一怒之下毁坏了木偶。还用皮囊盛着血液朝上喷射，说是“射天”。后来他在黄河和渭水间游猎，被突如其来的闪电给震死了。

假雷击人 《广舆记》记载：铅山有个人爱慕东边邻家的一女子，挑逗她不成功，于是趁着她丈夫夜里睡觉，在暴风雨天气里穿着制成一对翅膀的彩色衣服，跳进邻家，举起大铁椎砸死了她丈夫，仍然跳着跑出来。那女子以为丈夫真的是被雷神劈死了。守孝结束后，那人派媒人说亲并迎娶那女子，女子便嫁给他，夫妻俩感情特别好。某一天女子收拾箱子，找出一件彩色衣服，上面还有翅膀状的东西，对这种奇异的形制表示好奇。那人笑着说：“当年要不是这件衣服，我哪能娶你为妻呢？”因而把事情经过都讲了出来，女子也佯装附和着笑。等那人出门便抱着那件衣服去报官。官府判处那人绞刑，行刑那天雷声大作，将那人劈成两半，就像肢解一般。

虹霓　虹，蝃蝀也。阴气起而阳气不应则为虹。又音绛，亦螮蝀也。《诗经》："蝃蝀在东。"霓，屈虹也。《说文》：阴气也。通作"蜺"。《天文志》："抱珥虹蜺"。一云雄曰虹，雌曰霓。沈约《郊居赋》："雌霓连蜷。"《西京赋》："直螮蝀以高居。"又朝西暮东，东晴西雨。

虹绕虹临　《通鉴》：太昊之母履巨人迹，意有动，虹且绕之，因娠而生帝于成纪。少昊，黄帝之子，母曰"螺祖"，感大星如虹，下临华渚之祥而生。

【译文】虹霓　虹就是蝃蝀。阴气升起而阳气不敌就变成虹。又读作"绛"，也就是螮蝀。《诗经》里说："螮蝀在东。"霓就是弯的虹。《说文》："是阴气造成。"通常写成"蜺"。《汉书·天文志》记载："抱珥虹蜺。"另个说法认为雄性的叫虹，雌性的叫霓。沈约写的《郊居赋》里说："雌霓连蜷。"班固的《西京赋》里则说："直螮蝀以高居。"另外，又相传虹霓早晨出现在西边天空，傍晚出现在东边，在东边出现时预示着要放晴，在西边则预示着要下雨。

虹绕虹临　《资治通鉴》记载："太昊的母亲踩上巨人留下的脚印，心中受到感应，还有彩虹环绕着她，因而怀孕，在成纪生下了太昊。少昊是黄帝的儿子，母亲叫嫘祖，有一回遇到像彩虹一样的大星降临到华渚岸边，受到祥瑞的感应才生下了少昊。"

雪雪神名滕六霜霜神名青女

滕六降雪　唐萧志忠为晋州刺史，欲出猎，有樵者见群兽，哀请于九冥使者（山神）。使者曰："若令滕六降雪，巽二起风，则使君不出矣。"天未明，风雪大作，萧果不出。

《韩诗外传》："凡草木花多五出，雪花独六出。阴极之数，立春则五出矣。雪花曰霙。"

柳絮因风　晋谢太傅大雪家宴，子女侍坐。公曰："白雪纷纷何所似？"兄子朗曰："撒盐空中差可拟。"兄女道韫曰："不若柳絮因风起。"公大称赏。

【译文】滕六降雪　唐朝的萧志忠做晋州刺史时想要出城打猎，有个樵夫看见一大群野兽哀求九冥使者（山神）保护他们，九冥使者说："如果叫滕六降雪，巽二刮起风，那刺史就不会出城了。"天还没大亮，就刮起大风下起大雪，萧志忠果然不再出城打猎了。

《韩诗外传》记载："大部分草木的花朵都是五瓣，唯独雪花是六瓣，这是因为对应阴气最盛的数字'六'，到立春以后再下雪就是五瓣的雪花了。雪花又叫霙。"

柳絮因风　东晋的谢安在大雪天开设家庭宴会，族中的子女都坐一旁侍奉。谢安问："纷纷扬扬的大雪可以比喻成什么呀？"谢安兄长的儿子谢朗回答说："差不多像盐巴撒到天空上。"另一兄长的女儿谢道韫却说："不如比作趁着春风飞舞的柳絮。"谢安大为称赞。

雪水烹茶　宋陶穀得党家姬，遇雪，取雪水烹茶，请姬曰："党家亦知此味否？"姬曰："彼武夫安有此？但知于锦帐中饮羊羔酒耳。"公为一笑。

欲仙去　越人王冕，当天大雪，赤脚登炉峰，四顾大呼曰："天地皆白玉合成，使人心胆澄澈，便欲仙去！"

【译文】雪水烹茶　宋朝的陶穀得到一名党太尉家的姬妾。有一天下大雪，取来雪水煮茶，对姬妾说："党太尉家里也懂得这种高雅风味吗？"姬妾笑说："他一介武夫怎么会懂这个？只不过懂得在华美的帐子里饮用羊羔酒而已。"陶穀听罢为之一笑。

欲仙去　越地人王冕趁着大雪天，赤脚攀登庐山的香炉峰，举目四望大声呼喊："天和地都是白玉雕塑而成，让人心胸为之清明澄澈，简直想要成仙飞翔。"

剡溪雪　王子猷居山阴，于雪夜棹小舟往剡溪访戴安道，未到门而返。仆问之，答曰："乘兴而来，兴尽而返，何必见戴？"

卧雪　袁安遇大雪，闭门僵卧。洛阳令行部，见民家皆除雪出。至安门，无行迹。疑安已死，急令人除雪入户，见安僵卧。问安何以不出。安曰："大雪人皆饿，不宜干人。"令贤之，举为孝廉。

【译文】剡溪雪　王徽之（字子猷）在山阴居住，有一次在雪天的晚上乘着小舟前往剡溪去看望老友戴安道，还没抵达门前就划船回去了。仆人询问他缘由，他说：“本就是乘着兴致去的，兴致没有了就回来，干吗非要见到戴安道呢？”

卧雪　袁安有一次遇上下大雪，自己关着门在家躺着不动。洛阳县令到处察看居民灾害情况，只见别的居民都出门扫雪了。到了袁安门口却没有人走动的痕迹。县令疑心袁安已经冻死，连忙让人扫开雪进入他家，只见袁安直挺挺躺着不动，便很奇怪，问他怎么不出门。袁安说：“大雪灾百姓都很饿，我不好去麻烦求人。”县令认为他很有德行，于是举荐他为孝廉。

嚼梅咽雪　铁脚道人，尝爱赤脚走雪中，兴发则朗诵《南华·秋水篇》，嚼梅花满口，和雪咽之，曰：“吾欲寒香沁入心骨。”

神仙中人　晋王恭尝披鹤氅涉雪而行，孟旭见之，曰：“此真神仙中人也。”

大雪践约　环州蕃部奴讹者，素倔强，未尝出谒郡守。闻种世衡至，出迎。世衡约明日造其帐。是夕大雪，深三尺。左右曰：“地险不可往！”世衡曰：“吾方结诸羌以信，讵可失期？”遂缘险而入。奴讹讶曰：“公乃不疑我耶！”率部落罗拜听命。

【译文】嚼梅咽雪　铁脚道人经常赤脚走在雪里，高兴时便朗诵《庄子·秋水》，嘴巴里塞满了梅花，伴着雪大口咀嚼，对人说：“我是想让寒冷的香气侵入骨髓。”

神仙中人　晋朝的王恭曾经穿着鹤的羽毛做的大氅在雪里步行，孟旭看见了，连声赞叹：“这真是仙人啊！”

大雪践约　环州的蕃部首领叫奴讹，性子一向很倔强，从来不曾去拜见太守。有次听说种世衡来做太守，就出城迎接。种世衡和他约定第二天到他帐幕里拜访。当天夜里就下起大雪，足足有三尺深。种世衡的下人说："大雪天到那太危险，最好别去。"种世衡回说："我正准备用信用来结交各族部落，怎么能失约呢？"于是冒险来到帐幕中，奴讹很惊讶，说："您竟然都不疑心我吗？"因而率领各部人马一起拜见种世衡，表示愿意效犬马之劳。

雪夜入蔡州　李愬乘雪夜入蔡州，搅乱鹅鸭池，及军声达于吴元济卧榻，仓卒惊起，围而擒之。

踏雪寻梅　郑綮情怀旷达，常冒雪骑驴寻梅，曰："吾诗思在灞桥风雪中驴背上。"

雪　《大戴经》云：天地积阴，寒则为雪。《氾胜之书》：雪为五谷之精。又云"冬雪兆丰年"。故冬雪为瑞雪。诗有"宜瑞不宜多"之句。

啮雪咽毡　苏武持节使匈奴。幽武大窖中，啮雪咽毡，数日不死，匈奴神之。

映雪读书　孙康家贫，好学，尝于冬夜映雪读书。

【译文】雪夜入蔡州　李愬冒着大雪攻破蔡州城的那晚，军队把养着鹅和鸭子的池子搅乱，趁着杂乱的声响攻入城内，一直到达吴元济的床前，吴元济仓惶地爬起来，军队把他围起来活捉了。

踏雪寻梅　郑綮为人胸襟旷达，常常冒着大雪骑着驴子探寻梅花，曾对人说："我的诗情只有在下雪的灞桥上乘着驴子才有。"

雪　《大戴礼记》记载："天地之间的阴气积聚多了很寒冷，也就变成雪。"《氾胜之书》记载："雪是五谷的精髓。"又说："冬雪兆丰年。"所以冬天的雪被称作瑞雪。有诗句说道："为瑞不宜多。"

啮雪咽毡　汉朝的苏武握着符节出使匈奴，被匈奴人关在地窖里，苏武吃着雪吞咽毡毛，几天不死，匈奴认为他会神术。

映雪读书　孙康家里穷，为人却很勤学用功，曾经在冬天晚上照着雪光来读书。

雪夜幸普家　宋太祖数微行过功臣家。一日大雪，伺夜，普意太祖不出。久之，闻叩门声，普亟出，太祖立风雪中。

霜　露之所结也。《大戴礼》云：霜露阴阳之气，阴气盛则凝而为霜。《易》曰："履霜坚冰至。"《诗》："岐节贯秋霜。"

五月降霜　《白帖》：邹衍事燕惠王，尽忠。左右谮之，王系之狱。衍仰天而哭，五月为之降霜。

【译文】雪夜幸普家　宋太祖数次微服造访功臣家里，有一天傍晚下大雪，赵普估摸着太祖不会出宫了。谁知没过多久就听见敲门声，赵普急忙开门一看，太祖正站在风雪之中。

霜　霜是露珠凝结成的。《大戴礼记》说："霜露都是阴阳之气形成的，阴气更重一点就凝聚成霜了。"《周易》里说："踩着霜就知道快要下雪了。"《诗经》里也说："高尚的节操就像秋天的霜一样白。"

五月降霜　《白氏六帖》里记载："邹衍对燕惠王很忠诚，燕王左右的近臣说了他坏话，于是把他投入监狱。邹衍仰天大哭，五月天里下起了霜。"

露露一名天乳，一名天酒　雾　冰

花露　杨太真每宿酒初消，多苦肺热。凌晨，至后苑，傍花口吸花露以润肺。

仙人掌露　汉武帝建柏梁台，高五十丈，以铜柱置仙人掌，擎玉盘，以承云表之露，和玉屑服之，以求仙也。

露　夜气着物为露。《玉篇》曰："天之津液，下所润万物也。"

【译文】花露　杨贵妃每天早上残酒没清醒时总是因为肺热而痛苦，往往凌晨到后苑里凑近花朵吮吸花的朝露润泽肺部。

仙人掌露　汉武帝曾建造了柏梁台，高五十丈，在铜制的柱子上安装了仙人举着手掌的铜像，手掌上托着玉制的盘子，用来接云里落下来的露水，把露水和玉粉末混一起服用，可以长生不老，修炼成仙人。

露　夜里的气碰到物体就变成露。《玉篇》说："天的津液就是露水，可以润泽地上的万物。"

雾　地气上，天不应也。《元命苞》曰："阴阳乱为雾，气蒙冒覆地之物。"

冰　冬水所结。天寒地冻，则水凝结而坚也。

甘露　梁绍，贵县人，以孝名，有甘露着松树上。后为广东提刑干官。苏轼询知状，为署其斋曰“甘露”，林曰“瑞松”，其读书处曰“薰风”。

作十里雾　神农氏世衰，诸侯相侵伐，炎帝榆罔，弗能征。轩辕修德治兵，以征不享。与蚩尤战于涿鹿，蚩尤作雾十里，以迷轩辕，乃以指南车擒杀之。

【译文】雾　地里的气没有成功升上天就是雾。《元命苞》里说：“阴阳之气混乱就变成了雾，是一种气状的覆盖遮住大地的东西。”

冰　冰是冬天的水所凝结成的东西。天气寒冷，大地冻住，水就会结成厚厚的冰。

甘露　梁绍是贵县人，以孝顺父母闻名乡里，致使甘甜的露水凝结在松枝树上，后来做官一直做到广东提刑干官。苏轼打听到他很孝顺，于是给他住处题字叫“甘露”，给松林题字叫“瑞松”，读书的屋子题字叫“薰风”。

作十里雾　神农帝的后代衰落，诸侯互相讨伐征战，炎帝和榆罔都不能征讨他们。轩辕黄帝却砥砺德行，训练军队，征讨那些不服从帝命的诸侯。后来和蚩尤在涿鹿大战，蚩尤制造了方圆十里的大雾来迷惑黄帝军队，黄帝最后用指南车冲出去杀掉了蚩尤。

伐冰之家　卿大夫以上丧祭，用冰者也。

冰人冰泮　晋令狐策梦立冰上，与冰下人语。索占之，曰：“为阳语阴，媒介事也。当为人作媒，冰泮成婚。”后太守田豹，为子求张嘉贞女，使策为媒，果于仲春成婚。故今称媒人亦曰

“冰人”。《诗经》曰：“迨其冰泮。”

冰生于水 《荀子》：“冰生于水而寒于水。”比后进之过于先生也。

冰山 唐杨国忠为右相，或劝陕郡进士张彖谒国忠，曰：“见之，富贵立可图。”彖曰：“君辈倚杨右相若泰山，吾以为冰山耳。若皎日既出，君辈得无失所恃乎？”遂隐居嵩山。

冰柱 明正德十年，文安县一日河水忽僵立，风色甚寒，冻结为柱，高围俱五丈，中空而旁穴。数日，流贼过县，乡民走入穴中避之，赖以保全者，何啻百万！

【译文】伐冰之家 卿大夫以上身份的人家遇到葬礼和献祭时就要用冰，被称作“伐冰之家”。

冰人冰泮 晋朝的令狐策梦见自己站在冰块上面和冰块下面的人交谈。醒后找人占卜，占卜结果说：“身为阳间的人和阴间的人说话，说明要给人做媒，等冰块融化就能成婚。”后来当地太守田豹请求张嘉贞的女儿做自己儿媳妇，让令狐策保媒，果然在农历二月举行婚礼。所以现在把媒人也叫作“冰人”。《诗经》里说：“等到冰化。”

冰生于水 《荀子》里说：“冰是从水变化而来，可是比水寒冷。”这是把冰比作比老师更厉害的晚辈学生的话。

冰山 唐朝的杨国忠做右相，有人劝陕郡的进士张彖拜谒杨国忠，并且说：“拜见他可以很快求得荣华富贵。”张彖说：“你们依仗杨国忠就像崇敬泰山，可在我看来他不过是一座冰山，如果哪天太阳升起来把冰山融化，你们不就失去靠山了吗？”于是张彖到嵩山去隐居。

冰柱 明朝的正德十年（公元1515年），有一天一个叫文安县的地方突然河水竖直地立起来，那天的风很寒冷，于是便冻成了大冰柱，高度和周长都有五丈，里面是空心的，旁边还有小洞穴。没过几天有一伙流寇经过文安县城，百姓全部躲进这个洞穴里避难，靠冰柱存活下来的人有百万之众。

时令

律吕　六律属阳，十一月黄钟，正月太蔟，三月姑洗，五月蕤宾，七月夷则，九月无射；六吕属阴，十二月大吕，二月夹钟，四月仲吕，六月林钟，八月南吕，十月应钟。

十干　甲曰阏逢，乙曰旃蒙，丙曰柔兆，丁曰强圉，戊曰著雍，己曰屠维，庚曰上章，辛曰重光，壬曰玄黓，癸曰昭阳。

十二支　子曰困敦，丑曰赤奋，寅曰摄提，卯曰单阏，辰曰执徐，巳曰大荒落，午曰敦牂，未曰协洽，申曰涒滩，酉曰作噩，戌曰阉茂，亥曰大渊献。

【译文】律吕　六律的性质属于阳，十一月称作“黄钟”，正月十称作“太蔟”，三月叫“姑洗”，五月叫“蕤宾”，七月叫“夷则”，九月叫“无射”；六吕性质是属阴的，十二月叫“大吕”，二月叫“夹钟”，四月叫“仲吕”，六月叫“林钟”，八月叫“南吕”，十月叫“应钟”。

十干　甲叫“阏逢”，乙称作“旃蒙”，丙叫“柔兆”，丁叫“强圉”，戊叫“著雍”，己叫“屠维”，庚称作“上章”，辛称作“重光”，壬称作“玄黓”，癸称作“昭阳”。

十二支　子称作“困敦”，丑称作“赤奋”，寅称作“摄提”，卯称作“单阏”，辰称作“执徐”，巳称作“大荒落”，午称作“敦牂”，未称作“协洽”，申称作“涒滩”，酉称作“作噩”，戌称作“阉茂”，亥称作

"大渊献"。

十二肖　子鼠无胆，丑牛无上齿，寅虎无颈，卯兔无唇，辰龙无耳，巳蛇无足，午马无下齿，未羊无瞳，申猴无脾，酉鸡无外肾，戌狗无胃，亥猪无筋。鼠前四爪、后五爪，虎五爪，龙五爪，马单蹄，猴五爪，狗五爪，故属阳。牛两爪，兔缺唇，蛇双舌，羊分蹄，四爪，鸡四爪，猪四爪，故属阴。

三春曰陬月、如月、宿月。三夏曰余月、皋月、旦月。三秋曰相月、壮月、玄月。三冬曰阳月、辜月、涂月。

【译文】十二肖　十二生肖各有不足。子鼠没胆子，丑牛没上颚牙齿，寅虎没脖颈，卯兔没嘴唇，辰龙没耳朵，巳蛇没腿脚，午马没下颚牙齿，未羊没眼珠，申猴没脾脏，酉鸡没外肾，戌狗没胃部，亥猪没筋。鼠前面四爪、后面五爪，老虎有五爪，龙有五爪，马只有单瓣的蹄子，猴有五爪，狗有五爪，所以都属阳。牛有两爪，兔缺了嘴唇，蛇的舌头分作两叉，羊分蹄子是两瓣的、有四爪，鸡有四爪，猪有四爪，所以属阴。

春天的三个月分别叫陬月、如月、宿月。夏天三个月称作余月、皋月、旦月。秋天的三个月称作相月、壮月、玄月。冬天的三个月称作阳月、辜月、涂月。

节水　正月解冻水，二月白苹水，三月桃花水，四月瓜蔓水，五月麦黄水，六月山矾水，七月豆花水，八月荻苗水，九月霜降水，十月复槽水，十一月走凌水，十二月感凌水。

伏羲始立八节；周公始定二十四节，以合二十四气。

节气　立春正月节，雨水正月中；惊蛰二月节，春分二月中；

清明三月节，谷雨三月中；立夏四月节，小满四月中；芒种五月节，夏至五月中；小暑六月节，大暑六月中；立秋七月节，处暑七月中；白露八月节，秋分八月中；寒露九月节，霜降九月中；立冬十月节，小雪十月中；大雪十一月节，冬至十一月中；小寒十二月节，大寒十二月中。

【译文】节水　正月叫“解冻水”，二月叫“白苹水”，三月叫“桃花水”，四月叫“瓜蔓水”，五月叫“麦黄水”，六月叫“山矾水”，七月称作“豆花水”，八月称作“荻苗水”，九月称作“霜降水”，十月称为“复槽水”，十一月称为“走凌水”，十二月称作“感凌水”。

伏羲才开始设置八个节气；周公开始使用二十四节气，来和二十四气相对应。

节气　立春叫作正月节，雨水叫作正月中；惊蛰叫作二月节，春分叫作二月中；清明叫作三月节，谷雨叫作三月中；立夏叫作四月节，小满叫作四月中；芒种叫作五月节，夏至称作五月中；小暑称作六月节，大暑称作六月中；立秋称作七月节，处暑称作七月中；白露称作八月节，秋分称为八月中；寒露称为九月节，霜降称为九月中；立冬称作十月节，小雪称作十月中；大雪叫作十一月节，冬至叫作十一月中；小寒叫作十二月节，大寒叫作十二月中。

改岁　唐虞纪岁曰载，夏改载曰岁，商改岁曰祀，周改祀曰年，秦改年曰遂。

百六阳九　《历律志》：凡四千六百一十七岁为一元。一元之中有上元、中元、下元。九度，阳厄五、阴厄四。初入元，百六岁有阳厄，故曰百六阳九。

甲子　尧元年至万历元年癸酉，三千九百六十二年，六十七甲子。

上元　洪武十七年甲子为中元，正统九年甲子为下元。弘治十七年甲子为上元。嘉靖四十三年甲子为中元。天启四年甲子为下元。

【译文】改岁　尧舜时代用以记录年代的叫“载”，夏把“载”改称“岁”，商把“岁”称作“祀”，周把“祀”改称“年”，秦把“年”称作“遂”。

百六阳九　《汉书・律历志》上说：“四千六百一十七年称为‘一元’。‘一元’里面有‘上元’‘中元’‘下元’。‘一元’里面有九次灾祸，阳祸五次、阴祸四次。初次进入‘一元’时，每过一百零六岁有一次阳祸，所以被称作‘百六阳九’。”

甲子　尧帝的元年一直到明朝万历元年（公元1573年）癸酉岁，一共三千九百六十二年，共有六十七个甲子。

上元　洪武十七年甲子岁（公元1384年）称作“中元”，正统九年（公元1444年）甲子被称为“下元”。弘治十七年甲子岁（公元1504年）被称为“上元”。嘉靖四十三年甲子岁（公元1564年）被称为“中元”。天启四年甲子岁（公元1624年）被称为“下元”。

浃旬浃辰　十日则天干一周，故曰浃旬。十二月则地支一周，故曰浃辰。

三馀　谓冬者岁之馀，夜者日之馀，雨者月之馀。魏董遇以三馀读书。

五夜即五更，分甲乙丙丁戊也。故三更谓之丙夜。

月忌　俗以初五、十四、廿三为月忌，盖三日乃河图数之中宫五数也。五为君象，故庶民不敢用之。

闰月　冬至后余一日，则闰正月；余二日，则闰二月；余十二日，则闰十二月；若十三日，则不闰矣。

【译文】浃旬浃辰　每过十天，天干循环一周，所以称作“浃旬”。每过十二天地支循环一周，所以称作“浃辰”。

三余　冬天被称作一年余下的时间，夜晚被称为一天余下的时间，雨天被称为晴天余下的时间，魏国的董遇就在这三个余下的时间里面读书。

五夜就是五更，分为甲、乙、丙、丁、戊五个时间段。所以三更又叫“丙夜”。

月忌　民俗以初五、十四、二十三这三天为“月忌”，原因是这三天是“河图”数字里面的“中宫五数”。五象征君王，所以庶民不敢在这三天办大事。

闰月　冬至后剩余一天，正月是闰月；余两天，二月是闰月；余十二天，十二月是闰月；假如剩余十三天，就没有闰月。

四离四绝　春分、秋分、冬至、夏至前一日，谓之四离。立春、立夏、立秋、立冬前一日，谓之四绝。

大往亡　立春后六日，惊蛰后十三日，清明后二十日，立夏后七日，芒种后十五日，小暑后二十三日，立秋后八日，白露后十七日，寒露后二十三日，立冬后九日，大雪后十九日，小寒后二十六日，谓“往亡”。

百忌日　甲不开仓，乙不栽植，丙不修灶，丁不剃头，戊不受田，己不破券，庚不经络，辛不合酱，壬不决水，癸不词讼。子不问卜，丑不冠带，寅不祭祀，卯不穿井，辰不哭泣，巳不远行，午不苦盖，未不服药，申不安床，酉不会客，戌不吃狗，亥不嫁娶。

【译文】四离四绝　春分、秋分、冬至、夏至前一天，被称为“四离”。立春、立夏、立秋、立冬前一天，被称作“四绝”。

大往亡　立春后的第六天，惊蛰以后第十三天，清明以后第二十天，立夏以后第七天，芒种后第十五天，小暑以后第二十三天，立秋以后第八天，白露以后第十七天，寒露以后第二十三天，立冬以后第九天，大雪以后第十九天，小寒以后第二十六天，都被称为“往亡”，也就是不吉利的日子。

百忌日　每逢甲日不开仓门，每逢乙日不栽种树木，每逢丙日不修理灶台，每逢丁日不剪头发，每逢戊日不卖田地，每逢己日不花销，每逢庚日不看大夫，每逢辛日不做酱，每逢壬日不开掘水渠，每逢癸日不打官司。每逢子日不占卜，每逢丑日不封官拜爵，每逢寅日不祭祀，每逢卯日不打井，每逢辰日不哭，每逢巳日不出远门，每逢午日不修房子，每逢未日不吃药，每逢申日不安床，每逢酉日不接待宾客，每逢戌日不吃狗肉，每逢亥日不办婚礼。

改火　燧人掌火。春取榆柳之火，夏取枣杏之火，秋取柞楢之火，冬取槐檀之火。

五行分旺　东方乘震而司春，其帝太皞，其神句芒，其日甲乙。甲乙属木，木旺于春，其色青，故春曰青帝。南方居离而司夏，其帝炎帝，其神祝融，其日丙丁。丙丁属火，火旺于夏，其色赤，故夏曰赤帝。西方当兑而司秋，其帝少皞，其神蓐收，其日庚辛。庚辛属金，金旺于秋，其色白，故秋曰白帝。北方乘坎而司冬，其帝颛顼，其神玄冥，其日壬癸。壬癸属水，水旺于冬，其色黑，故冬曰黑帝。中央属土，黄帝乘权，其日为戊己。戊己属土，土旺于四时，其色黄。

【译文】改火　燧人氏造火，春天取榆树和柳树来造火，夏天取枣树和杏树造火，秋天取柞树和楢树造火，冬天取槐树和檀树造火。

五行分旺　东方处在八卦的“震”位，所以的掌管春天，所属的上古帝王叫太皞，所属的神明叫句芒，时辰属于甲乙。甲乙属木，木旺盛在春，颜色属于青，所以春叫作青帝。南方处在八卦的“离”位，所以掌管夏，所属的上古帝王叫炎帝，所属的神明叫祝融，时辰属于丙丁。丙丁属火，火旺盛在夏，颜色属于赤，所以夏叫作赤帝。西方处在八卦的“兑”位，所以掌管秋，所属的上古帝王叫少皞，所属的神明叫蓐收，时辰属于庚辛。庚辛属金，金旺盛在秋，颜色属于白，所以秋叫作白帝。北方处在八卦的“坎”位，所以掌管冬，所属的上古帝王叫颛顼，所属的神明叫玄冥，时辰属于壬癸。壬癸属水，水旺盛在冬，颜色属于黑，所以冬叫作黑帝。中央属土，黄帝乘“权”位，时辰属于戊己。戊己属土，土旺盛在四时，颜色属于黄。

天时长短　每年小满后，累日而进，积三十日为夏至，而一阴生，天时渐短。小寒后累日而进，积三十日为冬至，而一阳生，日晷初长。《周礼》注：冬至日在牵牛，景长一丈二尺，夏至日在东井，景长五寸。

玉烛　《尔雅》：“四时和谓之玉烛。”谓言道光照也。

月分三浣　上旬曰上浣，中旬曰中浣，下旬曰下浣。浣沐浴也。古制：朝臣十日一给假，一月三给，为浣沐之期。

【译文】天时长短　每年小满以后，积累时日一直积累到三十天就到了夏至，这一天八卦中的“一阴”就生出来了，白天渐渐变短。小寒以后积累时日一直积累三十天就到了冬至，而“一阳”就生出来了，白天渐渐变长。《周礼》注里说：“冬至那天太阳走到牵牛宿，太阳影子长一丈二尺，夏至那天太阳走到东井宿，太阳影长五寸。”

玉烛　《尔雅》里说：“四季协和称为‘玉烛’。”就像白玉的光芒照耀。

月分三浣　上旬叫作“上浣”，中旬叫作“中浣”，下旬叫作“下浣”。浣指的是沐浴。古代传下的制度是：“朝廷里的大臣十天放一次假，一个月放假三次，是沐浴休息的时日。

朝三暮四　《庄子》：狙公养狙，曰：“与若芧栗也，朝三暮四。”众狙皆怒。又曰：“朝四暮三。”众狙皆喜。

寒岁燠年　东周懦弱，政失之舒，故衰周无寒岁。嬴氏凶残，政失之急，故暴秦无燠年。

当惜分阴　《晋书》：陶侃曰：“大禹圣人，乃惜寸阴。至于凡人，当惜分阴，无使日月其除也。”

【译文】朝三暮四　《庄子》里记载：“狙公养了许多猴子，向猴子们说：‘每天给你们橡子和栗子，早上三颗傍晚四颗。’猴子们都很生气。狙公便改口说：‘那么就早上四颗，晚上三颗好了。’猴子们听了都很高兴。”

寒岁燠年　东周过于懦弱，政令的问题在于宽松，所以衰落的东周没有寒冷的年岁。秦朝过于残暴，政令的问题在于太过严苛，所以残暴的秦朝没有温暖的年岁。

当惜分阴　《晋书》记载：“陶侃曾说：‘大禹是圣人，却还珍惜每一寸光阴。至于普通人，应当珍惜每一分光阴，不要让时光白白浪费。”

春

邹律回春　刘向《别录》：燕有寒谷，黍稷不生，邹衍吹律，暖气乃至，草木皆生。

端月　《索隐》曰："秦二世三年正月，以避秦始皇讳，改名端月，至汉始易。"

楚俗立春日，门贴宜春字。唐人立春日作春饼、生菜，号春盘。

【译文】邹律回春　刘向《别录》里说："燕国有个寒谷，黍稷都不能生长，邹衍在那里吹了一回律管，暖气就吹入寒谷，草木于是都能生长了。

端月　《史记·索隐》里说："秦二世三年的正月，因为避秦始皇名'政'的讳，被改名为端月，到汉朝才改回来。"

楚地风俗是立春那天，在门上贴"宜春"的字样。唐朝人在立春那天制作春饼、生菜，被称为"春盘"。

元日　伏羲置元日。汉武置岁元、月元、时元。

贺正　汉高祖十月定秦，遂为岁首。七年，长乐宫成，制群臣朝贺仪，改用夏正。建寅之月，则元日贺，始高祖。

东方朔占曰：正月元日至八日，一鸡，二犬，三豕，四羊，五马，六牛，七人，八谷。其日晴明，主所生之物繁衍，阴雨则夭折。

【译文】元日　伏羲才开始设置大年初一。汉武帝设置了岁元、月元、时元。

贺正　汉高祖在十月灭亡了秦国，因而把十月设置为一年的第一月。汉高祖七年，长乐宫落成，制定了百官朝贺的礼节，改用夏朝的历法。正月初一庆贺新年，是从高祖开始的。

东方朔占卜说："正月初一到初八，依次代表了鸡，犬，猪，羊，马，牛，人，五谷。如果那天晴朗，代表的东西就会繁衍，如果那天阴雨，代表的东西就会夭折。

人日　宋富郑公于正月七日朝见，真宗劳之曰："今日卿至，可谓人日。"

宋真宗以正月三日为天庆节。

晋人日造华胜相遗，剪彩缕金插鬓。

【译文】人日　宋朝郑国公富弼在正月初七朝觐皇帝，宋真宗慰劳说："今天您来了，可以说是人日了。"

宋真宗下诏以正月初三为天庆节。

晋朝在正月初七人日这天制作"华胜"互相馈赠，剪彩色布条插在女人鬓发上。

悬羊磔鸡　元旦县官悬羊头于门，又磔鸡覆之。草木萌动，羊啮百草，鸡啄五谷，杀之以助生气也。

桃符　黄帝于元旦立桃板，门上画神荼、郁垒。尧时献重明鸟如鸡。国人利宝鸡，户上悬苇索，插符。三代异尚，夏插茭苇，即今插芝麻秸。殷螺首以谨闭塞也，一名椒图。周桃梗。

屠苏酒　屠苏，庵名。汉时有人居草庵造酒，除夕以药囊浸酒中，辟除百病，故元日饮之。其饮法：先少者，后老者。以少者得岁，故先之；老者失岁，故后之。

【译文】悬羊磔鸡　元旦那天，县官悬挂羊头在城门之上，又剁碎鸡肉覆盖在上面。春天来了草木萌发生长，羊吃草，鸡吃五谷，先杀了它们用来助长生机。

桃符　黄帝在元旦这天竖起桃木做的板，在门上面绘画神荼、郁垒两位神明。尧帝时代有人献来重明鸟，长得像鸡。国人珍爱这只鸡。门上悬挂着苇绳，插上桃符，夏商周三代尊尚不一样，夏朝门上插茭苇，就是如今插的芝麻秆。殷朝用螺首来看护门户，又称作"椒图"。周朝用的是桃木偶。

屠苏酒　屠苏，是一个草庵的名字。汉朝时有人居住草庵里酿造酒，三十晚上用药囊浸入酒里，据说可以预防各种疾病，所以大年初一喝它。饮用的方法是："最先让年纪小的喝，最后让年老的喝。意思是小孩一年比一年大，是增加年纪，所以先喝；老年人则一年比一年老，是减少寿命，所以后喝。

椒觞　元日取椒置酒中饮之，谓之椒觞。以椒为玉衡星精，服之令人却老。

周制迎春。唐中宗制迎春彩花。

五辛盘　元日取五木煎汤沐浴，令人至老发黑。道家谓青木香为五香，亦云五木。庾诗："聊倾柏叶酒，试奠五辛盘。"

火城　元日晓漏前，宰州三司金吾以桦烛数百炬，拥马前后如城，谓之火城。

【译文】椒觞　正月初一那天取来花椒放置酒里面饮用，称作“椒觞”。因为花椒被认为是玉衡星精，喝了能让人年轻。

周朝开始设置迎春的仪式，唐朝中宗年间开始制作迎春仪式所用的彩花。

五辛盘　大年初一取来五木煮开水沐浴，会让人年老后也是黑头发。道家说青木香是五香，又叫五木。庾信诗写道：“聊倾柏叶酒，试奠五辛盘。”

火城　大年初一天亮以前，州的官府各部门和金吾军手持桦木制作的几百个火炬，簇拥着太守骑马先后入城，被称作“火城”。

元夕放灯　以正月十五天官生日放天灯，七月十五水官生日放河灯，十月十五地官生日放街灯。宋太宗淳化元年六月丙午诏，罢中元、下元两夜灯。

买灯　上元张灯，止三夜，其十七、十八，始于钱镠王，入贡疏买两夜灯。乾德五年正月有诏：“上元张灯，旧止三夜。朝廷无事，区宇乂安，方当年谷之丰登，宜纵士民之行乐。其令开封府更放十七、十八两夜灯。”

广陵灯　唐玄宗元夕与天师叶靖能登虹桥，往广陵看灯。士女望见，以为神仙。帝敕伶人奏《霓裳曲》。数日后，广陵果奏其事。

【译文】元夕放灯　正月十五是天官的生日，所以这天放天灯；七月十五是水官生日，所以这天放河灯；十月十五是地官生日，所以这天放街灯。宋太宗淳化元年（公元990年）六月丙午下诏书，命令中元、下元两夜禁止放灯。

买灯　上元节挂灯笼本来只有三晚上，十七、十八两晚也放灯是从钱镠王开始的，他曾经朝贡时请求花钱买得那两天继续放灯的许可。乾德五年正月朝廷下诏说："正月十五晚上张灯，过去只有三晚。现在朝廷无事，天下安宁，正当丰收的年月，应该让士人和百姓好好享受享受。所以从今以后让开封府也多放三晚的花灯。"

广陵灯　唐玄宗在元宵节和天师叶靖能登上彩虹桥到广陵看灯会。男女们望见了，当成是神仙。皇帝让伶人演奏《霓裳羽衣曲》。几天后，广陵果然上奏说这事。

踏歌入云　唐睿宗于安福门外作灯树，高二十丈，宫女千数，并长安少妇千余人，衣锦绣，于灯轮下踏歌三日，令朝士作歌，以纪其胜。歌中有"踏歌声调入云中"之句。

金吾不禁　《西京杂记》："西都京城街衢，有执金吾晓夜传呼，以禁止夜行，惟正月十五敕金吾弛禁，前后各一日，谓之放夜。"

卯刚　正月卯日，佩卯刚辟邪。唐制：正月下旬送穷，晦日湔裳。

【译文】踏歌入云　唐睿宗在安福门外造了个花灯树，高达二十丈，让宫女上千人和长安年轻妇女千余人身着锦绣的衣裳，在灯轮之下踏歌三天，让宫廷文人创作歌辞，以纪念盛况。歌辞里有"踏歌声调入云中"的诗句。

金吾不禁　《西京杂记》记载："西京长安的街道有执金吾昼夜巡逻宣告，禁止夜里在路上走，只许正月十五夜里让金吾宽松禁令，十五夜前后各一天，被称作'放夜'。"

卯刚　正月的卯日，佩带“卯刚”辟邪。唐朝制度规定：正月下的“送穷”，三十号去水边洗下身衣服。

卜紫姑　紫姑，人家侍妾，为大妇所杀，置之厕中。后人作其形于厕，元夕迎之，能占农事及桑叶贵贱。

青藜照读　元夕人皆游赏，独刘向在天禄阁校书。太乙真人以青藜杖燃火照之。

耗磨日　正月十六日谓之耗磨日，人皆饮酒，官司不令开库。

天穿日　正月二十日为天穿，以红彩系饼饵投屋上，谓之补天。

【译文】卜紫姑　紫姑，是一户人家的侍妾，被大老婆杀掉，尸体扔进厕所。后人便制作了她的塑像放在厕所里，元宵节晚上把她请出来，可以靠她预测农业收成好坏以及桑树叶的价格高低。

青藜照读　元宵节晚上众人都出门游玩，唯独刘向在天禄阁校勘书籍。太乙真人把青藜杖点成火炬为他照明。

耗磨日　正月十六日被称作“耗磨日”，这天百姓都饮酒，官府不许开库房。

天穿日　正月二十日被称为“天穿”，把红彩子系着的饼子投到屋顶上，被称作“补天”。

水湄度厄　元日至晦日，士女悉湔裳，酌酒于水湄，以为度厄。

雨水　前此为霜为雪，水气凝结。立春后，天气下降，当为雨水。

中和节　唐李泌以二月朔为中和节，以青囊盛百谷瓜果种相问遗，酿宜春酒，祭句芒神，百官进农书。

磔鸡　魏文帝制。春分磔鸡，祀厉殃。

花朝　二月十二日谓之花朝。俗传是日为百花生日。徐文长考是十五日，谓的确不差。东京以是日为扑蝶会。

【译文】水湄度厄　大年初一到三十，男女都去洗衣服，在水边饮酒，用来度过灾祸。

雨水　雨水这个节气之前下霜或下雪，都由水气所凝结。立春以后，天空的水气下落，就成了雨水。

中和节　唐朝的李泌将二月初一这一天命名为“中和节”，需要用青色布囊装满百谷和瓜果的种子互相馈赠，还需酿造“宜春酒”，祭拜“句芒神”，百官向朝廷献上农业用书。

磔鸡　魏文帝创立的规矩：春分时杀鸡，祭祀厉殃。

花朝　二月十二日那天被称作花朝节。民间相传这天是百花的生日。徐渭考证后认为应该是十五日，他考证的确实不错。东京汴梁城将这一天定为“扑蝶会”。

勾龙　《左传》：共工氏有子曰勾龙，能平水土。故祀以为社神，于仲春祭之。

清明万物齐于巽。巽，洁也，齐也。清明取洁齐之义。

谷雨，言滋五谷之雨也。

唐制，清明取火以赐近臣。韩翃诗：“日暮汉宫传蜡烛，轻烟散入五侯家。”

探春　《天宝遗事》：都人士女，至春时，郊外为探春之宴。

【译文】勾龙　《左传》里说："共工氏有儿子叫作勾龙，能平定水土。所以被百姓祭祀为土地神，在仲春祭祀他。

清明时节万物在"巽"位上。巽意思是洁净，齐整。"清明"二字取的就是"洁齐"的意思。

谷雨，说的是滋润五谷的雨。

唐朝的制度是，清明节造火用来赐予近侍的臣子。韩翃诗里说："日暮汉宫传蜡烛，轻烟散入五侯家。"

探春　《天宝遗事》记载："京都的百姓，到春天的时候，喜欢在郊外开探春的聚会。"

飞英会　范蜀公居许，作"长啸堂"，前有荼蘼，花时宴客，有花落酒杯中，饮以大白，举座无遗，谓飞英会。

斗花　长安春时，盛于游赏。士女斗花，栽插以奇，多者为胜。皆用多金市名花，以备春时之斗。

花裀　开元时，学士许慎，春日宴客花圃，不张幄设座，使童仆聚落花铺坐下，曰："吾自有花裀。"

【译文】飞英会　蜀郡公范镇住在许地时，建造了"长啸堂"，堂前种有荼蘼，开花时宴请宾客，如果有花落在谁的酒杯里，就灌他一大杯酒，宴会上没有一人遗漏，被称为"飞英会"。

斗花　长安城一到春天，游赏的风气特别盛。有钱的男女互相攀比花卉，种植栽培以珍奇繁多的胜出。他们往往都提前花大价钱购买名贵的花，以预备春天斗花用。

花裀　开元年间，有个叫许慎的学士，每到春天就在自家花园里请客，既不搭棚子也不搬凳子，只让年轻的仆人捧来许多落花放在客人屁股下面，说："我们自有花做的垫缛。"

移春槛　开元中，富家至春时，以各花植木槛中，下设轮脚，挽以彩，所至牵引，以供观赏，号移春槛。

护花铃　宁王春时纫红丝为绳，缀金铃，系花梢。有鸟雀翔集，则令园吏掣铃索以惊之，号护花铃。

治聋酒　《石林诗话》：世言，社日饮酒治耳聋。五代李涛，有《春社从李昉求酒》诗："社公今日没心情，为乞治聋酒一瓶。"

【译文】移春槛　开元年间，富人家一到春天就把各种花种在木栅栏里面，栅栏下装有轮子，前面用彩绳子系着让人牵着到处走，让众人观赏，这被称作："移春槛"。

护花铃　唐睿宗长子宁王李宪一到春天时就让人把红丝搓成绳子，上面缀着金铃，系在花树枝上。每当有鸟雀飞到枝上，就让园里的官吏拉扯金铃的绳子吓跑它们，这被称作"护花铃"。

治聋酒　《石林诗话》里说：民间传说社日那天喝酒可以治疗耳聋。五代时的李涛，有《春社从李昉求酒》一诗，写道："社公今日没心情，为乞治聋酒一瓶。"

罢社　汉王修年七岁，母以社日亡。来岁社，修哭之哀，邻父老皆为之罢社。

禁火　《十六国春秋》：石勒下令寒食不许禁火。后有冰雹之异，徐元曰："介子推帝乡之神也，历代所尊，未宜替也。"勒从之，令并州复寒食如故。

寒食　冬至后一百六日谓之寒食，以介子推是日焚死，晋文公禁火而志痛也。

雕卵　周制，季春雕卵斗鸡子，始为寒食戏。

【译文】罢社　汉朝时有个叫王修的，刚七岁时他母亲便在社日那天死去了。第二年社日，王修哭得特别让人心疼，左邻右舍都因此停办了社日活动。

禁火　《十六国春秋》记载："石勒下令说寒食节不许禁止生火，后来便下了冰雹，让人奇怪。徐元说："介子推是帝乡的神明，历朝历代都尊崇他，不应该废除禁火的习俗。"石勒便听从这个建议，让并州恢复寒食节的旧风俗。

寒食　冬至以后一直经过一百六十天被称作寒食节，来历是介子推在这天被山林大火烧死，晋文公便让百姓禁止生火以铭记这一悲痛之事。

雕卵　周朝的制度：农历三月在鸡蛋上雕刻花纹互相比斗，从此以后就变成寒食节的游戏活动之一。

玄宗制，寒食秋千舞。

后唐庄宗制，寒食出祭。

拜墓　唐制，清明拔河戏、踏青，士大夫拜墓。

上巳　洛阳上巳日，妇女以荠花蘸油，祝而洒之水上，若成龙凤花卉之状则吉，曰油花卜。

祓禊，起于汉成帝。三月上巳日，官民皆祓禊于东流水上。禊者，洁也，于水上盥洁之也。巳者，止也，邪疾已去，祈介祉也。

【译文】唐玄宗规定寒食节要进行秋千舞的活动。

后唐庄宗开始规定寒食节要上坟的习俗。

拜墓　　唐朝的制度：清明节要有拔河游戏，要出城踏青，官员要扫墓祭祖。

上巳　　洛阳城每当上巳节那天，妇女们用荠菜花蘸上油，边祈祷边洒在水面上，如果变成龙凤或者花卉的形状就代表吉利，被称作"油花卜"。

祓禊，这项习俗起于汉成帝。农历三月份的上巳那天，官员和百姓都要在向东流的水边"祓禊"。"禊"的意思是洁净，要在水面上把身体洗干净。巳是指停止，邪祟的疾病被赶跑，祈祷大的幸福到来。

踏青　　三月上巳，赐宴曲江，都人于江头禊饮，践踏青草，曰踏青，侍臣于是日进踏青履。王通叟诗："结伴踏青归去好，平头鞋子小双鸾。"

柳圈　　唐制，上巳祓禊，赐侍臣细柳圈，云："带之免虿毒瘟疫。"今小儿清明戴柳圈，本此。

周公制，上巳女巫禊于水上。郑制，上巳溱洧祓除，秉兰招魂续魄。

流觞　　兰亭流觞曲水，不始于兰亭。周公卜洛邑，因流水以泛酒，故诗曰："羽觞随波。"

【译文】踏青　　三月的上巳那天，皇帝会赐宴于曲江池上，京都的人们会在曲江池边祓禊和饮酒，踏踩青草，叫作"踏青"，侍臣在这一天进献踏青的丝履鞋给皇帝。王通叟的诗说道："结伴踏青归去好，平头鞋子小双鸾。"

柳圈　　唐朝的制度规定，上巳节时举行祓禊活动，同时赐予侍从大臣们细柳环，并说："带上可以预防毒虫和瘟疫的侵害。"如今的小孩子在清明节戴柳环，来源于这里。

周公制定制度，规定上巳节时女巫要在水边举行祓禊活动。郑国的制度规定，上巳节在溱水、洧水边祓除不祥，要手拿兰草花为去世的人招魂续魄。

流觞　兰亭的“流觞曲水”，并不是始于王羲之那时候。周公在洛邑选房址的时候，把酒杯放在流水上漂浮，这是“流觞曲水”的来由，所以《诗经》逸诗里说：“羽觞随波。”

观灯赐钞　永乐十年元宵，赐文武群臣宴，听臣民赴午门外观鳌山三日，遂岁以为常。时尚书夏元吉侍母观鳌山，上命中官赍钞二百锭，即其家赐之，曰：“以为贤母欢也。”

社无定期　一云春分后戊日为春社，秋分后戊日为秋社。春社燕来，秋社燕去。一云立春立秋后第五戊为社日。

梅花点额　刘宋寿阳公主，人日卧含章殿檐下，梅花点额上，愈媚。因仿之，而贴梅花钿。

桑叶贵贱　三月十六晴则贵，阴雨则贱。谚曰：“三月十六暗𧽪𧽪，桑叶载去又载来。”

【译文】观灯赐钞　明朝永乐十年（公元1412年）的元宵节，皇帝赐文武百官赴宴，允许各级官员和百姓到午门外观看鳌山三天，后来每年变成惯例。当时的尚书夏元吉侍奉母亲观看鳌山，皇上派太监带着二百锭银子到他家赐给他，并说：“这银子是给贤德的母亲助兴的。”

社无定期　有一种说法认为春分以后的戊日是“春社”，秋分以后的戊日是“秋社”。春社时燕子从南边飞来，秋社时燕子从北方飞走。还有一种说法认为立春、立秋后第五个戊分别是“春社”“秋社”。

梅花点额　南朝宋时有个寿阳公主，人日那天躺在含章殿屋檐下面，梅花飘落，落在了她的眉间，显得越发妩媚动人。后来宫女和民间好都仿效，开始贴“梅花钿”。

桑叶贵贱　三月十六若是晴天桑叶就会涨价，若是阴雨天就会便宜。谚语说曰：“三月十六暗逮逮，桑叶载去又载来。”

夏

天祺节　宋真宗以四月一日为天祺节。

麦秋　《月令》:麦秋至。蔡邕章句曰:百谷各以生为春,熟为秋。故麦以夏为秋。

浴佛　王钦若于四月八日作放生会。《荆楚岁时记》:四月八日建斋,作龙华会,浴佛。

小满　四月中小满后,阴一日生一分,积三十分,而成一昼,为夏至。四月乾之终,谓之满者,言阴气自此而生发也。又孟夏万物生长稍得盈满,故云小满。

黴黰,一作霉黰。俗云:早间芒种晚间黴。又云:夏至落雨主重黴,小暑落雨主三黴。

【译文】天祺节　宋真宗把四月一日这天设为"天祺节"。

麦秋　《礼记·月令》记载:"麦秋至"。蔡邕《章句》注释说:"百谷把萌芽的时候叫作'春',把成熟的时候叫作'秋',所以麦子把夏天称为'秋天'。"

浴佛　王钦若在四月八日举办"放生会"。《荆楚岁时记》记载:"四月八日斋戒,举办'龙华会',为佛祖沐浴。"

小满　四月中旬的小满以后,阴气每天增加一分,一直积累三十分变成一天，就到了夏至。四月是“乾”卦的终结，被称作“满”是因为阴气在这天开始萌发。又说农历四月孟夏万物都生长得饱满，所以叫作“小满”。

徽黰又写作“霉黰”。俗语说：“早间芒种晚间霉”。又说：“夏至落雨主重霉，小暑落雨主三霉”。

躤音札**柳**　五月五日，士人于郊野或演武场走马较射，谓之躤柳。

制百药　午日午时，头柄正掩五鬼，于此时制百药，无不灵验。

采艾　师旷制，五日采艾占病。齐景公制，五日百索悬臂及钗头符。

续命缕　午日以五彩丝系臂上，谓之续命缕，辟兵及鬼，令人不病。

【译文】躤音札柳　五月五日那天，士人们要去郊野或者演武场骑马比试射箭，被称作“躤柳”。

制百药　端午那天中午，北斗七星的斗柄刚好遮蔽了鬼宿的第五颗星星，在这时制备的各种药材没有不灵验的。

采艾　端午采摘艾草用来治病是师旷所发明。端午用各种绳子和钗头符悬挂胳臂上面是齐景公所发明。

续命缕　端午那天用五彩丝绳系在胳臂上，被称作“续命缕”，能免除兵祸和鬼怪的伤害，让人不生病。

角黍　屈原午日投汨罗，楚人以竹筒贮米，投水祭之。有欧回者见三闾大夫，曰：“君所祭物，多为蛟龙所夺，须裹以楝树叶，五彩丝缚之，可免龙患。”故后人制为角黍。一曰唐天宝中，宫中五日造粉团角食，以小角弓射之，中者方食，故曰角黍。

竞渡 屈原以五日死，楚人以舟楫拯之，谓之竞渡。又曰：五日投角黍以祭屈原，恐为蛟龙所夺，故为龙舟以逐之。

五瑞 端阳日以石榴、葵花、菖蒲、艾叶、黄栀花插瓶中，谓之五瑞，辟除不祥。

五毒 蛇、虎、蜈蚣、蝎、蟾蜍，谓之五毒。官家或绘之宫扇，或织之袍缎，午日服用之，以辟瘟气。

【译文】角黍 屈原在端午跳进汨罗水，楚人后来就用竹筒贮存着米，投到水里祭祀他。有个人叫欧回，看见三闾大夫显灵对他说：“你们所投的祭品，多数被蛟龙抢走，一定要用楝树叶包裹，五彩丝绳绑缚才可以防止蛟龙争抢。”所以后人制作了“角黍”——如今的粽子。又说唐朝天宝年间，皇宫里端午那天做面粉团的角状食物，让人用小角弓射它，射中的才让吃，所以叫作“角黍”。

竞渡 屈原在端午那天死去，楚人驾着小船去救他，被称作“竞渡”。又说：端午那天用角黍扔到水里祭奠屈原，怕被蛟龙抢夺，所以划龙舟驱逐。

五瑞 端午那天用石榴、葵花、菖蒲、艾叶、黄栀花插在瓶中，被称作“五瑞”，用以免除不祥。

五毒 蛇、虎、蜈蚣、蝎子、蟾蜍，被称作“五毒”。皇家要么画在宫扇上面，要么织在袍缎上面，端午那天佩戴这些，可以辟邪。

赐枭羹 《郊祀志》：汉令郡国进枭鸟，五日为羹，赐百官，以恶鸟故食之，以辟诸恶也。

浴兰汤 五月五日蓄兰为汤以沐浴。《楚辞·离骚》：“浴兰

屈子行吟图，
选自(明)陈洪绶版画《陈老莲离骚图像》

汤兮沐芳。”

天贶节 宋祥符四年，诏六月六日天书再降，为天贶节。

【译文】赐枭羹 《汉书·郊祀志》记载：“汉朝让各个郡国进贡猫头鹰，端午那天煮成汤，赐予百官，因为猫头鹰是恶鸟所以吃它，用来免除不祥。”

浴兰汤 端午那天人们会收集许多兰花草煮成热水洗澡。《楚辞·离骚》有记载：“浴兰汤兮沐芳。”

天贶节 宋祥符四年（公元1011年），下诏说因为六月六日天书降临两次，这天被称为“天贶节”。

夏至数九 一九和二九，扇子不离手；三九二十七，饮水甜如蜜；四九三十六，拭汗如出浴；五九四十五，头带黄叶舞；六九五十四，乘凉入佛寺；七九六十三，床头寻被单；八九七十二，思量盖夹被；九九八十一，家家打炭墼。

赐肉 《汉书》：伏日诏赐诸郎肉，东方朔拔剑割肉，谓其同官曰：“伏日宜早归，请受赐。”即怀肉而去。

【译文】夏至数九 一九和二九，扇子不离手；三九二十七，饮水甜如蜜；四九三十六，拭汗如出浴；五九四十五，头带黄叶舞；六九五十四，乘凉入佛寺；七九六十三，床头寻被单；八九七十二，寻思盖夹被；九九八十一，家家打炭墼（读音如吉）。

赐肉 《汉书》记载：大伏天皇帝赐肉给诸位郎官，东方朔拔剑割了一块肉，对同僚说：“大伏天应该早点回家，请允许我先接受赏赐。”于是便把肉揣进怀里离开了。

三伏 立春、立夏、立冬皆以相生而代。至于立秋，以金代火。金畏火，故至庚日必伏。盖庚者金也。夏至后第三庚为初伏，四庚为中伏，立秋后初庚为末伏。秦穆公于是日进辟恶饼。

天中节　《提要录》：“端午为天中节。”又曰蒲节，以是日用菖蒲泛酒故耳。

竹醉日　五月十日为竹醉日。是日移竹易活。又三伏内斫竹则不蛀。

【译文】三伏　立春、立夏、立冬都是五行里面相生的一方替代另一方，但是立秋却是金代替火。因为庚属于金，金怕火，所以到了庚日那天一定要躲藏。夏至后的第三个庚日是初伏，第四个庚日是中伏，立秋后的第一个庚日是末伏。秦穆公在这天食用“辟恶饼”。

天中节　《提要录》中记载：“端午节又名天中节。”又名蒲节，因为这一天用菖蒲泡酒。

竹醉日　五月十日叫作“竹醉日”。这一天移栽竹子容易成活。又传说三伏天里砍的竹子不会生蛀虫。

秋

一叶知秋　《淮南子》："一叶落而天下知秋。"古诗："梧桐一叶落，天下尽知秋。"

鹊桥　《淮南子》：七月七夕，乌鹊填河成桥，以渡织女，谓与牛郎相会也。

得金梭　蔡州丁氏女精于女工，每七夕祷以酒果，忽见流星坠筵中。明日，瓜上得金梭。自是巧思益进。

【译文】一叶知秋　《淮南子》记载："一片树叶飘落就知道秋天快到了。"古诗说："梧桐一叶落，天下尽知秋。"

鹊桥　《淮南子》记载："七月七日晚上，乌鹊在银河搭桥，让织女渡过银河，说的是和牛郎相会。

得金梭　蔡州一名丁氏女子特别善于女工活计，每当七夕就摆设桌案放上美酒和瓜果来祈祷，有一次突然看到流星落到桌案上，第二天就在瓜果上发现一枚金梭，从那以后她的活计水平更高妙了。

晒衣　七月七日，诸阮庭中晒衣，无非锦绣。阮咸以长竿摽大布犊鼻裈于上，曰："未能免俗，聊复尔尔。"

晒书　郝隆七月七日，见富家皆晒曝衣锦，郝隆乃出日中仰卧。人问其故，曰："我晒腹中书耳。"

乞巧　唐玄宗以七夕牛女相会，命宫中作高台，陈瓜果于上。宫人暗中以七孔针引彩线穿之，以乞天巧，穿过者以为得巧。又以蜘蛛纳小金盒中，至晓，开视蛛丝之稀密，又为得巧之多寡。

【译文】晒衣　七月七日那天阮氏家族其他成员在各家庭院晒衣物，都是各种绫罗绸缎。阮咸住在对街，家里比较贫穷，他举着长竿子把布裙也晒起来，对人说："我不能不跟随习俗做，只好这样罢了。"

晒书　郝隆在七月七日那天，看见富人家全都晾晒各种绫罗做的衣裳，他走到太阳底下仰天躺倒，别人问他在做什么，他说："我在晒肚子里的书。"

乞巧　唐玄宗因为七夕节晚上牛郎和织女相会，于是让皇宫里搭起高台，把各种瓜果陈列上面，让宫女在夜色下拿七孔针穿针引线，用以祈求织女赐予"巧"，能穿成功的女子就被赐予了织女的"巧"。又把蜘蛛放在小金盒子里面，待到早上打开盒子看蛛丝的疏密程度，以此判定所得"巧"的多少。

化生　七夕，以蜡作婴儿，浮水中以为戏，为妇人生子之祥，谓之化生。

吉庆花　薛瑶英，于七月七日剪轻彩，作连理花千余朵，以阳起石染之，当午散于庭中，随风而上，遍空中，如五色云霞，久之方散，谓之渡河吉庆花，藉以乞巧。

摩睺罗，泥孩儿也。有极巧饰以金珠者，七夕用以馈送，以作天仙送子之祥。

盂兰会　目连尊者见其母落饿鬼道，以钵盛饭飨之，入口即成灰炭，目连白佛求救。佛于七月十五日设兰盆大会，焰口咒食，其母乃得脱饿鬼之苦。

【译文】化生　七夕节夜里用蜡制成婴儿漂在水里玩，可以用作妇女生孩子的好兆头，被称作“化生。”

吉庆花　薛瑶英在七月七日那天裁剪淡色彩绸制成一千多朵连理花，用阳起石来染，于中午时分散落院子里，被风吹上天空，就好像五色的云霞，很久才散去，这被称为“渡河吉庆花”，用来乞巧。

摩睺罗，就是泥娃娃。有用金珠装饰捏得特别巧妙的，到七夕节馈赠朋友，代表“天仙送子”。

盂兰会　目连尊者看见母亲轮回落入饿鬼道，于是用钵盛着米饭喂母亲吃，可是饭刚进嘴就变成了黑炭。目连尊者向佛祖求救。佛祖便在七月十五日开办盂兰盆大会，给恶鬼们念经并施舍食物，他母亲方才得以脱离饿鬼的苦痛。

处暑　处，上声，止也，息也。谓暑气将于此时止息之也。白露，秋属金；白，金色也。

天炙　八月一日以朱墨点小儿额，谓之天炙，以厌疫。

八月望日，广陵曲江观涛。

游月宫　开元二年八月十五夜，明皇与天师申元之游月宫，及至，见大府，榜曰“广寒清虚之府”，翠色冷光相射，极寒，不可少留。前见素娥十余人，皆皓衣，乘白鸾，笑舞于广寒大桂树之下，音乐清丽。明皇制《霓裳羽衣曲》以记之。一说叶静能，一说罗公远，事凡三见。

【译文】处暑　处，读第三声，是停止、休息的意思。处暑说的是暑气将要从这一天开始停息了。白露，在秋季属金，而白色就是属金。

天炙　八月一日用朱红墨汁在小孩子额间点个点，叫作“天炙”，用以预防瘟疫。

八月十五日，在广陵的曲江可以观看海涛。

游月宫　开元二年（公元714年）八月十五晚上，唐玄宗和天师申元之一起到月宫里游玩，到了以后看见一座高大的府邸，上面匾额题着："广寒清虚之府"，绿色的寒光照人身上特别寒冷，简直一刻也待不了。只见前面有十几位仙女，身着纯白衣裳，乘坐纯白色的鸾鸟，在广寒宫的大桂树下面歌舞欢笑，音乐清美艳丽。唐玄宗暗中把旋律默诵下来记作《霓裳羽衣曲》。另外有种说法认为陪他去的是叶静能或者罗公远，这个故事有三种版本。

登峰玩月　赵知微有道术。中秋积阴不解，众惜良辰。知微曰："可借酒肴，登天柱峰玩月。"既出门，天色开霁。及登峰，月色如昼，会饮至月落方归。下山则凄风苦雨，阴晦如故。

中秋无月　俗云："云掩中秋月，雨打上元灯。"二者皆煞风景之事，故对举言之，非连属语，以卜上元之灯也。今人多误。

重阳　九为阳数，其日与月并应，故曰重阳。汉宫人贾佩兰九日食饵，饮菊花酒，长寿。

登高　费长房语桓景曰："九月九日，汝家有大灾，急作绛袋，盛茱萸系臂上，登高山，饮菊花酒，此祸可消。"景如其言，举家登山。至夕还，鸡犬皆暴死。长房曰："代之矣。"今人登高，本此。

【译文】登峰玩月　赵知微会变法术。有一年中秋，乌云总是不散，大家遗憾今晚不能赏月了。赵知微说："我们带着美酒佳肴登上天柱峰赏月去。"大家出门以后，乌云就散开，天空一片晴朗。等登上峰顶，月亮便升起来，光明如同白昼，大家喝酒一直等到月亮落下才回。下山以后天气又变得冷风冷雨，乌云依旧阴沉。

中秋无月　俗语说："云掩中秋月，雨打上元灯。"这两件都是大煞风景的事，所以一起举出来，并不是上句作为下句的预兆以占卜上元节赏灯时的天气，如今的人大多弄错了。

重阳　九是阳数，月份和日期都是九就叫作"重阳"。汉朝的宫女贾佩兰在重九这天吃饼喝菊花酒，活了很大年纪。

登高　费长房对桓景说："九月九这天你家有大灾祸，赶快制作绛红色的袋子装满茱萸，绑在家人胳膊上面，一起登上高山喝菊花酒，这灾祸就能消除。"于是桓景按照这话去做，全家登山去了，到傍晚才回来，鸡和狗全部猝死。费长房说："鸡和狗替你们背了灾祸了。"如今习俗重九登高是从这里来的。

落帽　孟嘉为桓温参军，重九日宴姑孰龙山，风吹落帽。温敕左右勿言，良久取之还，令孙盛作文嘲之。

白衣送酒　陶潜九月九日无酒，宅边有菊，采之盈把，坐其侧。久而望见白衣人至，乃王弘送酒使也，就便酌酒，大醉而归。

游戏马台　宋武帝为宋公时，在彭城，九月九日游项羽戏马台。今相仍为故事。

茱萸酒　汉武帝宫人，九月九日皆饮茱萸菊花酒，令人长寿。

【译文】落帽　孟嘉做桓温的参军，重九那天在姑孰的龙山开宴会，风吹落了孟嘉的帽子。桓温让左右不要声张，好久以后孟嘉才发觉，捡起了帽子，桓温让孙盛作文章嘲笑。

白衣送酒　陶潜九月九日那天家里没有酒喝，见屋子旁边有菊花，便采摘了满把，坐在旁边。许久以后看见一位穿白衣服的人前来，原来是王弘派人送酒，于是立刻倒酒喝起来，喝得大醉便回家去了。

游戏马台　宋武帝刘裕做宋公的时候，在彭城，九月九日那天在项羽建造的戏马台游玩。到如今沿袭成为旧例。

茱萸酒　汉武帝的宫人到九月九日那天都要饮用茱萸、菊花泡的酒，因为能让人长寿。

观涛　风俗：八月望日，广陵曲江观涛；浙江于十八日看戏潮。

九日开杜鹃　唐周宝镇润州，知鹤林寺杜鹃花奇绝，谓殷七七曰："可使顷刻开花，副重九乎？"殷曰："诺。"及九日，果烂熳如春，宝游赏后，花忽不见。

九日飞升　汉张陵在富川山修道，晋永和九年九月九日，登白霞山飞升，惟遗丹灶药臼于山下。

【译文】观涛　民间风俗是在八月十五到广陵曲江观看大潮；浙江到十八日观看弄潮儿在潮水上嬉戏。

九日开杜鹃　唐朝的周宝镇守润州，听闻鹤林寺的杜鹃花特别好看，就对殷七七说："能让花立马开放，好应景今天的重阳节吗？"殷七七说："遵命"，到了重阳节，果然杜鹃花开得特别灿烂，就像春天一样，周宝游赏以后，花突然就不见了。

九日飞升　汉朝的张陵在富川山修炼道术，一直活到晋朝永和九年（公元353年）九月九日那天，忽然登上白霞山飞上天空，仅仅在山下面留下了炼丹的灶炉子和捣药的杵子。

冬

十月朝　宋制，十月朔拜暮，有司进暖炭，民间作暖炉会。

亚岁　魏晋冬至日，受万国百僚称贺，少杀其仪，亚于岁朝，故曰亚岁。

日长一线　魏晋宫中女工刺绣，以线揆日长短，冬至后比常添一线之功，故曰日长一线。

冬至数九　一九和二九，相唤不出手。三九二十七，笆头吹觱篥。四九三十六，夜眠如露宿。五九四十五，太阳开门户。六九五十四，笆头抽嫩刺。七九六十三，破絮担头担。八九七十二，黄狗相阳地。九九八十一，犁耙一齐出。

【译文】十月朝　宋朝制度：十月初一要上坟，有关部门进献取暖的木炭，民间开办"暖炉会"。

亚岁　魏、晋时期每到冬至那天，皇帝要受到万国使者和百官的朝贺，比元旦的一年一度的朝贺稍稍低一点规格，于是被称作"亚岁"。

日长一线　魏、晋时期皇宫里的女工刺绣，用线来测量太阳影子的长短，冬至比平时多一根线的功夫，所以被称为"日长一线"。

冬至数九　一九和二九，相唤不出手。三九二十七，笆头吹觱箓。四九三十六，夜眠如露宿。五九四十五，太阳开门户。六九五十四，笆头抽嫩刺。七九六十三，破絮担头担。八九七十二，黄狗相阳地。九九八十一，犁耙一齐出。

嘉平节　秦人以十二月为嘉平节，民间以酒果馈遗，谓之节礼。

腊八粥　宋制。十二月八日浴佛，送七宝五味粥，谓之腊八粥。

傩神逐疫　颛顼氏有三子亡而为疫鬼，一居江中为疟鬼，一居山谷为魍魉，一匿人家室隅中惊小儿。于是除夕制为傩神，赤帻玄衣朱裳，蒙以熊皮，执戈持盾以逐之，其祟乃绝。

【译文】嘉平节　秦朝人把十二月称作“嘉平节”，民间这时常以酒水和水果互相馈赠，说是作节日礼物。

腊八粥　宋朝制度规定，以十二月八日给佛祖洗澡，要施舍七宝五味粥，被称作“腊八粥”。

傩神逐疫　颛顼氏有三个儿子死后化为疫鬼，一个居住在江水之中变成疟鬼，一个居住在山谷之中变成魍魉，一个藏匿在人家房子墙角里专门吓唬小孩。因此到除夕那天举行傩神的活动，大红帽子、黑色上衣、红色下衣，蒙上熊的皮毛，手持戈、盾来表演追逐鬼怪的场景，然后邪祟才得以清除。

土牛　周公制土牛，以纳音设色，出城外丑地送寒。今于立春日前迎春，设太岁土牛像，以送寒气。

神荼郁垒　黄帝时，有兄弟二人，名神荼、郁垒，能执鬼除疫。后世祀以为神。

爆竹 上古西方深山中有恶鬼，长丈余，名山魈，人犯之即病寒热，畏爆竹声。除夕，人以竹烧火中，毕剥有声，则惊走。今人代以火炮。

粈盆 除夕，各家于街心烧火，杂以爆竹，谓之粈（音松）盆。视其火色明暗，以卜来岁祲祥。

【译文】土牛 周公创制了土牛，用五行和音律相配涂上色彩，赶到城外“丑”这个方位送走严寒。如今在立春前迎接春天，制作太岁土牛的塑像，用来驱送寒气。

神荼郁垒 黄帝时代，有兄弟二个，一个叫神荼，一个叫郁垒，他俩擅长捉鬼驱除疾病，后世便祭祀他俩，当成神明。

爆竹 上古时代的西方深山里有一只恶鬼，长一丈多，名叫山魈，假若有人冲撞它就会得寒热病。但它害怕爆竹声。每到除夕夜，百姓把竹子放在火里烧，噼里啪啦地响，它就被吓跑了，现在人们用鞭炮代替竹子。

粈盆 除夕夜里，每家每户都到街中央烧火，里面放爆竹，被称作“粈（音松）盆”。看其中火光明亮与否来占卜来年的运气好坏。

商陆火 裴度除夕围炉守岁叹老，迨晓不寐，炉中商陆火凡数添之。

祭诗文 贾岛常于岁除，取一年所作诗文，以酒脯祭之，曰：“劳吾精神，以此补之。”

火炬照田 吴中村落，除夕燃火炬，缚长竿杪以照田，烂然盈野，以祈来岁之熟。

卖痴呆　吴俗分岁罢，小儿绕街呼叫："卖汝痴，卖汝呆，谁来买？"

火山　隋炀帝于除夜设火山数十座，用沉香木根，每一山焚沉香数车，火光暗则以甲煎沃之，焰起数丈，香闻十数里，尝一夜用沉香二百余乘，甲煎二百余石。

【译文】商陆火　裴度除夕夜围着炉子守岁，悲叹衰老，到早上还没睡，炉子里的商陆火添加了好几次。

祭诗文　贾岛经常在除夕那天，整理出一年内所作的诗文，用酒肉祭拜它们，说道："费了我太多精力，用这些大补一下。"

火炬照田　吴地的村庄每到除夕夜就点起火把，捆在长竿子上被人举着走，光耀照遍田野，用来为来年的丰收祈福。

卖痴呆　吴地有个风俗，在守岁结束后，小孩子会在街上跑来跑去，并且边跑边喊："把痴卖给你，把呆卖给你，谁来买啊？"

火山　隋炀帝曾在除夕夜时，在几十座山上燃起了大火，底下烧的是沉香树根，每一座山要焚烧几车子的沉香木，火光如果暗下去了就往里面灌甲香和沉麝诸药做成的甲煎，火焰冲起几丈高，香气传出十几里。曾经一晚上就用了两百多辆车的沉香，两百多石甲煎。

历律

定气运　黄帝受《河图》，始设灵台。羲和占日，常仪占月，车区占星气，伶伦造律吕，大挠作甲子，隶首造算数。容成总六术，以定气运。

历纪　少昊使玄鸟氏司分，伯赵氏司至，青鸟氏司起，丹鸟氏司闭，颛顼受之，以孟春建寅为元，始为历宗。尧使羲仲叔主春夏，和仲叔主秋冬，以闰月正四时，始为历纪。

历元　黄帝始为历元，起辛卯，高阳氏起乙卯。舜用戊午，夏用丙寅，殷用甲寅，周用丁巳，秦用乙卯。汉作太初历元以丁丑。夏、商、周以三统改正朔。三代而下，造历者各有增创，如《太初》起之以律，而候气于黄钟，《太衍》符之以《易》，而较数于分秒，《授时》准之以晷，而测验于仪象。

【译文】定气运　黄帝获得《河图》，才开始设立灵台。羲和观察太阳运行的规律，常仪观察月亮的运行规律，车区观察星辰的规律，伶伦制造音律，大挠创制了天干地支，隶首创制了算数。容成把六种学问综合起来用以预测气运。

历纪　少昊帝让玄鸟氏掌管春分、秋分，伯赵氏掌管夏至、冬至，青鸟氏掌管立春、立夏，丹鸟氏掌管立秋、立冬，颛顼承袭了此法，把农历一月作为一年开始，开始作为“历数的根本”。尧帝让羲仲、羲叔分别掌管春、夏，和仲、和叔分别掌管秋、冬，用闰月以校正一年四季，开始使用“历数的纲纪”。

历元　黄帝时才有了“历法的开端”，起于辛卯，高阳氏起于乙卯。舜帝起于戊午，夏朝起于丙寅，商朝起于甲寅，周朝起于丁巳，秦朝起于乙卯。汉朝制作《太初历》，起于丁丑。夏、商、周是以各自的历法改变正朔。三代以后，制造历法的各有增添创造，比如《太初历》用音律开始，并用黄钟区分节气，《太衍历》用《易》来对应，并且精确到了分秒。《授时历》用日晷校对，并且用仪象来验证。

造历　黄帝迎日推筴，尧闰月成岁。舜在璇玑玉衡。三代历无定法，周秦闰余乖次。刘歆造《三统历》，而是非始定。东汉李梵造《四分历》，而仪式方备。刘洪造《乾象历》，始悟月行迟速。魏黄初间始以日食课其疏密。杨伟造《景初历》，始立交食起亏术。又何承天造《元嘉历》，始悟朔望及弦皆定大小余，及以晷影验气。又祖冲之造《大明历》，始悟太阳有岁差之数，极星去不动之处一度余。又张子信始悟日月交道有表里，五星有迟速留逆。又张胄玄造《大业历》，始立五星入气加减法，及日应食不食术。刘焯造《七曜历》，始悟日行有盈缩，及立推黄道月道。又傅仁均造《戊寅元历》，颇采旧历，始用定制。又李淳风造《麟德历》，始为总法，用进朔以避晦晨月见。又一行造《大衍历》，始以朔有四大三小，定九服轨满交食之异，及创立岁星差合术。又徐昂造《宣明历》，始悟日食有气刻时三差。又边冈崇《玄历》，始立相减相乘法，以求黄道月道。又王朴《钦天历》，始变五星法，迟留逆行，舒亟有渐。又周琮造《明天历》，始悟日法积年自然之数。又姚舜辅造《纪元历》，始悟食甚泛余差数。以上计千一百八十二年。创法有三家，汉洛下闳（洛姓，下闳名）始取法黄钟律数创历（律容一龠，积八十一寸，则一日之分也）。唐僧一行（姓张名璲）始改从大易蓍策数修历（本易大衍以四十九分为算）。晋虞喜始立岁次，以五十年退一度。何承天为太过进之。刘焯取二家中数折之。至元郭守敬始测景验气，积六十年奇退一度，始定差法。

【译文】造历　黄帝用蓍草推算节气，尧帝用闰月调节四季。舜用璇玑玉衡观察日月星辰。三代历法没有定准，周朝、秦朝的闰月余月有所差错。刘歆制作《三统历》后才辨别了历法的对错。东汉的李梵制作了《四分历》，仪式才齐备。刘洪制作了《乾象历》，才明白月亮运行的快慢。曹魏黄初年间开始凭借日食检测历法的疏密程度。杨伟制作了《景初历》，开始创立观测太阳和月亮遮掩相食的法则。何承天制作了《元嘉历》，才明白用朔、望和月亮的弦都可以确定“大小余”（大余即不满一甲余下的日期数，小余即不满一天余下的分数），还有用日晷的影子检测节气。祖冲之制作了《大明历》，才明白太阳每年的运行是有一定数目的误差，北极星和它不动的点有一度的距离。张子信才明白太阳和月亮的运行轨迹有里外的区别，五大行星的运行有快、慢、顺、反。张胄玄制作了《大业历》，开始创立“五星入节气的加减法”，以及“日应该食或不食的法则”。刘焯制作了《七曜历》，才明白太阳运行有进也有退，并且建立了推测太阳轨迹和月亮轨迹的法则。傅仁均制作了《戊寅元历》，采用许多旧的历法，开始运用确定朔日的方法。李淳风制作了《麟德历》，开始综合以前各种历法，用进朔之法来避免每月最后一天早上月亮可以看见的问题。一行制作了《大衍历》，开始凭借朔有四个大月和三个小月来确定全国各地所见运行轨迹以及日月食的不同，还创立了“岁星差合术”。徐昂制作了《宣明历》，才明白日食有气、刻、时三差。边冈崇制作了《玄历》，开始创立“相减相乘法”，以计算太阳和月亮运行轨迹。王朴的《钦天历》，开始改变“五星法”，运行的迟留、逆行、舒缓、急迫都有了法度可言。周琮制作了《明天历》，才明白用天数以积累年数的法则。姚舜辅制作了《纪元历》，才明白食甚泛余的误差数。以上一千一百八十二年里，创立历法的有三家，汉朝的洛下闳（洛姓，下闳名）开始按黄钟律数创制历律（可容一龠，积累八十一寸，就是一日之分）。唐朝僧人一行（姓张名璲）开始改从《易经》的蓍策数修订历法（根据《易经》的大衍数以四十九分计算）。晋朝虞喜开始创立岁次，认为五十年需要退一度。何承天认为退得太多要进一些。刘焯取二家中间数折算了下。到元朝郭守敬开始测量太阳影子用来检验节气，积累六十年有余的话可以退一度，才开始定下了“差法”。

改历　按自黄帝讫秦末凡六改，汉高讫汉末凡五改，隋文讫隋末凡十三改，唐高讫周末凡十六改，宋太祖讫宋末凡十八改，金熙宗讫元末凡三改。而法，西汉莫善于《太初》；东汉莫善于《四分》；由魏至隋莫善于《皇极》；在唐则称《大衍》，在五代则称《钦天》；至元授时，郭守敬立仪测验，较古精密。

仪象　黄帝命成容作盖天，舜察玑衡（以璇为玑，用以转动为玑，以玉为管。横置其中为衡）。颛顼始为浑仪，尧复之，浑仪遭秦灭。洛下闳始复经营运仪，鲜于妄人又度之。耿寿昌始铸为象。张衡仪始为内规外规。李淳风仪表里三重。洛下闳为员仪，梁令瓒为游仪，郭守敬为简仪、仰仪。后汉有铜仪，后魏有铁仪，李淳风有木浑仪，唐明皇有水浑天。张衡始造候风地动仪（形似樽，外有八龙衔丸，震则机发，吐丸下，蟾蜍承之）。伏羲始作土圭测影，伊尹作水准，得日晷辨方向。黄帝始为刻漏，夏商宣其制为漏箭。宋燕肃作水秤，周公始分更点。宋太祖闻陈抟怕五更头之言，始去前后二点。

【译文】改历　从黄帝到秦朝末年一共改过六次历法，汉高祖和汉朝末年改过五次历法，隋文帝到隋朝末年改过十三次历法，唐高祖到五代周朝末年一共改了十六次历法，宋太祖到宋朝末年改过十八次历法，金熙宗到元朝末年改过三次历法。可是西汉最好的历法没有超过《太初历》的，东汉最好的是《四分历》，从魏朝到隋朝最好的是《皇极历》，唐朝最好的是《大衍历》，五代最好的是《钦天历》，到了元朝元授年间郭守敬创立的仪器观测法比古法更为精密。

仪象　黄帝让成容制作盖天仪，舜帝以玑衡观测天象（以璇玉做玑，是用来作为转动轴，以玉石做管，横着放在中间作为观测机器）。颛顼开始制作浑天仪，尧帝恢复了这种仪器，浑天仪到秦朝被毁掉。洛下闳再次开始经营运仪，鲜于妄人也测量了仪器。耿寿昌才开始铸造有形象的观测仪器。张衡的浑天仪分为内规外规。李淳风的浑天仪内外有三层。洛下闳制造了圆形浑天仪，梁令瓒制造了游仪，郭守敬制造了简仪和仰仪。后汉有铜制的仪，后魏造有铁制仪，李淳风造了木质浑天仪，唐玄宗时代制造了水制浑天仪。张衡开始制造候风地动仪（形状像大酒杯，外面环绕着八条龙，嘴里含着珠子，每当地震发生，机关就触发，让珠子从龙嘴里吐出来，掉落在地上的蟾蜍嘴里）。伏羲氏开始制作土圭来观测太阳影子，伊尹制造了水准仪，凭借日晷辨认方位。黄帝开始制造了刻漏这种计时器，夏朝商朝发扬光大，做成了漏箭。宋朝的燕肃制作了水秤，周公开始把每晚分为几个更点。宋太祖听闻陈抟“寒在五更头”的预言，就开始去除前后两个更点。

卷二·地理部

疆域

九州 人皇氏兄弟九人，分天下为九州，梁、兖、青、徐、荆、雍、冀、豫、扬是也。至舜时，以冀、青地广，分冀东恒山之地为并州，分东北医无闾之地为幽州，又分青之东北为登州，共成十二州。

历代方舆 商九州，周亦九州。秦分天下为三十六郡，汉分天下为十三部。三国蜀制巴蜀，置二州。吴北据江、南尽海，置五州。魏据中原，置十二州。晋制十九州。唐分十道，玄宗分十五道。宋分二十三路，元置十二省，又分天下为二十三道。明分两直隶、十三省。

【译文】九州 人皇氏兄弟有九人，把天下分为九州：梁州、兖州、青州、徐州、荆州、雍州、冀州、豫州、扬州。到舜帝时，因为冀州、青州地方广大，开始把冀州东边恒山地区分为并州，又把东北的医无闾这个地方分为幽州，又把青州的东北地区分为登州，共成为了十二州。

历代方舆 商朝有九个州，周朝也是九个州。秦朝把天下分为三十六郡，汉朝把天下分为十三个部。三国时期蜀国统治巴、蜀地区，设置了两个州。吴国北从长江、南到大海，设置五个州。魏国统治中原地区，设置了十二个州。晋朝将全国划分为十九个州，唐朝划分十道，玄宗划分十五道，宋朝划分二十三路，元朝设置成十二个省，又分为二十三道。明朝分为两直隶和十三个省。

吴越疆界　钱镠王以苏州平望为界，据浙闽，共一十四州。

古扬州所辖之地　南直隶、浙江、福建、广东、广西、江西，凡六省。

古会稽所辖之地　浙江除温、台，九府：杭、嘉、湖、处、宁、绍、金、衢、严；福建除福州，七府：漳、泉、汀、兴、建、延、邵；南直隶苏、松、常、镇四府，共二十府。会稽郡驻匝苏州府。

【译文】吴越疆界　钱镠王以苏州的平望为边界线，统治浙江、福建一共十四个州。

古扬州所辖之地　包括如今的南直隶、浙江、福建、广东、广西、江西，一共六个省。

古会稽所辖之地　浙江除了温州、台州外的九个府：杭州、嘉州、湖州、处州、宁州、绍兴、金华、衢州、严州；福建除了福州外的七个府：漳州、泉州、汀州、兴化、建宁、延平、邵武；还包括南直隶的苏州、松江、常州、镇江四个府，一共二十府。会稽郡驻所是苏州府。

二周　镐京为西周，洛阳为东周。

两都　前汉都长安，曰西都；东汉都洛阳，曰东都。

蜀三都　成都、新都、广都。

魏五都　魏因汉祚都洛阳，以谯为先人本国，许昌为汉之所居，长安为西京之遗迹，邺为王业之本基，故号五都。

【译文】二周　在镐京定都的是西周，在洛阳定都的是东周。

两都　西汉定都长安，称作西都；东汉定都洛阳，称作东都。

蜀三都　成都、新都、广都。

魏五都　魏国继承汉朝的正统定都洛阳，谯郡被当作曹魏先人的居地，许昌被当作汉朝末代皇帝献帝的居所，长安被当作西汉京都的遗迹，邺城是王朝的基业，所以号为“五都”。

三辅　长安以京兆、冯翊、扶风为三辅；宋都汴梁，以郑州、滑州、汝州为三辅。

三亳　曹州考城县曰北亳，西京谷熟县曰南亳，西京偃师县曰西亳。

三吴　苏州曰东吴，润州曰中吴，湖州曰西吴。

三楚　江陵曰南楚，徐州曰西楚，苏州曰东楚。

三齐　临淄曰东齐，博阳曰济北，蓬州即墨曰胶东。

三蜀　成都为蜀都，汉高分置汉广，汉武分置犍为。

三晋　赵都邯郸，魏都大梁，韩都郑，三家皆晋卿，故曰三晋。

三秦　章邯都废丘，司马欣都栎阳，董翳都高奴，三人皆秦降将，项羽分关中地以王之，曰三秦。

【译文】三辅　长安把京兆、冯翊、扶风设立为“三辅”；宋朝定都汴梁，把郑州、滑州、汝州设立为“三辅”。

三亳　曹州的考城县称为北亳，西京的谷熟县称为南亳，西京的偃师县称为西亳。

三吴　苏州被称作东吴，润州被称作中吴，湖州被称作西吴。

三楚　江陵被称作南楚，徐州被称作西楚，苏州被称作东楚。

三齐　临淄被称作东齐，博阳被称作济北，蓬州的即墨被称作胶东。

三蜀　成都被称作蜀都，汉高祖时分立了汉广，汉武帝时又分设了犍为。

三晋　战国时期，赵国定都邯郸，魏国定都大梁，韩国定都郑，这三国的国君以前都是晋国的上卿，所以被称作“三晋”。

三秦　章邯定都废丘，司马欣定都栎阳，董翳定都高奴，三人都是秦朝来的投降将军，项羽把关中地区分封给他们，立他们为王，号称“三秦”。

三虢　太阳曰北虢，荥阳曰东虢，雍州曰西虢。

三越　吴越杭州、闽越福州，南越广州。

三巴　渝州为巴中，绵州为巴西，归夔、鱼复、云安为巴东。

三湘　曰湘乡，曰湘潭，曰湘原，在湖南，属潭州。

三河　周都曰河南，商都曰河内，尧都曰河东。

【译文】三虢　太阳叫作北虢，荥阳叫作东虢，雍州叫作西虢。

三越　吴越是杭州，闽越是福州，南越是广州。

三巴　渝州叫作巴中，绵州叫作巴西，归夔、鱼复、云安叫作巴东。

三湘　有叫作湘乡的，有叫作湘潭的，还有叫作湘原的，全部在湖南，附属于潭州。

三河　周朝首都叫作河南，商朝首都叫作河内，尧朝首都叫作河东。

四京 开封曰东京，河内曰西京，应天曰南京，大名曰北京。

四辅 唐都长安，以同州、华州、岐州、蒲州为四辅。

四川 成都为西川，潼州为东川，利州为北川，夔州为南川。

五服 《禹贡》：五服，曰甸服、侯服、绥服、要服、荒服，每服五百里，计二千五百里。

九服 周九服，曰侯服、甸服、男服、采服、卫服、蛮服、夷服、镇服、藩服。谓之服者，责以服事天子为职也。

【译文】四京 开封叫作东京，河内叫作西京，应天叫作南京，大名叫作北京。

四辅 唐朝都城长安，把同州、华州、岐州、蒲州称作“四辅”。

四川 成都叫作西川，潼州叫作东川，利州叫作北川，夔州叫作南川。

五服 《禹贡》里说：五服，分别指甸服、侯服、绥服、要服、荒服，每服有五百里地，总计二千五百里。

九服 周朝的九服，分别指：侯服、甸服、男服、采服、卫服、蛮服、夷服、镇服、藩服。被称作“服”意思是，服侍天子是职份所在。

百二山河 秦地险固，二万人，足当诸侯百万人，故曰百二山河。

九边 明朝设以限华夷。洪武初设重镇六，曰宣府，曰大同，曰甘肃，曰辽东，曰延绥，曰宁夏；永乐初增设蓟州；正统间又增榆林、固原，是为九边。

六关　直隶三关，曰居庸，曰紫荆，曰倒马。山西三关，曰雁门，曰宁武，曰偏头。

陶唐九州　冀州。《禹贡》：帝都之地三面距河，时盖黄河由冀入海也。《释名》：冀州，其地有险有易，乱则冀治，弱则冀强，荒则冀丰也。《春秋元命苞》曰：昴毕之间为天街，散为冀州，分为赵国，立为常山。

【译文】百二山河　秦国的地势险要，二万士兵，足以抵御诸侯的百万之众，故叫作“百二山河”。

九边　明朝设立用以区分中华和蛮夷。洪武初年设了重镇六个，分别是宣府、大同、甘肃、辽东、延绥、宁夏；永乐初年增设了蓟州；正统间又增设了榆林、固原，这就是所谓的“九边”。

六关　直隶有三个关，分别是居庸关、紫荆关、倒马关。山西有三个关，分别是雁门关、宁武关、偏头关。

陶唐九州　冀州。在《禹贡》里记载：冀州是帝王都城所在，三面环着河水。《释名》里说：“冀州，这里有地势险峻的地方，也有平坦的地方，在这里，天下大乱时可以求得安定，国家弱小时可以求得强大，荒年可以求得丰收。《春秋元命苞》里说：昴、毕两星宿之间就是天街，分散为冀州，分野属于赵国，常山是标志。

兖州。《禹贡》：济河惟兖州。谓东南据济，西北距河，盖冀之东南也。《元命苞》曰：五星流为兖州。兖之言端也，言阳精端，其气纤杀，分为郑国。

青州。《禹贡》：海岱惟青州。谓东北距海，西南距岱，又在兖之东也。《释名》：青州在东，取生物而青也。《元命苞》曰：虚危之精，流为青州，分为齐国，立为莱山。

徐州。《禹贡》：海岱及淮惟徐州。谓东至海，北至岱，南至淮，又在青州之南也。《元命苞》曰：天弓星司弓弩，流为徐州，别为鲁国。徐之为舒也，言阴牧内雨，安详也。

【译文】兖州。在《禹贡》里记载：济水和黄河之间就是兖州。意思是兖州东南枕着济水，西北靠着黄河，大致属于冀的东南方。《春秋元命苞》说："五星流为兖州。"兖"的意思是祥瑞，说的是阳气精纯，气候纤细的肃杀，这里分为郑国。

青州。在《禹贡》里记载：大海和泰山之间就是青州，意思是东北靠近大海，西南枕着泰山，又在兖州东边。《释名》里说：青州在东方，东方是生长万物的，所以取名为"青"。《春秋元命苞》说：虚、危两星宿的精气流到地上就是青州，分野是齐国，莱山是标志。

徐州。在《禹贡》里记载：大海和泰山南到淮水的地区就是徐州。意思是东到大海，北到泰山，南到淮水，又在青州的南边。《春秋元命苞》里说：天弓星掌管弓弩，地上对应的就是徐州，分野是鲁国。徐的意思是舒缓，说的是阴牧内雨，安详也。

扬州。《禹贡》：淮海惟扬州。谓北至淮，东南至海。又曰："江南之气躁劲，厥性轻扬也。"《元命苞》曰：牵牛流为扬州，分为越国，立为扬山。

荆州。《禹贡》：荆及衡阳惟荆州。谓北距南条前山，南包衡山之阳，盖在扬州之西，而豫州之西南也。《释名》：荆，警也。南蛮数为寇逆，言当警备之也。《元命苞》曰：轸星散为荆州，分为楚国。

豫州。《禹贡》：荆河惟豫州。谓西南至南条荆山，北距大河，盖在冀州之南，荆州之北，徐、兖之西也。《元命苞》曰：钩钤星别为豫州。言地在九州之中，所在常安豫也。

【译文】扬州。在《禹贡》里记载：淮海就是扬州。说的是北到淮水，东南到大海。又说："江南的民风暴躁强悍，性子很轻浮。"《春秋元命苞》里说：牵牛宿对应地上的扬州，分野是越国，标志是扬山。

荆州。在《禹贡》里记载：荆山到衡阳之间就是荆州。说的是北到南条前山，南到衡山南边，大约在扬州西边，豫州的西南。《释名》说：荆，"警"的意思。南蛮屡次叛乱，说要警戒他们。《春秋元命苞》里说：轸星对应荆州，分野是楚国。

豫州。在《禹贡》里记载：荆河就是豫州。说的是西南到南条荆山，北到大河，大约在冀州的南边，荆州的北边，徐州、兖州的西边。《春秋元命苞》里说：钩钤星对应豫州。豫的意思是此地在九州的正中，往往很安乐。

梁州。《禹贡》：华阳黑水惟梁州。谓东距华山之南，西距黑水，盖在雍州之南，荆州之西也。以西方属金，其气强梁，故曰梁州。当夏殷，为蛮夷之国，至周始并入雍州。

雍州。《禹贡》：黑水西河惟雍州。谓西距黑水，东距西河，盖在冀州之西，梁州之北。《太康地记》：雍州并得梁州之地，西北之位，阳所不及，阴气雍阏，故取名焉。《元命苞》曰：东井鬼星，散为雍州，分为秦国。

【译文】梁州。在《禹贡》里记载：华阳南和黑水之间就是梁州。说的是东到华山的南边，西到黑水，大约在雍州的南边，荆州的西边。因为西方属金，这里的民风强悍，所以叫作梁州。在夏商时代，这里还是蛮夷的国家，到周初才并入雍州。

雍州。在《禹贡》里记载：黑水和西河就是雍州。说的是西到黑水，东到西河，这里大约在冀州的西边，梁州的北边。《太康地记》记载：“雍州包括了梁州的地域，西北的方位，阳气比较弱，阴气比较拥堵，所以这样取名。《春秋元命苞》里说：东井宿和鬼宿，对应雍州，分野是秦国。

虞十二州　九州之外，分设并州，则盖冀之东北医无闾之余地也。《元命苞》曰：营室星流为并州，分为郑国，立为明山。并之言诚也。精舍交并，其气勇抗。诚，信也。

幽州，即冀东恒山诸地，盖在北幽昧之地也。《元命苞》曰：箕星散为幽州，分为燕国。

营州，即青之东北、辽东等处。《释名》：齐卫之地，于天文属营室，故取其名。盖舜为冀、青地广而分之也。

【译文】虞十二州　九州的外面，分设了并州，也就相当于冀州东北的医无闾外面部分。《元命苞》里说：营室星应对并州，分野是郑国，标志是明山。“并”的意思是“诚”。精气与心交合，所以这里民风勇猛正直。“诚”，意思是“信”。

幽州就是冀州东边恒山各地区，大约在北方幽暗昏昧的地方。《春秋元命苞》里说：“箕星散为幽州，分野是燕国。”

营州就是青州的东北、辽东等地区。《释名》里说：齐国和卫国的国土在天文上面属于营室，所以取名叫“营州”，这里是舜帝因为冀州、青州土地太过广大就分出的一部分。

周九州　东南曰扬州，其山镇曰会稽，其薮泽曰具区，其川三江，其浸五湖（彭蠡、洞庭、青草、太湖、丹阳也），其利金锡竹箭，其民二男五女（盖通以一州之民计之，二分为男，五分为女也），其畜鸟兽，其谷宜稻。

正南曰荆州，其山镇曰衡山，其薮泽曰云梦，其川江汉，其浸颖湛，其利丹银齿革，其民一男二女，其畜鸟兽，其谷宜稻。

河南曰豫州，其山镇曰华山，其薮泽曰圃田，其川荥雒，其浸波溠（音诈），其利材漆丝枲，其民二男二女，其畜宜六扰（鸡、豚、犬、马、牛、羊也），其谷宜五种（稻、黍、稷、麦、菽也）。

正东曰青州，其山镇曰沂山，其薮泽曰望诸，其川淮泗。其浸沂沐，其利蒲鱼，其民二男二女，其畜鸡狗，其谷宜稻麦。

河东曰兖州，其山镇曰泰山，其薮泽曰大野，其川河泲，其浸卢维，其利蒲鱼，其民三男三女，其畜六扰，其谷宜四种。

【译文】周九州　全国的东南方叫作扬州，这里的名山叫作会稽，这里的大泽叫作具区，这里的大河叫作三江，这里包括五个大湖（即彭蠡、洞庭、青草、太湖、丹阳），这里的特产有金锡竹箭，这里的百姓二男五女（即以所有的本周居民来算，二分是男性，五分是女性），这里人养鸟和野兽，这里的土地适宜种稻子。

扬州的正南方叫作荆州，这里的名山叫作衡山，这里的大泽叫作云梦，这里的大河叫作江、汉，这里的大湖包括颍、湛，这里的特产有丹砂、银、象牙、毛皮，这里的百姓一分男二分女，这里也养鸟和野兽，这里适宜种稻子。

黄河的南方叫作豫州，这里的名山叫作华山，这里的大泽叫作圃田，这里的大河有荥水洛水，这里的大湖有波、溠(音诈)，这里的特产有木材、漆、丝绸和木制家具，这里的百姓二分男二分女，这里适合畜养“六扰”(即鸡、猪、狗、马、牛、羊)，这里适合种的农作物有五种(稻、黍、稷、麦、菽也)。

正东方叫作青州，这里的名山叫作沂山，这里的大泽叫作望诸，这里的大河有淮河、泗水。这里的大湖有沂水、沭水，这里的特产有席子、鱼，这里的百姓二分男二分女，这里的人豢养鸡、狗，这里适合种的农作物有稻子、麦子。

黄河东边叫作兖州，这里的名山叫作泰山，这里的大泽叫作大野，这里的大河有黄河、泲水，这里的大湖有卢湖、维湖，这里的特产有席子、鱼，这里的百姓三分男三分女，这里的人豢养鸡、猪、狗、马、牛、羊，这里适合种的农作物有四种。

正西曰雍州，其山镇曰岳山，其薮泽曰弦蒲(在汧阳)，其川泾汭，其浸渭洛，其利玉石，其民三男二女，其畜宜牛马，其谷宜黍稷。

东北曰幽州，其山镇曰医无闾(辽东)，其薮泽曰貕养(在莱阳)，其川河泲，其浸菑时(莱芜、殷阳)，其利鱼盐，其民一男三女，其畜牛马羊豕，其谷宜黍麦稻。

河内曰冀州，其山镇曰霍山，其薮泽曰扬纡，其川漳，其浸汾潞(汾出汾阳，潞出归德)，其利松柏，其民五男三女，其畜牛羊，其谷宜黍稷。

正北曰并州，其山镇曰恒山，其薮泽曰昭余祁(在邬)，其川虖池呕夷，其浸涞易，其利布泉，其民二男三女，其畜牛马犬豕羊，其谷宜五种。

【译文】正西方叫作雍州，这里的名山叫作吴岳，这里的大泽叫作弦蒲（在沂阳），这里的大河有泾水、汭水，这里的大湖有渭水、洛水，这里的特产有玉石，这里的百姓三分男二分女，这里适合豢养牛、马，这里适合种的农作物有小米高粱。

东北方叫作幽州，这里的名山叫作医无闾（辽东），这里的大泽叫作貕养（在莱阳），这里的大河包括黄河、泲水，这里的大湖有菑水、时水（莱芜、殷阳），这里的特产有鱼、盐，这里的百姓一分男三分女，这里的人豢养牛、马、羊、猪，这里适合种的农作物有小米、麦子、稻子。

黄河以内地区叫作冀州，这里的名山叫作霍山，这里的大泽叫作扬纡，这里的大河叫作漳河，这里的大湖有汾水、潞水（汾出汾阳，潞出归德），这里的特产有松树、柏树，这里的百姓五分男三分女，这里的人豢养牛羊，这里适合种的农作物有小米、高粱。

正北方叫作并州，这里的名山叫作恒山，这里的大泽叫作昭余邪（在鄔），这里的大河有虖池、呕夷，这里的大湖有涞水、易水，这里的特产有布匹、货币，这里的百姓二分男三分女，这里的人豢养牛、马、狗、猪、羊，这里适合种的农作物有五种。

秦三十六郡　始皇初并天下，罢诸侯，置守尉，遂分天下为三十六郡，每郡置一守、一丞、两尉以典之。郡名曰内史、三川、河东、南阳、南郡、九江、鄣郡、会稽、颍川、砀郡、泗水、薛郡、东郡、琅琊、齐郡、上谷、渔阳、北平、辽西、辽东、代郡、巨鹿、邯郸、上党、太原、云中、九原、雁门、上郡、陇西、北地、汉中、巴郡、蜀郡、黔中、长沙。后又置闽中、南海、桂林、象郡四郡。凡四十郡。

【译文】秦三十六郡　始皇初次统一天下时，废除了诸侯，设置了守、尉的职务，于是把天下分为三十六个郡，每个郡设一名郡守、一名郡丞、两名郡尉来管理。三十六郡的名称分别叫作内史郡、三川郡、河东郡、南阳郡、南郡、九江郡、鄣郡、会稽郡、颍川郡、砀郡、泗水郡、薛郡、东郡、琅琊郡、齐郡、上谷郡、渔阳郡、北平郡、辽西郡、辽东郡、代郡、巨鹿郡、邯郸郡、上党郡、太原郡、云中郡、九原郡、雁门郡、上郡、陇西郡、北地郡、汉中郡、巴郡、蜀郡、黔中郡、长沙郡。后来又增设了闽中郡、南海郡、桂林郡、象郡四郡。一共四十个郡。

汉十三部　汉分天下为十三部，每部置刺史，领天下郡国一百三。

司隶校尉（领京兆、扶风、冯翊、弘农、河东、河内、河南七郡）。豫州刺史（领颍川、汝南、沛郡、梁国、鲁国五郡）。冀州刺史（领魏郡、巨鹿、常山、清河、广平、真定、中山、信都、河间、赵国十郡）。兖州刺史（领陈留、东郡、山阳、济阴、泰山、城阳、东平七郡）。徐州刺史（领琅琊、东海、临淮、泗水、楚国五郡）。青州刺史（领平原、千乘、济南、齐郡、北海、东莱、胶东、高密、菑川九郡）。荆州刺史（领南阳、南郡、江夏、桂阳、武陵、零陵、广陵、长沙八郡）。扬州刺史（领镇江、九江、会稽、丹阳、豫章、六安六郡）。益州刺史（领汉中、广汉、巴郡、蜀郡、犍为、越巂、牂牁、益州八郡）。凉州刺史（领安定、北城、陇西、武威、金城、天水、武都、长掖、酒泉、敦煌十郡）。并州刺史（领太原、上党、上郡、西河、朔方、五原、云中、定襄、雁门九郡）。幽州刺史（领涿郡、渤海、代郡、上谷、渔阳、北平、辽西、辽东、广阳、乐浪、玄菟十一郡）。交州刺史（领海南、郁林、苍梧、交趾、合浦、九真、日南七郡）。

【译文】汉十三部　汉朝把天下分为十三部，每部置有一名刺史，治理天下一百三十个郡、国。

司隶校尉（领京兆、扶风、冯翊、弘农、河东、河内、河南七郡）。**豫州刺史**（领颍川、汝南、沛郡、梁国、鲁国五郡）。**冀州刺史**（领魏郡、巨鹿、常山、清河、广平、真定、中山、信都、河间、赵国十郡）。**兖州刺史**（领陈留、东郡、山阳、济阴、泰山、城阳、东平七郡）。**徐州刺史**（领琅琊、东海、临淮、泗水、楚国五郡）。**青州刺史**（领平原、千乘、济南、齐郡、北海、东莱、胶东、高密、菑川九郡）。**荆州刺史**（领南阳、南郡、江夏、桂阳、武陵、零陵、广陵、长沙八郡）。**扬州刺史**（领镇江、九江、会稽、丹阳、豫章、六安六郡）。**益州刺史**（领汉中、广汉、巴郡、蜀郡、犍为、越嶲、牂牁、益州八郡）。**凉州刺史**（领安定、北城、陇西、武威、金城、天水、武都、长掖、酒泉、敦煌十郡）。**并州刺史**（领太原、上党、上郡、西河、朔方、五原、云中、定襄、雁门九郡）。**幽州刺史**（领涿郡、渤海、代郡、上谷、渔阳、北平、辽西、辽东、广阳、乐浪、玄菟十一郡）。**交州刺史**（领海南、郁林、苍梧、交趾、合浦、九真、日南七郡）。

三国州郡　蜀汉全制巴蜀，置二郡，曰益州（成都）、曰梁州（汉中），有郡二十。先主初置九郡，曰巴东、曰巴西、曰梓潼、曰河阳、曰文山、曰汉嘉、曰朱提、曰云南、曰涪陵，并得旧汉，曰巴郡、曰广汉、曰犍为、曰牂牁、曰越嶲、曰益州、曰汉中、曰永昌、曰南安、曰武都。孙吴北据江南尽海，置州五，曰交州（安南）、曰广州（南海）、曰荆州（江陵）、曰郢州（江夏）、曰扬州（丹阳）。孙权置临贺、武昌、朱厓、新安、卢陵五郡。孙亮又置临川、临海、衡阳、湘东四郡。孙休又置天门、建平、合浦三郡。孙皓置始安、始兴、邵陵、安成、新昌、武平、九德、吴兴、平阳、桂林、荥阳十一郡。因立宜阳一郡，并汉十八郡，共四十三郡。

魏据中原，有州十二，曰司隶（河南）、曰豫州（谯）、曰荆州（襄阳）、曰兖州（武威）、曰青州（临淄）、曰徐州（彭城）、曰凉州（天水）、曰秦州（上邽）、曰冀州（代郡）、曰幽州（范阳）、曰并州（晋阳）、曰扬州（寿春）。

【译文】三国州郡　蜀汉占领整个巴蜀，设置了两个郡，一个是益州（成都），一个是梁州（汉中），一共包括二十个郡。刘备开始时设置了九个郡，一是巴东郡，一是巴西郡，一是梓潼郡，一是河阳郡，一是文山郡，一是汉嘉郡，一是朱提郡，一是云南郡，一是涪陵郡，而且合并了过去的汉中郡：包括巴郡、广汉、犍为、牂牁、越巂、益州、汉中、永昌、南安、武都等地区。孙吴北边占据大江，南边直到大海，设置了五个州，一是交州（安南），一是广州（南海），一是荆州（江陵），一是郢州（江夏），一是扬州（丹阳）。孙权设置了临贺、武昌、朱厓、新安、卢陵五个郡。孙亮又设置了临川、临海、衡阳、湘东四个郡。孙休又设置了天门、建平、合浦三个郡。孙皓设置了始安、始兴、邵陵、安成、新昌、武平、九德、吴兴、平阳、桂林、荥阳十一个郡。又设置宜阳郡，把汉朝十八个郡合并，一共四十三个郡。

魏占据中原，十二个州，一是司隶（河南），一是豫州（谯），一是荆州（襄阳），一是兖州（武威），一是青州（临淄），一是徐州（彭城），一是凉州（天水），一是秦州（上邽），一是冀州（代郡），一是幽州（范阳），一是并州（晋阳），一是扬州（寿春）。

晋十九州　曰司州（河南）、曰兖州（濮阳）、曰豫州（项城）、曰冀州（赵郡）、曰并州（晋阳）、曰青州（临淄）、曰徐州（彭城）、曰荆州（江陵）、曰扬州（初寿春，后建业）、曰雍州（京兆）、曰秦州（上邽）、曰益州（成都）、曰梁州（南郑）、曰宁州（云南）、曰幽州（范阳）、曰平州（昌黎）、曰交州（番禺）、曰凉州（武威）。

【译文】晋十九州　一是司州（河南），一是兖州（濮阳），一是豫州（项城），一是冀州（赵郡），一是并州（晋阳），一是青州（临淄），一是徐州（彭城），一是荆州（江陵），一是扬州（初寿春，后建业），一是雍州（京兆），一是秦州（上邽），一是益州（成都），一是梁州（南郑），一是宁州（云南），一是幽州（范阳），一是平州（昌黎），一是交州（番禺），一是凉州（武威）。

唐十道　自晋荡阴败，复南北分争，州郡割裂，宋、齐、梁、陈，狃于江左，隋氏虽能混一，而享祚不长。至唐太宗肇造区夏，并有州郡，始因山以形便，分天下为十道，曰关内、曰河南、曰河东、曰河北、曰山南、曰陇右、曰淮南、曰江南、曰剑南、曰岭南。贞观十五年大簿，凡州府三百五十八。玄宗开元初，又分为十五道，曰京畿（西京）、曰都畿（东都）、曰关内（京官遥领）、曰河南（陈留）、曰河北（魏郡）、曰陇右（西平）、曰山南东（襄阳）、曰山南西（汉中）、曰江南东（吴郡）、曰江南西（豫章）、曰剑南（蜀郡）、曰淮南（广陵）、曰黔中（贵州）、曰岭南（南海）。

【译文】唐十道　自从西晋在荡阴战败，晋朝南渡，中原地区被外族占据，而宋、齐、梁、陈偏安于江南，隋朝虽然一统天下，可是国祚不长久。到了唐太宗统一全国，依照各地山川形势把天下分为十道：一是关内道，一是河南道，一是河东道，一是河北道，一是山南道，一是陇右道，一是淮南道，一是江南道，一是剑南道，一是岭南道。贞观十五年统计全国的州、府共三百五十八个。玄宗开元初年，又把十道再分为十五道：一是京畿道（西京），一是都畿道（东都），一是关内道（京官遥领），一是河南道（陈留），一是河北道（魏郡），一是陇右道（西平），一是山南东道（襄阳），一是山南西道（汉中），一是江南东道（吴郡），一是江南西道（豫章），一是剑南道（蜀郡），一是淮南道（广陵），一是黔中道

（贵州），一是岭南道（南海）。

宋二十三路　太宗分天下为十五路，至仁宗又分为二十三路，曰京东东路、京东西路，曰京西南路、京西北路，曰河北东路、河北西路，曰陕西路，曰秦凤路，曰河东路，曰淮南东路、淮南西路，曰两浙路，曰江南东路、江南西路，曰荆湖南路、荆湖北路，曰成都路，曰梓州路，曰利州路，曰夔州路，曰福建路，曰广南东路、广南西路。

元十二省　元建中书省十二，辖天下州郡：曰都省（治腹里路）、曰河南行省（汴梁）、曰湖广行省（武昌）、曰浙江行省（杭州）、曰江西行省（龙兴）、曰陕西行省（京兆）、曰四川行省（成都）、曰云南行省（中庆）、曰辽阳行省（辽东）、曰征东行省（高丽）、曰甘肃行省（甘州）、曰岭北行省（和州）。又分天下为二十二道。

【译文】宋二十三路　宋太宗把天下分为十五路，到仁宗时又分为二十三路：一是京东东路、京东西路，一是京西南路、京西北路，一是河北东路、河北西路，一是陕西路，一是秦凤路，一是河东路，一是淮南东路、淮南西路，一是两浙路，一是江南东路、江南西路，一是荆湖南路、荆湖北路，一是成都路，一是梓州路，一是利州路，一是夔州路，一是福建路，一是广南东路、广南西路。

元十二省　元朝设有十二个行省，管辖天下的州郡：一是都省（治腹里路），一是河南行省（汴梁），一是湖广行省（武昌），一是浙江行省（杭州），一是江西行省（龙兴），一是陕西行省（京兆），一是四川行省（成都），一是云南行省（中庆），一是辽阳行省（辽东），一是征东行省（高丽），一是甘肃行省（甘州），一是岭北行省（和州）。又将天下分为二十二道。

明两直隶十三省　北直隶八府，十七州，一百一十六县，赋六十万一千。（北京在顺天。）南直隶十四府，十七州，九十六县，赋五百九十九五万千。（南京在应天。）河南八府，十州，九十六县，赋二百四十一万四千。（省城在开封。）陕西八府，二十二州，九十五县，赋一百九十二万九千。（省城在西安。）山东六府，十五州，八十九县，赋二百八十五万一千。（省城在济南。）湖广十五府，十六州，一百零七县，赋二百十六万七千。（省城在武昌。）浙江十一府，一州，七十五县，赋二百五十一万。（省城在杭州。）江西十三府，一州，七十七县，赋二百五十二万八千。（省城在南昌。）福建八府，五十七县，赋一百一十万一千。（省城在福州。）山西五府，二十州，七十八县，赋二百二十七万四千。（省城在太原。）四川八府，二十州，一百零七县，赋一百二十万六千。（省城在成都。）广东十府，八州，七十五县，赋一百一万七千。（省城在广州。）广西十一府，四十七州，五十三县，赋四十三万一千。（省城在桂林。）云南十四府，四十一州，三十县，赋一十四万。（省城在云南。）贵州八府，六州，六县，赋四万七千。（省城在贵阳。）

【译文】明两直隶十三省　北直隶有八个府，十七个州，一百一十六个县，人口六十万零一千户（北京在顺天府）。南直隶有十四个府，十七个州，九十六个县，人口五百九十九万零五千户（南京在应天府）。河南有八个府，十个州，九十六个县，人口有二百四十一万零四千户（省城在开封）。陕西有八个府，二十二个州，九十五个县，人口有一百九十二万零九千户（省城在西安）。山东有六个府，十五个州，八十九个县，人口有二百八十五万零一千户（省城在济南）。湖广有十五个府，十六个州，一百零七个县，人口有二百十六万零七千户（省城在武昌）。浙江有十一个府，一个州，七十五个县，人口有二百五十一万户（省城在杭个州）。江西有十三个府，一个州，七十七个县，人口有二百五十二万八千户（省城在南昌）。福建有八个府，五十七个县，人口有一百一十万一千户（省城在福州）。山西有五个府，二十个州，七十八个县，人口有二百二十七万四千户（省城在太原）。四川八个府，二十个州，一百零七个县，人口有一百二十万六千户（省城在成都）。广东十个府，八个州，七十五个县，人口有一百一万七千户（省城在广州）。广西十一个府，四十七个州，五十三个县，人口有四十三万一千户（省城在桂林）。云南十四个府，四十一个州，三十个县，人口有一十四万户（省城在云南）。贵州八个府，六个州，六个县，人口有四万七千户（省城在贵阳）。

建都

伏羲都陈（今河南陈州）。神农亦都陈，或曰曲阜（今山东曲阜县）。黄帝都涿鹿（今顺天府涿州），少昊都曲阜。颛顼都帝丘（今山东濮州）。帝喾都亳（今河南偃师县）。帝尧都平阳（今山西平阳县）。虞舜都蒲阪（今平阳蒲州）。夏禹都安邑（今平阳夏县）。商汤都亳。

【译文】伏羲建都于陈（今河南陈州）。神农亦建都于陈，另一种说法是曲阜（今山东曲阜县）。黄帝建都于涿鹿（今顺天府涿州），少昊建都于曲阜。颛顼建都于帝丘（今山东濮州）。帝喾建都于亳（今河南偃师县）。帝尧建都于平阳（今山西平阳县）。虞舜建都于蒲阪（今平阳蒲州）。夏禹建都于安邑（今平阳夏县）。商汤建都于亳。

周都丰镐（今陕西长安县，是谓关中）。周平王迁洛阳（今河南洛阳县）。秦都咸阳（今西安府咸阳县）。汉都洛阳，因娄敬说，西迁长安。东汉都洛阳。魏因汉祚，亦都洛阳。蜀汉都成都（今四川成都府）。吴初居镇江，都武昌（今湖广武昌府），后迁建业（今南直应天府）。西晋都洛阳。东晋都建业，元帝东渡，避愍帝讳，改名建康。宋、齐、梁、陈俱都建康。元魏初居云中（今大同府怀仁县），后迁洛阳。

【译文】周朝建都于丰镐（今陕西长安县，即关中）。周朝的平王迁都于洛阳（今河南洛阳县）。秦朝建都于咸阳（今西安府咸阳县）。汉朝本建都于洛阳，因为娄敬的建议，西迁到长安。东汉建都于洛阳。魏国继承汉朝，所以也建都于洛阳。蜀汉建都于成都（今四川成都府）。东吴开始在镇江，后来建都于武昌（今湖广武昌府），后来迁到建业（今南直应天府）。西晋建都于洛阳。东晋建都于建业，晋元帝南渡，避愍帝的名讳，改名建康。宋、齐、梁、陈都建都于建康。北魏初年都城在云中（今大同府怀仁县），后迁到洛阳。

北齐都邺（今河南彰德府）。西魏都长安关中。后周都长安。隋都长安，炀帝以巡幸，徙都洛阳。唐都长安。梁都汴（今河南开封府）。后唐、石晋、汉、周、宋俱都汴。南宋都临安（今杭州府）。元都大都（今顺天府）。明都建康，永乐迁于北平，即元之大都也。

【译文】北齐建都于邺城（今河南彰德府）。西魏建都于长安也就是关中。后周建都于长安。隋朝建都于长安，隋炀帝为了巡幸方便，迁都于洛阳。唐朝建都于长安。五代的后梁建都于汴梁（今河南开封府）。后唐、后晋、后汉、后周、北宋都建都于汴梁。南宋建都于临安（今杭州府）。元朝建都于大都（今顺天府）。明朝建都于建康，永乐年间迁都于北平，也就是元朝的大都。

地名

萑苻（音完蒲。郑地）。龙兑（兑音夺。赵地）。连縠（縠音斛。楚地）。方与（音防预。赵地）。番易（音婆阳。楚地）。曲逆（逆音遇。汉邑。陈平封曲逆侯）。庱亭（庱音逞。吴兴有庱亭）。蓚人（蓚数瓦切。县在上党）。越巂（巂音髓。郡府，在蜀地）。阌乡（阌音文。县名，在虢）。盩厔（音周质。在西安。水曲曰盩，山曲曰厔）。鄜（音孚。在陕西延安府。）毌丘（毌音贯。地在济阳南）。祋栩（音兔户。在冯翊）。朐䏰（音瞿门。本虫名，巴郡多此虫。因为邑名）。酂（音赞，在南阳，鄼在沛国，二地音不同。萧何封酂侯）。

【译文】**萑苻**（音完蒲。是郑国的地名）。**龙兑**（兑，音夺。是赵国的地名）。**连縠**（縠，音斛。是楚国的地名）。**方与**（音防预。是赵国的地名）。**番易**（音婆阳。是楚国的地名）。**曲逆**（逆，音遇。是汉朝的地名，陈平被封曲逆侯）。**庱亭**（庱，音逞。吴兴有地名叫作庱亭）。**蓚人**（蓚，数瓦切。该县在上党）。**越巂**（巂，音髓。是郡府所在的地方，位于蜀地）。**阌乡**（阌，音文。县名，位于虢地）。**盩厔**（音周质。在西安。弯曲的流水叫作“盩”，盘旋的山叫作“厔”）。**鄜**（音孚。位于陕西延安府）。**毌丘**（毌，音贯。地方在济阳南边）。**祋栩**（音兔户。位于冯翊）。**朐䏰**（音瞿门。本是虫的名字，巴郡有很多这种虫，因而把它当作地名）。**酂**（音赞，在南阳，鄼在沛国，两个地方读音不同。萧何曾被封为酂侯）。

缑氏（缑音沟。山名、邑名，本义剑头缠丝）。牂牁（音臧柯。郡名）。允吾（音铅牙。谷名。在陇西)。裴(音肥,邑名)。须句(须音渠。地在鲁东平)。衍氏(音权精,又宜音。县名)。令支(音零岐。县名)。郫(音埤。一在晋,一在成都)。不其(其音箕)。祝其(其音基)。敦煌(音屯黄。郡名)。冤句(音冤勾。在曹州。今废)。临朐(朐音渠。县名。在山东)。令居(令音连。邑名)。虑虒(音卢夷。县名)。罕幵(音罕牵。羌地)。取虑(音趋闾。县名。在临淮)。黑尿(音眉拟)。禚(音灼。齐地)。句鼆(冥上声。鲁邑)。枹罕(音央谦。县名)。郜城(戳音资。齐地)。鄄城(鄄音绢。卫地)。射洪(音石红。县名)。崞(音郭。县名)。先零(零音连)。沭阳(沭音术。县名)。虒祈(音思奇。地名)。窦丘(窦音胜。鲁地)。句绎(音勾亦。邾地)。盱眙(音虚宜。县名)。都庞(庞音龙。邑名)。繁畤(畤音止。邑名)。澶渊(澶音禅。今开州)。槜李(槜音醉。在嘉兴)。郎瞫(瞫音枕)。犍为(犍音干。蜀郡名)。厍穰(厍音糜)。厹犹(音仇由。邑名)。毋掇(音无拙。县属益州)。汩罗(汩音博。县名)。虹县(虹音降)。苴芊(音斜米)。徙(音斯。邑名)。岢岚(音可娄。州名。近太原)。唐县(唐县音疾。县名。在清河)。祊(音崩。郑地)。渑池(渑音免。县在河南)。衺(音侈,上声。宋地)。趡(翠,上声。鲁地)。夫童(童音中)。儋州(儋音丹)。酅(尸圭切。邑在齐东)。蔇(其寄切)。宁母(音宁某。鲁地)。鄠杜(音户古。汉陂令县,属凤翔)。郪丘(郪音西。齐地)。虚朾(音区汀。宋地)。禓釚(釚音求。地名)。僰邛(僰音匐。地名。在犍为)。鄬(于轨切。郑地)。狸脤(音刹蜃)。邿(音诗。鲁地)。皋(由去声。郑地)。橐皋(皋,章夜切。在淮南)。涪(音浮。州名。在重庆府)。叶县(叶音涉)。泷水(泷音商。县名)。朱提(音殊时。邑名)。承阳(承音蒸)。余汗(汗音干)。番禾(番音盘)。栎阳(栎音约。邑名)。平舆(舆音玉)。郯城(音谈。县名)。沙羡(羡音夷)。莲勺(莲音辇。邑名)。不羹(音郎。邑名)。堵阳(堵音者。邑名)。渑淄(音承脂。县名)。沁(音倩。山西沁州)。新淦(淦音干。县名）。**隆虑**（音林间。邑名）。**霅川**（霅音歃。湖州）。**阳夏**（夏音贾）。**睢州**（睢音虽）。**会稽**（会音贵。邑名）。

【译文】缑氏（缑，音沟。是山名，也是邑名，本义是剑头上缠的丝线）。**牂牁**（音臧柯。是郡名）。**允吾**（音铅牙。是山谷名，位于陇西）。**裴**（音肥，是邑名）。**须句**（须，音渠。位于鲁国的东平）。**術氏**（音权精，又宜音。是县名）。**令支**（音零岐。是县名）。**郫**（音埤。一个在晋国，一个在成都）。**不其**（其，音箕）。**祝其**（其，音基）。**敦煌**（音屯黄。是郡名）。**冤句**（音冤勾。在曹州，现在已经废除）。**临朐**（朐，音渠。是县名，在山东）。**令居**（令，音连。是邑名）。**虑虒**（音卢夷。是县名）。**罕幵**（音罕牵。位于羌地）。**取虑**（音趋间。是县名，位于临淮）。**黑尿**（音眉拟）。**禚**（音灼。位于齐国）。**句黽**（冥字读上声。位于鲁邑）。**枹罕**（音央谦。是县名）。**郪城**（戬，音资。位于齐国）。**鄄城**（鄄，音绢。位于卫国）。**射洪**（音石红。是县名）。**崞**（音郭。是县名）。**先零**（零，音连）。**沭阳**（沭，音术。是县名）。**虒祈**（音思奇。是地方名）。**窾丘**（窾，音胜。位于鲁国）。**句绎**（音勾亦。位于邾国）。**盱眙**（音虚宜。是县名）。**都庞**（庞，音龙。是邑名）。**繁畤**（畤，音止。是邑名）。**澶渊**（澶，音禅。是现在的开州）。**槜李**（槜，音醉。位于嘉兴）。**郎瞫**（瞫，音枕）。**犍为**（犍，音干。是蜀国的郡名）。**厍穰**（厍，音糜）。**厹犹**（音仇由。是邑名）。**毋掇**（音无拙。县属益州）。**泊罗**（泊，音博。是县名）。**虹县**（虹，音降）。**苴芊**（音斜米）。**徙**（音斯。是邑名）。**岢岚**（音可娄。是州名，位于太原附近）。**厝县**（厝，音疾。是县名，在清河）。**祊**（音崩。位于郑国）。**渑池**（渑，音免。此县在河南）。**裒**（音侈，读上声。位于宋国）。**趡**（翠，读上声。位于鲁国）。**夫童**（童，音中）。**儋州**（儋，音丹）。**鄻**（尸圭切。邑在齐东）。**蔇**（其寄切）。**宁母**（音宁某。位于鲁国）。**鄠杜**（音户古。汉朝陂令县，属于凤翔）。**郪丘**（郪，音西。位于齐国）。**虚朾**（音区汀。位于宋国）。**磈釽**（釽，音求。地名）。**僰邛**（僰，音匐。地名，在犍为）。**鄬**（于轨切。位于郑国）。**狸脤**（音刹蜃）。**邿**（音诗。位于鲁国）。**皋**（由，去声。位于郑国）。**橐皋**（皋，章夜切。位于淮南）。**涪**（音浮。是州名，在重庆府）。**叶县**（叶音涉）。**泷水**（泷，音商。是县名）。**朱提**（音殊时。是邑名）。**承阳**（承，音蒸）。**余汗**（汗，音干）。**番禾**（番，音盘）。**栎阳**（栎，音约。是邑名）。**平舆**（舆，音玉）。**郯城**（音谈。是县名）。**沙羡**（羡，音夷）。**莲勺**（莲，音辇。是邑名）。**不羹**（音郎。是邑名）。**堵阳**（堵，音者。是邑名）。**渑淄**（音承脂。是县名）。**沁**（音倩。位于山西沁州）。**新淦**（淦，音干。是县名）。**隆虑**（音林闾。是邑名）。**雩川**（雩，音鞁。位于湖州）。**阳夏**（夏，音贾）。**睢州**（睢，音虽）。**会稽**（会，音贵。是邑名）。

山水异名　昆仑一名昆岑。君山一名娲宫。武当一名篸岭。普陀一名梅岑。青城一名天谷。大复一名胎簪。衡山一名芝冈。齐云一名白岳。东海一名岱渊。

【译文】山水异名　昆仑又叫昆岑。君山又称娲宫。武当又名篸岭。普陀又叫梅岑。青城又名天谷。大复又名胎簪。衡山又名芝冈。齐云山又名白岳。东海又名岱渊。

古迹

赤县神州　《古今通论》：东南方五千里，名曰赤县神州，中有和美乡，方三千里，五岳之城，帝王之宅，圣贤所居也。

枌榆社　汉高帝祷丰枌榆社，帝之故乡也。高帝以丰沛为其汤沐之邑，令世世无有所予。

新丰　太上皇居深宫，以生平所好，皆贩徒少年、酤酒卖饼、斗鸡蹴鞠之辈，今皆无此，故怏怏不乐。高祖乃作新丰，移旧乡里。命匠人胡宽悉仿其衢巷门闾，士女老幼相携路首，各认其门而入。放牛羊鸡犬于通途，亦各识其家。上皇大悦。

【译文】赤县神州　《古今通论》上说："东南地区方圆五千里被称作'赤县神州'，其中有个'和美乡'，方圆三千里，是五岳的城郭，帝王的都城，圣贤的家乡。"

枌榆社　汉高祖刘邦曾在丰这个地方的枌榆社（土地神祠）祈祷，因为这里是他的故乡。后来把丰邑和沛县作为自己的封地，永远免除这里居民的赋税。

新丰　汉高祖刘邦的父亲虽然住在皇宫里面，但因为生平最爱贩夫少年、卖酒卖饼、斗鸡踢球的市井之人，这里都没有，所以不是很开心。汉高祖于是建立了"新丰"，把以前故乡的东西全部都转移了过来。命令匠人胡宽全部模仿以前的街巷城门等建制，又让男女老少一起到路口，分别寻找自己的家院。把鸡犬牛羊放置于路上，它们也都认得自己家。太上皇看到后非常高兴。

洋川 洋川者，戚夫人之所生处也，高祖得而罢之。夫人思慕本乡，追求洋川。高帝为驿致长安，蠲复其乡，更名曰县。又故目其地为洋川，用表夫人诞载之休祥也。

桑梓地 祖父植桑梓以遗其子孙，子孙思其祖泽，不忍剪伐。故《诗》曰："维桑维梓，必恭敬止。"汉寿在四川保宁府广元县。汉封关公为汉寿亭侯，即此地。后人称"寿亭侯"者误。

度索寻橦 度索，以绳索相引而度也。寻橦者，植两木于两岸，以绳贯其中，上有一木筒，所谓橦也。人缚橦上，以手缘索而进，以达彼岸，有人解之，所谓寻橦也。

【译文】洋川 洋川是戚夫人的家乡，汉高祖平定这里后就废除了本地，后来戚夫人想念家乡，想吃洋川米。汉高祖派人通过驿站取了来，而且免除这里百姓的赋税，改成县。并且仍称那里洋川，以纪念戚夫人出生养育她的地方。

桑梓地 祖父辈种桑树、梓树留给子孙们，子孙怀念祖父辈的恩泽，不忍心将树砍伐。《诗经》里也说："维桑维梓，必恭敬止。"汉寿在四川保宁府广元县。汉代封关公为汉寿亭侯，就是这个地方。后人称之"寿亭侯"，那是错误的。

度索寻橦 度索，就是用绳索两边拉着，从绳索上滑过去。寻橦就是在河两岸钉着木头，把绳子穿过木头，绳子上有大木桶，就是所谓的"橦"，人被绑缚在大木桶里，用手抓着绳子前进，到达对岸。就是所谓的"寻橦"。

井陉道　韩信与张耳将兵击赵，李左军说赵王曰："井陉道险，车不得方轨，骑不能成列。愿假臣三万人，从间道绝其辎重，两将之头可致之麾下。"

九折坡　汉王阳为益州牧，至九折坡，叹曰："奉先人遗体，奈何数乘此险！"后王尊至此，曰："此非王阳所畏处耶？"乃叱其御，历险而上。后人以王阳不失为孝子，王尊不失为忠臣。

赤地青野　地空无物曰赤地。野无人民无禾稻曰青野。

【译文】井陉道　韩信与张耳一起领兵攻打赵国，李左车对赵王说："井陉的山道险要，车子不能并行，骑士不能排兵布阵，请求给我三万兵马，我从小路抄过去断了他们的粮草，韩信、张耳的头颅可以送到大王麾下。"

九折坡　汉朝的王阳曾经被派到益州做长官，走到九折阪时叹息着说："我的身体发肤受之父母，何苦冒这种险！"后来王尊也经过这里，对人说："这里是王阳让害怕的地方吗？"于是大声命令车夫快马加鞭，冒险上山。后人评价说：王阳是个孝子，王尊是个忠臣。

赤地青野　地上什么也没有叫作"赤地"。田野里既没有农民也没有庄稼叫作"青野"。

息壤　古地名，有二：一在荆州；一在永州，地中不可犯畚锸，犯者立死。

解池盐　不必煎煮。居人疏地为畦，决水灌其中，俟南风起，此盐即成。故大舜歌曰："南风之起兮，可以阜吾民之财兮。”

保俶塔　钱忠懿王名俶，入朝，恐其羁留，作塔以保之。称名，尊天子也。今误作“保叔”，不知者遂有“保叔缘何不保夫”之句。

【译文】息壤　这是个古地名，有两个：一个在荆州；一个在永州。息壤的地上不能挖土，违反的人就会立马死去。

解池盐　这里不一定要煎熬烹煮就能得到盐，当地人把土地分为田野状，往里面灌水，等到刮起南风，这里就会干成盐。所以舜帝唱的歌说：“南风吹的正是时候啊，可以让我的人民有钱。”

保俶塔　钱忠懿王名叫钱俶，后来投降北宋，到汴京朝觐，害怕被软禁，在离开钱塘前造了一座宝塔叫作“保俶塔”，称呼他的名字是为了尊崇北宋皇帝。现在讹传成了“保叔塔”，不知道缘故的才会说：“保叔叔为什么不保丈夫？”

沩汭（音规芮）　河东有二泉，南流曰沩，北流曰汭。《尚书》：“釐降二女于沩汭。”

孔林　自泰山发脉，石骨走二百里，至曲阜结穴，洙泗二水会于其前，孔林数百亩，筑城围之。城以外皆孔氏子孙，围绕列葬，三千年来，未尝易处。南门正对峄山，石羊石虎皆低小，埋土中。伯鱼墓，孔子所葬，南面居中，前有享堂，堂右横去数十武，为宣圣墓。墓坐一小阜，右有小屋三楹，上书“子贡庐墓处”。墓前近案，对一小山，其前即葬子思父子孙三墓，所隔不远，马鬣之封不用石砌，土堆而已。林中树以千数，惟一楷木老本，有石碑刻“子贡手植楷”，其下小楷生植甚繁。此外合抱之树皆异种，鲁人世世无能辨其名者，盖孔子弟子异国人，皆持其国中树来种者。林以内不生荆棘，并无刺人之草。

土著 言着土地而有常居者，非流寓迁徙之人也。今人误读为注。

【译文】沩汭 河东有两股泉水，向南流的叫作沩水，向北流的叫作汭水。《尚书》说："尧帝把娥皇、女英嫁到沩水、汭水之间，舜帝所在。"

孔林 山势从泰山开始，坚硬的岩石绵延两百里，一直到曲阜才平缓下来，洙水和泗水在前面交汇。孔林占地几百亩，外面围着城墙。城墙外面住的都是孔家的子孙，墓地环绕着孔林安葬，三千年来不曾换过地方。正南门对着峄山，山上的石羊和石虎全都低矮，埋在土壤中。孔子的儿子孔鲤的墓是孔子修的，墓地坐北朝南，占据孔林的中央，前面有祭祀的堂屋，堂屋右手边走十几步路就是孔子的墓地，墓地坐落于一个小山坡上，右边建有三间小屋，屋子匾额写的是"子贡庐墓处"，墓地前靠近祭祀桌案，面对着一座小土坡，小土坡前葬的是孔子的孙子子思。这父亲、儿子、孙子三人的墓地相距不远，坟墓不砌砖石，只用土堆起来。孔林里面的树有上千株，只有一株古老的楷树，树边有石碑写着"子贡亲手栽种"，下面的小楷树生长的很繁茂。除此以外凡是合抱的大树都是奇特的树种，鲁地的人世世代代也没有能认出的。因为孔子有很多外国学生，他们在孔子死后都带着家乡的树来种，所以有许多罕见的树。孔林里面不长荆棘，也不长刺人的草。

土著 意思是附着某地长期居住的人。今人把"著"误读成了"注"。

雒邑 汉光武定居洛邑。汉以火德王，忌水，故去"水"而加“隹”，改“洛”为“雒”。后魏以土德王，以水得土而流，土得水而柔，故又除隹加“水”。

京观　谓高丘如京；观，阙形也。古人杀贼，战捷陈尸，必筑京观，以为藏尸之地。古之战场所在有之。

玉门关　汉班超久在绝域，年老思归，上书曰：“臣不愿到酒泉郡，但愿生入玉门关。”

雁门关　在大同府马邑县。北雁入塞，必衔芦一根，掷之关门，然后飞入，如纳税然，芦柴堆积如山。设有芦政主事，岁进芦银以万计。

夏国　扬州漕河东岸有墓表，题曰：“夏国公墓道。”夏音虔，与夏字相类，少一发笔，下作“又”，行人遂误为夏国公。盖明顾公玉之封号，赐地葬此也。

【译文】雒邑　东汉光武帝建都洛阳，因为汉朝以火德称王，忌讳水，所以把洛字去掉水字旁，变成“雒”。北魏以土德称王，因为水在土上流动，土需要水来滋养，所以去掉隹字旁，恢复水字旁，仍旧是“洛”字。

京观　京，指的是像高大的山丘；观，指的是像城门两旁的高台。古时如果打胜仗，就把杀死的敌人堆叠如同“京观”，作为贮藏尸体的所在，古代战场到处都是。

玉门关　汉朝的班超长期在西域驻守，年纪很老，想回老家，便上书给皇帝说：“老臣不敢奢求能到酒泉郡，只希望能活着进入玉门关。”

雁门关　雁门关在大同府的马邑县，北方的大雁飞入中国一定会嘴上叼着一根芦棍子，扔到关门上然后飞入，就像是交路税，致使芦棍子堆积就像山一样高。后来设立了芦政主事，每年靠卖芦棍子交的税就有上万。

夏国　扬州运河的东岸有一座墓表，上面题着："夏国公墓道。" 夏音虔，与夏字写法差不多，只是少一撇，下面是"又"字，路人便误认为是"夏国公"。这其实是明朝的顾玉先生的封号，皇帝赐予这块地给他安葬。

鲁鱼米之地　唐田澄《蜀城》诗："地富鱼为米。"故称沃土为鱼米之地。

漏泽园　创始于宋元丰间，立为埋葬之所，取"泽及枯骨，不使有遗漏"之义也。明初，令民间立义冢。天顺四年，令郡县皆置漏泽园。

瓯亭（音欧亭）　汉蒋澄封瓯亭侯。今溧阳有山。

鬼门关　在交趾南。其地多瘴疠，去者罕得生还。谚曰："鬼门关，十去九不还。"

铁瓮城　在镇江，孙权所筑。邗沟，在扬州，夫差所开。

【译文】鲁鱼米之地　唐田澄《蜀城》的诗写道："地富鱼为米。"所以把肥沃的土地称为"鱼米之地"。

漏泽园　创建于北宋元丰年间，被设立成公共墓地，名字意思是："皇恩润泽到死人，不让天下有被遗漏的臣民。"明朝初年，朝廷让民间自己设立公共墓地。天顺四年（公元1460年）让各个郡县都设立"漏泽园"。

瓯亭　汉朝时的蒋澄被封为瓯亭侯，现今溧阳有同名的山。

鬼门关　在交趾南边。这个地区到处有瘴气，经过那里的几乎没有活着回去，所以谚语说："鬼门关，十去九不还。"

铁瓮城　铁瓮城在镇江，是孙权修建的。邗沟，在扬州，是夫差开凿的。

女阳亭　在崇德县。勾践入吴时，夫人产女于此亭。及吴灭后，乃名女阳，更就李为女儿乡。

崖州为大　宋丁谓贬崖州司户，常语客曰："天下州郡孰为大？"客曰："京师也。"谓曰："朝廷宰相今为崖州司户，则惟崖州为大也。"

戒石铭　宋高宗绍兴二年六月，颁黄庭坚所书《戒石铭》于州县，令刻石，文曰："尔俸尔禄，民膏民脂。下民易虐，上天难欺。"

悲田院　《唐会要》曰：开元五年，宋璟、苏颋请建"悲田院"，使乞儿养病，给以廪食。亦曰"贫子院"。

【译文】女阳亭　在崇德县。勾践攻破吴国时，勾践的夫人在这个地方生下女儿。吴国被灭后，这里被更名为女阳亭，把"就李"改成女儿乡。

崖州为大　宋朝的丁谓被贬为崖州司户，曾对宾客说："天下哪个州郡最大呢？"宾客回说："京城最大。"丁谓说不是："朝廷的宰相如今变成崖州司户，那只有崖州最大了。"

戒石铭　南宋绍兴二年（公元1132年）六月，高宗皇帝把黄庭坚书写的《戒石铭》分发给各州县，让他们刻成石碑，铭文写的是："你们的俸禄都是百姓的血汗钱，老百姓容易欺压，老天爷不容欺骗。"

悲田院　《唐会要》记载：开元五年（公元717年），宋璟和苏颋共同申请建立"悲田院"，好让讨饭的人养病，拨给他们食物，也叫"贫子院"。

筑城　周公筑洛阳城，公孙鞅筑咸阳城，伍员筑苏城。范蠡筑越张，张仪筑成都城，萧何筑长安城，孙权筑建康城、泗州城，王审知筑福州城，钱镠筑杭城。

燕长城　燕始城上谷至辽东。赵始城雁门至灵州。秦始皇补筑，始名长城。北齐文宣帝复筑长城。汉武帝复筑辽东城。

开险　司马错开巴蜀，秦昭王开义渠，赵武灵王开代、楼烦、白羊，燕惠王开辽东，秦始皇开朔方，汉彭吴开秽貊，唐蒙开邛、夜郎、牂牁、越嶲，庄助开东瓯、西越，卫青开阴山。

胜国　灭人之国曰胜国，言为我所胜之国也。《左氏》曰："胜国者，绝其社稷，有其土地。"

【译文】筑城　周公建造了洛阳城，公孙鞅建造了咸阳城，伍员建造了苏州城。范蠡建造了越州城，张仪建造了成都城，萧何建造了长安城，孙权建造了建康城、泗州城，王审知建造了福州城，钱镠王建造了杭州城。

燕长城　战国时期，燕国开始在上谷到辽东之间筑"城"。赵国开始在雁门到灵州之间筑"城"。秦始皇时代补建以后才叫作"长城"。北齐文宣帝重新建造长城。汉武帝重新建造了辽东长城。

开险　司马错将巴蜀地区开辟为秦国土地，秦昭王开辟了义渠地区，赵武灵王开辟了代、楼烦、白羊三个地方，燕惠王开辟了辽东地区，秦始皇开辟了朔方地区，汉朝的彭吴开辟了秽貊，唐蒙开辟了邛僰、夜郎、牂牁、越嶲，庄助开辟了东瓯、西越地区，卫青开辟了阴山地区。

胜国　灭了别人的国家叫作"胜国"，说的是被我战胜的国家。《左传》记载："胜国就是说断了他的祭祀，占有他的领土。"

无支祁 大禹治水，至桐柏山，获水兽，名支无祁，形似猕猴，力逾九象，人不可视。乃命庚辰锁于龟山之下，淮水乃安。唐永泰初，有渔人入水，见大铁索，锁一青猿，昏睡不醒，涎沫腥秽，不可近。

雷峰塔 在钱塘西湖净寺前，南屏之支麓也，昔有雷就者居之，故名。上有塔，遭回禄，今存其残塔半株。

雪窦 在奉化县。唐时雪窦禅师居之鸟窠，衣褶寂然不动。

岳林寺 在奉化。布袋和尚道场，其钵盂佛迹尚在。

【译文】无支祁　大禹治水的时候曾到达桐柏山，逮到一只水怪，名字叫“无支祁”，长得像猕猴，比九头大象的力气还大，人民害怕得不敢看它。于是大禹派庚辰将它锁在龟山山下，淮河地区才得以安宁。唐朝永泰初年，有个打渔的潜入水中，无意间看到巨大的铁索锁着全身青黑的猿猴正昏睡不醒，吐出的唾沫极为腥臭难闻，不能靠近。

雷峰塔　在钱塘西湖的净慈寺前，属于南屏山的支脉。相传以前有个叫雷就的住在这里，所以叫雷峰。雷峰上面有塔，后来遭了大火，现在只剩一半的塔身。

雪窦　在奉化县，唐朝的雪窦禅师住在鸟巢中，衣服的皱纹一动不动。

岳林寺　在奉化县，是布袋和尚的道场，他的钵、盂、脚印还在。

虎丘 吴王阖闾死，治葬，穿土为川，积壤为丘，铜棺三重，以黄金珠玉为凫雁。葬三月，金精上腾为白虎，蹲踞山顶，因名虎丘。

坑儒谷　在临潼。秦始皇密令冬月种瓜于骊山谷中，温处皆熟，诏博士诸生说之。前后七百人，言人人殊，则皆使往视，因伏机陷之，后人号“坑儒谷”。

鹤林寺　在润州，有马素塔。米元章爱其松石深秀，誓以来生为寺伽蓝，呵护名胜。公殁时，鹤林伽蓝无故自倒。里人知公欲践夙愿，遂塑其像于寺之左偏。

【译文】虎丘　吴王阖闾死后葬在这里，挖掘了河道，把挖出的土堆成小山，用铜制的棺木里外套三层，用黄金和珠宝美玉制成野鸭大雁作为墓中饰品。葬后第三天有黄金的精气冲上天际化成了白色老虎，蹲在这个小山顶，因此取名“虎丘”。

坑儒谷　在临潼。秦始皇秘密命人冬天在骊山山谷里种瓜，因为有温泉，所以成熟了，让担任博士之职的儒生们讨论这种现象，前前后后有七百多人谈论，观点各不相同，最后让他们全部前往山谷里察看，趁机按下机关让他们落入谷中，死在那里，后人便称这里为“坑儒谷”。

鹤林寺　在润州，寺里有马素塔。北宋的米芾喜欢寺里幽静秀美的松树怪石，发誓说来世变成寺里的护法神，好保护美丽的风景。米芾死后，寺里的伽蓝神像无故倒塌，乡里百姓了解到米芾想完成生前志愿，于是在寺的左手边给他立了雕像。

祖堂　在应天府治南。唐法融和尚得道于此，为南宗第一祖师，在山房禅定，有百鸟献花，故又名献花岩。

雨花台　梁武帝时，有云光法师讲经于此，天花乱坠，故名雨花。

飞来峰 在杭州虎林山之前。晋时西僧叹曰："此是天竺国灵鹫山之小岭，不知何日飞来？"因名之飞来峰。

躲婆弄 在绍兴蕺山下，王右军居此。有老妪鬻扇，右军为题其扇，媪有愠色。及出，人竞买之。他日，媪又持扇乞书，右军避去。故其下有题扇桥、躲婆弄。

【译文】祖堂 在应天府治南的南边，唐朝的法融和尚在这里修成正果，是南宗的第一位祖师。曾经在禅房打禅时有无数鸟献上百花，所以又叫"献花岩"。

雨花台 梁武帝时有个云光法师在这里讲解经文，天上纷纷扬扬落下花朵，所以被叫作"雨花台"。

飞来峰 在杭州的虎林山前面。晋朝时有一名西域僧人到这里叹息说："这是我天竺国灵鹫山的小山，不知道是什么时候飞到这里了？"因而把这座山叫作"飞来峰"。

躲婆弄 在绍兴蕺山山下，王羲之住这里。有一天一位老奶奶在这卖扇子，王羲之给她题了几把扇子，老奶奶很不高兴，等王羲之离开后，大家争着要买扇子。后来老奶奶又来请王羲之题字，王羲之就躲开她了。所以山下有"题扇桥""躲婆弄"。

笔飞楼 在蕺山之麓。王右军于此写《黄庭经》，笔从空中飞去。今其地有笔飞楼址。

樵风径 在会稽平水。汉郑弘少时采薪，得一遗箭。顷之，有老人觅箭，还之，问弘何欲，弘知其神人，答曰："常患若耶溪载薪为难，愿朝南风，暮北风。"后果如其言。

雷门　即绍兴府城之五云门。《会稽志》：雷门上有大鼓，声闻洛阳。后鼓破，有二鹳从鼓中飞出，声遂不远。

兰渚　在绍兴府城南二十五里。晋永和九年上巳日，王右军与谢安、孙绰、许询辈四十一人会此修禊事。今传有流觞曲水、兰亭故址。

西陵　在萧山。一名固陵。范蠡治兵于此，言可固守，因名。

【译文】笔飞楼　在蕺山的山脚。王羲之在这里书写《黄庭经》，毛笔突然飞到天上去了。如今这里还有笔飞楼的遗址。

樵风径　在会稽的平水。汉朝的郑弘年少时砍柴这山上捡到一支别人丢落的箭。不久只见一名老爷爷来找丢落的箭，郑弘便还给他。老爷爷问他想要什么，郑弘看出来他是一位神仙，就回说："经常为若耶溪的风向不定砍柴困难，希望您让早上吹南风，傍晚吹北风。"后来果然和请求的一样。

雷门　即是绍兴府城的五云门。《会稽志》上说："雷门上有个大鼓，鼓声能传到洛阳。后来鼓突然破了，有二只鹳鹤从鼓中飞出来，从此以后再捶鼓就没那么响了。"

兰渚　在绍兴府城南二十五里处。晋永和九年（公元353年）上巳日那天，王羲之和谢安、孙绰、许询等四十一人在此聚会，举行修禊活动。如今还有流觞曲水、兰亭的遗址。

西陵　在萧山。又叫固陵。范蠡在这里训练军队，据说这里可以固守，所以叫固陵。

箪醪河　在绍兴府治南。勾践行师日，有献壶浆者，跪而受之，取覆上流水中，命士卒乘流而饮。人百其勇，一战遂有吴国，因以名之。

浴龙河 在绍兴西门外。宋理宗与弟芮，少时同浴于河。鄞人余天锡卧舟中，梦二龙负舟，起视之，则二小儿缘舟戏。问之，知是宗室，遂与史弥远言其异，卒嗣帝位。

沉酿堰 在山阴柯山之前。郑弘应举赴洛，亲友饯于此，以钱投水，依价量水饮之，各醉而去。

曹娥碑 在曹娥江浒。汉上虞令度尚所立，尚弟子邯郸淳所撰，蔡邕题“黄绢幼妇外孙齑臼”，隐“绝妙好辞”四字。魏武问杨修曰：“解否？”修曰：“解。”魏武曰：“卿勿言。”行三十里始悟，乃叹曰：“吾不如卿三十里。”（按：魏武不曾过钱塘，所见碑应是拓本。）

【译文】箪醪河 在绍兴府治南边。勾践誓师那天，有人献上一壶醪酒，勾践跪着领受，将醪酒倒在上游，让士兵就着水来饮用。士兵喝完以后都士气高昂，于是一战就打败了吴国，所以取这个名字。

浴龙河 在绍兴西门外面，宋理宗赵昀和弟弟赵芮小时候一同在这条河里洗澡。鄞县人余天锡睡在小船上，梦到两条龙把小船举起来，他醒来一看，原来是两个孩子攀援小船玩耍，询问后才知道他们是皇室里的，因而他便把这一件怪事告诉了宰相史弥远，最后赵昀继承了皇位。

沉酿堰 在山阴县的柯山前面。相传郑弘去洛阳赶考，亲戚好友在这里送别他，将钱币扔到水中，按扔钱多少分配酒水饮用，大家喝醉方才离开。

曹娥碑 在曹娥江的岸边，是汉朝的上虞县令度尚所建。度尚的学生邯郸淳撰写的碑文，蔡邕在碑上题了“黄绢幼妇，外孙齑臼”，谜底是“绝妙好辞”。魏武帝曹操问杨修：“你知道这是什么意思吗？” 杨修说：“知道。”曹操说：“你先别说。”前行三十里路曹操才懂了，便感叹说：“我比你慢了三十里路。”（按，曹操平生不曾到过钱塘，他看见的碑文应该是拓本。）

钱塘 梁开平四年，钱武肃王始筑捍海塘，在候潮门外，潮水昼夜冲击，版筑不就。王命强弩数百以射潮头，潮水东击西陵，海塘遂就。

桃源 晋时有渔人乘舟捕鱼，缘溪行，忘路远近，见洞口桃花，舍舟入。其中土地开朗，民居稠杂，鸡犬桑麻，怡然自乐。渔人惊问，云是先世避秦来此，遂与外隔。问今是何世，不知有汉，无论魏晋。渔人出，乃属曰：“不足为外人道也。”

牛渚矶 在姑孰。水深不可测。相传其下多怪物，温峤燃犀角照之，须臾，见水族奇形怪状，有乘车马、着赤衣者。是夜，峤梦一人谓曰：“与君幽明道隔，何事相窘？”峤觉而恶之。未几，以齿疾拔齿，中风而卒。

【译文】钱塘 梁开平四年（公元910年），钱武肃王开始修建抵御海潮的海塘，地点在候潮门外面，潮水日日夜夜不停地冲击工事，使得工程不能完成。钱武肃王便让几百名射手用强弩射击潮头，潮水因而向东边冲击西陵，海塘工程最终完工。

桃源 晋朝时有一个渔人划船打鱼，沿着溪水一直走，忘记走了多久，突然看见有个山洞，洞口边有桃花，于是靠岸进入山洞。洞里田地平坦，房屋整齐稠密，居民养着鸡狗，种着桑树和麻，个个都很快乐。渔夫吃了一惊，便询问他们，他们回说老祖先因为躲避秦朝时候的战乱跑到这里，就和外界失去了联系。他们问渔夫现在是什么朝代，渔夫便说了秦朝之后有汉朝、三国、晋朝。他们表示不知道汉朝，更别提魏朝和晋朝了。渔夫离开时他们嘱咐说："别和外面的人提及这儿。"

牛渚矶　在姑孰（当涂）。这里的江水深不见底，据传水底有很多怪物，晋朝的温峤曾经用犀牛角点燃后向里面照，不一会，就看见里面各种奇形怪状的水生生物，有驾着马车、骑着马的，穿着大红袍。当晚温峤梦到一个人对他说："我们和你们阴阳两隔，不相来往，为什么那么做让我们困窘？"温峤醒后觉得难受，没过多久就因为牙疼拔牙，中风而死。

杜宇始凿巫峡，汉武帝凿曲江，张九龄凿梅岭。秦始皇厌天子气掘淮流，西入江（《禹贡》：东入海），始名秦淮。隋炀帝东游，穿河，自京口至余杭。六朝自云阳凿运渎，径至建康，始复禹通渠故道，穿通济渠，为后世通漕转运。

泰山上有金箧玉策，能知人年寿修短。汉武帝探策得十八，倒读曰八十。后寿果八十。

八咏楼　在金华府府治西南，即沈约玄畅楼也。宋守冯伉更今名。

古蜀国　今成都府。蜀之先，自黄帝子曰昌意，娶蜀山氏女，生帝喾，乃封其支度于蜀。历夏商，始称王，首名蚕丛，次曰柏灌，次曰鱼凫。

八阵图　在新都牟弥镇。孔明八阵图凡三：在夔州者六十有四，方阵法也；在牟弥者一百二十有八，当头阵法也；在棋盘市者二百五十有六，下营法也。（又：沔之定军山下亦有之，夜常闻金鼓声。）

【译文】古蜀国的国王杜宇最开始开凿巫峡，汉武帝开凿了曲江，张九龄开凿梅岭。秦始皇因为要把东南的帝王之气消除，便开掘了淮水，让它向西和长江连通（《禹贡》里说：东入海。），这里才开始被称作秦淮。隋炀帝东巡时开掘了黄河，从京口到杭州。六朝时曾经从云阳开凿运河一直到建康，才开始恢复大禹贯通的旧水道，开掘了通济渠，成了后代漕运的河道。

泰山上面有金箱子和玉制的占卜用的签，据说能算出寿命长短。汉武帝抽了一根签，上面写着“十八”，倒过来读就是“八十”，后来果然活到八十岁。

八咏楼　在金华府治所西南，就是沈约建的玄畅楼。宋朝太守冯伉改成如今的名字。

古蜀国　在现在的成都府。古蜀国的祖先是黄帝的儿子昌意，他娶了蜀山氏的女儿，生下了帝喾，便将蜀山氏的其他子孙封在蜀国。经历夏朝和商朝以后才自称为王，第一代国王叫蚕丛，第二代叫柏灌，第三代叫鱼凫。

八阵图　在新都的牟弥镇。诸葛亮的八阵图一共有三处所在：一处在夔州，阵有六十四个，属于方阵法；一处在牟弥镇，有一百二十八个，属于当头阵法；还有一处在棋盘市，有二百五十六个，属于下营法。

神女庙　在巫山。楚襄王游于高唐，梦一妇人曰：“妾在巫山之阳，高丘之上，朝为行云，暮为行雨。”比旦视之，如其言，遂立庙。

华表柱　辽阳城内鼓楼东，昔丁令威家此，学道得仙，化鹤来归，止华表柱，以咮画表，云：“有鸟有鸟丁令威，去家千岁今始归，城郭虽是人民非，何不学仙冢累累。”

麦饭亭　在滹沱河上，冯异进光武麦饭处。芜蒌亭在饶阳，冯异进豆粥处。

柏人城在唐山。汉高祖过此，欲宿，心动，问县何名。曰："柏人。"高祖曰："柏人者，迫于人也。"不宿而去。

【译文】神女庙　在巫山上。楚襄王到高唐游览，夜里梦见一名女子对他说："臣妾住在巫山的南边，高丘的上面，早上化为浮云，晚上化为阵雨。"等早上一看，果然和说的一样，因而给她建了一座庙宇。

华表柱　在辽阳城内鼓楼东边，汉朝时的丁令威家在这里，学道成仙，后来变成仙鹤回来，栖息在华表柱子上，用鸟嘴在上面写字："有一只鸟原名丁令威，离家千年如今才回。城郭虽然照旧，那时百姓已经都死去，你们啊为何不学仙，致使死后化作坟墓无数。"

麦饭亭　在滹沱河边，就是冯异向光武帝进献麦子饭的地方。芜蒌亭在饶阳，是冯异进献豆粥的地方。

柏人城在唐山。汉高祖曾经过此地，想在这留宿一晚，但突然心中悸动，便问随从这县叫什么名。随从回答说："叫柏人县。"高祖道："柏人，有迫于人的意思啊。"于是没有留宿而离开了。

孟姜石　山海卫长城北，石上有妇人迹，相传为秦时孟姜女寻夫之地。

九层台　《太平》按《说苑》：晋灵公筑九层台，其臣荀息谏曰："臣能累十二棋子如卵于上。"公曰："危哉。"遂止其役。遗址尚存。

虒祁宫　在曲沃。《左传》：晋作虒祁宫，而诸侯畔，谓此。卫灵公之晋，晋平公置酒于虒祁，令师涓奏靡靡之乐。师旷曰：

“此必得之濮上，乃亡国之声也，不可听！”

【译文】孟姜石　在山海卫的长城以北，石头上有妇女的脚印，据说秦朝时孟姜女就是在这里找寻丈夫的。

九层台　《太平御览》里面引用《说苑》：“晋灵公建造了九层的高台，大臣荀息进谏说：我能垒十二个棋子在鸡蛋上。”晋灵公说：“太危险了。”于是停止了工程。至今还有遗址。

虒祁宫　在曲沃。《左传》里记载：“晋国建了虒祁宫以后诸侯就背叛它。”说的就是这里。卫灵公到晋国，晋平公在虒祁宫给他设宴，让师涓演奏柔和优美的曲子。师旷说：“这肯定是从濮上得到的曲子，这是亡国之音啊，不能听！”

三冈四镇　俱在大同应州。赵霸冈在城东，黄花冈在城西，护驾冈在城南。安边镇在城东，大罗镇在城南，司马镇在城西，神武镇在城北。元好问诗：“南北东西俱有名，三冈四镇护全城。”

桑林　在阳城。汤有七年之旱，祷雨于此，至今多桑。

天绘亭　在平乐府治。一日，郡守欲易名，忽从土中得片石，云：“予择胜得此亭，名曰天绘。后某年月日，当有俗子易名清晖者。”遂已。

【译文】三冈四镇　都在大同的应州。赵霸冈在城东，黄花冈在城西，护驾冈在城南。安边镇在城东，大罗镇在城南，司马镇在城西，神武镇在城北。元好问有诗说：“南北东西俱有名，三冈四镇护全城。”

桑林　在阳城，商汤时期有七年之久的大旱，其间都在这求雨，到如今有许多桑树。

天绘亭　在平乐府治所，有一天，太守想把亭子换个名字，突然在土里看见一片石头，上面写道："我选了风景优美的地方建了这个亭子，名叫天绘，以后某年某月某日会有一个俗人要把名字改成'清晖'。"于是太守便不改了。

洛阳桥　在泉州府城东北，跨洛阳江，一名万安桥。郡守蔡襄建，长三百六十丈，广丈有五尺。先是海渡岁溺死者无算，襄欲垒石为梁，虑潮漫，不可以人力胜。乃遗檄海神，遣一吏往。吏酣饮，睡于海厓，半日潮落而醒，则文书已易封矣。归呈襄，启之，惟一"醋"字。襄悟曰："神其令我廿一日酉时兴工乎？"至期，潮果退舍。凡八日夕而功成，费金钱一千四百万。

社仓　在崇安。宋乾道中，县大饥，朱文公请于郡，得粟六百石赈给之，秋成，民偿粟于官，因乞留里中立社仓，夏贷冬收，以为常规。文公自作记。后请颁其法于天下。

【译文】洛阳桥　在泉州城东北方向，跨过洛阳江，又名万安桥。是太守蔡襄所建造，桥有三百六十丈长，一丈五尺宽。在此之前每年渡海淹死的人无数，蔡襄想堆积大石头建造大桥，却担心海潮冲毁，这不是用人力能办成的。于是写了一封檄文投入海里给海神，派一名小吏前往。小吏喝得大醉在海边睡着了，睡了半天，潮水退去才醒来，然后发现檄文被调换了。他回来呈给蔡襄，打开一看，里面只有一个"醋"字。蔡襄醒悟后说："海神让我二十一日酉时开工吗？"到那天，潮水果真退了十里。共计八天才把大桥造好，花了一千四百万钱。

社仓　在崇安。南宋乾道年间，县里发生大饥荒，朱熹向郡守请求救济，共得到六百石的赈灾粮食。到了秋天百姓有了收成，就把赈灾粮食还给官府。朱熹请求把粮食留在乡里建一个社仓，夏天出借粮食，冬天收入粮食，当作常例。朱熹写了一篇文章记录这件事情。后来请求朝廷把这个办法推广全国。

五羊城 即广州府城。初有五仙人骑五色羊至此，故名。

梅花村 罗浮飞云峰侧。赵师雄，一日薄暮，于林间见美人淡妆素服，行且近。师雄与语，芳香袭人，因扣酒家共饮。少顷，一绿衣童来，且歌且舞。师雄醉而卧。久之，东方已白，视大梅树下，翠羽啾啾，参横月落，但惆怅而已。

【译文】五羊城 就是广州府城。最先有五位仙人驾着五彩的羊到这里，所以叫这个名字。

梅花村 在罗浮山的飞云峰旁边。相传有个人叫赵师雄，一天傍晚到了这里，在树林里看到一位美丽的女子化着淡妆，穿着朴素衣裳，走近自己。赵师雄和她交谈，但觉香气袭人。于是两人到酒店一同喝酒，不一会，一名身穿绿色衣服的童子也来了，边唱边跳。赵师雄喝醉后就睡下了。过了很久天亮了，赵师雄只看见自己身在一株大梅花树下面，有一只翠鸟啾啾鸣叫，参星横在天际，月亮已经落下，令人惆怅。

滕王阁 南昌府城章江门上。唐高宗子元婴封滕王时建。都督阎伯屿重九宴宾僚于阁，欲夸其婿吴子章才，令宿构序。时王勃省父经此与宴。阎请众宾序，至勃不辞。阎恚甚，密令吏得句即报，至“落霞秋水”句，叹曰：“此天才也！”其婿惭而退。

岳阳楼 岳州西门，滕子京建楼，范希文记，苏子美书，邵竦篆，称四绝。

巴丘山 岳州府城南。羿屠巴蛇于洞庭，积骨为丘，故名。

【译文】滕王阁 在南昌府城的章江门边上。唐高宗的儿子李元婴被封为滕王时建了这个楼阁。后来都督阎伯屿于重九那天在滕王阁上招待宾客，想炫耀自己的女婿吴子章的才华，于是让他前天夜里写好一篇序文。当时王勃探望父亲正经过这里参加宴会。都督依次请宾客们做序，到王勃时他并不推辞。都督非常不高兴，便回到里屋。却暗地里让小吏报送王勃写的句子，报到“落霞与孤鹜齐飞，秋水共长天一色”时，不觉赞叹说：“这真是天才啊！”他女婿惭愧水平不及，便没有拿出自己写的。

岳阳楼 在岳州的西门上，是滕子京所建，范仲淹写楼记，苏舜钦书写，邵竦题的篆额，被称为“四绝”。

巴丘山 在岳州府城南边。相传后羿在洞庭湖射死了巴蛇，巴蛇的骨头堆起来变成了巴丘山。

山川

九山　会稽山、衡山、华山、沂山、岱山、岳山、医无闾山、霍山、恒山。

九泽　大陆泽、雷夏泽、彭蠡泽、云梦泽、震泽、菏泽、孟潴泽、潆泽、具区泽。

五岳　东岳泰山，山东济南府泰安州。南岳衡山，湖广衡州府衡山县。中岳嵩山，河南河南府登封县。西岳华山，陕西西安府华阴县。北岳恒山，山西大同府浑源县。

九河　曰徒骇、曰太史、曰马颊、曰覆釜、曰胡苏、曰简、曰絜、曰钩盘、曰鬲津。

【译文】九山　指会稽山、衡山、华山、沂山、泰山、岳山、医无闾山、霍山、恒山。

九泽　指大陆泽、雷夏泽、彭蠡泽、云梦泽、震泽、菏泽、孟潴泽、潆泽、具区泽。

五岳　指东岳泰山，在山东济南府泰安州。南岳衡山，在湖广衡州府衡山县。中岳嵩山，在河南河南府登封县。西岳华山，在陕西西安府华阴县。北岳恒山，在山西大同府浑源县。

九河　依次是徒骇、太史、马颊、覆釜、胡苏、简、絜、钩盘、鬲津。

五镇 东镇沂山，东安公在沂州。南镇会稽山，永兴公在绍兴。中镇霍山，应圣公在晋州。西镇吴山，成德公在陇州。北镇医无闾山，广宁公在营州。

五湖 一洞庭，二青草，三鄱阳，四丹阳，五太湖。一曰五湖者，太湖之别名也，一名震泽，一名笠泽。

四渎者，江、淮、河、汉是也。禹平水土，名曰四渎。《礼记》：天子祭天下名山、大川：五岳视三公；四渎视诸侯。

四海 天地四方，皆海水相通，九戎、八蛮、九夷、八狄，形类不同，总而言之，谓之四海。渤澥者，又东海之别支也。

【译文】五镇 指东镇沂山，被封作东安公，在沂州；南镇会稽山，被封作永兴公，在绍兴；中镇霍山，被封作应圣公，在晋州；西镇吴山，被封为成德公，在陇州；北镇医无闾山，被封作广宁公，在营州。

五湖 一是洞庭，二是青草，三是鄱阳，四是丹阳，五是太湖。另有一种说法认为五湖，是太湖的别名。太湖又称为震泽，又名笠泽。

四渎指长江、淮河、黄河、汉水。大禹治水时，开始称为“四渎”。《礼记》说：“天子祭祀天下的名山、大川：五岳爵位等同于三公；四渎等同于诸侯。

四海 天地四方都有海水包围，四方的边疆分别是九戎、八蛮、九夷、八狄，虽然种类不一致，总体而言一起称作“四海”。渤澥，是东海的一个部分。

三岛　东海之尽谓之沧海，其中有蓬莱、方丈、瀛州三神山，金银为宫阙，神仙所居。

五山　渤海之东有大壑，名归墟，其中有岱舆、员峤、方壶、瀛州、蓬莱五山。

三江者，松江、娄江、东江也。其分流处，曰三江口。

三泖　在松江府。俗传近山泾者为上泖，近泖桥者为中泖，自泖桥而上萦绕百余里曰长泖，是谓三泖。

【译文】三岛　东海的尽处称为"沧海"，那里有蓬莱、方丈、瀛州三座神山，神山上是金银建造的宫殿，神仙住在里面。

五山　渤海的东边有个大峡谷，名叫"归墟"，那里有岱舆、员峤、方壶、瀛州、蓬莱五座神山。

三江就是：松江、娄江、东江。它们的分流之处叫作三江口。

三泖　在松江府。民间传说靠近山泾的叫"上泖"，靠近泖桥的叫"中泖"，从泖桥往上曲曲折折一百余里叫"长泖"，这就是"三泖"。

昆仑山　在西番。山极高峻，积雪至夏不消，延亘五百余里，黄河经其南。

黄河　在西番。其水从地涌出，百余泓，东北汇为大泽。又东流为赤宾河，合忽兰诸河，始名黄河。从东北至陕西、兰州，始入中国。元招讨使都实始穷河源。

华山　韩昌黎夏日登华山之岭，顾见其险绝，恐栗，度不可下，据崖大哭，掷遗书为诀。华阴令搭木架数层，给其醉，以毡裹缒下之。

【译文】昆仑山　在西番。山极为高峻，积雪到夏天也不融化，绵延五百多里长，黄河经过山的南边。

黄河　在西番。水从地里喷涌出来，大约一百多个地方，在东北方汇流成一个大泽。向东流被称为赤宾河，与忽兰等河汇合以后才叫作黄河。黄河东北流向，一直经过陕西、兰州，才进入中原地区。元朝的招讨使都实才开始探索到黄河源头。

韩愈曾在夏天登上华山，回望山下，感觉特别险峻，心中害怕，认为下不了山，于是在山崖边大哭，写了遗书扔到山下当作诀别。华阴县令搭造了几层的木架子，骗他喝醉酒，使用毛毯裹着他将他放下山去。

匡庐山　在南康府。周时匡裕兄弟七人结庐隐此，故名。志中言有二胜，开元漱玉亭、栖贤三峡桥，内有白鹿洞，为朱晦庵读书处。今另设学校，以教习诸生。

武夷山　在崇安。高峰三十有六，道书第十六洞天，当有神人降此，自称武夷君。又《列仙传》：篯铿二子，长曰武，次曰夷，故名。

龙虎山　在贵溪。两石峙，如龙昂虎踞，即上清宫也。世为张道陵所居，上有壁鲁洞，即天师得异书处。

【译文】匡庐山　在南康府。周朝时有匡裕兄弟七人在这里搭房子隐居，所以起这个名字。《庐山志》里提到的两个风景名胜，一个是开元漱玉亭，一个是栖贤三峡桥，里面有白鹿洞，是朱熹读书的地方。现在这里另外开设了书院教学生。

武夷山　在崇安。有三十六座高峰，道教经典中说的“第十六洞天”就是这里。曾有一位神仙降落这里，自称是武夷君。《列仙传》又说：錢镠的二个儿子，老大叫作錢武，老二叫作錢夷，所以用以取名。

龙虎山　在贵溪。有两块大石头相对矗立，就好像盘踞的龙、虎，这里就是上清宫。世世代代为张天师的居所，上面有壁鲁洞，即张天师获得天书的地方。

墉务山（音权旄山）　在柏人城之东北。《尚书》言：舜纳于大麓，迅雷风烈，弗迷。即此。

华不注（不音夫，与跗同）　言此山孤秀，如花跗之注于水也。《九域志》云：大明湖望华不注山，如在水中。

白岳山　在休宁县。一名齐云，岩上有石钟楼、石鼓楼、香炉峰、烛台峰，皆奇景。上供玄帝像，云是百鸟衔泥所塑，灵应异常，人称小武当。时时有王灵官响山鞭，声如霹雳。

镇江三山　一曰北固，一曰金山，一曰焦山。焦山者，汉末隐士焦光隐此，故名。上有《瘗鹤铭》，陶隐居所书，雷火断之，今坠江岸。

【译文】墉务山（音权旄山）　在柏人城的东北边。《尚书》里说大舜帝被派到大山里，大风雷雨，却不迷路，说的就是这里。

华不注（不音夫，与跗同）　说的是这座山孤拔特秀，就像花萼立于水中。《九域志》记载："从大明湖上眺望华不注山，就如同在水中。"

白岳山　在休宁县。又名齐云山，山石上有石钟楼、石鼓楼、香炉峰、烛台峰，都是奇特的风景。上面供着玄帝的像，说是百鸟口含泥土一起塑成的，特别灵验，人称"小武当"。常常能听到王灵官的响山鞭，声音就像打雷。

镇江三山　一是北固山，一是金山，一是焦山。焦山，是汉朝末年的隐士焦光隐居在这里，所以取名为焦山。上面有《瘗鹤铭》，是陶弘景所书写，后来被闪电打断了，如今坠落在江边。

八公山　在寿州。淮南王安与宾客八公修炼于此。谢玄陈兵淝水，苻坚望见八公山草木，风声鹤唳，皆为晋兵。

天童山　在鄞县。晋僧义兴卓锡于此，有童子给役薪水，久之辞去，曰："吾太白神也，上帝命侍左右。"言讫不见。遂名太白山，又名天童山。

招宝山　在定海。天气晴朗，朝鲜、日本诸国，一望可见。山中有棋子坪，以白饭撒之得白子，以黑豆撒之得黑子。

【译文】八公山　在寿州。淮南王刘安和宾客八公在此修炼成仙。谢玄在淝水屯兵，苻坚望见八公山的草木摇动，听见风声和鹤鸣都以为是晋朝的军队。

天童山　在鄞县。晋朝僧人义兴在这里驻锡，有个童子为他砍柴打水，很久以后拜别而去，对他说："我是太白金星，上帝命令我来服侍您。"说完就消失了。因而叫"太白山"，又叫"天童山"。

招宝山　在定海。天气晴朗的时候，朝鲜、日本等国可以远远望见。山里面有个棋子坪，用白米饭撒在上面就变成白色棋子，用黑豆就变成黑色棋子。

翁洲山　在定海。徐偃王所居。勾践欲封夫差于甬东，即此地也。唐开元中置翁洲县。

鸡鸣山　在应天府东，旧名鸡笼山。雷次宗开馆于此，齐高宗常就次宗受《左氏春秋》。

牛首山　在祖堂之北，上有二峰相对，如牛角，故名。晋王导曰："此天阙也。"又名天阙山。

摄山　在应天府治东北。产摄生草。上有千佛岩、栖霞寺，即明僧绍舍宅。

【译文】翁洲山　在定海。是徐偃王居住的地方。勾践想把夫差封到甬东，说的就是这里。唐朝开元年间设有翁洲县。

鸡鸣山　在应天府东边，旧名叫鸡笼山。雷次宗在这里开馆教授学生，齐高宗经常过来听雷次宗讲授《左氏春秋》。

牛首山　在祖堂的北边，山上有二座山峰相对，长得像牛角，所以起这个名字。晋朝的王导说："这是天阙。"所以又叫天阙山。

摄山　在应天府治所东北边。山里盛产摄生草。山上有千佛岩、栖霞寺，原先是明朝僧人绍舍的住宅。

茅山　在句容，初名句曲山。茅君得道于此，更今名。上有三峰，三茅君各占其一，谓之三茅峰。三峰之北，曰玉晨观，即所谓金陵地肺也。

莫愁湖　三山门外。昔有妓卢莫愁家此，故名。

天台山　上应台星高一万八千丈，周八百里，从昙花亭麓视石梁瀑布，如在天半上。有琼台玉阙诸景，旧名金庭洞天。

【译文】茅山　在句容，开始叫句曲山。后来茅君在这里得道，改成现在的名字。上面有三座峰，三个茅君各自占一个，一起被称作"三茅峰"。三峰的北边，有个玉晨观，就是所谓的"金陵地肺"。

莫愁湖　在三山门外。古代有一名妓叫卢莫愁住在这里，所以起这个名字。

天台山　对应天空上的台星，有一万八千丈高，方圆八百里，从昙花亭所在的山脚下仰望石梁瀑布，如同在半空中一样。山上有琼台、玉阙等名胜，过去叫作金庭洞天。

天姥山　在浙之新昌县。李太白梦游天姥，即此。近产茶，名天姥茶。

文公山　在尤溪。朱晦庵父松，为尤溪尉，任满，假馆于郑氏。建炎庚戌九月，朱子生，所对二山，草木繁密，野烧焚之，山形露出“文公”二字。

云谷山　在建阳。群峰上蟠，中阜下踞，虽当晴昼，白山坌入，则咫尺不可辨。朱文公作草堂其中，榜曰“晦庵”。

【译文】天姥山　在浙江的新昌县。李白“梦游天姥”，说的就是这里。最近盛产茶叶，被称为“天姥茶”。

文公山　在尤溪。朱熹的父亲朱松担任尤溪尉，任期满后借租在郑氏的房子。南宋建炎庚戌（公元1130年）九月，朱熹出生，房子正对的两座山上草木繁茂，野火焚烧以后，远远看去，山的外貌显示出“文公”两个字。

云谷山　在建阳。高大的山峰在最上面盘绕，中等山峰在下面蹲踞，即使是大晴天，白云吹入山里，就连面对面也看不清。朱文公建了一个草堂在其中，匾额叫“晦庵”。

钟山　在分宜。晋时，雨后有大钟从山峡流出，验其铭，乃秦时所造，故名钟山。后有渔人，山下得一铎，摇之，声如霹雳，山岳动摇。渔人惧，沉之水。或曰：此秦始皇驱山铎也。

寒石山　唐寒山、拾得二僧居此。丰干和尚谓闾丘太守曰：“寒山、拾得，是文殊、普贤后身。”太守往谒之，二人笑曰：“丰干饶舌。”遂隐入石中，不复出。

石镜山　在临安。有圆石如镜，钱镠少时照之，冠冕俨然王者。唐昭宗封为衣锦山。镠常于此宴故老，木石皆披锦绣。

【译文】钟山　在分宜。晋朝时，有一回下雨以后有口大钟从山峡里流出来，检查上面的铭文后发现是秦朝铸造的，所以起名钟山。后来有一渔夫在山下拾得一枚铜铃，刚一摇动就响声如雷，地震山摇起来，渔夫害怕得把铜铃扔进水里。有人说："此乃秦始皇用来驱赶山用的铜铃。"

寒石山　唐朝的寒山、拾得两位僧人居住在这里。丰干和尚对闾丘太守说："寒山、拾得两人是文殊、普贤的后身。"太守前往拜谒，两人笑着说："丰干真多话。"于是藏到石头里面，不再出来。

石镜山　在临安。有个圆圆的石头像镜子，钱镠王小时曾用来当镜子照，礼帽端庄，仿佛就是国王。这山在唐昭宗时被封为"衣锦山"。钱镠王常在这里设宴请老友们，树木和石头上都蒙上绫罗绸缎。

宛委山　在会稽禹穴之前。上有石匮，大禹发之，得赤珪如日，碧珪如月，长一尺二寸。又传禹治水毕，藏金简玉字之书于此。

宝山　一名攒宫。在会稽县东南。宋高、孝、光、宁、理、度六陵在焉。元妖僧杨琏真伽发诸陵，唐珏潜收陵骨，瘗于兰亭山之冬青树下，陵骨得以无恙，独理宗头大如斗，不敢更换，元人取作溺器。我太祖得之沙漠，复归本陵，有石碑记其事。

【译文】宛委山　在会稽山的禹穴前面。山上有石匣子，大禹曾经打开过，得到一块大红色的玉珪，形状像太阳，碧绿的玉珪，形状像月亮，有一尺二寸长。又传说大禹治水完工后，在这里贮藏了有玉镶嵌文字的金质书简。

宝山　又叫攒宫。在会稽县的东南边。南宋的高宗、孝宗、光宗、宁宗、理宗、度宗的六座帝王陵在这里。元朝的妖僧杨琏真伽盗挖了六座陵寝，唐珏暗地里将陵墓中的骨头收藏起来，后来埋在兰亭山的冬青树下面，陵墓中的骨头得以保全，只有宋理宗的头骨大得像斗，不敢替换掉，元朝统治者取来作为撒尿的壶。我朝太祖皇帝从沙漠中取回，还送回原来的陵寝，建有石碑记载经过。

越城中八山　卧龙、蕺山、火珠、白马、峨眉、鲍郎、彭山、怪山。更有黄琢山，在华严寺后，人不及知。峨眉山，在轩亭北首民居之内，今指土谷寺神桌下小石为峨眉山者，非是。怪山在府治东南，《水经注》云：是山自琅琊东武海中一夕飞来，居民怪之，故曰怪山。上有灵鳗井，鳗大如柱，能致风雨。越王筑台其上，有观云气。

【译文】越城中八山　这八山分别是：卧龙山、蕺山、火珠山、白马山、峨眉山、鲍郎山、彭山、怪山。还有有黄琢山在华严寺后面，许多人不知道。峨眉山，在轩亭北边的民宅里，如今把土谷寺神桌下面的小石当成峨眉山，这是不对的。怪山在府治东南边，《水经注》里说：这座山是某天晚上从琅琊东边的武海里飞来的，居民觉得奇怪，所以叫作怪山。上面有个灵鳗井，井里的鳗鱼像柱子般大，这井可以呼风唤雨。越王在山上筑了一座台用以观测云气。

尾闾　台州宁海县东，海中水湍急，陷为大涡者十余处，百凡浮物，近之则溺。

瓠子河　汉武帝元光三年，河决顿丘，复决濮阳，瓠子泛郡十六，发卒数万人塞瓠子河。天子自临决河，沉白马玉璧于河，筑室其上，名防宣宫。

钱塘潮　朝夕两至，初三日起水，二十日落水。每月十八潮大，八月十八潮尤大。有《候潮歌》曰："午未未未申，寅卯卯辰辰，巳巳巳午午，朔望一般轮。"

磻溪　在凤翔府宝鸡县。吕望钓此，得一鱼，腹有璜玉，文曰："周受命，吕氏佐。"今石上隐隐见两膝痕。

【译文】尾闾　在台州的宁海县东边，海里的水流湍急，陷落形成了十几个大漩涡，凡是能漂浮的东西靠近这个漩涡就会沉没。

瓠子河　汉武帝元光三年（公元前132年），黄河决堤于顿丘，又决堤于濮阳，瓠子河水淹没了十六个郡，朝廷发动数万士兵去堵塞瓠子河。汉武帝亲自来看决堤所在，将白马和玉璧沉入河中，在河边建筑了宫室，起名"防宣宫"。

钱塘潮　朝晚各涨潮一次，初三开始涨潮，二十日开始退潮。每个月的十八日那天潮水涨得最高，八月十八日的潮水是一年最大的。民间有《候潮歌》说："午未未未申，寅卯卯辰辰，巳巳巳午午，朔望一般轮。"

磻溪　在凤翔府的宝鸡县。姜太公在这里钓鱼，钓得一条鱼，鱼肚子上有块玉，上面有文字写道："周受命，吕氏佐。"如今溪边石头上隐隐能看到两只膝盖留下的痕迹。

滟滪堆　在瞿唐峡口。有孤石，冬出水二十余丈，夏即没入水中。土人云："滟滪大如象，瞿唐不可上；滟滪大如马，瞿唐不可下。"以为水候。庚子舆奉父榇还巴东，至瞿唐，水壮。

子舆哀号，峡水骤退，舟得安行。人为之语曰："滟滪如幞本不通，瞿唐水退为庾公。”

瞿唐峡与西陵峡、巫山峡，世称三峡，连亘七百里，重岩叠障，隐蔽天日，非亭午夜分，不见日月。《水经》云杜宇所凿。

【译文】滟滪堆　在瞿唐峡峡口。有一座孤立的大石头，冬天时候高出水面二十多丈，夏天就没入江水里。民歌唱道：“滟滪大如象，瞿唐不可上；滟滪大如马，瞿唐不可下。”作为水势的征候。庾子舆护送父亲棺材回巴东老家，到瞿唐后，江水极为汹涌。

子舆哭得很悲哀，峡水突然就落下，船得以安全行进。别人给他写了一句诗：“滟滪如幞本不通，瞿唐水退为庾公。”

瞿唐峡和西陵峡、巫山峡，被世人合称为三峡，连绵七百里长，重重叠叠的山峰，遮蔽了天光，若不是中午和午夜完全看不见太阳和月亮。《水经注》里说是杜宇开凿的。

烂柯山　衢州府城南。一名石室。道书谓青霞第八洞天。晋樵者王质入山，见二童子弈，质置斧而观。童子与质一物，如枣核，食之不饥。局终，示质曰：“汝斧柯烂矣。”质归家，已百岁矣。

江郎山　在江山。世传江氏兄弟三人登其巅，化为石，故名。山顶有池，产碧莲、金鲫。

【译文】烂柯山　在衢州府的城南边，又叫“石室”。是道教经典上说的“青霞第八洞天”。晋朝的一个樵夫王质到山里去砍柴，看见两个童子下围棋，王质把斧头放下来看棋局。童子给了王质一枚枣核一样的东西，吃了就不再觉得饥饿。棋下完后，他对王质说：“你的斧头都腐烂了。”王质赶忙回家，家人早就不在了，一打听才知道已经过了一百年。

江郎山　在江山。世人相传有个江家的三兄弟登上峰顶，变成了石头，所以起这个名字。山顶有池子，里面有碧色莲花、金色鲫鱼。

金华山　府城北。金星与婺女星争华，故名。又名长山，周三百六十余里，其最胜者曰金华洞，道书第三十六洞天。

四明山　在余姚县。高三万八千丈，周二百一十里，由鄞小溪入，则称东四明；由余姚白水入，则称西四明；由奉化雪窦入，则直谓之四明。道经第九洞天也。峰凡二百八十有二，中有峰曰芙蓉，有汉隶刻石上，曰“四明山心”。其右有石窗。

【译文】金华山　在府城北边。因为金星与婺女星争着放出光辉，所以起这个名字。又叫长山，方圆三百六十多里，风景最秀丽的叫作“金华洞”，是道教经典上说的“第三十六洞天”。

四明山　在余姚县。有三万八千丈高，方圆二百一十里，从鄞县的小溪进入，就称为“东四明”；从余姚的白水进入，就称为“西四明”；从奉化的雪窦进入，就直接称作“四明”。这里是道教经典说的“第九洞天”。山峰共有二百八十零二座，其中有一座峰叫“芙蓉峰”，上面有汉朝隶书刻的石头，被称作“四明山心”。它右边有一面窗户一样的石头。

天水池　在重庆江津县。邑人春月游此，竞于池中摸石祈嗣，得石者生男，得瓦者生女，颇验。

大瀼水　在奉节县。杜甫诗“瀼东瀼西一万家”，即此。郡人龙澄，尝于瀼中见一石盒，探取之，获玉印五，文字非世间篆籀。忽有神人诧曰：“玉印乃上帝所宝，昔授禹治水，水治复藏名山大川。今守护不谨耳！可亟投元处。”澄如其言。后登上第。

【译文】天水池　在重庆的江津县。当地人春天在此游玩，争着到池里摸石头以祈祷生孩子，摸到石头生男孩，摸到瓦片生女孩，颇为灵验。

大瀼水　在奉节县。杜甫诗中说的“瀼东瀼西一万家”，就说的这里。当地有个人叫龙澄，曾在瀼水中看见一个石盒子，将它捞了上来，得到五枚玉印章，上面的文字不是世间小篆或者大篆。忽然出现一个神人，惊叫说：“玉印是玉皇上帝的宝物，当年赐予大禹用以治水，治水成功后还藏在名山大川里。现在被看护得不仔细啊！赶快扔到原来的地方。”龙澄照他的话办了。后来考中进士。

牛心山　龙安府城之东。梁李龙迁葬此。武后时凿断山脉。玄宗幸蜀，有老人苏垣奏：龙州牛山，国之祖墓，今日蒙尘，乃则天掘凿所致也。玄宗命刺史修筑如旧。未几，诛禄山。

峨眉山　眉州城南，来自岷山，连冈叠障，延袤三百余里，至此突起三峰，其二峰对峙，宛若蛾眉。

磨针溪　彭山象耳山下，相传李白读书山中，学未成，弃去。过是溪，逢老媪方磨铁杵，白问故，媪曰：“欲作针耳。”白感其言，遂卒业。

【译文】牛心山　在龙安府城的东边。梁朝的李龙将坟墓迁葬到这里，武则天时期被凿断了山脉。唐玄宗逃到蜀地时，有个老人名叫苏垣的上奏说：“龙州的牛山，是国家祖坟，陛下现在之所以蒙尘经过这里，是武则天凿坏山脉的结果啊！”于是唐玄宗让刺史将坟墓修复。没过多久，就杀死了安禄山。

峨眉山　在眉州城南，山势是从岷山远远而来，一路重岩叠嶂，绵延三百多里，直到在这里突然耸立起三座高峰，其中的两座相互对峙就好像女子好看的眉毛。

磨针溪　在彭山的象耳山山下，民间传说李白在这山里读书，还没学成就放弃了。路过这条溪水时遇见一位老奶奶正磨大铁棍，李白感觉很奇怪，就询问老奶奶，老奶奶说："我准备把它磨成一根绣花针。"李白听了这话产生感触，最终完成学业。

长白山　在开原东北千余里。横亘千里，其巅有潭，周八十里，深不可测，南流为鸭绿江，北流为混同江。

太行山　怀庆府城北。王烈入山，忽闻山北雷声，往视之，裂开数百丈，石间一孔径尺，中有青泥流出，烈取抟即坚凝，气味如香粳饭。

神农涧　在温县。神农采药至此，以杖画地，遂成涧。

【译文】长白山　在开原东北一千多里地方，延绵一千里远。山顶上有一口潭水，方圆八十里，深不见底，向南流就成了鸭绿江，向北流就成了混同江。

太行山　在怀庆府的城北方向。曾有个叫王烈的在山里走，忽然听到山北有打雷一般的声音，便赶去瞧看，只见那里裂开了几百丈，石缝间还有一个直径一尺的洞，洞里往外流出青色的泥浆，王烈取了一点来把玩，立刻就变得坚硬，气味就像香米饭。

神农涧　在温县，神农氏曾到这里采药材，用拐杖在土地上划了一道，就变成了山涧。

卧龙岗　南阳府城西南。即诸葛亮躬耕处，有三顾桥。

丹水　在内乡县。《抱朴子》云：水有丹鱼，先夏至十日，夜伺之，鱼皆浮水，赤光如火，取其血涂足，可步行水上。

天中山　汝宁府城北。在天地之中，故名。自古考日影测分数，莫正于此。

【译文】卧龙岗　南阳府城的西南方，是诸葛亮出山前亲自耕作的地方，那里还有一座“三顾桥”。

丹水　在内乡县。《抱朴子》里说：“这里的水中有一种红色的鱼，在夏至前十天左右，夜里到水边等，就能看到红色的鱼全都浮了起来，照耀红色的光芒就像火焰。如果用这种鱼的血水涂在脚底板就能在水上行走。”

天中山　在汝宁府的城北边。这里是天地的正中央，所以起这个名字。从古至今要观测太阳影子和天体运行的分数，在这里是最准确的。

金龙池　在平阳府城西南。晋永嘉中，有韩媪偶拾一巨卵，归育之，得婴儿，字曰“橛”，方四岁。刘渊筑平阳城不就，募能城者。橛因变为蛇，令媪举灰志其后，曰：“凭灰筑城，城可立就。”果然，渊怪之，遂投入山穴间，露尾数寸，忽有泉涌出，成此池。

五台山　在五台县。五峰高出云汉，文殊师利所居。曰“清凉山”，即此。

【译文】金龙池　在平阳府城的西南方，晋朝的永嘉年间，有一位韩姓奶奶不经意间在这里捡到一颗巨大的蛋，带回家后孵化成了一个婴儿。给婴儿取了表字“橛”，才四岁大时，五胡乱华时建立汉国的刘渊修建平阳城不成功，于是招募会筑城的人。韩橛便变成一条蛇，让奶奶在自己后面撒灰，对刘渊说：“根据灰线来筑城就可以很快成功。”后来果然建成了。刘渊对此很奇怪，于是将蛇扔到山洞里，蛇的尾巴只露出几寸，突然那里就涌出泉水，变成这座池子。

五台山　在五台县。这里有五座山峰高出云表，是文殊师利菩萨居住的地方，别人口中“清凉山”，说的就是这里。

尼山　曲阜，接泗水邹县界。颜氏祷此，而孔子生。记云：“颜氏升之谷，草木之叶皆上起；降之谷，草木之叶皆下垂。”

雷泽　在曹州。泽中有雷神，龙身而人颊，鼓其腹则鸣。《史记》：“舜渔于雷泽。”即此。

鸣犊河　在高唐。孔子将西见赵简子，闻杀窦鸣犊，临河而叹，因名。

濮水　濮州上有庄周钓台。昔师延为纣作靡靡之乐。武王伐纣，师延自投濮水而死。后卫灵公夜止濮上，闻鼓琴声，召师涓听之。师涓曰：“此亡国之音也。”

【译文】尼山　在曲阜，毗邻泗水与邹县。孔子母亲颜征在在这里祈祷，后来生了孔子。《孔氏祖庭广记》里说：“颜征在从山谷走上山，草丛和树木的叶子全都翘了起来，等她下山时，叶子都垂了下去。”

雷泽　在曹州。泽里据说有雷神，龙的身子，人的脸，敲它肚子就会叫。《史记》里说：“舜在雷泽打鱼。”就是说的这里。

鸣犊河　在高唐。孔子准备到西边的晋国去拜见赵简子，听说他杀掉了窦鸣犊，便对着这条河水长叹，因而得名。

濮水　在濮州，水边有庄周的钓鱼台。古时候师延为商纣王制作动听的音乐。武王伐纣时，师延跳到濮水淹死。后来卫灵公在夜里住在濮水边，听到弹琴声，于是召来师涓让他听听是什么曲子。师涓说：“这是商纣王时的亡国之音。”

牛山　临淄。齐景公登牛山，流涕曰："美哉国乎！若何去此而死也？"艾孔、梁丘据皆从而泣，晏子独笑。公问故，对曰："使贤者不死，则太公、桓公常守之矣。勇者不死，则庄公、灵公常守之矣，吾君安得此位乎？至于君独欲常守，是不仁也。二子从而泣，是谄谀也。见此二者，臣所以窃笑。"公举觞自罚，罚二臣者。

【译文】牛山　在临淄。齐景公曾经爬上牛山，哭着说："国家真美啊！为什么我也会有一天抛下这一切死去呢？"艾孔、梁丘据都跟着哭，唯独晏子大笑起来。齐景公问他为什么笑，他回说："假如说上天让贤人都不死去，那太公、桓公就能一直在位上了。假如让勇敢的人永远不死去，那庄公和灵公就会一直在位了。我的国王您怎么会坐上王位呢？所以您想一直霸着君位，这是不仁义的行为。他俩跟着您哭，是谄媚的行为。我看到你们这样，所以发笑。"齐景公倒酒自己罚自己一杯，也罚了那两位大臣。

愚公谷　临淄愚公山之北。齐桓公逐鹿至此，问一老父："何以名愚公谷？"对曰："臣畜牸牛生犊，卖犊而买驹。少年谓牛不能生马，遂持驹去。邻人以臣为愚，故名。"

九华山　青阳，旧名九子山。李白谓"九峰似莲华"，乃更今名。刘梦得尝爱终南、太华，以为此外无奇；爱女几、荆山，以为此外无秀。及见九华，深悔前言之失也。

禹祁山　姑苏城西，相传禹导吴江以泄具区，会诸侯于此。

【译文】愚公谷　在临淄的愚公山北边。齐桓公曾经打猎追一只鹿追到这里，听说这里叫愚公谷，就好奇地询问一位老人说："为什么取名愚公谷呢？"那老人回说："我养母牛生了小牛，卖了小牛买了小马，有一个少年对我说，牛怎么能生出小马呢？于是把我的小马牵走了。邻居都说我太愚笨，所以取这个名字。"

九华山　在青阳，旧名叫"九子山"。李白到这里游玩时说"九座山峰好比九朵莲花"，便改成如今的名字。刘禹锡曾经很喜爱终南山和太华山，认为除此以外没有好山。等后来到了九华山才非常后悔先前说那句错话。

禹祁山　在姑苏城西边，相传大禹治水时疏通了吴江，把水引入太湖，然后和各地诸侯在这里开会。

洞庭山　姑苏城西太湖中，一名包山，道书第九洞天。苏子美记："有峰七十二，惟洞庭称雄。"

孔望山　海州。孔子问官于郯子，尝登此望海。

夹谷山　在赣榆。即孔子会齐侯处。

硕项湖　在安东。秦时童谣云："城门有血，当陷没。"有老姆忧惧，每旦往视。门者知其故，以血涂门，姆见之，即走。须臾，大水至，城果陷。高齐时，湖尝涸，城址尚存。

【译文】洞庭山　在苏州的西边太湖湖心，又称为"包山"，是道家经典上说的"第九洞天"。苏舜钦曾经写了文章说："太湖周围有七十二座山峰，唯独洞庭山最秀丽。"

孔望山　在海州。孔子到这里问郯子关于官制的问题时曾经登上这座山眺望大海。

夹谷山　在赣榆，就是孔子和齐国国王会见的所在。

硕项湖　在安东。秦朝时有童谣说："城门有血，当陷没。"有个老奶奶非常害怕，每天早上去城门那察看。守门人了解其中的原故后就用血涂在门上边，老奶奶来看见了，扭头就跑。跑到山上后不久那座城果然陷没了。北齐时湖水曾经干涸过，现在还有遗存的旧址。

龙穴山　六安上有张龙公祠，记云：张路斯，颍上人，仕唐为宣城令，生九子，尝语其妻曰："吾龙也。蓼人郑祥远亦龙也，据吾池。屡与之战，不胜，明日取决，令吾子射系鬣以青绡者郑也，绛绡者吾也。"子遂射中青绡者，郑怒，投合肥西山死。即今龙穴。

巢湖　合肥。世传江水暴涨，沟有巨鱼万斤，三日而死，合郡食之。独一姥不食。忽遇老叟，曰："此吾子也。汝不食其肉。吾可亡报耶？东门石龟目赤，城当陷。"姥曰往窥之。有稚子戏以朱傅龟目。姥见，急登山，而城陷，周四百余里。

【译文】龙穴山　在六安。山上有张龙公的祠堂，祠堂的碑上记载说："张路斯是颍上人，在唐朝时担任宣城县令，生下九个儿子，曾经对妻子说："我是龙，蓼这个地方有个叫郑祥远的也是龙，他霸占了我的水域，我几次和他打仗总是不能赢，明天和他决一死战。你吩咐我儿子用弓箭射杀龙脖子上系着青色丝带的，那就是郑祥远，脖子系着红丝带的是我。"他儿子于是射中了系着青丝带的龙，郑祥远十分愤怒，跳到合肥的西山后死去，那里就是如今的龙穴。

巢湖　在合肥。民间传说曾有一次江水猛涨，有一条万斤重的大鱼冲到沟里，过了三天就死了。整个郡里的百姓一起吃它的肉，唯独一个老奶奶不吃。有一天忽然遇见一个老人对她说："这是我的儿子啊！你不吃他肉，我怎么能不报你的恩呢？如果哪天东门边的石龟的眼睛发红，就说明城市将要塌陷。"老奶奶每天过去察看石龟的眼睛。有个小孩子贪玩，拿朱砂涂在石龟眼睛上，老奶奶看到石龟眼睛发红了，赶忙往山上跑，刚跑上山就看见城市塌陷下去，变成一口大湖，方圆四百多里。

滇池　云南府城南。一名昆明池，周五百余里，产千叶莲。《史记》："滇水源广末狭，有水倒流，故曰滇。"

金马山　云南府城东，世传金马隐现于上。往西则碧鸡山，峰峦秀拔，为诸山长。俯瞰滇池，一碧万顷。汉宣帝时，方士言益州有金马碧鸡可祭祷而致，乃遣王褒入蜀。

【译文】滇池　在云南府城南。又叫"昆明池"，方圆五百多里，这里产千叶莲。《史记》记载："滇水源头宽广，末端狭窄，水会倒流回去，所以叫作'滇'。"

金马山　在云南府的城东，民间传说有金马在山上出没。向西就是"碧鸡山"，峰峦秀丽挺拔，是群山中最高的。从山上向下俯瞰，是一碧万顷的滇池。汉宣帝时，有个方士说益州地区有一种金马和碧鸡可以通过祭祀祈祷获得，于是派遣王褒到蜀地来寻找。

大庾岭　南雄府城北。一名梅岭。张九龄开凿成路，行者便之。上有云封寺、白猿洞。卢多逊南迁岭上，憩一酒家，问其姓，妪曰："我中州仕族，有子为宰相卢多逊挟私窜以死。我且寓此岭，候其来。"多逊仓皇避去。

罗浮山　在博罗。高三千六百丈，周三百余里，岭十五，峰四百三十二，洞八，大小石楼三，登之可望海。又有璇房瑶宫七十二所。《南越志》：罗浮第三十一岭半是巨竹，皆七八围，节长丈二，叶似芭蕉，谓之龙葱竹。

【译文】大庾岭　在南雄府的城北。又叫“梅岭”。张九龄把这岭上开凿成了大路以后过路人都觉得方便。岭上有云封寺和白猿洞。卢多逊贬到南方时经过岭上，住在一家酒店，问酒店老板的姓氏，老奶奶说：“我本来是中原的世代官宦人家，儿子被宰相卢多逊因为私人恩怨贬到这里死掉。我姑且住在这个山上等卢多逊来。”卢多逊便仓皇地逃走了。

罗浮山　在博罗。高三千六百丈，方圆三百多里，有岭十五座，峰四百三十二座，洞八个，大小的石楼三座，登上可以望见大海。还有神仙住的璇房瑶宫七十二所。《南越志》记载：“罗浮山的第三十一岭有一半长的是巨大的竹子，全都有七八围粗细，竹节长有一丈二，叶子就像芭蕉一般大，被称为‘龙葱竹’。”

鳄溪　在潮州府城东。一名恶溪。溪有鳄鱼，身黄色，四足，修尾，状如鼍，举止疾，口森锯齿，往往为人害。鹿行崖上。群鳄鸣吼，鹿怖坠岸，鳄即蚕食。

石钟山　在湖口。下临深潭，微风鼓浪，水石相搏，响若洪钟。苏轼尝泛舟醉此。

麻姑山　在建昌府城西。上有瀑布、龙岩、丹霞洞、碧莲池，皆奇境也。周四百余里，中多平地可耕。道书三十六洞天之一。麻姑修炼于此。

【译文】鳄溪　在潮州府的城东。也叫“恶溪”。溪水里有鳄鱼，全身黄色，四只脚，长尾巴，长得像猪婆龙，行动敏捷，口中长着密密麻麻的锯齿，常常害死经过这里的人。若是有鹿从崖顶路过，这群鳄鱼大声吼叫，鹿会因为害怕掉下悬崖，鳄鱼就会立刻吃掉它。

石钟山　在湖口。山下临着深不见底的潭水，每当微风吹起波浪，波浪拍击石头上面，发出的响声好比大钟。苏轼曾经乘船在这里喝醉酒。

麻姑山　在建昌府的城西。上面有瀑布、龙岩、丹霞洞、碧莲池，都是奇特的景观。方圆四百多里，还有很多平地可以耕田。这里是道家经典上说的三十六洞天之一。麻姑就在这里修炼成仙。

曲江池　西安府城东南。汉武帝凿，每赐宴臣僚于此，池备彩舟，惟宰相学士登焉。宋子京尝夜饮曲江，偶寒，命取半臂，十余宠各送一枚，子京恐有去取，不敢服，冒寒而归。

岐山　一名天柱山。《禹贡》：导汧及岐。太王邑于岐山之下，文王时凤鸣岐山，皆此。

君子津　大同。古东胜州界上。汉桓帝时，有大贾赍金至，死此，津长埋之。贾子寻父丧至，悉还其金。帝闻之曰："君子也。"遂以名津。

【译文】曲江池　在西安府城的东南。汉武帝时代开凿，经常在这里设宴款待大臣们，池子里设有彩色的大船，只有宰相和学士允许上去。宋祁曾有一次夜里在曲江喝酒，忽然觉得有点冷，便派人到家里取半臂来，他的十几个爱妾每人都送来一件，宋祁担心穿哪一件都会得罪爱妾，便不敢穿，冒着寒冷回去了。

岐山　又名天柱山。《禹贡》记载：疏浚汧水一直到岐山下。周朝的太王在岐山建立城市，文王的时候有一只凤凰在岐山上啼鸣，说的都是这里。

君子津　在大同境内，属于古代的东胜州地界。汉桓帝时，有个大商人带着钱路过，结果死在这里，管渡口的人将他埋了。商人的儿子奔丧到这里，管渡口的把钱都还给他。汉桓帝说："这人是君子。"于是把渡口取名为"君子津"。

柳毅井　在君山。唐柳毅下第归，至泾阳，道遇牧羊妇，泣曰："妾沿庭君小女，嫁泾川次郎，为婢所谮，见黜至此，敢寄尺牍。洞庭之阴有大橘树，击树三，当有应者。"毅如其言。忽见一叟引至灵虚殿，取书以进。洞庭君泣曰："老夫之罪。"顷之，有赤龙拥一红妆至，即寄书女也。宴毅碧云宫，洞庭君弟钱唐君曰："泾阳嫠妇欲托高义为姻。"毅不敢当，辞去。后再娶卢氏，即龙女也。

【译文】柳毅井　在君山下。中唐时柳毅落第回乡，经过泾阳，在道边碰见一位牧羊的女子。女子哭着说："我是洞庭君的小女儿，嫁给泾川的二儿子，婢女说我坏话，被丈夫赶到这里来了。请求您帮我送一封家书给我父亲吧。在洞庭湖的南边有一株大橘树，你到那后拍三下树，就会有人回应你。"柳毅按照她的话做后，突然有一位老头来引他到龙宫的灵虚殿。柳毅把家书送上。洞庭君看后哭着说："这是老夫我的罪过。"不久，有许多红色的龙簇拥着一名女孩子前来，就是拜托寄家书的女子。于是在碧云宫设宴款待柳毅。洞庭君的弟弟钱塘君对他说："想把泾阳龙的寡妇嫁给你。"柳毅不敢答应，就拜别离开了。后来续弦了一个卢姓女子，就是龙女。

泉石

八功德水　一清、二冷、三香、四柔、五甘、六净、七不噎、八除病。北京西山、南京灵谷，皆取此义。

斟溪在连州。一日十溢十竭。潮泉在安宁州。一日三溢三竭。漏勺在贵阳城外。一日百盈百涸，应铜壶漏刻。

中泠泉　在扬子江心。李德裕为相，有奉使者至金陵，命置中泠水一壶。其人忘却。至石头城，及汲以献李。饮之，曰："此颇似石头城下水。"其人谢过，不敢隐。

【译文】八功德水　八功德水要有八种特点：清澈、寒冷、芳香、柔滑、甘甜、洁净、不噎人、治病。北京的西山和南京的灵谷，都是用的这些意义。

斟溪在连州。每天溢出十次，干涸十次。潮泉在安宁州，每天溢出三次，干涸三次。漏勺在贵阳城外面，每天水满一百次，干涸一百次，跟铜壶的漏刻对应。

中泠泉　在扬子江的江心。当年李德裕做宰相时，派一名使者去金陵，本来让他顺便到中泠泉舀一壶泉水。那使者给忘记了，到了石头城就在本地泉水打了一壶，于是把水献给李德裕。李德裕喝了就说："这水挺像石头城下面的泉水，不像中泠泉水。"那人便道歉说出实情，不敢隐瞒。

惠山泉　在无锡县锡山。旧名九龙山，有泉出石穴。陆羽品之，谓天下第二泉。

趵突泉　在济南。平地上水趵起数尺，看水者以水之高下，卜其休咎。

范公泉　在青州府。范仲淹知青州，有惠政，溪侧忽涌醴泉，遂以范公名之。今医家汲水丸药，号青州白丸子。

【译文】惠山泉　在无锡县的锡山。旧名“九龙山”，有一股泉水从石洞里涌出。陆羽品尝后说：“这可以说是天下第二的泉水。”

趵突泉　在济南，平地上泉水喷着跳起几尺高，看水的人凭着水的高度来占卜吉凶。

范公泉　在青州府。北宋时范仲淹担任青州刺史，颇有政绩，溪水边突然有一天涌出甜美的泉水，于是取名为“范公泉”。现在的医生汲取这里的泉水制作药丸，被称作“青州白丸子”。

妒女泉　在并州。妇女不得靓妆彩服，至其地必致风雨。

阿井水　在东阿县。以黑驴皮，取其水煎成膏，即名“阿胶”。

虎跑泉　在钱塘。唐元和十四年，性空大师栖禅其中，以无水欲去。有二虎跑山出泉甘洌，乃建虎跑寺。观泉者，僧为举梵呗，泉即觱沸而出。

【译文】妒女泉　在并州。女子不能穿美丽衣服到这里，不然就会引起大风雨。

阿井水　在东阿县。用黑驴子的皮和这里的水制作膏药，就叫作“阿胶”。

虎跑泉　在钱塘。中唐的元和十四年（公元819年），性空大师在寺里居住，因为这里没有水就想离去。谁知有两只老虎在山下刨地，刨出一汪泉水，泉水十分甘甜，于是建造了虎跑寺。若有人想来这里看泉水，僧人就唱起经文，泉水立即喷出来。

六一泉　在孤山之南。宋元祐六年，东坡与惠勤上人同哭欧阳公处也。勤上人讲堂初构，阙地得泉，东坡为作《泉铭》。以两人皆列欧公门下，此泉方出，适哭公讣，名以六一，犹见公也。参寥泉在智果寺。东坡泉在昌县。醉翁亭侧，亦有六一泉。

夜合石　新昌东北洞山寺水口，有二石，高丈余，土人言：二石夜间常合为一。

热石　临武有热石，状如常石，而气如炽炭，置物其上立焦。

【译文】六一泉　在孤山的南边。北宋元祐六年（公元1091年），苏东坡和惠勤上人一起在这里悼念欧阳修。勤上人的讲经堂刚刚造好，挖土喷出泉水，苏东坡就为此写了一篇《泉铭》。因为他两人都是欧阳修的弟子，这汪泉水刚喷出时就收到欧阳修的讣告，所以取名为“六一”，见到泉水就仿佛见到欧阳修一般。除此外，参寥泉在智果寺里，东坡泉在昌县。醉翁亭旁，也有一汪“六一泉”。

夜合石　在新昌东北的洞山寺出水口，有两方大石，有一丈多高，当地人说：“两块大石晚上经常合成一块。”

热石　在临武有块发烫的石头，形状像普通石头，可是却像烧炭一样烫，把东西放在上面立即烧焦。

松化石 松树至五百年，一夜风雷化为石质，其树皮松节，毫忽不爽。唐道士马自然指延真观松，当化为石，一夕果化。

望夫石 武昌山有石，状如人。俗传贞妇之夫从役远征，妇携子送至此，立望其夫而死，尸化为石。

醒酒石 唐李文饶于平泉庄，聚天下珍木怪石，有醒酒石，尤所钟爱。其属子孙曰："以平泉庄一木一石与人者，非吾子孙也。"后其孙延古守祖训，与张全义争此石，卒为所杀。

【译文】松化石 松树长到五百岁时会在某天夜里趁着大风和雷电变成石质的。唐朝的道士马自然有一次指着延真观的松树说马上要变石头，那晚果然变成了石头。

望夫石 武昌山有一块石头，长得像人。民间传说有一位贞洁的妇女，她丈夫从军到远方，妻子带着儿子在这里送别丈夫，就站在那里目送丈夫，一直到死，尸首变成了石头。

醒酒石 唐朝的李德裕在平泉庄收集了天下各种珍奇的树木和怪石，其中有一块"醒酒石"，是他最喜爱的。他对子孙们说："以后谁把平泉庄的一块石头一棵树送给人就不是我的子孙。"他的孙子李延古遵从祖父的训诫，后来和张全义抢夺这块石头，最终被他给杀掉了。

赤心石 武后时争献祥瑞。洛滨居民，有得石而剖之中赤者，献于后，曰："是石有赤心。"李昭德曰："此石有赤心，其余岂皆谋反也！"

十九泉 在严滩钓台下。陆羽品天下泉味，谓此泉当居第十九。

一指石 在桐庐县缀岩谷间，以指抵之则动，故名。

【译文】赤心石 武则天时期，各地争先恐后地进献祥瑞。洛河边有一居民得到一块剖开里面是红色的石头，献给武则天，并说："这块石头有赤忱的心。"李昭德说："就这块石头有赤忱的心，其他难道都要谋反吗？"

十九泉 在严滩钓台下。陆羽曾经品鉴天下各地泉水的味道，说这汪泉排第十九名。

一指石 在桐庐县的缀岩谷中，用手指碰一碰石头就会动，所以叫这个名字。

鱼石 涪州江心有石，上刻双鱼，每鱼三十六鳞，旁有石秤石斗，现则岁丰。

龙井 在汤阴。相传孙登尝寓此。岁旱，农夫祷于龙洞，得雨。登曰："此病龙雨也，安能苏禾稼乎？"嗅之果腥秽。龙时背生疽，变一老翁，求登治，曰："痊当有报。"不数日，大雨，见石中裂开一井，其水湛然，即龙穿此以报也。

【译文】鱼石 涪州的长江江心有一块大石，上面刻有一对鱼，每条鱼有三十六片鱼鳞，旁边还有石质的秤和斗，据说这石头一出现就会有好收成。

龙井 在汤阴。相传晋朝的孙登曾经在这里居住，有一年大旱，农夫在龙洞里面祈求下雨，下雨后孙登对他们说："这是生病的龙下的雨，怎么能把庄稼救活呢？"闻了闻果然一股腥臭味，当时龙背上长疮，于是变作一位老头，向孙登请求帮他治疗，并且说："病痊愈后会报答你。"没过几天，就下起大雨，孙登看见石头缝裂开变成一口水井，井里的水清澈见底，就是龙给孙登挖的，作为报答。

温泉　在汝州城西者，武后尝幸此。其侧又有冷泉。

顺天府汤山下有泉，四时常温，浴之愈疾。

遵化亦有汤泉。阜平有二泉，一温一冷。

云南安宁温泉，色如碧玉，可鉴毛发。

骊山西绣岭下有温泉。

【译文】温泉　在汝州的城西，武则天曾经到这里游览。旁边还有冷泉。

顺天府的汤山下有一汪泉水，四季都是常温的，若在水里洗澡可以治疗疾病。

遵化也有温泉。阜平有二个泉水，一个温暖，一个冰冷。

云南的安宁有一眼温泉，颜色就像玉一样绿，可以把汗毛照清楚。

骊山的西绣岭下有一方温泉。

玉泉　在玉泉山下。泉出石罅间，因凿石为螭头，泉从螭口出，鸣若杂佩，色若素练，味极甘美，潴而为池，广可三丈，流于西湖，遂为燕山八景之一。

神农井　在长子羊头山，即神农得佳谷处。

杜康泉　舜祠东庑下，康汲此以酿酒。或以中泠水及惠山泉称之，一升重二十四铢，是泉较轻一铢。

金鸡石　建德草堂寺之北，罗隐常过此，戏题曰："金鸡不向五更啼。"石遂迸裂，有鸡飞鸣而去。

【译文】玉泉　在玉泉山下。泉水从石缝里喷出，因而把石头凿成螭龙的头，泉水从螭龙的口中喷出，声音就像玉佩响，颜色白得像白缎子，味道特别甘甜，积聚成一方池子，有三丈宽，一直流入西湖，于是被称为“燕山八景”之一。

神农井　在长子羊头山上，也就是神农收获佳谷的地方。

杜康泉　在舜祠东边廊庑下，杜康曾汲取这里的泉水酿酒。有人将中泠泉和惠山泉取来称重，一斤都重二十四铢，而这个泉水比它们要重一铢。

金鸡石　在建德的草堂寺北，罗隐曾经到过这里，在石头上题诗开玩笑说：“金鸡不向五更啼。”那石头便炸裂了，有一只鸡边飞边啼叫着跑开。

玉乳泉　丹阳刘伯刍，论此水为天下第四泉。

绿珠井　在博白双角山下，梁氏女绿珠生此。汲饮者产女必丽色。

容县有杨妃井，因妃生此而名。

郁林有司命井，甘淡半之，可给阖境。

龙焙泉　建宁凤凰山下，一名御泉。宋时取此水造茶入贡。

【译文】玉乳泉　在丹阳。刘伯刍谈到这泉水时说：“可说是天下第四。”

绿珠井　在博白的双角山下，有姓梁的人家在这里生下绿珠。打这个井里的水喝的人肯定会生出好看的女儿。

容县有一口杨妃井，因为杨贵妃在这里出生而取这个名字。

郁林有一口司命井，一半甜一半淡，可以供给整个境内的百姓。

龙焙泉　在建宁的凤凰山下，又叫“御泉”。宋朝时取这里泉水制作茶饼入贡给皇帝。

仁义石　建阳二石对立，左曰仁，右曰义。

一滴泉　在广信南岩。泉自石窦中出，四时不竭。宋朱熹诗有："一窍有灵通地脉，平空无雨滴天浆。"

谷帘泉　南康府城西。泉水如帘，布岩而下者三十余派。陆羽品其味为天下第一。

玉女洞　盩厔洞有飞泉，甘且洌。苏轼过此，汲两瓶去。恐后复取为从者所给，乃破竹作券，使寺僧藏之，以为往来之信，戏曰"调水符"。

【译文】仁义石　建阳有二块对着矗立的石头，左边叫"仁"，右边叫"义"。

一滴泉　在广信的南岩。泉水从石洞中流出，一年四季都不枯竭。宋朝朱熹有诗说："这泉水的洞直接和地脉相通，天空虽然不下雨，却也滴下甘美的汁液。"

谷帘泉　在南康府的城西边。泉水就像帘幕一般，从岩石上分着流下三十多处。陆羽品鉴后认为这里的泉水天下第一。

玉女洞　在盩厔县。洞里有飞泉，甘美清澈。苏轼曾经从这里经过，打了两瓶子带走。担心以后再让人来打水被打水的糊弄，于是把竹子分成两半作为竹符，一半让寺里的僧人藏着，等下次派人再来打水就用这个竹符作为凭信。开玩笑地称它为"调水符"。

画山石　宁州石上有文，灿然若战马状，无异画图。故名。

山鸡石　宝鸡陈仓山下有石，似山鸡状，晨鸣山巅，声闻三十里。

石泉　井陉有石泉，隋妙阳公主久疾，浴此遂愈。

瀑布泉　庐州开先寺。李白诗：“挂流三百丈，喷壑数十里。”

【译文】画山石　在宁州。石头上有花纹，很明显像战马的模样，跟画作没两样，所以叫这个名字。

山鸡石　在宝鸡，陈仓山山下有一块石头，形状像山鸡，清晨在山顶啼叫，声音能传到三十里远。

石泉　井陉有一方石泉，隋朝的妙阳公主生大病很久没好，在这里泡澡就痊愈了。

瀑布泉　在庐州的开先寺。李白诗说：“挂着的瀑布流水有三百丈高，喷出的泉水到峡谷里有几十里长。”

醴泉　在新喻。黄庭坚尝饮此，叹曰：“惜陆鸿渐辈不及知也。”题曰“醴泉”。

卓锡泉　在大庾岭。唐僧卢能被众僧夺衣钵，追至大庾岭，渴甚。能以锡卓石，泉涌清甘，众骇而退。

愈痞泉　鹤庆府城东南，有温泉。每三月，郡人有痞疾者浴此即愈。

【译文】醴泉　在新喻。黄庭坚曾经饮用这里的泉水，感叹道：“可惜陆鸿渐等人不曾了解。”便题字叫“醴泉”。

卓锡泉　在大庾岭。唐朝的六祖惠能被同门师兄弟抢夺师傅的衣钵，曾经被追到这里，感觉特别渴，便用锡杖立在石头上，石缝里喷出了泉水，泉水特别清澈甜美。那些僧人害怕得逃走了。

愈痞泉　在鹤庆府城的东南边，那里有一口温泉。每年的三月，郡里百姓中有人腹中郁结成血块的到这里泡澡会立即痊愈。

景致

泰山四观　日观，鸡一鸣，见日始欲出，长三丈所。秦观，望见长安。吴观，望见会稽。周观，望见齐西北。

燕山八景　蓟门飞雨、瑶岛春阴、太液秋风、卢沟晓月、居庸叠翠、玉泉垂虹、道陵夕照、西山晴雪。

关中八景　辋川烟雨、渭城朝云、骊城晚照、灞桥风雪、杜曲春游、咸阳晚渡、蓝水飞琼、终南叠翠。

【译文】泰山四观　一是“日观”，鸡一打鸣，在这里就能看见太阳开始出来，有三丈长。一是“秦观”，这里能眺望到长安城。一是“吴观”，能眺望到会稽。一是“周观”，能眺望到齐地西北方。

燕山八景　分别是：蓟门飞雨、瑶岛春阴、太液秋风、卢沟晓月、居庸叠翠、玉泉垂虹、道陵夕照、西山晴雪。

关中八景　分别是：辋川烟雨、渭城朝云、骊城晚照、灞桥风雪、杜曲春游、咸阳晚渡、蓝水飞琼、终南叠翠。

桃源八景　桃川仙隐、白马雪涛、绿萝晴昼、梅溪烟雨、浔阳古寺、楚山春晓、沅江夜月、潼坊晓渡。

姑孰十咏　姑孰溪、丹阳湖、谢公宅、凌歊台、桓公井、慈母竹、望夫石、牛渚矶、灵墟山、天门山。

潇湘八景 烟寺晚钟、沧江夜雨、平沙落雁、远浦归帆、洞庭秋月、渔村夕照、山市晴岚、江天暮雪。

越州十景 秦望观海、炉峰看雪、兰亭修禊、禹穴探奇、土城习舞、镜湖泛月、怪山瞻云、吼山云石、云门竹筏、汤闸秋涛。

【译文】桃源八景 分别是：桃川仙隐、白马雪涛、绿萝晴昼、梅溪烟雨、浔阳古寺、楚山春晓、沅江夜月、潼坊晓渡。

姑孰十咏 分别有：姑孰溪、丹阳湖、谢公宅、凌歊台、桓公井、慈母竹、望夫石、牛渚矶、灵墟山、天门山。

潇湘八景 分别是：烟寺晚钟、沧江夜雨、平沙落雁、远浦归帆、洞庭秋月、渔村夕照、山市晴岚、江天暮雪。

越州十景 分别是：秦望观海、炉峰看雪、兰亭修禊、禹穴探奇、土城习舞、镜湖泛月、怪山瞻云、吼山云石、云门竹筏、汤闸秋涛。

西湖十景 两峰插云、三潭印月、断桥残雪、南屏晚钟、苏堤春晓、曲院荷风、柳浪闻莺、雷锋夕照、平湖秋月、花港观鱼。

雁荡山 顶有一湖，春雁归时，尝宿于此。内有七十七峰，在温州乐清县。谢康乐剔隐搜奇，足迹所不能到。至宋祥符，造玉清宫，伐木至此，乃始知名。

大龙湫 雁荡山西，有谷曰大龙湫，瀑布自绝壁泻下，高五千丈，随风旋转，变态百出。更有峰曰小龙湫，从岩洞中飞流而下，高三千丈。

玉甑峰 在乐清。峰峦奇，岩洞棱层，莹白如玉，世称白玉洞天。

【译文】西湖十景　分别是：两峰插云、三潭印月、断桥残雪、南屏晚钟、苏堤春晓、曲院荷风、柳浪闻莺、雷锋夕照、平湖秋月、花港观鱼。

雁荡山　山顶有一个湖，春天大雁到南方时往往在这栖息。一共有七十七座山峰，在温州的乐清县。谢灵运探访幽美奇特的风景也不曾到这里来。到了北宋祥符年间，皇帝建造玉清宫需要木材，这才到这里砍伐，从此才开始知名。

大龙湫　在雁荡山的西边，有一个深谷叫“大龙湫”，瀑布从悬崖下喷泻而下，有五千丈高，被风吹着旋转，变化万千。还有一座山峰叫“小龙湫”，是从岩洞里喷流而下，有三千丈高。

玉甑峰　在乐清县。峰峦奇秀，里面的岩洞极为瘦硬，晶莹洁白就像玉一般，世间称作“白玉洞天”。

嵊浦　在嵊县剡溪，近画图山。会稽三赋“嵊县溪山入画图”，即此。

海市　登州海中，有云气如楼台殿阁、城郭人民、车马往来之状，谓之海市。苏轼知登州，被召将去，以不见海市为恨，祷于海神，次日遂见。

瓯江　在温州府城北。东至盘石村，会于海洋，是曰瓯江。常有蜃气结为楼台城橹，忽为旗帜甲马锦幔。

山市　在淄州焕山。相传嘉靖二十三年，县令张其辉过之，天将明，忽见山上城堞翼然，楼阁巍焕，俄有人物往来，与海市无异。

【译文】嵊浦　在嵊县的剡溪，邻近画图山。《会稽三赋》中说的“嵊县溪山入画图”，说的就是这里。

海市　在登州的大海中，出现时会有云气，就像有楼台殿阁，城郭百姓、车马往来，被称作“海市”。苏轼在登州担任知州时，被皇帝召回，即将离开，因为从没见过海市特别遗憾，于是向海神祈祷，第二天便看见了。

瓯江　在温州府城的北边。东流直到盘石村流入大海中，这就是瓯江。常常有蜃气凝结成楼台和城楼，忽然就变成旗帜、铠甲、马匹和锦帐。

山市　在淄州焕山。据说在嘉靖二十三年（公元1544年），县令张其辉经过这里，天快亮时，忽然看见山上有飞翔之势的城楼，楼阁巍峨明亮，不一会还有人来来往往，跟海市没区别。

神灯　余姚龙泉山，当春夏烟雨晦冥，见神灯一二盏，忽然化为几千万盏，燃山熠谷，数时方灭。

火井　在阿速州。烟来火出。投以竹木则焚。邛有火井，以外火投之，生焰，光照数里。

山灯　四川蓬州，现凡五处。初不过三四点，渐至数十，在蓬山者尤异，土人呼为圣灯。彭山北平山，亦夜见五色神灯。

商山　商州。即四皓隐处，一名商洛山。开元时，高太素避居山中，建六逍遥馆，曰晴夏晚云、中秋午月、冬日初出、春雪未融、暑簟清风、夜阶急雨。

【译文】神灯　在余姚的龙泉山，每当春天、夏天烟雨苍茫的时节，就会看见几盏神灯，突然就变成成千上万，把山峰和山谷都烧着一般，几个时辰以后才会熄灭。

火井　在阿速州。当有烟吹入这井里时就会迸出火花，把竹片和木片扔进去就会燃烧起来。邛这个地方也有火井，从外面扔火花里面就腾起巨大的火焰，火光能照耀几里地。

山灯　在四川的蓬州，如今一共有五处。最初看到的山灯只有三四个斑点，渐渐能多至几十个。在蓬山的最为特别，当地人把它叫作“圣灯”。

商山　在商州。也就是辅佐汉惠帝的商山四皓的隐居所在，又叫“商洛山”。开元年间时，高太素在山里隐居，建造了六座“逍遥馆”，分别叫作“晴夏晚云”“中秋午月”“冬日初出”“春雪未融”“暑簟清风”“夜阶急雨”。

唤鱼潭　青神中岩，即诺距罗尊者道场，上有唤鱼潭，客至抚掌，鱼辄群出。

山庄　崇仁浮石岩，三岩鼎立，中贯一溪，可容舫。宋尚书何异辟为山庄，表其胜迹五十余所，题曰“三山小隐”。理宗书“衮庵”二大字赐之，异揭于方壶室。洪迈有记。

八镜台　在赣州府城上。东望七闽，南眺五岭。苏轼赋诗八章。

【译文】唤鱼潭　在青神的中岩山，也就是诺距罗尊者的道场，山上有一方“唤鱼潭”，旅客来到这里鼓掌，鱼儿总是会一群游过来。

山庄　在崇仁县的浮石岩，三块大石头鼎足而立，中间有一条溪水穿过，可以容下游船。宋朝的尚书何异把这里建成山庄，突显了其中的五十多个风景秀丽的地方，一起题名，叫作“三山小隐”。宋理宗大书“衮庵”两字赐予他，他将匾额挂在方壶室。洪迈曾经写过《浮石山庄记》记载这件事。

八镜台　在赣州府城上面。往东边可以望见福建和浙江南部，往南边可以眺望岭南。苏轼曾经为此写了八首诗。

辋川别业　蓝田，宋之问建，后为王维庄。辋水通竹洲花坞，日与裴秀才迪，浮舟赋诗，斋中惟茶铛、酒臼、经案、绳床而已。为关中八景之一。

逍遥别业　骊山鹦鹉谷，韦嗣立建。中宗尝幸此，封为逍遥公。上赋诗勒石，令从臣应制。张说序云："丘壑夔龙，衣冠巢许。"

湟川八景　雪溪春涨、龙潭飞雨、楞伽晓月、静福寒林、巾峰远眺、秀岩滴翠、圭峰暮霭、岩湖叠巘。

【译文】辋川别业　在蓝田，是宋之问所建，后来变成王维的山庄。辋水贯通着竹洲和花坞等地，王维每天和裴迪在里面乘船写诗，屋子里只有煎茶釜、酒坛子、经案和绳床，是关中的八景之一。

逍遥别业　在骊山的鹦鹉谷，是韦嗣立所建。唐中宗曾经到这里临幸，将韦嗣立封为逍遥公。中宗写诗刻在石头上，让侍从大臣也写诗。所以张说的文章里说："深山里的大臣，朝廷里的隐士。"

湟川八景　分别是：雪溪春涨、龙潭飞雨、楞伽晓月、静福寒林、巾峰远眺、秀岩滴翠、圭峰暮霭、岩湖叠巘。

卷三・人物部

帝王附：后妃、太子、公主

天皇始称皇，伏羲始称帝，夏、商、周始称王。神农母安登感天而生，始称天子。文王始称世子。秦始皇始尊父庄襄王为太上皇。周制称王妃为王后。秦称皇帝，遂称皇后。汉武帝始尊祖母窦为太皇太后。魏称诸王母为太妃。晋元帝始称生母为皇太妃。

【译文】从天皇开始称作“皇”，从伏羲开始称作“帝”，从夏、商、周开始称作“王”。神农氏因为他母亲安登受了上天感应生下了儿子，开始被称作“天子”。从文王开始有“世子”的称号。秦始皇最开始将他的父亲庄襄王尊为“太上皇”。周朝制度将“王妃”称作“王后”。秦朝开始自称“皇帝”，同时还有“皇后”的名号。汉武帝最开始将自己的祖母窦太后尊为“太皇太后”。魏国将各个王的母亲称为“太妃”。晋元帝开始将亲生母亲称作“皇太妃”。

当宁　《礼记》：天子当宁而立。诸公东面，诸侯西面曰朝。宁，门屏间。

皇帝　古或称皇或称帝。秦始皇自谓德过三王，功高五帝，乃更号曰皇帝。命曰制，令曰诏，自称曰朕。（古者称朕，上下共之。咎繇与帝言称朕；屈原曰“朕皇考”。至秦独以为尊。）

【译文】当宁　《礼记》里说：天子正对着"宁"站立。公卿大夫面向东边，诸侯面向西边，这叫作"朝"。"宁"就是大门和屏风之间。

皇帝　古时候要么称作"皇"要么称作"帝"。秦始皇嬴政自认为仁德和功业超越了三皇五帝，于是把称号改成了"皇帝"。皇帝的任命被称为"制"，命令被称为"命"，自称"朕"。（古时候每个阶层的人都可自称"朕"。咎繇和尧舜帝就自称"朕"；屈原也说"朕皇考"。到秦朝开始将"朕"变成尊者的专属。）

山呼　汉武帝登嵩山，帝与左右吏卒咸闻呼万岁者三。后人袭之，遂名"山呼"。

大宝　圣人之大宝曰位。何以守位，曰仁。

神器　天下者，神明之器也。《王命论》曰：神器有命，不可以智力求。

龙飞　新主登极曰龙飞，取《易经》"飞龙在天，利见大人"。盖乾九五为君位，故云。《华林集》："位以龙飞，文以虎变。"

【译文】山呼　汉武帝曾经登上嵩山，他和左右的官吏、士卒都听见山里面有人喊了三次"万岁"，后人沿袭这个称号，喊皇帝"万岁"就被称为"山呼"。

大宝　圣人最珍贵的宝贝是皇位。用来守住帝位的是"仁"。

神器　天下是神圣的器具。《王命论》里说："神器是由上天的定数来决定的，不是能够用智力和手腕就能获取的。"

龙飞　新皇帝即位被称作"龙飞"，字面取自《易经》的"飞龙在天，利见大人"。因为乾卦的九五爻被认为是属于君主的位置，所以这样说。《华林集》里说："位以龙飞，文以虎变。"

虎拜　群臣觐君曰虎拜。《诗经》："虎拜稽首，天子万寿。"谓召穆公虎既拜，受王命之辞，而祝天子以万寿也。

如丝如纶　《礼记》："王言如丝，其出如纶。"注：纶，绥也。言王言始出之，小如丝；群臣举之，若绥之大。故皇帝之言谓之纶音。皇后之命又曰懿旨，懿，美也。

【译文】虎拜　群臣朝觐君主叫作"虎拜"。《诗经》里说："虎拜稽首，天子万寿。"说的是召穆公虎跪拜以后，领受周王的封赏，祝福周王万岁。

如丝如纶　《礼记》里说："王言如丝，其出如纶。"注解说："纶，就是大绥带。说的是君王的话刚说时就像丝线一般细微，而大臣们将君王的话施行后就会变成绥带那般大。所以皇帝的话被称作"纶音"，皇后的命令也叫作"懿旨"，"懿"是美的意思。

元首　《书经》："元首明哉，股肱良哉。"言君乃臣之元首，臣乃君之股肱，君明则臣自良。

麟趾龙种　《诗经》："麟之趾，振振公子。"唐诗："元帅归龙种。"俱誉宗藩也。

玉牒　帝胄之谱名玉牒。韩文："明德镂白玉之牒。"又宗人府曰玉牒所。

邦贞国贰　《礼记》："一人元良，万邦之贞。"太子之谓也。高允曰："太子，国之储贰。"

【译文】元首　《尚书》记载："元首明哉，股肱良哉。"说的是君王是臣子的首脑，臣子是君王的臂膀，君王圣明臣子就会贤良。

麟趾龙种　《诗经》里说："麟之趾，振振公子。"唐朝的杜甫《喜闻官军已临贼境二十韵》里说："元帅归龙种。"都是用来称赞皇帝的王子们的。

玉牒　皇帝家的族谱被称作"玉牒"，韩愈有文章说："明德镂白玉之牒。"另外，宗人府被称为"玉牒所"。

邦贞国贰　《礼记》记载："这人如果非常善良，就是全国的福分。"说的是太子。高允说："太子，是国家的储君。"

日重光　崔豹《古今注》：汉明帝为太子时，乐人歌《诗》四章以赞美之，其一日重光，其二月重轮，其三星重辉，其四海重润。

逍遥晚岁　《唐书》：高祖谓裴寂曰："公为宗臣，我为太上皇，逍遥晚岁，不亦善乎？"

女中尧舜　高琼赞宋宣仁太后曰："笃生圣后，女中尧舜。"

仪宾　汉制：皇女皆封县公主，诸王女皆封乡亭公主，承王女、宗女者封仪宾、封郡马。

【译文】日重光　崔豹的《古今注》里说："汉明帝还是太子的时候，乐师唱了四首诗歌赞美他，分别《日重光》《月重轮》《星重辉》《海重润》。"

逍遥晚岁　《唐书》里说："唐高祖对裴寂说：'你是国家重臣，我是太上皇，我们俩在晚年逍遥自在，不是非常好么？"

女中尧舜　高琼赞美宋朝的宣仁太后说："这样圣明的皇后是上天赋予的德行，是女人中的尧、舜。"

仪宾　汉朝制度：皇帝的女儿全部封为“县公主”，亲王的女儿全部封为“乡亭公主”，承袭王位者的女儿封为“仪宾”，宗室的女儿封为“郡马”。

官家　李侍读仲容侍真宗饮，命饮巨觥。仲容曰：“告官家免巨觥。”上问：“卿之称朕何谓官家？”对曰：“五帝官天下，三王家天下，兼三五之德，故称官家。”

县官　《霍光传》称天子为县官。

华祝　尧观于华，华封人曰：“嘻！请祝圣人多富、多寿、多男子。”

【译文】官家　李仲容作为侍读官时陪宋真宗喝酒，真宗让他喝一大杯。李仲容说：“请求官家把这一大杯免除。”宋真宗问道：“爱卿为什么称呼我‘官家’？”李仲容回说：“五帝以天下为官（公家），三王以天下为家（私家），您兼具三皇五帝的道德仁义，所以叫您‘官家’。”

县官　《霍光传》里把天子称为“县官”。

华祝　尧帝到华地察看，华地的封疆官员说：“啊！请允许我祝您多财富、多寿命、多儿子。”

陛下　陛，阶也。天子必有近臣，执兵器陈于陛侧，以戒不虞。谓之陛下者，群臣与天子言，不敢指斥天子，故呼在陛下者而告之，因卑达尊之义也。上书亦如之。

乘箓握符　《东都赋》曰：“圣王握乾符，阐坤珍，披皇图，稽帝文。”乾符，赤伏符箓也。坤珍，洛书也。皇图，图谶也。帝文，天文也。

行在 蔡邕《独断》谓天子以天下为家，车舆所至之处，皆曰行在。谓行幸之所在也。

【译文】陛下 陛就是台阶的意思。天子肯定会有近卫的士兵，握着兵器分列在台阶两侧，用来戒备难以预料的事情。“陛下”的意思是说，大臣们和天子说话，不敢直接称呼天子的名字，所以叫近卫的士兵转告，这是地位低下的人向地位高的人传达信息的意思。向皇帝上书也用这种称呼。

乘箓握符 《东都赋》里说：“圣王握乾符，阐坤珍，披皇图，稽帝文。”乾符就是上应天命的符箓。坤珍就是洛水里出来的书。皇图，是预兆国家气数的图谱。帝文，就是上天赐予的文字。

行在 蔡邕《独断》里说：“天子把天下当作家，车驾所到之处都被称为‘行在’，是‘帝王行幸之所在’的意思。”

天潢 《曹固表》：“王孙公子，疏派天潢，宜亲宗室，强干弱枝。”

警跸 唐太宗即位，数骑射，孙伏伽谏曰：“天子禁卫九重，出也警，入也跸。”警，戒肃也。跸，清道也。

璇宫椒房 帝少昊母星娥处于璇宫，以椒涂壁，取其温和，以辟恶气。一曰取椒实繁衍之义。

黄帝立四妃，夏增三三，为九嫔；殷增三九，为二十七世妇；周增九九，为八十一御妻。魏明帝置淑妃，宋武帝置贵妃，隋炀帝置德妃，唐置贤妃，汉武帝置婕好，汉元帝置昭仪，汉光武置贵人，晋武帝置才人。

【译文】天潢 《曹固表》里说：“王孙公子都是帝王的后代，皇帝应当与这些宗室们亲近，壮大树干，削弱枝叶。”

警跸　唐太宗即位后，多次亲自骑马射箭，孙伏伽劝谏说：“天子的禁卫士兵有九层，出宫也要‘警’，入宫也要‘跸’。”警，说的是戒严。跸，说的是清除路上闲杂人等。

璇宫椒房　少昊帝的母亲星娥住在璇宫的时候，用花椒涂墙壁，因为花椒性温和，可以去除恶气。另一种说法认为多子的花椒象征着子孙繁衍。

黄帝时只有四个妃子，夏朝增为九人，号称“九个嫔妃”；商朝增为二十七人，号称“二十七个世妇”；周朝增到八十一人，号 “八十一御妻”。魏明帝时增设了“淑妃”，宋武帝时增设了“贵妃”，隋炀帝时增置了“德妃”，唐朝增设了“贤妃”，汉武帝设有“婕妤”，汉元帝设有“昭仪”，东汉的光武帝设有“贵人”，晋武帝设有“才人”。

前星　《晋书·天文志》：“心三星，天王正位也。中星曰明堂，天子位。前星为太子，后星为庶子。”

少海　《山海经》：“元皋之上，南望幼海。”注：幼海，即少海也。天子比大海，太子比少海。

青宫　东明山有宫，青石为墙，门有银榜，以青石碧镂，题曰“天地长男之宫”。故太子名青宫，又曰东宫。

【译文】前星　《晋书·天文志》里说：“心宿的三颗星，是天子最正的位置。中间那颗星叫明堂，是天子的位子。前面那颗星是太子，后面那颗星是庶子。”

少海　《山海经》记载说：“元皋山上向南可以望见幼海。”注释说：“幼海，也就是少海。天子被比作大海，太子被比作少海。”

青宫　东明山上有一座宫殿，青石做的墙，门上有银质的匾额，用青石刻着字，是“天地长男之宫”。所以太子被称为“青宫”，又叫作“东宫”。

公主　天子嫁女，不亲主婚，命同姓诸侯主之，故称公主。若诸侯，则自主之，故称翁主。娶公主者，曰尚。娶翁主者，曰承。

周始称公主，汉始称姊妹长公主，武帝始称姑太长公主，唐宪宗始称王女县主，睿宗始封女代国。秦以后始称尚主，舅姑下于妇。王珪始制坐受妇礼。魏始拜尚主者驸马。驸马都尉本汉武帝置，掌御马。

【译文】公主　天子嫁女儿从不亲自主持婚礼，只让同姓的诸侯主持，所以称作“公主”。诸侯女儿就是诸侯自己主持婚礼，所以叫作“翁主”。娶公主叫作“尚”某某公主。娶翁主就叫“承”某某翁主。

周朝才有公主的名称。汉朝开始把皇帝的姐妹称作“长公主”，汉武帝开始把姑姑称作“大长公主”，唐宪宗开始把诸位王的女儿叫作“县主”，唐睿宗开始封给女儿代国。秦朝以后开始把娶公主称为“尚主”，驸马的公婆都要走下高堂拜见公主，王珪开始制订公婆坐着接受公主下拜的礼节。魏国时开始将娶公主的叫作“驸马”。驸马都尉这个官职本是汉武帝设立的，专门掌管皇帝马匹。

女官　周始制女史，佐内治。汉制女官十四等，数百人。唐设六局、二十四司，官九十人，女史五十余人。

宗室　周公始置中士奠世系。唐玄宗始诏李衢、林宝撰玉牒百十卷。宋真宗始崇皇属籍。

周始建宗盟，选宗中之长为正。唐宗室始期亲加皇属，外任不著姓。宋神宗始换授，始外官加姓，始诏宗室应举。

【译文】女官　周朝开始设置“女史”的官职，辅佐皇后治理后宫。汉朝将女官分为十四个等级，一共有几百个人。唐朝设置了六局、二十四司，官员九十个，女史就有五十多人。

宗室　周公时开始设置中士，奠定世代的谱系。唐玄宗开始让李衢、林宝撰写《玉牒》一百零十卷。宋真宗开始尊崇皇家的族谱。

周朝开始设立宗亲的组织，选族中的年高望重的人做宗正。唐朝的皇室开始将需要服丧一年的亲戚加入皇室，在外任职的不称姓氏。宋神宗的时候才开始根据才能大小任命官职，将在外任职的皇室成员加上皇家姓氏，下诏让皇室成员参加科举。

五行迭王　太昊配木，以木德王天下，色尚青。炎帝配火，以火德王天下，色尚赤。黄帝配土，以土德王天下，色尚黄。少昊配金，以金德王天下，色尚白。颛顼配水，以水德王天下，色尚黑。

建元　古者只有纪年，未有年号。汉武帝建元元年，后王年号盖始于此。帝王改元亦未曾有。秦惠文十四年更为元年，是为改元之始。黄帝始制国号加有字，汉加大字。汉文帝始制年号用一字，武帝始用二字。

【译文】五行迭王　太昊帝配以“木”，以木德称王于天下，服色崇尚青色。炎帝配以“火”，以火德称王于天下，服色崇尚赤色。黄帝配以“土”，以土德称王于天下，服色崇尚黄色。少昊配“金”，以金德称王于天下，服色崇尚白色。颛顼配“水”，以水德称王于天下，服色崇尚黑色。

建元　古时候只有纪年，没有年号。汉武帝建元元年（公元前140

年）以后，皇帝的年号是从这时候开始。皇帝改年号古代也没有，秦惠文王十四年（公元前311年）改成元年，这是第一次改元。黄帝最开始在国号前加“有”字，汉朝开始加“大”字。汉文帝开始的年号只有一个字，汉武帝开始有两个字。

国祚　五帝：伏羲一百一十五年。神农一百四十年，传七世，共三百七十五年。黄帝一百年。少昊（皞）八十四年。颛顼七十八年，帝喾七十年。帝挚九年。帝尧七十二年。帝舜六十一年。

三王：夏禹十七世，共四百五十八年。商汤二十八世，共六百四十四年。周三十七世，共八百七十三年。

秦三世，共三十九年。

【译文】国祚　五帝的国运长短分别是：伏羲一百一十五年。神农一百四十年，传了七代，共三百七十五年。黄帝一百年。少昊（皞）八十四年。颛顼七十八年，帝喾七十年。帝挚九年。帝尧七十二年。帝舜六十一年。

三王的国运长短分别是：夏禹有十七代，共四百五十八年。商汤有二十八代，共六百四十四年。周朝有三十七代，共八百七十三年。

秦朝有三代，共三十九年。

西汉十一世，共二百三十一年。东汉十四世，共一百九十六年。蜀汉二世，共四十四年。

晋四世，共五十二年。东晋十一世，共一百五年。前五代共一百六十九年。唐二十世，共二百九十年。后五代共五十六年。北宋九世，共一百六十八年。南宋九世，共一百五十五年。

元十世，共八十九年。

【译文】西汉有十一代，共二百三十一年。东汉有十四代，共一百九十六年。蜀汉有二代，共四十四年。

晋朝有四代，共五十二年。东晋有十一代，共一百零五年。宋、齐、梁、陈、隋朝共一百六十九年。唐朝二十代，共二百九十年。五代共五十六年。北宋有九代，共一百六十八年。南宋有九代，共一百五十五年。

元有十代，共八十九年。

皇明国祚　洪武三十一年，建文四年，永乐二十二年，洪熙一年，宣德十年，正统十四年，景泰八年，天顺八年，成化二十三年，弘治十八年，正德十六年，嘉靖四十五年，隆庆六年，万历四十八年，天启七年，崇祯十七年，共二百七十七年。历朝御讳：太祖（元璋），惠宗（允炆），成祖（棣），仁宗（高炽），宣宗（瞻基），英宗（祁镇），景帝（祁钰），宪宗（见深），孝宗（祐樘），武宗（厚照），世宗（厚熜），穆宗（载垕），神宗（翊钧），光宗（常洛），熹宗（由校），思宗（由检）。

【译文】皇明国祚　洪武有三十一年，建文帝有四年，永乐有二十二年，洪熙有一年，宣德有十年，正统有十四年，景泰有八年，天顺有八年，成化有二十三年，弘治有十八年，正德有十六年，嘉靖有四十五年，隆庆有六年，万历有四十八年，天启有七年，崇祯有十七年，共二百七十七年。历代皇帝的庙号和名讳分别是：太祖（元璋），惠宗（允炆），成祖（棣），仁宗（高炽），宣宗（瞻基），英宗（祁镇），景帝（祁钰），宪宗（见深），孝宗（祐樘），武宗（厚照），世宗（厚熜），穆宗（载垕），神宗（翊钧），光宗（常洛），熹宗（由校），思宗（由检）。

前五代　南朝：宋刘裕八世，历六十年。齐萧道成七世，历二十三年。梁萧衍四世，历五十七年。后梁萧詧（昭明太子之子）三世，历三十三年。隋杨坚四世，历三十九年。北朝：元魏拓跋珪十二世，历一百四十九年。西魏拓跋修四世，历二十四年。东魏拓跋善见一世，历十七年。北齐高洋（魏丞相高欢之子）五世，历二十九年。后周宇文觉（魏冢宰宇文泰之子）五世，历二十六年。

【译文】前五代　南朝：宋刘裕传了八代，共六十年。齐萧道成传了七代，共二十三年。梁萧衍传了四代，共五十七年。后梁萧詧（是昭明太子之子）传了三代，共三十三年。隋杨坚传了四代，共三十九年。北朝：元魏拓跋珪传了十二代，共一百四十九年。西魏拓跋修传了四代，共二十四年。东魏拓跋善见传了一代，共十七年。北齐高洋（魏丞相高欢的儿子）传了五代，共二十九年。后周宇文觉（是魏丞相宇文泰的儿子）传了五代，共二十六年。

后五代　梁朱温二世，历十七年。后唐李存勖（本姓朱邪氏，沙陀人，先世事唐，赐姓李）四世，历十四年。后晋石敬瑭二世，历十一年。后汉刘暠初名知远，三世，历四年。北汉刘崇，高祖之弟，四世，历三十年。后周郭威，邢州人，传内侄柴荣，三世，历十年。

【译文】后五代　梁朱温传了二代，历十七年。后唐李存勖（本姓朱邪氏，是沙陀人，先代皇帝臣服于大唐，被赐姓“李”）传了四代，历十四年。后晋石敬瑭有二代皇帝，历十一年。后汉刘暠（初名刘知远）传了三代，历四年。北汉刘崇是高祖的弟弟，传了四代，历三十年。后周郭威是邢州人，传皇位给内侄柴荣，传了三代，历十年。

五胡乱华 汉刘渊，匈奴人也；后赵石勒，武乡羯人也；后秦姚弋仲，赤亭羌人也；前秦苻洪，氐人也；后燕慕容垂，鲜卑人也。总曰“五胡乱华”。

蜀汉之继东汉，非特名义而已，实炎祚之正统也。按《异苑》记：蜀有火井，汉室之盛则赫炽。桓灵之际火势渐微，孔明窥而复盛。至景曜元年，人以烛投之而灭，其年蜀并于魏，是亦一征也。

【译文】五胡乱华 后汉的刘渊，是匈奴人；后赵的石勒，是武乡的羯人；后秦的姚弋仲，是赤亭的羌人；前秦的苻洪，是氐人；后燕的慕容垂，是鲜卑人。总称“五胡乱华”。

蜀汉继承东汉的国祚，不仅仅是名义上，也是实质上刘家的正统。《异苑》记载：“蜀地有一口火井，汉皇室兴盛的时候火就很旺盛，桓帝、灵帝的时候火就开始渐渐变小，诸葛亮来这里看了以后火又再次旺盛起来。到了景曜元年（公元258年），有人将烛火扔进去，井里的火便熄灭了，当年蜀汉被曹魏吞并，也算是一种预兆吧。

年号 西汉：武帝建元、元光、元朔、元狩、元鼎、太初、征和、后元；昭帝始元、元凤、元平；宣帝本始、地节、元康、神爵、五凤、甘露、黄龙；元帝初元、永光、建昭、竟宁；成帝建始、河平、阳朔、鸿嘉、永始、元延、绥和；哀帝建平、元寿；平帝元始；孺子婴居摄、初始；东汉：光武建武、中元；明帝永平；章帝建初、元和、章和；和帝永元、元兴；殇帝延平；安帝永初、元初、永宁、建光、延光；顺帝永建、阳嘉、永和、汉安、建康；冲帝永嘉；质帝本初；桓帝建和、和平、元嘉、永兴、永寿、延熹、永康；灵帝建宁、熹平、光和、中平；献帝初平、兴平、建安；后汉昭烈帝章武；后帝建兴、延熙、景曜、炎兴。

【译文】年号 **西汉：武帝**建元、元光、元朔、元狩、元鼎、太初、征和、后元；**昭帝**始元、元凤、元平；**宣帝**本始、地节、元康、神爵、五凤、甘露、黄龙；**元帝**初元、永光、建昭、竟宁；**成帝**建始、河平、阳朔、鸿嘉、永始、元延、绥和；**哀帝**建平、元寿；**平帝**元始；**孺子婴**居摄、初始；**东汉：光武**建武、中元；**明帝**永平；**章帝**建初、元和、章和；**和帝**永元、元兴；**殇帝**延平；**安帝**永初、元初、永宁、建光、延光；**顺帝**永建、阳嘉、永和、汉安、建康；**冲帝**永嘉；**质帝**本初；**桓帝**建和、和平、元嘉、永兴、永寿、延熹、永康；**灵帝**建宁、熹平、光和、中平；**献帝**初平、兴平、建安；**后汉昭烈帝**章武；**后帝**建兴、延熙、景曜、炎兴。

西晋：武帝泰始、咸宁、泰康；惠帝永熙、元康、永康、永宁、太安、永兴、光熙；怀帝永嘉；愍帝建兴。东晋：元帝建武、大兴、永昌；明帝太宁；成帝咸和、咸康；康帝建元；穆帝永和、升平；哀帝隆和、兴宁；帝奕太和；简文帝咸安；孝武帝宁康、太元；安帝隆安、元兴、义熙；恭帝元熙。

南北朝：宋：武帝永初；少帝景平；文帝元嘉；孝武帝孝建、大明；废帝景和；明帝泰始、泰豫；苍梧王元徽；顺帝昇明。齐：高帝建元；武帝永明；明帝建武；东昏侯中兴。梁：武帝天监、普通、大通、中大通、大同、中大同、太清；简文帝大宝；元帝承圣；敬帝绍泰、太平。陈：武帝永定；文帝天嘉、天康；临海王光大；宣帝太建；后主至德、祯明。

【译文】西晋：武帝泰始、咸宁、泰康；**惠帝**永熙、元康、永康、永宁、太安、永兴、光熙；**怀帝**永嘉；**愍帝**建兴；**东晋元帝**建武、大兴、永昌；**明帝**太宁；**成帝**咸和、咸康；**康帝**建元；**穆帝**永和、升平；**哀帝**隆和、兴宁；**帝奕**太和；**简文帝**咸安；**孝武帝**宁康、太元；**安帝**隆安、元兴、义熙；**恭帝**元熙。

南北朝：宋：武帝永初；**少帝：**景平；**文帝**元嘉；**孝武帝**孝建、大明；**废帝**景和；**明帝**泰始、泰豫；**苍梧王**元徽；**顺帝**昇明；**高帝**建元；**武帝**永明；**明帝**建武；**东昏侯**中兴；**梁：武帝**天监、普通、大通、中大通、大同、中大同、太清；**简文**

帝大宝；元帝承圣；敬帝绍泰、太平；陈：武帝永定；文帝天嘉、天康；临海王光大；宣帝太建；后主至德、祯明。

隋代：隋文帝开皇；仁寿；炀帝大业；恭帝义宁。

唐代：唐高祖武德；太宗贞观；高宗永徽、显庆、龙朔、麟德、乾封、总章、咸亨、上元、仪凤、调露、永隆、开曜、永淳、弘道；中宗嗣圣、神龙、景隆；睿宗景云、太极；玄宗开元、天宝；肃宗至德、乾元、上元、宝应；代宗广德、永泰、大历；德宗建中、兴元；顺宗永贞；宪宗元和；穆宗长庆；敬宗宝历；文宗太和、开成；武宗会昌；宣宗太中；懿宗咸通；僖宗乾符；广明、中和、光启、文德；昭宗龙纪、大顺、景福、乾宁、光化、天复、天祐；昭宣帝天祐。

【译文】隋代：隋文帝开皇、仁寿；炀帝大业；恭帝义宁。

唐代：唐高祖武德；太宗贞观；高宗永徽、显庆、龙朔、麟德、乾封、总章、咸亨、上元、仪凤、调露、永隆、开曜、永淳、弘道；中宗嗣圣、神龙、景隆；睿宗景云、太极；玄宗开元、天宝；肃宗至德、乾元、上元、宝应；代宗广德、永泰、大历；德宗建中、兴元；顺宗永贞；宪宗元和；穆宗长庆；敬宗宝历；文宗太和、开成；武宗会昌；宣宗太中；懿宗咸通；僖宗乾符、广明、中和、光启、文德；昭宗龙纪、大顺、景福、乾宁、光化、天复、天祐；昭宣帝天祐。

后五代、梁：太祖开平、乾化；均王贞明、龙德。唐：庄宗同光；明宗天成、长兴；闵帝应顺；潞王清泰。晋：高祖天福；齐王开运。汉：高祖乾佑；隐帝乾佑。周：太祖广顺；世宗显德；恭帝显德。

宋：太祖乾德、开宝；太宗太平兴国、雍熙、端拱、淳化、至道；真宗咸平、景德、大中祥符、天禧、乾兴；仁宗天圣、明道、景祐、宝元、康定、庆历；英宗治平；神宗熙宁；哲宗元祐、绍圣、元符；徽宗建中靖国、崇宁、大观、政和、重和、宣和；钦宗靖康。南宋：高宗建炎、绍兴；孝宗隆兴、乾道、淳熙；光宗绍熙；宁宗庆元、嘉泰、开熙、嘉定；理宗宝庆、绍定、端平、嘉熙、淳祐、开庆、景定；度宗咸淳；恭宗德祐；端宗景炎；帝昺祥兴。

【译文】后五代、梁：**太祖**开平、乾化、均王、贞明、龙德；**唐庄宗**：同光；**明宗**：天成、长兴；**闵帝**：应顺；**潞王**：清泰；**晋高祖**：天福；**齐王**：开运；**汉高祖**：乾祐；**隐帝**：乾祐；**周太祖**：广顺；**世宗**：显德；**恭帝**：显德。

宋：**太祖**乾德、开宝；**太宗**太平兴国、雍熙、端拱、淳化、至道；**真宗**：咸平、景德、大中祥符、天禧、乾兴；**仁宗**天圣、明道、景祐、宝元、康定、庆历；**英宗**治平；**神宗**熙宁；**哲宗**元祐；**绍圣**元符；**徽宗**建中靖国、崇宁、大观、政和、重和、宣和；**钦宗**靖康；**南宋**：**高宗**建炎、绍兴；**孝宗**隆兴、乾道、淳熙；**光宗**绍熙；**宁宗**庆元、嘉泰、开熙、嘉定；**理宗**宝庆、绍定、端平、嘉熙、淳祐、开庆、景定；**度宗**咸淳；**恭宗**德祐；**端宗**景炎；**帝昺**祥兴。

元：世祖至元；成宗元贞、大德；武宗至大；仁宗皇庆、延祐；英宗至治；泰定帝泰定、致和；明宗天历；文宗天历、至顺；顺帝元统、至元、至正。

陵寝　盘古青县。女娲阌乡。伏羲陈州。神农曲阜。黄帝中都。少昊曲阜。颛顼高阳。帝喾滑县。高阳氏东昌。华胥氏蓝田。帝尧东平。帝舜永州。大禹会稽。夏：太康太康。成汤偃师。太甲济南。殷：中宗内黄。商高宗西华。周：文武成康咸阳。威烈王河南。昭王少室。秦始皇骊山。汉：高祖长陵、咸阳。文帝西安。武帝兴平。景帝咸阳。宣帝长安。光武原陵、孟津；明帝洛阳；昭烈成都。隋文武功。晋元帝江宁。晋十一帝陵上元。吴大帝钟山；吴景帝太平。齐：高、武、明丹阳。梁：武、简、文丹阳。陈文帝武功；陈高祖高要。隋炀帝扬州。唐：高祖三原；太宗九嵕山；宪宗满城；宣宗景阳；中宗偃师。西魏武帝富平。石勒顺德。宋：太祖昌陵；太宗熙陵；

真宗定陵；仁宗昭陵，俱巩县。南宋：高、孝、光、宁、理、度会稽；宋三陵钦陵、庆陵、安陵，保定；宋端宗厓山；徽宗五国城。辽太祖宁远卫。

【译文】元：世祖至元；成宗元贞、大德；武宗至大；仁宗皇庆、延祐；英宗至治；泰定帝泰定、致和；明宗天历；文宗天历、至顺；顺帝元统、至元、至正。

陵寝　盘古青县。女娲阌乡。伏羲陈州。神农曲阜。黄帝中都。少昊曲阜。颛顼高阳。帝喾滑县。高阳氏东昌。华胥氏蓝田。帝尧东平。帝舜永州。大禹会稽。夏：太康太康。成汤偃师；太甲济南。殷中宗内黄。商高宗西华。周：文王、武王、成康咸阳；威烈王河南；昭王少室。秦始皇骊山。汉：高祖长陵、咸阳；文帝西安；武帝兴平；景帝咸阳；宣帝长安；光武原陵、孟津；明帝洛阳；昭烈成都；隋文帝武功。晋元帝江宁。晋十一帝陵上元。吴大帝钟山；吴景帝太平。齐：高、武、明丹阳。梁：武、简文丹阳。陈文帝武功；陈高祖高要。隋炀帝扬州。唐：高祖三原；唐太宗九嵕山。唐宪宗满城；唐宣宗景阳；唐中宗偃师。西魏武帝富平；石勒顺德。宋：太祖昌陵；宋太宗熙陵；宋真宗定陵；宋仁宗昭陵、俱巩县。南宋：高、孝、光、宁、理、度会稽；宋三陵钦陵、庆陵、安陵：保定；宋端宗厓山；宋徽宗五国城。辽太祖宁远卫。

明：洪武皇帝孝陵，江宁。永乐长陵；洪熙献陵；宣德景陵；正统裕陵；成化茂陵；弘治泰陵；正德康陵；嘉靖永陵；隆庆昭陵；万历庆陵，泰昌定陵，天启德陵，崇祯思陵，俱顺天天寿山；建文君自滇还，迎入南内，号老佛，卒葬西山。碑曰“天下大师之墓”。

【译文】明：洪武皇帝孝陵，江宁；永乐长陵；洪熙献陵；宣德景陵；正统裕陵；成化茂陵；弘治泰陵；正德康陵；嘉靖永陵；隆庆昭陵；万历庆陵；泰昌定陵；天启德陵；崇祯思陵；以上都在顺天的天寿山。建文君从云南回来被迎入皇宫南内，号称“老佛”，去世后葬在西山。碑上题字是：“天下大师之墓。”

仪制

黄屋左纛　黄屋，黄盖也。左纛，以牦牛尾为旗纛，列之左也。

羽葆　聚五采羽为幢，建于车上，天子之仪卫也。

九斿　画日月曰常，画蛟龙曰旂。通帛曰旃，杂帛曰物。画熊虎曰旗，画鸟隼曰旟，画龟龙曰旐。全羽曰旞，析羽曰旌。

【译文】黄屋左纛　黄屋就是黄色车盖，用来代指皇帝的车驾。左纛是用牦牛尾制作而成的大旗，一般列于车驾左边。

羽葆　将五彩的羽毛聚合成大旗竖在车架上面，就是皇帝的仪仗。

九斿　旗子上画有日月的叫作“常”，画有蛟龙的叫作“旂”。单色的布帛制作的叫作“旃”，许多颜色的布帛制作的叫作“物”。画有熊、虎的叫作“旗”，画有猛禽的叫作“旟”，画有乌龟、龙的叫作“旐”。整个彩色羽毛制造的叫作“旞”，流苏状的彩色羽毛制作的叫作“旌”。

卤簿　车驾出行，羽仪导护，谓之卤簿。卤，大盾也，所以捍蔽，部位之次，皆著之于簿。五兵盾在外，余兵在内。以大盾领一部之人，故名卤簿。

髦头　武祖问髦头之义，彭权对曰："《秦纪》云：国有奇怪，触山截水，无不崩溃，惟畏髦头。故使武士服之，卫至尊也。"

【译文】卤簿　皇帝的车驾每次出行需要羽葆和仪仗的引导护送，这就是"卤簿"。卤，是大盾牌，用来保护和遮蔽；行列的位置全部登记在簿册上。五兵盾围在仪仗外面，其余兵在里面，用大盾牌引导一部的人员，所以总名"卤簿"。

髦头　晋武帝问百官："髦头是什么意思？"彭权回答说："《史记·秦本纪》上说，国内有一种奇怪的生物，它撞到山上，山就会崩塌，碰到河岸，河水就会决堤，什么都不怕，只怕髦头。所以让武士们披发在仪仗最前，用来护卫皇帝。"

传国玺　秦始皇以卞和玉制传国玺，命李斯篆文。其文曰："受命于天，既寿永昌。"相传卞和玉制为三印，一传国玺，一天师印，一茅山道士印。

十二章　日、月、星、辰、山龙、华虫六者绘之于衣，宗彝、藻、火、粉米、黼、黻绣之于裳，所谓十二章也。华虫，雉也。宗彝，虎蜼。藻，水草。黼，若斧形，取其断也。黻，为两巳相背，取其辨也。

【译文】传国玺　秦始皇将卞和的玉制成传国玉玺，命令李斯在玉玺底部刻上篆文。篆文是："受命于天，既寿永昌。"据传卞和的玉被制成了三块印，一块是传国玉玺，一块是天师印，一块是茅山道士印。

十二章　日、月、星辰、山、龙、华虫这六者画在上衣上面，宗彝、藻、火、粉米、黼、黻这六者刺绣在下裳上面，也就是所谓的十二章。华虫是五色的山鸡。宗彝是绣虎和长尾猿猴。藻，是水草。黼，图案像斧子，取它能决断的涵义。黻，是两个“巳”背靠背的图案，用它能辨别的涵义。

皇后六服　袆衣（袆音挥。色玄，刻绘为翚。从王祭先王之服。翚亦音辉）。揄狄（揄音遥。色青，刻绘为揄。从王祭先公之服）。阙狄（色赤。刻绘为翟。从王祭群小祀之服）。鞠衣（色黄。告桑之服）。展衣（色白。以礼见王及宾客之服）。褖衣（色黑。进御见王之服）。

九门　天子一关门，二远郊门，三近郊门，四城门，五皋门，六库门，七雉门，八应门，九路门。

丹墀　《西京赋》曰：“右平左墄，青琐丹墀。”（注：天子赤墀列为九级，中分左右，有齿介之，右则平之，令辇得上阶也。）

【译文】皇后六服　袆衣袆读作“挥”。深黑色，上面雕绘成五色山鸡的图案（翚），是随从君王祭祀先王的专用礼服。翚读作“辉”。**揄狄**揄读作“遥”。青色，雕绘成长尾山鸡的图案，是随从君王祭祀先王的专用礼服。**阙狄**大红色，雕绘成长尾山鸡的图案，是随从君王祭祀山川神明时的专用礼服。**鞠衣**黄色，是用来祭告祖上蚕桑收获时的礼服。**展衣**，白色，是用来拜见君王和国家上宾时的专用礼服。**褖衣**黑色，是用来入宫拜见君王的专用礼服。

九门　天子皇宫有九种大门，一叫关门，二叫远郊门，三叫近郊门，四叫城门，五叫皋门，六叫库门，七叫雉门，八叫应门，九叫路门。

丹墀　班固的《西京赋》里说：“右平左墄，青琐丹墀。”（注释说：“天子的大红色台阶一共有九级，从中间分为左右两边，左边是阶梯，右边就是斜坡，好让皇帝的辇车可以滚上来。）

尺一　天子诏曰尺一。汉制：简一尺一寸。中行说教匈奴以尺二简报汉。

金根车　天子所乘之车曰金根，驾六马。有五色安车，有五色立车，各一，皆驾四马，是为五时副车。

鹤禁　太子所居之宫，白鹤守之，凡人不得辄入，故曰鹤禁。

九府圜法　圜法，即钱法也。天子九府，曰泉府、大府、王府、内府、外府、天府、职内、职金、职币，皆掌钱帛之府也。

【译文】尺一　天子的诏书叫作“尺一”。汉朝制度规定是一尺一寸长木简。西汉时的太监中行唆使匈奴用一尺二寸长的木简给朝廷回复以表示傲慢。

金根车　天子所乘的车叫“金根车”，用六匹马拉。还有五色的可以端坐的车，可以站着的车，都用四匹马拉，是随从皇帝的五时副车的其中两种。

鹤禁　太子住的宫殿用白鹤守护，普通人不准随便进入，所以叫“鹤禁”。

九府圜法　圜法，就是钱法。天子有九府，分别是：泉府、大府、王府、内府、外府、天府、职内、职金、职币，都是用来管理钱财的部门。

五库　天子五库，曰车库、兵库、祭器库、乐器库、宴器库。

黼扆　天子坐，则黼扆列在后，如背负之也。黼扆，形如屏风，画斧而无柄，设而不用，取金斧断割之义。

象魏　宫门双阙悬法象，其状巍然高大，曰象魏。

列土分茅　天子大社，以五色土为坛，封诸侯，各以其色与之，帱以黄土（黄取王者覆被四方之义），苴以白茅（白茅取其洁也），归而立社，谓之列土分茅。

【译文】五库　天子有五库，分别是：车库、兵库、祭器库、乐器库、宴器库。

黼扆　天子坐的地方背后就会排列着“黼扆”，就像背着一般。“黼扆”形制如同屏风，上面绘制没有斧柄的斧子的图案，寓意是备有却不使用，有金斧断开、割开的涵义。

象魏　皇宫大门两边的高台建筑挂着帝王、圣贤的画像，看起来巍峨高大，所以称为“象魏”。

列土分茅　天子祭祀社稷（土地神和谷神）时建造的大社，用五种颜色土壤建成祭坛，分封诸侯的时候赐予他们对应颜色的土壤，并用黄色土壤盖在上面（黄色寓意是“王者的恩泽覆盖四方”），再用白茅裹起来（白茅寓意是清洁），诸侯回到封地以后将被赐予的土壤供在祭所里，这就是所谓的“列土分茅”。

枫宸　汉宫殿前多植枫树，故曰枫宸。一名紫宸。

罘罳（音环思）　注：罘罳，伏思也。君退至内廷，思维机务，故曰罘罳。

金马　汉武帝得大宛马，以铜铸其像，立于署门，名金马门。《扬雄传》：“历金马，上玉堂。”翰林官称玉堂金马。

黄牛白腹　公孙述废铜钱置铁钱。蜀中童谣曰：“黄牛白腹，五铢当复。”言王莽称黄，述自号白。五铢，汉钱也。言天下当复还刘氏。

【译文】枫宸　汉朝的宫殿前种植了许多枫树，所以称作“枫宸”。又叫“紫宸”。

罘罳(读作“环思”)　《注解》说：罘罳，就是伏思。君王退朝回到内廷，思索政务，所以叫“罘罳”。

金马　汉武帝获得了大宛来的宝马，便用铜制作成了马的像，立在官署的门口，被称为“金马门”。《汉书·扬雄传》记载说：“历金马，上玉堂。”翰林里的官员被称作“玉堂金马”。

黄牛白腹　公孙述将铜钱废除，改用铁钱。蜀中有童谣唱道：“黄牛白腹，五铢当复。”这说的是王莽自称黄帝的子孙，公孙述自称白帝，而五铢钱是汉朝的铜钱，因此喻指天下仍会还给刘氏。

两观　古者帝王每门树两观于其前，所以标表宫门也。其上可居，登之可以观远，故谓之观。

琼林大盈　唐德宗起琼林、大盈等库，以储私钱。陆贽谏，不听。后朱泚之乱，罄于兵火。

泽宫　天子习射之地。泽，取择贤之义也。

水晶宫　大秦国中有五宫殿，皆以水晶为柱，故名水晶宫。

【译文】两观　古时候的帝王在每个宫门口树立两个“观”，用来标记这是宫门。“观”可以上去，爬上去可以眺望远方，所以被称为“观”。

琼林、大盈　唐德宗建起琼林、大盈等仓库，用来贮存自己的私人财产。陆贽进谏也不听，后来在朱泚的兵乱中被烧掉。

泽宫　是天子练习射箭的所在，泽是寓意挑选贤人。

水晶宫　大秦国中有五宫殿，殿中都是水晶做成的柱子，所以叫“水晶宫”。

桥门　汉明帝幸辟雍，冠带缙绅之人，环桥门而观者，以亿万计。

虎闱　晋武帝临辟雍，立国子监以育士庶，名之曰虎闱，又名虎观。

石渠　汉施雠，甘露中拜博士，与五经诸儒，论异同于石渠阁。

凤诏　后赵石季龙，置戏马观，观上安诏书，用五色纸，衔于木凤口而颁行之。凤五色漆画，咮脚皆用金。

【译文】桥门　汉明帝曾经到辟雍临幸，当官的围着桥门观看盛况，有十万多人。（桥门，指大学的四门，用桥连通。）

虎闱　晋武帝到辟雍临幸，建立了"国子监"用来教育官宦人家和百姓的学生，被称作"虎闱"，又叫"虎观"。

石渠　汉朝时的施雠，在甘露年间被任命为博士，和通晓五经的儒生在石渠阁讨论五经里有争议的地方。

凤诏　后赵的皇帝石虎，建造了"戏马观"，将诏书安放在"戏马观"上，用五彩的纸张含在木质凤凰的嘴里颁行。凤凰是用五种颜色的漆画制成，嘴巴和爪子都是金质的。

紫泥　阶州武都紫水有泥，其色紫而粘，贡之，用封玺书，故诏诰曰紫泥封。

黄麻　敕书旧用白纸，唐高宗以白纸多蠹，改用黄麻。拜除将相，其制书皆用黄麻。黄麻者，以黄蘖染纸，取其辟蠹也。

内官　成周始为寺人。秦始皇初立中车府，置令。魏文帝置殿中制监。隋置内侍省，始以监为太监，加少监、监正。秦六局，置尚衣、尚冠等官。

【译文】紫泥　阶州的武都有一条紫水，水畔有一种泥，这种泥是紫色且有粘性的，进贡给皇家，用来给玺书做封泥，所以诏书和诰书都叫作“紫泥封”。

黄麻　敕书在以前使用白纸，唐高宗因为白纸往往被蠹虫毁坏，改成使用黄麻纸。任命大将和宰相，制书都用黄麻纸。黄麻纸，是用黄蘖染成的，用来防止蠹虫。

内官　西周时期才开始设立“寺人”。秦始皇最先建立中车府，设有中车令。魏文帝设置殿中制监。隋朝设有内侍省，开始将监称为太监，还增加了少监、监正。秦朝设有六局，设置尚衣、尚冠等官职。

仪仗　神农始为仪仗，秦汉始为导护，五代始为宫中导从。黄帝制钺，秦始皇改为镗（即斧）。晋武帝制干枪，元帝加仪刀、仪镗、斑剑。

黄帝制麾、制曲盖。吕尚制华盖。黄帝始警跸。周制鸣鞭。黄帝制旗，天子出，大牙建于前。周制：树旗表门。陶縠始备岳渎、日星、龙象、大神诸旗。

尧始制车驾，周改鸾驾。

【译文】仪仗　神农氏开始设立仪仗，秦汉时期开始设立导护，五代开始设立宫中导从。黄帝制作了钺，秦始皇改成镗（即斧）。晋武帝制作了干枪，晋元帝添加了仪刀、仪镗、斑剑。

黄帝制作了麾、制作了曲盖。姜太公制作了华盖。黄帝开始警跸。周朝制作了鸣鞭。黄帝制作了旗，天子出行，大牙旗举在队伍前面。周朝制度：立着大旗代表门。陶縠开始制作四岳四渎、日星、龙象、大神等各种旗帜。

尧开始制作了车驾，周朝改成鸾驾。

晋文公制左右虞候掖驾。汉武帝佽飞驾前。周公始制属车悬豹尾。唐始加豹尾于卤簿。

周公置记里鼓车。隋文帝制行漏车。秦始皇兼车服始饰器为金根车，上施华盖相风乌，制辟恶车前导，更定大驾、法驾。周制：步辇以人组挽。秦始皇去其轮为舆，以人荷。汉制：后宫羊车以人牵。宋制：檐子以竿牵。汉制皇屋。宋制棕榈屋，即逍遥车。

汉武帝制十二障扇。唐玄宗制上殿索扇，阎则先奏，以宦官升陛执扇。

【译文】晋文公制作了左右虞侯夹着护卫的车驾。汉武帝让掌管弋射的佽飞列于车驾最前面。周公开始在属车上悬挂豹尾。唐朝开始把豹尾添入卤簿中。

周公设立计算里程的鼓车。隋文帝制作了装有滴漏的车。秦始皇开始制作配有车服和饰器的金根车，上面装有华盖和看风向的相风乌，制作了辟恶车作为仪仗的前导，还设立大驾和法驾。周朝制度：步辇用一队人来挽着。秦始皇把车轮去掉制成了轿子，让人抬。汉朝制作了后宫用的羊车，用人牵着。宋朝制作了檐子车，要用竿子抬着。汉朝制作了皇屋。宋朝制作了棕榈屋，也就是逍遥车。

汉武帝制作了十二面障扇。唐玄宗规定上殿时要打宫扇，阎则先上奏说，让宦官登上台阶手持宫扇。

戒不虞　《汉官仪》："属车八十一乘，作三行。尚书、御史乘之。”最后一乘悬豹尾于竿，豹尾过后，执金吾方罢屯解围，所以戒不虞也。

【译文】戒不虞　《汉官仪》记载：“属车有八十一辆，排成三行。是尚书和御史乘坐的。”最后一辆在旗杆上悬着豹尾，豹尾过去以后，执金吾方才解除警戒，用来戒备难以预料的事情。

名臣

六佐　伏羲六佐：金提主化俗，鸟明主建福，视默主灾恶，纪通主中职，仲起主陵陆，阳侯主江海。

六相　轩辕六相：风后、力牧、太山、稽常先、大鸿。得六相而天下治。

【译文】六佐　伏羲有六名辅佐大臣：金提，掌管风化民风；鸟明，掌管建福；视默，掌管灾恶；纪通，掌管朝中官职；仲起，掌管丘陵陆地；阳侯，掌管江河湖海。

六相　轩辕有六相：风后、力牧、太山、稽、常先、大鸿。自从有了六相，就天下大治。

八元（元，善也）　高辛氏有才子八人：伯奋、仲堪、叔献、季仲、伯虎、仲熊、叔豹、季狸，天下谓之八元。

八恺（恺，和也）　高阳氏有才子八人：苍舒、隤敳（音皑）、梼戭（音稠演）大临、庞降、庭坚、仲容、叔达，天下谓之八恺。

【译文】八元（元，善也）　高辛氏有八个有才的儿子：伯奋、仲堪、叔献、季仲、伯虎、仲熊、叔豹、季狸，天下的百姓称他们为“八元”。

八恺(恺，和也)　高阳氏有八个有才的儿子：苍舒、隤敳(读作“皑”)、梼戭(读作“稠演”)大临、庞降、庭坚、仲容、叔达，天下称他们是“八恺”。

四凶　帝鸿氏有不才子曰浑沌(即驩兜)，少昊氏有不才子曰穷奇(即共工)，颛顼氏有不才子曰梼杌(即鲧)，缙云氏有不才子曰饕餮(即三苗)，谓之四凶。

五臣　舜有臣五人，禹、稷、契、皋陶、伯益。

九官　舜命九官，禹、契、稷、伯益、皋陶、夔、龙、垂、伯夷。

【译文】四凶　帝鸿氏有不成材的儿子叫作浑沌(也就是驩兜)，少昊氏有不成材的儿子叫穷奇(也就是共工)，颛顼氏有个不成材的儿子叫梼杌(也就是鲧)，缙云氏有个不成材的儿子叫作饕餮(也就是三苗)，称他们为“四凶”。

五臣　舜有五个大臣：大禹、后稷、契、皋陶、伯益。

九官　舜任命九人的官职：大禹、契、后稷、伯益、皋陶、夔、龙、垂、伯夷。

十乱　武王有乱臣十人，太公望、周公旦、召公奭、毕公高、闳夭、散宜生、南公适、荣公、太颠、邑姜。

八士　周有八士，伯达、伯适、仲突、仲忽、叔夜、叔夏、季随、季騧。

四皓　东园公(姓辕名秉字宣明)、绮里季(姓朱名晖字文季)、夏黄公(姓崔名廓字少通)、甪里先生(姓周名述字元道)，隐于商山，谓之商山四皓。

【译文】十乱　武王有十个善于治理乱世的大臣：太公望、周公旦、召公奭、毕公高、闳夭、散宜生、南公适、荣公、太颠、邑姜。

八士　周朝有八位贤人：伯达、伯适、仲突、仲忽、叔夜、叔夏、季随、季騧。

四皓　**东园公**（姓辕，名秉，字宣明）、**绮里季**（姓朱，名晖，字文季）、**夏黄公**（姓崔，名廓，字少通）、**角里先生**（姓周，名述，字元道），这四人都在商山隐居，所以称他们为"商山四皓"。

淮阳一老　汉应曜隐于淮阳，与四皓并征，曜独不至。时人语曰："商山四皓，不如淮阳一老。"

三良　秦子车氏三子，奄息、仲行、鍼虎。秦穆公死，命以为殉，国人为赋《黄鸟》之诗以哀之。

十八元功　汉高祖封功臣十八人，萧何为首，曹参次之，其下张敖、周勃、樊哙、郦商、奚涓、夏侯婴、灌婴、傅宽、靳歙、王陵、陈武、王吸、薛欧、周昌、丁夏、虫达。

【译文】淮阳一老　汉朝的应曜在淮阳隐居，和商山四皓一起被皇帝征召，唯独应曜不去。当时的人就编成歌谣说："商山四皓，不如淮阳一老。"

三良　秦朝的子车氏有三个儿子：奄息、仲行、鍼虎。秦穆公死前，让他们作为陪葬，秦国都城的人为他们写了《黄鸟》的诗歌致哀。

十八元功　汉高祖封赏了十八个功臣，分别是：萧何功劳最高，其次是曹参，其次是张敖、周勃、樊哙、郦商、奚涓、夏侯婴、灌婴、傅宽、靳歙、王陵、陈武、王吸、薛欧、周昌、丁夏、虫达。

麒麟阁十一人　汉宣帝以夷狄宾服，思股肱之美，乃图画其人于麒麟阁，共十一人，唯霍光不名，曰大司马、大将军博陆侯姓霍氏。其次张安世、韩增、赵充国、魏相、丙吉、杜延年、刘德、梁丘贺、萧望之、苏武。

云台二十八将　汉光武思中兴功臣，乃画二十八将于南宫云台，其位次以邓禹为首，次马成、吴汉、王梁、贾复、陈俊、耿弇、杜茂、寇恂、傅俊、岑彭、坚镡、冯异、王霸、朱祐、任光、祭遵、李忠、景丹、万修、盖延、邳彤、铫期、刘植、耿纯、臧宫、马武、刘隆，后又益以王常、李通、窦融、卓茂，共三十二人。马援以椒房不与。

【译文】麒麟阁十一人　汉宣帝让夷狄臣服，怀念起那些有功劳的大臣，于是将他们的图像挂在麒麟阁上面，共有十一人，只有霍光不题名字，只叫“大司马、大将军博陆侯姓霍氏”。其次是张安世、韩增、赵充国、魏相、丙吉、杜延年、刘德、梁丘贺、萧望之、苏武。

云台二十八将　东汉光武帝纪念中兴的功臣，于是把二十八将画在南宫的云台，排序以邓禹为首，其后依次是：马成、吴汉、王梁、贾复、陈俊、耿弇、杜茂、寇恂、傅俊、岑彭、坚镡、冯异、王霸、朱祐、任光、祭遵、李忠、景丹、万修、盖延、邳彤、铫期、刘植、耿纯、臧宫、马武、刘隆，后又益将王常、李通、窦融、卓茂，共三十二个人。马援因为是皇后亲属，就没算入。

十八学士　唐高祖以秦王世民功高，令开府置属，秦王乃开馆于宫西，延四方文学之士杜如晦、房玄龄、虞世南、褚亮、姚思廉、李玄道、蔡允恭、薛元敬、颜相时、苏勖、于志宁、苏世长、薛收、李守素、陆德明、孔颖达、盖文达、许敬宗，使库直阎立本图像，预其选者，时人谓之登瀛洲。

凌烟阁二十四人 唐太宗图其功臣于凌烟阁，长孙无忌、赵郡王孝恭、杜如晦、魏征、房玄龄、高士廉、尉迟敬德、李靖、萧瑀、段志玄、刘弘基、屈突通、殷开山、柴绍、长孙顺德、张亮、侯君集、张公谨、程知节、虞世南、刘政会、唐俭、李世勣、秦叔宝，共二十四人。

【译文】十八学士 唐高祖因为秦王李世民的功劳最高，让他自己开设官署设置僚属，秦王于是在皇宫的西边开了一座修文馆，延请四方博学的人，杜如晦、房玄龄、虞世南、褚亮、姚思廉、李玄道、蔡允恭、薛元敬、颜相时、苏勖、于志宁、苏世长、薛收、李守素、陆德明、孔颖达、盖文达、许敬宗共十八人，让担任库直的阎立本为他们画像，加入其中在当时人看来就是："登瀛洲"。

凌烟阁二十四人 唐太宗将功臣的画像挂在凌烟阁上，有长孙无忌、赵郡王李孝恭、杜如晦、魏征、房玄龄、高士廉、尉迟敬德、李靖、萧瑀、段志玄、刘弘基、屈突通、殷开山、柴绍、长孙顺德、张亮、侯君集、张公谨、程知节、虞世南、刘政会、唐俭、李世勣、秦叔宝，一共二十四个人。

三君（君者言一世之所宗也） 窦武、陈蕃、刘淑，为三君。

八俊（俊者言一世之英也） 李膺、荀昱、杜密、王畅、刘祐、魏朗、赵典、朱寓，为八俊。

八顾（顾者能以德行引人者也） 郭泰、范滂、尹勋、巴肃、宗慈、夏馥、蔡衍、羊陟，为八顾。

八及（及者言使人之所追从者也）　张俭、翟超、岑晊、范康、刘表、陈翔、孔昱、檀敷，为八及。

【译文】三君（君者言一世之所宗也）　君是指受一代人敬仰的人。窦武、陈蕃、刘淑，被称为“三君”。

八俊（俊者言一世之英也）　俊是指当世的一代才杰。李膺、荀昱、杜密、王畅、刘祐、魏朗、赵典、朱寓，被世人称为“八俊”。

八顾（顾者能以德行引人者也）　顾，是指能用道德操行引导别人的人。郭泰、范滂、尹勋、巴肃、宗慈、夏馥、蔡衍、羊陟，被称作“八顾”。

八及（及者言使人之所追从者也）　及，是指让人追随的人。张俭、翟超、岑晊、范康、刘表、陈翔、孔昱、檀敷，被称作“八及”。

八厨（厨者能以财救人者也）　度尚、张邈、刘儒、胡毋班、秦周、蕃向、王章、王考，为八厨。

八友　齐王之子开西邸延宾客，范云、萧琛、任昉、王融、萧衍、谢朓、沈约、陆倕，并以文学见称，故曰八友。

浔阳三隐　周续之入庐山，事远公；刘遗民遁迹匡山；陶渊明不应诏命。人称“浔阳三隐”。

竹林七贤　嵇康、阮籍、山涛、向秀、刘伶、王戎、阮咸为竹林七贤，日以酣饮为事。颜延之作《五君咏》，独述阮步兵、嵇中散、刘参军、阮始平、向尚侍，而山涛、王戎以贵显被黜。

【译文】八厨（厨者能以财救人者也）　厨，这里是指用钱财拯救别人的人。度尚、张邈、刘儒、胡毋班、秦周、蕃向、王章、王考，被称作

“八厨”。

八友　齐武帝的儿子萧子良被封为竟陵王，他开设了西邸延请宾客，有范云、萧琛、任昉、王融、萧衍、谢朓、沈约、陆倕，都以文学见称，于是，所以被称为“竟陵八友”。

浔阳三隐　周续到庐山里拜慧远为师；刘遗民到匡山隐居；陶渊明不赴朝廷的征召。世人称为“浔阳三隐”。

竹林七贤　嵇康、阮籍、山涛、向秀、刘伶、王戎、阮咸被称为“竹林七贤”，每天的事情就是痛饮。颜延之写的《五君咏》，却只称道阮籍、嵇康、刘伶、阮咸、向秀这五人，山涛和王戎因为显贵被排除。

竹溪六逸　李白少有逸才，与鲁中诸生孔巢父、韩准、裴政、张叔明、陶沔，隐于徂徕山，终日沉饮，号竹溪六逸。

虎溪三笑　惠远禅师隐庐山，送客至虎溪即止。一日，送陶渊明、陆静修，与语道合，不觉过虎溪，因大笑。世传《三笑图》。

何氏三高　梁何胤二兄求、点，并栖遁世，谓何氏三高。或乘柴车，或蹑草履，恣心所适，致醉而归。时人谓之通隐。

【译文】竹溪六逸　李白少年时就有超人的才华，后来和鲁地的年轻儒生孔巢父、韩准、裴政、张叔明、陶沔，隐居于徂徕山，从早到晚沉醉在酒里，号称“竹溪六逸”。

虎溪三笑　慧远隐居在庐山时，送别客人只到虎溪就止步。有一天送别陶渊明和陆静修，和他们志同道合相谈甚欢，不知不觉就走过虎溪了，因而三人都大笑起来。世间传有《三笑图》。

何氏三高　梁朝的何胤二位兄长何求、何点，都隐居避世，三人被称为“何氏三高”。他们有的乘着柴车，有的踏着草鞋，随意游玩，喝醉了就回家。时人认为他们是通达的隐士。

饮中八仙　李白、贺知章、李適之、汝阳王琎、崔宗之、苏晋、张旭、焦遂。杜甫有《饮中八仙歌》。

荀氏八龙　荀淑，颍川人，有八子，俭、绲（音魂）、靖、焘、汪、爽、肃、敷。县令范康曰：昔高阳氏有才子八人，遂署其里为高阳里。时人号荀氏八龙。

河东三凤　薛元敬与收及族兄德音齐名，世称河东三凤。收为长雏、德音为鸑鷟，元敬年少为鹓雏。

【译文】饮中八仙　说的是：李白、贺知章、李適之、汝阳王李琎、崔宗之、苏晋、张旭、焦遂。杜甫写有《饮中八仙歌》。

荀氏八龙　荀淑是颍川人，有八个儿子，分别是：荀俭、荀绲（音魂）、荀靖、荀焘、荀汪、荀爽、荀肃、荀敷。县令范康说：“上古时高阳氏有八个成材的儿子。于是将他们居住的乡里名字改为‘高阳里’。”时人号称“荀氏八龙”。

河东三凤　薛元敬、薛收和族兄薛德音三人齐名，世人称为“河东三凤”。把薛收称为“长雏”，把薛德音称为“鸑鷟”，元敬因为年纪小，便被称为“鹓雏”。

马氏五常　马良字季常，兄弟五人，并有才名。时人语曰：“马氏五常，白眉最良。”

香山九老　白乐天、胡杲、吉旼、郑据、刘真台、卢慎、张浑，年俱七十以上。狄兼谟、尹卢贞未及七十，白香山重其品，亦拉入会，日饮于龙门寺。时人称香山九老。

一文錢

杜甫　囊空恐羞澀留得一錢看

杜甫，选自（明）陈洪绶版画《博古叶子》

【译文】马氏五常　马良字季常，有五个兄弟，都有才名。时人认为："马氏五常，白眉最良。"

香山九老　白居易、胡杲、吉旼、郑据、刘真台、卢慎、张浑，年纪都在七十岁以上。狄兼谟、尹卢贞还不到七十岁，白居易敬重他们的品德，也拉入聚会里，每天都在龙门寺中饮酒。时人称为"香山九老"。

洛社耆英　文潞公慕香山九老，乃集洛中年德高者为耆英会，就资圣院建大厦，曰耆英堂，命闽人郑奂画像其中，共十二人，文彦博、富弼、席汝言、王尚恭、赵丙、刘况、冯行已、楚建中、王谨言、张问、张焘、王拱辰。独司马光年未七十，潞公用香山狄兼谟故事，请温公入社。

白莲社　远公与十八贤同修净土，以书招渊明。答曰："弟子嗜酒，许饮即赴矣。"远公许之，遂造 焉。勉令入社，渊明攒眉而去。谢灵运求入莲社，远公以灵运心杂，却之。

【译文】洛社耆英　文彦博景慕"香山九老"，于是将洛阳年纪高品德也高的老人聚起来，称作"耆英会"，在资圣院里建造大堂，叫作"耆英堂"，让福建人郑奂为他们画像，挂在堂中，一共十二个人：文彦博、富弼、席汝言、王尚恭、赵丙、刘况、冯行己、楚建中、王谨言、张问、张焘、王拱辰。唯独司马光还不到七十岁，文彦博用香山拉狄兼谟的旧例，请司马光也入社。

白莲社　慧远大师和十八个贤人一起修行净土法门，写信招陶渊明来。陶渊明回说："弟子爱喝酒，准许喝酒我就参加。"慧远大师准许，于是陶渊明也去了。慧远又强邀他入社，陶渊明皱着眉离开了。谢灵运请求入白莲社，慧远以他心有杂念，婉拒了他。

建安七才子　徐干、陈琳、阮瑀、应玚、刘桢、孔融、王粲，皆好文章，号建安七才子。

兰亭禊社　王右军兰亭修禊，与孙绰、许询辈四十二人，大会于此。是日不成诗，王大令辈一十六人，各罚酒三觥，如金谷酒数。

西园雅集十六人　苏东坡、王晋卿、蔡天启、李端叔、苏子由、黄鲁直、晁无咎、张文潜、郑靖老、秦少游、陈碧虚、王仲至、圆通大师、刘巨济，李伯时画《西园雅集图》，而米元章书记其上。

【译文】建安七才子　建安七才子指的是建安时期的徐干、陈琳、阮瑀、应玚、刘桢、孔融、王粲等七人，他们都擅长写文章。

兰亭禊社　王羲之的兰亭会，有孙绰、许询等四十二个人，他们在兰亭这里大聚会。那天没写成诗的有王献之等一十六个人，各自罚酒三大杯，依照金谷集会的旧例。

西园雅集十六人　指的是苏轼、王诜、蔡肇、李之仪、苏辙、黄庭坚、晁无咎、张文潜、郑靖老、秦观、陈碧虚、王钦臣、圆通大师、刘巨济等人，李公麟画了《西园雅集图》，米芾在上面写了记文。

四杰　唐王勃、杨炯、卢照邻、骆宾王，皆以文章齐名天下，号为四杰。

铛脚刺史　唐大鼎守沧州，郑德本守瀛州，贾敦颐守冀州，皆有治名，故河北称为铛脚刺史。

易水三侠　燕丹送荆轲易水之上，高渐离击筑而歌，宋如意和之。《国策》《史记》俱无如意名。陶靖节《咏荆轲》诗，有“渐离击悲筑，宋意唱高声”，与《水经注》俱有之。

【译文】四杰　初唐的王勃、杨炯、卢照邻、骆宾王，四人的文章齐名于天下，号称“四杰”。

铛脚刺史　唐朝的薛大鼎做沧州刺史，郑德本做瀛州刺史，贾敦颐做冀州刺史，都有治理得当的好名声，所以河北被称作“铛脚刺史”。

易水三侠　燕太子丹在易水岸边送别荆轲，高渐离击筑歌唱，宋如意伴唱。《战国策》《史记》都没宋如意的名字。而陶渊明《咏荆轲》诗“渐离击悲筑，宋意唱高声”与《水经注》里都有这个名字。

五马　南齐柳元伯之子五人，皆领五州，五马参差于庭。殷文圭启云：“荀家门内罗列八龙，柳氏庭前参差五马。”

窦氏五龙　宋窦仪字可象，蓟州渔阳人。父禹钧在周为谏议大夫，五子曰仪、俨、侃、偁、僖，相继登科。时人谓之窦氏五龙。又曰燕山五桂。

汉三杰　张良、韩信、萧何。

程门四先生　谢良佐、游酢、吕大临、杨时。

【译文】五马　南齐柳元伯的五个儿子，都是州太守，他家门口经常有太守的五马拉的车驾在庭院里交错出入。殷文圭的文章里说：“荀家门内罗列八龙，柳氏庭前参差五马。”

窦氏五龙　宋朝的窦仪字可象，是蓟州的渔阳人。他父亲窦禹钧在五代的周朝任谏议大夫，五个儿子分别是：仪、俨、侃、偁、僖，陆续考上进士，被时人称作“窦氏五龙”。又叫“燕山五桂”。

汉三杰　指汉朝三杰，分别是张良、韩信、萧何。

程门四先生　程门四先生指的是北宋大儒程颢、程颐门下四名学有成就的弟子，他们分别是谢良佐、游酢、吕大临、杨时。

四贤一不肖　范仲淹、余靖、尹洙、欧阳修，谓之四贤。高若讷谓之一不肖。

睢阳五老　宋冯平与杜衍、王焕章、毕世长、朱贯，咸以耆德挂冠，优游桑梓间。暇日宴集，赋诗云："醉游春圃烟霞暖，吟听秋潭水石寒。"时人谓之睢阳五老。

昭勋阁二十四人　宋理宗宝庆二年，图功臣神像于昭勋阁，赵普、曹彬、薛居正、石熙载、潘美、李沆、王旦、李继隆、王曾、吕夷简、曹玮、韩琦、曾公亮、富弼、司马光、韩忠彦、吕颐浩、赵鼎、韩世忠、张浚、陈康伯、史浩、葛邲、赵汝愚，凡二十四人。

【译文】四贤一不肖　宋朝时的范仲淹、余靖、尹洙、欧阳修，被称为"四贤"。高若讷被称为"一不肖"。

睢阳五老　宋朝的冯平与杜衍、王焕章、毕世长、朱贯，都是年老德高告老还乡，在故乡悠游自在。闲时聚会，写诗有"醉游春圃烟霞暖，吟听秋潭水石寒"的句子，时人称之为"睢阳五老"。

昭勋阁二十四人　宋理宗宝庆二年（公元1226年），将逝世功臣的画像挂在昭勋阁，有：赵普、曹彬、薛居正、石熙载、潘美、李沆、王旦、李继隆、王曾、吕夷简、曹玮、韩琦、曾公亮、富弼、司马光、韩忠彦、吕颐浩、赵鼎、韩世忠、张浚、陈康伯、史浩、葛邲、赵汝愚，共有二十四个人。

二十四孝　大舜耕田，汉文尝药，曾参啮指，闵损推车，子路负米，董永卖身，剡子鹿乳，江革行佣，陆绩怀橘，山南乳姑，吴猛饱蚊，王祥卧冰，郭巨埋儿，杨香搤虎，寿昌寻母，黔娄尝粪，老莱戏彩，蔡顺拾椹，黄香扇枕，姜诗跃鲤，王裒泣墓，丁兰刻母，孟宗泣竹，庭坚涤皿。

三珠树 王勃六岁能文，与兄勔、勮竞爽。杜易简奇之曰："此王氏三珠树也。"勃凡命草，先磨墨数升，引被覆面而卧，忽起书之，不加点窜，人谓之腹稿。

【译文】二十四孝 大舜耕田，汉文尝药，曾参啮指，闵损推车，子路负米，董永卖身，剡子鹿乳，江革行佣，陆绩怀橘，山南乳姑，吴猛饱蚊，王祥卧冰，郭巨埋儿，杨香搤虎，寿昌寻母，黔娄尝粪，老莱戏彩，蔡顺拾椹，黄香扇枕，姜诗跃鲤，王裒泣墓，丁兰刻母，孟宗泣竹，庭坚涤皿。

三珠树 王勃六岁就擅长写文章，和兄长王勔、王勮争高下。杜易简很惊异，并说："这是王家的三株宝树。"王勃每次写文章，事先磨好几升的墨，躺下，用被子盖着脸，突然就起床开始写，不再改一个字，别人都称之为"腹稿"。

北京三杰 唐富嘉谟与吴少微、魏谷倚者，并负文辞，时称"北京三杰"。天下文章浮俚不竞，独少微、嘉谟本经术，雅厚雄迈，人争慕之。号吴体。

五子科第 黄汝楫，方腊犯境，汝楫出财物二万缗，赎被掠士女千人。夜梦神告曰："上帝以汝活人多，赐五子科第。"其后子开、阁、闶、闻、閤，皆登科。

四豪 列国赵平原君胜，齐孟尝君田文，楚春申君黄歇，魏信陵君无忌，称"四豪"。

老莱子，选自（明）陈洪绶版画《博古叶子》

【译文】北京三杰　唐朝的富嘉谟和吴少微、魏谷倚三人，都极为会写文章，被称为“北京三杰”。天下人的文章都浮华鄙俗没有骨力，唯独富嘉谟和吴少微的文章是根本于经术，所以雅正醇厚，雄健豪迈，人们争相表示景慕，称为“吴富体”。

五子科第　黄汝楫在方腊进犯故乡时献出二万缗的钱财，赎回被掳掠的士子和女人一千人。夜里梦到神仙对他说：“上帝因为你救的人多，赐你的五个儿子都考中进士。”后来他的五个儿子黄开、黄阁、黄闶、黄闻、黄闿，果然都考中进士。

四豪　战国时期赵国的平原君赵胜，齐国的孟尝君田文，楚国的春申君黄歇，魏国的信陵君魏无忌，被称作“四豪”。

五龙　南北朝张镜与严延之邻居，延之每酣饮，喧呼不绝，而镜寂无言声。一日与客谈，延之从篱落取胡床坐听，辞言清远，心服之。谓客曰：“彼中有人”。自是不复酣叫。镜兄弟五人俱名士，时号“五龙”。

河东三绝　唐徐洪，蒲州司兵参军。时司户韦暠善判，司工李登善书，洪善属辞，号“河东三绝”。

【译文】五龙　南北朝时的张镜和颜延之是邻居，颜延之每回喝得大醉，就不停地大声喊叫，张镜却很安静。有一天张镜和客人交谈，颜延之在篱落边的胡床上坐着听，只觉得张镜的话非常清雅高远，心中敬服，对客人说：“那边有个贤人。”从此以后再也不大声喊叫了。张镜的兄弟五个都是名士，时人称作“五龙”。

河东三绝　唐朝的徐洪是蒲州司兵参军。当时的司户韦暠善于判案子，司工李登善于书法，徐洪善于写文章，被称为“河东三绝”。

兖州八伯　羊曼，祜从孙，任达嗜酒，与阮放等八人友善，时称阮放为宏伯，郗鉴为方伯，胡毋辅之为达伯，卞壶为裁伯，蔡谟为朗伯，阮孚为诞伯，刘绥为委伯，而曼为黯伯，号“兖州八伯”，又号为“八达”。

五忠　刘韐，崇安人，其先自京兆徙闽，子孙仕宋，得谥“忠”者五人，世号“五忠”。刘氏以学士使金，金人留之，自缢，谥忠显。长子子羽官枢密，首荐吴玠、吴璘可大用，中兴战功居多，子羽之力也。

【译文】兖州八伯　羊曼是羊祜的从孙，为人放任通达，特别爱喝酒，和阮放等八人是好朋友，时人将阮放称作“宏伯”，将郗鉴称作“方伯”，将胡毋辅之称作“达伯”，将卞壶称作“裁伯”，将蔡谟称作“朗伯”，将阮孚称作“诞伯”，将刘绥称作“委伯”，将羊曼称作“黯伯”，号称“兖州八伯”，又号称“八达”。

五忠　刘韐是崇安人，他祖先是从京兆迁移到福建的，子孙在宋朝做官，得到谥号为“忠”的有五人，世人称之为“五忠”。刘韐以翰林学士的身份出使金国，金国人将他留下来了，他便自杀了，谥号是“忠显”。长子刘子羽做到枢密使，他是第一个举荐吴玠、吴璘可以重用的，后来他们两人的中兴战功很多，都是刘子羽的功劳。

九牧林氏　唐林披，官太子詹事。子九人，俱刺史，号“九牧林氏”，而藻、蕴尤知名。

八子并通籍　明许进仕至吏部尚书，谥襄毅。子诰南，户部尚书，谥庄敏；赞，大学士，谥文简；论，兵部尚书。其八子并通籍，海内莫京焉。

一门仕宦　宗资，南阳人，世居宛。一门仕宦，至卿相者三十四人，东汉时无与比者。

【译文】九牧林氏　唐朝的林披，职位一直做到太子詹事。儿子有九人，都当过刺史，被称为“九牧林氏”，其中的林藻、林蕴尤其出名。

八子并通籍　明朝的许进做官一直到吏部尚书，谥号是“襄毅”。儿子许诰南，一直做到户部尚书，谥号是“庄敏”；许赞，一直做到大学士，谥号是“文简”；许论，一直做到兵部尚书。他的八个儿子都在朝廷做官，国内没有可以匹敌的。

一门仕宦　宗资是南阳人，家族世代居住在南阳。一家都做官，做到卿相的有三十四个人，东汉时期没有能与之相提并论的。

附：奸佞大臣

历代奸佞　夏帝启元年，有扈氏无道，威侮五行，怠弃三正。启征之，大战于甘，灭之。

夏帝相权归后羿，为羿所逐。羿臣寒浞杀羿自立，而弑帝相。相后缗，有仍国君之女，方娠，奔归有仍，生少康。夏之旧臣靡举兵杀浞而立少康焉。

周成王幼，周公摄政。管叔、蔡叔、霍叔流言曰："公将不利于孺子。"既而与武庚同反，周公乃作《大诰》，奉王命以讨平之。

【译文】历代奸佞　夏启初年时有个有扈氏的国君昏聩无道，侵侮五行的天道，怠惰天地人的正统。于是夏启就去讨伐他，在甘这个地方发生大战，最后打败了他。

夏朝国君相在位时，统治权力被叫羿的人给窃取，他本人也被赶出国都。羿的大臣寒浞杀死了羿，自立为王，而且杀死了相。相的王后是有仍国国君的女儿，正怀着孩子，她逃回祖国，生下了少康。夏朝的老臣靡起兵杀掉了寒浞，然后将少康立为王。

周成王刚即位时还很小，于是周公旦代管国政。管叔、蔡叔、霍叔三个人都是周武王和周公的弟弟，他们对诸侯散布谣言说："周公要对小孩做出不好的事情。”不久就和商朝后裔武庚联合起来发动叛乱。于是周公写了《大诰》昭告天下，奉周王的命令去平定叛乱。

吴太宰伯嚭，受越赂，而许越行成，复谗杀伍员，以亡吴国。

晋大夫魏斯、赵籍、韩虔，三分晋地。田氏伐姜而有齐国，皆周天子坏礼，而宠命之也。

秦李斯请，史官非秦记皆烧之，偶语《诗》《书》者弃市，以古非今者族，所不烧者医药、卜筮、种树之书。若欲有学法令，以吏为师。制曰：“可。”遂坑儒四百六十余人。始皇崩于沙丘，赵高与斯诈为遗诏，废死太子扶苏，立胡亥为太子，是为二世。高恃恩专恣，恐斯以为言，族诛斯，而自为丞相。及章邯军败，恐罪其身，乃与其婿咸阳令阎乐，谋弑二世于望夷宫，立子婴为秦王。子婴与其子二人刺杀高，夷其三族。

【译文】吴国的太宰伯嚭接受了越王勾践的贿赂，于是准许越国的议和，他还对吴王进谗言诬蔑伍子胥，致使伍子胥被吴王赐死，最后使得吴国覆灭。

晋国的三个大夫魏斯、赵籍、韩虔将晋国瓜分。田氏杀死了齐侯姜氏从而占有齐国。这些情况之所以发生都是由于周朝天子破坏了周礼，宠幸并任命他们的结果。

秦朝的李斯向秦始皇奏请说：“史官收藏的书如果不是秦朝史书都要烧掉，百姓有两人聚一起谈论《诗经》《尚书》的判死刑，用古代的礼法来非议现在的法令的人满门抄斩，唯独医药、占卜、种树之类的书籍不烧毁。若是有人想学法律和政令，要拜吏为师傅。”秦始皇下诏书：“同意。”于是将四百六十多个儒生坑杀了。秦始皇后来死在沙丘，赵高和李斯制作了假的遗诏，废除并赐死太子扶苏，将胡亥立为太子，这就是秦二世。赵高仗着皇帝的恩泽就为所欲为，害怕李斯反对自己，便将李斯全家杀了，自己做了丞相。等到后来章邯的军队被项羽打败，赵高害怕秦二世将自己治罪，于是和他的女婿咸阳令阎乐两人在望夷宫策划并杀死了秦二世，将子婴立为秦王。子婴和两个儿子一起刺杀了赵高，诛灭他的三代族人。

楚项王将丁公逐窘汉王彭城西，短兵接，汉王急，顾谓丁公曰："两贤岂相厄哉！"丁公乃还。汉王即帝位，丁公谒见。帝以狗军中，曰："丁公为项王臣不忠，使项王失天下。"遂斩之。

汉田蚡为丞相，骄侈极欲，金玉、妇女、狗马、声乐、玩好，不可胜计。入奏事，所言皆听。荐人或起家至二千石，权移人主。上曰："君除吏尽未？吾亦欲除吏。"尝请考工地为宅，武帝曰："君何不遂取武库？"是后乃稍退。

【译文】西楚霸王项羽的大将丁公在彭城西边追上了汉王刘邦，刘邦十分窘迫，两军短兵相接，汉王见形势危急，就回头对丁公说："我们都是贤人，你怎么忍心害我呢？"丁公便带兵回去了。汉王即位为皇帝后，丁公来觐见，刘邦将他绑起来在部队里游行示众，并说："丁公是项王手下的臣子，却不忠心耿耿，让项王失去了天下。"于是将他斩首。

汉朝的田蚡做丞相时极为骄傲，而且穷奢极欲，金玉、妇女、狗马、声乐、玩好，不可胜数。给皇帝的奏章，皇帝全都遵行。他举荐的人能从普通百姓立刻升为二千石的长官，权力从皇帝那里转移到自己手中。皇帝说："你要任命的官吏全都任命完了吗？我也想任命一些。"他曾经奏请将考公署的地让给他建房子，汉武帝说："你为什么不直接将武库也拿来使用呢？”从那以后他才渐渐收敛些。

赵人江充初为赵敬肃王客，得罪亡，诣阙告赵太子阴事。太子坐废，上召充与语，大悦，拜为直指绣衣使者，使督察贵戚。近臣与太子有隙，因言上疾，祟在巫蛊。于是上以充治巫蛊狱。充云：“于太子宫得木人尤多，又有帛书，所言不道。”持太子甚急。太子发长乐宫卫卒收捕充等，斩之。太子亦自经。后武帝感田千秋言，族灭充家。

【译文】赵地人江充最初是赵敬肃王的门客，后来获罪而逃走，到皇宫门口告发太子隐匿的事情，太子因而被废了。皇帝把江充传唤进来，和他交谈，非常开心，便任命他为直指绣衣使者，让他监督皇亲国戚的行动。有个近侍的大臣和太子有恩怨，便趁势说“皇帝的疾病是因为有人做巫蛊的法事”。于是皇帝派江充办这个案子。江充说：“在太子的宫中搜到许多木偶人，还有许多帛书，上面都是些大逆不道的文字。”于是皇帝派人火速逮捕太子。太子也派长乐宫的卫兵逮捕江充等人并杀死他。太子也自杀了。后来汉武帝受田千秋话的触动，便将江充满门抄斩。

汉昭帝初，左将军上官桀亦受遗诏辅少主，其子安有女，即霍光外孙，安因光欲内之，光以其幼，不听。安遂因帝姊盖长公主内入宫为婕好，月余立为皇后，于是怨光而德盖主。知燕王旦以帝兄不得立，亦怨望，乃令人诈为燕王上书，欲共执退光。书奏，光不敢入。上召光入，免冠顿首，上曰：“将军冠！朕知是书诈也，将军无罪。将军调校尉未十日，燕王何以知之？”是时帝年十四，左右皆惊，而上书者果亡。后谋令长公主置酒请光，伏兵格杀之，因废帝。会盖主舍人知其谋以告，捕桀、安等族诛之。盖主亦自杀。

【译文】汉昭帝初年，左将军上官桀也受武帝的遗诏辅佐昭帝，他的儿子上官安有个女儿，是霍光的外孙女，上官安想借助霍光让她成为昭帝妃子，霍光因为她太年幼，便没有允许。上官安因而借助皇帝的姐姐盖长公主将女儿送入宫中纳为婕妤，一个多月后就被立为皇后，因此之故，上官安怨恨霍光，感激盖长公主。他和盖长公主了解到燕王刘旦是皇帝的兄长却不得立为皇帝，也很怨恨霍光。于是让人假托燕王上书给皇帝，想要一同逮捕霍光，并且削去他的官职。奏书报上去后，霍光便不敢入宫。皇帝将霍光召入宫中，霍光脱去帽子，并且磕头，皇帝说："将军戴上帽子！我知道这是一封假托的奏书，将军没有罪过。将军选调校尉还没十天，燕王怎么会知道呢？"当时皇帝才十四岁，左右侍臣都很吃惊，而那上书的果然逃走了。后来上官安策划让长公主设宴请霍光赴宴，埋伏士兵杀死霍光，乘机废除皇帝。正好遇到盖长公主的舍人知道了他们的密谋，并将其告发，于是将上官桀和上官安等人都满门抄斩。盖长公主也自杀了。

汉元帝以史高领尚书事，弘恭、石显典枢机。萧望之等建白，以为宜罢中书宦官，应古不近刑人之义。由是大与高、恭、显忤。恭、显因奏望之与周堪、刘更生朋党，请召致廷尉。上初不允，强而可其奏。望之饮鸩自杀。上闻之惊，拊手曰："曩固疑其不就狱，果然杀吾贤相！"

汉成帝委政王凤，悉封诸舅，王谭、王商、王立、王根、王逢时为列侯。谷永阴欲自托于凤，乃曰："骨肉大臣有申伯之志，无重合安阳博陆之乱。”以推颂之。时上书言灾异之应，多讥切王氏专政所致。上亲问张禹，禹曰：“灾变之意，深远难见，新学小生乱道误人。”戴永嘉断曰：“王氏代汉，始于杜钦、谷永，成于张禹、孔光，终于刘歆。此数子皆号称儒者，以贤良直谏为名，以通经学古为贤，假托经术，缘饰古义，以售奸邪，以济谀佞，依凭宠禄，以苟富贵，相与误国如此，曾鄙夫小人不若也！”

【译文】汉元帝让史高担任尚书，让弘恭、石显掌管机要部门。萧望之等人建议最好废除中书宦官的职位，顺应古人说的“君王不能亲近宦官”的思想。因此萧望之等人和史高等宦官产生嫌隙。弘恭和石显因而上奏说萧望之和周堪、刘更生等人结成朋党，请求把他们交给廷尉审问。皇帝最初并不准许，被宦官强迫着答应了请求。不久萧望之喝毒酒自杀。皇帝听说后大吃一惊，拍着手说：“之前我本就怀疑他不会进监狱，果然逼我的贤相自杀了。”

汉成帝将朝政交给王凤，把各位舅舅都封了爵。王谭、王商、王立、王根、王逢等当时被封为列侯。谷永暗地里想巴结王凤，便说：“这些亲戚大臣们都有申伯的忠诚，不会出现重合侯莽通、安阳侯上官桀、博陆侯霍禹等人依仗着外戚身份作乱那种事情。”用这种话来颂扬王凤。当时向皇帝上书谈论各地灾害和怪事的人很多，大多讽刺是因为王凤专权引起的。皇帝亲自询问张禹，张禹说：“灾害和天变的含义很深远，很难明白，那些初学这方面学问的晚辈胡说误导人。”戴永嘉总结说：“王莽之所以后来夺取汉朝政权，是从杜钦、谷永起了头，到张禹和孔光那里发展壮大，最后在刘歆手里成功。这几个人都号称儒者，靠贤德忠良、直言进谏博取名声，将贯通六经、学习古道当作贤能，然而却假托经术，修饰古人的言语，用来做奸邪的事情，用来阿谀奉承，凭着这些获得恩宠和爵禄，蝇营狗苟，获取富贵，这几人一起这样耽误了国家大事，连普通的百姓也不如！”

汉平帝五年五月，策命安汉公王莽以九锡。十二月，莽因腊日上椒酒，置毒酒中。帝有疾，莽作策请命于泰畤，愿以身代，藏策金縢，置于前殿，敕诸公莫敢言。已而帝崩，群臣纪逡、郇越、郇相、唐林、唐遵、扬雄、谷永、刘歆、孔光等奏太后，请安汉公摄皇帝位，诏曰：“可。”寻即真天子位。定号曰新，僭位十八年，汉兵杀之。

汉章帝宠任窦宪，宪以贱直请夺沁水公主田园，寻以争权刺杀都卿侯畅。窦太后使击匈奴赎罪，以致兄弟专权。和帝与中常侍郑众密求故事，勒兵收捕，迫宪自杀。窦氏虽除，而寺人之权从兹盛矣。

【译文】汉平帝五年（公元5年）五月，朝廷策封王莽加九锡。十二月，王莽趁着腊日进献椒酒，并且在酒里下毒。汉平帝生了病。王莽在竹简写了告文，在祭祀泰畤时祈祷，希望用自己的身体替皇帝受罪，然后就把策文藏在金柜里，放在前面大殿，告诫诸位大臣不要多嘴。后来汉平帝驾崩了，大臣纪逡、郇越、郇相、唐林、唐遵、扬雄、谷永、刘歆、孔光等人，上奏请求太后让安汉公暂时做代理皇帝，太后下诏说：“同意”。于是王莽便登基，把国号改为“新”，窃取了十八年的皇帝之位，后来被汉朝的士兵杀死。

汉章帝很宠幸窦宪，窦宪请求用低廉的价格夺得沁水公主的田园，没多久又因为争夺权力，刺杀了都卿侯畅。窦太后派他出塞攻打匈奴来赎罪，最后导致窦氏兄弟几人专权。汉和帝和中常侍郑众等秘密寻求旧例，便按照旧例逮捕收押了窦宪，并逼他自杀。窦氏虽然除掉了，可宦官的权力却从此膨胀起来了。

汉安帝崩，阎太后临朝，欲久专国政。与阎显等定策，立幼年济北惠王子懿，未几，薨。中常侍孙程、王康等十九人，谋迎济阴王即皇帝位，是为顺帝。诛阎显，迁太后，封孙程等皆为列侯，世称十九侯。

汉顺帝崩，太子炳立，才二岁，梁太后临朝，在位一年。征渤海孝王子缵即位，年八岁，生而聪慧，尝因朝会，目梁冀曰："此跋扈将军。"冀闻恶之，置毒于煮饼而弑之，在位一年。冀迎蠡吾侯志即帝位，是为桓帝。梁冀一门，前后七侯、三皇氏、六贵人、二大将军，尚公主者三人，其余卿、将、尹、校五十七人。冀专擅威柄，凶恣日积，威行内外，天子拱手，不得有所亲与。桓帝不平，乃与中常侍单超、徐璜等议，诛杀之。封单超等五人为县侯，世谓之五侯。是时梁氏虽除，五侯肆虐，贤人君子忠愤激烈，卒成党锢之祸矣。

【译文】汉安帝驾崩以后，阎太后垂帘听政。她想长久地占有政权，便和阎显等人商定对策，将还年幼的济北惠王的儿子刘懿立为皇帝，不久，刘懿死了。中常侍孙程、王康等十九个人，秘密合谋，迎请济阴王即位，这便是汉顺帝。汉顺帝即位后便诛杀了阎显等人，贬黜了阎太后，将孙程等人封为列侯，世人称他们为"十九侯"

汉顺帝驾崩后，太子刘炳即位为皇帝，当时才两岁，梁太后垂帘听政，但皇帝只在位一年，便把渤海孝王的儿子刘缵召来登基为皇帝，当时刘缵八岁，天生聪明，有一次在朝廷会议上盯着梁冀说："这是跋扈将军。"梁冀听后很厌恶，便在煮饼里下毒，杀害了他，他在位也只有一年。梁冀将蠡吾侯刘志迎来做皇帝，这就是桓帝。梁冀一族，前后出现了七位侯爵、三位皇后、六位贵人、两位大将军、三位驸马，其余的卿、将、尹、校也有五十七人。梁冀独断专行，越发凶恶恣意，权倾朝野，天子束手无策，没有自己的亲近大臣。桓帝很不服气，便和中常侍单超、徐璜等人商量，杀掉了梁冀，将单超、徐璜等五人封为县侯，世人称之为“五侯”。当时梁冀一族虽然被灭了，五侯却开始横行天下，贤人君子因为忠诚而感到义愤填膺，最终造成了党锢的大祸。

汉桓帝无子，窦太后立解渎亭侯苌之子宏，是为灵帝。时中常侍曹节、王甫等共相朋结，谄事太后，太后信之。陈蕃、窦武疾焉。会有日食之变，武乃白太后诛曹节等，太后犹豫未忍。曹节召尚书，胁使作诏板，拜王甫为黄门，令持节捕收武等。武不受诏，执蕃送北寺狱杀之。王甫将虎贲、羽林等合千余人围武，武自杀。宦官愈横流毒。缙绅、忠臣、义士骈首就戮。灵帝崩，皇子辩即位，何太后临朝。中军校尉袁绍劝太后兄何进悉诛宦官，进白太后，不听。绍等又为画策，召四方猛将，使并引兵向阙，以胁太后。进然之。召董卓将兵诣京，卓未至，进为中常侍张让等矫诏所杀。袁绍闻进被杀，乃勒兵捕诸宦者，无少长杀尽之。张让势迫，遂将帝与陈留王协出谷门。让投河而死。董卓至，以王为贤，废帝而立陈留王协，是为献帝。董卓擅政，浊乱宫禁，关东州郡皆起兵以讨卓。卓遂迁都以避，乃烧焚宫庙官府，劫迁天子入都长安。司徒王允、司隶校尉黄琬，使吕布诛卓，百姓歌舞于道。

【译文】汉桓帝没生儿子，窦太后将解渎亭侯刘苌的儿子刘宏立为皇帝，这就是汉灵帝。当时的中常侍曹节、王甫等宦官互相结成朋党，用阿谀奉承来讨好窦太后，太后信任他们。陈蕃、窦武对此非常愤恨。正遇见日食的天变，窦武便对窦太后说杀掉曹节等人，太后犹豫不决，并且也不忍心。曹节召来尚书，逼迫他写诏书，任命王甫为黄门，让他手持信物逮捕了窦武等人。窦武不接受诏书，于是将陈蕃逮捕送到北寺的监狱里杀害了。王甫带领虎贲、羽林军等上千人将窦武围起来，窦武便自杀了。从此以后宦官越发骄横，产生很久的恶劣影响，使得许多大臣、忠臣和义士都一起被杀害了。汉灵帝驾崩后，皇太子刘辩即位为皇帝，何太后垂帘听政。中军校尉袁绍劝何太后的兄长何进将宦官斩草除根。何进入宫对太后说这事，太后不允许。袁绍等人又想了办法，召集四方勇猛的将士，让他们领兵入宫，好胁迫太后。何进同意这个办法。于是让董卓领兵入京，董卓还没到，中常侍张让等人假称皇帝诏书把何进给杀害了。袁绍听说何进被杀死，便命令士兵逮捕各位宦官，不管老幼全部杀掉。张让情急之下便胁迫皇帝和陈留王刘协一起跑出谷门。张让最后跳河淹死了。董卓入京后认为陈留王刘协很聪明贤能，于是废除皇帝，让陈留王即位，这就是汉献帝。董卓独揽朝政大权，淫乱后宫，关东的州郡许多英雄豪杰都起兵讨伐董卓。董卓因而迁都躲避，一把火烧掉了洛阳的宫殿宗庙官府等地，劫持汉献帝迁都到长安。司徒王允、司隶校尉黄琬唆使吕布杀掉董卓，董卓一死，老百姓都在大路上唱歌跳舞，拍手称快。

王允欲悉诛卓党，卓部将李傕、郭汜等攻长安，杀王允。杨奉、韩暹奉车驾至雒阳。曹操劫迁于许，挟天子以令诸侯，杖杀伏后，久蓄无君之心，畏于名义，欲学周文王，以欺后世。子丕始篡位，奉汉帝为山阳公，汉室遂亡。

蜀汉宦官黄皓便辟佞慧，后主爱之。初畏董允，不敢为非。

董卓，选自（明）陈洪绶版画《博古叶子》

允卒，而陈祇代允为侍中。祇与皓相表里，皓始预政。魏司马昭大兴入寇，姜维奏：遣左右车骑张翼、廖化督诸军分护阳安关口，及阴平之桥头，以防未然。黄皓信巫鬼，谓敌终不自致，启帝寝其事，群臣莫知。邓艾果冒阴平险僻而入，汉兵不意魏兵卒至，百姓扰扰。谯周劝帝出降，国遂亡。

【译文】王允想把董卓的党羽赶尽杀绝，董卓的手下将领李傕、郭汜攻入长安，杀死了王允。杨奉、韩暹护送汉献帝的车驾到洛阳。曹操又将汉献帝胁迫迁都到许都，要挟天子来号令四方，他将伏皇后用棍棒打死，早就想废除皇帝，但害怕名不正言不顺，便要学周文王辅佐成王那样，用以蒙蔽后人。到他的儿子曹丕方才篡位，将汉献帝封为山阳公，汉朝便灭亡了。

蜀汉时期的宦官黄皓为人善于阿谀奉承，又很机智狡猾，后主刘禅很喜欢他。他最初忌惮董允不敢做坏事，董允死后陈祇代替董允作为侍中。陈祇和黄皓两人一个在内廷，一个在外廷，黄皓这才开始把持国政。魏国的司马昭大举进犯，姜维奏请，让左右车骑张翼、廖化督管军队，分兵把守阳安关口和阴平桥头，用以防备不测。黄皓却迷信巫鬼，认为敌军最后也不会来，便将这件事压下去，不报给皇帝知道，朝廷上的大臣都不知道。邓艾果然冒着阴平的险隘进入蜀地，蜀汉没料到魏国军队突然到来，百姓都混乱逃跑。谯周劝后主出来投降，蜀汉于是就灭亡了。

魏曹爽用何晏、邓飏、丁谧之谋，太后于永宁宫专擅朝政。司马懿称疾，不与政事，阴与其子昭谋诛爽及晏、飏等，而自操国柄。懿卒，以其子师废大将军。师废主芳，迎立高贵乡公髦。师卒，封其弟昭为晋公，加九锡。魏主髦见威权日去，不胜其忿，曰："司马昭之心，路人所知也。吾不能坐受废辱，今日当自出讨之。"遂拔剑升辇，率殿中宿卫、苍头、官僮，鼓噪而出，为昭党贾充、成济刺殒于车下。追废髦为庶人，迎立常道乡公璜为主。昭卒，子炎嗣晋王篡位，奉魏主为陈留王。自懿及炎，其弑逆不道，比操之处献帝尤甚，人谓之"天报"。

【译文】魏国的曹爽用何晏、邓飏、丁谧的计谋，让太后在永宁宫独断朝政。司马懿称病在家，不参与朝政，私下却和他儿子司马昭计划怎么杀掉曹爽和何晏、邓飏等人，好自己独揽国家大权。司马懿死后，让他的儿子司马师担任大将军。司马师废掉了魏主曹芳，迎立了高贵乡公曹髦。司马师死后，封他弟弟司马昭为晋公，加九锡。魏主曹髦眼睁睁看着自己的权力一天天被剥夺，忍不住心中的愤怒，就说："司马昭的心思，路人都知道。我不能就这样忍受被废掉的耻辱，今天要亲自出宫讨伐他。"于是抽出剑登上辇车，带领宫中的士兵、仆人、童子，喊杀冲出皇宫，被司马昭的党羽贾充、成济刺死在车底下。司马昭便在他死后追废曹髦，贬为庶人。迎立常道乡公曹璜做魏国国主。司马昭死后，司马炎继承晋王的爵位，便篡了帝位。封魏主为陈留王。从司马懿到司马炎，他们以下犯上、杀害君主的大逆不道行为比曹操对待汉献帝还要恶劣，百姓都说这是"老天的报应"。

孙吴孙綝废主亮为会稽王，迎立琅琊王休。休殂，侄皓立。皓骄愎残虐，深于桀纣，降于晋，封归命侯。贾充谓皓曰："闻君在南方凿人目，剥人面皮，此何等刑也？"皓曰："人臣有弑其君及奸回不忠者，则加此刑耳。"充默然深愧。

晋世祖后父杨骏交通请谒，势倾内外。世祖崩，惠帝立。贾后凶悍，欲干预政事，而为骏所抑，遂构骏以谋反，杀之，废太后。寻贾后毒杀太子。赵王伦、孙秀等起兵杀后，赵王篡位。齐王冏等起兵讨伦，杀之，乘舆反正。齐王既得志，骄奢擅权，中外失望。河间王颙、成都王颖等，起兵讨齐王冏，杀之，以颖为太弟。河间王将张方废太弟颖，更立豫章王炽为皇太弟，是为怀帝，后为刘聪所执而遇害。

【译文】孙吴的孙綝将孙亮废掉，封其为会稽王，迎立了琅琊王孙休。孙休死后，侄子孙皓即位。孙皓为人骄傲，刚愎自用，而且极为残忍，比夏桀商纣有过之而不及，后来向西晋投降，被封为“归命侯”。贾充对孙皓说：“听说您在南方凿破别人的眼睛，剥掉别人的面皮，这是什么类型的刑罚？”孙皓说：“那些弑杀君王以及奸诈不忠的大臣就用这种刑罚。”贾充便沉默了，内心深深愧疚。

晋世祖皇后的父亲杨骏结交内外大臣，权倾朝野。晋世祖驾崩后，晋惠帝即位。贾后为人凶恶强悍，想干涉国家政事，却被杨骏遏制住，于是构陷杨骏打算谋反，将他杀掉，并废掉杨太后。不久贾后就下毒害死了太子。赵王司马伦、孙秀等人起兵杀掉贾后，赵王司马伦想篡位。齐王司马冏等又起兵讨伐司马伦，杀掉了他，皇帝的车驾回到宫廷。齐王得志以后，骄奢淫逸，独断专行，朝野内外都很失望。河间王司马颙、成都王司马颖等人又起兵讨齐王司马冏，杀掉了他，将司马颖封为皇太弟。河间王的大将张方废掉皇太弟司马颖，改让豫章王司马炽做皇太弟，这就是怀帝，后来被刘聪劫持杀掉了。

东晋王敦与刘隗、刁协构难，欲除君侧之患。上疏罪状，举兵据石头：“吾不复得为盛德事矣。”元帝命刁协、刘隗、戴渊帅众攻石头，协、隗俱败。帝令公卿百官诣石头见敦，以敦为丞相，都督中外诸军事。吕猗说敦收周顗、戴渊，杀之，不朝天子，竟还武昌。明帝元年，敦疾甚，司徒导率子弟为发哀，众以为信死，于是腾诏下敦府，列敦罪恶。敦见诏甚怒，而病转笃，不能自将，以兄含帅众五万，奄至江宁。明帝帅诸军袭击，大破之，敦寻卒。敦党悉平。乃发敦瘗出尸，跽而斩之。

【译文】东晋时王敦和刘隗、刁协等人结怨，想要清除君王身边的恶人，于是起兵。他们上疏写明自己的罪状，领兵占领石头城，说："我再也做不了有大德行的臣子了。"元帝派刁协、刘隗、戴渊率领军队进攻石头城，刁协、刘隗都被打败。皇帝让公卿百官都到石头城拜见王敦，任命王敦为丞相，都督中外的军事。吕猗说服王敦逮捕周颉、戴渊，并杀掉他们，并且不朝觐天子，直接回武昌。晋明帝元年（公元323年），王敦病得快死了，司徒王导率领子孙们为他举哀，众人都认为王敦真的死了，于是下诏送至王敦府邸，列数王敦的罪行。王敦见到诏书极为愤怒，可是病情渐渐恶化，不能亲自带兵，于是让兄长王含率领五万人马，攻入江宁。明帝亲自带领各路兵马突袭，大败王含军队，不久王敦就去世了。王敦的党羽全部被平定。于是掘开王敦的坟墓，挖出尸体，让他跪着被砍头。

晋成帝二年，庾亮以苏峻在历阳终为祸乱，下诏征之。峻不应命，知祖约怨望，与其连兵讨亮。率众至蒋陵，攻青溪、卞壸死之，因风纵火烧台省，亮奔走浔阳。峻兵入台城，府藏一空。温峤、陶侃、郗鉴等起兵讨峻。峻闻四方兵起，逼迁帝于石头。侃等攻峻，杀之，祖约奔后赵。

晋帝奕五年，大司马桓温阴蓄不臣之志，尝抚枕叹曰："男子不能流芳百世，亦当遗臭万年。"及枋头之败，威名顿挫，郗超谓温曰："明公不为伊、霍之举者，无以立大威权。"温然之。遂诣建康，宣太后令，废帝奕为东海王，立会稽王昱，是为简文帝。温卒，使弟冲领其众。冲既代温居任，尽忠王室。

【译文】晋成帝二年（公元327年），庾亮认为苏峻在历阳驻军，最终会造成大乱，便下诏招他入朝。苏峻不接受命令，了解到祖约也很怨恨朝廷，便和他联合军队征讨庾亮。他们带领队伍抵达蒋陵，攻下青溪，卞壸战死。趁着大风纵火烧毁宫城，庾亮逃到浔阳。苏峻带兵开入台城，将府库的东西洗劫一空。温峤、陶侃、郗鉴等人起兵征讨苏峻。苏峻听说四方的军队都攻来，于是将皇帝胁迫转移到石头城。陶侃等人打败苏峻，将他杀死，祖约向后赵投降。

晋废帝司马奕五年（公元370年），大司马桓温暗中图谋不轨，曾经拍打着枕头说："男子要是不能流芳百世，也要遗臭万年。"等后来在枋头大败，威名立马受损不少，郗超对桓温说："明公您不做伊尹、霍光那样兴废国君的事情就没办法建立更大的声威和权力。"桓温认为他说得对。于是领兵奔赴建康，宣布太后的懿旨，将晋废帝司马奕封为东海王，立会稽王司马昱为帝，这便是简文帝。桓温死后，让弟桓冲掌管自己的军队。桓冲代替桓温的职位后，对王室忠心不二。

晋烈宗时，南郡公桓玄负其才地，以雄豪自处。朝廷疑而不用。年二十三，诏拜太子洗马，后出补义兴太守，郁郁不得志，叹曰："父为九州伯，儿为五湖长。"遂弃官归。后篡安帝位，登御坐，而床忽陷，群臣失色。殷仲文曰："将由圣德深厚，地不能载。"玄大悦。后为刘裕破斩之。

刘宋徐羡之、檀道济等废宋王义符，寻弑之。太子劭弑君义隆。寿寂之弑君业。萧道成弑苍梧王昱，弑顺帝準。

【译文】晋烈宗时，南郡公桓玄因为对自己的才能极为自负，把自己看成一代英雄豪杰。朝廷对他有戒心便不大用。年二十三岁，受诏被任命为太子洗马，后来离开朝廷补外就职，担任义兴太守，郁郁不得志，感叹着说："父亲是九州的公侯，儿子却是这偏远南方的首领。"于是弃官回家。他后来篡夺了晋安帝的皇位，登上御床，御床突然塌下，列位大臣全都大惊失色。殷仲文说："也许是因为皇上的德行太深厚，大地不能承载吧。"桓玄听了特别高兴，后来却被刘裕打败杀死了。

刘宋的徐羡之、檀道济等人废掉宋王刘义符，不久后杀了他。太子刘劭将父皇刘义隆杀死。寿寂之将皇帝刘子业杀死。萧道成将苍梧王刘昱杀死，又杀死了晋顺帝刘準。

齐西昌侯鸾弑君昭业，迎立昭文，寻复废为海陵王，而自即位，是为明帝。太子宝卷立，为萧衍所弑。

梁武帝为侯景所饿死。简文帝纲为侯景所弑。世祖绎降魏被弑。敬帝为陈霸先所弑。

隋杨广杀兄谋为皇太子，后弑父坚而自立。后巡狩扬州，天下兵起。内史侍郎虞世基以帝恶闻贼盗，诸郡县有告败求救者，世基辄抑损不以闻。由是盗贼遍海内，陷没郡县，帝皆弗之知也。后为宇文化及所弑。

【译文】南齐西昌侯萧鸾弑君主萧昭业，迎立萧昭文，不久又将其废掉，作为海陵王，而自即位，是为齐明帝。太子宝卷立，为萧衍所弑。

梁武帝萧衍被侯景活活饿死。简文帝萧纲被侯景杀死。梁世祖萧绎向魏国投降，却被杀死。梁敬帝被陈霸先杀死。

隋朝的杨广杀死兄长当上皇太子，后来杀死父亲杨坚自立为皇帝。

后来到扬州巡幸，天下的义军到处兴起。内史侍郎虞世基因为皇帝讨厌听说叛乱的事情，每当诸郡县向皇帝报告战败，求朝廷支援时，虞世基总是把消息压下去不对隋炀帝说。因此起义军遍布全国，攻下各地的郡县，皇帝全都不知道。后来炀帝被宇文化及杀死。

隋晋阳宫监裴寂与晋阳令刘文静等谋，夜醉李渊，以晋阳宫人侍渊，劫渊起兵。

唐太宗尝止树下，爱之，宇文士及从而誉之不已。太宗正色曰："魏征尝劝我远佞人，我不知佞人为谁。意疑是汝，今果不谬！"

唐太宗太子承乾，喜声色田猎，所为奢靡。魏王泰多艺能，有宠于上，潜有夺嫡之志。太子知之，阴养刺客纥干、承基等，谋杀魏王泰。会承基坐事系狱，上变，告太子谋反，敕中书门下参鞫之，反形已具，废为庶人，侯君集等皆伏诛。乃立晋王治为皇太子。

【译文】隋朝晋阳宫的宫监裴寂和晋阳令刘文静等人谋反，夜里将李渊灌醉，让晋阳宫的宫女侍奉李渊，胁迫李渊起兵。

唐太宗曾经在树下休息，特别喜欢这树，宇文士及因而对这树不停地夸赞。唐太宗板着脸说："魏征曾经劝我离佞人远点，我不知道谁是佞人。心中怀疑是你，现在看来果然不假！"

唐太宗的太子李承乾，喜爱音乐女人和打猎，所干的事都特别奢侈淫逸。魏王李泰却多才多艺，被皇上宠爱，暗地里有夺取太子位子的心思。太子知道后，私底下收养了刺客纥干、承基等人，谋划着杀掉魏王李泰。正遇上承基因为犯事被逮捕入狱，就改变主意向皇帝上书，告发太子谋反的实情，于是皇帝下诏让中书门下一起会审这件案子，谋反证据确凿，便将太子废掉贬为老百姓，侯君集等人都被杀掉。于是将晋王李治立为皇太子。

唐高宗欲立太宗才人武氏为后，褚遂良固执不可。上问于李勣，勣曰：“陛下家事，何必更问外人？”许敬宗宣言于朝，曰：“田舍翁多收十斛麦，尚欲易妇，况天子立一后，何预诸人事，而妄生异议乎？”遂废王皇后、萧淑妃为庶人，命李勣赍玺绶，册皇后武氏。

唐武太后因宗室大臣怨望，欲诛戮威之，乃盛开告密之门。胡人索元礼因告密擢为游击将军，令按制狱。元礼性残忍，推一人，必令自变量十百人。又周兴、来俊臣之徒效之，纷纷继起，共撰《罗织经》数千言，教其徒网罗无辜。中外畏此数人甚于虎狼。后周兴罪流岭南，在道为仇家所杀。索元礼为太后杀之，以慰人望。

【译文】唐高宗欲策封太宗的才人武媚娘为皇后，褚遂良坚持不同意。皇上问李勣，李勣说：“这是陛下的家里事，为什么一定要问外人？”许敬宗在朝堂上大声说：“田夫多收获十斛麦子，尚且想换妻子，何况天子策封一位皇后，和别人什么相干，让他们随便持反对意见！”于是废掉王皇后、萧淑妃，贬为庶人，让李勣拿着玉玺和绶带，册封武则天为皇后。

唐朝的武则天太后因为李唐宗室和大臣都对自己有怨恨之情，想杀一儆百，于是鼓励大家告密。胡人索元礼因为告密被提拔为游击将军，让他主持审问案件。索元礼为人十分残忍，每审问一人，一定要让他牵连出几十上百人出来。同时，周兴、来俊臣等人效仿他，继之纷纷而起，共同撰写了几千字的《罗织经》，教导他们的人怎么把无辜的人逮捕。朝廷内外害怕这几个人比害怕老虎和狼还严重。后来周兴犯了罪被流放到岭南，在中途被仇家杀死。索元礼被太后杀死，用以安慰大家的心。

唐侍御史傅游艺，上表请改国号曰周，太后可之。乃御则天楼，赦天下，以唐为周。以豫王旦为皇嗣，赐姓武氏。游艺期年之中，历衣青绿朱紫，时人谓之四时仕宦。

唐杨再思为相，专以取媚。司礼少卿张同休，易之、昌宗之兄也，尝召公卿宴乐，酒酣，戏再思曰："杨内史面似高丽。"再思欣然起为高丽舞，举座大笑。

唐中宗使韦后与武三思双陆，而自居傍，为之点筹，三思遂与后通。武氏之势复振。

【译文】唐朝的侍御史傅游艺，上书申请把国号改成"周"，太后同意。于是登上则天楼，大赦天下，将"唐"改成"周"，把豫王李旦封为太子，赐姓武。傅游艺在一年左右时间，就从九品小官升至三品，朝服颜色依次是青绿朱紫，当时的人把这叫作"四时仕宦"。

唐朝的杨再思担任宰相时，专会阿谀奉承。司礼少卿张同休，是张易之、张昌宗的兄长，曾经宴请公卿玩乐，喝醉时，开杨再思的玩笑说："杨内史的脸就像高丽人的脸。"杨再思高兴地起身跳起高丽舞，在座的宾客都大笑起来。

唐中宗让韦后和武三思玩双陆的游戏，自己在一旁为他们数签子，武三思便和韦后发生关系。武三思家族又振兴起来。

唐中宗宴近臣，国子祭酒祝钦明自请作八风舞，摇头转目，备诸丑态。钦明素以儒学著名，卢藏用语人曰："祝公五经扫地矣。”

唐杨洄又谮太子瑛、鄂王瑶、光王琚潜构异谋，玄宗召宰相谋之。李林甫对曰：“此陛下家事，非臣等所宜预。”上意乃决，废瑛、瑶、琚为庶人，赐死城东驿。大理卿徐峤奏：今岁天下断死刑五十八人，大理狱院由来相传杀气太盛，鸟雀不栖，今有鹊巢其树，于是百官以几致刑措，上表称贺。上归功宰辅，赐李林甫爵。晋国公牛仙客、豳国公落华阳曰：“明皇一日杀三子，而李林甫以刑措受赏，谗谀得志，天理灭矣！安得久而不乱乎？”

【译文】唐中宗宴请近臣，国子祭酒祝钦明请求让自己跳八风舞，摇头，转眼睛，显出各种难看的表情。祝钦明平素以儒学著称，卢藏用对人说：“博通五经的祝先生名声扫地了。”

唐朝的杨洄又诬蔑太子李瑛、鄂王李瑶、光王李琚暗中谋反，唐玄宗召宰相商量对策。李林甫回说：“这是陛下的家事，不是我们好过问的。”皇帝于是下决定，把李瑛、李瑶、李琚贬为百姓，赐死在城东的驿站。大理卿徐峤上奏说：今年全国判死刑的有五十八个人，大理狱院一直以来就传说杀气太重，鸟雀都不来筑巢，如今刚刚有一只喜鹊在树上筑巢。于是百官都认为国家已经达到不用刑罚的地步了，上表向皇帝祝贺。皇帝归功于宰相，李林甫被封爵。晋国公牛仙客、豳国公范华阳说：“玄宗皇帝一天杀死三个儿子，然而李林甫却因为不用刑罚受到封赏，这样的谗佞小人可以志得意满，简直没有天理！怎么会一直太平不发生动乱呢？”

唐安禄山为虏所败，张守珪奏请斩之。上惜其才，敕令免官。张九龄固争曰：“禄山失律丧师，于法不可不诛。且臣观其貌有反相，不杀必有后患。”上曰：“卿勿以王夷甫识石勒，枉害忠良。”竟以为节度使，出入禁中。因请为贵妃儿，颇有丑声闻于外，上不之疑。时委政李林甫，林甫媚事左右，排抑胜己，口有蜜而腹有刀，养成天下之乱。禄山以林甫狡猾逾己，亦畏服之。及杨国忠为相，禄山视之蔑如也。由是有隙。然禄山虽蓄异，以上待之厚，欲俟上晏驾而后作乱。会国忠欲其速反以取信己，言于上，数以事激之，禄山遂反。

【译文】唐朝安禄山被敌人打败了，张守珪奏请将他斩首。唐玄宗爱惜他的才干，下令免除职务就是了。张九龄据理力争说：“安禄山不按军纪导致打败仗，在国法上说不能不杀。而且我看他长着一副谋反的面相，不杀了他以后一定会有灾祸。”玄宗说：“你不要学王衍提前认出石勒会谋反的老例子，屈死了忠臣良将。”最终还任命安禄山为节度使，随便出入皇宫。因而安禄山请求做杨贵妃的养子，很有一些丑闻流传到宫外，皇帝并不生疑。当时将政事都委任给李林甫，李林甫靠谄媚获取信任，排斥比自己厉害的大臣，嘴很甜，肚子里却藏着刀，最终酿成天下大乱。安禄山因为李林甫比自己还狡猾，也很害怕敬服他。等杨国忠做宰相时，安禄山对他极为轻视。因此两人有了嫌隙。然而安禄山虽然心里有谋反的心思，却因为皇帝待他特别好，就想等皇帝死后再作乱，谁知遇上杨国忠想要安禄山快点谋反，好让皇上相信自己，经常对皇帝说安禄山要造反，而且用好几件事来激怒安禄山，安禄山于是真的谋反了。

唐肃宗张后，初与李辅国相表里，专权用事。晚年更有隙，欲杀辅国，废太子。内射生使程元振与辅国谋，迁张后于别殿，寻杀之。丁卯上崩，代宗即位，恶李辅国专横，以其有杀张后之功，不欲显诛之。夜遣盗入其第，窃辅国之首及一臂而去。

唐代宗宠任程元振。吐蕃入寇，元振不以闻，子仪请兵，元振不召见，致上仓卒幸陕州。吐蕃入长安，剽掠府库市里，焚庐舍，京师中萧然一空。上发使征诸道兵，李光弼等皆忌元振居中，莫有至者。中外切齿莫敢言。太常博士柳伉疏其迷国误朝，上以元振有保护功，但削其官爵，放归田里而已。

【译文】唐肃宗的张皇后，初与李辅国相表里，专权用事。晚年更有隙，欲杀辅国，废太子。内射生使程元振与辅国谋，迁张皇后于别殿，不久后杀了她。丁卯日肃宗驾崩，代宗即位，厌恶李辅国专横，但因为他有杀张皇后的功劳，不想太张扬地诛杀他。于是，派刺客夜里到他家去，砍下李辅国的头和一条胳膊后离开。

唐代宗宠信程元振。吐蕃入侵边疆时，程元振不把军情禀告皇帝，郭子仪请求发兵，程元振不让他见到皇帝，致使皇帝因为吐蕃打进京城，仓卒逃到陕州。吐蕃入长安城后，将府库和百姓人家洗劫一空，焚毁房屋，京城变得荒无人烟。皇帝派使者征集诸道的军队，李光弼等人都忌惮程元振在朝廷，结果没有一支军队来救驾。朝廷内外都暗地咬牙切齿，却不敢说话。太常博士柳伉上疏抨击程元振耽误国事，害了朝廷，皇帝以为程元振有保护自己皇位的功绩，只是将他削去官爵，放还老家罢了。

观军容宣慰处置使鱼朝恩，专典禁兵，宠任无比，势倾朝野。上令元载为方略。擒而缢杀之。元载自诛鱼朝恩，上宠用以为中书侍郎，专横无比。寻赐自尽。有司籍载家财，胡椒至八百石，他物称是。

唐德宗悦卢杞，擢为门下侍郎。杞欲起势立威，引裴延龄为集贤直学士，亲任之。谮杀杨炎，独擅国柄，浊乱朝政，以致有姚令言、朱泚之叛逆。出幸奉天，泚复攻围奉天经月。李怀光倍道入援，败泚于醴泉。泚引兵遁归长安。怀光数与人言卢杞、赵瓒、白志贞之奸佞，且曰："吾见上，当请诛之。"杞闻而惧，奏上，诏怀光直引兵屯便桥，与李晟刻期进取长安。怀光自以数千里竭诚赴难，咫尺不得见天子，怏怏引兵去。后上从容与李泌论即位以来宰相，曰："卢杞忠清强介，人言其奸邪，朕殊不觉。"泌曰："此乃杞之所以为奸邪也。倘陛下觉之，岂有建中之乱乎？"

【译文】观军容宣慰处置使鱼朝恩，专管禁军，被皇帝宠信任用，无可比拟，在朝廷内外都极有权力。皇帝让元载想办法将他逮捕吊死。元载杀掉鱼朝恩后，被皇帝宠信任命为中书侍郎，极为专权。不久被赐自杀。官府将元载抄家，搜出八百石的胡椒，其他东西也很珍贵。

唐德宗宠信卢杞，提拔为门下侍郎。卢杞想巩固权势和声威，便提拔裴延龄做集贤直学士，非常亲信他。后来诬陷杀死了杨炎，独揽国家大权，败坏了朝政，以致引起姚令言、朱泚的叛乱。皇帝逃到奉天，朱泚又将奉天围了一个多月。李怀光日夜兼程赶来救驾，在醴泉打败朱泚。朱泚带兵逃回长安。李怀光屡屡和别人提及卢杞、赵瓒、白志贞的奸佞，同时说："我见到皇上，定当请求杀掉他们。"卢杞听说后非常害怕，上奏皇帝，皇帝下诏让李怀光直接领兵驻扎在便桥，和李晟约定时间攻取长安。李怀光亲自率军奔赴几千里，竭尽忠诚去救驾，近在眼前却见不到皇帝，心中不高兴地带兵走了。后来皇上和李泌随口谈论即位以来的宰相时说："卢杞为人忠诚廉洁，忠厚正直，别人说他奸诈狡猾，我一点也不觉得。"李泌说："这就是卢杞奸诈狡猾的地方。假如陛下能察觉，怎么会有建中的大乱呢？"

唐宪宗疑李绛、裴度俱朋党，而于李吉甫、程异、皇甫镈则不之疑。盖绛、度数谏，吉甫、异、镈顺从阿谀，而不觉其欺也。范氏曰：汉之党锢始于甘陵二部相讥，而成于太学诸生相誉。唐之朋党始于牛僧孺、李宗闵对策，而成于钱徽之贬。皆由主德不明，君子小人杂进于朝，不分邪正忠谗出黜陟之，而听其自相倾轧，以养成也。

唐穆宗时，李逢吉用事，所亲厚者，张文新、李仲言、李续之、李虞、刘栖楚、姜治及张权舆、程昔范，又有从而附丽之者八人，时人目为八关、十六子。有所求请，先赂关、子，后达逢吉，无不得所欲也。

唐文宗时，李德裕、李宗闵各有朋党，互相济援。上患之，每叹曰："去河北贼易，去朝中朋党难。"

【译文】唐宪宗疑心李绛和裴度结成朋党，可对于李吉甫、程异、皇甫镈则却不怀疑。因为李绛、裴度多次进谏，而李吉甫、程异、皇甫镈阿谀奉承，很顺从皇帝意旨，却不让皇帝觉察到他们的欺瞒。范祖禹说：汉朝党锢之祸是从甘陵南北二部互相讥讽开始的，最后在太学学生郭泰等人互相称誉时酿成的。唐朝的朋党之祸是从牛僧孺、李宗闵的对策开始，在钱徽被贬时酿成的。都是因为皇帝分不清好坏，君子小人杂处在朝中，不分邪恶和忠诚，一概贬谪，放任他们互相排挤，从而酿成的。

唐穆宗的时候，李逢吉当政，他的心腹有张文新、李仲言、李续之、李虞、刘栖楚、姜治和张权舆、程昔范等人，还有依附的八个人，当时人将他们称作"八关""十六子"。如果有请求，先贿赂"八关"和"十六子"里的人，再通过李逢吉就什么事都能得逞。

唐文宗时，李德裕、李宗闵都各自结成朋党，互相声援。皇帝为此很忧虑，经常叹息说："除去河北的反贼容易，除去朝中的朋党很艰难。"

唐文宗九年，初，宋申锡获罪，宦官益横，上内不能堪，与李训、郑注谋诛之。训、注因王守澄以进，先除守澄，则宦官不疑。乃遣中使李好古就第赐鸩，杀之。守澄出葬浐水，郑注请令内臣尽集浐水送葬，因阖门令亲兵斧之，使其无遗。训与其党谋曰："如此事成，则注专有其功，不若先期诛宦者，已而并注去之。"壬戌，上御紫宸殿。韩约奏："左金吾厅事石榴树，夜有甘露。"先命宰相两省视之。训还奏非真。上顾仇士良，帅诸宦者往视。至，左仗风吹幕起，见执兵者甚众，诣上告变。训遽呼金吾卫士上殿。宦者扶上升舆，决后殿罘罳，疾趋北出。卫士纵击宦官，死伤者十余人。训知事不济，脱走。士良等命禁兵出，杀金吾吏卒千六百余人、诸司吏民千余人，王涯、贾餗、舒元舆皆收系，斩之。明日，训、注皆被杀，族其家。自是天下事皆决于北司，宰相行文书而已。

【译文】唐文宗九年（公元835年）开始，宋申锡被罗织罪名，宦官越发骄横。皇帝心中忍受不了，就和李训、郑注等合谋杀掉宦官。李训、郑注是依附王守澄夤缘上位的，如果先除去王守澄，那宦官们就不会怀疑。于是派遣中使李好古到王守澄的府上赐予毒酒杀掉了他。王守澄出殡葬到浐水边，郑注请让宫中的宦官全部聚在浐水边给他送葬，趁机关上门让亲兵砍杀，一个不剩。李训和他的党羽说："这件事如果成了，那郑注就会独揽功劳，不如在预定日期之前就诛杀宦官，然后把郑注也一起杀死。”壬戌那天，皇帝在紫宸殿升朝。韩约上奏说：“左金吾的大厅石榴树，昨晚有甘露降在上面。”皇帝先让宰相和两省大臣去看看。李训回来上奏说不是真的。皇帝回头看着仇士良，让他领着诸位宦官一起去看看。他们到后，大风吹起了左边的帐幕，看到很多手持兵器的人，于是跑回去对皇帝报告说有叛乱。李训立即让金吾卫士到殿上来。宦官却扶着皇帝登上轿子，跑到后殿外用于守望的台上，匆匆忙忙向北逃走。卫士任意击杀宦官，死伤的有十多人。李训知到事情要失败，就逃走了。仇士良等人让禁兵出动，杀死金吾官吏士卒一千六百多人、诸官府官吏百姓一千多人，王涯、贾餗、舒元舆都被逮捕杀死。第二天，李训、郑注都被杀死，并且满门抄斩。从此以后天下的事都要听北司决断，宰相只是过一过文书罢了。

唐僖宗专事游戏，以宦官田令孜为中尉，政事一委之，呼为阿父。

唐昭宗以散骑常侍郑綮为礼部侍郎同平章事。綮好诙谐，多为歇后诗，讥嘲时事。上以为有所蕴，命以为相，闻者大惊，堂吏往告之。綮笑曰：“诸君大误，使天下更无人，未至郑綮。”吏曰：“特出圣意。”綮曰：“果如是，奈人笑何？”既而贺客至，綮摇首言曰：“歇后郑五作宰相，时事可知矣！”累让不获，乃视事。未几，致仕去。

【译文】唐僖宗沉迷游戏中，让宦官田令孜担任中尉，政事全部委任给他，叫他“阿父”。

唐昭宗让散骑常侍郑綮担任礼部侍郎同平章事。郑綮为人幽默诙谐，写了许多歇后诗，讥讽时政。皇帝认为他诗里有深意，就让他做宰相，听到消息的人都很吃惊，堂上的小吏跑来告知他。郑綮笑着说：

“你们肯定搞错了，即使天下再没宰相人选，也不会轮到我郑綮。”小吏说：“是皇上的特别任命。”郑綮说：“如果真是这样，要惹人耻笑怎么办？”没过多久就有宾客上门贺喜，郑綮摇着头说：“用写歇后诗的郑五做宰相，如今的政事可想而知是什么样了！”多次推辞不成，只好去担任宰相。但是，没过多久他就告老还乡了。

唐昭宗二年，王行瑜、韩建将兵犯阙，称韦昭度、李溪作相不合众心，杀昭度、溪于都亮驿。李克用举兵讨行瑜，斩之。

唐昭宗以崔胤为相。胤与上谋诛宦官，宦官惧。中尉刘季述、王仲先等阴谋废立，乃引兵哭入宣化门。季述乃扶上适少阳院，以银挝画地，数上罪数十，锁锢之，矫诏立太子裕。胤密遣人说神策指挥使孙德昭，擒述等斩之，迎上复位。胤以宦官典兵，终为肘腋之患，乃称被密诏命朱全忠以兵入讨。全忠遂发大梁。中尉韩全诲闻之，劫帝幸凤翔。朱全忠进攻凤翔，李茂贞出战，屡败。储峙已竭，上鬻御衣及小皇子衣于市以充食。茂贞请诛韩全诲等，与全忠和，并杀宦官七十余人，奉车驾还长安。复以崔胤同平章事。胤复奏剪宦官之根。朱全忠以兵驱第五可范以下数百人于内侍省，尽杀之。出使者诏所在收捕诛之，止黄衣幼弱三十人，留备洒扫。寻全忠密表崔胤专权，诛之。迁上至洛阳，使蒋玄晖弑昭宗，而立昭宣帝以篡之。

【译文】唐昭宗二年（公元890年），王行瑜、韩建领兵攻入皇宫，声称韦昭度、李溪当宰相上下民心不服，于是将韦昭度、李溪在都亭驿杀害。李克用举兵讨伐王行瑜，将他斩首。

唐昭宗让崔胤担任宰相。崔胤和皇上策划杀掉宦官，宦官害怕。

中尉刘季述、王仲先等人暗地里谋划废除皇帝另立新君，于是领兵哭着开入宣化门。刘季述便胁迫着皇帝去少阳院，用银挝在地上写字，历数皇帝的十几个罪名，并将他锁起来管着，擅下诏书立太子李裕为帝。崔胤秘密派人说服神策指挥使孙德昭将刘季述擒住并斩首，迎接皇上恢复帝位。崔胤认为宦官主管军队，最终会成为心腹大患，于是自称有密诏让朱全忠领兵入京讨伐宦官。朱全忠于是从大梁出发。中尉韩全诲听到消息，就胁迫皇帝巡幸凤翔。朱全忠攻打凤翔，李茂贞出来应战，屡屡败退。储备物资已经差不多用完了，皇帝把御衣和小皇子的衣服拿到市集上卖掉买来食物。李茂贞请求杀掉韩全诲等人，向朱全忠求和，并且杀掉宦官七十多人，侍奉皇帝车驾返回长安。皇帝又让崔胤担任宰相。崔胤又请皇帝将宦官赶尽杀绝。朱全忠领兵驱赶第五可范以下官员几百人到内侍省中全部杀掉。派出使者奉皇帝诏书让各地收捕诛杀宦官，只留下幼小的三十个宦官来干粗活。不久朱全忠秘密上表告崔胤专权，将他杀害。将昭宗迁到洛阳，让蒋玄晖将昭宗杀害，然后立昭宣帝，准备篡夺帝位。

周太师冯道卒。道少以孝谨知名，唐庄宗世始贵显，自是累朝不离将相、三公、三师之位。为人清俭宽容，人莫测其喜愠，滑稽多智，浮沉取容。尝着《长乐老叙》，自述累朝荣遇之状，人皆以德量推之。

周恭帝元年正月，陈桥兵变，拥赵匡胤还汴，自仁和门入。时早朝未罢，闻变，亲军指挥韩通谋率众御之，军校王彦升逐焉。通驰入其第，未及，阖门为彦升所害，妻子俱死。将士拥范质、王溥等至，匡胤流涕而言六军相迫之由，质等未及对，列校罗彦环挺剑厉声曰："我辈无主，今日必得天子。"质等相顾，不知所为。溥降阶先拜，质不得已亦拜，遂奉匡胤入宫，召百官至。晡时班定，犹未有禅诏，翰林承旨陶穀出诸袖中，遂用之，以登极。

【译文】北周太师冯道去世，他从年少时就以孝顺恭敬著名，到唐庄宗时才开始成为显贵，从此每换一个朝代都能坐到将相、三公、三师的位子。他为人廉洁、朴素、宽容，别人猜不出他是高兴还是愤怒，而且诙谐机智，在官场浮浮沉沉，求得自保。曾写了一篇《长乐老叙》，自述经历的朝代的荣誉恩遇等情况，别人都因为他的雅量德行推重他。

周恭帝元年（公元960年）正月，发生了陈桥兵变，士兵拥戴赵匡胤为帝回到汴梁，从仁和门进入。当时还没退早朝，朝廷听说了兵变，亲军指挥韩通商议带领队伍抵御，军校王彦升将他驱逐。韩通驾车逃往府邸，还没到，全家老小就被王彦升杀掉，妻子和儿子都死了。将士簇拥着范质、王溥等人到来，赵匡胤哭着说全军将士逼迫自己的缘由，范质等人还没来得及说话，列校罗彦环就拔出剑高声说道："我等没有主子，今天一定要有天子。"范质等人互相观望，不知所措。王溥先走下台阶向赵匡胤行跪拜大礼，王质等人没办法也下拜，于是侍奉赵匡胤入宫，召集百官都过来。傍晚百官都安定了，还没有写禅位的诏书，翰林承旨陶穀从袖里拿出诏书，于是赵匡胤便登基做了皇帝。

宋太宗七年，贬秦王廷美为西京留守。初，昭宣太后遗命太祖传位于太宗。太宗传之廷美以及德昭。及德昭不得其死，德芳相继夭殁，廷美始不自安。柴禹锡因上变以摇之，帝意不决，召赵普谕以太后遗旨。普对曰："太祖已误，陛下岂容再误！"廷美遂得罪。

开宝皇后宋氏崩，群臣不成服。翰林学士王禹偁对客言，后尝母仪天下，当遵用旧礼。坐谤讪，责知滁州。

宋真宗之相吕氏曰："景德以前多君子，祥符以后如王钦若之闭门修斋，丁谓之潜结内侍，雷允恭与钱惟演擅权于外，而冯拯、曹利用相与为党，陈尧叟之附和天书，皆小人也。"

【译文】宋太宗七年（公元982年），将秦王赵廷美贬为西京留守。之前昭宣太后遗命让太祖传位给太宗。太宗传位给廷美，然后传给赵德昭。等到赵德昭被太宗逼死，赵德芳也接着生病而死，赵廷美心里开始不安。柴禹锡趁着上书说他将要叛变，好打倒他。太宗做不了决定，将赵普召来并告诉他太后的遗旨。赵普对太宗说："太祖已经犯错了，陛下怎能再犯错！"赵廷美于是被治罪。

宋太祖的皇后去世，朝廷大臣都不穿丧服。翰林学士王禹偁对客人说："皇后也曾母仪天下，应该沿用古代的礼仪才是。"因为这句话被定为诽谤朝廷，贬到滁州去了。

宋真宗的宰相吕氏说："景德之前朝廷上很多君子，祥符以后像王钦若这样的人只会闭门吃斋，丁谓这样的人暗地勾结宦官，雷允恭和钱惟演在朝廷上独断专行，冯拯、曹利用之流又结成朋党，陈尧叟这样的附和天书。这些都是小人啊！"

宋仁宗谓辅臣曰："王钦若久在政府，观其所为，真奸邪也。"王曾对曰："钦若与丁谓、林特、陈彭年、刘永珪同恶，时称五鬼，奸邪险伪，诚如圣谕。"

宋仁宗朝，国子监直讲石介以韩琦、范仲淹等同时登用，而欧阳修、蔡襄等并为谏官，夏竦既罢，乃作《庆历圣德诗》，有曰："众贤之进，如茅斯拔，大奸之去，如距斯脱。"大奸，指竦也。

初，介曾奏记于富弼，责以行伊、周之事。夏竦怨介斥己，欲因是倾弼等。乃使女奴阴习介书，习成，遂改“伊、周”曰“伊、霍”，又伪作介为弼撰废立诏草，飞语上闻。弼与仲淹惧。适闻契丹伐夏，遂请行边。介亦不自安，乃请外，得濮州通判。

【译文】宋仁宗对辅政大臣们说：“王钦若当宰相时间也很长了，从他做的事情来看，真是一个奸邪小人。”王曾回说：“王钦若和丁谓、林特、陈彭年、刘永珪的恶行相当，当时人将他们称作‘五鬼’，奸佞狡诈，确实和皇上说的一样。”

宋仁宗时，国子监的直讲石介因为韩琦、范仲淹等人同时被重用，欧阳修、蔡襄等人都担任谏官，夏竦也被罢黜，于是写了一首《庆历圣德诗》，里面说：“列位贤人被重用，就像拔开茅草一样。大奸被罢黜，就像脱掉鸡距一样。”大奸指的就是夏竦。在此之前，石介曾经给长官富弼写公文，要求他像伊尹、周公那样辅佐君王。夏竦对石介排斥自己很痛恨，就想着趁机倾轧富弼等人。于是让女仆人私下模仿石介的笔迹，便把“伊、周”改成“伊、霍”，又伪造了石介给富弼写的废立诏书，导致流言传到仁宗那里。富弼和范仲淹都很害怕，正遇上契丹攻打西夏，于是便请求到边疆巡查。石介也很惶恐，便请求外放为官，因而到濮州担任通判。

宋杜衍好荐引贤士，群小咸怨，御史中丞王拱辰之党尤嫉之。衍婿苏舜钦时监进奏院，循前例祀神，以伎乐娱宾。拱辰闻之，欲因是倾衍，乃讽御史鱼周询举劾其事，被斥者十余人，皆知名之士。拱辰喜曰：“吾一网打尽矣。”

宋神宗立，制置三司条例司，议行新法，诏陈升之、王安石领其事，以苏辙、吕惠卿检详文字，章惇为条例官，曾布检正中书五房公事。吕诲疏安石十事，苏辙谏青苗法。安石欲止。会京东转运使王广渊乞留本道钱帛贷民获息事，与青苗法合，于是决意行焉。及秀州判官李定被召至京，即谒安石。安石立荐于上。帝问青苗法何如，定曰："民甚便之。"于是诸言新法不便者，帝皆不听。

【译文】宋朝的杜衍喜欢引荐提拔贤能之士，小人们全都很怨恨，御史中丞王拱辰是最嫉恨他的。杜衍的女婿苏舜钦当时任进奏院的监察，按照惯例祭祀神明，用歌伎乐舞来娱乐宾客。王拱辰听说后就想拿这件事倾轧杜衍，便暗地里指使御史鱼周弹劾他们。被贬黜的有十几个人，全都是有名人士。王拱辰高兴地说："我将他们一网打尽了。"

宋神宗登基后，设置了三司条例司，商议推行新法，下诏让陈升之、王安石管领这件事，让苏辙、吕惠卿检查文字，让章惇担任条例官，曾布担任检正中书五房公事。吕诲给王安石上疏议论十条新法的问题，苏辙也进谏皇帝停止青苗法。王安石便想停止。恰好遇到京东转运使王广渊请求保留本道的官府征收税收的钱帛贷给百姓获取利息的事情，和青苗法不谋而合，于是朝廷下决心推行。后来秀州判官李定被召到京城，立即拜见王安石。王安石将他引荐给皇帝。皇帝问他青苗法推行效果怎么样。李定说百姓觉得非常方便。于是其他大臣再说青苗法不好的意见，皇帝都不采纳了。

宋神宗罢曾公亮。时人有"生老病死苦"之喻，谓安石为生，亮为老，唐介死，富弼议论不合称病，赵抃无如安石何，惟称"苦苦"而已。刘深源曰："王安石之进始于曾公亮，吕惠卿之进亦始于公亮。盖曾公亮始欲结党以排韩琦，而不知小人易进而难退，变法之祸，公亮可逃其罪耶？”

宋邓绾通判宁州，知王安石得君专政，乃条上时事，且言陛下得伊、周之佐，作青苗、免役等法，民莫不歌舞圣泽，成不世之良法。复贴书安石，极颂其美，由是安石力荐于帝，而遂集贤校理，寻为侍御史判司农事。乡人在都者，皆笑且骂。绾曰：“笑骂从他笑骂，好官我还为之。”

【译文】宋神宗罢黜了曾公亮，当时的人有“生老病死苦”的譬喻：王安石为“生”，曾公亮为“老”，唐介为“死”，富弼议论国事与当政者不合便称“病”，赵抃对王安石表示无奈，只声称“苦啊苦”罢了。刘深源说：“王安石被重用是从曾公亮开始的，吕惠卿的重用也是从曾公亮开始的。因为曾公亮本来想结成朋党排挤韩琦，却不懂得小人容易引上来，就难赶下去，变法的大祸，曾公亮能够说没有罪责吗？”

宋朝的邓绾到宁州担任通判，听说王安石受皇帝信任而独断专行，于是上书条陈了当时的政事，同时说：“皇上您获得伊、周那样的辅佐大臣，创建青苗法、免役法等新法，百姓没有不唱着歌跳着舞颂扬皇上的恩泽的，成为极为难得的好法令。”又将奏疏复制一份写信给王安石看，对他大加赞扬，因此王安石将邓绾举荐给神宗，于是成为集贤院校理，不久担任检正中书五房公事。他的同乡有的在京城的，都对他嘲笑辱骂。邓绾说：“嘲笑辱骂就让他们嘲笑辱骂好了，我还是做我的好官。”

宋王安石子雱，为人栗悍阴刻，无顾忌，性甚敏。未冠，举进士。与父谋曰：“执政子虽不预事，而经筵可处。”安石欲帝知自用，乃以雱所作策论天下事三十余篇达于帝。邓绾、曾布又力荐之。遂召拜为崇政殿说书。一日，安石与程颢语，雱囚首跣足，携妇人冠以出，问："父所言何事？"曰："以新法为人所阻，故与程君议之。"雱大言曰："枭韩琦、富弼之首于市，则法行矣。"安石遽曰："儿误矣！"

【译文】宋朝王安石的儿子王雱为人恭谨强悍，阴险刻毒，毫无顾忌，却天赋特别聪敏。还未成年就考上了进士。他和父亲商议说："宰相的儿子虽然不好参与政事，经筵的差使却可以担任。"王安石想让皇帝了解自己的想法，于是将王雱所写的议论天下大事的三十多篇策论呈递给皇帝。邓绾、曾布又大力举荐他。于是下诏拜王雱为崇政殿说书。有一天，王安石和程颢交谈，王雱披头散发，光着两脚，抓着女人的帽子跑出来，问王安石："父亲在谈论什么事？"王安石说："因为新法被别人阻止，所以和程颢先生议论这件事。"王雱高声说道："杀掉韩琦、富弼，新法就能推行了！"王安石连忙说："儿子你说错话了！"

宋知谏院唐坰，奏十二疏论时事，皆留中，不出。坰于百官起居日扣陛请对曰："臣所言皆大臣不法，请一一陈之。"遂大声宣读，几六七十条治要，以安石专作威福，曾布等表里擅权，天下但知惮安石威权，不复知有陛下；文彦博、冯京知而不敢言；王珪、王韶曲事安石，无异厮仆；元绛、薛向、陈绎，安石颐指气使，无异家奴；张璪、李定为安石牙爪，张商英乃安石鹰犬；至诋安石为李林甫、卢杞。神宗屡止之，坰慷慨自若，读已，下殿再拜而退。安石讽阁门，纠其渎乱朝仪，贬潮州别驾。

【译文】宋朝的知谏院唐坰向皇帝呈递了十二篇讨论政事的奏疏，全部被留在中书省，不被批出来。唐坰在百官放假那天入宫对皇帝请求说："我所说的都是不法大臣的事情，请允许我一个一个陈述。"于是高声读出来，将近六七十条要点，说的是王安石独断专行作威作福，曾布等人朝野专权，天下只知道忌惮王安石的权力，眼里不再有陛下了。文彦博、冯京知道却不敢对皇上说，王珪、王韶谄媚王安石，和奴仆没什么区别。元绛、薛向、陈绎被王安石呼来喝去，和家奴没什么区别。张璪、李定作为王安石的爪牙，张商英是王安石的鹰犬。唐坰甚至还狠狠地骂王安石是李林甫、卢杞，神宗皇帝多次让他停止，唐坰却大义凛然继续读，读完了，就走下宫殿回去了。王安石指使御史弹劾唐坰亵渎朝廷礼仪，被贬为潮州别驾。

宋王安石罢相，知江宁，因荐韩绛、吕惠卿以自代，时号绛为传法沙门，惠卿为护法善神。惠卿既得志，忌安石复用，遂逆闭其途，出安石私书，有“勿令上知”之语，凡可以害安石者，无所不用其智。韩绛颛处中书，事多稽留不决，数与惠卿争论，度不能制，密请帝复用安石。帝从之。安石承命，即倍道而进，七日至汴京，惠卿寻罢。

宋以蔡确参知政事。宰相吴充数为帝言新法不便，欲稍去甚者，确阻之，法遂不变。确善观人主意，与时上下，以王安石谏，居大位，而士大夫交口笑骂，确自以为得计。

【译文】宋朝的王安石被罢免宰相，到江宁担任知州，因而举荐了韩绛、吕惠卿替代自己的职务，当时将韩绛号称为“传法沙门”，吕惠卿号称为“护法善神”。吕惠卿上位以后害怕王安石会被重新起用，于是想封闭王安石的仕途，将王安石私人信件公开，信件里有“不要让陛下知道”的话语，但凡能陷害王安石的手段都用到了。韩绛在中书省独断专行，许多政事长久堆积解决不了，屡屡和吕惠卿争辩，心里忖度不能制服吕惠卿，便秘密向皇帝奏请再起用王安石。皇帝听从了他的奏请。王安石一接到命令，就日夜兼程赶路，七天就到了京城，吕惠卿不久就被罢黜了。

宋朝的蔡确担任参知政事。宰相吴充多次和皇帝说新法不当，想要慢慢地把其中特别不好的撤销。蔡确阻拦了下来，新法就没有变更。蔡确擅长看皇帝的脸色行事，见风使舵。看见王安石已经不受宠，就拿王安石的事情来进谏，以获得高位，即使朝廷大臣对他嘲笑辱骂，他也自认为计谋成功，不放心上。

宋哲宗亲政，杨畏上疏，乞绍述先政。初，吕大防称畏敢言，且先密约畏助己，竟超迁畏为礼部侍郎。畏首叛大防，上言神宗更法，以垂万世，乞早讲求，以成绍述之道。帝即询以故臣孰可召用。畏即疏章惇、吕惠卿、邓温伯、李清臣等，帝深纳而尽用之。惇遂引其党蔡卞、林希、黄履、来之邵、张商英、周秩、翟思、上官均等居要地，协谋朋奸，报复仇怨，罗织贬谪元祐宰执及刘奉世以下三十人有差，请发司马光、吕公著冢，斫棺暴尸。帝问许将，将对"非盛德事"，帝乃止。又恐元祐旧臣复起，结内侍郝随为助，媒孽宣仁欲危帝之事，自作诏书，请废宣仁为庶人。皇太后号位，为帝言曰："吾日侍崇庆，天日在上，此语曷从出？且帝必如此，亦何有于我！"帝感悟，取惇、卞奏，就烛焚之。明日，再具状坚请，帝曰："卿等不欲朕入英宗庙乎？"抵其奏于地。

【译文】宋哲宗亲自主持政务以后，杨畏上疏请求继承神宗皇帝的政法。在此之前，吕大防夸奖杨畏敢说真话，而且秘密约定杨畏帮助自己，谁知道杨畏竟然被越级提拔担任礼部侍郎。杨畏是第一个背叛吕大防的人，上疏请求神宗变法，说变法可以流芳百世，请皇帝早点施行，用来继承神宗的大道。哲宗便询问老臣们哪些人可以召回重用，杨畏便上疏举荐章惇、吕惠卿、邓温伯、李清臣等人，哲宗极为采纳他的推荐，于是将他们都重用。章惇因而提拔自己的党羽蔡卞、林希、黄履、来之邵、张商英、周秩、翟思、上官均等人，让他们在朝廷机要担任官职，协同谋划，朋比为奸，报复政敌，罗织了元祐党人的罪名，并且将他们从宰相以及刘奉世以下三十个左右的人贬谪，还请求挖开司马光、吕公著的坟墓，劈开棺木，鞭打尸首。皇帝询问许将，许将说："这不是有大德的皇帝能干的事情。"皇帝便停止了。他们又怕元祐党人的老臣们卷土重来，便拉拢宦官郝随作为帮手，假造宣仁太后想废掉哲宗，自己草拟诏书，请求废掉太后，贬为平民。太后大声哭泣，对皇帝说："我每天侍奉高太后，苍天在上，这话是从何处听来的？而且皇帝你一定要这样，就是容不得我了。"哲宗醒悟了，找来章惇、蔡卞的奏章就着灯烛焚毁。第二天，他们再次上疏坚持请求，皇帝说："你们这是不想让我进英宗的祖庙吗？"将他们的奏章扔在地上。

宋徽宗复召蔡京为翰林学士。先是供奉官童贯顺承得幸，诣三吴访书画，京谄附之。由是帝属意用京。会韩忠彦与曾布交恶，布谋引京自助，故有是命。寻帝欲相京，邓洵武献《爱莫助图》，言必欲继志述事，非蔡京不可。帝以图示温益，益欣然请相京，而籍异论者。于是善人皆不见容。复追贬元祐党，籍司马光等四十四人官，以京为尚书右仆射。京籍元祐及元符末执宰司马光等、侍从苏轼等、文臣程颢等、武臣王献可等、宦者张士良等百二十人为奸党，请帝书之，刻石于端礼门。又颁蔡京所书党人碑，刻石于州县。

【译文】宋徽宗重新起用蔡京担任翰林学士。此前，供奉官童贯奉承皇帝被宠幸，到江浙去搜访书画，蔡京谄媚依附他。因此皇帝对蔡京有重用的心意。正遇到韩忠彦和曾布两人关系恶劣，曾布打算提拔蔡京作为自己助手，所以有了这个任命。没过多久邓洵武献上《爱莫助图》，并说一定想继承神宗的遗志，没有蔡京就不行的。皇帝把这幅图给温益看，温益欣然请求让蔡京担任宰相，并且处置持异议的人。因此正直的大臣都不能在朝廷容身，而且追加贬谪元祐党人，将司马光等四十四个人的官职解除，任命蔡京为尚书右仆射。蔡京将元祐年间以及元符年间担任宰相的司马光等人、侍从苏轼等人、文臣程颢等人、武臣王献可等人、宦者张士良等人一共一百二十人作为奸党处分，请求皇帝亲自书写他们的名字，刻在碑上，碑立在端礼门。又颁发蔡京手书的党人碑，在各州县刻成碑。

宋徽宗垂意花石，以朱勔领应奉局花石纲。凡士庶之家，一石一木稍堪玩者，即领健卒直入其家，用黄帕覆之，加封识焉，指为御前之物。及发行，必撤屋抉墙以出。人不幸有一物小异，共指为不祥，惟恐芟夷之不早。又篙工柁师倚势贪横，凌轹州县，道路以目。

宋中书侍郎林摅于集英殿胪唱贡士姓名，不识甄、盎字。帝笑曰："卿误耶。"摅不谢而诋同列，御史论黜之。

【译文】宋徽宗特别钟爱奇花怪石，让朱勔主管应奉局的花石纲事务。但凡士人平民家里的一块石头一棵树木稍微值得赏玩的，朱勔就带领健壮的仆人闯到人家里，用黄布盖上面，加上封条，代表这是皇帝的御用之物了。等到运走时也一定要把人家的屋子拆掉、墙壁扒开才能运出。有的人家很不幸有一件东西稍微特别就会被大家认为是不祥之物，唯恐不早点毁坏才好。而且运送花石纲的船夫仗势欺人，贪婪蛮横，欺压沿路的州县，路上人都对他们侧目而视。

宋中书侍郎林摅在集英殿上高声传唱贡士的姓名，不认得“甄”“盎”两个字。皇帝笑说：“卿错了。”林摅不道歉，反而诋毁同僚，御史将他弹劾贬黜。

宋以王黼为少宰，加蔡京子攸开府仪同三司，二人有宠，进见无时，得预宫中秘戏。攸尝劝帝以四海为家，遂数微行。因令苑囿皆仿浙江，为白屋及村居野店，多聚珍禽异兽。都下每秋风静夜，禽兽之声四彻，宛若山林陂泽之间，识者知其不祥之兆。蔡攸权势既与父相轧，由是京、攸各立门户，遂为仇敌。

宋徽宗用童贯为检校司空。贯与黄径臣、卢航表里为奸，进方士林灵素，大兴道教，纷创殿宇，每设大斋，费缗钱数万，谓之千道会。道箓院上章，册帝为教主道君皇帝。贯又荐李良嗣于朝，约女真攻辽，遂至二帝北狩。

【译文】宋朝让王黼担任少宰，将蔡京儿子蔡攸升官，担任开府仪同三司，二人都被宠幸，经常被皇帝召见，可以参与皇宫里的秘密游戏。蔡攸曾经劝皇帝以四海为家，于是皇帝多次微服出访。因而让皇宫内苑都仿造成浙江地区的风格，盖出百姓的屋子和乡村的小店，聚集许多珍禽异兽。每当京城秋高气爽的夜里，飞禽野兽的叫声到处响起，就像在山林水泽周围似的，有见识的都知道这是不祥之兆。蔡攸的权势和其父互相倾轧，因而蔡京、蔡攸各立门户，竟成为仇人。

宋徽宗让童贯担任检校司空。童贯和黄径臣、卢航狼狈为奸，进用方士林灵素，让道教大为兴盛，建造许多的宫殿，每次设大斋，要花费几万缗钱，被称为“千道会”。道箓院向玉皇大帝上奏，册封皇帝为教主道君皇帝。童贯又举荐李良嗣入朝，和女真约定一起攻打辽国，却导致徽、钦二帝被金国人掳到北方。

金人奉册宝至，立张邦昌为楚帝，北向拜舞，受册即位。阁门舍人吴革率内亲事官数百人，皆先杀其妻子，焚所居，举义金水门外。范琼诈与合谋，令悉弃兵仗，乃从后袭之，杀百余人，捕革并其子，皆杀之。是日风霾，日昏无光，百官惨沮，邦昌亦变色。唯吴幵、莫俦、范琼等欣然，以为有佐命功。

宋高帝闻金粘没喝入天长军，即被甲乘骑驰至瓜洲，得小舟渡江，惟护圣军卒数人，及王渊、张浚等从行。汪伯彦、黄潜善方率同列听浮屠克勤说法，或有问边耗者，犹以“不足畏”告之。堂吏大呼曰：“驾已行矣！”二人相顾，仓皇策马南弛，居民争门而出，死者相枕藉，无不怨愤。司农卿黄锷至江上，军士以为左相潜善，骂之曰：“误国误民，皆汝之罪！”锷方辩其非是，而首已断矣。

【译文】金国人捧着册立诏书和玉玺到汴京，立张邦昌为楚帝，张邦昌向北方跪拜舞蹈，接受册封即位。阁门舍人吴革领内亲事官几百人，全部先杀了自己的妻子，焚毁住宅，然后在金水门外发动起义。范琼假装和他们一起图谋，让他们全部放下兵器，便从后面偷袭，杀了一百多人，拘捕了吴革和他儿子，一起杀害。当天大风阴霾，太阳昏暗无光，百官脸色惨淡，张邦昌也脸色大变。唯独吴幵、莫俦、范琼等人很开心，认为自己有辅佐新皇帝的功劳。

宋高帝听说金国人粘没喝攻入天长军，便立刻披上铠甲骑马奔驰到瓜洲，找到一只小船渡过大江，只剩下护卫皇帝的几个军人，以及王渊、张浚等人随从。汪伯彦、黄潜善正带领同僚听浮屠克勤说佛法，有人问边疆消息，他们都用“不用害怕”答复。堂吏大声喊叫说：

“皇帝大驾已经逃走了！”两人面面相觑，仓皇骑马南奔，当地居民争先恐后抢出城门，导致有很多被踩踏而死的人，百姓没有不怨恨愤怒的。司农卿黄锷到江边，军中士兵以为是左相黄潜善，骂着他说：“误国误民，都是你犯的罪！”黄锷正在辩解自己不是黄潜善时，头已经被砍了。

扈从统制苗傅、刘正彦作乱，奉皇子魏国公旉即位，请隆祐太后临朝，尊高宗为睿圣仁孝皇帝，居显宁，大赦，改元。张浚乃草檄声傅、正彦之罪，与韩世忠、张俊、刘光世、吕颐浩合兵进讨。傅等忧恐，不知所为，乃听朱胜非言，率百官请复帝位。勤王师至北阙，苗、刘南走，擒诛之。

宋高宗以王德为淮西都统制，统刘光世军，郦琼副之。琼、德不相下，列状交讼于都督府及御史台，乃召德还建康。参谋吕祉密奏，乞罢琼兵柄。书吏漏语于琼，怒以众叛降刘豫。祉死之。

【译文】扈从统制苗傅、刘正彦叛乱，拥护皇子魏国公赵旉即皇帝位，请求隆祐太后垂帘听政，将高宗尊为睿圣仁孝皇帝，以显宁作为行宫，大赦天下，更改年号。张浚便草拟檄文讨伐苗傅、刘正彦等人的罪行，和韩世忠、张俊、刘光世、吕颐浩一起领兵征讨。苗傅等人很害怕，不知道该怎么办，便听从朱胜非的话，带领百官请求恢复高宗的帝位。勤王的军队来到北门，苗傅、刘正彦往南逃跑，被人擒获杀掉。

宋高宗让王德担任淮西都统制，统率刘光世的部队，郦琼做副将。郦琼、王德两人谁也不服谁，都将奏疏呈递都督府及御史台，互相诉讼对方，于是召王德返回建康。参谋吕祉秘密请奏，将郦琼的兵柄罢免。书吏将内容泄露给郦琼，郦琼大怒，带领军队投降于刘豫。吕祉也被他杀死。

宋秦桧同宰执入见，独留不出，言于帝曰："臣僚畏首尾，多持两端，不足与断大事。若陛下决欲讲和，乞专与臣议。"帝许之。三日，桧复留身奏事，复进前说，知帝意不移，遂排赵鼎、刘大中，而一意议和，然犹以群臣为患。中书舍人勾龙如渊为桧谋曰："相公为天下大计，盍不择人为台谏，使尽击去，则事定矣。"桧大喜，即擢如渊，劾异议者。兀术遗桧书曰："汝朝夕以和请，而岳飞方为河北图，必杀飞，使可和。"桧亦以飞不死，终梗和议，己必及祸，故力谋杀之。遂讽张俊、罗汝楫、万俟卨等，矫诏杀飞于大理寺狱。桧居相位凡十九年，劫制君父，倡和误国，一时忠臣良将诛锄略尽。临终犹兴大狱，诬赵汾、张浚、胡寅、胡铨等五十三人谋逆。狱成，而绘病亟，不能书，获释。桧无子，取妻兄王焕孽子熺养之。南省擢熺为进士第一，桧以为嫌，以陈诚之为首，以其策专主和议云。后孙埙修撰实录院，祖、父、孙三世同领史职，前此未之有也。

【译文】宋朝的秦桧和执政大臣一起入朝拜见皇帝，秦桧独自留下不走，对皇帝说："同僚们畏首畏尾，大多在扯皮，不值得和他们决断大事情。如果陛下决定和金人议和，请求只和我商议。"皇帝准许了他。过了三天，秦桧又留下和皇帝汇报事情，又说到之前的建议，了解到高宗的意思不会更变了，于是排除赵鼎、刘大中的意见，只专心地准备和谈，然而仍然担心大臣们不会全同意。中书舍人勾龙如渊为秦桧想了个法子说："相公您是为了天下深谋远虑，为什么不挑选一些自己的人担任谏官，让他们将异议的人都弹劾，那大事就能定下来了。"秦桧非常高兴，马上提拔勾龙如渊，让他弹劾有异议的大臣。金国的大将兀术写信给秦桧说："你每天都说议和，可是岳飞还在谋划着收复河北，一定要杀掉他才可以议和。"秦桧也觉得岳飞不死终究难以议和成功，自己也肯定遭遇不测，所以竭力设计杀害他。于是暗中唆使张俊、罗汝楫、万俟卨等人假传圣旨，将岳飞在大理寺狱中杀掉。秦桧担任宰相一共十九年，胁迫皇帝，倡议和谈，耽误国家，当时的忠臣良将被他差不多杀光。临终前还兴大狱，诬陷赵汾、张浚、胡寅、胡铨等五十三人谋反。审讯定罪结束后，秦桧已经病入膏肓，没法签字，所以这些人被释放了。秦桧没生出儿子，将妻子的哥哥王焕的庶子秦熺过继过来当儿子养。秦熺被南省录取为进士第一名，秦桧还觉得应该避嫌，将陈诚换成第一名，因为陈诚的策文主张议和的缘故。后来他的孙子秦埙担任修撰实录院，祖父、父亲、儿子三代都当过史官，这在之前是没有的事情。

宋孝宗立，以辛次膺同知枢密院事。初，次膺力谏和议，为秦桧所怒，流落二十年。及帝召为中丞，若成闵之贪饕，汤思退之朋比，叶义问之奸罔，皆为其一时论罢。思退终身比于和议，恐不成，讽右正言尹穑论浚跋扈。张浚请解督府去。朝廷遂决弃地求和之议。太学生张观等七十二人上书论思退奸邪误国，乞斩之以谢天下。诏贬永州，忧惧而死。

【译文】宋孝宗登基后，任命辛次膺为同知枢密院事。在此之前，辛次膺极力进谏阻止议和，让秦桧很愤怒，在外面贬谪了二十年。等到后来皇帝召他回朝担任中丞，像成闵贪污，汤思退结成朋党，叶义问奸诈欺君，都因为他的议论一下子罢免。汤思退一辈子就主张议和，担心不成功，便唆使右正言尹穑弹劾张浚嚣张跋扈。张浚申请解除督府的职位离开了。朝廷便决定放弃国土，答应金人的和谈。太学生张观等七十二人上书弹劾汤思退的奸恶和耽误国事，请求将他斩首好向天下人交代。皇帝下诏将汤思退贬到永州，他最后因为忧虑恐惧而死去。

宋宁宗即位，韩侂胄恃定策功，欲窃国柄，谋于京镗，引李沐为左右正言，奏赵汝愚以同姓居相位，将不利于社稷，乃出汝愚知福州，朝廷大权悉归侂胄。御史胡纮乞禁伪学之党，侂胄复命沈继祖诬论朱熹十罪，落职罢祠，窜其徒蔡元定于道州。赵师罿、张釜、程松谄事侂胄，闻者莫不鄙之。侂胄专政十四年，宰执、侍从、台谏、藩阃，皆其门庑之人，天子孤立于上，威行宫省，权震宇内。其嬖妾张、谭、王、陈，皆封郡国夫人，号四夫人。每内宴则与妃嫔杂坐，恃势骄倨，掖庭皆畏之。侂胄力主恢复，以金人欲罪首谋，锐意出师，中外忧惧。侍郎史弥远入对，力陈危迫之势，请诛侂胄以安邦。皇后杨氏素怨侂胄，亦使荣王具疏。帝乃命后兄杨次山与弥远共图之。翼日，侂胄入朝，令殿前司夏震以兵三百，拥侂胄至玉津园侧，殛杀之，枭其首，并苏师旦之首，畀金人，金乃罢兵。

【译文】宋宁宗即位后，韩侂胄仗着拥戴新皇帝的功劳，想要把持国家大权，便和京镗合谋，引荐李沐为左右正言，奏请赵汝愚以皇室成员担任宰相职位，将对国家不利，于是将赵汝愚贬黜，去担任福州知州，朝廷的大权都被韩侂胄把持。御史胡纮请求封禁伪学，韩侂胄又让沈继祖诬蔑朱熹十条罪状，朱熹因而被罢去祠禄官之职，将他的弟子蔡元定贬谪到道州。赵师罿、张釜、程松都对韩侂胄阿谀奉承，知道的人没有不鄙夷他们的。韩侂胄把持朝政十四年，宰相、侍从、谏官、地方大员，都是他的门下客，天子在上面孤立无援，他的权威却风行在朝廷上，权势震慑全国。他的宠妾张、谭、王、陈都被封为郡国夫人，号称“四夫人”。每当皇帝在宫里摆宴，他就和妃子们不分嫌疑地杂坐一起，仗着权势趾高气昂，后宫的人都很怕他。韩侂胄竭力主张恢复失地，因为金国人要杀掉第一个主张的人，他反而决心派兵收复，朝野都很担忧害怕。侍郎史弥远入朝向皇帝进谏，陈述当前危险紧迫的形势，请求杀掉韩侂胄稳定国家。皇后杨氏素来怨恨韩侂胄，也使荣王上疏如此说。皇帝便让皇后兄长杨次山和史弥远一起图谋。第二天，韩侂胄入朝时，让殿前司夏震带兵三百人，将韩侂胄簇拥到玉津园旁边杀掉，将他的首级悬挂示众，并且和苏师旦的人头，一起送给金国人，金国人才停止进攻。

宋史弥远为相，权势熏灼。皇子竑心不能平，尝书于几上，曰：“弥远当决配八千里。”弥远闻之，大惧。宁宗有疾，无子，弥远矫诏立沂王嗣子贵诚为皇太子，更名昀。帝崩，白后立昀，称遗诏封竑济阳郡王，出居湖州，寻杀之。弥远用梁成大、莫泽、李知孝为鹰犬，凡忤弥远意者，三人必相继击之。由是名人贤士排斥殆尽，人目为三凶。帝德弥远立己，恩宠终其身焉。

宋理宗用史嵩之开督府，竭国用，而无成功，论者甚众。及以父丧去位，诏起复之。太学生黄恺伯等百四十人上书谏，不报。武学生刘耐知帝向意用嵩之，遂叛诸生而逢迎之。时范钟领相事，讽京尹赵与筹逐游士。诸生闻之，作卷堂文，以辞先圣。嵩之自知不为公论所容，上疏乞终丧制。

【译文】宋朝的史弥远担任宰相，权势熏天。皇子赵竑心里极为不平，曾经在书案上写道："史弥远该被发配到八千里外。"史弥远听说后，极为害怕。宋宁宗生了重病，没有儿子，史弥远假传圣旨将沂王的嫡子赵贵诚立为皇太子，改名为赵昀。皇帝驾崩后，史弥远对太后说立赵昀这件事，而且说皇帝有遗诏封皇子赵竑为济阳郡王，出京居住湖州，不久就杀了他。史弥远任用梁成大、莫泽、李知孝作为爪牙，凡是违背史弥远意思的人，这三人一定会相继抨击。因此，名人贤士被排斥得差不多，人们将他三人称为"三凶"。皇帝感激史弥远立自己为皇帝，所以他一生都被宠幸

宋理宗让史嵩之设立督府，将国家财政快耗尽了，还没有成功，议论的人特别多。等到他因为父亲丧事离开职位后，皇帝下诏重新起用他。太学生黄恺伯等一百四十人上书劝谏，朝廷不作答复。武学生刘耐明白皇帝的心思肯定是任用史嵩之的，于是背叛同学，反而去讨好他。当时范钟担任宰相，暗中派京尹赵与筹驱逐来上书的学生。学生听说后，写了罢课的文书，来辞别先帝。史嵩之知道自己不被舆论所接纳，就上疏请求回乡完成守孝。

宋度宗即位，以己为太子贾似道有功，加似道太师，封魏国公。每朝，帝必答拜，称之曰"师臣"而不名，朝臣皆称为周公。诏以十月一朝。时襄樊围急，似道日坐葛岭，起楼台亭榭作"半闲堂"，延羽流，塑像肖己于中，取宫人叶氏及娼尼有美色者为妾，穷奢极欲，日肆淫乐。尝与群妾踞地斗蟋蟀，所狎客戏之曰："此军国重事耶？"又酷嗜宝玩，建多宝阁，一日一登玩，有言边事者，辄加贬斥。丧师失地，殆无虚日，秘不上闻。及鄂州既破，诏似道都督诸路军马，大溃，贬似道于循州安置。监押官会稽尉郑虎臣至建宁开元寺，侍妾尚数十人，虎臣悉屏去之；夺其宝玉，

撤轿盖，暴行秋日中，令舁轿夫唱杭州歌谑之，窘辱备至。至漳州木绵庵，虎臣讽令自杀，似道不从。虎臣曰："吾为天下杀似道，虽死何憾！"遂拘似道之子于别室，即厕上拉似道胸，杀之，殡于庵侧。

元顺帝性柔少断，伯颜、哈麻相继弄权，朝政日紊，遂至于亡。

【译文】宋度宗即位后，因为贾似道在让自己做太子这件事上有功劳，将他封为太师，魏国公。每次上朝，皇帝一定会回拜他，称他为"师臣"而不呼其姓名，当时朝廷大臣都称他为"周公"。皇帝还下诏让他十个月上一次朝。当时襄樊被蒙古大军围困，十分紧急，贾似道每天在葛岭上悠闲，建起楼台亭榭，修建了"半闲堂"，延请道士们，按自己样子做成塑像放在堂中，娶宫人叶氏和卖身尼姑里面有美色的做小妾，穷奢极欲，每天淫乐。曾经和群妾蹲在地上斗蟋蟀，宠爱的门客开玩笑说："这是军事上的大事吗？"又酷爱珍宝书画，建有"多宝阁"，每天登一次进行把玩，其间有提及边疆战事的，总是大加贬斥，军队败退，国土沦丧，几乎每天都在发生，他全都保守秘密，不对皇帝说。等到鄂州被攻破以后，皇帝下诏让贾似道总领诸路的军队，结果被打得大败而归。于是皇帝将贾似道贬到循州安置。监押官会稽尉郑虎臣到建宁开元寺，看见他的侍妾还有几十人，郑虎臣让她们都退下；抢走了他的珍宝，撤去轿子的盖子，在烈日下曝晒，让轿夫唱起杭州的民歌嘲谑他，狠狠地羞辱他。到了漳州木绵庵，郑虎臣让他自杀，贾似道不愿意。郑虎臣说："我为天下人杀了贾似道，即使获罪而死，有什么遗憾！"于是将贾似道的儿子关在另一个房间，就在厕所里拉着贾似道的胸口，杀掉了他，草草把他的尸体埋在木绵庵的旁边。

元顺帝为人优柔寡断，伯颜、哈麻相继独揽大权，朝政渐渐紊乱，以至于国家灭亡。

明洪武朝，胡惟庸、蓝玉；永乐朝，纪纲；正统朝，王振；天顺朝，石亨、石彪、曹吉祥、门达；成化朝，汪直、王越、陈钺、戴缙，成化朝李孜省；弘治朝，李广、杨鹏；正德朝，刘瑾、陆完、江彬、许泰、刘晖、钱宁、张忠、朱泰；嘉靖朝，陶仲文、严嵩、严世蕃、丁汝夔、赵文华、鄢懋卿、罗龙文、仇鸾、陆炳；万历朝，庞保、刘戍；天启朝，魏忠贤、客氏、崔呈秀、田尔耕；崇祯朝，周延儒、袁崇焕、杜勋、马士英。

【译文】明朝洪武朝的奸臣：胡惟庸、蓝玉；永乐朝的奸臣：纪纲；正统朝的奸臣：王振；天顺朝的奸臣：石亨、石彪、曹吉祥、门达；成化朝的奸臣：汪直、王越、陈钺、戴缙，成化朝的奸臣：李孜省；弘治朝的奸臣：李广、杨鹏；正德朝的奸臣：刘瑾、陆完、江彬、许泰、刘晖、钱宁、张忠、朱泰；嘉靖朝的奸臣：陶仲文、严嵩、严世蕃、丁汝夔、赵文华、鄢懋卿、罗龙文、仇鸾、陆炳；万历朝的奸臣：庞保、刘戍；天启朝的奸臣：魏忠贤、客氏、崔呈秀、田尔耕；崇祯朝的奸臣：周延儒、袁崇焕、杜勋、马士英。

卷四·考古部

姓氏

仓颉，姓侯刚氏。（见《古篆文注》）许由，字武仲。（见《庄子释文》）尧，姓伊祁。少昊，名挚，字青阳。帝喾，名夋。成汤，字高密。（见《帝王世纪》）皋陶，字庭坚。孤竹君，姓墨，名台。（见《孔丛子注》）伯夷，名允，一名元，字公信。叔齐，名智，字公达。（见《论语疏》）中子，名仲达。（见周昙《咏史诗》。）彭祖，姓籛音戋，名铿。（见《论语疏》）其子胥馀。（见《庄子》司马彪注）老子父，名乾，字元果。（见《前凉录》）老子初生时，名玄禄。（见《玄妙内品》）管叔，名度。（见《史记注》）易牙，名亚。（见孔颖达疏）逢蒙之弟，名鸿超。杨朱之弟，名布。（见《列子》）伯乐，姓孙，名阳。师旷，字子野。（见《庄子疏》）君陈，为周公之子、伯禽之弟。《周书》有《君陈篇》。（见《坊记注》）鬼谷子，姓王，名诩，河南府人。（见《姓氏考》）公孙弘，字次卿。（见邹长蒨《书》）杜康，字仲宁。（见魏武《短歌行》注）孟轲，字子舆（见《汉书》并《孔丛子》），又字子居。（见《圣证论》）庄周字休。（见《列子注》）孙叔敖，名饶。（见《孙叔敖碑》）计然，一名研，一名倪；又姓辛，字子文。（见《史记索隐》）文种，字子禽。（见《吴越春秋》）陈仲子，字子终。（见皇甫谧《高士传》）汉高祖父太公，名端（见《后汉书》注），又名煓，字执嘉。（见《帝王世纪》）昭灵后，名含。高祖兄仲，名喜。曾参，字敬伯。申公，名培。（见《史记注》）项伯名缠，字伯。（见《汉书注》）叔孙通，名何。（见《楚汉春秋》）壶关三老，姓令胡，名茂。（见荀悦《汉纪》）杨王孙，名贵。（见《西京杂记》）佽非，亦名荆轲。（见《续博物志》）伏生，名胜，字子贱。（见西汉《碑》）文翁，名党，字仲翁。（见张崇文《历代小记》）张宗，字诸君。杜茂，字诸公。（见《陈忠传志》）杨子云所称李仲元者，名弘。（见《蜀秦宓传》）郑子真，名朴。严君平，名遵。（见王贡《两龚传》注）施延，字君子。（见《后汉书》注）田生，字子春。（见《楚汉春秋》）侯芭，字辅子。（见《论衡》）丁公，名固。（见《楚汉春秋》）卫夫人，名鑠，字茂漪。（见《翰墨志》）绿珠，姓梁，白州人。（见《绿珠小传》）吕安，字仲悌。居苗，姓应，玚从弟。（俱见《文选》注）花卿，名惊定。（见《旧唐书》）僧一行，姓张，名璲。（见《续博物志》）窦滔，字连波。（见《武后纪》）神和子，姓屈突，名无为，字无不为，张咏布衣时遇之。（见《张咏传》）失马塞翁，姓李。（见《高谷诗序》）

【译文】仓颉，姓侯刚氏。见《古篆文》注。许由，字武仲。见《庄子》释文。尧，姓伊祁。少昊，名挚，字青阳。帝喾，名夋。成汤，字高密。见《帝王世纪》。皋陶，字庭坚。孤竹君，姓墨，名台。见《孔丛子》注。伯夷，名允，一名元，字公信。叔齐，名智，字公达。见《论语》疏。中子，名仲达。见周昙《咏史》诗。彭祖，姓籛音戋，名铿。见《论语》疏。他的儿子彭胥余。见《庄子》司马彪注。老子的父亲，名乾，字元果。见《前凉录》。老子刚出生时，名玄禄。见《玄妙内品》。管叔，名度。见《史记》注。易牙，名亚。见孔颖达《疏》。逢蒙的弟弟，名鸿超。杨朱之弟，名布。见《列子》。伯乐，姓孙，名阳。师旷，字子野。见《庄子》疏。君陈，为周公的儿子、伯禽的弟弟。《周书》有《君陈篇》。见《坊记》注。鬼谷子，姓王，名诩，河南府人。

见《姓氏考》。公孙弘，字次卿。见邹长蒨的《书》。杜康，字仲宁。见魏武《短歌行》的注。孟轲，字子舆 。见《汉书》和《孔丛子》。又字子居。见《圣证论》。庄周，字休。见《列子》注。孙叔敖，名饶。见《孙叔敖碑》。计然，一名研，一名倪；又姓辛，字子文。见《史记》索隐。文种，字子禽。见《吴越春秋》。陈仲子，字子终。见皇甫谧《高士传》。汉高祖父亲太公，名煓。见《后汉书》注。又名煴，字执嘉。见《帝王世纪》。昭灵后，名含，是高祖兄仲，名喜。曾参，字敬伯。申公，名培。见《史记》注。项伯名缠，字伯。见《汉书》注。叔孙通，名何。见《楚汉春秋》。壶关三老，姓令胡，名茂。见荀悦《汉纪》。杨王孙，名贵。见《西京杂记》。佽非，亦名荆轲。见《续博物志》。伏生，名胜，字子贱。见西汉《碑》。文翁，名党，字仲翁。见张崇文《历代小说》。张宗，字诸君。杜茂，字诸公。见《陈忠传志》。扬雄提到的李仲元，名弘。见《三国志·蜀志·秦宓传》。郑子真，名朴。严君平，名遵。见《汉书·王贡两龚传》注。施延，字君子。见《后汉书》注。田生，字子春。见《楚汉春秋》。侯芭，字辅子。见《论衡》。丁公，名固。见《楚汉春秋》。卫夫人，名鑠，字茂漪。见《翰墨志》。绿珠，姓梁，白州人。见《绿珠小传》。吕安，字仲悌。居苗，姓应，是应玚的堂弟。都见《文选》注。花卿，名惊定。见《旧唐书》。僧一行，姓张，名璲。见《续博物志》。窦滔，字连波。见《武后纪》。神和子，姓屈突，名无为，字无不为，张咏布衣时遇之。见《张咏传》。失马的塞翁，姓李。见《高谷诗序》。

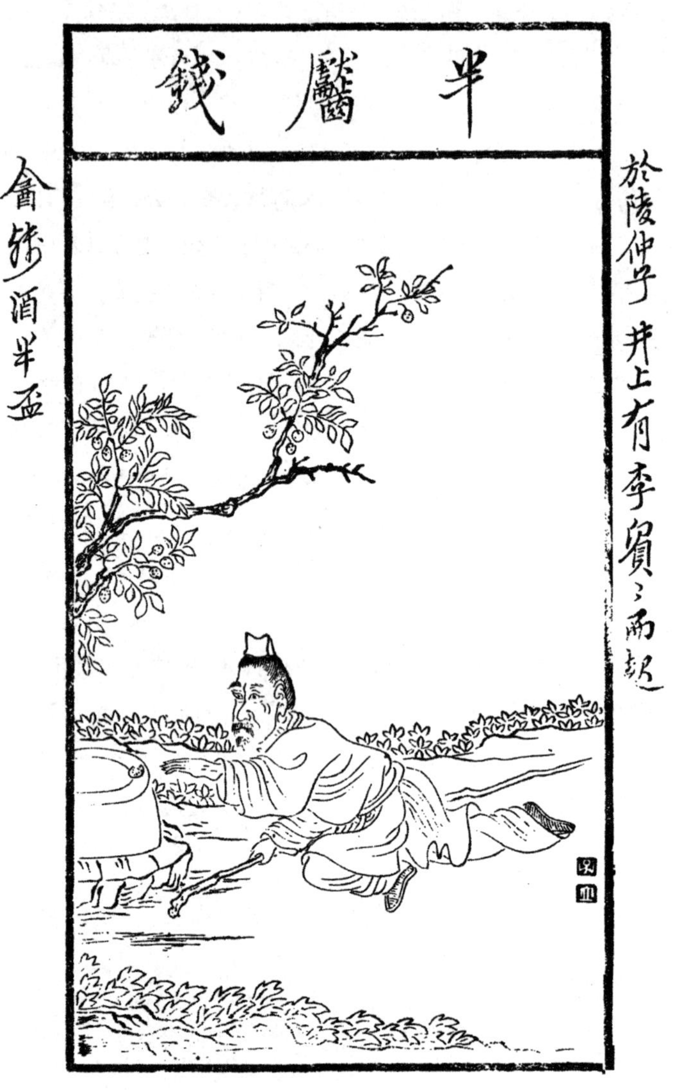

於陵仲子（陈仲子），选自（明）陈洪绶版画《博古叶子》

辨疑

禹陵　大禹东巡，崩于会稽。现存陵寝，岂有差讹？且史载夏启封其少子无余于会稽，号曰“於越”，以奉禹祀，则又确确可据。今杨升庵争禹穴在四川，则荒诞极矣。升庵言石泉县之石纽村，石穴深杳，人迹不到，得石碑有“禹穴”二字，乃李白所书，取以为证。盖大禹生于四川，所言禹穴者，生禹之穴，非葬禹之穴也。此言可辨千古之疑。

甘罗十二为丞相，古今大误。《史记》云：甘罗事吕不韦。秦欲使张唐使燕，唐不肯行。罗说而行之，乃使罗于赵。赵王郊迎，割五城以事秦。罗还报秦，封为上卿，不曾为丞相。相秦者是甘罗之祖甘茂。封罗后，遂以茂之田宅赐之。

【译文】禹陵　大禹东巡时，在会稽去世。现存他的陵寝，难道会有差错舛讹？况且《史记》记载夏启将他的最小的儿子无余封在会稽，号称“於越”，用以供奉大禹的祭祀，这可是确凿有证据的。现在杨慎持不同意见，认为禹穴在四川，那就简直太无稽了。杨慎说石泉县的石纽村，那里石洞深邃，没有人进去过，在那发现一块石碑，上面写着“禹穴”两字，是李白所写，用来作为证据。这大概是因为大禹在四川出生，那里的禹穴，是大禹诞生的洞穴，不是葬禹的洞穴。这话可以解释千古的疑案。

说甘罗十二岁为丞相，古往今来许多学者都犯了大错误。《史记》上说：甘罗在吕不韦手下办事，秦国想派张唐出使燕国，张唐因为得罪赵国，而经过燕国肯定会经过赵国，所以不肯去。甘罗说服让他出发。于是派甘罗先出使赵国。赵王到郊外迎接，割让五座城讨好秦国。甘罗回国汇报工作，被封为上卿，不曾担任丞相。做秦国宰相的是甘罗的祖父甘茂。封甘罗为上卿以后，便将甘茂的土地房屋赐给他了。

共和　幽王既亡，有共伯和者摄行天子事，非二相共和也。见《姓氏考》。

子产字子美（见《左传》注），东坡放鱼诗：“不怕校人欺子美。”注者疑是杜少陵，则误矣。

蒙正住破窑　吕蒙正父龟图与母不合，并蒙正逐之。贫甚，投迹龙门寺僧，凿山岩为龛以居。今传奇谓同妻住破窑，殊为可笑。

日落九乌　乌最难射。一日而落九乌，言羿之善射也。后以为羿射落九日，非是。

【译文】共和　周幽王死后，有一人名叫共伯和代理天子的事务，不是说周公、召公共同管理国家。见《姓氏考》。

子产字子美（见《左传》注），东坡《放鱼诗》写道：“不怕校人欺子美。”注释诗句的人怀疑是杜甫（字子美），那是是错误的。

蒙正住破窑　吕蒙正的父亲吕龟图和吕蒙正的母亲关系不和，将他和吕蒙正一起赶出门。他们太穷了，便投靠龙门寺的僧人，在山岩上凿出石龛居住。如今的传奇反而说吕龟图和妻子一起住在破窑里，实在可笑。

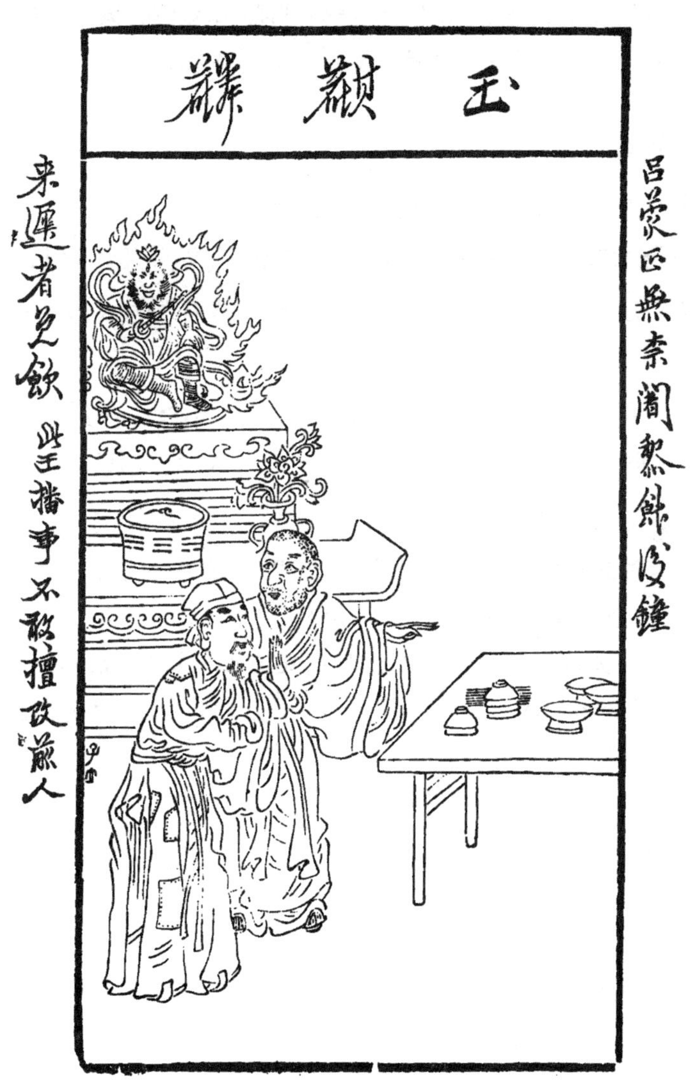

吕蒙正，选自（明）陈洪绶版画《博古叶子》

日落九乌　乌鸦最难射死。一天射落九只乌鸦，是形容后羿善于射箭罢了。后人认为后羿射落九个太阳，并不是这样。

汉寿　在四川保宁府广元县。汉封关公为汉寿亭侯。汉寿，邑名。亭侯，爵名。后人称寿亭侯者，误。

五大夫松　秦始皇登泰山，风雨暴至，避于松树之下，封其树为“五大夫”。五大夫，秦官第九爵。今人有误为五株松者，非也。

夏国　扬州漕河东岸有墓表，题曰“夏国公墓道。”夏音虔，与夏字相类，少一发笔，下作“又”。行人遂误为夏国公。盖明顾公玉之封号，赐地葬此也。

【译文】汉寿　在四川保宁府广元县。汉朝关公封为汉寿亭侯。汉寿，是个邑名。亭侯，是个爵名。后人称关羽为寿亭侯是错的。

五大夫松　秦始皇登上泰山时，遇到大风暴雨，便在松树下面躲避，将松树封为“五大夫”。五大夫，是秦朝官爵的第九爵。现在的人误以为有五株松树是错的。

夏国　扬州漕河到东岸有一块墓表，上面题着“夏国公墓道。”夏音虔，和夏字挺像，只是少了一撇，下面写作“又”。路人便误以为叫“夏国公”。这是明朝顾玉的封号，皇帝赐予墓地，葬在这里。

饭后钟　王播，字明敭。少孤贫，客游扬之木兰院，寄食僧斋。僧颇厌薄，乃斋罢而后击钟。播怒题诗于壁。今以为吕蒙正事，则非也。

马前覆水　太公望妻马氏，弃夫而去，后见太公富贵求归。

命收覆水。今指为朱买臣，非。

女儿乡　吴败越，句践与夫人入吴，至此产女而名。今误传范蠡进西施于吴，与之通而生女，殊为可笑。

【译文】饭后钟　王播，字明敭。小时候是孤儿，又很贫穷，流浪到扬州的木兰院，在佛寺里蹭饭吃。僧人十分厌恶轻视他，于是吃过斋饭后才敲钟。王播愤怒地在墙壁上题诗。现在别人认为是吕蒙正的故事，这是错的。

马前覆水　姜太公的妻子马氏，抛弃丈夫离去。后来看见丈夫变富贵了，就请求复合。姜太公让她把泼出去的水收到盆里就答应请求。如今别人都认为是朱买臣，这是错的。

女儿乡　吴国打败越国后，越王句践和夫人被迫来到吴国。当他们经过此地时，在这里生下一个女儿，因而得名女儿乡。如今别人却讹传成范蠡送西施到吴国去的途中，在这里和她私通生下了女儿，特别可笑。

朱买臣，选自（明）陈洪绶版画《博古叶子》

析类

有同时同姓名者。两曾参：一曾参杀人，而致曾子之母投杼。两毛遂：一毛遂堕井，而致平原君之痛哭。

异世则两鲁秋胡。列国一鲁秋胡，因妇采桑，调其妻，投水死。汉一鲁秋胡，求聘翟氏女，翟公误传调妻事，以为薄行，而不许婚。俱可笑也。

其次如国师刘秀，以名应图谶，为王莽所杀；而诛王莽者为光武，亦刘秀。莽遣太师安新公王匡，攻更始定国上公王匡，不胜，为所执杀。唐李尚书益与宗人益者，俱赴饮，据上坐。因笑曰："今日两副坐头俱李益。"代宗用韩翃知制诰。宰相以平卢幕府员外及江淮刺史请。上书："春城无处不飞花，用此韩翃。"而员外得之。事皆奇。

【译文】有同时同姓名的人。春秋有两个曾参，一个曾参杀过人，致使曾子的母亲扔掉织布机的梭子逃走。战国有两个毛遂，一个毛遂掉井里淹死，致使平原君为他痛哭。

不同时代有两个鲁秋胡：战国时有一个鲁秋胡，因为看见漂亮的妇女在采桑，就调戏她，谁知竟是自己的妻子，妻子最后投水而死。汉朝有一个鲁秋胡，向翟氏女儿求婚，翟公因为听见秋胡调戏妻子的事，以为他是个轻薄的人，便不把女儿嫁给他。这两件事都很可笑。

另外还有：国师刘秀，因为名字对应图谶的预言，被王莽杀掉；而杀掉王莽的是光武帝，也叫刘秀。王莽派遣太师安新公王匡去攻打更始帝的定国上公王匡，打了败仗，被后者抓住杀死了。唐朝的尚书李益和族人叫李益的，一起赴宴，都坐在上座，因而笑道："今天两个上座都是李益。"代宗任命韩翃掌管诏书起草。宰相说有平卢幕府员外和江淮刺史两个韩翃。皇帝批说："春城无处不飞花，用这个韩翃。"因而平卢幕府员外得到任命，以上这些事都很奇特。

其他同时者。汉时两韩信，俱高帝时，一封楚王，一封韩王。三邵平：一故秦东陵侯；一为齐王上柱国；一齐相。两恢，俱武帝时，一浩侯；一大行，谋诱匈奴者也。两王臧，武帝朝。一，二年以郎中令自杀；一，六年为太常。两王商，俱成帝外戚。一为丞相、乐昌侯；一为大司马、成都侯。两王章，俱成帝时，一，河平三年以太仆为右将军，六年复为太常；一，四年以京兆尹直言死。两王崇，俱平帝时，一新甫侯，故丞相嘉子；一大司空、扶平侯。魏两王烈，一字彦方，有隐德；一字长体，有道术。鲁两王浑，一为凉州刺史，系戎之父；一为司徒，系济之父。两王澄，一即济之弟，封侯；一即戎从弟，荆州都督。两孙秀，一吴降将；一赵王伦嬖臣。俱拜骠骑将军，封公。两周抚，一为王敦将；一为彭城内史诛。梁两王琳，一散骑常侍；一德州刺史。唐两李光进，俱代宗朝，一为光弼弟；一为光颜兄。俱蕃将，赐姓，为节度使，封公。唐两李继昭，俱昭宗时，一为孙德昭；一为符道昭。俱赐姓名，降朱梁，为使相。宋两王著，俱太祖时，一以文学典制；一以书学待诏。金两讹可，俱大将。

【译文】其他同一个时代的人。汉朝时有两个韩信，都在汉高祖时代，一个被封为楚王，一个被封为韩王。三个邵平：一个是秦国的东陵侯；一个是齐王的上柱国；还有一个是齐国的丞相。两个王恢，都在武帝时期，一个被封为浩侯；一个担任大行，曾谋划伏击匈奴。两个王臧，都在武帝时期。一个在汉武帝二年担任郎中令时自杀；一个在汉武帝六年担任太常。两个王商，都是汉成帝的外戚。一个担任丞相、乐昌侯；一个担任大司马、成都侯。两个王章，都在汉成帝时，一个在河平三年（公元26年）从太仆升为右将军，河平六年又担任太常；一个在四年担任京兆尹时因为直言极谏而死。两个王崇，都在平帝时，一个是新甫侯，是已故丞相王嘉的儿子；一个是大司空、扶平侯。魏国有两个王烈，一个字彦方，有隐士的操行；一个字长体，有道术。鲁国有两个王浑，一个是凉州刺史，王戎的父亲；一个是司徒，是王济的父亲。两个王澄，一个是王济的弟，曾被封侯；一个是王戎的堂弟，担任荆州都督。两个孙秀，一个是吴国的降将；一个是赵王司马伦的宠臣。都曾担任过骠骑将军，封为公爵。两个周抚，一个是王敦的将领；一个被彭城的内史杀掉。梁朝时有两个王琳，一个担任散骑常侍；一个担任德州刺史。唐朝有两个李光进，都在代宗朝，一个是李光弼的弟弟；一个是李光颜的兄长。都曾担任蕃将，被皇帝赐姓“李”，都是节度使，封为公爵。唐朝有两个李继昭，都在昭宗朝，一个是孙德昭；一个是符道昭。都被皇帝赐予姓名，都投降朱温的梁国担任使相。宋朝有两个王著，都在宋太祖朝，一个以文学担任典制；一个以书法担任待诏。金朝两个讹可，都担任大将。

稍先后者。吴两公子庆忌，一王僚子，一夫差末年将。楚两庄跻，一庄王时大盗；一庄王裔孙，将军，平滇自王者。汉两王莽，一右将军；一大司马，篡位者。两王凤，一大司马、大将军，一更使成国上公。两王谭，一宜春侯，一平阿侯。两徐干，一都护班超司马，一丞相曹操掾。晋两刘毅，一光禄大夫，一卫将军。两张禹，一丞相，一太傅，俱封侯。两解系，一见《陶璜传》，一自有传。两王铠，一武帝舅，一安帝时丹阳尹。元两伯颜，一太傅淮阳王，一大丞相秦王。两萧钧，一萧鸾子，梁武时中书郎；一萧瑀从子，唐太宗时率更令。

【译文】时代稍微先后的同名同姓的人：吴国两个公子庆忌，一个是王僚儿子，一个是夫差末年的将军。楚国两个庄跻，一个是庄王时期的大盗；一个庄王的子孙，担任将军，平定云南地区自立为王。汉朝两个王莽，一个担任右将军；一个担任大司马，是篡位的那个。两个王凤，一个担任大司马、大将军，一个担任更始帝的成国上公。两个王谭，一个担任宜春侯，一个担任平阿侯。两个徐干，一个担任都护班超的司马，一个担任丞相曹操的丞相掾。晋朝有两个刘毅，一个担任光禄大夫，一个担任卫将军。两个张禹，一个担任丞相，一个担任太傅，都被封侯。两个解系，一个见于《陶璜传》，一个自身有传记。两个王铠，一个是武帝的舅舅，一个在安帝时担任丹阳尹。元两个伯颜，一个担任太傅、封为淮阳王，一个担任大丞相、封为秦王。两个萧钧，一个是萧鸾的儿子，梁武时担任中书郎；一个是萧瑀的从子，唐太宗时担任率更令。

异代而相类者。两王肃，曹魏中领军，为魏制礼；元魏尚书令，亦为魏制礼。两王殷，朱梁时者以节度使叛诛；后周太祖时者亦以节度使叛诛。两王彦章，梁大将，为晋擒；吴统军，为楚擒。两王珪，唐侍中；宋左仆射、门下侍郎。两王溥，一唐懿宗时；一周世宗时，俱宰相。仙人有两王乔，其一即子晋也；其一为柏人令，天坠玉棺以葬者。僧有两智永，一梁书僧，一宋画僧。两辨才，一唐藏《兰亭》真本者，一宋与苏子瞻友者。光武时，固始侯李通；魏武时，都亭侯李通。卫大夫王孙贾，齐大夫王孙贾。魏徐邈，字景山，见重武帝，为侍中。晋徐邈，字仙民，见重武帝，为中书舍人。魏将军张辽；汉兖州刺史张辽，字叔高。汉中郎将江革，梁御史中丞江革。梁李膺为蜀使至郡，武帝悦之，问曰："今李膺何如昔李膺？"晋文公有咎犯，平公有咎犯，善隐任政。晋李密以祖母老辞官，后魏李密以母老习医，又隋李密封蒲山公。则天时王方庆为相；又王方庆领尚药奉御。高宗初张昌宗，为修文馆学士；则天末张昌宗，为春官侍郎。

【译文】不同时代同名同姓的人。两个王肃，一个在曹魏时担任中领军，为魏国制作了礼法；一个在元魏时担任尚书令，也是魏国制作礼法的人。两个王殷，五代梁国时期的那个担任节度使，后来叛乱被杀；后周太祖时期的那个也担任节度使，后来叛乱被杀。两个王彦章，一个是梁国的大将，曾被晋国俘虏；一个是吴国统军大将，曾被楚国俘虏。两个王珪，一个是唐朝的侍中；一个是宋朝的左仆射、门下侍郎。两个王溥，一个在唐懿宗时；一个在周世宗时，都担任宰相。仙人有两个王乔，其中一个就是周朝的王子晋；其中一个担任柏人令，也就是天上掉下一口玉棺，后来葬在里面的那个。僧人中有两个智永，一个是梁朝时擅长书法的僧人，一个是宋朝时擅长绘画的僧人。两个辨才，一个在初唐时收藏有真本《兰亭序》，一个在宋朝和苏轼是好朋友。光武帝时，有个封为固始侯的李通；魏武帝时，也有个担任都亭侯的李通。卫国的一个大夫叫王孙贾，齐国的一个大夫也叫王孙贾。魏国有个徐邈，字景山，很受魏武帝的重视，担任侍中。晋国也有个徐邈，字仙民，很受晋武帝的重视，担任中书舍人。魏国有个将军叫张辽；汉朝的兖州刺史也叫张辽，字叔高。汉朝的中郎将叫江革，梁朝的御史中丞也叫江革。梁朝的李膺担任蜀国使臣到京都，梁武帝很喜欢他，问他说："如今的李膺比起汉朝的李膺怎么样？"晋文公有个大臣叫咎犯，晋平公有个大臣也叫咎犯，因为擅长说隐语，被委任政务。晋朝的李密因为祖母太老了而辞官，后魏的李密因为母亲太老了学习医术，另外隋朝的李密被封为蒲山公。武则天时的王方庆担任宰相；另外还有个王方庆担任尚药奉御。唐高宗初年有个人叫张昌宗，担任修文馆学士；武则天晚年有个人也叫张昌宗，担任春官侍郎。

父子同名者二人。隋处士罗靖，父亦名靖；魏大将安同，父名屈，子亦名屈。

有数世同之字者。王彪之、临之、纳之、淮之、舆之、进之，凡六世；王胡之、茂之、裕之、瓒之、秀之，凡五世；王羲之、献之、靖之、悦之，凡四世；王晏之、昆之、陋之、徐逵之、湛之、书之，凡三世；胡毋辅之、谦之；吴隐之、瞻之；颜悦之、恺之，凡两世；俱仍"之"字。

【译文】父子同名同姓的有两个：隋朝的处士罗靖，其父亲也名叫罗靖；魏国的大将安同，父亲名叫安屈，他儿子也名叫安屈。

有几代人名字里都有"之"字的：王彪之、王临之、王纳之、王淮之、王舆之、王进之，一共有六代人；王胡之、王茂之、王裕之、王瓒之、王秀之，一共有五代人；王羲之、王献之、王靖之、王悦之，一共有四代人；王晏之、王昆之、王陋之，徐逵之、徐湛之、徐书之，各自有三代人；胡毋辅之、胡毋谦之；吴隐之、吴瞻之；颜悦之、颜恺之，各自有两代人，他们的名字中都带有“之”字。

古今事有绝相类者。圣主时投水，人知有卞随务光，而不知有北宫无择。骑青牛，人知有老子，而不知有封达。生空桑，人知有伊尹，而不知有孔子。白鱼入舟，人知有周武王，而不知有宋明帝。河澌永合，人知有汉光武之滹沱，而不知有慕容德之黎阳。凤雏，人知有庞统，而不知有顾邵。献胙加毒，以谗赐死，人知有晋献公子申生，而不知有秦孝文王子西蜀侯恽。思妾令方士致魂，人知汉武之于李夫人，而不知宋武之于殷淑仪。治阿誉闻而阿不治，人知齐宣王之大夫，而不知景公之晏子。梦寐求相，人知高宗之傅说，而不知文王之臧丈人。题壁作龙蛇歌，人知有晋文之介子推，而不知晋文之舟子侨。秦许楚地而背之，人知张仪之于楚怀王，而不知冯章之于楚王。先食不死之药，而以巧言免死，人知东方朔之于汉武帝，而不知中射之士之于楚王。倚柱读书，雷震不辍，人知有夏侯玄，而不知有诸葛诞。一字值百金，人知《淮南子》，而不知《公孙子》。妻弃夫，人知朱买臣，而不知太公望。沉江负父，人知孝女曹娥，而不知赵祉女光络。掘地得石椁，人知有滕公，而不知有卫灵飞廉。看竹不问主人，人知有王徽之，而不知有袁粲。获偷侍儿人试文不杀，因以赐之，人知有杨素之于李靖，而不知有蔡兴宗之于孙敬玉。侍儿环执饮馔，人知有王武子，而不知有杨国忠、孙晟。国忠、晟，又俱号肉台盘。羊羹不遍致败，人知华元之于御斟，而不知中山王之于司马子期。乳生湩，人知有元德秀，而不知有李善。彩衣娱亲，人知有老莱，而不知有伯俞。智囊，人知有晁错，而不知有樗里子鲁匡。读《易》至《损》《益》而叹，人知有向平，而不知有孔子。佩六国印，人知有苏秦，而不知有栾大。以石为虎，射之没羽，人知有李广、李远，而不知有熊渠子。逐兔堕马，折胁而殂，人知有齐主高演，而不知燕主慕容皝。倒用印，人知有段秀实之阻朱泚，而不知有李崧之安蜀。一日杀二烈，人知有袁绍之于臧洪、陈容，而不知有张敬儿之于边荣、程邕之。能使人主前席，人知有贾谊，而不知有商鞅、苏绰。饮千日酒，至期发冢而醒，人知有刘玄石，而不知有赵英。御屏隔座，人知有汉郑弘、第王伦，而不知有吴纪亮、纪骘。杯中蛇影，人知有乐广，而不知有南皮令应柳乐弓应弩。杀孝妇，大旱三年，人知有前汉之东海，而不知有后汉之上虞。万石君，人知有石奋，而不知有秦袭、张文瓘。留犊事，人知有时苗，而不知有羊篇。食脱粟，人知有公孙弘，而不知有晏婴。《钱神论》，人知有鲁褒，而不知有胡毋民、成公绥。记半面人，人知有杨愔，而不知有应凤。陈蕃下榻，人知有徐穉，而不知有周璆。雪中高卧，人知有袁安，而不知有胡定。梦赠笔，人知有江淹，而不知有王彪之、王珣、纪少瑜、陆倕、李白、和凝、李峤、马裔孙。噀酒救火，人知有栾巴，而不知有樊英、邵信臣、郭宪、佛图澄、武丁。入水戮蛟，人知有周处，而不知有澹台子羽、荆佽飞、丘訢。羊车游后宫，以盐水洒地，人知有晋武，而不知有宋文。御膳中有发，自数三罪以免死，人知晋平公之庖人，而不知光武之陈正。因病尝粪，人知勾践之于吴夫差，而不知郭弘霸之于魏元忠。以酒赐妒妇，饮之无恙，人知太宗之于房玄龄，而不知庄宗之于任圜。即席尽器饮酒，归而尚醒，称所得器，人知裴弘泰之于裴钧，而不知潘岏之于朱梁太祖。下第献燕诗，座主以明年登第，人知有章孝标，而不知有于化成。刻石高山深谷，人知有杜预，而不知有颜真卿。赐行酒人炙，人知有顾荣，而不知有何逊、阴铿。一箭落双雕，人知有斛律光，而不知有拓跋干、高骈。锦缆事，人知有隋炀，而不知有甘宁。燃脐膏为烛，人知有董卓，而不知有满奋。还带，阴德至相位，人知有裴中令，而不知白中令。少孤门生废《蓼莪》，人知有王裒，而不知有顾欢。发冢，类远祖貌，人知有萧颖士之于鄱阳王，而不知有吴纲之于长沙王。入山，妻二仙女而归，人知有天台之刘晨、阮肇，而不知有剡县之袁相、根硕。因食辨劳薪，人知有荀勖，而不知有师旷。强索妾，人知有孙秀、武承嗣，而不知有阮佃夫。闻鼓角声加敬，人知有范云之于梁武，而不知有到仲举之于陈武。誓墓不仕，人知有王羲之，而不知有何偃。通它心观，人知有国忠师之于大耳三藏，而不知有普寂之于柳中庸。祭赛忘书刀在庙，鲤鱼为送，人知有马当山之王昌龄，而不知有宫亭湖之袥客。弈棋覆局，人知有王粲，而不知有到溉。制《千字文》，人知有周兴嗣，而不知有萧子范。赠柳妾，人知有韩翃，而不知有李还古。即位御床陷地，人知有桓玄，而不知有侯景。误食澡豆，人知有王敦，而不知有陆畅。殡逆旅书生，人知有王忳，而不知有鲍子都、廖有方。桥神貌丑，以足潜画之，人知有定州之张平子，而不知有忖留神之鲁般。骆驼负水，养鱼军中，人知有宋孙仁祐，而不知有隋虞孝仁。杀负心仆，人知有张咏，而不知有柳开。赐金莲烛归院，人知有苏轼，而不知有王珪。晋平公出言不当，师旷举琴撞之，跌衽宫壁。魏文侯出言不当，师经举琴撞之，中旒溃。（一见《淮南子》，一见刘向《说苑》）燕太后不肯以少子质齐，因陈翠爱子之说而许。赵太后不肯以少子质秦，因左师触龙爱少子之说而许。（一见《赵世家》，一见《战国策》）高齐神武不贵慕容绍宗，以留文襄。唐文皇暂出李勣，以留高宗。（俱见《本纪》）申鸣援桴而进战，为贼杀其父，功成而自杀。赵苞援桴而进战，为贼杀其母，功成而呕血死。（一见《说苑》，一见《后汉书》）医诊脉晋平公，而曰："君之病在膏之下，肓之上。"秦武王示扁鹊病，而曰："君之病在耳之前，目之上。"谓皆以色致也。（一见《左传》，一见《战国策》）东方朔知赤物为怪哉，饮酒十石。李章武知铁斧为厌物，饮血三斗。（一见《搜神记》，一见《酉阳杂俎》）怀素习书数亩芭蕉。郑虔习书数屋柿叶。（俱见《法书录》）孙膑刖足于魏，而为齐师。司马喜刖足于宋，而为中山相。（一见本传，一见《吕氏春秋》）王济以钱千万与王恺赌射八百里牛，一胜而探牛心。尔朱文略以好婢与高归彦赌射千里马，一胜而截马头。（一见《晋书》，一见《北齐书》）鄂千秋明萧何功高，立封侯。公孙戎明樊哙不反，立封二千户。（一见《萧何传》，一见《王莽传》）兖州刺史李恂，郡园小麦、胡麻，悉付从事。扬州刺史费遂，郡园小麦、胡麻，悉付从事。（一见《东观记》，一见谢承《后汉书》）孙权得诸葛恪，而以老桑熟龟精。张华得雷焕，而以老桑辨狐精。（一见《搜神记》，一见《集异志》）汉郭林宗遇雨，巾折角，人遂为折角巾。周独孤信驰马，帽微侧，人遂为侧帽。（一见《后汉书》，一见《北史》）严畯为吴大帝诵《孝经·仲尼居》，张辅、吴昭以为鄙生，请诵《君子之事上章》。陆澄为齐武帝诵《孝经·仲尼居》。王卫军俭以为博而寡要，请诵《君子之事上章》。（一见《吴志》，一见《南齐书》）吴大帝梦人以笔点额，熊循贺以当作主；齐文宣梦人以笔点额，王昙哲贺以为当作主，俱遂即位。（一见吴祚《国统志》，一见《齐书》）魏文帝为王时，梦日堕地，分为三分，已得一分，纳诸怀中。陈文帝微时，梦亦然。后俱为三分之主。（一见《谈薮》，一见《陈本纪》）张茂先白鹦鹉梦为鸷鸟搏。杨太真白鹦鹉亦梦为鸷鸟搏。（一见《异苑》，一见《明皇杂录》）欧阳率更见《索靖碑》，初看曰："浪得虚名。"次日看，曰："名下定无虚士。"坐卧其下，十日不能去。阎立本见张僧繇画，亦然。（俱见《宣和书画谱》），杨司空素出见客，挟侍姬红拂，因奔李靖。郭汾阳子仪出见客，亦挟侍姬红绡，因奔崔千牛，（一见《虬髯客传》，一见《昆仑奴传》）饱蚊温席，人知有吴猛，而不知汉时番禺之有罗威。

【译文】有古今极为类似的事情。在圣明君王的时代还有投水自杀的，人人只知道有卞随、务光，却不知道有北宫无择。骑青牛的，人人只知道有老子，却不知道有封达。在空桑里出生的，人人只知道有伊尹，却不知道有孔子。白鱼跳入船中，人人只知道有周武王，却不知道有宋明帝。河里的冰再次冻上，人人只知道有汉光武的滹沱，却不知道慕容德过黎阳时也发生过。凤雏，人人只知道有庞统，却不知道有顾邵。别人在进献的腊肉里下毒，自己却被诬陷而赐死的，人人只知道有晋献公的公子申生，却不知道有秦孝文王儿子西蜀侯恽。想念爱妾让方士召来魂魄的，人人只知道汉武帝对待李夫人是这样，却不知道宋武帝对待殷淑仪也是这样。治理东阿的名声很响，可是东阿并没被治理好，人人只知道齐宣王时候的大夫，却不知道齐景公时候的晏子。睡梦中求得宰相，人人只知道高宗时期的傅说，却不知道周

九万贯

虬髯客，选自（明）陈洪绶版画《博古叶子》

文王时期的臧丈人。在墙壁题写龙蛇歌的，人人只知道有晋文公时期的介子推，却不知道晋文公时期的舟子侨。秦国许给楚国领土转后就背弃的，人人只知道张仪对于楚怀王是这样，却不知道冯章对于楚王也是这样。先吃了长生不死的药，而后用机智的话免除死罪的，人人只知道东方朔对汉武帝是这样，却不知道中射之士对楚王也是这样。倚着柱子读书，被雷电打中柱子还继续读的，人人只知道有夏侯玄，却不知道有诸葛诞。一个字价值百金的故事，人人只知道《淮南子》，却不知道《公孙子》。被妻子抛弃的，人人只知道朱买臣，却不知道太公望。沉入江底寻找父亲将他驮出来的，人人只知道孝女曹娥，却不知道赵祉的女儿光络。挖地发现石棺椁的，人人只知道有滕公，却不知道有卫灵飞廉。欣赏竹子却不和主人说话的，人人只知道有王徽之，却不知道有袁粲。拿住偷窃侍女的人，后来测试文采不凡就不杀掉，因而赐予他侍女的，人人只知道杨素对李靖是这样，却不知道蔡兴宗对孙敬玉也是这样。侍女围绕着端盘子服侍用餐的，人人只知道有王武子，却不知道有杨国忠、孙晟。杨国忠、孙晟，又都被称为“肉台盘”。羊肉羹没有赐予周全导致打败仗的，人人只知道华元对车夫羊斟是这样，却不知道中山王对司马子期也是这样。乳头流出汁液的男人，人人只知道有元德秀，却不知道有李善。身穿鲜艳的儿童衣服讨父母欢心的，人人只知道有老莱，却不知道有伯俞。被称为“智囊”的，人人只知道有晁错，却不知道有樗里子和西汉时的鲁匡。读《易经》到《损》《益》两卦时感叹的，人人只知道有向平，却不知道有孔子。佩带六国的相印，人人只知道有苏秦，却不知道有栾大。将石头误当成老虎，射箭把箭头都射进石头里的，人人只知道有李广、李远，却不知道有熊渠子。打猎时追逐兔子跌到马下，撞折了肋骨而死去的，人人只知道有齐国国主高演，却不知道燕国国主慕容皝。倒着盖印章，人人只知道有段秀实是这样阻拦朱泚的军队，却不知道有李崧也是这样稳定蜀地。一天杀死两个刚烈之士，人人只知道有袁绍对臧洪、陈容是这样，却不知道有张敬儿对边荣、程邕之也是这样。能让君主向自己移近席子的，人人只知道有贾谊，却不知道有商鞅、苏绰。喝下“千日酒”，到一千天后打开坟墓时苏醒的，人人只知道有刘玄石，却不知道有赵英。朝觐皇帝时用屏风隔开座位，人人只知道有汉朝的郑弘、第五伦，却不知道有吴国的纪亮、纪鹭。看到杯子里有蛇，其实是弓的影子，人人只知道有乐广的故事，却不知道有南皮县令应柳的故事（乐广看到的是弓，应柳看到的是弩）。杀死孝顺的妇人，当地发生三年大旱的，人人只知道有前汉的东海，却不知道有后汉的上虞。被称为万石君的，人人只知道有石奋，却不知道有秦袭、张文瓘。上任时乘牛，牛生下小牛，解职时留下小牛的，人人只知道有时苗，却不知道有羊篇。食用糙米的，人人只知道有公孙弘，却不知道有晏婴。写出《钱神论》的，人人只知道有鲁褒，却不知道有胡毋民、成公绥。半面识人的，人人只知道有杨愔，却不知道有应凤。陈蕃为贤者留着专用坐榻，人人只知道有徐稺，却不知道有周璆。在大雪天高卧不起的，人人只知道有袁安，却不知道有胡定。睡梦中被人赠与毛笔的，人人只知道有江淹，却不知道有王彪之、王珣、纪少瑜、陆倕、李白、和凝、李峤、马裔孙。喝酒喷出来救火的，人人只知道有栾巴，却不知道有樊英、郃信臣、郭宪、佛图澄、武丁。沉入水里斩杀蛟龙的，人人只知道有周处，却不知道有澹台子羽、荆佽飞、丘䜣。乘坐小羊拉的车在后宫乱跑用来选择临幸的妃子，用盐水洒在地上吸引羊车的，人人只知道有晋武帝，却不知道有宋文帝。御膳中发现头发，让他自己陈述三条罪状可以免死的，人人只知道晋平公的厨人，却不知道光武帝时被人陷害的陈正。品尝病人的粪来推断病情的，人人只知道句践对于吴王夫差是这样，却不知道郭弘霸对于魏元忠也是这样。假称是毒酒赐给妒妇，喝了没事的，人人只知道太宗对于房玄龄的夫人是这样，却不知道庄宗对于任圜的夫人也是这样。在筵席上将银制酒器中的酒喝干，回到家还清醒，将获得的银酒器称重的，人人只知道裴弘泰对裴钧是这样，却不知道潘岏对梁太祖朱温也是这样。落第后献上燕诗，主考官准许明年让他考上的，人人只知道有章孝标，却不知道有于化成。在高山和深谷分别树碑的，人人只知道有杜预，却不知道有颜真卿。赐给倒酒仆人烤肉吃的，人人只知道有顾荣，却不知道有何逊、阴铿。一支箭射落两只大雕的，人人只知道有斛律光，却不知道有拓跋干、高骈。锦锻制成船上缆绳的故事，人人只知道有隋炀帝，却不知道有甘宁。以肚子的脂肪当作油在肚脐上点灯，人人只知道有董卓，却不知道有满奋。归还玉带，因为积阴德后来官至宰相的，人人只知道有裴度，却不知道白敏中。小时候失去父母的门生都不读《蓼莪》的，人人只知道有王裒，却不知道有顾欢。发掘坟墓，发现自己像远祖的，人人只知道有萧颖士之于鄱阳王，却不知道有吴纲之于长沙王。到深山里，娶了二位仙女，后来回家发现已经过了几世的，人人只知道有天台山的刘晨、阮肇，却不知道有剡县的袁相、根硕。从吃的饭里分辨出烧饭用的是陈年木材的，人人只知道有荀勖，却不知道有师旷。强行讨要爱妾的，人人只知道有孙秀、武承嗣，却不知道有阮佃夫。听到鼓角声就生出敬意的，人人只知道有范云之于梁武帝，却不知道有到仲举之于陈武帝。在墓前发下不再出仕誓言的，人人只知道有王羲之，却不知道有何偃。通晓他心观的，人人只知道有国忠师对于大耳三藏是这样，却不知道有普寂和柳中庸也是这样。祭祀酬神时将书刀亡在了庙里，鲤鱼给送回来了的，人人只知道有马当山的王昌龄，却不知道有宫亭湖的祐客。看别人下棋，将别人棋局弄乱后还能恢复的，人人只知道有王粲，却不知道有到溉。编纂《千字文》的，人人只知道有周兴嗣，却不知道有萧子范。赠诗给柳姓小妾的，人人只知道有韩翃，却不知道有李还古。即位做皇帝时龙床宝座陷下去的，人人只知道有桓玄，却不知道有侯景。误将洗澡用的豆子吃掉的，人人只知道有王敦，却不知道有陆畅。将旅馆的书生埋葬的，人人只知道有王忳，却不知道有鲍子都、廖有方。看见桥神容貌丑陋，暗地里用脚尖在地上画下相貌的，人人只知道有定州的张衡，却不知道有忖留神的鲁般。部队行军时用骆驼驮着水，在里面养鱼，人人只知道有宋朝的孙仁祐，却不知道有隋朝虞孝仁。杀掉背叛的仆人的，人人只知道有张咏，却不知道有柳开。被皇帝赐予金莲烛让他回翰林院的，人人只知道有苏轼，却不知道有王珪。晋平公说话不恰当，师旷用琴去撞他，撞坏了宫殿的墙壁。魏文侯说话不恰当，师经用琴撞他，将冠打坏。（一见《淮南子》，一见刘向《说苑》）燕太后不肯让小儿子到齐国作为人质，因为陈翠爱儿子的言谈而回心转意。赵太后不肯把小儿子送到秦国做人质，因为左师触龙爱小儿子的言论而回心转意。（一见《赵世家》，一见《战国策》）北齐的神武帝高欢不再看重慕容绍宗，因而留下了文襄帝高澄作为皇帝。唐太宗暂时让李勣出去，从而留下了高宗。（都见《本纪》）申鸣举着鼓槌擂鼓进攻，因为贼人杀死了自己父亲，成功后就自杀了。赵苞举着鼓槌擂鼓进攻，因为贼人杀死了自己母亲，成功后吐血而亡。（一见《说苑》，一见《后汉书》）医生给晋平公诊脉说："您的病在膏的下边，肓的上边。"秦武王让扁鹊看病，扁鹊说："您的病在耳的前边，眼的上边。"都是因为好色得病。（一见《左传》，一见《战国策》）东方朔认识红色的东西名叫"怪哉"，它能喝十石的酒。李章武认识铁斧是可憎的东西，它能喝三斗的血。（一见《搜神记》，一见《酉阳杂俎》）怀素用几亩的芭蕉来练习书法。郑虔用几间屋子的柿叶来练习书法。（都见《法书录》）孙膑在魏国被砍掉双膝，后来做了齐国的军师。司马喜在宋国被砍掉双膝，后来做了中山国的丞相。（一见本传，一见《吕氏春秋》）王济出一千万钱和王恺赌射箭换他的八百里牛，王济一箭就射中靶心，于是就取出牛心烤了吃。尔朱文略用美貌的婢女和高归彦打赌射箭换他的千里马，射中了就砍掉马头。(一见《晋书》，一见《北齐书》)鄂千秋向皇帝彰明了萧何功劳是最高的，立即被封为侯爵。公孙戎彰明了樊哙不会叛乱的实情，立即被封二千户。(一见《萧何传》，一见《王莽传》)兖州刺史李恂，将郡县园子里的小麦、胡麻，都让从事去管理。扬州刺史费遂，郡县园中的小麦、胡麻，都让从事去管理。(一见《东观记》，一见谢承《后汉书》)孙权得到诸葛恪的建议，便用砍老桑树作为柴火来烧，煮熟了龟精。张华得到雷焕的提示，便用老桑树来辨别狐精。(一见《搜神记》，一见《集异志》)汉朝郭林宗遇上下雨，就把帽巾折个角，别人就开始效仿他制成折角巾。北周的独孤信骑马进城时，帽子微微倾斜，别人就开始效仿他制成侧帽。(一见《后汉书》，一见《北史》)严畯为吴大帝朗诵《孝经·仲尼居》，张辅、吴昭认为他是个村夫子没学问，请求让自己朗诵《君子之事上章》。陆澄为齐武帝朗诵《孝经·仲尼居》。王俭认为这篇文章虽然丰富却缺乏中心观点，请求让自己朗诵《君子之事上章》。(一见《吴志》，一见《南齐书》)吴大帝睡梦中感觉到有人用毛笔在自己额头上点了下，熊循就祝贺他即将做国君；齐国的文宣帝梦到有人用毛笔点自己的额头，王昙哲就祝贺他应该要做国君，他们最后都即位了。(一见吴祚《国统志》，一见《齐书》)魏文帝还是魏王的时候，梦见太阳掉落到地上，摔成三分，自己得到了一分，塞进怀中。陈文帝还没做皇帝时，梦见的也是一样的。后来他们都是三分天下有其一的君主。(一见《谈薮》，一见《陈本纪》)张华养的白鹦鹉梦见被凶猛的鸟搏杀。杨玉环的白鹦鹉也梦见被凶猛的鸟搏杀。(一见《异苑》，一见《明皇杂录》)欧阳询看见《索靖碑》，第一次看时说："浪得虚名。"第二天再看时说："果然不是浪得虚名。"在碑下坐卧赏看了十几天不肯离去。阎立本看见张僧繇的画，也是如此。(都见于《宣和书画谱》)杨素出门会客，身边带着侍妾红拂，因而红拂和李靖私奔。郭子仪出门会客，也带着侍妾红绡，因而和崔千牛私奔。(一见《虬髯客传》。一见《昆仑奴传》)让蚊子吸饱自己的血，好让父亲睡安稳觉，人人只知道有个吴猛，却不知道汉朝时的番禺有个罗威。

卷五·伦类部

君臣

在三之义　晋武公伐翼，杀哀侯，止栾子曰："苟无死矣，吾令子为上卿。"辞曰："成闻之：'人生于三，事之如一'。父生之，师教之，君食之。"

无忘射钩　管仲将兵遮莒道，射桓公，中带钩。后鲁桎梏管仲送于齐。齐忘其仇以为相。谓桓公曰："愿君无忘射钩，臣无忘槛车。"

前席　贾谊为长沙王傅，文帝征之至。入见，上问鬼神之事，谊具道所以然。至夜半，文帝前席听之。

温树　孔光领尚书事，典枢机十余年，守法度，修政事，不苟合。或问："温室省中树皆何木也？"光答以他语。其谨密如此。

【译文】在三之义　晋武公征讨翼国，杀死了翼哀侯，劝阻栾子说："如果您不自刎，我让你担任上卿。"栾子推辞说："我听过'人是倚靠三个人而生，要始终如一地敬奉他们。'父亲生了我，师父教导我，君主用俸禄养活我。"

无忘射钩　管仲领兵封锁莒地的道路，还用箭射向齐桓公（当时是公子），射中了衣带的钩子。后来鲁国人用囚车将管仲送给齐国。齐桓公不介意一箭之仇，反而封他为相。管仲说："希望您不要忘了被射中钩子的事情，我也不会忘记关在囚车的事情。"

前席　贾谊担任长沙王的太傅，汉文帝有一次将他征到京城。贾谊进入皇宫拜见，文帝询问他关于鬼神的事，贾谊把自己知道的原因都说了出来；到了半夜里还在说，文帝将席子移近贾谊来仔细听。

温树　孔光担任尚书，主管国家大权十多年，秉公守法，治理政务从不勉强对付。有人问他："温室宫的官府里都种的什么树？"孔光用其他话搪塞，可见他是多么谨慎细密。

下车过阙　卫灵公与夫人南子夜坐，闻车声辚辚，至阙而止，过阙复有声。公问为谁，夫人曰："此必蘧伯玉也。妾闻礼下公门，式路马。伯玉，贤大夫也，敬于事上，必不以暗昧废礼。"视之果然。

枯桑八百　诸葛亮谓后主曰："成都有枯桑八百株，薄田十五顷，子孙衣食自足。臣决不长尺寸，使库有余帛，廪有余粟，以负陛下。"

醴酒不设　楚元王敬礼穆生，每食必设醴酒。一日不设，穆生曰："醴酒不设，王意怠矣。"遂去。

【译文】下车过阙　卫灵公和夫人南子夜里坐在屋子里，听见轰隆隆的行车声音，到宫门口停止，过了宫门又出现声音。卫灵公问这是谁，夫人说："这人一定是蘧伯玉。臣妾听说按照礼节，经过国君门前时见到国君的路车要抚轼而过。蘧伯玉，是贤德的大夫，恭敬地侍奉国君，肯定不会因为是夜里就荒废礼节。"派人去看看，果然是蘧伯玉。

枯桑八百　诸葛亮对蜀后主刘禅说："我在成都有八百多棵老桑

树，十五顷田地，我子孙们的生活足以保障。我绝不会多用官家的一点东西，让我的库房有多余的衣料，粮仓有多余的粮食，使我辜负陛下的期望。”

醴酒不设　楚元王对穆生很恭敬，对他十分重礼节，因为穆生不喝酒，每当开宴席时一定会为他特别准备甜酒。有一天忘记准备了，穆生就说：“甜酒也不准备了，大王对我厌倦了吧。”于是就告辞了。

一动天文　李泌谓肃宗曰：“臣绝粒无家，禄位与茅土皆非所欲，为陛下运筹帷幄，收复京城，但枕天子膝睡一觉，使有司奏客星犯帝座，一动天文足矣。”

封留　张良，其先五世相韩。秦灭韩，良即弃家，求刺客报韩仇，不果。乃佐高帝灭秦。定天下，大封功臣，令良自择万户。良曰：“臣初从帝于留，封留足矣。”寻弃人间事，从赤松子辟谷。吕后强食之，曰：“人生一世间，如白驹过隙，何至自苦如此！”

【译文】一动天文　李泌告诉肃宗：“我修炼到可以不吃饭，也没有家小，官位俸禄和封地都不是我想要的，能为陛下指挥千军万马，收复京城，只要枕着陛下的膝盖睡一晚，让观天象的大臣上奏说客星冲犯帝座，天象为我而变动就行了。”

封留　张良的祖先有五代人在韩国为相。秦国灭掉了韩国后，张良便倾家荡产，寻求刺客为韩国报仇，没成功。于是辅佐汉高祖灭掉了秦国，统一了天下。大封功臣的时候，皇帝让张良自己选择万户的封地。张良说：“我最初跟随您的地方是留，封在留就满足了。”不久便抛弃人世的事，跟随赤松子学习不用吃东西的仙术。吕太后强迫他吃些东西，说：“一个人生活在世间，就像白驹过隙那么短暂，何必要自己苦了自己呢？”

御手调羹　唐玄宗召李白至见金銮殿，论当世事，奏颂一篇。帝赐食，亲手为调羹。

御手烧梨　唐肃宗常夜召颍王等二弟，同于地炉罽毯上坐。时李泌绝粒，上自烧二梨，手擘之以赐泌。颍王恃恩固求，上不与曰：“汝饱食肉，先生绝粒，何乃争耶？”

盐酒同味　崔浩论事，语至中夜，太宗大悦，赐浩缥醪酒十斛，水晶戎盐一两，曰：“朕味卿言，若此盐酒，故与卿同此味也。”

【译文】御手调羹　唐玄宗召李白入宫，在金銮殿见到他，和他讨论当代的政事，李白上奏一篇颂。玄宗赐给他御膳，亲手帮他调羹。

御手烧梨　唐肃宗常常深夜里召见颍王等两个弟弟，一同在炉边地毯上面坐着。此时李泌正修行道术，不用吃东西，肃宗便亲自烧了两只梨子，用手拨开赐予李泌。颍王仗着受宠坚持要求给他一只，肃宗不给他，并说：“你吃饱了肉，先生却不吃东西，干吗和他争？”

盐酒同味　崔浩议论政务，一直说到大半夜，太宗特别高兴，赐给他十斛缥醪酒，一两水晶戎盐，并说：“我品尝你的话，味道就像这盐和酒，所以和你一起品尝。”

学士归院　唐令狐绹在翰林日，夜入对禁中。宣宗命以乘舆金莲烛送还院，院吏望见，以为天子来，俄传呼云：“学士归院。”

撤金莲炬　苏轼任翰林，宣仁高太后召见便殿曰：“先帝每见卿奏疏，必曰：‘奇才，奇才！’”因命坐赐茶，撤金莲宝炬送院。

登七宝座　唐玄宗于勤政殿，以七宝装成大座，召诸学士讲论古今，胜者升座。张九龄论辩风生，首登此座。

昼寝加袍　韦绶在翰林，德宗常至其院，韦妃从幸。会绶方寝，学士郑絪欲驰告之，帝不许。时适大寒，帝以妃蜀锦袍覆之而去。

【译文】学士归院　唐朝的令狐绹在翰林院时，夜里到皇宫回答皇帝的询问。宣宗让人用乘舆和金莲烛台将他送回翰林院，翰林院的小吏远处就看到，还以为是皇帝来了，不一会就听见传呼的声音："学士回院。"

撤金莲炬　苏轼担任翰林学士时，宣仁高太后在便殿召见他，对他说："先帝每看到你写的奏疏，一定会说：'真是奇才，真是奇才！'"因而赐座并且赐茶，将殿里的金莲宝炬撤下来送他回翰林院。

登七宝座　唐玄宗在勤政殿里用七种珍宝制成大座位，召集各位学士谈论古今，获胜的人就可以坐上去。张九龄论辩时踔厉风发，第一个登上宝座。

昼寝加袍　韦绶在翰林院时，唐德宗曾有一回前往他的院里，韦妃跟着。正遇到韦绶在睡觉，学士郑絪想去把他叫醒，德宗不允许。当时正是大寒天气，德宗用韦妃的蜀锦袍给他盖上，便离去了。

金箸表直　唐开元时，宋璟为相，朝野归心。时侍御宴，帝以所用金箸赐之，曰："非赐汝箸，以表卿直也。"

药石报之　唐太宗时，中书高季辅上封事，特赐钟乳一剂，曰："卿进药石之言，故以药石报之。"

世执贞节 于忠迁散骑常侍，尝因侍宴，宣武赐之剑杖，举酒属忠曰："卿世执贞节，故恒以禁卫相委。昔以卿行忠，赐名曰忠。今以卿才堪御侮，以所御剑杖相锡。"

【译文】金箸表直 唐玄宗开元年间，宋璟担任宰相，朝廷和百姓都很诚心归附国家。当时宋璟陪宴，皇帝将自己使用的金质筷子赐给他，并且说："不是赐予你筷子，是用来表彰你的正直不阿。"

药石报之 唐太宗时，中书省的高季辅上奏言事，皇帝特别赐予一份钟乳石，并且说："你上奏的是药剂、砭石一样的话，所以用药石回报你。"

世执贞节 于忠升迁为散骑常侍，曾经参与皇帝的宴席，宣武帝赐给他御剑和御杖，并且举起酒杯敬于忠说："你家世代都保持坚贞的操行，所以一直以来都让你家的人担任禁卫的职位。以前因为你的行事忠诚，所以赐你名字叫"忠"。现在因为你的能力可以帮皇帝抵挡侵袭，便将御剑和御杖赐给你。"

一门孝友 崔郸缌麻同爨，兄弟六人，至三品。邠、郸、郾凡为礼部五、吏部再，唐兴无有也。居光德里。宣宗曰："郸一门孝友，可为士族法。"因题曰"德星堂"，里为"德星里"，以旌之。

亲手和药 曹彬疾革，真宗亲问，手为和药，仍赐白金万两。问以后事，答曰："臣无事可言。臣二子璨与玮，材器可取。臣若内举，皆堪为将。"真宗问以优劣，答曰："璨不如玮。"

相门有相 王训年十六，召见文德殿，应对爽彻。梁武帝目送之，曰："可谓相门有相。"

【译文】一门孝友　崔郸的家族几代人都聚在一个屋檐下，兄弟六个人，都官至三品。崔邠、崔郸、崔郾曾经五次担任礼部侍郎、两次担任吏部侍郎，唐朝开国以来不曾有过。他家住在长安城的光德里。唐宣宗说："崔郸一家人孝敬友爱，可以作为士族的表率。"因而赐予他们家里的题字是"德星堂"，里门的题字是"德星里"，用来表彰他们。

亲手和药　曹彬病危，宋真宗亲自询问病情，亲自给他和药，接着还赐予白银万两。询问他身后事，他回答说："我没什么事要交代。我的两个儿子曹璨和曹玮，才能和器识都有可取之处。我要是举荐亲戚的话，他们两人都能当将军。"真宗询问他俩谁优谁劣，曹彬回答说："曹璨不如曹玮。"

相门有相　王训年方十六时就被皇帝召入文德殿，对皇帝的问题对答如流。梁武帝目送他回去，并说："真可以说宰相家里出宰相。"

有古人风　刘查为东宫舍人，昭明太子以瓠食器赐之，曰："卿有古人风，故遗卿古人之器。"

赐灵寿杖　孔光字子夏，经学尤明，举方正，为谏议大夫。兄弟妻子燕，语不及朝省政事。赐灵寿杖，归老于第。

剪须和药　李勣既忠力，帝谓可托大事。尝暴病疾，医曰"用须灰可治。"帝乃自剪须以和药。及愈，入谢，顿首流血。帝曰："吾为社稷计，何谢为？"

【译文】有古人风　刘查担任东宫舍人，昭明太子将瓠制成的食器赐给他，并说："你有古人的风范，所以赠你古人的器具。"

赐灵寿杖　孔光字子夏，经学尤为杰出，因为方正而被举荐，担任谏议大夫。与兄弟妻子儿子一起吃饭时，从不提朝廷内部的事情。皇帝赐给他灵寿杖，在府邸里养老。

剪须和药　李勣为人忠心又得力，唐太宗认为他可以托付大事。他曾经突然得了大病，医生说："用胡子灰可以治疗。"太宗便将自己的胡须剪下来配药。等他痊愈时，入宫拜见太宗，叩头流血。太宗说："我是为国家社稷着想，干吗感谢我？"

赐胡瓶　《汉纪》：李大亮为金州司马，有台史见名鹰，讽大亮献之。大亮密表曰："陛下绝畋猎久矣，使者犹求鹰，信陛下意邪？乃乖昔旨。如其擅求，是使非其才。"太宗报书曰："有臣如此，朕何忧？古人以一言之重订千金，今赐胡瓶一，虽亡千镒，乃朕所自御。"又赐荀悦《汉纪》曰："悦议论深博，极为政之体。公宜绎味之。"

赐二铭　马燧，帝赐《扆扆》《台衡》二铭，以言君臣相成之美，勒石起义堂，帝榜其颜以宠之。

【译文】赐胡瓶　《汉纪》记载：李大亮担任金州司马时，有个御史台的官员看见他养的名鹰，暗示李大亮献给皇帝。李大亮秘密上表对皇帝说："陛下已经戒掉打猎很久了，使者还这样索取，假如确实是陛下的意思，那么就和以前的旨意违背。如果是他擅自索取，那就是使者派遣得不恰当。"唐太宗回信说："我有你这样的大臣，还忧虑什么？古人因为别人说的一句重要的话赠与对方千金，如今我赐给你一个胡瓶，虽然没有千金，却是我亲自使用的。"又赐予荀悦的《汉纪》，并说："荀悦的议论深刻广博，特别懂得为政的大体。你要好好体味。"

赐二铭　马燧，唐德宗赏赐给他《扆扆》《台衡》两篇铭文，里面记载君臣互相成就的好故事，便建起了起义堂，将铭文刻在石碑上放里面，皇帝赐予匾额，作为恩宠。

诗夺锦袍 宋之问与杨炯分直习艺馆。武后游洛南龙门，诏从臣赋诗。左史东方虬诗先成，后赐锦袍。之问俄顷献，后览之嗟赏，更夺袍以赐之。

赐玉堂字 淳化中，翰林苏易简献《续翰志》二卷，太宗赐御诗二章，又飞白书“玉堂之署”四字赐之。

赐金龙扇 宋张咏为御史中丞，时真宗令进所著述，帝称善，取所执销金龙扇赐之，曰：“美卿今日献文事。”

赐酴醾酒 唐李吉甫盛赞天子。李绛曰：“今日西戎内讧，烽燧相接，正陛下求治之时，何得仅以赞颂为言？”帝入谓左右曰：“绛言骨鲠，真宰相也。”遣使赐酴醾酒。

【译文】诗夺锦袍 宋之问和杨炯分别在习艺馆值班。武则天皇后到洛阳南边的龙门寺游览，让随从大臣都写诗。左史东方虬诗先写成，武则天赐给他锦袍。宋之问不一会也写完了，武则天看到他写的诗不觉叹赏连连，便将锦袍夺过来赐给他。

赐玉堂字 淳化年间，翰林学士苏易简进献《续翰志》二卷，宋太宗亲自写了两首诗给他，又用飞白书题了“玉堂之署”四个字赐予他。

赐金龙扇 宋朝的张咏担任御史中丞，当时真宗让他进献写的文章，真宗看完后很赞赏，取来亲自使用的销金龙扇赐给他，并说：“用来褒美你今天进献的文章。”

赐酴醾酒 唐朝的李吉甫对唐宪宗极为称赞。李绛说：“如今西戎正有内讧，烽火连天，正是皇上励精图治的时候，为什么只对皇上说赞美的话？”唐宪宗回到宫里对左右侍臣说：“李绛说话刚正不阿，是真正的宰相。”派人赐予他酴醾酒。

用读书人 宋太祖建元，命毋袭旧号，遂命“乾德”。一日，宫中见古镜有“乾德”字，怪问臣下，俱不能知。独窦仪对曰：“昔蜀王有此年号，此必蜀中宫女带来者。”问之果然。上叹曰：“宰相须用读书人。”

朕之裴度 宋庆历中，贝州兵乱，师久无功。参知政事文彦博请行，凯旋，上劳之曰：“卿，朕之裴度也。”

禁中颇牧 唐毕諴为翰林学士，羌人扰河西，宣宗召访边事，諴论破羌状甚悉。上曰：“颇、牧近在禁中。”

【译文】用读书人 宋太祖建立宋朝，初次起年号，让大臣们不要袭用过去的年号，于是年号起为“乾德”。有一天，皇宫中发现一枚古代的铜镜，上面写着“乾德”字样，太祖很好奇，就问大臣们，大臣们都不知道原因。唯独窦仪对皇帝说：“古代的蜀王有这个年号，这一定是蜀地的宫女带来的。”一询问果然如此。皇帝感叹说：“宰相一定要用读书人。”

朕之裴度 北宋的庆历年间，贝州发生叛乱，王师讨伐很久没有功绩。参知政事文彦博请求让自己前往统率军队，最后凯旋而归，皇帝慰劳他，并说：“您是我的裴度。”

禁中颇牧 唐朝的毕諴担任翰林学士时，羌人骚扰河西地区，唐宣宗召他来询问边防事务，毕諴极为详备地论述了攻破羌人的计策。皇帝说：“廉颇、李牧都在我的皇宫里了。”

朕之汲黯 宋田锡，天性骨鲠，奏经史中治体之要三十篇。

真宗手诏褒奖，每见锡，色必矜庄。帝自谓曰："田锡是朕之汲黯。"

巾车之恩　冯异朝京师，光武诏曰："仓卒芜蒌亭豆粥，滹沱河麦饭，厚恩久不报。"异曰："臣欲国家无忘河北之难，臣不敢忘巾车之恩。"

尚书履声　汉郑崇为尚书仆射，数谏，上纳用之。每闻其革履声，曰："我识郑尚书履声。"

软脚酒　唐郭子仪自同州归，代宗诏大臣就宅作软脚局，人出钱三千。

【译文】朕之汲黯　宋朝的田锡，天性刚正不阿，上奏从经史里面选出的关于治理国家的大法则三十篇。宋真宗亲手写诏书褒奖。每次召见田锡，他的脸色一定会很严肃。皇帝自言自语说："田锡是我的汲黯。"

巾车之恩　冯异朝觐皇帝，光武下诏说："当年在芜蒌亭进献的豆粥，在滹沱河进献的麦饭，大恩大德这么久也没报答你。"冯异说："我想要国家不要忘却河北差点被击败的大难，我也不敢忘却在巾车乡您对我一个战俘的赦免。"

尚书履声　汉朝的郑崇担任尚书仆射，屡屡进谏，皇上采纳他的意见。每次听到他皮革靴子的声音，就会说："我认识郑尚书的脚步声。"

软脚酒　唐朝的郭子仪从同州回朝，唐代宗下诏让大臣在郭子仪宅里开办接风宴，每人出三千钱。

佐朕致太平　王旦，祐次子，器识远大，真宗尝目送之曰："佐朕致太平者，必斯人也。"

儒与吏不及 明王兴宗初为皂隶，洪武特命为金华知县。李丞相言：“隶也，奈何为令？”上曰：“兴宗勤而不贪，又善处事，儒与吏不及也，何有于县？”后苏乏守，上曰：“莫如兴宗。”用之，有善政。

风度得如否 唐玄宗每访士，必曰：“风度得如九龄否？”

文武魁天下 宋薛奕，兴化人，中武举第一。时同郡徐铎亦冠文科，神宗赐以诗，有“一方文武魁天下，万里英雄入彀中”之句。后于国变死难。

【译文】佐朕致太平 王旦，是王祐的二儿子，才能和见识极为远大，宋真宗曾经目送他说：“辅佐我让天下太平的，一定是这个人。”

儒与吏不及 明朝的王兴宗才做衙门差役的时候，明太祖特别任命他为金华知县。李丞相说：“他是个差役，凭什么能做知县？”明太祖说：“王兴宗为人勤勤恳恳，却不贪婪，又善于处理政事，儒生和小吏都不能比，当个知县又有何不可？”后来苏州太守缺人，明太祖又说：“没有比王兴宗更好的人选了。”于是任用他，果然有良好的政绩。

风度得如否 唐玄宗每次寻访贤人时一定会说：“风采和张九龄相比怎么样？”

文武魁天下 宋朝的薛奕，是兴化人，考中武举人第一名。当时同郡的徐铎也是文举人的第一名，神宗赐诗给他们郡，有“一方文武魁天下，万里英雄入彀中”的诗句。后来在西夏攻打永乐城时壮烈牺牲。

奖谕赐食 明王来巡按苏松，奉敕同侍郎周忱考察官吏，制词有请上裁语，来曰："贪官污吏当去，宜即去之。奏请迟留，民益受弊矣。"三杨览奏曰："王来明达治体。"遂易与之。由是贪暴望风引去。有巨珰陈武，奉太后懿旨，散经江南，要索百端，人人畏之。来收其榜，谓与诏书不合，拟劾之。珰哀祈得免。及还，诉于上。上问顾佐曰："苏州巡按为谁？"佐曰："王来。"上曰："记之。"及代还，佐引以奏，上加奖谕，赐食光禄。

【译文】奖谕赐食　明朝的王来担任巡按时到苏州、松江考察，奉皇帝命令和侍郎周忱一起考核官吏，圣旨上有"请皇上裁决"的话语，王来说："贪官污吏如果应当惩办，就应该立即惩办。如果等着奏请皇帝，耽误时间，百姓会更加受到他们的戕害了。"当时担任台阁大臣的杨荣、杨溥、杨士奇看到奏章后说："王来很通晓治理的体要。"于是换了新的圣旨给他。因此贪官污吏望风逃窜。有个宦官叫陈武，奉太后的懿旨，到江南捐赠佛经，他却索取各种财物，人人都害怕他。王来没收了他的文书，说他和圣旨的要求不一致，准备对他做出判决。宦官哀求他才得到宽免。等到回宫后，和皇上抱怨。皇上问顾佐说："苏州的巡按是谁？"顾佐说："是王来。"皇上说："记下他的名字。"等他任满回京，顾佐带他拜见皇上，皇上对他大加奖赏，在光禄寺赐宴。

赐金奉祀　汉朱邑官至大司农，卒。天子惜之，曰："朱邑退食自公，无疆外之交，可谓淑人君子。"赐其子黄金百斤奉祀。

有唐忠孝　韩思复儿时，母为语父亡状，呜咽欲死。举茂才高第，家益贫，杜瑾以百绫饷思复，方并日食，而百绫完封不发。累迁襄州刺史，治行名天下。及卒，上手题其碑，曰"有唐忠孝韩长山之墓"。

骨格必寿　明宋讷，士至祭酒，严立学规。学录金文征嗾冢宰余熂移文，以老致仕。及陛辞，上讯知其故，诛熂及文征，讷居职如故。上恒谓讷骨格必寿，命画工绘其像。年八十余，终于官。上自制文祭之。后每思讷，举为教国子者法。命仍官其子复祖为司业。

【译文】赐金奉祀　汉朝的朱邑官至大司农，去世了。皇帝很惋惜地说："朱邑为人清廉，没有职务以外的朋友，可以称得上是正人君子。"赐予他的儿子一百斤黄金，用来祭祀他。

有唐忠孝　韩思复小时候，母亲跟他说父亲死的时候的情况，他呜咽流泪，伤心欲绝。后来参加科举高中，家里却越发贫穷，杜瑾拿出一百匹绫布送给他，他当时每天就吃两顿，而那一百匹绫布却保存完好，不曾开封。后来多次升迁一直做到襄州刺史，治理政绩在全国有名。等他死的时候，皇上亲手给他的碑题字，写道"有唐忠孝韩长山之墓"。

骨格必寿　明朝的宋讷，官至国子监祭酒，制定了严厉的学规。学录金文征唆使礼部尚书余熂发布移文，劝宋讷因为年老告老还乡。宋讷到皇宫和皇帝告辞，皇帝讯问后知道了缘故，就杀掉了余熂和文征，宋讷依旧担任祭酒。皇帝常说宋讷的体格好，一定长寿，让画工给他画像。年八十多时，在任上死去。皇帝亲自写祭文祭拜他。皇帝后来每当想起宋讷，就以他为例作为国子监祭酒的表率。让他的儿子继承父亲的职务。担任国子司业。

不避艰险　昭烈与关羽、张飞，寝则同床，恩若兄弟；而稠人广座，侍立终日，随备周旋，不避艰险。

遂从不去　张良聚少年百人，道遇沛公。良数以《太公兵法》说沛公，沛公善之，尝用其策。良为他人言，皆不省。良曰："沛公殆天授。"故遂从不去。

鱼之有水　刘备见诸葛亮于隆中，凡三往而始得，情好日密，关羽、张飞不悦。备解之曰："孤之有孔明，犹鱼之有水也。"

【译文】不避艰险　刘备和关羽、张飞，睡觉在一张床上，感情就像亲兄弟；然而大庭广众下，关羽、张飞却能一整天侍立在刘备身边，随时听他差遣，不畏艰险。

遂从不去　张良聚合了一百多个年轻人准备起义，路上遇到沛公。张良屡次用《太公兵法》对沛公议论事情，沛公总是称赞他，曾经用过他的计策。张良和别人讲，都不能理解。张良说："沛公大概是上天派下来的。"因此就跟随沛公不再离去。

鱼之有水　刘备到隆中拜见诸葛亮，一共三次前往才见到，两人关系一天天亲密，关羽、张飞两人不开心。刘备开解说："我有了孔明，就好比鱼儿有了水。"

安刘者必勃　汉高祖疾甚，吕后问曰："陛下百岁后，萧相国即死，令谁可代之？"曰："曹参可。"问其次，曰："王陵可。然陵少戆，陈平可以助之。陈平智有余，然难以独任。周勃重厚少文，然安刘氏者必勃也，可令为太尉。"

赐周公图　汉武帝以子弗陵年稚，察群臣，唯奉车都尉霍光忠厚，可任大事。乃使黄门画周公负成王朝诸侯以赐光。上病笃，霍光涕泣问曰："如有不讳，谁当嗣者？"上曰："君未谕前画意耶？立少子，君行周公之事。"

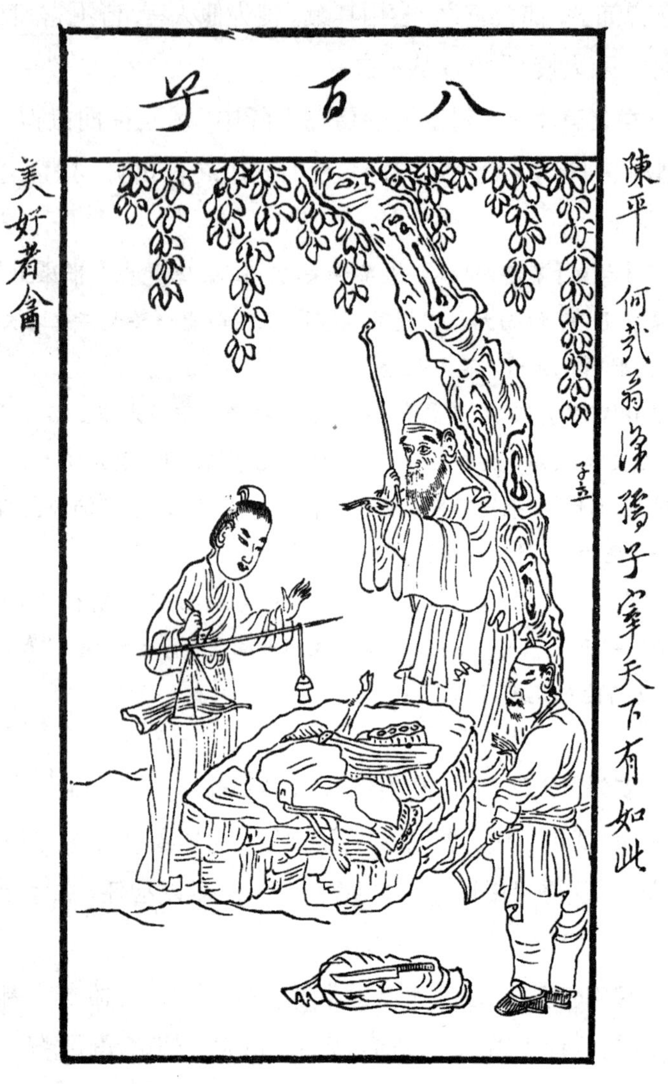

陈平，选自（明）陈洪绶版画《博古叶子》

【译文】安刘者必勃　汉高祖病危时，吕后问他说："您死后，萧何很快也死去，让谁做宰相？"汉高祖说："曹参可以。"又问他接下来呢，汉高祖说："王陵可以。然而王陵有些迟钝，陈平可以辅佐他。陈平智慧有余，却难以独当一面。周勃为人敦厚，却没什么才华，然而能让刘氏安稳的一定是周勃，可以让他做太尉。"

赐周公图　汉武帝因为儿子刘弗陵年幼，观察群臣，只有奉车都尉霍光为人忠诚宽厚，可以委以国家大事。于是让黄门画了周公背着成王朝见诸侯的图赐予霍光。汉武帝病危，霍光哭着问："如果您不幸去世，让谁继承皇位？"皇帝说："你没明白之前图画的含义么？立小儿子，你像周公一样辅政。"

去襜帷　汉刺史郭贺，官有殊政，明帝赐以三公之服黼黻冕旒，敕行部去襜帷，使百姓见其容服，以章有德。

一见如旧友　苻坚自立为秦天王，尚书吕婆楼荐王猛于坚。坚召猛，一见如旧友，语及时事，大悦，自谓如刘玄德之遇孔明也。

【译文】去襜帷　汉朝的刺史郭贺，为官有好的政绩，汉明帝赐给他三公的礼服和冠带，下令他巡幸所部，要除去车四周的帐子，让百姓看见他的风采和衣冠，用来彰显他的德行。

一见如旧友　苻坚自立为秦天王，尚书吕婆楼举荐王猛给苻坚。苻坚召来王猛，两人一见如故，谈及当世大事，极为高兴，称自己就像刘备遇见诸葛亮。

父子

弄璋弄瓦　《诗经》：吉梦维何？维熊维罴，男子之祥；维虺维蛇，女子之祥。乃生男子，载衣之裳，载弄之璋。乃生女子，载衣之裼，载弄之瓦。

诞日弥月　《诗经》：载生载育，时维后稷，诞弥厥月。

岳降　《诗经》：崧高维岳，峻极于天。维岳降神，生甫及申。

悬弧设帨　男子生，桑弧蓬矢，以射天地四方，欲其长而有事于四方也。《礼记》：男子生，设弧于左；女子生，设帨于门右。

【译文】弄璋弄瓦　《诗经》里说：吉祥的梦是什么内容？是熊是罴，就是生男孩的征兆；是小蛇是大蛇，就是生女孩的征兆。生下男孩子，给他穿上裤子，让他摆弄玉璋。如果生下女孩子，给她穿上内衣，让她摆弄纺锤。

诞日弥月　《诗经》记载：生下来，养起来，这就是后稷，生下了刚满月。

岳降　《诗经》记载：华山高耸，上接云霄。华山的神明，降生了甫侯和申伯。

悬弧设帨　男孩子出生以后，用桑木制成弓，蓬草制成箭，射向天、地、东、南、西、北六个方向，是想让他长大后能志在四方。《礼记》记载：男孩子出生，在门的左边挂着弓；女孩子出生，在门右边挂着佩巾。

初度 《离骚》云：“皇览揆余初度兮，肇锡余以嘉名。”

添丁 唐卢仝生子，名添丁。宋贾耘老，子亦名添丁。耘老生子之妾，名双荷叶。

汤饼会 生子三朝宴客，曰汤饼会。刘禹锡《送张盥》诗：“尔生始悬弧，我作座上宾。引箸举汤饼，祝词生麒麟。”

拿周 曹彬始生周岁，父母罗百玩之具，名曰睟盘，观其所取以见志。彬左手提戈，右手取印，后果为大将封王。

【译文】初度 《离骚》云：“尊敬的父亲观察我出生时的容貌，开始赐给我一个美丽的名字。”

添丁 唐朝卢仝生了儿子，名叫“添丁”。宋朝的贾耘老，他儿子也叫“添丁”。贾耘老生儿子的妾，名叫“双荷叶”。

汤饼会 生儿子后第三天要开筵请客，被称为“汤饼会”。刘禹锡送张盥的诗写道：“你才出生门口挂弓箭时，我就是你家的座上宾客。举起筷子吃汤饼，祝贺你家生了小麒麟。”

拿周 曹彬刚满周岁时，父母罗列了许多玩具，叫作“睟盘”，观察他拿起的东西预测他的志向。曹彬左手提起戈，右手捉着印，后来果然被拜为大将，封为王。

太白后身 郭祥正母梦李太白，而生祥正，有诗名。梅尧臣曰：“功父天才如此，真太白后身也。”

玉燕投怀 张说梦生。一玉燕飞入怀中，有孕，生说，后为宰相，封燕公。

九日山神　三衢陈主簿妻，梦一伟人来谒，怪问之，告曰："吾九日山神也。"已而生子，有异征。因合"九日"二字，名旭。后避庙讳，改升之。神宗朝拜相。

灵凤集身　《南史》：王昙逸母，梦灵凤集身，有孕，又闻腹中啼声。僧宝曰："生子当如神仙宗伯。"

【译文】太白后身　郭祥正母亲梦到李白就生下郭祥正，长大后有诗名。梅尧臣说："郭祥正这样有才，真是李白的后身。"

玉燕投怀　张说是他母亲梦中感应而生，梦里有一只玉燕飞到怀里，便有了身孕，生下张说，后来位至宰相，封为燕国公。

九日山神　三衢的陈主簿，他的妻子梦到一位巨人来拜见，她很奇怪，就询问他是谁，对方告诉他说："我是九日山神。"不久生下儿子，有奇特的征兆。因而将"九日"两个字合起来给他儿子起名叫"旭"。后来为了避讳，改成"升之"。神宗朝拜为宰相。

灵凤集身　《南史》里说：王昙逸的母亲睡梦中看见灵凤趴在自己身体上，醒来就怀孕了，又听见腹部有啼哭声。宝志和尚对她说："生出的儿子应该会像神仙一样。"

金凤衔珠　南昌许逊，母梦金凤衔珠堕掌而生。晋初为旌阳令，得异人术，周游江湖，悉斩蛟蜃，除民害。精修山中，年一百三十六。举家飞升。

授五色珠　宋乐史，母梦异人授五色珠而生。史力学能文，举进士第一，立朝有声，著《太平寰宇记》。

五日生　田文以五月五日生。其父婴欲弃之，母窃举。及长，谓婴曰："君相齐久矣，齐不加广而私家赀累巨万，门下不见一贤者。文窃怪之。"婴乃礼文，使治家，通宾客。

【译文】金凤衔珠　南昌的许逊，他的母亲睡梦里看见一只金色的凤鸟含着珠子坠落在手心里，然后就生了他。晋朝初年担任旌阳令，学会了异人的道术，然后游遍江湖，将所遇到的蛟龙蜃怪全部斩杀，为百姓除掉祸害。在山里专心修炼，活到一百三十六岁时，全家人都成仙了。

授五色珠　北宋的乐史，他母亲睡梦中有个神人送给她五色的珠子，因而生出乐史。乐史努力学习，擅长写文章，考进士获得第一名，在朝廷做官有名声，著有《太平寰宇记》。

五日生　孟尝君田文是在五月五日出生的。他父亲田婴想将他抛弃，因为时日不吉利，他母亲却偷偷养着。等到长大后，对田婴说："您做相国已经很久了，齐国土地并没拓展，而您私人的资产却累积到百万，门下找不到一个贤人。田文私下里觉得很奇怪。"田婴因此对田文很礼遇，让他管家，会见宾客。

梦邓禹　宋范祖禹生，母梦一丈夫被金甲，至寝所，曰："吾汉将邓禹也。"祖禹生，遂以为名。

梦枫生腹　唐张志和母，梦枫生腹上而产志和。母亡，不复仕。自号烟波钓徒。

电光烛身　宋宗泽母刘，梦天大雷，电光烛其身，翌日举泽。少有大志，累功拜副元帅，起兵勤王，大破金兵。

梦贤人至　谢灵运父不宜子，乃于杜明甫舍寄养。是夕，梦有贤人至。及晓，乃灵运也。武林山有梦儿亭。

【译文】梦邓禹　北宋的范祖禹出生时，他的母亲睡梦里看见一个男子身被金色铠甲，到她的寝室，说道："我是汉朝的大将邓禹。"范祖禹出生后，就因而取名。

梦枫生腹　唐朝的张志和，他母亲梦到枫树在腹部上面生长，然后生下张志和。母亲死后，不再做官。自称"烟波钓徒"。

电光烛身　宋朝的宗泽，他母亲姓刘，睡梦里天上打雷特别响，电光照在她身上，第二天就生下宗泽。宗泽小时候就有高远的志向，经过多次立功后官拜副元帅，起兵援救京城，将金国军队打得大败。

梦贤人至　谢灵运的父亲被算命的说不适合养儿子，于是将他寄养在杜明甫的家里。当晚杜明甫睡梦中看见一位贤人来到。到早上才知道是谢灵运要来。武林山上有"梦儿亭"。

右胁生　老子姓李，名耳，字伯阳。谥聃。母怀之八十一岁，从右胁生，因号老子。

梦虎行月中　滕元发母，梦虎行月中，堕其室，而元发生。九岁能诗。举进士，治边，威行西夏。

真英物　桓温生，未暮，而温峤见之，曰："此儿有奇骨。"及闻其声，曰："真英物也。"父彝以峤所赏，故名温。豪爽有风概，累功进大司马。

龟息　李峤母以峤问袁天纲，答曰："神气清秀，恐不永耳。"请伺峤卧而候其鼻息，乃贺曰："此龟息也，必贵而寿。"

【译文】右胁生　老子姓李，名耳，字伯阳。谥号是聃。他母亲怀他怀了八十一年，从右胁边生下，因而称为"老子"。

梦虎行月中　滕元发的母亲梦到一只虎在月亮里走，掉在她的房子里，滕元发就出生了。滕元发九岁就善于写诗。长大后考中进士，担任边疆大员，威震西夏。

真英物　桓温出生还没一周岁，温峤见到他说："这个小婴儿有奇异的骨相。"等到听到他的声音，温峤还说："真是英雄坯子啊。"父亲桓彝因为被温峤称赞，所以给儿子起名"温"。桓温为人豪爽有英雄气概，多次立功晋升为大司马。

龟息　李峤的母亲抱着李峤让袁天罡看相，袁天罡回答说："神气很清秀，只怕活不了很久。"他母亲还请求趁李峤睡着时听他的呼吸，于是祝贺说："这是'龟息'，肯定会大贵而且长寿。"

梦长庚　李白母娠时，梦长庚星现，幼名长庚，后改曰白。

产有异光　虞允文产之日，户外有异光，识者知其为大器。十岁赋诗，多惊人语。

将校有梦　杨玠，璨子，未生时，将校有梦，神自靖州来，号蜀威将军者。暨玠生，貌状如之。袭职，著边功。

钟巫山之秀　扬雄之父寓巫山而生雄，论者为钟十二峰之秀。

【译文】梦长庚　李白的母亲怀他的时候，梦到长庚星出现，于是小名就叫"长庚"，后来改成"白"。

产有异光　虞允文出生那天，门外有奇特的光芒，懂得识气的人知道他将会成为大人物。他十岁时作诗，有许多惊人的话。

将校有梦　杨玠，是杨璨的儿子，还没出生时，杨璨的将领们都做了个梦，梦里有一个神从靖州飞来，号称"蜀威将军"。等到杨玠出生后，长得就像梦里的神。后来他继承父亲的职务，在边疆建立很大的功勋。

钟巫山之秀　扬雄的父亲住在巫山时生下扬雄，议论的人都说他聚集了巫峡十二峰的清秀之气。

皆名将相　陈省华官谏议大夫，陈抟尝谓省华曰："君之子皆名将相也。"后省华谢政家居，三子并衣金紫扶杖。长尧叟，世称贤相；次尧佐，官太子太师；季尧咨，官节度使，善射，世称小由基。

孕灵此子　五代王承肇母崔氏，梦山神牵五色兽逼其衣，遂生承肇。有异僧见而抚之，曰："老僧所居周公山，佳气减半，乃孕灵此子耶？"后节制洛州，以功名著。

【译文】皆名将相　陈省华官至谏议大夫，陈抟曾经对陈省华说："你的儿子都会成为著名的大将和宰相。"后来陈省华退休在家里，三个儿子都担任朝廷要职。长子陈尧叟，世人称道他是贤能的宰相；次子陈尧佐，官至太子太师；小儿子陈尧咨，官至节度使，善于射箭，被称为"小由基"。

孕灵此子　五代的王承肇母亲崔氏，梦到山神牵着五色的神兽逼她穿上衣服，于是生下王承肇。有个奇特的和尚见到王承肇就抚摸他的头顶说："老僧所住的周公山，佳气忽然失去一半，难道就是荟萃精气，生了这个孩子么？"后来官至洛州节度使，以功名著称。

父辱子死　彭修年十五，侍父出行，为盗所劫，修拔刀向盗，曰："父辱子死，汝不畏死耶？"盗惊曰："童子义士，毋逼之。"遂遁去。

一子不可纵　刘挚儿时，父居正课以书，朝夕不少间。或谓："君止一子，独不加恤耶？"居正曰："正以一子，不可纵也。"

事父犹事君　殷渊刚介多大节，从父宦游，父行事未当，必辩论侃侃。尝言事父犹事君，不以谀诺为恭。后死“闯贼”难。

娶长妻　冯勤祖父偃，长不满七尺，自耻短陋，乃为子伉娶长妻，生勤，八尺三寸。

【译文】父辱子死　彭修十五岁时，跟着父亲出远门，被强盗劫持，彭修拔出刀对着强盗说：“父亲受到侵辱，儿子就要拼死，你不怕死么？”强盗惊讶地说：“这小孩是位义士，不要逼他。”于是逃走了。

一子不可纵　刘挚小时候，他父亲刘居正考他背书，从早到晚没有休息。有人说：“你只有他一个儿子，难道不该更加疼爱么？”刘居正说：“正是因为就一个儿子，所以不能宽纵了他。”

事父犹事君　殷渊为人刚正耿介，有操行，跟随父亲上任，父亲办事如果不合适时，他一定会和父亲辩论，侃侃而谈。他曾经说侍奉父亲和侍奉君王是一样的，不能把阿谀奉承当作恭敬。后来在李自成起义时死于战乱。

娶长妻　冯勤的祖父冯偃身高还不到七尺，对自己的矮小感觉耻辱，于是让儿子冯伉娶了身高很高的妻子，生下冯勤，长到八尺三寸高。

一门七业　刘殷有七子，五子各授一经，一子授太史公《史记》，一子授《汉书》，一门之内，七业俱兴。北州之学，殷门为盛。

胎教　孟子少时，问：“东家杀猪何为？”母曰：“啖汝！”既而悔曰：“吾闻胎教，割不正不食，席不正不坐。今适有知而欺，是教之不信。”乃买猪肉啖之。

七子孝廉　赵宣妻杜泰姬生七男，教之曰：“中人性情，可上下也。昔西门豹佩韦以自宽，宓子贱佩弦以自急，汝曹念哉！”后七子皆辟孝廉，而元珪、稚珪更以令德著。

【译文】一门七业　刘殷有七个儿子，有五个儿子每人被传授一本经书，一个儿子被传授司马迁的《史记》，一个儿子被传授班固的《汉书》，一家的儿子，将七门学问都继承光大了。北州的学问，刘殷家是最繁盛的。

胎教　孟子小时候，问妈妈："东边邻家杀猪是做什么呢？"他妈妈说："准备给你吃！"不久就后悔，自言自语说："我听说所谓的胎教，肉切得不方方正正就不吃，席子不放正了就不坐。如今明明知道没有猪肉还这样哄骗他，是教他不诚实啊。"于是买回猪肉给孟子吃。

七子孝廉　赵宣的妻子杜泰姬生了七个儿子，教导他们说："中等人的性情，是可上可下的。古代的西门豹佩带柔韧的牛皮腰带勉励自己要宽容，宓子贱佩带弓弦来勉励自己要急迫一些，你们要记得啊！"后来七个儿子都被举荐为孝廉，其中的赵元珪、赵稚珪更以美好德行著称于世。

各守一艺　邓禹有子十三人，各守其艺，闺门雍睦。累世宠贵汉庭者，凡百余人。

儿必贵　王珪母李氏尝曰："儿必贵，未知所与游者何人？"适玄龄、如晦造访，母大惊曰："二客皆公辅器，汝贵不疑矣。"

苏瓌有子　苏颋父瓌同李峤拜相。一日，召二子进见，帝曰："苏瓌有子，李峤无儿。"

是父是子　吕昭知沁州，临行，父老持金相赠。昭曰："吾无刘宠之爱，敢为父老留一钱哉！"却不纳。子旦初第，昭诫之曰：

“苟酌贪泉，死不歆祀。啮冰茹蘖，是父是子。”

【译文】各守一艺　邓禹生了十三个儿子，都拥有各自的才艺，家人和睦。好几代都受皇帝恩宠，在朝廷上做大官的，有一百多人。

儿必贵　王珪的母亲李氏曾经说：“你将来一定会显贵，不知道和你交游的是什么人？”正碰巧房玄龄、杜如晦拜访，他母亲吃了一惊，说：“这两位宾客都是宰相的器识，你以后显贵没什么疑问了。”

苏瓌有子　苏颋的父亲苏瓌和李峤一起被拜为宰相。有一天，皇帝召他们两人的儿子入宫拜见，皇帝说：“苏瓌有个能继承父亲才德的儿子，李峤却没有。”

是父是子　吕昭担任沁州知州，离任的时候，乡亲父老带来许多钱财赠给他。吕昭说：“我没有刘宠那样的爱好，怎么敢收下各位乡亲父老的一分钱呢！”推辞不接受。他的儿子吕旦刚考中进士，吕昭就劝诫说：“如果你贪污，死后不会入我家的宗祠。如果能做个清官，那我们还是父子。”

父子四元　伦文叙弘治己未会元，三子以谅、以训、以诜皆成进士。以谅乡试第一，以训会试第一，以诜殿试第二。父子居四元，为科名盛事。

一如其父　范仲淹知耀、邠二州，皆有善政。赵元昊叛，知永兴军时，称小范“老子胸中有数万甲兵。”子纯礼，亦知永兴，为政一如其父。

一褐寄父　邝埜仕副使，尝市一褐寄父。贻书问：何处得此褐，毋以不义污我。家教严，故埜制行最清谨。

天上麟麟　杜诗：“徐卿二子生绝奇，感应吉梦相追随。孔子释氏亲抱送，并是天上麒麟儿。”

【译文】父子四元　伦文叙是弘治己未年（公元1499年）的会元，三个儿子伦以谅、伦以训、伦以诜都考上了进士。伦以谅是乡试第一名，伦以训是会试第一名，伦以诜是殿试第二名。父亲和儿子占据四元，成为科举史上的盛事。

一如其父　范仲淹担任耀州、邠州的知州，都有良好的政绩。西夏的赵元昊叛乱，当时范仲淹主管永兴军，被西夏人称为小范“老子胸中有数万甲兵”。他儿子范纯礼，后来也主管永兴军，政绩和父亲一样。

一褐寄父　邝埜担任副使，曾经买了一件粗布衣服寄给父亲。父亲回信询问：“哪里来的这件衣服？不要做不义的事情辱没我。”他的家教特别严，所以邝埜的行为最为廉洁谨慎。

天上麟麟　杜甫写的《徐卿二子歌》诗说：“徐卿的两个儿子出生时就很奇异，是受吉梦感应，两人接着出世。孔子和佛祖亲自抱着送来好儿子，都是天上降下来的麒麟儿。”

厉人生子　昔有厉人夜半举子，急持灯烛之，盖恐肖己也。

三迁　孟子少时，居近墓，乃好为墓间之事。孟母曰：“非所以教吾子也。”乃去。居市廛，孟子又好为贸易之事。母曰：“此非所以教吾子也。”复去。居学宫之傍，孟子乃设俎豆，揖让进退。孟母曰：“此可以教吾子矣。”遂居之。

和熊　柳公绰妻韩氏，常粉苦参、黄连和熊胆为丸，赐其子仲郢等夜学含之，以资勤苦。

【译文】厉人生子　以前有一个丑人半夜里生了儿子，赶忙拿灯来照照看，因为害怕长得像自己一样丑。

三迁　孟子小时候，住宅和坟墓很临近，于是就喜欢在坟墓前的活动。孟子的母亲说:“这不是能教导我儿子的地方。”于是离开那里。在集市居住,孟子又喜欢学做生意。孟子母亲说:“这不是能教导我儿子的地方。”又离开那里。住在学宫的旁边,孟子于是开始摆放俎、豆之类的礼器,学习祭祀之礼。孟子母亲说:“这是可以教我儿子的地方。”于是就在那定居。

和熊　柳公绰的妻子韩氏,经常将苦参、黄连和熊胆和在一起制成药丸,送给儿子柳仲郢等人夜里学习时口里含着,用来勉励勤奋努力。

画荻　欧阳修四岁而孤,母郑氏教之。家贫,乏纸笔,以荻画地学字。后成大儒,官至观文殿大学士。

截发　陶侃孤贫,孝廉范逵尝过,仓卒无以款待。母湛氏乃截发以易酒,又撤所卧草荐,锉以喂马。逵见卢江守张夔称之。夔召侃领枞阳令。

跨灶　灶上有釜,故子过于父,谓之跨灶。盖父与釜同音,借以相喻也。

凤毛　宋谢凤子超宗,善文词,作《殷妃诔》。帝叹赏曰:“超宗殊有凤毛。”杜诗:“欲知世掌丝纶美,池上于今有凤毛。”

【译文】画荻　欧阳修四岁就没了父亲,母亲郑氏亲自教导他。家里穷,缺乏纸笔,便用芦苇杆在地上划出字迹来认字。后来成为一代大儒,官至观文殿大学士。

截发　陶侃小时候父亲就去世,家里贫穷,孝廉范逵曾经来做客,仓卒之间没什么好东西款待他。母亲湛氏便剪掉长发换来酒食,又把坐着的草垫子撤去,铡碎了喂范逵的马。范逵见到卢江太守张夔时就称赞他。张夔便召陶侃担任枞阳县令。

跨灶　灶上面有釜，所以儿子比父亲厉害，就称为“跨灶”。因为“父”和“釜”读音一样，借来做比喻。

凤毛　南朝宋谢凤的儿子谢超宗，善做文章和诗，曾经写过《殷妃诔》。皇帝赞叹地说：“谢超宗颇有其祖父谢灵运的风采。”杜甫诗写道：“欲知世掌丝纶美，池上于今有凤毛。”就是用这个典故。

双珠　后汉韦康、韦诞俱有时名。孔融语其父端曰：“不意双珠近出老蚌。”

豚犬　曹操见孙权，叹曰：“生儿当如孙仲谋，如刘景升儿子豚犬耳！”

老牛舐犊　杨彪子修为曹操所杀。操后见彪，曰：“何瘦之甚！”曰：“愧无日磾先见之明，犹怀老牛舐犊之爱。”操为之改容。

伯道无儿　邓攸字伯道，石勒之乱，挈妻子及弟子绥以逃，度不能两全，乃弃子存侄，后卒绝嗣。时人语曰：“皇天无知，使伯道无儿。”

【译文】双珠　后汉的韦康、韦诞在当时都很著名。孔融对他们的父亲韦端说：“没料你这个老蚌最近产出两颗珍珠。”

豚犬　曹操看到孙权，感叹说：“生儿子应当要像孙权那样的，要像刘表的儿子，不过是小猪小狗罢了！”

老牛舐犊　杨彪的儿子杨修被曹操杀掉。后来曹操看见杨彪，对他说：“怎么瘦成这样！”杨彪说：“惭愧自己没有金日磾的先见之明，却仍然怀有老牛的舐犊情深。”曹操为这话动容。

伯道无儿　邓攸字伯道，石勒叛乱时，他带着妻子的儿子和弟弟的儿子邓绥一起逃跑，自己忖度不能把两个孩子都保全，就丢弃儿子保存了侄子，后来死后断了香火。当时人都说："老天爷不长眼，怎么让邓伯道没儿子？"

萱堂　萱草一名宜男，妊妇佩之即生男。故称母为萱堂。《诗·伯兮》章："焉得萱草，言树之北"。

椿庭　《庄子》云："上古有大椿，以八千岁为春，八千岁为秋。"今人称父曰椿庭。

乔梓　乔木高而仰，父道也。梓木实而俯，子道也。故称父子曰乔梓。

楂梨　张敷小字楂，父邵小字梨。宋文帝戏之曰："楂何如梨？"敷曰："梨是百果之宗，楂何敢比！"

【译文】萱堂　萱草又叫作"宜男"，孕妇佩带它就会生男孩。所以把母亲称为"萱堂"。《诗经·伯兮》里说："怎么能得到萱草，就种在堂后"。

椿庭　《庄子》上说："上古有一种大椿树，将八千年当作春天，八千年当作秋天。"现今的人将父亲称为"椿庭"。

乔梓　乔木高大，让人仰望，象征着父道。梓木结果子，俯下身，象征着子道。所以将父子合称为"乔梓"。

楂梨　张敷的小字是"楂"，父亲张邵的小字是"梨"。宋文帝开玩笑地说："山楂和梨子比怎么样？"张敷说："梨子是各种水果的祖宗，山楂哪里敢比！"

菽水承欢　子路曰："伤哉贫也！生无以为养，死无以为礼也。"孔子曰："啜菽，饮水，尽其欢，斯之谓孝。"

为母杀鸡　后汉茅容，郭林宗访之，留宿。旦日，容杀鸡为馔，林宗以为己设。已而，供奉其母。林宗拜之，曰：“卿贤乎哉！”因劝之学，以成其德。

自伤未遇　晋赵至年十二，与母道旁看令上任。母曰：“汝后能如此不？”至曰：“可尔耳。”早闻父耕叱牛声，释书而泣。师问之，曰：“自伤未遇，而使老父不免勤苦。”

【译文】菽水承欢　子路说：“最悲伤的事是贫困啊，父母在世时没办法赡养，他们去世也没什么东西可以做供品。”孔子说：“即使是吃豆子，喝白开水，只要让他们开心，就是孝顺。”

为母杀鸡　后汉时候的茅容，有一次郭泰来造访，他让郭泰留宿。第二天早晨，茅容杀鸡做成饭菜，郭泰还以为是给自己做的。不一会，茅容就侍奉母亲吃。郭泰向他作揖说：“你真是有德行！”因而劝勉他学习文化知识，用来成就他的德行。

自伤未遇　晋朝的赵至十二岁时，和母亲在路旁看县令上任的仪仗。母亲说：“你长大了能像这样么？”赵至说：“可以这样。”早晨听见父亲耕田呵斥牛的声音，放下书哭起来。师父问他怎么了，他说：“自己感伤还没获得好机遇，却让老父免不了劳作之苦。”

风木之悲　春秋皋鱼宦游列国，归而亲故，泣曰：“树欲静而风不息，子欲养而亲不在！”遂自刎死。

毛义捧檄　毛义以孝行称。府檄至，以义为安阳令。义捧檄而喜动颜色，张奉薄之。后义母亡，遂不仕。奉叹曰：“往日之喜，盖为母也。”

为母遗羹　颍考叔为封人，郑庄公赐之食。食舍肉，曰：“小人有母，皆尝小人之食矣，未尝君之羹，请以遗之。”

【译文】风木之悲　春秋时代的皋鱼到列国游历做官，回到家双亲已经亡故，他哭着说：“树欲静而风不息，子欲养而亲不在！”于是自杀了。

毛义捧檄　毛义以孝顺父母被人称道。官府的檄书送到，让他当安阳县令。毛义捧着檄书，脸上抑制不住喜悦之情，张奉对他这样很鄙视。后来毛义的母亲死了，他就不再出仕。张奉赞叹说：“之前他的喜悦是为了母亲。”

为母遗羹　颍考叔担任边疆官员，郑庄公赐给他食物。颍考叔吃的时候把肉留下，对郑庄公说：“我有位母亲，我置办的饭菜她都尝过，还没吃过您的肉羹，请让我带回去给她。”

倚闾而望　王孙贾事齐闵王，王出走，贾不知其处。其母曰：“汝朝出而晚归，则吾倚门而望；汝暮出不归，则吾倚闾而望。汝今事王，王出走，汝不知其处，汝尚何归？”

对使伏剑　王陵归汉，项羽取陵母置军中，以招陵。陵母私送使者曰：“汉王长者，吾儿毋以老妾故持二心，妾以死送。”遂伏剑而死。

封还官物　陶侃少为县吏，常监鱼池，以鱼鲊遗母。母封鲊责之，曰：“尔以官物遗我，反增我忧耳！”拒却之。

【译文】倚闾而望　王孙贾是齐闵王的大臣，齐闵王逃走了，王孙贾不知道他逃到哪里。王孙贾的母亲说：“你早晨出门，晚上才回来，我就会倚靠着门边望你回来；你傍晚出门不回来，我就会倚靠着巷门望你回来。你现今侍奉大王，大王逃走，你不知道他逃哪里去了，你还会回来么？”

对使伏剑　王陵归顺汉朝，项羽就把王陵的母亲找来放在军队里，想用来劝降王陵。王陵母亲私下里让使者给儿子送信说："汉王是一位长者，我的儿，千万不要因为我的缘故背叛汉王，我用死来为你送行。"于是就用剑自刎了。

封还官物　陶侃小时候当过县里的小吏，常常看管鱼池，用鱼干送给母亲。母亲将鱼干封起来责怪他说："你拿公家的东西送给我，反倒增添我的忧愁！"便拒绝接受。

勿以母老惧　刘安世除谏官，白母曰："朝廷使儿居言路，须以身任国，脱有祸谴，如老母何？"母曰："谏官为天子诤臣，汝父欲为而弗得。汝幸居此，当捐身报主，勿以母老惧流放耳。"

对食悲泣　陆续系洛阳。母往馈食，续对食悲泣。使者问故，曰："母来不得见耳。"问："何以知之？"曰："吾母切肉未尝不方，断葱以寸为度，此必母所飨也。"使者以闻，特赦之。

暴得大名　陈婴母，东阳少年杀其令，欲立婴为王。母曰："吾自为汝家妇，未闻汝先有贵者。今暴得大名，不祥。"婴乃属汉。

【译文】勿以母老惧　刘安世被任命为谏官，对母亲说："朝廷让儿子担任谏官，需要把身体托付给国家，假如以后发生灾祸和惩罚，拿老母亲怎么办呢？"母亲说："谏官是天子直言诤谏的大臣，你父亲想做还没做成。你侥幸担任这个官职，应该献身报效国家，不要因为你母亲我老了，就害怕流放。"

对食悲泣　陆续被关在洛阳的监狱，他母亲前往给他送饭。对着饭菜，他哭得非常悲哀。使者问他缘故，他说："母亲来看我，却不能见面。”使者问道：“你怎么知道是你母亲送的？”他说：“我妈妈切肉没有不是方方正正的，切葱也长一寸，这肯定是我母亲给我送来的。”使者听他说后，特赦了他。

暴得大名　秦朝末年，起义军风起云涌，东阳的少年杀死县令，想让陈婴自立为王。他母亲说：“我自从做你家的儿媳妇，不曾听过你家祖上有贵人。如今突然得到大名声，不是吉祥的事情。”陈婴因此归附刘邦。

人不可独杀　严延年为河南守，母从东海来，适见报囚，乃大惊，不肯入。延年叩首谢。母曰：“天道神明，人不可独杀。我不意垂老见壮子被刑戮也！”岁余，果败。

击堕金鱼　陈尧咨秩满归。母问有何异政，对曰：“荆南当孔道，过客以儿善射，莫不叹。”母曰：“忠孝辅国，尔父之训也。尔不能以善化民，顾专卒伍一人之技。因击以杖，堕其金鱼。

得与李杜齐驱　汉诛党人，诏捕急。范滂白母曰：“仲博孝敬，足供养，滂从龙舒君九原，存亡得所。惟大人割不忍之恩。”母曰：“汝得与李杜齐驱，死亦何恨！令名寿考，可兼致乎？”

【译文】人不可独杀　严延年担任河南太守时，母亲从东海赶来，正好遇见官府清点囚犯，于是很吃惊，不肯进入官府。严延年跪着叩头谢罪。母亲说：“老天爷是公平灵验的，人不会只杀人而不被杀。我料不到临老了还看见壮年的儿子被杀！”一年多后，严延果然被判处死刑。

击堕金鱼　陈尧咨任期结束回家。母亲询问他有什么特别的治理方法。他回答说：“荆南正对着大道，路过的人看见儿子我擅长射箭，没有不赞叹的。”母亲说：“用忠心辅佐国家，是你父亲的遗训。你不能用善政感化百姓，只专注在士卒们的技艺。”因而用拐杖打他，把他佩带的金鱼打掉了。

得与李杜齐驱　后汉末年宦官诛杀党人，朝廷的追捕令极为紧迫。范滂对母亲说：“弟弟仲博他很孝敬，完全能供养您，范滂跟着父亲到黄泉去，活着的还有死去的都有了归宿。只是割舍不下母亲的大恩大德。”母亲说：“你能和李杜齐名，死了又有什么遗憾！好名声和长寿，能一起得到么？”

吾知善养　尹焞尝应举，发策有诛元祐诸臣议。焞不对而出，归告其母。母曰：“吾知汝以善养，不知汝以禄养也。”

能为滂母　苏轼生十岁，母程氏亲授以书，闻古今成败，辄能领其要。程读《范滂传》，慨然叹息。轼请曰：“轼若为滂，母能许之否？”程曰：“汝能为滂，我独不能为滂母耶？”

口授古文　虞集母杨氏归虞汲。宋末兵乱，汲挈家奔岭外，无书可携读。母口授集《左传》、欧苏文。卒以文章名世，皆母训也。

【译文】吾知善养　尹焞曾经应考，出的策论题目有《诛元祐诸臣议》。他就不作答直接出了考场，回来告诉了母亲。母亲说：“我知道你用善良来供养我，不是拿功名利禄养我。”

能为滂母　苏轼才十岁时，母亲程氏亲自教他读书，听讲古今的兴衰治乱，总是能立刻领悟其中的本质。母亲读到《范滂传》时，感慨叹息。苏轼试着问母亲：“苏轼如果能做范滂，母亲能允许我那样做吗？”母亲说：“你能做范滂，你妈妈难道就不能做范滂母亲吗？”

口授古文　虞集的母亲杨氏嫁给虞汲。宋末时天下大乱，虞汲带着全家老小逃到岭南，没有携带书籍，没得读。虞集的母亲口头传授他

《左传》，以及欧阳修、苏轼的文章。最后他以文章著称于世，都是归功于母亲的教导。

得父一绝　唐宋之问父名令文，富文词，且工书。有力绝人，世谓之三绝。后之问以文章显，之悌以骁勇闻，之逊精草隶，各得父一绝。

父子谥文　明倪谦与子同入史局，谦终南礼部尚书，子岳终南吏部尚书。父谥文僖，子谥文毅。父子谥文，世以为荣。

父长号　何遵幼阅范滂母事，告母曰："儿设为滂，大人能慨然为滂母乎？"母笑而许之。后为工部主事，谏武宗南巡，荷校暴午门外，五日杖死。廷杖日，父铎在里，有乌悲鸣而前，心异之。比闻工部有以言获罪者，父长号曰："遵其死夫！"已而果然。

【译文】得父一绝　唐朝的宋之问父亲叫宋令文，擅长文章，极有文采，而且工于书法，还有过人的膂力，世人称为"三绝"。后来宋之问以文章显名，宋之悌以骁勇善战显名，宋之逊精于草书和隶书，各自得到父亲的一绝。

父子谥文　明朝的倪谦和儿子一起进入修史局，倪谦死在南京礼部尚书的任上，儿子倪岳死在南京吏部尚书的任上。父亲谥号是"文僖"，儿子谥号是"文毅"。父子都谥为文，世人觉得很荣耀。

父长号　何遵小时候读到范滂母亲的故事，对母亲说："儿子假设能做范滂，母亲大人能大义凛然地做范滂的母亲吗？"母亲笑着允诺。后来担任工部主事，劝谏武宗不要南巡，结果被带着枷锁在午门外面曝晒，执行了五天的杖刑后死去。廷杖的那天，父亲何铎在乡间，看见乌鸦悲伤地啼叫从面前飞过，心里觉得奇怪。等到听说工部有人因为进谏获罪，父亲嚎哭着说："何遵要死了啊！"不久果然这样。

以屏隔座　三国纪亮与子骘俱仕吴，亮为尚书令，骘为中书令，每朝会，以云母屏隔座，时论荣之。

教忠　周狐突，晋大夫。怀公时，突子毛及偃从重耳如秦。公执突曰："子来则免。"对曰："子之能仕，父教之忠，古之道也。今臣子从公子亡，若又召之，教之贰也。"卒就死。

当有五丈夫子　商瞿同年有梁鳣者，年三十，未举子，欲出其妻。瞿曰："未也！吾齿三十八无子，吾母为吾更娶。夫子曰：'无忧也。瞿过四十当有五丈夫子。'果然。吾恐子自晚生，且未必妻过也。"居二年，而梁有子。

【译文】以屏隔座　三国时期的纪亮和子纪骘都在吴国当官，纪亮担任尚书令，纪骘担任中书令，每次朝廷开会时，都用云母屏风隔开他俩的座位，当时人认为是很荣耀的事。

教忠　东周的狐突是晋国的大夫。晋怀公时期，狐突的儿子狐毛和狐偃跟从公子重耳到秦国去。晋怀公抓捕了狐突说："让你儿子回来就免罪。"狐突回答说："儿子能出仕，父亲我教他忠心耿耿，是古来的法则。如今我儿子跟从公子逃亡，如果又召他回来，是教导他不忠。"最后还是被杀死。

当有五丈夫子　商瞿的同学叫梁鳣的，年纪三十了，还没生出儿子，想休掉他的妻子。商瞿对他说："现在还不至于！我三十八岁没生儿子，我母亲让我再娶妻子。但我们的老师说：'不用担心。商瞿过了四十定当有五个儿子。'后来果然这样。我怕你也是很晚才生儿子，况且这不一定是妻子的错误。"过了两年，梁鳣果然生了儿子。

不如一经　韦玄成，贤之子，与萧望之诸儒辩五经同异于石渠阁。汉元帝朝拜相，守正持重不及父，而文采过之。邹、鲁谚曰："遗子黄金满籝，不如一经。"

义继母　齐二子之母，宣王时有死于道者，吏执其二子，兄曰："我杀之。"弟曰："非兄也，我杀之。"吏以告王，王召问其母，母泣对曰："杀其少者。"王问故，母曰："少者妾之子。长者前妻之子，其父临终，嘱妾善视。今杀兄活弟，是以私废公也。背言忘信，是欺死也。"王高其义，皆赦之。

他日救时宰相　于忠肃父与如兰为方外交。忠肃弥月，如兰赴汤饼之会，摩其顶，曰："此他日救时宰相也。"

【译文】不如一经　韦玄成，是韦贤的儿子，和萧望之等大儒在石渠阁辩论五经的同异。到汉元帝朝被拜为宰相，为官老成持重不如父亲，可是文采胜过他。邹、鲁地区的谚语说："留给儿子满箱黄金，不如留给儿子一本经书。"

义继母　齐国有两个儿子的母亲，宣王时有人死在道路上，官吏拿住她的两个儿子，兄长说："是我杀的。"弟弟说："不是兄长杀的，是我杀的。"官吏将情况告诉齐王，齐王将他们的母亲召来并询问，母亲哭着回答说："杀小儿子。"齐王问缘故，母亲说："小儿子是我的儿子。大儿子是前妻的儿子，他父亲临终前，嘱托我好好照顾他。如今杀死兄长，留下弟弟，就是私心不顾丈夫的恩情。背信弃义，是欺骗死人的行为。"齐王对她的高义表示赞赏，将两个儿子都赦免了。

他日救时宰相　于谦的父亲和如兰和尚是方外之交。于谦刚满月，如兰和尚参加他的满月酒宴，摩娑他的头顶说："这是未来拯救时代的宰相。"

墨庄　宋刘式殁，惟遗书数千卷，夫人陈氏指谓诸子曰："此乃父墨庄也。"其后诸子及孙并起高第，为时名臣。

各授一经　宋田阛行高学博，游成均二十年，不遇，浩然归隐。子九人，各授一经，俱登第。时称义方者，必曰田氏。

箕裘　《礼记》：良冶之子，必学为裘；良弓之子，必学为箕。

亲导母舆　唐崔邠为太常卿，亲导母舆入太常署，公卿皆避道。

【译文】墨庄　宋朝的刘式死时，只留下几千卷的书籍，夫人陈氏指着那些书对几个儿子说："这是你们父亲留给你们用水墨做成的田庄。"后来几个儿子和孙子都考中进士，名次很高，是当时的著名大臣。

各授一经　宋朝的田阛为人高尚，学问渊博，在国子监待了二十年，没有得到机遇，便义无反顾地归隐山林了。儿子九个人，每人各自传授一本经书，都考中进士。当时人称有义方的人，一定会提到田家。

箕裘　《礼记》里说：好铁匠的儿子，看父亲修补铁器，一定会学着修补皮大衣；好弓箭手的儿子，看见父亲把木头弯曲制成弓，就一定会学将柳枝弯曲制作簸箕。

亲导母舆　唐朝的崔邠担任太常卿，亲自领着母亲的轿子进入太常署，公卿等人都给他让路，退到一边。

附: 各方称谓

蜀人称父曰郎罢。吴人呼父曰奢，呼祖曰阿爹，又有呼曰公爹。有呼父曰爷(音涯)，有呼父曰爸(音霸)。有呼父曰爸(音播)。辽东人呼父曰阿嘛，母曰峨娘。湖南人呼母曰哎祖。有呼父曰阿叭，母曰阿宜。江淮人呼母曰社。李长吉呼母曰媻。吴人呼母曰嬭(音寐)。羌人呼母曰姐。江湖有呼母谓媞(音侍)。青、徐人呼兄曰阿荒。荒，大也。又曰兟(音选)。越人呼兄曰况。楚人呼姊曰媭，呼妹曰媦(音位)。江淮人呼子曰崽(音宰)，呼女曰娪(音悟)。又有呼子曰男，女曰媛(音嫕)。越人呼子曰婧。吴人呼子曰孖(音牙)。楚人呼妻母曰姼(音氏)。东齐人呼婿曰倩。呼贱役曰倯。妇人呼夫之兄曰兄公，称夫之姊曰女伀(音中)。呼姊妹之子曰出(音翠)。自称曰姎(音盎)，犹称我也。称舅母曰妗。齐人呼姊曰嫛(音稍)。

【译文】蜀地人称父亲为“郎罢”。吴地人叫父亲为“奢(音遮)”，叫祖父为“阿爹”，又有叫“公爹”的。有的叫父亲为“爷(音涯)”，有的地方叫父亲为“爸(音霸)”。有的叫父亲为“爸(音播)”。辽东人叫父亲为“阿嘛”，母亲为“峨娘”。湖南人叫母亲为“哎祖”。有的叫父亲为“阿叭”，母亲为“阿宜”。江淮人叫母亲为“社”。李长吉叫母亲为“媻”。吴人叫母亲为“嬭(音寐)”。羌人叫母亲为“姐”。江湖地区有的叫母亲为“媞(音侍)”。青、徐地区的人叫哥哥为“阿荒”。荒，是大的意思。又叫“㒞(音选)”。越地人叫兄为“况”。楚人叫姐姐为“嬃”，叫妹妹为“娟(音位)”。江淮人叫子为崽(音宰)，叫女为娪(音悟)。又有叫儿子为“男”，女儿为“媛(音嫖)”。越人叫儿子为“婧”。吴地人叫儿子为“犽(音牙)”。楚地人叫妻子的母亲为“姼(音氏)”。东齐地区的人叫女婿为“倩”。叫贱役为“傱”。妻子叫丈夫的哥哥为“兄公”，称丈夫的姐姐为“女伀(音中)”。叫姐妹的儿子为“出(音翠)”。自称为“姎(音盎)”，就像自称“我”。称舅的母亲为“妗”。齐地人叫姐姐为“嫯(音稍)”。

夫妇附：妾

举案齐眉　梁鸿至吴，依皋伯通庑下，为人赁舂。妻孟光具食，举案齐眉。伯通异之，曰："彼佣，能使其妻敬之如此，非凡人也。"以礼遇之。

归遗细君　东方朔割肉怀归，武帝问之，曰："归遗细君。"

糟糠　光武姊湖阳公主新寡，欲下嫁宋弘。帝语弘曰："贵易交，富易妻，人情乎？"弘对曰："贫贱之交不可忘，糟糠之妻不下堂。"帝顾主曰："事不谐矣。"

断机　乐羊子游学，未三月而归，其妻引刀断机，曰："君子寻师，中道而归，何异断斯织乎？"羊子乃发愤卒业。

【译文】举案齐眉　梁鸿逃到吴地，住在皋伯通家中，帮人舂米。妻子孟光办好饭菜，举起桌案和眉毛齐平交给丈夫。皋伯通对这个情形很惊讶，说道："那个佣人，能让他的妻子敬重如此，肯定不是凡人。"于是对他很礼遇。

归遗细君　东方朔不顾礼节，先割好肉揣到怀里回去了，武帝后来问他怎么那么等不及，他说："拿回家给老婆吃。"

糟糠　光武帝的姐姐湖阳公主的丈夫才去世，变成了寡妇，想下嫁给宋弘。光武帝对宋弘说："人一尊贵就要换友人，一旦富起来就要换老婆，不是人之常情吗？”宋弘回答说：“贫贱的朋友不能忘记，共度患难的妻子不能休掉。”皇帝对公主说：“这事情不能成了。”

断机　乐羊子到外面求学，还没过三个月就回家了，他的妻子拿起刀砍断织布机的布，对他说：“您寻找老师，半路就回来，和我把织一半的布砍断有什么区别？”乐羊子于是发愤求学，完成学业。

二乔　周瑜从孙策攻皖，得乔公两女，皆有殊色。策自纳大乔，瑜纳小乔。策谓瑜曰：“乔公二女虽流离，得吾二人为婿，亦足为欢。”

有兄之风　孙权妹，刘先主初在荆州，孙权以妹妻之。妹才捷刚猛，有诸兄之风，侍婢百余人，皆执刀侍立。先主每入，心常凛凛。

妇有四德　许允妇貌丑，允曰：“妇有四德，卿有几德？”妇曰：“妾之所不足者色耳。士有百行，卿有几行？”允曰：“皆备。”妇曰：“君好德不如好色，何谓皆备？”允大惭，礼之终身。

【译文】二乔　周瑜跟随孙策进攻皖地，得到乔公的两个女儿，都有不凡的美貌。孙策自己娶了大乔，周瑜娶了小乔。孙策对周瑜说：“乔公的两个女儿虽然颠沛流离，得我两个人作为夫君，也值得开心了。”

有兄之风　孙权在刘备刚到荆州时，想把妹妹嫁给他。他妹妹很有才华，为人聪敏而且刚直勇猛，有哥哥们的风范，其侍女有一百多人，都手持大刀侍奉在一旁。刘备每次进入，内心常常感到害怕。

妇有四德　许允的老婆长得丑，许允说：“做老婆的要有四种德行，你有哪几种？”妻子说：“我只不过长得不好看罢了。君子百种德行，你有几种？”许允说：“全部都有。”妻子说：“你喜欢德行之心比不上好色之心，怎么能说全部都有？”许允极为惭愧，一辈子都对她很尊敬。

执巾栉　《左传》：晋太子圉质于秦，秦妻之，将逃归。嬴氏曰：“寡君使婢子执巾栉，以固子也。纵子私归，弃君命也，不敢从。”

奉箕帚　单父人吕公好相人，见刘季状貌，异之，曰：“仆阅人多矣，无如季相！仆有弱息女，愿为箕帚妾。”

吾知丧吾妻　刘庭式尝聘乡人女。及登第，女丧明，家且贫甚，乡人不敢复言。或劝改聘，庭式叹曰：“心不可负！”卒娶之，生数子。死哭之恸。苏轼时为州守，问曰：“哀生于爱，爱生于色。足下爱何从生？哀何从出乎？”庭式曰：“吾知丧吾妻而已。”轼深感其言。

【译文】执巾栉　《左传》记载：晋国的太子圉在秦国做人质，秦王将女儿嫁给他，他即将逃出秦国时。他妻子说：“我父王让我服侍你，是用来稳固你的心。如果放你私自逃走的话，那就是违抗君父的命令，我不敢听你的话。”

奉箕帚　单父人吕公擅长给人看面相，看见刘邦的状貌，大为吃惊，说道：“我给太多人看相，从没看见你这样尊贵的面相！我有个小女儿，希望能嫁给你。”

吾知丧吾妻　刘庭式曾经和乡里一户人家的女儿约定婚约。等到考中时，那女子突然失明了，而且家里很穷，乡里那户人家不敢再提婚约。有人劝他再另外找一家，刘庭式感叹着说：“我的心里叫我不能辜负她！”最终娶那女子为妻，生了几个儿子。她死的时候他哭得很悲伤。苏轼当时担任当地太守，问他说：“悲哀从爱情生出，爱情从美色生出。您的爱情是从哪里生出？悲哀从哪里生出？”刘庭式回答说：“我就知道我死了妻子。”苏轼被他的话深深感动。

画眉　张敞为京兆尹，为妇画眉。有司奏闻。上问之，对曰：“夫妇之私，有过于此者。”上弗责。

牛衣对泣　王章家贫无被，卧牛衣中，与妻涕泣。妻怒曰：“京师贵人，谁逾仲卿者，不自激昂，乃反涕泣，何鄙也！”后果为京兆。

剔目　房玄龄布衣时，病且死，谓妻卢氏曰：“吾病不起，卿年少，不可寡居，善事后人。”卢泣入帷中，剔一目以示信。玄龄疾愈，后入相，礼之终身。

织锦回文　窦滔妻苏氏，字若兰，苻坚时滔拜安南将军，镇襄阳，携宠姬赵阳台以行。苏悔恨，因织锦为回文，题诗二百余首，纵横反复皆为文章，名曰《璇玑图》，以寄滔。

【译文】画眉　张敞担任京兆尹时，给妻子画眉毛。官府将他参到皇帝那里。皇帝问他，他回答说：“丈夫和妻子之间的私事还有比这更亲密的呢。”皇帝因此就没责怪。

牛衣对泣　王章家里穷，没被子，睡在给牛盖的衣服里面，对着妻子抽泣。妻子生气地说：“京师的贵人们，谁比得上你的德行才干？不自己振作，竟在这里掉眼泪，这是多么可鄙！”后来果然官至京兆尹。

剔目　房玄龄还是平民百姓时，有次生病快要死了，对妻子卢氏说：“我这病恐怕好不了了，你还年轻，不能一个人活守寡，好好对待后来的丈夫。”卢氏到帷帐里低声抽泣，挖出一只眼珠来给房玄龄看。房玄龄后来病好了，最终拜为宰相，一生都对妻子很敬服。

三百子

王章男兒貴自立牛衣胡對泣

有糟糠婦者二搭

子立

王章，选自（明）陈洪绶版画《博古叶子》

织锦回文　窦滔的妻子叫苏若兰，在前秦苻坚时代，窦滔担任安南将军，镇守襄阳，带着宠爱的小妾赵阳台一起上任。苏若兰很后悔，因而在锦缎上织出回文，回文上有题诗二百多首，横着竖着反着都能读通，名叫《璇玑图》，寄给窦滔。

不从别娶　宋黄龟年为侍御史，劾秦桧，遂夺桧职。初，邑簿李朝旌许妻以女。既登第，而朝旌已死，家甚贫，或劝其别娶，不从。

小吏名港　汉庐江小吏焦仲卿妻，为姑所逐，自誓不嫁。其母屡逼之，遂投水死。仲卿闻之，亦自缢。今府境有小吏港，以仲卿名。

相思树　韩凭妻封丘息氏，康王夺之，凭自杀。息与王登台，遂投台下死，遗书于带，愿以尸骨赐凭。王弗听，使人埋之，冢相望也。信宿，有交梓本生于二冢之旁，旬日而枝成连理，鸳鸯栖其上，交颈悲鸣。宋人哀之，号曰相思树。

【译文】不从别娶　宋朝的黄龟年担任侍御史，弹劾秦桧，从而削夺了秦桧官职。在此之前，他家乡的主簿李朝旌将女儿许配给他。不久考中进士，可是李朝旌已经去世，家里非常穷苦，有人劝黄龟年再找个人家，他不听从。

小吏名港　东汉末年庐江的小吏焦仲卿的妻子，被婆婆赶出家门，她自己发誓不再改嫁。她母亲屡屡相逼，因此投水自杀。焦仲卿听到这个消息，也自缢而亡。如今的庐江府境内有小吏港，是以焦仲卿来命名的。

相思树　韩凭的妻子是封丘的息氏，宋康王将她抢走，韩凭便自杀了。息氏和宋康王登上高台，趁人不注意就跳下高台自杀身亡，在衣带上写有遗书，希望将尸骨和韩凭合葬。宋康王不顺从她的遗愿，让人埋葬她，和丈夫的坟墓相望。过了两天，有一株交梓树生在两座坟墓旁边，十天后就枝繁叶茂，缠绕在一块，鸳鸯在上面筑巢，摩挲着脖子悲哀地鸣叫。宋国人可怜他们的遭遇，就称这树为“相思树”。

知礼　季敬姜，鲁大夫公甫穆伯之妻也。子文伯相鲁，退朝。敬姜方绩，文伯曰：“以歜之家，而犹绩乎？”敬姜叹曰：“夫民，劳则思，思则善心生；逸则淫，淫则忘善，忘善则恶心生。……吾惧穆伯之绝祀也！”及文伯卒，敬姜朝哭穆伯，暮哭文伯。仲尼闻之，曰：“季氏之妇知礼矣！”

作诔　柳下惠卒，门人欲诔之。妻曰：“将诔夫子之德耶？则二三子不如妾知之也。”乃作诔。

谥康　黔娄先生卒，曾西往吊，见其尸覆布被，手足不尽敛。曾西曰：“邪引其被则敛矣。”妻曰：“邪而有余，不若正而不足。死而邪之，非先生意也。”曾西曰：“何以为谥？”妻曰：“先生不戚戚于贫贱，不汲汲于富贵，其谥曰康，可乎？”曾西叹曰：“惟斯人也，而有斯妇。”

【译文】知礼　季敬姜，是鲁国的大夫公甫穆伯的妻子。他儿子文伯做鲁国相时，退朝回家。季敬姜正在织布，文伯对她说：“以你儿子我现在的地位，家里还要你亲自织布吗？”季敬姜感叹着说：“人啊，劳苦的时候就会思索，思索就会产生美好的心意；安逸的时候就会放荡，放荡就会忘记善良，忘记善良就会生出坏心思。……我害怕穆伯绝后啊！”等到文伯死后，季敬姜早上向着穆

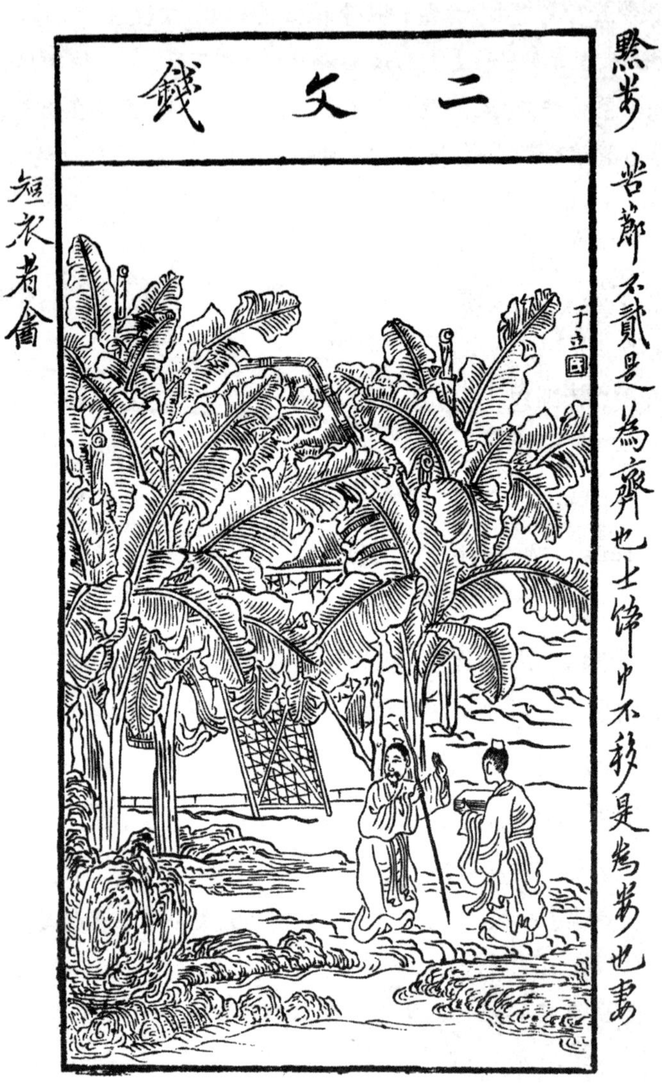

黔娄，选自（明）陈洪绶版画《博古叶子》

伯坟的方向哭泣，傍晚对着儿子坟墓的方向哭泣。孔子听说这件事后说："季氏很懂得礼节！"

作诔　柳下惠死后，门人想要给他写诔文。他妻子说："想要写诔文悼念夫子的操行吗？如果是这样，那你们不如我了解他。"于是写了一篇诔文。

谥康　黔娄先生死后，曾西前往吊唁，看见他尸体覆盖着布被，手和脚都不能完全被盖住。曾西说："斜着盖就能完全盖住。"他的妻子说："斜着盖哪怕有余地，不如方方正正地盖不全。死后还要'邪'，不是黔娄先生的遗愿。"曾西说："起个什么谥号呢？"妻子说："先生对贫贱并不感到忧虑，对富贵并不奔走以求，谥号为'康'，可以吗？"曾西感叹说："只有这样的人，才有这样的妻子。"

预结贤士　晋大夫伯宗好以直辩凌人，人恶之。妻曰："危可立待也！何不预结贤士，以州犁托焉。"伯宗乃得毕羊而交之。未几，伯宗以谮死。毕羊送州犁于荆，幸免。

柏舟　共姜，卫世子共伯妻。共伯蚤折，父母欲夺而嫁之，以死自誓，作《柏舟》诗。

共隐终身　王霸少与令狐子伯善，后子伯相楚。其子为郡功曹，尝诣霸。霸子耕于野，投耒见客。颜色惭沮。客去，霸卧不起。妻问故，霸曰："彼子容服都，儿曹有惭色。父子恩深，不觉自失耳。"妻曰："子伯之贵孰与君之高？奈何忘夙志而惭儿女子乎？"霸起而笑曰："有是哉！"遂共隐，终其身。

【译文】预结贤士　晋国大夫伯宗喜欢直言辩论，锋芒逼人，别人都厌恶他。他的妻子说："危机很快就会来到！你为什么不预先结交贤能之士，把我们的儿子州犁托付给他呢？"伯宗因而寻到毕羊，和他做朋友。不久，伯宗就被人进谗言害死了。毕羊把州犁送到楚国，因此才幸免于难。

柏舟　共姜是卫世子共伯的老婆。共伯早死，她的父亲、母亲想让她改嫁，她以死相逼，发誓不会改嫁，写了一首《柏舟》的诗。

共隐终身　王霸少年时和令狐子伯是好朋友，后来令狐子伯担任楚国相。令狐子伯的儿子担任郡功曹，曾经探访王霸。王霸子在田里耕作，扔掉农具会见客人，脸色很惭愧。客人离去后，王霸睡着不起来。妻子问他什么缘故，王霸说："他的儿子容颜衣服何等华丽，我的儿子对着他脸上都很羞愧。父子情深，不知不觉就怅然自失了。"妻子说："令狐子伯的富贵和你的高洁怎么能比？干吗忘掉初衷反而对儿子女儿惭愧呢？"王霸起床笑着说："你说得很对啊！"于是夫妻一起隐居，过完一生。

女宗　鲍苏仕卫三年，而娶外妻。其妻养姑甚谨。其姒曰："子可以去矣。"答曰："妇人从一为贞，以顺为正，岂有专夫室之爱为贤哉？"事姑愈谨。宋公表其闾曰"女宗"。

封发　唐贾直言坐事贬岭南。妻董氏名德贞，年甚少。诀曰："死生未期，汝可亟嫁。"贞不答，引绳束发，封以帛，使直言署曰："非君手不可解！"直言贬二十年乃还，帛如故。

受羊埋之　羊舌子好直，不容于晋，去三室之邑。邑人攘羊而遗之，羊舌子不受。妻叔姬曰："不如受而埋之。"羊舌子曰："何不饷肸与鲋？"姬曰："不可。南方有鸟为吉乾，食其子，不择肉，子多不义。今肦与鲋童子也，随大人而化，不可食以不义之肉。"乃盛以瓮，埋垆阴。后攘羊事败，吏发视之，羊尚存。曰："君子哉！羊舌子不与攘羊矣。"

【译文】女宗　鲍苏在卫国做了三年官，娶了第二个妻子。他原来的妻子赡养婆婆特别恭谨。他的弟媳妇对她说："你可以离开了。"妻子回答说："女人从一而终是贞节，顺从是正理，哪有独占丈夫的爱才是好妻子的呢？"对待婆婆愈加恭谨。宋公表彰她的乡里，称为"女宗"。

封发　唐朝的贾直言受牵连被贬到岭南。妻子董氏叫德贞，年龄特别小。贾直言和她诀别说："是死是生预料不到，你可以赶快改嫁。"德贞不回答，找来绳子绑起头发，用布条裹着，让贾直言在布条上署名，并且说："不是你的手不许解开！"贾直言被贬了两个十年才回家，布条像过去一样完好。

受羊埋之　羊舌子说话直来直往，在晋国不受待见，于是到三室之邑。邑里有个人偷来一只羊送给他，羊舌子不接受。妻子叔姬说："不如接受然后埋起来。"羊舌子说："为何不给肸儿和鲋儿吃？"妻子说："不能这样。南方有一只鸟叫'吉乾'，不管什么肉都喂它的儿子，所以它的儿子以后多做坏事。如今肸儿和鲋儿还是小孩子，跟着大人耳濡目染，不能让他们吃来路不正的肉。"于是盛放在瓮中，在灶台后面埋起来。后来偷羊的案件被破获，官吏来他家打开瓮，羊还在，便说："您是真君子啊！羊舌子没有参与偷羊的案件。"

弓工妻　晋繁人之妻也。平公使繁为弓，三年乃成。公引射而不穿一札，将杀之。其妻请见，曰："妾夫造弓，劳矣！君不能射，反以杀人。妾闻射之道，左手如拒，右手如附；右手发之，左手不知。"公用其言，而射穿七札，立释繁人。

迎叔隗　晋文公与赵衰子奔狄，狄人隗氏入二女，公纳季隗，以叔隗妻衰，生盾。及反国，文公又以女赵姬妻之，生三子。

赵姬请迎盾与其母，衰不敢从。姬曰："得宠忘旧，安富室而弃贱交，不可。君其迎之。"衰乃迎叔隗与盾于狄。

提瓮出汲　桓氏字少君，鲍宣就少君父学，父奇其清苦，以女妻之，装送甚盛。宣不悦。少君悉屏去侍从服饰，更布素，与宣共挽鹿车归里。拜姑，即提瓮出汲，修妇道。

【译文】弓工妻　说的是晋国繁这个地方某个工匠的妻子。晋平公让其制作弓，三年才造好。晋平公用它射箭连一层牛皮铠甲都射不穿，就想杀了他。他的妻子请求面见晋平公，妻子说："我丈夫制作弓，已经很辛苦了！你不会射箭，反而诬赖人，还想杀他。我听说射箭，左手要像推大石头，右手就像环抱着树枝；右手射出箭，左手都感知不到。"晋平公用她的方法，就射穿了七层铠甲，于是立马放了她丈夫。

迎叔隗　晋文公和赵衰子逃往狄，狄人隗氏将自己的两个女儿嫁给他，晋文公只娶了季隗，把叔隗嫁给赵衰，叔隗生下了赵盾。等回到祖国，晋文公又把女儿赵姬嫁给他，生了三个儿子。赵姬请求迎回赵盾和他母亲，赵衰不敢听命。赵姬说："得到新的宠爱就忘了过去的情谊，在富贵屋子里安逸自在却抛弃贫贱时候的老婆，是不可以的。您还是迎回他们吧。"赵衰于是从狄国迎回叔隗和赵盾。

提瓮出汲　桓氏女儿字少君。鲍宣追随少君的父亲求学，她父亲对他的勤俭清苦表示惊讶，后来将女儿嫁给他，装扮和送亲队伍特别盛大。鲍宣因此不开心。少君屏退了侍从，去掉华美衣服，换成朴素衣服，和鲍宣一同挽着鹿车回到乡里。少君拜见了公公婆婆，就立马拎着瓮去打水了，恪守妇道。

御妻　晏子出，其御之妻从门间窥其夫，意气扬扬自得。既而归，妻请去，曰："晏子身相齐国，名显诸侯。观其志常有以自下者。子为人御，自以为足，妾是以求去也。”御者乃重自抑。晏子怪而问之，以实对，荐为大夫。

效少君 马融女适汝南袁隗，礼初成，隗曰：“妇奉箕帚则已，何乃珍丽？”对曰：“慈亲爱重，不敢违命，君若慕鲍宣之高，妻亦效少君之事。”

【译文】御妻 晏子出门时，他的马车夫的妻子从门里偷看到他自己丈夫，神气扬扬自得。不久丈夫回来，妻子请求离开，并说：“晏子身为齐国的丞相，名声响彻诸侯。看他的态度往往还很谦恭礼让。你不过是他的马车夫，自己就满足得不得了，我因此请求离开。”马车夫于是狠狠改掉骄傲的神气。晏子感觉奇怪就问他，他将实话说出，被晏子举荐为大夫。

效少君 马融的女儿嫁给了汝南的袁隗，婚礼刚结束，袁隗对妻子说：“作为妻子能打扫和侍奉父母就足够了，干吗装扮这么花哨？”妻子回答说：“父母太爱我了，我不敢不随他们，你如果景慕鲍宣的高尚品德，妻子我也愿意效法少君的行为。”

破镜 乐昌公主下嫔徐德言。陈亡，德言与主破镜，各分其半。后主为杨素所得，德言寄诗云：“镜与人俱去，镜归人未归。”乐昌得诗，悲泣不已。素怆然，召德言还之。

造庐而吊 杞梁死国事，丧归，齐庄公遇于途，欲吊。其妻曰：“君以吾夫之死为有罪，则不敢辱君之吊；如以为无罪，则先人有敝庐在，何吊于途？”公乃造其庐而吊焉。

琴心 司马相如与临邛令善。富人卓王孙闻令有贵客，为具召之。酒酣，令请相如抚琴。时卓王孙女新寡，窃听。相如以琴心挑之，文君遂夜奔，相如与之归成都。

【译文】破镜　乐昌公主下嫁给了徐德言。陈国灭亡时，徐德言和公主打破铜镜，各分一半。后来公主被杨素获得，徐德言寄诗给她说："镜和人都走了，镜回来了人没有回来。"乐昌得到这首诗，不住地悲伤掉泪。杨素听到她的故事后也很感动，就召来徐德言，把妻子还给他。

造庐而吊　杞梁为国事而死，妻子护丧回来，齐庄公在半路遇到，想凭吊。他的妻子说："您认为我丈夫的死有罪的话，那么就不敢劳烦您来凭吊；如果认为没罪，那么祖先的老屋在那里，为何在半路凭吊？"齐庄公于是造访他家去凭吊。

琴心　司马相如和临邛令是好朋友。当地的富人卓王孙听说县令有一名贵客，为他准备宴席请他过来赴宴。酒喝到尽兴时，县令请求司马相如弹琴一曲。当时卓王孙的女儿才死了丈夫，偷偷听他弹琴。相如用琴曲声挑逗文君，文君于是趁着夜色逃走，和相如一起回到成都。

白头吟　司马相如将聘茂陵女为妾，卓文君作《白头吟》以自绝，相如感之，乃止。

妒妇津　刘伯玉妻段氏悍妒，闻其夫诵《洛神赋》，投洛水死。后人名其地为妒妇津。有妇人渡此者，必湿其衣妆。

四畏堂　王文穆作"三畏堂"。夫人悍妒。杨文公戏曰："可改作四畏堂。"公问故，曰："兼畏夫人。"

狮子吼　陈季常妻柳氏悍妒，客至，或闻诟詈声。坡公诗戏之曰："谁似龙丘居士贤，谈空说有夜不眠。忽闻河东狮子吼，柱杖落手心茫然。"

司马长卿（司马相如），选自（明）陈洪绶版画《博古叶子》

【译文】白头吟　司马相如准备迎娶茂陵的一个女子为妾，卓文君写了《白头吟》给相如作为诀别词，相如受到感动，于是停止娶妾。

妒妇津　刘伯玉的妻子段氏是个悍妇，听说他丈夫朗诵《洛神赋》，就跳到洛水里淹死。后人叫那个地方为"妒妇津"。有妇女从这里渡船，一定会沾湿衣裳和妆容。

四畏堂　王钦若造了一间"三畏堂"。其夫人为人爱妒忌。杨亿开玩笑说："可以改成'四畏堂'。"王钦若问他什么意思，他说："畏天命，畏大人，畏圣人之言，而且还畏夫人。"

狮子吼　陈慥的妻子柳氏野蛮爱吃醋，客人来了，也许还能听到大骂的声音。苏东坡写诗开他玩笑说："谁似龙丘居士贤，谈空说有夜不眠。忽听说河东狮子吼，柱杖落手心茫然。"

恐伤盛德　谢太傅刘夫人性妒，常帷诸妓作乐，太傅暂见，便下帷。太傅索更一开，夫人拒之，曰："恐伤盛德。"

鸧庚止妒　梁武帝平齐，获侍儿千余，郗后愤恚成疾。左右曰："《山海经》云，食鸧庚止妒。"后食之，妒果减半。

炊扊扅　百里奚为秦相，堂上作乐，有浣妇自言知音，援琴歌曰："百里奚，五羊皮，忆别时，烹伏雌，炊扊扅，今当富贵忘我为？"寻问之，乃其妻也。

【译文】恐伤盛德　谢安的夫人刘氏性格好妒忌，常常在帷幕里让歌伎演奏音乐，谢安一看见，她就放下帷幕。谢安请她再打开，她拒绝地说："害怕损害你高尚的品德。"

鸧庚止妒　梁武帝打败齐国后，掳获了几千名侍女，郗皇后因而生气得了大病。左右人都说："《山海经》上说，吃黄莺肉可以治疗妒忌。"后来给她吃了，果然妒忌程度减了一半。

百里奚，选自（明）陈洪绶版画《博古叶子》

炊扊扅　百里奚担任秦国相，堂上演奏音乐，有个洗衣服的妇女自己说懂得音乐，弹起琴唱着歌说："百里奚你啊，是用五张羊皮换的，想起和你别离啊，给你煮了一只母鸡，木栓木头当柴烧啊，如今已经富贵了就把我忘了吗？"让人去询问，竟然就是他的妻子。

周姥撰诗　谢太傅欲置伎妾，命兄子往劝夫人，因言《关雎》《螽斯》不妒之诗。夫人问谁为此诗？云是周公。夫人曰："周公是男子，周姥撰诗，当无是语。"

何由得见　桓温尚南康公主，经年不入其室。一日，温与司马谢奕饮，奕以酒逼温，温逃入主所。奕遂升厅事，引一直兵共饮，曰："失一老兵，得一老兵，何怪也！"主谓温曰："君若无狂司马，我何由得见！"

【译文】周姥撰诗　谢安想要买歌伎和小妾，让哥哥的儿子去劝劝他夫人，引用了《关雎》《螽斯》这些表现妻子不妒忌的诗。夫人问是谁写的。回答说是周公写的。夫人说："周公是男子，如果周公的夫人写诗，应当没这样的话。"

何由得见　桓温娶了南康公主，一整年不到公主的房间里。有一天，桓温和司马谢奕一起喝酒，谢奕用酒逼桓温喝掉，桓温逃到公主房间。谢奕于是到大厅里去，拉上一个值班士兵一起喝酒，说："失掉一个老兵，得到一个老兵，有什么奇怪！"公主对桓温说："如果没有那个疯子司马，我哪里能见得到你！"

羞墓　朱买臣刈薪自给，妻求去，买臣笑曰："我年五十当富贵。"妻恚曰："如公等，终饿死沟中耳！"买臣不能留。无何，拜会稽太守，乘传入吴，见故妻从夫治道，载之后车。妻愧死，葬于嘉兴，呼为“羞墓”。方正学有诗云：“青草塘边土一丘，千年埋骨不埋羞，丁宁嘱咐人间妇，自古糟糠合到头。”

秋胡挑妻　鲁秋胡娶妻五日，官于陈。后归，见采桑女子，下车挑之，曰：“力田不如逢年，力桑不如见郎。吾有黄金，愿以与子。”妇不受，归。及见其夫，乃挑我者也，遂数胡罪，而沉于河。

【译文】羞墓　朱买臣砍柴养家，妻子请求离去，朱买臣笑着说：“我到五十岁时应该会富贵。”妻子愤怒地说：“像你这样的啊，最终饿死在沟中罢了！”朱买臣没有法将她留下来。没过很久，就被任命为会稽太守，乘坐公家的车子回到吴地，见到前妻跟着丈夫打扫马路，朱买臣便将他们载在后面车子里。他的前妻羞愧得自杀，被葬在嘉兴，叫作“羞墓”。方正学有一首诗写道：“青草塘边土一丘，千年埋骨不埋羞，丁宁嘱咐人间妇，自古糟糠合到头。”

秋胡挑妻　鲁国秋胡刚娶了妻子才五天，就到陈地赴任了。后来回乡，看见一名采桑的女子，便下车挑逗她说：“勤苦种地不如遇上好收成，辛苦采桑养蚕不如遇到个好郎君。我有很多黄金，希望能送给你。”那个女子不肯接受。秋胡回来拜见母亲。等女子看见丈夫就是挑逗自己的那个人，于是数落了他的几个罪状，就跳河淹死了。

难做家公　郭汾阳子暧与升平公主诟詈，暧曰：“汝倚父为天子耶？我父薄天子而不为耳！”主入奏，子仪囚暧入待罪。代宗曰：“不哑不聋，难做家公。小儿女闺阃之言弗听。”

妒不畏死　唐任瓌为兵部尚书，太宗赐宫女二人，妻柳氏妒之，欲烂其发使秃。太宗赐酒曰：“饮之立死，不妒不须饮。”柳氏拜敕曰：“诚不如死！”举卮饮尽。太宗谓瓌曰：“人不畏死，卿其奈何！”二女令别室安置。

鼓盆　庄子妻死，惠子吊之。庄子方箕踞，鼓盆而歌。惠子曰：“不太甚乎？”庄子曰：“人且偃然寝于巨室，而我且噭噭然随而哭之，自以为不通乎正命，故止之也。”

【译文】难做家公　汾阳王郭子仪的儿子郭暧跟自己妻子升平公主互相对骂，郭暧说：“你仗着父亲是皇帝吗？我父亲鄙薄皇帝位置，不肯当罢了！”公主入宫将这话对皇帝说，郭子仪把郭暧五花大绑带进皇宫等着发落。代宗说：“不装聋作哑，就做不了公公。小儿女闺房的话何必当真。”

妒不畏死　唐朝的任瓌担任兵部尚书，唐太宗将宫女两人赐给他，妻子柳氏对此很妒忌，想要弄烂她们的头发变成秃顶。唐太宗赐酒给柳氏说：“喝了立马就死，不再妒忌的话就不必喝。”柳氏跪拜捧过赐酒说：“不能妒忌，实在不如死了算了！”举起杯子喝完。唐太宗对任瓌说：“她不怕死，你能怎么办！”让两个宫女安置在另外的宅子里。

鼓盆　庄子的老婆死了，惠子前来吊唁。庄子正像簸箕一样伸开大腿坐着，敲着盆唱歌。惠子说：“你这样做是不是太过分了？”庄子说：“那个人安安静静地躺在大房子里，我却呜呜地在一旁哭泣，自己反省认为这是不懂天命，因而停止那样做。”

牝鸡司晨　周武王曰：“牝鸡无晨。牝鸡之晨，惟家之索。今商王受，惟妇言是用。”

加公九锡　王导惧内，乃以别馆畜妾。夫人知之，持刀寻讨。导飞辔出门，以左手扳车栏，右手提麈尾柄以打牛，狼狈而前。蔡司徒谟曰：“朝廷欲加公九锡。”王信以为实。蔡曰：“不闻余物，惟闻短辕犊车，长柄麈尾。”王大羞愧。

何况老奴　桓温平蜀，以李势妹为妾，妻闻，拔刀袭之。李方梳头，发垂委地，姿貌端丽，乃徐结发，敛手向妻，曰：“国破家亡，无心至此。若能见杀，犹生之年！”神情闲正，辞气凄惋。妻乃掷刀，前抱之曰：“我见犹怜，何况老奴？”遂善视之。

【译文】牝鸡司晨　周武王说：“母鸡不打鸣。母鸡如果打鸣，窝里就要乱套了。如今商纣王只对妇人的话言听计从。”

加公九锡　王导害怕老婆，因此在另外宅子里养着小妾。夫人知道后，拿着刀前往搜寻。王导驾着车飞快地出门，用左手扶着车边栏杆，右手拿着麈尾柄鞭打驾车的牛，狼狈地前进。蔡谟对他说：“朝廷想要加您九锡。”王导相信了，以为是真的。对方说：“不听说有别的器物，只听说有短辕的牛车，长柄的麈尾。”王导因而特别羞愧。

何况老奴　桓温平定蜀地，将李势的妹妹纳为小妾，妻子听说后拿着刀要暗地里杀掉她。李氏正在梳头，头发很长，拖到地上，容貌周正美丽，于是缓缓地编好头发，向桓温妻子行礼，并说：“国破家亡，本不想到这里。如果能杀掉我，就像还活着一般！”神情悠闲端庄，语气悲伤。桓温妻子于是扔掉刀，上前抱着她说：“我看见尚且喜欢你了，何况那个老头子？”于是对她很照顾。

如夫人　齐侯好内，多内宠，内嬖如夫人者六人。

解白水诗　管仲妾名婧。桓公出游，宁戚扣牛角而高歌。公使管仲迎之，戚曰：“浩浩乎白水。”管仲不知所谓。婧曰：“古有白水之诗，曰：‘浩浩白水，倏倏之鱼，君来召我，我将安居。’此戚之欲仕也。”管仲大悦，以报桓公，遂相齐。

居燕子楼　关盼盼，张建封侍姬也。建封殁，盼盼独居燕子楼十余年。一日，得白乐天和诗，泣曰："自我公薨，妾非不能死，恐世以我公重色，有从死之妾，而玷公也。"遂怏怏不食而卒。但吟云："儿童不识冲天物，漫托青泥污雪毫。"

【译文】如夫人　齐侯喜欢女色，有许多宠爱的女子，夫人就有六个。

解白水诗　管仲的小妾叫"婧"。齐桓公出外游玩时，宁戚敲着牛角高声唱歌。齐桓公让管仲接他过来，宁戚又唱道："浩浩乎白水。"管仲不知道怎么回答。婧说："古代有《白水》这首诗，上面说：'浩浩白水，倏倏之鱼，君来召我，我将安居。'这是宁戚想要做官。"管仲大为开心，赶快报告齐桓公，于是宁戚担任齐国相。

居燕子楼　关盼盼是张建封的小妾。张建封死后，关盼盼一个人在燕子楼里住了十几年。有一天，她得到白乐天所和的诗，哭着说："自从夫君去世，妾身不是不能殉葬，只怕世人以为我夫君是好色之人，所以才有殉葬的小妾，这样会玷污他的名声。"于是闷闷不乐，也不吃东西，最后死去。死前只吟了两句诗："儿童不识冲天物，漫托青泥污雪毫。"

何惜一女　周顗母姓李，字络秀，顗父浚，为安东将军，出猎遇雨，过李氏。会其父兄他出，络秀与一婢具数十人馔，甚精办，而不闻人声。浚怪，使人觇之，独见一女子美甚。浚固求为侍妾。父兄初不许，络秀曰："门户衰微，何惜一女！"遂许之，生顗及嵩。

抱骨赴水　赵淮妾，长沙人。元将使淮招李廷芝，淮至城下，大呼曰："廷芝，男子死耳，无降也！"将怒杀之，掳其妾。妾伪告将曰："妾夙事赵运使，今死不葬，不忍忘情。愿往埋之，即事公无憾。”乃聚薪焚淮骨，置缶中，自抱骨赴水死。

【译文】何惜一女　周𫖮的母亲姓李，字络秀，周𫖮的父亲周浚，曾经担任安东将军，出外打猎遇到雨，经过李氏家里。碰巧她的父亲和兄长都外出，李络秀和一个婢女准备了几十人的酒菜，特别精美，却不听到厨房闹哄哄的人声。周浚很奇怪，让人去察看，只看见一个美貌的女子。周浚坚持请求她当他的小妾。她的父亲和兄长开始并不同意，李络秀说：“我们家族衰落如此，干吗还爱惜一个女儿！”于是同意了，她后来生下周𫖮和周嵩。

抱骨赴水　赵淮的小妾是长沙人。元朝将领让赵淮招抚李廷芝，赵淮到城门下面，大声叫着说：“赵廷芝，大丈夫死就死，万万不要投降！”元朝将领愤怒地杀掉他，掳掠了他的小妾。小妾骗那个将领说：“妾身以前是侍奉赵运使的，如今他死去不埋葬，妾身忘不了旧日恩情。希望让我前往将他下葬，然后再侍奉您也就没遗憾了。”于是堆柴火焚烧赵淮的尸首，将骨灰倒进小罐子里，自己抱着骨灰罐子跳河自杀。

察妾忧色　袁升五旬无子，往临安置妾。既得妾，察其有忧色，问故。妾曰：“吾故赵太守女也，家四川，且贫，母卖妾为归葬计耳。”升即送还，并倾橐以赠。妻曰：“君施德如此，何患无子！”次年生韶，为浙西使。孙洪，官郡司马。

不如降黄巢　王铎镇渚宫，以拒黄巢，兵渐逼。先是赴任，多带姬妾，夫人不知。忽报夫人离京在道。谓从事曰：“黄巢渐以南来，夫人又自北至，旦日情味，何以安处？”幕僚戏曰：“不如降了黄巢！”

讽使出妻　宋夏执中，姊为孝宗后，累官节度。初执中与其微时妻至京，后讽使出之，择配贵族。执中诵宋弘语以对，后遂止。

【译文】察妾忧色　袁升都五十岁了没有儿子，便到临安买了一个妾。小妾带来后，发现她脸上有忧虑的神色，问她什么原因。小妾说："我是以前赵太守的女儿，老家在四川，因为穷困，母亲卖了我作为回乡安葬打算的。"袁升立即将她送回去，并且将所有钱财都赠送给她。他的妻子说："您这样做好事，不用担心没有儿子！"第二年就生了袁韶，担任浙西使。孙子袁洪，官至郡司马。

不如降黄巢　王铎镇守江陵时抵抗黄巢军队，对方的军队渐渐逼近。他在先前上任时，带了很多歌姬小妾，夫人不知道。有一天突然下人报说夫人离开京城正在赶来的路上。他对手下说："黄巢渐渐向南打过来，夫人又从北边赶来，一想到明天的情形，到底该怎么办呢？"幕僚开玩笑说："不如降了黄巢！"

讽使出妻　宋朝的夏执中，姐姐是宋孝宗的皇后，他升迁一直做到节度使。在此之前，夏执中和他贫贱时的妻子一起到京城，皇后私下让他休掉妻子，选娶一个贵人家族的女子。赵执中念着宋弘的话来对答，皇后便作罢。

六十未适　南北朝顾协少时，将聘舅女，未成婚，而母亡。免丧后，不复娶。至六十余，此女犹未他适，协义而迎之，卒无嗣。

遣妾献诗　陈陶操行高洁，累辟不起。严守南昌，欲试之，遣小妾莲花往侍，陶竟夕不纳。妾献诗曰："莲花为号玉为腮，珍重尚书遣妾来。处士不生巫峡梦，空劳云雨下阳台。"陶答云："近来诗思清于水，老去风情薄似云。已向升天得门户，锦衾深愧卓文君。”

【译文】六十未适　南北朝的顾协年轻时，准备迎娶舅舅的女儿，还没有成婚，母亲就死去了。服丧期满以后，不再娶妻。一直到六十多岁，这个女子还没嫁给别人，顾协被她感动了，就迎娶了她，最终也没有后代。

遣妾献诗　陈陶的品行高洁，朝廷多次征召也不理会。严譔镇守南昌时，想要考验下他，派小妾莲花去他那里服侍他，陈陶一整晚也不让她进门。小妾献上一首诗："莲花为号玉为腮，珍重尚书遣妾来。处士不生巫峡梦，空劳云雨下阳台。"陈陶回了一首诗说："近来诗思清于水，老去风情薄似云。已向升天得门户，锦衾深愧卓文君。"

计赚解后　沈襄父炼，疏劾严嵩父子，被谪。复诬入白莲邪教，戮之原籍。逮襄部讯，并解其妾。抵山东，起早下于客店，妾密语襄曰："君至京，必无生理，盍以计脱，以存宗祧。妾拚一死，与之图赖，或得免落奸相之手。"于是绐之，曰："此地有吏部某为我父同年，在都时曾贷我父三百余金，索来可作路费，亦可以余者赠尔两人为还乡需，不识可行否？"二差以其有妾为质，去其手刑，易其衣巾。一差守妾于店，一差押之同往。行不一里，其差腹疼登厕，襄逸去。差至所谓吏部家，与襄所言迥异。奔回客店，云襄脱逃，吓妾吐真。妾乃号叫曰："我夫妻耐苦到此，京师已近，满望事白生还。汝受严氏嘱，潜杀我夫，汝必还我夫尸！我以身殉，决不甘孱弱女流又遭汝之污辱。"闻者酸鼻，告之。当道亦疑为严氏所谋，将妾寄养尼庵，日比二差还尸。拖延二载，严氏败，襄出为父陈冤，恩蒙赠荫。妾亦受封，与襄白首告终。

【译文】计赚解后　沈襄的父亲沈炼，上疏弹劾严嵩父子，因而被贬谪。又被诬陷加入了白莲邪教，就在原籍处死了他。朝廷将沈襄押解到刑部审问，连同他的小妾。到达山东时，清晨在一家客店住下，小妾偷偷对沈襄说："您到京城，一定没有活下来的可能，何不想法子逃走，好给祖宗留下香火。小妾拼死和他们胡搅蛮缠，也许能够免除落入奸相的手里。"于是骗押解的人说："这里有吏部的某人是我父亲的同年进士的好朋友，在京城时曾经借了我父亲三百多两银子，要来可以当作路费，也可以把余下的赠给你们两人作为回老家的川资，不知道你们意下如何？"两个当差的因为有他的小妾当作人质，便将他的枷锁除去，换掉他的衣服。一个当差的守着小妾待在店里，一个当差的押着他一同前往。走了不到一里路，那个当差的腹痛难忍，就去上厕所，沈襄趁机逃走了。当差的到他所说的吏部官员家里，和沈襄说的话完全不同，就跑回了客店，说沈襄逃跑了，恐吓小妾，逼她说实情。小妾于是嚎哭说道："我夫妻忍饥挨饿到了这里，京师已经近在咫尺，满心希望事情水落石出，好回老家。你接受严氏的嘱托，暗地杀了我丈夫，你必须把丈夫的尸首还给我！我为他殉身，绝不会甘愿为柔弱的女子又遭你等的污辱。"听到她话的路人都哭了，于是便状告当差的。当地官府也疑心是严氏的计谋，便将小妾寄养在尼姑庵里，每天审问两个当的差归还尸首。拖了两年，严嵩倒台，沈襄就现身为父亲鸣冤，受到皇帝的恩泽，继承父亲的爵位。小妾也接受了封诰，和沈襄白头到老。

名分定矣　嘉靖己丑，瑞州孝廉刘文光、廖暹同上公车，皆下第，欲归。廖倩媒买妾，拉刘同往选择，相中一女，下定订期。其女问曰："二位相公何者聘妾？"廖暹戏指刘曰："是这刘相公娶你。”刘亦大笑，女乃对刘肃拜而进。次日备礼往娶，女见仪状大骇，曰：“刘君娶我，何以帖出廖某？”媒告以实，女变色曰：“作妾虽然微贱，亦关夫妻父子之道，岂可轻指他人以为戏，我已拜刘，名分定矣！”父母婉转再四，誓死不从。廖追悔无及，劝刘纳之。刘力不继，约以下科。后刘正室逝世，娶女为正。

【译文】名分定矣　嘉靖己丑年（公元1529年），瑞州的孝廉刘文光、廖暹一同进京赶考，都落了第，想要回来。廖暹让媒婆去买一个小妾，拉着刘文光一同前往选看，看中了一个女子，下了定金，约定哪天迎娶。那个女子问道：“两位相公是哪个迎娶我？”廖暹开玩笑地指着刘文光说：“是这位刘相公迎娶你。”刘文光也大笑，女子于是对着刘文光施礼。第二天准备了彩礼前往迎娶，女子看见婚约十分惊讶，说：“是刘相公娶我，为什么这上面写着廖某？”媒人告诉她实情，女子脸色变了，并说：“做人家的小妾虽然微贱，也有夫妻父子的道义，怎能轻率地指着他人开玩笑？我已经给刘文光下拜了，和他的名分就这样认定了！”她的父亲母亲好说歹说，她宁死也不从。廖暹特别后悔，劝刘文光娶了她算了。刘文光经济拮据，约定下次考试过来再娶。后来刘文光的正室去世，就娶那女子为正妻。

各送半臂　宋子京夜饮曲江，偶寒，命取半臂，十余宠各送一枚。子京恐有去取，不敢服，冒寒而归。

臼中炊釜　江淮王生善卜，有贾客张瞻将归，梦炊臼中。问王生，生曰：“君归不见妻矣。臼中炊，无釜也。”瞻归而妻已卒。

覆水难收　姜太公初娶马氏，读书不事产业，马求去。太公封于齐，马求再合。太公取水一盆倾于地，令妇收水，惟得其泥。

太公曰："若能离更合，覆水岂难收？"

【译文】各送半臂　宋祁夜里在曲江喝酒，时不时觉得有些冷，于是让人回家取来半臂衣，十多个宠妾各自送来一领。宋祁害怕取舍的时候得罪人，就不敢穿，冒着寒冷回来了。

臼中炊釜　江淮有一个王生善于卜卦，有个商人叫张瞻即将回老家，梦里看见在石臼中烧饭。他就询问王生，王生说："您回去后就看不见妻子了。'臼中炊'，就是没有锅的意思。"张瞻回家后，妻子早已去世了。

覆水难收　姜太公开始娶了马氏为妻，只知道读书不从事生计，马氏请求离去。姜太公后来被封在齐国，马氏请求两人复合。姜太公取出一盆水，倒在地上，让马氏把水全部收回，马氏很努力也只得到泥巴。姜太公说："如果离开后还能复合，倒掉的水怎么会收不回呢？"

婿

红丝 唐郭元振，美丰姿。宰相张嘉贞欲纳为婿，曰：“吾五女，各持一丝于幔后。子牵之，得者为妇。”元振牵一红丝，得第三女。

厩中骐骥 《南史》：杜广初为刘景厩卒，及与景语，景大惊曰：“久负贤者！”告其妻曰：“吾为女求婿二十年，不意厩中有骐骥。”遂以女妻之。

屏间孔雀 唐高祖皇后窦氏父毅曰：“此女有奇相，不可轻许人。”因画二孔雀于屏，求婿者令射二矢，阴约中目。高祖最后至，各中一目，遂归于帝。

【译文】红丝 唐朝的郭元振，长得很俊美。宰相张嘉贞想要让他做自己的女婿，对他说：“我的五个女儿，各自拿着一根丝线在帷幔后面。你牵到哪根丝线就娶哪个为妻。”郭元振牵到一根红丝线，得到了三女儿。

厩中骐骥 《南史》记载说：杜广最开始是刘景的马棚小吏，等到和刘景交谈时，刘景很惊讶地说：“辜负你这个贤人太久了！”告诉他的妻子说：“我为女儿寻找女婿已经二十年了，没料到在马棚里有名马。”于是将女儿许配给他。

屏间孔雀　唐高祖皇后窦氏的父亲窦毅说："这个女儿有奇异的骨相，不可以随便嫁人。"因而画了两个孔雀在屏风上，来求婚的都让他们射箭两次，暗中约定要射中眼睛才算获胜。高祖最后才到，两个孔雀每个都射中一只眼，于是就将女儿嫁给他。

玉镜台　晋温峤姑有女，属峤觅婿。峤自有婚意，曰："但得如峤何如？"姑曰："何敢希汝比也？"复一日，峤云："已得婿矣。门第不减峤。"因下玉镜台一枚，姑喜。婚毕，姑女披纱扇，抚掌笑曰："我固疑是老奴，果如所卜！"

再娶小姨　欧阳公与王拱辰同为萧简肃公婿，欧公先娶其长，拱辰娶其次。后欧公再娶其幼女，故欧公有"旧女婿为新女婿，大姨夫作小姨夫"之戏。

东床坦腹　郗鉴使门生求婿婚于王导，导东厢下遍观子弟门生，归谓郗曰："王氏诸子弟，咸自矜持。唯一人，在东床坦腹卧，食胡饼，独若不闻。"鉴曰："此正佳！"访问，乃羲之，遂妻以女。

【译文】玉镜台　晋朝温峤的姑妈有一个女儿，姑妈求托温峤找一个好女婿。温峤自己也想娶她为妻，便说："如果只像温峤我这种的怎么样？"姑妈说："哪里敢求比得上你的啊？"再过了一天，温峤说："已经寻到一个女婿了。门第不比温峤我差。"因而以一个玉镜台作为聘礼，姑妈很欢喜。婚礼结束后，姑妈女儿解开纱扇一看，拍手笑道："我本来就疑心是你这个老头，果然猜得不错！"

再娶小姨　欧阳修和王拱辰都是薛奎的女婿，欧阳修先娶大女儿，王拱辰后来娶二女儿。后来欧公又娶了小女儿，所以欧阳修有"旧女婿成为新女婿，大姨夫变成小姨夫"的玩笑话。

东床坦腹　郗鉴让门生在王导的儿子里为自己寻觅一个女婿，这位门生在王导的东边厢房里看完了王家的儿子，回来对郗鉴说："王家各个儿子都很矜持自重。只有一个人，在东边的床上腆着肚子躺着吃胡饼，唯独他就像没看见。"郗鉴说："这个好！"一打听，原来是王羲之，于是把女儿嫁给他。

快婿　后魏刘延明，十四就博士郭瑀学。弟子五百余人，瑀有女选婿，意在延明。设一座，曰："吾有女，欲觅一快婿，谁坐此者？"延明奋衣坐，曰："延明其人也。"瑀遂妻之。

乘龙　魏黄尚与李元礼俱为司徒，俱娶太尉桓叔元女。时人谓桓叔元女俱乘龙，言得婿如龙也。

岳丈　青城山为五岳之长，名丈人山，故称妇翁曰岳丈。又云泰山有丈人峰，故称泰山。

岳公泰水　欧阳永叔常云：今人呼妻父为岳公，以泰山有丈人峰。呼妻母为泰水，不知出何书也。

【译文】快婿　后魏的刘延明在十四岁时到博士郭瑀那里求学。弟子有五百多人，郭瑀有个女挑选女婿，看中了刘延明。于是郭博士设了一个座位，对大家说："我有个女儿，想要寻觅一个女婿，谁能坐在这里？"刘延明掀起衣裳起身说："刘延明就是这个人选。"郭瑀便将女儿嫁给他。

乘龙　魏国的黄尚和李膺都担任司徒，都娶了太尉桓叔元的女儿。当时人说桓叔元的女儿都驾着飞龙，说的是女婿优秀得像龙。

岳丈　青城山是五岳的长辈，所以叫作"丈人山"，过去称妻子的父亲为"岳丈"。又说泰山有一座丈人峰，所以将岳父称为泰山。

岳公泰水　欧阳修常说：今人叫妻子的父亲为岳公，是因为泰山有一座丈人峰。叫妻子的母亲为泰水，不知道哪本书上记载了。

冰清玉润　晋卫玠，妻父乐广，皆有重名。议者以为妇翁冰清，女婿玉润。

天缘　蒙氏有女，欲为择配。女曰："王择配，非天婚也。我欲倒骑牛背，任牛所之，即嫁之。"王从其请。至一委巷，牛侧其角而入，见一樵者，女曰："此吾婿也。"王怒绝女。一日，婿问："首饰是何物？"曰："金也。"婿曰："吾樵处甚多。"载归，皆金砖。王难之曰："汝能作金桥银路，吾当来访。"果作以迎王。王叹曰："信天缘也。"后名其地曰辘角庄。

【译文】冰清玉润　晋朝的卫玠，他妻子的父亲是乐广，他两人都有大名声。谈论的人认为丈人是冰一样地清秀，女婿是玉一样地温润。

天缘　蒙氏有一个女儿，想要为她寻找一个女婿。女儿说："父王选女婿，不是上天赐予的婚姻。我想要倒着骑在牛背上面，让牛随便走，走到哪家我就嫁给谁。"父王答应了她。她骑着牛到一个偏僻小巷里，牛侧着角进入，看见一个砍柴的，女儿说："这个就是我的女婿了。"父王很生气就和女儿断绝关系。有一天，女婿问她："首饰是什么材质？"女儿说："是金子做的。"女婿说："我砍柴的地方有特别多的金子。"于是用车拉回来，都是金砖。父王为难他说："你能做成一座金桥和一条银路，我定会来探望你们。"果然做成了金桥和银路来迎接父王。父王感叹说："确实是上天赐予的姻缘。"后来把当地叫作"辘角庄"。

门多长者辙　张负女孙五嫁而夫辄死，平欲娶之。负曰：

“平虽贫，门多长者辙。”卒与之。诫曰：“无以贫故，事人不谨。”

佳婿　唐杨於陵补句容主簿，时韩滉节制金陵，杨以属吏谒，滉异之。谓其妻柳氏曰：“夫人欲择佳婿，无有如杨主簿者！”遂以女妻之。

【译文】门多长者辙　张负的孙女嫁了五次，她的丈夫都死了，陈平想要娶她。张负说：“陈平虽贫，但门前有很多长者的车辙。”终于决定嫁给他。并告诫孙女说：“不要因为贫穷的缘故而侍奉他不够细致。”

佳婿　唐代的杨於陵补任句容县主簿，当时韩滉正节制金陵，杨於陵以属吏身份拜谒他，朝滉见到后觉得他很奇异，对妻子柳氏说：“夫人想选择好女婿，没有比杨主簿更好的了！”于是便把女儿嫁给了他。

翁婿登相府　范文正一见富弼器之，曰：“王佐才也。”适晏元献谓文正曰：“吾一女，烦君为择婿。”文正曰：“必求国士，无如富弼者！”元献妻之。后弼与元献共登相府，盖异观也。

此必国夫人　宋马亮知夔州。时吕蒙亨为属吏，子夷简在焉，亮一见，许妻以女。妻怒，亮曰：“此必国夫人也。”人服其鉴。

【译文】翁婿登相府　范仲淹第一次见到富弼就很器重他，并且说：“你有辅佐君王的才能。”正遇上晏殊对范仲淹说：“麻烦你为我的一个女儿挑个女婿。”范仲淹说：“一定要找一个天下无双的人，没人比得上富弼了！”晏殊就把女儿嫁给他。后来富弼和晏殊同时担任宰相，真是一件奇观。

此必国夫人　宋朝的马亮在夔州做知州，当时吕蒙亨是本州的小吏，他儿子吕夷简也在，马亮第一次见到吕夷简就把女儿许配给他。马亮的老婆很气愤，马亮对她说：“我们女儿日后肯定会成封国夫人。”人们都佩服他的眼力。

兄弟附：子侄

田氏紫荆　田真、田广、田庆兄弟同居，紫荆茂盛。后议分析，树即枯槁。兄弟不复议分，树乃茂盛如故。

昆玉　陆机陆云兄弟二人，生于华亭，人比之昆冈出玉，因名昆玉。

三间瓦屋　蔡司徒在洛，见陆机兄弟住参佐廨中，三间瓦屋，士龙住东头，士衡住西头。士龙为人文弱可爱，士衡长七尺余，声作钟声，言多慷慨。

难兄难弟　陈元方子群，陈季方子忠，各论其父功德，争之不能决，咨于太丘，太丘曰："元方难为兄。季方难为弟。"

【译文】田氏紫荆　田真、田广、田庆兄弟三人住在一起的时候，门前的紫荆树开花极为繁盛，后来他们商量着分家各立门户，紫荆花立刻就枯萎了。于是田氏兄弟不再分家，那棵紫荆树便又像以前一样繁盛了。

昆玉　陆机、陆云兄弟两个都在华亭出生，别人将他们比喻成昆仑山盛产的美玉，从此以后称兄弟为"昆玉"。

三间瓦屋　蔡谟在洛阳的时候看见陆机、陆云兄弟俩居住在参佐的官府里，那里有三间瓦屋，陆云住在东边，陆机住在西边。陆云性格文弱，让人怜爱，陆机有七尺多高，声音像大钟一样清亮，言辞很豪放激昂。

难兄难弟　陈元方的儿子陈群，陈季方的儿子陈忠，各自评价自己父亲的功业德行，争辩半天没有结论，于是去问祖父陈寔，祖父说："陈元方难做哥哥。陈季方难做弟弟。"

手足　袁绍二子谭、尚，父死争立，治兵相攻。王修谓曰："兄弟者，手足也。人将斗，而断其右臂，曰我必胜可乎？"二子不从，为曹操所灭。

折矢　吐谷浑阿柴有子二十人。疾革，令诸子各献一箭，取一箭授其弟慕利延，使折之，利延折之。取十九箭使折之，利延不能折。乃叹曰："孤则易折，众则难摧。若曹识之！"

尺布斗粟　淮南厉王与汉文帝兄弟，徙蜀道死。民谣曰："一尺布，尚可缝，一斗粟，尚可舂，兄弟二人不相容。"

【译文】手足　袁绍两个儿子袁谭、袁尚，在他们的父亲死后争着做嫡子，互相派军队攻打。王修对他俩说："兄弟是手足骨肉啊，好比一个人要打斗，却砍掉自己的右手臂，还能说我一定能胜利吗？"他俩都不听劝告，最后被曹操打败。

折矢　吐谷浑的国王阿柴有二十个儿子，病危的时候，让每个儿子各自献上一支箭，取出一支箭给作为弟弟的利延，让他折断，他一折就断了。又将十九支箭让他折，他就折不断了。于是阿柴感叹着说："孤立就很容易被折断，团结起来就难以被折断。你们都要记住！"

尺布斗粟　淮南王刘长和汉文帝是亲兄弟，刘长最终被汉文帝迁往蜀地，在半道死去。民谣就说："一尺布，尚可缝，一斗粟，尚可舂，兄弟两人不相容。"

分痛　《宋史》：晋王有病，太祖亲往视之，自为灼艾，晋王觉痛，太祖亦取艾自灼，以分其痛。

皆有文名　罗愿兄颢、颌、頔、颂、弟颣，皆有文名，朱熹特称之。

大小秦　唐秦景通与弟暐，皆精《汉书》，号大秦、小秦。凡治《汉书》者，非出其门，谓无师法。

束带未竟　刘琎，瓛弟。瓛尝隔壁夜呼之，琎下床着衣立，然后应。兄怪其久，曰："顷束带未竟。"其操立如此。

【译文】分痛　《宋史》记载说：晋王赵光义（宋太宗）生病，宋太祖亲自前往探视，他亲自为弟弟烧艾针灸，晋王感觉疼，宋太祖就给自己也试了下，分担他的疼痛。

皆有文名　罗愿的哥哥罗颢、罗颌、罗頔、罗颂，弟弟罗颣，都有文学的名声，朱熹特别称赞他们。

大小秦　唐朝的秦景通和弟弟秦暐，都对《汉书》很精通，被称为"大秦""小秦"。凡是学习《汉书》的，不拜到他们门下，就没有地方可学。

束带未竟　刘琎是刘瓛的弟弟。刘瓛曾经半夜里从隔壁喊他，刘琎下了床穿上衣服站好，才回应。他哥哥奇怪怎么这么久才回应，他说："刚刚衣带还没有穿好。"他的操行就是这样。

龙虎狗　诸葛瑾仕吴，弟亮仕蜀，弟诞仕魏。时谓蜀得龙，吴得虎，魏得狗。

棠棣碑　贾敦颐为洛州司马，洛人为刻碑市旁。弟敦实又为长史，洛人亦为立碑其侧，号"棠棣碑"。

三张　晋张载博学，能文章，尝作《剑阁铭》，武帝命镌之剑阁；弟协少有隽才，为河间内史；亢亦娴词赋。时号“三张”。

三魏　魏允中南乐人，兵使王元美赏识之。丙子秋试，元美偕同官饮使院，戒阍吏曰：“小录至，非魏允中元毋传鼓。”夜半鼓发，相与欢叫，已，与其兄允贞、弟允孚皆举进士。时人号曰“三魏”。

【译文】龙虎狗　诸葛瑾在吴国任职，他的弟弟诸葛亮在蜀汉任职，弟弟诸葛诞在曹魏任职。当时人认为蜀汉得到的是龙，吴国得到的是虎，魏国得到的是狗。

棠棣碑　贾敦颐担任洛州司马，洛州人为他在集市边刻了一块碑。他的弟弟贾敦实又担任洛州长史，洛州人也为他在那块碑边立了碑，两块碑号称为“棠棣碑”。

三张　晋朝的张载学识广博，擅长写文章，曾经撰写《剑阁铭》，晋武帝让人刻在剑门关上；他的弟弟张协年轻时有俊逸的才华，后来担任河间内史；张亢也很会写词赋。时人称他们为“三张”。

三魏　魏允中是南乐人，兵备副使王世贞很欣赏他。万历四年（公元1576年）秋天乡试，王世贞和同僚在官府里喝酒，命令看门的说：“录取名单送过来，要是第一名不是魏允中就不要击鼓传报了。”半夜鼓声响起，他俩都高兴地叫起来。后来，他和兄长魏允贞、弟弟魏允孚都考中进士。当时人称他们为“三魏”。

自缚请先季死　王琳年十余岁，父母俱亡。遭乱，乡邻逃窜，惟琳兄弟独守冢庐，号泣不去。弟季出，遇赤眉，将杀之。琳自缚，请先季死。“贼”矜而放之。

时称四皓　徐伯珍少孤贫，以箬叶学书，杜门十九年，淹贯经史，累召不出。兄弟四人俱白首，时称四皓。

人所难言　刘正夫官左司谏。徽宗方究蔡邸狱，正夫入对，引淮南“斗粟”“尺布”之谣。上意遂解，谓正夫曰：“兄弟之间，人所难言。卿能及此，不觉感动。”

【译文】自缚请先季死　王琳十多岁时，父亲、母亲全都去世了。当时正遭遇战乱，乡里邻居都逃走了，唯独王琳兄弟守护着父母的坟墓，大声哭泣，不肯离开。弟弟王季出门时，遇见赤眉军，准备杀掉他。王琳绑着自己，请求死在王季前面。赤眉士兵称赞并且放了他们。

时称四皓　徐伯珍小时候父亲就去世了，家里很穷困，就用竹叶子写字。在家闭门十九年，将经书和史书全都学遍了，被朝廷征召，并不理会。兄弟四个人都相守到白头，时人称他们为“四皓”

人所难言　刘正夫担任左司谏时，宋徽宗正彻底查办弟弟蔡王赵似的案件，刘正夫入宫奏对时引用汉朝淮南王“一尺布，尚可缝。一斗粟，尚可舂。兄弟二人不相容”的民谣来劝谏。宋徽宗因而不再生气，对刘正夫说：“兄弟之间的事情，别人不好插嘴说什么，你能想到这个，让我很受感动。”

俱九岁贡　宋王应辰年九岁，以能诵九经、作《春秋》《语》《孟》义，兼通子史，贡于礼部。后数年，其弟应申亦九岁贡礼部。

一母所生　吴思达兄弟六人，先以父名析居。及父卒，泣告其母曰：“吾兄弟别处十余年，今多破产。一母所生，忍使苦乐不均耶？”复共居。

金友玉昆　辛攀父奭，尚书郎，兄鉴、旷，弟宝、迅，皆以才识知名。秦雍为之语曰：“五龙一门，金友玉昆。”

相煎太急　曹丕欲杀其弟植，植赋诗曰："煮豆燃豆萁，豆在釜中泣，本是同根生，相煎何太急！"

【译文】俱九岁贡　宋朝的王应辰九岁的时候，已经能够背诵九经，能写出《春秋》《论语》《孟子》的注解，同时还通晓子部和史部，于是就去参加礼部的科举考试。后来过了几年，他的弟弟王应申也在九岁时参加礼部考试。

一母所生　吴思达有兄弟六个人，最初听从父亲的安排，分开居住。等到父亲死后，吴思达哭着对母亲说："我们兄弟分开居住已经十多年了，如今大多破产。同母所生的儿子，怎么能忍心让他们不能同甘共苦呢？"因此他们便再次居住在一起。

金友玉昆　辛攀的父亲辛奭担任尚书郎，哥哥辛鉴、辛旷，弟弟辛宝、辛迅，都凭借才学器识著称于世。秦雍称他们说："五条龙在一家门里，兄弟都是金玉一样珍贵。"

相煎太急　曹丕想要杀他的弟弟曹植，曹植为此吟了一首诗："煮豆燃豆萁，豆在釜中泣，本是同根生，相煎何太急！"

火攻伯仲　周颛弟嵩，因醉詈其兄，曰："兄才不及弟，横得重名！"然蜡烛投之。颛颜色无忤，徐曰："阿奴火攻，诚出下策。"

姜被　后汉姜肱与弟仲海、季江各娶，兄弟相恋，不忍别。作一大布被，寝则兄弟与共。人称其友爱。

花萼集　李义兄弟俱以文章著，同为一集，号《李氏花萼集》。

贾氏三虎　后汉贾彪兄弟三人，并有高名，而彪最优。故天下称之曰："贾氏三虎，阿彪最优。"

【译文】火攻伯仲　周顗的弟弟周嵩趁着喝醉酒骂他的哥哥说："哥哥的才干比不上弟弟我，却无端得到这样的大名声！"于是将点着的蜡烛扔向他。周顗脸上没有生气的表情，反而缓缓地说："小弟弟用火攻，实在是下等的计策。"

姜被　后汉的姜肱和弟弟姜仲海、姜季江都已经娶妻，哥哥和弟弟却互相依恋，不忍分别。于是制作了一幅很大的布被子，哥哥和弟弟睡在一起。别人都称道他们的友爱。

花萼集　李乂兄弟的文章都很出名，他们将文章编纂在一本集子里，叫作《李氏花萼集》。

贾氏三虎　后汉贾彪的哥哥弟弟一共三个人，都有大名声，而贾彪是最著名的。所以天下人都说："贾氏三虎，阿彪最优。"

二惠竞爽　左昭公三年，齐公孙蠆卒。晏子曰："惜也！子旗不免，殆哉！二惠竞爽犹可，又弱一个，姜其危哉！"

双璧　陆晔与弟恭之，并有时誉。洛阳令见之，曰："仆已年老，幸睹双璧。"

佳子弟　王右军少时为从伯敦、导所器，常谓右军曰："汝是吾家佳子弟，当不减阮主簿。"

吾家麒麟　晋顾和族叔荣，见其总角志气不凡，曰："此吾家麒麟，兴吾宗者，必此子也。"

【译文】二惠竞爽　《左传·鲁昭公三年》记载：齐国的公孙蠆（子雅）去世。晏子说："可惜了！他的儿子栾施（子旗）难逃一死，太危险！惠公两个儿子子雅、子旗都是精明能干的人，如今又死了一个，姜氏恐怕要危险了！"

双璧　陆晔和弟弟恭之，在当时都有名声。洛阳令见到他们时说："我年纪已经很老了，很幸运能看见你们这一对玉璧。"

佳子弟　王羲之小时很受堂伯父王敦、王导的赏识，他们曾经对王羲之说："你是我们家的好子孙，应该会比我的主簿阮裕强。"

吾家麒麟　晋朝顾和的堂叔顾荣看见他小小年纪就志向不凡，便对人说："这是我家的麒麟，这孩子能振兴我们的宗族。"

我家龙文　《北史》：杨愔幼聪慧绝人，其叔奇之，曰："愔也，将相器。"常语人曰："此儿驹齿未落，已是我家龙文；更十岁，当求之千里之外。"

犹子　卢迈进中书侍郎，再娶无子。或劝蓄姬媵，迈曰："兄弟多子，犹子也，可以主后。"

千里驹　苻朗，苻坚从兄之子，坚常称之曰："吾家千里驹也。"

乌衣子弟　晋王氏子弟多居乌衣巷，一时贵盛。人称之曰乌衣子弟。

【译文】我家龙文　《北史》记载：杨愔小时候特别聪慧，超出常人，他的叔叔很看重他，说："杨愔是做宰相将军的材料。"曾经对人说："这匹小马还没换牙，已经是我家里的龙文宝马；再过十年，肯定是千里马。"

犹子　卢迈升任中书侍郎，续弦后没有生儿子。有人劝他养小妾，卢迈说："哥哥和弟弟有很多儿子，就像我的儿子，完全可以继承香火。"

千里驹　苻朗是苻坚堂兄的儿子，苻坚曾经夸奖他说："这是我家的小小千里马。"

乌衣子弟　晋朝的王氏子孙多住在乌衣巷，一时之间地位煊赫。人们都称他们为“乌衣子弟”。

小阮　竹林七贤，阮咸为阮籍兄子，故称小阮。

大小王东阳　王承出守东阳，多惠政。弟幼亦东阳守。时朱异用事，车马填门。魏郡申英指异门曰：“此中辐辏，惟势是趋。不能屈者，大小王东阳耳。”

臣叔不痴　王湛雅抱隐德，不知者以为痴。兄子济往省，见床头有《周易》，因共谈《易》，剖析精微，出济意外，乃叹曰：“家有名士，三十年不知！”武帝尝问济：“卿家痴叔死未？”对曰：“臣叔不痴。”又问：“谁比？”曰：“山涛以下，魏舒以上。”

【译文】小阮　竹林七贤中的阮咸是阮籍侄子，所以被称为“小阮”。

大小王东阳　王承担任东阳太守，有许多善政。弟弟王幼也担任过东阳太守。当时是朱异秉政，他家门庭若市。魏郡的申英指着朱异的大门说：“这门里面车马聚集，只是来趋炎附势的。不肯趋炎附势的只有大小王东阳而已。”

臣叔不痴　王湛素来就怀有隐居的志向，不懂他的人都认为他是痴傻。他哥哥的儿子王济来看他，看见他床边有一部《周易》，因而和他一起讨论《周易》，剖析极为深刻，出乎王济的意料，于是感叹地说：“我家有个名士，过了三十年都不知道！”晋武帝曾经询问王济：“你家那个痴傻叔叔去世了吗？”王济回答：“我的叔叔不痴傻。”晋武帝又问他：“那比得上谁？”他说：“在山涛以下，魏舒以上。”

芝兰玉树　谢玄为叔父东山所器重。安常谓子侄曰：“子弟亦何豫人事？正欲使之佳。”玄曰：“譬如芝兰玉树，欲使其生于庭阶耳。”

屐齿之折　谢太傅与客围棋，俄而谢玄淮上信至，展书毕，摄放床下，了无喜色，下棋如故。客问之，徐答云：“小儿辈遂已破贼。”既罢，还内，过户限，不觉屐齿之折。

三桂堂　宋王之道刚直，尚风节，与兄之义、之深同科名，颜其堂曰“三桂”。尝梦帝命之曰：“以尔有功，当录其后。”子十人，仕者九人。

【译文】芝兰玉树　谢玄很受叔父谢安的器重，谢安曾经对儿子、侄子们说：“子弟们又不关我的事，为什么想让他们向好的方向发展呢？”谢玄说：“就好比灵芝兰草琼枝玉树，想使他们长在自己家里。”

屐齿之折　谢安和宾客下围棋，不一会，谢玄在淝水大战的军情送到了，谢安打开书信，看完就放在床下面，一点喜悦的表情也没有，仍旧下棋。宾客询问他什么情况，他缓缓地回答说：“小孩子们已经打败了敌人。”下完棋后回寝室，通过门槛时，木屐的齿碰折了他完全没有发觉。

三桂堂　宋朝的王之道为人刚正不阿，崇尚气节，和兄长王之义、王之深是同榜进士，皇帝给他们家厅堂题字“三桂”。他曾经梦到上帝告诉他：“因为你有功绩，定会录取你的子孙。”他的十个儿子，有九个都出仕。

刻鹄类鹜　马援戒其子侄曰：龙伯高敦厚周慎，吾愿汝曹效之。杜季良豪侠好义，吾不愿汝曹效之。效伯高不得，犹为谨敕之士，所谓刻鹄不成，尚类鹜者也。效季良不得，陷为天下轻薄子，所谓画虎不成，反类狗者也。

析产取肥　汉许武以二弟晏、普未显，欲使成名，乃析产为三，自取肥田广宅，二弟无后言，人皆称其克让。晏、普并举孝廉，武乃会宗人，泣言析产故，悉以田宅归晏、普，一郡叹服之。

兄弟感泣　何文渊知温州府。民有兄弟争财而讼者，文渊判其状，曰："只缘花底莺声巧，致使天边雁影分。"兄弟感泣亲睦。

【译文】刻鹄类鹜　马援劝诫自己的儿子和侄子们说："龙伯高为人忠厚缜密，我希望你们效仿他；杜季良为人行侠仗义，我却不愿意你们效仿他。效仿龙伯高不成功，还能成为谨小慎微的人，所谓雕刻天鹅不成功，还会像野鸭；效仿杜季良失败的话，就会堕落成为世间的轻薄小人，所谓画老虎不成功，反而像狗。"

析产取肥　汉朝的许武因为两个弟弟许晏、许普还没有显贵，想让他们成就大名，于是将家产分成三份，自己挑选肥沃田地和大宅子，两个弟弟没有事后议论，别人都称道他们俩的谦让。许晏和许普都举为孝廉，许武便聚集宗族的人，哭着将分家产的缘由说出来，然后将许晏、许普的田地住宅都归还，郡里面的人们都赞叹敬服。

兄弟感泣　何文渊担任温州知府。百姓中有一对兄弟争夺家产来官府诉讼，何文渊在他们的状纸上写判词，写道："只缘花底莺声巧，致使天边雁影分。"兄弟感动地哭了，于是仍像以前一样和睦。

兄弟争牛　张苌年汝南郡守。有兄弟分一牛争讼不能决者，苌年赐以己牛一头，使均之。于是境中相戒，咸敦敬让。

翕和堂　韩祥与弟补同登进士，俱以德行文章显名。宋理宗书"翕和堂"以赐之。

弟请抵罪　唐陆南金官太子洗马。尝匿卢崇道，捕当重法。

弟璧请抵罪，御史怪之。璧曰：“母未葬，妹未妇，兄能办之。我生无益，不如死。”御史义之，并免。

【译文】兄弟争牛　张苌年担任汝南郡太守。有一对兄弟因为争夺一头牛而打官司，却仍然不能解决问题，张苌年便将自己的一头牛赐予他们，好让他们一人一头。于是他所管辖的境内互相告诫，兄弟都互相礼让。

翕和堂　韩祥和弟弟韩补一起考上进士，都凭借德行文章著称于世。宋理宗写了“翕和堂”三个大字赐予他们。

弟请抵罪　唐朝的陆南金担任太子洗马。曾经私自藏匿了卢崇道，因而被逮捕，应该判处重刑。弟弟陆璧请求让自己抵罪，御史对此很奇怪。陆璧说：“母亲还没下葬，妹妹还没嫁人，哥哥能够处理。我活着也没什么益处，不如死了以保全哥哥。”御史觉得他为人仁义，就将他们一起免罪。

兄惟一子　许荆兄子世，尝报仇杀人，怨者操刃攻之。荆跪曰：“世无状，咎在荆。兄惟一子，死则绝嗣，荆愿代之。”怨家曰：“许掾郡中贤者，吾何敢犯？”遂委去。

急即扑杀　李勣疾，子弟固以药进。勣曰：“我山东田夫尔，位极三台，年将八秩，非过分耶？”命置酒奏乐，列子弟，谓弟弼曰：“我见房、杜诸公，苦作门户，为后人计，并遭痴儿破家。我有如许 豚犬，将付汝；若不率教，急即扑杀。”

【译文】兄惟一子　许荆哥哥的儿子许世，曾经因为报仇杀了人，仇人握着利器要杀他。许荆跪着说：“我弟弟许世做得不对，过错都在我身上。哥哥只有一个儿子，他死了就绝后了，许荆我愿意代他死。”仇家说：“许官人是郡中的贤者，我怎么敢冒犯您？”于是放过他们离开了。

急即扑杀　李勣生病，儿子和弟弟们坚持请求他吃药。他说："我本来是山东一个农民罢了，如今已经位极人臣，年纪呢将近八十，难道不是已经超过本分了吗？"于是让人设宴奏乐，儿子、弟弟都参加，对弟弟弼说："我眼睁睁看见房玄龄、杜如晦等先生，辛苦经营家业，为后代子孙考虑，却都让愚蠢的儿子将家业败坏。我有这些小猪小狗一样的子孙，准备托付给您；如果谁不听管教，就立马打死。"

叔嫂

戛羹　汉高祖微时至丘嫂家，嫂方食羹，厌叔至，阳云羹尽轑釜。已而视釜有羹，由是怨嫂。后乃封其子为戛羹侯。

为叔解围　谢道韫适王凝之。叔献之与客议论，词理屡屈。道韫遣婢白献之："为小郎解围。"乃于帐后与客辩议，客愧服而去。

【译文】戛羹　汉高祖贫贱的时候到丘嫂家，丘嫂正在吃肉羹，厌恶小叔又来，就撒谎说肉羹已经吃完了，还刮着锅故意让他听见。一会刘邦却看见锅里还有肉羹，因此就怨恨嫂子。后来便封她儿子为"戛羹侯"。

为叔解围　谢道韫嫁给了王凝之。小叔王献之和客人议论，屡屡被客人说得理屈词穷。谢道韫派婢女对王献之说："替小叔叔解围"，于是就在帷幕后和客人辩论，客人惭愧地表示佩服，然后就离去了。

亦食糠籺　陈平家负郭穷巷，以敝席为门。或谓平曰："何食而肥？"嫂曰："亦食糠籺耳，有叔如此，不如无有。"伯闻而逐其妇。

嫂不为炊　苏秦出游，大困而归，妻不下机，嫂不为炊。及为从约长，佩六国相印，秦之妻嫂，俱侧目不敢仰视，俯伏侍取食。秦乃笑谓嫂曰："何前倨而后恭也？"嫂委蛇蒲伏，以面掩地而谢曰："见季子位高而金多也。"

【译文】亦食糠籺　陈平家在靠近城墙的破落胡同里，用破席子当作门。有人对陈平说："你吃什么这么胖？"陈平嫂嫂插嘴说："不过是吃糠罢了。有这样的叔叔，不如没有。"陈平的哥哥听到这话就赶走了他的妻子。

嫂不为炊　苏秦出门游历，特别困窘地回来了，妻子不停止织布服侍他，嫂子不给他烧饭。等到后来苏秦担任了合纵的首长，佩带六国的相印，苏秦的妻子和嫂子，都低着眉眼，不敢仰头看他，俯在地上侍奉他吃饭。苏秦便笑着对嫂说："为何之前那么傲慢，现在又这么恭敬呢？"嫂子匍匐着上前趴在地上，将脸贴着地谢罪说："因为看到小叔子地位高，黄金多啊。"

姊妹

聂政姊　聂政刺韩相侠累，因自皮面抉目，自屠出肠。韩人暴尸购其名。其姊往哭之曰："是轵深井里聂政也。以妾在故，自刑以绝其迹。妾敢畏死以泯贤弟之名！"遂死于政尸之旁。

屈原姊女媭，闻屈原放逐，来归，喻令自宽。乡人冀其见从，因名曰姊归。故《离骚》云："女媭之婵媛兮，申申其詈予。"

李勣姊　唐李勣性友爱，其姊病，尝自为粥，而釜燃辄燎其须。姊戒止之。答曰："姊且疾，而且老，虽欲进粥，尚几何？"

【译文】聂政姊　聂政刺杀韩国国相侠累，失败了，因而自己将脸皮划破，挖出眼睛，自己剖腹扯出肠子。韩国人将他的尸体示众，并且悬赏求他的姓名。他的姐姐前往在他身边哭着说："这是是轵深井乡的聂政啊！因为我在世上的缘故，他毁容自杀防止别人知道他的底细。我怎敢因为怕死就泯灭弟弟的贤名！"于是自杀，死在聂政尸首的旁边。

屈原的姐姐叫女媭，听到屈原被放逐，回家来了，设喻让他宽慰自己。乡里人希望他能听从，因而本地起名叫"姊归"。所以《离骚》说："姐姐因为牵挂我，所以反反复复地责备我。"

李勣姊　唐朝的李勣的姐弟情深，他的姐姐生病了，曾经亲自给她煮粥，锅下的火腾上来总是烧掉他的胡须。他的姐姐劝他停止。他回答说："姐姐生了病，而且已经年纪很大，虽然想再给您煮粥，还能有多少回呢？"

班超妹　汉曹寿妻曹大家，闻超在绝域，妹为上书，乃征超还。

宋太祖姊　赵匡胤将北征，闻军中欲立点检为天子，走告家人。太祖姊方在厨，引面杖逐之，曰："丈夫临大事，可否当自决。乃来恐吓妇女耶？"太祖即趋出。

姚广孝姊　姚广孝以靖难功，封荣国公，谒其姊姚媪。姚媪阖门麾出之，曰："做和尚不了，岂是好人？"终拒不见。

骆统姊　络统值岁饥减食。姊问故，曰："士大夫糟糠不足，我何心独饱！"姊助粟若干，统一日散尽。

【译文】班超妹　汉朝曹寿的妻子曹大家，听到班超在边塞无法回来，她作为妹妹为哥哥上书皇帝，朝廷便征回班超。

宋太祖姊　赵匡胤准备北伐，听到军队里的人准备立自己为皇帝，跑着回去告诉家人。他的姐姐正在厨房，握着擀面杖将他赶走，并说："大丈夫面对大事，可行不可行应该自己决断，你为什么要跑来吓唬妇人呢？"赵匡胤立马跑出去了。

姚广孝姊　姚广孝因为平叛的功劳，被封荣国公，拜见他的姐姐姚媪。姚媪关上门将他轰走，说："做和尚都不能坚持，怎么会是好人？"最终还是拒绝见他。

骆统姊　骆统遭遇饥荒每餐少吃。姐姐询问他缘故，他说："士大夫糟糠都吃不饱，我怎么能忍心独自吃饱！"姐姐帮他筹集一些粮食，骆统一天之内全部散发。

李燮姊，固女。闻父危，泣曰："李氏灭矣！"密遣弟燮诣父门生王成而告之曰："君执义先公，有古人之节。今以六尺委君，李氏存灭在此矣。"遂变服入徐，而成卖卜于市，阴相往来。比燮赦还，姊相对而恸，因戒之曰："先公正直，为汉忠臣，虽死之日，犹生之年。慎勿以一言加梁氏。"闻者悲感。

季宗妹　季儿者，季宗之妹，任延寿之妻也。延寿怨季宗而阴杀之。赦免，季儿振衣求去。延寿曰："汝其杀我！"季儿曰："杀夫不义，事兄之仇亦不义。与子同枕席，而杀吾兄，又纵兄之仇，何面目戴天履地乎？"乃告女曰："吾义不可留，又无所往。汝善视两弟！"遂自经。

【译文】李燮的姐姐，是东汉谏臣李固的女儿。听到父亲遇到危险，哭着说："李氏要绝子绝孙了！"暗地派遣弟弟李燮去找父亲的门生王成，告诉他说："您在父亲门下坚持正义，有古人的节操。如今我将这个弟弟委托给您，李氏的存亡就在他身上了。"于是王成将李燮换了一套衣服后带到徐州，王成在集市装作算命的，暗中和李燮来往。等到李燮被赦免准备回去，姐姐和他相对痛哭，因而告诫他说："先父为人正直，是汉朝的忠臣，虽然死了，却还活着。千万不要对梁冀说一句坏话。"听到这话的人既然悲伤又感动。

季宗妹　季儿是季宗的妹妹，任延寿的妻子。任延寿怨恨季宗暗地里将他杀死。后来被赦免，季儿整理衣裳请求离开。任延寿说："你还是杀了我！"季儿说："杀了丈夫不仁义，在哥哥的仇人底下当差也不仁义。和您同床共枕，却杀了我哥哥，我如果还纵容哥哥的仇人，我有什么脸面活在世上？"她便告诉女儿说："我在道义上不可以留下来，却又没有地方可去。你好好照顾两个弟弟！"于是自杀了。

师徒 先辈

北面 唐崔日用请武甄言《春秋》疑义，甄条举无留语。日用曰："吾请北面。"

函丈 《礼》："若非饮食之客，则布席，席间函丈。"

夏楚 夏与榎同，山楸木也。榎形圆，楚形方，以二物为朴，以警其惰慢，使之收敛威仪也。

解颐 汉匡衡深明经术，诸儒为之语曰："无说诗，匡鼎来；匡说诗，解人颐。"

【译文】北面 唐朝的崔日用请求武甄给自己解释《春秋》他不解的含义，武甄一条条举出来没有保留。崔日用说："我请求拜你为师。"

函丈 《礼记·曲礼上》说："如果不是来吃饭而是来讲学的宾客，就铺开席子，席子之间有一丈，以便于讲课。"

夏楚 "夏"和"榎"意思相同，就是山楸树。榎树树干是圆形，楚木是方形，用这两种东西做成棍子，警告别人不要惰慢，让他注意自己的仪表。

解颐 汉朝的匡衡精通经术，儒者们因此说："别讲《诗经》了，匡衡已经来了；匡衡一讲《诗经》，能让人笑开怀。"

绛帐 汉马融教授诸生，常有千数，坐高堂，施绛纱帐，前授生徒，后列女乐。

负笈 汉苏章负笈寻师，不远千里。

立雪 游酢、杨时为伊川先生弟子。一日，侍先生侧，先生隐几而卧。二生不敢去，候其寤，则门外雪深尺余矣。

坐春风中 朱公掞，名光庭，见明道先生于汝州。归语人曰："光庭在春风中坐了一月。"

【译文】绛帐 汉朝马融教导学生们，常常有上千人，他自己坐在高堂上，挂着绛色的纱幔，前面教学生，后面的女子乐队演奏音乐。

负笈 汉朝的苏章背着书箱子寻找老师，一千里都不觉得远。

立雪 游酢、杨时是伊川先生程颐的学生。有一天，侍奉在先生身旁，先生靠着桌案睡着了。两个学生不敢离开，等他醒来时，门外的雪已经有一尺多深了。

坐春风中 朱公掞，名叫光庭，在汝州拜谒程颐。回来对别人说："我在春风里坐了一月。"

舌耕 汉贾逵通经，来学者不远千里，广有赠献，积粟盈仓。或云："逵非力耕，乃舌耕也。"

牧豕 后汉孙期少为诸生，通《京氏易》《古文尚书》。家甚贫，收豕于泽中。学者皆执经垅畔，以追随之。

白首北面 贾琼曰："文中子十五为人师。陈留王孝逸，先达之傲者矣。然而白首北面，岂以年乎？"

人师难遭 童子魏照求入事郭林宗，供洒扫。林宗曰："当精义讲书，何来相近？”照曰：“经师易获，人师难遭。欲以素丝之质，附近朱蓝。”

【译文】舌耕　汉朝的贾逵精通经术，前来请教求学的人不远千里，赠送献上的礼物特别多，粮食堆满仓库。有人说：“贾逵不是用体力耕田，却是用舌头耕田呢。”

牧豕　后汉的孙期年幼当学生时，就通晓了《京氏易》《古文尚书》。后来家里特别苦，在大泽里养猪。学生们都是手上拿着经书等在田埂边，追随着他学习。

白首北面　贾琼说：“文中子王通十五岁就当老师。陈留的王孝逸，算是前辈里面骄傲的了。然而他却以老年人的身份拜文中子为师，难道在乎年纪吗？”

人师难遭　魏照还是小孩子就请求侍奉郭泰，帮他做洒扫等事。郭泰说：“应该该专心读书，为什么来我这里？”魏照说：“教经书的老师容易获得，教做人的老师很难遇到。我想用我这个纯白的缎子，靠近您这个朱色和靛蓝，好受您的熏染。”

青出于蓝　《荀子》：学不可已。青出于蓝，而青于蓝；冰出于水，而寒于水。

师何常　《北史》：李谧初师事孔璠，后璠还就谧请业。同门生语曰：“青成蓝，蓝谢青。师何常？在明经。”

一字师　张咏诗云：“独恨太平无一事，江南闲杀老尚书。”萧楚才曰：“恨字未妥，应改幸字。”咏曰：“子，吾一字师也。”

东家丘　汉邴原就学于孙崧，崧曰：“子近舍郑君（郑玄），而蹑屩至此，岂以郑为东家丘耶？”原曰：“人各有志，所向不同。君谓仆以郑为东家丘，则君以仆为西家之愚夫矣。”崧谢。

（《家语》：孔子西家有愚夫，不识孔子为圣人，乃曰："彼东家丘，吾知之矣。"）

【译文】青出于蓝　《荀子》里说：学习不能够有所懈怠。青色是从靛蓝提取的，却比靛蓝颜色更青；冰是由水转化的，却比水寒冷。

师何常　《北史》记载：李谧开始拜孔璠为师，后来孔璠反过来向李谧请求教授知识。同门的学生说："青色变成了靛蓝，靛蓝愧不如青色。哪里有一成不变的老师？全部在于通晓经书罢了。"

一字师　张咏的诗句说："只遗憾太平时期没有什么事可做，江南的退休尚书真是闲得慌。"萧楚才说："恨字不妥当，应该改成幸字。"张永说："您，是我的'一字师'呢。"

东家丘　汉朝的邴原向孙崧求学，孙崧说："你放着近处的郑先生（郑玄）不求教，却不辞辛苦穿着草鞋到我这来，难道因为郑先生是'东邻的孔丘'吗？"邴原说："每个人的志气不同，追求就不一样。您认为我将郑先生当成'东邻的孔丘'，那么您就等于将我当作西邻的愚蠢的人了。"孙崧赶忙道歉。（《孔子家语》记载：孔子的西邻有一个愚蠢的人，不知道孔子是圣人，便说："他是东邻的孔丘，我是知道他的。"）

吾道东　汉郑玄事马融，学有得。及辞归，融喟然谓门人曰："吾道东矣！"

吾道南　宋杨龟山师明道先生。及归，送之出门，谓坐客曰："吾道南矣。"

易已东　汉丁宽学《易》于田何，学既有成，宽东归。何喜谓弟子曰："吾《易》已东矣！"

关西夫子　后汉杨震明经博览，为诸儒所宗，号曰："关西夫子"。

【译文】吾道东　汉朝的郑玄拜马融为师，学有所成。等到后来拜别回乡时，马融感叹着对门人说："我的大道传到东方去了！"

吾道南　宋朝的杨时拜程颢为师。等到他回去时，程颢送他出门，对在座的宾客说："我的大道传到南方去了。"

易已东　汉朝的丁宽向田何学《周易》，学成后，他就回到东方的故乡去了。田何高兴地对弟子们说"我的《易》学已经传向东方了！"

关西夫子　后汉的杨震通晓经书，博览群籍，被儒者们当作宗师，号称"关西夫子"。

南州阙里　兖州曲阜县阙里，孔子所居之地。朱熹居建阳，有考亭，明经论道，诸士子号"南州阙里"。

教授河汾　晋王通教授于河汾之间，弟子自远至者甚众。累征不起。赵郡李靖、清河房玄龄、巨鹿魏征，一时王佐之才，皆出其门。

师友渊源　古人学问必有渊源，杨恽一书，迥出当时流辈，则司马迁外孙也。

吾道之托　黄幹字直卿。朱熹曰："直卿志坚思苦，与之处，甚有益。"遂以女妻之。熹病革，出所著书授幹，曰："吾道之托在此。"

【译文】南州阙里　兖州曲阜县的阙里，是孔子生活的地方。朱熹住在建阳时，建有一座"考亭"，通晓经书，和人讨论大道，学生们号称这里是"南方的阙里"。

教授河汾　晋朝的王通在黄河、汾水之间的山西地区教学，弟子从远方到这来的特别多。朝廷屡次征召都不出仕。赵郡的李靖、清河的房玄龄、巨鹿的魏征，一时间的王佐之才，都出自他的门下。

师友渊源　古人做学问肯定有渊源，杨恽的书信《报孙会宗书》，高出当时的人，他就是司马迁的外孙。

吾道之托　黄幹字直卿。朱熹说："黄幹意志坚定，思索用功，和他相处很有好处。"因此把女儿嫁给他。朱熹病危时，取出自己撰写的著作送给黄幹，并说："我的大道就交付给你了。"

此吾老友　蔡元定，八岁能诗。及长，登泰山绝顶，日惟啖荠，于书无所不读。朱熹扣其学，大惊曰："此吾老友也，不当在弟子列。"

通家　孔融年十岁，闻李膺有重名，造之。膺问："高明父祖常与仆周旋乎？"融曰："然。先君孔子与君家老子，同德比义而相师友，则融与君累世通家也。"

父执　《曲礼》曰："见父之执（执，父同志之友也），不谓之进不敢进，不谓之退不敢退，不问不敢对。"

识荆　李白与韩荆州书曰："白闻天下谈士言曰：生不用封万户侯，但愿一识韩荆州。何令人之景慕至此哉！

【译文】此吾老友　蔡元定，八岁就善于写诗。等到成年后，曾登上泰山峰顶。每天只吃荠菜，对于书籍没有什么是不读的。朱熹考他的学问，很惊讶地说："这是我老友辈，不应该在弟子的行列。"

通家　孔融十岁的时候，听说李膺有盛名，就去造访他。李膺问："您的父亲祖父曾经和我往来过吗？"孔融说："确实如此。先祖孔子和你的先祖老子，有一样的德行仁义，互为老师和学生，那么我和你许多代之前就是世交了。"

父执　《曲礼》上说："看到父亲志同道合的朋友（执，就是父亲的相同志向的朋友），不让自己近前，自己就不敢近前，不让自己离开，自己就不敢离开，不问自己问题，就不敢回答。”

识荆　李白《与韩荆州书》里说：“李白我听到全天下善于高谈阔论的人都说：生不用封万户侯，但愿一识韩荆州。为什么能让人们仰慕到这种程度呢？”

山斗　韩昌黎以六经之文为诸儒倡。自愈殁后，其学盛行，学者仰之如泰山北斗。

函关紫气　老子将度函谷关，关吏尹喜望见紫气，知有神人来。果见老子骑青牛薄板车过关，喜拜之。老子教喜炼气，授以《道德》五千言。

倒屣　蔡邕闻王粲在门，倒屣迎之。粲至，年既幼弱，容貌短小，一座尽惊。邕曰：“此王公孙也，有异才，吾不如也，吾家书籍文章，尽当与之。”

下榻　徐穉字孺子，豫章人。陈蕃为豫章太守，罕所接见，惟设一榻以待孺子，去则悬之。穉屡荐不仕。郭林宗称为南州高士。

【译文】山斗　韩愈在儒生中间第一个倡导学习六经的文章。自从韩愈死了以后，他的学说盛行天下，学生们仰望他犹如瞻仰泰山北斗。

函关紫气　老子准备经过函谷关时，函谷关的小吏尹喜察看到东来的紫气，知道有神人要来。果然看到老子骑着青牛驾驶的薄板车走近函谷关，他拜见老子。老子教他炼气的方法，将五千字的《道德经》传授给他。

倒屣　蔡邕听说王粲在门口，倒着穿鞋前去迎接。王粲到了客厅上，年龄本来就小，长得还矮，在座的客人都很惊讶。蔡邕说：“这是王公的孙子，有超常的才能，我比不上他，我家的书籍文章，全部应该送给他才好。”

下榻　徐穉字孺子，是豫章人。陈蕃担任豫章太守时，极少接待客人，只是特别准备了一张榻等待徐孺子，他一走就悬挂起来。徐穉屡屡受举荐都不出仕。郭泰称他为“南州高士”。

御李　李膺性简亢，无所交接。荀爽常谒膺，因为其御，既还，喜曰：“今日乃得御李君。”

李郭仙舟　郭泰游洛阳，与河南尹李膺相友善。后归乡里，衣冠送至河上，车骑数千。泰与膺同舟而济，众宾望之，以为神仙。世称“李郭仙舟”。

北海樽　孔北海性宽容好客，及退闲职，宾客日盈其门，常叹曰：“座上客常满，樽中酒不空，吾无忧矣。”

千里命驾　晋吕安服嵇康高致，每一相思，辄千里命驾赴之。

【译文】御李　李膺性格洒脱高傲，不怎么和人来往。荀爽常来拜见李膺，因而帮他驾车，回去后，还高兴地说：“今天竟然有幸给李君驾马车。”

李郭仙舟　郭泰游历洛阳，和河南尹李膺关系非常好。后来回乡时，士大夫们一起送他到黄河边，车马有数千辆。郭泰和李膺坐在一条船上一起渡河，众宾客看到他们，还以为是神仙。世人称之为“李郭仙舟”。

北海樽　孔融（北海）为人和气好客，后来退到清闲职务上，宾客每天踏破他的门槛，他常常感叹说：“座上客常满，樽中酒不空，我没什么可忧虑了。”

千里命驾　晋朝吕安敬服嵇康的高远气度，每当想念他时，总是从千里外驾车来看望。

高轩过　李贺，七岁能文，韩愈、皇甫湜过之，贺作《高轩过》诗以谢之。

投辖　汉陈遵，每大饮，宾客满堂，辄闭门取客车辖投井中，虽有急，不得去。

附骥　《公孙述传》：苍蝇之飞不过数步，附托骥尾得以绝群。

【译文】高轩过　李贺，七岁善于写文章，韩愈、皇甫湜造访他，李贺写了一首《高轩过》诗拜谢他们。

投辖　汉朝的陈遵，每次大开宴会时，满堂都是宾客，他总是关上门，将客人的车辖扔到井里，即使有急事，也不能离去。

附骥　《公孙述传》记载：苍蝇飞翔不超过几步远，依附在千里马的尾巴上就可以不同凡响了。

披云　晋卫瓘见乐广，奇之，命子弟造焉，曰："此人，冰壶濯魄，见之莹然，若披云雾而睹青天。"

景星凤凰　韩愈遗李勃书曰："朝廷士引领东望，若景星凤凰始见，争先睹之为快。"

鄙吝复萌　汉黄宪，陈蕃尝谓周举曰："旬日间不见黄叔度，鄙吝之私复萌于心矣。"

【译文】披云　晋朝卫瓘看到乐广，认为他有奇才，让弟子们拜访他，并说："见到这人，好比在冰壶里沐浴魂魄，满眼都是晶莹的色彩，就像拨开云雾仰望青天。”

景星凤凰　韩愈写信给李勃说：“朝廷的士大夫伸着颈子向东望去，就像景星凤凰刚刚出现，争着想以抢先抢在前面看到您才觉痛快。”

鄙吝复萌　汉朝的黄宪，陈蕃曾经对周举说：“十天看不到黄叔度，我鄙吝的私心就会再次萌发了。”

朋友

莫逆　子祀、子舆、子犁、子来，四人相与语曰："孰知死生存亡之一体者，吾与之友矣。"四人相视而笑，莫逆于心，遂相与为友。

友道君逆　周宣王将杀其臣杜伯，而非其罪。伯之友左儒争之于王，九复之，而王不听。王曰："汝别君而异友也。"儒曰："君道友逆，则顺君以诛友；友道君逆，则顺友以违君。"王杀杜伯，左儒死。

倾盖　孔子之郯（音谈，国名），遭程子于途，倾盖而语，终日甚相浃洽，顾谓子路曰："取束帛以赠先生。"

【译文】莫逆　子祀、子舆、子犁、子来，四个人相互说道："谁知道死生存亡本是一体的话，我就和他结交。"四个人相互看看就笑起来，彼此的心灵连结在一起，因此都成了好朋友。

友道君逆　周宣王准备杀他的大臣杜伯，可是他并没犯罪。杜伯的朋友左儒向周宣王争辩，九次上奏，周宣王都不听从。周宣王说："你疏远君王，却那么重视朋友。"左儒说："君王的行为如果契合大道，朋友的行为违反天理，那我就顺从君王，诛杀朋友；可是如果朋友的行为符合大道，而君王反而行为违反常理，那我就跟朋友站一边，违背君王。”周宣王便杀掉杜伯，左儒也自刎而死。

倾盖　孔子去郯国（音谈，国名），半道上遇见程子，两个人的马车的车盖靠在一起，就这样交谈，谈了一整天，非常投机，孔子回头对子路说：“取一束帛来赠给先生。”

雷陈　后汉雷义与陈重为友，义举茂才，让于重，刺史不听。遂佯狂，被发走，不应命。乡里为之语曰：“胶漆虽谓坚，不如雷与陈。”

侨札之好　季札见郑子产，如旧相识，与之缟带，子产献纻衣。后称交契者，谓之侨札之好。

杵臼定交　后汉公孙沙穆游太学，无资粮，乃变服客佣，为吴祐赁舂，祐与语，大惊，遂定交于杵臼之间。

刎颈交　陈余年少，父事张耳，两人相与为刎颈之交，后乃有隙。

【译文】雷陈　后汉的雷义和陈重做朋友，雷义被举荐为茂才，他让这个机会给陈重，刺史不同意。因此假装疯了，披着头发狂奔，不听从任命。乡里的人评价这件事说：“胶漆虽坚固，不如雷和陈。”

侨札之好　季札拜会郑国的子产，就像是老朋友，赠送一条缟带给子产，子产也回赠一件纻衣。后来将朋友融洽称为“侨札之好”。

杵臼定交　后汉的公孙沙穆去太学游历，缺乏路费和食物，于是就变装给人做工，吴祐雇佣他舂米，吴祐和他交谈，很惊讶，因此在杵臼之间结为朋友。

刎颈交　陈余青年的时候，父亲是张耳的手下，他和张耳两人结为过命的朋友，后来却有了猜忌怨恨。

如饮醇醪 程普尝以气凌周瑜，瑜未尝有愠色，承奉愈谨。普自惭，投分于瑜曰：“与公瑾交，若饮醇醪，不觉自醉。”

廉庆 廉范与洛阳庆鸿为刎颈交。时人称曰：“前有管鲍，后有廉庆。”

管鲍分金 管仲与鲍叔相友善。仲曰：“吾困时，尝与鲍叔贾，分财则吾多自与，鲍叔不以我为贪，知我贫也。生我者父母，知我者鲍叔也。”

停云 陶元亮诗叙：“停云，思亲友也。”故称知交谓之停云。

【译文】如饮醇醪 程普曾经以盛气凌人的态度羞辱周瑜，周瑜不曾有怒容，待他愈加恭谨。程普感到惭愧，便和周瑜结为朋友，并且说：“和周公瑾做朋友，就像喝了醇酒，不知不觉就陶醉了。”

廉庆 廉范和洛阳的庆鸿是刎颈之交。当时人称赞他们说：“前有管仲、鲍叔，后来有廉范、庆鸿。”

管鲍分金 管仲和鲍叔的关系非常要好。管仲说：“我穷困的时候，曾经和鲍叔一起经商，分钱我就分给自己多一点，鲍叔不认为我是贪婪，知道我穷困。生下我的是父亲、母亲，了解我的却是鲍叔。”

停云 陶元亮的《停云》诗的序言里说：“停云，是想念我的亲友。”所以后来把知己朋友称为“停云”。

旧雨，言旧交也。杜工部云：“卧病长安旅次，多雨，寻常车马之客，旧，雨来，新，雨不来。”

题凤 嵇康与吕安善。后安来，值康不在，嵇喜延之，不入，题凤字而去。喜以告康，康曰：“凤字，凡鸟也。”

指囷 鲁肃以散财赈穷，结交俊杰。周瑜过肃，并告资粮。肃家有两囷米，各三千斛。肃乃指一囷与瑜，瑜惊异之，遂相与结亲。

弹冠结绶 王吉与贡禹为友，萧育与朱博为友，交相荐达。长安人语曰："王贡弹冠，萧朱结绶。"

【译文】旧雨，说的是老朋友。杜甫说："卧病在长安的旅馆，一直下雨，平时骑马驾车的宾客们以前下雨还会来访问我，现如今，下雨都不来了。"

题凤 嵇康和吕安是好朋友。后来吕安造访嵇康，正碰到嵇康不在家，嵇康的兄长嵇喜请他进门，他并不进去，而是在大门上写了一个"凤"字。嵇喜告诉了嵇康，嵇康说："'凤'字，是凡鸟的意思。"

指囷 鲁肃靠散发财产结交英雄好汉。周瑜来看望鲁肃，并且来借钱粮。鲁肃家有两仓库的米，各有三千斛。鲁肃便指着一个仓库送给周瑜，周瑜很吃惊，因此两人结为姻亲。

弹冠结绶 王吉和贡禹是好朋友，萧育和朱博是好朋友，互相举荐，飞黄腾达。长安的人说："王贡弹冠，萧朱结绶。"

更相为仆 宋韩亿、李若谷未第时，俱贫。赴试京师，仅有一毡一席，割分之。每出谒，更相为仆。李先登第，韩为负箱，至长社，分钱而别。后韩亦登第。

尔汝交 祢衡逸才飘举，少与孔融作尔汝交。时衡未满二十，而融已五十，敬衡才秀，共结殷勤。

忘年交 张镒有重名，陆贽年十八，往见，语三日，奇之，称为忘年之交。

金兰簿　戴弘正每得一密友，则书于简编，焚香以告祖考，号金兰簿。

【译文】更相为仆　宋朝的韩亿、李若谷还没考中进士时，都很穷。他俩进京赶考，只有一条毡子一卷凉席，割开来一人一半。每次出门拜见贵人，按次序互相做对方的手下。李若谷先考上，韩亿帮他扛着箱子，一起到长社，互相喝酒告辞。后来韩亿也考上了。

尔汝交　祢衡才华超逸绝群，年轻时就和孔融成为忘年交。当时祢衡还没到二十岁，孔融却已经五十了，孔融敬重祢衡才华出众，便和他特别亲密。

忘年交　张镒著名于世，陆贽才十八岁，前去拜访他，密切交谈了三天，认为他有奇才，被人称为忘年交。

金兰簿　戴弘正每次得到一个亲密朋友，就记载在册子上，焚着香告诉祖先，号称“金兰簿”。

三友一龙　华歆与邴原、管宁相善，时号三友为一龙，谓歆为龙头，原为龙腹，宁为龙尾。

雉坛　五代时，三人为朋，筑坛，以丹鸡、白犬歃血而盟，曰：“卿乘车，我戴笠，他日相逢下车揖。我步行，卿乘马，他日相逢马当下。”

总角之好　孙策曰：“公瑾与孤有总角之好，骨肉之分。”

耐久朋　唐魏元同与裴炎缔交，能保终始。时人号为耐久朋。

【译文】三友一龙　华歆和邴原、管宁都是好友，一时号称他们三位朋友犹如一条龙，华歆是龙头，邴原是龙腹，管宁是龙尾。

雉坛　五代的时候，有三个人是好朋友，建造了祭坛，用丹鸡、白犬的血来盟誓，说："你乘马车，我戴草帽，以后遇见了要下车作揖。我步行，你骑马，以后遇到要下马。"

总角之好　孙策说："周瑜和我是童年的好友，像亲兄弟一样亲。"

耐久朋　唐朝的魏元同和裴炎结为朋友，能够有始有终。当时人称他们为"耐久朋"。

平生欢　后汉马援与公孙述同里闬相善，以为当握手，欢如平生。

青云交　江淹曰："袁叔明与我，有青云交，非直衔杯酒而已。"

班荆　楚声子与伍举相善，遇之郑郊，布荆于地，共食而言也。

范张鸡黍　范式、张劭为友，春时京师作别，式曰："暮秋当拜尊堂。"至期，劭白母，杀鸡以俟。母曰："巨卿相距千里，前言戏耳。"劭曰："巨卿信士。"言未毕，果至。升堂拜母，尽欢而别。

【译文】平生欢　后汉的马援和公孙述老家在一个地方，从小是好朋友，所以马援去找公孙述时认为他们应该会握着手，就像以前一样高兴。

青云交　江淹说："袁叔明和我是志同道合的朋友，不只是那种酒肉朋友。"

班荆　楚国的声子和伍举是好朋友，两人在郑国郊外遇到，将荆条铺在地上，边吃边聊。

范张鸡黍　范式、张劭是好朋友，春天时在京师互相告辞，范式说："深秋时节我会去拜见您家母亲。"到了约定时间，张劭告诉了母亲这件事，准备杀鸡等范式来。母亲说："他和你相隔千里之远，之前那番话肯定是开玩笑。"张劭说："他是有信用的人。"话还没说完，范式果然就到了。走上高堂拜见张劭母亲，大家非常高兴，然后分别了。

系剑冢树　季札出使过徐，徐君好季札剑，口不敢言。季札知之，使上国，未献。还，至徐。徐君已死，乃解剑系其冢树而去。季札交情，不以生死易念。

生死肉骨　蘧子冯曰："吾见申叔夫子，所谓生死而肉骨者也，敢忘报哉！"

口头交　孟郊诗："古人形如兽，皆有大圣德。今人表似人，兽心安可测，虽笑未必和，虽哭未必戚，但结口头交，肚里生荆棘。"

交若醴　《庄子》：君子之交淡如水，小人之交甘若醴，君子淡以亲，小人甘以绝。

【译文】系剑冢树　季札出使中原列国，路过徐国，徐国国君喜欢季札的佩剑，嘴上不敢说。季札心里知道，但是因为出使中原大国，不好就赠给他。等到返回的时候，再经过徐国。徐国国君已经去世了，他于是解下佩剑，系在他坟边的大树上，便离开了。季札的交情，不因为死生相隔而改变心意。

生死肉骨　蘧子冯说："我看到申叔夫子，他对我讲的话有一种起死回生、让枯骨重新长肉的力量，我怎么敢忘记报答他呢！"

口头交　孟郊的诗说："古人的容貌像野兽一样狰狞，却都有大圣人的品德。如今的人外表像人，可是禽兽般的心思怎么能揣测？虽然对人笑却不一定是真温和，虽然是对人哭却不一定是真悲伤，只是口头上和人结交，肚里却藏着带刺的荆棘。”

交若醴　《庄子》里说：君子的交情像水一样平淡，小人的交情比甜酒还甜，君子虽然交情平淡，可是互相亲密，小人虽然交情甜腻，却很容易因为利益绝交。

贫交行　杜诗：“翻手作云覆手雨，纷纷轻薄何须数？君不见管鲍贫时交，此道令人弃如土。”

面朋面友　颜荛志：“面交如携手，见利即解携而去也。”杨子曰：“朋而不心，面朋也；友而不心，面友也。”同类曰朋，同志曰友。

绝交恶声　燕乐毅书：“古之君子，交绝不出恶声；忠臣去国，不洁其名。”

五交　刘孝标《广绝交论》，谓势交、论交、穷交、量交、贿交，此五交皆不能恤贫，故绝之也。

【译文】贫交行　杜甫的《贫交行》里说：“翻上手掌就变成云，翻下手掌就变成雨，那一群轻薄的人多得数不过来。你难道不记得管仲和鲍叔牙这对贫穷时的朋友是怎么相处的吗？这种朋友关系已经被现在的人鄙弃得像泥土一样了。”

面朋面友　颜荛在自己做的《墓志》里说：“表面的朋友只不过像拉着手，看到利益立马就放手离开了。”扬雄《法言》里说：“朋友不走心的话，就是表面的朋友。”同类的人叫作“朋”，志同道合叫作“友”。

绝交恶声　燕国的乐毅给燕国国王的书信上说：“古时的君子绝交不会说对方的坏话；忠臣离开祖国，不会故意显示自己高尚的节操来成就名声。”

五交　刘孝标《广绝交论》里说，因为权势而交朋友、因为攀谈夤缘而交朋友、因为同是贫穷而交朋友、因为揣度势力而交朋友、因为贪图财物而交朋友，这五种交游方式都不会关心对方的困窘，所以不要和他们来往。

识半面　汉应奉尝诣袁贺，贺闭半户，出半面视奉，奉即去。故与人曾相见者，曰识半面。

无逢故人　公孙弘食故人高贺脱粟饭，覆以布被。贺怨曰：“何用故人富贵为？脱粟布被，我自有之。弘内厨五鼎，外膳一肴，诈也。”弘叹曰：“宁逢恶宾，无逢故人。”

怀刺漫灭　祢衡尚气刚傲，自荆州北游许都，书一刺怀之，字灭而无所遇。或曰：“何不从陈长文、司马伯达乎？”衡曰：“君使我从屠沽儿辈耶！”

负荆请罪　蔺相如为赵上卿，位在廉颇右。颇曰：“我见相如，必辱之。”相如望见颇，引车避之。左右以为耻。曰：“强秦不敢加兵于赵者，以吾两人耳。今两虎相斗，势不俱生。吾先国家之急而后私仇。”颇闻之，肉袒负荆，至门谢罪。

【译文】识半面　汉朝的应奉曾经去找袁贺，袁贺半开着门，露出一半脸看见应奉，应奉立马离去。所以和别人曾经见过面被称为“识半面”。

无逢故人　公孙弘给老友高贺吃脱去稻壳的粗米饭，给他盖粗布被子。高贺怨恨地说：“老友富贵了有什么用？脱壳米饭粗布被子，我本来就有。公孙弘你自己享受美味佳肴，却给朋友吃粗茶淡饭，真是骗子！”公孙弘感叹地说：“宁愿遇见无礼的客人，也不要碰到老朋友。”

怀刺漫灭　祢衡为人恃才傲物，从荆州去北边的许都游历，怀里揣着自己写的名片，文字都模糊了却没有拜访任何一家。有人说：“为什么不拜访陈群、司马朗呢？”祢衡说：“你这是让我去追逐那些屠夫酒保的小孩子们吗！”

负荆请罪　蔺相如担任赵国的上卿，地位在廉颇之上。廉颇说：“我碰上蔺相如，一定会侮辱他。”蔺相如远远看到廉颇，就掉转马车回避他。他的下人觉得可耻。蔺相如说：“强大的秦国不敢对赵国用兵是因为我和他两人在朝的缘故。如今两只老虎互相争斗，一定两败俱伤。我这是先考虑国家的急务，然后才来关心私人恩怨。”廉颇听到这话，脱去上衣，背着荆条，到他门前谢罪。

翟公书门　《郑当时传》：翟公为延尉，宾客填门。及废，门外可设雀罗。后复为廷尉，客欲往，翟公大书其门，曰：“一死一生，乃见交情。一贫一富，乃知交态。一贵一贱，交情乃见。”

布衣交　李孔修自号抱真子，混迹阛阓，人莫之识。陈献章见之，曰：“此非俯首当世人也。”平居冠管宁帽，衣朱深衣，惟攻《周易》。一日，输粮至县，令异其容止，问姓名，不答，第拱手。令叱曰：“何物小民，乃拱手耶！”再拱手。令怒，笞之五，竟无言而出。令疑焉。徐得其情，乃大敬礼之。吴延举藩臬于粤，引为布衣交。卒无子，尚书霍韬葬之西樵山。

【译文】翟公书门　《汉书·郑当时传》：翟公担任廷尉时，宾客踏破门槛。等到后来他被罢免，大门外都能用网捕捉麻雀了。后来再次担任廷尉，宾客准备前去，翟公在自己大门上大写一行字，写道：

“一死一生，便看到了交情。一贫一富，便知道了交态。一贵一贱，交情便能看到。”

布衣交　李孔修自己号称“抱真子”，混迹在人群里，没人认识他。陈献章看到他时说：“这可不是对世间人轻易低头的人啊。”李孔修平时就戴着管宁帽，穿着朱色的深衣，只专攻《周易》。有一天，运送粮食到县里，县令对他的相貌举止很好奇，便问他姓名，他不回答，只是对县令拱手行礼。县令呵斥说道：“你是什么样的小民，竟然向我拱手！”他再次向县令拱手。县令非常气愤，让衙役用竹棍打了他五下，他最终也没说什么就出去了。县令对此很疑惑。慢慢地打听到他的情况，就大为敬重他。吴廷举担任广东布政使，和他是布衣之交。他死后没有儿子，尚书霍韬将他葬在西樵山。

呼字定交　服虔字子慎，善《春秋》。闻崔烈集门人都讲，乃匿姓名，赁诸生作食。每当讲时，窃听。稍共诸生叙其短长。烈疑是虔。明早往，及未寤，便呼：“子慎！子慎！”虔不觉惊应，遂定交。

死友　羊角哀、左伯桃往楚，道遇雪，度不能俱生，乃并衣粮与角哀，伯桃入树死。角哀至楚，为大夫，王备礼葬伯桃。角哀自杀以殉。

【译文】呼字定交　服虔字子慎，精通《春秋》。他听到崔烈召集门人讲解《春秋》，便隐藏了姓名，给学生们做吃的。每到讲课时，就偷偷听。渐渐和学生们讨论老师讲解的好坏。崔烈疑心这人是服虔，便在第二天清晨前往他的住处，趁他还没睡醒，就喊他：“子慎！子慎！”服虔不知不觉惊醒答应。他们因此结为朋友。

死友　羊角哀、左伯桃前往楚国，半道下起了大雪，左伯桃忖度着他们俩不可能都活下来，就把衣服粮食全部给羊角哀，自己藏到树洞里冻死了。羊角哀到了楚国，担任了大夫，楚王帮他用周全的礼节安葬了左伯桃。羊角哀也自杀，追随朋友去了。

奴婢

纪纲之仆　《左传》：晋侯迎夫人嬴氏以归，秦伯送卫于晋三千人，实纪纲之仆。

渔童樵青　唐肃宗赠高士张志和奴婢二人，志和配为夫妇，名曰渔童、樵青。人问其故，曰："渔童使捧钓收纶，芦中鼓枻。樵青使刈兰薪桂，竹里煎茶。"

海山使者　晋陶侃家僮百余人，惟一奴不喜言语，尝默坐。侃一日出郊外，奴执鞭随，胡僧见而惊，礼之曰："海山使者也。"侃异之。至夜，失其所在。

读书婢　郑玄家奴婢皆读书，一婢不称指，玄使人曳跪泥中。须臾，一婢问曰："胡为乎泥中？"曰："薄言往愬，逢彼之怒。"

【译文】纪纲之仆　《左传》记载：晋侯亲自迎娶夫人嬴氏，秦穆公送给晋国三千名护卫，其实都是统领各种事务的仆人。

渔童樵青　唐肃宗赠给高士张志和两个奴婢，张志和便让他们结为夫妇，起名叫渔童、樵青。别人问他为什么起这个名字，他说："渔童让他捧着钓竿、收鱼线，在有芦苇的水边驾船。樵青让她采摘兰草，砍桂树当柴烧，在竹林里烹茶。"

海山使者　晋朝的陶侃家里有一百多个仆人，只有一个仆人不喜欢讲话，经常默默坐着。陶侃有一天到郊外去，这个仆人拿着马鞭跟在旁边。有一个西域来的僧人看到这个仆人很惊讶，向他施礼说："这是海山使者。"陶侃感觉很神异。到了夜里，这个仆人就消失不见了。

读书婢　郑玄家的奴婢都读经书，一个婢女不合郑玄心意，郑玄让人把她拖到泥里面跪着。不一会，另一个婢女问她说："怎么待在泥地？"对方回说："我前去向他诉说，遇见他发怒。"

慕其博奥　萧颖士性褊无比，畜一佣仆杜亮，每一决责，便至力殚。亮养创平复，为其指使如故。或劝之去，答曰："岂不知，但慕其博奥，以此恋恋不能去耳。"

温公二仆　司马温公家一仆，三十年，止称"君实秀才"。苏学士来谒，闻而教之，明日改称"大参相公"。温公惊问，仆实告。公曰："好一仆被苏东坡教坏了。"温公一日过独乐园，见创一厕屋，问守园者从何得钱。对曰："积游赏者所得。"公曰："何不留以自用？"对曰："只相公不要钱。"

臧获　海岱之间骂奴曰臧，骂婢曰获。盖古无奴婢，犯事者被臧，没入官为奴；妇女逃亡，获得者为婢。

【译文】慕其博奥　萧颖士性情无比小气，他养的一个仆人杜亮，每次惩罚，一定会打到筋疲力尽才罢手。杜亮的伤养好，仍旧听他的话。有人劝他离开，他回答说："我难道不知道？只是仰慕他是那么博学深沉，因此恋恋不舍，不愿离开。"

温公二仆　司马光家的一位仆人，在他家待了三十年，只称呼司马光为"君实秀才"。苏轼上门拜见时，听到这称呼就教训他不能这么喊。第二天仆人就把称呼改成“大参相公”。司马光吃惊地询问原因，仆人将实话告诉他。他说：“好好的仆人被苏东坡教坏了。”司马光有一天到独乐园里去，看到建起一间厕所，问守园的人从哪里得到钱建的。守园人回答说：“攒的是游人的赏钱。”司马光说：“为什么不留着自己用？”对方回答说：“钱是园子上获得的，不是我个人的。只有相公不要这些钱。”

臧获　山东人骂奴仆为“臧”，骂奴婢为“获”。因为古代没有奴婢，犯罪的人被逮捕，没入官家成为“奴”；妻子和女儿逃亡，被人抓到就沦为他们的“婢”。

措大　奴婢之称，有曰厮养，有曰苍头，有曰卢儿，有曰奚童，有曰钳奴，有曰措大。措大者，以其能举措大事也。

开阁驱婢　王处仲尝荒恣于色，体为之疲，左右谏之，曰：“吾乃不觉耳。如此甚易。”乃开后阁，悉驱诸婢出，任其所之。

追婢　阮咸先幸姑家鲜卑婢。及居母丧，姑当远徙，竟将婢去。咸借客驴，着重服，自追之，累骑而返，曰：“人种不可失！”（婢即阮孚之母。）

银鹿　唐颜真卿家僮名曰银鹿。欧阳公云：“银鹿，鼎名。”

【译文】措大　奴婢的称呼，有叫厮养的，有叫苍头的，有叫卢儿的，有叫奚童的，有叫钳奴的，有叫措大的。叫措大是因为他能处置大事情。

开阁驱婢　王敦曾经特别纵欲，身体因此萎顿，下人都劝他，他说：“我竟然不知道是因为这个而萎顿。戒色而已，这样做特别容易。”于是打开后房门，将婢女们都赶走了，随她们想去哪里。

追婢　阮咸之前和姑母家的鲜卑婢女发生关系。等到后来守母亲的丧，姑母要迁到很远的地方，竟然带着那个婢女一起走了。阮咸向一个客人借来一头驴子，身穿丧服，亲自追上去，和婢女同骑驴子回来了，他说："肚里的胎儿可不能丢失！"（婢女就是阮孚的母亲。）

银鹿　唐朝的颜真卿给家僮起名叫"银鹿"。欧阳修说："银鹿是一个鼎的名字。"

便了　汉王子渊名褒，从成都杨惠买夫时，户下有一髯奴，名便了，决卖万五千，与立券，约从百使役。

长须赤脚　韩愈《寄卢仝诗》云："玉川先生洛城里，破屋数间而已矣。一奴长须不裹头，一婢赤脚老无齿。"又东坡云："常呼赤脚婢，雨中撷园蔬。"

掌笺婢　唐潞州节度使薛嵩，有侍婢红线，嵩使掌笺表，号内记室。

吹篪婢　后魏河间王有婢曰朝云，善吹篪。诸羌叛，王使朝云假为妪吹篪，皆流泪，思乡而去。

【译文】便了　汉朝的王褒字子渊，从成都杨惠买他丈夫在世时家里的一个长着大胡子的奴仆，名叫"便了"，两人成交价一万五千钱，和杨惠签合同，规定要让奴仆从事一百种杂活。

长须赤脚　韩愈《寄卢仝诗》里说："玉川先生住在洛阳城里，只有几间破屋子。一个奴仆长着老长的胡须也不裹头，一个婢女打赤脚，老得都没牙齿。"另外苏轼也有诗说："经常叫光脚的奴婢，冒雨去园子里采摘蔬菜。"

掌笺婢　唐朝的潞州节度使薛嵩，有个侍奉的婢女名叫红线，薛嵩让她主管文书，号为"内记室"。

吹篪婢　后魏的河间王有个婢女叫“朝云”，善长吹篪。羌族发动叛乱，河间王让朝云装成老奶奶吹篪，叛贼感动流泪，因为思念故乡就退兵了。

桃叶　晋王献之爱妾名桃叶，尝渡秦淮口，献之作歌送之。今名曰桃叶渡。（献之有歌曰：桃叶复桃叶，渡江不用楫。但渡无所苦，我自来迎接。）

雪儿歌　唐李密宠姬名雪儿，每宾客，有辞章奇丽者，付雪儿协律歌之。故号雪儿歌。

绛桃柳枝　韩退之二侍姬，名绛桃、柳枝。退之初出使未归，柳枝窜去，家人追获。及镇州，有云：“别来杨柳街头树，摆乱春风只欲归，惟有小桃园里在，柳花不发待郎回。”自是专属意绛桃。

【译文】桃叶　晋朝王献之的爱妾名叫桃叶，曾经渡过秦淮河，王献之写了一首歌送她。如今那里就起名为“桃叶渡”。（王献之的歌辞说：桃叶啊桃叶，渡江不必用桨。只管渡河，不要愁苦，我会亲自来迎接你的。）

雪儿歌　唐朝李密宠爱的歌姬名叫“雪儿”，每当宾客写出奇丽的诗篇，都会交给雪儿谱曲写成歌。所以号称“雪儿歌”。

绛桃柳枝　韩愈有两个侍奉的歌姬，名叫绛桃、柳枝。韩愈之前出使外地还没回来，柳枝就逃走了，家里人去追，把她拿获了。后来韩愈到了镇州，有一首诗说：“别来杨柳街头树，摆乱春风只欲回，只有小桃园里在，柳花不发待郎归。”从这以后就一心爱着绛桃。

樊素小蛮　白乐天两婢，一名樊素，一名小蛮。有云：“樱桃樊素口，杨柳小蛮腰。”

瓦剌辉，明太祖驸马梅殷仆也。谭深、赵曦谋杀驸马，文皇帝杀此二臣，瓦剌辉取心肝以祭驸马，痛哭而殉。

仆地泼毒酒　卫国主父为周大夫，不归者三年。其妻巫氏与人通。一日，主父回。其妻虑事败，以毒酒饮之，命婢葵枝行酒。葵枝知其谋而忖曰："从主母而杀主人，不可谓义；受主母托而破其状，则害主母，不可谓忠。"乃故仆于地，而泼其酒。主父反以婢为不敬，而重责之，葵枝受而不怨。

【译文】樊素小蛮　白居易有两个婢女，一个叫樊素，一个叫小蛮。他写过诗赞美她们："樱桃樊素口，杨柳小蛮腰。"

瓦剌辉，瓦剌族的名叫辉的人，是明太祖驸马梅殷的仆人。谭深、赵曦谋划杀害了驸马，太祖杀掉这两个大臣，瓦剌辉挖出两人的心肝来祭奠驸马，哭得很悲痛，最后自杀跟随驸马而去。

仆地泼毒酒　卫国的主父是周朝的大夫，已经三年没回家了。他的妻子巫氏和别人通奸。有一天，主父回到家里。他的妻子担心事情败露，就用毒酒将他毒死，派婢女葵枝给他敬酒。葵枝知道她的阴谋，便自己忖度着说："听主母的话，杀了主人，那就是不义的行为；可接受主母的请托，却告发了她的阴谋，那就害了主母，是不忠的表现。"于是故意摔在地上，将毒酒撒了一地。主父反而认为婢女不敬，便狠狠地骂她，葵枝默默接受，并不怨恨。

李元苍头　李善，汉李元之苍头也。元尽室疫死，惟孤儿续始生数旬，而资财巨万，诸奴欲谋续，分其财。善潜以续出亡，隐瑕丘界中，亲自乳哺。及长，诉叛奴于官，悉杀之。时钟离意为瑕丘令，上书以闻，光武拜善及续并太子舍人。善还旧里，脱冠解带，扫元墓门修祭，泣数日乃去。

定国侍儿　王巩字定国，坐苏轼党，贬宾州。轼临北归，别巩，出侍儿柔奴进酒。轼问柔奴："岭南应是不好？"柔奴曰："此心安处，便是吾乡。"轼因作《定风波》一词以赠。

【译文】李元苍头　李善，是汉朝李元的老仆人。李元全家所有人都感染温疫而死，只有孤儿李续才出生几十天，可是遗下的财产数以万计，家里的奴仆们想要杀死李续，好瓜分遗产。李善暗地里抱着李续出外逃亡，藏匿在瑕丘地界，亲自喂他奶。等到李续成年后，向官府状告那些奴仆们，奴仆全部都被处死。当时的钟离意担任瑕丘令，上书给皇帝提到这事，光武帝任命李善和李续一起担任太子舍人。李善回到老家，脱下冠带，打扫李元坟墓，并修整祭祀，哭几天才离开。

定国侍儿　王巩字定国，因为受苏轼的元祐党人案的牵连，被贬到宾州。苏轼北归的时候，告别王巩，王巩喊出侍儿柔奴，让她给苏轼敬酒。苏轼问柔奴："你觉得岭南应该不是个好地方吧？"柔奴说："这颗心安顿的地方，便是我的家乡。"苏轼因而写了一首《定风波》词赠给她。

夜航船

文白对照

(中)

〔明〕张岱 撰
中华文化讲堂 译

团结出版社

目 录

中 册

卷六·选举部

卷七·政事部

卷八·文学部

卷九·礼乐部

卷十·兵刑部

卷十一·日用部

卷六・选举部

制科

宾兴 《周礼·地官·大司徒》：以乡三物教万民而宾兴之。一曰六德：智、仁、圣、义、忠、和；二曰六行：孝、友、睦、姻、任、恤；三曰六艺：礼、乐、射、御、书、数。

槐花黄 科举年，举子至八月皆赴科场。时人语曰："槐花黄，举子忙。"

棘围 《通典》：礼部阅试之日，严设兵卫，棘围之，以防假滥。五代和凝知贡举时，进士喜为喧哗以动主司。主司每放榜，则围之以棘，闭省门，绝人出入。凝撤棘围，开省门，而士皆肃然无哗。所取皆一时英彦，称为得人。

【译文】宾兴 《周礼·地官·大司徒》记载：用乡里的三种东西教化老百姓，并且让乡里大夫举荐贤能的人。这三种东西分别是六德：智、仁、圣、义、忠、和；六行：孝、友、睦、姻、任、恤；六艺：礼、乐、射、御、书、数。

槐花黄 每到科举的年分，考生在八月分赶赴考场。俗话说："槐花黄，举子忙。"

棘围 《通典》记载：礼部阅卷审查的那些天，会派士兵严加防卫，并用棘刺布满考场四周，防止代考，并且不准随便出入考场。五代时的和凝主持贡举考试时，进士喜欢高声喧哗，用来引起主考官的注意。主考官每次发布录取名单时，就用棘刺围起来，关闭考场大门，不准闲人出入。和凝撤除棘刺，打开官府大门，可是士子们却都很肃静，不敢喧哗。他录取的人都是当时的英才，他被人们称赞善于发现人才。

乡贡进士　《唐·选举志》：唐制取士之科，多因隋旧。其大略有二：由学校曰生徒，由州县曰乡贡，皆升于有司而进退之；其科目，有秀才，有明经，有进士。

观国之光　《易经·观卦》：六四爻，观国之光，利用宾于王。《象》：曰观国之光，尚宾也。

试士沿革　汉文帝始取士以策，武帝加问经疑，左雄加章奏。武帝始取士以词赋，唐太宗加律判及射。玄宗取士以诗赋，德宗加论及诏诰。宋仁宗始加试经义，时王安石始去声律对偶。哲宗始诏专习经义，始废诗赋。

【译文】乡贡进士　《新唐书·选举志》记载：唐朝规定录取进士的科目，大多是继承隋朝的旧例。录取方法总的来说有两种：由国子监推荐的考生叫“生徒”，由州、县推荐的考生叫乡贡，都由主管部门决定进退；考核的科目，有秀才、通经、进士。

观国之光　《易经·观卦》上说：六四爻，仰观一个国家的文治武功，有利于成为君王的贵宾。《象传》说：仰观一个国家的文治武功，说明此国正崇尚贤士。

《象传》上说：观览国都的风光，是尊崇宾客的意思。

试士沿革　汉文帝最开始用策问录取士子，汉武帝增添了关于经义的题目，左雄增添了章奏的写作。汉武帝开始用词赋，唐太宗增添了按照律法撰写判词，以及射箭。唐玄宗单用诗赋录取进士，唐德宗增加了论和诏诰的写作。宋仁宗开始增加经义的试题，到王安石的时候，开始废除声律对偶的内容。宋哲宗开始下诏规定学子们专门学习经义，开始废除诗赋的内容。

唐太宗始制乡试会试。宋始定秋乡试，春礼部会试。唐玄宗始移贡举礼部典试，唐初郎官试。宋真宗始诏礼部三年一贡试。

唐中宗始设三场。汉文帝始亲策士。唐武后策问贡士于洛城殿，始殿试。宋太祖始御殿复试。先是武后复试，崔沔后间行之。宋太宗始临轩，宰臣读卷。仁宗始殿试贡士，不黜落。

【译文】唐太宗开始创立了乡试、会试制度。宋朝开始制定了秋天进行乡试，春天在礼部进行会试。唐玄宗开始让礼部主持贡举考试，唐朝初年是让考功员外郎主持。宋真宗开始下诏让礼部三年举行一次贡试。

唐中宗开始规定每次考试一共三场。汉文帝开始亲自考察考生的策问。唐朝的武则天时期在洛城殿考察贡士的策问，开始举行殿试。宋太祖开始在皇宫大殿里进行复试。在此之前，武则天时期举行复试，崔沔以后就偶尔举行。宋太宗开始在大殿前听宰相朗读试卷。宋仁宗开始在正殿举行贡士考试，全部录取，没有除名。

宋孝宗始进士引射，有陛甲。唐武后始制武举。宋始印给试题。唐高祖始贡院设兵卫，搜衣服，稽察出入棘围。武后始弥封，始糊名。宋真宗始席舍。后唐始禁怀挟。唐玄宗始严乡贯，禁举人冒籍。萧何试学童，诵九千字以上为史。左雄奏年十二通经为童子郎，始制童科。汉文帝始纳粟。宋仁宋始置太学三舍。汉武帝始制补博士弟子，称秀才。元魏始制生员。唐高祖始制秀才，州县类考。后魏令公卿子弟入学。唐睿宗令举人下第听入学。宋开宝六年，因徐士廉诉知举不公，帝御讲武殿复试，亲试自此始。及第人赐绿袍、靴、笏，赐宴赐诗，自兴国二年吕蒙正榜始。分甲次，赐同进士出身，自兴国八年宋白、王世则榜始。唱名自雍熙二年梁灏榜始。封印试卷，自咸平三年始。置誊录、弥封、复考、编排，皆自祥符八年始。

【译文】宋孝宗开始让进士学习射箭，大殿台阶上有穿着铠甲的卫士。唐朝的武则天开始创立了武举考试。宋朝开始印发试题。唐高祖开始在贡院内安排士兵，搜查考生的衣服，对出入考场的人进行检查。武则天时期开始密封试卷，开始将考生名字遮盖住。宋真宗开始在考场每个房间铺着席子。后唐时期开始严禁夹带小抄。唐玄宗开始严审考生籍贯，禁止用假籍贯参加考试。汉朝的萧何考学子，能背诵九千字以上就担任太史。左雄上奏皇帝让十二岁就精通经术的小孩子参加科考，便开始创立了童科。汉文帝开始让缴纳粟米的学生进入太学。宋仁宗开始设置太学的三舍法。汉武帝开始创立了补博士弟子，称为秀才。后魏时期开始有了生员。唐朝高祖开始有了秀才，州县等考试。后魏时期让朝廷大臣的子孙进入太学。唐睿宗让落第的举人进入太学学习。宋朝开宝六年，因为徐士廉投诉主持考试的官员不公正，皇帝亲自在讲武殿主持复试，皇帝亲自主持考试从这时候开始。考中的人被赐予绿袍、靴、笏，而且赐宴赐予御制诗，是从兴国二年吕蒙正榜开始。按照甲乙排名，赐予同进士出身，是从兴国八年的宋白、王世则榜开始。唱名是从雍熙二年梁灏榜开始。密封试卷，加盖封印，是从咸平三年开始。设置誊抄、密封、复试、编排，都是从祥符八年开始。

唐制：礼部试举人，夜以三鼓为限。宋率由白昼，不复继烛。

关节　士子行贿，请求试官，曰关节。明朝杨士奇主试，有柱联曰："场列东西，两道文光齐射斗；帘分内外，一毫关节不通风。"

甲乙科　汉平帝时，岁课甲科四十人为郎中，乙科二十人为太子舍人，丙科四十人补文学掌故。

【译文】唐朝的制度：在礼部进行考试，晚上鼓声敲了三次就要停止作答。宋朝全部在白天举行，不再在夜里考试。

关节　考生行贿，请托主试官员，叫"关节"。明朝的杨士奇主持考试，有一个柱子的对联写道："考场分东西两面，两道文光一齐射向斗牛之间；考官的帘幕分内外，一点关节都不给通。"

甲乙科　汉平帝的时候，每年录取甲科的四十人担任郎中，乙科的二十人担任太子舍人，丙科的四十人担任文学掌故。

通籍　举子登科后，禁门中皆有名籍，可恣意出入也。

正奏特奏　科甲为正奏，恩贡为特奏。

金榜题名　崔实暴卒复生，见冥司列榜，将相金榜，其次银榜，州县小官并是铁榜。今人得第，谓之金榜题名。

银袍鹄立　隋唐间试举人，皆以白衣卿相称之，又曰白袍子。试日，引于院中，谓银袍鹄立。

【译文】通籍　考生登上进士后，禁门上都有名字籍贯等信息，以后可以随意出入。

正奏特奏　科举考上的叫正奏，因为皇帝恩典特殊录取的叫特奏。

金榜题名　崔实猝死后又活过来，他在阴间看见阴间的官员在发榜，将、相都是金榜，他是在银榜，州县的小官都是铁榜。现在的人考中后，被称为“金榜题名”。

隋唐时期参加科举的人，都互相称对方“白衣卿相”，又称“白袍子”。考试那天，被引入考试院中，排成一行，被称之为“银袍鹄立”。

乡试

天府贤书　《周礼·地官·乡大夫》：三年则大比德行道艺，而兴贤者、能者，乡老及乡大夫以礼礼宾。厥明，乡老、乡大夫群吏献贤能之书于王，王再拜受之，登于天府。

鹿鸣宴　《诗·鹿鸣》篇，燕群臣嘉宾之诗也。贡院内编定席舍，试已，长吏以乡饮酒礼，设宾主，陈俎豆，歌《鹿鸣》之诗。

【译文】天府贤书　《周礼·地官·乡大夫》：三年举行一次德行道艺的大比试，然后举荐贤能的人。乡老以及乡大夫对他们使用宾客的礼节。第二天早晨，乡老、乡大夫和官吏们向周王献上贤能的人的书，周王行礼两次接受，并将书收入天府。

鹿鸣宴　《诗经·鹿鸣》是宴请群臣、嘉宾时唱的诗。贡院内安排好考试座位，考完后，长官举行乡饮酒礼，分为宾客、主人，陈列俎豆等祭祀礼器，歌唱《鹿鸣》这首诗。

孝廉　汉制举人皆名孝廉，不由科目始也。曹操亦举孝廉。

破天荒　荆州应试举人，多不成名，为“天荒解”。刘蜕以荆州解及第，时号为“破天荒”。

郁轮袍　王维善琵琶，岐王使为伶人，引至公主第，独奏新曲，号《郁轮袍》。因献怀中诗，王惊曰："皆我素所诵习，尝谓是古人佳作，乃子为之耶！"因命更衣，引之客座。召试官至第，遣宫婢传教，作解头及第。

【译文】孝廉　汉朝规定举人都叫作"孝廉"。这不是科举考试的科目。曹操也下令举荐孝廉。

破天荒　从荆州来参加进士考试的，很多都考不上，被称为"天荒解"。刘蜕也是荆州人，到京城考试高中，在当时被称为"破天荒"。

郁轮袍　王维擅长演奏琵琶，岐王让他假装成伶人，带他到公主的宅邸，让他独自演奏新曲子，叫作《郁轮袍》。趁机献上怀里藏着的诗，公主吃惊地说："都是我平素朗诵学习的，曾经以为是古人的好作品，竟然是你写的啊！"因而让他更换衣服，带他会见座中的客人，召主考官到宅邸里，派宫女给皇帝传达公主的意思，让他做状元。

会试

南宫　唐开元中，谓尚书省为南省，门下、中书为北省。南宫，礼部也。旧以礼部郎中掌省中文翰，谓之南宫舍人。后之赴春榜，曰赴南宫。

知贡举　《唐·选举志》：玄宗开元二十四年，考功员外郎李昂与贡举，诋诃进士李权文章，大为权所陵诟。帝以员外郎望轻，遂移贡举于礼部，以侍郎主之，永为例。礼部进士自此始。

玉笋班　唐李宗闵知贡举，所取多知名士，世谓之玉笋班。

朱衣点头　欧阳修知贡举，考试阅卷，常觉一朱衣人在座后点头，然后文章入格。始疑传吏，及回视，一无所见，因语同列而三叹。常有句云："文章自古无凭据，惟愿朱衣暗点头。"

【译文】南宫　唐朝开元年间，将尚书省称作南省，门下省、中书省称作北省。南宫，就是礼部。以前让礼部郎中掌管尚书省的文书，被称为南宫舍人。后来参加春天举行的贡举考试，叫作"赴南宫"。

知贡举　《新唐书·选举志》里说：唐玄宗开元二十四年，考功员外郎李昂主持贡举，诋毁进士李权的文章，被李权大加辱骂。玄宗便觉得员外郎威望不高，因此将贡举移交给礼部，让礼部侍郎主持贡举，从此成为惯例。礼部的进士是从这时候开始。

玉笋班　唐朝的李宗闵主持贡举考试，所录取的大多是当代知名的士子，世人称之为“玉笋班”。

朱衣点头　欧阳修主持贡举考试，在考试阅卷时，常常觉得有一个身穿大红袍子的人在座位后面点头，然后一看这文章是合格的。他开始疑心是传达信息的官吏，等他一回头，就消失看不见了，因而对同事说了，连连感叹。他曾经写过一句诗：“文章自古无凭据，只愿朱衣暗点头。”

文无定价　韩昌黎应试《不迁怒、不贰过》题，见黜于陆宣公。翌岁，公复主试，仍命此题；韩复书旧作，一字不易，公大加称赏，擢为第一。

奏改试期　宋朝科试在八月中，子由忽感寒疾，自料不能及矣。韩魏公知而奏曰：“今岁制科之士，惟苏轼、苏辙最有声望。闻其弟辙偶疾，如此人不得就试，甚非众望，须展限以待之。”上许之。直待子由病瘥，方引就试，比常例迟至二十日。自后科试并在九月。相国吕徽仲不知其故，东坡乃为吕言之，吕曰：“韩忠献之贤如此哉！”

【译文】文无定价　韩愈参加考试，题目是《不迁怒、不贰过》，被陆贽刷掉。第二年，陆贽仍旧主持考试，仍然是这道题；韩愈将旧作再抄一遍，一个字不改，陆贽大加赞赏，被录取为第一。

奏改试期　宋朝科举考试在八月份，苏辙忽然感染风寒，自己猜是参加不了了。韩琦知道这个情况就向皇帝启奏说：“今年科考的举子，只有苏轼、苏辙最有声望。听说弟弟苏辙偶感风寒生了大病，像这样的杰出人才不能参加考试，特别让人可惜，应当延期考试等他。”

皇上同意了。一直等到苏辙病好了，才让他来参加考试，比旧例迟了二十天。从此以后科考时间就一直在九月份了。相国吕大防不知道其中的缘故，苏轼便对他说明，吕大防说："韩琦真是贤明！"

同试走避　二苏初赴制科之召，同就试者甚多。相国韩公偶与客言曰："二苏在此，而诸人亦敢与之较试，何也？"于是不试而去者十八九。

屈居第二　嘉祐二年，欧阳修知贡举，梅尧臣得苏轼《刑赏论》以示修，修惊喜，欲以冠多士，疑门生曾巩所作，乃置第二。

龙虎榜　唐贞观八年，陆贽主试，欧阳詹举进士，与韩愈、李观、李绛、崔群、王涯、冯宿、庾承宣联第，皆天下名士，时称"龙虎榜"。

【译文】同试走避　苏轼和苏辙兄弟俩开始进京赶考，一起参加的考生特别多。相国韩琦偶然有一回对客人说："有这苏氏两兄弟在这里，其他人还敢跟他们比试，这是什么缘故呢？"因此不参加科考而走掉的人有百分之八九十。

屈居第二　嘉祐二年，欧阳修主持贡举考试，梅尧臣阅卷看见苏轼《刑赏忠厚之至论》，就拿给欧阳修同看，欧阳修特别惊喜，便想让他作为第一名，却又疑心是自己的门生曾巩所写，便安排在第二名。

龙虎榜　唐朝贞观八年，陆贽主持科考，欧阳詹考中进士，和韩愈、李观、李绛、崔群、王涯、冯宿、庾承宣一起高中，他们全部都是天下的著名人士，当时称这一榜叫作"龙虎榜"。

殿试

状元　唐武后天授元年二月，策问贡士于洛阳殿前。状元之名，盖自此始。

淡墨书名　唐人进士榜必以夜书，书必以淡墨。或曰名第者阴注阳受，以淡墨书，若鬼神之迹也。

胪传　集英殿唱第日，皇帝临轩，宰臣进三名卷子，读于御案前，用牙棍点读。宰臣拆视姓名，则曰某人。鸿胪寺承之，以传于阶下，卫士六七人，齐声传其名而呼之，谓之传胪。

糊名　唐初择人以身、言、书、判，六品以下集试，选人皆糊名，令学士考判。

【译文】状元　唐朝的武则天天授元年二月，在洛阳殿前考察贡士的策问。状元的名号，大约是从这时候开始。

淡墨书名　唐朝人的进士榜一定会在夜里书写，书写肯定会用淡淡的墨。有的人解释说：考中的人都在阴间被著录名字，用淡色的墨迹，就好像鬼神的笔迹一样。

胪传　在集英殿上高声呼喊录取人的名字的那天，皇帝会亲自到大殿前，宰相献上头三名的试卷，在御案前面朗读，并且用象牙棍子点着读。宰相拆开糊名条子看到某人姓名，就说是某人。鸿胪寺的官员跟着就说这个名字，向台阶下传报，这时候就有六七个卫士，一起齐声高呼这个名字，这就是“传胪”。

糊名　唐朝初年用容貌、言谈、书法、判词等四类来遴选官吏，六品以下的要集中考试，考试时都要糊上姓名，让翰林学士判考卷。

临轩策士　宋熙宁三年，吕公著知贡举，密奏曰：“天子临轩策士，用诗赋，非举贤求治之意。令廷试，乞以诏策，咨访治道。”自是上御集英殿亲试，乃用策问。

天门放榜　范仲淹判陈州时，郡守母病，召道士伏坛，奏章终夜不动。至五更，谓守曰：“夫人寿有六年。”守问奏章何久，曰：“天门放明年春榜，观者骈道，以故稽留。”问状元，曰：“姓王，二字名，下一字涂墨，旁注一字，远不可辨。”明春，状元王拱寿，御笔改为拱辰。

【译文】临轩策士　北宋熙宁三年，吕公著主持贡举考试，秘密启奏皇帝说：“皇帝亲自在大殿前考察进士，却用诗赋来考，就不能算是举荐贤人，访求治国大才的用意。请求殿试时考察他们诏策的撰写，并且咨询他们关于治理国家的方法。”从此以后皇帝在集英殿亲自主持殿试，便用策问来考试。

天门放榜　范仲淹担任陈州通判时，郡守的母亲生病了，召来道士跪在祭坛上向天地上奏章，整晚都一动不动。一直到五更天，才对太守说：“夫人的阳寿还有六年。”太守问他上奏章为什么久，他说：“天门正在发布第二年春天的皇榜，前来观看的人将大路堵住，所以耽搁那么久。”太守问他状元是谁，他说：“姓王，两个字的名，下面那个一字被墨迹盖住，旁边加注了一个字，老远的看不清。”第二年春天，状元就是王拱寿，皇帝将他名字改成王拱辰。

湘灵鼓瑟　钱起宿驿舍，外有人语曰："曲终人不见，江上数峰青。"起识之。及殿试《湘灵鼓瑟》诗，遂赋曰："善鼓云和瑟，常闻帝子灵。冯夷徒自舞，楚客不堪听，雅调凄金石，清音发杳冥。苍梧来暮怨，白芷动芳馨。流水传湘曲，悲风过洞庭。"末联久不属。忽记此二语，足之。试官曰："神句也。"遂中首选。

志不在温饱　王曾初举进士，省试礼部、廷对皆第一。人或曰："状元中三场，一生吃著不尽。"曾曰："某生平志不在温饱。"

【译文】湘灵鼓瑟　钱起住在驿站的旅馆里，外面有人说："曲终人不见，江上数峰青。"钱起记住了这句。等到后来参加殿试，题目是《湘灵鼓瑟》，因而就写道："善于演奏云和瑟，曾经听说帝子的显灵。冯夷徒然在水底起舞，楚客不忍心去倾听，高雅的曲调比金钟、玉磬演奏得还要凄凉，清泠的音响是在深渊里弹奏。苍梧山下传来如怨如慕的歌声，白芷也被吹动，发出芳香。一直传过湘江的水岸，通过悲凉的秋风传过洞庭湖。"最后一联想了很久也没有写出。忽然想起这两句，于是就写上去补足全诗。主考官说："这是一句神妙至极的诗句啊。"因此被录取为第一名。

志不在温饱　王曾最初参加进士考试，省试礼部、殿试都是第一名。有人就说："状元连中三场第一名，一生靠这个吃穿用不完。"王曾说："我生平的志向不在温饱。"

琼林宴　宋太平兴国八年，宋白等及第，赐宴琼林苑，后遂为定制。又曰自吕蒙正始。

泥金报喜　《天宝遗事》：新及第，以泥金帖子附家书报捷，谓之泥金报喜。

雁塔题名　唐韦肇及第，偶于慈恩寺雁塔上题名，后人效之，遂为故事。自神龙以来，杏林宴后于雁塔题名，同年中推善书者记之。他时有将相，则易朱书。

曲江宴　曲江在西安府，唐朝秀士登科第者，赐宴曲江。每年三月三日，游人最盛。

【译文】琼林宴　北宋太平兴国八年，宋白等人考中进士，皇帝在琼林苑赐宴，后来便成为惯例。另外有人说是从吕蒙正开始的。

泥金报喜　《天宝遗事》里说：才考中的学子，往往用泥金涂抹的帖子附在家书里告知自己高中，称之为“泥金报喜”。

雁塔题名　唐朝的韦肇考中进士后，有一次很偶然地在慈恩寺的大雁塔上面题上自己姓名，后来人便仿效他，于是变成惯例。从神龙年间以后，杏林宴结束后就到大雁塔题名，同年进士里推选擅长书法的人题名。以后如果这名字里面出了大将宰相，就换成朱砂的字体。

曲江宴　曲江在西安府，唐朝的学子们考上进士后，皇帝就在曲江赐宴。每年的三月三日那天，游人最多。

蕊榜　世传：大罗天放榜于蕊珠宫，故称蕊榜。

一榜京官　宋太祖幸西都。张齐贤以布衣献《十策》，语太宗曰：“我到西都得一张齐贤，异时可作宰相。”太宗即位，放进士榜，欲置齐贤高等，而有司落名三甲榜末，上不悦。及注官，一榜尽除京官。

夺锦标　唐卢肇、黄颇皆宜春人，同举乡试，郡守独厚饯颇。明年，肇状元及第归，郡守延肇观竞渡，有诗：“向道是龙君不信，果然夺得锦标归。”守大惭。

释褐　宋兴国二年，始赐吕蒙正等释褐加袍带。后遂为例。

【译文】蕊榜　世间传说：大罗天在蕊珠宫发布进士榜，所以进士榜被称为蕊榜。

一榜京官　宋太祖临幸西都洛阳时。平民张齐贤进献《十策》，太祖对太宗说：“我到西都获得一个人叫张齐贤，以后可以担任宰相。”太宗登基后，发布进士榜，想让张齐贤在前几名中，然而主考官们却将他置于三甲榜垫底，太宗很不高兴。等到后来给进士任命官职时，整个榜上的人全部任命为京官。

夺锦标　唐朝的卢肇、黄颇都是宜春人，一起准备参加乡试，当地太守只对黄颇进行盛大的饯别。到了第二年，卢肇考上状元回乡里，太守请卢肇一起观看赛龙舟，卢肇写了一首诗：“以前说是龙，你却不相信，现在果然夺得锦标回来了吧。”太守特别惭愧。

释褐　北宋太平兴国二年，才赐予吕蒙正等人官职，并且赐予袍、带。后来便沿袭成惯例。

烧尾宴　唐士人得第，必展欢宴，谓之烧尾宴。谓鱼化为龙，必烧其尾。

赐花　唐懿宗开新第，宴于同江，乃命折花于金盒，令中使驰之宴所，宣口敕曰：“便令簪花饮宴。”无不为荣。

红绫饼餤　唐僖宗幸南内兴庆池，泛舟，方食饼餤。时进士在曲江，有闻喜宴。上命御府依人数各赐红绫饼餤。所司以金盒进，上命中官驰以赐。故徐演诗云：“莫欺老缺残牙齿，曾吃红绫饻饼来。”

【译文】烧尾宴　唐朝的士人考上进士，一定会开同年进士的宴会，称之为“烧尾宴”。因为传说鲤鱼化成龙，一定会有天火烧它的尾巴。

赐花　唐懿宗有一次科考录取结束后，在曲江赐宴进士，便让人折来鲜花放在金盒里，让宦官骑马飞向宴会所在，宣布皇上口谕说：“就让你们簪着鲜花痛饮宴会。”没有人不认为这是荣耀。

红绫饼　唐僖宗临幸南边皇宫的兴庆池，乘坐游船，正在吃馅饼。当时进士在曲江开“闻喜宴”。皇帝让御膳房按照人数每个人都赐予一块红绫馅饼。主管官员用金盒进献给皇帝，皇帝让宦官骑马飞到曲江池送给他们。所以徐演有诗说道：“莫欺老缺残牙齿，曾吃红绫饼饻来。”

柳汁染衣　李固言行古柳下，闻弹指声曰：“吾柳神也，用柳汁染子衣矣。得蓝袍，当以枣糕祀我。”未几，及第。

英雄入彀　唐太宗贞观中私幸端门，见进士缀行而出，喜曰：“天下英雄入吾彀中矣！”时人语曰：“太宗皇帝真长策，赚得英雄尽白头。”

取青紫　汉夏侯胜曰：“士患不明经术耳，经术一明，取青紫，如俯拾地芥耳。”

席帽离身　宋初士子犹袭唐俗，皆曳袍垂带，出则席帽自随。李巽累举不第，乡人曰：“李秀才不知恁时席帽离身？”及第后，乃遗乡人诗曰：“为报乡闾亲戚道，如今席帽已离身。”

【译文】柳汁染衣　李固言在古柳下面散步，听到弹手指的声音，并且说：“我是柳神，已经用柳汁把你的衣服染色了。以后要是中了进士得到一件蓝袍，应当用枣糕祭祀我。”没过很久，他就考中进士。

英雄入彀　唐太宗贞观年间微服临幸端门，看到进士鱼贯而出，高兴地说：“天下的英雄都在我的手掌中了！”当时人说：“太宗皇帝真长策，赚得英雄尽白头。”

取青紫　汉朝的夏侯胜说：“儒者忧虑不通晓经术罢了，经术一旦通晓，为官作宰，就跟捡起地上的草一般简单。”

席帽离身　宋朝初年的儒生仍然承袭着唐朝的习俗，全都拖着长袍，垂着广带，出门就身边带着藤席帽子。李巽考了多次也没考中，乡里人就说：“李秀才不知道什么时候才能不随身携带藤席帽子？”等他考中进士以后，便给乡里人一首诗说：“和乡里的亲戚说，如今我的席帽已经不带在身边了。”

一日看遍长安花　孟郊登第，得意之甚，有“一日看遍长安花”之句。

踏李三　王十朋正榜第一，李三锡副榜第一。时有戏正榜尾者，曰：“举头虽不见王十，伸脚犹能踏李三。”

五色云见　韩忠献弱冠举进士，名在第二。方唱名，太史奏曰：“下五色云见。”遂拜右司谏，权知制诰。

青钱学士　唐张鷟举制科甲第，员半千称：鷟文辞犹青铜钱，万选万中。时号“青钱学士”。

【译文】一日看遍长安花　孟郊考上进士，特别得意，写的诗里有“一日看遍长安花”的句子。

踏李三　王十朋名列正榜的第一名，李三锡名列副榜的第一名。当时有一首开玩笑的诗，调笑在正榜榜尾的进士，说是：“举头虽不见王十，伸脚犹能踏李三。”

五色云见　韩忠献二十岁考上进士，名列第二。当时正在唱名，太史上奏皇帝说："下面出现了五色云彩。"因此任命他为右司谏，权知制诰。

青钱学士　唐朝的张鷟考中制科的甲等榜，员半千称赞他：张鷟的文词就像青铜钱，处处都好。当时他被称为"青钱学士"。

天子门生　王寄幼有声场屋间，为李文靖客。文靖薨于位，章圣临奠，见屏间有诗云："雁声不到歌楼上，秋色偏欺客路中。"爱之，召见。占对称旨，特许赴殿试。既登科，有谢诗云："不拜春官为座主，亲逢天子作门生。"

读卷贺得士　开庆间，王应麟充读卷官。至第七卷，顿首曰："是卷古谊若龟鉴，忠肝如铁石，臣敢以得士贺。"遂擢第一，乃文天祥也。

【译文】天子门生　王寄幼在科考上很著名，是文靖公李沆的客人，李沆在宰相位上去世，宋真宗凭吊他时，看到屏间有一首诗说："雁声不到歌楼上，秋色偏欺客路中。"特别喜爱，便问谁写的，就召见了王寄幼。应对让皇帝很满意，特别准许他参加殿试。考上以后，有道谢皇帝的诗说："不拜春官为座主，亲逢天子作门生。"

读卷贺得士　南宋的开庆年间，王应麟担任读卷官。读到第七份卷子时，向皇帝叩头说："这一份试卷存有古人的义理就像龟鉴，可以警戒，忠诚的心胸就像铁石一般坚定，我请求替皇帝祝贺国家得到一名优秀人才。"因此将其录取为第一名，这人就是文天祥。

门生

春官桃李　唐刘禹锡《寄王侍郎放榜》诗："礼闱新榜动长安，九陌人人走马看。一日声名遍天下，满园桃李属春官。"

谢衣钵　《摭言》：状元以下，到主司宅，缀行而立，敛名纸通呈，与主司对拜。执事云："请状元请名第。第几人，谢衣钵。""衣钵"，谓与主司名第同者，或与主司先人名第同者，谓之谢衣钵。

传衣钵　范质举进士，主司和凝爱其才，以第十三人登第，谓质曰："君文宜冠多士，屈居第十三者，欲君传老夫衣钵耳。"后和入相，质亦拜相。

【译文】春官桃李　唐朝的刘禹锡《寄王侍郎放榜》诗上说："礼部的新榜轰动长安城，朱雀大道上都是骑马来看的人。一天之内进士的声名就传遍天下，满园的桃李都是春官您的学生。"

谢衣钵　《唐摭言》里说：状元以下的进士，到了主考官的宅子里，要排成行列站着，被下人收上名片一起呈给主考官看，和主考官互相对着作揖。司仪会说："请让状元依次道谢让自己得到第一名。排名第几的人，要谢衣钵。""衣钵"，就是和主考官名以前的名次相同或者和主考官的先人名次相同，称之"谢衣钵"。

传衣钵　范质考上进士，主考官和凝特别喜爱他的才华，让他以第十三名考上进士，并且对他说："你的文章本来应该排在众位举子的前面，屈居第十三名是因为想让你继承老夫的衣钵罢了。"后来和凝担任宰相，范质也担任宰相。

沆瀣一气　杜审权知贡举，收卢处权。有戏之者曰："座主审权，门生处权。"乾符二年，崔沆收崔瀣，说者谓："座主门生，沆瀣一气。"

头脑冬烘　郑侍郎熏主试，疑颜标为鲁公之后，擢为状元。及谢主司，知其非是，乃悔误取。时人嘲之曰："主司头脑太冬烘，错认颜标是鲁公。"

好脚迹门生　唐李逢吉知贡举，榜未发而拜相，及第士子皆就中书省见座主。时人谓好脚迹门生。

陆氏荒庄　唐崔群知贡举归，其妻劝令置田。群曰："予有美庄三十所。"妻曰："君非陆贽门人乎？君主文柄，约其子不令就试，贽如以君为良田，则陆氏一庄荒矣。"

【译文】沆瀣一气　杜审权主持贡举考试，录取了卢处权。有人开玩笑说："主考官有审察权，门生叫作处权。"唐朝乾符二年（公元875年），崔沆录取了崔瀣，有人说："主考官和门生，沆瀣一气。"

头脑冬烘　侍郎郑薰担任主考官，疑心颜标是鲁公颜真卿的后人，就录取为状元。等到后来颜标来拜谢主考官时，才知道他不是，于是就后悔录取失误。当时人嘲讽他说："主考官的头脑太冬烘，错认颜标是鲁公。"

好脚迹门生　唐朝的李逢吉主持贡举考试时，皇榜还没发布就被拜为宰相，考中的进士全都到中书省里拜见主考官。当时人称之为

“好脚迹门生”。

陆氏荒庄　唐朝的崔群主持贡举考试回家，他的妻子劝他置办田产。崔群说：“我有好田庄三十座。”妻子说：“你不是陆贽的门人吗？你担任主考官，限制他的儿子不让参加考试，陆贽如果把你看成良田，陆氏的田庄早就长满荒草了。”

门生门下见门生　唐裴皞官仆射，宰相马胤孙、桑维翰皆其所取士。胤孙知贡举，引新进诣皞，皞作诗曰：“门生门下见门生。”世以为荣。维翰尝过皞，皞不迎不送。或问之，曰：“我见桑公于中书，庶僚也；桑公见我于私第，门生也。何送迎之有？”

天子门生　宋赵逵，绍兴中对策当旨，擢第一，独忤秦桧意，外除。帝问逵安在，授校书郎，单车赴阙。关吏迎合桧，搜逵，橐中仅书籍耳。比桧卒，迁起居郎。帝曰：“卿知之乎？始终皆朕自擢。桧一语不及卿，以此信卿不附权贵，真天子门生也。”

【译文】门生门下见门生　唐朝的裴皞担任仆射，宰相马胤孙、桑维翰都是他录取的士子。马胤孙主持贡举考试时，领着新进士去拜见裴皞，裴皞作诗说道：“门生门下见门生。”世人认为这是荣耀。桑维翰曾经拜访崔皞，崔皞既不欢迎他，又不送别他。有人就问崔皞，崔皞回答说：“我在中书省看见桑公，就是一般同僚；桑公到私人府邸找我，就算是我的门生。为什么送他迎他呢？”

天子门生　宋朝的赵逵，在绍兴年间对皇帝的策问，皇帝很满意，被录取为第一名，只是因为触怒了秦桧，被任命了外地的职务。皇帝问赵逵去哪里了，准备授予他校书郎的职务，让他驾着单车奔赴京城。关吏迎合秦桧的意旨，搜查赵逵的行李，囊中只有书籍而已。等到秦桧死后，被升到起居郎。皇帝说：“你可知道，始终都是我亲自提拔你。秦桧一句提到你的话也没有，因此坚信你不依附权贵，真是天子门生。”

下第

点额　《三秦记》：龙门跳过者，鱼化为龙；跳不过者，暴腮点额。

康了　柳冕应举，多忌，谓“安乐”为“安康”。榜出，令仆探名，报曰：“秀才康了！”

曳白　天宝二年，以御史中丞张倚之子奭为第一，议者蜂起。玄宗复试，奭终日不成一字，谓之曳白。

孙山外　孙山应举，缀名榜末。朋侪以书问山得失，答曰：“解名尽处是孙山，余人更在孙山外。”

【译文】点额　《三秦记》里说：跳过龙门的鱼会化为龙；跳不过就会撞破鱼鳃，碰坏鱼头。

康了　柳冕参加科举考试，有很多忌讳，例如把“安乐”说成“安康”，因为“乐”与“落”音近。皇榜出来后，让仆人去看名次，仆人回来报信说：“秀才康（落）了！”

曳白　唐朝天宝二年（公元743年），御史中丞张倚的儿子张奭被录取为进士第一名，各种猜测议论都出炉了。唐玄宗再次考他，张奭一整天都写不出一个字，被人称为“曳白”。

孙山外　孙山参加考试，名列皇榜的最末尾。朋友写信问他考得怎么样，他回答说：“皇榜尽处是孙山，余人更在孙山外。”

我辈颜厚　刘蕡对策，极得罪宦官。考官冯宿等见蕡策叹服，而畏宦官，不敢收取。榜出，物论嚣然。李郃曰：“刘蕡下第，吾辈登科，能无颜厚？”

红勒帛　刘幾屡试第一，好为险怪之语，欧公恶之。场卷有曰：“天地轧，万物茁，圣人发。”欧公曰：“此必刘幾。”批曰：“秀才辣，试官刷。”一大朱笔横抹之，谓红勒帛。后数年，又为御试。考官试《尧舜性仁赋》曰：“静以延年，独高五帝之寿；动而有勇，形为四凶之诛！”公大称赏，及唱名第一，乃刘幾易名刘辉。公愕然久之。

【译文】我辈颜厚　刘蕡参加策问考试，大大得罪了宦官。考官冯宿等人看到刘蕡的策论极为叹服，却害怕宦官，不敢录取他。皇榜出来，舆论哗然。李郃说：“刘蕡都落第了，我等考上了，难道不觉得可耻吗？”

红勒帛　刘幾屡次参加考试都是第一名，喜欢写诡怪奇险的句子，欧阳修表示很厌恶。他阅卷看到一份上写道：“天地轧，万物茁，圣人发。”欧阳修说：“这一定是刘幾。”于是写上批语说：“秀才辣，试官刷。”用一支大朱笔横着抹了一道，被称为“红勒帛”。后来过了几年，欧阳修又主持考试。考题是《尧舜性仁赋》，有人写道：“静以延年，独高五帝之寿；动而有勇，形为四凶之诛！”欧阳修大加赞赏，等到后来唱名的时候录取为第一名，其实是刘幾改名为刘辉。欧阳修惊讶了许久。

花样不同　卢仝下第出都，逆旅有人嘲之曰：“如今花样不同，且自收拾回去。”

倒绷孩儿　苗振第四人及第，召试馆职。晏相曰：“宜稍温习熟。”振曰：“岂有三十年为老娘而倒绷孩儿者乎？”既试，果不中。公曰：“苗君果‘倒绷孩儿’矣！”

大器晚成　《老子》云：“大器晚成。”汉马援失意。其兄马况谓援曰：“汝大器晚成。”

【译文】花样不同　卢仝落第后离开京城，旅馆有一个人嘲讽他说：“如今花样不同了，姑且收拾收拾回老家去吧。”

倒绷孩儿　苗振录取为进士第四名，皇帝召他参加史馆的考试。晏殊说：“最好多多温习熟悉。”苗振回说：“哪里会有做了三十年的接生婆，反而倒着裹婴儿的呢？”考完放榜后，果然没考中。晏殊说：“苗君果然‘倒着裹婴儿’了！”

大器晚成　《老子》说：“大器晚成。”汉朝的马援频频不得志。他的哥哥马况对马援说：“你是大器，肯定会晚一点才取得成就。”

眼迷日五色　唐李程试《日五色》题，呈卷杨於陵。杨称许当作状元，而榜发无名。杨持卷示主司，主司懊恨，因谋之于陵，擢状元。后李廌为东坡客，坡知贡举，廌下第，东坡送之诗曰：“平生漫说古战场，过眼终迷日五色。”

举子过夏　《遁斋闲览》：长安举子，六月后落第者不出京，谓之过夏，多借静坊庙院作文，日夏课。

【译文】眼迷日五色　唐朝的李程考试时有《日五色》的题目，他把卷子呈给杨於陵。杨於陵称赞他应该被录取为状元，可是发榜后却没有名字。杨於陵拿着试卷给主考官看，主考官特别悔恨，因而和杨於陵一起商量，将他录取为状元。后来李廌成了东坡的宾客，苏东坡主持贡举考试，李廌却落第了，东坡送他回乡的诗说："平时徒然地说自己熟悉你的文风，可是看到了终究分不清楚。"

举子过夏　《遁斋闲览》里说：长安的科举考生们，六月以后落第的人不离开京城，就叫作"过夏"，大多租赁僻静的坊屋或者庙宇写文章，被称为"夏课"。

文星暗　唐大中间，天官奏云："文星暗，科场当有事。"后径三科皆复试，复多落第。考官皆罚俸。

操眊矂　《国史补》：进士籍而入选，谓之春关。不捷而醉饱，谓之操眊矂。匿名造谤，曰无名子。

傍门户飞　唐元和中，士人下第，多为诗刺试官。独章孝标作《归燕诗》以上庾侍郎，曰："旧垒危巢泥已落，今年故向社前归。连云大厦无栖处，更傍谁家门户飞？"

【译文】文星暗　唐朝大中年间，主管天文的官员上奏皇帝说："文曲星很晦暗，科场应该会发生什么事。"后来直接三科都再次考试，可大多人仍然落第了。主考官都被惩罚了俸禄。

操眊矂　《国史补》记载：进士的名字被录入籍簿，就叫作"春关"。没考上得人喝得大醉淋漓，就叫"操眊矂"。匿名造谣言，就叫"无名子"。

傍门户飞　唐朝的元和年间，士人多落第，他们大多写诗讽刺主考官。只有章孝标写了《回来燕诗》献给庾侍郎，诗里说："以前高高的燕巢上的泥巴已经落尽，因此今年就在春社前飞回来。京城大厦接天蔽日却没有栖身之所，还能在谁家的门前飞翔？"

荐举

征辟 凡访求遗佚，有诏召之曰征，郡国举擢曰辟。三代官由访举。汉始诏刺史守相得专辟。隋炀帝始州县僚属选举，一由吏部。唐玄宗始文武选，分属吏、兵两部。

劝驾 汉高帝诏曰："贤士大夫有肯从我游者，吾能尊显之。……其有称明德者，长吏必身劝，为之驾。"

计偕 汉武帝元光五年，诏征吏民有明当世之务，习先圣之术者，县次续食，令与计偕。

鹗荐 后汉祢衡始冠，孔融爱其才，与为友，上表荐之曰："鸷鸟累百，不如一鹗；使衡立朝，必有可观。"

【译文】征辟 凡是寻访搜求那些被遗漏的贤能之人，有皇帝下诏的就叫征，郡国举荐就叫辟。三代的官员都是从寻访举荐得来。汉朝才开始下诏让刺史、守相拥有举荐的权力。隋炀帝开始州县属官的选举，全由吏部掌管。唐玄宗开始有文举和武举，分属吏部、兵部。

劝驾 汉高祖下诏说："贤能士大夫如果有肯跟从我的，我能让他们尊贵。有被称为德行光明的人，当地长吏一定要亲自劝勉他出山，亲自给他驾车。"

计偕 汉武帝元光五年，下诏征招官吏百姓里面有通晓世务的人，熟悉古代圣人治国方法的人，沿途的州县长官要给他安排伙食，让他和入京的会计官吏一起。

鹗荐　后汉的祢衡才成年，孔融爱惜他的才华，和他做朋友，并且上表举荐他说："猛禽几百种，却都不如鹗；假如让祢衡到朝廷做官，肯定大有所为。"

先容　《邹阳传》："蟠木根柢，轮囷离奇。为万乘器者，以左右为之先容也。"

公门桃李　唐狄仁杰荐张柬之为宰相，又荐夏官侍郎姚崇、监察御史桓彦范、太平州刺史史敬晖数人，皆为名臣。或谓仁杰曰："天下桃李尽属公门。"仁杰曰："荐贤为国，非为私也。"

药笼中物　元行冲谓狄仁杰曰："下之事上，譬之富家积贮以自资也。脯脂腝胰，以供滋膳；参术芝苓，以防疾病。门下充为味者多矣，愿以小人充备一药石。"仁杰叹曰："君正吾药笼中物，不可一日无也。"

【译文】先容　《汉书·邹阳传》："盘曲的老树根部极为缠绕离奇。却能成为皇帝的乘器，是因为有人先将它雕刻成功。"

公门桃李　唐朝的狄仁杰举荐张柬之担任宰相，又举荐夏官侍郎姚崇、监察御史桓彦范、太平州刺史史敬晖几个人，都成为一代名臣。有人对狄仁杰说："天下的门生全部都出自您的门下了。"狄仁杰说："举荐贤人是为国，不是为私。"

药笼中物　元行冲对狄仁杰说："下面的人侍奉主人，就好比富家积蓄物资供给自己。脯肉、肥肉、肉干、脊肉，供给美味的膳食；人参、白术、灵芝、茯苓，用来防治疾病。您门下可作为美食的人很多了，希望小人能充当您的备用药品。”狄仁杰感叹地说：“你正是我药笼的东西，一天都离不开。”

道侧奇宝　韩愈荐樊宗师于袁滋相公书曰：“诚不忍奇宝横弃道侧。”

向阳花木　范文正公知杭州，苏麟为属县巡检。城中官弁往往皆获荐，独麟在外邑，未见收录，因公事入府，献诗曰：“近水楼台先得月，向阳花木早为春。”文正见而荐之。

夹袋　吕蒙正夹袋中有折子，每四方人谒见，必问有何人才。客去，即识之。朝廷求贤，取诸夹袋以应。

明珠暗投　《邹阳传》：明月之珠，夜光之璧，以投于道，莫不按剑相顾盼，无因而至前也。

【译文】道侧奇宝　韩愈举荐樊宗师给宰相袁滋说：“确实不忍心将瑰奇的宝贝扔在路边。”

向阳花木　范仲淹担任杭州知州时，苏麟是属县的巡检。城中的官员们往往获得范仲淹的推举，唯独苏麟在外县，没有被他收用，有一次因公事到他府中，献上一首诗说：“近水楼台先得月，向阳花木早为春。”范仲淹看到后就举荐他了。

夹袋　吕蒙正的夹袋里有一个折子，每次各地人前来拜见时，一定会询问对方有什么人才。客人离开后，立马记载下来。朝廷访求贤人时，他从夹袋里取出折子一看，就能回答了。

明珠暗投　《史记·邹阳传》记载：明月珠，夜光璧，扔到马路上，别人没有不按着剑慌张地左顾右看，因为这些宝贝是不会没有任何来由就出现的。

相见之晚　主父偃上书阙下，朝奏，暮召。时徐乐、严安亦俱上书言世务。上召三人，曰："公等安在？何相见之晚也！"

齿牙馀论　《南史》：谢朓好奖予人才。会稽孔闿有才华，未贵时，孔珪尝令草让表以示朓，朓嗟吟良久，手自折简荐之，谓珪曰："士子声名未立，应共奖成，无惜齿牙馀论。"

铅刀一割　晋以谯王承为湘州刺史，行至武昌，敦与之宴，谓承曰："足下雅素佳士，恐非将相才也。"承曰："公未见知耳，铅刀岂无一割之用？"

四辈督趋　唐《马周传》：中郎将常何言："臣客马周，忠孝人也。"帝即召之。未至，又遣四辈督趋之。

【译文】相见之晚　主父偃给朝廷上奏，早晨上的奏，晚上就被皇帝召见。当时徐乐、严安都上书谈论当世的事务。皇帝召问这三个人说："你们以前都在哪里？为什么这么晚才见到你们！"

齿牙余论　《南史》记载：谢朓喜欢奖掖人才。会稽的孔闿很有才华，还没显贵时，孔珪曾经让他撰写让表给谢朓看，谢朓叹赏了很久，亲自写信推荐他，对孔珪说："士子的名声还没树立，应该一起助他一臂之力，不要吝惜一点点推荐的话语。"

铅刀一割　晋朝让谯王司马承担任湘州刺史，他刚走到武昌，王敦设宴接待他，并且说："您平时就是个优秀的士子，只怕不是将相的料子。"司马承说："你不了解我罢了，铅刀难道就没有割一次的用处吗？"

四辈督趋　《新唐书·马周传》里说，中郎将常何对皇帝说："我的客人马周是个忠孝双全的人。"皇帝立马召见马周。等半天没到，又前后派了四个人催促他快来。

主父偃，选自（明）陈洪绶版画《博古叶子》

举贤良　汉武帝建元初，始诏天下举贤良方正、直言敢谏之士。又用董仲舒议，令郡县岁举孝廉各一人，限以四科：一曰德行高洁，志节清白；二曰学通行修，经中博士；三曰明习法令，足以决疑，按章复问，文中御史；四曰刚毅多略，遭事不惑，明足决断，材任三辅。县令四科取士，终汉世不变。

举茂才　后汉安帝元嘉初，尚书令左雄上言：郡国强仕，自今孝廉年不满四十，不得察举，皆请诣公府，诸生试经学、文吏课笺奏。若有茂才异行，自可不拘年齿。帝从之。

【译文】举贤良　汉武帝建元初年，才开始下诏让天下举荐贤良方正、直言敢谏的士人。又采纳董仲舒的建议，让每个郡县每年举荐孝廉各一人，有四门科目：一是德行高洁，节操清白；二是学问贯通，德行砥砺，可以担任研究经书的博士；三是通晓法令，可以决断疑惑案件，按照法令审查，文章可以胜任史书的撰写；四是刚正坚毅，很有谋略，遇到事情不疑惑，明智完全可以做出决定，才能可以担任京城属县的职务。县令用这四科录取人才，一直到汉朝灭亡都没改变过。

举茂才　后汉安帝元嘉初年，尚书令左雄上奏皇帝说：郡国出仕的人，从今以后孝廉年龄不满四十岁，就不准举荐，请让他们都去公府，士子考经学、文吏考笺奏。如果有特别才能和德行的，自然可以不在乎年纪。皇帝听从了他的建议。

滥爵

麒麟楦　唐杨炯每呼朝士为麒麟楦，或问之，炯曰："今之扮麒麟者，必修饰其形，覆之驴上，象貌宛然；及去其皮，还是驴耳。无德而朱紫，何以异是！"

白版侯　唐武后时，封侯者众，铸印不给，遂有以白版封侯者。

斜封官　唐太平公主与安乐等七公主皆开府，而主府官属皆滥用，悉出屠贩，纳资求官，降墨敕，斜封授之，故号斜封官。

【译文】麒麟楦　唐朝的杨炯总是喊朝士为"麒麟楦"，有人问他是什么意思，杨炯说："如今扮成麒麟一定粉饰了外貌，盖在驴子身上，就很像麒麟；等到扒了它的皮，还是驴罢了。没有德行却穿朱佩紫，这跟披着麒麟皮的驴子有什么区别！"

白版侯　唐朝武则天的时期，被封侯的人特别多，铸造印章完全来不及，因此就拿白版封侯。

斜封官　唐朝的太平公主和安乐公主等七位公主都开设官府，可是公主官府的附属官员都是滥竽充数，全部出自屠夫商人，他们贿赂请求当官，用墨字的敕令，斜着封印授予他们，所以号称"斜封官"。

铜臭　汉灵帝鬻官爵。崔烈进钱五百万为司徒。常问其子钧曰："吾居三公，外议若何？"钧曰："大人少有英称，历位卿守，论者但嫌其铜臭耳。"

斗酒博梁州　汉孟佗以一斗葡萄酒遗张让，得梁州刺史。东坡诗云："伯一斗酒博梁州。"

烂羊头关内侯　更始刘圣公纳赵萌女为后，委政于萌，日夜饮宴后庭，群小膳夫，滥受美爵。长安人语曰："灶下养，中郎将。烂羊胃，骑都尉。烂羊头，关内侯。"

【译文】铜臭　汉灵帝卖官鬻爵。崔烈进献五百万钱就能担任司徒。他曾经问他儿子崔钧说："我担任三公的职务，外面的议论是怎么样的？"崔钧说："父亲您小时候就有名声，后来担任过各种卿大夫、太守等职务，议论的人只不过嫌弃您稍有一点铜臭罢了。"

斗酒博梁州　汉朝的孟佗用一斗葡萄酒送给张让，就获得梁州刺史的职务。东坡的诗里说："伯一斗酒博梁州。"

烂羊头关内侯　更始帝刘圣公娶了赵萌的女儿为皇后，将朝政大权全部委任给赵萌，自己没日没夜地在后宫宴会饮酒，各种小人和厨师等人也随便地被授予好爵位。长安人说："灶下的伙计，被封为中郎将。烧烂羊胃，就能担任骑都尉。烧烂羊头，就能做关内侯。"

貂不足狗尾续　晋赵王伦篡位，同谋者越阶次，奴隶厮奴，亦加爵位。每会，貂蝉盈座。时人语曰："貂不足，狗尾续。"

弥天太保　更始时，官爵太滥，有弥天太保、遍地司空之称。

櫂推碗脱　武后时滥用人，时人为之语曰："櫂推侍御史，碗脱校书郎。”四齿耙为欋推，言用官之滥，如用耙齿推聚之多。碗，小盂也。碗脱之形模，言个个相似也。

【译文】貂不足，狗尾续　晋朝的赵王司马伦篡夺皇位，同谋的人超越等级升官，奴仆杂役也被封爵。每次朝会，座中都是戴着貂蝉冠的人。当时人却说：“貂尾不够，狗尾来续。”

弥天太保　更始帝时期，官爵封赏得太随便，竟出现“满天都是太保”“遍地都是司空”的俗语。

欋推碗脱　武则天时期随便任命官员，当时人因此说：“欋推侍御史，碗脱校书郎。”四齿的铁耙叫欋推，说是任命官员的泛滥无度，就像耙子的锯齿聚在一起那么多。碗，是小的盆盂。碗脱的模子，说的是个个都很相似。

官制

三公三孤 三公：太师、太傅、太保。三孤：少师、少傅、少保。师，天子所师。傅，傅相天子。保：保护天子。

六卿 吏部曰太宰、冢宰，户部曰大司徒，礼部曰大宗伯，工部曰大司空，兵部曰大司马，刑部曰大司寇。

六官 吏部曰天官，户部曰地官，礼部曰春官，兵部曰夏官，刑部曰秋官，工部曰冬官。

以龙纪官 伏羲以龙纪官：春官曰苍龙，夏官曰赤龙，秋官曰白龙，冬官曰黑龙，中官曰黄龙。

【译文】三公三孤 三公是说：太师、太傅、太保。三孤是说：少师、少傅、少保。师，是天子的老师。傅，是辅佐天子。保，是保护天子。

六卿 吏部叫作太宰、冢宰，户部叫作大司徒，礼部叫作大宗伯，工部叫作大司空，兵部叫作大司马，刑部叫作大司寇。

六官 吏部叫作天官，户部叫作地官，礼部叫作春官，兵部叫作夏官，刑部叫作秋官，工部叫作冬官。

以龙纪官 伏羲用龙来给官起名称：春官叫作苍龙，夏官叫作赤龙，秋官叫作白龙，冬官叫作黑龙，中官叫作黄龙。

以火纪官　神农以火纪官：春官为大火，夏官为鹑火，秋官为西火，冬官为北火，中官为中火。

以云纪官　黄帝始以云纪官：春官曰青云，夏官曰缙云，秋官曰白云，冬官曰黑云，中官曰黄云。

以鸟纪官　黄帝后以鸟纪官：祝鸠氏为司农，雎鸠氏为司马，司鸠氏为司空，爽鸠氏为司寇，鹘鸠氏为司事。

以民事纪官　颛顼氏以民事纪官：以少昊之子重为木正，曰勾芒；该为金正，曰蓐收；修熙相代为水正，曰玄冥；炎帝之子为土正，曰勾龙；颛顼之子为火正，曰祝融。勾龙能平水土，后世祀以配社。

【译文】以火纪官　神农用火给官起名称：春官叫作大火，夏官叫作鹑火，秋官叫作西火，冬官叫作北火，中官叫作中火。

以云纪官　黄帝开始用云给官员起名称：春官叫作青云，夏官叫作缙云，秋官叫作白云，冬官叫作黑云，中官叫作黄云。

以鸟纪官　黄帝以后用鸟来起官名：祝鸠氏是司农，雎鸠氏是司马，司鸠氏是司空，爽鸠氏是司寇，鹘鸠氏是司事。

以民事纪官　颛顼氏用百姓的事务来给官起名称：让少昊的儿子重担任木正，叫作勾芒；该担任金正，叫作蓐收；修熙相代担任水正，叫作玄冥；炎帝的儿子担任土正，叫作勾龙；颛顼的儿子担任火正，叫作祝融。勾龙能够平定水患，平复土地，后世让他和土地神一起被祭祀。

太尉仆射　太尉，秦官也，等于三公，掌兵。左右仆射，亦秦官也，等于六卿。

九锡　一、大辂，玄牡，二驷马。二、衮冕之服，赤舄副之。三、轩县之乐，六佾之舞。四、朱户以居。五、纳陛以登。六、虎贲之士三百人。七、斧钺各一。八、彤弓一，彤矢百；旅弓十，旅矢千。九、秬鬯一卣，珪瓒副之。

勒名钟鼎　《周礼·司勋职》："铸鼎铭勋。"言有功勋者，铸器以铭之也。

纪绩旗常　《周礼》：王命君牙曰："惟乃祖乃父，服劳王家，厥有成绩，纪于太常。"太常者，王之旌旗也。有功者书焉，以表显也。

【译文】太尉仆射　太尉，是秦朝的官名，和三公相当，主管军队。左右仆射，是秦国的官名，相当于六卿。

九锡　一、天子所乘的大辂车，黑色公马，八匹黄马。二、衮衣、冕冠，配以大红色的丝鞋。三、宅邸悬挂帝王所用的乐器，诸侯所用的六六三十六人的六佾舞。四、居室的门漆成红色。五、制成专用台阶登上大殿。六、赐予卫士三百人来护卫。七、赐予帝王所用的斧、钺各一把。八、赐予一张大红色的弓，一百支红色的箭；十张黑色的弓，一千支黑色的箭。九、赐予一樽祭祀所用黑黍和郁金香酿造的香酒，以及祭祀的礼器珪瓒。

勒名钟鼎　《周礼·司勋职》里说："铸鼎是用以记录功绩的。"说的是对于有功绩的人，就铸鼎并刻上铭文记录。

纪绩旗常　《尚书·周书》里说：周穆王对君牙说："你的祖父辈，为朝廷办事很勤劳辛苦，所有的功绩都记录在太常上面。"太常，也就是周王的旌旗。有功绩的人的名字写在上面，用来表彰尊崇他。

砺山带河　汉高帝定天下，剖符封功臣，刑白马而盟之，封爵之誓曰："使黄河如带，泰山若砺。国以永存，爰及苗裔。"

丹书铁券　汉高与功臣剖符作誓，丹书铁券，金匮石室，藏之宗庙。

尚宝　天子玉玺龙章，王后玉玺凤章，亲王金宝龟钮，勋爵金印麟钮，总兵银印虎钮，布政银印，府州县铜印，御史铁印。

六部称号　礼部曰祠部、仪部、膳部。户部曰民部、版部、金部、仓部。兵部曰驾部。刑部曰比部。工部曰水部、虞部。此称自唐朝始。

【译文】砺山带河　汉高祖刘邦平定天下以后，剖开竹子制成信物分封功臣，杀白马用其血来盟誓，封爵时所发的誓是："即使以后黄河像丝带一般细，泰山像磨刀石一般小。只要国家存在，你们的爵禄就永远福泽你们的子孙后代。"

丹书铁券　汉高祖刘邦与功臣剖开竹子制成信物并且起誓，同时用丹砂书将誓言写在铁券上面，密封在金盒里，藏在石匣，最后收藏在宗庙中。

尚宝　天子所用的玉玺是龙的花纹，皇后所用的玉玺是凤的花纹，亲王所用的金印是龟形的印鼻，有功勋爵位的大臣的金印是麒麟形的印鼻，总兵所用的银印是虎形的印鼻，布政所用的是银印，府、州、县的官员所用的是铜印，御史所用的是铁印。

六部称号　礼部包含了祠部、仪部、膳部。户部包含了民部、版部、金部、仓部。兵部包含了驾部。刑部包含了比部。工部包含了水部、虞部。这种名称是从唐朝开始的。

都御史　左都御史，以其为御史之率，故曰御史大夫。巡抚都御史，以其为宪台之长，故曰御史中丞。

大九卿　六部尚书、都察院、通政、大理寺卿，谓之大九卿。

小九卿　太常、太仆、光禄、鸿胪、上林苑等卿，翰林院、国子监祭酒、顺天府尹，谓之小九卿。

执金吾　汉武帝改秦中尉，更名曰执金吾。盖吾者，御也。执金刀以御非常者也。又曰：金吾，鸟名，取以辟除恶鸟。

【译文】都御史　左都御史，因为这个职务是御史的长官，所以叫作御史大夫。巡抚都御史，因为这个职位是宪台的长官，所以叫作御史中丞。

大九卿　六部中的尚书加上都察院、通政司、大理寺卿，合称“大九卿”。

小九卿　太常寺、太仆寺、光禄寺、鸿胪寺、上林苑等卿，翰林院、国子监祭酒、顺天府尹，合称“小九卿”。

执金吾　汉武帝将秦朝的中尉改名为“执金吾”。因为所谓的“吾”也就是“御”的意思，手持金刀防范意外的事。另一种说法认为：“金吾”是一种鸟名，取这个名字用以防御驱除那些恶鸟，寓意驱除恶人。

率更令　师古曰：“掌知漏刻，故曰率更。”（率，音律。）

三独坐　光武诏御史中丞与司隶校尉、尚书令会同，并专席而坐，京师号曰“三独坐”。

三老五更　后汉永平二年，三雍成，拜桓荣为五更。晋某年，天子幸太学，命王祥为三老。三老、五更总是一人，与《尚书》四岳一例。

四姓小侯　汉外戚樊、郭、阴、马四姓非列侯，故曰小侯。

【译文】率更令　唐朝的颜师古说："这个职务掌管告知漏壶的时刻，所以叫作率更。""率"字要读成"律"字。

三独坐　东汉的光武帝下诏命令御史中丞和司隶校尉、尚书令开朝廷大会，并且各自拥有专属席位，京师称之为"三独坐"。

三老五更　后汉永平二年（公元60年），辟雍、明堂、灵台修建完成，任命桓荣担任五更。晋朝的有一年，皇帝坐着车子临幸太学，任命王祥担任三老。三老、五更总的说来是一种职务，和《尚书》里说的"四岳"是一样的。

四姓小侯　汉朝的外戚樊、郭、阴、马四姓都不是列侯，所以称他们为小侯。

诰敕　人臣五品以下，其父母与妻封赠之命曰敕命，其宝用敕命之宝，受封者曰敕封。五品以上，其祖父母、父母与妻封赠之命曰诰命，其宝用诰命之宝，受封者曰诰封。

封赠　人臣父母与妻生前受封者曰敕封、诰封，人称之曰封君；死后受封者曰敕赠，人称之曰赠君。

母妻封号　凡品级官员封及其母妻者，正从一品，母妻封一品夫人；正从二品，母妻封夫人；正从三品，母妻封淑人；正从四品，母妻封恭人；正从五品，母妻封宜人；正从六品，母妻封安人；正从七品，母妻封孺人。

【译文】诰敕　五品以下的臣子，他们的父母和正妻被朝廷封赠的任命叫作敕命，使用的印章叫作敕命的印章，被封赠的人叫作敕封。五品以上的大臣，他的祖父母、父母和正妻被朝廷封赠的任命叫作诰命，所用的印章是诰命用的印章，被封赠的人叫作诰封。

封赠　臣子的父母和妻子生前受朝廷的封赠叫作敕封、诰封，世人都将他们称作“封君”；死后受朝廷的封赠叫作敕赠，世人都将他们称作“赠君”。

母妻封号　只要是有品级的官员封赠时惠及他们的母亲、妻子时，品级为正、从一品的大臣，其母亲、妻子封为一品夫人；正、从二品的大臣，其母亲、妻子封为夫人；正、从三品的大臣，其母亲、妻子封为淑人；正、从四品的大臣，其母亲、妻子封为恭人；正、从五品的大臣，其母亲、妻子封为宜人；正、从六品的大臣，其母亲、妻子封为安人；正、从七品的大臣，其母亲、妻子封为孺人。

文官补服　一二仙鹤与锦鸡，三四孔雀云雁飞，五品白鹇惟一样，六七鹭鸶鸂鶒宜，八九品官并杂职，鹌鹑练雀与黄鹂。风宪衙门专执法，特加獬豸迈伦夷。

武官补服　公侯驸马伯，麒麟白泽裘，一二绣狮子，三四虎豹优，五品熊罴俊，六七定为彪，八九是海马，花样有犀牛。

文勋阶　文正一品，初授特进荣禄大夫，升授加授俱特进光禄大夫、左右柱国，月俸八十七石。

从一品，初授荣禄大夫，升授加授俱光禄大夫、柱国，月俸七十二石。

【译文】文官补服　一品、二品的官员所用的官服绣的是仙鹤与锦鸡，三品、四品官员官服上绣的是孔雀和大雁。五品官员只绣白鹇一种鸟，六品、七品官员官服上绣的是鹭鸶和鸂鶒。八品、九品官员和杂职官员绣的是鹌鹑、练雀和黄鹂。主管风纪纠察的御史因为是执法部门，特别添加了獬豸的图，和其他官员都不同。

武官补服　公爵、侯爵、驸马、伯爵的官服上绣的是麒麟和神兽白泽。一品、二品官员绣的是狮子，三品、四品官员绣的是老虎、豹子。五品官员绣的是熊、罴，六品、七品官员绣的是彪。八品、九品官员绣的是海马，花样还有犀牛。

文勋阶　文官的正一品，最开始授予特进荣禄大夫的勋阶，后来升授、加授都是特进光禄大夫、左右柱国，每月的俸禄是八十七石。

文官的从一品，最开始授予荣禄大夫，后来升授、加授都是光禄大夫、柱国，每月的俸禄是七十二石。

正二品，初授资善大夫，升授资政大夫，加授资德大夫、正治上卿，月俸六十一石。

从二品，初授中奉大夫，升授通奉大夫，加授正奉大夫、正治卿，月俸四十八石。

正三品，初授嘉议大夫，升授通议大夫，加授正议大夫、资治尹，月俸三十五石。

从三品，初授亚中大夫，升授正中大夫，加授大中大夫、资治少尹，月俸二十六石。

正四品，初授中顺大夫，升授中宪大夫，加授中议大夫、赞治尹，月俸二十四石。

【译文】文官正二品，最开始授予资善大夫，后来升授资政大夫，加授资德大夫、正治上卿，每月的俸禄是六十一石。

文官从二品，最开始授予中奉大夫，后来升授通奉大夫，加授正奉大夫、正治卿，每月的俸禄是四十八石。

文官正三品，最开始授予嘉议大夫，后来升授通议大夫，加授正议大夫、资治尹，每月的俸禄是三十五石。

文官从三品，最开始授予亚中大夫，后来升授正中大夫，加授大中大夫、资治少尹，每月的俸禄是二十六石。

文官正四品，最开始授予中顺大夫，后来升授中宪大夫，加授中议大夫、赞治尹，每月的俸禄是二十四石。

从四品，初授朝列大夫，升授、加授俱朝议大夫、赞治少尹，月俸二十石。

正五品，初授奉议大夫，升授、加授俱奉政大夫、修正庶尹，月俸十六石。

从五品，初授奉训大夫，升授、加授俱奉直大夫、协正庶尹，月俸十四石。

正六品，初授承直郎，升授承德郎，月俸十石。

【译文】文官从四品，最开始授予朝列大夫，后来升授、加授都是朝议大夫、赞治少尹，每月的俸禄是二十石。

文官正五品，最开始授予奉议大夫，后来升授、加授都是奉政大夫、修正庶尹，每月的俸禄十六石。

文官从五品，最开始授予奉训大夫，后来升授、加授的都是奉直大夫、协正庶尹，每月的俸禄是十四石。

文官正六品，最开始授予承直郎，后来升授承德郎，每月的俸禄是十石。

从六品，初授承务郎，升授儒林郎（儒士出身）、宣德郎（吏员才干出身），月俸八石。

正七品，初授承仕郎，升授文林郎（儒士出身）、宣议郎（吏员才干出身），月俸七石五斗。

从七品，初授从仕郎，升授征仕郎，月俸七石。

正八品，初授迪功郎，升授修职郎，月俸六石六斗。

【译文】文官从六品，最开始授予承务郎，后来升授儒林郎（是以儒生出身的）、宣德郎（是以吏员的才能出身的），每月的俸禄是八石。

文官正七品，最开始授予承仕郎，后来升授文林郎（是以儒生出身的）、宣议郎（是以吏员的才干出身的），每月的俸禄是七石五斗。

文官从七品，最开始授予从仕郎，后来升授征仕郎，每月的俸禄是七石。

文官正八品，最开始授予迪功郎，后来升授修职郎，每月的俸禄是六石六斗。

从八品，初授迪功佐郎，升授修职佐郎，月俸六石。

正九品，初授将仕郎，升授登仕郎，月俸五石五斗。

从九品，初授将仕佐郎，升授登仕佐郎，月俸五石。

未入流，月俸三石。

【译文】文官从八品，最开始授予迪功佐郎，后来升授修职佐郎，每月的俸禄是六石。

文官正九品，最开始授予将仕郎，后来升授登仕郎，每月的俸禄是五石五斗。

文官从九品，最开始授予将仕佐郎，后来升授登仕佐郎，每月的俸禄是五石。

没有品的勋阶，每月的俸禄是三石。

武勋阶　正一品，初授特进荣禄大夫，升授、加授俱特进光禄大夫、右柱国。

从一品，初授荣禄大夫，升授、加授俱光禄大夫、柱国。

正二品，初授骠骑将军，升授金吾将军，加授龙虎将军、上护军。

从二品，初授镇国将军，升授定国将军，加授奉国将军、护军。

【译文】武勋阶　武官正一品，最开始授予特进荣禄大夫，后来升授、加授都是特进光禄大夫、右柱国。

武官从一品，最开始授予荣禄大夫，后来升授、加授都是光禄大夫、柱国。

武官正二品，最开始授予骠骑将军，后来升授金吾将军，加授龙虎将军、上护军。

武官从二品，最开始授予镇国将军，后来升授定国将军，加授奉国将军、护军。

正三品，初授昭勇将军，升授昭毅将军，加授昭武将军、上轻车都尉。

从三品，初授怀远将军，升授定远将军，加授安远将军、轻车都尉。

正四品，初授明远将军，升授宣威将军，加授广威将军、上骑都尉。

从四品，初授宣武将军，升授显武将军，加授信武将军、中骑都尉。

【译文】武官正三品，最开始授予昭勇将军，后来升授昭毅将军，加授昭武将军、上轻车都尉。

武官从三品，最开始授予怀远将军，后来升授定远将军，加授安远将军、轻车都尉。

武官正四品，最开始授予明远将军，后来升授宣威将军，加授广威将军、上骑都尉。

武官从四品，最开始授予宣武将军，后来升授显武将军，加授信武将军、中骑都尉。

正五品，初授武德将军，升授武节将军，加骁骑尉。

从五品，初授武备将军，升授武毅将军，加飞骑尉。

正六品，初授昭信校尉，升授承信校尉，加云骑尉。

从六品，初授忠显校尉，升授忠武校尉，加武骑尉。

正七品，初授忠翊校尉，升授忠勇校尉。

【译文】武官正五品，最开始授予武德将军，后来升授武节将军，加骁骑尉。

武官从五品，最开始授予武备将军，后来升授武毅将军，加飞骑尉。

武官正六品，最开始授予昭信校尉，后来升授承信校尉，加云骑尉。

武官从六品，最开始授予忠显校尉，后来升授忠武校尉，加武骑尉。

武官正七品，最开始授予忠翊校尉，后来升授忠勇校尉。

从七品，初授毅武校尉，升授修武校尉。

正八品，初授进义校尉，升授保义校尉。

凡月俸俱与文官同。

【译文】武官从七品，最开始授予毅武校尉，后来升授修武校尉。

武官正八品，最开始授予进义校尉，后来升授保义校尉。

武官每个月的俸禄都与文官都一般。

品级正从一品　正一品：太师，太傅，太保，宗人令，左右宗正，左右宗人，左右都督。

从一品：少师，少傅，少保，太子太师，太子太傅，太子太保，都督同知。

正从二品　正二品：太子少师，太子少傅，太子少保，尚书，都御史，都督佥事，正留守，都指挥使，袭封衍圣公。

从二品：布政使，都指挥同知。

【译文】正从一品　正一品的大臣有：太师，太傅，太保，宗人令，左、右宗正，左、右宗人，左、右都督。

从一品的大臣有：少师，少傅，少保，太子太师，太子太傅，太子太保，都督同知。

正从二品　正二品的大臣有：太子少师，太子少傅，太子少保，尚书，都御史，都督佥事，正留守，都指挥使，袭封衍圣公。

从二品的大臣有：布政使，都指挥同知。

正从三品　正三品：太子宾客，侍郎，副都御史，通政使，大理寺卿，太常寺卿，詹事，府尹，按察使，副留守，都指挥佥事，指挥使。

从三品：光禄寺卿，太仆寺卿、行太仆寺卿，苑马寺卿，参政，都转运盐使，留守司指挥同知，宣慰使。

正从四品　正四品：佥都御史，通政，大理寺少卿，太常寺少卿，太仆少卿，少詹事，鸿胪寺卿，京府丞，按察司副使，行太仆寺少卿，苑马寺少卿，知府，卫指挥佥事，宣慰司同知。

从四品：国子监祭酒，布政司参议，盐运司同知，宣慰司副使，宣抚司宣抚。

【译文】正从三品　正三品的大臣有：太子宾客，侍郎，副都御史，通政使，大理寺卿，太常寺卿，詹事，府尹，按察使，副留守，都指挥佥事，指挥使。

从三品的大臣有：光禄寺卿，太仆寺卿、行太仆寺卿，苑马寺卿，参政，都转运盐使，留守司指挥同知，宣慰使。

正从四品　正四品的大臣有：佥都御史，通政，大理寺少卿，太常寺少卿，太仆少卿，少詹事，鸿胪寺卿，京府丞，按察司副使，行太仆寺少卿，苑马寺少卿，知府，卫指挥佥事，宣慰司同知。

从四品的大臣有：国子监祭酒，布政司参议，盐运司同知，宣慰司副使，宣抚司宣抚。

正从五品　正五品：华盖、谨身、武英殿大学士，文渊、东阁、春坊大学士，翰林院学士，庶子，通政司参议，大理寺丞，尚宝司卿，光禄寺少卿，六部郎中，钦天监正，太医院使，京府治中，宗人府经历，上林苑监正，按察司佥事，府同知，王府长史，仪卫正，千户，宣抚司同知。

从五品：侍读侍讲学士，谕德，洗马，尚宝、鸿胪少卿，部员外郎，五府经历，知州，盐运司副使，盐课提举，卫镇抚，副千户,仪卫副,招讨,宣抚司副使,安抚使安抚。

【译文】正从五品　正五品的大臣有:华盖、谨身、武英殿大学士,文渊、东阁、春坊大学士,翰林院学士,庶子,通政司参议,大理寺丞,尚宝司卿,光禄寺少卿,六部郎中,钦天监正,太医院使,京府治中,宗人府经历,上林苑监正,按察司佥事,府同知,王府长史,仪卫正,千户,宣抚司同知。

从五品的大臣有:侍读侍讲学士,谕德,洗马,尚宝、鸿胪少卿,部员外郎,五府经历,知州,盐运司副使,盐课提举,卫镇抚,副千户,仪卫副,招讨,宣抚司副使,安抚使安抚。

正六品:大理寺正,詹事,丞,中允,侍读,侍讲,司业,太常寺丞,尚宝司丞,太仆寺,行太仆寺丞,主事,太医院判,都察院经历,京县知县,府通判,上林苑监副,钦天监副,五官正,兵马指挥,留守司、都司经历,断事,百户,典仗,审理正,神乐观提点,长官,副招讨,宣抚佥事,安抚同知,善世正。

从六品:赞善,司直郎,修撰,光禄寺丞、署正,鸿胪寺丞,大理寺副,京府推官,布政司经历、理问,盐运司判官,州同知,盐课司提举,市舶司、河梁副提举,安抚司副使。

正七品:都给事中,监察御史,编修,大理寺评事,行人司正,五府、都察院都事,通政司经历,太常寺博士、典簿,兵马副指挥,营膳司所正,京县丞,府推官,知县,按察司经历,留守司、都司都事、副断事,审理,安抚司佥事,蛮夷长官。

【译文】正六品的大臣有:大理寺正,詹事,丞,中允,侍读,侍讲,司业,太常寺丞,尚宝司丞,太仆寺、行太仆寺丞,主事,太医院判，都察院经历，京县知县，府通判，上林苑监副，钦天监副，五官正，兵马指挥，留守司、都司经历，断事，百户，典仗，审理正，神乐观提点，长官，副招讨，宣抚佥事，安抚同知，善世正。

从六品的大臣有：赞善，司直郎，修撰，光禄寺丞、署正，鸿胪寺丞，大理寺副，京府推官，布政司经历、理问，盐运司判官，州同知，盐课司提举，市舶司、河梁副提举，安抚司副使。

正七品的大臣有：都给事中，监察御史，编修，大理寺评事，行人司正，五府、都察院都事，通政司经历，太常寺博士、典簿，兵马副指挥，营膳司所正，京县丞，府推官，知县，按察司经历，留守司、都司的都事和副断事，审理，安抚司佥事，蛮夷长官。

从七品：翰林院检讨，左右给事中，中书舍人，行人司副，光禄寺典簿、署丞，詹事府、太仆寺主簿，京府经历，灵台郎，祠祭署奉祀，州判官，盐课司副提举，布政司都事，副理问，盐运司、仪卫、宣慰、招讨司经历，蛮夷副长官。

正八品：国子监丞，五经博士，行人，部照磨，通政司知事，京主簿，保章正，御医，协律郎，典牧所提领，营缮所副，大通关、宝钞、龙江司提举，卫知事，府经历，县丞，煎盐司提举，按察司知事，宣慰都事，王府典宝、典簿、奉祀、良医、典膳正、纪善，讲经，至灵元符崇真宫灵官。

【译文】从七品的大臣有：翰林院检讨，左、右给事中，中书舍人，行人司副，光禄寺典簿、署丞，詹事府、太仆寺主簿，京府经历，灵台郎，祠祭署奉祀，州判官，盐课司副提举，布政司都事，副理问，盐运司、仪卫、宣慰、招讨司经历，蛮夷副长官。

正八品的大臣有：国子监丞，五经博士，行人，部照磨，通政司知事，京主簿，保章正，御医，协律郎，典牧所提领，营缮所副，大通关、宝钞、龙江司提举，卫知事，府经历，县丞，煎盐司提举，按察司知事，宣慰都事，王府典宝、典簿、奉祀、良医、典膳正、纪善，讲经，至灵，元符崇真宫灵官。

从八品：清纪郎翰林院典籍，国子监助教、典簿、博士，光禄录事、监事，鸿胪寺主簿，京府、运司知事，挈壶正，祠祭署祀丞，布政司照磨，王府典膳、奉祀、典宝、良医副，宣慰司经历，神乐观知观，崇真宫副灵官，左右觉义，玄义。

正九品：校书，侍书，国子监学正，部检校，鸿胪寺署丞，五官监候、司历，营缮所丞，典牧所、会同馆、文思院丞，承运、宝钞广运、广积、赃罚、十字库，颜料、皮作、鞍辔、宝源局、织染所、京府织染局大使，龙江宝钞副提举，府知事，县主簿，长史司主簿、典仪正、典乐，牧监正，茶马大使，赞礼郎，奉銮、宣抚、安抚知事。

【译文】从八品的大臣有：清纪郎翰林院典籍，国子监助教、典簿、博士，光禄录事、监事，鸿胪寺主簿，京府、运司知事，挈壶正，祠祭署祀丞，布政司照磨，王府典膳、奉祀、典宝、良医副，宣慰司经历，神乐观知观，崇真宫副灵官，左右觉义、玄义。

正九品的大臣有：校书，侍书，国子监学正，部检校，鸿胪寺署丞，五官监候、司历，营缮所丞，典牧所、会同馆、文思院丞，承运、宝钞广运、广积、赃罚、十字库，颜料、皮作、鞍辔、宝源局、织染所、京府织染局大使，龙江宝钞副提举，府知事，县主簿，长史司主簿、典仪正、典乐，牧监正，茶马大使，赞礼郎，奉銮、宣抚、安抚知事。

从九品：侍诏，司谏，通事舍人，正字，詹事府录事，司务，学录，典籍，鸣赞，序班，司晨，漏刻博士，司牧大使，牧监副，圉长，太医院、提举司、盐课司、州所吏目，军储、御马、都督府、门仓、军器局大使，承运、宝钞广运、广积、赃罚、十字库副使，典牧所、会同馆、文思院副使，广盈、太仓银库、太仆寺、京府库、都税、宣课、柴炭司大使，颜料、皮作、鞍辔、宝源局、织染局、京府织染局副使，草场大使，孔、颜、孟子孙教授，按察司检校，府、宣抚司照磨，典仪，副教授，伴读，都司、运司、府、京卫，宣抚、宣慰司学教授，司库司、府仓、杂造、织染司、税库司大使，司狱，巡检，茶马副使，正术，正科，都纲，都纪，太常司乐，教坊韶舞、司乐。

【译文】从九品的大臣有：侍诏，司谏，通事舍人，正字，詹事府录事，司务，学录，典籍，鸣赞，序班，司晨，漏刻博士，司牧大使，牧监副，圉长，太医院、提举司、盐课司、州所吏目，军储、御马、都督府、门仓、军器局大使，承运、宝钞广运、广积、赃罚、十字库副使，典牧所、会同馆、文思院副使，广盈、太仓银库、太仆寺、京府库、都税、宣课、柴炭司大使，颜料、皮作、鞍辔、宝源局、织染局、京府织染局副使，草场大使，孔、颜、孟子孙教授，按察司检校，府、宣抚司照磨，典仪，副教授，伴读，都司、运司、府、京卫，宣抚、宣慰司学教授，司库司、府仓、杂造、织染局、税库司大使，司狱，巡检，茶马副使，正术，正科，都纲，都纪，太常司乐，教坊韶舞、司乐。

未入流　孔目，国子监掌馔，学正，教谕，训导，兵马、断事、长官司吏目，司牲、司牧副使，府检校，县典史，军器局、柴炭司副使，递运所大使，驿丞，河泊所闸坝官，关大使，牧监，录事，郡长，提控，案牍，都督府、御马、军储、门仓副使，广盈库、都课、都税、税课司副使，茶盐课司使，府州县卫所仓场大使、副盐运司、府卫提举，司所州县库大使、副使，司府州军器、织染、杂造局副使，宣德仓、司竹、铁冶、河州、辽阳、青州府、乐安税课司大使，茶运批验所、巾帽针工局、庆远裕民司大使、副使，司库副使，盐仓、税课、钞纸、印钞、铸印、抽分竹木、惠民金银场、惠民局、水银朱砂场局、生药库、长史司仓、库大使、副使，县杂造局副典术，典科，训术，训科，副都纲，都纪，僧正，道正，僧会，道会。

【译文】未入流　孔目，国子监掌馔，学正，教谕，训导，兵马、断事、长官司吏目，司牲、司牧副使，府检校，县典史，军器局、柴炭司副使，递运所大使，驿丞，河泊所闸坝官，关大使，牧监，录事，郡长，提控，案牍，都督府、御马、军储、门仓副使，广盈库、都课、都税、税课司副使，茶盐课司使，府州县卫所仓场大使、副盐运司、府卫提举，司所州县库大使、副使，司府州军器、织染、杂造局副使，宣德仓、司竹、铁冶、河州、辽阳、青州府、乐安税课司大使，茶运批验所、巾帽针工局、庆远裕民司大副使，司库副使，盐仓、税课、钞纸、印钞、铸印、抽分竹木、惠民金银场、惠民局、水银朱砂场局、生药库、长史司仓、库大副使，县杂造局副使，典术，典科，训术，训科，副都纲，都纪，僧正，道正，僧会，道会。

仕途　隋炀帝始置进士科取士。唐始缙绅必由科目，始重资格。汉二千石满三载，任同产子一人为郎。秦始试吏入仕，汉丙吉、龚胜是也。始纳粟拜爵，始皇因旱蝗，汉武帝沿之。至灵帝时，富者先入钱，贫者赴官倍输。

尧始考功。魏崔亮始限年。汉制久任如古。晋宋始制守宰六期为满。

汉左雄始孝廉核年满四十察举。宋叙官阀，有官年、实年。

后周始制举主连坐。

【译文】仕途　隋炀帝才开始设立进士科用以选取士人担任职务。唐朝开始一定要通过科举考试才能做官，这时候开始看重资历。汉朝的俸禄为二千石的官员任满三年后，能推举同母所生的兄弟担任郎官。秦朝开始吏也要参加考试才能当官，就像汉朝的丙吉、龚胜一般。开始缴纳粮食换取爵位，秦始皇是因为旱灾和蝗虫推行这种政策，汉武帝便继承下来。等到汉灵帝时，富人最先缴纳现钱，穷人只好到官府加倍缴纳粮食。

尧帝开始考核官吏的功绩。魏国的崔亮开始限定官员的任期。汉朝的制度规定任期是和古时一般长久。南朝的晋、宋开始规定太守六年就任满。

汉朝的左雄开始规定年满四十才能参加孝廉的举荐。宋朝规定的官员年龄，有“官方年纪”和“实际年纪”的不同。

五代的后周开始规定如果大臣犯罪的话，他的举荐人也要受牵连。

汉顺帝制，选用不得互官，谓姻家乡里人不交互为官。今隔选。唐太宗制，大功不得连职。今回避。唐高宗始给告身，即给札。唐武后始设门籍。籍，朝参奏事，待诏官出入，每月一易之。伊尹始致仕。

汉制，二千石吏予告、赐告。唐制，致仕五品以上表，六品以下转奏。

唐太宗许子弟十九以下父兄随任。宋太祖诏群臣父母迎养。

【译文】汉顺帝规定，挑选任命的大臣不准交互为官，说的是有亲戚关系的双方不能在对方的家乡担任官职。如今称作“隔选”。唐太宗规定，建立大功勋的大臣也不准连任。如今叫作“回避”。唐高宗开始赐予大臣任命状，也就是“给札”。唐朝的武则天开始在宫殿上悬挂记名牌。记名牌是让上朝奏事的大臣和待诏的官员出入宫廷的簿籍，每个月更换一次。自伊尹才开始有退休。

汉朝规定，俸禄为二千石以上的官员拥有在官休假的权利，生病三个月以上的准许免官带印绶回乡养病。唐朝规定，五品以上的大臣退休要上奏告知朝廷，六品以下的大臣就让尚书省转告。

唐太宗时准许十九岁以下的儿子、弟弟跟着当官的父亲、哥哥一起去担任官职的地方。宋太祖下诏规定所有官员要将父母接到任职所在地奉养。

宰相　参政下丞相一等

历代置相　颛顼置乐正。黄帝七辅。汤六傅。伏羲置二相。秦献公置左右二卿，称丞相。庄襄王改相国。唐庄宗置丞相兼枢密。唐中宗始置大学士。五代置文明殿大学士，始为宰相兼职，宋真宗置资政殿学士，班翰林上。汉武帝置秘书令，置太史令。汉桓帝置秘书监。唐太宗始置宰相，监修国史。唐德宗始宰相政事，诏迭秉笔。

通明相　汉翟方进为丞相，智能有余，兼通文法吏事，以儒术缘饰法律，人号通明相。

救时宰相　唐姚崇拜相，问齐澣曰："予为相，何如管晏？"澣曰："管晏之法，虽不能施于后世，犹可以终其身。公所为法，随复更之，只可为救时宰相。"

【译文】历代置相　颛顼帝时开始设立乐正。黄帝时有七辅：风后、天老、五圣、知命、窥纪、地典、力墨（亦作"力牧"）。商汤时有六傅：太师、太傅、太保、少师、少傅、少保。伏羲时设立了两个相。秦献公时设立了左右卿，称之为丞相。秦庄襄王时改名叫作相国。唐庄宗时设立了丞相兼职枢密。唐中宗时开始设立大学士。五代时设立了文明殿大学士，开始成为宰相的副职。宋真宗时设立了资政殿学士，官阶在翰林学士的上面。汉武帝时设立了秘书令和太史令。汉桓帝时设立了秘书监。唐太宗时开始派宰相监督修纂国史。唐德宗时开始让宰相的政事需要几个宰相轮流写诏书。

通明相　汉朝的翟方进为丞相，才智绰绰有余，同时通晓法律条文和吏事，他运用儒家学术来润色法律，当时人称他为“通明相”。

救时宰相　唐朝的姚崇担任宰相后，问齐澣：“我担任宰相，和古时候的管仲、晏婴比起来怎么样？”齐澣说：“管仲、晏婴的法令，即使不能在后世依然施行，却仍能在他们活着的时候施用。您制定的法令，制定不久又更改，您只能做个‘拯救一时的宰相’而已。”

知大体　汉丙吉不问横道死人，而问牛喘。吏谓失问。吉曰：“宰相不亲细事，民斗伤命，则有司存。方今春月牛喘，恐阴阳失调，宰相职司燮理阴阳，是以问之。”人称其知大体。

伴食相　唐卢怀慎为相，自以才能不及姚崇，政事皆推委不与，人讥其为伴食宰相。

纱笼中人　唐卜者胡芦生，卜筮甚验，李藩常问之，生曰：“公乃纱笼中人。”藩不解所以。后有异僧言：凡宰相，冥司必潜以纱笼护之，恐为异物所扰。藩默喜卜者言，果拜相。

【译文】知大体　汉朝的丙吉不关心询问死在路上的人，却问别人牛为什么喘。他的手下说丞相“问得不恰当”。丙吉说：“宰相不管小事，老百姓打架以致丢了性命，会有当地官府来管理。可是如今才到春天，牛却大声喘气，我怕是天地间的阴阳之气紊乱，我的职责也就是调理阴阳之气，因此才这样问。”世人称道他懂得重点。

伴食相　唐朝的卢怀慎担任宰相，自己认为才能比不上姚崇，便把所有政事都委任给姚崇，自己都不过问，世人都讥讽地说他是“陪吃宰相”。

纱笼中人　唐朝有一个叫胡芦生的算卦人，算的卦特别灵验，李藩曾经去他那卜卦，胡芦生说：“你是纱笼里面的人。”李藩不懂这话的意思。后来有一名神异的僧人对他说：只要是宰相，阴间一定会暗中用纱笼来护卫着他，怕他被不好的东西所侵扰。李藩心里默默地喜欢算命人的话，后来果然被任命为宰相。

琉璃瓶覆名　五代唐废帝择相，问左右，皆言卢文纪、姚颢有声望。帝因悉书清望官名，纳琉璃瓶中，夜焚香祝天，以箸挟之，得卢文纪，欣然相之。

金瓯覆名　唐玄宗卜相，皆书其名，纳之金瓯，名曰瓯卜。一日，书崔琳等名，问太子曰：“此宰相名，若谓谁？”太子曰：“非崔琳、卢从愿乎？”上曰：“然。”

【译文】琉璃瓶覆名　五代时后唐废帝准备挑选宰相，询问身边的近臣，大家都说卢文纪、姚颢有威望。皇上因此在纸条上写下所有德高望重的官员名字，丢进琉璃瓶中，夜里焚着香对上天祈祷，用一双筷子夹了一个写有名字的纸条出来，一看是“卢文纪”，于是便开心地任命他为宰相。

金瓯覆名　唐玄宗用算卦来求取宰相，写下所有备选名单，放在金质盆中，称作“瓯卜”。有一天，写下崔琳等人的名字，皇帝问太子说：“这位宰相的名字，你猜猜是哪个？”太子说：“是崔琳、卢从愿吗？”唐玄宗说：“确实是。”

枚卜　古天子卜相，必书清望官名，纳金瓯或琉璃瓶中，焚香祝天，以箸挟之，得其名，即拜相，故曰枚卜，又曰瓯卜。

鱼头参政　宋鲁宗道为参政，时枢密使曹利用恃权骄横，公屡折之帝前。时贵戚用事者，莫不惮之，称为鱼头参政。

骰子选　宋丁谓作参政，或率杨文公贺之，谓曰："骰子选耳，何足道哉！"

【译文】枚卜　古时候的天子用算卦来挑选宰相，一定要将有美好名声的官员的名字写下，放在金制盆盂或琉璃瓶中，然后焚着香对上天祈祷，用筷子夹出名字，名字是谁就任命谁担任宰相。所以称作"枚卜"，又叫"瓯卜"。

鱼头参政　宋朝的鲁宗道担任参知政事，当时的枢密使曹利用依靠权势，特别骄横霸道，鲁宗道好几次在皇帝的面数落他。当时掌权的外戚，没有不怕他的，称他为"鱼头参政"。

骰子选　宋朝的丁谓担任参知政事，有人带着杨亿一道来向他贺喜，他说："只不过是掷骰子选出来的而已，有什么值得称道的！"

尚书　部曹　卿寺

古纳言　唐玄宗用牛仙客为尚书，张九龄谏曰：尚书，古之纳言，多用旧相居之。仙客，本河、湟一使典耳，拔升清流，齿班常伯，此官邪也。

天之北斗　李固疏：陛下有尚书，犹天之有北斗。北斗为天之喉舌，尚书为陛下之喉舌。

六卿　隋文帝始定六部，本汉光武分署六曹。吏曹职起伏羲。汉光武为选部。魏始名吏部，始居诸曹右。户曹职起黄帝。吴始为户部。唐武后始以户部居礼部右。礼曹职起颛顼之秩宗。隋始为礼部。兵刑曹职起黄帝。隋始为兵部、刑部。工曹职起少昊。晋起部。隋始为工部。宋神宗复唐故事，以吏、户、礼、兵、刑、工为次序。

【译文】古纳言　唐玄宗任命牛仙客为尚书，张九龄进谏说："尚书，也就是古时候的纳言，大多用过去的宰相来担任。牛仙客，原本只是河湟地区的一个小吏而已，将他提拔到高官行列，和皇帝近臣同朝为官，这是大臣们的失职啊。"

天之北斗　李固上疏给皇帝说：陛下有尚书，就好比天上有北斗星一般，北斗星是天的机要，尚书也就是陛下您的机要重臣。

六卿　隋文帝开始确立了六部，是起源于东汉光武分署的六曹。吏曹的职务起源于伏羲时代，后汉光武帝定名为选部，魏国时期才改名叫作吏部，开始位居各个部门的上面。户曹的职务起源于黄帝时代，吴国时期才开始改名为户部，唐朝的武则天时期开始将户部的地位列于礼部的上面。礼曹的职务起源于颛顼的秩宗，隋朝时期开始改名为礼部。兵曹和刑曹的职务起源于黄帝，隋朝时期开始改名为兵部、刑部。工曹的职务起源于少昊，晋朝改名为起部，隋朝时开始改名为工部。宋神宗时又按照唐朝的惯例，排成吏部、户部、礼部、兵部、刑部、工部的顺序。

尚书　秦遣吏至殿中文书，始号尚书。后汉始专席。魏三品，陈加至一品。

侍郎　隋炀帝置六曹侍郎。副尚书名始秦。

郎中　汉置尚书郎，分掌尚书事，名始秦。

员外　隋文帝命尚书六曹增置员外郎，名始汉。

【译文】尚书　秦朝任命官吏在朝廷的殿中起草文书，这才开始号称尚书。后汉时期开始有专门的席位。魏国时期官阶位列三品，南朝陈时变成一品。

侍郎　隋炀帝设置六曹的侍郎的职务。副尚书的名称起源于秦朝。

郎中　汉朝设立了尚书郎的职务，分别掌管尚书的事务，名称起源于秦朝。

员外　隋文帝让尚书的六曹增设了员外郎的职务，名称起源于汉朝。

主事　隋炀帝置主事副员外郎，名始汉武帝。

司务　宋置六部司务。

九卿　夏后氏始置九卿。汉设九卿，不以官名，但称九寺。梁武帝始加卿字。后魏始置少卿，以卿为正卿。

大理寺　黄帝立士师，有虞为士师。夏始称大理。秦置大理正，今卿；置廷尉正，今寺正。魏置少卿。晋武帝置丞。隋炀帝置评事。

【译文】主事　隋炀帝设立了主事、副员外郎的职务，名称都是起源于汉武帝。

司务　宋朝设立了六部司务的职务。

九卿　夏朝开始设立九卿的职务。汉朝也设立了九卿，但不用作官名，只称作九寺。南朝的梁武帝开始加上"卿"字。北魏开始设立少卿的职务，将原来的卿称作正卿。

大理寺　黄帝设立了士师的职务，虞舜时也叫士师。夏朝时开始称作大理。秦朝时设立为大理正，也就是如今的大理卿；设立了廷尉正，也就是如今的寺正。魏朝设立了少卿。晋武帝时期设立了丞。隋炀帝时期设立了评事。

太常寺　本周官春官之职。秦称奉常。汉改太常，名始有虞。后汉置卿。秦置丞。魏文帝置博士。汉武帝置郎，置司乐，置协律。隋置郊社署，今天地坛祠祭署。唐置簿。

太仆寺、苑马寺，职始周官，梁置簿，汉置监。

光禄寺　本秦置，郎中令掌宫掖。汉为光禄勋。梁始改光禄卿。北齐兼膳羞。隋始专掌。唐始署珍羞官，因隋。隋始署大官名，因秦始署良酝，即汉汤官，掌酝，本周官酒正人置。

【译文】太常寺　原来是周官里的春官。秦朝称作奉常。汉朝改名为太常，名称是起源于虞舜时代。后汉设立了卿。秦朝设立了丞。魏文帝设立了博士的职务。汉武帝设立了郎，并且设立了司乐和协律。隋朝设立了郊社署，也就是如今的天地坛祠的祭署。唐朝设立了簿。

太仆寺、苑马寺，职务起源于周朝，南朝梁设立了簿，汉朝设立了监。

光禄寺　原来是秦朝设立的，郎中令主管后宫的事务。汉朝改名为光禄勋。南朝梁开始改名为光禄卿。北齐时期还兼管御膳。隋朝时才开始专门主管膳食。唐朝开始设立了珍羞官，是继承了隋朝的制度。隋朝开始署大官名，继承了秦朝从而设立了良酝署，也就是汉朝的汤官，主管酿酒，这是根据周朝的酒正人来设立的。

鸿胪寺　汉武帝置大鸿胪，梁武帝除“大”字，本秦典客、周大行人。

国子监　周以师氏、保氏教养国子，始名国子。晋武帝始立国子学。隋炀帝始改国子监。汉始定祭酒，衔名本周。隋炀帝置司业，并周职。汉武帝置博士，名始秦。晋武帝置教。隋炀帝置丞。北齐高洋置簿。宋神宗置录。

【译文】鸿胪寺　汉武帝时期设立了大鸿胪的职务，梁武帝去掉了“大”字，是根据秦朝的典客、周朝的大行人设置的。

国子监　周朝用师氏、保氏来教导养育天子的儿子，才起名为“国子”。晋武帝开始创建国子学。隋炀帝改名为国子监。汉朝开始将祭酒定为长官，官衔名称起源于周朝。隋炀帝设立了司业这个职务，也是起源于周朝的职务。汉武帝设立了博士的职务，名称起源于秦朝。

晋武帝设立了教这个职务。隋炀帝设立丞这个职务。北齐高洋设立了簿这个职务。宋神宗设立了录这个职务。

宫詹　学士　翰苑

东宫官　秦始皇置詹事，汉因掌太子家。唐玄宗置少詹事，并辅导东宫。周公置左右庶子。

唐高宗置左右谕德、赞善。隋文帝置内允，即中允。北齐置门下、典书二坊。

秦始皇置洗马，先导太子。

晋始为詹事属官，掌图籍。

汉兰台置校书。北齐置正字。

【译文】东宫官　秦始皇设立了詹事这个职务，汉朝继承下来，从而让詹事主管太子的家事。唐玄宗设立了少詹事，和詹事一起辅佐教导太子。

周公设立了左、右庶子。唐高宗设立了左、右谕德，赞善。隋文帝设立了内允，也就是中允。北齐设立了门下、典书二坊。

秦始皇设立了洗马，是用以教导太子的。

晋朝开始设立了詹事的属官，主管图册书籍。

汉朝的兰台设立了校书。北齐设立了正字。

翰林　伏羲始立史官。唐玄宗置修撰、编修、简讨。宋文帝置学士。后魏置太子侍讲。唐玄宗置侍讲学士、侍读学士、侍讲、侍读、待诏。汉武帝置博士。守置孔目。

玉堂　宋苏易简充承旨，多振举翰林故事。太宗为飞白书院额曰“玉堂”，及以诗赐之。太宗曰：“此永为翰林中一美事。”易简曰：“自有翰林，未有如今日之荣也！”

木天　《类苑》：秘书阁下穹隆高敞，谓之木天。

【译文】翰林　伏羲时代开始设立史官。唐玄宗时期设立了修撰、编修、检讨。宋文帝时期设立了学士。北魏时期设立了太子侍讲。唐玄宗时期设立了侍讲学士、侍读学士、侍讲、侍读、待诏。汉武帝时期设立了博士。宋朝设立了孔目这个职务。

玉堂　宋朝的苏易简担任承旨，经常重新使用翰林院的旧例。宋太宗因而用飞白的书法题了“玉堂”二字作为翰林院的匾额，还写了诗赐予他。宋太宗对他说：“这事要永远在翰林院里面传为佳话。”苏易简说：“自从设立翰林院以来，从没有像今天这样受到皇帝恩宠！”

木天　《类苑》里说：“秘书阁里面的屋顶高大宽敞，所以称为木天。”

鳌禁　宋公白、贾公黄中，皆先达巨儒，同在鳌禁。

内相　唐陆贽博学弘词，入翰林。德宗重其才，呼先生而不名。虽外有宰相主大议，贽常居中参议，号曰“内相”。

摛文堂　宋真宗政和五年，御书摛文堂榜，赐学士院。

【译文】鳌禁　宋白、贾黄中，都是前辈中的鸿儒，他们一同在翰林院任职。

内相　唐朝的陆贽非常博学而且擅长写文章，在翰林院任职。唐德宗特别器重他的才华，只称呼他为“先生”，却不称他的名字。虽然朝廷上有宰相主管朝堂会议，但陆贽往往也在里面参与讨论，当时人称他为“内相”。

摛文堂　宋徽宗政和五年（公元1115年），徽宗亲自挥笔写下摛文堂的匾额，赐予学士院。

五凤齐飞　宋太宗时，贾黄中、宋白、李至、吕蒙正、苏易简，同时拜翰林学士。扈蒙云：“五凤齐飞入翰林。”

北门学士　唐刘祎之，少以文词称，迁右弘文馆直学士。上元中，与万元顷等召入禁中，参决政事，时称“北门学士”。

八砖学士　唐李程为学士。常规：学士入院，以阶前日影为候。程性懒，日过八砖乃至，时号“八砖学士”。

【译文】五凤齐飞　宋太宗时期，贾黄中、宋白、李至、吕蒙正、苏易简等五人同时被任命为翰林学士。扈蒙说：“五只凤凰一起飞入翰林院。”

北门学士　唐朝的刘祎之，年轻时以善于写文章诗赋著称于世，后来升为右弘文馆直学士。上元年间，他和元万顷等人一起被皇帝召入皇宫大内，参与决断政务，当时人将他们称为“北门学士”。

八砖学士　唐朝的李程担任翰林学士。旧例规定：学士进入翰林院，要按照台阶前的太阳影子作为时限。李程为人懒慢，早上太阳影子已经过了八块砖的刻度他才到翰林院内。当时人称他是“八砖学士”。

谏官

忠言逆耳　沛公见秦宫室之富，欲留居之。樊哙谏曰："凡此奢丽之物，皆秦所以亡也，公何用焉？愿还灞上。"不听。张良曰："忠言逆耳利于行。"乃还。

真谏议　萧钧为谏议大夫，永徽中，争盗库财死罪，曰："囚罪当死，但恐天下谓陛下重货轻法，任喜怒杀人"。帝曰："真谏议也。"

六科给事中，名始秦，汉置给事黄门，职始秦，置谏议大夫，唐分为左右。

【译文】忠言逆耳　刘邦看见秦朝宫殿是如此富丽堂皇，就想留下来居住。樊哙近前劝谏他说："所有这些豪奢华丽的东西，都是秦朝灭亡的缘由，您还要用它们做什么呢？希望您回到灞上去。"刘邦不听。张良也说："忠心的话虽然不顺耳，却对行动有好处。"刘邦因此才回灞上。

真谏议　萧钧担任谏议大夫，永徽年间，为偷盗国库里的财物的罪犯是不是犯了死罪而争辩，他说："犯人的罪过是应该判死刑，只是生怕全国人民误认为陛下看重财物，忽视法律，随着自己喜怒哀乐来杀人。"唐高宗说："你说的是真正的谏议啊。"

六科给事中，名号起源于秦朝，汉朝设立了给事黄门，职务也起源于秦朝，还设立了谏议大夫，唐朝分为左、右谏议大夫。

真谏官　唐李景伯为谏议。中宗宴侍臣，命诸臣为《回波诗》。众皆以谄言媚上。景伯独为箴规语以讽，帝不怿。中书令萧至忠曰："景伯乐不忘规，真谏官也。"

碎首金阶　唐敬宗好游畋，刘栖楚为拾遗，出班苦谏，以额叩龙墀，血流被面。

铁补阙　唐乾宁中杨贻德为谏议，正直敢言，不避权幸。人目为"铁补阙"。

殿上虎　宋刘安世正色立朝，面折廷诤。每犯雷霆之怒，则执简却立，俟天威少霁，复前极论，必得请乃已。人称之曰"殿上虎"。

【译文】真谏官　唐朝的李景伯担任谏议大夫。唐中宗赐宴群臣，让群臣各写一首《回波诗》。群臣都用阿谀奉承的话讨好皇上。唯独李景伯写了规谏的话讽谏皇帝，中宗看到后不高兴。中书令萧至忠说："李景伯能在娱乐时也不忘记进谏皇帝，这是真正的谏官。"

碎首金阶　唐敬宗爱好打猎，刘栖楚官担任拾遗，便从群臣中出列，苦苦劝谏，并且在大殿台阶上叩头流血，满脸血渍。

铁补阙　唐朝的乾宁年间，杨贻德担任谏议大夫，为人正直，敢说实话，不怕权臣贵戚。当时人称之为"铁补阙"。

殿上虎　宋朝的刘安世在朝廷做官时特别正直不阿，有时候当面责难皇帝，有时候又会在朝廷上据理力争。每一回让皇帝发怒了，他就手持书简退回站立，等到皇帝稍稍息怒后，又上前竭力争论，一定要皇帝同意自己的请求后才肯罢休。当时人们称他为"殿上虎"。

戆章　宋任伯雨性刚鲠，持论劲直。为谏官仅半载，所上一百疏，皆系天下治体，号“戆章”。

鲁直　鲁宗道为右正言，风闻弹疏，真宗厌之，自讼罢去。他日上追念其言，御笔题曰“鲁直”。

朝阳鸣凤　唐高宗时，自韩瑗、褚遂良死，内外以言为讳。高宗造奉天宫，李善感始上书，极言之。时人谓之朝阳鸣凤。

立仗马　李林甫专权，恐谏官言事，谓之曰：“诸君见立仗马乎？终日无声，食三品料，及其一鸣辄斥，虽欲勿鸣，其可得乎？”

【译文】戆章　宋朝的任伯雨为人刚正有骨气，他的议论坚定正直。担任谏官才半年，就已经上奏一百道奏疏，全都是关于天下治理的方法，他的奏章被人称作“戆章”。

鲁直　鲁宗道担任右正言，稍微听见什么不好的事情就立即上疏议论，宋真宗特别厌恶他，他就自己弹劾自己，解职离去。后来有天真宗追想他曾经说过的话，就亲笔给他题了“鲁直”二字。

朝阳鸣凤　唐高宗时期，自从韩瑗、褚遂良死后，朝野都不敢向皇帝进谏。唐高宗准备建造奉天宫，李善感才上书，痛切地陈说利害。当时人称他是“朝阳鸣凤”。

立仗马　李林甫独断专行，却生怕谏官议论政事，便对他们说：“你们各位都见过仪仗队的马吗？它们一整天都不发出一点声音，就能享用三品的食物。若哪一匹马鸣叫一声的话，就会被撤掉，到那时即使想不叫，还能有机会吗？”

拾齿　宋张霭，太祖方弹雀后苑，霭亟请入奏事。及见所奏乃常事耳，上怒，霭曰："窃谓急于弹雀。"上以斧柄撞其齿，齿堕，徐拾之。上曰："欲讼朕耶？"霭曰："臣何敢讼陛下？但有史官在耳。"

古忠臣　宋邹浩官右正言，极论章惇误国，未报而刘后立。复反，复廷诤，被窜。史谓之古忠臣。浩与阳翟田昼善，初，刘后立，谓人曰："邹志完不言，可以绝交矣。"浩既得罪，昼迎诸途，正色曰："使志完隐默居京师，遇寒疾不汗，五日死矣，岂独岭海之外能死人哉？"

【译文】拾齿　宋朝的张霭，当宋太祖正在后苑拿弹弓打麻雀时，他急忙请求入见皇帝上奏事务。等接见他时却发现都是普通的事务。宋太祖很生气。张霭对他说："我以为这些事务比打麻雀紧急。"宋太祖用仪仗队里用的斧柄打他的牙齿，将牙齿打掉了，他缓缓地蹲下去把牙拾捡起来。宋太祖对他说："你想告我吗？"张霭说："臣下怎么敢告陛下，只不过史官可在旁边呢。"

古忠臣　宋朝的邹浩担任右正言，竭力论述章惇耽误国家大事，奏章还没有得到回复，就又听说宋真宗准备册立刘妃为皇后的事。他便又回转到朝堂，再次当廷劝谏，因而被贬谪到外地。史书上称他有古代忠臣的风范。邹浩和阳翟人田昼是好朋友，在此之前，刘皇后被册封时，田昼对人说："如果邹浩（字志完）不劝谏的话，就可以和他绝交。"邹浩因为进谏获罪后，田昼在路上迎接他，他庄严地说道："如果我沉默不语，大隐于京城，即使感染风寒，不流汗，我五天也就死了，怎么会只有岭南海外才能死人呢？"

抵家复逮　杨爵言朝廷政事有失人心，而致危乱者五，系狱数年始得释。会复有谏者，上曰："吾固知释爵，妄言者立至矣!”复就逮。时爵抵家方十日,忽锦衣校至,校佯曰:“吾便道省公耳。”爵笑曰:“吾固知之。”与校同饭,饭已,曰:“行乎?”校曰:“盍一入为别?”爵立屏间曰:“朝廷有旨见逮,吾行矣。”再系狱,逾年乃出。

为朕家事受楚毒　章纶疏陈修德弭灾十四事。又请复汪后于中宫,以正壸仪;复沂王于东宫,以正国本。诏逮狱,廷杖不死。英宗复辟,叹曰:“纶好臣子,为朕家事受楚毒。”拜礼部侍郎。

【译文】抵家复逮　杨爵上书说朝廷处理政事不得民心,引起了五种危机,便被下了监狱,几年后才刑满释放。正遇到又有人来上书劝谏,皇帝说:“我本就知道释放杨爵后,乱说话的人就会立马到来!”于是下令逮捕杨爵。当时杨爵才到家不过十天,突然就看见锦衣卫上门来了,军校骗他说:“我只是顺路来探望你一下而已。”杨爵笑着说:“我早就知道你的意思。”于是就和军校一起用餐,吃完饭他说:“那么就走吧?”军校说:“何不进去和家人道别一下?”杨爵站在屏风中间说:“朝廷下令来逮捕我,我现在走了。”于是再次被带入监狱,一年多后才出来。

为朕家事受楚毒　章纶上奏陈述皇帝需要修行道德、消除天灾的十四件事。又请求让汪皇后回到后宫,好做后宫的表率;将沂王的太子身份恢复(沂王即后来的明宪宗朱见深),好让国家的根本得到稳定。皇帝下诏将他逮捕入狱,在廷杖后还没死去。明英宗再次即位后,赞叹说:“章纶是好大臣,因为我的家事受到杖刑的毒打。”于是让他担任礼部侍郎。

碎朕衣矣　陈禾劾童贯弄权,反复不置,徽宗欲起,禾引帝衣，请毕其奏。衣裾落。帝曰："正言碎朕衣矣！"禾曰："陛下不惜碎衣，臣岂惜碎首以报！"内侍请易衣，帝却之，曰："留以旌直臣。"

惮黯威棱 武帝尝曰："甚矣，黯之戆也！""古有社稷臣，黯近之矣。"黯前奏事，帝不冠，不敢见。淮南王谋逆，惮黯威棱，遂寝。

贲育不能过 唐魏征，太宗朝谏议大夫，状貌不扬，有胆气，犯颜敢谏，虽上怒甚，而征神色自若，议者谓贲育不能过。

【译文】碎朕衣矣 陈禾弹劾童贯专权，反反复复地陈说，宋徽宗想要离开，陈禾牵着徽宗的衣服，请求允许将奏疏说完。徽宗的衣襟都被扯坏。徽宗说："正言，你把我的衣服扯坏了！"陈禾说："陛下都不吝惜衣服被扯破，我怎会吝惜粉身碎骨报答陛下呢！"宦官请徽宗换掉那件衣裳，徽宗拒绝，并且说："留下它来表彰直言极谏的臣子。"

惮黯威棱 汉武帝曾说："汲黯太莽戆正直了！""古代有所谓的国家重臣，汲黯差不多就是。"汲黯近前上奏政务时，武帝假如没有戴冠冕，就不敢见他。淮南王准备谋反，因为忌惮汲黯的威望，就作罢了。

贲育不能过 唐朝的魏征，在唐太宗时担任谏议大夫，长得并不好看，却很大胆，即使面对皇帝大怒，也敢直言进谏。唐太宗虽然很生气，魏征却能神态悠然。议论的人说他的勇猛连古代的勇士孟贲和夏育也无法超过。

瓦为油衣 谷那律博洽群书，褚遂良称曰"九经库"。从太宗出猎，遇雨，因问："油衣若何而不漏耶？"那律曰："以瓦为之，当不漏。”上嘉其直。

谪死　陈刚中性慷慨，敢论事。胡铨以劾桧贬。刚中启曰：“知无不言，愿借尚方之剑！不遇故去，聊乘下泽之车。”桧怒，遂与张九成同谪，客死，贫不能葬。士论惜之。

小官论大事　曹辅为秘书正字。徽宗多微行，辅上疏极谏。太宰余深曰：“辅小官，何敢言大事？”辅对以“大官不言，故小官言之。官有大小，爱君之心则一”。遂编管郴州。

【译文】瓦为油衣　谷那律博览群书，褚遂良将他称为“收藏九经的图书馆”。有一回跟着唐太宗去打猎，遇见下雨，唐太宗问他：“油布衣怎么样才能不漏雨呢？”谷那律回答说：“如果用瓦来制作，就不会漏了，意思是如果不出去打猎待在屋里就好了。”唐太宗很嘉奖他的耿直。

谪死　陈刚中为人慷慨果敢，敢于议论政务。胡铨因为弹劾秦桧被贬谪。陈刚中给胡铨写了一封贺启，里面说：“您所知道的没有不对皇帝说出，只是希望能借来尚方宝剑！不被皇帝理解因而离开，姑且乘着回乡的小车。”秦桧看到这封启后很气愤，便将他和张九成一起贬谪了。最后在他乡死去，因为家里贫穷，没能力下葬。士人纷纷议论，都觉得很痛惜。

小官论大事　曹辅担任秘书正字。宋徽宗经常穿着普通人的衣服出行，曹辅上疏竭力劝阻。太宰余深对他说：“您只是个小官，怎么敢议论国家大事？”曹辅回答说：“大官不敢说，所以轮到小官说。官职虽然有大有小，可是忠君的心情却是一样的。”于是被贬到郴州。

忠良鲠直　陈谔负抗直声，举劾权贵无所避。上呼为“大声秀才”。尝忤旨，命坎瘗奉天门外，七日不死，赦还，搏击愈甚。

历任中外，所至能其官，终为忌者致贬。上一日问："大声官儿何在，宜署辅导，使人得闻过。"乃召还，上书"忠良鲠直"四字赐之，示宠异焉。

直声震天下 海瑞为南平教谕，谒上官，止长揖，曰："参师席，不可屈膝也。"主户部政，疏谏下狱，直声震天下。

劾严嵩得惨祸 沉炼疏劾严嵩父子为奸，窜名白莲教中，僇于边。杨继盛论嵩专权误国五奸十大罪，弃东市。

劾逆珰而受酷刑死者：万璟廷杖死；高攀龙投水死；杨琏、左光斗、周顺昌、缪昌期、周宗建、黄尊素、魏大中被逮，诏狱拷掠死；邹维连谪戍死，俱江浙人。

【译文】忠良鲠直　陈谔有直言极谏的名声，他告发弹劾人，连权贵也不怕。明成祖称赞他是"大声秀才"。他曾经和成祖的意见相左，成祖让人将他埋在奉天门外面，只露出头，埋了七天也没死，就将他释放，他却对权贵抨击得更厉害。他历任中央和地方的职务都很称职，最后被忌惮他的人贬谪。成祖有一天询问左右："那个'大声官儿'去哪里了？最好让他辅导太子皇子们，让他们能知道自己的过错。"于是他被召回朝廷。成祖亲自写了"忠良鲠直"四个字赐予他，表示对他的恩宠和重视。

直声震天下　海瑞担任南平县的教谕，拜谒长官，只作揖，不跪拜，他解释说："我的职务是教师，不可以跪拜。"后来他主管户部的政务时，上疏极谏，就被逮入监狱，正直的名声使得天下人震惊。

劾严嵩得惨祸　沈炼上奏弹劾严嵩父子，说他们是奸臣，因此被诬陷为白莲教的教徒，在边疆被处决。杨继盛上奏议论严嵩专权误国的五种奸诈、十大罪状，在东市被处决。

弹劾专权作奸的宦官而受到酷刑，导致死亡的人有：万璟受廷杖而死；高攀龙跳河而死；杨琏、左光斗、周顺昌、缪昌期、周宗建、黄尊素、魏大中被锦衣卫逮捕，皇帝下诏逮捕入狱，审问时严刑拷打而死；邹维连被贬谪到边疆而死。他们全是江浙人。

御史

白简　晋傅玄为御史，每有奏劾，或值日暮，捧白简，整簪带，竦诵不休，坐以待旦。贵游慑服，台阁风生。

乌台　汉成帝时，御史府列柏树，有野乌数千栖其上，故称乌台，亦称“柏台”。

法冠绣衣　《汉书》：法冠，御史冠也，本楚王冠也。秦灭楚，以其君冠赐御史也。绣衣御史，汉武帝所置。法冠一名“獬豸冠”。

【译文】白简　晋朝的傅玄担任御史，每次要上书弹劾时，或正值傍晚，他就捧着白简，整理冠帽和帽带，站着不停地背诵弹劾的文字，坐着等天明。达官贵人听到他这样，都很畏惧，收敛了不少，朝廷上下也有一股正直的风气。

乌台　汉成帝时，御史府种了许多柏树，有几千只野乌鸦栖息在树上，所以将御史台称为乌台，也称作柏台。

法冠绣衣　《汉书》里说：法冠，也就是御史的冠帽，本来是楚王的冠帽。秦国灭掉楚国后，将楚王的冠帽赐给做御史的官员。绣衣御史，是汉武帝时设立的职位。法冠，又被称为獬豸冠。

独击鹘　宋王素既升台宪，风力愈劲。尝与同列奏事，上有不怿，众皆引去，素方论列是非，俟得旨，乃退。帝叹曰："真御史也。"人皆目为"独击鹘"。

石御史　唐刘思立举进士，高宗擢为御史，执法不阿，弹劾权贵，人号"石御史"。

骢马御史　后汉桓典为侍御史，直言无所忌讳。常乘白马，京师惮之，为语曰："行行且止，避骢马御史。"

铁面御史　宋赵抃少孤贫，举进士，及为殿中侍御，弹劾不避权贵，号为"铁面御史"。

【译文】独击鹘　宋朝的王素被升为御史后，气魄越发大了。曾经和他的同僚一起上奏，皇帝显出不高兴的神色时，众人都离开，王素还在那里议论是非曲直，直到皇帝命令，他才退下离开。皇帝感叹着说："这才是真正的御史啊。"当时称他为"独自搏击的鹘鸟"。

石御史　唐朝的刘思立考上进士以后，唐高宗任命他担任御史。他执法时刚正不阿，敢于弹劾权贵，世人称他是"石头御史"。

骢马御史　后汉的桓典担任侍御史，直言极谏，毫不顾忌。他经常骑着一匹白色的马，京师的人都畏惧他，有了一句俗语："走啊走啊，快停下，避开御史的马。"

铁面御史　宋朝的赵抃少年时就没了父亲，家里很穷困，后来考上了进士，一直做到殿中侍御的职务。他弹劾有过错的官员并不回避位高权重的大臣，世人称他为"铁面御史"。

豹直　《汉·舆服志》：大驾属车八十一乘，皆尚书台省官所载，最后一乘，侍御史所乘，独悬豹尾，故名"豹直"。

节度胆落　唐敬宗朝，夏州节度使李祐入朝，违诏进奉，御史温造弹之。祐趋出待罪，股栗流汗，谓人曰："吾夜逾蔡州，擒吴元济，未尝心动，今日胆落于温御史矣。"

埋轮当道　后汉张纲为御史。安帝时，遣八使按行风俗，纲独埋其车轮于洛阳都亭，曰："豺狼当道，安问狐狸？"遂劾大将军梁冀兄弟。

【译文】豹直　《汉书·舆服志》里说：皇帝的车驾有从属的车子八十一辆，全是中央的大臣乘坐，最后一辆是侍御史乘坐，车上单独悬挂着豹尾的饰物，所以称为"豹直"。

节度胆落　唐敬宗时期，夏州节度使李祐入朝觐见，却因为属于违反诏令，被御史温造弹劾。李祐小步跑下殿等着发落，两只腿直打哆嗦，满头大汗，事后对别人说："我在大雪的夜里突袭蔡州擒住吴元济的时候，心里都没有紧张过，今天却因为温御史吓破了胆。"

埋轮当道　后汉的张纲担任御史，在汉安帝时期，朝廷派了八名使者到各地巡查吏治与民风，只有张纲将车轮埋在洛阳的都亭，并且说："朝廷如今豺狼当道，哪里有必要去巡查狐狸？"于是便上书弹劾大将军梁冀兄弟。

头轫乘舆　申屠刚，建武初拜侍御史，廷臣畏其鲠直。时陇蜀未平，上欲出游，刚力谏，不听。以头轫乘舆，马不得前。

贵戚泥楼　汉李景让为御史大夫，刚直自持，不畏权幸。内臣贵戚有看街楼阁，皆泥之，畏其弹劾。

劾灯笼锦　宋唐介为御史，劾文彦博知益州日以灯笼锦媚贵妃，致位宰相，请逐彦博。仁宗怒，谪介英州别驾。

【译文】头轫乘舆　申屠刚，在建武初年担任侍御史，为人刚正耿直，朝廷的大臣都畏惧他。当时的陇、蜀地区还没有平定，皇帝却想出京游玩，申屠刚竭力劝阻，皇上不听从。申屠刚便将头颅支在皇帝的轮子下面，马就没法走了。

贵戚泥楼　汉朝的李景让担任御史大夫，刚正不阿，又坚持己见，不惧怕权贵和宠臣。宦官和外戚家里有临街的楼阁的，都让人用泥涂上外墙掩饰，生怕被他弹劾。

劾灯笼锦　宋朝的唐介担任御史时，弹劾文彦博担任益州知州时每天都奉上灯笼锦以谄媚张贵妃，这才坐上了宰相之位，因此他请求贬谪文彦博。宋仁宗很生气，反而将唐介贬谪，担任英州别驾。

炎暑为君寒　唐岑参《送侍御韦思谦》诗曰："闻欲朝金阙，应须拂豸冠。风霜随雁去，炎暑为君寒。"

天变得末减　杨瑄，天顺初为御史，劾曹吉祥、石亨怙宠擅权。后为曹、石文致坐死。将刑，会大风拔木，吹正阳门下马牌于郊外，得末减。子源为五官监候，以占候上言指斥刘瑾。瑾怒曰："尔何官，亦学为忠臣乎？"杖而戍之。刘瑾之乱，大臣科道同日勒令致仕四十八人，以其名榜示天下。源之同乡御史熊卓与焉。

【译文】炎暑为君寒　唐朝岑参《送侍御韦思谦》的诗里说："听说你要入朝面见圣上，应该会擦拭您的獬豸冠。您风霜般的威严跟随大雁远去，炎热的夏天因为您而变得寒冷。"

天变得末减　杨瑄，在天顺初年担任御史，弹劾曹吉祥、石亨仗着恩宠独揽朝政。后来他被曹吉祥和石亨两个人诬陷而处死。即将行刑时，恰好刮起了大风，树木连根拔起，将正阳门外的马牌吹到郊外去了，因此他被从轻发落。他的儿子杨源担任五官监候，通过占卜物候，上书抨击刘瑾。刘瑾大怒，并且说："你是什么官，也敢学别人做忠臣吗？”对杨源施行了杖刑，流放到边疆地区。刘瑾独揽朝政时，大臣以及主管督察的科、道两衙门里的官员有四十八人在同一天被强迫退休，并且将他们的名字贴在榜上，公布天下。杨源的同乡御史熊卓也在四十八人之中。

使臣

一介行李　《左传》：子员曰："君有楚命，亦不使一介行李，告于寡君。"

一乘之使　韩信破赵，欲移兵击燕，武涉说信曰：不如发一乘之使，奉咫尺之书以使燕，燕必从风而靡。

堂堂汉使　苏武使匈奴，匈奴胁武令拜，武不从。以刀临之，武曰："堂堂汉使，安能屈膝于四夷哉！"

埋金还卤　唐杜暹使卤，以金遗暹，固辞。左右曰："公使绝域，不可失戎心！"乃受焉，阴埋幕下。已出境，乃移文，俾取之，突厥大惊。

【译文】一介行李　《左传》里说：晋国的使臣子员对郑伯说："您眼看楚王前来讨伐，也不派个使臣去告知我国君主。"

一乘之使　韩信攻下赵国后，还想移兵攻打燕国，武涉对韩信说："不如派遣乘着小车的使者，捧着一封一尺长的国书到燕国访问，燕国肯定会望风而降。"

堂堂汉使　苏武出使匈奴，匈奴胁迫苏武下拜，苏武不听从。匈奴人就手持大刀对着他，苏武说："我是堂堂的大汉使臣，怎么能给你们这些蛮夷屈膝下拜！"

埋金还卤　唐朝杜暹去突厥进行国事访问，突厥人送金子给杜暹，杜暹坚定地推辞。他的手下说："您出使外国，不能不顺着外国人的心意！"于是他才肯收下，却暗地里埋在账幕下面。等他告辞，已经出了突厥国境，他写信告知对方，让他们自己挖出。突厥人因此很吃惊。

口伐可汗　唐突厥攻太原，郑元璹持节往劳。既至，虏以不信咎中国。璹随语折让无所屈。徐乃数其背约，突厥愧赧，引兵还。太宗赐书曰："知卿口伐可汗，边火息燧。朕何惜金石赐于卿哉！"

斩楼兰　龟兹、楼兰二国常杀汉使，傅介子谓霍光曰："楼兰、龟兹反复，不诛无所惩。"霍光使介子行。介子赍金币，以赐外国为名。楼兰王贪汉宝物，求见。介子与饮，陈物示之。王饮醉，介子使壮士刺杀之，谕以"王负汉罪"，遂将王首还诣阙。上嘉其功，封义阳侯。

【译文】口伐可汗　唐朝时突厥侵犯太原，郑元璹担任大唐的使臣去安抚突厥人。到了太原以后，突厥人责怪唐朝人不守信用，郑元璹却随口应答毫不屈服，并且不急不慢地数落突厥人违背约定的事情，突厥人感觉无言以对，就退兵回去了。唐太宗赐给他手书说："知悉您用辞令讨伐突厥可汗，边疆的战火因此熄灭。我赐给你有铭文的鼎、记录事迹的石碑，完全不会吝惜！"

斩楼兰　龟兹、楼兰二国经常杀死汉朝的使节，傅介子对霍光说："楼兰、龟兹反复无常，不诛杀他们就不能惩戒类似的行为。"霍光便让傅介子出使。傅介子带了金币，以颁赐外国为名。楼兰王贪心于汉朝的宝物，求傅介子一见。傅介子与他一起喝酒，把东西陈列出来让他看。楼兰王喝醉了，傅介子让壮士把他刺杀了，并向他们公布楼兰王有负汉廷的罪行，然后便将楼兰王的头颅拿回献于朝廷。皇帝嘉奖他的功绩，封他为义阳侯。

少年状元 宋王拱辰，至和二年聘契丹，见其主于混同江。设宴垂钓，每得鱼，必酌酒饮客，亲鼓琵琶侑觞，谓其相曰："此南朝少年状元也。"

臣不生还 曹利用契丹议和，假崇仪副使奉书以行。真宗曰："契丹如贪岁币，非国家细事，或求不厌，当以理绝之。"利用答曰："虏若妄有所求，臣不敢生还。"

执节不屈 张骞以使通大夏，还为校尉，封博望侯。后为将军，使大夏，穷河源。《杨子·渊骞篇》："张骞、苏武之奉使也，执节没身，不屈王命，虽古之名使，其犹劣诸！"

【译文】少年状元 宋朝王拱辰，至和二年（公元1055年）出使契丹，契丹国王在混同江接见他。大摆宴席，并在宴席上垂钓，每次钓到鱼，就一定给客人倒酒，还亲自弹琵琶来伴酒，而且对自己的宰相说："这是南朝的少年状元啊。"

臣不生还 曹利用去契丹议和，以崇仪副使的身份带着诏书前往。宋真宗对他说："契丹如果贪婪地索取岁贡，这并非国家的小事情，假如他们贪得无厌，应当用理由回绝。"曹利用回答说："契丹如果贪得无厌，我就不敢活着回来。"

执节不屈 张骞出使大夏国，回朝后担任校尉，而且被封为博望侯。后来担任将军，又出使大夏国，探索黄河的源头。《杨子·渊骞篇》里说："张骞、苏武奉命出使外国，手持汉朝旌节，苏武还被扣押在匈奴，不负皇帝的使命，即使古代的著名使臣，也比不上他们！"

郡守

京府　始君陈尹东郊。汉武帝因更名内史为京兆尹，置丞，置治中。宋太祖置通判推官，本唐节度使，属有推官判官。

五马　《遁斋闲览》：汉时朝臣出使以驷马，为太守增一马，故称“五马”。

刺史　《唐志》：武德中，改太守曰刺史。天宝中又改刺史曰太守。

郡守　魏文侯始置郡守。秦始皇置郡丞，即今同知。汉置州牧，景帝更太守。宋高宗始称知府，始改唐郡称府。

【译文】使君　京都的长官是从君陈在成周担任东郊尹开始的，汉武帝将内史改为京兆尹，并且配设了丞和治中。宋太祖设立了通判、推官，就是按照唐朝节度使来设立的，节度使的下属有推官、判官。

五马　《遁斋闲览》里说：汉朝时的朝廷大臣出使要使用四匹马拉的车子，要是担任太守的话就增加一匹马，所以称太守为“五马”。

刺史　《新唐书·职官志》里说：初唐的武德年间，将太守改称“刺史”。天宝年间又将刺史改回太守。

郡守　　魏文侯时最初设立了郡守。秦始皇时设立了郡丞，也就是如今的同知。汉朝设立了州牧，汉景帝改名后称为太守。宋高宗时称为知府，并且将唐朝的郡改成府。

黄堂　　《吴郡志》：吴郡太守所居之堂，乃春申君所居之殿也。数火，涂以雌黄，故曰“黄堂”。

驱蚊扇　　唐袁光庭典守名郡，有异政。明皇谓宰辅曰：“光庭性逐恶，如扇驱蚊。”

五袴　　汉廉范为蜀郡太守，除火禁，百姓便之，歌曰：“范叔度，来何暮？不禁火，民安作。昔无襦，今五袴。”

【译文】黄堂　　《吴郡志》里说：吴郡太守的住所，原来是战国时春申君居住的宫殿。曾经多次发生火灾，便在墙壁上涂着雌黄，所以将太守的屋子称为“黄堂”。

驱蚊扇　　唐朝的袁光庭担任有名的郡的太守，有好政绩。唐明皇对宰相说：“袁光庭的为人是对恶人除之而后快，就像用扇子驱赶蚊子。”

五袴　　汉朝的廉范担任蜀郡太守其间，废止了不许生火的禁令，百姓觉得很方便，便唱起歌：“廉叔度，为什么这么晚才来？来了不禁火，百姓可以安稳地生活。以前没有内衣穿，如今有五条裤子。”

麦两岐　　汉张堪为渔阳太守，击匈奴，开稻田千万顷，劝农，致殷富。百姓歌曰：“桑无附枝，麦秀两岐。张君为政，乐不可支。”

禾同颖　　梁柳恽为吴兴太守，嘉禾同颖，一茎两穗。

水晶灯笼　　赵宋张中廉为详州刺史，洞察民伪。民号为“水晶灯笼”。

照天蜡烛　田元均治成都有声，民有隐恶，辄摘发之。蜀人谓之“照天蜡烛”。

【译文】麦两岐　汉朝的张堪担任渔阳太守时，抵御匈奴的入侵，开垦上万顷的稻田，勉励农民耕田，让百姓生活殷实富裕。百姓唱起歌说道：“桑树没有开叉的枝条，小麦都长着并头的穗子。张君来我们这里做官，百姓快乐得就像醉了一样。”

禾同颖　南朝梁的柳恽担任吴兴太守时，当地就长出两株禾苗共穗子的嘉禾，还有并头穗子的禾苗。

水晶灯笼　宋朝张中廉担任详州刺史，善于洞察百姓的善恶。世人称他为“水晶灯笼”。

照天蜡烛　田元均治理成都有名声，老百姓如果有隐匿的罪恶，他总能揭发。蜀人称他为“照天蜡烛”。

卖刀买犊　汉龚遂为渤海太守，民有带刀剑者，遂令卖剑买牛，卖刀买犊。

独立使君　五代裴侠守河北，入朝，周太祖命独立，曰：“裴侠清慎奉公，为天下之最。有如侠者，与之俱立。”众默然。朝野叹服，号“独立使君”。

天下长者　汉文帝谓田叔曰：“公知天下长者乎？”田叔请其人。帝曰：“公长者也，宜知之。”对曰：“云中太守孟舒是也。”

召父杜母　汉召信臣为南阳太守，兴利除害，吏民信爱，号为“召父”。杜诗亦为南阳守，性节俭，而政治清平。南阳为之语曰：

“前有召父，后有杜母。”

【译文】卖刀买犊　汉朝的龚遂担任渤海太守时，百姓有喜爱佩带刀剑的，他就让这些人将刀剑卖掉，买牛来耕田。

独立使君　五代时的裴侠担任河北太守时，有一次入朝面见皇帝，周太祖让他单独站在一边，并说：“裴侠为人清廉慎重、一心为公，是天下最优秀的。如果哪个比得上他，就和他站在一块。”众人都沉默着，没人敢。朝廷和百姓都赞叹佩服他，称他为“独立使君”。

天下长者　汉文帝对田叔说：“你知道天下有德行的长者吗？”田叔请求告知是谁。元帝说：“你是长者，应该知道还有谁。”田叔回答说：“那就是云中郡太守孟舒了。”

召父杜母　汉朝廷任命召信臣担任南阳太守，让他施行善政，去除恶政，官吏和百姓信任而且爱戴他，称他是“召父”。杜诗也曾担任南阳太守，生性节俭，所以治理的方法也是清静无为。南阳人为他们而有了一句俗语说：“前有召父，后有杜母。”

愿得耿君　汉耿纯为东郡太守，多善政，盗贼清宁。内召去任，百姓思慕不已。光武驾过东郡，百姓数千随车驾，云：“愿复得耿君。”

借寇　汉寇恂为颍川太守，光武召为执金吾。后光武幸颍川，百姓遮道，曰：“愿复借寇君一年。”乃留镇之。

魏郡岑君　后汉岑熙为魏郡太守，视事二年，人歌之曰：“我有枳棘，岑君伐之。我有蟊贼，岑君遏之。犬不吠夜，足下生氂。”

【译文】愿得耿君　汉朝的耿纯担任东郡太守，有许多好政绩，境内的盗贼都不敢出没。朝廷后来让他解职回朝了，百姓却对他思念不已。当光武帝的车驾经过东郡时，有几千个百姓跟随着车驾，呼喊说："希望圣上能让耿太守再回来。"

借寇　汉朝寇恂担任颍川太守时，光武帝召他回朝担任执金吾。后来光武帝的车驾临幸颍川时，百姓在道路拦着对皇帝说："请求能再借寇太守一年。"于是就留下他继续做太守。

魏郡岑君　后汉的岑熙担任魏郡太守，就做了两年，百姓却唱起歌，歌颂他："我们这里有荆棘，岑君来帮我们剪除。我们这里有坏人，岑君来帮我们除恶。晚上狗都不叫了，脚下也不再结痂了。"

平州田君　唐田仁会为平州太守，岁旱，自暴以祈雨，时雨大至，年遂丰登。人歌曰："父母育我兮田使君，挺精神兮上天闻。"

大小冯君　汉冯立徙西河上郡太守，与兄冯野王相代。民歌之曰："大冯君，小冯君，兄弟继踵相因循。聪明贤知恩惠民，政如鲁卫德化均，周公康叔犹二君。"

二邦争守　宋杜衍知乾州，未期，安抚使察其治行，以公权凤翔。二邦之民争于界上，一曰："此我公也，汝夺之！"一曰："今我公也，汝何有焉？"

【译文】平州田君　唐朝的田仁会担任平州太守，有一年干旱，他亲自暴晒在太阳底下求雨，于是就下起大雨，当年便有了好收成。百姓都歌颂他："田使君像父母一般养育着我，你的精诚感动老天爷。"

大小冯君　汉朝的冯立担任西河上郡的太守，替代了自己的哥哥冯野王。当地百姓歌颂道："大冯君，小冯君，兄弟相继来上任。聪明贤能，恩泽惠民。治理得就像鲁、卫兄弟之国一样，德行民风因此淳朴。周公和康叔，就像他们俩。"

二邦争守　宋朝的杜衍担任乾州知州，还没有任满，安抚使考察了他的政绩，就提拔他担任凤翔知州。两地的百姓在地界上争夺他，一边说："他是我们的老爷，你们夺去了！"另一边说："如今是我们的老爷，和你们没有关系了！"

一龟一鹤　宋赵抃任成都，携一龟一鹤以行。其再任也，屏去龟鹤，止一苍头。执事张公裕赠以诗云："马谙旧路行来滑，龟放长江不共来。"

卧治淮阳　汉武帝拜汲黯为淮阳太守，黯伏谢不受印。帝曰："君薄淮阳耶？吾以淮阳军民不相得，欲借卿之郡，卧而治之耳。"乃进黯以诸侯相秩，居淮阳。

良二千石　汉宣帝曰："庶民所以安其田里，而无叹息愁恨之心者，政平讼理也；与我共此者，其良二千石乎！"

承流宣化　董仲舒曰："今之郡守县令，民之师帅，所以承流宣化。"

【译文】一龟一鹤　宋朝的赵抃担任成都知州，带了一只乌龟和一只仙鹤上路。后来他再次去成都赴任时，就不带乌龟、仙鹤，只领了一个奴仆。当政者张公裕写诗赠给他："老马熟悉旧路，路却有点滑，乌龟放生长江了，没有一起来。"

卧治淮阳　汉武帝让汲黯担任淮阳太守，汲黯跪着感谢皇帝，却不接受官印。汉武帝说："你这是嫌弃淮阳郡吗？我是因为淮阳的军队和百姓不够和睦，所以借重你的威望去那里上任，你躺在卧榻上治理就行了。"于是进封汲黯的爵禄相当于诸侯相国，居住在淮阳。

良二千石　汉宣帝说："老百姓之所以安安心心在田地里耕作，不唉声叹气有抱怨，是因为当地政令稳定、刑法得当。和我一起共创这样的安定祥和的，大概只有优秀的郡守了。”

承流宣化　董仲舒说：“如今的郡守和县令，也就是百姓的师傅和表率，所以他们要接受良好的风尚传统，传达君王的政令，教化老百姓。”

褰帷　贾琮为冀州刺史，行部，升车言曰：“刺史当远听广视，纠察美恶，何可反垂帷幄以自蔽乎？”乃命御者褰帷。

露冕　郭贺为荆州刺史，治有殊政。明帝巡狩，赐以三公之服，敕行部去襜露冕，使百姓见之，以彰有德。

儿童竹马　郭伋，字细侯，拜并州牧。行部西河，有数百小儿，骑竹马，迎于路次。问曰：“儿曹何来？”对曰：“闻使君到，喜，故来迎耳。”

【译文】褰帷　贾琮担任冀州刺史时，有一次准备巡行地方考察政绩，上了车后说：“刺史应该要听得更遥远，看得更广阔，怎么能反而垂下车子帘幕挡住自己呢？”于是让车夫打开帘幕。

露冕　郭贺担任荆州刺史时，治理很有政绩。汉明帝巡幸这里时，赐给他三公的礼服，并且要求他巡行考察地方时去除车驾四周的帷帐，显露出自己冠冕，让百姓看见，好表彰其德行。

儿童竹马　郭伋，字细侯。曾经担任并州太守。他巡查西河时，看见几百个小孩，骑着竹竿当作马，在路边迎接他。他询问道：“小孩子你们干吗过来？”孩子们回答说：“我们听说太守您驾到了，我们很高兴，所以前来欢迎您。”

河润九里　郭伋为颍川太守，召见，帝劳之曰：“郡得贤能太守，去帝城不远，河润九里，冀京师并受其福也。”

虎北渡河 后汉刘昆初为江陵令，县有火灾，昆叩头反风，火随灭。守弘农，虎负子渡河而去。帝嘉之，征为光禄勋，召问："反风灭火及虎北渡河，行何德政而致此？"昆对曰："偶然耳。"帝叹曰："长者之言也！"

别利器 虞诩为朝歌长时，贼数千人攻杀长吏，故旧皆吊。诩曰："不遇盘根错节，何以别利器乎？"

【译文】河润九里 郭伋担任颍川太守时，朝廷有一次召他入朝面圣，皇帝慰问他，并且说："颍川郡有你这样贤能的太守，况且离京城也不远，就像黄河的水滋润九里宽的土地，希望京师也能受到贤能太守的福分。"

虎北渡河 后汉的刘昆初次担任江陵县令，县里发生火灾，刘昆磕头，请求风神反转方向，火随即就熄灭了。他担任弘农太守时，有一只老虎背着小孩渡过大河的事迹。皇帝嘉奖他，征他回朝担任光禄勋，召他入见时询问他："'反风灭火'和'虎北渡河'这两件事，你是实行了哪种德政的结果？"刘昆回答说："这只是碰巧。"皇帝赞叹着说："忠厚长者说话就是谦虚！"

别利器 虞诩担任朝歌长的时候，有几千个贼攻打县城并且杀死了县的长官和官吏们，后来虞诩的老友都来安慰他。虞诩说："如果不碰见盘根错节的树木，怎么能看出是锋利的兵器呢？"

二天 后汉苏章为冀州刺史，有故人为清河令，以赃败，章乃设酒款之。故人喜曰："人有一天，我独有二天。"章曰："今夕，苏孺文与故人饮酒，私情也。明日，冀州刺史白奏事，公法也。"遂举正其罪，郡界肃清。

治行第一 汉黄霸为颍川太守，户口岁增，治行为天下第一。是时凤凰神雀数集郡国，颍川尤多。赐爵关内侯，黄金百斤。

开鉴湖 汉马臻为会稽太守，开鉴湖，得田九千余顷。豪右恶之，告臻开河发掘古冢无数。征下狱，遣官复按，诡称并不见人，云是鬼讼。臻竟被戮。其后越民承河之利，立祠祀之。

【译文】二天 东汉时期，苏章担任冀州刺史，有一位朋友做清河县令，因为贪污违纪，事情败露，苏章设宴款待他。那位朋友很高兴，并说："别人头上只有一个老天爷，唯独我有两个老天爷。"苏章对他说："今晚是和老朋友喝酒，属于私下交情；明天我作为冀州刺史审查你的事情，属于公事公办。"于是将他依法惩处，郡里一片肃然，吏治清净许多。

治行第一 汉朝的黄霸担任颍川太守时，百姓的户口每年都增长，政绩是天下第一。当时有凤凰和神雀多次聚集在郡、国里，颍川特别多。于是朝廷封他关内侯的爵位，赏赐一百斤黄金。

开鉴湖 汉朝的马臻担任会稽太守时，开凿了鉴湖，获得九千多顷良田。当地的豪强地主非常厌恶他，就诬告马臻挖河时发掘了无数的古墓。于是他被逮捕入狱，又派官员到当地审理此案，那些豪强地主假称没有原告，是鬼来告状。马臻最终被杀掉了。后来会稽的百姓蒙受他开河的便利，就给他立了祠祭祀他。

一钱清 后汉刘宠为会稽太守，多善政。将去，父老赍钱送之，曰："明府下车以来，狗不夜吠，民不识吏。今当迁去，聊为赆送。"宠为选一大钱受之。今号其地曰"钱清"。

鱼弘四尽 梁鱼弘尝语人曰："我为郡守有四尽，水中鱼鳖尽，山中麋鹿尽，田中米谷尽，村中人庶尽。"

清恐人知　《魏志》：胡质为常山太守，在郡九年，吏民便安，将士用命。子威厉操清白，尝省其父，告归，赐其绢一匹。威跪曰："大人清白，不审于何得此绢？"质曰："是吾俸禄之余。"威乃受之。官至前将军、青州刺史。对武帝曰："臣父清，恐人知；臣清，恐人不知。"

【译文】一钱清　后汉的刘宠担任会稽太守时，施行了很多善政。即将离任时，当地百姓送给他很多钱，并且说："自从您到我们这里当太守以来，晚上狗子都不叫了，百姓因为法令清正，不怎么见官，也不大认识官吏了。如今您即将升迁离开，这些钱权作送别吧。"刘宠在里面挑了一枚大钱接受了。如今称这个地方叫作"钱清"。

鱼弘四尽　南朝梁的鱼弘曾经和人说："我担任郡守时有'四尽'：水里的鱼鳖打捞尽，山里的麋鹿捕尽，田里的米谷抢夺尽，村里的百姓跑尽。"

清恐人知　《三国志·魏书》里说：胡质担任常山太守一共九年，官吏和百姓互相便利安稳，互不相犯，将军士兵也听调遣。他的儿子胡威砥砺节操，为人清廉，曾经去探望父亲，拜别回去时，胡质赐给他一匹绢。胡威下跪对父亲说："父亲为官清廉，不知道从哪里得到的这匹绢？"胡质说："这是我俸禄的剩余。"胡威这才敢接受。胡威后来担任前将军、青州刺史。他曾对魏武帝说："我的父亲为官清廉，就怕别人知道；而我的清廉，却生怕别人不知道。"

酌泉赋诗　吴隐之有清操，由晋陵太守转广州刺史。至石门，酌贪泉，赋诗曰："古人云此水，一歃怀千金。试使夷齐饮，终当不易心。"清操不渝，屡被褒饰。子延之为太守，延之弟及子为郡县者，皆以廉慎为门法。

常悬蒲鞭 崔祖思仕齐，为青、冀二州刺史，在政清勤，而廉卑下士，常悬一蒲鞭，而未尝用。去任之日，士人思之，为立祠。

清风远著 崔光伯为北海太守，明帝诏曰："光伯自莅海沂，清风远著，可更申三年，以广风化。"

清廉石见 虞愿，会稽人，为晋安太守。海边有越王石，常隐云雾。相传云清廉太守乃得见，愿往观之，清彻无所隐蔽。

【译文】酌泉赋诗 吴隐之有清白的操守，从晋陵太守调任广州刺史。他到了石门，舀了一碗贪泉的水来喝，并且写诗说："古人都说贪泉的水，喝一杯就会贪钱。如果让伯夷、叔齐来喝的话，他们这样的高士最终也不会改变初衷。"他喝过以后，清白的操行也并没有改变，多次受到朝廷的褒奖。他的儿子吴延之后来担任某地太守，吴延之的弟弟和儿子在郡县任职的，都将清廉谨慎当作家法传承。

常悬蒲鞭 崔祖思在齐朝当官，历任青州、冀州的刺史，为政清廉勤劳，能礼贤下士，曾经悬挂一条蒲草制成的鞭子，却从来没有使用过。当他离任以后，当地人很怀念他，就给他建立祠堂，年年祭祀。

清风远著 崔光伯担任北海太守时，北魏的孝明帝下诏说："崔光伯自从到齐鲁大地任职，廉洁的清风吹遍远处，允许他再治理三年，以便风化更多的百姓。"

清廉石见 虞愿，是会稽人，担任晋安太守。当地的海边有一块越王石，平时隐没在云雾里面。相传只有廉洁的太守才能看到这块石头，虞愿亲自前往观看，看得很清晰，没有任何死角。

万石秦氏 后汉秦彭与群从同时为二千石者五人，三辅号曰万石秦氏。迁山阳太守，百姓怀爱，莫有欺犯。转颍守，有凤凰麒麟、嘉禾甘露之瑞，集其郡境。

得如马使君　马默为登州知府，士民爱戴。其后苏轼起知是郡，父老迎于路，曰："公为政爱民，得如马使君乎？"轼异之。

邓侯挽不留　邓攸清和平简，贞正寡欲。授吴郡太守，载米之郡，俸禄无所受，惟饮吴水而已。后去郡，百姓数千人留牵攸船，不得进。吴人歌曰："纨如打五鼓，鸡鸣天欲曙。邓侯挽不留，谢令推不去。"

六驳食兽　张华原兖州刺史，折狱明恕，囹圄一空。先是境内有猛兽为民患，华原下车，甑山中忽有六驳食兽，民害顿除。

【译文】万石秦氏　后汉的秦彭和堂兄弟以及侄子们同时有五个人担任太守，领取二千石的俸禄，京城周边的百姓称他们为"万石秦氏"。秦彭后来迁任山阳太守，百姓爱戴他，再没有欺骗犯罪的事发生。后来又担任颍川太守，就出现凤凰、麒麟、嘉禾、甘露之类的祥瑞，全都聚集在颍川郡境内。

得如马使君　马默担任登州知府，很受士人和百姓的爱戴。他的继任者是苏轼，苏轼来登州担任知州时，父老乡亲在路上迎接他，并说："您能像马使君那样为政爱民吗？"苏轼觉得很吃惊。

邓侯挽不留　邓攸为人平和、简朴、正直、寡欲。被任命为吴郡太守，自己装了一车的米来到任所，俸禄都不肯接受，只不过喝吴地的水罢了。后来离开吴郡，有几千名百姓牵着邓攸的船挽留他，船都没法开走。吴地的人歌颂他："打鼓在五更，鸡叫要天明。邓侯留他也留不住，谢令推他也不离去。"

六驳食兽　张华原担任兖州刺史时，判案子既清明又宽厚，因此监牢为之一空。在此之前，境内有猛兽为害百姓，张华原一走马上任，甑山里面就忽然出现专门吃猛兽的六驳兽，立刻除掉了百姓的祸害。

虎去蝗散　宋均为九江守。郡多虎暴，民患之。均至，下令曰："勤劳张捕，非忧恤之本也。其务退奸贪，进良善，除一切槛阱！"虎皆渡江而东。时楚沛飞蝗蔽天，入九江界者辄散去。

冰上镜中　王觌知苏州，民歌之曰："吏行冰上，人在镜中。"

民颂守德　陶安为饶州知府，民谣曰："千里榛芜，侯来之初。万姓耕辟，侯去之日。"又曰："湖水悠悠，侯泽之流。湖水有塞，我侯之德。"

合浦还珠　孟尝为合浦太守。合浦产珠，居人采珠易米。时二千石贪污，珠徙去。及尝至，廉洁化行，一年，去珠复还。

【译文】虎去蝗散　宋均担任九江太守。九江郡经常有老虎袭击人，百姓觉得很苦。宋均上任后，下令说："费力去捉老虎，不是体恤百姓的根本法子。根本的是想办法打击奸恶和贪污之辈，任用贤良的人，命人将所有的捕虎机械和陷阱撤掉。"于是老虎全都渡过江向东去了。当时楚、沛两地闹蝗灾，波及九江境内的蝗虫立刻就消散了。

冰上镜中　王觌担任苏州知府，百姓歌颂他的清廉："官吏在冰上行走，人在镜中遨游。"

民颂守德　陶安担任饶州知府时，当地民间歌谣说："一千里的田地荒芜，是陶君刚来这里的景象。所有百姓都在耕作，是陶君离去时的风景。"又有民间歌谣说："湖水悠悠，是陶君让它流。湖水堵塞，是我思念陶君啊。"

合浦还珠　孟尝担任合浦太守。合浦郡本来盛产珍珠，当地人采珍珠来换取粮食。以前的太守太贪污，珍珠都迁到别处去了。等到孟尝上任，为官清廉，教化风行，仅仅一年以后，迁徙的珍珠又回来了。

州县附：幕、判、丞、簿、尉、吏

知州　宋置知州，名因唐始。舜有州牧。宋太祖置州通判。

知县　周置县正。秦孝公置县令、丞。唐宣宗始置知县。宋仁宗置县丞。隋炀帝置主簿。

上应列宿　后汉馆陶公主为子求郎，不许，赐钱十万缗。明帝谓群臣曰："郎官上应列宿，出宰百里，苟非其人，则民受其殃矣！"

凫舄　唐宪宗时，王乔为叶县令，有神术。每朔望朝，帝怪其来速，不见车骑，密令太史伺之。言其临至，有双凫从南飞来，举罗张之，但得双舄。诏尚方视之，则向年所赐尚书履也。

【译文】知州　宋朝设立了知州，名称是继承唐朝最初的名号。舜帝时便有了州牧。宋太祖让每个州设置了通判。

知县　周朝设立了县正。秦孝公设立了县令和县丞。唐宣宗开始设立知县。宋仁宗设立了县丞。隋炀帝设立了县主簿。

上应列宿　后汉的馆陶公主为了自己儿子请求皇帝赐予郎官的职务，汉明帝没有恩准，却赏给她金钱十万缗。明帝对群臣说："郎官是和天上的星宿对应，离开朝廷担任一县的长官，如果选人不当，老百姓就会遭殃！"

凫舄　东汉时，王乔担任叶县令，他有一种神术。每月的初一、十五各地臣子都会来朝见皇帝，皇帝却很疑惑王乔怎么来得那么快，而且没看见他的车马，于是暗地里让太史窥伺。太史说，他快到时，总会有一对凫鸟从南边飞过来。于是就用网将那对凫鸟捕获，却只看见网里的一双鞋子。皇帝让尚方署的官员来瞧瞧这是什么鞋，经过辨认发现原来这是往年赐予王乔的尚书履。

良令　《韩子》：晋公问赵武曰："中牟，三国之股肱，邯郸之肩髀也。寡人欲得一良令，其谁可？"武曰："刑伯可。"

中牟三异　后汉鲁恭为中牟令，蝗不入境，司徒袁安遣使往察之。值恭息桑阴下，有雉在旁，使者谓小儿曰："何不捕之？"曰："雉将雏。"乃语恭曰："公为政有三异：积德禳灾，一异；仁及禽兽，二异；童子有仁心，三异。"

琴堂　宓子贱治单父，喜弹琴，身不下堂而单父治。唐诗云："百里春风回草野，一轮明月照琴堂。"

花满河阳　潘岳为河阳令，公余植桃李花，人称曰"花满河阳"。

【译文】良令　《韩非子》里说：晋平公询问赵武说："中牟县是我国的中心，邯郸的要冲。我想要一个好县令，谁比较合适呢？"赵武说："邢伯（赵武的仇人）足以担当这个重任。"

中牟三异　后汉的鲁恭担任中牟县令时，蝗虫从不进入他的辖境内。司徒袁安派使臣前往视察，正碰见鲁恭在桑树下休息，有一只野鸡在周围，使臣对小孩子们说："你们为什么不捉野鸡呢？"小孩子们回说："这只野鸡带着鸡宝宝。"使臣对鲁恭说："大人您的治理有三个奇特的地方：第一个是积攒德行，去除灾害；第二个是仁爱之情都能用在禽兽身上；第三个是连小孩也有仁爱之心。”

琴堂　宓子贱治理单父时，喜欢弹琴，每天不离开琴堂，单父却能治理得很好。唐诗里有一句“百里春风回草野，一轮明月照琴堂”，说的就是他。

花满河阳　潘岳担任河阳县令时，公务余暇就种了很多桃花、李花，世人说是“花满河阳”。

神君　唐乔智明为隆虑令，县民爱之，号为神君。黄浮为童阳令，亦号神君。

圣君　晋曹摅补临淄令，纵死囚归家，克日而还，一县叹服，号曰：“圣君”。

慈父　房彦谦为长葛令，治为天下第一。百姓号为慈父。擢司马，县民泣曰：“房明府今去，吾属何以生为？”乃立碑颂德。

陈太丘　汉袁隗问陈元方曰：“卿家君在太丘，远近称之，何所履行？”元方曰：“强者绥之以德，弱者抚之以仁。”杜诗云：“姚公美政谁与俦，不减当年陈太丘。”

【译文】神君　晋朝的乔智明担任隆虑县令时，县里的百姓特别爱戴他，号称他为“神君”。黄浮担任童阳县令时，也被称作“神君”。

圣君　晋朝的曹摅被补为临淄县令，他释放死囚回家和家人团聚，到约定日期前回来，一个县里的人们都很感叹佩服他的德行，称呼他为“圣君”。

慈父　房彦谦担任长葛县令时，政绩是天下最好的。百姓称他为“慈祥的父亲”。后来升迁为司马，县里百姓都哭着说：“房大人如今要离开了，我们还怎么活呢？”于是刻碑颂扬他的品德。

陈太丘　　汉朝的袁隗询问陈元方："你的父亲担任太丘县令，不管是远的人还是近的人都称赞他，他做了什么事情？"陈元方说："对于强势的人用德行安抚，对于柔弱的人用仁义爱护。"杜甫有一首诗里称赞姚通泉时提到他，说："姚公的好政绩拿来和谁比，不差当年的陈太丘。"

元鲁山　　唐元德秀为鲁山令，诚信化人，士夫高其行，称之元鲁山。

治县谱　　齐傅僧祐、子琰并为山阴令，父子并著奇绩。世谓傅氏有《治县谱》，子孙相传，不以示人。

莱公柏　　宋寇准知巴东县，手植双柏于县庭，民以比甘棠，谓之莱公柏。

鲁公浦　　宋真宗朝，鲁宗道为海盐令，疏治东南旧港口，导海水至邑下，人以为利，号鲁公浦。

【译文】元鲁山　　唐朝的元德秀担任鲁山县令，用诚实和信义来教导百姓，士人对他的德行给予极高评价，称他为"元鲁山"。

治县谱　　齐朝的傅僧祐和儿子傅琰都担任过山阴县令，父子两人都曾留下美好的政绩。世人说傅家有一本《治县谱》，子孙之间相传，不给外人阅读。

莱公柏　　宋朝的寇准担任巴东县令时，在县衙的庭院里亲手种植两棵柏树，当地百姓将这两棵柏树比成周朝召公的甘棠，称之为"莱公柏"（寇准封为莱国公）。

鲁公浦　　宋真宗时，鲁宗道担任海盐县令，疏通了东南地区的老港口，引海水到城市边上，百姓都因此得到便利，将这里称为"鲁公浦"。

晋阳保障　晋赵简子使尹铎为晋阳，将行，请曰："以为茧丝乎，抑为保障乎？"简子曰："保障哉。"

花迎墨绶　唐岑参《送宇文舍人出宰元城》诗："县花迎墨绶，关柳拂铜章。别后能为政，相思淇水长。"

第一策　刘玄明历建康、山阴令，治每为天下第一。傅翙代之，问玄明曰："愿闻旧政。"对曰："作令无他术，惟日食一升米饭而莫饮酒，此第一策也。"

公田种秫　陶潜为彭泽令，县有公田，悉令种秫，曰："令吾常醉于酒足矣。"

【译文】晋阳保障　晋国的赵简子派尹铎担任晋阳令，快要启程时，尹铎请示赵简子说："派我去是为了赋税呢，还是为了保卫国家呢？"赵简子说："肯定是保卫国家啊。"

花迎墨绶　唐朝的岑参写的《送宇文舍人出宰元城》诗说："县中的花朵迎接佩着黑色印绶的长官，城门的杨柳枝轻轻吹拂长官的铜印。我们分别后好好治理当地，我们的思念之情好比淇水一样绵长。"

第一策　刘玄明依次担任过建康、山阴的县令，治理每每被评为天下第一。傅翙替他时，询问刘玄明："请求告知您以前处理政务的方法。"刘玄明回答："担任县令没有其他的方法，只有一种，那就是一天只吃一升米饭，却不喝酒，这是最要紧的方法。"

公田种秫　陶渊明担任彭泽县令时，县里面有公家的农田，他全种上了酿酒的黏米，并且说："只要让我经常喝醉，我就心满意足了。"

民之父母　王士弘为海宁知县，有惠政，祷甘霖，除虎害。邑人歌曰："打虎得虎，祈雨得雨。岂弟君子，民之父母。"

辟荒　温县知县沃墅，令民垦辟荒芜，树艺桑枣。百姓歌曰："田野辟，沃公力。衣食足，沃公育。"

思我刘君　刘陶，顺阳长，多惠政，以疾免。民思而歌之曰："悒然不乐，思我刘君。何得复来，安我下民。"

【译文】民之父母　王士弘担任宁海知县时，有惠民的政策，曾为百姓求雨，驱赶老虎免除危害。百姓歌颂说："打虎就能捕到虎，求雨就能天下雨。和蔼可亲的君子，是我们老百姓的父母。"

辟荒　温县的知县沃墅让百姓在荒地开垦出农田，并且种植很多的桑树和枣树。百姓唱起歌："田能开垦，是沃公的功劳。丰衣足食，是沃公的养育。"

思我刘君　刘陶，担任顺阳长，有很多惠民政策，后来因为生了大病就解职了。百姓怀念他，所以唱起歌："我们都郁郁寡欢，因为思念我们的刘君。刘君什么时候能再来呢？好安抚我们老百姓。"

进秩还治　周健知全州，任满，民诣阙请留，进秩还治。杨士奇赠以诗，有云："归到清湘三月暮，郊南骑马劝春耕。"

三善名堂　沈度为余干令，父老以三善名其堂：一曰田无废土，二曰市无游民，三曰狱无宿系。

雀鹿之瑞　吴在木知余干，有白雀青鹿之瑞。民歌曰："吴在木，政严肃，恶者忧羁囚，善者乐化育。鸟有白翎雀，兽有青毛鹿，不见大声急走人，昔之屡空今皆足。"

张侯　张说为德兴令，民颂之曰："张侯张侯，敷政优游。

农乐其业，禾麦有秋。”

【译文】进秩还治　周健在全州任职，任期已经满了，老百姓去朝廷请求让他留任，朝廷便将他升官，继续在全州任职。杨士奇赠诗给他，有“回到湘水边时已经是三月天了，到郊外骑着马勉励百姓进行春天的耕种”的句子。

三善名堂　沈度担任余干的县令，当地百姓用“三善”称呼他的公堂：一善是没有浪费的田地，二善是市井没有失业的人，三善是监狱里没有隔夜不审问办案的囚犯。

雀鹿之瑞　吴在木担任余干的知县，当地出现白雀、青鹿的祥瑞。百姓歌唱着说：“知县吴在木，为政严厉整肃。坏人担忧被关起来，好人高兴这幸福生活。如今出现白毛的雀，还有青毛的鹿。再没有高声骑马冲撞的人。以前总是穷困吃不上饭的人，如今都丰衣足食了。”

张侯　张说担任德兴县令时，百姓歌颂他：“张侯啊张侯，治理得很有看头。农民耕田有干劲，稻子麦子全都大丰收。”

侯御侯食　何正为萍乡令，民歌之曰：“寇至侯御之，民饥侯食之。”

入幕之宾　晋郗超为桓温参军，谢安、王坦之诣新亭论事，温令超卧帐中听之，风动帐开。安笑曰：“郗生可谓入幕之宾矣。”

莲花幕　《南史》：王俭用庾杲之为卫将军长史，萧沔与俭书曰：“盛府元僚，实难其选；庾景行泛绿水、依芙蓉，何其丽也！”时人以入俭府为莲花幕。

解事舍人　唐齐澣，开元初姚崇擢为中书舍人。论驳诏诰，皆援证古谊。朝廷大政，必资之。时号解事舍人。

【译文】侯御侯食　何正担任萍乡县令时，百姓歌颂他："盗贼如果敢来，他去抵挡。百姓饿了，他来喂养。"

入幕之宾　晋朝的郗超担任桓温的参谋，谢安、王坦之前往新亭和桓温讨论国家大事，桓温暗地里让郗超躺在帷幕后面偷听，大风吹开了帷幕，谢安笑着说："郗君可以说是'入幕之宾'了。"

莲花幕　《南史》里说：王俭让庾杲之担任卫将军长史，萧沔写给王俭的信里说："贵府的官吏都是杰出的人物。其中庾杲之（景行）尤其杰出，就好比在绿水上划船、靠近荷花，太美丽了！"当时的人就把进入王俭幕府称为"莲花幕"。

解事舍人　唐朝的齐澣在开元初年被姚崇提拔为中书舍人。他撰写的论、驳、诏、诰，全都援引古时候许多典籍的义理来证明观点。每次朝廷有大举措，肯定会咨询他的意见。当时的人将他称为"解事舍人"。

判决无壅　《南史》：孔觊除长史，醉日居多，而明晓政事，醒时判决，未尝有壅。人曰："孔公一月二十九日醉，胜世人二十九日醒也。"

髯参短簿　晋桓温辟王珣为主簿，郗超为参军。超多须髯，珣体短小。人语曰："髯参军，短主簿，能令公喜，能令公怒。"

沧海遗珠　狄仁杰为汴州参军，以吏诬诉，即讯。黜陟使阎立本异其才，谢曰："仲尼称观过知人。君可谓沧海遗珠矣。"荐授并州法曹参军。高宗幸汾阳宫，道出妒女祠。俗言：盛服过者致风雷之变。更发卒数万，改驰道。仁杰曰："天子之行，风伯清尘，雨师洒道，何妒女避耶！"止其役，帝壮之。出为宁州刺史。

【译文】判决无壅　《南史》里说：孔觊担任长史时，虽然经常喝醉，可是却通晓政务，清醒的时候办理政务，从没有解决不了的。当时的人都说："孔公每个月二十九天喝醉，胜过世人二十九天清醒。"

髯参短簿　晋朝的桓温让王珣担任主簿，郗超担任参军。郗超有很多的长胡子，王珣身体矮小。当时的人说："大胡子的参军，矮小的主簿。既能让桓公高兴，又能让桓公发怒。"

沧海遗珠　狄仁杰担任汴州参军时，因为被下属小吏诬陷，即刻被刑部审讯。黜陟使阎立本惊叹于他的才干，向他致歉说："孔子说过，看一个人的过错就能了解一个人。你真算得上沧海里的一颗遗珠。"并且推荐他担任并州的法曹参军。唐高宗临幸汾阳宫时，经过妒女祠。当地民间传说，只要是穿着非常华丽的衣服路过这里，都会刮大风，打响雷。唐高宗因而准备数万士兵重新修建一条皇帝御用的大路。狄仁杰对皇帝说："天子无论到哪里，连风神都要清除道路上的泥土，雨师都要洒扫道路，有什么必要避开妒女！"阻止了这次工程，高宗对他表示赞赏，派他担任宁州刺史。

亲耕劝农　裘贤通判潮州，为政勤，爱民笃。尝出劝农，释冠带，执农具以耕，其妻馌之。其年大熟，人皆以为劝农所致。

不宽不猛　杨玙为高邮判，民颂曰："为政不宽还不猛，处心无党更无偏。"

好官人　杨瑾知华亭，秩满，父老为二旗以饯，题其上曰："农人不为题诗句，但称一味好官人。"

老吏明　何澣为松江司李，知府王衡赠诗云："关门共惜寒毡苦，断狱争夸老吏明。"

【译文】亲耕劝农　裘贤担任潮州通判时，为政勤劳谨慎，爱护百姓就像对待儿子。他曾经到田野劝农民耕种，脱下官帽和官服，手持农具亲自耕种，他的妻子带着饭送给他吃。当年的收成特别好，百姓都认为是裘贤勉励农耕的结果。

不宽不猛　杨玙担任高邮通判时，百姓颂扬他说："为政既不宽松也不凶猛，心地没有任何的偏袒，大公无私。"

好官人　杨瑾担任华亭知县时，任期已满，当地的父老制作了两面旗子来送他，旗子上面题着："农人不为题诗句，但称一味好官人。"

老吏明　何滌担任松江司李时，知府王衡赠诗给他说："关上门都感叹你使用破毡子太苦了，办案子大家都夸说还是老先生你最分明。"

第一家　陶安字主敬，明太祖留参幕府，尝榜其门曰："国朝谋略无双士，翰苑文章第一家。"

筑围堤　王斌，龙阳丞，为民筑堤，无旱潦灾。民歌之曰："王父母，筑围堤。民乐业。我无饥。"

祷神毙虎　王昇，桐城县丞。时黄蘖山虎白昼噬人，昇祷于神，虎忽自毙。

余不负丞　唐崔斯立为蓝田丞。始至，喟然曰："丞哉，丞哉！余不负丞，而丞负余。"庭有老槐四行，南墙巨竹千挺，斯立痛扫溉对，树二松，日吟哦其间，有问者，辄对曰："余方有公事，子姑去。"

【译文】第一家　陶安字主敬，明太祖留他在自己的幕府，曾在他家门上写道："本朝的谋略你是天下无双，翰林院的文章你是天下第一。”

筑围堤　王斌担任龙阳的县丞时，给百姓建筑了防洪堤，让当地再也没有旱涝灾害。百姓唱歌颂扬他说：“王斌是我们的父母，给我们筑防洪堤。百姓都很有干劲，我们都不再饥饿。”

祷神毙虎　王昇担任桐城的县丞。当时的黄蘗山上经常有老虎在大白天里吃人，王昇向神明祈祷后，那老虎就忽然死掉了。

余不负丞　唐朝的崔斯立担任蓝田的县丞。刚到任时，长叹一声：“县丞啊，县丞啊！我不辜负这个职务，可是这个职务却辜负我。”庭院里种有四行老槐树，南边墙下有一千株大竹子，崔斯立彻底清扫干净，一棵不剩，还引来泉水灌溉，并且种了两棵松树，每天在松树下面吟诗。有人来询问时他就说：“我有公务，你姑且离开。”

赞府　裴子羽为下邳令，张晴为县丞，二人俱有声气，而善言语，论事移时。吏人相谓曰：“县官甚不和，长官道雨，替府称晴，以此终不得合也。

廉吏重听　汉黄霸为令，许丞年老，病聋，吏白欲逐之，霸曰：“许丞廉吏，虽老，尚能拜起，重听何妨！”

清静无欲　后汉张玄迁陈仓县丞，清静无欲，专心经史。

仇香　后汉仇览，陈留人。考城令王涣闻览以德化人，署为主簿。涣谓曰：“主簿得无少鹰鹯之志耶？”览曰：“以为鹰鹯，不如鸾凤。”涣曰：“枳棘非鸾凤所栖，百里岂大贤之路！”

【译文】赞府　裴子羽担任下邳的县令，张晴担任县丞，两人想法各不相同，况且也都擅长辩论，在讨论政务总是很久。下属相互之间说：“我们县的长官不太和睦：县令说‘雨’（谐音裴子羽的“羽”字），县丞却说‘晴’（谐音张晴的“晴”字），因此两人总是不能合到一起。”

廉吏重听　汉朝的黄霸担任县令，许县丞的年龄已经大了，耳朵聋，下属小吏对黄霸说准备将许县丞赶走。黄霸却说："许县丞是特别清廉的官吏，虽然年纪大，尚且行跪拜礼，耳朵聋又有什么关系呢！"

清静无欲　后汉的张玄被迁为陈仓县丞，治理当地清静无为，一心一意研究经书和史籍。

仇香　后汉的仇览是陈留人。考城的县令王涣听闻仇览的德行让百姓受到感化，便任命他担任主簿。王涣对仇览说："您担任主簿是不是缺乏猛禽一般高远的志向呢？"仇览说："我觉得猛禽不如鸾凤。"王涣说："可是荆棘丛里不是鸾凤的栖息之所，百里的小县城又怎么会是大贤人的出路。"

鸿渐之宾　《白氏六帖》：凤栖之位，鸿渐之宾。

千里驹　韦元将为郡主簿，杨彪称曰："韦主簿年虽少有老成之风，昂昂然千里驹也。"

关中三杰　朱光庭调万年主簿，邑人谓之明镜。时程伯淳鄠县簿，张三甫武功簿，与光庭均有才名，故关中号为"三杰"。

才拍翰林肩　黄山谷《送谢主簿》诗云："官栖仇览棘，才拍翰林肩。"

【译文】鸿渐之宾　《白氏六帖》里说：凤凰栖止的位置，乃是鸿雁聚集的地方。

千里驹　韦元将官担任郡主簿，杨彪称道他时说："韦主簿虽然年纪小，却有成熟的风范，仪态高远好比千里马。"

关中三杰　朱光庭调到万年县担任主簿时，当地人都称赞他为"明镜"。当时的程伯淳担任鄠县主簿，张三甫担任武功县主簿，和朱光庭一起都很出名，所以关中将他们合起来称为“三杰”。

才拍翰林肩　黄庭坚的《送谢主簿》诗里说：“担任主簿，就像仇览栖息在荆棘丛里，才华却和李白比肩。”

米易蝗　孙觉为合肥簿，值岁旱，课民捕蝗。觉言民方艰食，捕得蝗若干，官以米易之，捕必尽力。守悦，推其法行之，竟不损禾。

少府　李白《赠瑕丘王少府》，杜甫《赠华阳李少府》。唐朝县尉多称少府。

黄绶　唐朝县尉之绶黄色。陈之昂《送齐少府序》：黄绶位轻，而青云望重。

梅仙　西溪梅福为南昌县尉，上疏言事不用，遂弃官，一朝携妻子去九江，不知所终。后为吴门市卒。

【译文】米易蝗　孙觉担任合肥主簿时，遇上大旱，官府命令百姓去捕捉蝗虫。孙觉对太守说百姓现在很苦没饭吃，如果能按照捕捉的蝗虫数量，官府用米交换，他们捕捉肯定会更加卖力。太守听完后很高兴，就施行了这个办法，于是当时的蝗灾终究没有怎么损害庄稼。

少府　李白有《赠瑕丘王少府》的诗，杜甫有《赠华阳李少府》的诗，可以证明唐朝县尉多被人称为少府。

黄绶　唐朝县尉的印章绶带是黄色的。陈之昂《送齐少府序》里说：虽然黄色印绶表示的职务很轻，但是天下有很高的盛名。

梅仙　西溪人梅福担任南昌县尉，上疏给皇帝议论国事，却不为国家采纳，于是就弃官离开，某一天带着家人去九江，就没了踪影。后来有人看见他担任吴地看市门的小吏。

聪明尉 唐魏奉古为雍丘尉。尝公宴，有客草序五百言。奉古曰："此旧作也。"朗背诵之。草序者默然。奉古徐笑曰："适览记之，非旧习也。"由是知名。人号"聪明尉"。

铁面少府 宋杨王休，调台州黄岩尉。邑有豪民，武断一方，具得其奸状，白于郡，黥隶他州。闾里欢称为"铁面少府"。

五色丝棒 曹操年二十，举孝廉为郎，除洛阳比部尉。入尉廨，缮治四门，造五色棒，悬门左右。犯罪者，不避豪强，皆棒杀之。京师敛迹。

【译文】聪明尉 唐朝的魏奉古担任雍丘县尉。曾开了官府宴会，有一位客人写了五百字的序。魏奉古说："这是古人的旧作而已。"说完就大声背诵。写序的人沉默不说话。魏奉古慢慢地笑着说："这是刚才看一遍背下的，这并非古人的旧作。"他因此而有了很大名声。世人称他为"聪明尉"。

铁面少府 宋朝的杨王休，调到台州担任黄岩县尉。当时有一个富人，在当地横行霸道。杨王休完全掌握了他的罪证，就报告给上司，将那人刺青发配到别的州。当地百姓很高兴，称他为"铁面少府"。

五色丝棒 曹操在二十岁时，被朝廷举为孝廉，从而担任了郎官，任命为洛阳比部尉。他一官舍，就修缮了四个大门，制成五种颜色的木棒，悬挂在门的左右。假如有人犯罪，即使是有权势的人也不放过，全部用木棒打死。京师的豪强因此收敛了很多。

金滩鸂鶒 唐河南伊阔县前水中，每僚佐有入台省者，先有滩出，石砾金砂。牛僧孺为尉，一日报滩出，有老吏观之曰："此必分司御史。若是西台，当有双鸂鶒至。"僧孺祝曰："既有滩，何惜鸂鶒？"语未竟，一双飞下。不旬日，召拜西台御史。

郑尉除奸 郑虎臣会稽尉也，解贾似道安置循州，侍妾尚数十人，虎臣悉屏去，夺其宝玉，撤轿盖，暴烈日中，令舁轿夫唱杭州歌谑之，窘辱备至。至漳州木绵庵，虎臣讽令自杀，似道不从。虎臣曰："吾为天下杀此贼，虽死何憾！"遂囚似道子于别室，即厕上拉似道椎杀之。

【译文】金滩鸂鶒 唐朝河南道的伊阊县县城前面的河水里，每次当地官员有将要进入中央当官的，就会先显露出沙滩，沙滩上的石子都是金砂。牛僧孺担任当地县尉时，有一天也传说沙滩显露了，有一名老吏看了后说："这次一定是担任东都的分司御史。假如是担任长安的西台御史，还应该飞来一对紫鸳鸯。"牛僧孺祈祷说："既然显露沙滩，又何必吝惜紫鸳鸯？"祈祷的话还没结束，就看见一对紫鸳鸯从天上飞下来。不超过十天，牛僧孺就被召回朝廷，任命为西台御史。

郑尉除奸 郑虎臣担任会稽县尉，押着贾似道去循州安置，贾似道还有几十个侍妾，郑虎臣将她们全都赶走，还抢夺他的宝玉，撤去轿子的盖子，让他在烈日中曝晒，并且让抬轿子的人唱着杭州的歌谣戏弄他，让他受尽各种窘迫侮辱。等到了漳州的木绵庵，郑虎臣让贾似道自杀，可他不愿意。郑虎臣说："我为天下人杀死这个老贼，即使因此获罪而死也没有遗憾！"于是将贾似道的儿子关在另一间屋子里，将贾似道拉到厕所，用铁椎锤死。

霹雳手 唐裴琰之为同州司户，年少，刺史李崇义轻之。州中积年旧案数百，崇义促之判决。琰之命吏书数人递纸笔，须臾，剖断毕。崇义惊曰："公何忍藏锋，以成鄙人之过？"由是大知名。人称霹雳手。

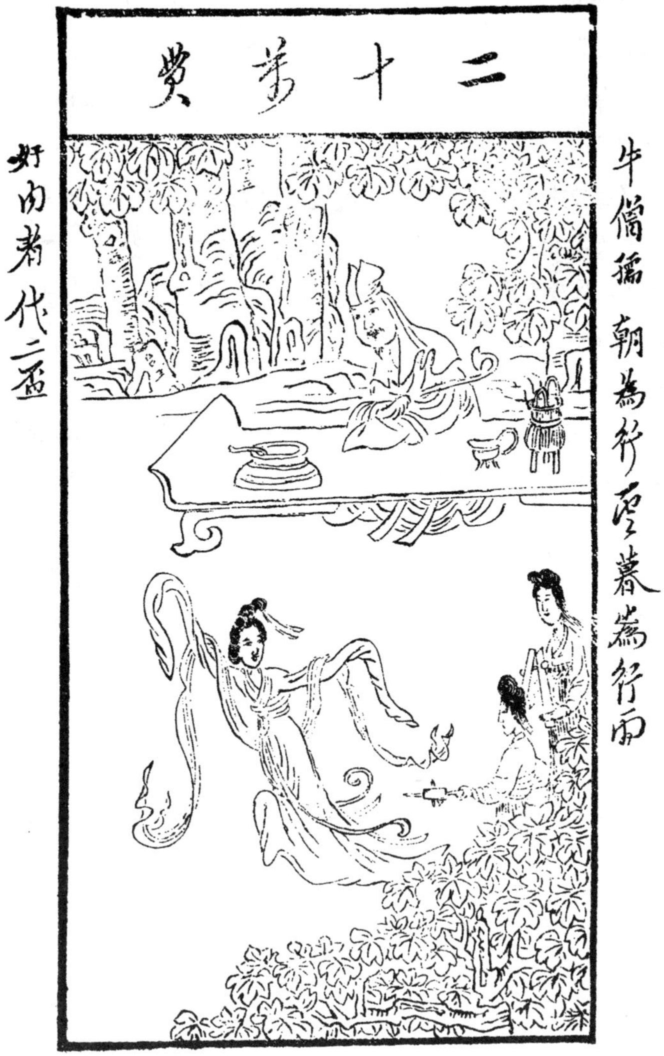

二十萬貫

牛僧孺 朝爲行雲暮爲行雨

好内者代二盃

牛僧孺，选自（明）陈洪绶版画《博古叶子》

廉自高 刘子敏由御史左迁侯官典史，自署曰："禄薄俭常足，官卑廉自高。"

刀笔 萧曹出身刀笔。古者用版牍，吏书以刀削书之，故吏称刀笔功名。

【译文】霹雳手 唐朝裴琰之担任同州司户时还很年轻，所以刺史李崇义很藐视他。同州有几百件许多年没有破的旧案，李崇义催他快判决。裴琰之让下属小吏送来纸笔，不一会儿就断案结束。李崇义吃惊地说："您怎么忍心隐藏自己的锋芒，从而造成了我的过失？"他因此获得很大的名声，世人称他为"霹雳手"。

廉自高 刘子敏由御史任上被贬为侯官典史，自己题诗说："俸禄虽然变少了，但勤俭节约也可以足够，官位虽然低了，只要廉洁奉公，自然高出常人。"

刀笔 萧何、曹参出身于文书小吏。古时候的文章都写在竹简上，小吏写错了字就用刀削去重写，所以将小吏称为"刀笔功名"。

学官

学校　有虞氏始立国学。汉文翁守蜀，起学宫，始天下皆立学。后魏文帝始立郡县学。

唐高祖始诏国学立周孔庙。高宗始敕天下皆立庙，特祀孔子，初并祀周公。

舜始制释奠、释采。

魏正始七年，始祀孔子于太学，前此皆祀于阙里释奠。晋武帝始皇太子释奠。隋四仲月上丁释奠。

魏曹芳始以颜子配飨。唐太宗加左丘明等配享。宋神宗加孟子配享。

【译文】学校　有虞氏开始创立了国家的学校。汉朝的文翁驻守在成都，建立了学宫，这时天下才都兴办起学校。后来魏文帝开始建立郡县学校。

唐高祖开始下诏在国家学校里设立周公、孔子的庙宇。唐高宗最初下诏让全国各地都要建立孔子庙，只祭祀孔子，起初也一并祭祀周公。

舜帝开始规定释奠礼和释采礼。

魏国的正始七年（公元246年），开始在太学祭祀孔子，在此之前全都是在曲阜的阙里进行释奠礼。晋武帝开始让皇太子主持释奠礼。隋朝在每个季度的第二个月上旬的丁日进行释奠礼。

魏王曹芳开始将孔子弟子颜回放在孔庙一起祭祀。唐太宗增配了左丘明等人一起祭祀。宋神宗增加了孟子。

儒学 宋神宗各府置教授，掌教诸生，始战国博士祭酒。汉武帝置博士于京师，文学于郡国。及唐太宗诏天下惇师为学官。

取法为则 胡瑗尝为湖州学官，言行而身化之，使诚明者达，昏愚者厉，而顽傲者革。其为法严而信，为道久而尊。自明道、景祐以来，学者有师，惟瑗与孙复、石介三人。庆历四年，建太学于京师，有司请下湖州取瑗教学之法以为则，召为诸生官教授。

【译文】儒学 宋神宗在各府都设立了教授，主管教育学生，这种职务起源于战国博士祭酒。汉武帝在京师设立了博士这个职务，在各个郡国设立了文学这个职务。后来唐太宗下诏让全国的德高学醇的老师担任学官。

取法为则 胡瑗曾经担任湖州学官，用言行教导学生，使诚信聪明的人成功，使糊涂愚昧的人发奋用功，使顽劣骄傲的人痛改前非。他制定的学校规矩既严格又让人信服，他的道义一直不变，越发尊贵。从明道、景祐年间以来，学生的好老师，只有胡瑗和孙复、石介三个人。庆历四年(公元1044年)，朝廷在京师建立太学，主管部门申请学官们去湖州学习胡瑗的教学方法来作为太学的规范，并且召来胡瑗担任学官的教授。

卷七·政事部

经济

平米价　赵清献公，熙宁中知越州。两浙旱蝗，米价涌贵，饥死者相望。诸州皆榜衢路，立告赏，禁人增米价。公独榜通衢，令有米者增价粜之，于是米商辏集，米价顿贱。

禁闭粜　抚州饥，黄震奉命往救荒，但期会富民耆老以某日至。至则大书“闭粜者籍，强籴者斩”八字揭于市，米价遂平。

但笑佳禾　张全义见田畴美者，辄下马，与僚佐共观之。召田主，劳以酒食，有蚕麦善收者，或亲至其家，呼出老幼，赐以茶彩衣物。民间言张公不喜声伎，独见佳麦良蚕乃笑耳。由是民竞耕蚕，遂成富庶。

【译文】平米价　清献公赵抃在熙宁年间担任越州知府。当时的两浙地区因为大旱、蝗灾，米价极其昂贵，路边都是饿死的人。各州都在路边贴出告示，告发谁抬高米价会得到奖赏，严禁人们抬高米价。唯独赵抃在路旁张贴告示，让储存米的商人加价卖出，于是所有米商都聚集到这里，因此越州的米价立刻变得很便宜。

禁闭粜　抚州遭遇饥荒，黄震奉着朝廷的命令前往救荒，只和当地的富民们约定在某日相见，那些人到了相见地点，他写了几个大字：“屯着米不卖的人抄没，强行买入米的人杀头。”米价因此就保持平稳。

但笑佳禾　张全义看见哪里的田地肥美，就下马来和下属们一起去察看，并且召来田的主人，用酒和食物犒劳他。如果哪里有擅长养蚕或者收麦子的人，他有时亲自去他们家里，喊出男女老少，赐茶叶或者衣物给他们。民间都说张公不喜好美女音乐，唯独看见好麦子好蚕蛹才会高兴地笑。因而百姓互相攀比着耕种和养蚕，于是当地变得很富庶。

击鼓剿贼　魏李崇，为兖州刺史。兖旧多劫盗，崇令村置一楼，楼悬鼓，盗发之处，乱击之。旁村始闻者，以一击为节，次二，次三。俄顷之间，声闻百里，皆发人守险，由是贼无不获。

断绝扳累　薛简肃公帅蜀，一日置酒大东门外。中有戍卒作乱，既而就擒，都监走白诸公，命只于擒获处斩决。民间以为神断，不然，妄相扳引，受累必多矣。

擢用枢密　都指挥使张旻被旨选兵，下令太峻，兵惧，谋为变。上召二府议之。王旦曰："若罪旻，则自今帅臣何以御众？急捕谋者，则震惊都邑。陛下数欲任旻枢密，今若擢用，使解兵柄，反侧者自安矣。"上曰："王旦善处大事，真宰相也。"

【译文】击鼓剿贼　北魏的李崇担任兖州刺史。兖州以前有很多强盗。李崇让每个村建立一个楼，楼上悬一面鼓，每次哪里出现盗贼，哪里就随便击鼓。旁边最先听见鼓声的村子，就用每次打一下鼓，后来的村子分别击鼓二次、三次，以此类推。不一会儿就可以传遍方圆百里的地方，听到鼓声的地方便都派人守卫，因而盗贼都被逮捕了。

断绝扳累　简肃公薛奎担任蜀地长官。某一天在大东门外设宴，其间有一名士兵作乱，马上就将他抓起来，都监跑去向各位官员报告情况，薛奎命令直接在抓起来的地方杀掉就好。民间认为这是明智的决断，如果不这样，加以审讯就会胡乱牵扯别人，肯定有许多无辜的人受连累。

擢用枢密　都指挥使张旻接到圣旨去挑选精兵，他的法令过于苛刻，士兵都很怕他，策划着要叛变。皇帝将中书省和枢密院二府的官员召来商讨这事。王旦说："如果怪罪张旻，那么今后的将军还怎么管得住士兵？如果逮捕策划叛变的士兵，又会造成全国的震惊。陛下屡次想让张旻担任枢密使，如今倘若将他升官，解除了他的兵权，谋反的人也会觉得很安全。"皇帝说："王旦很擅长处理大事，是真正的宰相。"

分封大国　汉患诸侯强，主父偃谋令诸侯以私恩，自裂地封其子弟，而汉为定其封号。汉有厚恩，而诸侯自分析弱小云。

征卤封禅　张说以大驾东巡，恐突厥乘间入寇，议加兵备边。召兵部郎中裴光庭谋之。光庭曰："四夷之中，突厥最大，比屡求和亲，而朝廷勿许。今遣一使，征其大臣从封泰山，彼必欣然承命。突厥来，则戎狄君长无不皆来，可以偃旗息鼓，高枕而卧矣。"说曰："善，吾所不及。"即奏行之。

预给岁币　契丹奏请岁给外别假钱币。真宗以示王旦。公曰：夷狄贪婪，渐不可长。可于岁给三十万内各借三万，仍谕次年额内除之。契丹得之，大惭。次年，复下有司："契丹所借金帛六万，事微末，依常数与之，以后永不为例。"

【译文】分封大国　汉朝担心诸侯国越来越强大，主父偃就献计，让诸侯因为私人的情感，将自己地盘分封给子弟们，朝廷给他们取封号。朝廷对他们有了大恩，诸侯也就自己拆分，变得弱小了。

征卤封禅　张说因为皇帝准备去泰山举行封禅大典，他害怕突厥乘机进攻内地，商议要加强兵力防备边疆。皇帝召来兵部郎中裴光庭和他一起谋划。裴光庭说："在四方蛮夷中，突厥是最为强大的，最近屡屡来请求和亲，可是朝廷没有同意。如今派遣一名使者去他们那，让他们派一名大臣跟随皇帝去封禅泰山，他们一定会特别高兴地听从。突厥如果来了，那其他蛮夷的首领也就都来了，这样就不必备战，可以高枕无忧了。"张说对他说："这主意太好了，我比不上你啊。"于是立即上奏，皇帝就按他的建议实行。

预给岁币　契丹到朝廷来上奏请求，除了每年的岁贡还要再增加一些钱币。宋真宗将奏书给王旦看。王旦说："蛮夷都是贪婪的，不可以让他们贪得无厌。我们可以从每年的三十万岁贡里借出三万给他们，但仍需告知他们要在第二年的岁贡里扣除。"契丹得到钱后，很惭愧。第二年，又下令主管岁贡的部门说："契丹去年所借的六万钱财布帛，是很小的事。今年还按照原来数目给他们，以后永远下不为例就是了。"

责具领状　王阳明既擒宸濠，囚于浙省。时武庙南幸，驻跸留都。中官诱令阳明释濠还江西，俟圣驾亲往擒获，差中贵至浙省谕旨。阳明责中贵具领状，中贵惧，事遂寝。

竞渡救荒　皇祐二年，吴中大饥。范仲淹领浙西，发粟及募民存饷，为术甚备。吴人喜竞渡，好为佛事。淹乃纵民竞渡，太守日出宴于湖上，自春至夏，居民空巷出游。又召诸佛寺主僧谕之曰："饥岁工价至贱，可以大兴土木之役。"于是诸寺工作并兴。又新仓廒吏舍，日役千夫。两浙大饥，唯杭宴然。

比折除过　韩琦知郓州，京中素多盗，捕法以百日为限，限中不获，抵罪。琦请获他盗者听，比折除过，故盗多获。

【译文】责具领状　王阳明逮捕了叛乱的宁王朱宸濠以后，将他关在浙江省的监牢里。当时的明武宗正在南方巡幸，车驾停在南京。宦官暗地里让王阳明将朱宸濠释放回江西，好让皇帝御驾亲征，擒拿叛贼，并派宦官去浙江省传达圣旨的意思。王阳明要求宦官写字据，宦官害怕，这事也就不了了之了。

竞渡救荒　宋仁宗皇祐二年（公元1050年），吴地遇到大饥荒。范仲淹当时正担任杭州太守，于是打开官仓发放粮食赈济灾民，并且招募百姓以保存粮食，他应对的方法很全面。吴地的人爱好赛龙舟，也喜欢礼佛。范仲淹便让百姓任意划龙舟，他每天在湖边设宴，从春天到夏天，当地居民万人空巷出来游玩。范仲淹又对各个佛寺的主持说："饥荒年月的工价很便宜，你们可以多造一些大殿。"于是各个寺院都开始建造佛殿。另外，官府翻新了仓库和官舍，每天有上千的劳动力在工作。两浙路都遭受严重的饥荒，只有杭州安然无恙。

比折除过　韩琦担任郓州知府时，城里以前有很多盗贼，逮捕法规定逮捕盗贼的期限是一百天，期限到时没有抓获，捕快就要被问罪。韩琦请求朝廷允许抓获其他盗贼的捕快可以抵消那个期限到了没有抓获的罪责，因而盗贼大多被捕获。

中官毁券　梅国祯知固安，有中官操豚蹄为飨，请征债于民。国祯曰："今日为君了此。"急牒民至，趋令鬻妻偿贵人债，伪遣人持金买其妻，追与偕入，民夫妇不知也。祯大声语民曰："非尔父母官立刻拆尔夫妻，奈贵人债，义不容缓；但从此分离；终身不复见矣！容尔尽言诀别。"阳为堕泪。民夫妇哀恸难离。中官为之酸楚，竟毁券而去。

宣敕毙奸　况钟知苏州，初视事，阳为木讷，胥有弊蠹，辄默识之。通判赵忱，肆慢侮钟，亦不之校。既期月，一旦，宣敕召府中胥悉前，大声言："某日某事窃贿若干，然乎？某日，某如之！"群胥骇服，不敢辩。立掷杀六人，肆诸市。复出属官贪者五人，庸懦者十余人。由是吏民震悚，革心奉命。民称之曰况青天。

【译文】中官毁券　梅国祯在固安任职，有一名宦官拿着猪蹄给他吃，请求他帮他向百姓要债。梅国祯说："今天就帮您将这事了结。"于是急忙下令让负债的百姓过来，催促他们快把妻子卖掉，好偿还宦官的债，同时假装让人拿钱来买那人的妻子，逼着让那人的妻子和买家一块走，负债的夫妇并不知道实情。梅国祯高声对那人说："不是你们的父母官急迫地拆散你们夫妻，只是无奈你们欠了贵人的债，情理上也不能有片刻的耽误。只是你们从此分别，就一辈子也见不到了。允许你们好好地道别。"他边说边假装掉眼泪。负债的夫妇两人极为悲伤、难以离别。宦官也受到感动，最终撕毁了债券离开了。

宣敕毙奸　况钟担任苏州知府，刚开始管事时，假装很迟钝。下属的小吏假如有舞弊贪污，就暗地里记下。通判赵忱，很傲慢放肆，经常侮辱况钟，况钟也不和他计较。过了整整一个月。突然有一天，他命令所有的下属官吏到官府中集合，高声宣布："某人在某天因为某件事暗地收受贿赂若干，是也不是？另外某天，某人也是这样！"众人特别惊讶害怕，全都认罪了，不敢再争辩解释。况钟立即杀掉其中六人，将他们的尸首放在闹市示众。又罢免了下属官吏中五个贪污的和十几个平庸懦弱的。从此以后，下属官吏和百姓都极为震惊害怕，洗心革面，听从他的命令。百姓称他为"况青天"。

积弊顿革　刘大夏为户部侍郎，理北边粮草。尚书周经谓曰："仓场告乏，粮草半属京中贵人子弟经营。公素不与此辈合，此行恐不免刚以取祸。"大夏曰："处天下事以理不以势，定天下事在近不在远，俟至彼图之。"既至，召边上父老日夕讲究，遂得其要领。一日，揭榜通衢曰："某仓缺几千石，每石给官价若干，封圻内外官民客商之家，但愿告报者，粮自十石以上，草自百束以上，俱准告，虽中贵子弟，不禁也。"不两月，公有余积，民有余财。盖往时来告者，粮必限以千百石，草必限以十万束方准，以至中贵子弟为市包买，以图利息。自大夏此法立，有粮草之家皆自往告报，不必中贵包买足数，然后整告也。几十年积弊，一朝顿革。

【译文】积弊顿革　刘大夏担任户部侍郎时，主管北疆的粮草。尚书周经对他说："仓库已经很不够了，可是粮草一半都是被大宦官的子弟经营着。您和这些人向来不和，这次前去只怕难免因为刚直的性格要惹祸上身。"刘大夏回答说："处理天下大事只认道理不管权势，解决天下的大事要等到手边再思考，没必要还没遇上就思虑。等我到那边再想办法。"他上任以后，就召来边地的父老没日没夜地讨论研究，于是获得了这件事的关键所在。某一天，他在大路边张榜发出公告："某处的仓库缺了几千石粮食，每一石的官府价格是多少多少，境内所有客商人家，只要愿意交纳，粮食限定在十石以上，草料限定在百束以上，都准许前来交纳买卖，即使是宦官的子弟们，也并不禁止。"于是两个月内，官府获得丰厚的粮草储存，百姓也有多余的钱财。因为以前来交纳，粮食要在千百石以上，草料要在十万束以上才允许，以至于中贵子弟到四处低价购买物资，赚取利息。自从刘大夏创立此方法后，有粮草的人家全都自己前去交纳，不再等中贵子弟包了许多家的粮草，只有囤够了才给钱。几十年积累的弊政，一下子就改正了。

筑墙屋外　许逵为乐陵令，时流寇势炽，逵预筑墙城浚隍，使民各筑墙屋外，高过其檐，仍开墙窦如圭，仅可容人。家令二壮者执刀俟于窦内，其余人各入队伍，设伏巷中，洞开城门。贼至，旗举伏发，贼火无所施，兵无所加，尽擒斩之。自是贼不敢近乐陵境。

承命草制　梁储在内阁时，秦王疏请陕之边地，益其封疆。朱宁、江彬等受其贿，助之请，上许之。兵部及科道执奏不听，大学士杨廷和当草制，引疾不出。上震怒，内臣至阁督促储曰："如皆引疾，孰与事君？"遂承命草上制曰："昔太祖皇帝著令曰：'此土不畀藩封，非吝也！念此土广且饶，藩封得之，多蓄士马，饶富而骄，奸人诱为不轨，不利宗社。'今王请祈恳笃，朕念亲亲，畀地不吝。务得地宜益谨，毋收聚奸人，毋多养士马，毋听奸人劝为不轨，震及边方，危我社稷，是时虽欲保全亲亲，不可得已。王慎之，毋忽！"上览制，骇曰："若是，其可虞，其弗与！"事遂寝。

【译文】筑墙屋外　许逵担任乐陵县令，当时流寇的势力很大，许逵预先修缮了城墙，并且疏通护城河，让百姓在自家的屋外修筑高墙，比他们的屋檐还高，墙中间开一个像圭形的洞，刚刚能通过一个人。每家让两个强壮的男人手持大刀守在洞里，其余的人都编进民兵队里，埋伏在大街小巷中，然后大开城门。等流寇军队一到来，就举起旗子，接到信号伏兵全部出动，流寇即使想纵火也因高墙无计可施，军队也没地方可掠夺，最后全部被擒拿斩首。从此流寇再也不敢接近乐陵县境内。

承命草制　梁储在内阁时，秦王上疏皇帝请求用陕西的边疆地区增加他的封地。朱宁、江彬两人受过他的贿赂，也来帮他一起请求，明武宗同意了请求。兵部和各科道全都上奏劝阻，皇帝一概不听，大学士杨廷和本应撰写制书，却称病不出门。武宗非常愤怒，派遣宦官到内阁催促梁储写制书，并且说："如果都推说生病，那谁来侍奉君王？"于是梁储领命撰写制书说："以前太祖皇帝下令说：'这里的土地不准给藩王作为封地，不是因为吝惜，是考虑到这里土地广袤富饶，藩王如果得到后，就会养很多的兵士和战马，从富贵转而变成骄傲，再加上奸人引诱做出不和谐的事情，对宗庙社稷不利。'如今秦王很诚恳地请求得到这个地方，我也想到要让亲人和睦，赐给你这块土地，并不吝惜。只是得到那里后最好更加谨慎，不要聚集奸人，不要养很多的兵士和马匹，不要听从奸人的劝诱就想进行不轨的活动，那样不仅会震惊边疆地区，更会危害我的社稷江山，到那时即使想保持亲人和睦相处也不能够了。秦王一定要谨慎，不要疏忽。"武宗看了制书，惊讶害怕地说："要是像这样是很令人担心的，不要封给他了。"于是这件事就罢了。

平定二乱　张佳胤因浙兵减粮，辱巡抚为乱，受命视师两浙。将抵杭，复闻市民因受役不均，聚众焚劫乡绅，有亡赖丁仕卿者为首倡。佳胤促驾曰："速驱之，尚可离而二也。"到台，召营兵为乱者抚之曰："汝曹终岁有守卫功，前抚减粮诚误。今市井亡赖亦为乱，彼无他劳，不可以汝曹为例，可为我捕之，功成不独论赎，且有赏也。"众踊跃听命，遂薄乱民，败之，擒捕丁仕卿等，立会诸司讯之，得其挟刃而要金帛者五十余人，皆枭之，余悉放归。于是诸亡赖皆帖然解散。佳胤乃复营兵饷，密廉其倡乱者名，因捕数人曰："汝为乱首，吾故欲贷汝，天子三尺不贷汝！”遂斩之，因驰使遍赦七营，曰：“乱者已服辜。今以尔有功天子，不欲尽诛。汝当尽力报国！”不五日，二乱平定。

【译文】平定二乱　张佳胤因为浙江士兵被克扣粮饷侮辱巡抚以至于犯上作乱，接受皇帝命令到两浙视察军队。即将到达杭州时，又听说市民因为受到的劳役任务不公平，聚众焚烧乡绅的屋子并且打劫，有一个无赖名叫丁仕卿的是倡导者。张佳胤催促马车夫说：“快点赶到军营，也许还可以离间他们两方的叛乱者。”一到军营，就召来作乱的士兵，抚慰他们说：“你们一整年都在这里守卫，是对国家有功劳的，以前的巡抚克扣粮饷，确实是做错了。如今市井无赖也在作乱，他们没有别的功绩，不能和你们同等看待，你们要是能帮我将他们逮捕来，成功后不仅可以赎罪，而且还有赏。”叛乱的士兵们全都踊跃地听从他的吩咐，便去进攻乱民们，并且将他们打败，擒获丁仕卿等人，张佳胤立刻让官府来审讯他们，查出手持武器逼着乡绅抢夺钱财的有五十多个人，将他们全都斩首，剩余的人全都放回去了。于是那些无赖都乖乖地解散了。张佳胤又回营发放兵饷，秘密侦查发动叛乱的人的名字，因而逮捕了那几个人并说：“你们是作乱的首领，我本想饶过你们，可是天子的法令却不能宽恕你们。”于是将他们斩首，并派使者到军营遍告士兵们，说：“作乱的人已经认罪伏法。如今因为你们有功于天子，不准备一起惩罚。你们应当竭力报效国家。”没过五天，两个叛乱都被平息了。

转赐将士　李正已为平卢节度使，畏德宗威名，表献钱三十万缗，上欲受之，恐见欺，却之则无辞。崔祐甫请遣使慰劳淄、青将士，因以正已所献钱赐之，使将士人人感上恩；又诸道闻之，知朝廷不重货财。上悦从之，正已大惭服。

一军皆甲　段秀实为邠州都虞候。行营节度郭晞纵士卒为暴，秀实列卒取十七人，断首注槊上，植市门外，一军皆甲。秀实诣军门，曰："杀一老卒，何甲也？吾戴吾头来矣。"因让晞，晞谢过。邠州由是无祸。

【译文】转赐将士　李正己担任平卢节度使，害怕唐德宗的威名，上表进献钱财三十万缗，德宗想接受，又怕被欺骗，想拒绝的话但又没理由。崔祐甫献上一策，请求派遣使臣去淄、青二地慰劳将士们，然后将李正己所进献的钱财赐给他们，让将士们每人都感激陛下的恩典。另外其他节度使听说这事，也可以知晓朝廷不看重钱财。唐德宗特别高兴，答应了他的请求，李正己知道后既惭愧又敬服。

一军皆甲　段秀实担任邠州都虞候。行营的节度郭晞放纵下属士卒对人施暴，段秀实派遣士兵逮捕了十七个人，将他们斩首后将头颅悬挂在长矛上，竖立在闹市的门外。全军都穿上铠甲，段秀实只带了一名老兵前往郭晞的军门，他对军人们说："杀一个老兵，哪里用得着全军都披上铠甲！我把我的人头也带来了。"然后就用道理责备郭晞，郭晞听完后谢罪道歉。邠州因此没有发生哗变。

各自言姓名　大将田希鉴附朱泚，泚败。李晟以节度使巡泾州，希鉴郊迎，晟与之并辔而入，道旧甚欢也，希鉴不复疑。晟于伏甲而宴，宴毕，引诸将下堂曰："我与汝曹久别，可各自言姓名。"于是得为乱者三十余人，数其罪，杀之。顾希鉴曰："田郎不得无过。"并立斩。

为三难　鲜于侁，字子骏。方新法行，诸路骚动。侁奉使九载，独公心处之。苏轼称上不害法、下不伤民、中不废亲为"三难"。司马光当国，除京东转运，曰："子骏，福星也。"

平原自无　史弼为平原相时，举钩党，惟平原独无。诏书前后迫切，从事坐传舍责曰："青州六郡，其五有党，平原何治而得独无？"弼曰："先王疆理天下，画界分境，水土异齐，风俗不同。五郡自有，平原自无，胡可相比？若承望上司，诬陷良善，则平原之人，户可为党，相有死而已，所不能也！

【译文】各自言姓名　大将田希鉴是依附朱泚的，后来朱泚打了败仗，李晟以节度使的身份到泾州巡视，田希鉴在郊外迎接，李晟和他一同进城，高兴地叙旧，田希鉴就不再疑心。李晟埋伏了士兵后宴请各位将领，酒宴结束，带着各位将领走下客厅，说："我和你们大家分别很久了，你们自己再报下自己的姓名。"获取三十多个作乱的人，于是就数落他们的罪责，杀了他们。又回头看着田希鉴说："田郎不可能没有过错。"就一起杀掉了。

为三难　鲜于侁，字子骏。当时正颁行王安石的新法，各地都很骚动不安。鲜于侁奉命做地方官九年，唯独他秉持公平正义对待新法。苏轼称赞他对皇帝不损害新法、对下也不劳民伤财、对中间也不伤害亲朋好友的情谊，这是"三个难以做到"。后来司马光当政，任命他为京东转运使，并且称赞他说："鲜于子骏是福星。"

平原自无　史弼担任平原相时，正碰上朝廷到处揭发党人，唯独平原郡说没有，朝廷前后下诏书催逼。朝廷派遣的从事到平原郡后坐在官府里责问史弼："青州一共六个郡，其余五个郡都揭发出党人，平原郡是怎么治理的？为何唯独你们这里没有党人？"史弼说："古时的帝王分开疆界来治理天下，画出边界区别地境，各地的风土人情都不同。那五个郡只管有，平原郡只管没有，哪能相提并论呢？倘若想让我奉承上司，诬陷善良的人的话，那么平原郡每家每户都是党人了。你如果逼我，我不过是一死而已，诬陷别人我是做不来的！"

烛奸

责具原状　李靖为岐州刺史，或告其谋反，高宗命一御史案之。御史知其诬罔，请与告事者偕行数驿，诈称失原状，惊惧异常，鞭挞行典，乃祈求告事者别疏一状，比验与原不同，即日还以闻，高祖大惊，告事者伏诛。

验火烧尸　张举，为句章令。有妻杀其夫，因放火烧舍，诈称夫死于火，其弟讼之。举乃取猪二口，一杀一活，积薪焚之，察死者口中无灰，活者口中有灰。因验夫口，果无灰，以此鞫之，妻乃服罪。

市布得盗　周新按察浙江，将到时，道上蝇蚋近马首而聚，使人尾之，得一暴尸，惟小木布记在，取之。及至任，令人市布，屡嫌不佳，别市之，得印志者，鞫之，布主即劫布商贼也。

【译文】责具原状　李靖担任岐州刺史时，有人诬告他谋反，唐高祖派一个御史去审案。御史了解到这属于诬告，就请求和告发者一同走几个驿站的路程，突然假称将原来状纸弄丢了，装得特别惊恐，而且鞭打下属管事的人，便请告发者再写一张状子，拿来和原来状子一比对，发现有不同的地方，当天就回朝奏明皇帝。唐高祖吃了一惊，告发者只能服罪受罚。

验火烧尸　张举担任句章令时，有一个女子杀了丈夫，还放火烧掉屋子，假称丈夫被烧死。丈夫的弟弟状告她。张举便拉来两头猪，一头杀掉，一头不杀，堆起柴火焚烧这两头猪，然后再检查它们的死状，杀死的猪嘴里没有灰，活的猪嘴里有灰。借此再检查她丈夫的嘴里，果然没有发现灰，就用这个证据审问她，她只好认罪。

市布得盗　周新担任浙江的按察使，将到达时，看到路边有许多苍蝇聚集在一匹马的头上，于是派人尾随苍蝇的去处，发现一具暴露的尸首，上面只有小小的布匹的木牌记一块，便拿了回来。到任后，就让人去集市买布，买回来的他总是嫌不好，另外再买，一直买到也有同样的一小块木牌的布，就传讯店主，店主也就是打劫布商的盗贼。

旋风吹叶　周新坐堂问事，忽旋风吹异叶至前，左右言城中无此木，独一古寺有之，去城差远。新曰："此必寺僧杀人埋其下也，冤魂告我矣！"发之，得妇尸，僧即款服。

帷钟辨盗　陈述古令浦城。有失物，莫知为盗者，乃绐曰："某所有钟能辨盗，盗摸则钟自鸣。"阴使人以煤涂而帷之。令囚入摸帷，一囚手无煤，讯之果服。

折芦辨盗　刘宰为泰兴令。民有亡金钗者，唯二仆妇在，讯之，莫肯承。宰命各持芦去，曰："不盗者，明日芦自若；果盗，明旦则芦长二寸。"明旦视之，则一自若，一去芦二寸矣。讦之，盗遂服。

【译文】旋风吹叶　周新端坐大堂上面审案子，忽然有一阵狂风吹来一片奇怪的叶子落在面前，左右的下属都说城里没有这种树的叶子，只在一个古寺里有，距离城区很远。周新说："这一定是寺里和尚杀人埋在树底，冤魂来向我伸冤。"于是挖开树底，发现一具妇人的尸体，犯案的和尚立刻认罪。

帷钟辨盗　陈述古担任浦城令。有人丢失东西，查不出是谁偷的，陈述古便假称："我的住处有一口钟可以分辨谁是盗贼，盗贼摸一下钟钟就会自己响。"暗中派人用煤灰涂在钟上，并且拿帷幕遮住。让囚犯进入帷幕摸钟，有一囚犯手上没有发现煤灰，一审讯，果然是犯人。

折芦辨盗　刘宰担任泰兴县令时，有一个人丢失金钗，当时只有两个女仆人在场，于是讯问她俩，她们都不肯承认。刘宰让她们每人拿一支芦管回去，并对她们说："没偷东西的人，明天芦管不会有变化；偷了东西的，明天早上芦管会增出二寸来。"第二天早晨拿来一看，其中一个人的芦管没变化，另一个人的却少了二寸。因此诘问她，她便承认自己偷东西了。

遣妇缚奸　陆云为浚仪令，有杀人不得其主者。云囚其妻十许日，密令人尾其后，属曰："其去不远十里，当有男子候之与语，便缚至。"既而果然。问之，乃与妇私通，共杀其夫，闻出狱探消息，惮近县，故远相候耳。一县称为神明。

捕僧释冤　元绛摄上元令。有甲与乙被酒相殴，甲归卧，夜为盗断足，妻执乙诣县，而甲已死。绛遣其妻曰："归治而夫丧，乙已服矣。"阴使迹其后，见一僧迎之私语。即捕僧，乃乘机与其妻共杀甲者。

井中死人　张昇知润州，有报井中死人者，一妇人往视曰："吾夫也。"昇令其亲邻验之，井深莫可辨。昇曰："众不能辨，妇人何遂知其为夫？"即付所司鞫之，果其妇与奸夫所谋者。

【译文】遣妇缚奸　陆云担任浚仪县令时，有一人被杀却找不出凶手。陆云将他的妻子关了十多天，放出去时偷偷让手下尾随她身后，叮嘱手下说："她这一去不出十里，应该会有一个男子等她并和她说话，看到那个男人就马上捉拿。"手下这样去做果真抓到一个男人。一审问，原来是他和死者妻子私通，怕被发现就杀死丈夫，听说她出狱，就来打探消息，害怕靠近县城有危险，所以在远处等候。全县的百姓称赞陆云是"神明"。

捕僧释冤　元绛担任上元县令时，有甲、乙两个人喝醉酒打架，甲回到家睡下，夜里被盗贼砍断了脚，他的妻子逮着乙去县里告状，此时甲已经死了。元绛对死者妻子说："回去给你丈夫治丧，乙已经招认了。"暗中派人跟在她身后，只见一个和尚迎接她，说一些亲密话。于是即刻逮捕那和尚，正是那和尚和甲的妻子乘着甲喝醉酒打架回家后将他杀死。

井中死人　张昇担任润州知府时，有人报告在井中有一具尸体，一个女人去看了后说："这是我丈夫。"张昇让死者的亲戚邻居来辨认，可是井很深看不清。张昇说："别人都看不清，这女人怎么就知道是自己丈夫？"即刻将她交给官府审问，果真是这女人和奸夫一起谋杀了丈夫。

食用左手　王惟熙盐城尉，有群饮而毙者，俱不伏罪。脱其械而与饮食，问一人曰："汝用左手，而死者伤右，尚何拒？"因无辩，而拟抵。

盗首私宰　叶宾知南安，有盗截牛舌，其主以闻。宾阳叱去，阴令屠之。即有首私宰耕牛者，宾曰："截牛舌者汝也。"果服。

【译文】食用左手　王惟熙担任盐城县尉时，一大群人喝酒，有一人突然死了，那群人都不认罪。王惟熙卸除他们的枷锁，给他们东西吃，询问其中一人："你是左撇子，死者正好是伤口在右边，你还怎么抵赖呢？"那囚犯无可争辩，就认罪伏法了。

盗首私宰　叶宾担任南安知府时，有一家人的牛被别人暗中截去了舌头，这家人去官府告状。叶宾表面装着喝斥出去，暗中却让他把那头牛杀掉。于是随即有人前来告密，说有人私自宰杀耕牛，叶宾说："你就是偷偷割人家牛舌的人。"那人果真认罪。

留刀获盗　刘崇龟为广州刺史。有少年泊舟江滨，见一妙姬倚闾，殊不避，少年挑之，曰："黄昏到宅。"是夕，果启扉待之。少年未至，一盗入扉，姬不知，即身就之。盗疑见执，遂刺姬死，遗刀而逃。少年后至，践其血，仆地，扪之，见死者，急出。明日，其家随血迹至江岸，岸上人云："夜有某客船去矣。"捕者追获，具实吐之，观其刀乃屠家物。崇龟下令曰："某日演武，大飨士，集合境庖丁。"既集，复曰："已晚。留刀于厨。"阴以杀人刀换下。比明，各来请刀，独一屠不认。因诘之，曰："此非某刀，乃某人刀耳。"命擒之，则已窜矣。崇龟以合死之囚代少年，侵夜毙于市。窜者知囚已毙，不一二夕归家，遂就擒服罪。"

【译文】留刀获盗　刘崇龟担任广州刺史时，有一个年轻人在江边停靠船只，看见一个可爱的女孩靠着乡里的闾门，完全不害羞，年轻人挑逗着说："我傍晚时去你家。"当晚那女孩果然开着门等他。年轻人还没到，却有一个盗贼进去了，女子不知道是盗贼，就起身来迎接。盗贼误以为要抓他，就将女孩刺死，丢下刀就跑。年轻人后来进门，踩到血迹斑斑的尸体，摔倒在地上，他一摸，发现原来是死人，拔腿就跑出去了。第二天，女孩的家人追踪着血迹来到江边，岸边的人说："夜里有某客人坐船离开了。"捕快将他追上逮捕回来，他将实情说出。刘崇龟发现刀是屠夫厨师使用的，就下令说："约定某一天操练军队，大宴士兵，到时候聚集境内所有的厨师。"厨师都来了，他又说："天已经很晚了，请各自将刀放在厨房。"暗中拿杀人的那把刀替换其中的一把。第二天，厨师们都来拿自己的刀，只有一个屠夫不拿，诘问他，他说："这并非我的刀，是某某人的刀。"于是就让人去抓获某某人，发现其已经逃走了。刘崇龟用死囚替换年轻人连夜处死。逃走的凶手听说囚犯已经伏法，没过两晚就回家了，于是当场被捉拿归案。

命取佛首　程颢为鄠主簿，僧寺有石佛，岁传佛首放光，士民竞往。颢戒曰："俟后现，当取其首。"就观之，光遂止。

识猴为盗　杨绘知兴元。有盗库缣者，绘迹踪之，不类人所出入。乃呼戏沐猴者，一讯而服。

闻哭知奸　国侨，字子产，尝晨出，闻妇人哭，使吏执而讯之，则手绞其夫者也。吏问故，子产曰："凡人于所亲爱也，始病而忧，临危而惧，已死而哀。今哭夫已死，不哀而惧，是以知其有奸也。"

【译文】命取佛首　程颢担任鄠县主簿，佛寺里有一尊石佛，有一年百姓传说佛头上面会放佛光，士人百姓争先恐后去看。程颢告诫石佛说："以后再出现，就取下你的头。"等大家再去看时，佛光就消失了。

识猴为盗　杨绘在兴元任职。一个仓库的布匹被偷，仔细巡查踪迹，不像是人类的痕迹。于是让耍猴的人过来，一审问就服罪。

闻哭知奸　国侨字子产，曾经有一天早上出门，听见妇人在哭，让手下抓来审问，原来她亲手绞死自己的丈夫。手下问他怎么知道妇人可疑的，子产说："大凡人对自己亲密的人，最初生病时就忧虑，生病严重时就害怕，死了就悲哀伤感。如今这女人哭死去的丈夫并不哀伤，而是恐惧，因此知道她肯定有奸情。"

河伯娶妇　西门豹为邺令，俗故信巫，岁为河伯娶妇以攫利，选室女以投于河，豹及期往视，指女曰："丑！烦大巫先报河伯，如其不欲，还当另选美者。"呼吏投巫于河。少顷，曰："何久不复我？"又投一人往速。群奸惊惧，乞命。从此弊绝。

哭夫不哀　严遵为扬州行部，闻道旁女子哭，而声不哀，问之，云："夫遭火死。"遵使舆尸到，令人守之，曰："当有物往。"更日，有蝇聚头所。遵令披视，铁锥贯顶，乃以淫杀其夫者。

命七给子　张咏知杭州。有子与婿讼家产者，婿言："舅终，子才三岁，遗书令异日三分付子，婿得其七。"咏曰："汝妇翁，智人也，以七与子，子死矣。"命三给婿，七给子。

【译文】河伯娶妇　西门豹担任邺令，本地风俗是相信巫师，每一年巫师帮河伯娶妻，从中获得利益，而且是挑选处女扔到河里。西门豹在河伯娶妻那天去看，指着一个女孩说："这女孩太丑。劳烦巫师先生先向河伯禀报，假如他不想要这个，我们定当再选一个漂亮的。"他就叫手下将一个巫师扔到河里。过了好一会，西门豹说："怎么这么久还不来回复我？"又向河里扔了一个去催促。那群奸人惊讶害怕，连忙请求饶命。从此这个恶风俗就没了。

哭夫不哀　严遵担任扬州的行部，听见路边有一个女子在哭，可是哭声并不悲伤，询问她，她说："我丈夫在火灾里烧死了。"严遵派人将尸体运过来，派人守着尸体，并且说："一定会有什么东西聚集在尸体上。"过了两天，有一群苍蝇聚集尸体的头颅上，严遵派人解剖尸

河伯，
选自(明)陈洪绶版画《陈老莲离骚图像》

体，只见一个铁锥从头顶砸进去，这是死者妻子和奸夫一起杀死丈夫的证据。

命七给子　张咏担任杭州知府时。有一户人家的儿子和女婿因为家产打官司，女婿说："岳父死的时候，他儿子才三岁大，岳父的遗书让以后将家产的十分之三分给儿子，十分之七分给女婿我。"张咏说："你的岳父是聪明人，假如将十分之七分给儿子，儿子怕早就死了。"于是命令将三分给女婿，七分给儿子。

怒逮妇人　王克敬为两浙运使，有逮犯私盐者，以一少妇至，克敬怒曰："岂有逮妇人于百里外，与吏卒杂处者，污教甚矣！"自后不许。著为令。

断丝及鸡　傅琰山阴令，有卖针、卖糖老妪，争团丝诉琰，琰令挂丝于柱，鞭之，微视有铁屑，乃罚卖糖者。又二野父争鸡，问何以饲鸡，一云豆，一云粟。破鸡得粟，罪言豆者。民称傅圣。

老翁儿无影　丙吉知陈留，富翁九十无男，娶邻女，一宿而死，后产一男，其女曰："吾父娶，一宿身亡，此子非吾父之子。"争财久而不决。丙吉云："尝闻老翁儿无影，不耐寒。"其时秋暮，取同岁儿解衣试之，老翁儿独呼寒，日中果无影，遂直其事。

【译文】怒逮妇人　王克敬担任两浙转运使时，有人逮住了一名卖私盐的犯人，同时还带回一个年轻的妇人。王克敬十分生气地说："怎么可以在外面逮捕一个女子，让她和捕快杂处？这对礼教的影响太坏了！"以后就不许这种做法，变成法令。

断丝及鸡　傅琰担任山阴县令时，有一个卖针的老婆婆和一个卖糖的老婆婆，两人为了争抢一团丝线去傅琰官府打官司，傅琰让人将丝挂在官府柱子上，用鞭子抽打，仔细察看发现其中有铁屑，就处罚了卖糖的老婆婆。另外还有两个农民争抢一只鸡，他问他们各自用什么东西喂鸡，一个说我用豆子，一个说我用小米。于是让人把鸡剖开，就发现了小米，便惩罚说用豆子的人。百姓称他为“傅圣”。

老翁儿无影　丙吉担任陈留的知府，有一个富人都九十岁了还没生儿子，刚娶了邻家女儿，第二天就死了，后来女子生下一个儿子。富人的女儿说：“我的父亲才娶她，第二天就死了，这肯定不是我父亲的亲生儿子。”于是互相争夺财产，官司打了很久也没结果。丙吉说：“我以前听说老头生的儿子看不见影子，而且禁不住冷。”当时正值深秋，让几个年纪差不多大的孩子都脱衣服一起试验，唯独富人的儿子喊冷，太阳底下确实没有影子，关于他是不是亲生儿子的事情就一目了然了。

石璞，江西副使。时有民娶妇三日，婿与妇往拜岳家。婿先归，妇后，失之，遍索不获。妇翁讼婿杀女，婿不胜榜掠，自诬服。璞犹疑杀人而弃尸，必深怨者为之。彼新婚燕好，胡乃尔尔。夜斋沐焚香，祝曰：“此狱关纲常，万一妇与人私，而夫枉死，且受污名，于理安乎？神其以梦示我！”果梦神授一“麦”字。璞曰：“此两人夹一人也，狱有归矣！”比明，令械囚待时行刑。囚未出，璞见一童子窥门内，乃令人牵入，曰：“尔羽客，胡为至此，得非尔师令侦某囚事耶？”童子大惊，吐实，乃二道士素与妇通，见匿之麦丛中。人因号曰断鬼石。

【译文】石璞，担任江西副使。当时有一个人娶妻才过三天，女婿和妻子去拜见岳父。女婿先回家，妻子后回，却失踪了，到处都没有找到。女子父亲告女婿杀了自己女儿，女婿耐不住严刑拷打，就屈打成招。可是石璞仍然疑心杀了人抛弃尸体，肯定是有着深仇大恨的人才能做的。丈夫和她新婚燕尔，有什么动机这样做呢？他到夜里就斋戒沐浴，焚香祈祷："这案子和礼教纲常很有关系，假如女子和别人有私情，她的丈夫却被冤枉死去，而且承担杀人的恶名，也不合情理啊！请求神明用梦来启示我。"当晚果然梦见有个神人给他看一个"麥"字。石璞说："这是两个人将一个人夹住，案子有下落了。"第二天就将囚犯戴上枷锁，准备时间一到就行刑。囚犯还没出牢房，石璞看见一个道童向门内偷窥，就让人拿他进来，石璞说："你是出家的道士，干吗来这里，莫非是你师傅要来察看某某囚犯的进展吗？"道童十分吃惊，就说出实情。原来是两个道士以前就和那女子私通，她现在藏在麦地里。世人因而将石璞称作"断鬼石"。

视首皮肉　民有利侄之富者，醉而拉杀之于家。其长男与妻相恶，欲借奸名并除之，乃斩妻首，并拉杀之，首以报官。时知县尹见心迎上司于二十里外，闻报时已三鼓，见心从灯下视其首，一首皮肉上缩，一首不然。即诘之曰："两人是一时杀否？"答曰："然。"曰："妇有子女乎？"曰："有一女，方数岁。"见心曰："汝且寄狱，俟旦鞫之。"别发一票，速取某女来。女至，则携入衙，以果食之，好言细问，竟得其情，父子服罪。

【译文】视首皮肉　有一个觊觎着自己侄子家产的人，趁喝醉酒勒死了侄子。那人的大儿子和妻子关系不好，就想借着发现奸情的名义将他们一并杀掉，于是砍死妻子，并且装出被勒死的假象，就去官府自首。当时知县尹见心在郊外二十里迎接上司，听说这件案子已经是三更时分，尹见心在灯下面察看死者头颅，只见一颗头颅的皮肉已经向上萎缩，另一颗头颅却不这样。于是诘问自首者说："两个人是你一起杀死的吗？"他回答说："是这样。"又诘问他说："你的妻子有孩子吗？”他回答说：“她有一个女儿，才几岁。”尹见心说：“你暂且住在监狱里，明早我开堂审问。”然后另外发出传票，让他女儿快过来。女儿到了，就将她接进官府，给她东西吃，温言细语地来问她，最终问到了实情。父子两人全部伏法。

法验女眉及喉　刘鸣谦守杭州，有刘氏女所居浅陋，邻少年张窥其艾，夜跃上楼，穴窗入。女大呼贼，父惊起，邻少年不能脱，执而髡之。少年昆弟号于众曰：“伊父实以女伥而又阱之。”女闻之，拊膺曰：“天乎！辱人至于此。”遂自缢。张乃贿其父金，当谳诉女已承污，特羞奸露耳。鸣谦得女贞烈、父受金状，乃令以法验女眉及喉，实处子。与从事刘公讯治之，张伏法。百姓谣曰：“两刘哲，一刘烈，江河海流合。”

花瓶水杀人　汪待举守郡部。民有饮客者，客醉卧空室中。客夜醉渴，索浆不得，乃取花瓶水饮之。次早启户，客死矣。其家讼之，待举究中所有物，惟瓶中浸旱莲花而已。试以饮死囚，立死，讼乃白。

【译文】法验女眉及喉　刘鸣谦担任杭州太守时，有一家姓刘的女儿住所狭小简陋，邻居姓张的少年偷窥到女子长得很可爱，半夜跳上楼，破窗而入。女子大声喊有贼，她父亲一下惊起，邻居的少年没法逃走，被抓住剃光了头。少年的兄弟哭着对别人说：“女子的父亲其实是拿自己女儿当诱饵设计陷阱。”女子听了，按着胸口说：“天呐，你怎么能这样侮辱人？”于是就上吊自杀。张家就给刘氏的父亲很多钱，让他在诉状上说女儿承认被玷污，只是对奸情败露羞愧难耐，就自杀了。刘鸣谦了解到刘氏女是贞烈的女子以及他父亲收受贿赂的情况，就让仵作检查那女孩的眉头和喉咙，发现其实还是处女。他就和从事刘公一起审讯案件，张氏依法被杀。百姓的歌谣里唱道："两个姓刘的官人很聪明，一个姓刘的女子很刚烈，大江、大河、大海的水终究要汇合。"（刘氏女是浙江人，刘鸣谦是河南人，从事刘公是北海人。）

花瓶水杀人　汪待举担任太守。有个百姓请人喝酒，客人醉倒在空屋子里，夜里因为喝多了很渴，没找到水，就把花瓶里的水喝下去。第二清晨一开门，发现客人死掉了，客人的家里人就状告这一家。汪待举详细审问屋里有什么特别的东西，只发现瓶子里泡着的旱莲花。他尝试将其中的水给被判死刑的犯人喝，一喝就死了，案子因此水落石出。

识断

斩乱丝　高洋内明而外晦，众莫能知，独欢异之，曰："此儿识虑过吾。"时欢欲观诸子意识，使各治乱丝，洋独持刀斩之，曰："乱者必斩。"

立破枉狱　陆光祖为浚令。浚才士卢楩被前令枉坐重辟，数十年相沿，以其富不敢为之白。陆至，访实，即日破械出之，然后闻于台使者。使者曰："此人富有声。"陆曰："但当问其枉不枉，不当问其富不富。不枉，夷、齐无生理；果枉，陶朱无死法。"使者甚器之。后行取为吏部，黜陟自由，绝不关白台省。

【译文】斩乱丝　高洋内心聪明外表深沉，众人不了解他，唯独高欢觉得他很不一样，对人说："这个儿子器识比我高超。"当时高欢想观察几个儿子的才干，就让每人解开一把乱成一团的丝，高洋用刀一下子将乱丝斩断，并且说："乱的东西一定要斩断。"

立破枉狱　陆光祖担任浚令，浚地的有才人士卢楩被前任县令诬枉遭受大刑，几十年来维持这一判决，因为他家富有，没人敢替他辩白。陆光祖上任后，查出实情，当天就解开他的枷锁，放他出狱，之后向御史台的使臣报告。使臣说："这个人是出了名的富有啊。"陆光祖说："只问他冤枉不冤枉，不问他富裕不富裕。假如不冤枉，伯夷、叔齐也要判重刑；假如的确冤枉，即使像陶朱公那么富有也不会判死刑。”使臣听他说完后特别看重他。后来举荐他进入吏部做官，陆光祖升任吏部以后对官员的升职降职全都凭自己作主，从不汇报御史台的长官。

即斩叛使　胡兴为赵府长史。汉庶人将反，密使至，赵王大惊，将执奏之。兴曰：“彼举事有日矣！何暇奏乎？万一事泄，是趣之叛。”一日尽歼之。汉平，宣庙闻斩使事，曰：“吾叔非二心者！”赵遂得免。

监国解纷　张说有辨才，能断大议。景云初，帝谓侍臣曰：“术家言，五日内有急兵入宫，奈何？”左右莫对。说进曰：“此谗谋动东宫耳！陛下若以太子监国，则名分定，奸胆破，蜚语塞矣。”帝如其言，议遂息。

【译文】即斩叛使　胡兴担任赵王府的长史。汉地平民准备谋反，秘密派使者前来，赵王吃了一惊，想逮捕使者交给朝廷。胡兴说：“他们叛乱已经有些时日，哪来得及上奏朝廷？万一事情泄露出来，等于是逼他们叛乱。”于是一天之内将使者都杀了。汉地叛乱平定后，皇帝听说赵王斩杀使者，说：“我叔叔没有二心！”赵王因此没受牵连。

监国解纷　张说有雄辩的才华，善于决断大事。景云初年，皇帝对大臣们说：“占卜的人说五天之内会有乱兵进入皇宫，准备怎么办？”大臣们都不知道怎么应答。张说上前启奏说：“这是进谗言的人想撼动太子地位罢了！陛下假如让太子监国，那么名分就确定无疑，奸人的胆子也就吓破了，流言蜚语自会消散。”皇帝就按他说的做，谗言就没有了。

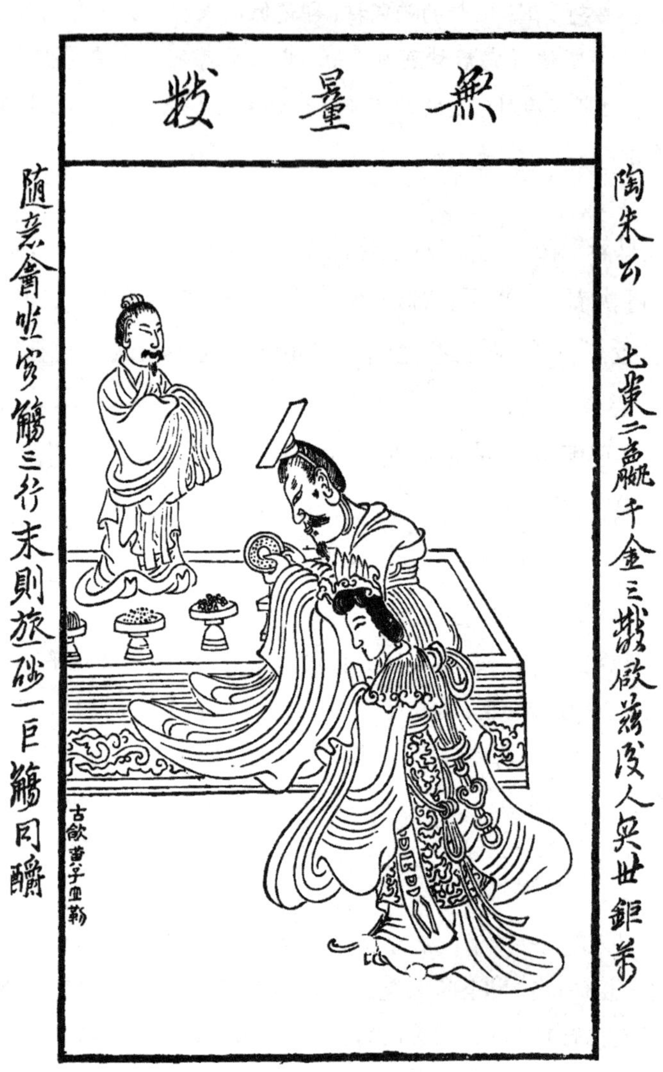

陶朱公，选自（明）陈洪绶版画《博古叶子》

断杀不孝 张晋为刑部，时有与父异居而富者，父夜穿垣，子以为盗也，瞯其入，扑杀之，取灯视之，父也。吏议：子杀父，不宜纵；而实拒盗，不知其为父，又不宜诛。狱久不决。晋判曰：“杀贼可恕，不孝当诛。子有余财，而使父贫为盗，不孝明矣！”竟杀之。

刺酋试药 曹克明有智略，真宗朝累官十州都巡检。酋蛮来献药一器，曰：“此药凡中箭者傅之，创立愈。”克明曰：“何以验之？”曰：“请试鸡犬。”克明曰：“当试以人。”取箭刺酋股而傅以药，酋立死。群酋惭惧而去。

【译文】断杀不孝 张晋任职刑部时，有一富人和父亲分家住，父亲夜里跳进墙来，儿子把他误认为强盗，等他一进来后就用棍棒打死，拿灯来一照发现是自己父亲。官吏说：儿子杀死父亲，本不应该饶恕；可实际上他这是在抵御盗贼，不知是父亲的情况下误杀，又不该判刑。因此案子很长时间里无法解决。张晋判决说：“杀死盗贼可以饶恕，不孝却应该判死刑。儿子有很多财富，却让父亲因为贫穷变成盗贼，很明显他是不孝的。”最终还是杀了他。

刺酋试药 曹克明很有智谋，宋真宗时多次立功后被任命为十州都巡检。蛮夷的首领进献了一瓶子药，说：“这药但凡受了箭伤，敷在伤口上面就能立刻痊愈。”曹克明说：“怎么验证呢？”对方回说：“请在鸡和狗身上试验下。”曹克明说：“应当在人身上试下。”于是用箭刺伤蛮夷的大腿，敷上药，那人即刻死去。各位蛮夷惭愧害怕地离开了。

杖逐桎梏 黄震为广德通判。广德俗有自带枷锁求赦于神者，震见一人，召问之，乃兵也。即令自招其罪，卒曰："无有。"震曰："尔罪必多，但不可对人言，故告神求赦耳。"杖而逐之。此风遂绝。

一钱斩吏 张咏在崇阳，一吏自库中出，鬓边一钱，诘之，乃库中钱也。咏命杖之，吏勃然曰："一钱何足道！乃杖我耶？"强项不屈。咏固命杖之。吏曰："尔能杖我，不能杀我。" 咏判云："一日一钱，千日千钱，绳锯木断，水滴石穿。"自杖剑下阶斩其首，申府自劾。崇阳人至今传之。

【译文】杖逐桎梏 黄震担任广德通判。广德有一种习俗，就是戴着枷锁向神请求赦免。黄震看见一个人也这样做，召来询问，原来当过士兵。黄震让他招认自己的罪行，士兵说没有罪。黄震说："你的罪行一定很多，只是不好对别人说，因此去求神赦免。"于是命人打他一顿赶跑了。从此这种习俗就销声匿迹了。

一钱斩吏 张咏在崇阳任职。有个库吏从库里出来时，鬓边粘着一文钱，张咏诘问他哪来的，对方说是库中的钱。张咏让人打他板子。库吏大怒地说："一文钱算什么事？就为这个打我？"十分蛮横，并不认罪。张咏坚决让人行刑。库吏说："你能打我板子，不能杀掉我。"张咏写了判词说："一天拿一钱，一千天就拿一千钱。绳子也能锯断木头，水也能滴穿石头。"于是自己拿剑走下台阶砍掉他的头，事后就向上级弹劾自己。崇阳人至今还流传着这个故事。

强项令 董宣为洛阳令，湖阳公主家奴杀人，宣就主车前取杀之。主诉于帝，帝令宣谢主，宣不拜。帝令捺伏，宣以手据地不俯。帝敕曰："强项令去！"

南山判 武后时，李元纮迁雍州司户。太平公主与僧争碾硙，元纮判与僧。长史窦怀贞大惧，促纮改判。纮大署判尾曰："南山可移，此判终无摇动也。"

腕可断 唐韩偓，宰相韦贻范母丧，诏还位，偓当草制，言贻范居丧不数月使治事，伤孝子心。学士使马从皓逼偓草之，偓曰："腕可断，制不可草！"

【译文】强项令　董宣担任洛阳令时，湖阳公主的家奴杀死了人，董宣在公主车驾前逮捕他并且杀了。公主对皇帝说这事，皇帝命董宣向公主道歉，董宣不肯跪拜。皇帝让人按着他的脖子让他跪拜，他用手撑着地坚决不低头。皇帝便下令说："不屈的县令，走吧。"

南山判　武则天时期，李元纮调到雍州担任司户。太平公主和一个僧人争水磨，李元纮判给和尚。长史窦怀贞特别害怕，催促李元纮改变判决。李元纮用大字在判书末尾写道："终南山可以移动，这份判文绝不动摇。"

腕可断　唐朝的韩偓，在宰相韦贻范的母亲去世后，朝廷让宰相回朝恢复原职，他应当撰写制书，可是他认为韦贻范为母亲守丧还没几个月就回来主政的话，会让这个孝子伤心。学士让马从皓逼韩偓写，韩偓说："手腕可以弄断，制文绝对不写！"

麻出必坏 唐德宗欲相裴延龄，阳城为谏议，曰："自麻出，我坏之！"恸哭于廷，龄遂不得相。

判诛舞文 柳公绰为节度使，行部至乡县，有奸吏舞文诬其县令贪者。县令以公素持法，必杀贪官。公绰判曰："赃吏犯法法在，奸吏犯法法亡。"竟诛舞文者。

铁船渡海 贾郁性峭直，不能容过。为仙游令，及受代，一吏酗酒，郁怒曰："吾再典此邑，必惩此辈。"吏扬言曰："造铁船渡海也。”郁后复典是邑，吏盗库钱数万，郁判曰：“窃铜镪以肥家，非因鼓铸；造铁船而渡海，不假炉锤。”因决杖徙之。

【译文】麻出必坏　唐德宗准备任命裴延龄为宰相。阳城这时候正担任谏议大夫，就说：“假如任命诏书一宣布，我就撕毁它，在朝廷上恸哭。”裴延龄便没做成宰相。

判诛舞文　柳公绰担任节度使，巡视乡县时，有奸诈狡猾的小吏玩弄文字诬陷他的县令贪污。县令知道柳公绰素来就是秉公持法，这回肯定会杀贪官。柳公绰却判决说：“贪官即使犯法法律还有效用，奸滑的小吏犯法，法律就没用了。”最终杀掉玩弄文字的小吏。

铁船渡海　贾郁为人严厉正直，不能容忍别人犯错。他担任仙游令时，即将被新令取代，有个下属小吏酗酒，贾郁特别生气地说：“假如再来这里当县令，一定惩罚你这样的人。”那个小吏大声说：“你再来这里就如同铁船渡海那般艰难。”贾郁后来真的又担任仙游令，那个小吏偷了官府仓库的几万块钱，贾郁对他判决说：“你偷了铜钱增加自家财富，却并非自己铸造；我造好铁船渡过大海，不需要火炉和铁锤。”因而对他施行杖刑然后发配。

其情可原　孙唐卿判陕州，民有母再嫁而死，乃葬父，遂盗母之丧而袝葬之。有司论以法，唐卿曰：“是知有孝，不知有法，其情可原。”乃判释之。

问大姓主名　周纡为洛阳令。下车，先问大姓主名，吏数闾里豪强以对。纡厉声怒曰：“本问贵戚若马、窦等辈，岂能知此卖菜佣乎？”于是京师肃然。

引烛焚诏　李沆为平章。一夕，真宗遣使持手诏欲以刘美人为贵妃，沆对使者引烛焚诏，附奏曰：“但道臣沆以为不可。”其议遂寝。

【译文】其情可原　孙唐卿担任陕州通判时，有个人的母亲再嫁后去世了，等他埋葬父亲时，就偷来母亲的骸骨和父亲葬在一起。官府准备按照法律判刑，孙唐卿说："这人很孝顺，不知道触犯了法律，他的苦心可以原谅。"于是宣判释放。

问大姓主名　周纡担任洛阳令。上任后，先问本地大户的名字，手下将本地豪强地主的名字拿来回答。周纡很愤怒，大声地说："我是问像马援、窦宪这样有贵戚背景的人，哪有时间管这些卖菜的！"因此京师整肃了许多。

引烛焚诏　李沆担任宰相时。有一天夜里，宋真宗派使者手持皇帝手谕前来，想封刘美人为贵妃，李沆当着使者面用蜡烛烧掉了诏书，并对使者说："你只管对皇上说我李沆认为这是不妥当。"于是皇帝的打算也就不了了之了。

天何言哉　真宗耻澶渊之盟，听王钦若天书之计，而行封禅。待制孙奭言于帝曰："以臣愚所闻，天何言哉？岂有书也？"帝默然。

礼宜从厚　李宸妃薨，太后欲以宫人礼治丧于外，吕夷简为首相，奏礼宜从厚。后怒曰："相公欲离间吾母子耶！"夷简曰："他日太后不欲全刘氏乎？"时有诏，欲凿宫城垣以出丧。夷简乃谓内侍罗崇勋曰："宸妃诞育圣躬，而丧不成礼，异日必有受其罪者，莫谓夷简今日不言也。当以后服殓，用水银。"崇勋驰告太后，乃许之。后荆王元俨为帝言："陛下乃李宸妃所生，妃死以非命。"帝因恸号累日，下诏自责，幸洪福寺祭告，易梓宫，亲启视之。妃以水银，故玉色如生，冠服如皇后。帝叹曰："人言其可信哉！”待刘氏加厚。

【译文】天何言哉　宋真宗经常对澶渊之盟感到耻辱，他听从王钦若说天书的计策，即将去泰山举行封禅大礼。待制孙奭对真宗说：“仅凭我愚笨的见闻也可以知道，老天爷怎么会说话？怎么会有书？”真宗听了以后沉默不语。

礼宜从厚　李宸妃死后，刘太后想用宫女的礼仪在外面给她办丧事，吕夷简当时担任的是首席宰相，就上奏皇帝说葬礼需要隆重。刘太后大怒地说：“相公你这是想挑拨我们母子吗！”吕夷简说：“太后不想以后保全刘家吗？”当时有皇帝诏书，准备挖开宫城城墙出殡。吕夷简就对宦官罗崇勋说：“李宸妃生下陛下，可是丧礼这么简陋不成个规矩，以后肯定有人要为此付出代价，到时千万别说吕夷简我今天没告知。应当用皇后的礼服入殓，用水银保存尸体。”罗崇勋即刻赶回去报告刘太后，刘太后允许了。后来荆王赵元俨对宋仁宗说：“陛下本是李宸妃的儿子，李宸妃死于非命。”仁宗因此痛哭好几天，并且下诏责备自己，而且临幸洪福寺祭奠，为了给李宸妃换坟墓，打开棺材，仁宗亲自来看，李宸妃的尸体用水银保存完好，皮肤玉色，就像活着一般，身上的冠服就像皇后。仁宗长叹一声说：“别人的谣言怎能相信？”对待刘氏一族更加亲密。

奏留祠庙　张方平判应天府。时司农遵王安石鬻祠庙于民法，方平托刘挚为奏曰：“阏伯迁商丘，主祀香火，为国家盛德，所乘历世尊为大祀。微子宋始封之君，开国此地，是本朝受命建业所因。又有双庙，乃唐张巡、许远孤城死贼，能捍大患。今若令承买小人规利，冗亵渎慢，何所不为！岁取微细，实伤国体。欲望留此三庙，以慰邦人崇奉之意。”疏上，帝震怒，批牍尾曰：

"慢神辱国，无甚于斯！"于是天下祠庙皆得罢卖。

收缚诬罔　隽不疑为京兆尹。有男子乘犊车，诣北阙，自谓卫太子。诏列侯公卿以下杂职视。至者莫敢言。不疑后至，叱从吏收缚。曰："昔蒯聩出奔，辄拒而不纳，《春秋》是之。卫太子得罪先帝，亡不即死，今来自请，此罪人也。"遂送诏狱。上与霍光嘉之，曰："公卿大臣当用有经术明于大谊者。"验治，得奸诈，坐诬罔不道，要斩。

【译文】奏留祠庙　张方平担任应天府通判。当时的司农正遵照王安石的新法将祠堂卖给百姓。张方平让刘挚代自己上奏皇帝说："阏伯被迁到商丘，主持祭祀香火，是国家盛德的象征，历代都被尊为重要的祭祀。微子，是宋国最初受封的国君，他在此地开国，是本朝受天命建立伟业的根基。另外还有双庙，是唐朝张巡、许远守卫这里被敌人杀死，能在安史之乱中为国家抵挡叛军。如今假如让小老百姓买去谋利益，亵渎不敬，还有什么不会发生！每年从中收取一点税收，实在对国家的体面有损害。请求留下这三座祠堂，好安慰当地人崇敬圣贤的心意。"奏疏上达皇帝后，神宗很愤怒，在奏章后批语："亵渎神灵、侮辱国体，没有比这件事更严重了！"于是全国的祠庙都不可以再卖给百姓了。

收缚诬罔　隽不疑担任京兆尹。有一男子乘坐牛车，到朝廷北门，自称是汉武帝的长子卫太子刘据。朝廷下诏书让列侯公卿以下的官员都去验证看看，可是去看的人都不敢说话。隽不疑最后到，呵斥下属赶快逮捕，并且说："春秋的蒯聩出逃，蒯氏全都不接纳他，《春秋》对此表示赞赏。卫太子得罪了先帝，逃亡后还没死，如今自己上门请求，这是罪人。"于是将那人逮捕入狱。汉昭帝和霍光对他的做法特别赞赏，说："公卿大臣还是通晓经术、深明大义的人来当才好。"

后来审问的结果，那人确实假太子，被判为判欺君罔上，大逆不道，处以腰斩的死刑。

捕脯小龙　程颢为上元主簿，有善政。茅山池有小龙，得见者奉以神，民走若狂。颢捕而脯之。

汰僧为兵　宋胡旦通判昇州。时江南初平，汰李氏所度僧，十减六七。旦曰："彼无田庐可归，将聚而为盗。"乃悉黥为兵。以同时所汰尼僧配之。

【译文】捕脯小龙　程颢担任上元县的主簿，治理得很好。茅山池里有一条小龙，看见的人都当作神灵看待，百姓仿佛发狂一般跑去看。程颢将小龙抓起来制成肉干。

汰僧为兵　宋朝的胡旦担任昇州的通判。当时才平定江南，让南唐李后主剃度的僧人有十分之六七都还俗了。胡旦对皇帝说："这些人还俗无家可归，怕会聚集起来变成盗贼。"于是就给他们身上全都刻下记号去当兵，同时将还俗的尼姑给他们为妻。

俟面奏　寇天叙以应天府丞摄尹事。时武宗南巡，权嬖鸥张索贿，拂其意，祸且立至。天叙曰："与其行贿改节，不若得罪去官。"凡有所需，直阻之，曰："俟面奏，旨与则与！"皆莫谁何。驻跸九阅月，费且不资，而民不病。

破柱戮奸　李膺拜司隶校尉，时小黄门张让弟朔为野王令，贪残无道，畏膺威严，逃还京师，匿于兄家合柱中。膺知其状，率吏卒破柱取朔，付洛阳狱。受辞毕，即杀之。自此诸黄门常侍皆鞠躬屏气。时朝廷日乱，纲纪颓弛，而膺独持风裁，以声名自高，有景仰之者。

【译文】俟面奏　寇天叙以应天府丞的身份暂代府尹之职。当时正值明武宗巡幸南方，权臣和宦官百般索取贿赂，一旦违了他们的心意，立刻就惹祸上身。寇天叙说："我与其因行贿玷污节操，不如获罪丢掉乌纱帽。"所以权臣和宦官所有要求，全都回绝，只说："等我面见皇上再说，皇上允许我就给。"都拿他没辙。皇帝的大驾停留九个月，费用极多，可是当地的百姓没受到很大影响。

破柱戮奸　李膺被任命为司隶校尉，当时宦官张让的弟弟张朔担任野王令，贪婪残暴、治理不法，因为害怕李膺的威严，逃回京城，藏在哥哥家里，待在空心柱子里。李膺知道情况后，率领属吏和士兵前来打开柱子，逮捕了张朔，交给洛阳狱审问。一得到口供立刻杀掉。从此以后这些宦官都恭谨小心。当时朝政日见紊乱，法令废弛，唯独李膺主持风纪，因为有大声名，所以更加自重，景仰他的人很多。

清廉

冰壶　杜诗："冰壶玉鉴悬清秋。"姚元崇所作《冰壶诫》，言其洞彻无瑕，澄空见底。杜诗清廉，有类于是。

斋马　唐冯元叔历浚仪、始平尹，单骑赴任，未常以妻子之官。所乘马，不食民间刍豆。人谓之斋马。

廉能　《周礼·天官》：以听官府之六计弊群吏之治，一廉善，二廉能，三廉敬，四廉正，五廉法，六廉辨。

【译文】冰壶　杜甫有一首诗里说："冰壶玉鉴悬清秋。"姚元崇写过《冰壶诫》，里面说冰壶内外没有一点瑕疵，清澄得可以看见壶底。东汉的杜诗为官清廉，和冰壶一样。

斋马　唐朝的冯元叔历次担任浚仪、始平的府尹，每次只身一人骑马上任，从没有带着妻子。他骑的马，不吃老百姓给的粮草。世人称之为"斋戒的马"。

廉能　《周礼·天官》里说：从六个方面就可以考察官吏的治理得当与否：一是考察善良与否，二是考察能力是否适合，三是考察是不是对待职务恭谨，四是考察为人是不是正直，五是考察是不是依法治理，六是考察分辨是非的能力如何。

冰清衡平 华康直知光化，丰稷知谷城，廉而且平。时人歌之曰：“华光化，丰谷城，清如冰，平如衡。”

釜中生鱼 汉范冉字史云，桓帝时为莱芜长。人歌之曰：“甑中生尘范史云，釜中生鱼范莱芜。”

留犊 魏时苗，为寿春令。始至官，乘簿軬车、黄牸牛、布被囊。岁余，牛生一犊。及去，留其犊，谓主簿曰：“令来时，本无此犊，犊是淮南所生，故留之。”明交河令叶好文，亦留三犊与贫民为耕。

酹酒还献 后汉张奂，为安定属国都尉。有羌人献金、马者，奂召主簿张祁入，于羌前，以酒酹地曰：“使马如羊，不以入厩；使金如粟，不以入怀。”悉以还之，威化大行。

【译文】冰清衡平 华康直在光化任职，丰稷在谷城任职，两人都为官清廉为政公平。当时的人歌颂他俩：“华在光化，丰在谷城。清廉如冰，公平如秤。”

釜中生鱼 汉朝的范冉，字史云，在汉桓帝时担任莱芜长。当地人歌颂他：“锅里太久不烧饭都生了灰尘的范史云，锅里都有生了小鱼的范莱芜。”

留犊 魏国的时苗担任寿春令。刚上任时，乘坐简陋的小车，驾车的是黄色母牛，车上载着布被的行李。一年后，母牛生一只小牛。他离任时，把小牛犊留下来，对主簿说：“我来这里时，原没有这只小牛。小牛是在这里生下的，所以留下。”明朝的交河令叶好文，也曾留下三只小牛给贫农耕地用。

酹酒还献 后汉的张奂，担任安定属国的都尉。有一个羌人进献金子和马匹，张奂召来主簿张祁，在羌人面前，将酒洒在地上，并说：“即使马匹像羊一样多，也不要进入我的马厩；即使金子像小米

九文錢

范丹（范冉），选自（明）陈洪绶版画《博古叶子》

那样多，也不会揣进我怀里。”他把东西全还给羌人，威望大增，教化大行。

食馔一口　北齐彭城王攸自沧州召还，父老相率具馔，曰：“殿下惟饮此乡水，未尝百姓馔，聊献疏薄。”攸食一口。

臣心如水　前汉成帝时，郑崇为尚书，好直谏，贵戚多谮之。上责崇曰：“君门如市，何以欲禁绝贵戚？”崇对曰：“臣门如市，臣心如水。”

清乎尚书之言　后汉钟离意，为尚书令。交趾太守张恢，坐赃伏法，以资物陈于帝前，诏颁赐群臣。意得珠玑，悉以委地。帝怪之，答曰：“孔子忍渴于贪泉，曾参回车于胜母，恶其名也。赃秽之资，诚不敢拜受。”上叹曰：“清乎尚书之言！”

【译文】食馔一口　北齐时的彭城王高攸从沧州受皇帝召命回朝，当地父老都准备了菜肴，对他说：“殿下只喝过我们乡里的水，还没有吃过百姓的饭菜，进献这一点小东西聊表心意。”高攸就吃了一口。

臣心如水　西汉成帝时期，郑崇担任尚书，喜欢直言极谏，贵戚们屡屡诽谤他。成帝责备郑崇：“你门口也像闹市一样热闹，为什么想要禁绝我亲戚呢？”郑崇回说：“我家门庭若市，可我的心却像水一样清澈。”

清乎尚书之言　后汉钟离意担任尚书令。交趾太守张恢因为贪赃被伏法，抄没的家财陈列在皇帝面前，皇帝下诏赐给群臣。钟离意分到珠玑，却全都扔在地上。皇帝很奇怪，他说：“孔子忍着干渴，不喝贪泉的水，曾参驾车不经过一个叫胜母的地方，因为厌恶名字。贪赃枉法的不净的东西，我实在不敢接受。”皇上感叹着说：“尚书说的是清廉的话。”

乘止一马　朱敬则为卢州刺史，代还，无淮南一物，所乘止一马。

酌水奉饯　隋赵轨为齐州别驾。入朝，父老送之，曰：“公清如水，请酌一杯水以奉饯。”

郁林石　吴陆绩为郁林太守，罢归无装，舟轻不能过海，乃取一大石置舟中以归。人号郁林石。

只谈风月　徐勉迁吏部尚书，常与门人夜集，有为人求官者，勉曰：“今夕只可谈风月，不宜及公事。”

【译文】乘止一马　朱敬则担任卢州刺史，即将卸任被替代时，不带走淮南的一个东西，只骑着一匹马。

酌水奉饯　隋朝的赵轨担任齐州别驾。即将回朝时，父老乡亲来送他，都说：“您像水一般清廉，请让我们倒一杯水给大人送别。”

郁林石　三国东吴的陆绩担任郁林太守，罢官归乡没什么行李，小船因为太轻无法从海上走，于是就取来一块大石头放在船舱，才得以回乡。世人称作“郁林石”。

只谈风月　徐勉升为吏部尚书，经常和门下学生在夜里集会，其中有人为别人求取官职，徐勉说：“今晚只谈风论月，不谈公事。”

市肉三斤　海瑞为淳安令。一日，胡总制语三司诸道曰：“昨闻海令市肉三斤矣，可往察之。”乃知为母上寿所需也。

一文不直　薛大楹主南昌簿，尝标其门曰：“要一文，不直一文。”

原封回赠　吴让知临桂县，不三年，超升庆远知府。南丹诸土官各馈金为贽，让却不受，口占绝句遗之，曰：“贪泉爽酌吾何敢，暮夜怀金岂不知？寄语丹州贤太守，原封回赠莫相疑。”

书堂自励　陈幼学知湖州，书于堂曰：“受一文枉法钱，幽有鬼神明有禁；行半点亏心事，远在儿孙近在身。”

【译文】市肉三斤　海瑞担任淳安县令时，有一天总督胡宗宪对掌管军事、民政、司法的三司官员说：“听说昨天海县令买了三斤肉，去察看一下。”后来才知道他是为了给自己母亲上寿才买的。

一文不直　薛大楹担任南昌主簿时，曾经在门上写道：“如果跟人要了一文钱，我就一文钱也不值了。”

原封回赠　吴让担任临桂县的知县，不出三年就越级升任庆远知府。庆远府附属的南丹县各位少数民族的长官各自送来金钱当作贺礼，吴让都拒绝不收，嘴里念了一首绝句送给他们：“我怎么敢去喝贪泉的水，晚上送钱给我难道真的没人知道？（汉朝的杨震说过收受贿赂天知、地知、你知、我知）。给丹州各位贤能的太守说啊，我原封不动地退还给你们请不要猜疑。”

书堂自励　陈幼学担任湖州知府时，在大厅柱子上写道：“接受别人违法的一文钱，暗中有鬼神，阳间有禁令；做了半点亏心事，远一点报应在儿孙，近一点就报应在自己身上。”

画菜于堂　徐九经令句容，及满去，父老儿稚挽衣泣曰：“公幸训我！”公曰：“惟俭与勤及忍耳。”尝图一菜于堂，题曰：“民不可有此色，士不可无此味。”至是，父老刻所画菜，而书勤俭忍三字于上，曰：“徐公三字经。”

御书褒清　程元凤官拜右丞相兼枢密。御书“清忠儒硕昭光”六字褒之。

清白太守子　王应麟守徽州，其父尝守是郡，父老曰：“此清白太守子也。”

【译文】画菜于堂　徐九经担任句容县令，任满离开时，父老乡亲和小孩子拉着他的衣服哭着说：“您请给我们留几句话教导我们吧。”徐九经说：“只教你们三件事：节约、勤劳、坚忍。”他曾经在大堂上画了一棵大白菜，旁边题词：“百姓脸上不能有白菜一般的饥饿脸色，士人不可能不吃白菜这种苦。”现在，父老乡亲将他画下的白菜刻成碑，并且写了“勤、俭、忍”三个字在旁边，称为“徐公三字真言”。

御书褒清　程元凤担任右丞相兼枢密使。皇帝亲自书写“清、忠、儒、硕、昭、光”六个字褒扬他。

清白太守子　王应麟担任徽州太守，他父亲也曾当过本地太守，父老乡亲说：“这就是那个清廉太守的儿子。”

刘穷　刘玺，龙骧卫人。少业儒，长袭世职，居官廉洁，人呼为“青菜刘”，或呼为“刘穷”。继推总漕运，上识其名，喜曰：“是刘穷耶？可其奏。”

清化著名　韦謏少好文学，群言秘要之义，无不综览。后仕石季龙，历守七郡，咸以清化著名。

廉让之间　范柏年初见宋明帝，言及广州贪泉，因问：“卿州复有此水不？”答曰：“梁州惟有文川武乡、廉泉让水。”又问：“卿宅何处？”曰：“臣所居廉让之间。”帝嗟其善答。

清白遗子孙　郑述祖仕齐，为兖州刺史。其父亦尝为此州。

百姓歌之曰："大郑公，小郑公，相去五十载，风教尚有同。"及病，曰："一生富贵足矣！以清白之名遗子孙，死无所恨。"

【译文】刘穷　刘玺是龙骧卫的人。年轻时以儒学为学业，长大后承袭祖上的职务，为官清廉，人称"青菜刘"，还称为"刘穷"。后来主管漕运，皇帝记得他的名字，看见他的奏章非常高兴地说："是那个刘穷吗？答应他的请求。"

清化著名　韦謏小时候喜欢文学，群书的言论和深奥道理无不贯通。后来在后赵石季龙手下做官，担任过七个郡的太守，全都凭借廉洁的治理著名。

廉让之间　范柏年初次拜见宋明帝时，提到广州的贪泉，宋明帝就问他："你的州里有这样的水吗？"范柏年回说："梁州只有文川、武乡、廉泉、让水。"宋明帝又问他："你家在哪里呢？"范柏年回说："我家住在廉泉、让水之间。"宋明帝赞叹他回答得巧妙。

清白遗子孙　郑述祖在齐国任职，做兖州刺史。他父亲也曾担任兖州刺史。百姓歌颂说："大郑公，小郑公，相隔五十年，风化还相同。"后来他得了重病时，就说："我这辈子已经够富贵了！我要把清白的名声遗留给子孙，死后再没有遗憾。"

清有父风　柳玭，仲郢子，为岭南节度副使。廨中桔熟，既食，乃纳直于官。拜御史大夫，清直有父风。

悬鱼　羊续，南阳守。入境，即微服间行，凡令长贪洁，吏民良猾者，皆廉知其状，一郡震竦。府丞以生鱼献，受而悬之庭，杜其后进，妻率子祕入郡舍，不纳，妻怒检室中，惟衾盐菜而已。

自控妻驴　宋李若谷赴长社主簿，自控妻驴，故人韩亿为负行李。将入境，谓韩曰："恐县吏迎至。"箧中止有钱六百，以其半遗韩，相持大哭而别。

【译文】清有父风　柳玭是柳仲郢的儿子，担任岭南节度副使。官署的桔子熟了，他吃完，就将相应的钱交给官府。后来被任命为御史大夫，为官清廉正直，有父亲的风范。

悬鱼　羊续担任南阳太守，准备进入南阳境内时，穿着便服，走小路，所有县令、长官的贪污、廉洁，小吏和百姓的善良、狡猾，全都调查清楚，全郡的人都很震惊。府丞送他一些生鱼，他接受后挂在庭院里，用以杜绝别的进献。他的妻子带儿子羊祕想住进这里，他不接纳，妻子很生气，以为包养了情妇，就进屋搜查，只发现布被和咸菜罢了。

自控妻驴　宋朝的李若谷去长社担任主簿，他牵着驴，妻子乘着，老友韩亿帮他背行李。即将入境时，他对韩亿说："只怕县吏要来迎我。"箱子里中只有六百文钱，将其中一半赠给韩亿，两人拥抱着大哭，就分开了。

埋羹　王琎，宁波守。操行廉洁，自奉尤俭约。一日，见馔兼鱼肉，大怒，令辍而瘗之，号"埋羹太守"。

进饼不受　明戴鹏，会稽知县，清慎自守。时军驻四明，鹏往供馈饷。期限严急，率民步行，日晡饥甚，从者进饼，却不受，掬道旁水饮之。

仅一篚　明轩輗由御史出为按察使，清约自持，四时一布袍，常蔬食。约诸僚友，三日出俸市肉一斤，多不能堪。待故旧，惟一豆，或杀鸡，辄惊曰："轩廉使杀鸡待客矣。"后以都御史致仕。上问曰："昔浙江廉使考满归家，仅一篚，是汝乎？"輗顿首谢。

【译文】埋羹　王琎担任宁波太守时为官清廉，他的用度特别节约。有一天，他看饭菜里既有鱼又有肉，很生气，让人倒掉埋起来，人们称他为“埋羹太守”。

进饼不受　明朝的戴鹏，担任会稽知县时，清廉谨慎，对自己很严格。当时有军队驻扎在四明山下，戴鹏前去送粮饷。期限紧迫，他带着百姓步行，傍晚特别饿，随从拿饼给他吃，他拒绝，只捧了路边水来喝。

仅一簏　明朝的轩輗从御史的职务转任按察使，为人清廉节约，很有操守，一年四季只穿一件布袍，往往只吃蔬菜。他和诸位同僚约定，每隔三天拿俸禄去买一斤肉，买多了就承受不起。招待老朋友，只有一盘豆子。偶尔杀鸡吃，大家就特别惊讶地说：“廉使大人居然杀鸡招待我们。”后来在都御史的任上退休。皇上问他：“听说以前浙江的廉使任满回家时，行李里只一个竹笼子，那人是你吗？”他跪拜叩头，表示惭愧。

符青菜　明符验，守常州，不携家，持二敝簏，一童仆，日供惟蔬，人目为“符青菜”。锐意锄强，凡横于乡者，虽窜匿，期必得之，苟奉法而至，亦不深求。岁大旱蝗，日循行督捕。每出，以筐盛米数升、柴数束自给，不劳民供亿。

清乃获罪　南北朝沈巑之，丹徒令，以清介不通左右被谮，逮系尚方。帝召问，对曰：“臣清乃获罪。”帝曰：“清何以获罪？”曰：“无以奉要人耳。”帝问要人为谁，指曰：“此赤衣诸郎皆是。”复任丹徒。

橐无可赠　南北朝刘溉，建安太守。故人任昉以诗寄溉，求一衫。溉检中无可赠者，答诗曰：“予衣本百结，闽乡徒八蚕。”

【译文】符青菜　明朝的符验担任常州太守时，不带家人一起，只带两只旧的竹筐和一个仆人，每天只吃蔬菜，人们称他为“符青菜”。他下决心锄掉豪强，但凡是横行乡里的人，即使逃跑隐起来，也一定要抓回。假如按照法令自己过来招认，便也不会多判刑。有一年大旱，发生蝗灾，每天都去监督捕捉蝗虫。每次出门，用竹筐盛几升米，带着几束柴火自己用，不劳民伤财。

清乃获罪　南北朝的沈瓒之担任丹徒县令，为官清廉耿介，不结交皇帝左右的大臣，因此被诬陷获罪，逮捕入朝。皇帝问他罪行，他回说：“我因为清廉获罪。”皇帝说：“清廉怎么可能获罪？”回答说：“因为我没东西进献朝廷大人物啊。”皇帝问大人物是谁，他指了一指旁边一人说：“这些穿红衣服的人都是。”后来就继续担任丹徒县令。

橐无可赠　南北朝的刘溉担任建安太守时，老友任昉寄给他一首诗，请他赠一件衣服给自己。刘溉找了找，发现没东西可赠，就写了答诗说：“我衣服到处都打了补丁，本地一年八次养蚕吐丝。”

不持一砚　包拯知端州。州岁贡砚，必进数倍以遗要人。拯命仅足贡数即已。秩满归，不持一砚。

日唯啖菜　宋姚希得知静江。官署旧以锦为幕，希得曰：“吾起家书生，安用此！”命以布易之。日惟啖菜，一介不妄取也。

命还砧石　宋凌冲令含山，律己甚严，一介不妄取。见归装有一砧石，诧曰：“非吾来时物也。”命还之。

毋挠其清　唐蒋沇历长安、咸阳、高陵诸邑令，多卓异声。郭子仪过高陵，戒麾下曰：“蒋贤令供亿，得蔬食足矣。毋挠其清也！”

【译文】不持一砚　包拯担任端州太守。端州每年都向朝廷进献砚台，而且定要用比进贡朝廷多几倍的砚台赠给朝廷的要人。包拯规定每年只交够进贡朝廷的数目就行了。他任满回京，不带一方端砚。

日唯啖菜　宋朝的姚希得担任静江知府。官府以前用锦缎来做帷幕，姚希得说：“我是从穷书生起家的，用不着这些东西！”让人用普通的布换掉。每天只吃蔬菜，一点贿赂都不乱收。

命还砧石　宋朝的凌冲担任含山县令，对自己要求很严，一文钱都不乱收。他看见回家时行李里有一块磨刀石，很惊讶地说：“这不是我来的时候拿的东西啊。”就让人还回去了。

毋挠其清　唐朝的蒋沇历次担任长安、咸阳、高陵等地的县令，因为卓越的政绩很有名声。郭子仪经过高陵，告诫部下人说：“蒋沇来给我军送补给，有蔬菜吃就足够了，不要破坏他清廉的名声。”

杯水饯公　隋赵轨，齐川别驾。东邻有桑椹落其庭，轨遣拾还之。及被召，父老挥泣送曰：“公清如水，不敢以壶浆相溷，敬持杯水饯公。”轨受而饮之。

挂床去任　三国裴潜，兖州刺史。尝作一胡床，及去任，挂之梁间。人服其介。

置瓜不剖　苏琼守清河。先达赵颖献园瓜，琼勉留置梁上，不剖食。人闻受颖瓜，竞献新果，至门，知瓜犹在，相顾而去。

【译文】杯水饯公　隋朝的赵轨担任齐州别驾。东边的邻家里有一棵桑椹树，桑葚落到自己庭中，赵轨让人捡起来还回去了。等他被召还朝廷时，乡亲们都哭着送他：“大人像水一般清廉，我们不敢拿茶水和酒浆玷污您的好名声，就恭恭敬敬地送上一杯水给大人践行。”赵轨接过这杯水，把它喝下。

挂床去任　三国时的裴潜担任兖州刺史时，曾经制作了一张胡床，等离任时，就挂在房梁上。当地人很佩服他的操守。

置瓜不剖　苏琼担任清河太守时。一个有德行的前辈赵颖献给他一个园里的瓜，苏琼勉强接受了，却放在屋梁上，不剖开来吃。人们听说他接受赵颖的瓜，就争先恐后献上新鲜瓜果，到他家里，才发现那个瓜还在那里，就面面相觑地离开了。

受职

筮仕　《左传》：毕万筮仕于晋，遇屯之比。辛廖占之曰："吉。"

下车　李白为南昌宰《去思碑》云："未下车，人惧之；既下车，人爱之！"

瓜期　《左传》：齐侯使连称、管至父戍葵丘，瓜时而往，曰："及瓜而代。"

书考　《书经》：三载考绩。三考黜陟幽明。

【译文】筮仕　《左传》里说：毕万曾经占卜去晋国做官是吉还是凶，得到屯卦，变成比卦。辛廖解释说："这是大吉的卦象。"

下车　李白为南昌太守写的《去思碑》里说："他上任时，人们都害怕他；他上任后，人们都敬爱他。"

瓜期　《左传》里说：齐侯派遣连称、管至父到葵丘守边，并且说明年瓜熟时让人替换，就叫"及瓜而代"。

书考　《尚书》里说：每隔三年考察一次官员的政绩。三次考察要分出贤愚，有所提拔和降级。

增秩　前汉宣帝曰："太守吏民之本，数变易则下不安。民知其将久，不可欺罔，乃服从其教化。”故二千石有治绩，辄以玺书勉励，增秩赐金。

报政　《史记》：伯禽受封之鲁，三年然后报政。周公曰：“何迟也？”伯禽曰：“变其俗，革其祀丧，三年而后除之，故迟。”太公封于齐，五月而报政。周公曰：“何速也？”曰：“吾简其君臣礼，从其俗也，故速。”

【译文】增秩　前汉宣帝说：“太守是小吏和百姓的根本，经常换下面就会不安宁。百姓假如知道某个太守会当得比较久，不可以欺骗作恶，就会服从他的教化。”所以哪个太守有好的政绩，就赐予诏书勉励他，增加爵禄，赏赐金钱。

报政　《史记》里说：伯禽受封的地方在鲁国，三年以后才向周公汇报治理情况。周公说：“怎么这么迟呢？”伯禽说：“因为要改变他们的风俗习惯，革除祭祀和丧礼中不适宜的部分，三年后才能成功，因而迟了。”姜太公被封到齐地，才五个月就回朝汇报政绩。周公对他说：“你为什么这么快？”他回答说：“我简化君臣的礼节，顺从他们的风俗，所以快。”

一行作吏　晋嵇叔夜《与山巨源书》云：“游山泽，观鱼鸟，心甚乐之。一行作吏，此事便废。”

穷猿奔林　李充字弘度，尝叹不被遇。殷浩问：“君能屈志百里否？”李答曰：“北门之叹，久已上闻。穷猿奔林，岂暇择木？”遂授剡县。

有蟹无监州　宋初通判与知州争权，每云：“我是州监！”有钱昆者浙人，嗜蟹，尝求补外郡，曰：“但得有蟹无监州则可。”东坡诗云:“欲向君王乞符竹,但忧无蟹有监州。”

【译文】一行作吏　晋朝的嵇康(字叔夜)写的《与山巨源书》里说:“在大山深泽边游览,观赏游鱼和飞鸟,心里很快乐。可是一当官,这种快乐的事就没了。”

穷猿奔林　李充字弘度,曾经感叹自己不被人赏识。殷浩问他:“你能屈就县令吗?”李充回答说:“我发出怀才不遇的《北门》之叹,早就让您听到。迷路的猿猴在森林里奔走,哪还有闲心去挑选树木呢?”于是就授予剡县县令的职务。

有蟹无监州　宋初的通判和知州互相争夺权力,都说:“我是一州的主管!”有一个叫钱昆的浙江人,特别爱吃螃蟹,曾经请求到外郡做知州,并说:“只要州郡有螃蟹,没有监州就可以。”苏轼写诗说:“想向君王乞求太守的官印,就怕那里没有螃蟹,只有监州。”

致仕　遗爱

蜘蛛隐　龚舍仕楚，见飞虫触蜘蛛网而死，叹曰："仕宦亦人之罗网也。"遂挂冠而去。时号为"蜘蛛隐"。

从赤松子游　张良辞高祖曰："臣以三寸舌为帝者师，封万户侯，此布衣之极，于愿足矣。愿弃人间事，从赤松子游。"

鸱夷子皮　范蠡灭吴，以大名之下难以久居，且句践可与同患难，不可以同安乐，遂乘轻舟泛湖而去，自号鸱夷子皮。

东门挂冠　汉逢萌见王莽杀其子，告友人曰："三纲绝矣！不去，祸将及。"遂挂冠东门而去。

【译文】蜘蛛隐　龚舍在楚地做官，看见飞虫撞到蜘蛛网上而死，就长叹着说："官场也是给人制成的罗网。"于是就辞官回乡。当时称为"蜘蛛隐"。

从赤松子游　张良和汉高祖告辞："我凭借三寸不烂之舌做到了帝王老师，被封为万户侯，这是一般人能取得成就的极致，平生的愿望已经满足了。如今我希望能抛开人间所有的事，跟着神仙赤松子后面学道。"

鸱夷子皮　范蠡帮助越国灭亡吴国后，声名太大，怕会惹上杀身之祸，况且越王句践是只能和他一起吃苦，却不可以和他一同享受的人，于是便乘坐轻快的小舟消失在五湖，自称为“鸱夷子皮”。

东门挂冠　汉朝的逢萌看到王莽杀了他自己的儿子，就对朋友说：“伦理纲常都紊乱了！再不离开，会有大祸。”于是就将自己的官帽挂在东门上离开了。

思莼鲈　晋张翰，齐王冏辟为大司马功曹。翰见秋风起，思吴江莼羹鲈脍，叹曰：“人生贵适意，安能羁官数千里！”遂命驾而归。

二疏归老　汉疏广为太傅，兄子受为少傅。广谓受曰：“吾闻知足不辱，知止不殆，岂若告老，以归骸骨。”即日辞官，上许之。故人设饯东门，观者皆曰：“贤哉，二大夫！”

幞被而出　晋魏舒为尚书郎。时欲沙汰郎官，非其才者罢之。舒曰：“我即其人也。”幞被而出。同僚素无清论者咸有愧色。

【译文】思莼鲈　晋朝的张翰，齐王司马冏让他担任大司马功曹。张翰一看见秋风吹来，思念起吴江的莼菜羹和鲈鱼脍，叹息着说：“人这一生只要让自己安逸就好，怎么可以因为贪念官职，在离家数千里以外受拘束呢！”于是就坐船回去了。

二疏归老　汉朝的疏广担任太傅，他侄子疏受担任少傅。疏广对疏受说：“我听说懂得满足才不会受侮辱，懂得适可而止才不会有危险。我们不如就此对朝廷说我们老了，愿意回乡。”于是当天就告老还乡，皇帝答应他们的请求。他们的朋友都在东门外面设宴饯别，看见的人都说：“贤明啊这两个大夫。”

幞被而出　晋朝的魏舒担任尚书郎。当时要裁掉一些郎官，才能不匹配的都要被罢免。魏舒说：“我就是这种人。”于是用包袱裹着衣服被子就离开了。同僚中向来没有清廉名声的都很惭愧。

弃茬席霉　晋文公弃茬席，霉黑。舅犯辞归，言文公弃其卧席之霉黑。舅犯以其弃旧恋新，故辞归。

乞骸骨　汉宣帝朝，丞相韦贤以老病乞骸骨，赐黄金百斤，安车驷马，罢就第。丞相政仕自贤始。

甘棠　《诗经》："蔽芾甘棠，勿剪勿伐，召伯所茇。"召伯巡行南阳，听政于甘棠。后人思其恩泽，故戒勿剪伐。

生祠　汉于公决狱，平民立祠生祀之。生祀始此。

【译文】弃茬席霉　晋文公将一领霉黑的旧席子扔掉。他舅舅子犯便请求告辞，因为晋文公抛弃霉黑的席子，子犯认为他这是喜新厌旧，所以告辞离开。

乞骸骨　汉宣帝时，丞相韦贤因为年老有病，就乞求退休，朝廷赏他黄金一百斤，并且奖给他舒适的小车和四匹马，让他解职回府。丞相的退休是从韦贤这里开始的。

甘棠　《诗经》有诗说："繁茂的甘棠树，既不剪去枝桠也不要砍掉树干，因为这是召伯曾经休息的树。"召伯曾经到南阳巡行，在一棵甘棠树下面听人汇报政务。后人怀念他的恩德，所以告诫别人不要修剪砍伐。

生祠　汉朝的于定国判案很公正，老百姓在他还在世时就给他建立生祠祭祀他。生祠是从这时开始的。

脱靴　唐崔戎自刺史迁官，民拥留抱持，取其靴。今之脱靴始此。

桐乡　前汉朱邑为桐乡令，病且死，属其子曰："我故后，吏民必葬我于桐乡。后世子孙奉我，或不如桐乡百姓。”

野哭　子产相郑。及卒，国人哭于巷，农夫哭于野，商人罢市而哀，流涕三月，不闻琴瑟之声。

堕泪碑　晋羊祜以清德闻。及死，南州为之罢市，巷哭者声相接，葬于岘山。百姓望其碑者。辄流泪，谓之堕泪碑。

【译文】脱靴　唐朝的崔戎从刺史升官，百姓簇拥着想留住他，都脱掉了他的靴子。如今的“脱靴”来源于这里。

桐乡　前汉的朱邑担任桐乡县令，病得快死了，嘱咐他儿子说：“我去世后，下属小吏和百姓一定会把我埋在桐乡。后世的子孙祭拜我，也许还不如桐乡的百姓。”

野哭　子产担任郑国的国相。他死后，国人都在巷子里哭，农夫都在田野里哭，商人不做生意，哀悼他，整整哭了三个月，听不到弹奏琴瑟的声音。

堕泪碑　晋朝的羊祜凭借高尚的德行著称于世。他死后，南边的州为他取消赶集，街上很多人痛哭。羊祜被葬在岘山，百姓一看见他的碑就流下泪来，所以称之为“堕泪碑”。

童不歌谣　秦五羖大夫百里奚卒，秦人巷哭，童子不歌谣，舂者不相杵。

下马陵　董仲舒墓在长安，人思其德，过者下马，人谓之下马陵。后世误称虾蟆陵。

扳辕卧辙　汉侯霸为临淮太守，被召，百姓扳辕卧辙，愿留期年，奔送百里。

截镫留鞭　唐姚崇受代日，民吏泣拥马首，截镫留鞭，止其不去。

【译文】童不歌谣　秦国五羖大夫百里奚去世了，秦国人在街巷里哭，小孩们也不唱歌谣，舂米的人不再互相应和。

下马陵　董仲舒的墓位于长安，世人怀念他的德行，经过他的墓边就下马步行，所以称之为“下马陵”。后世误称为“虾蟆陵”。

扳辕卧辙　汉朝的侯霸担任临淮的太守，后来被朝廷召回京城，老百姓拦住他的车子，躺在车轮前边阻止他，希望能再留任一年，一直相送一百里的路程。

截镫留鞭　唐朝的姚崇任满后被人取代那天，百姓和官吏抱着马头哭泣，取下马镫，留下马鞭，阻止他离开。

众庶从居　魏德深迁贵乡长，为政清静，不严而治。转馆陶长，既至，老幼如见父母。二县父老争请留之，郡不能决。会使者至，乃断从贵乡。馆陶众庶从而居者数百家。

与侯同久　柳不华，武冈路总管，守境卫民几二十年，民歌之曰：“前有公绰，武冈父母。今之郡侯，无乃其后。足我衣食，安我田亩。我子我孙，与侯同久。”

不犯遗钱　郑棨，庐州刺史。黄巢掠淮南，棨移檄请无犯州境，巢为敛兵，州独完。秩满去，遗钱千缗，藏州库。后他盗至，曰：“郑使君钱。”不敢犯。

【译文】众庶从居　魏德深调到贵乡当长官，为政清静，不骚扰百姓，不使用严刑峻法就能让境内安宁。后来任馆陶长，上任以后，男女老幼像见了父母一般爱戴他。两个县的父老都上书皇帝请求让他继续留职，郡里无法决定。碰巧朝廷派使者来了，就再担任贵乡长，馆陶县的百姓有上百家因此跟他去贵乡居住。

与侯同久　元朝时的柳不华担任武冈路总管，守卫边境保护百姓接近二十年，百姓歌颂说："唐朝时有柳公绰，是武冈百姓的父母官。如今的总管大人，难不成就是他的后人？他让我们丰衣足食，让我们安心耕田。我们希望子子孙孙，都能和大人一样长长久久。"

不犯遗钱　郑綮担任庐州刺史。黄巢到淮南抢掠，郑綮给黄巢写信说请别侵犯庐州边境，黄巢因而让士兵收敛，只有他的州没被劫掠。他任满时，留下一千缗钱收在庐州仓库。后来别的起义军到这里，就说："这是郑大人的钱。"不敢掠夺。

天赐策　何比干，字少卿，汝阴人，汉武帝朝廷尉。时张汤持法严，而比干务平恕，所全活者数千人，淮南号曰"何公"。忽有老妪造门曰："先世有阴德及公之身，又治狱多平反。今天赐策，以广公后。"因出怀中策九百九十枚，曰："子孙佩印符者如此算。"

再任　陶侃再为荆州，黄霸再为颍州，郭伋再为并州，陈蕃再为乐安，寇恂再为河南，耿纯再为东郡。

【译文】天赐策　何比干，字少卿，是汝阴人，在汉武帝时担任廷尉的职务。当时张汤依法治国，非常严酷，何比干就比较公平宽容，被他保全性命的有几千人，淮南地区号称他为"何公"。有一天忽然有个老婆婆到他门前对他说："大人您祖上积着阴德，到你这里又在判案时多替别人平反，所以老天爷赐给你这道筹策，让你多子多孙。"于是老婆婆从怀中取出筹策九百九十根，并说："大人您的子孙应当有这么多人佩戴官印。"

再任　陶侃两次担任荆州太守，黄霸两次担任颍州太守，郭伋两次担任并州太守，陈蕃两次担任乐安太守，寇恂两次在河南任职，耿纯两次在东郡任职。

降黜　贪鄙

咄咄书空　晋殷浩被黜，谈咏不辍；虽家人，不见其有流放之感。但终日书空，作“咄咄怪事”四字而已。

胡椒八百　唐元载受贿，后事败，有司籍其家，钟乳五百两，胡椒八百斛，他物不可胜计。

簠簋不饰　贾谊《策》：“古者大臣有坐不廉而废者，不谓不廉，则曰‘簠簋不饰’。”

【译文】咄咄书空　晋朝的殷浩被免官后，每天不停地清谈、吟咏，即使是家人也看不出他有被流放的悲感。他只是每天都用手指在空气中比划，别人细细瞧，原来写的是“咄咄怪事”四个字。

胡椒八百　唐朝的元载收受贿赂，后来事情败露，官府就抄他的家，光是钟乳就有五百两，胡椒也有八百斛，其他财物不计其数。

簠簋不饰　贾谊在《治安策》中说：“古时候的大臣因为不清廉被罢免，不说‘不廉’，只婉转地说‘簞簋（两种盛黍稷稻粱的礼器）不整齐’。”

围棋献赂　蜀刺史安重霸，性贪贿。州民有油客邓姓者，资财巨万，重霸召与围棋，令侍立。下子过于筹算，终日不下数十子。邓倦立，且饥馁不堪。次日，又召。或曰："本不为棋，何不献贿？"邓献金三锭，获免。

拔钉钱　五代赵在礼令宋州，贪暴逾制，百姓苦之。后移镇永兴，百姓欣贺曰："拔却眼中钉矣！"在礼闻之，仍求复任宋州，每岁户口，不论主客，俱征钱一千，名曰"拔钉钱"。

【译文】围棋献赂　蜀地的刺史安重霸，喜欢收受贿赂。州里的百姓中有个人姓邓，是个卖油的，家财数万，安重霸召他一起下围棋，让他站一旁。安重霸思索太久，每天下不了几十步棋。邓站着特别疲倦，而且很饿。第二天，他又召他来。有人对他说："安大人本就不为下棋，你怎么不献上一些贿赂？"邓赶紧献了三锭金子，就不再喊他下棋了。

拔钉钱　五代时的赵在礼担任宋州县令，贪婪残暴，超出礼节规范，百姓特别痛苦。后来调到永兴去了，百姓就高兴地庆祝说："眼中钉终于拔去了！"赵在礼听说后，接着请求朝廷派他再次任职于宋州。他规定每年境内的人不管户口是不是宋州的，全部征收一千文钱，称为"拔钉钱"。

捋须钱　南唐张崇帅庐州，所为不法，尝入觐，庐人曰："渠伊想不复来矣！"崇归，计日索"渠伊钱"。明年又入觐，盛有罢府之议，人不敢实指，道路相视，皆捋须相庆。崇归，又征"捋须钱"。

破贼露布　李义府为相，杨行颍白其赃私，诏司刑刘祥道与三司杂讯，除名，流巂州，或作《河间道元帅刘祥道破铜山大贼李义府露布》榜于衢。

京师白劫　后魏元修义为吏部尚书，惟事贿赂，官之大小皆有定价。中散大夫高居呼为“京师白劫”。

【译文】捋须钱　南唐张崇担任庐州长官时，行为不守法纪。他曾经入朝觐见皇帝，庐州百姓都说：“那人料想不会再来了！”张崇一回来，就每天索取“那人钱”。第二年又入朝觐见皇帝，民间盛传朝廷正商议准备罢免他的官职，百姓不敢提他的名字，就在路上互相用眼神对视，摸摸胡须表示庆贺。张崇一回来，就又征收“摸胡子钱”。

破贼露布　李义府担任宰相时，杨行颖告发他贪污的事，朝廷下诏让司刑刘祥道和三司官员一起审理本案，最终将李义府除去名籍，流放到巂州。有人写了一篇《河间道元帅刘祥道破铜山大贼李义府露布》贴在大路边。

京师白劫　后魏的元修义担任吏部尚书时，只会受贿卖官，大小的官员都有定价。中散大夫高居称他是“京师白劫”。

卷八·文学部

经史

十三经　《易经》《书经》《诗经》《春秋》《礼记》《论语》《孝经》《尔雅》《左传》《公羊》《穀梁》《周礼》《仪礼》。

伏羲始则龙马作《易》，神农始即其方列为八卦，帝王为传国之宝。

三易　夏易《连山》，其卦首艮；商易《归藏》，其卦首坤；周易首乾。伏羲定卦名，文王为彖辞，周公为爻辞，孔子为十翼，而易道始备。

十翼　孔子作《十翼》：上《彖传》一，下《彖传》二，上《爻传》三，下《爻传》四，《文言》五，上《系辞》六，下《系辞》七，《说卦》八，《序卦》九，《杂卦》十。

【译文】十三经　《易经》《书经》《诗经》《春秋》《礼记》《论语》《孝经》《尔雅》《春秋左传》《公羊传》《穀梁传》《周礼》《仪礼》。

伏羲最先按照黄河出现的龙马背上图形造出阴阳二爻，神农开始按照八方制成八卦，帝王将这个看成传国宝。

三易　夏朝的易叫《连山易》，它的卦以艮作为开头；商朝的易叫作《归藏易》，它的卦以坤为开头；周朝的易以乾为开头，伏羲制定出卦名，文王写出彖辞，周公写出爻辞，孔子写出了“十翼”，因此《易》的道理就完备了。

十翼　孔子写成《十翼》，分别是：《上彖传》《下彖传》《上爻传》《下爻传》《文言》《上系辞》《下系辞》《说卦》《序卦》《杂卦》。

伏羲始则元龟为“洛书”，神农因之始制筮，黄帝因之始制卜。

昔武库火，古“河图”始无传。今误以“洛书”为“河图”，以莽时龟文为“洛书”。

商瞿子木始受《易》于孔子。秦失《说卦》三篇，河内女子始得之。

洪范九畴　天锡禹《洪范》九畴。初一曰五行，次二曰敬用五事，次三曰农用八政，次四曰协用五纪，次五曰建用皇极，次六日乂用三德，次七日明用稽疑，次八曰念用庶征，次九曰向用五福，威用六极。

【译文】伏羲开始按照大龟背上的书制成《洛书》，神农根据《洛书》开始制成用蓍草占卜的方法，黄帝继承前人，发明了用龟甲占卜的方法。

古代有一回武库失火，古《河图》开始消失没有传本了。今人都误把《洛书》当《河图》，并且将王莽时的龟文当成《洛书》。

商瞿子木是最初跟孔子学习《易经》的人。秦朝时丢失了三篇《说卦》，河内有一女子又发现了这三篇。

洪范九畴　上天赐予大禹《洪范》九种治理天下的方法：第一是运用五行，第二是慎重做好五件事，第三是努力办好八种政务，第四是合用五种记时方法，第五是建立最高法则，第六是用三种德行治理臣民，第七是明智地用卜筮来排除疑惑，第八是细致研究各种征兆，第九是用五福劝勉臣民，用六极惩戒罪恶。

五行　一曰水，二曰火，三曰木，四曰金，五曰土。水曰润下，火曰炎上，木曰曲直，金曰从革，土爰稼穑。润下作咸，炎上作苦，曲直作酸，从革作辛，稼穑作甘。

五事　一曰貌，二曰言，三曰视，四曰听，五曰思。貌曰恭，言曰从，视曰明，听曰聪，思曰睿。恭作肃，从作乂，明作哲，聪作谋，睿作圣。

八政　一曰食，二曰货，三曰祀，四曰司空，五曰司徒，六曰司寇，七曰宾，八曰师。

五纪　一曰岁，二曰月，三曰日，四曰星辰，五曰历数。

【译文】五行　分别是水，火，木，金，土。水的特性是趋向低洼潮湿，火的特性是向上面燃烧，木的特性是可弯曲可笔直，金的特性是可以塑造各种形状，土的特性是种植收获庄稼。低洼潮湿就使味道咸，向上面燃烧致焦就使味道苦，可弯曲可笔直的木材味道酸，可以塑造各种形状的金属刺伤皮肤痛，种植收获庄稼味道甜。

五事　一是态度，二是言语，三是眼睛看，四是耳朵听，五是思索。态度恭敬，言语要顺从，眼睛看时要明亮，听人话时要聪颖，思索要聪明。态度恭敬就是严肃，言语顺从就能辅佐治理，眼睛明亮就能成为智者，听人说话灵敏就善于决断，思考睿智的话就能成为圣人。

八政　第一是吃饭，第二是商业，第三是祭祀，第四是主管教化的司空，五是主管户口的司徒，六是办案执法的司寇，七是外交，八是军队。

五纪　第一是年岁，第二是月，第三是日，第四是星辰，第五是历法。

三德　一曰正直，二曰刚克，三曰柔克。平康正直，强弗友刚克，燮友柔克；沉潜刚克，高明柔克。

稽疑　稽疑建择立卜筮人，乃命卜筮。曰雨（其兆为水），曰霁（其兆为火），曰蒙（其兆为木），曰驿（其兆为金），曰克（其兆为土），曰贞（内卦为贞），曰悔（外卦为悔）。

庶征　曰雨、曰旸、曰燠、曰寒、曰风、曰时。五者来备，各以其叙，庶事蕃芜。一、极备凶，一、极无凶。曰休征，曰肃，时雨若；曰乂，时旸若；曰哲，时燠若；曰谋，时寒若；曰圣，时风若。曰咎征，曰狂，恒雨若；曰僭，恒旸若；曰豫，恒燠若；曰急，恒寒若；曰蒙，恒风若。

【译文】三德　三种统治人民的方法，第一是用正直，第二是用强硬，第三是用温和。对于温顺的人要用正直来统治，对于刚强的人要用强硬统治，对于可亲的人要用温和统治。对于底下的百姓要用强力统治，对于高位的人用温和统治。

稽疑　决疑要挑选卜筮的人，让他们用龟甲或者蓍草占卜。卦象有几种：下雨（它的征兆是水），放晴（征兆是火），有蒙（征兆是木），有驿（征兆是金），有克（征兆是土），有贞（说明内卦是贞），有悔（说明外卦是悔）。

庶征　下雨、晴朗、燠热、寒冷、起风，这五项具备，各按规律和顺序的话，草木就会生长繁盛。假如某一种过多，就凶；某一项过少，也凶。好的征象有：一是因为君王谨慎严肃，像恰及时雨一般；二是政治清明，像普照晴天一般；三是处理政务极为圣明，像气候按时变暖；四是君王有谋略，像天气按时转寒；五是君王明白通达，像和煦的风按时而至。不好的征象有：一是君王行为放纵，像下了很久的雨；二是君王做事有舛错，像一直干旱；三是君王办事犹豫，像天气一直炎热；四是君王办事峻急，像天气一直寒冷；五是君王处事糊涂，就像常常刮风。

五福 一曰寿，二曰富，三曰康宁，四曰攸好德，五曰考终命。

六极 一曰凶短折，二曰疾，三曰忧，四曰贫，五曰恶，六曰弱。

三坟五典 三皇之书曰《三坟》，五帝之书曰《五典》。《抱朴子》云：《五典》为笙簧，《三坟》为金玉。少昊、颛顼、高辛、唐、虞之书谓之《五典》。坟，大也。三坟者，山坟、气坟、形坟也。山坟，言君臣、民物、阴阳、兵象。气坟，言归藏、发动、长育、生杀。形坟，言天地、日月、山川、云气。即伏羲、神农、黄帝之书。

【译文】五福 第一是长寿，第二是富有，第三是健康安稳，第四是拥有美德，第五是终其天年。

六极 第一是夭寿，死于非命，第二是生大病，第三是忧愁，第四是贫穷，第五是丑陋，第六是衰弱。

三坟五典 三皇时的书叫《三坟》，五帝时的书叫《五典》。《抱朴子》里说：《五典》好比高雅的音乐，《三坟》就像金玉珍贵。少昊、颛顼、高辛、尧、舜的书称为《五典》。坟，也就是“大”的意思。三坟，指的是山坟、气坟、形坟。山坟，说的是君臣、百姓的财物、阴阳、兵象；气坟，说的是蛰藏、发动、成长、生杀；形坟，说的是天地、日月、山川、云气。《三坟》也就是伏羲、神农、黄帝的书。

九丘八索 九州之志曰《九丘》，八卦之说曰《八索》。

金简玉字 大禹登宛委山，发石匮，得金简玉字之书，言治水之要，周行天下。伯益记之为《山海经》。

六义诗 《诗经》有六义，一曰风，二曰赋，三曰比，四曰兴，五曰雅，六曰颂。

卜商始序《诗》。辕固作传为齐诗；申公作训诂为鲁诗，浮丘伯授；毛苌作故训为毛诗，毛亨授。

【译文】九丘八索 九州的方志叫作《九丘》，八卦的书叫作《八索》。

金简玉字 大禹曾经登上宛委山，打开一个石盒，发现用金做简、用玉书写的书，里面谈的是治水的要点，大禹就用这里面的方法走遍天下去治水。后来伯益记下来，也就是现在的《山海经》。

六义诗 《诗经》有六义：风，赋，比，兴，雅，颂。

卜商给《诗经》写了序。齐国的辕固给《诗经》做训诂，也就是所谓的《齐诗》；鲁国的申公作了训诂也就是《鲁诗》，是从浮丘伯传授的；毛苌按照传下的解释写成《毛诗》，是从毛亨传授的。

五始 《春秋》义有五始，元者气之始，春者时之始，王者受命之始，正月者政教之始，公即位者有国之始。

三传 《左传》艳而富，其失也诬。《公羊》辨而裁，其失也俗。《穀梁》清而婉，其失也短。

二戴 汉宣帝时，东海后仓善说《礼》于曲台殿，撰《礼》一百八十篇，曰《后氏曲台记》。后仓传于梁国戴德及德从子圣，乃删后氏记为八十五篇，名《大戴礼》；圣又删《大戴礼》为四十六篇，为《小戴礼》。其后诸儒又加《月令》《明堂位》《乐记》三篇，为四十九篇，则今之《礼记》也。

【译文】五始　《春秋》的有五种凡例“五个开始”，“元”是指气运的开始，“春”是指时令的开始，“王”是指周王即位的开始，“正月”是指国家政治教化的开始，“公即位”是鲁国国君即位的开始。

三传　《左传》文辞优美，纪事丰富，缺点在于许多不合事实的地方。《公羊传》辨析清楚，剪裁得当，缺点是过于粗略。《穀梁传》辞义清省，遣词婉转，缺点是内容不足。

二戴　汉宣帝时，东海的后仓善于讲解《礼》，在曲台殿写了一百八十篇《礼》，被称为《后氏曲台记》。后仓在梁国传授戴德和侄子戴圣，戴德删减《后氏记》变成八十五篇，称为《大戴礼》。戴圣又将《大戴礼》删为四十六篇，称为《小戴礼》。后来的儒者又增添《月令》《明堂位》《乐记》三篇，成为四十九篇，也就是如今的《礼记》。

毛诗　荀卿授汉人鲁国毛亨作训诂传以授赵国毛苌。时人以亨为大毛公，苌为小毛公，以二公所传，故名《毛诗》。

汲冢周书　《束晳传》：晋太康二年，汲县人盗发安釐王冢，得竹书数十车，蝌蚪文字杂写经书。晳为著作，随宜分析，皆有考证，曰“汲冢周书”。

乐记　汉文帝始得窦公所献周公大司乐章，河间献王与毛生采作《乐记》。

漆书　杜林于西川得漆书古文《尚书》一卷。卫宏、徐巡来学，林授于二子，后遂得传。

【译文】毛诗　荀卿向汉朝人鲁国毛亨传授，毛亨撰写了训诂，将训诂传授给赵国毛苌。当时人称毛亨是大毛公，毛苌是小毛公，因为是两位毛公传授的，所以他们的传本叫《毛诗》。

汲冢周书　《晋书·束皙传》里说：晋朝太康二年（公元281年），汲郡有个盗墓贼盗发战国时期的魏安釐王的坟墓，发现几十车竹简书籍，全是用蝌蚪文写的经书。束皙正担任著作郎，对这些书籍分门别类，都有考证，被称作《汲冢周书》。

乐记　汉文帝时才得到窦公献的周公《大司乐章》，河间献王和毛生从这书里挑了一部分编成《乐记》。

漆书　杜林在西州发现用漆字书写的《古文尚书》一卷。卫宏、徐巡前来学习，杜林便传授给他们，《古文尚书》就流传下来。

壁经　鲁公王坏孔子故宅，欲以为宫，闻壁中琴瑟丝竹之声，得《古文尚书》。武帝乃诏孔安国较定其书。

断书　孔子断书百篇，鲁恭王始得孔腾所藏于壁，定五十九篇，伏生称为《尚书》。

石经　汉灵帝熹平四年，蔡邕与太史令单飏等，正定《五经》，刊石，谓之“石本《五经》”。衡阳王钧始细书，为“巾箱五经。”

集注　《易经》程注、朱注；《诗经》朱注；《书经》朱熹婿蔡沈注；《春秋》今从胡传；《礼记》陈皓注，皓字青莲，以其娶再醮，故不入孔庙。

【译文】壁经　鲁恭王刘余拆毁孔子的故居，准备建宫殿，听见墙壁里有琴瑟丝竹的音乐声，打开就发现了《古文尚书》。汉武帝因此下诏让孔安国校勘这本书。

断书　孔子将《书》分为一百篇。鲁恭王刘余最早在孔腾所藏的墙壁中得到的，确定为五十九篇，伏生称之为《尚书》。

石经　汉灵帝熹平四年（公元175年），蔡邕和太史令单飏等人校正《五经》做出定本，并且刻成石碑，被称为“石本五经”。南齐的衡阳王萧钧开始用小字书写，做成可以装在小箱子里出门携带的《五经》本子。

集注　《易经》程颐的本和朱熹的注本。《诗经》有朱熹的集注本。《尚书》有朱熹女婿蔡沈的集注本。《春秋》如今都用胡安国注本。《礼记》有陈皓的集注本，陈皓字青莲，因为他娶了寡妇，所以不将他的雕像放入孔庙里祭祀。

武经七书　《孙子》《吴子》《尉缭子》《司马兵法》《李靖》《三略》《六韬》。

佶屈聱牙　韩愈《进学解》曰：“周诰殷盘，佶屈聱牙；《春秋》谨严；左氏浮夸；《易》奇而法；《诗》正而葩。”

入室操戈　《郑玄传》：任城何休好《公羊》学，著《公羊墨守》《左氏膏肓》《穀梁废疾》郑玄乃发《墨守》，针《膏肓》，起《废疾》。休见而叹曰：“康成入吾室，操吾戈，而伐吾乎？”

【译文】武经七书　分别是《孙子》《吴子》《尉缭子》《司马兵法》《李卫公兵法》《黄石公三略》《六韬》。

佶屈聱牙　韩愈的《进学解》里说：“周书《大诰》和商书《盘庚》，都非常艰深难读懂；《春秋》体例严格谨慎；《左传》文章非常汪洋恣肆；《周易》虽然奇特却有法则，《诗经》雅正华美。”

入室操戈　《后汉书·郑玄传》里说：任城人何休特别喜欢研究《公羊》学，曾写过《公羊墨守》《左氏膏肓》《穀梁废疾》等书。郑玄便阐发《墨守》的精义，针砭《膏肓》的缺点，振起《废疾》的问题。何休看见他写的就叹息说：“郑玄（康成）已经升堂入室，拿我的戈矛讨伐我了！”

二十一史 司马迁《史记》、班固《前汉书》、范晔《后汉书》、陈寿《三国志》、唐太宗《晋书》、沈约《宋书》、萧子显《南齐书》、姚思廉《梁书》《陈书》、魏收《北魏书》、李百药《北齐书》、令狐德芬《后周书》、李延寿《南史》（宋、齐、梁、陈）、《北史》（魏、齐、周、隋）、魏征《隋书》、宋祁、欧阳修《唐书》、欧阳修《五代史》、脱脱《宋史》《辽史》《金史》、宋濂《元史》。

亥豕 子夏见读史者曰：“晋师伐秦，三豕渡河。”子夏曰：“非也，己亥渡河耳。”问之鲁史，果然。

【译文】二十一史 司马迁的《史记》，班固的《前汉书》，范晔的《后汉书》，陈寿的《三国志》，唐太宗时编修的《晋书》，沈约的《宋书》，萧子显的《南齐书》，姚思廉的《梁书》《陈书》，魏收的《北魏书》，李百药的《北齐书》，令狐德棻的《后周书》，李延寿的《南史》（包括宋、齐、梁、陈的历史），《北史》（包括北魏、北齐、北周、隋的历史），魏徵的《隋书》，宋祁、欧阳修的《唐书》，欧阳修的《五代史》，元朝脱脱的《宋史》《辽史》《金史》，明朝宋濂的《元史》。

亥豕 子夏看到别人读史书读成：“晋国军队讨伐秦国，三头猪淌过河。”子夏说：“错了，原文是己亥时分渡过河。”那人向鲁国史官询问，果然是这样。

无一字潦草 司马温公作《资治通鉴》，草稿数千余卷，颠倒涂抹，无一字潦草。其行己之度，盖如此。

瓠史 梁有僧，南渡赍一葫芦，有汉班仲坚《汉书》草稿，宣城太守萧琛得之，谓之瓢史。

即坏己作 陈寿好学，善著述。少仕蜀，除著作郎，撰《三国志》。当时夏侯湛等多欲作《魏书》，见寿所著，即坏己作。

【译文】无一字潦草 司马光撰写《资治通鉴》，草稿有上千卷，上面全是涂抹的痕迹，却没有一个字写的潦草。他对自己就是这么严格。

瓠史 梁朝时有一僧人，渡过长江时带着一个葫芦，里面藏着汉朝班固（孟坚）写的《汉书》的草稿，宣城太守萧琛得到了它，称之为《瓠史》。

即坏己作 陈寿特别好学，擅长写文章。年轻时在蜀地当官，任著作郎，撰写《三国志》。当时夏侯湛等人都想撰写《魏书》，一看到陈寿的书，立刻销毁自己写的。

探奇禹穴 太史公曰：迁二十四南游江、淮，上会稽，探禹穴，窥九疑，浮于沅、湘；涉汶、泗，讲业齐、鲁之都，观孔子之遗风，过梁、楚以归，乃石室之书作《史记》。

诸子有一百八十九家故曰百家。

石勒读史 石勒目不知书，使人读史，闻郦食其请立六国后，曰："此法当失，何以有天下！"及闻留侯谏，乃曰："赖有此耳！"

【译文】探奇禹穴 司马迁说：我二十岁时就乘船渡过江淮，登上会稽山，探索禹穴，游览九疑山，渡过沅江、湘江、汶水、泗水，在齐国和鲁国的都城听人讲授学业，观看孔子遗留的风俗，再经过梁国、楚国地区，然后回到京城。于是综合国家的藏书创作《史记》。

诸子有一百八十九家，所以称为“百家”。

石勒读史　石勒一个字也不认识，就让人读史书自己听，听说郦食其请求汉高祖立六国的后人时说：“这个办法不好，这样怎么会打下江山呢！”等听见留侯张良劝谏阻止，他就说：“幸亏有张良的劝阻！”

修唐书　宋祁修《唐书》，大雪、添帘幕，燃椽烛，拥炉火，诸妾环侍。方草一传未完，顾侍姬曰：“若辈向见主人有如是否？”一人来自宗室，曰：“我太尉遇此天气，只是拥炉，下幕命歌舞，间以杂剧，引满大醉而已。”祁曰：“自不恶。”乃阁笔掩卷起，遂饮酒达旦。

下酒物　苏子美豪放好饮，在外舅杜祁公家，每夕读书，以一斗酒为率。公密觇之，苏读《汉书·张良传》“与客狙击秦皇帝”，抚案曰：“惜乎击之不中！”遂满饮一大白。又读至“良曰：始臣起下邳，与上会于留，此天以臣赐陛下”，又抚案曰：“君臣相得，难遇如此！”复举一大白。公笑曰：“有如此下酒物，一斗不足多也！”

【译文】修唐书　宋祁撰写《唐书》时，正下大雪，他增添了帐幕，点燃大蜡烛，围着炉火坐着，姬妾们围着他伺候他。他正起草一篇传记还没完成，回头对侍姬说：“你们以前的主人有像我这样的吗？”有个女子来自宗室家里，就说：“我家太尉每逢这种天气，只会围着炉坐着，放下帘幕让我们唱歌跳舞，间或演一演杂剧，倒满酒杯，喝得淋漓大醉罢了。”宋祁说：“这也不差。”于是停笔，卷起书，就喝酒到天亮。

下酒物　苏舜钦（字子美）性格豪放，爱好喝酒。他在岳父祁国公杜衍家里时，每夜都读书，只喝一斗酒。杜衍偷偷看他怎么读书，只见他读《汉书·张良传》里“张良和刺客狙击秦始皇”时，拍打着桌子说道：“可惜没打中！”于是就满饮一大杯。又读到“张良说：‘之前我从下邳开始从军，和陛下在留地遇到，这是上天要将我赐给陛下您。’”他又拍着案桌大声喊叫：“君臣合拍，就像这样难以遇到！”便又喝一大杯。杜衍笑说：“这样的下酒菜，一斗酒根本不多！”

修史人　李至刚修国史，只服士人衣巾，自称“修史人李至刚”。馆中诸公闻之，大笑，呼为“羞死人李至刚”。

孔安国撰孔子弟子，七十二人。刘向撰《列仙传》，七十二人。皇甫士安撰《高士传》，亦七十二人。陈长文撰《耆旧》，亦七十二人。

索米作传　陈寿尝为诸葛武侯书佐，受挞百下；其父亦为武侯所髡，故《蜀志》多诬罔。又丁廙、丁仪有盛名于魏，寿谓其子曰：“可觅千斛米见与，当为尊公作一佳传。”丁不与，竟不为立传。

【译文】修史人　李至刚修纂国史，只穿着书生的衣帽，自称“修史人李至刚”。史馆中的各位大臣听说后都大笑起来，称他为“羞死人李至刚”。

孔安国写了《孔子弟子》，里面有七十二个人；刘向写《列仙传》，也有七十二个人；皇甫谧（字士安）写《高士传》，也是七十二个人；陈长文写《耆旧传》，仍是七十二个人。

索米作传　陈寿曾担任诸葛亮的文书官，受过一百杖刑；他的父亲也被诸葛亮剃光头发，因此他写《三国志·蜀书》便多有不合事实的地方。除此以外，丁廙、丁仪在魏国享有盛名，陈寿对他们儿子说：“搞来一千斛米给我，我就给令尊写一篇好的传记。”他们儿子不给，他最终没给这两人立传。

雷震几　陈子桱作《通鉴续编》，书宋太祖废周主为郑王。雷忽震其几，陈厉声曰：“老天便打折陈子桱之臂，亦不换矣！”

直书枋头　孙盛作《晋春秋》，直书时事。桓温见之，怒谓盛子曰：“枋头诚为失利，何至乃如尊公所言！若此史遂行，自是关君门户事。”其子遽拜谢，请改之。时盛年老家居，性愈卞急。诸子乃共号泣稽颡，请为百口计。盛大怒，不许。诸子遂私改之。

【译文】雷震几　陈桱（字子经）撰写《资治通鉴续编》，写到宋太祖废掉后周国主成为郑王时，忽然一道闪电打到桌边，陈桱大声说：“老天爷就算打断我手臂，我也不会改写。”

直书枋头　孙盛写《晋春秋》，如实写了当时事件。桓温看见这书，愤怒地对孙盛儿子说：“枋头一战确实是打败了，可也不像你父亲说的那样不堪！倘若这本史书流传世间，就会影响你们家族。”孙盛儿子赶紧跪下道歉，请允许他回家让父亲修改。当时孙盛年老在家里居住，性格越加暴躁。儿子们说了这个请求时都大声哭着磕头，让他想想一家一百多口。孙盛很生气，就是不答应。儿子们便私自改掉了。

为妓詈祖　欧阳永叔为推官时昵一妓，为钱惟演所持，永叔恨之，后作《五代史》，乃诬其祖武肃王重敛民怨。睚眦之隙，累及先人，贤者尚亦不免。

心史　郑所南作《心史》，丑元思宋，以铁函重匮沉之古吴智井。至明朝崇祯戊寅凡三百五十六年，而此书始出。

明不顾刑辟　孙可之曰："为史官者，明不顾刑辟，幽不见鬼怪，若梗避于其间，其书可烧也。"

【译文】为妓詈祖　欧阳修担任推官时喜欢一名官妓，官妓后来被钱惟演抢走，欧阳修便特别恨他，后来撰写《五代史》，就诬陷钱惟演祖父钱武肃王苛捐杂税引起民怨。因为小的摩擦，连累祖宗，即使所谓贤人的不可避免。

心史　郑思肖（字所南）撰写《心史》，贬斥元朝，怀念宋朝，将书装在很重的铁盒中扔进吴地一口废井。到明朝崇祯戊寅年（公元1638年）过了三百五十六年，而这书才重现人间。

明不顾刑辟　孙樵（字可之）说："做史官，就该在世间不怕刑罚，阴间不怕鬼怪，假如在写作时因为某些原因回避一些历史事实，书就烧掉算了。"

五代史韩通无传　苏子瞻问欧阳修曰："五代史可传后也乎？"公曰："修窃于此有善善恶恶之志。"子瞻曰："韩通无传，乌得为善善恶恶乎？"公默然。

赵盾弑君　赵穿弑灵公，宣子未出境而复。太史书曰："赵盾弑其君。"宣子曰："不然。"对曰："子为正卿，亡不越境，反不讨贼，非子而谁？"孔子曰："董狐，古之良史也，书法不隐。"

史评　《晋书》《南北史》《旧唐书》，稗官小说也。《新唐书》，赝古书也。《五代史》，学究史论也。宋元史，烂朝报也。与其为新书之简，不若为《南北史》之繁；与其为《宋史》之繁，不若为《辽史》之简。

【译文】五代史韩通无传　苏轼询问欧阳修说："您作的《五

代史》可以流传后世吗？”欧阳修说：“我这书包含了扬善贬恶的用意。”苏轼说：“韩通都没立传，能说是扬善贬恶吗？”欧阳修默然不语。

赵盾弑君　赵穿杀死晋灵公，赵盾没逃出国境就回来了。太史董狐记载道：“赵盾杀死君主。”赵盾说：“不是我杀的。”董狐回说：“你是正卿，逃亡不出国境，回来不讨伐贼人，不是你是谁杀的呢？”孔子说：“董狐真是古代的好史官，书写历史的准则就是不能隐匿罪恶。”

史评　《晋书》《南史》《北史》《旧唐书》，都算野史。《新唐书》，是伪造的历史书。《五代史》，是学究讨论历史的书。《宋史》《元史》，是杂乱不堪的朝廷通报。与其写成《新唐书》那样简略，不如写成《南史》《北史》那样繁冗；与其像《宋史》那样繁冗，不如像《辽史》那样简略。

书籍

二酉藏书　大酉山、小酉山为轩辕黄帝藏书之所。

兰台秘典　汉朝图籍所在，有石渠、石室、延阁、广内，贮之于外府。又有御史中丞居殿中，掌兰台秘典，及麒麟、天禄二阁，藏之于内禁。

石室紬书　司马迁为太史，紬金匮石室之书。紬，谓缀集之也。以金为匮，以石为室，重缄封之，慎重之至也。

家有赐书　班彪家有赐书，好名之士自远方至，父党扬子云以下，莫不造门。

【译文】二酉藏书　大酉山、小酉山是轩辕黄帝收藏图书的处所。

兰台秘典　汉朝收藏图书典籍的所在，有石渠、石室、延阁、广内，都在宫外。又有御史中丞在大内，掌管兰台秘密藏书。麒麟阁、天禄阁两地，是宫内藏书处。

石室紬书　司马迁担任太史公，紬金匮石室之书。“紬”，也就是连缀编纂。意思是用金子做匣子，用石头做密室，层层密封，特别慎重。

家有赐书　班彪家里有皇帝的赐书，爱慕的士人从远方来，父辈中的扬雄等人也都来访问。

南面百城　李谧杜门却扫，绝迹下帷，弃产营书，手自删削。每叹曰：“丈夫拥书万卷，何暇南面百城！”

三十乘　晋张华好书，尝徙居，载书三十乘，凡天下奇秘，世所未有者悉在华所。有《博物志》行世。

曹氏书仓　曹曾积书万余卷。及世乱，曾虑书籍散失，乃积石为仓，以藏书籍。世名“曹氏书仓”。

五车书　《庄子》：惠施多方，其书五车。

【译文】南面百城　李谧关门谢绝客人，就在家里读书，变卖家产来收集藏书，并且亲手点校修改。有时候叹息说：“男子汉大丈夫只要有一万卷藏书，哪里用得着封为诸侯拥有领地呢！”

三十乘　晋朝的张华喜欢藏书，有一次搬家，用三十辆车装载书籍，大凡天下最珍奇的书籍，世间找不到的张华这里都有。他有一部《博物志》传世。

曹氏书仓　曹曾积攒了一万多卷藏书。后来战乱，他怕书籍散失，就用石头堆成仓库，在里面收藏书籍，世人称之为曹氏书仓。

五车书　《庄子》里说：惠施学问渊博，藏书能装得下五辆车。

八万卷　齐金楼子聚书四十年，得书八万卷，虽秘书之省，自谓过之。

三万轴　唐李泌家积书三万轴。韩诗云：“邺侯家多书，架插三万轴，一一悬牙签，新若手未触。”

黄卷　古人写书，皆用黄纸，以黄蘗染之，驱逐蠹鱼，故曰黄卷。有错字，以雌黄涂之。

杀青　古人写书，以竹为简。新竹有汗，善朽蠹。凡作简者，先于火上炙去其汗，杀其竹青，故又名汗简。

【译文】八万卷　梁元帝萧绎收藏四十年的书籍，一共八万卷，即使秘书省的书也没他的多。

三万轴　唐朝的李泌家里有三万轴藏书。韩愈写诗说："邺侯李泌家里很多书，书架上有三万多卷轴。每一卷轴悬挂一枚象牙制成的书签，崭新的就像没用手碰过。"

黄卷　古人写书时，都用黄纸，这是用黄蘖染成的，可以驱逐蠹虫，所以称为黄卷。假如发现错字，就用雌黄涂掉。

杀青　古人写书，用竹片制作书简。新竹子有水份，容易腐烂或者招致蠹虫。所以大凡制作竹简，先在火上烤干水份，刮去青色竹皮，所以叫做汗简。

铅椠　上古结绳而治。二帝以来，始有简册，以竹为之。而书以漆，或用板以铅画之，故有刀笔铅椠之说。

湘帖　古人书卷外必有帖藏之，如今裹袱之类。白乐天尝以文集留庐山草堂，屡亡逸。宋真宗令崇文院写校，包以斑竹帖送寺。

四部　唐《经籍志》：玄宗两都各聚书四部，以甲、乙、丙、丁为号；甲，经部，赤牙签；乙，史部，绿牙签；丙，子部，碧牙签；丁，集部，白牙签。

【译文】铅椠　上古的人用绳子打结来记载事情，却能政治安宁。尧、舜以来，才出现了简册，简是用竹制作，用漆书写，或用木板，用铅写字，所以有刀笔铅椠的说法。

湘帖　古人在书卷外面肯定有书套来保护，也就是如今的书衣。白居易曾经将自己的文集收藏在庐山草堂，屡屡丢失。宋真宗命人在崇文院抄写定校正，外面用斑竹书套包好送回寺里。

四部　《旧唐书·经籍志》里说：唐玄宗在长安和洛阳都收藏经史子集四部的图书，用甲、乙、丙、丁作为编号：甲，是经部，红色牙签；乙，是史部，绿色牙签；丙，是子部，碧色牙签；丁，是集部，白色牙签。

芸编　芸香草能辟蠹，藏书者用以熏之，故书曰芸编；古诗："芸叶熏香走蠹鱼。"

书楼孙氏　孙祈六世祖长孺喜藏书，数万余卷置之楼上，人谓之书楼孙氏。

汗牛充栋　陆文通之书，居则充栋，出则汗牛。

悬国门　吕不韦集《吕氏春秋》成，暴之咸阳市，悬千金其上，能增损一字者予千金。人莫能增损。

市肆阅书　王充，好博览。家贫无书，常游洛阳市肆，阅所鬻书，一见辄能诵忆，遂博通众流百家之言。著《论衡》八十五篇。

【译文】芸编　芸香草能防蠹虫，藏书人用它来熏书，所以书也叫芸编。古人的诗里有"芸叶熏香走蠹鱼"。

书楼孙氏　孙祈的六世祖孙长孺爱好收藏图书，家里几万卷图书都搁在楼上，别人称之为书楼孙氏。

汗牛充栋　陆文通的藏书，能摆满整个屋子，运走会将牛累的流汗。

悬国门　吕不韦派门客编纂《吕氏春秋》完成，在咸阳闹市展

吕不韦，选自（明）陈洪绶版画《博古叶子》

示，放一千金在书上，有人能增减一字就给他这一千金。谁都难以增减。

市肆阅书　王充爱好博览群书，家里穷没书看，经常逛洛阳的书店，看卖的书，一遍就能背下，于是他就精通了诸子百家的学问。后来撰写了八十五篇《论衡》。

帐中秘书　王充作《论衡》，中土未有传者，蔡邕入吴始得之，秘之帐中，以为谈助。后王郎得其书，及还洛下，时人称其才进。曰："不见异人，当得异书。"

藏书法　赵子昂书跋云："聚书藏书，良非易事！善观书者，澄神端虑，净几焚香，勿卷脑，勿折角，勿以爪侵字，勿以唾揭幅，勿以作枕，勿以作夹刺，随损随修，随开随掩。后之得吾书者，并奉赠此法。"

等身书　宋贾黄中幼日聪悟过人，父师取书与其身等，令读之，谓之等身书。

【译文】帐中秘书　王充写作《论衡》，中原没有人流传，蔡邕到吴地才读到，秘藏在帐幕里，当成谈资。后来王朗拥有这本书，等他回到洛阳，别人都称赞他学问进步了，他说："不是见到奇人异士，就是读到了奇书。"

藏书法　赵子昂的跋文里说："收书囤书，都不容易！善于看书的人，心境要澄净，在清净的桌案上焚香，不要卷起书头，不要折起书角，不要用手碰到字，不要让手指舔上唾沫去翻书页，不要将书当作枕头，不要将书当作名片夹子，损坏了修补，不看就合上。后人得到我藏书，一并赠给这个法子。"

等身书　宋朝的贾黄中小时聪明过人，他父亲和老师找了许多书，堆得和他一般高，让他去读，被称为“等身书”。

蔡邕遗书　蔡琰归自沙漠，曹操问邕遗书，琰曰：“父亡，遗书四千余篇，流离涂炭，罔有存者。今所诵忆，裁四百余篇。”因乞给纸笔，真草惟命。于是缮写送入，文无遗误。

嘉则殿　隋炀帝嘉则殿书分三品，有红琉璃、绀琉璃、漆轴之异。殿垂锦幔，绕刻飞仙。帝幸书室，践暗机，则飞仙收幔而上，厨扉自启；帝出，扉闭如初。隋之藏书，计三十七万卷。

补亡书三箧　汉张安世博学。武帝幸河东，亡书三箧，诏问群臣，俱莫能知，惟安世识之，为写原本补入。后帝购求得书，以相较对，并无遗误。

【译文】蔡邕遗书　蔡琰从匈奴回来，曹操问她的父亲蔡邕的遗书下落，蔡琰说：“父亲死后，遗下的书有四千多篇，流离失所，已经一本不存了。我如今能背诵记忆的只有四百多篇。请给我纸笔，至于用真书、还是草书则由您来决定。”于是便写好送给曹操看，文字没有遗漏和错误。

嘉则殿　隋炀帝藏在嘉则殿的书分为三个等级，分别装饰有红琉璃、绀琉璃、漆轴。嘉则殿的四周用锦帐子盖起来，环绕的墙上都刻着飞仙。隋炀帝去藏书室时，踩到秘密机关，就会有飞仙从上边打开锦帐子，书架也自动打开；隋炀帝一出门，门就关上，和之前一般。隋朝的藏书，共有三十七万卷。

补亡书三箧　汉朝的张安世特别有学问。汉武帝临幸河东，丢了三筐的图书，下诏询问群臣是哪些书，都说不知道，只有张安世记得，就将原来的书凭记忆写出补入藏书库。后来汉武帝买到那些书，拿来校对，并没遗漏或错误。

博洽

舌耕　汉贾逵通经术，门徒来学，不远千里，献粟盈仓。或云，逵非力耕，乃舌耕也。

书厨　陆澄博览，无所不知，王俭自谓过之。及与语，澄谈及所遗编数百条，皆俭所未睹，乃叹服曰："陆公，书厨也。"

学府　《南史》：梁昭博及古今，人称为学府。

人物志　唐李守素晓天下人物臧否，世号肉谱。虞世南曰："昔任彦升通晓经术，世号五经笥。今以守素为人物志，可乎！"

【译文】舌耕　汉朝的贾逵通晓经学，门徒不远千里而来求学，赠送给他的粮食装满仓库。别人说，贾逵不用劳力耕田，竟是用舌头耕田。

书厨　陆澄博览群书，无所不知，王俭觉得自己比他读的多。等和他谈话，陆澄谈及遗失的书籍几百条文字，全是王俭从没看过的，他因此赞叹敬服地说："陆先生真是活人书橱。"

学府　《南史》里说：梁昭博古通今，世人都称为学府。

人物志　唐朝的李守素记得住天下所有的人物是非评论，世人称之为"肉谱"。虞世南说："以前任昉（字彦升）通晓经术，世人称之为'五经笥'。如今将李守素称为'人物志'，可以吗？"

九经库　唐谷那律博通经术，为世所重，号“《九经》库”。又房晖远博闻洽记，学者称为“《五经》库”。

稽古力　汉桓荣性嗜学，明帝时拜太子太傅，以所赐车马陈于庭，谓诸生曰：“此稽古力也。”

柳箧子　唐柳璨迁左拾遗，公卿竞托为笺奏，时誉日富，以其博学，号“柳箧子”。

五总龟　唐殷践猷博通经典，贺知章称之曰“五总龟”。（龟千岁一总，问无不知，为秘书省学士。）

【译文】九经库　唐朝的谷那律博览群书，通晓经术，享有很高名声，号称“九经库”。另外，房晖远博闻强识，学生称他为“五经库”。

稽古力　汉朝的桓荣天生爱好学习，光武帝时担任太子少傅，他将皇帝赐他的车马陈列在庭院，对学生们说：“这全靠稽考古代事情得来的。”

柳箧子　唐人柳璨迁任左拾遗，大臣都争着托他代写奏疏，当时他的声誉日渐盛大，因为他博学，世人称他是“柳箧子”。

五总龟　唐朝的殷践猷通博经书典籍，贺知章称他是“五总龟”（因为据说乌龟每过一千岁为一总，这期间所有事一问便知）。后来担任秘书省学士。

行秘书　唐太宗尝出行，有司请载副书以从。上曰：“不须。虞世南在此，即秘书也。”

八斗才　谢灵运曰：“天下才共一石，曹子建独得八斗，我得一斗，自古及今共享一斗。”奇才博识，安定继之。

扪腹藏书 杨玠娶崔季让女，崔富图籍，玠游其精舍，辄览记。既而曰："崔氏书被人盗尽。"崔遽令检之，玠扪其腹曰："已藏之腹笥矣！"

【译文】行秘书 唐太宗曾经外出，官府请让带着副书随从。唐太宗说："不必了。虞世南在我这，他就是我秘书。"

八斗才 谢灵运说："全天下的才华共有一石，曹植（字子建）一人就有八斗，我有一斗，古往今来的人共同分这剩余的一斗。像曹植的奇才和博闻强记，谁能继承！"

扪腹藏书 杨玠娶崔季让女儿，崔季让图书很多，杨玠在他家书房游玩，总是边看边记忆。后来他说："你家的书被人偷光了。"崔季让连忙让人去检查，杨玠摸着肚子说："已经收藏在我的肚子这个书箱里啦。"

三万卷书 吴莱好游，尝东出齐鲁，北抵燕赵，每遇胜迹名山，必盘桓许久。尝语人曰："胸中无三万卷书，眼中无天下奇山水，未必能文章；纵能，亦儿女语耳。"

了却残书 朱晦翁答陈同父书：奉告老兄，且莫相撺掇，留取闲汉在山里咬菜根，了却几卷残书。

书淫 刘峻家贫好学，常燎麻炬，从夕达旦，时或昏睡，爇其鬓发。及觉复读，常恐听见不博，闻有异书，必往祈借，崔慰祖谓之"书淫"。

【译文】三万卷书 吴莱爱好到处游览，曾经去东边经过齐鲁地区，北边到达燕赵地区，每次遇到古迹和名山，一定留恋很久。他曾经对人说："假如没读过三万卷书，没饱览过天下奇山异水，不一定会写文章；即使会写，也不过是幼稚的东西。"

了却残书　朱熹（字晦翁）回答陈亮（字同父）的信里说：“回复老兄，暂且不要怂恿我，留我这闲汉子在山里啃菜根，读完几本没读完的书吧。”

书淫　刘峻家里穷却好学，经常点麻油灯，从晚上读到清晨，有时不觉睡去，烛火烧掉鬓角头发，醒来继续读，生怕见识不多。听说哪里有不一般的书，一定会前去请求相借。崔慰祖称他是“书淫”。

勤学

帐中灯焰　范仲淹夜读书帐中，帐顶如墨。及贵，夫人以示诸子曰："尔父少时勤学，灯焰之迹也。"

佣作读书　匡衡好学，邑有富民家多书，与之佣作，而不取值，曰："愿借主人书读耳。"遂博览群书。

带经而锄　倪宽受业于孔安国，时行赁任，带经而锄，力倦，少休息，即起诵读。

柳璨，少孤贫，好学，昼采薪给费，夜燃叶读书。

【译文】帐中灯焰　范仲淹每晚在帐子里读书，帐子顶被灯熏黑。等到他当上高官，他的夫人将熏黑的帐子给儿子们看，说："这是你们父亲小时勤奋学习，灯烛熏黑的地方。"

佣作读书　匡衡特别好学，同村有一富人家里藏了很多书，匡衡给他们干活不要报酬，只说："只求借主人的书来读下。"最终博览群书。

带经而锄　倪宽向孔安国求学，时常给人打工，就带着经书锄地，干累了就稍微休息会，就继续起来读。

柳璨，小时候是孤儿，家里贫困，却很好学，白天砍柴换取生活费，夜里烧树叶看书。

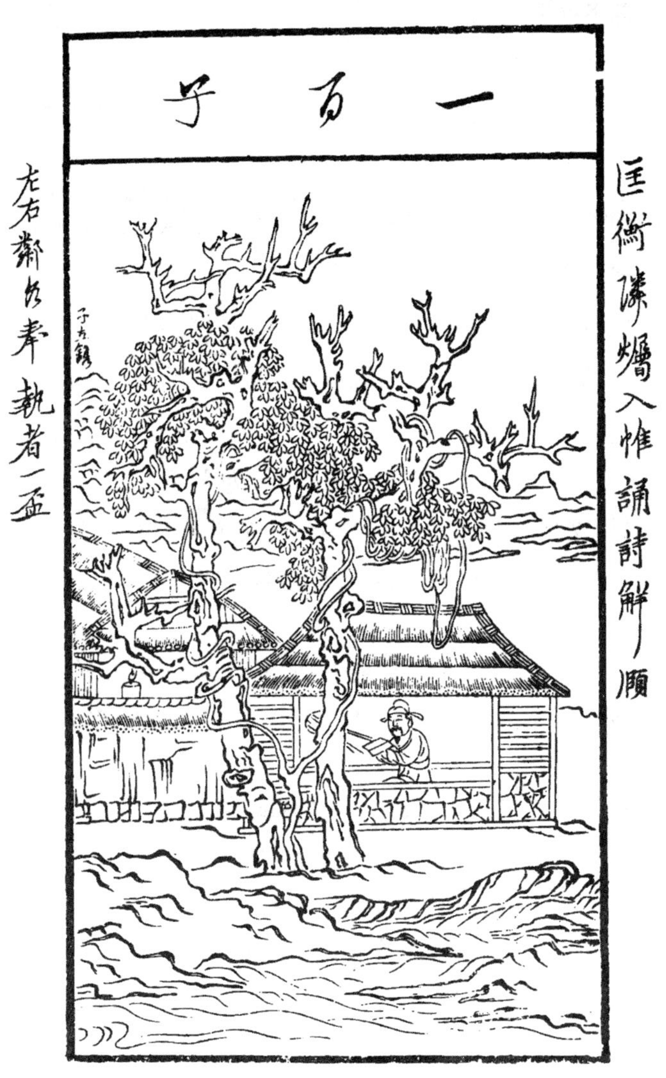

匡衡，选自（明）陈洪绶版画《博古叶子》

圆木警枕　司马光常以圆木为警枕，少睡则枕转而觉，即起读书，学无不通。

穿膝　管宁家贫好学，坐藜床五十余年，未尝箕踞，当膝处皆穿。

燃糠自照　顾欢家贫，乡中有学舍，欢壁后倚听，无遗忘者。夕则燃松节读书，或燃糠自照。

邢邵，任丘人。少游洛阳，遇雨，乃杜门五日读《汉书》，悉强记无遗。文章典丽，既赡且速，与温子昇齐名。官太常卿，兼中书监、国子监祭酒，朝士荣之。雅性脱略，不以位望自尊，止卧一小室，未尝内宿。自云："尝昼入内阁，为犬所吠。"

【译文】圆木警枕　司马光经常用圆木头当作警醒的枕头，刚睡一小会枕头一转动，就醒过来，立刻起床读书，所以他在学问方面没有不通晓的。

穿膝　管宁家里穷却很好学，坐在简陋床上有五十多年，从来没摆出伸开两腿像簸箕的不美观的姿态，一直正坐导致膝盖的裤子都破了。

燃糠自照　顾欢家里穷，乡里有学校，顾欢在墙壁后偷听，听过就记住，不会忘掉。夜里就点松树枝读书，或者点糠照明。

邢劭，任丘人。少年时去洛阳游学，遇到下雨，于是花了五天时间闭门读《汉书》，全部能记下来，毫无遗漏。他写文章典雅华丽，既多又快，和温子昇齐名。后来做到太常卿，兼任中书监、国子监祭酒，朝廷的士人都觉得他是朝廷荣耀。他性情洒脱，也因位高名重就自大，只住在一间小房室里，从未去官府住。他说："曾经在白天到内阁去，那的狗向我叫唤。"

著作

字字挟风霜　淮南王刘安撰《鸿烈》二十一篇，字字皆挟风霜之气。扬子云以为一出一入，字直百金。

月露风云　隋李谔书云："连篇累牍，不出月露之形，积案盈箱，尽是风云之状。"

文阵雄师　唐苏颋文章思若涌泉，张九龄谓同列曰："苏生之文俊赡无敌，真文阵雄师也。"

词人之冠　唐张九龄七岁能文，太宗时为中书舍人，时号为词人之冠。

【译文】字挟风霜　淮南王刘安主持编纂《淮南鸿烈》二十一篇，每个字都挟带着风霜一般的气势。扬雄认为这本书如果能发现和别的书相似的地方，每个字都价值百金。

月露风云　隋朝的李谔向朝廷上书："如今士人写文章连篇累牍，左不过说的是描写月亮、露水，写得再多，全是形容风云。"

文阵雄师　唐朝的苏颋文思就像泉水涌出，张九龄对同僚说："苏生的文章俊逸丰赡没有对手，真是文场上的厉害军队啊。"

词人之冠　唐朝的张九龄在七岁时就擅长文章，在唐玄宗时担任中书舍人，世人称之为"词人的冠冕"。

文章宿老　唐李峤为凤阁舍人，富才思，文册号令多属为之。前与王、杨接迹，中与崔、苏齐名，学者称为文章宿老。

口吐白凤　汉扬雄作《甘泉赋》，才思豪迈，赋成，梦口吐白凤。

咽丹篆　唐韩愈少时，梦人与丹篆一卷，强吞之，傍有一人拊掌而笑。觉后胸中如物咽，自是文章日丽。后见孟郊，乃梦中傍笑者。

锦心绣口　唐李白送弟序曰："弟心肝五脏皆绣口耶？不然，何开口成文，挥毫雾散也。"

【译文】文章宿老　唐朝的李峤担任凤阁舍人，很有才华，朝廷的文册号令多是他撰写。和之前的王勃、杨炯有交情，中间和崔融、苏味道齐名，学人们都称他是文章老翁。

口吐白凤　汉朝的扬雄撰写《甘泉赋》，才思敏捷，写完后梦到嘴里吐出白色的凤凰。

咽丹篆　唐朝韩愈少年时，梦见有人送给他一卷大红的篆字书，逼让他吞下去，旁边有一人拍手笑着。他醒来后就觉得肚子里仿佛咽过东西，从此以后他的文章一天比一天厉害。后来遇到孟郊，原来他就是梦中那个旁边大笑的人。

锦心绣口　唐朝的李白在《冬日于龙门送从弟京兆参军令问之淮南觐省序》里说："堂弟曾问我：'你的五脏里面莫非全是锦绣吗？不然，怎么一开口就是文章，一挥毫就像雾散那么容易。'"

宫体轻丽　《唐高祖纪》：东海徐摛文体轻丽，时人谓之宫体。

自出机杼　祖莹以文学见重，常语人云："文章须自出机杼，成一家筋骨，何能共人作生活也！"

倚马奇才　桓温北征鲜卑，召袁宏倚马前作露布，手不停笔，俄得七纸，殊可观。

文不加点　江夏太守黄祖大会宾客，有献鹦鹉者，命祢衡曰："愿先生赋之。"衡揽笔而作，文不加点，辞采甚丽。

【译文】宫体轻丽　《资治通鉴·梁高祖纪》里说：东海的徐摛文章风格轻巧华丽，当时人称之为宫体。

自出机杼　祖莹因为文学才能被世人看重，他曾经对人说："写文章一定能自己创新，形成自家的风格，怎么能和别人一样讨生活混日子般的胡写呢！"

倚马奇才　桓温北征鲜卑，让袁宏在马前写檄文，他手上的笔挥洒不停，不一会儿写满七张纸，写得很好。

文不加点　江夏太守黄祖大摆筵席请宾客，有一人献上一只鹦鹉，黄祖请求祢衡说："希望您能为这只鹦鹉写一篇赋文吧。"祢衡提笔就写起来，没有任何改动，一气呵成，文辞华美。

干将莫邪　李邕文名天下，卢藏用曰："邕之文如干将莫邪，难与争锋，但虞其伤缺耳。"

洛阳纸贵　左思作《三都赋》，豪贵之家竞相传写，洛阳为之纸贵。

邢邵文章典丽，每文一出，京师传写，为之纸贵。

此愈我疾　陈琳少有辩才，草檄成以呈曹公。公先苦头风，是日卧读琳檄，翕然而起，曰："此愈我疾！"

台阁文章　吴处厚曰："文章有两等，有山林草野之文，有朝廷台阁之文。"王安国曰："'文章须官样。'岂亦谓有台阁气耶？"

【译文】干将莫邪　李邕的文章名声传遍天下，卢藏用说："李邕的文章就好比古时的宝剑干将莫邪，难和它比试，只怕它自己会伤害自己。"

洛阳纸贵　左思写好《三都赋》后，豪门贵族争着传抄，洛阳的纸价因此突然变贵了。

邢劭的文章典雅华丽，每写完一篇，京师满城传写，纸张因此涨价了。

此愈我疾　陈琳少年时很会论辩，后来写的檄文被人送给曹操看。曹操之前苦于头风病，当天躺床上读陈琳的檄文后，霍然而起，说道："这文章治好我的病！"

台阁文章　吴处厚在《青箱杂记》中说："文章有两种，一是山林隐士那种，一类是朝廷的那种。王安国说：'文章要官样。'难道也说的是有朝廷的气息吗？"

捕龙搏虎　柳宗元曰：人见韩昌黎《毛颖传》，大叹以为奇怪。余读其文，若捕龙蛇，搏虎豹，急与之角，而力不敢暇。

捕长蛇骑生马　唐孙樵书玉川子《月蚀歌》、韩吏部《进学解》，莫不拔地倚天，句句欲活，读之如赤手捕长蛇，不施鞅勒骑生马。

驱屈宋鞭扬马　《李翰林集》序：驰驱屈宋，鞭挞扬马，千载独步，惟公一人。

点鬼簿算博士　唐王勃、杨炯、卢照领、骆宾王，皆有文名，人议其疵曰：杨好用古人姓名，谓之“点鬼簿”。骆好用数目作对，谓之“算博士”。

【译文】捕龙搏虎　柳宗元说：“世人一看见韩愈写的《毛颖传》，赞叹奇怪。我读这文章，却像抓抓捕龙蛇，和虎豹搏斗，紧迫中和较量，力量不敢稍有懈怠。

捕长蛇骑生马　唐朝孙樵书写玉川子卢仝《月蚀歌》和韩愈《进学解》时，觉得每个字不都拔地而起，直摩青天，每句仿佛要活过来，读的时候就像徒手抓捕长蛇，又像不用缰绳和马鞍骑一匹很刚使用的马。

驱屈宋鞭扬马　《李翰林集序》说：李白可以调遣屈原和宋玉，可以役使扬雄和司马迁，这一千年里独步天下，只有他一人。

点鬼簿算博士　唐朝的王勃、杨炯、卢照邻、骆宾王，都很有文章声誉，世人讨论他们文章的缺点时说：“杨炯爱用古人姓名，称之为点鬼簿；骆宾王爱用数字作对偶，称之为算术博士。”

玄圃积玉　时人目陆机之文犹玄圃积玉，无非夜光。

造五凤楼　韩浦与弟洎，皆有文名，洎尝曰：“予兄文如绳枢草舍，聊庇风雨。予文是造五凤楼手。”浦因寄蜀笺与洎，曰：“十样鸾笺出益州，近来新寄浣溪头。老兄得此全无用，助汝添修五凤楼。”

梦涤肠胃　王仁裕少时，尝梦人剖其肠胃，以西江水涤之，见江中沙石，皆为篆籀之文。由是文思并进，有诗百卷，号《西江集》。

【译文】玄圃积玉　同时人将陆机的文章视为昆仑山堆积的美玉，到处是宝贝。

造五凤楼　韩浦和他弟弟韩洎都有文章名誉。韩洎曾说过："我哥哥写文章就像是贫民的屋子，只能暂避风雨罢了。我的文章是建造五凤楼的水平。"韩浦因而寄给他蜀地的信笺，并附上诗说："十种鸾笺出产于益州，近来新寄浣溪头。老兄得到这个全无用处，只助你修建五凤楼。"

梦涤肠胃　王仁裕年轻时，曾梦见有人剖开自己肠胃，用西边长江的水来洗涤，他看见江里的沙石，全是大篆小篆的字形。从此他的文章和思力水平大有提升，他有一百卷的诗集《西江集》。

鼠坻牛场　扬雄曰：雄为《太玄经》，犹鼠坻之与牛场也，如其用，则实五谷饱邦民；否则，为坻粪，弃之于道已矣。

帖括　帖者簿籍之义，以帖籍赅括义理而诵之。

詅痴符　和凝为文，以多为富，有集百卷，自镂饭以行，识者非之，曰："此颜之推所谓詅痴符也。"

【译文】鼠坻牛场　扬雄《答刘歆书》里引用张竦的话：扬雄写的《太玄经》，就像老鼠和牛生存的所在，假如使用在人事上，可以生出五谷，养育国民；假如没有施用，就只是粪土，会被抛弃在路边。

帖括　帖也就是典籍，用总括典籍的要点来背诵。

詅痴符　和凝写文章，材料很丰富，他有一百卷的文集，亲自让人雕板印刷发行，有见识的人都不同意这种做法，说："这是颜之推说的那种文章笨拙却爱刻书的'詅痴符'啊。"

焚弃笔砚　陆机天才秀逸，辞藻宏丽，张茂先尝谓之曰："人之为文章，常患才少，而子患才多。"机弟云曰："茂先见兄文，辄欲焚弃笔砚。"

齐丘窃谭峭　五代时，宋齐丘欲窃谭景升《化书》以为己作，乃投景升于江。后渔人撒网，获景升尸，手中持《化书》三卷，遂改《齐丘子》为《谭子化书》。

郢削　《庄子》：郢人垩（音恶）漫其鼻端，若蝇翼，使匠石斫之。匠石运斤成风，斫之，尽垩而鼻不伤。故求人笔削其诗文，曰郢削。

【译文】焚弃笔砚　陆机天生的才华秀美俊逸，辞藻宏深清丽。张华（字茂先）曾对他说："一般人写文章，经常担心没才华，你却要担心才华太多了。"陆机弟弟陆云说："张华每次看见我哥哥的文章，就想焚毁自己的笔砚。"

齐丘窃谭峭　五代时，宋地人齐丘想窃取谭峭（字景升）的《化书》当成自己的书，就把谭峭扔到长江里。后来渔夫撒网时发现了谭峭的尸体，手里还拿着三卷《化书》，世人便将书的署名"齐丘子"改为"谭子"。

郢削　《庄子》里说：郢地有一人，一点点白垩粉沾在鼻尖，就好比苍蝇的翅膀一般小，他让姓石的木匠替他砍去白垩粉。那匠人挥动斧头，呼呼生风，将白垩灰砍去，鼻子毫发无损。所以求别人修改自己诗文，称为"郢削"。

藏拙　梁徐陵使于齐，时魏收有文学，北朝之秀录其文集以遗陵，命传之江左。陵还，渡江而沉之，从者问故，曰："吾与魏公藏拙。"

韩山一片石　庾信自南朝至北方，惟爱温子昇所作《韩山碑》。或问北方何如，信曰："惟韩山一片石堪与语，余若驴鸣犬吠耳。"

福先寺碑　裴度修福先寺，将求碑文于白居易。判官皇甫湜怒曰：“近舍湜，而远取居易，请从此辞。”度亟谢，随以文属湜。湜饮酒，挥毫立就。度酬以车马玩器约千缗，湜怒曰：“碑三千字，每字不直绢三匹乎？”度又依数酬之。湜又索文改窜，度笑曰：“文已妙绝，增一字不得矣！”

【译文】藏拙　梁朝徐陵出使北齐，当时魏收是北朝文学上最杰出的，就便抄出自己文集赠给徐陵，让他流传到江南。徐陵回朝，在过江时就将他的书沉到江里了，随从问他其中缘故，他说：“我帮魏收藏拙。”

韩山一片石　庾信从南朝到了北国，只爱温子昇写的《韩山碑》。有人问他北国的文章怎么样，庾信说：“只有《韩山碑》还可以说说，其余的不过是驴鸣狗叫罢了。”

福先寺碑　裴度要修福先寺，准备向白居易请求写一篇碑文。裴度的判官皇甫湜极其生气地说：“我是您的判官，您却舍近求远去拜托白居易，请准予我现在辞职。”裴度立马道歉，随即请皇甫湜写这篇文章。皇甫湜喝了酒，一挥笔，立刻写成。裴度赠与他车子、马匹和各种赏玩的东西大约价值一千缗当作酬劳，皇甫湜极其生气地说：“碑文有三千个字，每个字不值三匹绢吗？”裴度又按字数给他酬劳。皇甫湜又索要那篇文章来修改，裴度笑着说：“这文章已经很好了，增加一个字也不行。”

聪明过人　韩文公尝语李程曰：“愈与崔丞相群同年往还，直是聪明过人。”李曰：“何处过人？”韩曰：“共愈往还二十余年，不曾说着文章。”

金银管　湘东王录忠臣义士文章，笔有三品：忠孝全者，金管书之；德行精粹者，银管书之；文章华丽者，斑竹管书之。

杜撰　五代广成先生杜光庭，多着神仙家书，悉出诬罔，如《感遇传》之类。故人以妄言谓之杜撰。或云杜默，非也。杜默以前遂有斯语。

【译文】聪明过人　韩愈曾对李程说："我和丞相崔群是同年进士，和他交往中发现他简直聪明过人。"李程问："哪里过人？"韩愈说："和我交往了二十多年，从来不说文章。"

金银管　湘东王辑录忠臣义士的文章，用三种笔来写：忠孝双全的人，用金管笔写；德行纯粹的人，用银管笔写；文章华美的人，用斑竹管笔写。

杜撰　五代的广成先生杜光庭，写过很多关于神仙的书，全是伪造的，比如《神仙感遇传》等等。所以世人将说假话称为"杜撰"。别种说法认为杜撰是说杜默，这错了。在杜默之前就有这话。

千字文　梁散骑员外周兴嗣犯事在狱，梁王命以千字成文，即释之。一夕文成，须鬓皆白。

兔园册　汉梁孝王有圃名兔园，孝王卒，太后哀慕之。景帝以其园令民耕种，乃置官守，籍其租税，以供祭祀。其簿籍皆俚语之字，故乡俗所诵曰《兔园册》。

书肆说铃　扬雄曰："好学而不要诸仲尼，书肆也；好说而不要诸仲尼，说铃也。"

昭明文选六臣注　六臣：李善、吕延济、刘良、张铣、李周翰、吕向，并唐人；铣、向、周翰皆处士。

【译文】千字文　梁朝的散骑员外周兴嗣因为犯事入监狱，梁武

梁孝王，选自（明）陈洪绶版画《博古叶子》

帝让他用一千不同的汉字写成一篇文章，就放了他。他用了一整晚写成，胡须和鬓发都白了。

兔园册　汉朝梁孝王有个兔园的园子，梁孝王死后，太后很想念他。汉景帝将这园子给农民种地，设立官府管理园子，收农民的租税，用以供应祭祀的费用。那里的账本都用俗语的文字，所以世人将偏远地区读的东西叫做《兔园册子》。

书肆说铃　扬雄说："爱好学习却不折中于孔子，就是个人肉书店罢了；喜欢谈论却不折中于孔子，就是个铃铛罢了。"

昭明文选六臣注　六臣分别是：李善、吕延济、刘良、张铣、李周翰、吕向，这六人全是唐朝人；张铣、吕向、李周翰全是没有官职的士人。

艾子　东坡有《艾子》一编，并是笑话。初不解其书，后见《杂记》云：宋仁宗灼艾，令优人竞说笑话，以忘其痛。"艾子"命书，亦此意也。或云子由灼艾，东坡作此，以分其痛。

四本论　钟会撰《四本论》始毕，甚欲使嵇公一见，置怀中，既定，畏其难，怀不敢出，于户外遥掷，便回急走。

庄子郭注　晋向秀注庄子《南华经》，剖析玄理。郭象窃之，以己名行世。

【译文】艾子　苏轼编过《艾子》一书，全是笑话故事。最初我不了解这书命名的涵义，后来读到《杂记》里说：宋仁宗用艾灼烧治病时，让优伶比赛讲笑话，好忘记疼痛。用"艾子"来命名，也就是这个意思。另外一种说法认为是因为苏轼的弟弟苏辙用艾草治病，苏轼写书，就用来缓解苏辙的疼痛。

四本论　钟会写完《四本论》，特别想让嵇康读下，就揣在怀里揣好，因为难为情，放在怀里不敢拿给他看，就从嵇康家墙外扔了进去，立刻就往回跑。

庄子郭注　晋朝向秀给庄子《南华经》注释，剖析书中深奥的义理。郭象偷窃这书，署上自己名字流传后世。

叙字　东坡祖名序，故为人作序，皆用“叙”字。

颜鲁公书　颜鲁公所著书，有《大言》《小言》《乐语》《滑语》《谗语》《醉语》，皆不传。

无字　《周易》“無”作“无”。晋王育曰：“天屈西北为无。”今于“无”上加一点，是古“既”字。

三都赋序　徐文长曰：皇甫谧序《三都》，足以重左太冲，而陈师锡之序《五代史》，不足以当欧阳永叔。则予虽无序，可也。

【译文】叙字　苏轼的祖父叫苏序，所以苏轼给别人写序时，都写成“叙”字。

颜鲁公书　颜真卿（鲁公）写的书，有《大言》《小言》《乐语》《滑语》《谗语》《醉语》，都没有流传。

无字　《周易》里“無”写成“无”。晋朝的王育解释说：“天在西北方倾斜是‘无’。”如今在“无”字上加一点，是古代的“既”字。

三都赋序　徐渭（字文长）说：皇甫谧给《三都赋》写序，足够让左思（字太冲）的文章增色，可是陈师锡给《五代史》写序，却完全不足以配得上欧阳修的书。假如像这样，倒不如我的书没有序，也可以。

诗词

伏羲如为长短句诗，汉武帝始为联句诗，曹植始为绝句诗，沈佺期始为律诗。

舜始为四言，汉唐山夫人始为三言诗，枚乘十九首始为五言诗，唐始为排句，宋始为集句。

颜延年、谢元晖始唱和，元微之、李、白始唱和次韵，颜鲁公始押韵。

宋周颙始为四声切韵（又沉约《四声谱》、夏侯该《四声韵略》），唐孙愐始集为《唐韵》。

【译文】伏羲开始有长短不齐的句子写成的诗，汉武帝开始有几个人一起联句的诗，曹植开始写绝句诗，沈佺期开始写律诗。

舜开始有四言诗，汉朝的唐山夫人开始写三言诗，枚乘的《古诗十九首》开始写五言诗，唐朝开始写排律，宋朝开始写集古人诗句的诗。

颜延年、谢朓开始互相唱和，元稹、李绅、白居易开始按对方诗的原来韵脚唱和，叫次韵，颜真卿开始严格按对方的韵脚押韵。

刘宋的周颙开始发明分为四声的《切韵》（沈约撰写了《四声谱》、夏侯该撰写了《四声韵略》），唐朝的孙愐撰写了《唐韵》。

魏孙炎始为反切字(本西域二合音，如“不可”为“叵”，“而已”为“耳”之类)。僧守温始为三十二字母。

乐府　汉武帝始郊庙燕射，咸著为篇章，无总众体。制乐府，本《骚》《九歌》《招魂》。

李延年始造乐府新声二十八解(本胡曲造)，古为章，魏晋以来皆为解。

唐始变乐府为词调，宋始变词调为长短篇。

【译文】魏国孙炎开始用反切法给字注音(本是西域传来的二字合音，比如“不可”合为“叵”，“而已”合为“耳”等等)。僧人守温开始创立三十二个字母。

乐府　汉武帝开始在郊庙祭祀和燕射时，都写成诗，总结了众多文体，创制了乐府机构，依据《离骚》《九歌》《招魂》。

李延年开始创立乐府新声二十八解(本是用胡人曲子改造的)，古时称为“章”，魏晋以后都称为“解”。

唐朝开始乐府转变成词调，宋朝开始词调转变为长短句的词。

晋荀勖始为清商三调，本周《房中》为平调、清调、瑟调。汉《房中》为楚调。又侧调生于清调，总为相和调。

清商传江左，为梁宋新声，始尚辞(谓歌辞汉时但有其音耳。夷、伊、那、何之类则声也)。大曲有艳(在曲前)，有趋有乱(在曲后)。隋炀帝始倚声命辞(或云起于唐之季世)。王涯始曲中填辞(一云张泌，然六朝已有之)。李白始为小辞。

【译文】晋朝的荀勖开始创立清商三种乐调，根据的是周朝《房中乐》，制作平调、清调、瑟调。汉朝《房中乐》是楚国乐调。另外，侧调是从清调来的，总称“相和调”。

清商曲流传在江南地区，成为宋、梁时代的新乐曲，这时候重视歌辞（因为汉朝时只有音乐，不论歌辞。夷、伊、那、何之类的只是声音的记谱）。大曲有“艳”的部分（在曲子前），有“趋”和“乱”的部分（在曲子末尾）。隋炀帝开始配合音乐来填辞（另外还说这是从唐朝末年兴起）。王涯开始用乐曲填辞（还有人说是张泌，可是六朝时已经有了）。李白开始创作小词。

诗体　严沧浪云：诗体始于《国风》、三《颂》、二《雅》，流为《离骚》，古乐、古选（十九首）。后有建安体（汉末年曹氏父子及邺中七才子之诗）、黄初体（魏年号，与建安相接，其体一也、正始体魏年号，嵇、阮诸公之诗）、太康体（晋年号，左思、潘岳、二张、二陆之诗）、元嘉体（宋年号，颜、鲍、谢诸公之诗）、永明体（齐年号，齐诸公之诗）、齐梁体（通两朝而言之。杜云：“恐与齐梁作后尘”）、南北朝体（通魏周而言之，与齐梁一体也）、初唐体（谓袭陈隋之体）、盛唐体（开元、天宝之诗）、中唐体、晚唐体、宋元祐体（黄山谷、苏东坡、陈后山、刘后村、戴石斋之诗）。

【译文】诗体　严羽（号沧浪）说：诗体源于《国风》、三《颂》、二《雅》，演变为《离骚》、古乐府、《文选》里的诗（即古诗十九首）。后来有建安体（汉末年号，曹操父子和建安七子的诗）、黄初体（魏国的年号，和建安年间相连，体制是一脉相承的）、正始体（魏国的年号，嵇康、阮籍等人的诗）、太康体（西晋的年号，左思、潘岳、二张、二陆的诗）、元嘉体（南朝宋的年号，颜延之、鲍照、谢灵运等人的诗）、永明体（齐朝的年号，齐朝各位诗人的诗）、齐梁体（综合两朝一起说的，杜甫有诗说“恐与齐梁作后尘”）、南北朝体（综合北魏、北周来说的，与齐梁体相同）、初唐体（指沿袭陈朝、隋朝的体制的诗体）、盛唐体（开元、天宝的诗）、中唐体、晚唐体、宋元祐体（黄庭坚、苏轼、陈师道、刘克庄、戴石斋的诗)。

《唐诗品汇》总论曰:略而言之,则有初唐盛中晚之不同。详而言之,贞观、永徽之时,虞(世南)、魏(征)诸公稍离旧习,王(勃)、杨(炯)、卢(照邻)、骆(宾王)因加美丽,刘希夷(庭芝)有闺帷之作,上官(昭容)有婉媚之姿,此初唐之制也。神龙以还,洎开元初,陈子昂古风雅正,李巨山(峤)文章宿老,沈(佺期)、宋(之问)之新声,苏(颋)、张(说)之大笔,此初唐之渐盛也。开元、天宝间,则有李翰林(白)之飘逸,杜工部(甫)之沉郁,孟襄阳(浩然)之清雅,王右丞(维)之精爽,储光羲之真率,王昌龄之隽拔,高适、岑参之悲壮,李颀、常建之雄快,此盛唐之盛者也。大历、真元间,则有韦苏州(应物)之澹雅,刘随州(长卿)之闲旷,钱(起)郎(士元)之清赡,皇甫(冉曾)之竞秀,秦公绪之山林,李从一(嘉祐)之台阁,此中唐之再盛也。下暨元和之际,则有柳愚溪(宗元)之超然复古,韩昌黎(愈)之博大沉雄。张籍、王建乐府得其故实,元、白叙事务得分明,与夫李贺、卢仝之鬼怪,孟郊、贾岛之瘦寒,此晚唐之变也。降而开元以后,则有杜牧之(牧)之豪纵,温飞卿(庭筠)之绮靡,李义山(商隐)之隐癖,许用晦(浑)之对偶,他若刘沧、马戴、李频、李群玉,此晚唐变态之极矣。

【译文】《唐诗品汇》里总论说:大概地说,唐朝的诗分期有初唐、盛唐、中唐、晚唐四个不同的阶段。细致再说下,贞观、永徽年间,虞(世南)、魏(征)等大臣渐渐开始改变齐梁作风,王(勃)、杨(炯)、卢(照邻)、骆(宾王)让诗更加优美;刘希夷(庭芝)有不少描写闺情的作品,上官婉儿(昭容)的诗有婉媚的风格:以上是初唐诗的体制。神龙以后，到开元初年之间，陈子昂的诗有风格古雅，诗体端正，李巨山（峤）是文坛老前辈，水平很高；沈（佺期）、宋（之问）有创立格律诗这种新诗体，苏（颋）、张（说）被人称为大手笔：以上是初唐诗作渐渐兴盛的情况。开元、天宝年间，有李翰林（白）的潇洒飘逸，杜工部（甫）的沉郁顿挫；孟襄阳（浩然）的清秀雅正，王右丞（维）的精深爽丽；储光羲的真率质朴，王昌龄的隽永挺拔；高适、岑参的悲壮，李颀、常建的雄快：这是盛唐之所以称为繁盛的原因。大历、贞元年间，又有韦苏州（应物）的淡雅，刘随州（长卿）的闲旷；钱（起）、郎（士元）的清赡，皇甫（皇甫冉、皇甫曾）的秀丽；秦公绪的山林气味，李从一（嘉祐）的台阁风格：这是中唐的再次兴盛。后来到了元和年间，又有柳愚溪（宗元）的超然复古，韩昌黎（愈）的博大沉雄；张籍、王建的乐府诗风平和，元稹、白居易的乐府叙事特别清楚；和李贺、卢仝的鬼怪风格，孟郊、贾岛的瘦寒风格：这是晚唐的诗风转变的地方。再后来到开成年间以后，又有杜牧的豪荡放纵，温庭筠的绮丽轻靡；李商隐的隐晦生僻，许浑的对偶巧妙；其他诗人比如刘沧、马戴、李频、李群玉等人：这时晚唐诗风已经变化到极致。

诗评　敖陶孙评："魏武帝如幽燕老将，气韵沉雄。曹子建如三河少年，风流自赏。鲍明远如饥鹰独出，奇矫无前。谢康乐如东海扬帆，风日流丽。陶彭泽如绛云在霄，舒卷自如。王右丞如秋水芙蕖，倚风自笑。韦苏州如园客独茧，暗合音徽。孟浩然如洞庭始波，木叶微脱。杜牧之如铜丸走坂，骏马注坡。白乐天如山东父老课农桑，言言著实。元微之如李龟年说天宝遗事，貌悴而神不伤。刘梦得如镂冰雕琼，流光自照。李太白如刘安鸡犬，遗响白云，核其归存，恍无定处。韩退之如囊沙背水，惟韩信独能。李长吉如武帝食露盘，无补多欲。孟东野如埋泉断剑，卧壑寒松。张籍如优工行乡，饮酬献秩，时有诙气。柳子厚如高秋独眺，霁晚孤吹。李义山如百宝流苏，千丝铁网，绮密环妍，要非适用。本朝苏东坡如屈注天潢，倒连沧海，变眩百怪，终归浑雄。欧阳文忠如四瑚八琏，正可施之宗庙。王荆公如邓艾缒兵入蜀，要以险绝为功。黄山谷如陶弘景入宫，析理谈玄，而松风之梦故在。梅圣俞如关河放溜，瞬息无声。秦少游如时女步春，终伤婉弱。陈后山如九皋独唳，深林孤芳，冲寂自妍，不求识赏。韩子苍如梨园按乐，排比得伦。吕居仁如散圣安禅，自能奇逸。其它作者，未易殚述。独唐杜工部，如周公制作，后世莫能拟议。”语觉爽俊，而评似稳妥，惟少为宋人曲笔耳，故全录之。

【译文】诗评　敖陶孙的诗评说："魏武帝的诗风就像幽、燕地区的老将军，气度和风韵特别深沉雄健。曹植的诗风就像三河地区的少年，倜傥风流。鲍照的诗风就像饥饿的老鹰独自飞翔，奇特矫健，无可比拟。谢灵运的诗风就像在东海上扬起帆，风格极为流丽。陶渊明的诗风就像彤云在天际舒卷随意。王维的诗风就像秋水里的荷花，在风里含笑。韦应物的诗风就像园客独茧，暗中契合音律。孟浩然的诗风就像洞庭湖在秋天漾起波浪，树叶刚刚落下。杜牧的诗风就像铜制的弹丸在斜坡上滚下去，或者像骏马冲下山坡。白居易的诗风就像山东的老农勤劳于农桑，句句实在。元稹的诗风就像李龟年谈起天宝年间的旧闻，面色虽然憔悴，神情却不悲伤。刘禹锡的诗风就像在冰和玉上雕刻，光彩耀人。李白的诗风就像淮南王刘安的鸡犬声留在白云上，想确定所在，却茫然不定。韩愈的诗风就像打仗时在袋子里装沙土堵住水，或者背水一战的军事指挥能力，只有韩信才能比得上他的气魄。李贺的诗风就像汉武帝吃承露盘上的露水，却不能长生不老。孟郊的诗风就像埋在泉水中的断剑、横卧在山谷里的耐寒古松。张籍的诗风就像俳优在乡间卖笑，应酬表演，经常流露诙谐的气质。柳宗元的诗风就像秋高气爽时凭栏独自眺望远方，放晴的傍晚一个人吹笛子。李商隐的诗风就像许多宝物装饰的流苏帷幕、千丝编织的铁网，绮丽绵密艳美，到底不适用。宋朝的苏轼的诗风就像向天河注水，反而倒着流回沧海，变化炫目，终究还是雄浑。欧阳修的诗风就像瑚琏祭器，可以放在宗庙里。王安石的诗风就像邓艾用绳子吊着士兵进入蜀地，主要靠奇险的风格出类拔萃。黄庭坚的诗风就像陶弘景进入皇宫，虽然对着皇帝分析义理谈论玄学，到底不忘隐居时的松风下的梦。梅尧臣的诗风就像在黄河上任船漂流，瞬间之间就无声无息的远去。秦观的诗风就像女孩子去踏青，终究过于纤弱。陈师道的诗风就像仙鹤在大泽里独自啼鸣，深林里的孤独的花朵，只以冲淡寂寞为美，不求别人识赏。韩驹的诗风就像在梨园演奏音乐，各部安排得当。吕本中的诗风就像没有道籍的仙人打禅，自有他奇逸的地方。其它世人，也好详细描述。唯独唐朝杜甫的诗风，好比是周公的制礼作乐，后人完全没办法进行比拟。”敖陶孙语言俊爽，评价看着挺稳妥，只是稍微回护宋朝诗人罢了，因此我就全部抄录下来。

苦吟　孟浩然眉毛尽落，裴祐至袖手皆穿，王维则走入醋瓮，皆苦于吟者。

警句　杨徽之能诗，太宗写其警句于御屏，僧文莹谓以天地浩露涤笔于金瓯雪盘，方与此诗神骨相投。

推敲　贾岛于京师驴背得句：“鸟宿池边树，僧敲月下门。”既下“敲”字，又欲下“推”字，拣之未字，引手作推、敲势。时韩愈权京兆尹，岛不觉冲其前导。拥至尹前，具道所以。愈曰：“敲字佳矣。”与并辔归，为布衣交。

【译文】苦吟　孟浩然眉毛掉光了，裴祐甚至袖子都破掉了，王维跑到醋瓮里，这些诗人都是在苦苦吟诗。

警句　杨徽之擅长写诗，宋太宗把他的警句写在屏风上。僧人文莹说用天地间的清露在金瓯、雪盘里洗毛笔，才能和这首诗的神气、骨格契合。

推敲　贾岛在京师的驴背上面得到两句诗“鸟宿池边树，僧敲月下门”，先想的是“敲”字，后来又想用“推”字，锤炼半天，不能决断，他还用手做出“推”“敲”的动作。当时韩愈正担任京兆尹，贾岛不知不觉冲犯队伍的前导。他被士兵簇拥到韩愈面前，详细说明冲撞的缘由。韩愈说：“‘敲’字好。”然后就和贾岛一起骑马回去，成为不拘贵贱的朋友。

柏梁体　七言诗始于汉柏梁体。武帝作《柏梁台》，诏群臣能诗者得上座，凡七言，每句用韵，各述其事。

古锦囊　李贺工诗，每旦出，骑款段马，从小奴辈，背古锦囊，遇所得，即内之囊中。母见之曰：“是儿呕出心肝乃已！”

压倒元白　唐宝历中，杨嗣复大宴，元稹、白居易亦与赋诗，惟杨汝士后成，最佳，元、白叹服。汝士醉归，语其子弟曰：“我今日压倒元白！”

诗中有画　王维工于诗画。东坡曰：“味摩诘之诗，诗中有画，观摩诘之画，画中有诗。”

【译文】柏梁体　七言诗起源于汉朝的柏梁体。汉武帝建造了柏梁台，让群臣中擅长作诗的坐上座，都写七言诗句，每句都押韵，各自用诗句述写自己的事。

古锦囊　李贺特别擅长诗，每天清晨就出门，骑着劣马，带着小仆人，背着旧锦囊，假如突然想到新句子，就丢在在锦囊里。回家时他母亲看见了说：“我这个儿子，非把心肝吐出来不可！”

压倒元白　唐朝宝历年间，杨嗣复开设大宴会，元稹、白居易也在宴会上赋诗，唯独杨汝士写得最好，元稹、白居易十分赞叹佩服。杨汝士喝的大醉淋漓回家，对家人说：“我今天竟然压倒了元、白啊！”

诗中有画　王维特别擅长写诗、作画。苏轼说：“看王维（字摩诘）写的诗，诗里有画的意境；再看王维的画，画中有诗的味道。”

枫落吴江冷　崔信明、郑世翼遇诸江中，世翼谓曰：“闻君有‘枫落吴江冷’之句，愿见其余。”信明欣乐，出众篇，翼览未终，曰：“所见不逮所闻！”投诸水，引舟遽去。

依样葫芦　宋陶久在词林，太祖曰：“颇闻翰林皆简旧本换词语，此俗谓之依样葫芦。”后陶穀作诗，书玉堂壁曰：“官职须由生处有，才能不管用时无。堪笑翰林陶学士，年年依样画葫芦。”

【译文】枫落吴江冷　崔信明、郑世翼在江上遇见，郑世翼对崔信明说：“听说你有‘枫落吴江冷’的句子，我想看看其他的诗。”崔信明高兴把自己的诗都拿出来，郑世翼没看完就说：“水平比不上名声说的那么厉害！”于是将他的诗扔到江里，坐船离开了。

依样葫芦　宋朝的陶穀在翰林任职很久，宋太祖说：“听说翰林们都是挑出旧本的词语改换改换，这也就是民间所说的‘依样画葫芦’。”后来陶穀写了一首诗，题在翰林院的墙上，诗是这样写的：“官职须由生处有，才能不管用时无。堪笑翰林陶学士，年年依样画葫芦。”

卖平天冠　宋廖融精于诗学，多有生徒。太宗曰："词赋策论取士，融生徒多引去。"融曰："岂知今日之诗道，一似大市卖平天冠，并无人问。"

技痒　《懒真子》云：老杜哀郑虔诗，有"荟蕞何技痒"之句，谓人有技艺不能自忍，如人之搔痒也。

投溷　李贺有表兄与贺有笔砚之仇，恨贺傲。忽贺死，复绐取其稿，尽投溷中。

点金成铁　梁王籍诗云："蝉噪林逾静，鸟鸣山更幽。"王荆公改用其句曰："一鸟不鸣山更幽。"山谷笑曰："此点金成铁手也。"

【译文】卖平天冠　宋朝的廖融精通《诗经》的学问，有许多学生。宋太宗说："如今用词赋、策论来考察士子的水平，廖融的学生许多都离开了。"廖融说："怎么会想到如今《诗经》的学问，就好像在集市卖平天冠，无人问津。"

技痒　《懒真子》里说：杜甫《哀郑虔》一诗里有一句"荟蕞何技痒"，是说人假如有一种技艺会忍不住想展现，就像人痒必须要挠。

投溷　李贺有一个表兄，和李贺因为文章的事情结了仇，很痛恨李贺的骄傲。突然听说李贺死了，他又骗来李贺的诗稿，全部扔到厕所里。

点金成铁　南朝梁的王籍有"蝉噪林逾静，鸟鸣山更幽"的诗句，王安石改成"一鸟不鸣山更幽"，黄庭坚嘲笑他说："这是把金子变成生铁的手。"

易吾肝肠 张籍爱杜甫诗，取其集，焚取灰烬，副以膏蜜，顿饮之，曰："令吾肚肠从此改易。"

贾岛佛 李洞慕贾浪仙诗，铸铜像事之如神，尝念贾岛佛。

偷诗 杨衡初隐庐山，有窃其诗以登第者。衡后亦登第，见其人问曰："'一一鹤声飞上天'在否？"答曰："此句知兄最惜，不敢偷。"衡曰："犹可恕也。"

【译文】易吾肝肠 张籍喜爱杜甫的诗，将他的诗集烧成灰，伴着蜜，调成膏，一口气喝下去，他说："这让我的才思从此改换的更好。"

贾岛佛 李洞爱慕贾岛的诗，给贾岛铸了一个铜像，当作神一般祭拜，经常念诵"贾岛佛"。

偷诗 杨衡刚开始在庐山隐居，有人偷了他的诗考中进士。杨衡后来也考上，见到那人就问："'一一鹤声飞上天'这一句诗你写进答卷了吗？"那人回说："这一句我知道你最爱惜，就没敢偷。"杨衡说："那还可以原谅。"

诋诗 张率年十六，作颂赋二千余首，虞讷见而诋之。率乃一旦焚毁，更为诗示之，托云沈约。讷更句句嗟称无字不妙。率曰："此率作也。"讷惭而退。

爱杀诗人 唐宋之问爱刘希夷诗，有"年年岁岁花相似，岁岁年年人不同"之句，恳乞不与，之问怒以土囊压杀之。

出诗示人 殷浩少与桓温齐名，常有竞心。桓问殷："卿何如我？"殷曰："我与我周旋久，宁作我。"殷尝作诗示桓，桓玩侮之曰："卿慎弗犯我，犯我，当出汝诗示人也！"

【译文】诋诗　张率在十六岁时就写了二千多首颂赋，虞讷看到就贬低他。张率便一气之下将赋文都烧掉了。再写诗给虞讷看，只假托是沈约写的。虞讷句句都夸，字字都妙。张率说："这也是我写的。"虞讷很惭愧地离开了。

爱杀诗人　唐朝宋之问特别喜欢刘希夷诗里"年年岁岁花相似，岁岁年年人不同"的句子，宋之问请把这句让给他，刘希夷不答应，宋之问极其生气，用土囊将刘希夷压死了。

出诗示人　殷浩年轻时和桓温齐名，常常爱和桓温竞争。桓温问殷浩说："你怎么比得了我？"殷浩说："我和我自己交往最久，宁愿作自己。"殷浩曾写一首诗给桓温看，桓温看完后侮辱他说："你注意别得罪我，假如得罪我，就把你的诗给别人看！"

歌赋

伏羲氏有《网罟之歌》，始为歌。葛天氏操牛尾，投足，歌八阕，始分阕。孔甲作《破斧之歌》，始为东音。涂山氏（禹妃）歌《侯人》，始为《周南》《召南》。有娀氏感飞燕，始为北音。周昭王时，西翟徙宅西河，始为西音。（今歌曲统谓南北音。凉州、伊州、甘州、渭州皆西音，并为北歌曲。）

黄帝命岐伯为鼓吹。凯歌，汉为铙歌，本鼓吹。

汉始有杂歌、艳歌、倚歌、蹈歌，始为相和歌，本讴谣丝竹相和，执节而歌。

【译文】伏羲氏时代有《网罟之歌》，是才最早的歌。葛天氏让人手持牛尾巴，蹦蹦跳跳，唱八段歌，这时候开始歌曲分段。孔甲创作《破斧之歌》，开始有了东方的音乐。涂山氏是大禹的妃子，她曾让侍女唱《候人歌》，是南方音乐的开端。有娀氏有因为飞翔的燕子而感叹，开始出现北方音乐。周昭王时期，西瞿迁到西河，开始制作西方音乐。（如今的歌曲统称为南北音。《凉州》《伊州》《甘州》《渭州》全是西音，也全是北方歌曲）。

黄帝让岐伯创造了击鼓吹笛的音乐。凯旋歌曲，在汉朝演变成铙歌，是源于鼓吹。

汉朝开始有杂歌、艳歌、倚歌、蹈歌，开始创作相和歌，源于民谣和管弦音乐的配合，用歌板打节拍。

汉武帝立乐府采诗，夜诵则有赵代秦楚之讴，始以声为主尚歌。

梁武帝本吴歌《白纻》，始改子夜吴声四时歌。

田横从者始为《薤露》《蒿里》歌。魏缪袭始以挽歌为辞。

郊祀歌，三言四言。谢庄歌五帝，三言九言，依五行数。汉歌篇八句转韵。张华、夏侯湛两三韵转。傅玄改韵颇数。王韶之、颜延之始四句转韵，赊促得中。

【译文】汉武帝建立专管音乐的机关“乐府”，从民间采集诗歌，夜里唱诵，有赵国、代国、秦国、楚国的民歌，这时开始以音乐为主，重视歌唱。

梁武帝根据吴歌《白纻》改名为《子夜吴声四时歌》。

田横的手下制成《薤露》《蒿里》的歌曲。魏国缪袭开始给挽歌配上歌词。

郊祀歌有三言、四言。谢庄替《五帝》写歌词，有三言、九言，以五行作为排序的依据。汉朝的歌辞每篇八句，并且转韵。张华、夏侯湛写的歌辞每两三个韵一转。傅玄将韵改得急促。王韶之、颜延之开始四句一转韵，疏密得当。

铙吹　唐柳子厚作铙歌鼓吹曲十二篇，歌唐战功。

檀来歌　周世宗南征军士作《檀来歌》，声闻数十里。

阳春白雪　《文选》：客有歌于郢中者，始为《下里》《巴人》，国中和者数千人。为《向阳薤露》，和者数百人。为《阳春》

《白雪》，和者数十人。引商刻羽，杂以流征，和者不过数人。其曲弥高，其和弥寡。

【译文】铙吹　唐朝柳宗元创作了《铙歌鼓吹曲》十二篇，歌颂唐朝的战功。

檀来歌　周世宗南征时的士兵唱《檀来歌》，歌声传出几十里远。

阳春白雪　《文选·宋玉〈对楚王问〉》一文说：有一位客人在郢中唱歌，开始唱《下里》《巴人》，闹市中有几千人应和；唱《向阳》《薤露》，应和的只有几百人；唱《阳春》《白雪》，应和的只剩下几十人；最后歌曲的调子越发高雅，还有流徵的音调，只有几个人应和了。他的曲子格调越高，应和的人就越少。

柳耆卿为屯田员外郎，初名三变，自作词云："才子词人，自是白衣卿相。"后有荐于朝者，仁宗曰："此人风前月下，且去填词。"由是不得志。自称奉圣旨填词柳三变。

纂组成文　司马相如曰：合纂组以成文，列锦绣而为质，一经一纬，一宫一商，此赋之迹也。赋家之心，包括宇宙，总揽人物，斯乃得之于内，不可得而传也。

登高作赋　古者登高能赋，山川能祭，师旅能御，丧纪能诔，作器能铭，则可以为大夫矣。

【译文】柳永（字耆卿）担任屯田员外郎，开始叫柳三变，曾写了一首词："才子词人，本是平民里公卿宰相。"后来有人推荐他给朝廷，宋仁宗说："这人爱在混迹于风月场所，还是去填词吧。"因此就不得志。他自称是"奉圣旨填词柳三变"。

纂组成文　司马相如说：将织锦合成为美丽的花纹，将锦绣排列开作为里子，一经一纬的纹路，就像一宫一商产生的韵律，这是写赋的过程。词赋家的心中能包罗天地古今，囊括人和物，这精髓只能内心体会，没法传授。

登高作赋　古人登高就能赋诗，能祭祀山川，能驾驭军队，丧事能写诔文，制作器物能写铭文，就能当大夫。

五经鼓吹　孙绰博学，善属文，绝重张衡、左思赋，每云："《三都》《二京》，五经鼓吹。"

雕虫小技　或问扬子云曰："吾子少而好赋？"曰："然。童子雕虫篆刻。"既而曰："壮夫不为也。"

风送滕王阁　都督阎伯屿修滕王阁，落成设宴，属婿吴子章预作《滕王阁赋》，出以夸客。王勃自马当顺风行七百余里，至南昌与宴。及逊作赋，受笔札而不辞。都督大怒，命吏伺其落句即报。至"落霞秋水"句，都督曰："此天才也！"命其婿辍笔。

【译文】五经鼓吹　孙绰很博学，擅长文章，极为重视张衡、左思的赋，他常常说："《三都赋》《二京赋》，是发扬五经的作品。"

雕虫小技　有人去问扬雄说："您从小就爱作赋吗？"扬雄回答："是这样。就像小孩子时学习写虫书、篆书。"过一会又说："成年男子就干这事了。"

风送滕王阁　都督阎伯屿将滕王阁修葺一新，落成后大宴宾客，嘱咐自己女婿吴子章提前写好一篇《滕王阁赋》，宴会时好出示给客人来炫耀。当时王勃从马当顺着风江行七百多里，到南昌参加宴会。主人谦让地客人作赋，他拿到纸笔并不推辞。阎伯屿很生气地回到屋子里，却让手下看王勃写下句子就汇报。写到"落霞和孤鹜齐飞，秋水共长天一色"一句时，他说："这是天才！"只好让他的女婿放下笔。

海赋　张融为《海赋》，徐凯之曰：“卿此赋实超玄虚，但不道盐耳。”融即援笔增曰：“漉沙构白，熬波出素。积雪中春，飞霜暑路。”

木华海赋　木华作《海赋》，思路偶涩，或告之曰：“何不于海之上下四旁言之？”华因其言，《海赋》遂成。

八叉手　温庭筠工赋，每人试作赋，八叉手而八韵成。又言庭筠作赋，未尝起草，一吟一韵，场中号温八吟，亦号温八叉。

【译文】海赋　张融写好了《海赋》给顾恺之看，顾恺之说：“您这首赋实在高超玄妙，只是没提到盐。”张融立刻挥笔添了几句：“漉沙构白，熬波出素。积雪中春，飞霜暑路。”

木华海赋　木华写作《海赋》，思路往往不畅，别人告诉他说：“为什么不分别从大海的上下和四方来写呢？”木华按他说的，就写成《海赋》。

八叉手　温庭筠善于写赋，每次别人考他写赋，他将手叉着八次，八韵的赋就写好了。另一种传言说温庭筠写赋，根本不打草稿，边吟诵边写一韵，考场中称他是“温八吟”，也叫“温八叉”。

书简

伏羲始制契，以木刻书。黄帝始以刀书，舜始以漆书，中古磨石汁书。

黄帝始铸文于鼎彝，周宣王始刻文于石，五代和凝始刻书于梨板。

隋文帝为印板。冯道请唐明宗行印板，始印五经，始依石经文字，刊九经板。宋真宗始摹印司马、班史诸史板。

鲤素　《古乐府》："客从远方来，遗我双鲤鱼；呼童烹鲤鱼，中有尺素书。长跪读素书，书中意何如？上有加餐饭，下有长相思。"

【译文】伏羲时期开始制成记录文字的契，在木头上刻字。黄帝开始用刀来写，舜开始用漆来书写，中古时期开始用石头磨墨汁来书写。

黄帝开始在鼎、彝上面铸刻铭文。周宣王开始在石头镌刻文字。五代时，和凝开始用梨树木来刻书。

隋文帝制成印刷用的板。冯道恳请唐明宗推行印板，开始印《五经》，开始按照石经的文字，刊行《九经》的印板。宋真宗开始摹写印刷《史记》《汉书》等史书的板子。

鲤素　《古乐府》诗里说："客从远方赶来，赠我一双鲤鱼；叫童儿去煮鱼，发现鱼里藏一封家书。我长跪着读信，信里说什么呢？前边劝我吃饭多加菜，后边说一直思念我。"

云锦书　李白诗："青鸟海上来，今朝发何处？口衔云锦书，为我忽飞去。鸟去凌紫烟，书留绮窗前。开缄方一笑，乃是故人传。"

青泥书　后汉邓训为上谷守。故吏知训好青泥封书，遂从黎阳步推鹿车，载青泥至上谷，以遗训。

飞奴　张九龄家养群鸽，每与亲知书，系鸽足上投之，呼为飞奴。

代兼金　陆机诗："愧无杂佩赠，良讯代兼金。"

【译文】云锦书　李白《以诗代书答元丹丘》说："寄信青鸟海上来，今天是从何处来？口里衔着一封信，振翅忽然就飞去。青鸟飞飞冲紫烟，书信留在我窗前。我开信封微微笑，原来这是故人传。"

青泥书　后汉的邓训担任上谷守。老吏了解邓训爱用青泥给书信封口，便从黎阳步行推着鹿车走，装载一车的青泥送到上谷给邓训。

飞奴　张九龄家里养一群鸽子，每次和亲友送信时，就把书信系在鸽子的脚上，放飞鸽子，称它是"飞奴"。

代兼金　陆机《赠冯文罴》的诗里说："惭愧我没有美丽佩玉赠你，好消息就代替上等的金子。"

寄飞燕　江淹诗："袖中有短札，欲寄双飞燕。"孟郊诗："欲写加餐字，寄之西飞翼。"

白绢斜封　卢仝《谢孟简惠茶》歌:“日高丈五睡正浓,将军扣门惊周公,口传谏议送书信,白绢斜封三道印。”

十部从事　晋刘弘为荆州刺史,每发手书郡国,丁宁款密,莫不感悦,咸曰:“得刘公一纸书,贤于十部从事!”

【译文】寄飞燕　江淹诗里说:“袖里有一封短短的书信,想寄给双飞的燕子。”孟郊诗里说:“想写让爱人加餐的书信,寄给向西飞翔的鸟儿。”

白绢斜封　卢仝《谢孟简惠茶歌》:“日高五丈睡正浓。将军扣门惊好梦。说有谏议送信来,白绢上斜盖着三道印。”

十部从事　晋朝的刘弘担任荆州刺史,每次亲手写信寄给郡国的官员,叮咛嘱咐,热情关爱,大家都感动高兴地说:“接到刘大人的一封信,比十个从事都细致认真。”

家书万金　王筠久住沙阳。一日,得家书,曰:“抵得万金也。”杜诗:“烽火连三月,家书抵万金。”

风月相思　周弘让答王褒书:“苍雁鳞,时留尺素,清风明月,俱寄相思。”

千里对面　唐高祖曰:“房玄龄每为吾儿陈事,千里外犹如面谈。”

不为致书邮　晋殷浩迁豫章太守,都下人士因其致书者百余,行次石头,皆投之水中,曰:“沉者自沉,浮者自浮,殷洪乔不能为致书邮。”

【译文】家书万金　王筠在沙阳呆了很久。有一天接到家里来信,他说:“这封信价值一万两金子。”杜甫的诗说:“烽火连三月,家书抵万金。”就是从这里来的。

风月相思　周弘让在《答王褒书》里说：“灰色的大雁，大红的鲤鱼，常常留下书信给我；清风明月，寄托了我的思念。”

千里对面　唐高祖说：“房玄龄每次替我儿子汇报事务，他人虽然在千里之外，却好像和我当面谈话。”

不为置书邮　晋朝的殷浩迁任豫章太守，京城里有一百多人托他捎信，他走到石头城下时，就将书信全都扔到水里，并说：“沉下去的就沉下去，漂着的就漂着，我殷浩（字洪乔）不会给人当送信人。”

字学汇入群书文章

神农始为历日。

文王始为经书，周公始为政书。

黄帝受玄女始为《兵符》，吕望始为《韬略》。

周公始为《四方志》，李悝次诸国律，始为《法经》。

【译文】神农开始创立历法。

文王开始制作经书，周公开始制成政书。

黄帝接受玄女教导写成《兵符》，吕望写成了《韬略》。

周公开始编纂记载四方的志书，李悝编次诸国的法律，开始撰写《法经》。

周公始为稗官，战国时始为小说，宋高宗始为词话。

神农尝百药，始着方书。黄帝与岐伯问答。雷公受业，着《内外经》。巫妎占六岁以下小儿寿夭，着《颅囟经》。

汉甘公始为命书，唐举始为相书，郭璞始为风水书。

景虑始口授，大月氏王使尹存《浮屠经》。蔡愔、秦景始奉使得天竺佛书，梁武帝合五千四百卷为三藏。

【译文】周公开始设立稗官的职务，战国时开始出现小说，宋高宗时开始出现词话。

神农氏尝过各种草药，才写出药书。黄帝和岐伯互问互答，雷公传授到这些知识，写下《黄帝内外经》。师巫总结六岁以下小儿会得的病，写下《颅囟经》。

汉朝的甘公开始撰写算命的书，唐举开始撰写看相的书，郭璞开始撰写看风水的书。

景虑从大月氏王的使者尹存口授《浮屠经》。蔡愔、秦景两人奉皇帝的命令去天竺国带回佛书，梁武帝将这五千四百卷佛书合成《三藏》。

黄帝使史甲作戒，始著书；成汤始撰书名（凡书各有名）；黄帝始为铭、为箴；帝喾始为颂。

伏羲始为记事；司马迁始为纪；沈始为类事。

子夏始为序；公羊高始为注；郑玄始为笺释；赵岐始为题跋。

庄周始为说，田骈始为辨，荀卿始为论解。

【译文】黄帝让史甲写作戒文，开始著书；成汤开始制定书名（每种书都有名字）；黄帝开始写作铭和箴；帝喾开始写作颂。

伏羲开始作让史官记载大事；司马迁开始创立本纪；沈约开始创立类事。

子夏给经书写序文；公羊高开始给《春秋》作注；郑玄开始给经书作笺释；赵岐开始给经书写题跋。

庄周开始创立了说体文。田骈创立了辨论文。荀卿创立了论解文。

夏启始为檄，伊尹始为训。

黄帝始为传。

周公始为诔。

鬻熊始为子。庾仲容始为钞。刘歆始为集。

南朝始为文、为笔（今诗文通称文笔）。晋宋始为文受礼。隋始受钱，唐始盛。汉始称贾逵为舌耕，唐始称王勃为笔耕（以为文取丰金也）。高颎始索润笔（时为郑译草封沛国制）。王隐君始歌卖文（段湛卖文）。

【译文】夏启开始有檄文，伊尹开始有训文。

黄帝开始有传记。

周公开始有诔文。

鬻熊开始出现诸子书《鬻子》。庾仲容开始发明了钞体文。刘歆开始编集古书。

南朝开始分辨文、笔的区别（如今诗文通称文笔）。晋朝到刘宋时写文章收礼。隋朝开始收钱，这风气唐朝开始盛行。汉朝称贾逵是用舌头耕种，唐朝称王勃是用笔耕田（写文章获取丰厚润笔费）。高颎开始写文章要润笔费（当时他给郑译写《封沛国制》）。王隐君开始唱着歌来卖文章（段湛卖文）。

任昉《文章缘起》：三言诗，晋散骑常侍夏侯湛作。四言诗，前汉楚王傅韦孟《谏楚王戊诗》。五言诗，汉骑都尉李陵《与苏武诗》。六言诗，汉大司农谷永作。七言诗，汉武帝《柏梁台》连句。九言诗，魏高贵乡公作。赋，楚大夫宋玉作。歌，荆轲作《易水歌》。《离骚》，楚屈原作。

诏，起秦时玺文。秦始皇传国玺。

册文，汉武帝封三王册文。表，淮南王安《谏代闽表》。让表，汉东平王苍《上表让骠骑将军》。上书，秦丞相李斯《上始皇书》；汉太史令司马迁《报任少卿书》。对贤良策，汉太子家令晁错。上疏，汉大中大夫东方朔。启，晋吏部郎山涛作《选启》。作奏记，汉江都相《诣公孙弘奏记》。笺，汉护军班固《说东平王笺》。谢恩，汉丞相魏相《诣公车谢恩》。令，汉淮南王《谢群公令》。奏，汉牧乘《奏书谏吴王濞》。驳，汉吾丘寿王《驳公孙弘禁民不得挟弓》。议论，王褒《四子讲德论》，汉韦玄成《奏罢郡国庙议》。弹文，晋刘州刺史王深《集杂弹文》。

【译文】任昉的《文章缘起》里说：三言诗，是晋朝散骑常侍夏侯湛最开始创作的。四言诗，是前汉楚王的少傅韦孟的《谏楚王戊诗》。五言诗，最初是汉朝骑都尉李陵的《和苏武诗》。六言诗，是汉朝大司农谷永所写。七言诗，最早是汉武帝的《柏梁台》联句。九言诗，最早是魏国的高贵乡公所写。赋，是楚国大夫宋玉所写。歌，荆轲曾作《易水歌》。《离骚》，是楚国屈原所作。

诏令，源于秦朝的玺文，秦始皇传国玺。

册文，最早的有汉武帝封三王的册文。表，最早的有淮南王刘安有《谏代闽表》。让表，最早的有汉朝东平王刘苍《上表让骠骑将军》。上书，最早的有秦国的丞相李斯《上始皇书》；汉朝的太史令司马迁有《报任少卿书》。对贤良策，最早的有汉朝太子家令晁错。上疏，最早的有汉朝大中大夫东方朔。启，最早的有晋朝吏部郎山涛作的《选启》。作奏记，有汉朝江都相《诣公孙弘奏记》。笺，最早的有汉朝护军班固《说东平王笺》。谢恩，最早的有汉朝丞相魏相《诣公车谢恩》。令，最早的有汉朝淮南王《谢群公令》。奏，最早的有汉朝枚乘

吴王濞，选自（明）陈洪绶版画《博古叶子》

《奏书谏吴王濞》。驳，最早的有汉朝吾丘寿王《驳公孙弘禁民不得挟弓》。议、论，最早的有王褒的《四子讲德论》，汉朝韦玄成《奏罢郡国庙议》。弹文，最早的有晋朝刘州刺史王深《集杂弹文》。

骚，汉扬雄作。荐，后汉云阳令朱云《荐伏湛》。教，京兆尹王尊《出教告属县》。封事，汉魏相《奏霍氏专权封事》。白事，汉孔融主薄作《白事书》。移书，汉刘歆《移书谏太学博士》，论《左氏春秋》。铭，秦始皇会稽山刻石铭。箴，扬雄《九州百官箴》。《封禅书》，汉文园令司马相如。赞，司马相如作《荆轲赞》。颂，汉王褒《圣主得贤臣颂》。序，汉沛郡太守作《邓后序》。引，琴操有《箜篌引》。《志录》，扬雄作。记，扬雄作《蜀记》。

碑，汉惠帝《四皓碑》。碣，晋潘尼作《潘黄门碣》。

【译文】骚，最早的有汉朝扬雄所作。荐，最早的有后汉云阳令朱云《荐伏湛》。教，最早的有京兆尹王尊《出教告属县》。封事，最早的有汉朝魏相《奏霍氏专权封事》。白事，最早的有汉朝孔融主簿作《白事书》。移、书，最早的有汉朝刘歆《移书谏太学博士》、论《左氏春秋》。铭，最早的有秦始皇会稽山刻石铭。箴，最早的有扬雄《九州百官箴》。封禅书，最早的有汉朝文园令司马相如作。赞，最早的有司马相如作《荆轲赞》。颂，最早的有汉朝王褒作《圣主得贤臣颂》。序，最早的有汉朝沛郡太守作《邓后序》。引，最早的有琴操有《箜篌引》。《志录》，是扬雄所作。记，最早的有扬雄作的《蜀记》。

碑，最早的有汉惠帝作的《四皓碑》。碣，最早的有晋朝的潘尼作的《潘黄门碣》。

诰，汉司隶从事冯衍作。誓，汉蔡邕作《艰誓》。露布，汉贾弘为马超伐曹操作。檄，汉丞相祭酒陈琳作《檄曹操文》。明文，汉泰山太守应劭作。对问，宋玉《对楚王问》。传，汉东方朔作《非有先生传》。上章，孔融《上章谢大中大夫》。《解嘲》，扬雄作。训，汉丞相主簿繁钦《祠其先生训》。乐府，即古诗各体。词，汉武帝《秋风词》。旨，后汉崔骃作《达旨》。劝进，魏尚书令荀攸《劝魏王进文》。喻难，汉司马相如《喻巴蜀》，并《难蜀父老文》。诫，后汉杜笃作《女诫》。吊文，贾谊《吊屈原文》。告，魏阮瑀为文帝作《舒告》。传赞，刘歆作《列女传赞》。谒文，后汉别部司马张超《谒孔子文》。析文，后汉傅毅作《高阙析文》。祝文，董仲舒《祝日蚀文》。

【译文】诰，最早的有汉朝的司隶从事冯衍所作。誓，最早的有汉朝蔡邕作的《艰誓》。露布，最早的有汉朝贾弘为马超讨伐曹操所作。檄，最早的有汉朝的丞相祭酒陈琳所作《檄曹操文》。明文，最早的有汉朝泰山太守应劭所作。对问，有宋玉作的《对楚王问》。传，有汉朝东方朔作的《非有先生传》。上章，最早的有孔融作的《上章谢大中大夫》。《解嘲》，是扬雄所作。训，最早的有汉朝丞相主簿繁钦所作《祠其先生训》。乐府，也就是古诗各种体裁。词，最早的有汉武帝作的《秋风词》。旨，最早的有后汉崔骃作的《达旨》。劝进，最早的有魏国尚书令荀攸作的《劝魏王进文》。喻难，最早的有汉朝的司马相如作的《喻巴蜀》，还有《难蜀父老文》。诫，最早的有后汉的杜笃作的《女诫》。吊文，最早的有贾谊作的《吊屈原文》。告，最早的有魏国阮瑀为魏文帝作的《舒告》。传赞，最早的有刘歆作的《列女传赞》。谒文，最早的有后汉别部司马张超作的《谒孔子文》。析文，最早的有后汉的傅毅作的《高阙析文》。祝文，最早的有董仲舒作的《祝日蚀文》。

行状，汉丞相仓曹傅朝干作《杨元相行状》。哀策，汉乐安相李亢作《和帝哀策》。哀颂，汉会稽东郡尉张纮作《陶侯哀颂》。墓志，晋东阳太守殷仲文作《从弟墓志》。诔，汉武帝《公孙弘诔》。悲文，蔡邕作《悲温舒文》。祭文，后汉车骑郎杜笃作《祭延钟文》。哀词，汉班固《梁氏哀词》。挽词，魏光禄勋缪袭作。

发，汉枚乘作《七发》。离合词，孔融作《四言离合诗》。《连珠》，扬雄作。篇，汉司马相如作《凡将篇》。歌诗，枚乘作《丽人歌诗》。遗命，晋散骑常侍江统作。图，汉河间相张人作《玄图》。势，汉济北相崔瑗作《草书势》。约，王褒作《僮约》。

伏羲命仓颉、沮诵始造字。仓颉造字，天雨血，鬼夜哭，龙乃潜藏。

【译文】行状，最早的有汉朝的丞相仓曹傅朝幹作的《杨元相行状》。哀策，最早的有汉朝乐安相李亢作的《和帝哀策》。哀颂，最早的有汉朝会稽东郡尉张纮作的《陶侯哀颂》。墓志，最早的有晋朝东阳太守殷仲文作的《从弟墓志》。诔，最早的有汉武帝作的《公孙弘诔》。悲文，最早的有蔡邕作的《悲温舒文》。祭文，最早的有后汉车骑郎杜笃作的《祭延钟文》。哀词，最早的有汉朝的班固作的《梁氏哀词》。挽词，最早的有魏光禄勋缪袭所作的。

发，最早的有汉朝的枚乘作的《七发》。离合词，最早的有孔融作的《四言离合诗》。《连珠》，是扬雄所作。篇，最早的有汉朝的司马相如所作的《凡将篇》。歌诗，最早的有枚乘作的《丽人歌诗》。遗命，是晋散骑常侍江统所作。图，最早的有汉朝的河间相张人所作的《玄图》。势，最早的有汉朝的济北相崔瑗所作《草书势》。约，最早的有王褒作的《僮约》。

伏羲让仓颉和沮诵创造文字。仓颉造出文字时，天上下起栗米，鬼在夜里哭，龙潜藏起来。

六书　苍颉造字，有六书：一曰象形（谓日月之类，象日月之形体也），二曰假借（谓令长之类，一字两用也），三曰指事（谓上下之类，人在一上为上，人在一下为下，各指其事，以为言也），四曰会意（谓武信之类，止戈为武，人言为信，会合人意也），五曰转注（谓考老之类，左右相转，以为言也），六曰谐声（谓江河之类，以水为形，以工可为声也）。

字祖　蝌蚪书乃字之祖。庖牺氏有龙瑞，作龙书。神农有嘉穗，作穗书。黄帝因卿云作云书。尧因灵龟作龟书。夏后氏作钟鼎，有钟鼎书。朱宣氏有凤瑞，作凤书。周文王因赤雁衔书，武王因丹鸟入室作鸟书，因白鱼入舟作鱼书。

【译文】六书　仓颉造字的原则，有六种：**一是象形**（就像“日”“月”，画出的日、月的形体），**二是假借**（比如“令”“长”之类的字，一个字可以借用别的含义），**三是指事**（比如“上”“人”在“一”上也就是“上”，“人”在“一”下也就是“下”，分别指示那字代表的意义），**四是会意**（比如“武”“信”，“止戈”为“武”，“人言”为“信”，两个字合在一起表示一种意思），**五是转注**（比如“考”“老”，意思相同，互相可以替代），**六是谐声**（比如“江”“河”，“水”旁是形旁，“工”“可”是声旁）。

字祖　蝌蚪字是汉字的起源。庖牺氏时出现龙，是祥瑞，所以创造龙形字。神农氏时出现嘉穗，是祥瑞，所以创造了穗形字。黄帝时出现卿云，是祥瑞，就创造云形字。尧出现灵龟的祥瑞，创造龟形字。夏后氏制作了钟鼎，便产生了钟鼎形字。朱宣氏因为出现了凤的祥瑞而创造了凤形字。周文王时有红色的大雁衔书来，周武王时有红色的鸟进入室内，创造鸟形字，白鱼跳入舟中，创造鱼形字。

周宣王史籀始为大篆，名籀篆。李斯始为小篆，名玉箸篆。

历朝断书　仓颉而降，凡五变：古文，蝌蚪，籀篆，隶，草。

秦书八体　大篆、小篆、刻符鸟（有云脚，印符用），虫书、摹印（曲体，印用，亦名缪篆），置书（即萧何题笔未央），殳书（随势书），隶书。

【译文】周宣王时，史籀开始制成大篆，名为籀篆。李斯创立小篆，名为玉箸篆。

历朝断书　从仓颉以来，古时的文字的字体共计演变了五次：古文，蝌蚪文，籀篆文，隶书，草书。

秦书八体　秦朝的字体有八种，分别有：大篆、小篆、刻符（鸟形字，下面带着云脚一般，用于印符），虫书、摹印（弯曲的字体，刻印用，也叫缪篆），署书（也就是萧何给未央宫题名的字体），殳书（按照兵器形状的字写），隶书。

汉六体　试吏古文、奇字、篆、隶、缪篆、虫书。

唐定五体　古文、大篆、小篆、虫书、隶。

张怀瓘十体断书　古文、大篆、籀文、小篆、八分、隶、章、草、行书、飞白。

唐度之十体　古文、大篆、小篆、八分、飞白、薤叶（本务光）、悬针、垂露（表章用，三曹喜作）、鸟书、连珠。

【译文】汉六体　考试官吏用的六种字体：古文、奇字、篆、隶、缪篆、虫书。

唐定五体　唐朝的考的五种字体是：古文、大篆、小篆、虫书、隶书。

张怀瓘十体断书　分别是　古文、大篆、籀文、小篆、八分、隶、章、草、行书、飞白。

唐度之十体　古文、大篆、小篆、八分、飞白、薤叶（源于隐士务光）、悬针、垂露（大多用于表章，曹操父子喜欢写）、鸟书、连珠。

宋十二体　殳书、传信、鸟书、刻符、萧籀、署书、芝英书（汉武帝植芝作）、气候直时书（相如采日辰虫形作）、鹤头书（汉诏板用）、偃波书（鹤头纤乱者）、转宿篆（司马子韦以荧惑退舍作）、蚕书（秋胡妻作）。

小篆体八　鼎小篆、薤叶、垂露、悬针、缨络（刘德昇观星作）、柳叶（卫瓘作）、剪刀（韦诞作）、外国胡书（阿马儿抹王授）。

【译文】宋十二体　殳书、传信、鸟书、刻符、萧籀、署书、芝英书（汉武帝时种植灵芝创造的）、气候直时书（司马相如根据日月星辰和虫子的形状制成）、鹤头书（汉朝的诏书使用）、偃波书（鹤头书比较纤细凌乱的那种）、转宿篆（是宋国的司星官子韦因为荧惑星退避所创制）、蚕书（秋胡妻子所创）。

小篆体八　鼎小篆、薤叶、垂露、悬针、缨络（是东汉刘德昇在夜里观察星象时创制）、柳叶（是卫瓘所创）、剪刀（是韦诞所创作）、外国胡书（是阿马儿抹王传授的）。

字数　沈约韵一万一千五百二十字，《广韵》二万六千一百九十四字。

八分书　蔡文姬言，割程隶字八分，取二分；割李篆字二分，取八分，故名八分书。

章草　汉元帝时黄门令史游作《急就章》，解散隶体，谓之章草。

【译文】韵之字数　沈约编的韵书收字共一万一千五百二十个，《广韵》收二万六千一百九十四字。

八分书　蔡文姬说，去除秦人程邈所创的隶书字体的八分，只取二分；去除李斯篆字的二分，只取八分，所以称为“八分书”。

章草　汉元帝时的黄门令史游撰写了《急就章》，解散了隶书书体，被称为章草。

书画

兰亭真本　王右军写《兰亭记》，韵媚遒劲，谓有神助。后再书数十余帧，俱不及初本。右军传于徽之，徽之传七世孙智永，智永传弟子辨才，辨才被御史萧翼赚入库内，殉葬昭陵。

草圣草贤　唐张旭善草书，饮酒大醉，呼叫狂走，或以发濡墨而书，人称之草圣。崔瑗善章草，人称之草贤。

怒猊渴骥　唐徐浩书《张九龄告身》，多渴笔，谓枯无墨也，在书家为难。世状其法如怒猊决石，渴骥奔泉。

【译文】兰亭真本　王羲之写作《兰亭集序》，秀媚遒劲，如有神助。后来再写几十本，都不及第一次书写的。王羲之将这幅书法作品传给王徽之，王徽之传到第七代孙子僧人智永那里，智永传给弟子辨才，辨才让御史萧翼哄骗，这幅字进了李唐皇室的仓库，后来给唐太宗殉葬在昭陵。

草圣草贤　唐朝的张旭擅长草书，每次喝酒大醉淋漓，疯狂的呼喊奔跑，有时用头发蘸上墨水来写，世人称之为草圣。崔瑗擅长章草，世人称之为草贤。

怒猊渴骥　唐朝的徐浩书写《张九龄告身》，用了许多渴笔的笔法，造成干枯无墨的效果，这对书法家而言很难。世人描述他的书法就好比发怒的狻猊撞起石头，口渴的骏马奔向泉水。

家鸡野鹜　晋庾翼少时，书与右军齐名，学者多宗右军。庾不忿，《与都人书》云："小儿辈乃厌家鸡，反爱野鹜，皆学逸少书。"

伯英筋肉　晋卫瓘、索靖俱善书，时谓瓘得伯英之筋，靖得伯英之肉。

池水尽黑　张奂长子芝，字伯英，好草书，学崔、杜法，家之布帛，必书而后练。临池学书，池水为之尽黑。

【译文】家鸡野鹜　晋朝的庾翼年轻时，书法和王羲之齐名，学书法的大多学王羲之。庾翼很不高兴，在《与都人书》里说："晚辈小儿居然厌倦了家鸡，反而爱上野鸡，都去学王羲之的字。"

伯英筋肉　晋朝的卫瓘、索靖都擅长书法，当时人说卫瓘得到张芝（伯英）书法的筋，索靖得到张芝书法的肉。

池水尽黑　张奂的大儿子叫张芝，字伯英，爱写草书，学过崔瑗和杜度的笔法，家里的布帛，一定先写过字才拿去煮丝织布。他面对着池子写字，池水都染黑了。

游云惊鸿　晋王羲之善草书，论者称其笔势，飘若游云，矫若惊鸿。

龙跳虎卧　晋王右军善书，人谓右军之书如龙跳天门，虎卧凤阙。

风樯阵马　宋米芾善书。东坡云："元章平生篆隶真行草书，分为十卷，风樯阵马，当与钟、王并行，非但不愧而已。"

柿叶学书 郑虔好书，常苦无纸，遂于慈恩寺贮柿叶数屋，逐日取以学书，岁久乃尽。

【译文】游云惊鸿 晋朝的王羲之擅长草书，议论书法的人称他的笔势飘逸的好比游云，矫美的好比受惊的大雁。

龙跳虎卧 晋朝的王羲之擅长书法，世人比喻王右军的书法是龙跳天门，虎卧风阙。

风樯阵马 宋朝的米芾擅长书法。苏轼说：“米芾一辈子写的篆、隶、真、行、草等书体作品，共有十卷，笔力就如乘着风的帆船、临阵的战马一般有气魄，应该能和钟繇、王羲之并肩，不只是不差而已。”

柿叶学书 郑虔爱好书法，常常忧虑没有纸，便在慈恩寺里储存了几屋子的柿叶，每天取一些写字，年月久了就没了。

绿天庵 怀素喜学书，种芭蕉数万株，取其叶以代纸，号其所曰：“绿天庵”。

驻马观碑 欧阳率更行见古碑是索靖所书，驻马观之，良久而去，数百步复还，下马伫立，疲倦则席地坐观，因宿其下，三日乃去。

铁户限 智永，右军七世孙，精于书法。人来觅书，并请题额者如市，所居户限为穿，乃用铁叶裹之，人号“铁户限”。

【译文】绿天庵 怀素爱好学书法，他种几万株芭蕉，用芭蕉叶代替纸，他的住所叫绿天庵。

驻马观碑 欧阳询在走远门时看见索靖所写的一块古碑，他停下马观看，看了很久才离开，走了几百步又回来，爬下马，站在碑前面仔细看，看累了就坐在地上看，并且住在石碑下，三天后才离去。

铁户限　僧人智永，是王羲之七世孙，精通书法。别人来求字并且请求题写匾额，就像闹市一般，住处的门槛被踩烂，就用铁包起来，人称铁门槛。

溺水持帖　赵子固常得姜白石所藏定武不损本《禊帖》，乘舟夜泛而归，行至霅之升山，风起舟覆，行李襆被皆淹溺无余。子固方披湿衣立浅水中，手持禊帖，语人曰："《兰亭》在此，余不足问也。"

钟繇掘墓　魏钟繇问蔡伯喈笔法于韦诞，诞吝不与，繇乃自捶胸呕血，魏祖以五灵丹救活之。及诞死，繇使盗掘其墓，得之。由是书法更进，日夜精思。卧画被穿过表，如厕终日忘归。每见万类，皆画。繇之子会，字士季，书有父风。

【译文】溺水持帖　赵孟坚（字子固）曾经弄到姜夔（字白石）收藏的没有破损的定武本《兰亭集序》，夜里乘舟回来，到霅溪的升山下，刮起大风将船掀翻，行李和衣服全部淹没。赵孟坚却披着湿衣服站在浅水里，手里拿着《兰亭集序》，对仆人说："《兰亭集序》在这里，其他的东西别管了。"

钟繇掘墓　魏国的钟繇向韦诞请教蔡邕（字伯喈）的笔法，韦诞吝惜不肯教他，钟繇就捶打胸口以至吐出血，魏武帝曹操用五灵丹救活了他。等到韦诞去世，钟繇让盗墓人掘开他的坟，得到蔡邕的笔法。因此书法水平日日精进，而且白天夜里殚精竭虑的研究。他躺在被子里写字，竟然把被子捅穿，上厕所有时上一天不出来。每看到所有的东西，心里都模拟成书体。钟繇的儿子叫钟会，字士季，书法有父亲的风范。

字以人重　书法擅绝技者，每因品重，非其人只贻玷耳。故曹操书法虽美不传，褚仆射、颜鲁公、柳少师则家藏寸纸，珍若尺璧，不专以字重也。

换羊书　王鲁直谓东坡曰："昔王右军书为换鹅书。韩宗儒每得公一帖，即干殿帅姚麟许换羊肉十数斤。可名公书为'换羊书'矣。"一日，坡在翰苑，以圣节撰著纷冗，宗儒日作数简以图报书，使人立庭下督索甚急。公笑语之曰："传语：本官今日断屠。"

见书流涕　王羲之十岁善书，十二，见前代《笔说》于其父枕中，窃而读之。父曰："尔何来窃吾所秘？"不盈期月，书便大进。卫夫人见之，语太常王荣曰："此儿必见用笔诀，近见其书，便有老成之法。"因流涕曰："此子必蔽吾名。"

【译文】字以人重　书法水平高的人，往往是因为品德高尚受人尊敬，假如品行不佳，只会留下坏名声。所以曹操的书法虽好却没流传，褚遂良、颜真卿、柳公权的书法却是家里藏有一小块纸片，也珍如玉璧，不单单因为字好就受到如此重视。

换羊书　黄庭坚对苏轼说："从前王羲之的书法被称为换鹅书。如今韩宗儒每得到您的一张作品，就去向殿帅姚麟换取十几斤羊肉，可以称您的书法是'换羊书'。"有一天，苏轼在翰林院，正值皇帝生日，要写的东西特别多，韩宗儒一天内写了几封信希望获得苏轼回复的书信，还让人站在庭院下催促。苏轼笑着对差人说："帮我传个话：本官今天不杀生。"

见书流涕　王羲之十岁时就擅长书法。十二岁时，在父亲的枕边看到前人写的《笔说》，偷偷阅读。他父亲说："你怎么偷我的秘宝？"

不到一个月，王羲之的书法水平突飞猛进。卫夫人看到后，对太常王荣说："这孩子一定读了《笔诀》，近来看他的字，就很成熟了。"因而流泪说："这孩子肯定会盖住我的名声。"

书不择笔　唐裴行俭工草隶，每曰："褚遂良非精纸佳笔未尝肯书，不择笔墨而研捷者，惟予与虞世南耳。"

五云佳体　唐韦陟封郇公，善草书，使侍妾掌五彩笺，裁答授意，陟惟署名。人谓所书"陟"字，若五朵云，号"郇公五云体"。

登梯安榜　韦诞能书。魏明帝起殿，欲安榜，使诞登梯书之。既下，头鬓皓然，因敕儿孙勿复学书。

【译文】书不择笔　唐朝的裴行俭最精通草书和隶书，他常说："褚遂良要不是用精美的纸、笔就不肯写字，不挑笔墨又写得快，只有我和虞世南。"

五云佳体　唐朝的韦陟封为郇公，精通草书，他让侍妾主管五彩的笺纸，回复听他的授意，韦陟只署名。世人说他写的"陟"字，就好比五朵云，号称郇公五云体。

登梯安榜　韦诞精通书法。魏明帝建造大殿，想揭起匾额，让韦诞登梯子书写。他写完头发都白了，因而命儿孙们别再学书法。

换鹅书　山阴一道士养好鹅，右军往观，意甚喜，因求市之。道士云："为我写《道德经》，当举鹅相赠耳。"右军欣然写毕，笼鹅以归。或问曰："鹅非佳品，而公爱之，何也？"右军曰："吾爱其鸣唤清长。"

寝食其下　阎立本观张僧繇江陵画壁，曰："虚得名耳。"

再往，曰："犹近代名手也。"三往，于是寝食其下数日而后去。

画龙点睛　张僧繇避侯景来奔湘东，尝于天皇寺画龙，不时点睛，道俗请之，舍钱数万，落笔之后，雷雨晦冥，忽失龙所在。

【译文】换鹅书　山阴有一个道士，豢养许多可爱的鹅，王羲之前往观赏，心中特别高兴，因而请他卖几只给自己。道士说："你给我写《道德经》，我会把所有的鹅赠你。"王羲之欣然地写完，用笼子装着鹅就回去了。有人问他："鹅并非珍禽，你却喜爱，为什么？"王羲之说："我喜爱它的鸣叫声清远。"

寝食其下　阎立本观赏张僧繇在江陵的壁画，说："名不副实。"等他再去看时说："还可说是近代的名手。"第三次前去观赏，就在壁画下睡觉、吃饭，几天才离去。

画龙点睛　张僧繇躲避侯景之乱逃到湘东，曾在天皇寺壁上画龙，没立刻画上眼睛。僧人和百姓请他画上，施舍的钱有好几万，他刚画完，就打雷下雨，天色昏暗，龙突然不见了。

画鱼　唐李思训画一鱼甫完，方欲点染藻荇，有客叩门，出看，寻失去画鱼。使人觅之，乃风吹入池，拾起视之，鱼竟失去，止剩空纸。后思训画大同殿壁，明皇谕之曰："卿所画壁，常夜闻水声，真入神之手。"（思训开元中除卫将军，与其子道昭俱得山水之妙，时号大李、小李。）

画牛隐见　唐太宗时，李至献画牛，昼则啮草栏外，夜则归卧栏中，莫晓其故。僧赞宁曰："此幻药所画。倭国有蚌泪，和色着物，昼见夜隐。沃焦山有石，磨色染物，昼隐夜见。"

滚尘图　唐宁王善画马，花萼楼壁上画《六马滚尘图》，明皇最爱玉面花骢，后失之，止存五马。

【译文】画鱼　唐朝的李思训画一条鱼结束，正准备画一些水草，突然有客人敲门，他出来看，回来画的鱼就消失了。他派人四处寻找，原来被风吹进池子里，捡起来一看，没有鱼，只有一张白纸。后来李思训在大同殿的墙壁画画，唐明皇告诉他说：“爱卿所画的墙壁，夜里常常听到水声，真是出神入化的手笔。”（李思训在开元年间担任卫将军，和儿子李道昭都领会山水的奇妙趣味，当时人称他们“大李”“小李”。）

画牛隐见　宋太宗时，李后主献上一幅画的牛，画上的牛白天在牛棚栏外吃草，夜里回到栏里躺下，不知道什么缘故。僧人赞宁说：“这是用幻药画的。倭国有蚌泪，混合颜料来画画，白天可见，夜里隐藏。沃焦山有一种石头，研磨成颜料画东西，白天隐藏，夜里可见。”

滚尘图　唐朝的宁王很会画马，他在花萼楼的墙壁上画《六马滚尘图》，唐明皇最爱里面的玉面花骢，后来却消失，只剩五匹马。

画龙祷雨　曹不兴尝于溪右见赤龙，夭矫波间，因写以献孙皓。至宋文帝时，累月旱暵，祈祷无应。帝取不兴画龙，置之水傍，应时雨足。

画鹰逐鸽　润州兴国寺，苦群鸠鸽栖梁上污秽佛像。张僧繇乃就东壁上画一鹰，西壁上一鹞，皆侧首向檐外，自是鸠鸽不敢复来。

李营丘　李成，营丘人，善画山水林木，当时称为第一，遇目矜贵。生平所画，只用自娱，势不可逼，利不可取，传世者不多。（郭熙是其弟子。）

范蓬头　范宽居山林，常危坐终日，纵目四顾，以求其趣。

北宋时，天下画山水者，惟宽与李成，议者谓李成之笔，近视如千里之遥；范宽之笔，远望不离坐外，皆造神奇。

【译文】画龙祷雨　曹不兴曾在溪中看到一条赤龙，在波浪里翻腾，因而画出来进献给孙皓。到宋文帝时，连续几个月不下雨，祈祷也用。宋文帝找出曹不兴的画龙放在水边，登时就下雨，而且很充足。

画鹰逐鸽　润州的兴国寺，因为斑鸠、鸽子栖息在梁上污染佛像，和尚很忧虑。张僧繇因此在东边墙壁上画一只鹰，西边墙壁画一只鹞子，都侧着脑袋向屋檐外，从此斑鸠、鸽子不敢再来。

李营丘　李成，营丘人，很会画山水林木，当时号称第一，有幸一睹的人都很宝重。他平生画画，只是自娱自乐，用权势来逼他他也不画，用利益来诱惑他也不画，因而传世的不多。（郭熙是他的徒弟。）

范蓬头　范宽在山里居住，常常终日端坐，放眼四望，搜寻作画题材。北宋时，全国画山水只有范宽和李成最厉害，议论的人说李成的笔墨，近看如同千里之遥；范宽的笔墨，远看也像就在眼前，都达到神妙的水平。

董北苑　沈存中云：江南中主，时有北苑董源善画，尤工秋岚远景，为写江南山水，可为奇峭。其后建康僧巨然，祖述源法，皆臻妙理。

王摩诘　唐王维字摩诘，别墅在辋川，常画《辋川图》，山谷盘郁，云水飞连，意在尘外，怪生笔端。秦太虚云：“予病，高符仲携《辋川图》示予曰：‘阅此可愈病。’予喜甚，恍然若与摩诘同入辋川，数日病愈。”

李龙眠　舒城李公麟号龙眠，工白描，人物远师陆、吴，牛马斟酌韩、戴，山水出入王、李。作画多不设色，纯用澄心堂纸为之。唯临摹古画，用绢素。着色笔法，如行云流水，当为宋画中第一。

【译文】董北苑　沈括《梦溪笔谈》说："江南中主李璟时，北苑的董源很会画画，特别擅长画秋山远景，画的江南山水十分奇险。后来建康僧人巨然，学董源的笔法，也达到绝妙的境地。"

王摩诘　唐朝的王维字摩诘，别墅在辋川，曾画《辋川图》，山谷盘绕葱郁，云水相接，意境极为超脱尘凡，奇境从笔下重叠生出。秦观说："我生病时，高符仲拿来《辋川图》给我看，并且说：'欣赏这幅画可以让病好。'我特别开心，欣赏的时候仿佛和王维一起去辋川游览，几天后就痊愈了。"

李龙眠　舒城的李公麟号"龙眠"，精通白描，他画人物是学习陆探微、吴道子，画牛马学习韩幹、戴嵩，画山水学习王维、李思训。他的画很多不上颜料，纯粹用澄心堂的纸来画。唯独临摹古画用绢素。他上色技巧和笔法，好比行云流水，是宋人画的第一高手。

画仕女　仕女之工，在于得其闺阁之态。唐周昉、张萱，五代杜霄、周文矩，下及苏汉臣辈，皆得其妙，不在施朱傅粉、镂金佩玉以为工。

画人物　人物于画，最为难工，顾陆世不多见。吴道子画家之圣。至宋李龙眠一出，与古争先，得龙眠画三纸，可敌道子画二纸，可敌虎头画一纸，其轻重相悬类若此。

《南史》：萧贲，竟陵王子良之孙。善书画，常于扇上为图山水，咫尺之内，便觉万里为遥。矜慎不传，自娱而已。

【译文】画仕女　画仕女图的技巧在于画出闺阁情态。唐朝的周昉、张萱，五代的杜霄、周文矩，再到苏汉臣等人，都能画出妙境，不把涂抹颜料、点缀配饰当作工巧的。

画人物　人物最难画。顾恺之、陆探微画的世上少见，吴道子是画人物的顶尖高手，到宋朝李公麟一出山，就能和古人比高低。得到李公麟的三张画，相当于吴道子的两张画或者顾恺之的一张画，他们的画价值也就如此悬殊。

《南史》里说：萧贲，是竟陵王萧子良的孙子，精通书法、绘画，经常在扇子上画山水，咫尺的扇面，让人感觉有万里的广阔。因为他矜持看重自己的画，就不往外流传，自娱自乐罢了。

画圣　北齐杨子华画马于壁，每夜必踶啮长鸣，如索水草。人谓之“画圣”。

颊上三毛　顾上康画裴叔则，颊上三毛，神采愈俊。画殷荆州像，荆州目眇，顾乃明点瞳子，飞白拂其上，如轻云之蔽日，殷贵其妙。

周昉传真　周昉善传真。郭令公为其婿赵纵写照，令韩干写，复令昉写，莫辨其优劣。赵国夫人曰：“二画俱似。前画空得赵郎形貌，后画兼得其神气、性情、笑语之姿。”

一丘一壑　顾长康画谢幼舆在岩石里，人问其所以，顾曰：“谢云：‘一丘一壑，自谓过之。’此子宜置丘壑中。”

【译文】画圣　北齐的杨子华在墙上画马，这些马每晚一定会跳跃长鸣，就像在要水喝要草吃。世人都称他为画圣。

颊上三毛　顾恺之（字长康）给裴楷（字叔则）画像，脸上添上三根毫毛，裴楷的神采越发俊美。他给殷仲堪（荆州）画像，因为对方眼睛一只眼睛看不见，他就画出透明的瞳仁，用飞白笔法轻轻拂动，好比轻云遮蔽太阳，殷仲堪对这种奇妙手法表示赞赏。

周昉传真　周昉善于为人画像。郭令公让给自己女婿赵纵画像，先让韩幹画，又让周昉画，分不出优劣。赵国夫人说："这两幅画的都像。前面那幅得到赵郎的容貌，后边那幅既有容貌，还有神气、性情、笑语的姿态。"

一丘一壑　顾恺之给谢鲲(字幼舆)画像，把他画在岩石里，别人问他缘故，顾恺之说："谢鲲说：'一丘一壑，自谓过之(按："过"是超过，顾恺之故意当成穿过来解释)。'所以他应该放置在丘壑之间。"

郑虔三绝　唐郑虔善画山水，尝自写其诗并画，以献帝，大署其尾，曰："郑虔三绝。"

传神阿堵　顾长康画人，或数年不点目睛。人问其故，顾曰："四体妍蚩，本无关于妙处，传神写照，正在阿堵中。"

画风鸢　郭恕先寓岐山下，有富人子喜画，日给醇酒，待之甚厚，久乃以情言，且致匹素。郭为画小童，持线车放风鸢，引线数丈，满之。富人子大怒。与郭遂绝。

【译文】郑虔三绝　唐朝的郑虔很会画山水，曾在画上题诗，献给皇帝，皇帝在末尾用大字写着："郑虔诗书画三绝。"

传神阿堵　顾恺之画人物，有的好年都不画瞳仁。别人问原因，他说："四肢画的好不好，本来就和妙处无关，传神写照的所在，就在这个东西里。"

画风鸢　郭忠恕(字恕先)住在岐山下，有一富人的儿子喜欢画画，每天给他好酒喝，对他很好，时间长了就告诉他自己想要一幅画，并赠他一匹素绢用以画画。郭忠恕给他画一个小孩，拿着线轴放风筝，线放开几丈长，画布就画满了。富人的儿子极其生气，和郭忠恕从此不再来往。

维摩像　顾恺之于瓦棺寺画一维摩相，闭户揣摩百余日。画毕，将欲点睛，谓僧曰："第一日开者，令施十万，第二日五万，第三日开，如例。"及开，光明照寺，施者填门。

画花鸟　五代时，黄荃与子居宷，并画花卉，谓之写生。妙在傅色不用笔墨，俱以轻色染成，谓之没骨图。

江南徐熙，先落笔以写其枝叶蕊萼，然后着色，故骨气丰神，为古今绝笔。

韩幹马　唐明皇令韩幹睹御府所藏画马，幹曰："不必观也，陛下厩马万匹，皆是臣师。"

【译文】维摩像　顾恺之在瓦棺寺里画了一幅维摩画像，关门揣摩一百多天。画完后，准备点眼睛，对僧人说："开光第一天要让参观者布施十万钱，第二天布施五万钱，第三天的照旧例吧。"等开光那天，画像的光明照耀整个佛寺，布施者踏破了大门。

画花鸟　五代时，黄荃和儿子黄居宷都擅长画花卉，叫作写生。他们的画奇妙在于上色时不用笔墨，全是用轻色染成，称为没骨图。

江南的徐熙，先下笔勾勒出枝叶花朵，然后上色，所以画的有风骨气韵，是古今无人可及的手笔。

韩幹马　唐明皇让韩幹欣赏皇家仓库收藏的画马，韩幹说："不用看那些，陛下马厩里养的上万匹骏马，全是我的师傅。"

戴嵩牛　戴嵩善画牛。画牛之饮水，则水中见影；画牧童牵牛，则牛瞳中有牧童影。

《东坡志林》：蜀中杜处士，好书画，所宝以百数。有戴嵩牛一轴，尤所爱，锦囊玉轴，常以自随。一日，曝书画，有一牧童见之，抚掌大笑曰："此画斗牛也，斗力在角，尾夹入两股间，今乃掉尾而斗，谬矣！"处士笑而然之。古语云"耕当问奴，织当问婢"，不可改也。

鲍鼎虎　宣城鲍鼎每画虎，扫室屏人声，塞门牖穴屋，取明饮斗酒，脱衣据地，卧起行顾，自视真虎也。

【译文】戴嵩牛　戴嵩很会画牛。画的牛正在喝水，水中就能看到影子。画牧童牵着牛，那么牛的瞳仁里有牧童的影子。

《东坡志林》里说：蜀地有一个姓杜的隐士，爱好书画作品，收藏有上百件珍奇书画。有一幅是戴嵩画的牛，尤其喜欢，特地用锦囊、玉轴装帧，常常随身携带。有一天，他正在曝晒书画，有一牧童看到那幅画，拍手大笑说："这画的是打斗中的牛，打斗时牛的力气用角上，尾巴应该夹在两腿间，这幅画却是摇着尾巴打斗，大错特错！"杜处士笑着表示同意。古语说"耕田应该问奴仆，织布应当问婢女"，这是正确的话。

鲍鼎虎　宣城的鲍鼎每次画虎时，将屋子打扫干净，就不许别人靠近屋子发出声音，门窗全都堵死，从屋顶打开小洞采光，喝一斗酒，脱衣服，趴在地上作画，自己做出老虎蹲踞、起身、走路、回顾的姿势，真将自己当成老虎了。

画竹　文与可画竹，是竹之左氏也，子瞻却类庄子。又有息斋李衎者，亦以竹名。所谓东坡之竹，妙而不真；息斋之竹，真而不妙者是也。梅道人始究极其变，流传既久，真赝错杂。

画梅花　衡州花光长老善画梅花，黄鲁直观之曰："如嫩寒春晓，行孤山水边篱落间，但欠香耳。"又杨补之墨梅清绝。

花竹翎毛 唐崔白、艾宣工花竹翎毛。唐人花鸟，边鸾画如生。

【译文】画竹 文同（字与可）画的竹子，称得上是画竹人中的左丘明，苏轼画的竹子却像庄子的风格。有个号息斋的李衎，也以画竹子出名。苏轼的竹子，奇妙却不真实；李衎的竹子，真实却不奇妙。梅道人吴镇开始穷究方法，通晓画竹子的变化，流传时间太久，真品赝品混杂难以分辨。

画梅花 衡州的花光长老擅长画梅花，黄庭坚欣赏后说："看你的梅花图就仿佛在轻寒的初春清晓，走在西湖孤山的水边篱落间，只差没有闻到梅花香罢了。"另外杨补之的墨梅也画得清新绝俗。

花竹翎毛 宋朝的崔白、艾宣很会画花、竹、鸟、兽。唐朝人中画花鸟的，边鸾画得栩栩如生。

吴僧善画草虫，以扇送司马君实，因谢云："吴僧画团扇，点染成微虫，秋毫皆不爽，真窃天地功。"

米南宫 米芾字符章，天姿高迈。初见徽宗，进所画《楚山清晓图》，大称旨。枯木松石，时出新意，然传世不多。其子友仁，字符晖，能传家学，作山水，清致可掬，成一家法。

名画 宋四大家：南宋以后，李唐、刘松年、马远、夏珪四家，俱登祗奉，名著艺苑。

元四大家 赵子昂字孟頫，号松雪。吴镇字仲圭，号梅花道人。黄公望字可久，号大痴，又号一峰老人。王蒙字叔明，一号黄鹤山樵。俱胜国时人，以画名世。

【译文】吴地一僧人很会画草虫，把画扇送给司马光，司马光回复一首诗作为答谢:“吴僧画团扇,点染成微虫。秋毫皆不爽,真窃天地功。”

米南宫　米芾字元章,画作超凡绝俗,风度高远。初次拜见宋徽宗时,献上他的《楚山清晓图》,让徽宗很满意。他画的枯木松石,常常有新意趣,可是作品传世不多。他的儿子米友仁,字元晖,能传下家学,他画的山水很有清新的风采,已经自成一家。

名画　宋朝四大家:南宋以后,李唐、刘松年、马远、夏珪四家,都进朝廷,画坛上很有名。

元四大家　赵子昂字孟頫,号松雪。吴镇字仲圭,号梅花道人。黄公望字可久,号大痴,又号一峰老人。王蒙字叔明,一号黄鹤山樵。全是元朝人,以绘画扬名世间。

不学

没字碑　五代任圜曰："崔协不识文字，虚有其表，号没字碑。"

腹负将军　晋党进官太尉，目不知书。一日，扪腹语曰："吾不负汝！"一家妓应曰："将军不负此腹，但此腹负将军耳。"

视肉撮囊　庄子曰："人而不学，谓之视肉；学而不行，谓之撮囊。"

马牛襟裾　人不通古今，牛马两襟裾。

【译文】没字碑　五代的任圜说："崔协不认识字，徒有其表，世人称他为没字碑。"

腹负将军　晋朝的党进担任太尉，不认识字。有一天，他摸着肚子说："我没辜负你！"家里一个丫环立刻答道："将军没辜负肚子，只是那肚子辜负将军。"

视肉撮囊　庄子说："人假如不学习，就像有眼睛的肉体；人假如学习后却不去做，就是挂着不用的袋子。"

马牛襟裾　韩愈《符读书城南》诗说："人假如不通晓古今的事情，就是穿衣服的马、牛。"

书簏 晋傅迪广读书而不解其义，唐李德淹贯古今，而不能属辞，皆谓之书簏。

杕杜 李林甫不识杕杜字，谓韦陟曰："此云杕杜，何也？"陟俯首，不敢应。

金根车 韩退之子昶，性暗劣，为集贤校理。史传有"金根车"，昶以为误，改"根"为"银"，愈责之。

弄獐 唐姜度生子，李林甫手书贺之曰："闻有弄獐之喜。"客视之，掩口笑。东坡诗："甚欲去为汤饼客，却愁错写弄獐书。"

【译文】书簏 晋朝的傅迪读了很多书，却不理解书中意义，唐朝的李德博古通今，却不擅长写文章：这些人都是书箱。

杕杜 李林甫不认识"杕杜"的"杕"，对韦陟说："这里的'杕杜'，是什么意思？"韦陟低头不敢回答。

金根车 韩愈的儿子韩昶，愚笨又没水平，担任集贤校理时，看见史书中有"金根车"，还以为是误字，就把"根"改为"银"，韩愈责怪他。

弄獐 唐朝的姜度生儿子，李林甫写亲笔信祝贺他："听说你有弄獐之喜。"门客看到，都捂着嘴笑。苏轼《贺陈述古弟章生子》诗说："非常想参加你孩子的汤饼会，却怕一不小心写错弄獐书。"

蹲鸱 张九龄一日送芋于萧炅，书称"蹲鸱"。萧答云："惠芋拜嘉，惟蹲鸱未至。然寒家多怪，亦不愿见此恶鸟也。"九龄以视座客，无不大笑。

纥字 鲁臧武仲名纥，孔子父叔梁纥（纥音恨发切，恨兴轩辖），而世多呼为“核”。萧颖士闻人误呼武仲名，因曰：“汝纥字也不识！”

伏猎　萧炅为侍郎，不知书，常与严挺之书，称伏腊为伏猎。挺之笑曰：“省中岂容伏猎侍郎乎？”乃出之。

春菟　桓温篡位，尚书误写“春蒐”为“春菟”，自丞相以下皆被黜。

【译文】蹲鸱　张九龄有一天将山芋送给萧炅，附上书信里用芋的别称“蹲鸱”。萧炅回信说：“您赐予的山芋我收到了，只是‘蹲鸱’还没有收到。不过我们是清苦人家没怎么见过奇怪的东西，也不想看见这等恶鸟。”张九龄把他的回信拿给在座的门客看，都大笑起来。

纥字　鲁国的臧武仲名叫“纥”，孔子的父亲叫叔梁纥（“纥”读音是“恨发切”，恨兴轩辖），可世人大多数读成“核”。萧颖士听别人读错臧武仲的名字，因而说：“你连‘纥’字都不认识！”（按：作者认为“纥”字和“瞎”读音相同。）

伏猎　萧炅担任侍郎，认的字不多。曾经给严挺之写的信上将“伏腊”写成“伏猎”。严挺之笑着说：“台省里怎么能容纳伏猎侍郎呢？”于是让张九龄赶他出去。

春菟　桓温篡位时，尚书将“春蒐”错写成“春菟”，因此从丞相以下的大臣全部撤职。

目不识丁　唐张弘靖曰：“天下无事，尔辈挽两石弓，不如识一个字！”（“个”字误书“丁”字，以其笔画相近也。）

行尸走肉　《拾遗记》：“任末曰：人而不学，乃行尸走肉耳！”

心聋　《列子》：人不涉学，犹心之聋。

【译文】目不识丁　唐朝的张弘靖说："如今天下不打仗，你们能拉两石的弓，还不如认得一个字。"（"个"字错写成"丁"，因为笔画很相近。）

行尸走肉　《拾遗记》记载："任末说：人不学习，那就是行尸走肉！"

心聋　《列子》说：人假如学习，好比是心灵的聋子。

白面书生　宋太祖欲北征，沈庆之谏不可。江湛之曰："耕当问奴，织当问婢。今欲伐国，而与白成书生谋之，曷克有济？"

口耳之学　《荀子》："小人之学也，入乎耳，出乎口；口耳之间，则四寸耳，曷足以美七尺之躯哉！"

【译文】白面书生　宋太祖想要北伐，沈庆之劝谏阻止。江湛之说："耕田应当问奴仆，织布应该问丫环。如今想北伐，却和年轻书生商量，顶什么用？"

口耳之学　《荀子》说："小人学东西，耳朵听来，嘴里就炫耀出来，嘴巴和耳朵之间只有四寸的距离，怎么能润泽七尺男儿的身心呢！"

文具

舜始造羊毛笔，鹿毛为柱。蒙恬始造兔毫笔，狐狸毛为柱。

毛颖　《毛颖传》：毛颖，中山人，蒙恬载以归，始皇封诸管城，号“管城子”，累拜中书令，呼为“中书君”。

蒙恬造笔　蒙恬取中山兔毫造笔。右军《笔经》：诸郡毫，惟赵国中山山兔肥而毫长可用，须在仲秋月收之，先用人发杪数茎，杂青羊毛并兔毛，裁令齐平，以麻纸裹至根令治；次取上毫薄薄布柱上，令柱不见。恬始造笔，以枯木为管，鹿毛为柱，羊皮为被，所谓苍毫。

【译文】舜开始制作羊毛笔，用鹿的毛做笔柱（笔头中间）。蒙恬开始制兔毫笔，用狐狸毛做笔柱。

毛颖　韩愈《毛颖传》里说：毛颖是中山人，蒙恬把他带回来，秦始皇封他在管城，所以号为管城子，多次任职做到中书令，人称中书君。

蒙恬造笔　蒙恬用中山的兔毛造笔。王羲之《笔经》里说：各郡的兔毛只有赵国中山的山兔肥大，毫毛修长，很好用。采集时一定要在八月份，先用几根头发尖，混杂青羊毛和兔毛，然后裁齐，用麻纸裹到底部来制作；再取来上等兔毫薄薄地覆盖在笔柱上，将笔柱都盖住。蒙恬最开始造笔，是用枯木头做笔管，鹿毛做笔柱，羊皮做笔被，也就是苍毫。

毛锥　《五代史》：弘肇曰："安朝廷，定祸乱，直须长枪大戟，若毛锥子安足用哉？"三司使王章曰："无毛锥子，军赋何从集乎？"肇默然。

椽笔　晋王珣梦人以大笔如椽与之，既觉，曰："此当有大手笔事。"俄，武帝崩，哀策谥议，皆珣所草。

鼠须笔　王羲之得用笔法于白云先生，先生遗之鼠须笔。张芝、钟繇亦皆用鼠须笔，笔锋强劲，有锋芒。

鸡毛笔　岭外少兔，以鸡雉毛作笔亦妙，即东坡所谓三钱鸡毛笔。东坡书《归去来辞》，颇似李北海，流便纵逸，而少乏遒劲，当是三钱鸡毛笔所书者。

【译文】毛锥　五代的史弘肇说："安定朝廷，平定祸乱，只需要长枪大戟，哪里用得着像锥子一样的毛笔？"三司使王章说："假如没有毛锥子，军费怎么来？"史弘肇沉默不语。

椽笔　晋人王珣梦见有一个人将屋椽一般的大笔送给他，醒来后，说："这应当有用上大手笔的事情。"不久，晋武帝驾崩，哀策、谥议，全是王珣来起草。

鼠须笔　王羲之向白云先生那里获取用笔法，白云先生赠给他鼠须笔。张芝、钟繇也都用鼠须笔，笔锋强劲，字有锋芒。

鸡毛笔　岭外少兔子，用家鸡或野鸡的毛制笔也不错，这是苏轼所说的三钱鸡毛笔。苏轼书写《归去来辞》，很像李邕（北海）的笔法，流丽豪放，稍微缺少遒劲的力量，应当是用三钱鸡毛笔书写的。

呵笔 李白召对便殿，撰诏诰。时十月大寒，笔冻。帝敕宫嫔十人，侍白左右，令各执牙笔呵之。

笔冢 长沙僧怀素得草圣三昧，弃笔堆积，埋于山下，曰笔冢。

右军笔经 昔人用琉璃象牙为管，丽饰则有之，然笔须轻便，重则踬矣。近有人以绿沈漆竹管及镂管见遗，用之多年，颇可爱玩，讵必金宝雕饰，方为遗乎。

梦笔生花 李白少时，梦笔头上生花，后天才赡逸，名闻天下。

【译文】呵笔 李白在朝廷被皇帝召见，并让他写诏诰。当时十月大寒天气，笔都上冻了。唐玄宗让十个宫女，侍奉李白写，并让她们各自手持象牙笔向上面呵气。

笔冢 长沙的僧人怀素得到草圣的精髓，他学书法用坏的笔堆积起来，埋在山下，叫做笔冢。

右军笔经 古人用琉璃、象牙制成笔管，装饰是很美丽，可是毛笔应该轻巧方便，太重就用不顺手。近来有人赠我绿沈漆竹管以及镂管的毛笔，用了多年很喜欢，何必要珍宝雕饰，才能做赠品呢？

梦笔生花 李白少年时梦见自己笔尖长出了花朵，后来成为写诗的天才，而且下笔不休，风格俊逸，名满天下。

五色笔 江淹梦人授以五色笔，由是文藻日丽。后宿野亭，梦一人自称郭璞，谓淹曰：“吾有笔在君处多年，可见还。”淹乃探怀中，得五色笔以授之。嗣后为诗，绝无佳句，时人谓之才尽。

笔匣　汉始饰杂宝为笔匣，犀象琉璃为管。王羲之始尚竹管。

梁简文帝始为笔床，笔四矢为一床。

大手笔　唐苏颋封许国公，张说封燕国公，皆以文章显，称望略等，时号燕许大手笔。

【译文】五色笔　江淹梦见一个人赠他一支五色的毛笔，从此文彩日渐华丽。后来住在在一座野亭，梦见一个人自称郭璞，对他说："我有一支笔在你那很多年，可以还我了。"江淹就伸到怀里，取出五色笔还给那人。以后写诗，就再没好句子，当时人说他是江郎才尽。

笔匣　汉朝开始用各种珍宝制作笔套，犀角、象牙、琉璃制作笔管。王羲之时开始流行用竹子作笔管。

梁简文帝开始制作笔床，四支笔为一床。

大手笔　唐朝苏颋被封为许国公，张说被封为燕国公，都因为文章著名，声望又差不多，所以时人称为"燕许大手笔"。

研　黄帝得玉，始治为墨海，文曰："帝鸿氏研"。孔子为石研，仲由为瓦研，汉漆研，晋铁研，魏银研。

溪研　唐玄宗时，叶氏始取龙尾溪石为研，深溪为上。南唐时始开端溪坑石作研，北岩为上，有辟雍样、郎官样。宋仁宗时，端溪石、龙尾溪石并竭。

研谱　端溪三种岩石，上中下三岩。西坑、后历、下岩无新，上中岩有新旧。旧坑则龙岩，汲绠、黄圃三石；新坑则后历、小湘、唐窦、黄坑、蚌坑、铁坑六处，俱山东。其最佳子石出水中者，次鸲鹆眼，赤白黄色点，绿绦、环金线纹，脉理黄。白绦、青绦、青纹，眼筋短纹，火黯微斑。赤裂、黄霞、铁线、白钻、压矢，色斑，龙尾佳者金星，次罗纹眉子，水舷，枣心，松纹，豆斑，角浪，刷丝，驴坑。又《研谱》称：最佳者红丝，出土中者，次黑角、褐金、紫金、鹊金、黑玉。

【译文】研　黄帝获得一块玉，制成墨海大砚，上面刻着铭文“帝鸿氏研”。孔子用石头制砚台，仲由做瓦砚台，汉朝有漆砚台，晋朝有铁砚台，魏朝有银砚台。

溪研　唐玄宗时，有个姓叶的人最开始用龙尾溪的石头做砚台，其中用深溪做是上品。南唐时开始开凿端溪的坑里石头做砚台，北岩的石头做的是上品，有辟雍样、郎官样等品种。宋仁宗时，端溪石、龙尾溪石都开凿完了。

研谱　端溪有三种岩石，也就是上岩、中岩、下岩。西坑、后历、下岩没新石头，上、中岩要分新旧石头。旧坑有龙岩、汲绠、黄圃三种石头；新坑也就是后历、小湘、唐窦、黄坑、蚌坑、铁坑六处，都在山东边。最好的子石出于水里，其次是鸲鹆眼，赤、白、黄色的点，绿色丝绦、环绕金线的纹理，纹理是黄色。还有白绦、青绦、青纹，眼筋短纹，火黯微斑。赤裂、黄霞、铁线、白钻、压矢，都有色斑。龙尾溪最好的是金星，次等的是罗纹眉子、水舷、枣心、松纹、豆斑、角浪、刷丝、驴坑等。另外《研谱》上还说：最好的是红丝，是从土中出产的，次等的是黑角、褐金、紫金、鹊金、黑玉等。

苏易简研谱　端溪研，水中者石色青，山半者石色紫，山顶者石尤润，色如猪肝者佳。若匠者识山之脉理，凿一窟，自然有圆石，琢而为研，其值千金，谓之紫石研。东坡铭曰：“孰形无情，石亦卵生。黄膘胞络，以孕黝赪。"

即墨侯 文嵩《石虚中传》：南越人，姓石，名虚中，字居然，拜即墨侯。薛稷为研，封石乡侯。

马肝 汉元鼎五年，郅支国贡马肝石，和丹砂为丸，食之，则弥年不饥；以拭白发，尽黑；用以作研，有光起。

凤咮 东坡诗："苏子一研名凤咮，坐令龙尾羞牛后。"（龙尾，溪名，出石可为研。）

【译文】苏易简研谱 端溪的砚台石，水里石头颜色是青色，山腰石头颜色是紫色，山顶石头颜色尤其温润，颜色像猪肝的最好。假如有熟悉山的脉理的匠人，凿出一窟，会有自然的圆石，雕琢成砚台，价值有一千金，称为紫石砚。苏轼写《铭》里说："什么形体没有情感，石头也是卵生。黄膘胎衣，孕育着黑红色的好砚台。"

即墨侯 文嵩《石虚中传》里说：南越人，姓石，名虚中，字居默，被封为即墨侯。薛稷制作砚台，被封为石乡侯。

马肝 汉朝的元鼎五年（公元前112年），郅支国向朝廷进贡马肝石，用来和丹砂混合制成药丸，吞下去，一整年不觉得饿。用来擦白头发，全部变黑。用来制成砚台，会有光芒。

凤咮 苏轼诗："苏子的一个砚台名叫凤咮，致使龙尾砚台也惭愧自己不如。"（龙尾，是溪水名，那里出产的石头，可以做砚台。）

龙尾研 李后主留意翰墨，所用澄心堂纸，李廷珪墨、龙尾研，三者为天下冠，当时贵之。龙尾石多产于水中，故极温泽，性本坚密，扣之其声清越，宛若玉振，与他石不同，色多苍墨。亦有青碧者，石理微粗，以手擘之，索索有锋芒者，尤发墨。

鸲鹆眼 《东坡笔录》：黄墨相间，墨睛在内，晶莹可爱者活眼；四傍漫渍，不甚精明者为泪眼；形体略具，内外皆白，殊无光彩者为死眼。活胜泪，泪胜死。

澄泥研 米元章云：绛县人善制澄泥研，以细绢二重淘洗，澄之，取极细者为研，有色绿如春波者细滑，着墨不费笔。

【译文】龙尾研 李后主特别留心书画，使用的澄心堂纸、李廷珪墨、龙尾砚，三者全是天下最好的书画用品，当时很宝重。龙尾石多是水中出产，所以石质特别温润、坚硬细密，敲下发出的声音很清远，仿佛敲玉一般，这石头和别的石头不一样处在于颜色大多黑色，也有青绿色，石的纹理就稍微粗糙，用手摸感觉到涩涩的尖尖的感觉的，尤其出墨。

鸲鹆眼 《东坡笔录》里说：砚台假如黄色、黑色相间，墨色眼睛在里面，晶莹可爱的叫活眼；四边纹理不清晰的叫泪眼；形状差不多具备，内外全是白色，毫无光彩的叫死眼。活眼胜过泪眼，泪眼胜过死眼。

澄泥研 米芾（字元章）说：绛县人很会制作澄泥砚台，用两重细绢淘洗澄清后，取出其中特别细致的磨做砚台，有一种颜色像春天的波浪一般细滑，用来磨墨不耗笔。

铁研 《艺文志》：青州以熟铁为研，甚发墨。五代桑维翰初举进士，主司恶其姓与丧同，故斥之。维翰铸一铁研，示人曰："研敝则改业。"卒举进士及第。

铜雀研 魏铜雀台遗址，人多发其古瓦，琢研甚工，贮水数日不燥。世传云，其瓦俱陶澄泥，以絺绤滤过，加胡桃油埏埴之，故与他瓦异。

结邻 李卫公收研极多，其最妙者名结邻，言相与结为邻也。按：结邻，乃月神名，其研圆而光，故取以为喻。

纸，古帛书，汉幡纸。蔡伦为麻纸，又捣故鱼网为网纸，木皮为榖纸。王羲之为榖藤皮纸。王玙始以竹草造纸。晋桓玄始造青赤嫖姚笺纸。石季龙造五色纸。薛涛始为短笺。

【译文】铁研　苏易简《砚谱》里说：青州用熟铁制作砚台，很出墨。五代时的桑维翰第一次参加进士考试，主考官嫌他姓和“丧”字同音，就没有录取他。桑维翰便铸造一个铁砚，给别人看，说：“等砚台用坏我再改专业。”最终考上进士。

铜雀研　魏国的铜雀台遗址，世人经常发掘出下面的古瓦，雕琢研磨地极为细致，放水几天都不会干。世人互相传说：这里的瓦全是用陶澄泥烧制的，还用细纱滤过，加上胡桃油水和土制作，所以和别处的瓦不同。

结邻　李德裕收藏的砚台特别多，其中最妙的叫“结邻砚”，寓意是结为邻居。按：结邻是月神的名字，这砚台很圆有光泽，所以取这个名字作为比喻。

纸　古代用帛写字，汉朝用幡纸。蔡伦制成麻纸，有捣碎破鱼网制成网纸，还有用木皮制成榖纸。王羲之制成榖藤皮纸。王玙用竹子和草造纸。晋朝的桓玄制作青赤嫖姚笺纸。石季龙制作五色纸。薛涛开始制作短笺。

笺纸　蔡伦玉版、贡余，俱杂零布、破履、乱麻为之。经屑表光纸。晋密香纸。大秦国出唐硬黄纸，黄柏染。段成式云蓝纸。南唐后主澄心堂纸。齐高帝凝光纸。萧诚斑文纸（采野麻、土榖）。蜀王衍霞光纸。宋黄白经笺，碧云春树笺，龙凤笺，团花笺，金花笺，乌丝栏。颜方叔（宋人）杏红笺，露桃红笺，天水碧，俱研花竹翎鳞及山水人物，元春膏笺，冰玉笺，两面光蜡色茧纸，越剡藤苔笺，即汉时侧理纸，南越海苔为之。蜀麻面、薛骨、金花、玉屑、鱼子十色笺，即薛涛深红、粉红、杏红、铜绿、明黄、深青、浅绿云笺。

密香纸，以密香树皮为之，微褐色，有纹如鱼子，极香而坚韧，水渍之不溃。

【译文】笺纸　蔡伦的玉版纸、贡馀纸，全是用碎布、破鞋和乱麻制成。还有经屑表光纸。晋朝有密香纸。大秦国（古罗马帝国）出现了唐朝的硬黄纸，用黄柏染成。段成式记载过云蓝纸。南唐后主李煜用澄心堂纸。齐高帝有凝光纸。萧诚的斑文纸（采用野麻、土榖制成）。蜀地王衍有霞光纸。宋朝有黄白经笺、碧云春树笺、龙凤笺、团花笺、金花笺、乌孙栏。颜方叔是宋朝人，有杏红笺、露桃红笺、天水碧，上面都压出花、竹、鸟、鱼或山水、人物，还有元春膏笺、冰玉笺、两面光蜡色茧纸。越、剡藤苔笺，也就是汉朝的侧理纸，用南越海苔制成。蜀地有麻面、薛骨、金花、玉屑、鱼子十色笺，薛涛也有深红、粉红、杏红、铜绿、明黄、深青、浅绿云笺。

密香纸　密香纸，用密香树的皮制作，浅褐色，有花纹像鱼子，特别香，很坚韧，水泡也不会烂。

玉版　成都浣花溪造纸，光滑，以玉版为名。东坡诗："溪石作马肝，剡藤开玉版。"

剡藤　剡溪古藤极多，造纸极美。唐舒元舆作《吊剡溪藤文》，言今之错为文者，皆大污剡藤也。

蚕茧纸　王右军书《兰亭记》，用蚕茧纸。纸似茧而泽也。

赫蹄　赫蹄，薄小纸也。《西京杂记》称薄蹄。

【译文】玉版　成都的浣花溪造的纸，特别光滑，叫玉版纸。苏轼有诗说："溪中石头制作马肝砚，剡溪的古藤制作玉版纸。"

剡藤　剡溪古藤极其多，造的纸也特别精美。唐朝舒元舆写的《吊剡溪藤文》，说如今乱写文章的人，都太玷污剡溪藤纸了。

蚕茧纸　王羲之写的《兰亭集序》，用蚕茧纸。这种纸像蚕茧却有光泽。

赫蹄　赫蹄，指又薄又小的纸。《西京杂记》叫薄蹄。

蔡伦纸　汉和帝时，中常侍蔡伦典作上方，乃造意，用树肤、麻头及敝布、鱼网以为纸。奏上之。故天下咸称"蔡侯纸。"

侧理纸　张华着《博物志》成，晋武赐于阗青铁研，辽西麟角笔，南越侧理纸，一名水苔纸，南人以海苔为之，其理纵横邪侧，故以为名。

澄心堂纸　李后主造澄心堂纸，细薄尤润，为一时之甲。相传淳化帖皆此纸所拓。宋诸名公写字，及李龙眠画，多用此纸。

【译文】蔡伦纸　汉和帝时，中常侍蔡伦担任为皇帝造器物的尚方署，就别出新裁，用树皮、麻头和旧布、鱼网制作纸，进给皇帝。所以天下人都称之为蔡侯纸。

侧理纸　张华的《博物志》写成后，晋武帝赐他于阗的青铁研，辽西的麟角笔，南越的侧理纸，也叫水苔纸，是南越人用海苔制成，纹理纵横斜侧，所以起这名字。

澄心堂纸　南唐后主李煜制作澄心堂纸，又细又薄，特别光润，是当时的纸中之冠。相传《淳化帖》全是这种纸拓印的。宋朝诸位著名文人的字和李公麟的画，大多用这种纸。

薛涛笺　元和初，元稹使蜀，营妓薛涛以十色彩笺遗稹，稹于松花纸上写诗赠涛。蜀中有松花纸、金沙纸、杂色流沙纸、彩霞金粉龙凤纸，近年皆废，惟绫纹纸尚存。（薛涛笺狭小、便用，只可写四韵小诗。）

左伯纸　左伯与蔡伦同时，亦能为纸，比蔡更精。上召韦诞草诏，对曰：若用张芝笔、左伯纸及臣墨，兼此三具，又得臣手，然后可以成径丈之势。

《墨谱》：上古无墨，竹板点漆而书。中古以石磨汁，或云是延安石液。至魏齐，始有墨丸，乃漆烟松煤夹和为之。所以晋人多用凹心研，欲磨墨储沈耳。

【译文】薛涛笺　元和初年，元稹出使蜀地，军营里的官妓薛涛赠给他十色彩笺纸，元稹用松花纸题诗回赠。蜀中有松花纸、金沙纸、杂色流沙纸、彩霞金粉龙凤纸，如今都没了，唯独绫纹纸还有。（薛涛笺很短小，使用方便，只能写四韵的小诗。）

左伯纸　左伯和蔡伦是同时人，也会造纸，比蔡伦的更好。皇帝召韦诞起草诏书，韦诞说：假如用张芝的笔、左伯的纸以及我的墨，三种一起，加上我亲手写，这样就可以写成直径有一丈的字。

《墨谱》里说：上古时期没有墨，就在竹板上用漆书写。中古时期用研磨石头变成汁液，有人说是延安的石液。到魏、齐时期，开始出现墨丸，是漆烟和松煤混在一起制成。因此晋朝很多人用中间凹进去的砚台，想磨墨后储存沉淀罢了。

麦光　杜诗："麦光铺几净无瑕。"东坡诗："香云蔼麦光。"（麦光，纸名。香云，墨也。）

李廷珪墨　唐李超，易水人，与子廷珪亡至歙州。其地多松，因留居，以墨名家，其坚如玉，其纹如犀。其制：每松烟一斤、真珠三两、玉屑一两、龙脑一两，和以生漆，捣十万杵，故坚如玉，能置水中，三年不坏。

小道士墨　唐玄宗御案上墨曰“龙香剂。”一日，见墨上有小道士，似蝇而行。上叱之，即呼万岁，曰：“小臣墨精，黑松使者是也。世人有文章者，皆有龙宾十二随之。”上异之。乃以墨分赐掌文官。

【译文】麦光　苏轼的诗句“麦光铺几净无瑕”，还有“香云蔼麦光”。（麦光，是纸名。香云，就是墨。）

李廷珪墨　唐朝的李超是易水人，他和儿子李廷珪逃到歙州。当地很多松树，因而留下居住，以制墨著称于世，他们做的墨坚硬如玉，纹理如犀角。制作方法如下：每次松烟一斤、珍珠三两、玉屑一两、龙脑一两，混合生漆，捣十万下，所以坚硬如玉，能放在水中，三年不坏。

小道士墨　唐玄宗的御案上的墨叫龙香剂。有天，唐玄宗看见墨上有个小道士，小如苍蝇，在上面行走。玄宗大斥一声，他就高呼万岁，说：“小臣是墨精——黑松使者。世间有擅长文章的人，都有十二个守墨神龙宾跟随。”玄宗感觉惊异，后来就将这块墨分赐给掌管文书的官。

陈玄　《毛颖传》：颖与绛人陈玄、弘农陶泓、会稽褚先生友善，其出处必偕。

客卿　《长杨赋》借子墨客卿以为讽。又燕人易玄光，字处晦，封为松滋侯。

隃麋　麋隃，墨也。唐高丽贡松烟墨，和麋鹿胶造墨，名隃麋。

【译文】陈玄　韩愈《毛颖传》里说：毛颖和绛县人陈玄、弘农人陶泓、会稽人褚先生是好友，他们出门或者居住都一起。

客卿　《长杨赋》借子墨客卿讽刺人。又有燕地人叫易玄光，字处晦，被封为松滋侯。

麋隃　隃麋，是一种墨。唐朝时高丽进贡的松烟墨，混合麋鹿胶制成的墨，叫隃麋。

卷九·礼乐部

礼制婚姻一

冠礼　古者冠礼，筮日筮宾，所以敬冠事也。冠乎祚，以着代也。醮于客位，三加弥尊（始加缁布冠，再加皮冠，三加爵弁），加有成也。已冠而字之，成人之道也。见于母，母拜之；见于兄弟，兄弟拜之，成人而与为礼也。玄冠玄冕，奠挚于君，遂以挚见于卿大夫、乡先生，以成人见也。

鲁两生　汉叔孙通制礼，征鲁诸生三十余人。有两生不肯行，曰："礼乐必积德百年而后兴，今天下初定，何暇为此？"通笑曰："鄙儒，不知时变者也。"

应时而变　《庄子》：三皇五帝之礼义法度，不矜于同，而矜于治，譬犹柤梨橘柚，其味相反，而皆可于口。或礼义法度，应时而变也。

【译文】冠礼　古时加冠礼，要占卜日子还要占卜观礼的宾客，这是重视冠礼的表现。在东边台阶上加冠，表明辈分。在客位加冠，分三次，显得尊贵（先加缁布冠，再加皮冠，三加爵弁），加冠表示他成人了。加冠后为他取字，从此走成人的道路。然后拜见母亲，母亲回拜；拜见兄弟，兄弟也回拜，因为是成人了所以对他拜礼。他带着黑色冠或黑色的冕，面对君王，将挚礼放在地上送上，不敢亲授，然后用挚礼依次拜见卿大夫、乡先生，以成人的礼节拜见他们。

鲁两生　汉朝叔孙通制定礼仪，朝廷征鲁地的三十多个诸生。其中两人不肯去，说："礼乐一定要国家积累一百多年的风俗德行，才会兴起，如今天下刚平定，哪有时间制作这个？"叔孙通笑说："孤陋寡闻的儒生，不懂因时通变。"

应时而变　《庄子》里说：三皇五帝时的礼义法度，并不重视完全相同，重视治理效果，好比山楂、梨子、桔子、柚子，味道虽不同，但很美味。所以礼义法度随时代而变化。

晋侯受玉　《左传》：天王使召武公、内史过赐晋侯命，受玉惰。过归，告王曰："晋侯其无后乎！王使之命，而惰于受瑞，先自异也已，其何继之有？礼，国之干也；敬，礼之舆也。不敬，则礼不行；礼不行，则上下昏，何以长世？"

绵蕞　叔孙通与其徒百余人为绵蕞野外，习之月余，礼成。高帝令群臣习肄长乐宫，成。群臣朝贺，莫不振恐肃敬。帝曰："吾今日知为皇帝之贵也。"

【译文】晋侯受玉　《左传》里说：周天子派召武公和内史过赐予晋侯封赏，晋侯接受玉器时满不在意。内史过回朝后，对周天子说："晋侯也许没有后继无人了！大王赐给他封赏，却满不在乎的接受礼器，这是先抛弃自己，还怎能有后代呢？礼节，是国家的根本；恭敬，是行礼的准则。不恭敬，礼就推行不了；假如礼都不能推行，上下的尊卑混淆，怎么能延续很多代呢？"

绵蕞　叔孙通和一百多个弟子在野外制订整顿朝廷礼仪和国家的典章制度，演练了一个多月，礼就成形了。汉高祖让群臣在长乐宫学习礼仪，学成后，群臣都来按照刚学的礼来朝贺，都很肃静恐惧。汉高祖刘邦说："我今天知道了皇帝的尊贵。"

婚礼　人皇氏始有夫妇之道，伏羲始制嫁娶。女娲氏与伏羲共母，佐伏羲正婚姻，始为神媒。夏后氏始制亲迎礼。秦始皇始娶妇纳丝麻鞋一緉（取和谐也）。后汉始聘礼用墨。汉重墨，今答聘用之。始婚礼用羊（取羊者，祥也）。巫咸制撒帐厌胜。京房嫁女，翼奉子撒豆谷禳煞。张嘉贞嫁女，制绣幕牵红。唐新妇舆至大门，传席勿履地。晚唐制：新妇上车，以蔽膝盖面。五代始新妇入门跨马鞍。北朝迎婚，十数人大呼，催新妇上舆，妇家宾亲妇女打新郎，喜拳手交下。

昏礼　昏礼者，将合二姓之好，上以祀宗庙，而下以继后世也，故君子重之。是以昏礼纳采、问名、纳吉、纳征、请期，皆主人筵几于庙，而拜迎于门外。入，揖让而升，听命于庙，所以敬慎重、正昏礼也。（纳采者，纳雁以为采，择之礼也。问名者，问女生之母名氏也。纳吉者，得吉卜而纳之也。纳征者，纳币以为婚姻之证也。请期者，请婚姻之日期也。五者合亲迎，谓之六礼。）

礼亲迎　父亲醮子而命之迎，男先于女也。子承命以迎，主人筵几于庙，而拜迎于门外。婿执雁入，揖让升堂，再拜奠雁，盖亲爱之于父母也。降，出御妇车，而婿受绥，御轮三周，先俟于门外。妇至，婿揖妇以入，共牢而食，合卺而酳，所以合体同尊卑以亲之也。

【译文】婚礼　人皇氏开始有夫妇之间的礼节，伏羲开始制定婚礼。女娲氏和伏羲是一个母生的，女娲帮伏羲确定婚姻的礼节，成为掌管姻缘的女神。夏后氏开始制定迎接新娘的礼仪。秦始皇开始规定娶妻时交纳一双丝麻鞋（表示“和谐”）。后汉时开始聘礼上用墨。汉朝重视墨，如今的答聘也使用。开始在婚礼上用羊（谐音“祥”）。巫咸开始制作撒帐抵御邪气。汉朝易学家京房将女儿嫁给经学家翼奉的儿子，撒豆子来避邪。唐朝的宰相张嘉贞嫁女儿，让女儿们儿藏在绣幕后面牵着红丝。唐朝的新娘的轿子到大门口，据说席子不可碰到地上。晚唐制度是：新媳妇上车，用蔽膝的布帛盖住脸。五代时开始新娘进门跨过马鞍。北朝迎亲，十几人大声呼喊，催新媳妇上轿，女家的客人亲戚中的女子对新郎拳打脚踢。

昏礼　婚礼，是两家人合为一家人的大喜事，上告列祖列宗，下面后继有人，所以君子重视。因此婚礼有纳采、问名、纳吉、纳征、请期几个程序，都是主人在庙中设筵，在门外拜迎。进来时，作揖才能升堂，在宗庙里听所教导，用来表恭敬慎重，让婚礼庄重。（纳采，也就是男方送大雁给女方求婚。问名，也就是问女子姓名和生辰八字。纳吉，也就是男方占卜获得吉兆，告诉女方。纳征，也就是给女方彩礼当作婚姻证明。请期，也就是男方把婚姻日期告诉女方，请求允许。这五种礼加上迎亲，称之为“六礼”。）

礼亲迎　父亲给儿子倒酒喝，命令他去迎接新娘，因为男在女前。儿子奉命出门迎接新娘，女家的主人在庙中设筵，并在门外拜迎。女婿拿着大雁进门，作揖谦让着走上高堂，两次下拜献上大雁，就像对父母的亲密。下了高堂，出来驾驶预备载着新娘的车，女婿接着登车绳索，驾驶车子绕三圈，先在门外等待。新娘到后，女婿作揖请新娘进门，用一个碗吃饭，并用一个瓜剖开的两个瓢饮酒，这是让夫妻结合后尊卑相等，互相亲密。

见舅姑　夙兴，妇沐浴以俟见。质明，赞见妇于舅姑，妇执笲枣栗、段修以见，赞醴妇。妇祭脯、祭醴，成妇礼也。舅妇入室，妇以特豚馈，明妇顺也。（质明，婚礼之次日。赞，相礼之人也。笲，竹器，以盛枣栗、段脩之赞。脩，脯也，加姜桂治之曰“段脩”。）

飨以一献　厥明，舅姑共飨妇，以一献之礼奠酬。舅姑先降自西阶，妇降自阼阶，以着代也。（厥明，婚礼之二朝也。舅献姑酬，共成一献。阼者主人之阶，妇之代姑将以为主于内也。）

结缡三命　女嫁，父戒之曰：“谨慎，从舅之言！”母戒之曰：“谨慎，从尔姑之言！”诸母施鞶绅，戒之曰：“谨慎，从尔父母之言。”

【译文】见舅姑　新娘清早起床，沐浴后等着拜见公婆。等天亮后，赞礼者引着新娘拜见公婆，新娘手持一筐枣、栗子、干肉拜见，赞礼给新娘倒甜酒。新娘祭上肉干和甜酒，新娘的拜见的礼仪就算结束了。公公才进入室内，新娘献上一头阉过的公猪，表示孝顺。（天亮，是婚礼第二天。赞，是主持礼仪的。笲，是竹子编的器物，用来盛枣、栗、肉干等礼物。脩，也就是肉干，加姜、桂等制成的叫段脩。）

飨以一献　天亮时，公婆共同招待新娘吃饭，主人敬酒，客人不举杯。公婆先从西边台阶下来，新娘从东边台阶下来，这是表明辈分不同。（这里的天明，是婚礼的第二天早上。公公婆婆各自斟一杯酒，一起完成一献礼。阼是主人的台阶，代表新娘将要代替婆婆成为一家的主妇。）

结缡三命　女儿出嫁时，父亲告戒说：“记得要行为谨慎，听公公的话！”母亲告戒她：“要行为谨慎，听婆婆的话！”伯母、叔母为她结佩装手巾等东西的小囊，并告戒说：“要谨慎，听你父母的话！”

四德三从　是以古者妇人先嫁三月，祖庙未毁，教于公宫；祖庙既毁，教于宗室，教以妇德、妇言、妇容、妇功。教成祭之，牲用鱼，芼之以苹藻，所以成妇顺也。三从，谓妇人在家从父，出嫁从夫，夫死从子。

伉俪　《左传》：齐侯请继室于晋，韩宣子使叔向对曰："寡君未有伉俪，君有辱命，惠莫大焉。"

朱陈　白乐天诗："徐州古丰县，有村曰朱陈。去县百余里，桑麻青氛氲。一村惟两姓，世世为婚姻。"

撒帐果　汉武帝李夫人初入宫，坐七宝流苏辇，障凤羽长生扇，帝迎入帐中，共坐沓饮。预戒宫人遥撒五色同心花果，帝与夫人以衣裾盛之，云"得多"，得子多也。故后世有撒帐之遗。

【译文】四德三从　所以古时的女子出嫁前三个月内，祖庙还在的，就在公宫里教育；祖庙已经毁弃，在宗室中教育，用妇德、妇言、妇容、妇功四种女德教育她。教完还要祭祀，祭品用鱼，还用水藻，用来成就女子的顺从。三从，是女子在家里服从父亲，出嫁服从丈夫，丈夫死了服从儿子。

伉俪　《左传》里说：齐侯向晋国请娶一女子当作继室，韩宣子让叔向回应："我们的国君还没有妻子，您有所命，恩惠没有比这个更大了。"

朱陈　白居易诗说："徐州的古丰县，有个村子叫朱陈村。和县相距一百多里，种植的桑麻郁郁青青。一个村只有两家姓，世世都结为亲家。"

撒帐果　汉武帝时李夫人刚进入皇宫，坐的是七宝流苏辇，用凤羽长生扇遮蔽，武帝将她迎入帐中，一起坐下喝交杯酒。事先让宫女们远远抛洒五色的同心花果，武帝和李夫人用衣襟来接，称为"得多"，得到很多儿子的意思。所以后世也有撒帐的遗俗。

月老检书　唐韦固旅次宋城，遇老人向月检书，谓固曰：

“此天下婚姻簿也。”因问韦妻何氏，答曰：“尔妻乃店后卖菜陈妪女耳。”翌日往视，见妪抱三岁女，甚陋。遂使人刺之中眉。后十四年，相州刺史王泰妻以女，姿容甚丽，眉间常贴花钿。细问之，曰：“妾郡守侄女也。父卒于宋城。襁褓时为贼所刺，痕尚在眉。”宋城宰闻之，名其店曰“订婚店”。

金屋贮之　汉武帝幼时，景帝问：“儿欲得妇否？”长公主指其女曰：“阿娇好否？”武帝曰：“若得阿娇，当以金屋贮之。”

丹桂近嫦娥　袁筠娶萧安女，言定，未几，擢进士第。罗隐以诗赠之，曰：“细看月轮还有意，定知丹桂近嫦娥。”

【译文】月老检书　唐朝的韦固在宋城停宿，遇到个老人对着月亮翻书，对韦固说：“这书是全天下所有人的婚姻册子。”韦固就问自己的妻子的姓氏，老人回说：“你妻子就是旅店后边卖菜陈婆婆的女儿。”韦固第二天去看，只见一个老太婆抱着两岁大的丑女孩。于是让人去杀她，刺中眉心。十四年以后，相州刺史王泰把女儿许配给韦固，女子容貌秀丽，眉心常常贴着花钿。仔细一询问，她说：“我是刺史的侄女。我的父亲死在宋城。婴儿时期被贼人刺杀，眉心伤痕还在。”宋城太守听说这个故事，就将韦固住的旅店命名为定婚店。

金屋贮之　汉武帝小时，汉景帝问他：“儿子想娶妻吗？”长公主指着自己女儿说：“阿娇嫁给你怎么样？”武帝说：“假如娶得阿娇，当用金屋子将她藏起来。”

丹桂近嫦娥　袁筠娶萧安女儿，定了婚，没多久，袁筠考中进士。罗隐赠诗给他：“细看月轮还有意，定知丹桂近嫦娥。”

女萝附松柏　李靖谒杨素，一伎执红拂侍侧，目靖久之。靖归逆旅，夜半有紫衣人扣门，延入，脱衣帽，乃美人也。靖惊诘之，告曰："妾杨家红拂妓也。女萝愿附松柏。"遂与之俱适太原。

续断弦　《十洲记》：凤麟州以凤喙麟角作胶，能续断弦。

门楣　唐玄宗宠礼杨氏，其从兄国忠加御史大夫，铦鸿胪卿，女兄弟韩国、虢国、秦国三夫人。时谣曰："男不封侯女作妃，君看女却为门楣。"

【译文】女萝附松柏　李靖拜谒杨素时，有个侍妾手持红色拂尘侍立在旁，盯着李靖看了很久。李靖回旅馆，半夜有穿紫色衣服的人敲门，请进门，脱下衣帽一看竟是个美人。李靖惊讶地询问她，她说："我是杨素家手持红拂的侍妾。我这株女萝愿意攀附您这棵松柏大树。"于是李靖带她一起回太原。

续断弦　《十洲记》里说：凤麟州用凤凰嘴和麒麟角制成胶，能将断掉的琴弦续上。

门楣　唐玄宗宠爱杨贵妃一家，杨贵妃的堂兄杨国忠被任命为御史大夫，杨铦为鸿胪卿，姐妹们分别封为韩国、虢国、秦国三夫人。当时民谣说："生男不封侯，生女却作妃，君看女儿光门楣。"

冰人　令狐策梦立冰上，与冰下人语。占者曰："在冰上与冰下人语，为阳语阴，当为人作媒，期在冰泮。"太守田豹为子求张征女，使策为媒，仲春成婚。故称媒人为"冰人"。

卖犬嫁女　唐吴隐之将嫁女，谢石知其贫，遣女必率薄，乃令移厨帐助其经营。使人至，见婢牵一犬卖之，此外萧然无办。

练裳遣嫁　汉逸民戴良有五女，练裳竹笥木履而遣之。东坡诗："竹笥与练裳，愿得毕婚嫁。"

【译文】冰人　令狐策梦到自己站在冰上，和冰下面的人说话。醒来后让人占卜，占卜的说：“站在冰上面，和冰下面的人说话，是阳向阴说话，应该是帮人作媒，大概在冰块消融的时候成婚。”太守田豹替自己儿子求娶张徵的女儿，让令狐策做媒，二月份成婚。所以称“媒人”为“冰人”。

卖犬嫁女　晋朝的吴隐之准备嫁女儿，谢石知道他穷，嫁女儿的嫁妆肯定少，就让人把自己厨房和帐房的管事人帮他筹划婚礼。派的人去他家，只见他家里婢女牵着一只狗准备去卖，此外空空如也，什么也没置办。

练裳遣嫁　汉朝隐士戴良有五个女儿，用白布衣裳、竹筐和木鞋子就打发她们出嫁。苏轼有诗说“竹笥和练裳，愿得毕婚嫁。”

葭莩　汉中山靖王封群臣，非有葭莩之亲。（葭莩，竹上薄衣。）

潘杨　晋杨经，潘岳作诔文云：“藉三叶世亲之恩，而子之姑，予之伉俪焉。潘杨之睦，有自来矣。”

凤占　《左传》：陈公子完奔齐，齐侯使为卿。齐大夫懿氏欲妻以女，卜之曰：“凤凰于飞，和鸣锵锵。有妫之后，将育于姜，五世其昌。”

结缡　《诗》：“之子于归，皇驳其马。亲结其缡，九十其仪。”（缡，妇人之袆也。）

【译文】葭莩　汉朝的中山靖王封群臣，不讲一点私情（葭莩，指的是竹子内壁薄膜）。

潘杨　晋朝的杨经，潘岳给他写诔文里说：凭借着三代人亲密的恩义，你姑姑，是我妻子。潘、杨两家的和睦，是有渊源的。

凤占　《左传》里说：陈国公子完逃到齐国，齐侯让他担任卿。

齐国大夫懿氏想嫁女儿给他，占卜得到的卦辞："凤、凰飞翔，你鸣我和，音韵铿锵。有妫氏的后代，将在姜太公的封地繁衍广大，五代人后会有子孙做王。"

结缡　《诗经·豳风·东山》说："这个女孩出嫁时，跟着红色、黄色的马。母亲亲自为她结上佩巾，吩咐了许许多多的礼仪。"（缡，是女子的佩巾）。

示之以礼　马超奔蜀，轻视先主，常呼先主字。关羽怒，请杀之。先主曰："人穷来归，以其呼字而杀之，何以示天下？"张飞曰："如是当示之以礼。"次日，大会诸将，请超入，羽、飞并伏刀立直。超顾坐席，不见羽、飞，见其直也，乃大惊。遂尊事先主，不敢呼字。

议礼聚讼　汉章帝欲定礼乐，班固曰："诸贤多能说礼，宜广招集。"帝曰："谚云'筑舍道旁，三年不成。'会礼之家，名为聚讼。"

【译文】示之以礼　马超逃到蜀国，轻视刘备，常常喊刘备的大名。关羽很生气，请求刘备杀了他。刘备说："人走投无路来投奔我们，因为喊我名字就杀他，怎么向天下人交代呢？"张飞说："既然这样，就该让他懂礼。"第二天，大宴诸位将领，请马超赴宴，关羽、张飞都手持大刀站立侍卫。马超环顾宴席，没见关羽、张飞，定睛一看他们在值班，便大吃一惊。因而才尊重刘备，不敢直呼其名了。

议礼聚讼　汉章帝想制定礼乐，班固说："贤人们有很多擅长说礼仪，最好广泛征集。"章帝说："谚语说'在路边盖房子，三年都盖不成。'让贤人们一起商讨礼仪，就等于打官司那种争论，哪会有结果。"

礼制丧事二

丧礼　黄帝始制棺椁。周公制翣。周制俑。虞卿制桐人。左伯枕制明衣（新衣袭尸）。史佚制下殇棺衣。夫差为冥帽，而始制面帛。夏制明器。五代制灵座前看果。舜制吊礼。晋制，吊客至丧家鸣鼓为号。巫咸制纸钱（名寓钱）。汉铸神瘗钱。王玙始丧祭焚纸钱。周制方相先驱。汉制魌头，俗开路显道神。始嫘祖道死，嫫姆监护因制。商始制铭旌以书姓名。魏始书号。后汉始制墓碑，为文字辨识。黄帝封京观，始制墓。周公始合葬。周桓王始改葬。秦武公始人殉葬。宋文公始殉葬用重器。秦称天子墓为山。汉始为陵。汉文帝始预造寿陵。少康封其子祀。禹始设守陵人。秦始皇制皇寝石麟、辟邪、兕马，臣下石人羊虎柱罔象，好食亡者肝，因制。宋真宗始给民义冢，制漏泽园。

【译文】丧礼　黄帝最早制作棺椁。周公制作棺材上用的扇子。周朝制作陶俑。虞卿制作殉葬用的桐木人。左伯椀制作明衣（给尸体穿的新衣服）。史佚制作八到十一岁去世者的棺衣。夫差制作死人戴的帽，并最早制作盖在死人脸上的面帛。夏朝制作随葬的明器。五代时制作灵座前用木、土、蜡等做的供祭祀、观赏的果品。舜制定吊祭的礼。晋朝的制度，吊丧客人到有丧事的人家要鸣鼓当作信号。巫咸制作纸钱代替真钱（叫作寓线）。汉朝向神明祈祷要埋钱。王玙最开始在丧事祭奠中焚烧纸钱。周朝制度规定在丧事中，驱除疫鬼和山川精灵的方相作为前导。汉朝制度就改名为戴面具的魌头，俗称开路显道神。这起源于嫘祖死在路边，嫫姆监护她，因而制定。商代开始制成铭旌，上面书写死者姓名。魏国时开始书写死者的表字和称号。后汉开始出现墓碑，刻着文字和标记。黄帝建造京观，开始制作坟墓。周公开始有合葬。周桓王开始有改葬。秦武公开始用人殉葬。宋文公开始在殉葬中使用贵重礼器。秦朝将天子的墓称为山。汉朝开始称为陵。汉文帝开始在生前建造寿陵。少康封儿子祭祀。大禹开始设置守陵人。秦始皇制作死后皇帝陵寝，里面有石麟、辟邪、兕马，臣子的墓有石人和羊、虎柱：据说水怪罔象爱吃死人的肝，因而制作以上东西。宋真宗开始帮百姓建造公墓，名叫漏泽园。

服制　黄帝始制丧礼。禹始制五服。尧始定三年丧，父斩衰，母齐衰。唐武后制，父在为母三年，同父丧。宋太祖制，舅姑三年丧。周公制，生母齐衰三月。鲁昭公制，慈母服（他妾养己）。唐玄宗加母党服。魏征制，叔嫂小功服。戴德制，朋友缌麻服。晋襄公制，起复始，伯禽征徐戎卒哭，汉唐沿之。始大臣夺情。汉元帝始令博士丁忧。汉文帝始易月。景帝为三十六日释服。唐肃宗始定二十七日之服。

【译文】服制　黄帝最早制定丧礼。禹最早制定按照亲疏远近分为五种丧服。尧最早制定给父母守孝三年，父亲丧事穿粗麻布制成的左右下边不缝的丧服，母亲的丧事穿粗麻布制成的左右和下边缝齐的丧服。唐朝的武则天规定，父亲还在世，母亲去世，就为母亲守孝三年，仪式和为父亲守丧一样。宋太祖制定为公公、婆婆守孝三年的礼仪。周公规定对生身母亲穿三个月齐衰的丧服。鲁昭公创立慈母服（养大自己的父亲小妾）。唐玄宗增加了母党服。魏徵规定，小叔和嫂嫂的互相使用小功服。戴德制定了朋友之间丧礼穿缌麻服。晋襄公创立守父丧还没结束就应召出仕的起复的礼仪，起源于伯禽讨伐徐戎时兵卒即使有孝在身仍应出征，汉朝、唐朝都沿用这个制度。于是出现让大臣忍住亲情应召的的礼仪仪。汉元帝时最早让博士回家为父母守丧的制度。汉文帝时开始把天数换算成月数来作为守丧时间。汉景帝规定有三十六月守丧期满，脱去丧服的制度。唐肃宗开始规定二十七个月就期满。

丧礼五服　斩衰三年，子为父母。女在室，并已许嫁者，及已嫁被出而反在家者。与子之妻同。子为继母，为慈母，为养母，子之妻同。庶子为所生母，为嫡母，庶子之妻同。为人后者与妻同，嫡孙为祖父母、高曾祖父母，承重同。妻为夫妾，为家长同。

齐衰杖期　嫡子众子为庶母，其妻亦如之。子为嫁母，为出母；夫为妻；嫡孙，祖在，为祖母承重。

【译文】丧礼五服　斩衰，也就是用粗麻布制成、左右下边不缝的丧服，要守三年丧，儿子给父母服丧用。女儿待字闺中的、定婚还没出嫁的、嫁了却被休在母家的，丧服和媳妇相同。儿子给继母、慈母、养母守丧也用斩衰，儿子的妻子与此相同。庶子给生母、名分上的嫡母守丧也用斩衰，庶子的妻子也相同。继承妻子家香火的女婿服丧和妻子相同，嫡亲孙子给自己的祖父母、高曾父母服丧用斩衰，假如父亲比儿子先死，那么宗庙和丧祭的重任就落在孙子身上，同样他服丧用斩衰。妻子给丈夫服丧用斩衰，妾给主人服丧也相同。

齐衰杖期　嫡子、众子给父亲的妾守丧，穿粗麻布制成、有缝边的丧服，手里拿着丧棒，妻子也一般。以下都和上面一样服丧：儿子给改嫁的母亲服丧，给被休的母亲服丧；丈夫为妻子服丧；嫡孙，祖父还在世，父亲不在世时给祖母服丧。

齐衰不杖期 祖为嫡孙，父母为嫡长子及嫡长子妇，及众子，及女在室，及子为人后者。继母为长子，众子侄为伯叔父母，为亲兄弟，及亲兄弟之子女在室者。孙为祖父母，孙女在室，与出嫁同。为人后者，为其本生父母。女出嫁，为其本生父母。妾为家长之正妻，妾为家长父母，妾为家长之子与其所生子。

齐衰五月，曾孙为曾祖父母，曾孙女同。齐衰三月，玄孙为高祖父母，玄孙女同。

【译文】齐衰不杖期 祖父给嫡孙，父母给嫡长子以及嫡长子的妻子，还有除了嫡长子外的其他儿子，还有没出嫁的女儿，还有自己儿子过继给别人服丧，都穿粗麻布制成、有缝边的丧服，不拿丧棒。以下人都和上面一样：继母给长子，众子侄给伯叔父母，亲兄弟之间，亲兄弟没出嫁的女儿或没分家的儿子。孙子给祖父母，孙女在家和出嫁的都相同。过继别人的给他亲生父母。出嫁女儿给她亲生父母。小妾给丈夫的正妻，小妾给丈夫的父母，小妾给丈夫的儿子以及丈夫和自己所生的儿子。

齐衰五个月，曾孙给曾祖父母，曾孙女相同。齐衰三个月，玄孙给高祖父母，玄孙女相同。

大功九月 祖父母为众孙，孙女在室者。父母为众子妇，及女已出嫁者。伯叔父母为侄妇，及侄女已出嫁者。妻为夫之祖父母，妻为夫之伯叔父母。夫为人后，其妻为夫之本生父母。

小功五月 为伯叔祖父母，为堂伯叔父母，为再从兄弟，为兄弟之妻，祖为嫡孙妇，为外祖父母，为母之兄弟姊妹。

缌麻三月 祖为众孙妇，曾祖父母为曾孙，祖母为嫡孙，众孙妇为乳母，为妻之父母，为婿，为外孙，为同堂兄弟之妻。

【译文】大功九月 穿熟麻布做成的针脚稍粗的丧服、守丧九个月：祖父母给除了嫡长孙之外的其他孙子们、还没出嫁的孙女；父母给长媳外的其他儿媳、已出嫁的女儿；伯叔父母给侄媳、已出嫁的侄女；妻子给丈夫的祖父母，妻子给丈夫的伯叔父母；丈夫过继给别人的，他的妻子给丈夫的亲生父母。

小功五月 穿熟麻布做成的针脚稍细的丧服、守丧五个月：给伯叔的祖父母，给堂伯叔的父母，给同曾祖的兄弟，给兄弟的妻子，祖父给嫡孙的妻子，给外祖父母，给母亲的兄弟姐妹。

缌麻三月 穿细麻布制成的丧服、守丧三个月：祖父给除嫡长孙媳外的其他孙媳，曾祖父母给曾孙，祖母给嫡孙，众孙妇给乳母，给妻子的父母，给女婿，给外孙，给叔伯兄弟的妻子。

三父 同居继父，不同居继父，从母嫁继父。诸继父，谓父死母再嫁他人随去者，同居有期年服，不同居者无服。随继母嫁继父，有齐衰杖期。

八母 嫡母、继母、养母（谓自幼过房与人）、慈母（谓生母死，父令别妾抚育者）、嫁母（谓妾母因父死再嫁他人者）、出母（谓亲母被父所出）、庶母（父妾之生子女者）、乳母（即奶母，亦服缌麻。）

七出 无子，淫佚，不孝，多言，盗窃，妒忌，恶疾。三不去：与更三年丧；前贫贱后富贵；有所娶，无所归。

读礼 《曲礼》曰：居丧未葬读葬礼，既葬读祭礼。

【译文】三父 一起居住的继父，不一起住的继父，跟随母亲出嫁而成为的继父。这些继父，说的是父亲死后母亲再嫁儿子跟去。假如住一起，服丧穿一年服丧，没住在一起就不用穿丧服。而跟随继母出嫁而去的，穿齐衰的丧服并且手持丧棒一年。

八母 嫡母、继母、养母（说的是从小过继给别人）、慈母（说的是亲生母亲死后，父亲让别的妾抚养自己）、嫁母（说的是亲生母亲因为父亲去世而再嫁他人）、出母（说的是亲生母亲被父亲所休）、庶母（说的是父亲的生了子女的妾）、乳母（说的是奶妈，也穿缌麻的丧服）。

七出 七种休妻的理由：没儿子，纵欲享乐，不孝，搬弄是非，偷东西，妒忌，恶性疾病。三种不可休妻的情况：曾经和丈夫一起为他父母守孝三年的；婚前穷苦低贱，婚后大富大贵的；丈夫还能再娶，妻子却没娘家可回的。

读礼 《礼记·曲礼》说：守丧时还没下葬，读下葬礼仪，下葬后就读祭祀礼仪。

弥留 疾革之时，气尚未绝，目不即瞑，谓之弥留。

属纩 属，付也。纩，绵也。以绵轻而易动，故付置于口鼻上，以验气之有无也。

易箦 曾子疾病，曾元、曾申坐于足，童子隅坐而执烛。童子曰："华而皖，大夫之箦与？"曾子曰："然。季孙之赐也，我未之能易也。元，起易箦！"举扶而易之，反席未安而殁。

捐馆 《苏秦传》：奉阳君死，捐馆舍而去。

【译文】弥留 人快死时，呼吸还没断绝，眼睛没合上，叫作弥留。

属纩　属，也就是放置。纩，也就是新棉花。因为绵花轻，容易被呼吸吹动，所以放在死人嘴和鼻子上，检验是否咽气了。

易箦　曾子重病在身，儿子曾元、曾申坐在他脚下，童子坐角落里拿着蜡烛。童子说："这席子华丽光滑，是大夫才配用的竹席吧？"曾子说："是这样，是大夫季孙赠我的，我都没有换掉。曾元，扶我起来，换席子！"众人扶他起来换席子，还没到另一张席子上，曾子就死了。

捐馆　《史记·苏秦传》里说：奉阳君死后，抛下馆舍而去。

鬼录　魏文帝《与吴质书》：昔年疾病，亲故多罹其灾，观其姓名，已登鬼录。

就木　晋文公奔狄，娶季隗，将适齐，谓隗曰："待我二十五年，不来而后嫁。"对曰："我又如是而后嫁，则就木矣。"

盖棺论定　晋刘毅云："丈夫盖棺论方定。"

修文郎　春秋时，苏韶卒，后从弟节昼见韶，因问幽冥事。韶曰："颜回、卜商死，俱为地下修文郎。"

【译文】鬼录　魏文帝《与吴质书》：之前的温益，我的亲人老友许多都遭了灾，现在看他们的姓名，都在鬼的名录上了。

就木　晋文公逃到狄国，娶季隗为妻，他即将去齐国，对季隗说："等我二十五年，我还没回来你再改嫁。"季隗回说："我已经二十五岁了，再过二十五年再嫁，都是快进棺材的人了。"

盖棺论定　晋朝的刘毅说："大丈夫直到进棺材，对他的评论才能尘埃落定。"

修文郎　春秋时，苏韶去世，后来他的堂弟苏节大白天看见苏韶的鬼魂，因而问他阴间的事情。苏韶说："颜回、卜商死后，都担任阴间的修文郎。”

白玉楼 李贺将死，有绯衣人驾赤虬，奉雷版召贺曰：“帝成白玉楼，立召为记。天上差乐，不苦也。”

一鉴亡 魏征卒，帝临朝叹曰：“以铜为鉴，可照妍媸；以人为鉴，可明得失。……今魏征逝，一鉴亡矣。”

月犯少微 谢敷隐居剡中。时月犯少微，占云“处士当之”。吴国戴逵名重于敷，甚以为忧。俄而敷死，时人语曰：“吴中高士，求死不得。”

岁在龙蛇 郑玄梦孔子告之曰：“起，起，今年岁在辰，明年岁在巳。”既寤，以谶合岁，知命当终。谶云：“岁在龙蛇贤人嗟。”

【译文】白玉楼 李贺快死时，有大红衣服的人驾着大红色的虬龙飞来，手捧雷版，对李贺说：“天帝建好了白玉楼，召你立刻上天写文纪念。天上的差事快乐，并不苦。”

一鉴亡 魏徵死后，唐太宗在朝堂上感叹说：“用铜镜当作镜子，能照人的美丑；用人作镜子，能明白自己的得失。如今魏徵去世了，我的丢了其中一个镜子了。”

月犯少微 谢敷在剡中隐居。当时月亮冲犯少微星，占卜的说是“对隐士不吉利”。谯国的戴逵名声比谢敷更大，很担忧。没过多久，谢敷去世，当时的人说：“吴中的一个高士，想死都能得。”

岁在龙蛇 郑玄梦见孔子对他说：“起来，起来，今年岁星在辰，明年岁星在巳。”郑玄醒后，因为和谶语相合，知道自己不久人世。谶语说：“岁在龙蛇，贤人嗟叹。”

梦书白驹 杜牧之梦书“白驹”字，或曰：“过隙也”。俄而悉毁其所为文章诗籍，果卒。

一朝千古 唐薛收卒，秦王曰：“吾与伯褒共军旅，岂期一朝成千古也！”

脱骖 孔子遇旧馆人之丧，入而哭之哀；出，使子贡脱骖而赙之。

麦舟 范尧夫舟有麦五百斛，悉与故人石曼卿，以助其葬。

生刍一束 郭林宗有母忧，徐穉往吊之，置生刍一束于闾前而去之。众怪不知其故。林宗曰：“此必南州高士徐孺子也。诗不云乎：‘生刍一束，其人如玉。’吾有何德足以当之？”

【译文】梦书白驹 杜牧梦见自己写“白驹”两字，别人说“这是写‘白驹过隙’啊”。不久，杜牧将自己写的文章诗赋都焚毁，果真就死了。

一朝千古 唐朝的薛收去世，秦王说：“我和薛收（字伯褒）曾经一起带兵打仗，哪里想到有一天会一别成千古！”

脱骖 孔子遇见以前的掌管馆舍的人的丧事，就进去悲伤地哭，出来后，让子贡把自己马车上的一匹马解下当作奠仪。

麦舟 范尧夫的船里有五百斛麦子，全给了老朋友石曼卿，帮助他完成丧事。

生刍一束 郭林宗正在给母守守丧，徐穉前去吊唁，在门口放了一束鲜草就离开了。众人奇怪，不知是谁送的。郭林宗说：“这一定是南州高士徐穉（字孺子）。《诗经》上不是说‘生刍一束，其人如玉’吗，可我何德何能当得起他这样的夸奖？”

素车白马　范式巨卿、张劭元伯相与为友。元伯卒。式梦劭呼曰："巨卿，吾已某日死，某日葬"式驰往赴之。未及到而劭已发引。将至圹，而柩不前。其母曰："元伯，岂有望耶？"停柩。移时，乃见素车白马，号哭而来。母曰："是必范巨卿也。"式因执绋而引，其柩乃前。

归见父母　陈尧佐临终，自志其墓，曰：有宋颍川生尧佐，字希先，年八十二不为夭，官一品不为贱，卿相纳录不为辱祖，可归见父母栖神之域矣。

翁仲　《水经注》：鄗南千秋亭坛庙东枕道，有两石翁仲。山谷诗："往者不可言，古怕守翁仲。"

九京　文子曰："是全要领以从先大夫于九京也。"

【译文】素车白马　范式（字巨卿）、张劭（字元伯）是好朋友。张劭去世，范式梦见他喊自己："巨卿兄是，我已经在某天死了，某天要下葬。"范式赶紧驾车去凭吊他。还没到时张劭的棺材已经出殡了。快放到墓边时，棺材怎么也不能移动。他母亲说："元伯啊，你还有有什么心愿未了么？"于是就放下棺材。不一会，只见有一辆素车驾着白马，上面的人大哭着赶来。他母亲说："这一定是范巨卿。"范式因而拉着牵绳引导着棺材，棺材这才向前移动了。

归见父母　陈尧佐临终前给自己写好墓志铭，上面说：宋朝颍川书生陈尧佐，字希先，年八十二，不算夭寿，官居一品，不算低贱，卿相纪录有名字，不算玷辱祖宗，灵魂可以回到父母栖息的地方了。

翁仲　《水经注》里说：鄗南的千秋亭坛庙的东边枕道上，有两个石翁仲。黄庭坚有诗说"往者不可言，古柏守翁仲"。

九京　晋献文子说："这是想保全身体完整，好追先人去黄泉啊。"

佳城　汉滕公驾至东都门，马悲鸣不进。命掘之，得石椁，有蝌蚪书云：“佳城郁郁，三千年见白日，吁嗟滕公居此室。”公叹曰：“天乎！吾死，其安此乎？”后葬其处。

牛眠　晋陶侃，初家将葬，忽失一牛，不知所在。遇一老父，谓曰：“前冈见一牛，眠处，其地若葬，位极人臣。”侃寻牛得之，因葬焉。

寿藏　唐姚崇曾孙勗自立寿藏于万安山崇茔之旁，兆曰“安居穴”，以土为床曰“化台”。

挽歌　汉高帝时，田横死，从者不敢哭，随柩叙哀，故承以为挽歌。汉武时，李延年分为二：《薤露》，送王公贵客；《蒿里》，送士大夫庶人。

【译文】佳城　汉朝的滕公的车子开到东都门前，马就悲哀的啼鸣不再前进。滕公派人在这里地上挖掘，发现一口石棺，上面有蝌蚪文：“佳城郁郁，三千年见白日，吁嗟滕公居此室。”滕公长叹一声：“天哪！我死后难道要安葬这里吗？”后来埋葬在那里。

牛眠　说的是晋朝的陶侃的故事。最初，他家里举行葬礼，忽然丢失一头牛，不知去哪里了。碰到一老人对陶侃说：“前边山冈上我看见一头牛躺着，那地方假如葬人，后代定会位极人臣。”陶侃去寻，在那里找到了牛，就把先人葬在那里。

寿藏　唐朝姚崇的曾孙姚勗在世时在万安山姚崇的墓旁给自己建了墓地，叫“安居穴”，用土当作床，名叫“化台”。

挽歌　汉高祖时，田横自杀，他的手下不敢哭，只跟着棺材表达悲哀的感受，所以后人继承下来演变成挽歌。汉武帝时，李延年将挽歌分为两大类：《薤露》，用来给王公贵人送葬；《蒿里》，是给士大夫和平民送葬。

吊柳七　柳永死日，家无余财，群妓合金葬之郊外，每春月上冢，谓之“吊柳七”。

漆灯　唐沈彬居有一大树，尝曰：“吾死可葬于此。”既葬穴之，巧一古冢，其间一古灯，台上有漆篆文曰：“佳城今已开，虽开不葬埋。漆灯犹未灭，留待沈彬来。”

金粟冈　唐玄宗幸桥陵，见金粟冈有龙盘凤翥之势，谓侍臣曰：“吾千秋万岁后宜葬于此。”及升遐，群臣依旨葬焉。

马鬣封　《礼记》子夏曰：“昔夫子言之曰，吾见封之若堂者矣，见若坊者矣，见若覆夏屋者矣，见若斧者矣，马鬣封之谓也。”

【译文】吊柳七　柳永死的时候，家里没多馀财产，是一群妓女凑份子钱将他葬在郊外，每年春天都去上坟，世人就称为“吊柳七”。

漆灯　唐朝的沈彬住处有棵大树，他曾经说：“我死后埋在这树下。”等他死后准备埋葬时，挖开树下，发现这是个古墓，里面有一盏古灯，灯台上有用漆字的篆文：“佳城今已开，虽开不葬埋。漆灯犹未灭，留待沈彬来。”

金粟冈　唐玄宗的车驾临幸桥陵时，看见金粟冈有龙盘凤飞的地形，就对左右大臣说：“我死以后就葬在这里。”等他去世后，大臣们按照他的旨意葬在那。

马鬣封　《礼记》里说：“子夏说：‘从前老师说：我见过像堂屋的坟，见过像堤坝一般长长窄窄的坟，见过像覆盖夏屋一般的坟，也见过像斧头那样简略的坟，像斧头的坟也就是俗称的马鬣封。”

长夜室　东坡《赠章默》诗："章子亲未葬，余生抱羸疾，朝吟噎邻里，夜泪腐茵席。愿求不毛田，亲筑长夜室。"

土馒头　范石湖《重九日行营寿藏之地》诗："家山随地可松楸，荷锸携壶似醉刘。纵有千年铁门限，终须一个土馒头。"

要离冢　梁鸿卒，皋伯通等为求葬地，乃葬之要离冢傍。曰："梁鸿高贤，要离烈士，政相类也。"后人遂以其所居名梁溪，今无锡是也。

玉钩斜　在吴公台下，隋炀帝葬宫人处也。唐窦巩《宫人斜》诗："离宫路远北原斜，生死恩深不到家。云雨今归何处去？黄鹂飞上野棠花。"

【译文】长夜室　苏轼《赠章默》诗里说："章生的亲人还没安葬，自己就瘦得不堪，还生了病。白天的啜泣让邻居哽咽，夜里的泪水浸透席子。他希望有块贫瘠的田，亲自建造替亲人守墓的房子。"

土馒头　范成大（号石湖）写的《重九日行营寿藏之地》诗说："家乡的山随处都能种植作松楸，我像喝醉的刘伶，带着酒壶，背着铁锹，对人说我死后随时挖坑埋葬我。纵然有一千年也不坏的铁门槛，最终还需要像馒头的坟。"

要离冢　梁鸿死了以后，皋伯通等人替他向官府请求营葬的地方，然后就把他埋在要离墓的旁边，并说："梁鸿是高人，要离是烈士，正是一样的人。"后人将那地方叫梁溪，也即如今的无锡。

玉钩斜　在吴公台下，是隋炀帝埋宫女的地方。唐朝的窦巩《宫人斜》写诗说："离宫路远北原斜，生死恩深不到家。云雨今归何处去，黄鹂飞上野棠花。"

葬龙耳　晋元帝闻郭璞为人葬坟地，微服往观，谓主人曰："此葬龙角，必灭族。"主人曰："璞云此是龙耳，三年当有天子至。"帝曰："出天子耶？"曰："非也，能致天子问耳。"

方相　《周礼》：方相氏殴罔象，好食亡者肝，而畏虎与柏，故墓上列柏树，路口置石虎，本此。

不憖遗一老　孔子卒，哀公诔之曰："昊天不吊，不憖遗一老，俾屏余一人以在位，茕茕余在疚。呜呼哀哉尼父！无自律。"子贡曰："君其不没于鲁乎！"

【译文】葬龙耳　晋元帝听人说郭璞给别人挑选埋葬所在，就换了平民衣服前往察看，并对主人说："这个葬人的所在是所谓的'龙角'，假如葬在这里肯定有灭族的惨祸。"主人说："郭璞说这叫'龙耳'，三年内会有天子前来。"元帝说："是这里出一个天子吗？"主人回说："不是，是能让天子前来询问。"

方相　《周礼》里说：方相氏驱逐水怪罔象，因为罔象爱吃死者的肝，却怕老虎和柏树，所以坟墓上种植柏树，路口建造石虎，来源在这里。

不憖遗一老　孔子死后，鲁哀公凭吊说："老天爷不仁慈是，都不肯暂时留下这一位老人，让我一个人在位，孤孤单单，内心哀痛。呜呼哀哉仲尼！我的楷模没有了。"子贡说："国君怕在鲁国不能善终吧。"

五谷瓶　《丧服小记》：鲁哀公曰："五谷囊起伯夷叔齐，不食粟而死，故作五谷囊。吾父食味含哺而死，何用此为？"今人遂为五谷瓶。

青蝇为吊客　虞翻字仲翔，放弃海南，自恨疏节，骨体不媚，犯上获罪，当长殁海隅。生无可与语，死以青蝇为吊客，使天下一人知己者，足以不恨。

墓木拱 《左传》秦伯使谓蹇叔曰："尔何知？中寿，尔墓之木拱矣。"

瓜奠 唐莱国公杜如晦薨，太宗诏虞世南制碑文。后因食瓜美，怆然悼之，遂辍食，遣使奠于灵座。

【译文】五谷瓶 魏国王肃写的《丧服要记》里说："鲁哀公说：'五谷囊起源于伯夷、叔齐，因为不吃周朝的粮食而死去，担心他们魂魄饥饿，就制作五谷囊。我父亲是吃了东西死去的，要这个东西干什么呢？'"如今的人就制作五谷瓶。

青蝇为吊客 虞翻字仲翔，被贬到海南，自己痛恨自己操守不合世人，从不阿谀媚上，所以冲犯上面的人获得罪愆，应该会永远死在海角。活着时没人可以交谈，死后让青蝇作为吊唁的客人，倘若天下有一个人是我的知己，我就死而无憾了。

墓木拱 《左传》里说秦穆公让人对蹇叔说："你懂什么？倘若你活到一般老人的寿命，你坟上的树都有合抱粗了。"

瓜奠 唐朝莱国公杜如晦去世，唐太宗下诏让虞世南撰写碑文。后来唐太宗因为吃了甜美的瓜，伤感地悼念杜如晦，就不再继续用餐，派人把瓜送到杜如晦的灵前，祭奠他。

哀些 宋玉《招魂》曰："光风转蕙，汜崇兰些。"（些，语词。宋玉《招魂》语末皆云"些"，故挽歌亦曰"哀些"。）

长眠 《广记》：郑尤路逢一冢，有二竹。郑为诗曰："冢上两竿竹，风吹常袅袅。"冢中人续曰："下有百年人，长眠不知晓。"

赙赗　赙，助也。赗，报也。所以助生送死，副至意也。货财曰赙，车马曰赗。玩好曰赠，衣服曰襚。

【译文】哀些　宋玉的《招魂》里面有“阳光下的轻风吹动着蕙草，拂动着高高的兰草”的诗句。（“些”，是语气词。宋玉《招魂》的句末都用“些”字，所以挽歌也用“哀些。”）

长眠　《太平广记》里说：郑郊在路途上遇见一个坟墓，旁边种着两棵竹子。郑郊吟诗说：“冢上两竿竹，风吹常袅袅。”墓里的人续上诗句：“下有百年人，长眠不知晓。”

赙赗　“赙”，也就是“助”的意思。“赗”，也就是“报”的意思。用来帮助生者、发送死者，表明自己的感情。钱财叫赙，车马叫赗。珍玩叫赠，衣服叫襚。

铭旌　铭，明也，以死者为不可别已，故以其旌识之。杜牧之诗云：“黄壤不沾新雨露，粉书空换旧铭旌。”

谥　太公周公相嗣王，始作谥法。人主谥始黄帝。加谥至十数字，始唐玄宗。太子谥始申生。卿大夫谥始周。处士谥始陶弘景。公卿无爵而谥始王导。宦者谥、方伎谥，始北魏公卿大夫。祖父谥始元。妇人谥始穆天子谥盛妃。哀后谥始汉高祖尊母昭灵。公主谥始唐高祖谥女平阳公主昭。生而赐谥始卫侯赐北宫喜贞，析朱组成。私谥始黔娄。妇人私谥其夫始柳下惠。

【译文】铭旌　“铭”，也就是“明”的意思，因为死去的人没法认出送葬的人，所以用旌旗标记。杜牧的诗里说：“黄壤不沾新雨露，粉书空换旧铭旌。”

谥　姜子牙和周公辅佐周成王，开始制定谥法。天子的谥源自黄帝时期。加谥号一直到十几字，是从唐玄宗开始。太子的谥号源自申生。卿大夫的谥号源于周朝。隐士的谥号源于陶弘景。公卿没有爵位却有谥号源于王导。宦官和术士拥有谥号源于北魏。公卿大夫的祖父有谥号源于元代。妇人有谥号源于穆天子给盛妃的谥号。哀悼皇后的谥源于汉高祖刘邦尊给他母亲谥号为昭灵。公主的谥号源于唐高祖为女儿平阳公主取谥号为昭。还在世时就赐谥号，源于卫侯赐谥号给北宫喜为贞子，析朱鉏为成子。私人起谥号源于黔娄。妻子私下给丈夫取谥号源于柳下惠。

窀穸　《左传》：获保首领以殁于地，惟是春秋窀穸之事。

襄事　《左传》：葬定公，雨，不克襄事，礼也。

葛茀　《左传》：葬敬嬴。旱，无麻，用葛茀。

祖载　《白虎通》：祖载者，始载柩于庭，乘辆车而辞祖祢，故曰祖载。

天子死曰崩，诸侯曰薨，大夫曰卒，士曰不禄，庶人曰死。在床曰尸，在棺曰柩。羽鸟曰降，曰足曰渍。死寇曰兵。

执绋　《礼记》：吊于葬者必执引，若从柩及圹皆执绋。

【译文】窀穸　《左传》里说：得以保全身体直至死去，然后就是这些祭祀、安葬的事情。

襄事　《左传》里说：下葬鲁定公时，天上下起雨，丧事便没办完，不着急下葬，符合礼仪。

葛茀　《左传》里说：下葬敬嬴时。天气很干旱，没有麻，只好使用葛茀。

祖载　《白虎通义》里说："祖载"，是说灵柩载在车里，放在庭中，乘着出丧的车辞别祖宗，所以叫做祖载。

天子的死叫崩，诸侯的死称为薨，大夫的死称为卒，士人的死称为不禄，庶人就称为死。死后还在床上称为尸体，在棺材里的称为柩。飞鸟死了称为降，四足是野兽死了称为渍。死在敌人手上称为兵。

执绋　《礼记》里说：去吊丧就一定要帮葬者家里拉柩车，假如跟着柩车到墓穴旁，得帮忙拉着绋下葬。

礼制祭祀三

祭法 有虞氏禘黄帝而郊喾，祖颛顼而宗尧。夏后氏亦禘黄帝而郊鲧，祖颛顼而宗禹。殷人禘喾而郊冥，祖契而宗汤。周人禘喾而郊稷，祖文王而宗武王。

少昊始制宗庙，周公始为七庙，舜始制庙号。舜受终，文祖始大事告庙。

伏羲始制祀先，少昊始制四时庙祭。

舜始制禘祭，帝槐始制不迁宗祭。殷制五年祫祭。周三年文王祭忌日。

【译文】有虞氏用禘礼祭祀黄帝，用郊礼祭祀帝喾，庙祭以颛顼为祖，以尧帝为宗。夏后氏也用禘礼祭祀黄帝，用郊礼祭祀鲧，庙祭以颛顼为祖，以大禹为宗。殷人用禘礼祭祀帝喾，用郊礼祭祀冥，庙祭以契为祖，以商汤为宗。周人用禘礼祭祀帝喾，用郊礼祭祀稷，庙祭以文王为祖，以武王为宗。

少昊开始建造宗庙，周公开始建造七庙，舜开始制定庙号。舜在尧帝的庙中接受帝位，从此有大事祭告祖庙。

伏羲制定祭祀祖先的礼仪，少昊制定四季的庙祭礼仪。

舜开始制定帝王的禘祭，夏朝的帝槐开始制定不迁宗的祭礼。

殷商时代规定每隔五年举行一次袷祭。周朝每隔三年在文王庙中大祭。

北齐始制别室，加荐爇味。

殷太甲始制功臣配享。禹作世室，始立尸。伊尹制祏（宅也。即今木主，古用石函，故名）。宋真宗制板位（贮以漆匣舁床覆缣）。左彻刻黄帝制木像。

秦始皇始制寝墓侧，汉因之，为起居、衣冠象生之备，上饭。天子正月上陵，始祭扫。

【译文】北齐开始建造别室，增加献贡的烧烤品。

殷商的太甲开始规定功臣在大庙中配享。大禹建造墓前的祭台，开始设立灵位。伊尹制作宗庙中藏木主的石盒（也就是石室，也就是如今的木主，古代用石函，所以这样命名）。宋真宗时制定百官从祭的位次牌（用漆匣来贮藏，放床上，并且盖着缣布）。左彻在木头上雕刻黄帝的像。

秦始皇开始制定墓边建造寝室的规矩，汉朝沿袭下来，布置死者生前的起居、衣冠等物品，并且献上饭食。天子正月里上陵，开始祭拜洒扫。

王导拜元帝陵，始人臣谒陵。

祭神，伏羲始于冬夏至郊社，祭皇天后土。殷汤始制祭感生帝。周公始制祭神州地祇。

舜始制郊配食。秦始皇制三岁一郊。汉平帝始南郊，合祀天地，位皆南向，地位差东（时王莽宰衡主之）。

神农始制大享五天帝于明堂。尧制五人帝、五人神，配五天帝。舜制五郊，祭五方天帝迎气。

【译文】王导祭拜元帝的陵墓，开始了大臣拜祭帝王陵墓的规矩。

祭祀神灵，伏羲在冬至、夏至举行郊社，祭祀皇天后土。殷汤开始制定对感生帝的祭祀。周公开始制定祭祀神州大地的神明的活动。

舜开始制定禘祭和郊祭的相应的食物。秦始皇规定三年举行一次郊祭。汉平帝开始在南郊将天地合着一起祭祀，全是面向南方，地位偏东（当时王莽当宰相主持制定）。

神农氏开始规定在明堂大享五方的天帝。尧帝规定五个人帝、五个人神，用来配享五方天帝。舜制定五郊礼，祭祀五方的天帝，用以迎接季节。

黄帝始制坛。秦献公制畦畤（如韭畦于畤中，名为一土封也）。秦始皇始制四畤，本襄公西畤，文公鄜畤（俱白帝）。宣公密畤（青帝）。灵公上下畤（上黄帝，下炎帝）。汉高帝始增制五畤。汉武帝始祀太乙（五帝之主）。自昏至明，始立泰畤。

汉文帝始制五帝庙同宇（一屋之下为五庙各门）。晋武帝始诏五帝同祢昊天，除五帝座（从王肃议）。

秦始皇始制郊祀爟火（爟，举也。不同祠所举火为节而遥拜也）。

【译文】黄帝开始制定设坛来祭祀。秦献公制定祭祀白帝的畦畤（在田中划出像韭菜地的部分，叫作“一土封”）。秦始皇开始制作四畤，源于襄公的西畤，文公的鄜畤（全都是祭祀白帝的），宣公的密畤（是祭祀青帝的），灵公的上、下畤（上畤祭祀黄帝，下畤祭祀炎帝）。汉高祖刘邦开始增设为五畤。汉武帝开始祭祀太乙（这是五帝的主人），从傍晚到天亮，开始设立泰畤。

汉文帝开始规定五帝庙在同一所庙宇（也就是在一个屋子下边为五帝各自开一扇门）。晋武帝开始下诏规定五帝都被称为“昊天”，废除五帝座（这是听从王肃的建议）。

秦始皇开始规定郊祀时用爟火（爟，也就是举的意思。不同的祠庙用举火当作信号，就能远远地拜祭了）。

帝喾始制六宗，祭日月星辰寒暑四时风雨雷云。无怀氏始封禅。黄帝制四坎，祭川谷水泉，四坛祭山林丘陵。舜制秩，祭四岳四渎。

黄帝始制社祭五土，制稷于五土之中，特指原隰之祇（稷为殳长，旌异其处，能生谷也，非但祭其谷粒）。

秦制守始郡县祠社稷。宋真宗始定郡县祭社稷仪。

神农始制蜡。少昊制祭先农蚕。舜制祭四方百物。禹祭司寒冰神。秦德公祭伏。

汤旱，始迁稷神柱祀弃。汤始五祀，户、灶、门、路、中溜。周公制七祀，加泰厉司命。汉高祖废户祭井。

【译文】帝喾开始制定六宗，祭日月、星辰、寒暑、四时、风雨、雷云。无怀氏开始规定封禅的礼仪。黄帝制定用四坎祭祀川、谷、水、泉，四坛祭祀山、林、丘、陵。舜制定秩祭，祭祀四岳和四水。

黄帝开始制定社祭，祭祀五土，在五土之中制定稷礼，特指原野泽薮中的神明（稷是百谷之首，表彰原野中能生长谷物，不仅仅祭祀它的粮食）。

秦朝规定太守为郡县建庙祭祀土地神和谷神。宋真宗开始制定郡县祭社稷的礼仪。

神农开始制定年终时的蜡祭。少昊制定祭祀先农和蚕。舜规定祭祀四方的万物。大禹祭祀主管寒冷的冰神。秦德公祭祀三伏天。

商汤时发生大旱，开始将谷神庙迁移，祭祀弃。商汤开始五种祭祀，分别是户祭、灶祭、门祭、路祭、中霤祭。周公制定七祀，添加了泰厉和司命。

汉高祖始祭蚩尤。唐玄宗始祭九宫神（于千秋节设坛修祀）。颛顼制禡祭。舜制类祭。禹制大旅。

神农始制祝文。汉武帝始郊祀，立乐府。

黄帝始沐浴，修斋戒。后魏始行香（以香末散行或熏手）祷祈。

【译文】汉高祖刘邦废除户祭，加了祭井。汉高祖刘邦开始祭祀蚩尤。唐玄宗开始祭九宫神（在皇帝生日千秋节那天设坛祭祀）。颛顼规定在军队驻扎地举行祃祭。舜制定祭天和祭祀五帝的类祭。大禹制定祭天的大旅。

神农开始有祝文。汉武帝开始有郊祀，并且设立了乐府。

黄帝开始在祭祀前沐浴，斋戒。后魏开始在拜祭时行香（用香末抛洒或熏手然后祈祷）。

太康失邦，始日食，始救日。

神农始制禖求子。汤制雩祷旱。周公制大雩祈谷。

神农始制请雨之法。汤制土龙祈雨。隋文帝制祈雨断屠宰，禁施扇。

宗伯职掌凡祀大神、享大鬼、祭大祇，师执事命龟卜日，次位筑鬻、省牲、告洁、告备、受釐、锡嘏。

【译文】太康被羿夺权，失去国家，开始出现日食，开始有救日的祭祀。

神农开始举行禖祭来求儿子。商汤制定求雨的雩祭，为大旱祈祷。周公制定大雩祭，来祈祷谷物丰收。

神农氏开始制定求雨的方法。商汤制做土龙求雨。隋文帝规定求雨时禁止屠宰牲畜，禁止用障扇。

宗伯掌管祭祀大神、享大鬼、祭大祇，让执事人用龟壳占卜，推定日期，然后到祭祀所在地，煮香草、审察牲畜、报告牲畜洁净、报告完备、将祭馀之肉送给皇帝、赐福。

九祭六器 《周礼》：太祝掌办九祭六器。六器者，苍璧、黄琮、青珪、赤璋、白虎、玄璜。九祭，一曰命，二曰衍，三曰炮，四曰庙，五曰振，六曰擩，七曰绝，八曰燎，九曰共。

郊祀 燔柴于、泰坛，祭天也。瘗埋于泰折，祭地也，用骍犊。

六宗 埋少牢于泰昭，祭时也。祖迎于坎坛，祭寒暑也。王宫祭日也。夜明祭月也。幽宗祭星也。云宗祭水旱也。

五畤祠 青帝曰密畤祠，黄帝曰上畤祠，炎帝曰下畤祠，白帝曰畦畤祠，黑帝曰北畤。

五祀 春祀户，夏祀灶，秋祀门，冬祀行，夏季祀中霤。

【译文】九祭六器 《周礼》里说：太祝掌管九祭六器。六器，指苍璧、黄琮、青珪、赤璋、白琥、玄璜。九祭，一叫命，二叫衍，三叫炮，四叫庙，五叫振，六叫擩，七叫绝，八叫燎，九叫共。

郊祀 在泰坛，将玉帛、牺牲等放在积累的柴火上焚烧，是祭天。将上面说的东西埋在城北祭地的泰折，是祭地。牺牲要用红色牛犊。

六宗 将少牢羊、猪埋在泰昭，是祭祀的时节。在坎坛举行祖祭，是祭寒暑。在日坛的王宫的祭祀是祭太阳。在月坛的夜明的祭祀是祭月亮。幽宗的祭祀是祭星星。云宗的祭祀是祭水旱。

五畤祠　祭祀青帝的叫作密畤祠，祭祀黄帝的叫作上畤祠，祭祀炎帝的叫作下畤祠，祭祀白帝的叫作畦畤祠，祭祀黑帝的叫作北畤。

五祀　春季祭祀窗户，夏季祭祀灶，秋季祭祀大门，冬季祭祀行，季夏祭中霤神。

七祀　王立七祀，曰司命、曰中霤、曰国门、曰国行、曰泰厉、曰户、曰灶。诸侯立五祀，曰司命、曰中霤、曰国门、曰国行、曰公厉。大夫立三祀，曰族厉、曰门、曰行。士二祀，曰门、曰行。庶人立一祀，或立户，或立灶。

八蜡　天子大蜡八：一先啬（神农），二司啬（后稷），三农（田畯），四邮表畷（田畔屋），王猫（食田鼠）虎（食田豕），六堵（蓄水，亦以障水），七水庸（沟受水，亦以泄水），八昆虫（螟螽之类）。

【译文】七祀　皇帝要有七祀，也就是宫中的神司命、中霤、国门、国行、古帝王没有后代的鬼魂、户、灶。诸侯有五祀，也就是宫中的神司命、中霤、国门、国行、古诸侯没有后代的鬼魂。大夫有三祀，也就是古代大家族没有后代的鬼魂、门、行。士人二祀，也就是门、行。庶人一祀，或是祭户，或是祭灶。

八蜡　天子大蜡祭有八种：一是先啬（也就是神农），二是司啬（也就是后稷），三是农（也就是掌管农事的官员），四是邮表畷（田间监督耕田的邮舍），五是猫（因为吃田鼠）和虎（因为吃野猪），六是坊（蓄水用，也可防水），七是水庸（水沟用来盛水，也可疏导水），八是昆虫（也就是螟、蝗等害虫）。

祀典　夫圣王之制祭祀也，法施于民则祀之，以死勤事则祀之，以劳定国则祀之，能御大菑则祀之，能捍大患则祀之，是故厉山氏之有天下也。其子曰农，能殖百谷。夏之衰也，周弃继之，故祀以为稷。共工氏这霸九州也，其子曰后土，能平九州，故祀以为社。帝喾能序星辰以着众。尧能赏均刑法以义终。舜勤众事而野死，鲧障洪水而殛死，禹能修鲧之功。黄帝正名百物以明民共财，颛顼能修之。契为司徒而民成，冥勤其官而水死。汤以宽治民而除其虐，文王以文治，武王以武功去民之菑，此皆有功烈于民者也。及夫日月星辰，民所瞻仰也。山林川谷丘陵，民所取财用也。非此族也，不在祀典。

【译文】祀典　圣王来制定祭祀的法则，法令施用于民的人就祭祀他，死在勤劳工作的人就祭祀他，勤劳地安定国家的人就祭祀他，为百姓抵御大灾害的人就祭祀他，为国家抵御大患的人就祭祀他。因此，厉山氏拥有天下时，他儿子叫农，能教百姓种植百谷；后来夏朝衰落，弃继承了农，所以被后人当作谷神来祭祀。当共工氏称霸九州时，他儿子叫后土，能平定九州，所以将他当作土地神来祭祀；帝喾按星辰来安排时序，使百姓懂得；尧帝赏罚分明公正，最后又让位给贤者；舜帝勤劳于国事，死在荒野，鲧为堵住洪水未成功，被流放到死，他儿子大禹改变鲧的方法就成功了；黄帝制订各种身份、职业，使大家分工合作，颛顼继承并且增添；契是舜的司徒，使百姓受到教化；冥是水利官，以身殉职；商汤用仁厚的政策治理百姓，革除夏桀的暴政；周文王用人文教化教化百姓、周武王用武力来除百姓的灾难：这些全是对于百姓有大功绩的人，理应祭祀。此外，还有日月星辰，是百姓瞻仰的；山林、川谷、丘陵，是百姓的财物用品的来源。除了这些，其他的不在祭祀的范围内。

祭主　天子祭天地、祭四方、祭山川、祭五祀，岁遍。诸侯方祀，祭山川、祭五祀，岁遍。大夫祭五祀，岁遍。士祭其先。

祭孔庙　唐玄宗始封孔子王号。宋太祖始诏孔子庙立戟，仁宗始诏用祭歌，徽宗始从蒋靖请（时官司业），用冕十二旒、服九章。汉武帝始封孔子后为侯奉祀。成帝始谥孔子后。周始诏孔子后为曲阜令。宋仁宗始诏孔子后为衍圣公。

丁祭用鹿　汉高祖过曲阜，以大牢祀孔子。今制，郡县祭孔子以鹿。

【译文】祭主　天子祭祀天地、四方、山川、五祀，每年祭祀一遍。诸侯各祭一方的神祇，祭山川、祭五祀，每年祭祀一遍。士大夫祭五祀，每年一遍。士人只祭祖先。

祭孔庙　唐玄宗最早封孔子为王。宋太祖下诏在孔子庙中设戟，宋仁宗开始下诏使用祭歌，宋徽宗开始听从蒋靖的请求（他当时担任司业）用十二条旒的冠、含有十二章文中九种的礼服。汉武帝开始封孔子后人为侯，主管孔子的祭祀。汉成帝开始为孔子后人封谥号。北周开始下诏让孔子后代担任曲阜令。宋仁宗开始下诏封孔子的后人为衍圣公。

丁祭用鹿　汉高祖刘邦路过曲阜，用猪牛羊的大牢礼祭拜孔子。如今的制度是，郡县祭祀孔子用鹿。

淫祀　凡祭，有其废之，莫敢举也。有其举之，莫敢废也。非其所祭而祭之，名曰“淫祀”。淫祀无福。

牺牲　天子以牺牛，诸侯以肥牛，大夫以索牛，士以羊豕。凡宗庙之礼，牛曰一元大武，豕曰刚鬣，豚曰腯肥，羊曰柔毛，鸡曰翰音，犬曰羹献，雉曰疏趾，兔曰明视。脯曰尹祭，槁鱼曰商祭，鲜鱼曰脡祭。水曰清涤，酒曰清酌，黍曰芗合，粱曰芗萁，稷曰明粢，稻曰嘉蔬，韭曰丰本，盐曰咸鹾，玉曰嘉玉，币曰量币。

【译文】淫祀　但是祭祀礼仪被废除的，就没人敢再复兴。应该举行的，也没人敢废除。不该祭偏要去祭的，叫“淫祀”。淫祀是没有神明福佑的。

牺牲　祭祀的牲畜，对于天子用纯色的牛，对于诸侯用肥牛，大夫用仔细挑选的牛，士人用羊或猪。

大凡宗庙的祭礼，牛叫一元大武，大猪叫刚鬣，小猪叫腯肥，羊叫柔毛，鸡叫翰音，犬叫羹献，雉叫疏趾，兔叫明视。脯叫尹祭，槁鱼叫商祭，鲜鱼叫脡祭。水叫清涤，酒叫清酌，黍叫芗合，粱叫芗萁，稷叫明粢，稻叫嘉蔬，韭叫丰本，盐叫咸鹾，玉叫嘉玉，币叫量币。

方诸明水　方诸，大蛤也，摩拭令热以向月，则生水，古人取以庙祭，谓之“明水”。

祭号　祭王父曰皇祖考，王母曰皇祖妣。父曰皇考，母曰皇妣，夫曰皇辟。

庙制　天子七庙，三昭三穆，与太祖之庙而七。诸侯五庙，二昭二穆，与太祖之庙而五。大夫三庙，一昭一穆，与太祖之庙而三。士一庙，庶人祭于寝。

祭时　天子诸侯宗庙之祭，春曰礿、夏曰禘、秋曰尝、冬曰蒸。天子犆礿，祫禘、祫尝、祫蒸。诸侯礿则不禘，禘则不尝，尝则不蒸，蒸则不礿。诸侯礿，犆；禘，一犆一祫；尝、祫；蒸、祫。

【译文】方诸明水礿　方诸，是大蛤蟆，摩擦发热对着月亮，就会生出水，古人用这种水来宗庙祭祀，叫做“明水”。

祭号　祭祖父叫皇祖考，祖母叫皇祖妣。父亲叫皇考，母亲叫皇妣，丈夫叫皇辟。

庙制　天子有七庙，三昭三穆，加上太祖之庙共有七个。诸侯有五庙，二昭二穆，加上太祖之庙共有五个。大夫有三庙，一昭一穆，加上太祖之庙共有三个。士人只有一庙。普通人没有庙就在卧室祭祀。

祭时　天子、诸侯在宗庙的祭祀，春天举行叫礿，夏天举行叫禘、秋天举行叫尝、冬天举行叫蒸。天子单独举行叫礿祭，后禘、尝、蒸三祭都是合祭。诸侯举行礿祭就不再举行禘祭，举行禘祭就不再举行尝祭，举行尝祭就不再举行蒸祭，举行蒸祭就不再举行礿祭。诸侯的礿祭也是特祭；诸侯的禘祭，一年为特祭、一年为合祭；尝祭和蒸祭都是合祭。

牲制　天子社稷皆太牢，诸侯社稷皆少牢。大夫、士宗庙之祭，有田则祭，无田则荐。庶人春荐韭，夏荐麦，秋荐黍，冬荐稻。韭以卵，麦以鱼，黍以豚，稻以雁。

牛制　祭天地之牛，角茧栗；宗庙之牛，角握；宾客之牛，角尺。

六礼：冠、婚、丧、祭、乡、相见。

七教：父子、兄弟、夫妇、君臣、长幼、朋友、宾客。

八政：饮食、衣服、事为、异别、度、量、数、制。

【译文】牲制　天子用于社稷祭祀的都是用牛、羊、猪的太牢，诸侯用于社稷祭祀的用羊、猪的少牢。大夫和士人在宗庙的祭祀中，有田就举行祭礼，没田举行荐礼。平民在春天用韭菜来献荐，夏天用小麦献荐，秋天用黍米献荐，冬天用稻米献荐，韭菜配鸡蛋，小麦配鱼，黍米配猪肉，稻米配大雁。

牛制　祭祀天地用的牛，牛角就像蚕茧或栗子那么小；宗庙祭祀用的牛，牛角是用手一握那么长；宴请宾客用的牛，牛角一尺长。

六种礼：冠礼、婚礼、丧礼、祭礼、乡礼、相见礼。

七种伦理规范：父子、兄弟、夫妇、君臣、长幼、朋友、宾客。

八种施政的方面：饮食、衣服、技术、地方不同所用不同、长度、体积、数字、布帛标准。

乡饮酒礼，主人拜迎宾于庠门之外。入，三揖而后至阶，三让而后升，所以致尊让也。盥洗扬觯，所以致洁也。拜至，拜洗，拜受，拜送。拜既，所以致敬也。尊让、洁、敬也者，君子之所以相接也。

五象　宾主，象天地也。介、僎，象阴阳也。三宾，象三光也。让之三也，象月之三日而成魄也。四面之坐，象四时也。

贵礼贱财　祭荐、祭酒，敬礼也。哜肺，尝礼也。啐酒，成礼也。于席末，言是席之正，非专为饮食也，为行礼也，所以贵礼而贱财也。

【译文】乡人聚会饮酒的礼仪：主人在乡学门外拜见迎接宾客，宾客进门后作三次揖才到台阶边，互相谦让三次才登上台阶，这是用来表达尊敬和礼让。各自洗手、洗杯，然后举杯饮酒，这是用来表示洁净。主人拜见迎接宾客、宾客拜谢主人洗杯和敬酒、主人拜送宾客取酒和干杯，这是用来表达尊敬。尊重和礼让、洁净、敬重，是君子交往的礼节。

五象　宾和主，象征天、地。辅佐宾客的介和辅佐主人的僎，象征着阴、阳。主宾、介和众宾，象征日、月、星三光。谦让三次，象征月朔后三天才恢复光明。位置是四方对坐，象征春夏秋冬。

贵礼贱财　宾客在席上祭主人所献的肉和酒，表示尊敬主人待客的礼节。咬一口肺，表示接受主人的敬意。吃一口酒，用来要完成主人的礼仪。喝酒时移到席子西边末位，是用来表明此席子不是专门为饮食，而是为行礼，这些都是重视礼节轻视财货。

别贵贱　主人亲速宾及介，而众宾自从之，至于门外，主人拜宾及介，而众宾自入，贵贱之义别矣。

辨隆杀　三揖至于阶，三让以宾升，拜至，献酬，辞让之节繁。及介省矣。至于众宾，升受，坐祭，立饮，不酢而降。隆杀之义辨矣。

和乐不流　工入，升歌三终，主人献之；笙入三终，主人献之；间歌三终，合乐三终，工告乐备。遂出。一人扬觯，乃立司正焉，知其能和乐而不流也。

【译文】别贵贱　乡饮酒礼前，主人亲自到宾客和辅佐宾客的介家中去诚恳邀请，其他的宾客就要到主宾家中，跟随着一起前往主人家。到主人家门外，主人拜见迎接主宾和介，其他宾客各自入内。这样身份地位就能分别出来。

辨隆杀　主人和主宾互相三次作揖才到台阶前，彼此谦让三次，主人上台阶，引导主宾上台阶，主人拜谢主宾的光临，又斟酒献给客人，客人回敬主人，辞让礼节很繁多；主人和介之间的礼节就简略了。至于众位宾客，登上台阶，接受献杯，坐着祭祀，站着饮酒，不回敬主人便可以下台阶。礼的隆重和简约也就分别出来了。

和乐不流　乐工进入房间后，升上高堂演奏《鹿鸣》《四牡》

《皇皇者华》三篇结束，主人献酒给他们；吹笙的人进入房间后，在堂下演奏《南陔》《白华》《华黍》三曲结束，主人献酒给他们；唱歌和吹笙的相间一唱一吹，表演三遍，合演三次结束，乐工向主宾说，乐歌表演结束，就出去了。这时主人的下人有一人举觯敬宾客，于是让一个人当司正，这样就知道在乡饮酒礼中主人和宾客和乐，不放纵。

弟长无遗　宾酬主人，主人酬介，介酬众宾，少长以齿，终于沃洗者焉，知其能弟长而无遗矣。

安燕不乱　降，说屦升堂，修爵无数。饮酒之节，朝不废朝，夕不废夕。宾出，主人拜送，节文遂终焉，知其能安燕而不乱也。

【译文】弟长无遗　主宾先喝酒，劝主人喝，主人又劝介喝，介又劝众宾客喝，可见饮酒是按照长幼次序，最后洗涮、干活的人也都有酒喝，从这里就知道乡饮酒礼能按长幼，而且不遗失任何一人。

安燕不乱　在撤下酒后，各自下堂，把鞋子脱掉再登上高堂入座，彼此劝酒，不计杯数。饮酒的限度是：早上饮酒不影响早朝，夜里饮酒不影响晚朝。宾客告辞，主人拜送，所有礼节就结束了，从这里能知道乡饮酒礼中大家会安静的喝酒，不会有纵酒等混乱的事。

律吕

伏羲始纪阳气之初，为律法。建日冬至之声，以黄钟为宫。（黄钟自冬至始，其余以次运行，当日者各自为宫，商、徵以类应焉。）

黄帝听凤鸣，候气应，比黄钟之宫，而皆可以相生，始为本令。神瞽协中声，始为律度。

武王伐纣，吹律听声，制七律。（各五位三所而用之，一同其数，以律和声。）

【译文】伏羲最早纪录初生的阳气，制定律法。建日冬至吹出的声音，用黄钟为宫。（黄钟从冬至开始，依次运行，当天各自成为宫、商、徵等以类相从。）

黄帝听见凤凰啼鸣，节候的气息相应，比附为黄钟宫，然后各种宫调都从这里出来，开始制为本令。神瞽协调中声，最早制定律度。

周武王伐纣时，吹律管，听声音，制定七律。（各有岁、月、日、星、辰五位和三所一起使用，统一其数，让律和声。）

汉武帝时，令张仓定音律，访律吕相生之变于京房，始制六十律。（十二律之外，中宫上生执始，执始上生去减，上下相生，终于南事。）

五代钱乐之、沈重因京房而六之，制三百六十律。（日当一管，宫、徵旋韵，各以类从。）

黄帝取嶰谷之竹，断两节间而吹律。京房以竹声微不可度调，始作准以定数。（准状如瑟，长丈，十三弦，分寸粗而易达。）后魏陈仲儒请以准代律。

魏杜夔令柴玉铸钟。荀勖较杜夔钟律，造十有二笛。笛具五音，以应京房之术。（各以其律相因，以本宫管上行，则宫亢，因宫穴以本宫。徵上行，则徵亢。）

【译文】汉武帝时，让张苍制定音律，向京房学习律吕相生变化的原理，最早制定六十律。（在十二律外，中宫上面生出执、始，执、始上面生出去、减，上下相生，终结于南事。）

五代的钱乐之、沈重依据京房的六十律扩展六倍，制成三百六十律。（每一天对应一管，宫、徵旋转对位，各以类相从。）

黄帝取嶰谷的竹子，从两节中间截断制成管来吹律。京房因为竹子音量小不能确定音调，开始按照音准确定音位。（音准形状像瑟，长一丈，十三根弦，很粗，容易完成。）后魏时期，陈仲儒请求朝廷用准代替律。

魏国的杜夔让柴玉铸造大钟。荀勖校订杜夔的钟律，制成十二支笛子。笛子具有五音，对应京房的律法。（各自按照律法互相承袭，用本宫为基调上行，宫就是高音，在宫音处钻孔作为本音。徵音上行，徵音就亢急。）

梁主衍制为四通。（立为四器，名之为通，皆施二弦，因以通声，转通月气。）又用笛以写通声。

沈重始为子声，以母命子，随所多少合一律。（一，部律数，为日，一中气所有日为子。）为变宫变徵。（羽、宫之间，近宫收一声，少高于宫。角徵之间，近征收一声少下于徵。）四清声。（如黄钟为宫，蕤宾为之商，则减一律之半，为清声以应之。)

隋郑译始立七调，以其七调勘较七声。七声之外，更立一声为应。万宝常始为八十四调，百四十律，变化终于十声。(率下于译调二律。)

【译文】 梁武帝萧衍制定四通。(立着四种乐器，称之为通，每种安装两根弦，用来通声，转通了月令。)还用笛子模仿通的声音。

沈重最早制定半音，以正常音统摄半音，多少随意合为一律。(一部里，正常律数为母音，一中气的所有日是半音。)为变宫、变徵的音调。(在羽音和宫音之间，靠近宫音处设一音，稍高于宫音，这是变宫。角音和徵音之间，靠近徵音处设一音，稍低于徵音，这就是变徵。)还有四个清声。(假如黄钟调作为宫，蕤宾调就是商，那把一律的音减半，制成清声来应和。)

隋朝的郑译最早创立七调，用七调校对七声。在七声外，再立一声作为对应。万宝常最早制定八十四调，一百四十律，变化结束于十声。(音率比郑译所创的调低二律)

何妥臣用黄钟一宫。(妥立议非古，旋相为宫之乐。)惟击七钟，五钟为哑钟。唐张文收与祖孝孙吹调，始十二钟皆应。

唐末(“黄巢之乱”)，工器俱尽。博士殷盈孙铸镈钟十二。处士萧承训较定石罄。(皆于金石求之。)王朴始寻古法，得十二律管，依律准十三弦，以宣其声。宋太祖命和岘下王朴乐二律。仁宗夏诏李炤较定。

宋礼官杨杰请依人声制乐，以歌为本。蜀方士魏汉津用夏禹以身为度之文，取帝中指三寸为度。

伏羲始作乐。黄帝臣伶伦始制六律、六吕。荣缓铸十二钟，协月筒，以和五音。

【译文】何妥奏请单用黄钟宫。（何妥的非议古时宫调互换的乐曲。）只击打七钟，其馀五钟称为哑钟。唐朝张文收和祖孝孙两人吹调那其馀五钟，使十二钟都能应和。

唐末黄巢之乱后，工匠、乐器全部散尽。博士殷盈孙铸造十二面镈钟。处士萧承训校定石磬的音准。（都只能在金石的记载上寻找方法。）王朴最早找寻古法，得到十二律管，按照律管校准十三弦，以宣扬这一准声。宋太祖让和岘将王朴的乐音调低两个音。宋仁宗又下诏让李炤校定。

宋朝的礼官杨杰请按人声制定乐音，以歌声为基础。蜀地方士魏汉津按照夏禹以适应身体制定标准的方法，取皇帝的中指三寸来作为标准。

伏羲最早创造音乐。黄帝的臣子伶伦最早制定六律、六吕。荣缓铸造了十二钟协调月份和乐律的关系，并和五音配合。

周礼始奏鼓吹（大乐皆以钟鼓礼。钟师，掌金奏），制九夏。梁武帝本九夏为十二雅。（准十二律始定大乐，世世因之。）祖孝孙本十二雅为十二和。

秦燔《乐经》。汉兴，高祖始为乐，《武德》，文帝广为四时乐。叔孙通始定庙乐。武帝始定《郊祀》十九章。明帝始定四品。（郊庙上陵大予乐，辟雍燕射雅颂乐，燕飨黄门鼓吹乐，军中短箫铙歌乐。）

汉东京之乱，乐忘。魏武始命杜夔创定雅乐，四箱乐具。晋永嘉之乱，乐又忘。梁武帝更制。及周太祖、隋文帝详定雅乐，颇得其宜。至唐高宗，命祖孝孙考据古音，斟酌南北，始着为唐乐。

汉武帝制乐府，始诸调杂舞悉被丝管。陈后主始制《玉树后庭花》新乐，隋炀帝《金钗两臂垂》。（云俱陈后主。）

【译文】周朝开始奏鼓吹（大乐全是用钟鼓演奏。钟师，掌管击打编钟），制定古乐九夏。梁武帝按照九夏制定十二雅的标准（这时最早用十二律制定大乐，以后每朝都沿袭）。祖孝孙按照十二雅制成十二和。

秦朝烧毁了《乐经》。汉朝建立后，汉高祖刘邦最早制定《武德》乐，文帝扩展为四时乐。叔孙通最早制定宗庙乐。汉武帝最早制定《郊祀》乐，共十九章。汉明帝最早制定四品。（郊庙上陵等祭祀演奏大予乐，辟雍燕射等教育类活动演奏雅颂乐，燕飨黄门等娱乐演奏鼓吹乐，在军中用短箫演奏铙歌乐）。

汉末洛阳战乱，音乐散失。魏武帝曹操最早命令杜夔创定雅乐，他有四箱乐器。晋朝永嘉之乱时，音乐又散佚。梁武帝改革乐制。等到北周太祖、隋文帝时，详细校定雅乐，颇为恰当。到唐高宗时，命令祖孝孙考据古音，斟酌南北音，最早制定唐乐。

汉武帝创立乐府，最早让各种乐调和杂舞都用乐器伴奏。陈后主最早创作《玉树后庭花》新乐，隋炀帝有《金钗两臂垂》（有人认为全是陈后主所创）。

唐玄宗立部伎、坐部伎，三十六曲。

隋文帝始分雅俗二部。唐玄宗始法曲，与胡部合奏。

汉始立鼓吹署隶，北狄乐分二部。朝会用鼓吹，有箫笳者。军中马上用横吹，有鼓角者。隋以后，始以横吹用之卤簿，与鼓吹列为四部（㧏鼓部、铙鼓部、大横吹、小横吹部），总为鼓吹，供大驾及皇太子王公。

张骞入西域，得胡音，始为胡角以应。胡笳本黄帝吹角，战于涿鹿。魏时减为半鸣始衰。

【译文】唐玄宗有立部伎、坐部伎，共三十六曲。

隋文帝时期开始分为雅部、俗部。唐玄宗最早将法曲和胡部音乐一起演奏。

汉朝最早设立鼓吹署隶，北狄乐分为二部。朝会时用鼓吹曲，也用箫笳。军中在战马上演奏横吹曲，也用鼓角。隋朝后横吹曲用在皇帝的卤簿大驾的礼仪中，和鼓吹曲同被列为四部（㧏鼓部、铙鼓部、大横吹、小横吹部），总称“鼓吹”，供皇帝大驾、皇太子、王公使用。

张骞入西域，获得胡人的音乐，最早用胡角来应和。胡笳本是黄帝的吹角，涿鹿之战时使用过。魏国时减成半鸣，开始衰落了。

汉唐山姓夫人造房中祠乐，本周房中乐讽，用丝竹遗声为清乐。隋高祖制房内乐。炀帝始加歌钟、歌磬，丝竹副之。

元魏孝文篡汉，获南音，始为清商乐，本汉三调。隋文帝笃好清乐，置清商署为七部。炀帝始定清乐九部。唐高祖仍设九部，太宗为十部，俱主清商。

唐玄宗始制教坊隶。

散乐始周，有缦乐、散乐。秦汉因之，为杂伎。武帝始沿为俳优百戏，总谓散乐。

【译文】汉朝唐山（姓）夫人创作房中祠乐，源于周朝的房中乐讽，用管弦遗声来演奏清乐。隋高祖制作房内乐。隋炀帝最早增加歌钟、歌磬，并用丝竹配合演奏。

北魏孝文帝篡汉，得到南音，最早制作清商乐，源于汉朝的三调。隋文帝特别喜欢清乐，设立七部清商署。隋炀帝最早规定清乐为九部。唐高祖沿袭设为九部，唐太宗设为十部，都以清商乐为主。

唐玄宗最早设立教坊隶。

散乐从周朝开始，有缦乐、散乐。秦朝、汉朝继承，演变为杂伎。汉武帝最早用在俳优百戏上，共称为散乐。

舜调八音，用乐器八百般。至周，改宫、商、角、徵、羽，减乐器五百般。唐又减三百般。

周制乐，编悬钟磬各八，二八十六，而在一虡，半为堵，全为肆。（肆，陈也。堵，犹墙之堵，言一列也。）

黄帝始煞夔作冒鼓，帝喾作鼗鼓，禹作鞀鼓（小鼓），倕作鼛鼓。周有瓦鼓，汉有杖鼓，唐有羯鼓。

母句始作磬。南齐作云板。梁作方响（制岂编磬以铁为之）。

【译文】舜帝让八音协调，用的乐器达八百种。到周朝，改为宫、商、角、徵、羽五音，乐器减到五百种。唐朝又裁剪三百种。

周朝创制音乐，编钟编磬各有八种，二八一十六，全挂在木架上，一半叫堵，整部叫肆（肆，陈列。堵，就像说一堵墙的堵，指的是一列）。

黄帝最早杀死夔龙用它的皮蒙在鼓上，帝喾制作小摇鼓，禹制作鞀鼓（也就是小鼓），倕制作军队的鼛鼓。周朝有瓦鼓，汉朝有杖鼓，唐朝有羯鼓。

母句最早制作磬。南齐制作云板。南朝梁制作方响（制岂编磬，用铁制作）。

黄帝御蚩尤，作钲角，帝喾平共工，作埙篪、柷敔（即控揭）。

神农始作钟，禹作铎，汤作錞（以钟以和鼓）。

女娲氏作笙簧，随作竽，神农作籥，伏羲作箫（一云女娲，一云舜），师延作控箜篌，蒙恬作筝，沈怀远作绕梁（似箜篌）。

【译文】黄帝和蚩尤征战，制作了钲角；帝喾打败共工，制作埙篪、柷敔（也就是控揭）。

神农最早制作钟，大禹制作了铎，汤让钟应和鼓。

女娲氏制作了笙簧，随制作了竽，神农制作了籥，伏羲制作了箫（有人说是女娲，还有人说是舜），师延制作控箜篌，蒙恬制作了筝。沈怀远制作了绕梁（像箜篌）。

伶伦伐昆溪之竹作笛，汉丘仲始充其制。

女娲氏始作管，唐刘係作七星管。

伏羲始作瑟，黄帝始使素女破二十五弦（伏羲瑟五十弦）。

梁柳恽作击瑟击琴。唐道源作击瓯。李琬作水盏（二俱用箸击）。师旷制月琴。

【译文】伶伦砍伐昆溪的竹子制作笛子，汉朝的丘仲最早规范笛子的形制。

女娲氏最早制作管，唐朝刘係制作七星管。

伏羲最早制作瑟，黄帝最早让素女将瑟破开变成二十五根弦（伏羲的瑟是五十根弦）。

南朝梁的柳恽制作打击的瑟、琴。唐朝道源制作了击瓯。李琬制作了一对水盏（都用筷子敲击）。师旷制作月琴。

秦苦役弦鼗而鼓之，作琵琶。

李伯阳入西戎，作胡笳。黄幡绰侍明皇，谱拍板琴。

伏羲氏始削桐为琴，十弦。神农作五弦琴，具五音。文王始增少宫、少商二弦，为七弦。

伏羲始为《琴操》。师延始为新曲。赵定（汉宣时人）始为散操，九引十二操，皆以音相援，不著辞（或云琴曲皆魏晋人为之）。至梁始琴有辞。

【译文】秦朝的一名苦役在鼗鼓上添加弦来弹奏，制成琵琶。

老子去西戎，制作胡笳。黄幡绰侍奉唐玄宗，制作了拍板琴。

伏羲氏最早用桐木制成琴，有十根弦。神农制作了五弦琴，有五种音色，文王开始添加少宫、少商二弦，成为七弦琴。

伏羲最早制作《琴操》。师延创作新曲。赵定（汉宣帝时人）最早创作散操，有九引、十二操，都用声音应和，没歌辞（有人说琴曲全是魏晋人制作的）。到南朝梁时，琴曲才有了歌辞。

古琴名　伏羲离徽，黄帝清角，帝俊电母，伊陟国阿，周宣王响风，秦惠文王宣和、闲邪，楚庄王绕梁，齐桓公鸣廉、号钟，庄子橘梧，闵损掩容，卫师曹凤嗉，鲁谢涓龙腰，魏师坚履杯，鲁贺云龙颔，魏杨英凤势，秦陈章神晖，赵胡言亚额（琴额女亚字），李斯龙腮，始皇秦琴（弦轸徽尾俱黑），司马相如绿绮，荣启期双月，张道响泉，赵飞燕凤凰，梁鸿灵机，马明四峰，宋蒙蝉翼，扬雄清英，晋刘安云泉，王钦古瓶，谢庄怡神、仙人，庄女落霞，李勉百纳，徐勉玉床，荀季和龙唇、柷敔，牧太古，赵孟頫震余（许旌阳手植桐），吴忠懿王洗凡（斫瀑布泉亭柱）。

【译文】古琴名　伏羲的琴名叫离徽，黄帝的琴名叫清角，帝俊的琴名叫电母，伊陟的琴名叫国阿，周宣王的琴名叫响风，秦惠文王的琴名叫宣和、闲邪，楚庄王的琴名叫绕梁，齐桓公的琴名叫鸣廉、号钟，庄子的琴名叫橘梧，闵损的琴名叫掩容，卫国师曹的琴名叫凤嗉，鲁国谢涓的琴名叫龙腰，魏国师坚的琴名叫履杯，鲁国贺云的琴名叫龙颔，魏国杨英的琴名叫凤势，秦国陈章的琴名叫神晖，赵国胡言的琴名叫亚额（琴额上有女亚字样），李斯的琴名叫龙腮，秦始皇的琴名叫秦琴（琴弦、琴轸、琴徽、琴尾全是黑色），司马相如的琴名叫绿绮，荣启期的琴名叫双月，张道的琴名叫响泉，赵飞燕的琴名叫凤凰，梁鸿的琴名叫灵机，马明的琴名叫四峰，宋蒙的琴名叫蝉翼，扬雄的琴名叫清英，晋朝刘安的琴名叫云泉，王钦的琴名叫古瓶，谢庄的琴名叫怡神、仙人，庄女的琴名叫落霞，李勉的琴名叫百纳，徐勉的琴名叫玉床，荀季和的琴名叫龙唇、枧敔，祝牧的琴名叫太古，赵孟的琴名叫震馀（用许旌阳亲手种的梧桐制成），吴越的忠懿王钱俶的琴名叫洗凡（是他派人砍掉瀑布泉的亭柱制成）。

琴操　雅度五等，伏羲、舜、仲尼、灵关、云和。十二操：孔子《将归》《猗兰》《龟山》，周公《越裳》，文王《拘幽》，太王《岐山》，尹伯奇《履霜》，牧渎《雉朝飞》，商陵牧子《别鹤》，曾子《残形》，伯牙《水仙》《怀陵》。九引：楚樊姬《烈女引》，鲁伯妃《伯妃引》，晋漆室女《贞女引》，卫女《思归引》，楚商梁《霹雳引》，樗里牧恭《走马引》，樗里子《箜篌引》，秦屠高门《琴引》。蔡邕五弄：《游春》，《渌水》，《幽居》，《坐愁》，《秋思》。师涓四时操：春操离鸿、去雁、应苹；夏操明晨、焦泉、流金；秋操商风、落叶、吹蓬；冬操凝和、流阴、沉云。

【译文】琴操　高雅法度有五等，依次是伏羲、舜、仲尼、灵关、云和。有十二种琴操：孔子的《将归操》《猗兰操》《龟山操》，周公有《越裳操》，周文王有《拘幽操》，太王有《岐山操》，尹伯奇有《履霜操》，牧渎有《雉朝飞操》，商陵牧子有《别鹤操》，曾子有《残形操》，伯牙有《水仙操》《怀陵操》。还有九引：楚国的樊姬有《烈女引》，鲁国的伯妃有《伯妃引》，晋国的漆室女有《贞女引》，卫女有《思归引》，楚的漆商梁有《霹雳引》，樗里牧恭有《走马引》，樗里子有《箜篌引》，秦的漆屠高门有《琴引》，楚的漆龙丘高有《楚引》。蔡邕有五弄：《游春弄》，《渌水弄》，《幽居弄》，《坐愁弄》，《秋思弄》。师涓有四季的琴操：春天演奏《离鸿操》《去雁操》《应蘋操》；夏天演奏《明晨操、《焦泉操》《流金操》；秋天演奏《商风操》《落叶操》《吹蓬操》；冬天演奏《凝和操》《流阴操》《沉云操》。

乐律

历代乐名　黄帝作《咸池》，颛顼作《六英》，帝喾作《五茎》，尧作《大章》，舜作《大韶》，禹作《大夏》，汤作《大濩》，武王作《大武》。

嶰谷　黄帝命伶伦作律。伶伦取竹于嶰谷山，其窍厚薄之均者，断为两节间作六寸九分而吹之，以为黄钟之管。制十二筒以听凤凰之鸣，雄鸣六，雌鸣六，以为律吕。

律吕，五声之本，生于黄钟之律。律有十二，阳六为律，阴六为吕。律以通气类物，一曰黄钟，二曰太簇，三曰姑洗，四曰蕤宾，五曰夷则，六曰无射。吕以旅阳宣气，一曰林钟，二曰南吕，三曰应钟，四曰大吕，五曰夹钟，六曰中吕。有三统之义焉。职在太常，太常掌之。

葭灰气候　隋文帝取律吕，实葭灰以候气，问于牛弘，对曰："灰飞半出为和气，全出为猛气，不出为衰气。"

【译文】历代乐名　黄帝创作《咸池》，颛顼创作《六英》，帝喾创作《五茎》，尧创作《大章》，舜创作《大韶》，禹创作《大夏》，汤创作《大濩》，武王创作《大武》。

嶰谷　黄帝让伶伦制定音律。伶伦取来嶰谷的竹子，挑选内外厚薄均匀的，从两节中间截断，制成六寸九分长，然后吹奏，制成黄钟管。再制定十二筒，演奏出凤凰的鸣声，雄凤鸣声有六种，雌凰鸣声有六种，合为律吕。

律吕　律吕，是五声的根本，全是从黄钟律中生出。黄钟律有十二音，六阳叫律，六阴叫吕。律，统领气息，模仿万物：一叫黄钟，二叫太蔟，三叫姑洗，四叫蕤宾，五叫夷则，六叫无射。吕，聚集阳气，宣导气息：一叫林钟，二叫南吕，三叫应钟，四叫大吕，五叫夹钟，六叫中吕。律吕有朝代正朔的涵义。职务在太常，太常掌管律吕。

葭灰气候　隋文帝取律吕的管，在里面填满葭草的灰，用以观察节候，天询问牛，牛弘回答："假如草灰飞出一半，就是和气，全部飞出，就是猛气，不飞出，就是衰气。"

五音　宫为君，商为臣，角为民，徵为事，羽为物，五者不乱，则无怗懘之音矣。宫乱则荒，其君骄；商乱则陂，其臣坏；角乱则忧，其民怨；徵乱则哀，其事动；羽乱则危，其财匮。五者皆乱，迭相陵，谓之慢，如此则国之灭亡无日矣。

乱世之音　郑卫之音，乱世之音也，比于慢矣。桑间濮上之音，亡国之音也，其政散，其民流，诬上行私而不可止也。

溺音　魏文侯问："何谓溺音？"子夏对曰："郑音好滥淫志，宋音燕女溺志，卫音趋数烦志，齐音敖辟乔志。此四者皆淫于色而害于德，是以祭祀弗用也。"

【译文】五音　宫象征君主，商象征臣子，角象征平民，徵象征事情，羽象征万物，这五种不混乱的话，那么就没有不和谐的音乐。宫音混乱就会荒淫，代表君主骄惰；商音混乱就会邪僻，代表臣子败坏；角音混乱就会忧伤，代表百姓有怨恨；徵音混乱就会悲哀，代表劳役太重，劳动人民；羽音混乱就会危险，代表财物不足。假如五音全部混乱，互相侵凌，叫作散漫，假如像这样，国家灭亡就不远了。

乱世之音　郑国、卫国的音乐，是乱世之音，接近放纵。桑间、濮上的音乐，是亡国之音，他的国家政治解体，百姓颠沛流离，诬蔑上面的人，社会普遍私心重，没法阻止。

溺音　魏文侯问子夏："什么才叫淫溺的音乐？"子夏回答："郑国的音乐喜欢放纵的曲调，让人心志荒淫，宋国的音乐多是宴乐和女子，让人心志沉沦，卫国的音乐急促，让人心志烦扰，齐国的音乐倨傲放肆邪辟，让人心志骄傲放荡。这四国的音乐都沉溺女色，妨害道德，因此在祭祀时绝不使用。"

六声　钟声铿，铿以立横，横以立武。君子听钟声，则思武臣。石声磬，磬以立辨，辨以致死。君子听磬声，则思死封疆之臣。丝声哀，哀以立廉，廉以立志。君子听琴瑟之声，则思志义之臣。竹声滥，滥以立会，会以聚众。君子听竽笙箫管之声，则思畜聚之臣。鼓鼙之声讙。以立动，动以进众。君子听鼓鼙之声，则思将帅之臣。君子之听音，非听其铿锵而已也，彼亦有所合之也。

学琴师襄　孔子学琴于师襄。孔子曰："丘习其曲，再习其数，今习其志，有所穆然而深思焉，有所怡然高望而远志焉。又得其人，黮然而黑，几然而长，眼如望羊，心如欲王四国，非文王，其谁能为此也！"师襄辟席，再拜曰："师盖云《文王操》也。"

【译文】六声　钟声铿锵厚重，铿锵厚重的声音让人意气勃发，意气勃发会激起勇气。君子听见钟声时，就会想起武将。石磬声清脆，清脆让人爱憎分明，爱憎分明让人愿意献身。君子听见石磬声，会想起保卫疆土的大臣。琴瑟等弦声哀伤，哀伤使人廉直，廉直使人充满志气。君子听见琴瑟声，会想起有志气正义的大臣。竹管的声音多种，多种就可以会聚，会聚使人懂得团结，君子听见竽、笙、萧、管的声音，就会想起团结百姓的大臣。鼓鼙的声音欢畅，欢畅的音乐使人鼓动，鼓动让士兵前进。君子听见鼓鼙声，就会想起带兵打仗的大臣。君子听音乐，不仅仅听音乐的铿锵音调而已，而且还要从里面发生共鸣。

学琴师襄　孔子向师襄学习奏琴。孔子对他说：“我练习这曲子，再练习技法，如今又陶冶了情志，有时会静静恭敬地思索，有时会欣欣然，仿佛登高望远，志气变得远大。后来我又就了解到曲子里的人，黝黑的皮肤，高高的个子，眼睛仿佛远望，胸襟仿佛想统一四方诸侯，不是周文王，还有谁能像这样呢？”师襄离开席子，对孔子拜了两次，说：“我老师就说这曲子叫《文王操》。”

四面　王宫县（四面宫县）、诸侯轩县（去其南面，以避王也）、大王判县（又去其北面，仅存其半也）、士特县（又去其西南，以示特立之意也）。

铜山崩　汉武帝时，未央宫殿前钟无故自鸣。诏问东方朔，对曰：“臣闻铜者，山之子；山者，铜之母。子母相感，钟鸣，山必有应者。”居三日，南郡太守上书言山崩，延袤二十余丈。

魏帝殿前大钟，不叩自鸣，人皆异之，以问张华，华对曰：“此蜀郡铜山崩，故钟鸣应之耳。”寻蜀郡上其事，如张华言。

【译文】四面　**王宫县**（也就是四面悬挂乐器）、**诸侯轩县**（去掉南面悬挂的乐器，不敢比拟君王）、**大王判县**（再去掉北面的乐器，只留一半）、**士人特县**（再去掉西南的乐器，表示独自站立）。

铜山崩　汉武帝时，未央宫殿前的大钟无故响起。汉武帝召来东方朔问他，他说："我听说铜是山的儿子；山是铜的母亲。母子感应，钟就响起，肯定会有哪座山在应和。"三天以后，南郡太守上书说有当地的山体崩塌，绵延二十多里。

魏国宫殿前的一口大钟，不敲就响起，大家都觉得奇怪，把这事询问张华，张华答说："这是蜀地的铜山崩塌，所以大钟响起，与之呼应。"没过多久，蜀地官员上书提到这事，和张华说的一模一样。

錞于　孝武西迁，雅乐多缺，有錞于者，近代绝此。或有自蜀得之者，莫识之。斛斯征曰："此錞于也。"遂依干宝周礼法，以芒筒捋之，其声极振。

金錞　《周礼》：少师以金錞和鼓。其形象钟，顶大，腹口弇，以伏兽为鼻，内县铃子，铃铜舌。作乐，振而鸣之，与鼓相和（状似佛子铃）。

蕤宾铁　乐工廉郊，池上弹蕤宾调，忽闻荷间有物跳跃，乃方响一片（方响以铁为之，用以代磬）。识者知其为蕤宾铁也，音乐之相感若此。

驷马仰秣　伯牙弹琴，而驷马为之仰秣。仰秣者，仰头吹吐，谓马笑也。

【译文】錞于　北魏孝武帝西迁长安，庙堂的雅乐多有残缺，有种乐器叫錞于，这时候就失传了。有人在蜀地发现，没人认识。斛斯徵曰："这是錞于。"于是按照干宝《周礼注》的记载，用芒筒来敲击，音响特别大。

金錞　《周礼》里说：少师用金錞和鼓声配合演奏。金錞长的像钟，顶部大，腹口合着，用蹲伏的野兽形状制成鼻，内部悬挂铃子，铃上有铜舌。演奏音乐时，摇一摇它就响，和鼓声相配合比较和谐（形状类似佛子铃）。

蕤宾铁　乐工廉郊在池上弹奏蕤宾调，突然听见荷叶中间有东西在跳，仔细看，原来是一片方响（方响用铁制成，用来替换磬）。行家知道那是蕤宾铁。音乐的感应居然能这般神奇。

驷马仰秣　伯牙一弹琴，驷马都为他仰起头。“仰秣”是说仰头吹气，代表马笑。

万壑松　郭伯山收唐琴万壑松，乃宣和御府物。李白诗：“蜀僧抱绿绮，西下峨眉峰。为我一挥手，如听万壑松。客心洗流水，余响入霜钟。”

琴有杀心　蔡中郎赴邻人酌。至门，有客鼓琴，中郎潜听之，曰：“以乐召我，而有杀心，何也？”遂返。主人知，自起追之。中郎具以告。客曰：“我适鼓琴，见螳螂方捕蝉，惟恐失之，此岂杀心现于指下乎？”中郎笑曰：“此足以当之矣。”

高山流水　伯牙鼓琴，钟子期听之。伯牙志在高山，子期曰：“善哉，峻若崧岳！”伯牙志在流水，子期曰：“善哉，泻若江河！”子期死，伯牙破琴绝弦，终身不复鼓琴。

【译文】万壑松　郭伯山收藏了唐朝的名琴“万壑松”，原来是北宋宣和年间皇宫的藏品。李白的诗说：“蜀僧抱绿绮，西下峨眉峰。为我一挥手，如听万壑松。客心洗流水，馀响入霜钟。”

琴有杀心　蔡邕赴邻居的约一起喝酒。到门口，听见有人在弹琴，蔡邕偷偷听，说：“用音乐召我过来，却含有有杀人的心思，为什么？”于是就回去了。主人发现后，赶忙去追他。蔡邕说明缘由。客人说：“我刚刚弹琴，看见螳螂在捕蝉，只担心它没成功，这难道是杀心流露在琴弦上了吗？”蔡邕笑说：“这就能解释了。”

高山流水　伯牙弹琴时，钟子期倾听。伯牙的心思在高山，子期就说：“演奏的好啊，高如嵩山！”伯牙的心思在流水，子期说：“演奏的好啊，滔滔如江河！”后来钟子期去世，伯牙摔坏琴，弄断琴弦，一辈子都不再弹琴。

濮水琴瑟　晋师延为纣作靡靡之乐，武王伐纣，师延自投濮水而死。后卫灵公夜止濮上，闻鼓琴声，召师旷听而习之。师旷曰：“此亡国之音也！”

焦尾　蔡中郎在吴。吴人烧桐以爨，中郎闻其火爆声曰：“良木也。”请截为琴，果有美音。其尾犹焦，因名其琴曰“焦尾琴”。

相如琴台　司马相如有琴台，在浣溪正路金花寺北，魏伐蜀，于此下营掘堑，得大瓮二十余口，以响琴也。

松雪　雷威作琴，不必皆桐，遇大风雪，独往峨眉山，着蓑笠入深松中，听其声连绵清越者，伐之以为琴，妙过于桐。世称雷公琴，有最爱重者，以“松雪”名之。

【译文】濮水琴瑟　晋人师延给商纣王创作出靡靡之乐，周武王讨伐纣王，师延跳到濮水自杀而亡。后来卫灵公夜里在濮水边听见弹琴声，他召来师涓让他记谱。师旷说：“这是亡国之音！”

焦尾　蔡邕在吴地，吴地的人用桐木当柴火烧饭，蔡邕有一次听见火里爆裂的声音，就：“这是好木材。”请求主人给他那木头，他就截成琴，果真发出优美的音色。琴尾还是烧焦的状态，所以起名叫焦尾琴。

相如琴台　司马相如有一座琴台，在浣花溪正路的金花寺的北边，魏国讨伐蜀汉，曾在下面驻扎，挖壕堑，发现二十多口大缸，原来都是司马相如用来扩大琴声的音量的。

松雪　雷威制作的琴，不一定都是桐木。他在大风雪的天气，独自前往峨眉山，穿着蓑笠进入松林深处，听松树，如果哪一棵发出连绵清越的声音，就砍下来制成琴，音质的优美超过桐木制作的。世人称之为雷公琴。他最珍爱的琴叫"松雪"。

斫琴名手　晋雷威、雷珏、雷文、雷迅、郭亮并蜀人，沈镣、张钺并江南人，皆斫琴名手。

震馀　鲜于伯几以震馀琴送赵文敏，是许旌阳手植桐，为雷所击断，斫以为琴。琴背许旌阳印剑之迹宛然，盖人间至宝也。

绿绮　蔡中郎有琴名绿绮，云是峄阳孤桐所斫，一时名重天下。

无弦琴　陶渊明不解琴，畜素琴一张，弦徽不具，常抚摩之，曰："但识琴中趣，何劳弦上声。"

【译文】斫琴名手　晋朝的雷威、雷珏、雷文、雷迅、郭亮全是蜀地人，沈镣、张钺全是江南人，这些全是斫琴名家。

震馀　鲜于枢（字伯机）把震馀琴送给赵孟頫。这是以前许逊（旌阳）亲手种的桐树，被雷电击断，砍来制成的琴。琴的背面的许旌阳的印剑痕迹历历分明，可谓是人间的极为珍贵的宝物。

绿绮　司马相如的琴叫绿绮琴，据说是用峄阳峰的孤桐砍成的，一时名声传遍天下。

无弦琴　陶渊明不懂弹琴，却收藏一把素琴，弦、徽全没有，他常常摸着琴说："只要认识琴中的趣味，何必一定弹出弦上的音乐。"

将移我情　伯牙学琴于成连，三年不成。乃引之东海蓬莱山之侧，刺船迎吾师方子春，旬日不返。伯牙延望无人，但闻海水澒洞崩折之声，山林杳冥，群鸟悲鸣，怆然叹曰："先生将移我情矣！"乃援琴而歌水仙之操。

绕殿雷　冯道之子能弹琵琶，以皮为弦，世宗令弹，深喜之。因号绕殿雷。

游鱼出听　孙卿子云："匏巴鼓瑟，游鱼出听。"

箜篌　箜篌其形似瑟而小，用拨弹之。汉灵帝好之，体曲而长，二十三弦，竖抱于怀，两手齐奏之，俗谓之"劈箜篌"。

【译文】将移我情　伯牙跟着成连学琴，三年都没学成。成连对他说："我的老师方子春在东海上。善于改变人的性情。"于是带着伯牙去东海蓬莱山的海边，他说自己划船去迎接方子春，十天都没回来。伯牙每天举目远望，没有人踪，只听见海水汹涌激荡的声音，山林幽暗深远，群鸟悲鸣，伯牙悲怆地叹息说："先生准备让孤独改变我的性情啊！"于是弹起琴，歌唱《水仙操》。

绕殿雷　冯道的儿子善于弹奏琵琶，他用皮当作琵琶弦。周世宗让他弹奏，特别喜欢他的音乐。所以号称"绕殿雷"。

游鱼出听　荀子说："瓠巴一弹瑟，游鱼游出水面倾听。"

箜篌　箜篌长得像瑟，却稍微小些，拨着弹奏。汉灵帝特别喜欢。形体弯曲而长，有二十三根弦，竖着抱在怀里，两只手一起弹奏，俗语叫劈箜篌。

见狸逐鼠　孔子鼓琴，曾子、子贡侧门而听，曲终，曾子曰："嗟乎！夫子琴声，殆有贪狼之志，邪僻之行，何其不仁！"子贡以告，子曰："向者鼓琴，有鼠出游，狸见于屋，循梁微行，造焉而避，厌身曲脊，求而不得。丘以琴淫其声，参以为贪狼邪僻，不亦宜乎！"

筑 筑状如琴而大头，十三弦，其项细，其肩圆，鼓法以左手抱之，右手以竹尺击之，随调应节。

寇先生 嵇中散常去洛数十里，有亭名华阳。投宿。一更，操琴。闻空中称善，中散呼与相见，乃出见形，以手持其头，共论音声，因授以《广陵散》。此鬼名"寇先生"，生前善琴，为宋景公所杀。中散得《广陵散》，秘不肯授人。后临刑叹曰："《广陵散》于今绝矣！"

【译文】见狸逐鼠 孔子弹琴时，曾子、子贡在门外偷听。一曲结束，曾子说："哎呀，夫子的琴声，大约有贪狠的志气，邪恶的德行，多么不仁！"子贡将这话告诉孔子，孔子说："刚才弹琴的时候，看见一只老鼠出动，猫在屋里看见，就沿着房梁爬上去，快接近时怕被发现，就隐藏着，压低身子弓着背，上前捕捉却没抓到。我就用琴声表达他们这种情况，曾参认为音乐有贪狠、邪恶的情志，不也合适吗？"

筑 筑长得像琴，头部稍微大些，有十三根弦，项部细，肩部圆，弹奏方法是左手抱着，右手用竹尺来敲击，随着调子拍打。

寇先生 嵇康曾经离开洛阳几十里，去华阳亭去借宿。一更时分，他弹琴，只听见见半空中有人夸奖他，嵇康喊他下来见面，于是就出来现出原形，用手扶着头，和嵇康一起谈论音乐，因而把《广陵散》传授给嵇康。这鬼叫寇先生，生前善于弹琴，被宋景公杀死。嵇康获得《广陵散》后，很保密，不肯教别人。后来临刑前长叹一声，说："《广陵散》今天开始就失传了！"

楚明光　王彦伯尝过吴，维舟中渚，登亭望月，倚琴歌《泫露》之诗。俄有女郎披帷而进，乃抚琴挥弦，调韵哀雅。王问何曲，女曰："古所谓《楚明光》也，嵇叔夜能为此声。自兹以后，得者数人而已。"彦伯请授教，女曰："此非艳俗所宜，惟岩栖谷隐，可以自娱耳。"鼓琴而歌，歌毕，迟明辞去。

天际真人想　桓大司马曰："谢仁祖，企脚北窗下弹琵琶，有天际真人想。"

拨阮　武后时，有人破古冢得铜器，似琵琶，身正圆，人莫能辨。元行冲曰："此阮咸所作也。"命匠人以木为之，乐家遂名之"阮咸"。以其形似月，声似琴，遂名月琴。今人但呼曰"阮"，曰"拨阮"，曰"摘阮"，俱可。

【译文】楚明光　王彦伯曾经经过吴地，船靠在岸边，登上亭子赏月，边弹琴边唱《泫露》诗。不一会儿出现一名女孩子，解开帷幕进入，就用他的琴演奏，音韵哀伤高雅。王彦伯问她这曲子叫什么，女孩子说："这是古代的《楚明光》，嵇康（字叔夜）能弹此曲。从他以后，会弹的人只有几个。"王彦伯请女孩子传授给他，女孩子说："这曲子不是尘俗中人所能弹奏，只有山林的隐士才能弹奏自娱自乐。"于是弹琴歌唱，结束后天亮了，告辞离去。

天际真人想　大司马桓温说："谢尚（字仁祖），翘起脚在北边窗子下弹琵琶时，有天上仙人的风度。"

拨阮　武则天时，有人盗墓得到一个铜器，长得像琵琶，形状正圆，世人都不认识。元行冲说："这是阮咸制作的。"他让匠人用木头仿造一个，音乐家们就取名为"阮咸"。因为形状像月亮，声音像琴，因而叫月琴。今人只叫它"阮""拨阮""摘阮"，都行。

柯亭竹椽　蔡中郎避难江南，宿柯亭，听庭中第十六条竹椽迎风有好音，中郎曰："此良竹也。"取以为笛，声音独绝，历代相传，后折于孙绰妓之手。

秦声楚声　李龟年至岐王宅，闻琴，曰："此秦声。"良久，又曰："此楚声。"主人入问之，则前弹者陇西沈妍，后弹者扬州薛满。二妓大服。

好竽　齐王好竽，有求仕于齐者，操瑟而往，立于王之国三年，不得入。客曰："王好竽，而子鼓瑟，瑟虽工，其如王之不好何！"

【译文】柯亭竹椽　蔡邕去江南避战乱，住在柯亭这个地方，听见庭中的第十六根竹柱子迎着风有美好的声音，蔡邕说："这是好竹子。"就取来制作笛子，声音特别美，世代相传，后来被孙绰的妓妾折断了。

秦声楚声　李龟年在岐王的宅子里听琴声，说："这是秦地音乐。"不一会儿，又说："这是楚地音乐。"主人让他进来，前面的弹琴人是陇西沈妍，后面的弹琴人是扬州薛满。这两个歌妓十分佩服。

好竽　齐王特别爱好听人演奏竽，有人去齐国出仕，带着一张瑟前往，在齐国都城住了三年，不能进入宫中。客人对他说："齐王爱好竽，可你弹瑟，弹得再好，齐王不喜欢有什么用呢！"

羯鼓　唐明皇不好琴，一弄未毕，以琴者出。谓内侍曰："速令花奴将羯鼓来，为我解秽。"

渔阳掺挝　祢衡被魏武谪为鼓吏。正月十五，试鼓，衡扬桴（音孚）为《渔阳》掺挝（音伞查），渊渊有金石声，四座为之改容。

（掺，击鼓法。挝，击鼓捶。）

回帆檛 王大将军尝坐武昌钓台，闻行船打鼓，嗟称其能。俄而一捶小异，王以扇柄撞几曰："可恨！"时王应侍侧曰："此回帆檛。"使视之，曰："船人入夹口。"

十八拍 蔡琰字文姬，先适河东卫仲道，夫亡。兴平中丧乱，为胡骑所获，没于南匈奴。左贤王十二年春月，登胡殿，感胡笳之声，作《胡笳十八拍》，后曹操以金帛赎之，嫁于董祀。

【译文】羯鼓 唐明皇不喜欢琴，弹琴的人一曲还没完，就喝斥他出去。并且对左右的宦官说："快让花奴给我带羯鼓过来，帮我去去污气。"

渔阳掺挝 祢衡被魏武帝曹操贬为击鼓吏。正月十五那天，要试鼓，祢衡举起鼓槌敲打出《渔阳》掺挝，演奏了三遍，渊渊然有钟磬的声音，座上的宾客为之神情严肃。（掺，是击鼓的方法。挝，是击鼓捶。）

回帆檛 大将军王敦曾坐在武昌的钓台上面，听着过往的船只打鼓声，赞叹鼓声的美妙。忽然有一捶的声音稍微不和谐，王敦用扇子柄敲击桌子说："遗憾啊！"当时王应陪在旁边说："这是回帆鼓。"派人去瞧，回来报告说："那船正进入夹口。"

十八拍 蔡琰字文姬，第一个丈夫是河东人卫仲道，丈夫后来去世了。兴平年间遇到战乱，他被胡人士兵俘虏，到达南匈奴。左贤王十二年春，她在胡人的宫殿里，受到胡笳声音的感动，创作了《胡笳十八拍》。后来曹操用钱把她赎回来，她又嫁给董祀。

簨虡（音损巨。横曰簨，直曰虡） 《周礼》：梓人为簨。天下大兽五，脂者、膏者、蠃者、利者、鳞者。雕画于乐县之上，大声有力者，以为钟虡，清声无力者为磬虡。

周郎顾曲　周瑜妙于音律，虽三爵之后，少有阙误，瑜必举目瞪视。时人语曰："曲有误，周郎顾。"

击壤　击壤，石戏也。壤以木为之，前广后锐，长四尺三寸，阔三寸，其形如履，将戏，先侧一壤，于三四十步外，以手中壤击之，中者为吉。

禁鼓一千一百三十声为一通，三千六百九十声为三通。更鼓三百六十挝为一通。千捶为三通。余鼓三百三十三为一通。角十二声为一叠。

【译文】簨虡（音损巨。横曰簨，直曰虡）　《周礼》里说：木工制作簨、虡。天下大野兽有五种：牛羊类、猪类、虎豹类、飞禽类、鱼类。把这五种动物的图案刻在簨虡上。声音宏亮有力的动物画在钟的虡上，声音清远无力的动物画在磬的虡上。

周郎顾曲　周瑜特别精通音律，虽然酒过三巡后，下人演奏音乐稍有舛错，周瑜肯定会回头去对着演奏的人盯着看。当时的人有句谚语："曲有误，周郎顾。"

击壤　击壤，是用石头玩的游戏。"壤"用木头制成，前面宽后面尖，长四尺三寸，宽三寸，形状像鞋。准备玩时，先把一个壤侧着放在三、四十步开外的地方，用手中的壤去撞击它，击中的就表示大吉。

宫城谯楼上报时的鼓，每击打一千一百三十声叫作"一通"，击打三千六百九十声是"三通"。夜里报时的鼓，每击打三百六十下叫"一通"，一千下是"三通"。其馀的鼓每击打三百三十三声叫"一通"。军营里的鼓每击打十二声叫"一叠"。

钟声　晨昏撞一百单八者，一岁之义也。盖年有十二月有廿四气，又有七十二候，正得此数。越州歌曰："紧十八，慢十八，六遍共成一百八。”

埙篪　埙以土为之，锐上平底，如秤锤，六孔，一云八孔，大如鸭卵，曰“雅埙”；小如鸡卵，曰：“颂篪”，以竹为之，大者长一尺四寸、八孔，小者长一尺二寸、七孔，横吹之，与埙声相应。埙篪二器，乃周昭王时暴辛公所作。

柷敔　柷，状如漆桶，以木为之，方二尺四寸，深一尺八寸，中有椎柄，连底撞而击其傍，所以起乐也。方二四寸者，阴数也。敔，状如伏虎形，背上有二十七鉏铻，刻以木，长尺许，以水戛之，所以止乐也。二十七鉏铻者，阳数也。柷敔二器，乃舜时所作。

【译文】钟声　清晨和夜里各撞钟一百零八下，包含一年的寓意。因为一年十二个月，二十四个节气，七十二个候，数字加起来一共是一百零八。《越州歌》说：“紧十八，慢十八，六遍共成一百八。”

埙篪　埙是用土制作的，头上尖锐，底部平坦，长得像秤锤，有六个孔，另说有八个孔。其中稍大点的像鸭蛋，叫“雅埙”。稍小的像鸡卵，叫“颂埙”。篪是用竹子制成的，大的长一尺四寸，八个孔，小的长一尺二寸，七个孔，横着吹，和埙的声音配合演奏。埙、篪这两种乐器，都是周昭王时的暴辛公制作的。

柷敔　柷，形状像漆桶，用木头制作，直径二尺四寸，深一尺八寸，中间有椎柄，连着底部，击打旁边的壁，用来开始奏乐。直径二尺四寸，是代表阴数。敔，长得像伏着老虎，背上有二十七个栉齿状的东西，用木头刻成，长一尺多，用木头敲打，用来停止演奏。二十七个栉齿，是代表阳数。柷、敔这两种乐器，是舜帝时期制作。

洗凡清绝　吴越忠懿王得天台寺中对：“瀑布泉屋，柱斫二琴。”一曰洗凡，一曰清绝，为旷代之宝。后钱氏献之太宗，藏于御府。见《辍耕录》。

舞剑器　《剑器》，乃武舞之曲名。其舞用女妓而雄装之，其实空手舞也。见《文献通考》。

梨园子弟　唐明皇酷爱法曲，选坐部伎子弟三百人，教于梨园，谓之梨园子弟。居宜春北苑。时有马仙期、李龟年、贺怀智洞知音律。安禄山自范阳入觐，亦献白玉箫管数百事，皆陈于梨园。自是乐响不类人间。

李天下　唐庄宗自言一日不闻音乐，则饮食都不美。方暴怒鞭笞左右，一闻乐声，怡然自适，万事都忘。又善歌曲，或时自傅粉墨，与优人共戏。优名谓之“李天下”。

【译文】洗凡清绝　吴越的忠懿王钱俶，用天台寺正对瀑布的屋里的柱子，制成两把琴。一把叫“洗凡”，一把叫“清绝”，都是绝代珍宝。后来钱俶都献给宋太宗，藏在皇宫里。这故事记载在《辍耕录》里。

舞剑器　《剑器》，是武舞的曲名。这种舞让女妓女扮男装，实际上是空手舞蹈。见《文献通考》的记载。

黎园子弟　唐明皇特别喜爱法曲，他选出坐部伎的子弟一共三百人，在梨园亲自指导，叫“梨园子弟”，都住在宜春北苑。当时有马仙期、李龟年、贺怀智精通音律。安禄山从范阳入朝拜见，也献上白玉箫管等几百种什物，全部放在梨园。从此以后，梨园演奏的音乐就不像人间的曲子。

李天下　唐庄宗说假如自己哪天不听音乐，吃饭喝酒都没味道。每当发怒时鞭打下人，一听见音乐声，就高兴的怡然自得，刚才的事全部忘记。他又擅长唱歌，有时化妆登场，和演员们一起演戏，艺名叫

“李天下”。

雍门鼓　雍门周以琴见孟尝君，孟尝君曰：“先生鼓琴。亦能令文悲乎？”雍曰：“千秋万岁后，台榭已坏，坟墓已下，婴儿竖子樵采者，踯躅其足而歌其上，曰：夫以孟尝君之尊贵，乃若是乎？”孟尝君泫然承睑，曰：“先生令文若破国亡家之人矣！”

桓伊弄笛　晋桓伊有柯亭笛，尝自吹之。王徽之泊舟清溪，闻笛称叹。人曰：“此桓野王也。”徽之令人请之，求为吹笛。伊即下车，据胡床，三弄毕，便上车去，主客不交一言。

皋亭石鼓　吴郡临平崩岸，得石鼓，扣之不鸣。问张华，华曰：“用蜀中铜材刻鱼形，扣之则鸣矣。”如其言，声闻数十里。

响遏行云　《列子》：薛谭学讴于秦青，未穷青之技，自谓尽之，遂辞归。青弗止，饯于郊衢，抚节悲歌，声振林木，响遏行云。薛乃谢，求反，终身不敢言归。

【译文】雍门鼓　雍门周以弹琴弹得好，得以拜见孟尝君，孟尝君说：“先生弹琴，能让田文我悲伤吗？”雍门周说：“一千年一万年以后，您的亭台楼阁已经倒塌，坟墓已经陷入，小孩、牧童、砍柴的人都这坟墓上面游荡，并且唱起歌，说：孟尝君那等尊贵，竟也沦落至此吗？”孟尝君满面泪痕地说：“先生您让田文我就好像是国破家亡的人！”

桓伊弄笛　晋朝的桓伊有柯亭笛，曾经自顾自地吹奏。王徽之的船靠在清溪边，听见笛声非常赞赏。旁人说：“这是桓伊（字野王）。”王徽之命人去请，求他为自己吹一曲笛子。桓伊立刻下车，坐在胡床上，演奏三段结束，就上车离开了，主人、客人没交谈一句话。

孟尝君，选自（明）陈洪绶版画《博古叶子》

皋亭石鼓　吴郡临平有一个河岸崩塌了，发现一块石鼓，却敲不响。询问张华，张华说："用蜀中的铜材刻成鱼的样子，来敲就能响了。"按他的话，果然声音传到几十里远。

响遏行云　《列子》里说：薛谭向秦青学唱歌，还没学会秦青的精髓，就自认为学的很不错了，于是告别回乡。秦青并不阻止，在郊外饯别他，打着节拍唱起悲伤的歌儿，歌声振动森林的树木，让浮云也停留。薛谭便向师傅道歉，请师傅再教自己，一辈子也不敢再说回家。

馀音绕梁　秦青曰：昔韩娥东之齐，匮粮，过雍门，鬻歌假食。既去，而馀音绕梁，三日不绝。李诗："醉舞纷绮席，清歌绕飞梁。"

声入云霄　戚夫人善为翘袖折腰之舞，歌《出塞》《入塞》之曲，侍婢数百习之。后宫齐音高唱，声入云霄。

水调歌头　唐明皇爱《水调歌》，胡羯犯京，上欲迁幸，登花萼楼，命楼下少年有善《水调》者歌曰："山川满目泪沾衣，富贵荣华不几时。不见只今汾水上，惟有年年秋雁飞。"上闻潸然曰："谁为此词？"左右曰："宰相李峤。"上曰："真才子也。"

【译文】馀音绕梁　秦青说："从前一个人叫韩娥，东到齐国，没食物吃，经过雍门下，就卖唱求食物。她离开后，回响的歌声绕着屋梁绕了三天。李白的诗写道"醉舞纷绮席，清歌绕飞梁"。

声入云霄　戚夫人很擅长翘袖舞、折腰舞，《出塞曲》《入塞曲》，几百个侍女跟她学习。后宫的人齐声高唱，声入云霄。

水调歌头　唐玄宗特别喜欢《水调歌》，安禄山攻打京城时，玄宗准备逃亡蜀地躲避战乱，就登上花萼楼，让楼下的少年人中擅长唱

《水调歌》的表演，歌辞里有："山川满目泪沾衣，富贵荣华能几时。不见只今汾水上，惟有年年秋雁飞。"玄宗听后潸然泪下，问："这是谁写的歌词？"左右人回答说："是宰相李峤写的。"玄宗称赞道："真正的才子啊。"

卷十·兵刑部

军旅

黄帝征蚩尤始战，颛顼诛共工始阵，风后始演奇图，力牧始创营垒。黄帝战涿鹿始征兵，禹征有苗始传令，纣御周师始戍守。

黄帝制记里鼓，始斥候，汉武帝建墩台，黄帝制演武场，周公制辕门。黄帝制车以翼军，制骑以供伺候。

吕望始制战舰。武王会孟津，命仓兕具舟楫。公输班为舟战钩拒。伍子胥治水战，制楼船滩船。智伯决汾水，始水战。

蚩尤始火攻。孙子制火人、火积、火辎、火库、火队五法。魏马钧制爆仗起火。隋炀帝以火药制杂戏，始施药铳炮。

【译文】黄帝征讨蚩尤，最早出现了战争，颛顼诛杀共工，才最早出现了阵法，风后最早发明奇异的阵图，力牧最早创建营垒。黄帝在涿鹿大战时，才开始征集士兵，大禹征讨三苗，才最早传达军令，商纣王抵挡周人的军队，才最早有了戍守。

黄帝制作了记录里程的鼓，最早设立侦察兵，汉武帝建造了墩台，黄帝创建了演武场，周公创建了辕门。黄帝制造战车作为军队的辅助，设立了骑兵，用来侦察。

吕望最早制造了战舰。武王在孟津大会八百诸侯，让仓兕准备船只。公输班制作船战上使用的钩拒。伍子胥为了应备水战，制造了楼船、滩船。智伯让汾水决堤，这是最早把水用在战争里的。

蚩尤最早使用火攻。孙子制造火人、火积、火辎、火库、火队五种火攻方法。魏国的马钧制造爆仗来引火。隋炀帝用火药表演杂戏，最早使用了火药的枪炮。

黄帝始制炮，吕望制铳，范蠡制飞石用机。

黄帝制纛、制五彩牙幢。禹制旂，悬车上为别。周公备九旗。

伏羲制干、制戈。挥制弓。牟夷制矢。舜制弓袋、制箭筒。黄帝制弩。

黄帝始采首山铜铸刀斧；蚩尤始取昆吾山铁制剑、铠、矛、戟、陌刀。

【译文】黄帝最早制作炮，吕望最早制造枪，范蠡制造射石块的机械。

黄帝制打仗旗，还有五彩的牙旗。大禹制作旗上的飘带，悬挂车上作为区分身份的标志。周公完备了九种旗子。

伏羲制造盾和戈。挥于制作弓。夷牟制作箭。舜帝制作弓的袋子、箭筒。黄帝制作弩。

黄帝最早开采首山的铜铸造刀、斧；蚩尤最早用昆吾山的铁来制造剑、铠、矛、戟、长刀。

蚩尤始制革为甲。禹制函甲。

黄帝始制枪，孔明扩其制。舜制匕首。

黄帝制云梯，古名钩援。牟夷制挨牌，古名傍排。

孙武制铁蒺藜，刘馥（三国时人）制悬苫，今为悬帘。岳飞制藤牌。

殷盘庚制烽燧告警。赵武灵王制刁斗传。魏制鸡翘报急，制露布、漆竿报捷。

【译文】蚩尤最早用皮革制作铠甲。大禹制作函甲。

黄帝最早制作枪，诸葛亮扩充黄帝的体制。舜制造匕首。

黄帝制作云梯，古时叫作钩援。夷牟制作挨牌，古代叫作傍排。

孙武制造作铁蒺藜，刘馥（三国人）制造悬苫，如今叫悬帘。岳飞制造藤牌。

殷商的盘庚规定用烽燧来做军情警报。赵武灵王规定用刁斗来报更。魏国用鸡翘旗来报告军情紧急，制作露布和漆竿来报捷。

五兵　矛、戟、戈、剑、弓谓之五兵。

专主旗鼓　吴起临战，左右进剑，起曰："将专主旗鼓，临难决疑，挥兵指刃，此将事也。一剑之任，非将任也。"

授斧钺　国有难，君卜吉日，以授旗鼓。将入庙，趋至堂下，北面而立，主亲操斧钺，持斧头，授将军其柄，曰："从此上至天者，将军制之。"复持斧头，授将军其柄，曰："从此下至渊者，将军制之。"

投醪　秦穆公伐晋，及河，将军劳之，醪唯一杯。蹇叔曰："一杯可以投河而酿也。"穆公乃以醪投河，三军皆取饮之。

【译文】五兵　矛、戟、戈、剑、弓叫作五种兵器。

专主旗鼓　吴起在开战之前，左右人给他一把剑，吴起说："将帅主管用旗鼓指挥，面对困难能决断，排除犹豫，指挥千军万马的进退，是将帅的事。手持一把剑想要杀敌，不是将帅的责任。”

授斧钺　国家有难，君主占卜出吉日，那天就将旗、鼓授予将军。即要进入太庙，小步快走到堂下，面向北边站立，君主亲手拿着斧钺，按着斧头，拿武器的柄授予将军接住，并说：“从这里到天上的，将军来主管。”又拿斧头，把斧头柄授予将军，说：“从这里到深渊的人，将军来主管。”

投醪　秦穆公征讨晋国，到黄河边，慰劳将军，只有一杯酒。蹇叔说：“一杯酒可以洒在河里，河水都酿成酒。”秦穆公就将酒洒到河里，三军士兵都取河水喝。

吮疽　吴起为魏将攻中山。卒有患疽者，起为吮之。卒母闻而哭。人曰：“子，卒也，而将军自吮其疽，何哭为？”答曰：“往年吴公吮其父，其父战不旋踵，遂死敌。今又吮其子，妾不知死所矣。”后起之楚，卒果见杀。

纶巾羽扇　诸葛武侯与司马懿治军渭滨，克日夜战。司马懿戎服莅事，使人视武侯独乘素车，纶巾羽扇，指挥三军，随其进止。司马懿叹曰：“诸葛君可谓名士矣！”

金钩　阖闾既宝莫邪，复令国中作金钩，令曰：“能为善钩者赏千金。”有人贪赏，乃杀其二子，以血衅金，遂成二钩，献之，王曰：“钩有何异？”曰：“臣之作钩，贪赏而杀二子，衅以成钩，是与众异。”遂向钩而呼二子之名，曰：“吴鸿、扈稽，我在此！”声未绝，而两钩俱飞，着父之胸。吴王大惊，乃赏之。遂服之不去身。

【译文】吮疽　吴起为魏国领兵进攻中山国。士兵有人长疮，吴起用嘴帮他吸脓。士兵的母亲听说后就哭了。别人问她说："你儿子是士兵，却劳将军亲自帮他吸脓，你为什么哭呢？"士兵母亲回答说："以前吴将军帮孩子他爸吸脓，孩子他爸打仗没多久，就战死了。如今又帮我儿子吸脓，我不知道儿子什么时候会死。"后来吴起去楚国，那个士兵果然被杀。

纶巾羽扇　诸葛亮和司马懿驻兵在渭水边，准备某天夜里大战。司马懿身穿戎服处理军务，派人打探诸葛亮，诸葛亮却独自乘着毫无雕饰的车子，戴纶巾，挥鹅毛扇，指挥全军，随他的扇子进退。司马懿称叹说："诸葛亮可以说是名士了！"

金钩　吴王阖闾既获得珍爱的莫邪宝剑，让国人制作金钩，下令说："谁能做出好钩赏赐一千金。"有人贪赏金，竟杀了两个儿子，把他们的血涂在铜上，制成两只金钩，献给吴王，吴王说："你的钩有什么特别？"对方回答说："我因为做钩，贪赏金，杀掉我的两个儿子，涂在铜上制作而成，因此和别的钩不同。"于是他对着钩叫两儿子的名字说："吴鸿、扈稽，你们的父亲我在这里！"话还没说完，那两只钩全都飞过来，贴在父亲胸前。吴王大吃一惊，就把一千金赏给他。吴王便常常佩带，从不离身。

七制　兵法七制，一曰征，二曰攻，三曰侵，四曰伐，五曰阵，六曰战，七曰斗。

挟纩　楚子围萧，申公巫臣曰："师人多寒。"王巡三军，拊而勉之，三军之士皆如挟纩。

呼庚癸　吴申叔仪乞粮于晋，公孙有山氏对曰："粱则无矣，粗则有之。若登首山，以呼曰'庚癸乎'，则诺"。（庚，西方，主谷。癸，北方，主水。教以隐语也。）

盗马　秦穆公失右服马。见野人方食之，公笑曰：“食马肉不饮酒，恐伤。”遂遍饮而去。及一年，有韩原之战，晋人环穆公之车。野人率三百余人疾斗车下，遂大克晋。

【译文】七制　兵法七制：一是征服，二是攻取，三是入侵，四是讨伐，五是布阵，六是大战，七叫决斗。

挟纩　楚国部队将萧国围起来，申公巫臣对楚王说：“将士们大多觉得冷。”楚王忍着病痛，去部队视察，拍他们肩头进行勉励，三军的将士都像穿上棉衣般温暖。

呼庚癸　吴国申叔仪去晋国求粮食，公孙有山氏回应说：“细粮食没了，粗粮还有些。假如你爬上首山，大喊‘庚癸乎’，就答应你。”庚，代表西方，掌管谷物。癸，代表北方，主管水。这是用隐语教他。

盗马　秦穆公马车的右边马匹丢失了，只见几个郊野的百姓们正吃那匹马，秦穆公笑着对他们说：“光吃马肉不喝酒的话，会对身体有害。”于是就给他们酒喝，就离开了。过了一年，秦国、晋国间发生韩原之战，晋军围住秦穆公的马车。那次吃马肉的人带领三百多人在车下和敌人大战，因而大败晋军。

剑名　剑口曰镡，剑鼻曰璏（音位），剑握曰铗，剑鞘曰室，剑衣曰韬，亦曰襓（音绕），剑把绳曰蒯缑（音勾）。

五名剑　越王句践有宝剑五，一曰纯钧，二曰湛卢，三曰豪曹，四曰鱼肠，五曰巨阙。

斩蛇剑　汉高帝于南山得一铁剑，长三尺，铭曰“赤霄”，大篆书，即斩蛇剑也。及贵，常服之。晋太康三年，武库火，中书监张华列兵防卫，见汉高斩蛇剑穿屋飞去，莫知所向。

佽飞　荆有佽飞者，得宝剑于江干。涉江，及至中流，两蛟夹舟。佽飞袪衣，拔剑刺蛟。杀之。荆王任以执圭。

【译文】剑名　剑口叫“镡”，剑鼻叫“璏”（读作“位”），剑柄叫“铗”，剑鞘叫“室”，剑衣叫“韬”，亦叫襓（读作“绕”），剑柄上的绳叫“蒯缑”（读作“勾”）。

五名剑　越王句践有五把宝剑五：一叫纯钧，二叫湛卢，三叫豪曹，四叫鱼肠，五叫巨阙。

斩蛇剑　汉高祖刘邦在南山得到一把铁剑，长三尺，上面的铭文是“赤霄”，是大篆，这就是斩白蛇的剑。等他发迹后，常常佩带。晋朝太康三年（公元282年），武库失火，中书监张华派士兵保护，只见刘邦的斩蛇宝剑穿过屋顶飞远，不知去哪里了。

佽飞　荆地有一人叫佽飞，在江边上得到一把宝剑。他过江到江心时有两只蛟龙夹着他的小舟。佽飞脱下衣裳，拔剑刺蛟龙。杀死了它。荆王让他担任官员。

干将莫邪　干将吴人，妻莫邪，为吴王阖闾铸剑，不成，干将曰：“神物之化，须人而成。”妻乃断发剪爪，投入炉中，金铁皆熔，遂成二剑，阳曰“干将”，阴曰“莫邪”。

龙泉太阿　张华见斗牛间有紫气，在丰城分野，乃以雷焕为丰城令。至县，掘狱深二丈，开石函，得二剑，一名龙泉，一名太阿，焕留其一，一以进华，且曰：“灵异之物，终当化去。”华死，剑飞入襄城水中。后焕子为建安从事，经延津，剑忽于腰间跃入水，使人汆水求之，见双龙。龙蜿蜒，不敢近。

华阴土　雷焕丰城狱中得剑，取南昌西山黄白土拭之，光艳照耀，张华更以华阴赤土磨之，鲜光愈亮。

金仆姑　箭名。《左传》：鲁庄公以金仆姑射南宫长万。

【译文】干将莫邪　干将是吴国人，他妻子叫莫邪，一起帮吴王阖闾造剑，不能成功。干将说："神物的变化，要人的气息才能成功。"他妻子就剪断头发、指甲，扔在火炉里，金属全部立即熔化，便铸成两把剑，阳剑叫干将，阴剑叫莫邪。

龙泉太阿　张华看到斗宿、牛宿之间有一团紫气，对应人间的分野在丰城，于是派雷焕担任丰城令。雷焕到县里，在监狱下挖了二丈深，发现一个石函，打开后得到两把宝剑，一叫龙泉，一叫太阿，雷焕留下一把，另一把给张华，并说："这种灵异的宝物，终会变化离去。"张华死后，他佩带的剑就飞入襄城的深水里。后来，雷焕的儿子担任建安从事，路过延津时，他腰间的佩剑忽然跳进水里，他派人潜水寻找，只见两条龙盘绕在一起，潜水的不敢靠近。

华阴土　雷焕从丰城监狱里得到宝剑，取来南昌西山的黄白土擦拭，剑就光芒照人；张华又取来华阴的红土擦拭，剑光更加明亮。

金仆姑　金仆姑是箭名。《左传》里说："鲁庄公用金仆姑去射南宫长万"。

石马流汗　安禄山乱，哥舒翰与贼将崔乾祐战，见黄旗军数百来助战，忽不见。是日，昭陵内石马皆流汗。

露布　军中有露布，乃后魏每征伐战胜，欲天下闻知，书帛建于漆竿上，名为露布，以扬战功。

蒋庙泥兵　南京钟山，有汉秣陵尉蒋子文庙，盖因子文逐盗死此，孙权为立庙，封蒋侯。权避祖讳钟，改名蒋山。后孙权与敌人战，夜大雨，蒋侯助之，次日，见庙中泥兵皆湿。

箭塞水注　刘锜善射。水斛满，以箭射斛，拔箭水注，随射一箭窒之，人服其精巧。

【译文】石马流汗　安禄山发动叛乱，哥舒翰和叛将崔乾祐大战，看见有几百名黄旗军前来助战，忽然消失不见。当天唐太宗的昭陵的石马都遍身流汗。

露布　军中有露布，是北魏时每次打仗，打胜想让全天下人知道，就把战报写在布帛上面，悬挂在漆竿上，名叫“露布”，用以宣扬战功。

蒋庙泥兵　南京的钟山上，有汉朝秣陵尉蒋子文的庙，因为蒋子文追捕盗贼，死在那里，孙权为他建了庙，封他为蒋侯。孙权避祖父的名讳“钟”，改山名为蒋山。后来孙权和敌人打仗，夜里大雨，蒋侯前来相助。第二天，发现庙里泥塑的士兵全是湿的。

箭塞水注　刘锜擅长射箭。装满水的桶，他去射它，拔箭出来，水就冒出来，随即再射一箭来塞住漏水处，世人佩服他箭法的精巧。

檿弧萁服　檿，山桑也。木弓曰“弧”。服，乘箭具也。萁草似荻，细织之，而为服也。

娘子军　唐平阳公主，嫁柴绍。初，高祖起兵，与绍发家资招亡命。渡河，主引精兵万人与秦王会于渭北。绍与公主对置幕府，分定京师，号“娘子军”。

夫人城　晋朱序镇襄阳，时苻丕遣兵攻之。序母见城西北角当先坏，领白余婢并女丁，斜筑城二十余丈。贼攻西北角，果溃，众守新城，贼遂引退，号“夫人城”。

紫电青霜　《滕王阁序》：“紫电青霜，王将军之武库”。

【译文】檿弧萁服　檿，也就是山桑。木弓叫弧。服，也就是装箭用的器具。萁草长得像荻，细细织可以制作衣服。

娘子军　唐朝的平阳公主，嫁给柴绍。最开始，唐高祖起兵，和柴绍倾尽家产，招纳亡命之徒。渡过黄河，平阳公主率领精兵一万人和秦王李世民在渭北会师。柴绍和公主分别设立了幕府，分别攻入京师，她的军队号为“娘子军”。

夫人城　晋朝的朱序镇守襄阳时，当时苻丕派兵攻打襄阳。朱序母亲看见城西北角会最先被攻入，就率领一百多个婢女和女家眷，筑成一道二十多丈长的斜城墙。敌人攻打西北角，守军果然被打败，众兵去守新筑的城，敌人便退回了，这座城号称“夫人城”。

紫电青霜　王勃写的《滕王阁序》里说：“紫电、青霜宝剑，都是王将军的武库所有的。”

榻侧鼾睡　宋太祖欲伐江南，徐铉入奏乞罢兵。太祖曰：“江南主有何罪，但卧榻之侧，岂容人鼾睡耶！”

廉颇善饭　廉颇一饭斗米，肉十斤，披甲上马，以示可用。郭开谓赵王曰：“廉将军虽老，尚善饭，然与臣坐，顷之，三遗矢矣。”王以为老，遂不召。

杜彪　梁荆州刺史杜嶷，膂力过人，便骋马，射不虚矢。所佩霞明朱弓，四石余力，每出挑战，魏军惮之，号为“杜彪”。

飞将　唐单雄信极勇，力事李密。人号为“飞将”。后周韩果破稽胡，稽胡惮果矫健，亦号“飞将”。

【译文】榻侧鼾睡　宋太祖准备讨伐江南，徐铉入朝启奏请求罢兵。宋太祖说：“江南的君主能有什么罪呢，只是卧床边，怎能容忍别人打呼噜睡觉呢！”

廉颇善饭　廉颇一顿饭能吃一斗的米，十斤的肉，并且披上铠甲上马，表明自己还能带兵打仗。郭开贿赂派去看廉颇的使人，使人对赵王说：“廉将军虽然老，吃饭却很多，可是和我坐着，没一会，就拉了三次。”赵王认为廉颇太老了，就不召用。

杜彪　南朝梁的荆州刺史杜嶷，臂力超过常人，即使快速地马上，他射箭也不会虚发。他佩带的霞明朱弓，有四石重的劲，每次和敌人挑战，北魏军队都害怕他，号称“杜彪”。

飞将　唐朝的单雄信特别勇敢，尽心尽力地辅佐李密，人称“飞将”。后周的韩果打败稽胡，稽胡害怕韩果的矫健勇武，也称他为“飞将”。

铁猛兽　后周蔡祐与齐战，着明光铠甲，所向无敌，齐人畏之，号“铁猛兽”。

熊虎将　周瑜尝谓孙权曰：“刘备有关张熊虎之将，有饮马长江之志。”又言羽、飞为万人敌。

细柳营　汉文帝时，匈奴大入边。上使周亚夫军细柳，以备胡。上自劳军，先驱至军门，曰：“天子至！”都尉曰：“军中闻将军令，不闻天子诏。”上使使持节诏将军曰：“吾欲入劳军。”亚夫开壁门。天子按辔徐行。亚夫以军礼见。文帝曰：“嗟乎，此真将军矣！”

【译文】铁猛兽　后周的蔡祐和齐国军队交战，身穿明光铠甲，所向披靡，齐人害怕他，称他是“铁猛兽”。

熊虎将　周瑜曾对孙权说：“刘备有关羽、张飞这等熊虎般的大将，有渡过长江攻打我吴国的志向。”他又说关羽、张飞能一人对付一万人。

细柳营　汉文帝时期，匈奴大举侵入边疆。汉文帝派周亚夫在细柳驻扎，用来防备匈奴人。文帝亲自犒劳军队，先乘车到军队前说：“天子驾到！”守门的都尉说：“军队里只听将军的号令，不听天子的诏令。”文帝让使者持着符节，对周亚夫说：“我想犒劳军队。”周亚夫打开军营的大门。文帝手持缰绳缓缓前进，周亚夫用军礼拜见。文帝说：“啊！这是真正的将军！”

飞将军　汉李广为北平太守，匈奴畏之，号曰“汉飞将军”，避之数岁。

贯虱　《列子》：纪昌学射于飞卫，卫曰：“视大如小，视微如著，而后告我。”昌以氂尾垂虱于牖间，南面而望之。旬日之间，渐大；三年之后，大如车轮。乃以弧矢射之，贯虱之心。

来嚼铁　唐来瑱为颍川太守。贼攻城，来射皆应弦而仆。贼拜城请降，称为“来嚼铁”。

半段枪　唐哥舒翰为河西卫前将军，吐蕃大寇边，翰持半段枪当其锋，所向披靡。

【译文】飞将军　汉朝的李广担任北平太守，匈奴人怕他，称他是“汉朝飞将军”，躲了他好几年。

贯虱　《列子》里说：纪昌跟着飞卫学习射箭，飞卫说：“能把小东西看成大的，看细微的东西看成显著的东西，再和我说。”纪昌用氂牛的尾巴绑着一头虱子在窗口，面向南边一直看。十来天，看那虱子渐渐变大；三年以后，虱子就像车轮。于是就用箭去射，射穿了虱子的心。

来嚼铁　唐朝的来瑱担任颍川太守。贼人来攻城，来瑱用箭射击，每次弦声响处就有人倒下。贼人向城上下拜，请求归降，称他是“来嚼铁”。

半段枪　唐朝哥舒翰担任河西卫前将军，吐蕃大举入侵边疆，哥舒翰手持半段枪，对着敌兵的精锐，所向披靡。

黄骝少年　北周裴杲勇冠三军，与敌国战，乘黄骝当先，军中称“黄骝少年”。

白袍先锋　唐薛仁贵尝从太宗征伐，每出战，辄披白袍，所向无敌。太宗遥见，问白袍先锋是谁。特引见，赐马绢，喜得虎将。

大树将军　后汉冯异性谦退不伐，诸将于所止舍，辄并坐论功，异常独屏树下，人号“大树将军”。

霹雳闪电　唐长孙无忌父晟讨突厥，畏晟，闻其弓声，谓之“霹雳”；见其走马，谓之“闪电”。晋王笑曰：“将军振怒，威行域外。”

【译文】黄骝少年　北周的裴果勇冠三军，和敌国打仗时他总是骑着一匹黄骝马跑在军队最前面，全军的人都称他是“黄骝少年”。

白袍先锋　唐朝的薛仁贵曾经随着唐太宗征讨。每次出来挑战，总是身披白色袍子，所向无敌。唐太宗远远地瞧见，问穿白袍的先锋是谁。他就被特殊引见，唐太宗赐给他战马、布匹，高兴得到一员虎将。

大树将军　后汉的冯异为人谦虚克让，从不夸耀战功，其他将领到休息处，总是坐一块攀比功劳，唯独冯异常常独自背靠在大树下，被号称为“大树将军”。

霹雳闪电　唐朝的长孙无忌的父亲长孙晟征讨突厥，敌人都很怕他，听他拉弓的声音，称为“霹雳”；看见他飞驰的奔马，就称为“闪电”。晋王杨广笑说：“将军一发怒，威名远播域外。”

辕门二龙　唐乌承玼，开元中，与族兄承恩皆为平虏先锋，号“辕门二龙”。

一韩一范　范文正公与韩魏公俱为西帅，边士谣曰：“军中有一韩，西贼闻之心胆寒；军中有一范，西贼闻之惊破胆。”元昊惧，遂称臣。

八遇八克　唐娄师德，武后时募猛士讨吐蕃，乃自奋，戴红抹额来应诏。后与虏战，八遇八克。

七纵七擒　孔明与孟获战，凡七纵七擒。后乃叹服曰：“公天威也，南人不敢复反矣！”

【译文】辕门二龙　唐朝的乌承玭，在开元年间，和族兄乌承恩都被任命为平虏先锋，号称“辕门二龙”。

一韩一范　文正公范仲淹和魏国公韩琦都担任过西部边陲的大帅，边陲士兵有歌谣说：“军中有一韩，西贼听说他来心胆寒；军中有一范，西贼听说他来惊破胆。”西夏皇帝元昊害怕他们，就向宋朝称臣。

八遇八克　唐朝的娄师德，武则天时期招募勇猛的人征讨吐蕃，他就自告奋勇，戴着红色抹额前来应征入伍。后来和敌人打仗，八次遇敌，八次打胜。

七纵七擒　诸葛亮和孟获打仗，共有七次放了他又七次捉他回来。后来孟获只好感叹敬服地说：“您被上天赋予神威，我们南边人不敢再反叛了。”

钲止兵进　狄青与西贼战，密令军中，钲一声则止，再声则严阵而阳却，钲声止则大呼而突之。虏大骇愕，以是胜之。

以少击众　唐马璘武艺绝伦，以百骑破卒五千。李光弼曰：“吾未见以少击众，如马将军者！”人号为“中兴锐将”。

朕之关张 宋狄青京师呼为“狄天使”，上嘉其材勇，为泾原路兵马总管。上欲一见，诏令入朝。会寇逼平凉，乃令亟往，俾图像以进。上观其相曰：“朕之关张。”

【译文】钲止兵进 狄青和西边敌人交战，秘密下令三军，铜钲响一声就退军，响两声就保持阵型，假装退兵，钲声停歇就大喊着进攻。敌人因而大为惊讶害怕，因此获得胜利。

以少击众 唐朝的马璘武艺超出常人，他用一百名骑兵打败五千个敌人。李光弼说：“我从没见过以少胜多像马将军这样的！”世人称他是“中兴的锐将”。

朕之关张 宋朝的狄青在京师被称为“狄天使”，皇帝嘉奖他的才干和勇猛，任命他为泾原路兵马总管。皇帝准备接见他，下诏让他入朝。正遇到敌人进逼平凉，就下令让他紧急前往，让人画他的像献给皇帝。皇帝看他的画像说：“他是我的关羽、张飞。”

立汉赤帜 韩信攻赵，令卒曰：“赵见我走，必空壁逐我，若等疾入，拔赵白帜，立汉赤帜。信佯走。赵果逐之，回壁见赤帜，大乱。汉兵夹击，遂克赵军。

下马作露布 《南史》：傅永拜安远将军，帝叹曰：“上马能杀贼，下马能作露布，惟傅修期能之耳！”

三箭定天山 薛仁贵为行军副总管。九姓众十余万，令骁骑挑战，仁贵发三矢，辄杀三人，虏气慑，皆降。

【译文】立汉赤帜 韩信进攻赵国，下令兵士们：“赵国军队倘若看见我们假装败走，一定会让营寨里所有人追击我们，你等迅速进入他们营寨，拔去赵国白旗，插上汉的大红旗。”于是韩信假装败退。赵军果然追击，等回营时看见插上的是红旗，就阵脚大乱。汉兵内外夹攻，就打败赵军。

下马作露布　《南史》里说：傅永被任命为安远将军，皇帝称赞说："上马能够杀敌，下马能写檄文，只有傅永(字修期)能这样！"

三箭定天山　薛仁贵担任行军副总管。铁勒族的九姓军队共十多万人，派出骁勇的士兵挑战，薛仁贵射出三支箭，就射杀了三个人，敌人气势被镇住了，全部投降。

三鼓夺昆仑　狄青宣抚广西。侬智高守昆仑关，青至宾州，值上元节，大张灯火，首夜宴乐彻晓。次夜复宴，二鼓时，青忽称疾如内，命孙元规主席。少服药乃出，数使人劝劳坐客，至晓未散。忽有驰报云："是夜三鼓，狄将军已夺昆仑关矣。"

顺昌旗帜　宋刘琦与兀术战于柘皋，虏远望见，大惊曰："此顺昌旗帜也。"即引兵而去。

每饭不忘钜鹿　汉文帝谓冯唐曰："昔有为我言李齐之贤，战于钜鹿下。今吾每饭，意未尝不在钜鹿也。"

【译文】三鼓夺昆仑　狄青担任广西的宣抚使时，侬智高守在昆仑关上。狄青到宾州时，正遇到上元节，四处都挂着灯笼，第一天夜里设宴奏乐直到天明，第二天夜里又设宴，二更时分，狄青忽然自称身体不适，进入内室，让孙元规代替主人主持宴会。狄青对客人说吃一点药就出来，多次让人给在坐的人劝酒，直到天亮酒宴都没结束。忽然有快马来报："当晚三更时分，狄将军已经夺取昆仑关。"

顺昌旗帜　宋朝的刘锜和金兀术在柘皋对战，金人远远望见，大吃一惊地说："这是顺昌府的旗子。"立刻领兵走了。

每饭不忘钜鹿　汉文帝对冯唐说："以前有人跟我说李齐在钜鹿交战时多么能干。如今我每餐饭，心思都想到钜鹿。"

铸错　唐罗绍威以魏博牙兵骄甚，尽杀之，遂为梁朱温所制，乃谓亲吏曰："聚六州四十三县铁，铸一个错不成！"

得陇望蜀　司马懿言于曹操曰："今克汉中，益州震动，进兵临之，势必瓦解。"操曰："人苦不知足，得陇复望蜀。"

塞创复战　隋张定和，虏刺之中颈，定和以草塞创而战，神气自若，虏遂败走。

杜伏威　唐杜伏威与陈稜战，射中伏威额，怒曰："不杀汝，箭不拔！"驰入稜阵，获所射将，使拔箭，已，斩之。

【译文】铸错　唐朝的罗绍威认为魏博的牙兵骄横难治，就全杀了，却因此被梁国的朱温管辖，罗绍威对心腹说："就算收集六州四十三个县的铁，也铸造不了一个'错'字！"

得陇望蜀　司马懿对曹操说："如今要是攻下汉中，益州便会受到震动，然后领兵进逼，对方势必一下瓦解。"曹操说："人啊都过于不知满足，得到陇地又想再得到蜀地。"

塞创复战　隋朝的张定和，敌人刺中其脖子，他用草来塞住伤口接着交战，神态不变，敌人因此大败逃走。

杜伏威　唐朝的杜伏威和陈稜交战，敌人射中杜伏威的额部，杜伏威极其生气地说："不杀掉你，这支箭我誓死不拔！"他就骑着马冲入陈稜的阵中，抓到射他的将领，让他拔额头的箭，拔下后就杀了他。

首级　秦法斩敌一首拜爵一级，故曰"首级"。后人云："割一首，必割其势，以为一级者非。"

梓树化牛　秦文公伐雍，南山梓树化为牛，以骑击之，不胜。或坠地，解髻披发，牛畏之，入水。秦因置髦头，骑使之先驱。

勒石燕然　燕然，山名，去塞三千里。窦宪大破单于，登燕然山，勒石纪功，颂汉功德。

九章　《管子》曰："举日章则昼行，举月章则夜行，举龙章则水行，举虎章则林行，举鸟章则行陂，举蛇章则行泽，举鹊章则行陆，举狼章则行山，举韝章则载食而驾。"

【译文】首级　秦朝的法令规定，斩掉敌人的一颗头，拜爵一级，所以称为"首级"。后人说："割掉一个头，一定再割生殖器，认为是一级的说法不准确。"

梓树化牛　秦文公攻打雍地，终南山的梓树全变成牛，让骑兵攻击，不能获胜。有人从马上掉下来，解开发髻，披散头发，牛就害怕，钻进水中。秦国因而设立叫"髦头"的兵种，在骑兵前当先锋。

勒石燕然　燕然，是山名，距离边塞三千里。后汉的窦宪大败单于，登上燕然山，在岩石上记录功绩，称颂汉朝的功业道德。

九章　《管子》里说："举画着太阳的旗子就在白天行军，举画着月亮的旗子要在夜里行军，举画着龙的旗子要在水中行军，举画着老虎的旗子要在树木中行军，举画着飞鸟的旗子要在山坡上行军，举画着蛇的旗子要在沼泽中行军，举画着鹊的旗子要在陆地上行军，举画着狼的旗子要在山中行军，举画着牲畜的旗子要带着干粮行军。"

啼哭郎君　都统制曲端勇悍非常，每与虏战，呼裨将头目，备告以二帝蒙尘，今在五国城中青衣把盏，凡为臣子者闻之痛心，思之切骨，遂放声大哭。将佐军士皆哭，奋身上马，勇气百倍，虏人望之辟易，称为"啼哭郎君"。

鸽笼分部 曲端军分五部，一笼贮五鸽，随点一部，则开笼纵一鸽往，则一部之兵顷刻立至，其速如神，见者气夺。

玉帐术 杜子美诗：“空留玉帐术，愁杀锦城人。”玉帐乃兵家厌胜之方位，主将于其方置军帐，则坚不可犯。其法：黄帝遁甲，以月建前三位取之，如正月建寅，则巳为玉帐。

【译文】啼哭郎君 都统制曲端特别勇猛强悍，每回和敌人打仗时，会叫来偏将的首领，详详细细地诉说徽、钦二帝被掳到金国的苦难，他们如今正在五国城中充当奴仆给金人倒酒，只要是臣子，听见这事都感到痛心，一想到这里会有切开骨肉的痛楚，他因而放声大哭起来。将佐军士也都哭起来。他们奋然地飞身上马，勇气比以前增加百倍，敌人望见便退却了，称他是“啼哭郎君”。

鸽笼分部 曲端的部队分为五部，在一只笼里养五只鸽子，随时点一部的士兵，就打开笼子放出一只鸽子飞去，指定的一部兵很快赶到，迅速有如神助，看见这场景的人都被摒住呼吸，十分震惊。

玉帐术 杜甫的诗里有“空留玉帐术，愁杀锦城人”的句子。玉帐是兵家使用巫术克敌制胜的方位，主将如果在这方位设军帐，就强悍不可抵挡。方法是：“黄帝遁甲，在月建前三位取之，如正月是建寅月，那巳位就是玉帐所在。”

冠来没处畔 陈后主兴齐云观，谣曰：“齐云观，寇来没处畔。”故今人避人谓之“畔”。

府兵 西魏始作府兵。隋唐始有番次，入为兵，出为农。周太祖始刺面见。唐末刘仁恭刺民为兵，给廪食，军丁佥补。

渠答，蒺藜也，以铁为之，匝营则撒之四外。

绕指柔 平望湖中掘得一剑，屈之则首尾相就，放手复直如故，锋铓犀利，可断金铁。识者曰："此古之绕指柔也。"

【译文】冠来没处畔　陈后主修建齐云观，当时的歌谣说："齐云观，敌寇来，无处躲。"所以如今人将躲避他人称为"畔"。

府兵　西魏最早创立府兵。隋唐最早建有番号，进军营就是士兵，出军营就是农民。周太祖最早在士兵脸上刺字，涂成黑色，作为标记。唐末的刘仁恭在百姓脸上刺字，称为士兵，供粮食给他们，作为军丁佥补。

渠答，也就是蒺藜，用铁制成，安营扎寨后就撒到四周。

绕指柔　平望湖中掘出一把剑，弯曲这剑就会头尾相接，放开就像先前那么笔直，剑的锋芒极为尖利，可以砍断铜铁。懂的人说："这是古代说的'绕指柔'啊。"

刑法

郑铸《刑书》，晋作《执秩》，赵制《国律》，楚作《仆区》（区，音欧），皆法律之名也。仆，隐也；区，匿也；作为隐匿亡人之法。

历代狱名 夏狱曰夏台，商狱曰羑里，周狱曰囹圄，汉狱曰请室。

五听 《周礼》：少司寇以五声听讼狱，一曰辞听，二曰色听，三曰气听，四曰耳听，五曰目听。

三刺 听讼者以三刺，一刺曰讯群臣，二刺曰讯群吏，三刺曰讯万民。

古刑 墨、劓、剕、宫、大辟，其后加流、赎、鞭、朴为九刑。

【译文】郑国制定《刑书》，晋国制定《执秩》，赵国制定《国律》，楚国制定《仆区》（“区”，读作“欧”），全是法律条文。仆，也就是隐；区，也就是藏匿；这是作为藏匿逃亡的人的法令。

历代狱名 夏朝的监狱叫夏台，商朝的监狱叫羑里，周朝的监狱叫囹圄，汉朝的监狱叫请室。

五听 《周礼》里说：少司寇用五种手段来审案：一是通过犯人

的言辞，二是观察犯人的脸色，三是观察犯人的呼吸，四是测试犯人听人说话的反应，五是看犯人的眼睛。

三刺　审大案子时要探听三方的意见：一是询问群臣，二是询问群吏，三是询问百姓。

古刑　墨（用刀刺脸染黑当记号）、劓（割鼻子）、剕（砍掉脚）、宫（阉割生殖器）、大辟（死刑），后来增加流放、赎罪、鞭打、朴击四种，合称“九刑”。

古刑名　城旦、舂：城旦者，旦起行治城。舂者，舂米，四岁刑也。鬼薪、白粲：取薪给宗庙为鬼薪；坐择米使正白为白粲，三岁刑也。

五毒　械颈足曰桁扬，械颈曰荷校，械手足曰桎梏，锁系曰锒铛，鞭笞曰榜掠。考逼曰五毒俱备，言五刑皆用也。

三木　三木者谓杻械枷锁及手足也。

三宥　一宥曰不识，二宥曰过失，三宥曰遗忘。

三赦　一赦曰幼弱，二赦曰老耄，三赦曰愚蠢。

【译文】古刑名　城旦、舂：城旦，也就是清早起来修城墙；舂，也就是舂米；全是刑期四年。鬼薪、白粲：鬼薪，也就是打柴供给宗庙；白粲也就是坐着挑出白米；全是刑期三年。

五毒　脖子和脚上带枷锁叫“桁杨”，脖子带枷锁叫“荷校”，手上脚上都带枷锁叫“桎梏”，锁链绑着叫“锒铛”，鞭子抽打叫“榜掠”。严刑拷打逼供叫“五毒俱备”，说的是以上五种刑罚都使用。

三木　三木是指用各种枷锁拷住脖子和手脚的处罚方式。

三宥　第一种可以宽恕的情况是“犯人不懂这是犯罪”，第二种可以宽恕的情况是“犯人不小心犯错”，第三种可以宽恕的情况是”犯人有健忘症"。

三赦　可以赦免的三种人：一是年幼者，二是年老者，三是愚蠢者。

虞芮争田　周文王时，虞、芮之君争田不决，相与质成于文王。入其境，见其民耕者让畔，行者让路。二君相谓曰："我等小人，不可以履君子之庭。"乃让其所争之田为闲田。

除肉刑　汉太仓令淳于意，无子，有五女。罪当刑，骂曰："生女不生男，缓急无可使！"其幼女缇萦上书，言死者不可复生，刑者不可复赎。愿没入为官奴，以赎父罪。文帝怜之，并除肉刑。

后五刑　肉刑既除，后以笞、杖、徒、流、死为五刑。

【译文】虞芮争田　周文王时，虞国和芮国的君主争夺接壤地区的田到底归哪国，一直没有结果。于是他们就一同去请周文王仲裁。他们进入周国的境内，只见周国的人民耕田的辞让田界，行人让路。两个君主面面相觑地说："我们这种小人，不能去君子的庭院！"于是将争论不决的田让出来变为闲田。

除肉刑　汉朝的太仓令淳于意没儿子，只有五个女儿。他犯了事要判刑，就骂道："只生女儿没生儿子，关键时刻用不上！"他的小女儿缇萦向朝廷上书，说人死不能再生，处刑后不能再赎罪。她自己肯卖身变成官奴，抵偿父亲的罪。汉文帝很可怜她，就废除了肉刑。

后五刑　肉刑废除后，又把笞（鞭）刑、杖刑（用荆条或木板打）、徒刑（苦役）、流刑（流放）、死刑五种称为"五刑"。

髡钳　髡，削发也。钳，以铁束头也。钳钛，《陈咸传》谓私解脱钳钛。钳，钳在首，钛在足，皆以铁为之也。

胥靡 胥，相也；靡，随也；联系之，使相随而服役也。犹今之役囚徒，以铁索联缀之耳。

弃市 汉景帝改磔曰弃市，勿复磔。磔谓张其尸也，弃市，谓投之于市。

《汉·刑法志》：大刑用甲兵，其次用斧钺，中刑用刀锯，其次用钻凿，薄刑用鞭朴。

【译文】髡钳 髡，也就是剃掉头发。钳，也就是用铁箍罩头。钳钛，《汉书·陈咸传》里说“私自解开钳钛”。钳是罩在头上的，钛是套在脚上的，全是用铁做的。

胥靡 胥，互相的意思；靡，跟随的意思。合起来意思就是让跟随着去服役。好比如今的役使囚徒，用铁索连起来。

弃市 汉景帝将五马分尸的刑罚改为在闹市砍头，不再有五马分尸了。磔刑是指分裂尸体。弃市，指在闹市杀死犯人。

《汉书·刑法志》里说：大刑要用军队执行，其次的用斧头，中等的用刀锯，轻点的用钻凿，最轻的用鞭子或板子。

锻炼 锻，锤也。锻炼犹言精熟也。深文之吏入人之罪，犹锻炼铜铁，使之成熟也。

钳网 李林甫为相，起大狱以诬陷异己者，宠任吉温、罗希奭为御史，锻炼人罪。时人谓之罗钳吉网。

罗织 武后任用来俊臣、周光二人，共撰《罗网经》数千言，教其徒罗织人罪，无有脱者。

蚕室 受腐刑者必下蚕室，盖蚕宜密室，以火温之。新受腐者最忌冒风，须入密室，乃得保全，因呼其室为蚕室。

【译文】锻炼　锻，就是锤打。锻炼就是说精熟。深文周纳的官吏给人定罪，好比锻炼铜铁，让它精粹成熟。

钳网　李林甫担任宰相时，兴起大案，诬陷异己，重用任吉温、罗希奭两人担任御史，他们深文周纳，罗织罪名。当时人称他们是罗钳吉网。

罗织　武则天任用来俊臣、周兴两个人，他们合写几千字的《罗网经》，教手下人怎么罗织罪名，没人能逃脱。

蚕室　受了阉刑的人一定得住在蚕室里，因为养蚕适合在密室，用火温暖房间。刚受腐刑的人最怕吹风，一定要进入密室，才能保命，所以称这种密室是“蚕室”。

庾死　汉宣帝诏曰：“系者苦饥寒庾死狱中，朕甚痛之。”

枭首　百劳名枭，以其食母不孝，故古人赐枭羹，悬其首于木，故刑人以首示众者曰枭首。

缿筒　赵广汉为颍川守，恨朋比为奸，乃许相讦或匿名相告者，置缿筒，令投书于其中。

铜匦　武后自李敬业反后，恐人图己，盛开告密之门。有鱼保家者，请铸铜为匦，其式一室四隅，上各有窍，可入不可出，武后善之。未几，其仇家投匦告保家曾为敬业造兵器，遂伏诛。

【译文】庾死　汉宣帝下诏对人民说：“关在监狱里的人受饿受冻，病死狱中，朕特别痛惜。”

枭首　百劳的名字是“枭”，因为它吃母亲，很不孝，所以古人赐给犯人枭肉汤，并将犯人的头悬挂在树上，所以被处决的人的头悬挂在高处示众就叫“枭首”。

缿筒　赵广汉担任颍川太守时，痛恨别人狼狈为奸，于是允许互相告发或者匿名告发，制作了缿筒，让人把告发信扔在里面。

铜匦　武则天自从李敬业起兵后，就怕有人谋害自己，就大开告密的途径。有一人叫鱼保家，申请自己用铜制成一种箱子，式样是箱子，有四面，四面各有一孔，可以放东西，无法拿出，武则天觉得这箱子特别好。没过多久，鱼保家的仇人向告密箱里投信告发鱼保家曾为李敬业制造兵器，鱼保家就便被处死了。

请君入瓮　武后金吾丘神勣以罪诛，有人告右丞周兴通谋，后命来俊臣鞫之。俊臣与兴方推事对食，问兴曰："囚多不承，当为何法？"兴曰："此甚易耳！取大瓮，以炭四围炙之，令囚入其中，何事不承？"俊臣索大瓮，如兴法，起谓兴曰："有内状推君，请君入此瓮。"兴惶恐服罪。法当死，宥之，流岭南。

炮烙之刑　商纣暴虐，百姓怨望，诸侯有叛者，妲己以为罚轻，威不立。纣为铜柱，以膏涂之，加于炭火上，令有罪者行，辄堕炭中，以取妲己一笑，名曰"炮烙之刑"。

苍鹰　郅都行法严酷，不避权贵。列侯宗室见都，侧目而视，号曰"苍鹰"。

【译文】请君入瓮　武则天时，左金吾大将军丘神勣因为谋反罪被诛杀，有人告发右丞周兴和丘神勣串通勾结，武则天让来俊臣去审理此案。来俊臣和周兴正在审案，相对而坐吃饭，来俊臣就问周兴："犯人许多事不招，应该用什么办法？"周兴说："这非常容易！取来一只大瓮，用炭火在瓮的四边烤，让囚犯进去，什么事招认不了？"来俊臣要来一只大瓮，像周兴所说的办法，起身对周兴说："有人告发你，请你进这个瓮。"周兴特别害怕立刻招认。按法要处死，宽恕了他，被流放到岭南。

炮烙之刑　商朝的纣王特别残暴，老百姓怨声载道，有许多背叛的诸侯，妲己认为对这些人处罚过轻，树立不了威信。纣王就建造铜柱，上面涂油脂，放在炭火上面烘烤，让有罪的人在上面行走，就会掉进炭火里，博取妲己的笑容，这叫“炮烙之刑”。

苍鹰　郅都执法严酷，连权贵也不能幸免。列侯和皇室的人遇见郅都，都斜着眼，称他是“苍鹰”。

乳虎　宁成好气，为小吏，必凌其长吏；为人上，操下如束湿薪，滑贼任威。稍迁至济南都尉，其治如狼牧羊，民不堪命。后拜关都尉，凡郡国出入关者，号曰：“宁见乳虎，无值宁成之怒。”

鹰击毛挚　义纵为定襄太守，以鹰击毛挚为治，其所诛杀甚多，郡中人不寒而栗。

掘狱讯鼠　张汤儿时，父命守舍，鼠盗其肉，父怒，笞汤。汤掘窟得鼠及余肉，为具狱辞，磔之堂下。其父见之，视其文辞如老狱吏，大惊，遂使治狱，后为酷吏。

【译文】乳虎　宁成很容易就生气，还担任小吏时，对长官一定会欺负；等他当上司时，对下属就好比捆着的湿柴火，狡猾残暴、任意侵凌。他一路升到济南都尉，治理好比用狼来放羊，百姓无法忍受他的暴虐。后来他担任关都尉，只要是郡国出入关的人，都说一句谚语：“宁愿遇见猛虎，也不愿意遇见宁成发怒。”

鹰击毛挚　义纵担任定襄太守时，用老鹰捕捉时翅膀展开的手段治理境内，他杀的人许多，郡中人因此胆战心惊。

掘狱讯鼠　张汤小时，他父亲让他看家，回来发现老鼠偷吃肉，父亲极其生气，鞭打张汤。张汤掘开老鼠洞抓到老鼠，找出没吃完的肉，写出状词，将老鼠在堂下分尸。他父亲看见这情境，看他的文章就像老狱吏写的，大吃一惊，于是让他办案，后来成为著名的严酷之吏。

十恶不赦 一曰谋反（谓谋危社稷），二曰谋大逆（谓谋毁宗庙山陵及宫阙），三曰谋叛（谓谋叛本国，潜从他国），四曰谋恶逆（谓殴及谋杀祖父母，父母及夫），五曰不道（谓杀一家非死罪三人，及支解人，若采生造畜蛊毒厌魅），六曰大不敬（谓盗大祀神御之物及乘舆御物），七曰不孝（谓告言咒骂祖父母及夫之祖父母；父母在，别籍异财，若奉养有缺），八曰不睦（谓谋杀及卖缌麻以上亲，殴告夫及大功以上尊长、小功尊属），九曰不义（谓部民杀官长，军士杀所属指挥守把），十曰内乱（谓奸小功以上亲，父祖妾与和者）。

【译文】十恶不赦 一是谋反（危害国家），**二叫谋大逆**（策划毁坏宗庙、坟墓和皇宫），**三叫谋叛**（阴谋叛变国家，勾结外国），**四叫谋恶逆**（殴打、谋杀祖父母、父母和丈夫），**五叫不道**（杀死没有死罪的一家三口、肢解人、杀人做成祭品、巫蛊杀人、邪术咒人），**六叫大不敬**（偷大祀的神灵享用的东西以及皇帝使用的东西），**七叫不孝**（咒骂祖父母、丈夫的祖父母；父母在世就分家，以及赡养父母不足的），**八叫不睦**（谋杀或者贩卖服缌麻丧以上的亲戚，殴打丈夫、服大功丧以上的长辈、服小功丧以上的亲属），**九叫不义**（当地百姓杀害长官，军士杀害所属长官），**十叫内乱**（强奸服小功丧以上的亲人、父亲祖父的妾以及与他们发生关系的女人）。

八议 一曰议亲（谓皇家袒免以上亲，及太皇、太后、皇太后缌麻以上亲，皇后小功以上亲，皇太子妃大功以上亲），二曰议故（谓皇家故旧之人素得侍见，特蒙恩待日久者），三曰议功（谓能斩将夺旗，摧锋万里，或率众来归，宁济一时，或开拓疆宇有大勋劳，铭功太常者），四曰议贤（谓大有德行之贤人君子，其言行可以为法则者），五曰议能（谓有大才业，能整军旅，治政事，为帝王之辅佐人伦之师范者），六曰议勤（谓有大将吏谨守官职，蚤夜奉公，或出使远方，经涉艰难，有大勤劳者之谓），七曰议贵（谓爵一品及文武职军官三品以上，散官二品以上者），八曰议宾（谓承先代之后为国宾者）。

【译文】八议　八种情况允许减轻处罚，**一是议亲**（也就是皇帝家五服以上的亲人，还有太皇、太后、皇太后缌麻以上的亲人，皇后小功以上的亲人，皇太子妃大功以上的亲人），**二是议故**（也就是和皇家有老交情而且常常侍奉召见的人，特别蒙受皇恩，侍奉皇帝时间很久的人），**三是议功**（也就是那些能斩杀大将，夺取对方旗帜，万里之外抵御敌人的，或者率领众人归降，使得国家一时太平的，或者开拓疆土有大勋劳，铭刻功勋在太常寺的），**四是议贤**（也就是很有德行的贤人君子，他们的言行可以作为表率），**五是议能**（也就是有大才干，能整顿军队，处理政务，辅佐帝王、成为民间伦理表率的），**六是议勤**（也就是有大将大官谨慎地担任官职，日夜奉公守法，或者出使远方，经历艰难，有大功劳的），**七是议贵**（也就是官爵一品、文武官职和军官三品以上的，散官二品以上的），**八是议宾**（也就是前代国君的后人被尊为国家的宾客的）。

例分八字　以（以者，与真犯同。谓如监守贸易官物，无异真盗，故以枉法论，以盗论，并除名、刺字，罪至斩绞并全科）。准（准者，与真犯有间矣。谓如准枉法论，准盗论，但准其罪，不在除名、刺字之例，罪止杖一百，流三千里）。皆（皆者，不分首从，一等科罪。谓如监临主守职役同情盗，所监守官物并赃满数皆斩之类）。各（各者，彼此同科此罪。谓如诸色人匠拨赴内府工作，若不亲自应役，雇人冒名私自代替，及替之人，各杖一百之类）。其（其者，变于先意。谓如论人议罪犯先奏请议。其犯十恶，不用此律之类）。及（及者，事情连后。谓如彼此俱罪之赃及应禁之物，则没官之类）。即（即者，意尽而复明。谓如犯罪事发在逃者，众证既明白，即同狱成之类）。若（若者，文虽殊而会上意。谓如犯罪未老疾，事发以老疾论。若在徒年限内，老疾者亦如之之类）。

【译文】例分八字　以（以，也就是和真犯人相同。意思是假如看管物品的官员买卖官家的物品，就和真的大盗没区别，所以按照违法论罪，当成盗贼论罪，并且除去名籍、脸上刺字，罪行大的处以斩首、绞刑以及其他所有刑罚）。准（准，和真犯人有区别。意思是按照违法论处，盗窃罪论处，只照罪论处，不除名籍、脸上不刺字，惩罚只杖刑一百下，流放三千里外）。皆（皆，不管是首犯还是从犯，都按同罪论处。意思是监护、守卫等职务以及跟盗贼勾结的，监守的官物和赃物达到应该斩首范围的）。各（各，彼此都定同样的罪。意思是假如让各种工匠到皇宫里面工作，被召的人不亲自去，雇人冒名顶替，就和顶替的人各杖一百下等等）。其（其，改变先前的意见。意思是假如给人定罪而和先前的奏请不一样就要请求改变判决。犯有十恶不赦的，不适用这一条）。及（及，也就是定罪要考虑以后的事情。意思是彼此全是犯罪的赃物以及应该禁的物品，那么直接充公等类）。即（即，主犯在逃，罪犯很明确。意思是假如罪犯事发后在逃，众人的证词很确凿，就等于定罪）。若（若，文词虽不同，却领会上面的意思。意思是罪犯不老而且没有疾病，但东窗事发时却已经很老或者生病。假如还在判刑的年限内，老了和有病的也像别人一般论罪处置）。

顾山钱　女子犯罪并放归家，但令一月出钱三百，顾人于山伐木，谓之顾山钱。

平反　隽不疑尹京兆。每行县录囚还，母辄问："有所平反（音幡），活几人耶？"平，谓平其不平也；反，言反罪人辞，使从轻也。

录囚　北人言以录为虑。今言录囚，误以为虑囚者，非是。

颂系　景帝著令年八十以上，十岁以下，及孕者未乳，盲师，侏儒，当鞫问者，皆颂系之。"颂"读曰"容"，宽容之，不桎梏也。

【译文】顾山钱　女人犯罪，并且被释放回家，只要她每月出三百钱，雇人去山上砍木头，这叫“顾山钱”。

平反　隽不疑担任京兆尹。每次去下属的县核录囚犯回来，他母亲总问他：“有平反的人吗？多少人活下来了？”平，意思是将判决不公正的案件重新审理；反，意思是罪人将供词倒供，让他从轻发落。

录囚　北方话将“录”读成“虑”。今人所说的“录囚”，有些人误读成“虑囚”，这不对。

颂系　汉景帝规定对于年龄在八十岁以上、十岁以下的，怀孕还没哺乳的，瞎子，侏儒等人审问，都要“颂系”。“颂”读成“容”，意思是宽容，也就是不戴刑具。

爰书　爰，换也，以文书代换其口辞也。

末减　罪从轻也。末，薄也；减，轻也。

狱吏之贵　周勃下狱，狱吏侵辱之。勃后出，曰：“吾常将百万兵，然安知狱吏之贵也！”

死灰复然　韩安国坐法抵罪，狱吏田甲辱之。安国曰：“死灰独不复然乎？”甲曰：“然即溺之。”

【译文】爰书　爰，也就是换，用文书代替口供。

末减　定罪从轻发落。末，也就是薄；减，也就是轻。

狱吏之贵　周勃下监狱，狱吏凌辱他。周勃后来出狱，说：“我经常带百万的大军，可是哪知道狱吏这等尊贵！”

死灰复然　韩安国违法被论罪，狱吏田甲凌辱他。韩安国说：“熄灭的灰难道不会再燃烧起来吗？”田甲说：“再燃烧起来就用水浇灭它。”

六月飞霜　邹衍事燕惠王尽忠，左右谮之，王系之狱。衍仰天而叹，六月天为之降霜。

太子断狱　汉景帝时，防年因继母杀其父，遂杀继母。廷尉以大逆谳，帝疑之。武帝年十二为太子，侍侧，对曰："继母如母，缘父之故，今继母杀其父，下手之时，母道绝矣！是父仇也，不宜以大逆论。"

钱可通神　张延赏欲理一冤狱，案上有一帖云："奉钱三万，乞不问其狱。"公恚，悉收左右讯之。明日，于盥洗处得一帖云："奉钱五万。"又于寝门所得一帖云："奉钱十万。"公叹曰："钱至十万，可通神矣！吾以惧祸也。"乃不问。

【译文】六月飞霜　邹衍对燕惠王特别忠心耿耿，燕惠王左右的人却毁谤他，燕惠王将他投进监狱。邹衍仰天叹息，六月的天气因为他降下霜。

太子断狱　汉景帝时，防年因为自己继母杀死父亲，就杀死了继母。廷尉判决，将他定为大逆不道的罪名，景帝颇有犹豫。汉武帝当时才十二岁，是太子，侍奉在皇帝身边，对廷尉说："继母像母亲，是因为父亲的缘故。如今继母杀死他父亲，当她下杀手时，就不再跟犯人有母子关系，只是父亲的仇人，不该判为大逆不道的罪名。"

钱可通神　张延赏准备重审一件冤案，案子上出现一张纸条，写着："奉上三万钱，请别再审理此案。"张延赏大为愤怒，把左右的人都逮起来审讯。第二天，他又在盥洗处得到一张纸条，上面写道："奉上五万钱。"后来他又在寝室门上看见一张纸条，写着："加到十万钱。"张延赏长叹一声说："钱到了十万，可以通神了！我也害怕有大祸。"于是就不再审理。

祭皋陶　范滂坐党锢，系黄门北寺狱。吏谓曰："凡坐系皆祭皋陶。"滂曰："皋陶贤者，知滂无罪，将理之于帝；有罪，祭之何益！"

刮肠涤胃　齐高帝有故吏竺景秀，以过系作坊，常云："若许某自新，必吞刀刮肠，饮灰涤胃。"帝善其言，乃释之。

青衣报赦　苻坚屏人作赦文，有大蝇入室，声甚厉，驱之复来。俄而，人皆知有赦，诘所从来，云有青衣童子呼市中，乃蝇也。

【译文】祭皋陶　范滂受党锢之祸的牵连，被关押在黄门的北寺狱。狱吏对他说："但凡因罪入狱的都要祭拜皋陶。"范滂说："皋陶是贤者，倘若他知道我没罪，肯定会和皇帝理论；假如我有罪，祭拜他有什么用！"

刮肠涤胃　齐高帝有一老下属叫竺景秀，因为犯错投进监狱，常常说："假如容许我改过自新，我一定吞下刀子刮干净肠子，吃下灰洗涤胃部。"齐高帝觉得他说得诚恳，就放了他。

青衣报赦　苻坚让众人出去，自己写赦文，突然有一只大苍蝇飞进来，声音很吵闹，他赶出去后又飞回来。没过多久，世人都知道有大赦，苻坚让人审问从哪里听见的传说，对方说有一名穿青衣的童子在闹市大喊大赦，那童子就是一头青蝇。

于门高大　前汉于公，门闾坏，父老治之。公令高大门闾，可容驷马，且言："我治狱多阴德，子孙必有兴者。"后子定国为丞相。

论囚渭赤　秦商君性极惨刻，尝论囚渭水之上，其水尽赤。

肉鼓吹　伪蜀李匡远性苛急，一日不断刑，则惨然不乐，尝闻锤挞声，曰："此一部肉鼓吹也。"

无冤民　张释之、于定国为廷尉，克尽其职，朝廷称之曰："张释之为廷尉，天下无冤民；于定国为廷尉，民自以为不冤。"

【译文】于门高大　西汉的于公，闾里的大门坏了，乡亲父老一起修理。于公让人将大门建高大点，可容纳四匹马拉的车子，并说："我审案积了许多阴德，子孙一定有光大我门楣的。"后来他儿子于定国官至丞相。

论囚渭赤　秦国的商鞅为人极其残忍苛刻，曾在渭水上面处决犯人，渭水都染红了。

肉鼓吹　伪蜀的李匡远为人苛刻严酷，哪一天不判案，就特别不高兴。他曾经听到打大板的声音，说："这是一部人肉演奏的音乐。"

无冤民　张释之、于定国在担任廷尉时，恪尽职守，朝廷称扬他们："张释之担任廷尉，天下没有冤枉的人；于定国担任廷尉，百姓认为自己被判得不冤枉。"

疏狱天晴　宋淳熙二年，天久雨，上御笔批问，欲行下诸路疏遣狱囚。是日天霁，上大悦。

上蔡犬　秦李斯为赵高所谮，二世收之。父子临刑，叹曰："吾欲牵黄犬出上蔡东门逐狡兔，其可得乎！"遂夷其三族。

华亭鹤　陆机仕晋，为孟玫谮于成都王颖，王即使人收机，机叹曰："华亭鹤唳可得闻乎？"遂遇害。

走狗烹　韩信为吕后所诛，叹曰："高鸟尽，良弓藏；狡兔死，走狗烹。敌国破，谋臣亡。"

【译文】疏狱天晴　北宋淳熙二年(公元1175年),下了很久的雨,皇帝亲笔批示,准备让天下各路都遣散狱中囚犯。当天就放晴,皇帝十分高兴。

上蔡犬　秦朝的李斯被赵高诬陷,秦二世逮捕了他。李斯父子两人临刑前,感叹地说:“我想牵着黄狗,出上蔡县的东门去猎兔子,还能有吗!”后来他被灭三族。

华亭鹤　陆机出仕晋朝,孟玫在成都王司马颖面前诬陷他,成都王随即让人逮捕陆机,陆机感叹地说:“我家乡华亭的鹤叫声还能再听到吗?”于是就遇害了。

走狗烹　韩信被吕后杀死前,感叹地说:“高飞的鸟被射光,好弓箭就收藏;狡猾的野兔被宰掉,追兔子的猎狗也被煮来吃;敌国灭亡,谋臣就要死亡。”

支解人　齐景公时,民有得罪者,公怒缚至殿下,召左右支解之。晏子左手持头,右手持刀而问曰:“古明王支解人,从何支解起?”景公离席曰:“纵之。”

屦贱踊贵　齐景公烦刑。有鬻踊者(踊,刖足所用),公问晏子曰:“子之居近市,知孰贵贱?”对曰:“踊贵履贱。”公悟,为之省刑。

同文馆狱　章惇起同文馆狱,欲杀刘挚及梁焘、王岩叟等。后为元祐党碑,皆始于此。

金鸡集树　《唐书》:中书令供赦日,值金鸡于仗南,竿长七尺,鸡高四尺,黄金饰首,衔幡七尺,盛以绛幡,将作供焉。武后封嵩山,大赦,坛南有树,置鸡其杪,号金鸡树。

【译文】支解人　齐景公时,有个犯罪的人,齐景公愤怒地将他绑到大殿下面，让左右的人肢解他。晏子左手按在那人头上，右手握着刀问齐景公："古时贤明的君主肢解人，从哪里肢解起？"齐景公赶快离开席子，说："放了他。"

屦贱踊贵　齐景公制定特别多的刑罚，因此有许多卖踊的人（踊，是被砍脚的人使用的）。齐景公问晏子说："你的住处靠近闹市，知道什么东西便宜什么东西贵吗？"晏子说："踊贵，鞋子便宜。"齐景公醒悟，因此裁减刑罚的条文。

同文馆狱　章惇罗织同文馆的案子，是想杀掉刘挚、梁焘和王岩叟等人。后来树立元祐党人碑，全是从这里发端。

金鸡集树　《新唐书·百官志》里说：中书令在大赦天下的那天，树起一只大金鸡在皇帝仪仗队的南边，竿子高七尺，金鸡有四尺高，黄金装饰鸡头，衔着七尺长的布条，盛着红色的旗子，准备作为供物。武则天封嵩山的时候，大赦天下，祭坛的南边有棵树，就把金鸡放在树上，号为"金鸡树"。

天鸡星动　古称金鸡放赦，至今诏书于五凤楼，以金鸡衔下之。《三国典略》，司马膺之曰："案《海中星占》，天鸡星动皆有赦。故主王以金鸡建赦。"

雀角鼠牙　《诗经》："谁谓雀无角，何以穿我屋？谁谓女无家，何以速我狱？谁谓鼠无牙，何以穿我墉？谁谓女无家，何以速我讼！"

吹毛求疵　汉武帝时，天下多冤晁错之策，务摧抑诸侯王，数奏其过恶。吹毛求疵，笞服其臣，使证其君。

【译文】天鸡星动　古时候叫作"金鸡放赦"，到如今在五凤楼，用金鸡衔着诏书放下来。《三国典略》里说：司马膺之说："根据

《海中星占》记载，天鸡星一动都会有大赦。所以君王用金鸡宣布大赦命。”

雀角鼠牙　《诗经》：“谁说麻雀没有角，不然怎么啄穿我的房子？谁说你没成家，怎么催我进牢狱？谁说老鼠没牙齿，不然怎么咬穿我的墙壁？谁说你没成家，不然怎么急着告我状！”

吹毛求疵　汉武帝时，天下多误解晁错的意思，以为他致力于抑制诸侯王，便屡屡上奏举出诸侯王的过失。吹毛求疵，鞭打诸侯王的臣下，让他们指证君主。

犴狴，狱也。犴，胡地犬也。野犬所以守，故谓狱为犴狴。造狱用肺嘉之石，故狱又名肺嘉。（《周礼》：以肺石达穷民。肺石，赤石也，使之赤心，不妄告，以嘉石平罢民。嘉，文石也，使之思其文理以折狱。）

子代父死　梁吉翂父为原乡令，为奸吏所诬，罪当死。翂年十五，挝登闻鼓，乞代父命。武帝疑人教之，廷尉盛陈刑具，不变，乃宥父罪。

【译文】犴狴，也就是监狱。犴，是胡地的一种狗。野狗是用来守卫的，所以称狱为犴狴。建造监狱使用用肺石和嘉石，所以监狱又名“肺嘉”。（《周礼》上说：“用肺石上达贫民的意见。”肺石，是红色的石头，用这个石头是让人赤心，不冤枉好人。用嘉石来摆平不听教化、不事生产的平民。嘉，是有纹理的石头，寓意是让狱吏像石头有纹理一般有条理地判案。）

子代父死　南朝梁吉翂的父亲担任原乡令，被奸诈的下吏诬陷，判处死刑。吉翂只有十五岁，击打登闻鼓，请以自己替父亲受刑。梁武帝疑心有人教唆他，廷尉摆满了刑具吓唬他，他的意见仍不改变，于是就宽恕了他父亲的罪过。

发奸擿伏　擿，挑也，言为奸而隐匿者，必擿发之。

请谳　谳，议也，谓罪可疑者谳于廷尉。

刑狱爰始　黄帝始制刑辟，制流、笞、杖、斩。蚩尤制劓、刵、黥、椓。纣制烹、醢、轘、剐。周公制绞。黄帝斩蚩尤始枭首。秦文公始族诛。公孙鞅始连坐。禹制城旦、舂。周公制徒。唐太宗始加役、流。周太祖始加刺配。

【译文】发奸擿伏　擿，也就是挑，说的是做坏事的人躲起来，一定会被人揭发。

请谳　谳，也就是商议，意思是对虽然定罪，却有疑点的犯人在廷尉那详加商讨。

刑狱爰始　黄帝最早创立刑罚，制定流放、鞭打、杖击、斩首。蚩尤制定割鼻、割耳朵、刺脸、阉割等。殷纣王制定煮人、剁肉酱、五马分尸、凌迟处死等刑罚。周公制定绞刑。黄帝砍掉蚩尤的头颅时，开始将头颅悬挂。秦文公最早制定了灭族的刑罚。公孙鞅最早规定连坐。大禹制定城旦和舂的刑罚。周公制定徒刑。唐太宗开始增加服役、流放。周太祖开始增加刺配。

赎刑　舜始制赎止鞭朴。周穆王始制五刑之疑各得赎。汉宣帝始制女徒雇役。宋太祖始制折杖。

三法司　隋文帝始死罪三奏行刑。唐始大狱诏刑部尚书、都御史、大理寺正卿三司鞫问。

越诉　隋文帝令伸理由下达上，始禁越诉。

皋陶始制狱。汉诏以周囹圄为狱。北齐制狱囚于治。

皋陶始制律。萧何制九章律，张仓复定。

【译文】赎刑　舜最早制定用钱赎罪的刑罚，不用鞭刑。周穆王最早规定，五种刑罚有疑义处都可以用钱赎罪。汉宣帝最早规定女子的徒刑可以改成雇役。宋太祖最早规定代替除死刑外所有刑罚的杖刑。

三法司　隋文帝最早让判死罪的上奏三次再行刑。唐朝开始凡是大案子就下诏让刑部尚书、都御史、大理寺正卿三司一起审问。

越诉　隋文帝下令要申诉案件由下而上，开始禁止越级申诉。

皋陶最早建造监狱。汉朝下诏用周朝的囹圄当作监狱。北齐建造监狱，并将犯人囚禁在治所。

皋陶最早制作律法。萧何制作《九章律》，张仓又修订。

卷十一·日用部

宫室

有巢氏始构木为巢。古皇氏始编槿为庐。黄帝始备宫室。黄帝制庭、制楼、制阁、制观。神农制堂。燧人氏制台。黄帝制榭。尧制亭。汉宣帝制轩。唐虞制宅。周制房、制第。汉制邸。六朝后始加听事为厅。秦孝公始制殿，乃有陛。萧何治未央宫，立东阙、北阙，始沿名阙。梁朱温按《河图》制五凤楼。魏始制城门楼，名丽谯。张说制京城鼓楼。鲧作城郭。禹作宫室。

左徹制祠庙，汉宣帝制斋室。周穆王召尹轨、杜仲居终南尹真人草楼，始名道居为观。汉明帝时，摩腾、竺法兰自西域止鸿胪寺，始名僧居为寺。隋炀帝制道场，改观为玄坛，五代宋改制宫。孙权始为佛塔。东晋何充舍宅始为尼寺。

【译文】有巢氏最早用木头建造鸟巢一样的屋子。古皇氏最早用木槿编制成草庐。黄帝最早完备了宫室的建造。黄帝造出庭院、楼、阁、观。神农造出堂。燧人氏建造了台。黄帝建造了榭。尧帝建造了亭。汉宣帝建造了轩。唐虞建造了宅。周建造了房子和府第。汉朝建造了邸。六朝后开始增加听事作为官厅。秦孝公最早建造殿，才有了陛。萧何建造未央宫，建立东阙、北阙，开始沿用“阙”的名称。后梁朱温按照《河图》建造五凤楼。魏国最早建造城门楼，名叫“丽谯”。张说建造了京城的鼓楼。鲧创建城郭。禹创建了宫室。

左徹建造了祠庙，汉宣帝建造了斋室。周穆王召尹轨、杜冲居住在终南山尹真人的草楼上面，开始将道士的住所称为“观”。汉明帝时，摩腾、竺法兰从西域到京城，住在鸿胪寺，开始将僧人居所称作“寺”。隋炀帝建立了道场，将“观”改名为“玄坛”，五代和宋朝改制为“宫”。孙权最早建造佛塔。东晋何充将自己住宅施舍给尼姑当作“尼寺”。

唐玄宗制书院。后汉刘淑制精舍。殷仲堪制读书斋。欧阳修燕居，始为户室相通，名画舫斋。

黄帝制门户，文王制壁门，周公制戟门、辕门（车相向以表门）、人门（立长大人之以表门）。秦始皇制走马廊，制千步廊。黄帝制阶、制梯。尧制墙。伊尹制亮槅。神农制窖。伏羲制厨。黄帝制灶、制蚕室。周制暴室。黄帝制囿。尧制池。秦始皇制汤池。

【译文】唐玄宗建造了书院。后汉的刘淑建造了精舍。殷仲堪建造了读书斋。欧阳修闲居时，最早让门户、房间相通，名叫“画舫斋”。

黄帝建造了大门，文王建造了壁门，周公建造了戟门、辕门（战车相对当作门）、人门（让高大的人当作门）。秦始皇建造了走马廊和千步廊。黄帝建造了台阶和梯子。尧建立了墙。伊尹建造了透光的窗格子。神农建造了地窖。伏羲建造了厨房。黄帝建造了灶台、养蚕的蚕室。周朝建造了专门染衣料的暴室。黄帝建造了豢养禽兽供打猎的园林。尧建造了城池。秦始皇建造了护城河。

公署　汉制开府，制九卿治事之寺。北齐始以官名寺。隋制监。唐制院、制省、制局。汉制南宫。唐制东台。玄宗制黄门省。

周制馆。汉制藁街（即今四夷馆，汉武帝制）。宋置马铺，制递站。夏制府藏文书财货。汤武制库藏。

平泉庄 李赞皇平泉庄周回十里，建堂榭百余所，天下奇花、异卉、怪石、古松，靡不毕致。自作记云："鬻平泉者，非吾子孙也！以一石一树与人者，非佳子弟也！吾百年后，为权势所夺，则以先人所命泣而告之。"

午桥庄 张齐贤以司空致仕归洛，得裴晋公午桥庄，凿渠通流，栽花植竹，日与故旧乘小车携觞游钓。

【译文】公署 汉朝设立了开府，设立九卿办公的官府。北齐最早用官称呼寺。隋朝设立了监。唐朝设立了院、省、局。汉朝建造了南宫。唐朝设立了东台。唐玄宗设立了黄门省。周朝设立了馆。汉设立了藁街（也就是如今的四夷馆，是汉武帝设立的）。宋朝设立了马铺，设立了驿站。夏朝建立了官府来收藏文书和财货。商汤、周武都建立了仓库。

平泉庄 李德裕的平泉庄方圆十里，建造上百间堂榭，天下的奇花、异卉、怪石、古松，没有不搞到放在里面的。他自己记录说："后代如果卖掉平泉庄，就不是我的子孙！卖掉平泉庄中的一石一树给别人的，也不是好子孙！我去世后，假如这个庄子被有权有势的人物抢走，那就说我的话苦苦哭泣哀求吧。"

午桥庄 张齐贤从司空的职务上退休回到洛阳，得到裴度的午桥庄，凿渠通水，栽花种竹，每天和老友坐小车，带着酒壶在里面游赏垂钓。

辋川别业在蓝田，宋之问所建，后为王维所得。辋川通流竹洲花坞，日与裴秀才迪浮舟赋诗，斋中惟茶铛、酒臼、经案、竹床而已。

高阳池　汉侍中习郁于岘山南，依范蠡养鱼法作鱼池，池边有高堤，种竹及长楸，芙蓉缘岸，菱芡覆水，是游燕名处。山简每临此池，未尝不大醉而返，曰："此是我高阳池也。"

迷楼　隋炀帝无日不治宫室，浙人项昇进新宫图，大悦，即日召有司庀材鸠工，经岁而就，帑藏为之一空。帝幸之，大喜曰："使真仙游其中，亦当自迷也。"因署之曰"迷楼"。

【译文】辋川别业在蓝田，是宋之问所建，后来归王维所有。辋川的水流贯通在竹洲和花坞之间，王维每天和裴迪坐船吟诗，斋里只有茶铛、酒臼、经案、竹床。

高阳池　汉朝的侍中习郁在岘山南，按照范蠡的养鱼法建造鱼池，池边有高高的堤岸，种了竹子和长楸，沿着池岸种植许多芙蓉花，水面覆盖着菱芡，是著名的游览聚会的地方。山简每次到这个池边，从没有不大醉而归的，他说："这是我的高阳池。"

迷楼　隋炀帝每天都建造宫室，浙江人项昇献上一幅新宫图，隋炀帝极为高兴，当天召专管建筑的官府准备木材、聚集工匠，一年就建好了，国库的钱因此一下用完。隋炀帝的车驾巡幸新宫后，特别高兴地说："即使神仙在这里游赏，他也会迷路。"所以这里题作"迷楼"。

西苑　隋炀帝筑西苑，周三百里，其内为海，周十余里，为方丈、瀛洲、蓬莱诸山岛，高出水百余丈，有龙鳞筑萦回海内，缘筑十六院门皆临渠，每院以四品夫人主之。殿堂楼观，穷极华丽，秋冬凋落，则剪彩为花，缀于枝干，色渝则易以新者，常如阳春。上好以月夜从宫女数千骑游西苑，作《清夜游曲》，于马上奏之。

阿房宫，东西五百步，南北五十丈，上可以坐万人，下可以建五丈旗。周驰为阁道，自殿下直抵南山。表山颠以为阙。复道，渡渭，属之咸阳。役隐宫徒刑者七千余万人。卢生说帝为微行所居，毋令人知，然后不死之药可得。乃令咸阳宫三百里内宫观复道相连，帷帐钟鼓美人不够而具，所行幸，有言其处者死。

【译文】西苑　隋炀帝建造西苑，方圆三百里，内部有海，方圆十多里，上面建筑方丈、瀛洲、蓬莱等山岛，高出水面一百多丈，有个龙鳞筑绕着海里，沿着龙鳞筑的十六个院门都临着长渠，每个院派四品夫人主管。殿堂楼观，穷奢极侈，秋天冬天时树木凋零，那就剪彩布制成花朵，装点在枝上，褪色就换新的，看上去常常像阳春三月的天气。隋炀帝爱在有月亮的晚上带着几千个宫女乘着马去西苑游览，他创作了《清夜游曲》，让人在马上演奏。

阿房宫东西长五百步，南北长五十丈，上面能坐下一万人，下面能建立五丈高的旗子。绕着宫殿建立阁道，从殿下直达终南山。在山顶修建门楼，当作宫阙。从阁道上渡过渭水，一直连接到咸阳。役使七十多万个受过宫刑或徒刑的人来建造。卢生劝秦始皇在居所里要神不知鬼不觉地来往，才能获得不死药。于是下令咸阳宫三百里内的宫观都用复道相通，各地的帷帐、钟鼓、美人，不必移动，就全部具备。他临幸的地方，有说他行踪的人处死。

驾霄亭　张功甫为张循王诸孙，园池声伎服玩甲天下，常于南湖园作驾霄亭，于四古松间，以巨铁絙之半空，当风月清夜，与客梯登之，飘遥云表。

水斋　羊侃性豪侈。初赴衡州，于两艖（舟符）起三间水斋，饰以珠玉，加以锦缋，盛设围屏，陈列女乐。乘潮解缆，临波置酒，缘塘倚水，观者填塞。

清秘阁　倪云林所居，有清秘阁、云林堂。其清秘阁尤胜，前植碧梧，四周列以奇石，蓄古法书名画其中，客非佳流不得入。尝有夷人入贡，道经无锡，闻云林名，欲见之，以沉香百斤为贽，云林令人绐云："适往惠山饮泉。"翌日再至，又辞以出探梅花。夷人不得一见，徘徊其家。倪密令开云林堂使登焉，东设古玉器，西设古鼎彝尊罍，夷人方惊顾，问其家人曰："闻有清秘阁，可一观否？"家人曰："此阁非人所易入，且吾主已出，不可得也。"夷人望阁再拜而去。

【译文】驾霄亭　张镃（字功甫）是循王张俊的孙子，他家的池沼园林、声乐歌伎和衣服玩物都天下第一。他曾经在南湖园建造了驾霄亭，在四株古松间，用巨大铁索连在半空中，每当风清月明的夜晚，就与客人从铁梯登上驾霄亭，仿佛飞翔在白云里。

水斋　羊侃为人豪华奢侈。他最初去衡州任职，在两船之间造起三间水斋，装饰了珠玉和锦缎，设立特别多的围着的屏风，陈列女子乐队。假如潮水涨起，就解开缆绳，临着江水设宴，岸边观看的人十分拥挤，堵住了大路。

清秘阁　倪瓒（号云林）的居处，有清秘阁和云林堂。其中清秘阁尤其著名，前面种着梧桐，四周装点着奇石，阁中收藏古代的书法、名画，客人不是风雅之士就不准进入。曾有一个蛮夷上京城进贡，经过无锡时，听说倪瓒的大名，想拜见他，用一百斤沉香作为见面礼，倪瓒让人骗对方说："主人刚好去惠山喝泉水去了。"对方第二天再来，又推说出探梅花了。那蛮夷见不到他，就在倪瓒家门口徘徊。倪瓒暗中让人打开云林堂的大门让他登上观赏，东边陈列着古玉器，西边陈设的是古鼎、古彝、古尊、古罍，蛮夷正惊讶地到处看，问倪瓒的家人说：

"听说还有一座清秘阁，可以游览下吗？"家人说："这个清秘阁不是普通人容易进去的。况且主人已经出门，所以你没法去看。"蛮夷望着清秘阁拜了两拜离开了。

泖湖　杨铁崖晚居泖，尝曰："吾未七十，休官在九峰三泖间，殆且二十年，优游光景过于乐天。有李五峰、张句曲、周易痴、钱思复为唱和友，桃叶、柳枝、琼花、翠羽为歌歈伎。风日好时，驾春水宅（先生舟名）赴吴越间，好事者招致，效昔人水仙舫故事，荡漾湖光鸟翠，望之呼铁龙仙伯，顾未知香山老人有此无也。"客有小海生贺公为"江山风月神仙福人"，且貌公老像，以八字字之，又赋诗其上曰："二十四考中书令，二百八字太师衔，不如八字神仙福，风月湖山一担担。"

咸阳北阪　秦始皇灭六国，写其宫室，作之咸阳北阪上，自雍门以东至泾、渭交处，殿屋覆道，周围相属，然各自为区。虽一瓦一甓之造，亦如其式。各书国号，不相雷同，皆布其所得诸侯美人居之。

【译文】泖湖　杨维桢（号铁崖）晚年在泖湖边居住，曾说："我还不到七十岁，就辞官在九峰三泖之间住着，大约已经二十年了，悠闲的时间超过了白居易。还有李五峰、张句曲、周易痴、钱思复等人作为我的唱和诗友，桃叶、柳枝、琼花、翠羽是我的歌伎。风和日丽的天气，我驾小船春水宅（先生的舟名）去吴越间，好事者招我，仿效古人的水仙舫的旧例，在湖光山色间荡漾，望见我的人称我是'铁龙仙伯'，倒不知道白居易（号香山）有没有这等福分。"客人中有叫小海生的给杨维桢祝寿，称他是"江山风月神仙福人"，并且画出杨维桢老年时的画像，这八个字题在上边，又赋一首诗，写道：“二十四考中书令，二百六字太师衔。不如八字神仙福，风月湖山一担担。”

咸阳北阪　秦始皇灭了六国后，影写了六国的宫室，在咸阳北阪上仿造，从雍门向东一直至泾水、渭水的交界处，楼阁和复道互相连接，但各自分为一区。即使是砖瓦，也和原来一模一样。宫殿上面各自题着国号，各不相同，都让每一国诸侯的美人住在题着自己国名的宫殿里面。

花萼楼　唐玄宗友爱至厚，设五王幄，与诸王同处。后于宫中造楼，题曰：“花萼相辉之楼”。

黄鹤楼　晋时有酒保姓辛，卖酒江夏，有道士就饮，辛不索钱，如此三年。一日，道士饮毕，以橘皮画一鹤于壁，以箸招之即下舞，嗣是贵客皆就饮，辛遂致富，乃建黄鹤楼。后道士骑鹤而去。

滕王阁　滕王，唐高帝之子，武德中出为洪州刺史，喜山水，酷爱蝴蝶，尤工书，妙音律。暇日泛青雀舸，就芳渚建阁登临，仍以王名阁焉。

【译文】花萼楼　唐玄宗对亲兄弟特别友爱，制作一张五王幄，和兄弟住在一起。后来在宫中建一座楼，题名是“花萼相辉之楼”。

黄鹤楼　晋朝时有个酒保姓辛，在江夏卖酒，有一道士进酒店喝酒，辛不跟他算钱，像这样过了三年。有一天，那道士喝完酒，用橘子皮在墙上画了一只仙鹤，用筷子招它它就下来跳舞，从此这里便各种贵人满堂，酒保就变得富有，于是建起一座黄鹤楼。后来那道士骑着黄鹤飞走了。

滕王阁　滕王，是唐高祖的儿子，武德年间出京担任洪州刺史，爱好山水，酷爱蝴蝶，尤其精通书法和音乐。闲暇的时候他就驾着青雀舸，在小岛边建起楼阁来登临，后来沿用滕王的名号来命名。

轮奂　晋献文子成室，晋大夫贺焉。张老曰："美哉轮焉，美哉奂焉！歌于斯，哭于斯，聚国族于斯。"文子曰："武也得歌于斯，哭于斯，聚国族于斯，是全首领以从先大夫于九京也。"君子谓其善颂善祷。

爽垲　齐景公欲更晏子之宅，谓晏子曰："子之宅近市，不可以居，请更诸爽垲(地名)。"晏子如晋，公更宅焉。反，则成矣。既拜，乃复旧宅。

绿野堂　唐裴度以东都留守加中书令，不复有经世之意，乃治第东都集贤里，名绿野堂，竹木清浅，野服萧散。

【译文】轮奂　晋献文子赵武建造好房屋，晋国大夫前来贺喜。张老说："美啊，高大啊！美啊，众多啊！在这里祭祀奏乐，在这里居丧哭泣，在这里聚集同僚和宗族。"赵武说："我能在这里祭祀奏乐，在这里居丧哭泣，在这里宴饮同僚和宗族，是为了保全自己，好追随亡祖亡父到黄泉啊。"君子说他们一个善于祝颂，一个善于祈祷。

爽垲　齐景公想给晏子换宅子，对晏子说："你宅子靠近闹市，不能住，请让我替你迁到爽垲(地名)。(按："爽垲"是明亮干燥的意思)。"晏子出使晋国，景公就换掉了他的宅子。晏子一回来，新斋子已经落成。在拜谢齐景公后，仍然回到老宅子去。

绿野堂　唐朝的裴度担任东都留守兼中书令，不再有经世致用的志向了，便在洛阳的集贤里建造府第，叫"绿野堂"，里面竹树清翠，他穿着便服，萧散闲淡。

铜雀台在彰德县，曹操所筑。上有楼，铸大铜雀，高一丈五尺，置之楼颠。临终遗命，施繐帐于上，使宫人歌吹帐中，望吾西陵。西陵，操葬处也。

华林园　梁简文帝入华林园，顾谓左右曰："会心处政不在远，翳然林木，便自有濠濮间想，觉鸟兽禽鱼自来亲人。"

金谷园　石崇为荆州刺史时，劫远使商客，致富不赀。有别馆，在河阳之金谷，一名梓泽园，中有清泉茂林，竹柏药草之属，莫不毕备。尝与众客游宴，屡迁其处，或登高临下，或列坐水滨，琴瑟笙筑合载车中，道路并作，令与鼓吹递奏，昼夜不倦。后房数百，俱极佳丽之选，以殽羞精丽相高，求市恩宠。

【译文】铜雀台在彰德县，是曹操所建造。上面有楼，楼顶造了一只大铜雀，高一丈五尺。他临死时的遗命说："楼上施用帷帐，让宫女在帷帐里歌唱演奏，时时眺望我的陵墓所在——西陵。"西陵，也就是葬曹操的所在。

华林园　梁简文帝进入华林园，对左右的人说："会心处本来不必在远，阴翳的林木，便让我有庄子在濠水上、濮水间的闲远的想法，觉得鸟兽禽鱼自己来亲近人。"

金谷园　石崇担任荆州刺史时，抢劫远行的使者和商人，攒了许多财富。他有一间别墅，在河阳县的金谷，又名梓泽园，那里有清泉、竹林、松柏、药草等，没有不完备的。他曾和众宾客在里面游玩设宴，多次换地方，有时登高临下，有时列坐水边，琴瑟笙筑全装在车里，一路上一起演奏，还让和击鼓和吹笛的人递相演奏，通宵达旦。石崇的后房有几百女子，全是特别美丽的人，她们用美味佳肴来攀比竞争，以求石崇的恩宠。

衣冠

冠 辰氏始教民绚发闔首。尧始制冠礼。黄帝始制冠冕。女娲氏始制簪导。尧始制缨。伏羲始制弁，用皮韦。鲁昭公始易绢素。周公始制幅巾。汉末始尚幅巾，制角巾。晋制接䍦诸巾及葛巾，始以巾为礼。秦始皇加武将袶袙，以别贵贱，始为帻。汉元帝额有壮发，始服帻。王莽秃，加屋帻上，始为头巾。古无巾，止用幂尊罍。

【译文】冠 辰氏最早教百姓编起头发，用帽子盖在头上。尧帝最早制定加冠礼。黄帝最早制作冠冕。女娲氏最早制作簪导。尧最早制作冠缨。伏羲最早制作弁，使用熟牛皮制成。鲁昭公开始换用白色绢制作。周公最早制作幅巾。汉末开始流行幅巾，并制作了角巾。晋朝制作了接诸巾和葛巾，开始用巾来当作礼品赠人。秦始皇给武将加上袶袙，用来区分贵贱，开始制作了扎发的帻。汉元帝的额前有丛生突下的头发，便开始戴帻。王莽因为头秃，最早在帻上加上屋，开始使用头巾。古时候没有头巾，古时的巾只用来盖住尊罍等饮器。

帽 荀始制帽，舜制帽冠。汉成帝始制贵臣乌纱帽，后魏迄隋因之。唐太宗始制纱帽，为视事见宾，上下通用。秦汉始效羌人制为毡帽。晋始以席为骨而挽之，制席帽。隋始制帷帽障尘，为远行，用皂纱连幅缀油帽及毡笠前。唐制大帽，后魏孝文始赐百官。魏文帝始赐百官立冬暖帽。今赐百官暖耳，本此。

【译文】帽　黄帝的大臣荀最早制作帽子，舜制作了帽冠。汉成帝最早制作尊贵大臣戴的乌纱帽，后来从魏国到隋朝都因袭使用。唐太宗最早制成纱帽，临朝理事或会见来宾时使用，全国臣民都可以用。秦、汉最早仿效羌人制作毡帽。晋朝最早用席子做帽的骨架，制成席帽。隋朝最早制作了帷帽来挡尘埃，是为远行用的，用黑色纱布连接在油帽以及毡笠前。唐朝制作了大帽，后魏孝文帝开始将大帽赐给百官。魏文帝最早赐给百官立冬暖帽。如今赐给百官的“暖耳”，来源于这里。

幞头　北朝周武帝裁布始制幞头。一云六国时赵魏用全幅向后幞发，通谓头巾，俗呼幞头。

帢　魏武制帢，始燕居着帢（帻帢同裁缣布为之，以色别贵贱）。荀文若始制帢有岐，因触树枝成岐，后效之。

纵　周公制纵，以韬发。宋太祖制网巾，明太祖颁行天下。

【译文】幞头　北朝的周武帝剪裁布匹开始制作幞头。另说是六国时赵魏使用全幅的布向后扎住头发，通称“头巾”，俗称“幞头”。

帢　魏武帝制作了帢帽，最早在闲居时戴帢（帻、帢等便帽相同，是用布制作，按颜色区分贵贱）。荀文若最早制作有分岔纹路帽尾的帢，因为他碰到树枝撕裂出分岔，后人仿效。

纵　周公建造了纵，用以束头发。宋太祖制作了网巾，明太祖颁行全国。

古冠名　尧黄收、牟追；汤冔；武王委貌；秦始皇远游冠；汉高祖通天冠、高山冠、鹊尾冠、长冠、竹皮冠；唐太宗翼善冠、交天冠；宋平天冠，并人君冠。殷章甫冠；汉梁冠（以梁数分别），后汉进贤冠；唐太宗进德冠；楚王獬豸冠；汉却非冠；赵武灵王惠文冠，饰金珰豹尾。汉武弁效惠文加蝉、鵔鸃冠、繁冠、鹖冠。秦孝公武帻，汉文帝介帻。西汉翠帽，唐縠帽，李晟绣帽，沉庆之狐皮帽、汝阳王琎砑光帽，南汉平顶帽，后周独孤帽、侧帽，韩熙载轻纱帽，萧载小博风帽。

【译文】古冠名　尧有黄收、牟追；汤有冔；周武王有委貌；秦始皇有远游冠；汉高祖刘邦有通天冠、高山冠、鹊尾冠、长冠、竹皮冠；唐太宗有翼善冠、交天冠；宋有平天冠，这些全是皇帝使用的冠。殷商有章甫冠；汉朝有梁冠（按帽梁的根数区分贵贱），后汉有进贤冠；唐太宗有进德冠；楚王有獬豸冠；汉朝有却非冠；赵武灵王有惠文冠，装饰着金珰、豹尾。汉武帝弁帽仿效惠文冠增加了蝉、鵔鸃冠、繁冠、鹖冠。秦孝公有武帻，汉文帝有介帻。西汉有翠帽，唐朝有縠帽，李晟有绣帽，沈庆之有狐皮帽、汝阳王琎有砑光帽，南汉有平顶帽，后周有独孤帽、侧帽，韩熙载有轻纱帽，萧载有小博风帽。

唐乌匼纱巾、夹罗巾，员头、平头、方头巾，宋云巾、歇鸥巾，汉文帝平巾，唐中宗踣养巾，昭宗珠巾，诸葛孔明纶巾，谢万白纶巾，祢衡练巾，石季伦紫纶巾，桑维翰蝉翼纱巾。张孝秀縠皮巾，陶弘景鹿皮巾，王衍尖巾，顾况华阳巾，山简白鹭巾，高九万渔巾，程伊川阔幅巾，苏子瞻加辅方巾，牛弘卜桐巾，王邻菱角巾，罗隐减样平方巾。

履 黄帝臣於则始制履（单底），周公制舄（复底）、制屦（施带）、制屐。伊尹制草屩，周文王始制麻履，秦始用丝，始皇始制靸金泥飞头鞋，始名鞋。汉始以布缦上脱下加锦饰，东晋始以草木巧织成如澼芙蓉为履是也。

【译文】唐朝有乌匼纱巾、夹罗巾，员头、平头、方头巾，宋朝有云巾、鹖鴠巾，汉文帝有平巾，唐中宗有踣养巾，昭宗有珠巾，诸葛孔明有纶巾，谢万有白纶巾，祢衡有练巾，石季伦有紫纶巾，桑维翰有蝉翼纱巾。张孝秀有縠皮巾，陶弘景有鹿皮巾，王衍有尖巾，顾况有华阳巾，山简有白鹭巾，高九万有渔巾，程伊川有阔幅巾，苏子瞻有加辅方巾，牛弘有卜桐巾，王邻有菱角巾，罗隐有减样平方巾。

履　黄帝大臣於则最早制作了单底鞋，周公制作了复底鞋、还制作了有带子的单底鞋、木屐。伊尹制作了草鞋，周文王最早制作了麻鞋，秦朝最早用丝来制作鞋，秦始皇最早制作靸金泥飞头鞋，最早用鞋的称呼。汉朝最早用布的圆丝带装饰鞋额上面下面，东晋最早用草木编织成鞋，仿佛漂洗过的芙蓉花。

靴 赵武灵王制靴，短靿。隋炀帝制皂靴，始长靿。马周加毡及絛，始着入殿省敷奏。

三代冠制 夏曰毋追（音牟堆），周曰委貌。衡，维持冠者；紞，冠之垂者；弦缨，从下而上；綖，冠之上覆者，皆冠饰也。

冕制 有虞氏曰皇，夏后氏曰收，商汤氏曰哻，周武王曰冕。衮冕，一品服；鷩冕，二品服；毳冕，三品服；希冕，四品服；玄冕，五品服；平冕，郊庙武舞郎之服；爵弁，六品以下、九品以上从祀之服；武弁，武官参殿廷、武舞郎、堂下鼓人鼓吹按工之服；弁服，文官九品公事之服。

石季伦，选自（明）陈洪绶版画《博古叶子》

【译文】靴　赵武灵王制作了靴，短靿。隋炀帝制作了皂靴，最早使用长靿。马周加上鞋垫和丝带，最早穿着上朝奏事。

三代冠制　夏朝的叫毋追（读作“牟堆”），周朝是叫委貌。衡，是维持帽冠的部分；紞，是冠的两侧垂下的丝绳；弦缨，是从下而上固定冠帽的；綖，是覆在冠上的部分。这些都是冠帽装饰。

冕制　有虞氏的冕叫皇，夏后氏的冕叫收，商汤氏的冕叫哻，周武王的叫冕。衮冕，是一品的官所使用；鷩冕，是二品的官所使用；毳冕，是三品的官所使用；希冕，是四品的官所使用；玄冕，是五品官所使用；平冕，是郊庙武舞郎所使用；爵弁，是六品以下、九品以上的官员随从祭祀所使用；武弁，是武官参殿廷、武舞郎、堂下鼓人鼓吹按工所使用；弁服，九品文官处理公务时所使用。

旒制　汉明帝采《周官》《礼记》，以定冕制，广七寸、长一尺二寸，系白珠于其端，曰旒。天子十二旒，三公及诸侯九旒，卿七旒。

冠制　太白冠，太古之白布冠也。通天冠，天子冠名。惠文冠，汉法冠也，御史服之。葛巾，葛布冠也，居士野人所服。方山冠，乐人之冠也。铁柱冠，即獬豸冠也，后以铁为柱，取其执法如铁也，故御史服之。

鵔鸃**冠**　汉惠帝时，郎中皆冠鵔鸃冠，傅脂粉。岸帻，起冠露额曰岸。

【译文】旒制　汉明帝根据《周官》和《礼记》里的说法，制定冠冕的规格：宽七寸、长一尺二寸，两端系白珠子，叫旒。天子使用十二旒，三公和诸侯使用九旒，卿大夫使用七旒。

冠制　太白冠，是上古时期用白布制作的冠。通天冠，是天子的冠名。惠文冠，是汉朝的法冠，御史使用。葛巾，是用葛布制成的冠，隐士或乡人使用。方山冠，是乐人的冠。铁柱冠，也就是獬豸冠，后人用铁做冠柱，寓意执法如铁般刚直，所以御史戴这种冠。

鵔鸃冠　汉惠帝时，郎中全部戴鵔鸃冠，还要脸上抹脂粉。　岸帻，冠前露出额头叫"岸"。

雄鸡冠　子路性鄙，好勇力，冠雄鸡，佩豭豚，凌暴孔子，孔子设礼稍诱子路。子路后服，委贽因门人请为弟子。

竹皮冠　汉高祖为亭长，以竹皮为冠。及贵，常服之，所谓"刘氏冠"也。诏曰：爵非公乘以上，不得冠刘氏冠。公乘，第八爵也。

弁髦　男子始冠则用弁髦，既冠则弃之，故凡物弃之不用，则曰弁髦。

帽制　接䍦，白帽也。常脱，毡帽也。褦襶，即今暑月所戴凉帽也，内以笠为之，外以青缯缀其檐而蔽日者也。

【译文】雄鸡冠　子路性子粗鄙，好用蛮力，曾戴着雄鸡冠，佩着公猪带，欺负孔子，孔子用礼仪慢慢引导他。子路后来心服口服，送上见面礼，通过门人请求做孔子的弟子。

竹皮冠　汉高祖刘邦担任亭长时，用竹皮制成冠帽。等他成为皇帝后，也常常穿戴，也就是所谓的"刘氏冠"。他还下诏说："爵位不在公乘以上，不准戴刘氏冠。"公乘，是指第八爵。

弁髦　男子成年礼时要加冠，先用弁髦，加冠后就弃之不用。所以凡是被弃置不用的东西就叫"弁髦"。

帽制　接䍦，是白色帽子。浑脱，是毡帽。褦襶，也就是现今暑天戴的凉帽，内里用笠制成帽骨，外面用青布垂在帽檐下面，遮蔽日光。

进贤冠 今文臣所着纱帽，即古之进贤冠也。

貂蝉冠 为侍中、中常侍所服之冠，黄金珰附蝉为文，貂尾为饰，侍中插左，常侍插右。

鹖冠 楚人居于深山，以鹖为冠，著书十六篇，号《鹖冠子》。

虎贲冠 虎贲插两鹖尾，竖左右。鹖，鸷鸟中之劲果者，秦汉施之武人。

黄冠，道士冠也。文文山愿黄冠归故乡，以备顾问。

【译文】进贤冠 如今文臣所戴的纱帽，也就是古时的进贤冠。

貂蝉冠 是侍中、中常侍戴的冠，用黄金作为耳饰，并附有蝉的纹饰，用貂尾装饰，侍中插左边，常侍插右边。

鹖冠 有一楚国人住在深山里，用鹖鸟的毛制成冠帽，他写了十六篇的书，起名《鹖冠子》。

虎贲冠 虎贲冠要插两支鹖鸟的尾部羽毛，分别竖在左右。鹖鸟是猛禽中最为刚劲果决的，所以秦、汉时让武士使用这个冠。

黄冠，也就是道士冠。文天祥(号文山)说的愿意戴黄冠回故乡，以充当元朝的顾问。

椰子冠 苏东坡有椰子冠，广东所产，俗言茄瓢是也。

束发冠，古制也。三王画像多着此冠，名曰束发者，亦以仅能束一髻耳。

折角巾 后汉郭林宗常行梁陈之间，遇雨，巾一角沾雨而折。三国名士着巾，莫不折其角，号“林宗巾”。其见仪则如此。

【译文】椰子冠　苏东坡有椰子冠，椰子是广东所产的水果，俗称茄瓠。

束发冠，是古代的制度。古时候的三王画像多戴这种冠，虽然叫束发冠，也只能束住一只发髻罢了。

折角巾　后汉的郭林宗经曾经在梁、陈之间赶路，遇到下雨，头巾的一角沾到雨，他就折起来。梁、陈二国的名士戴头巾，都折起角，号称“林宗巾”。郭林宗就这样被人效仿。

折上巾　汉魏以前戴幅巾，晋、宋用幂䍦，后周以三尺皂绢向后幞发，名折上巾。

方巾　元杨维桢被召入见，太祖问：“卿所冠何巾？”对曰：“四方平定巾。”太祖悦其名，召中书省，依此巾制颁天下尽冠之。

网巾　明太祖一日微行至神乐观，有道士结网巾，问结此何用，对曰：“网巾用以裹头，则万发俱齐。”明日有旨命道官取网巾一十三顶，颁行天下，无贵贱，皆令裹之。

【译文】折上巾　汉、魏以前的人都戴幅巾，晋、宋时用幂，后周用三尺长的黑绢向后笼起头发，叫“折上巾”。

方巾　元代的杨维桢被明太祖召入朝廷拜见，明太祖问他说：“您戴的是什么巾？”杨回答说：“四方平定巾。”明太祖喜欢这名字，就让中书省按照这巾的式样颁行全国，于是全国人都戴这种冠。

网巾　明太祖有一天微服去神乐观游览，有一道士结着网巾，明太祖问他结这个干吗，那道士回答说：“网巾用来裹住头发，这样上万根头发都齐整了。”第二天，他就下旨，让主管道士的官员取来十三顶网巾，按照式样颁行全国，无论贵贱，都用网巾裹头。

衣裳

有巢氏始衣皮。轩辕妃嫘祖始兴机杼，成布帛。尧始加绨苎、木棉、草布、毛罽。黄帝臣胡曹始作衣，伯余始作裳，始衣裳加垂以衣皮，短小也。舜制韨（冕服之韠，古字，从韦，今从丝），三代增画文；汉明帝用赤皮；魏晋始易络纱。黄帝始制衮，舜始备，周始详。

傅说制袍，长至足。隋制大袍，宇文护始加襕。舜制深衣。马周制襕衫。汉制方心曲领，唐制圆领。

唐太宗制朝参拜表朝服，公事谒见，公服始分别。北齐入中国，始胡服，窄袖。唐玄宗始公服，褒博大袍。

【译文】有巢氏最早用毛皮制作衣服。轩辕的妃子嫘祖最早用织布机纺织布帛。尧帝最早制成绨苎、木棉、草布、毛罽。黄帝的大臣胡曹最早制作上衣，伯余最早制作下裳，最早给衣裳加皮制垂饰，因为衣裳短小。舜制成韨（冕服的“韠”是古字，本来是“韦”字旁，如今是丝字旁），夏商周增加了十二章文；汉明帝使用大红色的皮；魏、晋最早改用络纱。黄帝最早制作了衮衣，舜时衮衣的制度完备，周朝时制度详细。

傅说制作袍，长到脚。隋朝制作了大袍，宇文护最早增加上衣下摆的襕。舜制定了上、下衣相连的深衣。马周制作了襕衫。汉朝制作了方心曲领衣，唐朝建造了圆领衣。

唐太宗制成了在朝廷上参拜的朝服，公事谒见时穿戴，从此公服和便服有了区分。北齐入中原，最早穿胡服，体制是窄袖。唐玄宗最早让公服变宽大。

伏羲制裘（一云黄帝）。禹制披风（如背子制较长，而袖宽于衫）、制襦（短衣）。伊尹制袷袄。汉高祖制汗衫（小仅覆胸背，即古中单，帝与楚战汗透，因名）。唐高祖制半臂（隋文帝时半臂余，即长袖也。高祖减为秃袖，如背心）。马周制开骻（即今四骻衫）。周文王制裈，禹始制袴，周武王改为褶，以布；敬王以缯；汉章帝以绫，始加下缘。

晋董威制百结（碎杂缯为之）。宋太祖制截褶、制海青（俱仿南番作）。宇文涉制毡衫。

【译文】伏羲制成了裘衣（有人说是黄帝）。大禹制成了披风（像背子的形制，较长些，袖子比衫宽）、襦（也就是短衣）。伊尹制成了夹袄。汉高祖刘邦制成了汗衫（很小，仅能盖住胸口、背，也就是古时候的中单，汉高祖刘邦和项羽交战，衣服被汗湿透，所以叫汗衫）。唐高祖制成了半臂（隋文帝时有半臂余，也就是长袖。唐高祖剪短为秃袖，像背心）。马周制成了开骻（也就是如今的四骻衫）。周文王制成了满裆裤，禹最早制成了裤子，周武王改名为褶裤，用布制作；敬王用缯来制作；汉章帝用绫来做，最早增加了下摆。

晋朝的董威制成了百衲衣（用杂色碎缯制作）。宋太祖制成了截褶、海青（全是仿照南番的式样）。宇文涉制成了毡衫。

陈成子制雨衣、雨帽。宇文涉制雨笼。於则制角袜（前后两只相承，中心系带）。魏文帝吴妃始裁缝如今样。后魏始赐僧尼偏衫。

黄帝始定人君服，色随王运。周公始制天子服，四时各以其色。隋文帝始专尚黄。唐玄宗时，韦韬请天子服御皆用黄，设禁。

炀帝诏牛弘等始别服色，三、四品紫，五品朱，六品以下绿，胥吏青，庶人白，商皂。本秦始皇以紫、绯、绿三等服为制。

【译文】陈成子制成了雨衣、雨帽。宇文涉制成了雨笼。於则制成了角袜（前后两只相承，中间系着带子）。魏文帝的吴妃最早裁成如今的样子。后魏最早给僧尼赐偏衫。

黄帝最早制定君王的礼服，颜色随着朝代变化而变化。周公最早制定天子服，四季各依四季代表色。隋文帝最早崇尚黄色。唐玄宗时，韦韬请天子服和用具都用黄色，并禁止臣民使用。

隋炀帝下诏让牛弘等人区分官员服装的颜色，三品、四品穿紫色，五品穿红色，六品以下穿绿色，胥吏穿青色，平头百姓穿白色，商人穿黑色。这是来源于秦始皇用紫、绯、绿三种颜色的衣服制度。

后魏制僧衣，赤布，后周易黄，宇文周易褐色。北齐忌黑，以僧衣多黑，始行师忌僧。

鱼袋，即古鱼符，刻鱼，盛之以袋，而饰金银玉。

三代为等袋，用韦。唐高祖始制鱼袋，饰金银。武后改制龟，盖为别；后复为鱼，加用铜；宋仁宗加用玉。唐玄宗敕品卑者借绯及鱼袋。

笏　成汤始制笏，书教令以备忽忘。武王诛纣，太公解剑带笏，始制为等。周制诸侯用象笏。晋、宋以来，惟八座用笏，余执手板。周武帝始百官皆执笏朝参，以笏为礼。汉高祖制手板如笏，魏武帝制露板（奏事木简）。

【译文】后魏制成了僧衣，用大红色的布，后周改换成黄色布，北周换成了褐色。北齐忌讳黑色，因为僧衣多用黑色，最早在行军时忌讳僧人。

鱼袋，也就是古时候的鱼符，刻着鱼的形象，用袋子装，装饰金、银、玉。

三代制作笭袋，用熟牛皮。唐高祖最早创制出鱼袋，用金银装饰。武则天武周时期改名为龟，是为区别于唐朝；后来又恢复为鱼，并且增加上铜制；宋仁宗增加了玉制。唐玄宗下诏让官位低的借大红色的官衣和鱼袋。

笏　成汤最早制作笏，是用来在上面写备忘的东西。武王杀掉殷纣王以后，姜太公让大臣解除佩剑，手持笏板上朝，开始制为等级。周朝规定诸侯使用象牙做的笏。晋朝、南朝宋以后，只有朝廷八种大臣可以使用，其余人都用手板。周武帝最早让百官拿着笏上朝，而且用笏行礼。汉高祖刘邦制作长得像笏的手板，魏武帝制作露板（奏事时使用的木简）。

带绶　黄帝制衣带（用革反插垂头），秦二世名腰带。唐高宗始制金、玉、犀、银、鍮、銛、铜、铁等差。

佩　尧始制佩，周制为等。七国去佩留襚，始以彩组连结子襚。转相受为绶（古绶以贯佩），制更秦名，本三代。汉高祖制为等加缥。天子佩白玉而玄组绶，公侯佩山玄玉而朱组绶，大夫佩水苍玉而纯组绶，世子佩瑜玉而綦组绶，士佩瓀玟而缊组绶，孔子佩象环五寸而綦组绶。

牙牌　宋太祖始制牙牌，给赐立功武臣悬带，令朝参官皆用之。颛顼制丝绦。汤制鞶囊。

厕牏近身之小衫，即今之汗衫也。

【译文】带绶　黄帝制成了衣带（用皮革反插在垂头上），秦二世时叫腰带，唐高宗最早制定金、玉、犀、银、鍮、鉐、铜、铁等材质的衣带，各分等级。

佩　尧最早创制出佩饰，周朝使它按照等级佩带。战国时代不用佩玉，只用绶带，最早用彩色丝绳打结绶带。互相赠送接受叫“绶”（古时候用绶穿佩玉），在秦朝改成新名字，源于夏商周。汉高祖刘邦制定不同等级，还加上青白色的丝带。天子佩带白色的玉，用黑色的绶带，公侯佩带黑色的玉，用红色的组绶，大夫佩带水黑色的玉，用白色的组绶，世子佩带美玉，用苍白色的组绶，士佩带像玉的美石，用赤黄色的组绶，孔子佩带象环五寸，用苍白色的组绶。

牙牌　宋太祖最早制成了牙牌，赐给立功的武臣去悬带，并命令上朝的官员都使用。颛顼制成了丝絛。商汤制成了革制的囊。

厕牏是贴身小衫，也就是如今的汗衫。

绣䯺，盖以羽衣为半臂，如《汉书》所谓“诸子绣堀，其字不同，其义则一也。

襳褵，羽衣也。又曰氅衣。缊黂敝衣。袯襫，蓑衣，暆（音夷）睮，雨衣。

襜褕（音谄遥），单衣也。武安侯田蚡坐襜褕入宫，不敬，国除。

吉光裘　汉武帝时，西域献吉光裘，裘色黄，盖神马之类，入水不濡，入火不燃。

【译文】绣䯺，也就是用羽衣裁成半袖，像《后汉书》记载的“诸于绣堀”，字虽不同，意义却是相同。

武安侯，选自（明）陈洪绶版画《博古叶子》

襶襦，也就是羽衣，又叫氅衣。緼麖，是粗衣裳。袯襫，也就是蓑衣。䙅（读作“夷”）褕，也就是雨衣。

襜褕（读作“谄遥”），也就是单衣。汉朝的武安侯田蚡因为穿着襜褕进入皇宫，犯了不敬的大罪，其封国也被取消。

吉光裘　汉武帝时，西域进献吉光裘，这件裘黄色，大概是神驹等毛所制，进入水中不会沾湿，进入火中不会点燃。

雉头裘　大医程据上雉头裘，武帝诏据：此裘非常衣服，消费功用，其于殿前烧之。

狐白裘　孟尝君使人说昭王幸姬求解，姬曰：“愿得狐白裘。”此裘孟尝君已献昭王，客有能为狗盗者，夜入秦宫藏中，取以献姬，乃得释。

集翠裘　武后赐张昌宗集翠裘，后令狄仁杰与赌此裘。仁杰因指所衣紫拖袍，后曰：“不等。”杰曰：“此大臣朝见之服也。”昌宗累局连北，仁杰褫其裘，拜恩出，赐与舆前厮养。

【译文】雉头裘　太医程据进献雉头裘，晋武帝下诏对程据说：这件裘衣不是普通的衣裳，浪费财力物力。于是就在殿前烧毁了。

狐白裘　孟尝君派使者游说秦昭王的爱姬，乞求偷偷放了自己，爱姬说：“我想要你献给大王的狐白裘。”可是裘衣已经献给秦昭王了，孟尝君门下有一个客人善于偷盗，就在夜里潜入秦国宫中，偷出狐裘，献给爱姬，于是爱姬将他偷偷释放。

集翠裘　武则天将集翠裘赐予张昌宗，后来却让狄仁杰和张昌宗打赌，张昌宗用集翠裘做赌注，狄仁杰用自己的紫拖袍为赌注，武则天说：“价值不等。”狄仁杰说：“这是大臣上朝的礼服。”后来张昌宗连续几局都输了，狄仁杰就抢下他的集翠裘，向武则天谢恩退出，赐给自己轿前的奴仆。

鹔鹴裘　司马相如初与文君还成都，居贫愁懑，以所着鹔鹴裘，就市人杨昌贳酒，与文君拨闷。

深衣　古者深衣，盖有制度，短毋见肤，长毋被土。制有十二幅，以应十有二月；袂圆以应规；曲袷如矩以应方；负绳及踝以应直，下齐如权衡以应平。

黑貂裘　苏秦初说赵，赵相李兑遗以黑貂裘。及游说秦王，王不能用，黑貂之裘敝。

通天犀带　南唐严续相公歌姬、唐镐给事通天犀带，皆一代尤物，因出伎解带呼卢。唐彩大胜，乃酌酒，命美人歌一曲而别，严怅然久之。

【译文】鹔鹴裘　司马相如和卓文君刚回到成都时，贫困潦倒，非常愁苦，司马相如将穿的鹔鹴裘拿到集市卖酒的杨昌那里换酒喝，和卓文君解闷。

深衣　古时候的深衣，有形制，短不能露出皮肤，长不能拖到地上。用布十二幅，寓意十二月；袖子是圆形，寓意"规"；领子是方形，寓意"矩"；背缝达脚跟，寓意"直"；下摆齐平就像秤杆，寓意"平"。

黑貂裘　苏秦刚开始游说赵国时，赵相李兑赠他一件黑貂裘。等苏秦游说秦王时，秦王不能任用自己，黑貂裘都破了。

通天犀带　南唐严续相公的歌姬，与唐镐的通天犀带，全是一代珍宝，因而叫出歌姬，解下犀带当作赌注。唐镐赢了，于是倒上酒，让歌姬歌唱一曲后与严续告别，严续因此惆怅了很久。

月影犀带　张九成有犀带，文理缜密，中有一月影，过望则见，贵重在通天犀之上，盖犀牛望月之久，故感其影于角也。

黄琅带 唐太宗赐房玄龄黄琅带，云服此带，鬼神畏之。

百花带 宗测春游山谷，见奇花异卉，则系于带上，归而图其形状，名“百花带”，人多效之。

笏囊 唐故事，公卿皆搢笏于带，而后乘马。张九龄体弱，使人持之，因设笏囊。笏囊自此始。

【译文】月影犀带 张九成有一条犀牛角制成的带子，文路细密，中间有一个像月影的形状，每月十五那天就会显现，比通天犀还贵重。因为犀牛望了很久的月亮，所以月影受到感应印在角上。

黄琅带 唐太宗赐给房玄龄一条黄琅带，说是佩这条带，鬼神都害怕他。

百花带 宗测春天在山谷游玩，看到好看的花草就插在腰带上，回家后就画下那些花来，所以被称为“百花带”，别人多效仿。

笏囊 唐朝的旧例：大臣都要将笏插在腰带上，然后才能上马。张九龄因为体弱，让人扶着他，因而制作了笏囊。笏囊就从此产生。

只逊 殿上直校鹅帽锦衣，总曰“只逊”。曾见有旨下工部，造只逊八百副。

身衣弋绨 张安世尊为公侯，而身衣弋绨，夫人自绩。

衣不重帛 晋国苦奢，文公以俭矫之，乃衣不重帛，食不嫌肉。未几时，国人皆大布之衣，脱粟之饭。

韎韦跗注 韎，赤也。跗注，戎服，若袴而属于跗，与袴连，言军中君子之饰也。

【译文】只逊 殿上的值班侍卫穿的鹅帽锦衣，一起称作“只逊”。曾经有圣旨下令工部，造出八百副“只逊”。

身衣弋绨　张安世是公侯，按理说很尊贵了，可身上却穿着粗布衣裳，全是他夫人亲手纺织出来的。

衣不重帛　晋国的习俗太奢侈，百姓很受苦，晋文公就用简朴移风易俗，便开始不穿两层帛的衣服，每顿不吃两种以上的肉食。还没过多久，晋国人都穿着粗布衣裳，吃糙米煮的饭。

韎韦跗注　韎，赤也，也就是红色。跗注，也就是军人的衣服，长得像裤子，下垂到脚部，和裤子连接，是军中高官的服饰。

飞云履　白乐天烧丹于庐山草堂，制飞云履，玄绫为质，四面以素绢作云朵，染以诸香，振履，则如烟雾。常着示道友云，吾足下生云，计不久上升矣。

襕衫，明朝高皇后见秀才服饰与胥吏同，乃更制儒巾襕衫，令太祖着之。太祖曰：“此真儒者服也。”遂颁天下。

毳衣　《诗经》：“毳衣如菼。”天子、大夫之服。纨袴，贵家子弟之服。逢腋，肘腋宽大之衣，为庶人之服。

【译文】飞云履　白居易在庐山草堂烧炼丹药，制成了一双飞云履，用黑绫为材质，四边用素绢做出云朵形状，再染上各种香，摇动飞云履，就仿佛在一片烟雾。白居易常常穿这鞋给他的道友看，并且说：“我的脚底生出云朵，估计不久就能升仙了。”

襕衫，明太祖的马皇后看秀才的服饰和小吏没区别，怎么可以呢？于是制成儒巾和襕衫，先给明太祖试穿。太祖说：“这是真正的儒者的衣服啊。”于是颁行天下。

毳衣　《诗经》说：“毳衣如菼。”，是天子、大夫的衣服。纨袴，是贵族子弟的衣服。逢腋，是肘部和腋部特别宽大的衣裳，是普通人穿的衣服。

初服　初，始也，谓未仕时清洁之服，故致仕归，曰“得遂初衣”。

轻裘缓带　羊祜在军中尝服之。偏裻，戎衣名；肠夷，甲名；皆从军所服之饰。

赤芾　芾，冕之饰也。大夫以上，赤韨乘轩。

【译文】初服　初，也就是开始，指没出仕前穿的隐士衣，所以官员退休回乡，被称为“得以再穿开始的衣服”。

轻裘缓带　羊祜在军中曾经穿过。偏裻，是戎衣的名字；肠夷，是铠甲的名字。这全是军人所使用的。

赤芾　芾，是冕上的装饰。大夫以上的大臣，佩着大红色蔽膝乘车。

饮食

有巢氏始教民食果。燧人氏始修火食，作醴酪（蒸酿之使熟）。

神农始教民食谷，加于烧石之上而食。黄帝始具五谷种（地神所献）。烈山氏子柱始作稼，始教民食蔬果。

燧人氏作脯、作胾。黄帝作炙。成汤作醢。禹作鲞，吴寿梦作鲊。神农诸侯夙沙氏煮盐，嫘姐作醷，神农作油，殷果作醯，周公作酱，公刘作饧。（后汉谓饴饧即《楚辞》怅惶也。方言：江东为糖作蜜）。唐太宗煎蔗作沙糖。黄帝作羹、作菹。少昊作齑。神农作炒米。

【译文】有巢氏最早教百姓吃果子。燧人氏最早教百姓用火烧东西吃，制作醴酪（蒸、酿后让食物成熟）。

神农最早教百姓食用五谷，放在底下有火的石头上烧熟了吃。黄帝时开始有了五谷的种子（是地神进献的）。烈山氏的儿子柱最早种植庄稼，开始教百姓吃蔬菜、水果。

燧人氏最早制作干肉和肉块。黄帝开始烧制烤肉。成汤制作肉酱。大禹制作干鱼，吴国的寿梦制作鱼酱。神农时的诸侯夙沙氏最早煮盐，嫘祖最早制作梅浆，神农氏制油，商朝的果制作醋，周公制作酱，公刘制作了糖。（后汉时说软糖也就是《楚辞》所说的“怅惶”。《方言》里说：江东地区用糖做蜜）。唐太宗煎甘蔗制成沙糖。

黄帝作蒸饭、作粥。公刘作飧、作麻团、作糕。周公作汤团。汝颓作粽。诸葛亮作馒头、作饸饹。石崇作馄饨。秦昭王作蒸饼。汉高祖作汉饼。金日磾作胡饼。魏作汤饼。晋作不托（即面。简于汤饼）。

酒始自空桑委余饭郁积生味。黄帝始作醴（一宿），仪狄作酒醪，杜康作秫酒。周公作酎，三重酒。汉作宗庙九酝酒（五月造，八月成）。魏文侯始为觞。

齐桓公作酒令。汝阳王琎著《酒法》。唐人始以酒名春。刘表始以酒器称雅。（有伯仲季雅称。雅集本此。）晋隐士张元作酒帘。南齐始以樗蒲头战酒。宋武帝延萧介赋诗置酒，始称即席。

【译文】黄帝制作羹汤、腌菜。少昊制作碎肉粥。神农制作炒米饭。黄帝制作了蒸饭和粥。公刘制作了糕饼、麻团和糕。周公制作了汤圆。汝颓制作了粽子。诸葛亮制作了馒头和饸饹。石崇制作了馄饨。秦昭王制作了蒸饼。汉高祖刘邦制作了汉饼。金日磾制作了胡饼。魏代制作了汤饼。晋朝制作了不托（也就是饼，但比汤面简单）。

酒源于在空桑中装剩饭，放久后生出酒味。黄帝最早制作醴酒（一晚就好了），仪狄最早制作酒醪，杜康制作米酒。周公制作了多次酿的酒，叫三重酒。汉朝制作了宗庙祭祀用的九酝酒（五月开始做，八月做好）。魏文侯最早制作“觞”这个酒器。

齐桓公制作了酒令。汝阳王李琎撰写了《酒法》。唐朝人开始用“春”给酒起名。刘表最早给酒器起雅称。（有伯、仲、季等雅称。“雅集”一词来源于此。）晋朝的隐士张元制作了酒帘。南齐最早用樗蒲头和人赌酒。宋武帝请萧介吟诗设宴，开始称作“即席”。

名酒　齐人田无已中山酒（一云狄希），汉武帝兰生酒（采百味即百末旨酒），曹操缥醪，刘白堕桑落酒（成桑落时）、千里酒（六月曝日不动），唐玄宗三辰酒，虢国夫人天圣酒（用鹿肉），裴度鱼儿酒（凝龙脑刻鱼投之），魏征翠涛，孙思邈屠苏（元日入药），隋炀帝玉薤（仿胡法），陈后主红梁新酝，魏贾锵昆仑觞（绛色以瓢接河源水酿之），房寿碧芳酒，羊雅舒抱瓮醪（冬月令人抱而酿之），向恭伯芗林、秋露，殷子新黄娇，易毅夫瓮中云，胡长文银光，宋安定郡王洞庭春（以柑酿），苏轼罗浮春、真一酒，陆放翁玉清堂，贾似道长春法酒，欧阳修冰堂春。

【译文】名酒　齐国人田无已的中山酒（另说认为是狄希），汉武帝的兰生酒（采来百味，即百草的花制成美酒），曹操的缥醪，刘白堕的桑落酒（这酒在桑落时成熟）、千里酒（六月份曝晒在太阳下面，不移动），唐玄宗的三辰酒，虢国夫人的天圣酒（用鹿肉制作），裴度的鱼儿酒（用凝固的龙脑香刻作鱼形，扔进酒里），魏征的翠涛酒，孙思邈的屠苏酒（在大年初一那天加入各味药），隋炀帝的玉薤酒（仿照胡人的方法），陈后主的红梁新酝，魏国贾锵的昆仑觞（是绛红色，用瓢舀出黄河源头的水酿造），房寿的碧芳酒，羊雅舒的抱瓮醪（冬天让人抱着瓮酿造），向恭伯的芗林酒、秋露酒，殷子新的黄娇酒，易毅夫的瓮中云，胡长文的银光酒，宋朝安定郡王的洞庭春（用柑橘酿造），苏轼的罗浮春、真一酒，陆放翁的玉清堂，贾似道的长春法酒，欧阳修的冰堂春。

茶　成汤作茶，黄帝食百草，得茶解毒。

晋王蒙、齐王肃始习茗饮（三代以下炙茗菜或煮羹）。钱超、赵莒为茶会。唐陆羽始著《茶经》，创茶具，茶始盛行。

唐常衮，德宗时人，刺建州，始茶蒸焙研膏。宋郑可闻剔银丝为冰牙，始去龙脑香。

唐茶品，阳羡为上，唐末北苑始出。南唐始率县民采茶，北苑造膏茶腊面，又京铤最佳。宋太宗始制龙凤模，即北苑时造团茶，以别庶饮，用茶碾，今炒制用茶芽，废团。

【译文】茶　成汤发明了茶，黄帝试着食用各种草，得到茶能够解毒。

晋朝的王蒙、齐代的王肃最早惯于喝茶（夏商周以后都用茶叶烧菜或者煮羹）。钱超、赵莒开始举办茶会。唐朝的陆羽最早写作《茶经》，创制了茶具，茶才开始盛行天下。

唐朝的常衮，是唐德宗时期人，担任建州刺史，最早将茶叶用蒸、焙的办法处理好后研成末。宋朝的郑可闻剔出银丝叶制作冰牙，最早除去龙脑香。

唐朝茶叶，阳美是最好的，唐末的北苑才开始出产名茶。南唐最开始鼓励县民采茶，北苑造出膏茶、腊面，还有京铤是最好的。宋太宗最早制出了龙凤形状的茶，也就是北苑里来造出的团茶，区别于平民喝的茶，并且用茶碾处理。如今都是炒制的茶，废除了茶团。

王涯始献茶，因命涯榷茶。

唐回纥始入朝市茶。宋太祖始禁私茶，太宗始官场贴射，徐改行交引。

宋始称绝品茶曰斗，次亚斗。始制贡茶，列粗细纲。

蒙山茶　蜀蒙山顶上茶多不能数，片极重，于唐以为仙品。今之蒙茶，乃青州蒙阴山石上地衣，味苦而性寒，亦不易得。

【译文】王涯最早献茶给皇帝，朝廷因此让王涯掌管茶叶的国营专卖。

唐朝时回纥最早入朝交易茶叶。宋太祖最早禁止私人茶叶的贸易，宋太宗最早在官场贴射的税收法决定茶叶的交易权，慢慢改成为商贸凭证的办法。

宋朝最早称上品的茶的比赛叫斗，次一级的茶叫亚斗。最早制作进贡的茶，列出精粗的条目。

蒙山茶　蜀地的蒙山顶上的茶多得数不过来，很受重视，在唐朝被认为属于仙品。如今的蒙茶，是青州蒙阴山的石头上的地衣，味苦，性寒，却也不容易得到。

密云龙　东坡有密云龙茶，极为甘馨。时黄、秦、晁、张号“苏门四学士”，子瞻待之厚，每来，必令侍妾朝云取密云龙饮之。

天柱峰茶　李德裕有亲知授舒州牧，李曰：“到郡日，天柱峰可惠三四角。”其人辄献数斤，李却之。明年罢郡，用意精求，获数角，投之赞皇，阅而受之，曰：“此茶可消酒肉毒。”乃命烹一瓯沃于肉，以银盒闭之，诘旦开视，其肉已化为水矣，众服其广识。

惊雷荚　觉林院僧志崇收茶三等，待客以惊雷荚，自奉以萱草带，供佛以紫茸。香客赴茶者，皆以油囊盛余沥以归。

【译文】密云龙　苏轼有密云龙茶，特别甘甜清香。当时黄庭坚、秦观、晁补之、张耒号称“苏门四学士”，苏轼对待他们很好，每次他们上门，一定会让侍妾朝云取出密云龙茶款待他们。

天柱峰茶　李德裕有个亲信担任舒州刺史，李德裕说：“到任后，天柱峰的茶送我三四封。”那人就献上了几斤，李德裕拒不接受。第二年那人将要卸任，就精心找寻，获得几封好茶，回来献给李德裕，李德裕看后就接受了，并且说："这种茶可以解除因为喝酒食肉体内积累的毒素。"于是让人煮一碗那种茶浇在肉上，用银盒密封，第二天早晨打开一看，肉已经化成水，众人佩服李德裕见识广博。

惊雷荚　觉林院的僧人志崇将采摘的茶分为三等，待客时用惊雷荚，自己喝萱草带，用紫茸供佛。上香的人参加他的茶会，都用油袋子装喝剩的残茶带回家。

石岩白　蔡襄善别茶。建安能仁寺有茶生石缝间，名石岩白，寺僧遣人遗内翰王禹玉。襄至京访禹玉，烹茶饮之，襄捧瓯未尝，辄曰："此极似能仁寺石岩白，何以得之？"禹玉叹服。

仙人掌　荆州玉泉寺，近清溪诸山，山洞往往有乳窟，窟中多玉泉交流，其水边处处有茗草罗生，枝叶如碧玉，拳然重叠，其状如手，号仙人掌，盖旷古未睹也。惟玉泉真公常采而饮之，年八十余，颜色如桃色。此茗清香酷烈，异于他产，所以能还童振枯，扶人寿也。

水厄　晋司徒长史王濛好饮茶，客至辄命饮，士夫皆患之，每欲往候，必曰："今日有水厄。"

【译文】石岩白　蔡襄善于分别茶叶的好坏。建安的能仁寺有一株茶树生在石缝间，叫"石岩白"，寺里僧人派人赠给翰林学士王禹玉。蔡襄到京城拜访王禹玉时，王禹玉煮茶款待他，蔡襄捧着杯子还没喝，就说："这茶特别像能仁寺的石岩白，你从哪里得来？"王禹玉十分赞叹佩服。

仙人掌　荆州的玉泉寺，靠近清溪的群山，山洞里往往有石钟乳，洞里有许多的玉泉交汇流动，水边到处都丛生着茶苗，枝叶碧绿如玉，像握拳般重叠，号称"仙人掌"，自古以来没见过这种茶。唯独玉泉寺的真公常常采来煮了喝，他年纪八十多，脸色红润像桃花。这种茶的清香浓烈，和其他的茶迥异，所以能使人返老还童，恢复红润的肌肤，延年益寿。

水厄　晋朝的司徒长史王濛爱喝茶，人来做客总是让喝茶，士大夫都因此忧虑，每回前往他家，一定会说："今天有水祸。"

汤社　和凝在朝，率同列递日以茶相饮，味劣者有罚，号为汤社。

茗战　建人以斗茶为茗战。

卢仝七碗　卢仝歌：一碗喉吻润，二碗破孤闷；三碗搜枯肠，惟有文字五千卷；四碗发轻汗，平生不平事，尽向毛孔散；五碗肌骨清，六碗通仙灵；七碗吃不得也，惟觉两腋习习清风生。

【译文】汤社　和凝在朝为官时，让同僚各自每天用茶款待其余人，味道差的人受罚，号称"汤社"。

茗战　建阳人将斗茶称为"茗战"。

卢仝七碗　卢仝《走笔谢孟谏议寄新茶》的诗里说："喝一碗，喉咙和嘴吻润泽。喝两碗破除孤独烦闷；喝三碗搜索枯肠，只有文字五千卷；喝四碗轻轻流汗，平生所有不平之事，都从毛孔发散；喝五碗肌肤骨髓变得清冷，喝六碗可以通仙通灵；七碗是喝不得的，喝完就会觉得两腋习习生出清风。"

九难　《茶经》言茶有九难：阴采夜焙，非造也；嚼味嗅香，非别也；膻鼎腥瓯，非器也；膏薪庖炭，非火也；飞湍壅潦，非水也；外熟内生，非汤也；碧粉缥尘，非茶也；操艰搅遽，非煮也；夏兴冬废，非饮也。

六物　《月令》：乃命大酋，秫稻必齐，曲蘖必时，湛炽必洁，水泉必香，陶器必良，火齐必得，兼用六物，大酋监之，无有差忒。

昆仑觞　魏贾锵有苍头善别水，常令乘小艇于黄河中流，以瓠匏接河源水，一日不过七、八升，经宿，色如绛，以酿酒，名昆仑觞。芳味世间所绝。

【译文】九难　《茶经》里说关于茶有九种难处：假如阴天采茶夜里烘焙，不是造茶的好办法；大嚼茶叶、鼻子闻香，不是品茶的好方法；烧肉食的容器，不是烹茶的好用具；厨房的柴火和木炭，不是烘焙茶叶的好火；急流的水和停滞的水，不是烹茶的好水；表面烧开内部没有烧透，不是泡茶的好开水；青绿色的茶粉不是好茶；操作生疏，搅拌太快，不算会煮茶；夏天喝茶，冬天不喝，不是算会喝茶。

六物　《礼记·月令》里说：于是让酿酒的大酋，制酒的粮食一定要齐备，制作一定要在一定时节，腌制和炊蒸一定要清洁，使用的水一定要香甜，使用的器皿一定要精良，火候一定要充足。这六点都要做到，让大酋监督，不能有差错。

昆仑觞　魏国的贾锵有个仆人擅长分辨水质的好坏，贾锵常常让他乘小船在黄河中，用瓢舀出河水，一天不超过七、八升，放一晚，颜色变成绛色，就用来酿酒，酒名叫作“昆仑觞”，这酒的芳香的味道世间罕有。

白堕鹤觞　河东刘白堕善酿，六月以罂贮酒，暴于日中，经一旬，其酒不动，饮之者香美，醉而经月不醒。朝贵相飨，逾于千里。以其远至，号曰鹤觞，如鹤之一飞千里也。

椒花雨　杨诚斋退居，名酒之和者曰金盘露，劲者曰椒花雨。

鲁酒 楚会诸侯，鲁赵皆献酒于楚王。主酒吏求酒于赵，赵不与，吏怒，乃以赵厚酒易鲁薄酒献之，楚王以赵酒薄，遂围邯郸。故曰："鲁酒薄而邯郸围。"

【译文】白堕鹤觞 河东人刘白堕擅长酿酒，在六月时用罂储酒，放太阳下暴晒，一直晒十天，酒一直不移动。喝这种酒会有清香醇美之感，大醉后一个月内都醒不来。朝廷大臣将这种酒互相馈赠，从千里之外得来。因为是从远处送来，所以号称"鹤觞"，就像鹤一飞就能飞一千里。

椒花雨 杨万里（号诚斋）退休家居，家里有一种温和的酒叫"金盘露"，有一种烈性的酒叫"椒花雨"。

鲁酒 楚国和诸侯会盟，鲁国、赵国都进酒给楚王。掌管官向赵国私自索要美酒，赵国不给他，官吏就发怒，用赵国醇厚的酒替换成鲁国味道淡薄的酒献给楚王，楚王因为赵国的酒很差，便发兵围住赵国的都城邯郸。所以后人说："鲁酒薄而邯郸围。"

酿王 汝阳王琎，自称"酿王"。种放号"云溪醉侯"。蔡邕饮至一石，常醉，在路上卧，人名曰"醉龙"。李白嗜酒，醉后文尤奇，号为"醉圣"。白乐天自称"醉尹"，又称"醉吟先生"。皮日休自称"醉士"。王绩称"斗酒学士"，又称"五斗先生"。山简称"高阳酒徒"。

狂花病叶 饮流，谓睚眦者为狂花；谓目睡者为病叶。

八珍 龙肝、凤髓、豹胎、猩唇、鲤尾、鸮炙、熊掌、驼峰。

内则八珍 一淳熬，二淳母，三炮豚，四炮牂，五捣珍，六渍，七熬，八肝膋。盖烹饪之八法，养老所用也。

【译文】酿王　唐朝的汝阳王李琎，自称“酿王”。种放号称“云溪醉侯”。蔡邕喝酒能喝一石，常常喝醉，就在路上躺下，人称“醉龙”。李白特别爱喝酒，喝醉后写的诗文尤其精妙，号为“醉圣”。白居易自称“醉尹”，又称“醉吟先生”。皮日休自称“醉士”。王绩被称作“斗酒学士”，又称作“五斗先生”。山简被称作“高阳酒徒”。

狂花病叶　凡是喝酒的人，醉后争吵打架的是“狂花”；喝醉了就闭上眼的是“病叶”。

八珍　分别是：龙肝、凤髓、豹胎、猩唇、鲤尾、鸮炙、熊掌、驼峰。

内则八珍　《礼记·内则》里的八珍：一是淳熬（用肉酱煎米饭再浇上油）；二是淳母（用肉酱煎黍米饭再浇上油）；三是烧烤猪肉；四是烧烤羊肉；五是捣珍（用牛羊背部的肉捶捣，去除肉筋再烹熟）；六是渍（将煮熟的牛肉用酒腌制）；七是熬（将牛肉用盐和调料腌制后放在炭火上烤熟）；八是肝膋（将油涂在肝上烤熟）。这是烹饪的八种手法，赡养老人时使用的。

麟脯　王方平至蔡经家，与麻姑共设肴膳，擗麟脯而行酒。

牛心炙　王右军年十三，谒周顗，顗异之。时绝重牛心炙，座客未啖，顗先割以啖之，于是始知名。

五侯鲭　王氏五侯，各署宾客，不相来往。娄护传食五侯间，尽得其欢心，竞致奇膳，护合以为鲭，世称五侯鲭，为世间绝味。

醒酒鲭　齐世祖幸芳林园，就侍中虞悰求扁米粣，虞献粣及杂肴数十舆，大官鼎味不及也。上就虞求诸饮食方，虞秘不肯出，上醉后，体不快，悰乃献醒酒鲭一方而已。

【译文】麟脯　王方平到蔡经家，和麻姑设宴，撕下麒麟的肉干来下酒。

牛心炙　王羲之十三岁时，拜见周顗，周顗对器重他。当时极其崇尚牛心烤肉，坐客还没吃，周顗先割来让王羲之吃。于是王羲之开始出名。

五侯鲭　汉成帝的舅父王氏有五侯（平阿侯王谭、成都侯王商、红阳侯王立、曲阳侯王根、高平侯王逢时），独自宴请宾客，互不来往。娄护在五侯家间来回传御膳，让五侯都很开心，五侯家都争着弄出珍奇的美味，娄护合一起做成鱼脍，世人称之为"五侯鲭"，是世间的极品美味。

醒酒鲭　齐世祖的大驾临幸芳林园，向侍中虞悰要扁米粽子，虞悰进献粽子以及几十车的各种菜肴，宫中的都比不上。齐世祖向虞悰要这些美味的配方，虞悰保密，不肯告诉他。齐世祖喝醉后，身体不适，虞悰就进献了一道醒酒鱼菜就好了。

甘露羹　李林甫婿郑平为省郎，林甫见其须鬓斑白，以上所赐甘露羹与之食，一夕而须鬓如黳。

玉糁羹　东坡云："过子忽出新意，以山芋作玉糁羹，色香味皆奇绝。天上酥酡则不可知，人间决无此味也。"诗曰："香似龙涎仍酿白，味如牛乳更全清。莫将南海金齑脍，轻比东坡玉糁羹。"

三升良醪斗酒学士　唐王绩，字无功，武德初，待诏门下省。故事，官给酒日三升，或问："待诏何乐耶？"答曰："三升良酝可慰耳。"侍中陈叔达闻之，日给一斗，号"斗酒学士"。

【译文】甘露羹　李林甫的女婿郑平担任三省的郎官，李林甫看他胡子和鬓角斑白，就将皇帝赐给他的甘露羹给女婿吃，过了一晚，胡子和鬓发就恢复漆黑。

玉糁羹　苏轼说："我的儿子苏过忽然想出新花样，用山芋来做成玉糁羹，色、香、味俱全。天上的酥酡我不知是什么味道，但人间是肯定没这种美味的。"他写诗记录："香似龙涎仍酿白，味如牛乳更全清。莫将南海金齑脍，轻比东坡玉糁羹。"

三升良醪斗酒学士　唐朝的王绩，字无功。武德初年，在门下省当官。按旧例，门下省的官员供给的酒每天三升，有人问他："当官有什么好的呢？"他回答说："就那三升好酒是安慰我的东西。"侍中陈叔达听见后，每天给他一斗酒，人称"斗酒学士"。

六和汤　医家以酸养骨，以辛养节，以苦养心，以咸养脉，以甘养肉，以滑养窍。

段成式食品，有寿木花，玄木叶，梦泽芹，具区菁，杨朴姜，招摇桂，越酪囷，长泽卵，三危露，昆仑井、蒲叶菘、竹根粟、麻湖菱、绿施笋。

伞子盐　朐腮县盐井，有盐方寸中央隆起，如张伞，名曰"伞子盐"。

【译文】六和汤　医生用酸养骨髓，用辛养关节，用苦养心，用咸养血脉，用甘养肉，用滑养七窍。

段成式的《酉阳杂俎》里说的食物有：寿木花、玄木叶、梦泽芹、具区菁、杨朴姜、招摇桂、越酪囷、长泽卵、三危露、昆仑井、蒲叶菘、竹根粟、麻湖菱、绿施笋。

伞子盐　朐腮县有一口盐井，其中的盐方寸左右，中央隆起，像打开伞，名叫"伞子盐"。

鸡栖半露　晋苻郎善识味。会稽王道子为设精馔。讫，问关中，味孰若于此。郎曰："皆好，唯盐少生。"即问宰夫，如其言。或杀鸡以飨之，郎曰："此鸡栖恒半露。"问之，亦验。

崖蜜一名石饴，味甘，润五脏，益气强志，疗百病，服之不饥，即崖石间蜂蜜也。

豆腐为淮南王鸿烈所造，故孔庙祭器不用豆腐。

五谷　稻，黍，稷，麦，菽。黍，小米。稷，高粱。菽，豆也。

【译文】鸡栖半露　晋时的苻朗擅长分辨味道的好坏。会稽王司马道子给他准备精美的食物。他吃完，对方问他和关中的比哪个味道好。苻朗说："都好，只是盐加得稍微晚了，有点生。"司马道子去问厨师，和苻朗说的一模一样。有人杀鸡款待他，苻朗说："这只鸡栖息的地方常常一半露在外面。"去问养鸡人，也确实如此。

崖蜜又名石饴，味道甘美，滋润五脏，增益体气，强健神志，治疗各种疾病，服用后不觉饥饿，也就是石崖上的蜂蜜。

豆腐是汉朝的淮南王刘安所发明的，所以孔庙的祭祀容器中不放豆腐。

五谷　分别是：稻、黍、稷、麦、菽。黍，也就是小米；稷，也就是高粱；菽，也就是大豆。

昆仑瓜　茄子一名落苏，一名昆仑瓜。

莼　八月以前为绿莼，冬至为赭莼，秋时长丈许，凝脂甚清。张季鹰秋风所思，正为此也。

食宪章　段文昌丞相精馔事。第中庖所榜曰"练珍堂"，在途号"行珍馆"。文昌自编《食经》五十卷，时称《邹平公食宪章》。

郇公厨　韦陟袭封郇国公，性侈纵，尤穷治羞馔。厨中饮食，香味错杂，入其中者，多饱饫而归，时人语曰："人欲不饭筋骨舒，夤缘须入郇公厨。"

【译文】昆仑瓜　茄子，又叫落苏，又叫昆仑瓜。

莼　八月以前的叫作绿莼，冬至时的叫作赭莼，秋天时能长一丈多，菜的汁液很清澈。张翰在秋风吹起时想回故乡，怀念的正是这种秋莼。

食宪章　段文昌丞相精通烹饪：他府中的厨房题名为"练珍堂"，传菜的地方题名叫"行珍馆"，段文昌自己编纂五十卷的《食经》，当时人称之为《邹平公食宪章》。

郇公厨　韦陟继承祖上封号为郇国公，性格奢侈放纵，尤其是穷究各种美味。厨中的饮食，香味混杂，进去的人，大多吃饱才出来。当时人说："人想不吃饭就能筋骨舒泰，靠着关系，一定要进入郇公的厨房。"

遗饼不受　王悦之少厉清节。为吏部郎时，邻省有会同者遗以饼一瓯，辞不受，曰："所费诚复小，然少来不欲当人之意。"

嗟来食　齐大饥。黔敖为食于路，以待饥者而食。有饥者蒙袂辑屦，贸贸而来。黔敖左奉食，右执饮，曰："嗟！来食！"饥者扬其目而视之，曰："予唯不食嗟来之食，以至于斯也。"从而谢焉；终不食而死。

馒头　诸葛武侯南征孟获，泸水汹涌，不得渡。有云须杀人以头祭之，武侯曰："吾仁义之师，奚忍杀人以代牺牲？"于是用面为皮，裹猪羊肉于内，象人头而祭之。后之有馒头，始此。

【译文】遗饼不受　王悦之少年时砥砺清廉节操。担任吏部侍郎时，邻省有朝会者赠他一碗饼，他坚决推辞不接受，他说：“你给的确实是小东西，可是从年轻时就不会接受这样的馈赠。”

嗟来食　齐国遭受大饥荒。黔敖在路边做好饭，等饥民来吃。有个饥饿的人脸上蒙着袖子，拖着草鞋，很冒失地跑来。黔敖左手捧着吃的，右手端着喝的，对他说：“喂，来吃！”那人眼睛翻上来看着黔敖说：“我就是不吃这样被喊‘喂！来吃’的食物，才沦落至此。”于是拒绝食用，最终饿死了。

馒头　武侯诸葛亮征南蛮孟获时，泸水波涛汹涌，无法渡过。有人说一定要杀人用头祭奠水神才能渡过，诸葛亮说：“我们是仁义的军队，怎么忍心杀人代替牲畜呢？”因而就用面做成皮，用猪肉羊肉做馅，做成人头的模样来祭祀。后来的馒头，源于这里。

五美菜　诸葛武侯出军，凡所止之处，必种蔓菁，即萝卜菜，蜀人呼为诸葛菜。其菜有五美：可以生食，一美；可菹，二美；根可充饥，三美；生食消痰止渴，四美；煮食之补人，五美。故又名五美菜。

酪奴　鼓城王勰谓王肃曰：“君弃齐鲁大邦，而受邾莒小国，明日请为设邾莒之飧，亦有酪奴。”故号茗曰酪奴。

龙凤团　古人以茶为团饼，上印龙凤文，供御者以金妆龙凤，凡八饼重一斤。庆历间，蔡君谟始造小片，凡二十片重一斤。天子每南郊致祭，中书、枢密院各赐一饼，宫人镂金其上。

【译文】五美菜　诸葛亮带兵出征，只要是安营扎寨的地方，一定会种蔓菁，也就是萝卜菜，蜀人叫诸葛菜。这菜有五种好处：可以生着吃；可以做腌菜；根茎可以充饥；生吃可以消痰止渴；煮着吃能补人。所以又叫“五美菜”。

酪奴　彭城王元勰对王肃说：“你放弃齐国、鲁国一样的大国般的羊肉，却接受邾国、莒国一样的小国般的鱼肉，请让我明天给你摆下邾国、莒国这样小国的宴席，也准备了酪奴。”所以茶被称为“酪奴”。

龙凤团　古人将茶制成圆饼，上面印龙、凤的花纹，供给皇家的用金子装饰龙凤图案，每八块饼重一斤。庆历年间，蔡君谟开始造出小片的茶饼，二十片重一斤。天子每回去南郊祭天地，中书、枢密院各赐一饼，宫女在这些茶饼上镂刻金花。

茶异名　《国史》：剑南有蒙顶石花，湖州有霍山嫩笋，峡州有碧涧明月。

露芽　陶弘景《杂录》：蜀雅州蒙山上顶有露芽，火前者最佳，火后者次之。火，谓禁火，寒食节也。

雪芽　越郡茶有龙山、瑞草、日铸、雪芽。欧阳永叔云，两浙之茶，以日铸为第一。

反复没饮　郑泉尝曰：“原得美酒满五百斛船，以四时肥甘置两头，反复没饮之，不亦快乎！”

【译文】茶异名　《国史》里说：剑南有茶叫蒙顶石花，湖州有茶叫霍山嫩笋，峡州有茶叫碧涧明月。

露芽　陶弘景《杂录》里说：“蜀地雅州蒙山上顶有茶叫露芽，火前的最好，火后的次之。”火，指的是禁火，也就是寒食节。

雪芽　越郡的茶有：龙山、瑞草、日铸、雪芽。欧阳修说：两浙的茶，日铸是第一。

反复没饮　郑泉曾说："希望拥有美酒能装满五百斛载重量的大船，用四季肥美香甜的菜肴放置船两头，然后反复干杯，多么畅快！"

上樽　《平当传》：稻米一斗得酒一斗为上樽，稷米一斗得酒一斗为中樽，粟米一斗得酒一斗为下樽。

梨花春　杭州酿酒，趁梨花开时熟，号梨花春。

碧筒劝　荷叶盛酒，以簪刺柄与叶通，屈茎轮囷如象鼻，持吸之，名碧筒劝。

蕉叶饮　东坡尝谓人曰："吾兄子明饮酒不过三蕉叶。吾少时望见酒杯而醉，今亦能蕉叶饮矣。"

【译文】上樽　《汉书·平当传》里说：一斗稻米酿出一斗酒，叫上樽，一斗稷米酿出一斗酒，叫中樽，一斗粟米酿出一斗酒，叫下樽。

梨花春　杭州酿的酒，在梨花开的时候熟，号为"梨花春"。

碧筒劝　用荷叶盛酒，用簪子刺通叶柄，把叶柄盘起来像大象鼻子，手持叶柄末端吸酒，叫作"碧筒劝"。

蕉叶饮　苏轼曾对人说："我的族兄苏不疑（字子明）喝酒不能超过三蕉叶杯。我少年时看见酒杯就醉了，如今也能用蕉叶杯喝了。"

中山千日酒　刘玄石于中山沽酒，酒家与千日酒饮之，大醉，其家以为死。葬之。后酒家计其日，往视之，令启棺，玄石醉始醒。

青州从事　《世说》：桓温主簿善别酒，好者谓青州从事，盖青州有齐郡，言饮好酒直至腹脐也。晋者谓平原督邮。盖平原有鬲县，言恶酒饮至膈上住也。

防风粥　白居易在翰林，赐防风粥一瓯，食之，口香七日。

【译文】中山千日酒　刘玄石在中山买酒，酒家给他喝千日酒，他大醉后回家，家人以为他死了，便埋葬了他。后来酒家算着一千天到了，就去他家看他，让他家人打开棺材，刘玄石就像刚刚喝醉醒来。

青州从事　《世说新语》里说：桓温的主簿擅长辨别酒的好坏：好酒叫青州从事，因为青州有个齐郡，意思是好酒喝下去，酒劲一直深入到腹脐；坏酒叫平原督邮，因为平原有个鬲县，意思是坏酒喝下去到膈上就没了酒劲。

防风粥　白居易在翰林院任职时，皇帝赐他一碗防风粥，他吃后，嘴里发出七天的香气。

胡麻饭　晋刘晨、阮肇入天台山采药，迷路，流水中得一杯胡麻饭屑，二人相谓曰："此去人家不远。"因穷源而进，见二女，曰："郎君来何暮也！"邀至家，待以胡麻饭、山龙脯，结为夫妇。逾月，二人辞归，访于家，子孙已七世矣。

青精饭　道士邓伯元受青精石，为饭食之，延年益寿。

莼羹　昔陆机诣王济，济指羊酪谓机曰："吴下何以敌此？"机曰："千里莼羹，未下盐豉。"

【译文】胡麻饭　晋朝的刘晨、阮肇去天台山采药，在山上迷了路，在流水中获得一杯胡麻饭的碎屑，两人互相说："这里离人家不远。"因而沿着水流向源头去寻找，只见两个女子对他们说："郎君怎么来这么晚！"于是邀他们到自己家，用胡麻饭、山龙脯招待他们，并结为两对夫妻。一个月后，刘晨、阮肇两人告辞回家，在家周围找了好久，原来他们的子孙已经过了七代人。

青精饭　道士邓伯元得到一块青精石，就当饭吃，可以延年益寿。

莼羹　晋朝时陆机拜谒王济，王济指着羊酪问陆机："你们东吴有什么美味能和这个比？"陆机说："千里湖的莼菜羹，没加盐豉就能比。"

锦带羹　荆湘间有草花，红白如锦带，苗嫩脆，可作羹。杜诗："滑忆雕胡饭（即胡麻饭），香闻锦带羹。"

安期枣　安期生琅琊人，卖药海上，自言寿已千岁，所食枣其大如瓜。

韭萍齑　石崇遇客，每冬作韭萍，豆粥咄嗟而办。王恺密问其帐下，云豆最难熟，预炊熟，客来，但作白粥，投之韭萍齑，是时以其根杂麦苗耳。

金齑玉脍　南人作鱼脍，以细缕金橙拌之，号为金齑玉脍。隋时吴郡献松江鲙，炀帝曰："所谓金齑玉鲙，东南佳味也。"

【译文】锦带羹　荆州、湘水之间有一种草花，红白相间就像锦带，它的苗嫩而脆，可以做羹。杜甫的诗说"滑忆雕胡饭（也就是胡麻饭），香闻锦带羹"。

安期枣　安期生是琅琊人，在海边卖药，自称已经一千岁了，所吃的枣像瓜那么大。

韭萍齑　石崇招待客人，冬天常常制作韭萍齑，做豆粥时一下子就做好。王恺私下问石崇的仆人，仆人说豆子最难煮熟，要先烧熟，等客人来后，只要做白米粥，加上韭萍齑就好了。韭萍齑，是韭菜混合麦苗捣成的。

金齑玉脍　南方人制作鱼脍，用切成细丝的橙子搅拌，号为"金齑玉脍"。隋朝时，吴郡进献松江鲙，隋炀帝说："这所谓的金齑玉鲙，真是东南地区的美味。”

玉版　苏东坡邀刘器之参玉版禅师。至寺，烧笋，觉味胜，坡曰：“名玉版也。”作偈云：“不怕石头路，来参玉版师。聊凭锦珠子，与问箨龙儿。”

碧海菜　《汉武内传》：王母曰：“仙之上药，有碧海之琅菜。”

肉山酒海　魏曹子建与季重书曰：“愿举泰山以为肉，倾北海以为酒。”又古纣王以肉为林，以酒为池。

石髓　嵇康遇王烈，共入山，见石裂，得髓食之，因携少许与康，已成青石，扣之琤琤。再往视之，断山复合矣。

【译文】玉版　苏轼邀刘器之一起拜见玉版禅师。到寺里后，烧笋子吃，觉得味道很好，苏轼说：“起名叫‘玉版’吧。”并写了一个偈语：“不怕石头路，来参玉版师。聊凭锦珠子，与问箨龙儿。”

碧海菜　《汉武内传》里说：西王母说：“神仙最上乘的药，是碧海上的琅菜。”

肉山酒海　肉山酒海　魏国的曹植《与吴季重书》里说：“希望用泰山做成肉，倾倒东海的水做成酒。”又：古时候的商纣王曾经悬挂肉做成林子，注酒做成池子。

石髓　嵇康遇见王烈，两人一起进山，王烈看见有快山石裂开，舀出石髓吃下去。然后带了一点准备给嵇康吃，交给他的时候已经变成青色石头了，扣一下发出琤琤的声音。他们再去看那山石，断裂的地方又重合了。

松肪　东坡诗：“为探松肪寄一车。”又松花为松黄，服之轻身。

杯中物 晋吴衎好饮酒，因醉诟权贵，遂戒饮。阮宣以拳殴其背，曰："看看老逼痴汉，忍断杯中物耶？"乐饮如初。

惩羹吹齑 唐傅奕言："唐承世当有变更，惩沸羹者吹冷齑，伤弓之鸟惊曲木。"陆贽奏议：昔人有因噎而废食，惧溺而自沉者。

【译文】松肪 苏轼的诗中有一句是"为探松肪寄一车"（松肪也就是松脂）。另外，松花还叫松黄，吃了让身体变轻盈。

杯中物 晋朝的吴衎爱喝酒，因为有次喝醉辱骂权贵，就戒酒。阮宣用拳头击打他的背，并说："渐渐就老成傻子了，怎么忍心戒酒？"于是他又像当初那样开心地饮酒。

惩羹吹齑 唐朝的傅奕说："唐朝的皇帝继承应该要变更才行，因为被热粥烫过，就要对冷酱吹气，被弓箭射伤的鸟，就会对弯曲的木头感到害怕。"陆贽在奏议里说：古代有人因为吃东西噎住喉咙，从此不再吃东西，也有人害怕淹死，直接投水自沉。

酒肉地狱 东坡倅杭，不胜杯酌。奈部使者重公才望，朝夕聚首，疲于应接，乃目杭倅为酒肉地狱。后袁毂代倅，僚属疏阔，袁语人曰："闻此郡为酒肉地狱，奈我来，乃值狱空。"传以为笑。

齑赋 范文正公少时作《齑赋》，其警句云："陶家瓮内，腌成碧、绿、青、黄；措大口中，嚼出宫、商、角、徵。"盖亲处贫困，故深得齑之趣味云。

绛雪嵰雪 《汉武传》：仙家妙药，有玄霜绛雪。又，西王母进嗛山红雪，亦名绛雪。又，雪糕一名甜雪。

【译文】酒肉地狱　苏轼担任杭州通判，他酒量不好。无奈同僚都敬重苏轼的才华声望，从早到晚都聚会喝酒，苏轼疲于应付，所以认为杭州通判的职务是酒肉地狱。后来袁毂代苏轼当通判，同僚下属却疏远，袁毂对人说："听说这郡是酒肉地狱，无奈我一上任，正遇上监狱空无一人。"这话传为笑谈。

齑赋　范仲淹少年时写了《齑赋》，里面比较好的句子是："穷人家的瓮里，腌出碧、绿、青、黄的颜色；呆子的嘴里，嚼出宫、商、角、徵的音调。"因为他亲身经历过穷困的生活，所以深谙腌菜的趣味。

绛雪嗛雪　《汉武帝内传》里说："神仙的妙药，有'玄霜''绛雪'。"另一说：西王母进献的嗛山红雪，也叫绛雪。另外，雪糕一名甜雪。

冰桃雪藕　周穆王方士集于春霄宫，王母乘飞辇而来，与王燕会，进万岁冰桃、千年雪藕。

玉食珍羞　《书经》："惟辟玉食。"李诗："金鼎罗珍羞。"

竹叶珍珠　杜诗："三杯竹叶春。"李诗："小槽酒滴真珠红。"

鸭绿鹅黄　李诗："遥看春水鸭头绿，恰似葡萄初泼醅。"杜诗："鹅儿黄似酒。"东坡诗："小舟浮鸭绿，大杓泻鹅黄。"

【译文】冰桃雪藕　周穆王让方士聚集在春霄宫，西王母乘着飞辇，来和周穆王会见，西王母进献周穆王的东西有万岁冰桃、千年雪藕。

玉食珍羞　《尚书·洪范》有"惟辟玉食"的句子；李白的诗里也有"金鼎罗珍羞"的句子。

竹叶珍珠　杜甫诗里说“三杯竹叶春”；李贺的诗里说“小槽酒滴真珠红”。

鸭绿鹅黄　李白的诗里说：“遥看春水鸭头绿，恰似葡萄初酦醅。”杜甫的诗里说：“鹅儿黄似酒。”苏轼的诗里说：“小舟浮鸭绿，大杓泻鹅黄。”

白粲　长腰米曰白粲。东坡诗：“白粲连樯一万艘。”江南有“长腰粳米、缩项鳊鱼”之谚。

钓诗扫愁　东坡呼酒为钓诗钩，亦号扫愁帚。

太羹玄酒　《礼记》：“太羹不和。”玄酒，明水也，可荐馨香。

僧家诡名　《志林》：僧家谓酒为般若汤，鱼为水梭花，鸡为穿篱菜。人有为不义，而义之以美名者，与此何异。

【译文】白粲　长腰米也叫白粲。苏轼的诗里说“白粲连樯一万艘”。江南有“长腰粳米、缩项鳊鱼”的谚语。

钓诗扫愁　苏轼将酒叫作“钓诗钩”，也叫“扫愁帚”。

太羹玄酒　《礼记》说：“太羹不和。”玄酒，也就是清水，可以用在祭祀上。

僧家诡名　《东城志林》里说：僧人将酒称为般若汤，将鱼称为水梭花，将鸡称为穿篱菜。假如有人做事不正义，却用好名字来称赞他，和这事有什么不一样！

饕餮　《左传》：缙云氏有不才子，贪于饮食，不可盈厌，天下之人谓之饕餮。

欲炙　《晋史》：顾荣与同僚饮，见行炙者有欲炙之色，荣彻已炙与之。后赵王伦篡位，荣在难，一人救之，获免，即受炙之人也。

每饭不忘 《史记》：汉文帝曰："吾每饭，意未尝不在巨鹿也。"

白饭青刍 杜诗："与奴白饭马青刍。"

【译文】 饕餮 《左传》里说：缙云氏有不成器的儿子，爱好喝酒和美食，从不知满足，天下的人称他为饕餮。

欲炙 《晋史》里说：顾荣和同僚喝酒，看见上烤肉的侍者的神色表现出特别想吃烤肉，顾荣就把自己那份烤肉给他吃。后来赵王司马伦篡位，顾荣正在危难的时分，一个人救了他，安全后，发现正是那个接受烤肉的侍者。

每饭不忘 《史记》里说：汉文帝说："我每回吃饭，心思都在巨鹿那里。"

白饭青刍 杜甫有诗说："给奴仆吃白米饭，给马儿吃青草。"

炊金爨玉 骆宾王谓盛馔为炊金爨玉，言饮食之美，如金玉之贵重也。

抹月批风 东坡诗："贫家无可娱客，但知抹月披风。"

敲冰煮茗 《六帖》：王休居太白山，每冬月取冰煮茗，待宾客。

酒囊饭袋 《荆湖近事》："马氏奢僭，诸院王子，仆从烜赫；文武之道，未尝留意。时谓之酒囊饭袋。"

【译文】 炊金爨玉 骆宾王称豪华的美味是"炊金爨玉"，是说饮食很精美，就像金、玉那样贵重。

抹月批风　苏轼的诗写道："贫家无可娱客，但知抹月披风。"

敲冰煮茗　《白孔六帖》里说：王休在太白山居住，每年冬天凿冰来煮茶，招待宾客。

酒囊饭袋　《荆湖近事》里说："马氏奢华僭越，各院的王子，其仆从都很盛大；文武的大道，却从没放在心上。当时人称他们是酒囊饭袋。"

夜航船

文白对照

（下）

〔明〕张岱 撰
中华文化讲堂 译

团结出版社

目 录

下 册

卷十六·植物部

卷十七·四灵部

卷十八·荒唐部

卷十九·物理部

卷二十·方术部

卷十二·宝玩部

金玉

历代传宝　赤刀、大训、弘璧、琬琰，在西序，太玉、夷玉、天球、河图，在东序，八者皆历代传宝。

九鼎者，昔夏方有德，远方图物贡金，九牧铸鼎象物，使民知神奸。故民入川泽山林，而魑魅魍魉莫能逢之。

四宝　周有砥砨，宋有结绿，梁有县黎，楚有和璞，此四宝者，天下名器。

六瑞　王执镇圭，公执桓圭，侯执信圭，伯执躬圭，子执榖璧，男执蒲璧。

【译文】历代传宝　赤色的大刀、先王的遗训、大玉璧、玉圭，放置在西墙朝东的地方；华山进献的玉器、夷人进献的玉器、雍州进献的玉器、河图洛书，放置在东墙朝西的地方。这八种东西全是历代流传的珍宝。

九鼎，以前夏朝拥有民心时，远方的百姓画图，进献金属，九州的长官铸鼎来画出万物，让百姓了解危害人的鬼怪的形貌。所以百姓进入山川沼泽山林，魑魅魍魉不敢来出现。

四宝　周朝有一块美玉名叫砥砨，宋国有一块美玉名叫结绿，梁国有一块美玉名叫县黎，楚国有块美玉名叫和璞，这四件宝物天下著名。

六瑞　封王者上朝时手持“镇圭”，封公者上朝时手持“桓圭”，封侯者上朝时手持“信圭”，封伯爵者上朝时手持“躬圭”，封子爵者上朝时手持“穀璧”，封男爵者上朝时手持“蒲璧”。

环玦　聘人以圭，问士以璧，召人以瑗，绝人以玦，反绝以环。

琬琰　桀伐岷山，岷山献其二女曰琬，曰琰，桀爱之，琢其名于苕华之玉，苕是琬，华是琰。

鼎彝尊卣，不独饕餮示戒，凡虿鼎防刺也，同舟防溺也，奕车觚防覆也。

照胆镜　秦始皇有方镜，照见心胆。凡女子有邪心者，照之，即胆张心动。

【译文】环玦　聘用士人当官时用玉圭，咨询时用玉璧，召见时用玉瑗，绝交时用玉玦，和好时用玉环。

琬琰　夏桀攻打岷山，岷山进献了两个女儿：一个叫琬，一个叫琰，夏桀特别爱这两人，便将她们名字刻在苕玉、华玉上，苕玉上刻“琬”字，华玉上刻“琰”字。

鼎、彝、尊、卣这些祭器，不只是刻上饕餮来警示人。刻毒虫在鼎上是防备被毒虫叮咬，刻同舟共济是防止溺水，刻奕车觚的花纹来防止车子倾覆。

照胆镜　秦始皇有一面方镜，能照见心和胆。只要女子有邪淫的心思，一照她，就会看见她的胆张开、心震动。

辟寒金　魏明帝朝，昆明国献一鸟，名漱金鸟，常吐金屑如粟，古人以金饰钗，谓之辟寒金。

火玉　《杜阳编》：武宗时，扶余国贡火玉，光照数十步，置室内，不必挟纩。

尺玉　《尹文子》：魏田父得玉径尺，邻人曰："怪石也。"取置庑下，明旦视之，光照一室，大怖，反弃于野。邻人取献魏王，玉工曰："此无价以当之。"王赐献玉者千金，食上大夫禄。

【译文】辟寒金　魏明帝时，昆明国进献一只鸟，名叫漱金鸟，常常吐出粟米一样的金屑，古人用这种金来装饰钗子，被称为辟寒金。

火玉　《杜阳杂编》里说：唐武宗时，扶余国进贡的火玉，光芒照出几十步远，放在屋里，冬天不用穿棉衣。

尺玉　《尹文子》里说：魏国的农夫捡到一块直径一尺的玉，邻人说："这是一个奇石头罢了。"农夫就放在房檐下面，第二天清晨一看，玉的光芒照亮整间房子，十分害怕，返回田野，扔在原处。邻居捡来献给魏王，玉工说："这是无价之宝。"魏王赐献玉的人一千金，享受上大夫的俸禄。

玉燕钗　《洞冥记》：汉武帝时起招灵阁，有二神女各留一玉钗，帝以赐赵婕好。至元凤中，宫人犹见此钗。谋欲碎之。明旦视匣中，惟见白燕升天，因名玉燕钗。

解肺热　《天宝遗事》：杨贵妃常犯热躁，明皇使令含玉咽津，以解肺热。

麟趾马蹄　汉武帝诏曰：往者太山见金，又有白麟神马之瑞，宜以黄金铸麟趾马蹄，以协瑞焉。

碧玉有云碧、西碧二种，其色枯涩者曰云碧，产于云南；其色娇润，有蛇蚕斑者曰西碧，产于西洋。

【译文】玉燕钗　《洞冥记》里说：汉武帝时建起招灵阁，有两个神女各自留下一支玉钗，武帝将它们赐给赵婕妤。到元凤年间，宫女仍然看见这两支钗，准备砸碎它们。第二天早上打开匣子，只见两只白色燕子飞上天，因此称为“玉燕钗”。

解肺热　《天宝遗事》里说：杨贵妃因为比较丰腴，常常犯热病，唐明皇让她含着玉咽津，缓解肺热。

麟趾马蹄　汉武帝下诏说：以前我在泰山看见金子，后来又有白麒麟和神马的祥瑞，应该用黄金来铸成白麒麟的爪子和神马的蹄子，对应祥瑞。

碧玉有云碧和西碧两种，颜色枯涩些的叫云碧，出产于云南；颜色娇嫩润泽，上面有蛇蚕大小斑点的叫西碧，出产于西洋。

五币　珠、玉为上，黄、白为次，刀布为下。

瓜子金　宋太祖幸赵普第，时吴越王俶方遣使遗普书及海错十瓶，列庑下。上曰：“此海错必佳。”命启之，皆满贮瓜子金。普惶恐，顿首谢曰：“臣实不知。”上笑曰：“彼谓国家事，皆由汝书生耳。”

晁采　晁，古“朝”字；采，光彩也。言美玉每旦有白虹之气，光彩上腾，故曰晁采。

十二时镜　范文正公家古镜，背具十二时，如博棋子，每至此时，则博棋中，明如月，循环不休。

【译文】五币　珠币、玉币是上品，黄币、白币是中品，刀布是下品。

瓜子金　宋太祖乘坐大驾临幸赵普的宅子，当时吴越王钱俶正派使人给赵普寄信，以及海产品十瓶，陈列在房檐下。宋太祖说："这些海产品一定不错。"命人打开，却全部满满装着瓜子大小的金子。赵普很惶恐，叩头谢罪说："微臣实在不知原来是金子。"宋太祖笑着说："他们还以为国家大事，全由你们书生作主罢了。"

晁采　晁，是古时写作"朝"字；采，也就是光彩。说的是美玉每天清早有白虹的气，光彩向上蒸腾，所以称之为"晁采"。

十二时镜　文正公范仲淹家里有一面古镜，背面有一天十二时辰的文字，就像博戏的棋子，每到背面写的时刻，所在棋子就像月亮一样光明。这样循环不停地发亮。

碔砆乱玉　碔砆，石之似玉也，其状每能乱玉。

燕石　宋人以燕石为玉，什袭而藏，识者笑之。

削玉为楮　《列子》：宋人以玉为楮叶，三年而成。

怀瑾握瑜　《楚辞》："怀瑾握瑜兮，穷不知所示。"

钓璜　半璧曰璜。《尚书·中侯》：文王至磻溪，见吕望钓得玉璜，刻曰："姬受命，吕佐之。"

【译文】碔砆乱玉　碔砆，是特别像玉的石头，其样子常常被混淆，当成玉。

燕石　宋国有人将燕山产的类似玉的石头当美玉，用绸缎层层包裹珍藏起来，识货的人都嘲笑他。

削玉为楮　《列子》里说：宋国有人用玉雕刻成楮树叶，三年才完工。

怀瑾握瑜　《楚辞》有一句是说："怀里揣着瑾玉，手里拿着瑜玉，因为不遇知己不知该向谁出示。"

钓璜　一半的璧玉叫"璜"。《尚书·中侯》里说：周文王到磻溪，看见吕望钓鱼钓出一个玉璜，上面刻着“姬受命，吕佐之”。

抛砖引玉 砖以自谓，玉以誉人，谓以此致彼。

匹夫怀璧 《左传》：虞公求虞叔之玉，叔弗献。后乃悔曰：“匹夫无罪，怀璧其罪。焉用此以贾祸乎？”复献之。

璠瑜 《逸论语》：璠瑜，鲁之宝玉也。孔子曰：美哉璠玙，远而望之焕若也；近而视之瑟若也。一则理胜，一则孚胜。

【译文】抛砖引玉 称自己是砖，称赞别人是玉，意思是用这个引出那个。

匹夫怀璧 《左传》里说：虞公索求虞叔的玉，虞叔不肯进献，后来又后悔说：“老百姓本来没有罪，但怀揣贵重东西就是罪，怎么能用这个招来祸患呢？”他又献给虞公。

璠瑜 《逸论语》里说：璠瑜，是鲁国珍贵的玉。孔子说：璠玙美丽啊，远远望去，光芒炳焕；近处一看，纹理细腻。一方面以纹理是好的，一方面因为符瑞是吉祥的。

珍宝

十二时盘　唐内库有一盘，色正黄，围三尺，四周有物象。如辰时，草间皆戏龙，转巳则为蛇，午则为马，号十二时盘。

游仙枕　龟兹国进一枕，色如玛瑙，枕之则十洲、三岛、四海、五湖，尽在梦中，帝名游仙枕。

火浣布　外国有火林山，山中有火光，兽大如鼠，尾长三、四寸，或赤或白。山可三百里，晦夜即见此山林，乃有此兽光照。外国人取其兽毛织布，衣服垢秽，以火烧之，垢落如浣，故谓之火浣布。

【译文】十二时盘　唐朝的皇宫仓库有一盘子，正黄色，周长三尺，四周刻着十二生肖的动物。比如辰时，上面画的草丛中都是游戏的龙，到巳时就变为蛇，午时变成马。号称“十二时盘”。

游仙枕　龟兹国进贡了一个枕头，颜色像玛瑙，枕着它睡觉，就会梦到十洲、三岛、四海、五湖，皇帝将它起名为“游仙枕”。

火浣布　外国有座火林山，山里有火光兽，像老鼠一样大，尾巴三、四寸长，身体有的红有的白。那座山绵延三百里，昏暗的夜里能看见那座山林，是因为这种火光兽的光芒照着。外国人用它的毛来织布做衣裳，衣裳如果脏了，用火一烧，污垢落下来就像被洗掉，所以称之为“火浣布”。

冰蚕丝　东海员峤山有冰蚕，长七寸，黑色，有麟角。以霜雪覆之，然后作茧。茧长尺一，其色五彩，织为文锦，入水不濡，入火不燎，暑月置座一，室清凉。唐尧之世，海人献之，尧以为黼黻。

耀光绫　越人于石帆山中，收野茧缫丝，夜梦神人告曰：“禹穴三千年一开，汝所得茧，即《江淹集》中壁鱼所化也，织丝为裳，必有奇文。”果符所梦。

各珠　龙珠在颔，蛟珠在皮，蛇珠在口，鱼珠在目，蚌珠在腹，鳖珠在足，龟珠在甲。

九曲珠　有得九曲珠，穿之不得其窍。孔子教以涂脂于线，使蚁通之。

【译文】冰蚕丝　东海的员峤山上有冰蚕，长七寸，黑色，有麟和角。如果用霜雪将它盖起来，然后就变成茧。茧有一尺一长，颜色五彩斑斓，织成有花纹的锦缎，进水里不湿，放火里烧不着，大夏天放在座位边，满屋子全是清凉感。唐尧的时代，海边的人进献了冰蚕，尧帝用它织成黼黻的花纹。

耀光绫　越地人在石帆山里收集野茧来抽丝，夜里梦见神人对他说：“禹穴三千年打开一次，你得到的茧，也就是《江淹集》的壁鱼变成的，用来抽丝织布制成衣裳，一定会有神奇的花纹。”果然和梦里所说的相符。

各珠　龙的珠子在下巴下面，蛟的珠子在皮里面，蛇的珠子在嘴巴里，鱼的珠子在眼睛里，蚌的珠子在肚子里面，鳖的珠子在脚里面，乌龟的珠子在龟甲里面。

九曲珠　有人得到九曲珠，想穿绳子却没法穿过孔。孔子教他在线上涂油脂，让绑着线头的蚂蚁穿过去，就行了。

木难，大径寸，出黄支，金翅鸟口结沫，所成碧色珠也，古绝夜光者即此。

火齐（音霁），赤色珠也，一名玫瑰，盖珠品之下者也。

火珠　《孔帖》：南蛮有珠如卵，日中以艾着火上，辄火出，号火珠。

水珠　唐顺宗时，拘弘国贡水珠，色类铁，持入江海，可行洪水之上，后化为龙。

【译文】木难，直径有一寸，黄支国出产，是金翅鸟嘴里的唾沫凝结成的碧色宝珠。古时候说的夜光珠也就是木难。

火齐（读作霁），也就是大红色珍珠，又叫玫瑰，是珍珠中最低等的一种。

火珠　《白孔六帖》里说：南蛮有种像鸡蛋的珍珠，正午时用艾绒放在珠子上，总会迸出火焰，号为“火珠”。

水珠　唐顺宗时，拘弘国上贡一颗水珠，颜色像铁一般，拿在手里，可以走在大水上面，后来珠子变成龙。

记事珠　张说为相，有人献一珠，绀色有光。事有遗忘，玩此珠，便觉心神开悟，名曰记事珠。

定风珠　蜘蛛腹中有珠，皎洁，持以入江海，遇大风，握珠在手，则风自定，故名“定风珠”。

鲛人泣珠　《博物志》：鲛人从水中出，曾寄寓人家，积日卖绡，临去，主人索器，泣而出珠。

宝贝 贝为海中介虫，大者名宝，交趾以南海中皆有。

【译文】记事珠 张说担任宰相时，有人进献了一粒珍珠，深青透红，有光芒。假如忘了什么事，就把玩一下这珠子，就会觉得心神开朗醒悟，都想起来了，所以叫记事珠。

定风珠 蜘蛛的肚里有珠子，特别皎洁，拿着它去大江大海里，遇到大风，握在手上，风就自然停止，所以叫定风珠。

鲛人泣珠 《博物志》里说：鲛人从水中走出来，曾经寄住在一个平民家里，好多天都在卖绡，临别时，向主人索要容器，她哭出的泪珠都变成了珠子。

宝贝 贝是海里的有壳的虫子，大的叫宝，交趾南边的海里都有。

红靺鞨大如巨栗，赤烂若珠樱，视之若不可触，触之甚坚，不可破，佩之者为鬼神所护，入水不溺，入火不燃。

青琅玕生海底，云海人以网得之。初出时，红色，久而青黑，枝柯似珊瑚，而上有孔窍如虫蛀，击之有金石声。

金刚钻形如鼠，粪色青黑，生西域百丈水底磐石上，土人没水觅得之，以之镌镂，无坚不破，唯以羚羊角击之即碎。

【译文】红玛瑙像大粒栗米，赤红灿烂就像樱桃，看着仿佛禁不起触碰，一摸着却特别感觉坚硬，而且打不破，佩带它的人被鬼神护持，到水里不会被淹，进火中也不会被烧。

青琅玕长在海的底部，说是海边人用网打捞出来的。刚出来时是红色，时间久了变成青黑色，树枝像珊瑚，上面有洞就像虫蛀的，敲击会发出钟磬般的声音。

金刚钻长得像老鼠，粪便颜色青黑，生长在西域的百丈深的水底的大石上面，当地人潜水去寻觅到它，用它来雕刻，没有什么东西不能雕刻的，只不过用羚羊角来敲击它，立即破碎。

奇南香，一作迦南。其木最大，枝柯窍露，大蚁穴之。蚁食石蜜，归遗于中，木受蜜气，结而成香，红而坚者谓之生结，黑而软者谓之糖结。木性多而香味薄者，谓之虎斑结、金绿结。

猫儿眼，宝石也。其状色酷似猫眼，内光一线，如猫睛一般，可定时辰。

祖母绿，亦宝石。绿如鹦哥毛，其光四射，远近看之，则闪烁变幻，武将上阵，取以饰盔，使射者目眩，箭不能中。

刚卯　《王莽传》：刚卯，长三寸，广一寸四分。或用金玉，刻作两行书曰："正月刚卯。"又曰："疾日刚卯。"凡六十六字。以正月卯日作此佩之，以祓除不祥。

【译文】奇南香，也叫迦南。它的树最高大，树枝的孔洞外露，大蚂蚁在里面凿穴，蚂蚁吃石蜜，回洞里排粪便，树木浸润蜜香，凝结成了香。发红坚硬的叫生结，发黑柔软的叫糖结，木质多香味少的叫虎斑结、金绿结。

猫儿眼，也就是一种宝石。形状和颜色很猫眼睛特别像，里面有一线的光束，就像猫眼睛中的瞳仁，可以用它确定时辰。

祖母绿，也是宝石。就像鹦哥的毛般绿，它的光芒四射，远近不同距离观看，会发现光芒闪烁变幻无穷。武将上阵交战，用祖母绿装饰头盔，会让敌人的射手眼睛眩晕，射不中目标。

刚卯　《汉书·王莽传》里说：刚卯，长三寸，宽一寸四分。有的用金玉来做，上面刻两行字是："正月刚卯"，或者是"疾日刚卯"，共六十六个字。正月的卯日佩戴这种东西，可以去除不祥。

镔铁 西番有镔铁，面上作螺旋花，或芝麻雪花。凡造刀剑器皿，磨令光，用金丝矾泽之，其花益现，价过于银。

聚宝盆 明初沈万三有聚宝盆，凡金银珠宝纳其中，过夜皆满。太祖筑陵南门，下有龙潭，深不可测，以土石投之，决填不满；太祖取盆投之，下石即满，且诳龙以五更即还。今南门不打五更，至四更即天亮。

钱名 《通典》：自太昊以来，则有钱矣。太昊氏、高阳氏渭之金；有熊氏、高辛氏谓之货；陶唐氏谓之泉；商周谓之布；齐莒谓之刀，又曰教与俗改，币与世易：夏后以玄贝，周人以紫石，后世或金钱、刀布。

【译文】镔铁 西番有镔铁，铁面上做出螺旋花或芝麻雪花的花纹。大凡用它制造刀剑器皿，将它磨光，用金丝矾擦拭出光泽，上面的花会愈发清晰，价格比同重量的银子都高。

聚宝盆 明朝初年的沈万三有聚宝盆，大凡是金子银子珠子宝贝放在里面，第二天就满盆是金银珠宝。明太祖在南门修建陵墓，下面有一口龙潭，深不见底，用泥土石头扔进去，怎么也填不满。明太祖把聚宝盆扔进去，再扔石头，潭水立刻满了。而且太祖欺骗龙说到五更就把龙潭归还。如今南门不打五更，到四更天就天亮。

钱名 《通典》里说：自从太昊开始，就出现了钱。太昊氏、高阳氏把钱叫作“金”；有熊氏、高辛氏把钱叫作“货”；陶唐氏把钱叫作“泉”；商、周把钱叫作“布”；齐、莒二国把钱叫作“刀”。又说：教化随着世俗而更改，货币也随着时代在更变：夏朝时用黑色贝壳，周朝用紫色石头，后世有的用金钱，有的用刀布。

朱提，县名。属犍为。出好银。即今四川嘉定州犍为县。

青蚨　《搜神记》：青蚨似蝉而稍大，母子不离，生于草间，如蚕，取其子，母即飞来。以母血涂钱八十一文，以子血涂钱八十一文，每市物，或先用母钱，或先用子钱，皆复飞归，循环无已。

阿堵物　晋王衍妻喜聚敛，衍疾其贪鄙，故口未尝言钱。妻欲试之，令婢以钱绕床，使不得行，衍早起见钱，谓婢曰："举此阿堵物去！"

【译文】朱提是县名，属犍为，出产好白银。也就是如今四川嘉定州的犍为县。

青蚨　《搜神记》里说：青蚨像蝉，但稍大点，它们母子不分离，生长在草丛里，像蚕。假如捕到幼子，它的母亲也会飞来。用母青蚨的血涂八十一文铜钱，再用幼子青蚨的血涂八十一文铜钱，每回买东西，先用母钱，或者先用子钱，钱都会再飞回主人身边，永远循环不停。

阿堵物　晋朝王衍的妻子喜欢聚敛财物，王衍厌恶她这样贪婪可鄙，所以口中从不说"钱"字。他妻子想试试他，就让婢女围着床堆放很多钱，让他没法走下床，就会不得已说出"钱"字。王衍清早起身，看见床边的钱，知道妻子在试自己，就对婢女说："把这东西拿走！"

鹅眼　《宋略》：泰始中通私铸，而钱大坏，一贯长三寸，谓之鹅眼钱。

明月夜光　《南越志》：海中有明月珠、水精珠。《魏略》：

大秦国出夜光珠、真白珠。

剖腹藏珠　《唐史》：太宗曰：西域贾胡得美珠，剖腹而藏之，爱珠不爱其身也。

钱成蝶舞　《杜阳杂编》：穆宗时，禁中花开，群蝶飞集，上令举网张之，得数万；视之，乃库中金钱也。

【译文】鹅眼　《宋略》里说：南朝宋明帝泰始年间，有人私自铸铜钱，导致钱的规矩被破坏了，一贯钱只有三寸长，被称作“鹅眼钱”。

明月夜光　《南越志》里说：海中有明月珠、水精珠。《魏略》里说：西罗马出产夜光珠、真白珠。

剖腹藏珠　《资治通鉴·唐史》里说：唐太宗说：“西域有个胡人是买卖人，得到特别华美的珠子，剖开自己肚子藏起来，爱珠子，不爱身体啊。”

钱成蝶舞　《杜阳杂编》里说：唐穆宗时，皇宫里花开时，有一群蝴蝶飞在花上。皇帝让人张开网抓捕蝴蝶，得到几万只，仔细一看，竟然是国库中的金质钱。

玩器

柴窑　柴世宗时，所进御者，其色碧翠，赛过宝石，得其片屑，以为网圈，即为奇宝。

定窑　有白定、花定，制极质朴，其色呆白，毫无火气。

汝窑　宋以定州白瓷有芒不堪用，遂命于汝州造青色诸器，冠绝邓、耀二州。

哥窑　宋时处州章生一与弟章生二，皆作窑器。哥窑比弟窑色稍白，而断纹多，号白级碎，曰哥窑，为世所珍。

【译文】柴窑　是柴世宗时进献给皇帝的，颜色翠绿，比绿宝石还珍贵，假如能得到一片碎屑，制成网圈，也就被当作奇宝了。

定窑　定瓷有白定、花定两种，形制特别质朴，颜色呆白，毫无一点被火烧过的气息。

汝窑　宋朝认为定州的白瓷有那种没被釉子覆盖的芒，所以不能进贡，于是就命人在汝州制造青色的瓷器，这种瓷器以邓州和耀州地区出产的为最好。

哥窑　宋朝时处州人章生一和他的弟弟章生二都做瓷器。哥哥的比弟弟制造的颜色稍白一点，而且有很多断纹，号称“白级碎”，这种被称作“哥窑”，受到世人珍赏。

官窑　宋政和间，汴京置窑，章生二造青色，纯粹如玉，虽亚于汝，亦为世所珍。

钧州窑　器稍大，具诸色，光采太露，多为花缸、花盆。

内窑　宋郁成章为提举，于汴京修内司置窑，造模范，极精细，色莹澈，不下官窑。

青田核　《鸡跖集》：乌孙国有青田核，莫知其木与实，而核如瓠，可容五、六升，以之盛水，俄而成酒。刘章曾得二焉，集宾设之，一核才尽，一核又熟，可供二十客，名曰青田壶。

【译文】官窑　北宋政和年间，汴京开了一个窑，章生二烧制的青色瓷器，颜色纯粹，就像玉一样，虽然比不上汝窑，也被世人珍赏。

钧州窑　这种瓷器稍微大点，各种颜色都有，光采比较显露，大多被当作花缸或花盆使用。

内窑　宋朝的郁成章担任提举，在汴京的修内司开了一座窑，造的瓷器模子极为精细，颜色晶莹剔透，不比官窑差。

青田核　《鸡跖集》里说：乌孙国有所谓的青田核，不知是什么树的果实，核却像瓠瓜一般大，能装五、六升的液体，盛水，不一会就变成酒。刘章曾得到两枚，大宴宾客，展示出来，一个青田核里的酒刚喝完，另个核里的酒成熟了，能提供给二十名客人饮用，被称为“青田壶”。

金银酒器　李适之有蓬莱盏、海山螺、瓠子卮、幔卷荷、金蕉叶、玉蟾儿，俱属鬼工。

金叵罗　李白诗：“葡萄酒，金叵罗，吴姬十五醉马驮。”

银凿落　韩公联句：“泽发解兜鍪，酡颜倾凿落。”白乐天诗:“金屑琵琶槽,银含凿落盏。”

婪尾杯　宋景诗云:“迎新送旧只如此,且尽灯前婪尾杯。”又乐天诗:“三杯蓝尾酒。”改“婪尾”为“蓝尾”耳。

【译文】金银酒器　李适之的酒器有蓬莱盏、海山螺、瓠子卮、幔卷荷、金蕉叶、玉蟾儿,都可以说是鬼斧神工的艺术品。

金叵罗　李白的诗里说:“葡萄酒,金酒杯,十五岁的吴地女孩小马驮着她。”

银凿落　韩愈和人的联句诗里说“泽发解兜鍪,酡颜倾凿落”。白居易的诗里说“金屑琵琶槽,银含凿落盏”。

婪尾杯　宋景的诗里说“迎新送旧只如此,且尽灯前婪尾杯”。还有白居易的诗里也说“三杯蓝尾酒”,只是“婪尾”写成“蓝尾”罢了。

高丽席不甚阔大,长一丈有余,花纹极精,坚紧不坏。

薤叶簟　蕲州出美竹,制梅花笛、薤叶簟。白乐天诗:“笛愁春梦梅花里,簟冷秋生薤叶中。”

博山炉　《初学记》:丁谖作九层博山炉,镂以奇禽怪兽,自然能动。山谷诗:“博山香霭鹧鸪斑。”

偏提　元和间,酌酒壶谓之注子。后仇士良恶其名同“郑注”,乃去其柄安系,名曰偏提。

【译文】高丽席不是很宽阔,长一丈多一点点,花纹极为精美,坚牢紧致,不容易坏。

薤叶簟　蕲州生长好竹子,用来制作梅花笛、薤叶簟。白居易的诗里说:“笛愁春梦梅花里,簟冷秋生薤叶中。”

博山炉　《初学记》里说:丁谖制作九层高的博山香炉,上面雕刻有各种奇禽怪兽，自己就能动。黄庭坚的诗里说："博山香霭鹧鸪斑。"

偏提　元和年间，把斟酒壶称作注子。后来宦官仇士良厌恶这名字和郑注读音相同，就去除一边的把手，称作偏提。

三代铜　花觚入土千年，青绿彻骨，以细腰美人觚为第一，有全花、半花，花纹全者身段瘦小，价至数百。山陕出土者，为商彝、周鼎；河南出土者，为汉器，以其地有潟卤，铜质剥削，不甚贵，故铜器有河南、陕西之别。

灵壁石　米元章守涟水，地接灵壁，蓄石甚富，一一品目，入玩则终日不出。杨次公为廉访，规之曰："朝廷以千里郡付公，那得终日弄石！"米径前，于左袖中取一石，嵌空玲珑，峰峦洞穴皆具，色极青润，宛转翻落，以云杨曰："此石何如？"杨殊不顾，乃纳之袖。又出一石，叠峰层峦，奇巧又胜，又纳之袖。最后出一石，尽天画视镂之巧，顾杨曰："如此那得不爱？"杨忽曰："非独公爱，我亦爱也！"即就米手攫得之，径登车去。

【译文】三代铜　花觚放在土里一千年后全身内外都是青绿，其中以细腰美人觚为第一好，有全花、半花的不同，花纹全的比较瘦小，价钱能到几百两。山西、陕西出土的是商彝、周鼎；河南出土的是汉朝的，因为河南土里多盐碱，所以器物的铜锈剥落光了，也就不怎么受到珍视。所以铜器要分河南、陕西。

灵壁石　米芾（元章）担任涟水知州时，当地和灵壁接壤，他珍藏的奇石特别丰富，他常将石头一个一个地把玩，一开始把玩，就整天不出门。杨杰（次公）担任廉访使，劝他说："朝廷把方圆千里的州郡交给给你治理，怎么能整天把玩石头！"米芾向他径直走去，从左袖中取出一块奇石，剔透玲珑，峰峦、洞穴无不具备，颜色极为青翠润泽，他在手上翻过来翻过去，对杨杰说："这石头怎么样？"杨杰一点也不理会。米芾就放回袖中，再拿出一块来，这块峰峦重叠，比前边那块奇妙珍巧，他又放回袖中。最后拿出的一块，是神工鬼斧的极致，他对杨杰说："这样的好石头哪能不爱？"杨杰忽然说："不只你喜爱，我也很喜爱。"边说边从米芾手上抢过去，径直登车离去。

无锡瓷壶以龚春为上，时大彬次之，甚规格大略粗蠢，细泥精巧，皆是后人所溷。

成窑，大明成化年所制。有五彩鸡缸，淡青花诸器茶瓯酒杯，俱享重价。

宣窑，大明宣德年制。青花纯白，俱踞绝顶，有鸡皮纹可辨。醮坛茶杯，有值一两一只者，有酒字枣汤、姜汤等类者稍贱。

靖窑，大明嘉靖所制。青花白地，世无其比。

【译文】无锡的瓷壶，龚春制作的最好，时大彬的差一点，规格上较为粗笨；精细的细泥全是后人涂上去的。

成窑，是明朝的成化年间制作的。其中有五彩鸡缸，淡青花的瓷具、茶瓯、酒杯，都享有高价。

宣窑，是明朝的宣德年间所制。青花和纯白的工艺都绝顶美妙，上面依稀能看见鸡皮纹。醮坛的茶杯，有的值一两银子一只，还有酒字枣汤、姜汤等类，比较便宜。

靖窑，是明朝的嘉靖年间所制，质地是白色，表面是青花，世上没有可比拟的。

万历初窑　万历之官窑，以初年为上，虽退器无不精妙，民间珍之。

厂盒　古延厂，永乐年间所造，重枝叠叶，坚若珊瑚，稍带沉色。新厂宣德年间所造，雕镂极细，色若朱砂，鲜艳无比，有蒸饼式、甘蔗节二种，愈小愈妙，享价极重。

宣铜　宣德年间三殿火灾，金银铜熔作一块，堆垛如山。宣宗发内库所藏古窑器，对临其款，铸为香炉、花瓶之类，妙绝古今，传为世宝。

【译文】万历初窑　万历年间的官窑瓷器，以万历初年烧制的最好，即使次品也无不精妙绝伦，民间非常珍视。

厂盒　古延厂，是在永乐年间所制，重重叠叠的枝叶，坚固得就像珊瑚，稍带一点暗色。新厂是宣德年间所制，雕镂得极其精细，颜色仿佛是朱砂，鲜艳无比，有蒸饼式、甘蔗节二个品种，越小越好，价格很高。

宣铜　宣德年间皇宫三大殿失了火，里面的金、银、铜器被烧得熔成一块，堆积如山高。明宣宗取出内库所收藏的古代窑器，仿效那种形状，铸成的香炉、花瓶等，古往今来堪称妙绝，代代传为珍宝。

倭漆　漆器之妙，无过日本。宣德皇帝差杨瑄往日本教习数年，精其技艺。故宣德漆器比日本等精。

宣铁　宣德制铁琴、铁笛、铁箫，其声清皦，非竹木所及。

照世杯　洪武初，帖木儿遣使奉表，有“钦仰圣心，如照世杯”之语。或曰其国旧传有杯，光明洞彻，照之可知世事，故云。

嘉兴锡壶，所制精工，以黄元吉为上，归懋德次之。初年价钱极贵，后渐轻微。

【译文】倭漆　漆器的精妙，没有比得上日本的。宣德皇帝派杨瑄去日本学习了数年，精通了他们的技艺。所以宣德年间的漆器和日本的一样精美。

宣铁　宣德年间制作的铁琴、铁笛、铁箫，声音清亮，不是竹制木制所能比的。

照世杯　洪武初年，帖木儿派使臣给皇帝上表，有“钦仰圣心，如照世杯”的句子。有人说他们国家以前流传一种杯子，全身剔透，照着它可以知道世间的事，所以那样说。

嘉兴的锡壶，要论制作的精工，以黄元吉的最好，归懋德的稍次。开始时特别贵，后来渐渐没那么贵了。

螺钿器皿　嵌镶螺钿梳匣、印箱，以周柱为上，花色娇艳，与时花无异。其螺钿杯箸等皿，无不巧妙。

竹器　南京所制竹器，以濮仲谦为第一，其所雕琢，必以竹根错节盘结怪异者，方肯动手，时人得其一款物，甚珍重之。又有以斑竹为椅桌等物者，以姜姓第一，因有姜竹之称。

夹纱对象　赵士元制夹纱及夹纱帏屏，其所嗣翎毛花卉，颜色鲜明，毛羽生动，妙不可言，扇扇是黄荃、吕纪得意名画。

【译文】螺钿器皿　用螺钿嵌镶的梳妆匣、印箱，以周柱制作的最好，花色娇艳，和鲜花没什么区别。他制作的螺钿杯、筷等器具，都很巧妙。

竹器　南京制作的竹器中，濮仲谦是最好的，他只雕琢那些竹根盘根错节十分怪异的，有这种才肯动手。当时人得到他的一件作品，极为珍重。又有用斑竹制作椅桌等东西，姓姜的人制作的最好，因此称之为“姜竹”。

夹纱对象　赵士元制作的夹纱、夹纱帷帐屏风，上面刻绘的禽鸟花卉，颜色鲜明，毛羽生动逼真，妙不可言。每一扇屏风全是黄荃、吕纪的得意名画。

卷十三·容貌部

形体

圣贤异相　尧眉八彩。舜目重瞳。文王四乳。苍颉四目，禹耳三漏，是谓大通，兴利除害，决江疏河。

四十九表　仲尼生而具四十九表：反首，洼面，月角，日准，河目，海口，牛唇，昌颜，均颐，辅喉，骈齿、龙形，龟脊，虎掌，骈胁，参膺，圩项，山脐，林背，翼臂、窐头，隆鼻，阜脥，堤眉，地足，谷窍，雷声，泽腹，面如蒙倛，两目方相也，手垂过膝，眉有十二彩，目有二十四理，立如凤峙，坐如龙蹲，手握天文，足履度字，望之如仆，就之如升，修上趋下，末偻后耳，视若营四海，耳垂珠庭，其颈似尧，其颡似舜，其肩类子产，自腰以下不及禹三寸，胸有文曰“制作定世符”，身长九尺六寸，腰六十围。（见《祖庭广记》。）

【译文】圣贤异相　尧帝的眉毛有八种颜色。舜帝的眼睛有两个瞳孔。文王有四个乳头。仓颉有四只眼。大禹的耳朵有三个孔，这叫“大通”，能振兴公利，去除祸害，疏通江河。

四十九表　孔子生来就具有四十九种外表特别之处：披头散发，凹脸，额头像明月，鼻子像太阳，深眼睛，大嘴巴，厚嘴唇，红润脸，方下巴，双喉结，牙齿重叠，形状像龙，脊背像乌龟，手像虎爪，肋骨连在一起，三个胸肌，头顶凹陷，肚脐像山，骨头像树林，手臂像飞翼，头凹陷，隆起的鼻子，耸肩，眉毛像河堤，平足，像山谷般露着的七窍，声音像雷鸣，腹部像沼泽，面部像蒙倛（驱逐疫鬼的神像），两只眼睛像方相（山林的精怪），手能垂过膝盖，眉毛有十二种色彩，眼睛有二十四种纹理，站立就像凤凰停峙，坐着就像龙蹲，手掌里有天文，脚下踏着“度”字，远望好像要摔跤，近看就像要飞升，上面长下面短，驼背竖耳朵，目光就像经营四海，耳垂就像珠庭，脖子像尧，额头像舜，肩膀像子产，腰以下部分比大禹短了三寸，胸前有文字是“制作定世符”，身高九尺六寸，腰有六十围。（《祖庭广记》）

老子有七十二相，八十一好。（见《法轮经》。）

如来有三十二相。（见《般若经》。）

昭烈异相　蜀先主长七尺五寸，目顾见耳，臂垂过膝。

碧眼　孙权幼时眼碧色，号碧眼小儿。

【译文】老子有七十二种相，八十一种好。参见《法轮经》。

如来佛祖有三十二种相。参见《般若经》。

昭烈异相　蜀国的先主刘备身高七尺五寸，可以回视自己的耳朵，手臂垂下能过膝盖。

碧眼　孙权小时的眼睛是绿的，号称碧眼小儿。

猿臂　汉李广猿臂善射。

独眼龙　李克用一目眇，时号“独眼龙”。

胆大如斗　姜维死后剖腹视之，胆如斗大。张世杰亦胆大如斗，焚而不化。

半面笑　贾弼梦易其头，遂能半面啼，半面笑。

玉楼银海　东坡《雪》诗："冻合玉楼寒起栗，光摇银海眩生花。"王荆公曰："道家以两肩为玉楼，两眼为银海。"东坡曰："惟荆公知此。"

【译文】猿臂　汉朝的李广有着猿一样长的手臂，擅长射箭。

独眼龙　李克用的一只眼睛瞎了，当时称之为独眼龙。

胆大如斗　姜维死后剖开腹来看，胆有斗那么大。张世杰也胆如斗大，焚烧也不能化掉。

半面笑　贾弼梦到自己的头被换掉，因而能一半脸啼哭，一半脸笑。

玉楼银海　苏轼的《雪后书北台壁》诗里说："冻合玉楼寒起粟，光摇银海眩生花。"王安石说："道家把两个肩膀称为'玉楼'，两只眼称作'银海'。"苏轼说："唯独荆公懂得我的意思。"

缄口　孔子观周庙有金人焉，三缄其口，而铭其背曰：古人慎言人也。戒之哉！戒之哉！毋多言，多言，多败。毋多事，多事，多患。

舌存齿亡　常拟有疾，老子曰："先生疾甚，无遗教语弟子乎？"拟乃张其口，曰："舌存乎？"曰："存。岂非以软耶？""齿亡乎？"曰："亡。岂非以刚也？"常拟曰："天下事尽此矣！"

芳兰竟体　梁武帝平建业，朝士皆造之。谢览时年二十，为太子舍人，意气闲雅，瞻视聪明。武帝目送良久，谓徐勉曰："觉此生芳兰竟体。"

【译文】缄口　孔子看见周朝的宗庙里有一座金人，金人的本人曾三次想说却仍然闭口不说。孔子就在金人背面写一篇铭文：这是古时候在言语上谨慎的人。以之为戒！不要多说话，多说话就多失败；不要多事，多事就多祸患。

舌存齿亡　常纵有病，老子对他说："先生病得很重，有遗言给弟子吗？"常纵就张开他的嘴巴，对老子说："舌头还存在吗？"老子回答说："还存在。难道不是因为它柔软吗？"常纵说："牙齿没了吧？"老子说："没了。难道不是因为它太刚强了吗？"常纵说："天下所有的事的道理都在这里了。"

芳兰竟体　梁武帝平定了建业城，朝廷大臣都来造访。谢览当时二十岁，担任太子舍人，气度闲雅，视听聪明。梁武帝看着他看了很久，对徐勉说："但觉这少年通体都是兰花的香气。"

眼如岩电　王戎字浚冲，形状短小，而目甚清照，视日不眩。裴楷曰："王安丰眼烂烂如岩下电。"

面如傅粉　何晏美姿仪，面至白。魏明帝疑其傅粉，夏月，与热汤面。既啖，大汗出，以朱衣自拭，色转皎然。

璧人　卫玠少时，乘白羊车于洛阳市上，咸曰："谁家璧人？"

看杀卫玠　卫叔宝从豫章至都下，人久闻其名，观者如堵墙。玠先有羸疾，体不堪劳，遂成病而死。时人谓看杀卫玠。

【译文】眼如岩电　王戎字濬冲，比较矮小，眼睛却很明亮，对着太阳看都不会眩晕。裴楷说："王戎的眼睛就好比山岩下的闪电，光芒照人。"

面如傅粉　何晏容貌俊美，脸很白。魏明帝疑心他脸上涂粉了。就在盛夏时节，赐何晏一碗热汤面。何晏吃完，满头大汗，就用红衣服的袖子擦拭，反而更皎洁了。

璧人　卫玠年少时，乘着白羊拉的小车在洛阳街上经过，大家都问："这是谁家皎洁如玉的少年？"

看杀卫玠　卫玠（字叔宝）从豫章来到京城，京城里的人早听过他十分美貌，所以去看他的人就像墙一般拥挤。卫玠之前就有衰弱的毛病，禁不住劳累，最后因此得病死去。当时人都说"看死了卫玠"。

觉我形秽　王济是卫玠之舅，隽爽有丰姿。每见玠，辄叹曰："珠玉在侧，觉我形秽。"

渺小丈夫　孟尝君过赵，赵人闻其贤，出观之，皆大笑曰："始以薛公为魁梧也，今视之，乃渺小丈夫耳。"

妇人好女　司马迁曰："余以为留侯其人必魁梧奇伟，至见其图，状貌如妇人好女。"

精神顿生　张九龄风仪秀整，帝于朝班望见之，谓左右曰："朕每见九龄，使我精神顿生。"

琳琅珠玉　有人诣王太尉，遇安丰、大将军、丞相在坐。往别屋，见季胤（名诩）、平子（夷甫子）。还，语人曰："今日之行，触目皆琳琅珠玉。"

【译文】觉我形秽　王济是卫玠的舅舅，俊逸潇洒。每回见到卫玠，总会赞叹道："珍珠、美玉在我旁边，让我自惭形秽。"

渺小丈夫　孟尝君路过赵国，赵国人听说他很贤能，就出来看，看到后都大笑着说："开始还以为孟尝君是一个高大的男子，如今一看，不过是个瘦小的男人。"

妇人好女　司马迁说："我原以为张良肯定是个魁梧高大的人，等看见他画像，才知道他长得就像年轻美貌的女子。"

精神顿生　张九龄仪表俊美，皇帝在大臣队伍里望见他，对左右侍臣说："每回看到张九龄，就会让我会充满了精神。"

琳琅珠玉　有人拜访王衍，遇到王戎、大将军王敦、丞相王导在座。到别的屋子里，又看见了季胤（名王诩）、王衍的儿子王澄（夷甫子）。后来那人对别人说："今天这次拜访，看见的全是珍珠美玉。"

若朝霞举　李白见玄宗于便殿，神气高朗，轩轩若朝霞举。

倚玉树　魏明帝使后弟毛曾与夏侯玄并坐，时人谓蒹葭倚玉树。

掷果　潘安甚有姿容。少时挟弹乘小车出洛阳道，妇人遇者，无不连手共萦之，竞以果掷，盈车而返。

屋漏中来　祖广行恒缩颈。桓南郡始下车，桓曰："天甚晴明，祖参军如从屋漏中来。"

四肘　成汤之臂四肘。《韵会》：一肘二尺。又云一尺五寸为肘。

【译文】若朝霞举　李白在朝廷的便殿拜见唐玄宗，风度轩昂，就好比朝霞飞在天上。

倚玉树　魏明帝让皇后的弟弟毛曾和夏侯玄坐一起，当时人说这是"芦苇靠着玉树"。

掷果　潘安很俊美。少年时带着弹弓乘着小车在洛阳路上经过，女人遇见他，都拉起手来围着他，争着把水果扔进他的小车里，最后带满车的水果回去了。

屋漏中来　祖广走路的时候总缩着脖子。南郡公桓玄刚上任，对他说："天气特别晴朗，祖参军就像从漏雨的房屋出来。"

四肘　商汤的手臂有四肘。《韵会》里说："一肘是二尺。"另种说法认为一尺五寸是一肘。

姬公反握　周公手可反握。

骈胁　骈，联也。晋文公名重耳，其胁骈。

铄金销骨　西汉文："众口铄金，积毁销骨。"谓谗言诽谤之利害也。

敲肤吸髓　髓，骨髓也。敲其肤而吸其髓，喻虐政之诛求也。

掣肘　《说苑》：鲁使子贱为单父令，子贱借善书者二人使书，从旁掣其肘，书丑，则怒，欲好书，则又引之。书者辞归，以告鲁君。君曰："若吾扰之，不得施善政。"令毋征发单父。未几，教化盛行。

【译文】姬公反握　周公的手可以反过来握着。

骈胁　骈，也就是联。晋文公叫重耳，他的肋骨联在一起。

铄金销骨　西汉时文章里说："众人说的话可以融化金子，积累的毁谤可以融化骨头。"这意思是谗言诽谤是多么可怕。

敲肤吸髓　"髓"也就是骨髓。敲开他们的骨头，吸食他们的骨髓，比喻暴政的横征暴敛。

掣肘　《说苑》里说：鲁国让宓子贱担任单父县令，宓子贱借来两个擅长写字的人帮他写字，在他们写字时从一旁拉他们的胳膊，假如写得难看，就发怒，他们想写好字，宓子贱就又他们拉胳膊。写字的人就拜辞离去，并且告诉鲁国国君。国君说："假如总是干扰他，他就不能施行好的政策啊。"于是下令不要对单父征徭役。没多久，单父的政治清明，风俗纯美。

厚颜　《书经》："颜厚有忸怩。"谓愧之见于面也。

摇唇鼓舌　《庄子》：摇唇鼓舌，擅生得非。

怒发冲冠　秦王许以十五城易赵王和氏璧，蔺相如捧璧入秦，见秦王无意偿城，怒发冲冠，英气勃勃。

生而有髭　《皇览》：周灵王生而有髭，谓之髭王。

【译文】厚颜　《尚书》说："脸上表现出惭愧的样子。"这意思是羞愧的神色显露在脸上。

摇唇鼓舌　《庄子》说："摇唇鼓舌，专会搬弄是非。"

怒发冲冠　秦王许诺用十五座城池换赵王的和氏璧，蔺相如捧着和氏璧去秦国，见秦王没有交出城池的意思，愤怒得头发竖起来顶着冠帽，具有十分英勇的气概。

生而有髭　《皇览》里说：周灵王出生就有胡子，所以叫作髭王。

注醋囚鼻　《唐史》：酷吏来俊臣鞫囚，每以醋注囚鼻。

春笋秋波　言纤指如春笋之尖且长，媚眼如秋波之清且碧也。

蓝面鬼　卢杞号蓝面鬼，常造郭汾阳家问病。闻杞至，悉屏姬侍，独隐几待之。家人问故，汾阳曰："杞外陋而内险，左右见之必笑，使后得权，吾族无噍类矣。"

【译文】注醋囚鼻　《旧唐书》里说：酷吏来俊臣审问囚犯，每每用醋灌进囚犯的鼻子里。

春笋秋波　"春笋秋波"的意思是修长的手指就像春天的笋子，妩媚的眼睛就像秋天的波纹。

蓝面鬼　卢杞被称为"蓝面鬼"，他曾经到郭子仪家去探病。郭子仪听说卢杞来了，就让所有姬妾侍女退下，唯独自己靠着桌案上等他来。家人后来问他缘故，他说："卢杞长得丑，却内心险恶，姬妾们看他那么丑肯定会嘲笑他，假如他以后掌权，我们郭家就会灭族了。"

善用三短 后魏李谐形貌短小，兼是六指，因瘿而举颐，因跛而缓步，因謇而徐言。人谓李谐善用三短。

乱唾掷瓦石 左太冲绝丑，亦效潘安乘车游市中，群姬乱唾之，委顿而返。张孟阳亦丑，每行，小儿以瓦石掷之，满车。

龙虎变化 韩文公撰《马燧志》云："当是时见王于北平，犹高山深林，龙虎变化不测，魁杰人也。退见少傅，翠竹碧梧，鸾停鹄峙。

【译文】善用三短　后魏的李谐身子矮小，还有六根手指。因为脖子上有肉瘤，就经常抬头走路；因为有些跛，所以尽量走路很慢；因为说话口吃，所以慢慢讲。世人说李谐善于利用自己的三个短处。

乱唾掷瓦石　左思（字太冲）特别丑，可他也学潘安乘着车在街市游玩，一群女人对他乱吐唾沫，他最后沮丧着回来了。张载（字孟阳）也丑，每回出行，小孩子用瓦片、石子扔他，也会装满满一车子。

龙虎变化　韩愈撰写的《马燧志》里说：那个时候在北亭拜见北平庄武王，就像高大的山和幽深的林子，就像龙虎一般变化难测，是豪杰之人。后来拜见他弟弟太子少傅，却感觉像青翠的竹子和碧绿的梧桐，鸾凤和黄鹄停在上面那般美好。

长人 苻坚拂盖郎申香、夏默、护磨那三人，俱长一丈九尺，每饭食一石、肉三十斤。

矮短人 王蒙长三尺，张仲师长二尺五寸。

重人 安禄山重三百五十斤，司马保八百斤，孟业一千斤。

澹台灭明　李龙眠所画七十二子像，澹台灭明猛毅甚于子路，则夫子所谓失之子羽者，谓其貌武行儒耳。

【译文】长人　苻坚的拂盖郎申香、夏默、护磨那三人，都身高一丈九尺，每顿吃一石米饭、三十斤肉。

矮短人　王蒙身高三尺，张仲师身高二尺五寸。

重人　安禄山重三百五十斤，司马保重八百斤，孟业重一千斤。

澹台灭明　李公麟画的孔门七十二弟子像，澹台灭明的勇猛坚毅超过子路，孔子说的“以貌取人，失之子羽”，说的是澹台灭明外貌雄壮，其实行事纯然儒者。

祖龙　秦始皇虎口，日角，火目，隆准，鸷鸟膺，豹声，长八尺六寸，大七围，手握兵执矢，号曰祖龙，侯生数其淫暴，谓万万均朱，千千桀纣。

好笑　陆士龙好笑。常着缞绩上船，水中自见其影，便大笑不止，几落水。

笑中有刀　李义府，貌足恭，与人言，嬉怡微笑，而阴贼褊忌，凡忤其意者，皆中伤之。时号义府笑中有刀。

方睛　管辂云：“眼有方睛，多寿之相。”陶隐居末年，其眼有时而方。

【译文】祖龙　秦始皇的嘴巴像老虎嘴，额头高高隆起，眼睛就像有火燃烧，高高的鼻梁，胸部像猛禽，声音像豹吼，身高八尺六寸，腰有七围粗，手持兵器、拿着弓射箭，被称为“祖龙”。侯生依次列举他的荒淫残暴的地方，说他比商均、丹朱坏一万倍，比夏桀、商纣坏一千倍。

好笑　陆云（字士龙）喜爱笑。曾经穿着丧服上船，看见自己在水中的倒影便不停地大笑起来，结果差点落水。

笑中有刀　李义府面貌上十分恭敬，和人说话，温和微笑，暗地里却十分阴狠，气量狭窄，只要是不能满足他意思的人，都遭他诬陷。当时称他是“笑中有刀”。

方睛　管辂说：“眼中有方形瞳仁，是长命的面相。”陶弘景晚年，他眼中的瞳仁经常会变成方形。

百体五官　人身有百骸，故曰百体。官，司也。五官，耳、目、口、鼻、心也。

须发所属　发属心，禀火气，故上生。须属肾，禀水气，故下生。眉属肝，禀木性，故侧生。男子肾气外行，上为须，下为势。女子黄门无势，故无须。

重瞳四乳　舜重瞳，项羽重瞳，隋鱼俱罗、朱梁康、王友敬、永乐中楚王子，亦俱重瞳。文王四乳，宋范镃百、常文子，明倪文僖谦，俱四乳。

身长一丈　中国之人长一丈者，人君则黄帝、尧与文王；人臣则吴伍员、汉巨毋霸，俱十尺。毋霸腰大十围，员眉间一尺。孔子长十尺，又云九尺六寸。按《庄子》所谓自腰而下不及禹三寸，则后说是矣。宋《桯史》载，有唐某者与其妹各长一丈二尺。

【译文】百体五官　人体有一百块骨骼，所以叫百体。官，也就是主管。五官指的是耳朵、眼睛、嘴巴、鼻子、心脏。

须发所属　头发属心，禀赋了火气，所以向上生长；胡子属肾，禀赋了水气，所以向下生长；眉毛属肝，禀赋了木性，所以向两边生长。男子的肾气向外扩散，上面变成胡子，下边变成阴茎；女人和宦官没有阴茎，所以没胡子。

重瞳四乳　舜帝的眼睛有两个瞳仁，项羽也如此，隋朝的鱼俱罗、朱梁康、王友敌、永乐年间楚王的儿子，全是重瞳。周文王有四个乳头，宋朝的范镃百、常文子、明朝的倪谦也都是四个乳头。

身长一丈　中国人身高一丈的，皇帝中有黄帝、尧帝、周文王；臣子中有吴国的伍子胥、汉朝的巨毋霸，都高十尺。巨毋霸腰围三尺长，伍子胥两眉距离有一尺长。孔子的身高有十尺，另一种说法是九尺六寸。按：庄子说“孔子从腰以下比大禹短三寸”，那么后一种说法是正确的。宋朝的《程史》里说，有个姓唐的男人和他妹妹都身高一丈二尺。

身长七尺以上　禹长九尺九寸，汤九尺，秦始皇八尺七寸，汉高祖七尺八寸，光武七尺三寸，昭烈七尺五寸，宋武帝七尺六寸，陈武帝七尺五寸，宇文周太祖八尺，项王八尺二寸，韩王信八尺九寸，王莽七尺五寸，刘渊八尺四寸，刘曜九尺四寸，慕容皝七尺八寸，姚襄八尺五寸，曹交九尺四寸，冉闵、什翼健、宇文泰皆八尺，慕容垂七尺四寸，慕容德八尺二寸。自唐以后，人臣长者故少。韦康成十五长八尺，姜宇十五长七尺九寸，刘曜子胤十岁长七尺五寸，美姿貌，眉须如画。人固有少而长若此者，胤止八尺四寸，不能如其父也。

【译文】身长七尺以上　大禹身高九尺九寸，商汤身高九尺，秦始皇身高八尺七寸，汉高祖刘邦身高七尺八寸，光武帝刘秀身高七尺三寸，昭烈帝刘备身高七尺五寸，宋武帝身高七尺六寸，陈武帝身高七尺五寸，北周太祖宇文泰身高八尺，项羽身高八尺二寸，韩王韩信身高八尺九寸，王莽身高七尺五寸，刘渊身高八尺四寸，刘曜身高九尺四寸，慕容皝身高七尺八寸，姚襄身高八尺五寸，曹交身高九尺四寸，冉闵、什翼健、宇文泰都身高八尺，慕容垂身高七尺四寸，慕容德身高八尺二寸。从唐朝以后，特别高的大臣就少了。韦康成十五岁时身高八尺，姜宇十五岁时身高七尺九寸，刘曜的儿子刘胤十岁时身高七尺五寸，面貌美丽，胡须和眉毛就像画一样美。本来就有小时候就长这么高的人，但刘胤最后只身高八尺四寸，没他父亲高。

丈六金身　佛长一丈六尺以为神，然其小弟阿难与徒弟调达俱长一丈四尺五寸，彼时天竺之长者故不少也。

谗国　沈颜《谗论》曰：宰嚭谗子胥而吴灭，赵高谗李斯而秦亡，无极谗伍奢而楚昭奔，靳尚谗屈原而楚怀囚。故曰：人知佞之谗谗忠，不知佞之谗谗国。

舌本间强　俗语曰："三日不言，舌本强。"殷仲堪言，三日不读《道德经》，便觉舌本间强。

皮里阳秋　晋褚裒字季野，桓彝目之曰："季野皮里阳秋。"言其外无臧否，而内有褒贬也。

【译文】丈六金身　如来佛祖身高一丈六尺就被当作神人，但他的小弟阿难和徒弟调达都身高一丈四尺五寸，那时的印度高个子本就不少啊。

谗国　沈颜的《谗论》里说：宰嚭诬陷伍子胥，最后吴国灭亡；赵高诬陷李斯，最后秦国灭亡；无极诬陷伍奢，最后楚昭王打败仗逃亡；靳尚诬陷屈原，最后楚怀王被秦国囚禁。所以说：人们知道奸臣的谗言陷害忠良，却不知道奸臣的谗言最后害的是国家。

舌本间强　俗话说："三天不说话，舌头就僵硬。"殷仲堪说：三天不读《道德经》，就感觉舌头僵硬。

皮里阳秋　晋朝的褚裒字季野，桓彝认为"褚季野皮里阳秋。"意思是他看起来没有对人的是非评判，其实内心褒贬分明。

断送头皮　宋真宗东封，得隐者杨朴。上问："卿临行，有人作诗否？"对曰："臣妻一首云：'更休落魄耽杯酒，切莫猖狂爱作诗。今日捉将官里去，这回断送老头皮。'"

唾掌　公孙瓒曰："天下兵起，谓可唾掌而决九州耳。"李翱："太平可覆掌而致。"

扪膝　后魏贾景兴栖迟不仕，葛荣陷冀州，称疾不拜，每扪膝曰："吾不负汝。"以不拜荣故也。又赵宋喻如砺号"扪膝先生"。

【译文】断送头皮　宋真宗去东岳举行封禅大典，得到一个隐士名叫杨朴。宋真宗在朝堂上问他："你临走前，有别人给你写诗吗？"杨朴回答说："我的妻子写了一首，说：'别再贪酒喝了，别再喜爱写诗了。今天你被捉到皇宫去，这回一定会断送这把老骨头。'"

唾掌　公孙瓒说："天下四方的军队都起来了，觉得江山能够像垂下手掌般容易。"李翱说："太平就像把手翻过来一般容易达到。"

扪膝　后魏的贾景兴隐居不做官，葛荣攻破了冀州，贾景兴自称有病，不去拜见他，常常摸着膝盖说："我没辜负你。"这也就是不拜见葛荣的缘故。另外，宋朝的喻汝砺自号"扪膝先生"。

鸡肋　晋刘伶尝醉，与俗人相忤，其人攘臂奋拳。伶曰："鸡肋不足以安尊拳！"其人笑而止。曹操入汉中讨刘备，不得进，欲弃之。乃传令曰"鸡肋"，官属不知何谓。杨修曰："鸡肋，弃之则可惜，啖之则无所得，比汉中，王欲去也。”乃白操，遂还。

噬脐　楚文王伐申，过邓。邓侯曰：“吾甥也。”止而享之。骓甥、聃甥、养甥请杀楚子。邓侯弗许。聃甥曰：“亡邓国者，此人也。若不蚤图，后君噬脐无及。”

交臂　《庄子》：颜渊问于仲尼，曰：“夫子步亦步，趋亦趋。夫子绝尘而奔，回瞠乎其后矣。”夫子曰：“吾终身于汝，交一臂而失之，不可哀欤？”

【译文】鸡肋　晋朝刘伶曾经喝醉酒，和庸俗的人吵架，那人张开手臂挥起拳头准备打他。刘伶说：“我这瘦弱的身体禁不住您的拳头。”那人大笑着停手。曹操的军队进入汉中攻打刘备，没法进军，准备放弃，就向军中传令：“鸡肋。”将领和士兵们都不懂是什么意思。杨修说：“鸡肋，扔掉可惜，吃却没什么可吃，是比喻汉中，表明魏王想班师回朝了。”于是报告了曹操，果然班师。

噬脐　楚文王攻打申国，路过邓国。邓国国君说：“这是我外甥。”就留下部队款待他们。邓侯的外甥们，骓甥、聃甥、养甥都请求杀死楚文王，邓侯不准。聃甥说：“灭亡邓国的肯定是这个人。假如不早点打算，以后君王后悔莫及。”

交臂　《庄子》里说：颜渊询问孔子说：“老师漫步我也漫步，您小跑我也小跑。可您飞快地跑远，我只能在后面瞪眼了。”孔子说：“我终身和你接近，碰到一只胳膊，却总是不能聚在一起。难道不悲哀吗？”

三折肱　晋范氏、中行氏将伐晋定公，齐高彊曰：“三折肱知为良医。我以伐君为此矣。”

髀里肉生　刘玄德于刘表坐，慨然流涕曰：“平常身不离鞍，髀肉皆消；今不复骑，髀里肉生。日月如流，老将至矣，而功业未建，是以悲耳。”

炙手可热　唐崔铉进左仆射，与郑鲁、杨绍复、段瑰、薛蒙颇参议论。时论曰：“郑、杨、段、薛，炙手可热；欲得命通，鲁、绍、环、蒙。”

如左右手　韩信亡去，萧何自追之。人告高祖曰：“丞相何亡。”高祖大怒，如失左右手。

【译文】三折肱　晋国权臣范氏和中行氏将要攻打晋定公，齐国来的高彊说：“生过几次病的人变成好医生。我因为攻打国君，所以变成这样啊。”

髀里肉生　刘备在刘表的宴席上感慨地流泪着说：“平时身体不离开马鞍，所以大腿的肥肉都没有；如今不再骑马，大腿又长了很多肉。时光就像流水一般流淌，年老即将到来，可是还没有建功立业，因此很悲哀啊。”

炙手可热　唐朝的崔铉升到左仆射，和郑鲁、杨绍复、段瑰、薛蒙等人参议国家大政。当时人都说：“郑、杨、段、薛，炙手可热；想要飞黄腾达，就要去找鲁、绍、瑰、蒙。”

如左右手　韩信从刘邦的军队里逃走，萧何亲自去追。有人向刘邦说：“丞相萧何逃走了。”刘邦很生气，就好比左右手没有了。

高下其手　言人断狱徇私，高下其手。

幼廉一脚指　北齐李幼谦为瀛州长史，神武行部征责文簿，应机立成。神武责诸人曰：“卿等作得李幼廉一脚指否？”

握拳啮齿　东坡帖云：张睢阳生犹骂贼，啮齿穿龈。颜平原死不忘君，握拳透爪。

豕心　《左传》：昔有仍氏生女，乐正后夔娶之，生伯封，实有豕心，贪婪无厌。人谓之封豕。

【译文】高下其手　意思是判案子时徇私舞弊，插手其中。

幼廉一脚指　北齐的李幼廉担任瀛州长史，高欢巡视时查验文簿，李幼廉立刻就查完。高欢责备其他人说："你们能比得上李幼廉的一根脚指头吗？"

握拳啮齿　苏东坡的手札里说："张巡生前仍然骂贼人，咬着齿刺穿牙龈；颜真卿死也不忘君王，握紧拳头指甲穿过手。"

豕心　《左传》里说：以前有一个仍氏，他生了个女儿，乐官后夔娶她为妻，生下伯封，伯封实在是猪一样的心，贪婪无厌。人称"封猪"。

锁子骨　李邺侯少时身极轻，能于屏风上行。既长，辟谷，导引，骨节俱戛戛有声。人谓之锁子骨。

一身是胆　赵子龙与魏兵战，追至营门，魏兵疑有伏，引去。翌日，玄德至营视之，曰："子龙一身都是胆。"

抽筋绝髓　郭弘霸讨徐敬业云："誓抽其筋，食其肉，饮其血，绝其髓。"武后悦，授御史。时号"四其御史"。

铁石心肠　皮日休云："宋广平为相，疑其铁石心肠，不解吐软媚词。观其《梅花赋》，便巧富艳，殊不类其为人。

【译文】锁子骨　邺侯李泌小时候身体很轻盈，能够在屏风上走路。成年后，学习道家的辟谷、导引的方术，身体的骨节全都嘎嘎有声音。人们称之为"锁子骨"。

一身是胆　赵子龙和魏国的士兵交战，魏国士兵一直追到蜀国的军营门前，魏兵疑心这里有埋伏，就引兵离去。第二天，刘备视察军营时说："子龙全身都是胆子啊。"

抽筋绝髓　郭弘霸征讨徐敬业时说："我发誓抽他的筋，吃他的肉，喝他的血，吸他的骨髓。"武则天十分高兴，封他担任御史。当时人称他是"四其"御史。

铁石心肠　皮日休说："宋广平担任丞相，别人疑心他有着铁石一般坚硬的心肠，不懂得说温和的话语。可是看他写的《梅花赋》，精巧柔媚，特别不像他的为人。"

伐毛洗髓　《汉武记》：黄眉翁指东方朔曰："吾三千年一反骨洗髓，三千年一剥皮伐毛。吾今已三洗髓，三伐毛矣。"

笑比黄河清　宋包孝肃极严冷，未尝见其笑容，人谓其笑比黄河清。

连璧　晋潘岳与夏侯湛并美姿容，行止同舆接茵。京都谓之连璧。

乳臭　汉王以韩信击魏王豹。问郦食其："魏大将谁？"对曰："柏植。"王曰："是儿口尚乳臭，安能敌吾韩信？"

【译文】伐毛洗髓　《汉武记》里说：黄眉翁指着东方朔说："我每隔三千年就换一次骨髓，每隔三千年换一次身上的毛发。如今我已经洗骨髓三次、换毛发三次了。"

笑比黄河清　宋朝的包拯极其严肃冷酷，从来没见过他笑，人们说等他笑就好比等黄河的水清一般难。

连璧　晋朝的潘岳和夏侯湛都容貌俊美，两人同乘一辆车，同睡一张床，京城人称他们是连璧。

乳臭　刘邦派韩信去攻打魏王豹，询问郦食其："魏国的大将是谁？"郦食其说是"柏植"，刘邦说："这是个乳臭未干的小孩子，怎么能打得过我的韩信？”

貌不扬　晋叔向适郑，鬷蔑貌不扬，立堂下，一言而善。叔向闻之，曰：“必然明也！”下执其手以上，曰：“子若不言，吾几失子矣。”

貌侵　汉田蚡，孝景帝皇后母弟也，为丞相，为人貌侵，言短小而丑恶也。

獐头鼠目　唐苗晋卿荐元载。李揆轻载相寒，谓晋卿曰：“龙章凤姿士不见，獐头鼠目子乃求官耶？”载衔之。

龙钟　裴晋公未第时，羁旅洛中，策驴上天津桥。时淮西不平，有二老人倚柱语曰：“蔡州何时平？”见晋公，愕然曰：“适忧蔡州未平，须待此人为相。”仆闻告公，公曰：“见我龙钟，故相戏耳！”后裴度于宪宗时果为相，平淮、蔡。

【译文】貌不扬　晋国的叔向去郑国，鬷蔑容貌不太好看，就站在堂下，说了一句很有道理的话，叔向听到后说：“这一定是鬷蔑（然明）！”走下台阶，拉着他的手走上台阶，说：“你假如不说话，我差点错失你啊。”

貌侵　汉朝的田蚡，是孝景帝皇后同母异父的弟弟，担任丞相。他长得很丑——貌侵说的是人长得矮小丑陋。

獐头鼠目　唐朝的苗晋卿举荐元载给朝廷。李揆觉得元载的容貌不好看，对苗晋卿说：“像龙凤一般俊美的人没见到，獐头鼠眼的人竟然敢来求官职？”元载便怀恨在心。

龙钟　裴度（晋公）在还没考中进士前，有次羁留在洛中，骑着驴经过天津桥。当时的淮西地区很不太平，有两个老人靠着桥柱说：“蔡州啥时候才能平定？”他们看见裴度，惊讶地说：“刚才担心蔡州难以平定，得靠这人当宰相才能成功。”仆人听到他们的话，告诉裴度，裴度说：“他们这是看见我落魄，故意戏弄我。”后来裴度在唐宪宗朝果然担任宰相，并且平定淮西和蔡州。

牙缺　张玄之八岁，缺齿，先达戏之曰：“君口何为开狗窦？”祖希曰：“欲使君辈从此中出入。”

口吃　汉周昌争立太子，曰：“臣期期不奉诏。”邓艾自称艾艾。韩非、扬雄俱口吃，善属文。后刘贡父、王汾在馆中，汾口吃，贡父为之赞曰：“恐是昌家，又疑非类；未闻雄名，只有艾气。”

吾舌尚存　张仪常从楚相饮，相亡璧，意仪盗，执仪笞之。仪归，而其妻诮之。仪曰：“视吾舌尚存否？”妻笑曰：“在。”仪曰：“足矣！”

【译文】牙缺　张玄之八岁时，牙齿掉了，前辈和他开玩笑：“你的嘴巴怎么开了狗洞？”张玄之（祖希）说：“想让你们从这中间进出呗。”

口吃　汉朝的周昌争着要立太子，并说：“臣期期不能奉命。”邓艾自称“艾艾”。韩非和扬雄都口吃，却擅长写文章。后来刘攽（贡父）、王汾在史馆中，王汾因为口吃，刘攽给他写赞文：“恐是昌家（周昌的名，谐音娼家），又疑非类（明指韩非，暗指非人）；未闻雄名（即大名），只有艾气（即呆气）。”

吾舌尚存　张仪曾经和楚国的国相喝酒，楚国国相丢了玉璧，认为是张仪偷的，就绑起张仪鞭打他。张仪回家后，他妻子讥诮他。张仪说：“看我舌头还在吗？”妻子笑着说：“还在。”张仪说：“那就够了。”

借听于聋　韩昌黎《答陈生书》：足下求速化之术，乃以访愈，是所谓借听于聋，问道于盲，未见其得者也。

青白眼　阮籍能为青白眼，见礼俗之士，以白眼待之。母终，嵇喜来吊，籍作白眼。喜弟康乃挟琴赍酒造焉，籍大悦，乃见青眼。

邯郸学步　班氏《序》：传昔有学步于邯郸，曾未得其仿佛，又复失其故步，遂匍匐而归耳。

【译文】借听于聋　韩愈的《答陈生书》里说：您想求迅速羽化的法术，就来询问我，这就像是让聋子帮忙听东西，向盲人问路，从没见过有结果的。

青白眼　阮籍能做出青眼、白眼的表情，他看到所谓的守礼的俗人，就用白眼对待。他的母亲去世后，嵇喜前来凭吊，阮籍就用白眼看着他。嵇喜的弟弟嵇康抱着琴带着酒访问他，阮籍十分高兴，才显出青眼。

邯郸学步　班固的《汉书叙传》里说：传说战国时有个人学习邯郸人走路，一点没有学到，反而丢掉自己过去的走法，于是只能爬着回去。

美须　谢康乐须美，临刑，施为南海祇洹寺维摩诘像须。唐中宗时，安乐公主端午斗草，欲广其地，驰驿取之。又恐为他所得，剪弃其余。

貌似刘琨　桓温自以雄姿风气，是宣帝、刘琨之俦，及伐秦还，于北方得一巧作老婢，乃刘琨婢也。一见桓温，便潸然曰：

“公甚似刘司空。”温大悦，出外，整理衣冠，又呼问之，婢曰“面甚似，恨薄；眼甚似，恨小；须甚似，恨赤；形甚似，恨短；声甚似，恨雌。”温于是褫冠解带，昏然而睡，不怡者累日。

补唇先生 方干唇缺，有司以为不可与科名。连应十余举，遂隐居鉴湖。后数十年，遇医补唇，年已老矣。人号曰“补唇先生”。

【译文】美须 谢灵运的胡须很美，临刑时，他把胡须施舍给南海祇洹寺的维摩诘塑像。唐中宗时，安乐公主在端午节和人做斗草的游戏，想要各种草来斗，就派人快马加鞭去取来这些胡须，又怕被别人得到，于是把其余的胡须都剪下扔掉了。

貌似刘琨 桓温自认为自己容貌魁梧，是司马懿、刘琨一类的人。等他攻打前秦，班师回军时，在北方得到一个善做手工活的老奶奶，她曾是刘琨的婢女。她一看见桓温，就流泪说：“您特别像我们刘司空。”桓温特别高兴，就出门，整理好了衣冠，又叫她来仔细问，那个老奶奶说：“面庞很像，可惜福薄；眼睛很像，可惜小了点；胡须很像，可惜太红了；身形很像，可惜太矮了；声音很像，可惜有些女里女气。”桓温听完就甩掉帽子，解下衣带，昏昏沉沉地入睡，连续几天都不开心。

补唇先生 方干有兔唇，官府认为不能给他功名。他连着考了十几次都没被录取，就隐居在镜湖。几十年后，他遇见一个医生帮他补好了开裂的嘴唇，年龄已经很大了。人称“补唇先生”。

眇一目 湘东王眇一目，与刘谅游江滨，叹秋望之美。谅对曰：“今日可谓‘帝子降于北渚’。”《离骚》：“帝子降于北渚，目渺渺而愁予！”王觉其刺己，大衔之。后湘东王起兵，王伟为侯景作檄云："项羽重瞳，尚有乌江之败；湘东一目，宁为赤县所归？"后竟以此伏诛。

半面妆　徐妃以帝眇一目，知帝将至，为半面妆。帝见之大怒而出。

塌鼻　刘贡父晚年得恶疾，须眉堕落，鼻梁断坏。一日，与东坡会饮，引《大风歌》戏之，曰："大风起兮眉飞扬，安得猛士兮守鼻梁！"

【译文】眇一目　南齐的湘东王萧绎有只眼睛看不见，他和刘谅在长江边游玩时，赞叹在秋天来游赏真是美妙。刘谅回答说："今天可以说是'帝子降于北渚'了。"《离骚》中说："帝子降兮北渚，目渺渺兮愁予！"湘东王觉得这是讽刺自己，怀恨在心。后来湘东王起兵，王伟给侯景写檄文说："项羽有两个瞳仁，尚且还有乌江的大败；湘东王只有一只眼，难道还能是真命天子吗？"后来王伟因此被萧绎诛杀。

半面妆　徐妃因为梁元帝萧绎只有一只眼，听说皇帝要来看自己，就画了半个脸面的妆。梁元帝看见后极其生气地离去。

塌鼻　刘攽晚年时得了重病，胡须、眉毛都掉光了，鼻梁也塌陷了。有一天，他和苏轼一起参加宴会，苏轼引用刘邦的《大风歌》和他开玩笑说："大风起兮眉飞扬，安得猛士兮守鼻梁！"

头有二角　隋文帝生而头有两角，一日三见鳞甲，母畏而弃之。有老尼来，育哺甚勤。尼偶外出，嘱其母视儿。母见须角棱棱，烨然有光，大惧，置诸地。尼疾走归，抱起曰："惊我儿，令吾儿晚得天下！"后帝果六十登极。

岐嶷　《诗经》云："克岐克嶷，以就口食。"美后稷也。岐嶷，峻茂之状也。

口有悬河　晋郭象能清言。王衍云："每听子玄之语，如悬河泻之，久而不竭。"

【译文】头有二角　隋文帝一出生头上就有两只角，一天之内身体三次出现鳞甲，他母亲感到害怕，就扔了他。有老尼姑来，很辛苦地养育他。尼姑偶尔抱着他外出，嘱咐他母亲去看他。他母亲看他胡子和头上的角硬硬的，发出光芒，特别惊恐，把他扔在地上。尼姑迅速跑回，抱起来说："惊吓我的孩子，导致我的孩子很晚才能得到天下。"后来隋文帝果然六十岁才登基。

岐嶷　《诗经》说："克岐克嶷，以就口食。"这是赞美后稷的话。岐嶷，是形容峻茂的样子。

口有悬河　晋朝的郭象擅长清谈。王衍说："每回听到郭象（子玄）说话，就像悬挂的大河倾泻奔腾，能一直说，不会停止。"

侏儒　《左传》：臧纥败于狐骀。国人曰："侏儒侏儒，使我败于邾。"注：狐骀，地名。侏儒，短小也。

捷捷幡幡　《诗经》："捷捷幡幡，谋欲谮言。"

胸中冰炭　语云：不作风波于世上，自无冰炭到胸中。

唇亡齿寒　《左传》：晋侯复假道于虞以伐虢。宫子奇谏曰："虢，虞之表也。谚所谓'辅车相依，唇亡齿寒'者，其虞、虢之谓也。"

【译文】侏儒　《左传》里说：臧纥被狐骀打败了。国人说："你这个侏儒，让我们败给了邾国。"注解说狐骀，是地名。侏儒，也就是矮小。

捷捷幡幡　《诗经·巷伯》里说："口齿伶俐，滔滔不绝，是想进谗言。”

胸中冰炭　俗话说：不在世间掀起风波，自然心里不会烦乱。

唇亡齿寒　《左传》里说：晋国君主又和虞国借路去讨伐虢国。宫子奇对虞国国君进谏说：“虢国是虞国的屏障。谚语说‘车的夹板和车互相依存，嘴唇都没了，牙齿就会感冷’，这就是说虞国和虢国这种情况。”

足上首下　《庄子》：失信于俗，谓之倒置之民，犹足上首下，倒置尊卑也。

扬眉吐气　李白《与韩朝宗书》：今天下以君侯为文章之司命，人物之权衡，一经品题，便作佳士。何惜阶前盈尺之地，不使白扬眉吐气，激昂青云耶！

推心置腹　《史记》：萧王推赤心，置人腹中。

方寸已乱　《三国志》：徐庶母为曹操所获，庶辞先主曰：“本欲与将军共图王霸之业，今失老母，方寸乱矣，请从此辞。”

【译文】足上首下　《庄子》说：对世俗不讲信用，叫作把人民颠倒放置，好比脚在上面，头在下面倒挂着，是把尊卑颠倒了。

扬眉吐气　李白的《与韩朝宗书》里说：如今天下的人把君侯您看成是评判文章的司命、品评人物的权威，假如有人得到您的肯定，便会成为著名人士。您为什么吝惜您台阶前一尺宽的地方，不让我李白扬眉吐气、青云直上呢！

推心置腹　《东观汉记》里说：萧王刘秀把真心示人，就像把心放在别人肚子里。

方寸已乱　《三国志》里说：徐庶的母亲被曹操抓到，徐庶向先主刘备告辞说："原来想和将军一起谋划称王称霸的大业，靠的是我这方寸之地的心，可如今失去老母亲，我的方寸之心已经乱掉了，我从此和你告辞。"

黑甜息偃　东坡诗："三杯软饱后，一枕黑甜余。"《诗经》："或偃息在床。"

肉眼　《唐摭言》：郑光业赴试，夜有人突入邸舍，郑止之宿。其人又烦郑取水煎茶，郑欣然从之。后郑状元及第，其人启谢曰："既取杓水，又煎碗茶，当时不识贵人。凡夫肉眼，今日俄为后进，穷相骨头。"

青睛　《南史》：徐陵目有青睛，人以为聪慧之相。

【译文】黑甜息偃　苏轼的《发广州》诗里说："三杯美酒后，一枕清睡余。"《诗经》有"或休息躺在床上"的句子。

肉眼　《唐摭言》里说：郑光业参加科举考试，夜里有人闯进他的住处，郑光业将他留下来。那人又劳烦郑光业去给他取水烹茶，郑光业也欣然从命。后来郑光业考中后，那人道歉说："已经帮我取了水，又帮我烹茶。当时没看出您这位贵人，因为我是肉眼凡夫；如今又变成您的晚辈，我真是穷骨头。"

青睛　《南史》里说：徐陵的眼里有乌黑的眼珠子，世人都认为这是聪慧的面相。

丹心　又心曰丹府，心神曰丹元。

腆颜　《文选》："明目腆颜，曾无愧畏。"

可口　《庄子》：樝梨橘柚，皆可于口。

置之度外　《汉史》：光武帝曰："当置此两子于度外。"谓隗嚣、公孙述也。

【译文】丹心　心叫“丹府”，心神叫“丹元”。

腆颜　《文选·奏弹王源》：“明目张胆，厚着脸皮，难道一点也不惭愧畏惧？”

可口　《庄子》说：山楂、梨子、橘子、柚子的味道虽然不同，但都很可口。

置之度外　《后汉书》里说：“光武帝说：‘应当把这两人不挂在心上。’”说的是隗嚣和公孙述。

秦人视越　韩文：秦人之视越人，忽焉不加喜戚于其心。

行尸走肉　《拾遗记》：任末曰：“好学者虽死犹存，不学者虽存，行尸走肉耳！”

颜甲　《开元天宝遗事》：进士王光远，干索权豪无厌，或遭挞辱，略无改色。时人云：“光远颜厚如十重铁甲。”

【译文】秦人视越　韩愈《争臣论》说：秦地人看见越地人，不管是胖是瘦，很不在意，既然没有高兴也没有悲伤。

行尸走肉　《拾遗记》记载：任末说：“爱学习的人虽然死去，就像活着；不爱学习的人即使活着，只是行动的尸体罢了。”

颜甲　《开元天宝遗事》里说：有个进士叫杨光远，拜谒权贵之家，索取不知满足。有时遭到对方鞭打，也面不改色。当时人都说：“杨光远的脸皮就像十层铁铠甲那么厚。”

高髻　后汉马廖疏云：“吴王好剑客，百姓多疮瘢；楚王好细腰，宫中多饿死。”“城中好高髻，四方高一尺；城中好广眉，四方且半额；城中好大袖，四方全匹帛。”

面谩　樊哙："愿得十万众，横行匈奴中。"季布曰："哙妄言，是面谩！"

掉舌　汉郦生说齐王与汉平。蒯彻言于韩信曰："郦生一士，伏轼掉三寸舌，下齐七十余城。"

【译文】高髻　后汉的马廖上疏给皇帝说："吴王爱好剑客，因此百姓身上多是剑伤；楚王喜欢细腰的女子，因此宫女中有许多人因为忍受饥饿而死。""京城流行高耸的发髻，全国的女人就会把发髻增高一尺；京城流行长眉毛，全国女人的眉毛就会有半个额头那么长；京城流行大袖的衣裳，全国的人就用整匹布做衣裳了。"

面谩　樊哙说："我愿意拥有十万人，到匈奴国去驰骋。"季布说："樊哙大言不惭，这是在皇帝面前欺骗！"

掉舌　汉朝的郦食其说服齐王和汉朝和议。蒯彻对韩信说："郦食其是个士子，扶着车栏杆运用三寸的舌头说说话，就能降服齐国的七十多座城池。"

妇女

妲己赐周公　五官将既纳袁熙妻，孔文举与曹操书曰：“武王伐纣，以妲己赐周公。”曹以文举博学，信以为然。后问文举，答曰：“以今度之，想当然耳。”

效颦　西子心痛则捧心而颦，其貌愈媚。丑女羡而效之，曰“效颦”。山谷诗：“今代捧心学，取笑类西施。”

新剥鸡头肉　杨贵妃浴罢，对镜匀面，裙腰褪露一乳，明皇扪弄曰：“软温新剥鸡头肉。”安禄山在旁曰：“润滑犹如塞上酥。”

【译文】妲己赐周公　五官中郎将曹丕娶袁熙的妻子，孔融（文举）《和曹操书》里说：“周武王攻打商纣王，然后把商纣王的妃子妲己赐给周公。”曹操因为孔融博学，就当真了。后来问孔融，孔融说：“用今天的事推想应该是这样。”

效颦　西施心脏疼的时候就用手捧着胸口皱着眉头，这时她的容貌愈发娇媚。有个丑女羡慕她，于是效仿她，被称为“效颦”。黄庭坚的诗说：“今代捧心学，取笑类西施。”

新剥鸡头肉　杨贵妃洗浴后，对着镜子抹化妆品，衣裙露出一个乳房，唐明皇用手抚摸着说：“柔软温暖，就像刚剥芡实的肉。”安禄山在旁边接话说:“润滑就像塞上的酥。”

长舌　《诗经》:“妇有长舌,维厉之阶。”

守符　楚昭王夫人,齐女也。昭王出游,留夫人于渐台。江水大至,遗使迎夫人,忘持符。夫人曰:“王与约,召必以符。”今使者不持符,不敢行。使者还取符,台崩,夫人溺死。

女博士　甄后年九岁时,喜攻书,每用诸兄笔砚。兄曰:“欲作女博士耶?”后曰:“古者贤女未有不览经籍;不然,成败安知之?”

【译文】长舌　《诗经》说:“妇女多嘴多舌,会造成祸害。”

守符　楚昭王的夫人是齐国女子。一次昭王出去游玩,把夫人留在渐台上面。洪水上涨时,昭王派人迎接夫人,却忘了拿符信。夫人说:“大王和我约定,召我一定用符信。如今你这使者没拿符信,我不敢跟你走。”使者赶忙回去取符信,渐台就塌了,夫人被水淹死。

女博士　甄皇后九岁的时候,就开始喜欢读书,常常用她哥哥的毛笔和砚台。她哥哥说:“你想做女博士吗?”她说:“古时候的贤惠女子没有不读经书的,假如不如此,事情的成败怎么会懂得呢?”

灵蛇髻　甄后入魏宫,宫廷有绿蛇,口中恒有赤珠,若梧子大,不伤人;人欲害之,则不见。每日后梳妆,则盘结一髻形,后效而为髻,巧夺天工。故后髻每日不同,号为“灵蛇髻”。宫人拟之,十不得其一二。

女怀清台　《货殖传》:巴蜀寡妇清,其先得丹穴,而擅其利数世,家亦不赀。用财自卫,不见侵侮。始皇为筑“女怀清台”。

国色 《战国策》：郦姬者，国色也。《天宝遗事》：都下名妓楚莲香，国色无双，每出则蜂蝶相随，慕其香也。

【译文】灵蛇髻 甄皇后进入魏国皇宫后，宫里有绿色的蛇，嘴里总是含着红色珠子，像梧桐子那么大，从来不伤害人；有人想伤害它时，就消失了。每天皇后打扮时，蛇就盘结成一个发髻形状，皇后仿效来做成发髻，特别好看。所以皇后的发髻每天都不同，称之为“灵蛇髻”。宫女仿效，十个人里能有一两个像的就不错了。

女怀清台 《史记·货殖传》里说：巴蜀地区有个寡妇叫怀清，她的先人发现了一个丹穴，几代人就从中获利，家产巨富。并且用财产保护家族，没有受过侵害。秦始皇为她建了“女怀清台”。

国色 《公羊传》里说：骊姬是一国最美的女子。《开元天宝遗事》里说：京城的名妓楚莲香，美貌是天下第一，每回出门，蜜蜂和蝴蝶跟着她，因为爱慕她身上的香味。

长女子 明德马皇后和熙邓皇后俱七尺三寸，刘曜刘皇后七尺八寸，俱以美称。

妇人有须 李光弼之母李氏，封韩国太夫人，有须数十茎，长五寸，为妇人奇贵之相。

夜辨绝弦 蔡琰六岁，夜听父邕弹琴，弦绝。琰曰：“一弦断也。”复故断一弦，琰曰：“第四弦也。”邕曰：“偶中耳。”琰曰：“季札观风，知四国兴衰；师旷吹律，知南风不竞。由是言之，安得不知乎？”

【译文】长女子 东汉明帝的马皇后、东汉桓帝的邓皇后都身高七尺三寸，刘曜的刘皇后身高七尺八寸，都因为美貌著称于世。

妇人有须　李光弼的母亲李氏被封为韩国太夫人，有几十根长五寸的胡须，这是女子奇特珍贵的面相。

夜辨绝弦　蔡琰六岁时，夜里听父亲蔡邕弹琴，有根弦断了。蔡琰说："第二根弦断了。"蔡邕故意再弄断一根琴弦，蔡琰说："这是第四根弦。"蔡邕说："偶然猜中而已。"蔡琰说："季札去中原国家听演奏音乐，就知道那四个国家的兴衰；师旷一吹律管，从南方乐音的微弱了解了楚国一定失败。从这些事情看来，怎么能不知道是哪根弦呢？"

尤物　《左传》叔向欲娶申公巫臣女，其母曰：汝何以为哉？夫有尤物，足以移人。苟非礼义，则必祸及。

钩弋宫　钩弋夫人，齐人，右手拳。望气者云："东方有贵人气。"及至，见夫人姿色甚伟，帝批其手，得一钩，手遂不拳。故名其宫曰钩弋宫。

花见羞　五代刘鄩侍儿王氏，有绝色，人号"花见羞"。

疗饥　隋炀帝每视绛仙，顾内使曰："古人谓秀色可餐。若绛仙者，可以疗饥矣。"

【译文】尤物　《左传》里说：叔向想娶申公巫臣的女儿，他的母亲说："你为什么这样做呢？美女，足以改变一个男人。假如行为不合礼义，那么一定灾祸不远了。"

钩弋宫　钩弋夫人是齐地人，右手从小就拳着。望气的方士说："东方有贵人的气。"等钩弋夫人进宫后，武帝发现钩弋夫人很美丽，轻轻松松就打开她那拳着的手，得到个钩子，她的手再也不拳了。所以把她住的宫殿叫作"钩弋宫"。

花见羞　五代时刘鄩的侍女王氏特别美丽，人称"花见羞"。

疗饥　隋炀帝每回一看到妃子吴绛仙，就回头对宦官说：“古人说“秀色可餐”像绛仙这样的女人，可以解饿了。”

倾城倾国　李延年歌曰：“北方有佳人，绝世而独立，一顾倾人城，再顾倾人国。非不知倾城与倾国，佳人难再得！”

远山眉　赵飞燕为妹合德养发，号新兴髻；为薄眉，号远山黛；施小朱，号慵来妆。又《玉京记》：“卓文君眉色不加黛，如远山。人效之，号远山眉。”

鸦髻　巴陵鸦不畏人，除夕，妇人各取一只，以米粱喂之。明旦，各以五色缕系于鸦顶，放之，视其方向，卜一年休咎。其占云：“鸦子东，兴女红；鸦子西，喜事齐；鸦子南，利桑蚕；鸦子北，织作息。”甚验。又元旦梳头，先以栉理其羽毛，祝曰：“愿我妇女，黰发髟髟。惟有斯年，似其羽毛。”楚人谓女髻为鸦髻。

【译文】倾城倾国　李延年的《佳人歌》：“北方有美人，绝世而独立。回头一次，一城的人都来看她，再回一下头，一国的人都来看她。不管是倾倒一城还是倾倒一国，美人也再难以获得了！”

远山眉　赵飞燕为她的亲妹妹赵合德养了长头发，编成发髻号为“新兴髻”；画出薄薄的眉毛，号为“远山黛”；点小小的朱砂，号为“慵来妆”。另外，《玉京记》里说：“卓文君的眉毛不用石黛来描画，看着就像远处的青山一般，人们争相效仿，号为“远山眉”。

鸦髻　巴陵的乌鸦不惧怕人，除夕那天，妇人们各抓一只乌鸦，用稻米高粱喂养它。到了大年初一早晨，用五色丝系在乌鸦的头上，然后把它放飞，看它向哪个方向飞来占卜一年的运气好坏。占卜的辞说：“鸦子飞向东，兴起女工；鸦子西，大喜事连在一起；鸦子飞向南，养桑养蚕特别有利；鸦子向北飞，织布耕作要停息。”特别灵验。大年初一梳头时，用梳子先梳理乌鸦的羽毛，并祈祷着说："祝愿我们妇人，长发浓密。希望人生百年，像它羽毛般乌黑。"楚地人称女子发髻是"鸦髻"。

淡妆　《杨妃传》：虢国夫人不施妆粉，自有容貌，常淡妆以朝天子。白乐天诗："虢国夫人承主恩，平明上马入宫门，却嫌脂粉污颜色，淡扫蛾眉朝至尊。"

嫫母　黄帝妃嫫母，貌仳倠（音灰，丑面也）而贤，帝甚爱之。文忠："反蒙华衮褒，如誉嫫母艳。"

无盐　《列女传》：无盐者，齐之丑女，自诣宣王，陈时政，王拜为后。

书仙　《丽情集》：长安中有妓女曹文姬，尤工翰墨，为关中第一，时号"书仙"。

【译文】淡妆　《杨妃传》里说：虢国夫人不涂抹脂粉，仗着自己的美貌，常常画很淡的妆就去朝见唐玄宗。杜甫的诗里说："虢国夫人承主恩，平明上马入宫门。却嫌脂粉污颜色，淡扫蛾眉朝至尊。"

嫫母　黄帝的妃子叫嫫母，相貌特别丑陋（倠，读作灰，脸丑的意思），为人却很贤惠，黄帝很喜欢她。欧阳修的《答原父》诗里说："反而蒙受君王的褒扬，就好比称赞嫫母美艳。"

无盐　《列女传》里说：无盐是齐国的丑女，她自己去拜见齐宣王，陈述朝政的得失，齐宣王将她封为皇后。

书仙　《丽情集》里说：长安城里有个叫曹文姬的妓女，特别擅长书法，是关中第一高手，当时人称她是"书仙"。

钱树子　《明皇杂录》：许子和，吉州永新人，以倡家女入宫，因名永新，能变新妆。临卒，谓其母曰：“阿母，钱树子倒矣！”

章台柳　唐韩翃与妓柳姬交稔。明，淄青节度使侯希逸奏以为从事。历三载离别，乃寄诗云：“章台柳，章台柳，往日青青今在否？纵使长条似旧垂，亦应攀折他人手。”柳答云：“杨柳枝，芳菲节，可恨年年赠离别。一夜西风忽报秋，纵使君来岂堪折！”

【译文】钱树子　《乐府杂录》里说：许子和，是吉州永新人，以歌妓的身份进入皇宫，改名为永新，擅长制造新的化妆方法。她临死时，对她的养母说：“阿妈，你的摇钱树倒了！”

章台柳　唐朝的韩翃和歌妓柳姬关系缠绵。第二年，淄青节度使侯希逸启奏皇帝任命韩翃担任他的从事。分别了三年后，韩翃写诗寄给柳姬：“章台柳，章台柳，往日青青今在否。纵使长条似旧垂，也应攀折他人手。”柳姬写了答诗：“杨柳枝，芳菲节，可恨年年赠离别。一夜西风忽报秋，纵使君来不堪折！”

桐叶题诗　蜀侯继图，倚大慈寺楼，见风飘一大桐叶，上有诗：“拭翠敛蛾眉，为忆心中事。搦管下庭除，书作相思字。天下有心人，尽解相思死。天下负心人，不识相思意。有心与负心，不知落何地。”后二年，继图卜任氏为婚，乃题叶者。

白团扇　晋中书令王珉与嫂婢情好甚笃，嫂鞭挞过苦。婢素善歌，而珉好持白团扇，其婢制《团扇歌》云：“团扇复团扇，许持自障面。憔悴无复理，羞与郎相见。”

金莲步　齐东昏侯凿金为莲花以贴地，令潘妃行其上，曰：

“此步步生金莲也。”

【译文】桐叶题诗　蜀地的侯继图在曲江池大慈恩寺的楼上倚靠栏杆，看见一片随风飘落的大梧桐叶，上面有诗一首：“画眉时我皱着眉头，因为想起许多心事。手持毛笔走下台阶，在梧桐叶上写出相思两字。假如是天下的有心人看到这诗，就会懂得我为相思而死。假如是天下的负心人，就不懂得我相思的情意。不管是有心人还是负心人，这片梧桐叶飘落哪里我也不知道。”两年后，侯继图娶任氏为妻，她就是在梧桐叶上题诗的女人。

白团扇　晋朝中书令王珉和嫂子的婢女产生爱情，嫂子对待婢女却很不好，常常狠狠地鞭打她。婢女擅长唱歌，王珉又喜欢手持白色的团扇，婢女就制成《团扇歌》，里面说：“白团扇，白团扇，允许我握着遮住容颜。最近太憔悴了还没有恢复，太难为情不敢和情郎见面。”

金莲步　南齐的东昏侯在地上凿成金质的莲花形状，让潘妃在上面走，并且说：“这叫一步一步生出金色莲花。”

邮亭一宿　陶穀学士出使江南，韩熙载命妓秦弱兰诈为邮卒女，拥帚扫地，陶因与之狎，赠词名《风光好》云：“好因缘，恶因缘，只得邮亭一夜眠，别神仙。琵琶拨尽相思调，知音少。待得鸾胶续断弦，是何年？”

司空见惯　唐杜鸿渐为司空，镇洛时，韦应物为苏州刺史，过洛，杜设宴待之，出二妓歌舞，酒酣，命妓索诗于韦。韦醉甚，就寝。中夜见二妓侍侧，惊问故，对以席上作诗，司空命侍寝。令诵其诗，曰：“高髻云鬟宫样妆，春风一曲《杜韦娘》。司空见惯浑闲事，恼乱苏州刺史肠。”

【译文】邮亭一宿　陶榖学士出使江南，韩熙载让自己的歌妓秦弱兰假扮成驿站小吏的女儿，手持笤帚在扫地，陶榖因而和她亲热，并且赠给她一首词《风光好》："好因缘，坏因缘。只得邮亭一夜眠。别神仙。琵琶拨尽相思调，知音少。待得鸾胶续断弦，是何年？"

司空见惯　唐朝的杜鸿渐担任司空时，镇守在洛阳，苏州刺史韦应物路过洛阳时，杜鸿渐大宴招待他，并喊出两名歌妓，唱歌伴舞，酒喝到半酣时，让歌妓向韦应物求一首诗。韦应物喝了很多，直接睡去了。夜里醒来看见身边有那两个歌妓，惊讶地便问她们缘由，歌妓回答说：因为在筵席上他写了诗，司空大人就让她们侍寝。韦应物让她们朗诵他写的诗，她们朗诵："高髻云鬟宫内妆。春风一曲《杜韦娘》。司空见惯浑闲事，断尽江南刺史肠。"

媚猪　南汉主刘𬬮得波斯女，黑腯而妖艳，𬬮嬖之，赐号媚猪。

燕脂虎　陆慎言妻朱氏，沉惨狡妒。陆宰尉氏，政不在己，吏民谓之燕脂虎。

燕脂　纣以红蓝花汁凝作脂，以为桃花妆。盖燕国所出，故名燕脂。今写"燕"字加"月"，已非；甚有"因"旁亦加"月"者，更大谬矣。《日札》云：美人妆，面既傅粉，复以燕脂调匀掌中，施之两颊，浓者为酒晕妆，浅者为桃花妆，薄施朱以粉罩之，为飞霞妆。唐僖、昭时，都下竞事妆唇，妇女以分妍否，其有名石榴娇、大红春、小红春十七种。

【译文】媚猪　南汉主刘𬬮得到一名波斯女子，身体既黑又肥，却很妖艳，刘𬬮特别宠爱她，赐给她一个称号叫"媚猪"。

燕脂虎　陆慎言的妻子朱氏，为人阴沉狠毒、狡诈嫉妒。陆慎言担任尉氏县尉时，政务却不能由他自己做主，都得听妻子的，官民都称朱氏是“燕脂虎”。

燕脂　殷纣王用红蓝花的汁液凝固成胭脂，来画“桃花妆”。这花是产自燕国，所以就叫“燕脂”。如今在“燕”字边加个“月”字旁，已经错了；甚至于有人在“因”字边加“月”字旁，更是大错。《留青日札》里说：美人妆的画法是脸上先打敷上粉，再用燕脂放在手掌心调匀了，抹在两边脸蛋上，浓的叫“酒晕妆”，浅的叫“桃花妆”，轻轻抹朱砂，然后用粉盖在上面的叫“飞霞妆”。唐僖宗和唐昭宗时期，京城里争着给嘴唇化妆，妇女用这事来比美。其中著名的是“石榴娇”“大红春”“小红春”等十七种。

偷香　晋韩寿美姿容，贾充辟为掾史，充女窥寿悦之，遂与通。是时，外国贡异香，袭人衣经月不散，帝以赐充；充女偷以赠寿，充觉，以女妻之。

宿瘤女　《列女传》：初齐王出游，百姓尽往观，宿瘤女采桑如故。王怪问之，对曰：“妾受父母命教采桑，不受教观大王。”王以为贤，欲载之后车，女曰：“父母在堂，不受命而往，是奔也。”王奉礼往聘之。父母惊，欲洗沐加衣裳，女曰：“变容更服，王不识也。”遂如故至宫，王以为后。

飞天紒　唐末宫中号“闹扫妆”，形如焱风散，盖盘鸦、堕马之类。宋文元嘉中，民间妇人结发者，三分抽其鬟，向上直梳，谓“飞天紒”。

【译文】偷香　晋朝的韩寿风度翩翩，容貌姣好，贾充征用他担任自己的掾史。贾充的女儿从帘子后面偷看韩寿，爱上了他，就和他发生了关系。当时有外国进贡奇异的香料，熏染在衣服上，一个月都不会消散，皇帝曾赐给贾充。贾充的女儿偷出来赠给韩寿，贾充发觉了这事，就把女儿嫁给韩寿。

宿瘤女　《列女传》里说：此前，齐王出门游玩，百姓全去围观，一名脖子长瘤的女子却照旧采桑，并不跟众人一起。齐王看见后觉得奇怪，就问她，她说："我听父母的吩咐来这里采桑，没有得到吩咐来看大王。"齐王觉得她很贤惠，想让她坐在后面的车上，她说："父母在高堂上，没有得到父母的同意就走了，这叫淫奔。"齐王带着聘礼去她家求娶。她父母吃了一惊，想让她梳洗沐浴更衣，她说："改变容貌，换掉衣裳，齐王就不认得我了。"于是穿着之前的衣服进入齐国王宫，齐王封她为王后。

飞天紒　唐末皇宫里流行的发髻称作"闹扫妆"，形状像被狂风吹散的样子，大约是"盘鸦髻""堕马髻"之类。宋文帝元嘉年间，民间的女人挽发髻时，十分之三的头发从发髻里抽出，向上梳得笔直，被称作"飞天紒"。

流苏髻　轻云鬓发甚长，每梳头，立于榻上犹拂地，已绾髻，左右余发各粗一指，束结作同心带，垂于两肩，以珠翠饰之，谓之流苏髻。富家女子多以青丝效其制。

断臂　五代王凝妻李氏，凝家青、齐之间，为虢州司户参军，以疾卒于官。凝素贫，一子尚幼。李氏携其子，负骸以归，过开封，旅舍主人不与其宿。适天暮，李氏不肯去，主人牵其臂而出之，李氏恸曰："我为妇人，不能守节，此手为人所执耶！不可以此手并辱吾身。"遂引斧断其臂。开封尹闻之，厚恤李氏，而笞其主人。

【译文】流苏髻　有个女子叫轻云，她的头发特别长，每回梳头，站在卧榻上，头发还能垂到地上，挽好发髻后，左右剩下的头发都有一指粗细，打结成同心带的样子，垂在两肩上，用珠宝装饰发髻，称之为“流苏髻”。富家的女子大多用黑色的丝线效仿这种发髻。

断臂　五代时的王凝娶的妻子姓李。王凝家住在青州和齐州之间，曾担任过虢州司户参军，生了重病，死在任上。王凝素来很穷困，他有个幼年的儿子。李氏带着小儿子，背着骸骨回老家。路过开封的时候，旅舍老板不让她住宿。当时正值傍晚，李氏不愿意离开旅舍，老板牵着她的胳膊将她赶出。李氏大哭说：“我是妇女，不能守住贞洁，这只手被人牵着了！不能让这只手玷污我的全身。”因此举起斧头砍掉胳膊。开封府尹听说这事，对李氏很优厚，并且让旅舍老板吃了大板子。

截耳断鼻　夏侯令女，谯人曹爽从弟文叔妻。文叔早死，恐家必改嫁，乃断发为信。后家果欲嫁之，令女复以刀截两耳。及爽被诛，夫家夷灭已尽，父使人讽之，令女复断鼻，而不改其执义之志。

割鼻毁容　高行，梁之节妇，荣于色，美于行。夫早死，不嫁。梁王使相聘焉，再三往。高行曰：“妇人之义，一醮不改。忘死而贪生，弃义而从利，何以为人？”乃援镜持刀割其鼻，曰：“王之求妾者，求以色耶。刑余之人，殆可释矣。”相以报王，旌之曰“高行”。

守义陷火　伯姬，宋共公夫人，鲁宣公之女。共公卒，伯姬寡居。夜失火，左右曰：“夫人可避乎？”伯姬曰：“妇人之义，保傅在前，夜始下堂。”顷之，左右又曰：“夫人少避乎？”伯姬曰：

“越义而生，不若守义而死！”遂陷于火。

【译文】截耳断鼻　夏侯令的女儿，是谯人曹爽的堂弟曹文叔的妻子。曹文叔死得早，她怕娘家逼她改嫁，就斩断长头发，发誓永不改嫁。后来娘家果然要让她改嫁，她又用刀割下两只耳朵。后来曹爽被司马懿杀死，她夫家的人已经死绝了，她父亲让人去劝她，她又割下鼻子，表示不会改变贞操。

割鼻毁容　高行，是梁国有贞节的妇女，容貌美丽，品行端正。她的丈夫死得早，她不改嫁。梁王派国相去求娶她，跑了几次。高行说：“妇女的节操，嫁了一次就再也不能改变。假如因为忘记死去的丈夫，贪恋尘世的欢愉，抛弃正义的品德，顺从利益的诱惑，怎么做人呢？”于是照着镜子用刀子割下鼻子，并说：“梁王来迎娶我，只是求取我的美色吧？如今我已经破相，大概能放过我了。”国相回去报告梁王，梁王旌表她，所以称她是“高行”。

守义陷火　伯姬是宋共公的夫人，鲁宣公的女儿。宋共公死后，伯姬守着寡独自居住。有一天夜里住处发生火灾，侍女问她：“夫人可以出去避一下吗？”伯姬说：“妇人的德行准则里有一条：保姆和师傅在跟前，夜里才能走出门。”过了一会儿，侍女又问她：“夫人能稍微避一下火灾吗？”伯姬说：“不按妇女的准则而活着，不如守着准则死去！”于是就死在大火里。

请备父役　女娟。赵简子伐楚，与津吏期；吏醉，不能渡，简子欲杀之。女娟请以身代，曰：“妾父尚醉，恐心知非而体不知痛也。”简子释其父。将渡，少楫者一人，娟请备父役，简子不许，娟曰：“汤伐夏，左骖牝骊，右骖牝黄而放桀；武王伐殷，左骖牝骐，右骖牝骝而克纣。主君渡，用一妇何伤？”因发《河激之歌》，以明其意。简子悦，曰："昔者不榖梦娶，岂此女耶？"将使人祝祓，以为夫人。娟曰："妇人之道，非媒不嫁。妾有严亲在，不敢闻命。"乃纳币于其亲，而娶为夫人。

以身当熊　冯昭仪，冯奉世女，汉元帝选入宫。上幸虎圈，熊逸出，左右皆惊走。惟婕妤当熊而立，熊见杀。上问冯曰："人皆惊惧，汝何当熊？"对曰："妾闻猛兽得人而止，恐至御座，故以身当之。"上嗟叹良久，立为昭仪。

【译文】请备父役　有个女子名字叫"娟"。赵简子讨伐楚国时，和摆渡的小吏约定日期，到了约定日期，小吏却喝醉酒，不能摆渡，赵简子准备杀他。小吏的女儿女娟请求让自己代替父亲受罚，并说："我父亲还醉着，怕是他心里知道做错了事，身体却不知道疼痛呢。"赵简子饶了她父亲。即将渡河时，缺了一个人划桨，女娟请承担父亲的职责，赵简子不答应，女娟说："商汤讨伐夏朝时，马车的四匹马，左边是两匹纯黑的母马，右边是两匹黄色的母马，最后打败了夏桀，将他流放；周武王讨伐殷商时，左边是两匹青黑色斑纹的母马，右边是两匹身体红色鬃毛黑色的母马，然后打败了商纣王。您渡河，用一个女子又有什么妨碍呢？"并且唱了一首《河激之歌》说明心意。赵简子非常高兴，说："曾经我梦见娶妻，难道是这女子吗？"准备让人祈祷，娶她作为自己的夫人。女娟说："女子的操行，没媒人就不出嫁。我的父母还在，不敢听从您的命令。"于是赵简子给她父母送上聘礼，然后让她做自己的夫人。

以身当熊　冯昭仪是冯奉世的女儿，汉元帝选她入内宫做婕妤。元帝坐车临幸虎圈，有只熊逃出笼子，皇帝左右的人都因为害怕跑光了，唯独冯婕妤挡在皇帝前面，面对着熊的袭来，后来熊被侍卫杀死。元帝问冯婕妤："别人都害怕而逃走，你怎么挡在熊面前？"她回说："我听说猛兽抓到一个人后就停止袭击别人，我怕它惊了陛下，所以用我的身体抵挡它。"元帝感叹赞美了很久，并册封她为昭仪。

速尽为幸 皇甫规妻善属文，工草篆。规卒，董卓厚聘之，骂曰："君羌胡之种，毒害天下犹未足耶！皇甫氏为汉忠臣。君其走吏，敢非礼于上！"卓怒，悬其头庭中，鞭朴交下。规妻谓持杖者曰："速尽为幸。"

义保 鲁孝公之保母。初，鲁武公生三子，长括，次戏，少称。武公朝周宣王，带子括、戏同往。宣王见戏端重，命武公立为世子。及武公薨，国人立戏，是为懿公。括子伯御弑懿公而自立，并欲求公子称而杀之。义保闻，即以己子卧公子床上，将公子易服而藏他所。伯御遂杀床上公子。义保抱所易服者，奔公子之母家。众大夫感其义，合词请于周天子，命戮伯御以立称，是为孝公。诸侯咸高保母之行，而呼为"义保"。

【译文】速尽为幸 皇甫规的妻子擅长做文章，精通草书、篆书。皇甫规死后，董卓用很多彩礼迎娶她，她骂着说："你这个羌胡的杂种，毒害天下人还不知足吗？皇甫氏是汉朝的忠臣，你只是个奔走的小吏，竟敢对上面的有无礼的想法！"董卓极其生气，把她的头部用绳子吊在院里，让人用鞭子和板子轮流打她。她对手持板子的人说："快点打死我，是我的荣幸。"

义保 鲁孝公有个保姆。很早的时候，鲁武公生了三个儿子，老大叫括，老二叫戏，老小叫称。鲁武公朝拜周宣王，带着括、戏一起前往。周宣王看见戏端正稳重，就让鲁武公把戏立为世子。等鲁武公去世后，国人立了戏，就是鲁懿公。括的儿子伯御杀死鲁懿公，自立为君主，并且想找到公子称然后杀死他。鲁孝公的保姆听说后，让自己的儿子躺在公子的床上，让公子换衣裳藏在别处。伯御便杀掉床上的公子。保姆抱着换掉衣裳的公子，逃到公子母亲的娘家。鲁国众位大夫受她的义行感动，联名上书请周天子杀死伯御，立称作君主，这就是鲁孝公。诸侯全都赞美保姆的义行，便叫她“义保”。

作歌明志　陶婴，鲁国陶门之女也，夫早死，以纺织抚孤。鲁人闻其少美，皆欲求聘之。婴闻而作歌以明志，曰：“黄鹄之早寡兮七年不双，鹓颈独宿兮不随众翔，半夜悲鸣兮故雄系肠，天命早寡兮独宿何伤！寡妇念此兮泣下数行。呜呼哀哉兮死者不可忘！飞鸟尚然兮况于贞良，虽有贤匹兮终不重行。”鲁人闻而起敬，无复敢言往聘者。

天子主婚　胡氏者，学士广之女。解缙与广同邑，同科，同入翰林。一日，同侍建文帝侧。帝曰：“闻二卿俱得梦熊之兆，朕为主婚，联作姻娅。”广对曰：“昨晚缙已举子，臣亦生男，奈何！”帝笑曰：“朕意如此，定当产女。”后果是女。建文逊国，解缙为汉邸谮死，妻子谪戍，广遂寒盟。胡氏泣曰：“女命虽蹇，实天子主婚，何敢自轻失身？”乃割去左耳以明志。仁宗登极，诏赠缙爵，荫子中书舍人，给假与胡氏合卺；复赐金币添妆，闻者荣之。

【译文】作歌明志　陶婴是鲁国陶门的女儿，她丈夫早早去世，独自靠纺织过活，养育着儿子。鲁国人听说她年轻美丽，都想去求娶。陶婴听说后编了一首歌以明志，歌辞是：“黄鹄早早就变成孤寡啊，七年独自一鸟。鹓雏独自居住，不随着众鸟飞翔。半夜悲哀地啼鸣，死去的雄鸟萦绕在心肠。老天让我早早成为寡妇，独自一人又有什么可哀伤！寡妇想到这里，泪水流下几行。悲哀啊，死的人不能够遗忘！连飞鸟尚且能这样，何况守贞节的好女人。即使有好的男子，终究不会改嫁。”鲁人听到这首歌后全部肃然起敬，没人再敢去求婚了。

天子主婚　胡氏是大学士胡广的女儿。解缙和胡广是同乡人，还是同年进士，同入翰林院任职。某一天，一同侍奉在建文帝的身旁。建文帝说：“听说二位贤卿都生了孩子，我做你们的主婚人，你们结成亲家。”胡广回答说：“昨晚解缙已经生了儿子，我要再生个儿子，那怎么办？”建文帝笑着说：“我打定了主意，你一定会生女儿。”胡广后来果然生了女儿。建文帝被迫退位后，解缙被汉王诬陷致死，妻子、子女都被流放边疆，胡广就想解除婚约。他的女儿哭着说：“女儿虽然命运不济，可这实在是天子亲自主婚，我哪敢不尊重自己，嫁给别人呢？”于是割下左耳来表明心志。明仁宗登基后，下诏赠予解缙官爵，他的儿子继承父亲的荣耀担任中书舍人，放他的假，让他和胡广的女儿结婚，又赐给金币，帮她增添嫁妆。听说的人觉得很光荣。

卷十四·九流部

道教

道家三宝　《太经》曰：眼者神之牖，鼻者气之户，尾闾者精之路。人多视则神耗，多息则气虚，多欲则精竭。务须闭目以养神，调息以养气，坚闭下元以养精。精气充则气裕，气裕则神完。是谓道家三宝。

三全　《洞灵经》曰：导筋骨则形全，剪情欲则神全，靖言路则福全。保此三全，是谓圣贤。

【译文】道家三宝　《太经》说：眼睛是精神的窗子，鼻子是气息的大门，尾闾穴是精气的道路。人用眼太多那就会损耗精神，呼吸太多就会引起气息虚弱，欲望太多就会精气枯竭。所以务必闭目来养神，调节呼吸来养气，坚持节欲来养精。精气充沛，气息就充裕，气息充裕精神气也就完足。这也就是道家所说的"三宝"。

三全　《洞灵经》说：活络筋骨就会身体健全，戒除情欲就会精神健全，谨言就会福气保全。能保有这三全，也就是圣贤之人。

铅汞　《东坡志林》曰：人生死自坎离，坎离交则生，分则死；离为心，坎为肾。龙者，汞也，精也，血也，出于肾肝，藏之坎之物也。虎者，铅也，气也，力也，出于心肺，藏之离之物也。不学道者，龙常出于水，龙飞而汞轻，虎常出于火，虎走而铅枯。故真人曰："龙从火里出，虎向水中生。"人生能正坐瞑目，调息以久，则丹田湿而水上行，蓊然如云蒸于泥丸。火为水妃，妃，配也，热必从之，所谓龙从火里出也。龙出于火，则龙不飞而汞不干，旬日后，脑满而腰足轻，常卷舌舐悬雍上腭也。久则汞下入口，咽送直至丹田，久则化为铅，所谓火向水中生也。

【译文】铅汞　《东坡志林》说：人的生死源于坎水、离火的关系。坎水、离火相交融就会生，互相分开就会死；离火是代表心，坎水是代表肾。所谓的龙，代表汞，也就是精、血，从肾、肝生出，藏在坎水中的东西。所谓的虎，代表铅，也就是气、力，从心肺生出，藏在离火中的东西。不学道的人，龙常常离开坎水，龙飞走，汞就轻了；虎常常离开离火，虎跑走，铅就枯了。所以道士说："龙从火里出，虎向水中生。"人假如能正襟危坐，闭目养神，长时间调节气息，丹田就会湿润，水气自然上行，就会像云在泥丸宫升起。火是水"妃"，"妃"也就是"配"，热必然跟随，这是所谓的"龙从火里出"。龙假如从火里出，那龙就不飞，汞也不就干，十天以后，脑袋感觉重，腰脚感觉轻，常常卷起舌头舔喉间的小舌和上腭。时间久了汞就会进入口里，咽下直达丹田，时间久了就化为铅，这也就是所谓的"火向水中生"。

三闭　收视，返听，内言。

八禽　《道经》有熊经、鸟申、凫浴、猨躩、鸱视、虎顾、鸦息、龟缩，谓之八禽。

五气朝元　以眼不视，而魂在肝；以耳不听，而精在肾；以舌不声，而神在心；以鼻不嗅，而气在肺；以四肢不动，而意在脾：名曰五气朝元。

三华聚顶 以精化气，以气化神，以神化虚，曰三华聚顶。

【译文】三闭 不看东西，不听声音，不说话。

八禽 道经里说有熊攀树而悬的方法、飞鸟伸脚的方法、凫雁游泳的方法、猿猴攀援的方法、猫头鹰夜视的方法、老虎回头的方法、鸱鸟引气的方法、乌龟伸缩的方法，总称作“八禽术”。

五气朝元 不用眼睛看，魂就在肝里；不用耳朵听，精就在肾里；不用舌头说话，神就在心里；不用鼻子闻，魄就在肺里；不运动四肢，意就在脾里：这就叫“五气朝元”。

三华聚顶 将精变化成气，将气变化成神，将神变化成虚，这就叫“三华聚顶”。

九易 王母谓汉武曰：子但爱精握固，闭气吞液。一年易气，二年易血，三年易精，四年易脉，五年易髓，六年易皮，七年易骨，八年易发，九年易形。形易则变化，变化则道成，道成则为仙人。

三关 华阳真人曰：子时肺之精华并在肾中，号曰金晶。晶者，金水未分，肺肾之气，合而为一。当时用法，自尾闾穴下关搬至夹脊中关，自中关搬至玉京上关，节次开关以后，一撞三关，直入泥丸。三关者，海波对大骨节为尾闾下关，腰内两肾对夹脊为中关，一名双关，左右两肩正中，于胸顶下会处高骨节为玉枕上关。此谓之三关。

三尸 刘根遇异人，告之曰：“必欲长生，先去三尸。人身中有神，皆欲人生，而三尸只欲人死。人死则神变，而尸成鬼，子息祭享，得歆享之。人梦与恶人争斗，皆尸与神战也。”

【译文】九易　西王母对汉武帝说：你要守住精气，不让它泄出，多闭气，吞咽津液。这样一年就能换气，两年就能换血，三年就能换精，四年就能换脉，五年就能换骨髓，六年就能换皮肤，七年就能换骨骼，八年就能换头发，九年就能换形体。形体换掉后就能任意变化，可以任意变化道就修成了，修成道你就是仙人。

三关　华阳真人说：每天午夜十二点肺的精华都在肾里面，号“金晶”。晶，也就是金、水没有分开的状态，肺、肾的气合而为一。当时的使用办法：从尾闾穴的下关移动到夹脊的中关，从中关移动玉京的上关，依次开关后，一次性闯过三关，直达泥丸宫。所谓的三关：海波对着大骨节的地方叫“尾闾下关”，腰内两肾对着夹脊的地方叫“中关”，又叫“双关”，左右两肩的正中央，在胸上部的下会处的高骨节叫玉枕上关。这就是所谓的“三关”。

三尸　刘根遇见一个奇人对他说：“假如想长生不老，先要去掉三尸。人的身体中有神，都想要人活着，可是身体的三尸却只想人死。人死了神就变化了，尸变成鬼；子孙祭祀，鬼得以受到祭品的供养。人梦见和恶人打斗，都是尸和神在战斗。”

鸣天鼓　《道书》：“学道之人须鸣天鼓，以召众神。”左相叩为天钟，右相扣为天磬，上下相扣为天鼓。若袪却不祥，则鸣钟，伐鬼灵也；制伏邪恶，则鸣磬，集百神也；念道至真，则鸣鼓，朝真圣也。要闭口缓颊，使声虚而响应深。

三清　玉清，元始天尊；上清，玉宸道君，即灵宝天尊；太清，混元老君，即道德天尊。

老君　即老聃李耳，著《道德经》五千言，为道家之宗。以其年老，故号其书曰《老子》。亳州南宫九龙井前，有升仙桧、炼丹井，皆其遗迹。

【译文】鸣天鼓　《道书》里说："学道的人一定要鸣天鼓召唤众神。"左边的牙齿互相叩击叫"鸣天钟"，右边的相互叩击叫"鸣天磬"，上下牙齿叩击叫"鸣天鼓"。假如想驱除不祥，就鸣天钟去攻打鬼灵；想制伏邪恶就鸣天磬召集百神；想静养修道就鸣天鼓朝拜道家圣人。鸣天鼓时要闭嘴、放松脸颊，让声音空灵，响应就会很深。

三清　玉清，即元始天尊；上清，即玉宸道君，也叫灵宝天尊；太清，即混元老君，也叫道德天尊。

老君　也就是老聃，李耳，曾写了五千字的《道德经》，是道家的开山鼻祖。因为他年纪很老，所以把他的书叫《老子》。亳州南宫的九龙井前面，有一株升仙桧、一口炼丹井，都是他的遗迹。

羡门　紫阳真人周义山入蒙山中，遇羡门子乘白鹿，佩青髦之节，再拜乞长生诀。羡门曰："子名在丹台，何忧不仙？"

偓佺　《列仙传》：偓佺，槐里采药人也，食松实，形体生毛四寸，能飞行捷足。

壶公　汉壶公卖药，悬空壶于市肆，夜辄跳入壶中，费长房于楼上见之，知其非常人，乃日进饼饵，公语曰："随我跳入壶中，授子方术。"

广成子　黄帝闻广成子在崆峒山，往问长生之术。广成子曰："必静必清，毋劳尔形，无摇尔精，可以长生。"

【译文】羡门　紫阳真人周义山去蒙山里，碰到了仙人羡门子骑着白鹿，手持着青髦节。周义山下拜两次向对方乞求长生的法术。羡门子说："你的名字记录神仙居住的丹台上，何必忧虑不能成仙？"

偓佺　《列仙传》里说：偓佺，是槐里采草药的人，他吃松果子，身上长出的毛有四寸长，擅长飞行，跑得飞快。

壶公　汉朝的壶公卖草药，在集市上悬挂着空空的壶，夜里就跳进壶里。费长房在楼上看见这奇特的事情，知道他不是凡人，于是每天用好吃的食物孝敬壶公，壶公对他说："跟随我跳进壶里，我传授你法术。"

广成子　黄帝听说广成子在崆峒山，就前去询问长生不老的法术。广成子说："一定要静一定要清，不要让你的身体烦劳，不要涣散你的精气，就可以长生不老。"

许飞琼　西王母降汉武帝殿，有侍女四人。帝问其名，曰："许飞琼，董双成，婉凌华，段安香。"

安期生　卖药海边，秦始皇东游，请与言，三日三夜，赐金璧数千万，出置阜乡亭而去，留玉舄为报，遗书与始皇曰："后数十年求我于蓬莱山下。"生以醉墨洒石上，皆成桃花。

隔两尘　韦子威师事丁约，一日辞去，谓子威曰："郎君得道尚隔两尘。"儒家曰世，释家曰劫，道家曰尘，言子威尚有两世尘缘也。

【译文】许飞琼　西王母降在汉武帝的大殿里，有侍女四人。汉武帝问她们分别叫什么名字，西王母回答说："这是许飞琼，这是董双成，这是婉凌华，这是段安香。"

安期生　他在海边卖药，秦始皇东巡时，请求和他说话，说了三天三夜，赐给他几千万金璧，他出来以后用那笔钱买下阜乡亭就远去了，留下一双玉鞋当作报答，还有一封给秦始皇的书信，上面说："几十年后到蓬莱山下寻找我。"安期生喝醉了把墨汁洒在石头上，都变成桃花。

隔两尘　韦子威把丁约当作老师一样对待，突然有一天他准备告辞，丁约对他说："你离得道还隔着两尘。"儒家把一生叫作"世"，佛家叫作"劫"，道家叫作"尘"，意思是韦子威还要经历两辈子的尘缘。

地行仙　张安道生日，东坡以拄杖为寿，有诗云："先生真是地行仙，住世因循五百年。"

仙台郎　《续仙传》：晋侯道华晨起，飞上松顶，谢众曰："玉皇召我为仙台郎，今去矣。"

仙人好楼居　《郊祀志》：汉武帝以道士公孙卿言仙人好楼居，于是作首山宫，建章安宫、光明宫，千门万户，皆极侈靡，欲神仙来居其上也。

画水成路　吴猛好道术，携弟子回豫章，江水大急，人不得渡。猛以手中扇画江水，横流遂成陆路，徐行而过。少顷，水复如初。

【译文】地行仙　张安道过生日的时候，苏轼用一根拐杖作为寿礼，并写诗说："先生真是地行仙，住世因循五百年。"

仙台郎　《续仙传》里说：晋朝的侯道华清晨就起来，飞上松树的顶端，辞别众人说："玉皇召我担任仙台郎，马上就走了。"

仙人好楼居　《郊祀志》里说：汉武帝因为道士公孙卿说仙人爱在高楼里居住，便建造了首山宫、章安宫、光明宫，无数的宫门，都极其奢侈华靡，是想让神仙来居住楼上面。

画水成路　吴猛爱好道术，带着自己的弟子回豫章老家时，江水涨高，特别湍急，人不能渡过去。吴猛用手里的扇子在江水上面划了一下子，横穿着的流水就变成陆地的大路，然后慢慢地渡过江。不一会儿，水恢复到开始的样子。

噀酒救火　后汉栾巴为尚书郎，正旦，上赐酒，向蜀噀之，有司奏不敬，巴谢曰："臣以成都失火，故噀酒救之。"后成都奏失火，得雨而灭，雨中有酒气。

吐饭成蜂　《列仙传》：葛玄从左元放受《九丹经》。仙与客对食，吐饭成大蜂数百，复张口，蜂飞入口，嚼之，又成饭。大旱时，百姓忧之，乃飞符着社，天地晦暝，大雨如注。

叱石成羊　《神仙传》：黄初平年幼牧羊，有一道士引入金华山石室中，数年，教以导引。其兄初起遍索之，后问一道士，曰："金华山有牧儿。"兄随往，与初平相见，问羊何在。曰："在山东。"兄同往，见白石遍山下，平叱之，皆起成羊。

【译文】噀酒救火　后汉的栾巴担任尚书郎。大年初一时，皇帝赐给他御酒，他喝完后向着蜀地的方向喷酒，官府启奏皇帝说他犯了不敬的大罪。栾巴道歉说："臣因为成都发生火灾，所以喷酒去救火。"后来成都上奏说当地失火，得到大雨的帮助就熄灭了，雨中带着酒味。

吐饭成蜂　《列仙传》里说：葛玄跟着左元放，左元放传授给他《九丹经》。仙人和宾客在吃饭，吐出的饭变成几百只大蜂，再张开嘴，大蜂飞进嘴里，就大嚼起来，又变成饭。当时正发生大旱，百姓特别忧虑，于是就画了许多符放在土地庙里，天一下子就昏暗下来，然后大雨倾盆。

叱石成羊　《神仙传》：黄初平幼年时放羊，有个道士引他去金华山的一个山洞石室里，几年内，道士教他导引之术。他哥哥黄初起到处都找遍了，后来问一个道士，那道士说："金华山里有个放羊娃。”哥哥跟着他去，就见到了黄初平，问他羊在哪里，他回说：“在山的东边。”哥哥和他一同前往，看见山下遍布着白色的石头，初平大喝了一声，石头都动起来变成羊。

钻石成丹　《真语》：傅先生入焦山，老君与之木钻，使穿一石，厚五尺，云穿此便当得道。傅日夜钻之，经四十七年，石穿，遂得丹升仙。

剪罗成蝶　宋庆历中，有九哥者，浪迹市丐中，燕王呼而赐之酒，因请以技悦王。乃乞黄罗一端，金剪一具，叠而剪碎之，俄成蜂蝶无数，或集王襟袖，或乱栖宫人鬓鬟。九哥复呼之，一一来集，复成一匹罗。中有一空如一蝶之痕，乃宫人偶捉之耳。王曰：“此蝶可复完罗否？”九哥曰：“不必，姑留以表异。”

【译文】钻石成丹　《真诰》里说：傅先生到焦山里去，太上老君给他一个木钻子，让他钻透一块五尺厚的石头，说钻透就能够得道成仙。傅先生夜以继日地钻石头，花了四十七年，石头钻透了，于是就获得仙丹，然后飞升成仙。

剪罗成蝶　宋朝的庆历年间，有个人叫九哥，他在集市乞丐里流浪，燕王喊他过来，赐他酒喝，因而趁机用技艺取悦燕王。于是乞求来几匹黄罗绮，一把金剪子，把罗绮叠起来，剪刀子剪碎它，一下子就变化成无数的蜜蜂和蝴蝶，有的飞到燕王的衣襟袖子上，有的随意停在宫女的鬓发上。九哥又召唤它们，它们就一只一只飞回原处，恢复成一匹罗绮。中间有一空缺处就像一只蝴蝶的痕迹，原来有个宫女偶然捉住一只蝴蝶罢了。燕王问他：“这空缺的地方还能把蝴蝶放回去，变成完整的罗绮吗？”九哥回说：“不用了，姑且留着它证明我这个神奇的技艺吧。”

羽客　唐保大中，道士谭紫霄，号金门羽客。

外丹内丹　道家所烹鼎金石为外丹，吐故纳新为内丹。

黄冠　唐李淳风之父名播，仕隋，弃官为道士，自号黄冠子。

卧风雪中　谭峭，字景升，冬则衣绿布衫，或卧雪中；父常遣家僮寻访，寄冬衣及钱帛。景升得之，即分给贫寒者；或寄酒家，一无所留。

【译文】羽客　南唐保大年间，有个叫谭紫霄的道士，号称“金门羽客”。

外丹内丹　道家把用鼎烹煮水银或金子的办法称为“外丹”，把吐故纳新的导引法称为“内丹”。

黄冠　唐朝李淳风的父亲叫李播，出仕隋朝，后来抛弃官职做了道士，自己号称“黄冠子”。

卧风雪中　谭峭字景升，冬天穿着绿色的布衫，有时在雪地里躺着。他父亲常常派遣家僮去找他，寄给他冬天的衣物和钱财。谭峭得到那些东西，即刻分给穷苦的人；或者寄存在酒店，一件也不留用。

八仙　汉钟离，名权，字云房，以裨将从周处与齐万年战，败，逃终南山，遇东华王真人。至唐始一出，度吕岩，自称天下都散汉。

吕纯阳，名岩，字洞宾。举进士不第，遇钟离，同憩一肆中，钟离自起炊爨。吕忽昏睡，以举子赴京，状元及第，历官清要，前后两娶贵家女，五子十孙，簪笏满门，如此四十年。后居相位，独相十年，权势熏灼，忽被重罪，籍没家资，押赴云阳，身首异处。忽然惊醒，方兴浩叹。钟离在傍，炊尚未熟，笑曰：“黄粱犹未熟，一梦到华胥。”吕惊曰：“君知我梦耶？”钟离曰：“子适来之梦，升沉万态，荣瘁多端，五十年间，止为俄顷，非有大觉，焉知人世真一大梦也。”洞宾感悟，遂拜钟离求其超度。

【译文】八仙　汉钟离，本名叫权，字云房，是周处的偏将，曾和齐万年交战，战败后逃入终南山，碰到了东华王真人。他在唐朝来到世间，把吕洞宾点化成仙。自称是“天下都散汉”。

吕纯阳，名岩，字洞宾。他参加考进士没考中，后来遇到汉钟离，同在一家旅店住着，汉钟离自己起来生火做饭。吕洞宾忽然昏睡过去，梦见变成进士去京城，并且高中状元，历次担任高官，前后两次娶了贵人的女儿，生了五个儿子、十个孙子，全家都当官，就这样过了四十年。后来身居宰相，独自当了十年的宰相，权力和势力无人可及。忽然被判大罪，抄没家产，押到云阳行刑，头被砍下来，他忽然惊醒了，就十分感叹。汉钟离在旁边，饭还没烧熟，笑着说：“黄粱饭还没烧熟，一梦梦到华胥国。”吕洞宾惊讶地说：“你知道我刚才做的梦吗？”汉钟离说：“你刚才做的梦，在官场起起浮浮，光荣耻辱数不胜数，五十年间，只不过是一瞬的事，假如没有大的觉悟，怎么会知道人一生是真正的大梦一场呢！”吕洞宾因此了悟，就对汉钟离跪拜，请求他拯救自己脱离苦海。

蓝采和，不知何许人，常衣破蓝衫，黑木腰带，跣一足，靴一足，醉则持三尺大拍板，行歌云：“踏踏歌，蓝采和，世界能几何？红颜一春树，光阴一掷梭。古人滚滚去不返，今人纷纷来更多。朝骑鸾凤到碧落，暮见桑田生白波。”词多率尔而作。后至濠梁，忽然轻举，掷下靴带拍板，乘云而去。

韩湘子，昌黎从侄，少学道，落魄他乡，久而始归。值昌黎诞日，怒其流落，湘子曰：“无怒也！请献薄技。”因为顷刻花，每瓣书一联云：“云横秦岭家何在？雪拥蓝关马不前。”昌黎不悟，遣之去。后果谪潮州，至蓝关，湘子来候。昌黎乃悟，因吟三韵，以补前诗，竟别。

【译文】蓝采和，不知道他是哪里人。常常穿着破旧的蓝色衫子，系着黑木腰带，光着一只脚，另一只脚穿靴子，喝醉酒就敲着三尺长的大拍板，边走边唱：“踏踏歌，蓝采和，世界能几何。红颜一春树，光阴一投梭。古人滚滚去不返，今人纷纷来更多。朝骑鸾凤到碧落，暮见桑田生白波。”歌词大多随口而作。后来他到了濠梁，忽然轻身飞起来，扔下靴子、腰带、拍板，乘着云远去。

韩湘子，是韩愈的侄子。少年时学道术，在外流浪，很久才回家。正碰到韩愈过生日，韩愈对他在外流浪十分不满，韩湘子说：“别生气！请允许我献上雕虫小技。”因而顷刻之间种出一枝花，每片花瓣上都写着一联诗：“云横秦岭家何在？雪拥蓝关马不前。”韩愈不懂，就打发他走了。后来韩愈果真被贬到潮州，他南下途中经过蓝田关时，韩湘子来问候。韩愈这才醒悟，因而再写了三联诗，补足那一联，最后和侄子分别。

张果老，隐恒州中条山，见召于唐。开元中，宠遇与叶静能比。自言尧时官侍中，叶公密识曰：“此混沌初分白蝙蝠精也。”授银紫光禄大夫，放归。天宝时尸解。《明皇杂录》：张果老隐于中条山，常乘白驴，日行万里，夜即叠之，置箱箧中，乃纸也，乘则以水噀之，复成驴。

曹国舅，不知其名，言丞相曹彬之子，皇后之弟，故称国舅。少而美姿，安恬好静，上及皇后重之。一旦求出家云水，上以金牌赐之。抵黄河，为篙工索渡直，急以金牌相抵。纯阳见而警之，遂拜从得道 。

【译文】张果老，在恒州的中条山隐居，被唐朝的皇帝征召。开元年间，他所受的宠幸和礼遇比得上叶静能。他说自己在尧帝时担任侍中，叶静能暗地里辨认出他："这是开天辟地时的白蝙蝠精。"朝廷授予他银紫光禄大夫的职位，就任他归山了。天宝年间留下肉体，就飞升了。《明皇杂录》里说：张果老隐居在中条山，常常骑着一匹白驴，每天走一万里路，夜里就叠起驴子，放在箱里，变成一张纸；骑的时候用水喷一下，又变成驴子。

曹国舅，他的名字不清楚，据说是丞相曹彬的儿子，曹皇后的弟弟，所以称作"国舅"。年轻时容貌美丽，性格恬静，皇帝和皇后都喜欢他。有一天他突然就请求去云水出家，皇帝赐给他一枚金牌。他准备渡过黄河，船家向他要船费，慌忙间他就用金牌做抵偿。吕洞宾（纯阳）看见他这样，就点化他，他便拜吕洞宾为师，跟着师傅得道成仙。

何仙姑，零陵市人，女也。生而紫云绕室，住云母溪，梦神人教食云母粉，遂行如飞。遇纯阳，以一桃与之，仅食其半，自是不饥。颇能谈休咎。唐天后召见，中路不知所之。

铁拐李，质本魁梧，早岁闻道，修真岩穴。一日，赴老君华山之会，嘱其徒曰："吾魄在此，倘游魂七日不返，以火化之。"徒以母病遄归，忘其期，六日化之。七日果归，失魄无依，乃附一饿殍之尸而起，故形骸跛恶，非其质矣。

【译文】何仙姑，是零陵集市上的人，是女子。出生时紫色的云彩绕着房间，住在云母溪，她梦见神人教导她食用云母粉，醒来后她服用后就走路像飞翔般快。她遇见吕洞宾，吕洞宾给她一枚桃子，只吃了一半，就从此不再饿了。她擅长谈论吉凶。武则天召见她，来的中途就不知道去哪了。

铁拐李，体型魁梧，年轻时就学习道术，在山里修炼。有天，他赶赴太上老君的华山大会，叮嘱自己徒弟说：“我的魄在这，假如我的游魂七天都没返回，就把魄火化。”那徒弟因为母亲生病赶着回家，忘掉约定时间，在第六天火化了铁拐李的魄。铁拐李第七天果然回来，没有魄可以附着，就附在一个饿死人的尸体上，站立起来，所以样子丑恶，一瘸一拐，这并非他原本的容貌。

化金济贫 王霸，梁时渡江入闽，居西郊之外，凿井炼药，能化黄金。岁饥则售金市米，遍济贫者。

擗麟脯麻姑 王方平尝过蔡经家，遣使与麻姑相闻，俄顷即至。经兴家见之，是好女子，手似鸟爪，衣有文章而非锦绣。坐定，各进行厨，香气达户外，擗麟脯行酒。麻姑云：“接待以来，东海三为桑田矣，蓬莱水又浅矣”宴毕，乘云而去。姑为后赵麻胡秋之女，父猛悍，人畏之。筑城严酷，昼夜不止，惟鸡鸣稍息。姑恤民，假作鸡鸣，群鸡皆应。父觉欲挞之，姑惧而逃入山洞，后竟飞升。

【译文】化金济贫 王霸在南朝梁时渡江去福建，在西郊外居住，凿出水井来炼药，能变出黄金。饥荒时就卖出金子，买来米，赈济所有的穷人。

擗麟脯麻姑 王方平曾经到蔡经家里，派使者请麻姑也来，不一会儿麻姑到了。蔡经一家子都看见了她，原来是个美丽的女子，手长得像鸟爪，衣裳上有花纹，却不是锦缎绣的。大家坐下后，各自进献美味佳肴，香气飘出门外，他们剖开麒麟肉干下酒。麻姑说："承蒙方平你招待这段时间内，东海已经三次变成桑田了，蓬莱的水也更浅了。"宴会散后，麻姑就乘着云彩离去。麻姑是后赵的麻胡秋的女儿，父亲特别勇猛凶悍，别人都怕他。他让人修筑城墙，特别严格苛刻，日夜不能休息，唯独鸡叫的时候稍稍休息下。麻姑心疼百姓，就假装鸡叫，别的鸡都叫起来呼应。她父亲发现后准备鞭打她，麻姑害怕地逃进山洞，后来飞升成仙。

蓑衣真人　何中立，淮阳书生。一旦焚书裂冠，遁至苏，结庐天庆观，披一蓑衣，坐卧不易，妄谈颇验。凡瘵者，与蓑草服之，立愈；不与者，疾必不起。因称之蓑衣真人。宋孝宗遣珰赍问，不言所求。中立掉首曰："有华人即有番人，有日即有月。"珰复命，上曰："诚如吾心。"盖所求者，恢复大计、中宫虚位两事也。

自举焚身　颜笔仙，宋建炎初，日售笔十则止。遇转运使，饮以斗酒。饮毕，长揖而去，遗笔篮。使左右取而还之，尽力不能胜。凡得其笔者，管中有诗或偈，祸福无不验。年九十七，积苇坐上，自举火焚之，人见其乘火云飞去。

【译文】蓑衣真人　何中立，是淮阳的书生。某一天，他突然烧掉书，撕坏冠帽，逃到苏州，在天庆观建了草庐，身披蓑衣，坐着睡觉都不换衣服，随口的预言很应验。凡是生病的人，他拿蓑衣上的草给对方吃，就立刻就痊愈；假如不给对方草，对方的病肯定再也好不了。因而他被人称为"蓑衣真人"。宋孝宗派宦官带礼物去询问，却不说求什么，何中立摇着头说："有中国人，也就有异族人；有太阳就有月亮。”宦官回去复命，宋孝宗说：“诚然和我心里想的一样。”原来他想求问的是收复中原、册立皇后这两件事。

自举焚身　颜笔仙在南宋建炎初年，每天卖完十支笔就不卖了。有次他碰到转运使，给他一斗酒喝，喝完后，他作揖离去，留下他的笔篮。转运使让左右的人拿着还给他，可是左右的人搬不起来那只篮子。只要得到他的笔的人，笔管中藏有诗或偈语上说的祸福之事，没有不灵验的。他活到九十七岁，堆积了芦苇，坐在上面，自己点火烧着芦苇，别人看见他乘着火云飞升。

金书姓名　广陵人李珏，以贩粜为业，每斗惟求利两文，以资父母。有籴者授以升斗，俾自量。丞相李珏节制淮南，梦入洞府，见石填金书姓名，内有李珏字，方自喜。有二仙童云：“此乃江阳部民李珏尔。”

独立水上　葛仙公，名玄，有仙术。尝从吴主至溧阳，风大作，舟覆；玄独立水上，而衣履不湿。后白日冲举。勾漏令洪，即其孙也。

李白题庵　许宣平稳城阳山，绝粒不食，颜如四十，行及奔马。时负薪卖于市，尝独吟曰：“负薪朝出卖，沽酒日西归。借问家何处，穿云入翠微。”李白入山寻之，不见，题其庵以归。

【译文】金书姓名　广陵人李珏，营生是卖粮食，每斗粮食只赚取两文的利钱来赡养父母。来买粮食的人，他把升斗等量重的器具让对方自己量。丞相李珏担任淮南节度使时，梦到自己进到一个洞府，看见一块石头上用金子填着姓名，其中有“李珏”二字，他正高兴时，有两个仙童说：“这个是江阳的百姓，也叫李珏罢了。”

独立水上　葛仙公名叫玄，有神仙法术。他曾经跟着吴国君主到溧阳，狂风吹来，把船弄翻。葛玄独自一人站在水面上，衣裳和鞋子都没沾湿。后来白天飞升。勾漏令葛洪是他的孙子。

李白题庵　许宣平在城阳山里隐居，不吃东西，容颜就像四十岁的人，步行就像飞奔的马。有时背着柴去集市卖。他曾经独自吟了一首诗："背着柴早上出门去卖，打酒傍晚回来。如想问我住在哪里，穿过白云到青山深处就是。"李白去山里找他，没见到，在他庵上题了一首诗然后离去。

使聘不出　墨子名翟，宋人。外治经典，内修道术，著书十篇，号《墨子》。年八十有二，汉武帝遣使聘之，不出，视其颜色，如五十许人。

冬日卖桃　李犊子历数百岁，其颜时壮时老，时好时丑。阳都酒家有女，眉生而连耳，细而长，众异之。会犊子牵一黄犊过，女悦之，遂随去，人不能追也。冬日，常见犊子卖桃李市中。

【译文】使聘不出　墨子原名叫墨翟，是宋国的人。既研究经书，又修练道术，撰写十篇文章，总名叫《墨子》。他八十二岁时，汉武帝派使人请他做官，他不去。据说他的容颜就像五十多岁的人。

冬日卖桃　李犊子活了几百岁，容貌有时年轻有时显得年老，有时好看有时丑陋。阳都的酒家有个女儿，眉毛天生就和耳朵连着，又细又长，众人觉得奇怪。正好遇到李犊子牵着一头小黄牛经过旁边，酒家的女儿喜欢他，就跟着他走了，人们都追不上。每到冬天，时常看见李犊子去集市上卖桃子、李子。

贞一司马　司马承祯事潘师正，传辟谷导引之术。唐睿宗召问其术，对曰："为道日损，损之又损，以至于无。"帝曰："治身则尔，治国若何？”对曰：“国犹身也，游心于淡，合气于漠，与物自然而无私焉，则天下治。”帝嗟叹曰：“广成之言也！”谥贞一先生。

点化天下 贺兰，善服气。宋真宗召至，问曰：“人言先生能点金，信乎？”对曰：“臣愿陛下以尧舜之道点化天下，方士伪术，不足为陛下道。”赐号玄宗大师。

临葬复生 张三丰居宝鸡县金台观。洪武二十六年九月二十日，自言辞世，留颂而逝。民人杨轨山等置棺殓讫，三丰复生。

【译文】贞一司马 司马承祯拜潘师正为师傅，学习了辟谷、导引等法术。唐睿宗召司马承祯来，询问这些法术，他回答说：“修道就是每天减损一些，不停地减损，直到什么也没有。”唐睿宗说：“修身是这样，治国该怎样？”他回答说：“国家和身体相同，让心淡薄，让神气淡漠，和万物人民顺着自然，不要产生私心，天下就能太平。”皇帝感叹着说：“这是广成子的道理啊！”于是赠他谥号“贞一先生”。

点化天下 贺兰擅长呼吸吐纳。宋真宗召他到朝廷，问他：“世人都说先生能点物成金，真这样吗？”他回答说：“我希望陛下使用尧舜的大道教化天下，方士的假法术，不值得和陛下说。”宋真宗赐他名号叫“宗玄大师”。

临葬复生 张三丰在宝鸡县金台观居住。洪武二十六年（公元1393年）九月二十日，他说自己马上离开人世，留下几句颂就断气了。当地百姓杨轨山等人把他放进棺材，都埋葬好了，张三丰却又复活了。

弘道真人 周思得，钱唐人，得灵官法，先知祸福。文皇帝北征，召扈从，数试之不爽。号弘道真人。先是，上获灵官藤像于东海，朝夕崇礼，所征必载以行；及金川河，舁不可动，就思得秘问之。曰："上帝有界，止此也。"已而，果有榆川之役。

瓶中辄应　冷谦，洪武初为协律郎，郊庙乐章，皆其所撰。有友酷贫，谦于壁间画一门，令其友取银二锭。友入恣取而出，遗其引。他日，内库失银，惟二锭不入册。吏持引迹捕，因并执谦。谦渴求饮，拘者以瓶水汲与之。谦跃入瓶中，拘者惶急。谦曰："无害，第持瓶至御前。"上呼谦，瓶中辄应。上曰："汝何不出？"对曰："臣有罪，不敢出来。"击碎之，片片皆应。

【译文】弘道真人　周思得是杭州人，擅长"行灵官法"，可以预先知道祸福。明成祖朱棣北征时，召他当作随从，试验几次都很灵验，赐予他法号"弘道真人"。在此之前，皇帝在东海获得灵官的藤像，早晚都对之跪拜行礼，打仗时一定带着行军；等到金川河时，藤像突然抬不动，皇帝问周思得，周思得回说："上帝划定了界限，就在这里。"不久，果然发生了榆川之役。

瓶中辄应　冷谦，在洪武初年担任协律郎，郊庙的祭祀乐曲，全是他撰写的。他有个朋友特别穷，冷谦就在他的墙壁上画了一扇门，让他朋友进去取两锭银子。朋友进去后却恣意取了很多出来，不小心丢掉通行证。后来，皇宫内库发现丢失银子，只有两锭没登记在案。小吏按照通行证去寻踪追捕，抓着那穷人，一并抓捕了冷谦。冷谦口渴求水喝，抓捕者舀一瓶水给他，冷谦就跳进瓶中，抓捕者慌张得不行，冷谦说："别担心，你只管拿着瓶子去皇帝面前。"皇帝喊冷谦的名字，瓶子里就有声音回答。皇帝说："你为何不出来？"他回答说："我有罪过，不敢出来。"皇帝让人打碎瓶子，可是每块碎片都能回答。

入火不热　周颠仙，明初，上至南昌，颠仙谒道左，必曰："告太平，打破一个桶，另置一个桶。"随之金陵。尝曰入火不热。上命覆以巨瓮，积薪焚之。火灭揭视，寒气凛然。后辞去庐山，莫知所之。

指李树为姓　老子母见日精下落如流星，飞入口中，因怀娠。后七十二年，于陈国涡水李树下，剖左腋而生。指李树曰："此为我姓。"耳有三漏，顶有日光，身滋白血，面凝金生，舌络锦文，身长一丈二尺，齿有四十八。受元君神箓宝章变化之方，及还丹、伏火、冰汞、液金之术，凡七十二篇。

【译文】入火不热　周颠仙。明朝初年，皇帝巡幸南昌，周颠仙在路边拜见皇帝时一定会说："告太平，打破一个桶，另置一个桶。"随着皇帝去金陵。他曾说自己进火里不觉得热。皇帝让人用巨大的瓮盖住他，堆积很多柴火烧他。柴都烧完了，打开瓮一看，里面寒意凛凛。后来告辞皇帝，去了庐山，不知行终。

指李树为姓　老子的母亲看见日精落下来，就像流星一般，飞进自己嘴里，因此就怀孕了。七十二年以后，她在陈国涡水的李树下面，剖开左腋才生出小孩。那孩子一出生就指着李树说："这是我的姓氏。"他的耳朵有三处漏，头顶有日光，身上滋生着白色血丝，脸庞是金色，舌头布满锦缎一样的花纹，身高一丈二尺，牙齿有四十八颗。他向元君学习了神箓宝的变化法术，以及还丹、伏火、冰汞、液金的法术，共有七十二篇。

陆地生莲　尹文始生时，室中陆地生莲花。结草为楼，精思至道。

白石生　生煮白石为粮，问之何不霞举，笑曰："天上多有至尊相奉事，更苦于人间尔。”时号为隐遁仙人。

古丈人 嵩华松下古丈人、女子二，曰：“老人，秦之役者，二女宫人，合为殉，幸脱骊山之役，匿此。”

掌录舌学 董谒乞犬羊皮为裘，编棘为床，聚鸟兽毛而寝。性好异书，见辄题掌，还家以片篷写之，舌黑掌烂。人谓谒掌录而舌学。

【译文】陆地生莲 尹喜（文始先生）刚出生时，室内的地上长出莲花，他用草改成小楼，在楼里专心研究大道。

白石生 他煮白石当作食物，别人问他怎么不乘着云飞升呢。他笑着回说：“天上有更多权势显赫的神仙要侍奉，比人间更苦。”当时号称他是“隐遁仙人”。

古丈人 嵩山的一棵松下有古丈人和两个女子，有人说：“那老人是秦朝的苦役，两个女子是宫女，本来要给秦始皇殉葬，侥幸地逃脱骊山的劳役，藏匿在这里。”

掌录舌学 董谒向人求来犬羊皮制成裘衣，编棘草制成床，聚集各种鸟兽的毛，就在上面躺着睡觉。他天生喜欢奇异的书，看见某本书就写在手心，回家后用竹片抄下来，抄完后用舌头舔掉手上的字，导致舌头变黑、手掌腐烂。世人都说董谒是用手掌抄录，用舌头学习。

负图先生 季充号负图先生。伏生十岁，就石壁中受充《尚书》，授四代之事。伏生以绳绕腰领，一续一结，十寻之绳皆结矣。充饵菊术，经旬不语，人问何以，答曰：“世间无可食，亦无可语之人。”

目光如电 涉正闭目二十年。弟子固请之，正乃开目，有声如霹雳，而闪光若电。已，复还闭。

守天厕　淮南王安见太清仙伯，以坐起不恭，谪守天厕。

【译文】负图先生　季充被称为“负图先生”。伏生年十岁时，就在石壁中向季充求教《尚书》，传授给自己四代的史实。伏生用绳子缠绕着腰部和脖子，续一段绳子就缠一段，十丈长的绳子都打结了。季充服用菊花和黄术，十天都不说话，别人问他原因，他说：“这世上没可吃的东西，也没可说话的人。”

目光如电　涉正闭了二十年的眼睛，他的弟子坚持请他睁开眼，后来涉正睁开了，发出霹雳一般的声音，还有闪电般的光芒。然后涉正又闭上眼睛。

守天厕　淮南王刘安去拜见太清仙伯时，因为坐席子起身不恭敬，被贬去看管天宫的厕所。

墨池　梅福在南昌县，水竹幽蔚，王右军典临川郡日，每过此盘礴不能去，因号墨池。先是，福种莲花池中，叹曰：“生为我酷，身为我梏，形为我辱，妻为我毒。”遂弃妻，入洪厓山。

青童绛节　张道陵居渠亭山，见青童绛节前导，曰：“老君至矣。”从者二人，隽以弱冠。或指曰：“此子房，此子渊。”

金莲花　元藏几有驯鸟三，类鹤，时翔空中，呼之立至，能授人语，常航海飘至一岛。人曰：“此沧州也。”产分蒂瓜，长一尺；碧枣丹栗，大如梨。池中有足鱼，金莲花，妇人采为首饰。曰：“不戴金莲花，不得在仙家。”

【译文】墨池　梅福在南昌县居住，那里有流水竹林，深幽茂密。王羲之（号右军）在临川郡任职时，每回经过这里都会徘徊很久，不忍离开，因而这里号称“墨池”。在此之前，梅福在池中种莲花，并感叹着说："生在世上是一件悲惨的事，身体是我的刑具。形貌给我带来耻辱，妻子是害人的东西。"于是就抛弃妻子，进入洪厓山。

青童绛节　张道陵在渠亭山居住，看见青色衣服的童子手持绛红色旌节在前面引路，并说："太上老君驾到。"太上老君有两个随从，容貌俊美，都刚成年。旁边人指着对张道陵说："这是子房，那是子渊。"

金莲花　元藏几有三只驯服的鸟，长得像鹤，常在空中飞翔，一喊它立即飞到身边，能教它说人话。他曾经航海飘到一个岛上，上面的人说："这里是沧州。"那里长着一种瓜叫"分蒂瓜"，有一尺长；还有碧枣、丹栗，就像梨一般大。池中有长着脚的鱼、金莲花，女人采来制成首饰，她们说："不戴金莲花，不得在仙家。"

刺树成酒　葛玄遇亲朋，辄邀止，折草刺树，以杯盛之，汁流如泉，杯满即止，饮之皆旨酒。取瓦砾草木之实劝客，皆脯枣。指虾蟆、飞龟使舞，应节如神。为人行酒，杯自至客前，不尽，杯不去。

林樾长啸　黄野人游罗浮，长啸数声，递响林樾。宋咸淳中，有戴乌方帽着靴，往来罗浮山中，见人则大笑，反走，三年不言姓氏。他日醉归，忽取煤书壁云："云意不知沧海，春光欲上翠微；人间一堕十劫，犹爱梅花未归。"孟野人之俦云。

脑子诵经　司马承祯善金剪刀书，脑中有小儿诵经声，玲玲如振玉；额上小日如钱，耀射一席。

【译文】刺树成酒　葛玄遇见亲朋好友，总邀请他们留下，他折下草，刺进树干，用杯子接着，树汁流下，就像泉水一般，杯子装满了就停止流动，喝起来都是甜酒。他又取来瓦砾和草木的果实来劝宾客吃，都变成肉干枣子。他指着蛤蟆、飞龟让它们起舞，它们的舞姿优美，简直神了。他给大家斟酒时，杯子自动到宾客的面前，假如没喝完，杯子就不离开。

林樾长啸　黄野人在罗浮山游玩时，长啸了几声，声音穿过了树林引起震动。南宋咸淳年间，有个人戴乌黑的方帽子，穿着靴子，在罗浮山往来，见到人就放声大笑，然后往回跑，过了三年也不告诉人自己的姓氏。有天他喝醉了回去，忽然取了一块煤炭在墙壁上题了一首诗："云意不知沧海，春光欲上翠微。人间一堕十劫，犹爱梅花未归。"他算是黄野人一类的人。

脑子诵经　司马承祯擅长"金剪刀书"。他的脑袋里有小孩念经的声音，声音清泠，就像玉佩声；他额头有铜钱那么大的小太阳，照耀在座的所有人。

许大夫妇　许大为许旌阳扫爨。夫妇隐于西山，不欲人识姓，改姓曰午，又改姓曰干。夫妇皆解诗。许大诗云："不是藏名混世俗，卖柴沽酒贵忘言。"妻续云："儿家只在西山住，除却白云谁到门！"

服石子　单道开服细石子，一吞数枚。唐子西赞曰："世人茹柔，刚则吐之。匙抄烂饮，牛口如饲。至人忘物，刚柔一致。其视食石，如啖饼饵。北平饮羽，出于无心。食石之理，于此可寻。我虽不能，而识其理。庶几漱之，以砺厥齿。"

驱邪院判官　白紫青曰："颜真卿今为北极驱邪院左判。"

【译文】许大夫妇　许大替许旌阳打扫做饭。他夫妻两人都在西山隐居，不想别人知道叫什么，于是改姓"午"，又改姓"干"。他夫妻俩都懂得作诗。许大曾吟了两句："不是藏名混世俗。卖柴沽酒贵忘言。”他的妻子续道：“儿家只在西山住，除却白云谁到门！”

服石子　单道开服用石子，每次能吞下好几块。唐庚(子西)写了一首赞辞，称赞他说：“世人吃软东西，遇到硬东西就吐掉。用饭匙吃软软的米饭，就像牛被饲养。至人忘记物我之分，硬的软的东西都一样看待。他觉得吃石子，就像吃糕点。李广射像老虎的石头，箭射进石头里，是出于无心之举。吃石子的大道理，从这里就能找寻。我虽不能够做到，却懂得其中深深的道理。希望以后能用石子漱口，磨一磨我的牙齿。”

驱邪院判官　白紫清说：“颜真卿如今担任北极驱邪院的左判。”

符钉画龙　毒龙潭二龙飞入殿，与张僧繇画龙斗，风雨震沸。丁玄真画铁符镇潭龙，穿山而去；复钉画龙之目，其患乃止。

摸先生　先生束双髻于顶，携小竹筥卖药，有疾者手摸之辄愈，人呼为“摸先生”。

尊号道士　周穆王求神仙，始尊号道士。西王母授帝元始真容，始有道士行礼之文。汉桓帝迎老子像入宫，用郊天乐祀道教，始崇与释并。

【译文】符钉画龙　毒龙潭的两条龙飞进皇宫，和张僧繇画的龙打斗，顿时狂风暴雨，电闪雷鸣。丁玄真画了一道铁符镇住毒龙潭里的龙，那两条龙穿过大山逃走了；他又钉住画龙的眼睛，祸患才消除了。

摸先生　先生在头顶束起两个发髻，带着小竹筐去卖药，有病人用手摸下即刻就痊愈。人们都称他是“摸先生”。

尊号道士　周穆王访求神仙，最早尊称他们是“道士”。西王母让周穆王看见元始天君的真正容貌，才开始出现道士行礼的礼仪。

汉桓帝把老子画像迎进宫内，用祭天的音乐祭祀道教，这才开始和佛教一并受到崇敬。

魏世祖拜寇谦之天师，立道场，受符箓。周武帝封国公，唐中宗加金紫阶，玄宗赐号先生，宋神宗赐号处士。寇谦之修张鲁法，始为音诵科仪，及号召百神导养丹砂之术。唐高祖始授道官。宋太宗增置道副录都监。宋太祖始令道士不得畜妻孥。

改称真人　张道陵子孙，世袭天师，掌道教。至明，太祖曰："至尊者天，何得有师？"诏改真人。初，道陵学长生于蜀之鹤鸣山。山有石鹤，鸣则有得道者。道陵居此，石鹤乃鸣。

真武　净乐国王太子，遇天神，授以宝剑，入武当山修道。久之，无所得，欲出山。见一老妪操铁杵磨石上，问磨此何为，曰："为针耳。"曰："不亦难乎？"妪曰："功久自成。"真武悟。遂精修四十二年，白日冲举。

【译文】魏世祖拜寇谦之担任天师，建立了道场，授予符箓。周武帝封他为国公，唐中宗时添加了金紫的官品，唐玄宗赐号叫"先生"，宋神宗赐号叫"处士"。寇谦之修行张鲁的法术，最早用声音诵读举行仪式，以及召来百神、引导修炼、炼丹砂的法术。唐高祖最早设立了道士的官位。宋太宗增设立了道副录都监。宋太祖最早命令道士不准娶妻生子。

改称真人　张道陵的子孙世世代代继承天师的职位，主掌道教。到了明太祖时，太祖说："天最尊贵，哪里来的'师'？"于是下诏改称"真人"。在此之前，张道陵到蜀地的鹤鸣山学习长生不老的法术。山上有石鹤，它鸣叫就代表有得道的高人到来。张道陵在这里居住，石鹤才鸣叫。

真武　净乐国王的太子遇见了天神，天神授给他一把宝剑，他就去武当山里修道。很久以后，没有修炼出什么，就想下山。他遇见一个老婆婆拿着铁棒在石头上面磨，他问磨这个做什么用，她说："磨成针。"他问她："这不太难了吗？"老婆婆说："用功久了自然就成。"太子恍然大悟，便专心修炼了四十二年，后来大白天里飞升成仙。

陈抟　字图南，亳州人。四五岁，遇一青衣媪乳之。自是颖异，书一目十行。邂逅孙君仿，谓武当九室岩可居，遂往，辟谷二十余年。忽夜见金人持剑呼曰："子道成矣。"后徙华山。宋太宗召见，赐号"希夷先生"。

周颠者，举错诡谲，人莫能识。每见明太祖，必曰："告太平。"上厌之，命覆之瓮，积薪以煅。火息启视，颠正坐宴然。上亲为作《传》。

张三丰，又名邋遢张。明太祖求之，不得。人有问仙术者，竟不答；问经书，则津津不绝口。一啖数斗，辟谷数月亦自若。隆冬卧雪中。

【译文】陈抟　陈抟字图南，是亳州人。他四五岁时，碰到了一个青衣妇女用奶喂他。从此他就特别聪慧，读书一目十行。他有次碰到孙君仿，对他说武当山的九室岩可以去居住，他便前往，不吃食物二十多年。忽然夜里看见一个金人手持剑对他说："你修道已经成功。"后来他又去华山。宋太宗召见他，赐号"希夷先生"。

周颠的行为举止奇怪异常，别人都不理解。每回他拜见明太祖朱元璋，都一定会说："告太平。"明太祖觉得讨厌，让人将他盖在瓮底下，下面对着柴火烧。火熄灭后打开瓮一看，周颠很悠然地坐在那。明太祖亲自为他撰写了传记。

张三丰　张三丰，又叫“邋遢张”。明太祖寻访不到他。别人问他仙术，他最终也不回答；问他经书，他却滔滔不绝地说，都不厌倦。他每一餐能吃好几斗，但几个月不吃东西也可以。寒冬腊月躺在雪地里。

佛教

禅门五宗　南岳让禅师法嗣：南岳下三世百丈海禅师，四世沩山灵祐禅师，五世仰山慧寂禅师，称沩仰宗。南岳下四世黄蘖希运禅师，五世临济义玄禅师，称为临济宗。青原思禅师法嗣：青原下六世曹山本寂禅师，七世洞山道延禅师，称为曹洞宗。青原下五世德山宣鉴禅师，六世雪峰义存禅师，七世云门文偃禅师，称为云门宗。青原下八世罗汉琛禅师，九世清凉文益禅师，称法眼宗。凡五宗，今天下惟曹洞、临济为盛。

【译文】禅门五宗　南岳让禅师的法嗣有：南岳让禅师后三代是"百丈海禅师"，四代是"沩山灵祐禅师"，五代是"仰山慧寂禅师"，被称作"沩仰宗"；南岳让禅师后四代"黄蘖希运禅师"，五代是"临济义玄禅师"，被称作"临济宗"。青原思禅师的法嗣有：青原思禅师后六代是"曹山本寂禅师"，七代是"洞山道延禅师"，被称作"曹洞宗"；青原思禅师后五代是"德山宣鉴禅师"，六代是"雪峰义存禅师"，七代是"云门文偃禅师"，被称作云门宗；青原思禅师后八代是"罗汉琛禅师"，九代是"清凉文益禅师"，被称作法眼宗。这五宗里面，如今全国只有曹洞宗、临济宗最繁盛。

佛入中国　汉明帝梦金人长丈余，飞空而下。访之群臣，傅毅曰："西域有神，其名曰佛。"乃使蔡愔等往天竺求其道，得其书及沙门，由是教流中国。

象教　如来既化，诸大弟想慕不已，遂刻木为佛，瞻敬之。杜诗曰："方知象教力。"

优昙钵　《法华经》：是人希有过于优昙钵。优昙，花名，应瑞三千年一现，现则金轮王出。

般若航　清凉禅师云："夫般若者，苦海之慈航，昏衢之巨烛。"

【译文】佛入中国　汉明帝梦见一个身高一丈多的金人，从天上飞下来。他把梦里的事询问群臣，傅毅说："西域有一个神，名叫'佛'。"于是就派遣蔡愔等人去天竺国求取佛道，得到佛书和僧人，因此佛教传入中国。

象教　如来佛坐化后，各个大弟子十分想念他，就用木头刻成佛，用来瞻仰。杜甫的诗里说"方知象教力"。

优昙钵　《法华经》里说：这个人比优昙钵还稀罕。优昙，是花的名字，对应祥瑞，每隔三千年才出现一回，出现时金轮王就会重现人间。

般若航　清凉禅师说："'般若'，是苦海里慈悲的航船，昏暗大路上的大蜡烛。"

兜率天　《法苑珠林》：兜率天雨摩尼珠，护世城雨美膳，阿修罗天雨兵仗，阎浮世界雨清净。雨者，被其惠，犹言赐也。

西方圣人　《列子》：太宰嚭问孔子："孰为圣人？"子曰："西方有圣人，不治而不乱，不言而自信，不化而自行，荡荡乎民无能名焉。”

不二法门　《文选》：文殊谓维摩诘曰：“何为是不二法门？”摩诘不应，文殊曰：“乃至无有文字言语，是真入不二法门。”

【译文】兜率天　《法苑珠林》里说：兜率天像雨一般落下摩尼珠，护世城像雨一般落下佳肴，阿修罗天像雨一般落下兵器，阎浮世界像雨一般落下清净。像下雨一般，意思是蒙受恩惠，好比说“赐”。

西方圣人　《列子》里说：太宰嚭询问孔子：“谁是圣人？”孔子说：“西方有一位圣人，不治理天下，天下却不乱，不说话，大家就信奉他，不教化百姓，百姓却自行开化，太伟大了，百姓没法替其命名。”

不二法门　《文选·头陀寺碑文》的注解引用《维摩诘经》说：文殊菩萨对维摩诘说：“什么才是不二法门？”维摩诘不答，文殊菩萨说：“竟然达到没有文字和言语的境界，这是真正的不二法门啊。”

即心即佛　《传灯录》：有僧问大梅和尚：“见马祖得个恁么？”大梅曰：“马祖向我道‘即心即佛。’”曰：“马祖近日又道‘非心非佛。’”大梅曰：“这老汉惑乱人，任汝‘非心非佛，’我只管‘即心即佛。’”其僧白于马祖，祖曰：“梅子熟矣。”

舍利塔　《说苑》：阿育王所造释迦真身舍利塔，见于明州鄞县。太宗命取舍利，度开宝寺地，造浮屠十一级以藏之。

【译文】即心即佛　《传灯录》里说：有个僧人问大梅和尚：“你见到马祖学到了什么？”大梅和尚说：“马祖对我说：‘此心就是佛心。’”那僧人说：“马祖近来又说‘不是心也不是佛’。”大梅说：“这老汉迷惑淆乱了人，不管你说什么‘不是心也不是佛’，我只管‘此心就是佛心’。”那个僧人将这话对马祖说了，马祖说：“梅子成熟了。”

舍利塔　《谈苑》里说：阿育王修造的释迦牟尼真身舍利塔，在明州的鄞县出现。宋太宗让人取出舍利，在开宝寺中辟出一块地，建了十一层塔来珍藏。

沙门　《汉记》：沙门，汉言“息心”，息欲而居于无为也。梵云“沙门那”，或曰“沙门”，汉言“勤息”，译曰“勤行”。又曰“善觉”，又称“沙弥”，又称“比丘”。秦言“乞士”，又曰“上人”。

苾刍　《尊胜经》：苾刍，草名，有五义：生不背日；冬夏常青；性体柔软；香气远腾；引蔓旁布。为佛徒弟，故以名僧。

紫衣　《史略》曰：唐武则天朝，赐僧法朗等紫袈裟。僧之赐紫衣，自武后始。

【译文】沙门　《汉记》里说：沙门，汉语意译成“息心”，也就是想停息在无为。梵语“沙门那”，或者叫“沙门”，汉语意译成“勤息”，也译为“勤行”，又叫“善觉”，又叫“沙弥”，又叫“比丘”。秦地人又叫“乞士”，又叫“上人”。

苾刍　《尊胜经》里说：苾刍，是草名，有五种内蕴：生长的地方不背着太阳；一年四季都是常绿的；形体和内里都柔软；香气飘到远处；藤蔓牵引广泛密布。它是佛的弟子，所以用来称僧人。

紫衣　《史略》里说：唐朝武则天时期，武则天赐僧人法朗等人紫色袈裟。赐给僧人紫色衣服，是从武则天开始的。

五戒　凡出家，师已许之，乃为受五戒，谓之一不杀生，二不偷盗，三不邪淫，四不妄语，五不饮酒。

传灯　释书以灯喻，谓能破暗也。六祖相传法曰传灯。今有

《传灯录》。杜诗曰："灯传无白日。"

飞锡　《高僧传》：梁武时，宝志爱舒州潜山奇绝，时有方士白鹤道人者亦欲之。帝命二人各以物识其地，得者居之。道人以鹤止处为记，宝志以卓锡处为记。已而，鹤先飞去，忽闻空中锡飞声，遂卓于山麓，而鹤止他处，遂各以所识筑室焉。故称行僧为飞锡，住赠为卓锡，又曰挂锡。

【译文】五戒　凡是想出家，师父已经准许他，那他就得受"五戒"，一是不杀生，二是不偷盗，三不是邪淫，四是不妄语，五是不饮酒。

传灯　佛经里经常用灯比喻，说佛法能破除黑暗。六祖传授佛法就叫作"传灯"。如今有《传灯录》这本书。杜甫的诗里说"灯传无白日"。

飞锡　《高僧传》里说：南朝梁武帝时，僧人宝志喜欢舒州的潜山风景秀丽，当时有个道士"白鹤道人"也想在这居住。梁武帝让两人各自用物品去那里做标记，得到哪里就居住在哪里。道人用仙鹤停息的地方作为标记，宝志用禅杖停下的地方作为标记。不一会儿，仙鹤先飞过去，忽然听见空中有禅杖飞去的声响，于是禅杖停在山脚，仙鹤只能停在别处，就按各自标记到的地方建屋子。所以称远行的僧人是"飞锡"，住下的僧人叫"卓锡"，又叫"挂锡"。

祝发　贺僧披剃从教，顶相堂堂。《唐书》："祝发划草。"僧剃发曰划草。

檀那檀越　梵语陀那钵底，唐言施主称檀那者，即讹"陀"为"檀"，去"钵底"，故曰檀那也。又称檀越者，谓此人行檀施，能越贫穷海。

伊蒲馔　后汉楚王英诣阙以缣赎罪，诏报曰：王好黄老之言，尚浮屠之教，还其赎以助伊蒲塞桑门之馔。

风幡论　《传灯录》：六祖惠能初寓法性寺，风扬幡动。有二僧争论，一云风动，一云幡动。六祖曰："风幡非动，动自心耳。"

【译文】祝发　祝贺僧人剃发后皈依佛教，头顶锃光瓦亮。《唐书》说"祝发划草"，僧人剃头发叫作"划草"。

檀那、檀越　梵语是"陀那钵底"，唐朝人把"施主"称作"檀那"，也就是把"陀"错误读成"檀"，再省略"钵底"，所以叫"檀那"。又称"檀越"，意思是人能行"檀施"，能渡过贫穷海。

伊蒲馔　后汉时楚王刘英去朝廷献上缣布用来赎罪，皇帝下诏回答他说：楚王爱好道家的黄老学说，也信佛教，拿回你的赎金去供应"伊蒲塞桑门"的食物吧。

风幡论　《传灯录》里说：六祖惠能才去法性寺时，一阵风吹动了竹竿挂着的长条旗子。有两个僧人互相争论，一个说是风动了幡，一个说是幡自己动。六祖说："不是风动或幡动，是自己的心动了。"

传衣钵　五祖欲传衣钵，乃集五百僧谓曰："谁作无像偈，即付与衣钵。"首座云："身似菩提树，心为明镜台，时时勤拂拭，勿使染尘埃。"慧能改曰："菩提本非树，明镜亦非台，不劳勤拂拭，何处惹尘埃？"五祖惊曰："此全悟道，脱然无像，且无虑矣。"即以法宝及所传袈裟，尽以付之。

得真印　梁达摩奉佛衣来，得道者传付以为真印。六祖卢惠能受戒韶州，曹溪说法，乃置其衣而不传，后谥为大鉴。

【译文】传衣钵　五祖想传授自己的衣钵，就召集五百名弟子说："谁能做出没有形迹的偈，就传给他我的衣钵。"神秀的偈语是："身似菩提树，心为明镜台。时时勤拂拭，勿使染尘埃。"卢惠能改成："菩提本非树，明镜亦非台。不劳勤拂拭，何处惹尘埃？"五祖惊讶地说："这首偈语全是体悟大道的话，超然毫无形迹，我不忧虑衣钵的事情了。"便把法宝和所传袈裟全都给了慧能。

得真印　南朝梁时的达摩捧着佛衣来我国，得道的人就传授这件佛衣，当作真印传下去。六祖卢惠能在韶州受戒剃度，后来在曹溪说佛法，就搁下佛衣，不再传授，后来他的谥号为"大鉴禅师"。

杨枝水　佛图澄天竺人，妙通玄术，善诵咒，能役使鬼神。石勒闻其名，召试其术。澄取钵盛水烧香，须臾，钵中生青莲花。

勒爱子暴病死，澄取杨枝洒而咒之，遂苏。

披襟当箭　《传灯录》：石巩和尚常张弓架箭，以待学者。义思禅师诣之，石巩曰："看箭！"师披襟当之。巩笑曰："三十年张弓架箭，只射得半个汉。"

一坞白云　广严院咸泽禅师逍遥自足。僧曰："如何是广严家风？"师曰："一坞白云，三间茅屋。"

【译文】杨枝水　佛图澄是天竺人，通晓法术，擅长念咒，能差使鬼神。石勒听说他很有名，就召他来试他的法术。他取了一只钵，钵里盛着水，并且烧香，不一会儿，钵里就长出青莲花。

石勒心爱的儿子突然病死，佛图澄取来杨柳枝沾着水，洒在他儿子身上，并且念咒语，他儿子就醒过来了。

披襟当箭　《传灯录》里说：石巩和尚常常拉开弓放上箭，用来迎接求学者。义思禅师前去拜访他，石巩和尚说："看箭！"义思禅师解开衣裳，袒开胸膛受箭。石巩和尚笑着说："三十年拉弓搭箭，却只射中了半条汉子。"

一坞白云　广严院的咸泽禅师逍遥自得。有僧人问他："怎么样才是广严的家风？"咸泽禅师说："一坞的白云，三间茅屋。"

安心竟　可大师问初祖达摩曰："诸佛法印，可得闻乎？"祖曰："诸佛法印，匪从人得。"可曰："我心未宁，乞师与安。"祖曰："将心来，与汝安。"可良久曰："觅心了不可得。"祖曰："与汝安心竟。"

求解脱　信大师礼三祖曰："愿和尚慈悲，乞与解脱法门。"祖曰："谁缚汝？"曰："无人缚。"祖曰："既无人缚，何更求解脱乎？"信于言下有省。

入门来　世尊见文殊立门外，曰："何不入门来？"殊曰："我不见一法在门外，何以教我入门来？"

【译文】安心竟　可大师询问初祖达摩说："诸佛的法印，可以说给我吗？"达摩说："诸佛的法印，不是从别人处得来。"可大师说："我的心不安宁，请求师父帮我心安。"达摩说："把你的心拿来，我帮你安宁。"可大师过了很久，说："找我的心完全找不到。"达摩说："我将你的心安顿好了。"

求解脱　信大师向三祖行礼说："希望大和尚慈悲为怀，求你告诉我解脱的法门。"三祖说："谁绑你了？"信大师说："没人绑。"三祖说："既然没人绑你，干吗再求解脱呢？"信大师立刻就了悟了。

入门来　世尊看见文殊菩萨在门外站立，说："为什么不进门？"文殊菩萨说："我在门外看不见一个法，为什么让我进门去？"

再转法轮　世尊临入涅槃，文殊请佛再转法轮。世尊咄云：“吾住世四十九年，不曾有一字与人。汝请吾再转法轮，是谓吾已转法轮耶？”

汝得吾髓　达摩将灭，命门人各言所得道。副曰：“如我所见，不执文字、不离文字而为道。”师曰：“汝得吾皮。”总持曰：“我今一见，更不再见。”师曰：“汝得吾肉。”道育曰：“四大本空，五阴非有，而我所见无一法可得。”师曰：“汝有吾骨。”最后慧可礼拜依位而立，师曰：“汝得吾髓。”

不起无相　般若尊者问达摩：“于诸物中何物无相？”曰：“于诸物中不起无相。”

【译文】再转法轮　世尊即将涅槃时，文殊菩萨请求佛祖再转下法轮（再说下佛法）。世尊呵斥说：“我在世间居住四十九年，不曾给人说过一个字。你请我再转法轮，是说我已经转过法轮了吗？”

汝得吾髓　达摩将寂灭时，让门人各自说自己获得的道。副座说：“像我见到的，不执着在文字、不脱离文字，这是道。”达摩说：“你得到我的皮。”总持说：“我如今看见一次，再不会看见。”达摩说：“你得到我的肉。”道育说：“四大原来都是空无，色受想行识五阴也没有，而我所见的没有一法可以获得。”达摩说：“你得到我的骨。”最后慧可向达摩行礼后靠着位子站着，达摩说：“你得到我的髓。”

不起无相　般若尊者询问达摩：“所有物体中什么物体没有相？”回答说：“在所有物体中间不起无相。”

洗钵盂去　僧问赵州，学人初入丛林，乞师指示。州曰：“吃粥了也未？曰：“吃了也。”州曰：“洗钵盂去。”其僧乃悟入。

使得十二时　僧问赵州：“十二时中如何用心？”师曰：“汝被十二时使，老僧使得十二时。”

天雨花　梁高僧讲经于天龙寺中，天雨宝花，缤纷而下。徐玉泉赠诗云：“锡杖飞身到赤霞，石桥闲人坐三车（三车谓三乘，大乘、小乘、上乘）。一声野鹤仙涛起，白昼天风送宝花。”

【译文】洗钵盂去　有僧人问赵州和尚：“求学佛法的人刚进寺庙，请求大师开示。”赵州和尚说：“喝粥了吗？”对方回答说：“喝了。”赵州和尚说：“洗碗去。”那僧人就顿悟了。

使得十二时　有僧人问赵州和尚：“十二个时辰里怎么用心呢？”赵州和尚说：“你被十二个时辰役使，老僧我役使十二个时辰。”

天雨花　南朝梁有个高僧在天龙寺里讲经，天上就像雨一样落下宝花，缤纷而落。徐玉泉赠给高僧一首诗说：“锡杖飞身到赤霞，石桥闲坐演三车（“三车”指“三乘”，即大乘、小乘、上乘）。一声野鹤仙涛起，白昼天风送宝花。”

石点头　梁有异僧玉生者，又名竺道生，人称曰生公。讲经于虎丘寺，人无信者。乃聚石为徒，坐而说法，石皆点头。

龙听讲　梁有僧讲经，有一叟来听，问其姓氏，乃潭中龙也，云“岁旱得闲，来此听法。”僧曰：“能救旱乎？”曰：“帝封江湖，不得擅用。”僧曰：“砚水可乎？”曰：“可。”乃就砚吸水径去，是夕大雨，水皆黑。

离此壳漏子　《传灯录》：洞山良价和尚将圆寂，谓众曰：

“离此壳漏子，向什么处相见？”众不对，师俨然坐化。

【译文】石点头　晋朝有个叫玉生的奇异僧人，又叫竺道生，人称“生公”。他在虎丘寺讲经，没有人信奉。于是他聚集很多石头当徒弟，坐下来说法，石头都点头称是。

龙听讲　南朝梁时有个僧人讲经，有个老人来听，问他姓名，原来是潭中的龙，龙说：“今年发生大旱，得到空闲，就来这里听法。”僧人说：“能化解大旱吗？”龙说：“天帝封了江湖，不能擅自使用。”僧人说：“砚台的水可以使用吗？”龙说：“那可以。”于是就着砚台边上吸水，直接飞上天，当晚就下起大雨，水全是黑色。

离此壳漏子　《传灯录》里说：洞山的良价和尚即将圆寂，他对众人说：“离开这副壳漏子，到什么地方再和你们相见？”众人不回答，他便神情庄严地坐化了。

只履西归　后汉二十八祖达摩，中天竺国佛法，起自初祖迦叶尊者，至达摩乃二十八祖。梁武帝大通元年始至中国，是为东土始祖，端居而逝。后三载，魏宋云使西域，归遇师于葱岭，手持只履，翩翩独逝，问师何往，曰：“西天去。”明帝启其圹，惟一革履存焉。

阇维荼毗　天竺第九祖入灭，众以香油旃檀阇维真体。僧亡火化曰阇维，又曰荼毗。东坡宿曹溪，借《传灯录》读，灯花落烧一僧字，即以笔记台上：“曹溪夜岑寂，灯下读传灯。不觉灯花落，荼毗一个僧。”

【译文】只履西归　后汉时的二十八祖达摩，中天竺国的佛法，起源于初祖迦叶尊者，到达摩是第二十八祖。梁武帝大通元年（公元529年）他才来到中国，这就是东方禅宗的始祖，后来他安宁地居住，然后去世。三年后，北魏的宋云出使西域，回来时在葱岭碰到了达摩祖师，祖师手里拿着一只鞋，翩然独行，问他去哪里，他说："西天去。"北魏孝明帝打开他的坟墓，只有一只鞋在里面。

阇维荼毗　天竺国的第九祖涅槃时，众人用香油和檀香来"阇维"他的真身。僧人死亡后被火化被称作"阇维"，又叫"荼毗"。苏轼在曹溪住宿，借来《传灯录》读，蜡烛的灯花落下烧掉了一个"僧"字，苏轼就用笔在台上题诗："曹溪夜岑寂，灯下读传灯。不觉灯花落，荼毗一个僧。"

截却一指　天龙合掌顶礼拜问于古德，曰："敢问佛在何处？"古德曰："佛在汝指头上。"天龙竖一指朝夕观看。古德从背后截去其一指，天龙豁然大悟。后人曰："天龙截却一指，痛处即是悟处。"

吃在肚里　有老僧吃饭，人问之曰："和尚吃饭与常人异否？"僧曰："老僧吃饭，口口吃在肚里。"

放生　北使李谐至梁，武帝与之游历。偶至放生处，帝问曰："彼国亦放生否？"谐曰："不取亦不放。"帝大惭。

【译文】截却一指　天龙和尚合掌磕头问古德："请问佛在哪里？"古德说："佛在你的指头上。"天龙竖着一个指头一天到晚瞧看，古德从背后砍断了他那根指头，天龙和尚突然就顿悟。后人说："天龙砍掉一个指头，痛处也就是悟处。"

吃在肚里　有个老和尚吃饭，别人问他："僧人吃饭和普通人有区别吗？"老和尚说："老僧我吃饭，每一口都吃到肚子里。"

放生　北朝的使者李谐访问梁朝，梁武帝和他去游览。偶然到放生的地方，梁武帝问他说："你们国家也放生吗？"李谐说："不抓也不放。”梁武帝感到十分惭愧。

海鸥石虎　佛图澄依石勒、石虎，号大和尚。以麻油涂掌，占见吉凶数百里外，听浮屠铃声，逆知祸福。虎即位，师事之，时谓澄以石虎为海鸥鸟。

帝言日中　虎丘生公于石上讲经，宋文帝大会僧众施食，人谓僧律日过中即不食。帝曰：“始可中耳。”生公曰：“日丽天，天言中，何得非中？”即举箸而食。

碎却笔砚　李泌在衡山事明瓒禅师，瓒云：“欲学道者，先将笔砚碎却。”

【译文】海鸥石虎　佛图澄依附石勒、石虎，被称为“大僧人”。他用麻油涂手掌，占卜出几百里外事情的吉凶。他听寺庙的铜铃声，就能预知祸福。石虎登基做皇帝后，把他当作老师来侍奉，当时人说佛图澄把石虎当成海鸥。

帝言日中　虎丘的生公在石头上讲经，宋文帝召集很多僧人信徒来施舍食品，有人说僧人戒律“过了中午就不吃东西了”。宋文帝说：“太阳刚刚到天中间。”生公说：“太阳附着在天上，天上要说中间，哪里不是中间呢？”他立刻拿筷子吃饭。

碎却笔砚　李泌在衡山拜明瓒禅师为师傅，明瓒禅师说：“想学道的人，先把毛笔和砚台砸碎了才行。”

六道　释家有六道轮回之说，曰天道、人道、魔道、地狱道、饿鬼道、畜生道。

捱日庵　善导和尚庵名捱日，示众云：“体此二字，一生受用。”

抱佛脚　云南之南一番国，俗尚释教。有犯罪当诛者，趋往寺中，抱佛脚悔过，愿髡发为僧，即贳其罪。今谚曰：“闲时不烧香，急来抱佛脚。”本此。

【译文】六道　佛家有“六道轮回”的说法，六道分别是：天道、人道、魔道、地狱道、饿鬼道、畜生道。

捱日庵　善导和尚住的庵名叫“捱日庵”，并开示众人说：“能体会这两个字的内涵，一生受用不尽。”

抱佛脚　云南的南边有一个番国，那里风俗崇尚佛教。若有人犯罪要受死刑，跑进寺庙，抱着佛祖塑像的脚，忏悔过失，并且愿意剃发为僧，就能赦免他的罪。如今的谚语说“闲时不烧香，急来抱佛脚”，来源于这个典故。

九日杜鹃　唐周宝镇润州，知鹤林寺杜鹃花奇绝，谓僧殷七七曰：“可使顷刻开花副重九乎？”七七曰：“诺。”及九日，果烂熳如春。

摩顶止啼　宋安东人娄道者，生有异相，掌中一目，中指七节，长为承天寺僧。尝召入大内，适仁宗生，啼哭不止，摩其顶曰：“莫叫，莫叫，何似当初莫笑。”啼遂止。

玉带镇山门　了元号佛印，住金山寺，苏轼访之。了元曰：“内翰何来？此间无坐处。”轼戏曰：“借和尚四大作禅床。”了元曰：“四大本空，五蕴非有。”轼投以玉带镇山门，了元报以一衲。

【译文】九日杜鹃　唐朝的周宝镇担任润州刺史时，了解到鹤林寺的杜鹃花很奇特，是天下第一，就对僧人殷七七说：“你能让这些花顷刻之间开放，配合重阳佳节吗？”殷七七说：“可以。”到了重阳节那天，杜鹃花果然开得灿烂如春。

摩顶止啼　宋朝的安东有个人叫娄道，他出生时便有奇异的现象，手掌中有一只眼睛，中指有七个关节。他长大后剃度成为承天寺的僧人。曾经被召入宫里，正遇到宋仁宗刚出生，不住地啼哭，他摸着宋仁宗的头顶说：“别叫，别叫，多像当初别笑。”宋仁宗就停止哭泣。

玉带镇山门　了元僧人号“佛印”，住在金山寺，苏轼去探访他。了元说：“苏学士来这里做什么？这里没你的坐位。”苏轼开玩笑说：“借和尚的‘四大’作为禅床。”了元僧人说：“四大本就是空的，‘五蕴’也是没有的。”苏轼赠他一条玉带镇守山门，了元僧人回报一领僧衣给苏轼。

白土杂饭　新罗国僧金地藏，唐至德间渡海，居九华山，取岩间白土杂饭食之。九十九日忽召徒众告别，坐化函中。后三载开视，颜色如生，舁之，骨节俱动。

涤肠　小释迦保昌黎氏子，九岁入山，精修五载得悟。一日归省其母，啖之肉，出至溪中，以刀刳肠涤净，唐赐号澄虚大师。

释解　文通慧姓张，弃家祝发，师令掌厕盥盆。忽有市鲜者沃于盆，文偶击之，仆地死。文惧，奔西华寺，久之，为长老。忽曰：“三十年前一段公案，今日当了。”众问故，曰：“日午自知之。”一卒持弓至法堂，瞠目视文，欲射之。文笑曰：“老僧相候已久。”卒曰：“一见即欲相害，不知何仇？”文告以故，卒悟曰：“冤冤相报何时了，劫劫相缠岂偶然，不若与师俱解释，如今立地往西天。”视之立逝矣，文即索笔书偈而化。

【译文】白土杂饭　新罗国的和尚金地藏，在唐朝至德年间渡海到中国，住在九华山上，找岩石之间的白土伴着饭来吃。过了九十九天，他忽然召来所有弟子，和他们告别，就在匣中坐化了。三年后弟子们打开一看，他的脸色就像活着一般，抬起来时，他身上的骨节都能动。

涤肠　小释迦，是保昌一个黎氏人家的儿子，九岁时进山，精专修炼五年，然后证悟。有一天他回家探望母亲，母亲给他吃肉，他出门后到溪边，用刀子切开肠子洗干净。唐皇帝给他赐名“澄虚大师”。

释解　文通慧俗姓张，出家剃发，做了和尚，他的师父派他主掌厕所的洗手盆。忽然有个卖鱼的在洗手盆里洗东西，文通慧打他，那人竟然倒地而死。文通慧特别害怕，逃到西华寺。过了很久，他当了西华寺的长老。有一天他忽然说：“三十年前的一段案件，如今应该了断。”徒弟们问他是什么案件，他说：“中午时自然知道。”到了中午，一个士兵手持弓箭来到法堂，瞪眼看文通慧，想用箭射他。文通慧笑着说：“老衲等了你很久了。”士兵说：“我一看到你就想害死你，不知道到底和你有什么仇？”文通慧告诉他缘故。那个士兵一下醒悟，说：“冤冤相报何时了，劫劫相缠岂偶然。不若与师俱化解，如今立地往西天。”看他原来已经去世了，文通慧立即要笔来写下偈语就坐化了。

冤家亦生　宝志，梁武帝师事之。皇子生，志曰：“冤家亦生矣。”后知与侯景同日生。

正大衍历　一行从普寂禅师为徒。唐玄宗召问曰：“卿何能？”对曰：“善记览。”即以宫人籍试之，一无所遗，玄宗呼为“圣人”。汉洛下闳造《大衍历》云：“历八百岁当差一日，有出而正之者。"一行当其期，乃定《大衍历》。

雨随足注　莲池名袾宏，沈氏子，为诸生，辞家祝发。见云栖幽寂，结茅以居，绝粮七日，倚壁危坐。云栖多虎，皆远徙。岁旱，击木鱼循田念佛，雨随足迹而注。人异之。遂成兰若，专以净土一门普摄三根，著述甚多，诸方尊为法门周、孔。

【译文】冤家亦生　宝志和尚，是梁武帝的师傅。梁武帝的皇太子出世，宝志说："冤家也出世了。"后来了解到皇太子和侯景同一天出生。

正大衍历　一行和尚拜普寂禅师为师。唐玄宗召他询问说："你有什么特别的才能？"他回答说："我记忆力非常好。"唐玄宗就用宫女的花名册考他，一个都没漏记，唐玄宗称他为圣人。汉朝的洛下闳创造了《大衍历》时说："再过八百年应该会有一天的误差，会有来修正这个历法的人。"一行正好和这个日期相应，便修订了《大衍历》。

雨随足注　莲池大师原名袾宏，是沈氏的儿子，是太学的学生，后来剃发出家。看见云栖幽静清寂，就盖了茅舍住下，七天不吃饭，靠着墙正襟而坐。云栖原本有许多老虎，这时候都迁徙到远处。大旱年份，他敲着木鱼绕着田念佛，雨跟着他的足迹就落下。世人都觉得不可思议，于是建成了一座佛寺，专门修炼净土宗，一心念佛，往生极乐。他的著述非常多，各地的大佛寺都尊他为佛教中的圣人。

为让帝剃发　南州法师名博洽，山阴人，禅定之余，肆力词章，居金陵。靖难时，金川门开为建文君剃发。文皇闻而囚之十余年。姚荣靖临革，上临视，问所欲言，于榻上叩首曰："博洽系狱久矣。"上即日出之。仁宗即位，数被召问，宣德中留偈而化。

赍药僧　住得号赤脚僧，常居庐山。洪武间，上不豫，住得赍药诣阙，谓天眼尊者及周颠仙所奉，上服之，立愈，御制诗赐之。

【译文】为让帝剃发　南州法师俗名叫博洽，是山阴人，他在坐禅修行的闲暇，还在诗词文章上用心，居住在金陵。靖难之役的时候，他曾让金川门打开，给建文帝举行剃发仪式。明成祖朱棣听说这件事后囚禁了他十多年。姚广孝（荣靖）弥留之际，皇帝来探望他，问他有什么遗言，他在床上磕头说："博洽被关太久了。"成祖当日就放出博洽。后来明仁宗登基（洪熙，公元1424—1425年），博洽多次被皇帝召入宫廷咨询。他在宣德年间（公元1425—1435年），留下一首偈就坐化了。

赍药僧　住得被称为"赤脚僧"，曾经在庐山居住。洪武年间，皇帝身体不好，住得带着药入朝，说是天眼尊者和周颠仙进奉给皇帝的，皇帝服用了这药，马上就病好了，便亲自写诗赐给住得。

乞宥沙弥　冰蘖名维则，洪武二十五年，上命凡天下僧人有名籍者，皆要俗家余丁一人充军。维则时进偈七章，其七曰："天街密雨却烦嚣，百稼臻成春气饶。乞宥沙弥疏戒检，袈裟道在祝神尧。"上览偈，为收成命。

日月灯　王介甫尝见举烛，因言："佛书有日月灯光明佛，灯光岂得配日月？"吕吉甫曰："日昱乎昼，月昱乎夜，灯光昱乎昼夜，日月所不及，其用无差。"介甫大以为然。

卧佛　《涅槃经》云："如来背痛，于双树间北首而卧。"故后之图绘者为此像。晋庾公尝入佛图，见卧佛，曰："此子疲于津梁。"于时以为名言。

【译文】乞宥沙弥　冰蘖名叫维则，在洪武二十五年（公元1392年）

时，皇帝下令全国有僧籍的僧人，都要有个平民为他去从军。维则当时进奏七条偈语，第七条说："天街密雨却烦嚣，百稼臻成春气饶。乞宥沙弥疏戒检，袈裟道在祝神尧。"明太祖读到这条偈语，就收回命令。

日月灯　王安石曾看见有人点蜡烛，就说："佛书里有'日月灯光明佛'，灯光怎么配得上日月呢？"吕惠卿（吉甫）说："太阳在白天照明，月亮在夜晚照明，灯光白天晚上都能照明，太阳、月亮都比不了，所以它们的功用没区别。"王安石很赞同。

卧佛　《涅槃经》说："佛祖背部感觉痛，在两株菩提树间向北躺着。"所以后来画佛祖的就画了卧佛。晋朝的庾亮曾经逛寺庙，看见卧佛，就说："这人疲倦于当世人的渡口桥梁。"当时人认为这是一句名言。

张玄之、顾敷，是顾和中外孙，皆少而聪慧，和并知之，而尝谓顾胜于张。时张九岁，顾七岁。和与之俱至寺中，见佛般泥洹像，弟子有泣者，有不泣者。和以问二孙。玄谓："被亲，故泣；不被亲，故不泣。"敷曰："不然。当由忘情，故不泣；不能忘情，故泣。"

天女散花　《维摩经》云：会中有天女散花，诸菩萨悉皆堕落，至大弟子便着不堕。天女曰："结习未尽，故花着身；结习尽者，花不着身。"

三乘　法门曰大乘、中乘、小乘。乘乃车乘之乘。阿罗汉独了生死，不度众人，故曰小乘；圆觉之人，半为人半为己，故曰中乘；菩萨为大乘者，如车之大者，能度一切众生。故曰三车之教。

【译文】张玄之和顾敷，是顾和的孙子和外孙子，虽然都很年幼却很聪慧，顾和知道他们都聪慧，但曾经说顾敷比张玄之更聪慧。当时张玄之九岁，顾敷七岁。顾和带他们去寺庙里，看见佛祖涅槃时的塑像，有的弟子哭泣，有的弟子不哭泣。顾和就问两个孙子其中的缘由。张玄之说："被佛祖亲爱，所以哭，没有被亲爱，所以不哭。"顾敷说："不对。应当是忘情的所以不哭，不能忘情所以哭。"

天女散花　《维摩经》说：佛祖和弟子开大会时有天女来撒下花朵，落在各位菩萨身上的花都落地，飘到大弟子身上的却沾着不落。天女说："因循的烦恼还没除尽的，花就沾身；烦恼除尽的，花不沾身。"

三乘　佛教的法门有"大乘""中乘""小乘"三种说法。"乘"也就是"车乘"的"乘"。阿罗汉只是自己了结自己的生死，不度脱别人，所以叫"小乘"；圆觉的人，一半为度脱人，一半度脱自己，所以叫"中乘"；菩萨是行"大乘"的，好比大车，能度脱所有的众生。所以这三种法门也叫"三车之教"。

三空，生、法、俱也。三慧，闻、思、修也。三身，法、报、化也。三宝，佛、法、僧也。三界，欲界、色界、无色界也。三毒，贪、瞋、痴也。三漏，欲漏、有漏、无明漏也。三业，身、口、意也。三灾，饥馑、疾疫、刀兵也。三大灾，火、水、风也。

努目低眉　薛道衡游开善寺，谓一沙弥曰："金刚何以努目？菩萨何以低眉？"沙弥曰："金刚努目，所以摄服群魔；菩萨低眉，所以慈悲六道。"

速脱此难　《大集》云：昔有一人避二难：醉众生死，缘藤（命根）入井（无常），有黑白二鼠（日、月）嚼藤将断，旁有四蛇（四大）

欲螫，下有三龙(三毒)吐火张爪拒之，其人仰望二象，已临井上，忧恼无托。忽有蜂过，遗蜜滴入口(五欲)，是人接蜜，全忘危惧，知人见此，各宜修行，速脱此难。

【译文】三空，分别是生、法、俱。三慧，分别是闻、思、修。三身，分别是法、报、化。三宝，分别是佛、法、僧。三界，分别是欲界、色界、无色界。三毒，分别是贪、嗔、痴。三漏，分别是欲漏、有漏、无明漏。三业，分别是身、口、意。三灾，分别是饥馑、疾疫、刀兵。三大灾，分别是火、水、风。

努目低眉　薛道衡逛开善寺时，对一个小沙弥说："金刚为什么发怒盯着人看？菩萨为什么低着眉头？"僧人说："金刚怒目，是用来震摄降服各种妖魔的；菩萨低着眉头，是用慈悲之心对待六道的众生。"

速脱此难　《大集经》说：以前有个人逃避两个灾难：一个是如醉的众生，一个是人的生死。他就攀爬一根藤蔓上(象征命根)下到井中(象征无常)，发现有一只黑鼠一只白鼠(象征日、月)一直在啃藤蔓，即将啃断，旁边还有四条蛇(象征物质世界)想咬人，下面还有三条龙(象征三毒)吐着火伸着爪子对着自己，这人仰望天和地，已经身在井口上了，他觉得忧愁和烦恼，快要过去。忽然有只蜜蜂飞过身边，一滴蜜掉到他的口中(象征人的五种欲望)，这人用嘴接了蜜来吃，完全忘记了危险和恐惧。智者见到这场景，各自应该用力修行，赶快逃离这个灾难。

五蕴皆空　五蕴者，就众生所执根身器界质碍形量之物名为色；以现前领纳违顺二境，能生苦乐者名受；以缘虑过现未三世境者名想；念念迁流，新新不住者名行；明了分别者名识。五者皆能盖覆真性，封蔀妙明，故总谓之蕴，亦名五阴，亦名五众。

慧业文人 会稽太守孟顗事佛精恳，而为谢灵运所轻。谢尝语顗曰：“得道应须慧业文人，卿生天在灵运前，成佛当在灵运后。”

拔絮诵经 佛图澄左乳旁有一孔，通彻腹内，常塞以絮。至夜欲诵经，则拔絮，一空洞明；或过水边，引肠洗之，复纳入。

【译文】五蕴皆空 “五蕴”：众生所秉持的本质有形状和数量的物质名为“色蕴”；用如今的接纳领受顺、逆两种境界，能生出苦、乐的叫“受蕴”；用缘法思索过去、如今、未来三世境界的叫“想蕴”；每个念头都付诸行动，永远不停叫“行蕴”；明白清楚地分别辨析叫“识蕴”。五蕴都能掩藏人的真性和妙明，所以总称“蕴”，也叫“五阴”，也叫“五众”。

慧业文人 会稽太守孟顗崇奉佛教特别诚恳，却被谢灵运看轻。谢灵运曾经对他说：“得道的需要有慧根的文人，你在我前面升天，成佛应当在我后边。”

拔絮诵经 佛图澄的左边乳头旁有个小洞，通到肚内，他常常用绵絮堵住。到夜里想念经时，就拔出绵絮，洞里什么都没有，空空荡荡；有时路过水边，他拖出肠子洗涤，洗完再塞进去。

世尊生日 《周书异记》：周昭王二十四年四月八日，山川震动，有五色光入贯太微。太史苏由奏曰：“有大圣人生于西方，一千年外，声教及此。”即佛生之日也。穆王五十三年二月十五日，天地震动，西方有白虹十二道连夜不灭。太史扈多曰：“西方有大圣人灭度，衰相现耳。”此时佛涅槃也。

悉达太子 《异记》又云：天竺迦维卫国净饭王妃，梦天降金人，遂有孕，于四月八日太子生于右胁；名悉达多。年十九，入檀特山修行证道，至穆王三年明星出时成佛，号世尊。于熙连河说《大涅槃经》，以正法眼藏将金缕僧伽黎衣传与弟子大迦叶，为第一世祖。穆王五十三年二月十五日，往拘尸城娑罗树间入般涅槃，在世教化四十九年，是为释迦牟尼，姓刹利。

【译文】世尊生日　《周书异记》里说：周昭王二十四年四月八日那天，大山和大川发生震动，有五色光芒射入太微星，并且贯穿。太史苏由上奏说："有个大圣人在西方出生了，一千年后，他的名声和教化就会传到中国来。"那天就是佛祖的诞辰。周穆王五十三年二月十五日，天地发生震动，西方有十二道白虹整晚都不消失。太史扈多说："西方的大圣人去世了，如今衰相就显现。"当时佛祖正涅槃。

悉达太子　《周书异记》里说：天竺迦维卫国的净饭王妃，梦里看见天上落下一个金人，她便坏了身孕，在四月八日那天从右胁生出了太子，名叫悉达多。悉达多十九岁时，去檀特山里修行体悟大道，到周穆王三年明亮的大星出现时成佛，号称"世尊"。他在熙连河边讲说《大涅槃经》，用正法眼藏将金缕僧伽黎衣传授给弟子大迦叶，大迦叶就是第一世祖。周穆王五十三年二月十五日，佛祖在拘尸城的娑罗树之间涅槃，在世间教化了众生四十九年，这就是释迦牟尼，姓刹利。

六祖　初祖达摩，二祖慧可，三祖僧灿，四祖道信，五祖弘忍，六祖慧能。一祖一只履，二祖一只臂，三祖一罪身，四祖一只虎，五祖一株松，六祖一张碓。梁武大通元年，达摩来自西土，以袈裟授慧可，曰："如来以正法眼藏付迦叶，展转至我，今付汝。吾灭后二百年，衣止不传。"遂说偈曰："我本来兹土，传法救迷情，一花开五叶，结果自然成。”

佛始生　周昭王之二十四年至孝王元年佛入涅槃，始佛著于经，汉武帝得休屠祭天金人，始佛像入中国。周穆王时，始西极国化人来。秦始皇时，始沙门室利房等至，皇囚之，夜有金人破户出。至汉明帝，始以僧天竺摩腾入中国，隋文帝始西域大食入中国（回回教门）。元魏始作大佛像，高四十三尺，用黄金、铜。五代宗作罗汉像用铁。

【译文】六祖　中土的第一祖是达摩，二祖是慧可，三祖是僧灿，四祖是道信，五祖是弘忍，六祖是慧能。一祖留下一只鞋，二祖只有一条臂膀，三祖全身是疮，四祖凭一只老虎说法，五祖本是栽松道人，六祖能领悟五祖敲碓的深意。梁武帝大通元年（公元529年），达摩从西域来到中原，把袈裟传授给慧可，并说：“佛祖将所有正法传给迦叶，辗转传到我，如今我传给你。我死后过二百年，袈裟不再传。”于是说了一句偈语：“我本来兹土，传法救迷情。一花开五叶，结果自然成。”

佛始生　周昭王二十四年到周孝王元年佛祖涅槃，才开始有佛经，汉武帝得到休屠祭天的金人，佛像才开始传进中国。周穆王时，西极国才最早有僧人来中国。秦始皇时，才最早有僧人室利房等人来中国，秦始皇囚禁他们，夜里，有一个金人帮他们破门而出。到汉明帝时，才开始让僧人天竺摩腾到中国来，隋文帝时开始有从西域的大食国进入中国的穆斯林教徒。北魏时开始建大佛，高四十三尺，使用黄金和铜制作。五代宗用铁作罗汉像。

后秦始尊鸠摩罗什为法师，宋徽宗称为德士。汉灵帝时安世高始立戒律，魏朱士行始中国人受戒。

后魏始立戒坛，宋太祖别立尼戒坛。

汉明帝始听阳城侯刘峻女出家，石虎听民为僧、尼，唐睿宗度公主为道士。

后魏太祖始授僧官，隋文帝制僧官十统，唐制两僧录司，唐武后始令僧尼隶礼部，唐玄宗始给度牒。

【译文】后秦开始将鸠摩罗什尊为法师，宋徽宗称僧人叫德士。汉灵帝时安世高最早设立戒律，从魏国的朱士行开始中国人也受戒。

后魏最早创立戒坛，宋太祖另外创立尼戒坛。

汉明帝最早放任阳城侯刘峻的女儿出家，石虎放任百姓出家为僧、尼，唐睿宗让公主出家当道士。

后魏太祖时开始设立了僧官，隋文帝最早制定僧官十统，唐朝设立两个僧录司，唐朝的武则天最早将僧尼隶属于礼部，唐玄宗最早给僧人发放度牒。

汉章帝时，西域僧作数珠，象一年十二月、二十四气、七十二候，共一百单八。五代僧志林作木鱼。

汉武帝尚南越，始禁咒，唐中宗时西京始投筊。（时寿安墨石山有灵神祠，过客投筊仰吉。）

唐太宗遣玄奘往西域取诸经像。至罽宾国，道险不可过，玄奘闭室而坐，忽见老僧授以《心经》一卷，令诵之，遂虎豹潜迹。至佛国，取经六百部以归。

孰为大庆法王　傅珪为大宗伯时，武宗好佛，自名“大庆法王”。番僧奏请腴田千亩为下院，批礼部议，而书大庆法王，与圣旨并。珪佯不知，劾番僧曰：“孰为大庆法王，敢与至尊并书，不大敬！”诏勿问。

【译文】汉章帝时，西域的僧人制作了念珠，象征一年十二月、二十四气、七十二节候，共一百零八颗珠子。五代时僧人志林制作木鱼。

汉武帝崇信南越方，开始禁止巫术咒语，唐中宗时长安城最早有了投筊占卜的方法。（当时寿安的墨石山有个灵神祠，路过的客人都用投筊占卜求吉利。）

唐太宗派玄奘去西域求佛经和佛像。他到了罽宾国，路上危险不能过去，玄奘就关门打坐，忽然看见一个老僧人近前来传授给他一卷《心经》，让他记诵，于是害人的虎豹就都销声匿迹了。他到佛国，带回六百部经书。

孰为大庆法王　傅珪担任礼部尚书，明武宗崇尚佛教，自称“大庆法王”。外国僧人奏请把一千亩良田给寺庙，明武宗批示让礼部讨论，并且署名“大庆法王”，和圣旨放一块。傅珪假装不认识，就审问外国僧人：“谁是大庆法王，竟敢和皇帝签名一模一样，犯了‘大不敬’的罪！”明武宗下诏不要问罪。

医

《神农经》：上药养命谓五石之炼形，五芝之延年也；中药养性谓合欢之蠲忿，萱草之忘忧也；下药治病谓大黄之除实，当归之止痛也。

君臣佐使　凡药有上中下之三品，凡合药宜用一君、二臣、三佐、四使，此方家之大经也。必辨其五味。三性、七情，然后为和剂之节。五味谓咸、酸、甘、苦、辛。酸为肝，咸为肾，甘为脾，苦为心，辛为肺，此五味之属五脏也。三性谓寒、湿、热。七情有独行者，有相须者，有相使者，有相畏者，有相恶者，有相反者，有相杀者，其用又有使焉。汤丸酒散，视其病之深浅所在而服之。

【译文】《神农经》里说：所谓的“上等药保养寿命”说的是丹砂、雄黄、白礬、曾青、慈石这五种石料可以修炼身体，龙仙芝、参成芝、燕胎芝、夜光芝、玉芝这五种灵芝可用来延年益寿；“中等药养性情”说的是合欢可以除去忿怒，萱草可以忘却忧愁；“下等药可以治病”说的是大黄可以除去胃里的积食，当归可以止痛。

君臣佐使　只要是药都有上品、中品、下品，配药时适合用一份君药、二份臣药、三份佐药、四份使药，这是专门医家开药的大规矩。一定要分辨药的五味、三性、七情，然后调节药剂的配方。五味指咸、酸、甘、苦、辛。酸属肝，咸属肾，甘属脾，苦属心，辛属肺，这五味属五脏。三性是寒性、湿性、热性。七情有独自运行的，也有相互配合的，也有相互役使的，也有相互排斥的，有相互抵消的，有相反的，有相互制约的，功用全在使用了。汤服丸、酒行散，都依据病的深浅和疾病所在来服用。

砭石　梁金元起欲注《素问》，访以砭石，王僧孺曰："古人常以石为针，不用铁；季世无佳石，故以铁代石。"

病有六不治　骄恣不论于理，一不治也；轻身重财，二不治也；衣食不能适，三不治也；阴阳并藏气不定，四不治也；形羸不能服药，五不治也，信巫而不信医，六不治也。

兄弟行医　魏文侯问扁鹊曰："子昆弟三人，孰最善为医？"对曰："长兄病视神，未有形而除之，故名不出于家。仲兄治病，其在毫毛，故名不出于闾。若扁鹊者，镵血脉，投毒药，副肌肤，故名闻于诸侯。"文侯曰："善！"

【译文】砭石　南朝梁的金元起想注释《素问》，就请教各种有学问的人关于砭石的问题，王僧孺说："古时候的人常常用石头来做针，不用铁做；后世没好石头，所以用铁来代替。"

病有六不治　自恃身体能扛，任性，不讲道理，这是一不治；不重视身体却重视财物，这是二不治；穿衣、吃饭不能适当，这是三不治；阴阳都藏在体内，气息不稳定，这是四不治；身体弱得不能吃药，这是五不治；信巫术，不信医术，这是六不治。

兄弟行医　魏文侯询问扁鹊："你家兄弟三个，谁最擅长医治病人？"扁鹊回答说："大哥看病观测病人的精神，病还没显露就治好了，所以大哥的名气没离开我家；二哥给人治病，病还比较轻时就治好了，所以他的名气离开我家乡；像扁鹊我这样的，往往破坏血脉、给人吃猛药，伤害肌肤，我的名声却传在诸侯间。”魏文侯说：“好！”

见垣一方 扁鹊少时遇长桑君，出怀中药，饮以上池之水，三十日，视见垣一方人。以此视病，尽见五脏症结，特以诊脉为名耳。见垣一方，犹言隔墙见彼方之人也。

病在骨髓 扁鹊适齐，桓侯客之。入见，曰：“君有疾在腠理，不治将深。”侯曰：“寡人无疾。”后五日复见，曰：“君之疾在血脉矣。”侯曰：“无疾。”后五日复见，曰：“君之疾在肠胃矣。”侯曰：“无疾。”后五日复见，望见桓侯，却走曰：“君之疾已在骨髓，此汤熨、针石、酒醪之所不及也。”数日后，侯病剧，召扁鹊，鹊已逃去。侯遂死。

【译文】见垣一方 扁鹊年少时碰到了长桑君，长桑君取出怀里的药，用上池的水让他服用，三十天后，扁鹊就能看见墙那一边的人。他靠这法术去看病，能看见所有五脏中症结所在的地方，只不过用诊脉当作幌子罢了。见垣一方，说的是隔着墙看见另一边的人。

病在骨髓 扁鹊去齐国，齐桓侯款待他。他入朝对齐桓侯说：“您在皮肤和肌肉之间有毛病，假如不赶快治疗恐怕加重病情。”齐桓侯说：“寡人没病。”五天后，再拜见齐桓侯，扁鹊说：“您的病现在到了血脉里了。”齐桓侯仍说“寡人没病”。又过了五天，扁鹊友拜见齐桓侯说：“您的病已经进入肠胃里了。”齐桓侯还说“寡人没病”。又过了五天，扁鹊远远看见齐桓侯，就躲开了，齐桓侯觉得奇怪，就询问他，他说：“您的病已经深入骨髓，这是汤药、针砭或者药酒都没法触及的疾病所在。”几天后，齐桓侯病重，召扁鹊来，扁鹊已经逃走，齐桓侯最后死去。

扁鹊被刺　扁鹊名闻天下。过邯郸，闻贵妇人，即为带下医；过洛阳，闻周人爱老人，即为耳目痹医；来入咸阳，闻秦人爱小儿，即为小儿医。随俗为变。秦太医令李醯，自知伎不如扁鹊，使人刺杀之。

病入膏肓　晋侯求医于秦，秦伯使医缓治之。未至。公梦二竖子曰："彼良医也，惧伤我，焉逃之？"其一曰："居肓之上、膏之下，将若我何？"医至，曰："疾不可为也。在肓之上、膏之下，攻之不可达，针之不可及，药不至焉。"公曰："良医也！"厚礼而归之。

姚剂三解　后周姚僧垣善医。伊娄自腰至脐，似有三缚。僧垣处三剂，初服，上缚即解；次服，中缚即解；又服，三缚悉除。

【译文】扁鹊被刺　扁鹊天下著名，他路过邯郸时，听说这地方重视妇人，就给妇女治病；路过洛阳时，听说周朝人敬爱老人，就给老人治疗；再到咸阳，听说秦国人呵护小孩，就治疗儿童的病。他顺着地方风俗的不同变换医治方向。秦国的太医令李醯，知道自己医术比不上扁鹊，就派人刺杀扁鹊。

病入膏肓　晋侯向秦国求好医生，秦伯派一个名字叫缓的医生去晋侯治病。缓还没到达晋国，晋侯梦见两个小孩互相说："那是个好医生，害怕他会伤害我们，逃到哪里去好呢？"一个小孩说："住在肓的上面、膏的下面，他就不能拿我们怎么办了。"医生到后，对晋侯说："这病已经治不了。病症在肓上面、膏下面，想要用药物治疗却不能达到那里，针石不行，药也到不了。"晋侯说："好医生啊。"于是送给他很多礼物，让他回去了。

姚剂三解　后周的姚僧垣精通医术。伊娄从腰部到肚脐，就像有三重束缚的感觉。姚僧垣给他开了三剂药，喝完第一剂，上边的束缚就解除；喝完第二剂，中间的束缚也解除；再喝完第三剂，三重束缚全部解除。

太仓公　姓淳于，名意；为人治病，立决死生，多奇中，用药若神。

东垣十书　李杲传：易州张元素之秘业，士大夫非危急之疾，不敢谒，时以神医目之。所著有《东垣十书》。

刮骨疗毒　华佗：疾在肠胃不能散者，饮以药酒，割腹湔洗积滞，傅神膏合之，立愈。如割关侯臂而去毒，针曹操头风而去风是也。

医国手　《国语》：晋平公有疾，秦伯使人视之，赵文子曰："医及国家乎？"对曰："上医医国，其次救人，固医职也。"

【译文】太仓公　太仓公姓淳于，名意。他替人治病，能当场判定那人将要生还是死，特别准确，用药也很管用。

东垣十书　李杲继承了易州张元素的秘密医术，士大夫若不是很危急的病不敢请他医治，当时把他看作神医。他著有《东垣十书》。

刮骨疗毒　华佗说：疾病在肠胃不能驱散的，让他喝药酒，剖开肚子，洗涤沉积留滞的东西，涂上神奇的药膏缝合肚子，就能马上痊愈。比如剖开关公的胳膊刮毒疗伤，用针刺曹操的头，去掉头风病。

医国手　《国语》里说：晋平公生病，秦伯派一个医生去探望他。赵文子说："你能治病，但能治国家吗？"那人说："上等的医生医治国家，中等的医生救人，本来就是医生的职责。"

杏林　《庐山记》：董奉每治人病，病愈，令种杏一株，遂成林。奉后成仙，上升。

徙痈　薛伯宗善徙痈疽。公孙泰患背疽，伯宗为气封之，徙置斋前柳树上。明日疽消，而树起一瘤如拳大。稍稍长二十余日，瘤大溃烂，出黄赤汁斗许，树为委损矣。

橘井　晋苏耽种橘凿井，以疗人疾。时病疫者，令食橘叶，饮井水，即愈。世号橘井。

肘后方　葛洪抄《金匮方》百卷，《肘后要急方》四卷。

【译文】杏林　《庐山记》里说：董奉每次给人治病，那人病好后，就让他种一株杏树，最后成了一片杏树林。董奉后来成仙，飞升。

徙痈　薛伯宗擅长转移人身上的疮痈。公孙泰背部长疮，薛伯宗用气封住那个疮，把它移动到书斋前的柳树上。第二天疮就消退，可那棵柳树上长了一个拳头般大小的瘤。渐渐长了二十多天，瘤越来越大，最后溃烂，流出一斗多的黄色或赤色汁液，树因此而变枯萎了。

橘井　晋朝的苏耽种橘子树、凿井，用来给人治病。当时得了传染病的人，就让他们吃橘树叶，喝井水，马上就痊愈。世人称这里是“橘井”。

肘后方　葛洪抄各种医术编成《金匮方》一百卷、《肘后要急方》四卷。

千金方　孙真人愈龙疾，授以《龙宫秘方》一卷，治病神验，后集为《千金方》传世。

照病镜　叶法善有铁镜，鉴物如水。人有疾以镜照之，尽见脏腑中所滞之物，然后以药治之，疾即愈。

医称郎中　郎中知五府六部事，医人知五脏六腑事，故医人亦称郎中。北人因郎中而遂称大夫。

鄞水名医 庞安常，宋神哲间驰名京邸，于书无所不读，而尤精于《伤寒》，妙得长沙遗旨。性豪俊，每应人延请，必驾四舟，一声伎，一厨传，一宾客，一杂色工艺之人，日费不赀。

【译文】千金方 孙思邈治好了龙的病，龙传给他一卷《龙宫秘方》，治病特别灵验，后来编纂为《千金方》流传后世。

照病镜 叶法善有一面铁镜，照东西就像水面。有人生病拿这铁镜一照，脏腑里滞留的东西全部都能看见，然后用药去治，病马上就好。

医称郎中 郎中掌管朝廷的五府六部，医生了解人体的五脏六腑，所以医生也叫郎中。北方人因为郎中进而称医生为大夫。

鄞水名医 庞安常，在宋神宗、宋哲宗年间著名于京城，博览群书，尤其精通《伤寒论》，继承张仲景（张长沙）的医学宗旨。他为人豪爽俊逸，每回受人邀请，一定会开四条船，其中一条船上都是歌妓，一条船上是厨师、传菜者，一条船上是客人，一条船上是各种杂耍艺人，每天的花费很惊人。

俞跗，始为医割皮肌湔涤脏腑；后仓公解颅，卢医剖心，华佗祖之。黄帝始制针灸，神农始命僦贷季（岐伯师也），理色脉，巫彭始制丸药。伊尹始制煎药，秦和（战国人），始制药方。

医谏 高鳌，正德时为太医院医士。上将南巡，鳌以医谏。上怒曰：“鳌我家官，亦附外官梗朕耶？”命杖之百而戍乌撒。肃宗改元，召还复职。时有星官杨源，亦以占候谏，死戍所。

【译文】俞跗最早治病时割开病人的皮肤去洗涤五脏六腑；后来仓公剖开头颅，卢医最早剖开心脏，华佗效法他们。黄帝最早开始制作针灸的办法，神农最早让僦贷季（岐伯的师父）调理面色和脉搏，巫彭最早制造出丸药，伊尹最早制造出煎药，秦和（战国时人）最早创制药方。

医谏　高鳌，在正德年间担任太医院的医士。皇帝准备南巡，高鳌以医士的身份来谏阻。皇帝极其生气地说："高鳌是我家的官，也来依附外官阻挠我不成？"派人打了他一百杖，并且发配到乌撒。明世宗登基，召他回朝复职。当时有个占星官杨源，也以占候的身份来谏阻，被贬谪死在谪戍所在地。

历代名医图赞

伏羲氏赞　茫茫上古，世及庖牺。始画八卦，爰分四时，究病之源，以类而推，神农之降，得而因之。

神农氏赞　仰惟神农，植艺五谷，斯民有生，以化以育，虑及夭伤，复尝草木，民到于今，悉沾其福。

黄帝轩辕氏赞　伟哉黄帝，圣德天授，岐伯俞跗，以左以右，导养精微，日穷日究，利及生民，勿替于后。

【译文】伏羲氏赞　茫茫的上古时代，上推到伏羲。他最早画出八卦，把一年分成四季。穷究得病的根源，找出规律以此类推。从神农氏以后，得以继承他的医学。

神农氏赞　瞻仰神农氏，教导人民种植五谷。人民得以生存，从而进行教化。又念及生病无常，他亲自遍尝百草。百姓直到现在，还都沾溉他的福泽。

黄帝轩辕氏赞　伟大的黄帝，圣人的德行是上天所授予。他的医师岐伯、俞跗，侍奉在他的左右。用精密细微的医术引导和保养黄帝，每天都穷究医理。最后也惠泽了天下的百姓，后代一直流传黄帝的医术，不曾断绝。

岐伯全元起赞　天师岐伯，善答轩辕，制立《素问》，始显医源。

雷公名敩赞　太乙雷公，医药之宗，炙煿炮制，千古无穷。

秦越人扁鹊赞　秦神扁鹊，精研医药，编集《难经》，古今钦若。

淳于意赞　汉淳于意，时遇文帝，封赠仓公，名传万世。

【译文】岐伯全元起赞　天师岐伯，善于回答黄帝的医学问题。写下《素问》，最早彰显医学的义理。

雷公名敩赞　太乙雷公，是医药的祖宗。炙煿炮制等制药的办法，几千年来受用无穷。

秦越人扁鹊赞　神医扁鹊，精心研究医术药方。编纂了《难经》，古今敬佩钦服。

淳于意赞　汉朝的淳于意，遇到了汉文帝。后来被封为仓公，名声流传万世。

张仲景机赞　汉张仲景，《伤寒》论证，表里实虚，载名亚圣。

华佗赞　魏有华佗，设立疮科，刮骨疗疾，神效良多。

太医王叔和赞　晋王叔和，方脉之科，撰成要诀。普济沉疴。

皇甫士安谧赞　皇甫士安，治法千般，经言《甲乙》，造化实难。

【译文】张仲景机赞　汉朝的张仲景，写了《伤寒论》讨论疾病。医学的表里虚实都深入剖析，最后他留名青史，号称“亚圣”。

华佗赞　魏国的华佗，设立疮伤科。他给人刮骨治疗，神妙的疗效非常多。

太医王叔和赞　晋朝的王叔和，把诊脉变成专门学问。写了一部《脉诀》，救济了许多重病的人。

皇甫士安谧赞　皇甫士安，治疗的方法有许多。编纂了《甲乙经》，功夺造化，实在难能可贵。

葛稚川洪赞　隐居罗浮，优游养寿，世号仙翁，方传《肘后》。

孙思邈赞　唐孙真人，方药绝伦，扶危拯弱，应效如神。

韦慈藏讯赞　大唐药王，德号慈藏。老师韦讯，万古名扬。

【译文】葛稚川洪赞　葛洪隐居在罗浮山，悠游自在保养长寿。世人称他是仙翁，流传后世的有《肘后方》。

孙思邈赞　唐朝的孙真人，药方超越一般医生。救治病危和体弱的人，医术灵验通神灵。

韦慈藏讯赞　大唐有歌药王，号为慈藏。老师名韦讯，万古名声扬。

相

相圣人　姑布子卿相孔子曰："其颡似尧，其顶类皋陶，其肩类子产，然自腰以下不及禹三寸，身长九尺三寸，累累然若丧家之狗。"

弹血作公　陶侃左手有文，直达中指上横节便止。有相者师圭谓："君左手中指有竖理，若彻于上，位在无极。"侃以针挑之令彻，血流弹壁，乃作"公"字。后果如其兆。

【译文】相圣人　姑布子卿给孔子看了面相后说："他的额头像尧帝，头顶像皋陶，肩膀像子产，可是从腰以下比大禹短了三寸长，身高九尺三寸，落魄得像出殡人家的狗。"

弹血作公　陶侃的左手掌有天然的纹理，一直通到中指上边的横指节为止。有个看相人叫师圭的对他说："你的左手中指上有竖着的纹理，假如能通到指尖，你的官位就位极人臣。"陶侃用针挑开皮肤，让纹理通上去，鲜血流出，他把血弹到墙壁上，显示出一个"公"字。后来果然应验了这个兆头。

官至封侯　卫青少时，其父使牧羊，兄弟皆奴畜之。有钳徒相青曰："官至封侯。"青笑曰："人奴之生，得无笞骂足矣，焉得

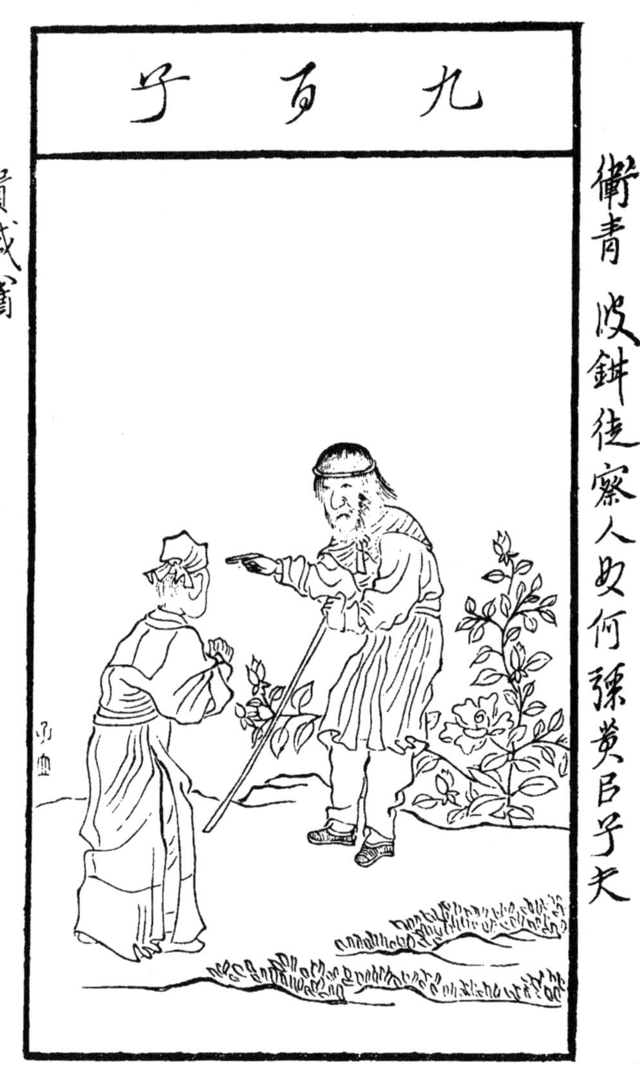

卫青，选自（明）陈洪绶版画《博古叶子》

封侯？”

须如猬毛　刘惔道桓温须如反猬毛，眉如紫石棱，自是孙仲谋、司马宣王一流人。

螣蛇入口　汉周亚夫为河南守，许负相之，曰：“君后三年为侯。八年为宰相，持国秉政。后九年当饿死。”亚夫笑曰：“既贵如君言，又何饿死？”负指其口曰：“螣蛇入口故耳。”后果然。

【译文】官至封侯　卫青年轻时，他父亲让他放羊，兄弟们都把他当仆人对待。有个受过钳刑的给他看面相后说：“你会被封为列侯。”卫青笑着说：“我是人家的奴婢生的，能不被打骂就够了，哪里能被封列侯呢？”

须如猬毛　刘惔说桓温的胡子就好比是倒过来的刺猬毛，眉毛就好比是紫石棱，自然是孙权（仲谋）、司马懿（宣王）一等的人物。

螣蛇入口　汉朝的周亚夫担任河南太守时，许负给他看相说：“你三年后定会被封为列侯。八年后做到宰相，主持国政。九年后就会饿死。“周亚夫笑着说：“既然能像你说的位至宰相，又怎么会饿死？”许负指着他的嘴巴说：“因为有螣蛇飞进你的嘴。”后来果然应验。

豕喙牛腹　《国语》：叔鱼生，其母视之，曰：“是虎目而豕喙，鸢肩而牛腹，溪壑可盈，是不可餍也，必以贿死。”

虎厄　晋简文初无子，令相者遍阅宫人，时李太后执役宫中，指后当生贵子而有虎厄。帝幸之，生武帝，既为太后，服相者之验，而怪虎厄无谓。且生未识虎，命图形以观，戏击之，患手肿而崩。

【译文】豕喙牛腹　《国语》里说：叔鱼刚出生，他母亲看着他，说："这孩子有老虎的眼睛，猪的嘴巴，鸢鸟的肩膀，牛的腹部，溪流峡谷虽然可以填满，这人却不知道满足，他一定会因为钱财死去。"

虎厄　晋朝简文帝最开始还没有儿子，就让看相的人去给宫内女人相面。当时李太后正在宫里给妃子们做宫女侍奉她们，相面人指着李太后说她应该会生下贵子，她自己却会有因为老虎而产生的灾难。简文帝就临幸了李太后，生下晋武帝，她被封为太后，就佩服相面人说的话很灵验，却奇怪所谓老虎的灾难并没有应验，而且她生来就没见过老虎，就命人画了一幅老虎的图画，她去看，她开玩笑地去击打画虎，却导致手肿，后来因为这个死去。

蜂目豺声　潘滔见王敦少时谓曰："君蜂目已露，但豺声未振耳。必能食人，亦当为人所食。"

鬼躁鬼幽　管辂曰："邓飏之行步，筋不束骨，此为鬼躁。何晏容若槁木，此为鬼幽。"

识武则天　唐袁天纲见武后母曰："夫人当生贵子。"后尚幼，母抱以见，绐以男，天纲熟视之，曰："龙瞳凤颈，若为男儿，当作天子。"

【译文】蜂目豺声　潘滔在王敦小时候就对他说："你那黄蜂般的眼睛已经显现，豺狼般的声音还没有出现。你一定会害人，也应该会被人所害。"

鬼躁鬼幽　管辂说："邓飏步行时，筋束不住骨，这是人死前的一种病态表现，被称为"鬼躁"。何晏脸上像枯萎的木头一般，这也是人死前的一种病态表现，被称为"鬼幽"。

识武则天　唐朝的袁天罡看到武则天的母亲时说："你定当生了

一个贵子。”当时武则天年纪幼小，她母亲抱出她让袁天罡相看，骗袁天罡说她是男孩，袁天罡端详了半天，说：“龙的眸子，凤凰的脖子，假如是男孩，应当会做天子。”

伏犀贯玉枕　袁天纲见窦轨曰：“君伏犀贯玉枕，辅角全起，十年且显，立功在梁、益间。”

盻刀　相者陈训背语甘卓曰：“甘侯仰视首昂，相名盻刀。目中赤脉自外入，必兵死。”

识王安石　宋李承之在仁宗朝官郡守，因邸吏报包孝肃拜参政，或曰：“朝廷自此多事矣。”承之正色曰：“包公无能为也，今知鄞县王安石，眼多白，甚似王敦。他日乱天下者，此人也。”

【译文】伏犀贯玉枕　袁天罡看到窦轨说：“你的前额凸起贯通玉枕骨，下巴全部扬起，十年内会贵显，建功立业的地方在梁州、益州之间。”

盻刀　看相人陈训背后说甘卓：“甘大人仰视时头颅很高，这在相术上被称为‘盻刀’；眼睛里有从外进入的大红色的脉络，他定会死在兵刃底下。”

识王安石　宋朝的李承之在宋仁宗朝担任某地太守，有个下属小吏报告说包拯被任命为参知政事，别人说：“朝廷从此事情要多起来了。”李承之板着脸说：“包公做不出什么事，我现在知道鄞县的王安石，他眼睛里眼白多，长得特别像王敦。以后扰乱天下的，肯定是这个人。”

麻衣道人　宋钱若水谒陈希夷，希夷与老僧拥炉，熟视若水，以火箸画灰上，云：“做不得。”徐曰：“急流中勇退人也。”

后再往，希夷曰："吾始以子神清，谓可作仙。时召麻衣道人决之，云子但可作公卿耳。"

耳白于面　欧阳公耳白于面，名满天下；唇不着齿，无事得谤。

史佚始相人，一云姑布子卿风鉴，内史服唐举，吕公通其术，伯益始相马。

【译文】麻衣道人　宋朝的钱若水去拜访陈希夷，陈希夷正和一个老僧人围坐在火炉边，老僧人仔细端详着钱若水，拿火钳在炉灰上写道："做不得。"并且不紧不慢地说："急流中勇退的人。"后来钱若水再去拜访陈希夷，陈希夷说："我开始觉得你神气清澈，以为你可以修道成仙。当时召来的麻衣道人下论断说你只能做公卿大臣罢了。"

耳白于面　欧阳修的耳朵比脸要白，所以天下著名；嘴唇包不住牙齿，所以无故被人毁谤。

史佚最早给人相面，或说是姑布子卿最早通过风度来相面，内史服唐举、吕公都精通相面法，伯益开始相马。

柳庄相　明袁珙遇僧道衍于嵩山寺，相之曰："目三角影白，形如病虎，性嗜杀人，他日刘秉忠之流也。"后衍荐珙于北平酒肆中，识燕王，即相为太平天子。其子忠彻亦善相，燕王命其遍相谢贵诸人，而后靖难。

好相人　单父人吕公，好相人，见季状貌，奇之，因妻以女，乃吕后也。

有封侯骨　汉翟方进少孤，事后母孝，尝为郡小吏，为诸掾所詈辱，乃从蔡父相，大奇之，曰：“小吏有封侯骨。”遂辞母，游学长安。母怜其幼，随之入京，织履以给，卒成名儒，举高第，拜相，封高陵侯。

【译文】柳庄相　明朝的袁珙在嵩山寺碰到了僧人道衍，袁珙给他看面相后说：“三角眼，眼白多，形貌像生病的老虎，天生爱好杀人，以后是刘秉忠一流的人。”后来道衍在北平的小酒馆里举荐袁珙结交了燕王朱棣，袁珙当时给朱棣相面后说他定会成为太平时代的天子。袁珙的儿子袁忠彻也精通相面，燕王朱棣让他给谢贵等人相面，而后发动靖难之役。

好相人　单父人吕公爱好给人看相，他看刘邦的容貌和形格，吃了一惊，就把女儿嫁给他，这就是后来的吕太后。

有封侯骨　汉朝的翟方进年少时就没了父亲，对母亲特别孝顺。他曾经在郡中担任小吏，被各位长官臭骂。于是他让蔡父给他相面，蔡父对他的面相表示惊奇，说：“你这个小吏有封侯的面相。”所以他向母亲告辞，去长安游学。他母亲心疼他年龄小，就随他一起入京，用织鞋来贴补家用。他后来成为一代大儒，被举荐，担任丞相，被封为高陵侯。

五老峰下叟　五代黄损与桑维翰、宋齐丘尝游五老峰，见一叟长啸而至，相维翰曰：“子异日作相，然而狡，狡则不得其死。”相齐丘曰：“子亦作相，然而忍，忍则不得其死。”独异损曰：“子有道气，当善终。”其后维翰相晋，齐丘相南唐，皆见杀，世以为前定。而损仕梁，官左仆射，雅以诗文名。

贵不可言　蒯彻以相术说韩信曰：“相君之面，不过封侯；相君之背，贵不可言。”

龟息 李峤母以峤问袁天纲，答曰：“神气清秀，恐不永耳。”请伺峤卧，而候鼻息，乃贺曰：“是龟息也，必贵而寿。”

【译文】五老峰下叟 五代时的黄损和桑维翰、宋齐丘曾经去五老峰游览，只见一个老头发出长长的口哨声，来到他们跟前，给桑维翰相面后说：“你以后担任宰相，可是狡狯，狡狯就不得好死。”再给宋齐丘看相说：“你也会担任宰相，可是做事残忍，残忍的人也不得好死。”只觉得黄损与众不同，说：“你有儒者的气质，当会善终。”后来桑维翰担任后晋的宰相，宋齐丘担任南唐的宰相，都被杀死，世人认为这是注定的事。黄损在后梁任职，担任左仆射，素来以诗文著称于世。

贵不可言 蒯彻用相术来游说韩信时说：“相你的面，只不过能被封侯罢了；可是相你的背，尊贵得不可言说。”

龟息 李峤的母亲向袁天罡问儿子李峤面相如何，袁天罡说：“神气清秀，怕寿命不长。”然后请袁天罡等李峤睡着了，再听他的呼吸，袁天罡贺喜说：“这是所谓的龟息，他一定会富贵而且长寿。”

葬

客土无气　浮图泓师与张说市宅，视东北隅已穿二坎，惊曰："公富贵一世矣，诸子将不终。"张惧，欲平之。泓师曰："客土无气，与地脉不连，譬如身疮痏，补他肉无益也。"

折臂三公　晋有术士相羊祜墓当有授命者，祜闻，掘断地势，以坏其形。相者曰："尚出折臂三公。"祜后堕马折臂，位至三公。

冢上白气　萧吉经华阴，见杨素冢上白气属天，密言之炀帝，曰："素家当有兵祸，灭门之象。改葬，庶可免！"帝从容谓玄感，宜早改葬。玄感以为吉祥，托言辽东未灭，不遑私事。未几，以谋反灭。

【译文】客土无气　僧人泓师给张说买坟地，看见东北角已经挖出两道坎，惊讶地说："您一生富贵，您的儿子们却没法保有家业。"张说害怕，想填平那两个坎，泓师说："别地的土没有地气，和那里的地脉不相连，好比身上长疮，用别处的肉来补也没用。"

折臂三公　晋朝有个术士相羊祜的墓，说会有人当皇帝，羊祜听说后，就挖断坟边的地脉，破坏风水。相士说："即使这样也能出断臂的三公。"羊祜后来掉下马摔断胳臂，却位至三公。

冢上白气　萧吉路过华阴时，看见杨素的坟上有白气向天上蒸腾，就秘密报告了隋炀帝，说："杨素冢定会有兵祸，有全家被灭门的迹象。假如改葬，也许可以免灾。"隋炀帝很从容地告诉杨玄感这件事，并说应该早些改葬。杨玄感却认为这是吉利的迹象，就假托辽东还没平定，没闲暇管私事。不多久，他因为谋反被皇帝杀掉。

示葬地　孙钟种瓜为业。一日，三人造门，钟设瓜分饮，三人曰："示子葬地，下山百步，勿反顾。"钟不六十步，回首见三白鹤飞去，遂葬其母，钟后生坚。

相冢书　方回著《山经》，有曰："山川而能语，葬师食无所；肺腑而能语，医师色如土。"

禹始肇风水地理，公刘相阴阳，周公置二十四局，汉王況制五宅姓，管辂制格盘择葬地。

不卜日　汉吴雄官廷尉。少时家贫，母死，葬人所不封之地，丧事促办，不择日。术者皆言其族灭，而子䜣、孙恭，并三世为廷尉。

【译文】示葬地　孙钟以种瓜当作产业。某一天，突然有三个人上门来，孙钟用瓜和酒招待他们。那三个人说："指示你一个埋人的地方，下山行一百步，千万别回头。"孙钟没走六十步，回过头去看，只见有三只白鹤凌空飞远了，于是便在那地方葬自己的母亲，孙钟的儿子叫孙坚。

相冢书　方回编纂《山经》，书里说："山川如果能说话，堪舆师傅就没工作了。五脏六腑能说话，医生就失业饿得脸色如土了。"

大禹最早创建看风水和地形的学问，公刘用阴阳相看，周公设立了二十四局，汉朝的王况制定五宅姓，管辂制作了格盘挑选坟地。

不卜日　汉朝的吴雄担任廷尉。他少年时家里贫穷，母亲死后，埋在别人不要的地方，丧事办得很急迫，不挑选吉日。术士都说他们家族会灭绝，可是他儿子吴䜣、孙子吴恭，连续三代都担任过廷尉。

真天子地　明王贤尝梦人授以书："读此可衣绯，不读此止衣绿。"数日于路得一书，视之，《青乌说》也。潜玩久之，乃以善地理闻。时为钧州佐，上取以往命相地，得窦五郎故址，曰："势如万马，自天而下，真天子地也。"

乌山出天子　梁武帝时谣曰："乌山出天子。"故江左山以乌名者皆凿，惟长兴雉山独完。后陈武帝霸先祖坟发此，其谣竟验。

【译文】真天子地　明朝的王贤曾梦到一个人传授他一本书，那人说："读这书可以当大官，不读只能当小官。"几天后在路上书摊看见一本书，名字是《青乌说》。他买来潜心揣摩了很久，于是因为精通堪舆闻名于世。当时他担任钧州的佐官，皇帝让他去挑选陵墓所在，他找到窦五郎的旧址，说："这里的地势就像万马奔腾，从天而降，真是天子陵墓的所在啊。"

乌山出天子　梁武帝时有个童谣里说："乌山出天子。"所以江南所有用乌命名的山都被开凿破坏，唯独长兴的雉山完好无缺。后来的陈武帝陈霸先，他家祖坟就在这里，那个童谣竟然成真了。

堪舆　扬子："属堪舆以壁垒兮。"《注》："堪舆，天地总名也。"今人称地师曰堪舆。

凿方山　秦始皇时，术者言金陵有天子气，乃遣朱衣三千人凿方山，疏淮水，以断地脉。

牛眠　陶侃将葬亲，忽失一牛，不知所在。遇老父曰："前冈见一牛眠处，其地甚吉，葬之，位极人臣。"侃寻之，因葬焉。

【译文】堪舆　《扬子》说："属堪舆以壁垒兮。"注："堪舆，也就是天地的总名。"今人称呼"风水先生"叫"堪舆家"。

凿方山　秦始皇时，术士说金陵有天子气，秦始皇便派三千个穿着红衣的人去开凿方山，疏通淮水，掘断那里的地脉。

牛眠　陶侃准备埋葬母亲，忽然丢了一头牛，不知去哪了，遇到一个老头说："前边山冈上看见一头牛在那里躺着，那地方很吉利，葬在那里的人的后代肯定位极人臣。"陶侃找到牛的所在，就把母亲埋在那里。

卜算

君平卖卜 汉严君平隐于成都，以卜筮为业，见人有邪恶者，借蓍龟为正言利害：与人子言依于孝，与人弟言依于悌，与人臣言依于忠。各因势导之，以善裁之。日阅数人，得百钱足自养，即闭肆下帘，讲《老子》。

青丘传授 唐王远知善《易》，知人生死，作《易总》十五卷。一日雷雨，云雾中一老人叱曰："所泄书何在？上帝命吾摄六丁追取。"远知跪地。老人曰："上方禁文，自有飞天神王保卫，何得辄藏箱帙？"远知曰："是青丘元老传授也。"老人取书竟去。

【译文】君平卖卜 汉朝的严君平在成都隐居，靠占卜生活，看见前来占卜的人要做恶事，便借着占卜语重心长地指明利害关系；对作为儿子的说要孝顺，对作为弟弟说要行对哥哥恭敬，对作为臣子的说要忠心为君。根据不同的人进行引导，用善意帮他们裁夺取舍。每天就接待几个人，赚到一百钱足以生活，就关闭门面，放下帘子，给弟子们讲解《老子》。

青丘传授 唐朝的王远知精通《周易》，能断人的生死，他编纂十五卷的《易总》。某一天打雷下暴雨，云雾中出现一个老人大声责备

严君平，选自（明）陈洪绶版画《博古叶子》

他说："泄露天机的书在哪里？上帝派我领着六丁来索取它。"王远知跪在地上。老人说："天上的禁书，自有飞天神王保卫，从哪里获取的？你怎敢藏在箱子里？"王远知说："这是青丘元老传授给我的。"老人取书直接离开。

青囊经　郭璞受业于河东郭公，公以《青囊书》九卷与之，遂洞五行、天文、卜筮之术，禳灾转福，通致无方。后《青囊书》为门人赵载所窃，未及开读，为火所焚。

震厄　王承相令郭璞作一小卦，卦成，意色甚恶，云："公有震厄。"王问："有何消弭否？"郭曰："命驾西出数里，得一柏树，截断如公长，置床上常寝处，灾可消矣。"王从其语。果数日中震，柏粉碎。

蓍筮掘金　晋隗炤，善《易》。临终，书板授妻，曰："后五年春，有诏使姓龚者来，尝负吾金，即以板往责。"至期，果至。妻执板往。龚使惘然良久，乃悟，取蓍筮之，歌曰："吾不负金，汝夫自有金。知我善《易》，故书板以寓意耳。金五百斤，在屋东，去壁一丈许。"掘之，如卜。

【译文】青囊经　郭璞向河东的郭公求学，郭公给郭璞九卷《青囊书》，他便通晓了五行、天文、占卜的道术，可以除去灾难，转为福祉，无所不能。后来《青囊书》被弟子赵载盗走，赵载还没来得及看，就被火烧毁了。

震厄　丞相王导让郭璞占卦。卦成后，郭璞脸色非常不好，说道："您会有雷灾。"王导问："有什么办法消除吗？"郭璞说："您乘坐马车向西离开京城几里地，会发现一棵柏树，把它砍断成像您这么长的木头，放在床上经常睡觉的位置，灾祸就能消除。”王丞相听从他的话。果然几天后，一个大雷劈中柏木，柏木当场化为齑粉。

著筮掘金　晋朝的隗炤，精通《易经》。临终前，他把一块写了东西的木板留给妻子说：“五年后的春天，皇帝会下诏派一个姓龚的使者上门，他曾经欠我钱，你就用这块木板向他讨债。”到了指定那天，那人果然来了。他妻子就拿着木板给对方看。龚使者茫然了很久，最后醒悟，就用蓍占卜，并唱起一首歌说：“我不欠他钱，你丈夫本来就有钱。他知道我擅长占卜，所以在木板上写了有寓意的话。五百斤黄金，在屋子的东边，离墙壁一丈左右。”隗炤的妻子按这个话去挖掘，果然和占卜歌里说的一模一样。

占算辄应　唐闭珊居集，雟益人。精卜筮之学。其法用细竹四十九枝，或以鸡骨代之，占算辄应。夷中称为筮师。

京师火灾　郎顗父宗，治京房《易》，善风角星算，六日七分，能望气占候。为吴县吏。见暴风卒起，知京师有火灾，记时日，果如其言。

太卜郑詹尹尝为屈原决疑。

飘风哭子　管公明在王弘直坐，有飘风高二尺，在庭中，从申上来，幢帜回转。公明曰：“东方有马吏至，恐父哭子。”明日吏至，弘直子果死。

【译文】占算辄应　唐朝的闭珊居集是雟益人，精通占卜的学问。他的方法是用四十九根细竹片，或者用鸡骨替代也行，每次占卜总是很灵验。夷中人称他是筮师。

京师火灾　郎顗的父亲郎宗专攻京房的《京氏易》，擅长风角，也就是用五音占四方之风来定吉凶、占星术以及六日七分之类的占卜法，他还能望气占卜吉凶。他在吴县当小吏时，看见突然刮起暴风，知道京城会发生火灾，记下发生的时间，果然和他说的一样。

太卜郑詹尹曾经为屈原决断疑惑。

飘风哭子　管公明在王弘直家里做客，突然旋风高二尺，在庭中从申的方向吹来，旗子旋转。管公明说："东方有骑着快马报信的小吏来了，恐怕谁家的父亲要哭儿子。"第二天有小吏来上门，王弘直儿子果然去世了。

伏羲始制占卦卜龟，神农始制揲蓍。颛项始设兆为玉兆，帝尧制瓦兆。师旷制谶，鬼谷子即王诩制镜听。汉武帝制鸡卜，令军中用之。张良制灵棋，十二子，分上中下掷。京房制易课，始钱卜。王远知制玄女课，邵尧夫拆字观梅数。后魏孙绍始推禄命，唐李虚中始探生人年月日时所值生旺死衰。一云李虚中来自西域。

徐子平，名居易，作《子平》，今宗宋末徐彦升。鬼谷子作《纳音》。赵达始阐《九宫算》。北齐祖亘作《缀术》。

【译文】伏羲最早制作占卜用的卜龟，神农最早制作占卜用的蓍草。颛项最早把乌龟壳上像玉的裂缝称为"玉兆"，尧帝规定像瓦的裂缝称为"瓦兆"。师旷最早创作谶语，鬼谷子（也就是王诩）发明了镜听的占卜方式（于除夕或正月初一，在胸前怀揣镜子，出门听别人说话，来占卜吉、凶、休、咎）。汉武帝发明了用鸡骨或鸡卵占卜的办法，并在军中推行。张良发明了灵棋，共十二个棋子，分为上掷、中掷、下掷。京房创建了根据易理占卜的办法，最早用铜钱占卜。王远知发明了玄女课，邵尧夫用拆字和《梅花易数》来占卜。后魏的孙绍最早推算人的爵禄和寿命，唐朝李虚中最早研究人出生时的年、月、日、时所预示的生死兴衰，另外还认为李虚中是西域人。

徐子平，名叫居易，撰写了《子平》，今人宗尚的是宋末人徐彦升的《渊海子平》。鬼谷子撰写了《纳音》。赵达最早阐发了《九宫算》。北齐的祖亘撰写了《缀术》。

各卜 鸟卜者，女国初岁入山，有鸟来集掌上，如雌雉，破腹视之，有粟年丰，砂石为灾。钱卜者，西蜀君平以钱卜。诗曰：岸余织女支机石，井有君平掷卦钱。瓦卜，病赛乌称鬼，巫占瓦代龟。棋卜者，黄石公用之行师。鸡卜，柳州洞民以鸡骨卜年。胡人以羊胫骨卜吉凶。苗人以鸡蛋卜葬地。响卜者，李郭、王建皆怀镜以听词。

为上皇筮 仝寅，山西人。少瞽，学京房《易》，占断多奇中。上皇在北，遣使命镇守。太监裴当问寅，寅筮得《乾》之初九，附奏曰："大吉。龙，君象也，四，初之应也。龙潜跃，必以秋应，以庚午浃岁而更；龙，变化之物也，庚者，更也。庚午中秋，车驾其还乎！还则必幽勿用。故曰：或跃应焉。或之者，疑之也。后七八年必复位。午，火德之正也。丁者，壬之合也。其岁丁丑，月壬寅，日壬午乎！自今岁数更，九跃则必飞。九者，乾之用也，南面子冲午也，故曰大吉。"上复位，授寅锦衣卫百户。

【译文】各卜 鸟卜，说的是女国初年进山时，有鸟飞到手掌上停住，就像雌野鸡，剖开它的肚子看，肚子里有粟就预示着今年大丰收，假如是砂石就预示着有灾荒。钱卜，说的是西蜀的严君平用铜钱占卜。唐诗说："岸余织女支机石，井有君平掷卦钱。"瓦卜，就像唐代的元稹的诗里说的"病赛乌称鬼，巫占瓦代龟"。棋卜，是黄石公用来行军的。鸡卜，是柳州的少数民族用鸡骨占卜收成的。胡人用羊胫骨来占卜吉凶。苗族人用鸡蛋占卜安葬到地方。响卜，说的是李郭、王建都怀揣着镜子来听卜词。

为上皇筮　仝寅，是山西人。他很小的时候眼就瞎了，研究京房的《京氏易》，占卜推断往往特别灵验。明英宗被瓦剌虏到北方去后，曾经派使者去镇守。太监裴当询问仝寅，仝寅通过占卜得到一卦，动爻是“乾之初九”，于是依附着上奏说：“这是大吉的卦。龙是君王的象，四是初爻的兆应。龙本来潜伏，现在跃起，一定是和秋天对应，在‘庚午浃岁’时改变；龙，善于变化，‘庚’，也就是‘更’。‘庚午’的中秋，皇帝的大驾应该会回来！他一回来肯定会被囚禁，不得复位。所以说‘或跃应焉’。‘或’也就是疑词。七八年后一定恢复皇帝位。午，是火德的正位。丁，是合于“壬”的。复位的那年一定是丁丑年，壬寅月，壬午日！从今年以后多次更变，九次跃起就必然龙飞在天。‘九’，是乾的运用，南面子冲午，所以说大吉。”明英宗恢复皇帝位后，授给仝寅锦衣卫百户。

占与仝合　万祺少与异人遇，相之曰：“有仙骨，否则极贵。”因与一书，乃《禄命法》也。于是研精于卜，以吏员办事吏部。公卿贵戚神其术，考授鸿胪寺序班，升主簿。景帝召见，有言辄验。赐白金、文绮。景帝不豫，太子未定，石亨以问祺，祺曰：“皇帝在南宫，奚事他求？”其占复辟日时，与仝寅合，后官至尚书。

当有圣母出　《东汉书》云：“王翁孺徙魏郡委粟里。元城建公曰：“昔春秋沙麓崩。晋史卜之，曰：后六百四十五年，当有圣母出。今翁孺徙居，正值其地，日月当之。”后翁孺子禁生元后。平帝幼，后果临朝称制。

占定三秦 汉扶嘉，其母于万县之汤溪水侧，感龙生嘉，预占吉凶，多奇中。高祖为汉王时召见，以占卜劝定三秦，赐姓扶氏，谓嘉志在扶诩也。拜廷尉，食邑朐䏰。

【译文】占与仝合　万祺少年时碰到了一个异人，给他相面后说："你有仙风道骨，不然就是极为尊贵。"因而给他一本书叫《禄命法》。于是精心研究占卜。后来以吏员的身份在吏部任职。朝中大臣和贵戚觉得他占卜很灵验，通过考核被授予鸿胪寺序班，升任主簿。景泰帝召见他，他说的都成真了，景泰帝赐予白金、文绮。景泰帝身体不适，太子没选定，石亨用这事询问万祺，万祺说："皇帝（明英宗）就在南边宫殿，干吗到别处寻找？"他占卜复辟的日子，和仝寅说的一模一样。后来官至尚书。

当有圣母出　《汉书》里说：王翁孺迁到魏郡的委粟里。元城建公说："春秋时期沙麓崩塌。晋国史臣占卜后说：过六百四十五年，定会有圣母出世。王翁孺迁居的所在，正好是那个地方，时日也对应。"后来王翁孺的儿子王禁生下的女儿成了汉元帝的皇后。她的儿子汉平帝年纪幼小，她便垂帘听政。

占定三秦　汉朝的扶嘉，他的母亲在万县的汤溪水畔，受到龙的感应生下扶嘉。他占卜预测吉凶十分灵验。汉高祖刘邦还是汉王时召他来，他占卜后劝刘邦攻下三秦，所以刘邦给他赐姓扶，说他有扶持国家的志向。后来担任廷尉，把朐䏰封为食邑。

拆字　杂技

朝字　宣和时，有术士以拆字驰名。宋徽宗书一“朝”字，令中贵持往试之。术士见字，即端视中贵人曰：“此非观察所书也。”中贵人愕然曰：“但据字言之。”术士以手加额曰：“朝字，离之为十月十日，非此月此日所生之人，天人，当谁书也！”一座尽惊，中贵驰奏。翌日召见，补承信郎，赐赍甚厚。

杭字　建炎间，术者周生，视人书字分配笔画，以判休咎。车驾往杭州时，金骑惊扰之余，人心危疑。执政呼周生，偶书“杭”字示之。周曰：“惧有惊报，虏骑相逼。”乃拆其字，以右边一点配“木”上，即为“兀术”。不旬日，果得兀术南侵之报。

【译文】朝字　北宋宣和年间，有个术士善于拆字，非常著名。宋徽宗写一个“朝”字，让宦官拿去测试他。术士看见那字，又仔细端详了宦官说：“这不是您写的。”宦官很惊讶地说：“只按字来说吧。”术士用手放在额头上说：“‘朝’字，拆开是‘十月十日’，不是这一天出生的天子写的，还能是谁写的！”一座的客人都大吃一惊，宦官连忙回宫禀报。第二天皇帝召见他，让他补任承信郎，有很多赏赐。

杭字　建炎年间，有个术士叫周生，他依据别人写的字拆分笔画，用来判断吉凶。宋高宗的大驾逃去杭州的时候，因为被金兵惊扰，人心疑惑惶恐。执政大臣叫来周生，随意写了个“杭”字给他看。周生说：“恐怕有令人震惊的军情，金兵要进逼。”于是他拆开那个字，把右边那一点配在“木”字上，合起来成了“兀术”。不出十天，果然打探到金国的兀术南侵的情报。

串字　一士人卜功名，书一“串”字问周生，生曰：“不特登科，抑且连捷。以‘串’字有两‘中’字也。”果应其言。下科一人侦知之，往问功名，亦书一“串”字，周生曰：“亲翁不特不中，还防有病”。士人曰：“如何一字两断？”周生曰：“前某公书‘串’字，出于无心，故断其连捷；今书‘串’字，出于有心，是‘患’字也，焉得无病！”

春字　高宗命谢石拆一“春”字，谢石言：“秦头太重，压日无光。”忤相桧，死于戍。

奇字　贾似道有异志。一术士能拆字，贾以策画地作“奇”字与之。拆术者曰：“相公之事不谐矣！道立又不可立，道可又立不成。”公默不语，遣之去。

【译文】串字　有个读书人要占卜占卜自己的功名前程，就写了“串”字问周生，周生说：“不只能考中，而且会连中。因为‘串’字有两个‘中’字的缘故。”后来果然应验。考下一科的一个书生打听到这事，也来问他功名，也写了“串”字，周生说：“你不仅不会考中，还要预防会生大病。”那个书生问：“同样一个字怎么会有两种解释？”周生说：“前边那人写的‘串’字，是无心之举，所以推断他会连连高中；如今你写‘串’字，是有心之举，就合成了‘患’字，怎么会不得病！”

春字　宋高宗命令谢石拆解一个“春”字，谢石说：“‘秦’字头太重，压在‘日’上面少了光芒。”因为忤逆了丞相秦桧，被贬死在发配所在地。

奇字　贾似道有大逆不道的打算。一个术士善于拆字占卜，贾似道用马鞭在地上写出一个“奇”字给他。术士说：“您的事不能成了！说是‘立’字吧又不能立起来，说是‘可’字吧又立不成。”贾似道沉默不语，打发他离去。

也字　有朝士，其室怀娠过月，手书一“也”字，令其夫特问谢石。石详视，谓朝士曰：“此尊阃所书否？”曰：“何以言之？”曰：“为语助者‘焉哉乎也’，固知是内助所书。”问：“盛年卅一否？以也字上为‘卅’，下为‘一’也。”朝士曰：“吾官欲迁动，得如愿否？”石曰：“‘也’字着‘水’为‘池’，倚‘马’为‘驰’。今池则无水，驰则无马，安能迁动？”又问：“尊阃父母兄弟当无一存者，即家产亦当荡尽。以‘也’字着‘人’则是‘他’字，今独见‘也’并不见‘人’；着‘土’为‘地’，今不见土，故知其无人，并无产也。”朝士曰：“诚如所言。然此皆非所问者，所问乃怀娠过月耳。”石曰：“得非十三月乎？以‘也’字中有“十”字，并旁二竖为‘十三’也。”石熟视朝士曰：“有一事似涉奇怪，欲不言，则所问又正为此事，可尽言否？”朝士请竟其说。石曰：“也字着‘虫’为‘虵’（蛇）字，今尊阃所娠，殆蛇妖也。然不见虫，则不能为害，石亦有药，可以下之，无苦也。”朝士大异其说，固请至家，以药投之，果下数百小蛇。都人益共奇之，而不知其竟挟何术。

【译文】也字　有个朝廷大臣，他妻子怀孕已经超过正常的分娩月份，她就手写一个“也”字，让丈夫拿着去问谢石。谢石仔细研究半天，对那个大臣说："这是您夫人写的吧？"官员说："为什么这样说？"谢石说："因为写的是语'助'词'焉哉乎也'里的'也'，自然知道是您的贤内'助'所写。"他又问大臣："她的年纪三十一岁对吧？因为'也'字上面是'卅'，下面是'一'。"大臣说："我想升官，能得偿所愿吗？"谢石说："'也'字加三点水就是'池'字，靠在马上也就是'驰'字。如今'池'没水，'驰'也没马，哪能升官呢？"他又问大臣说："您夫人的父母兄弟应当没有在世的了，即使有家产也用完了。因为'也'字加人字旁就是'他'，如今只看见'也'看不见'人'；加土字旁就是'地'，如今看不到'土'，所以知道她既没有娘家人，也没家产了。"大臣说："确实和你所说的一模一样。但这些都不是我要问的问题，我问的是她怀孕超过正常月份的事。"谢石说："莫非是要十三个月才分娩？因为'也'字中间有个'十'字，加上旁边的两竖就是'十三'。"谢石又仔细端详了大臣说："有一件事我十分奇怪，本来不想说，但你问的又正是为了这件事，我能全部说出吗？"大臣让他说完。谢石说："'也'字加'虫'就是'虵'字，您的夫人所怀的，只怕是蛇妖吧。可是没看见'虫'，那么还不会成为大害。我也有药，可以打胎，不痛苦。"官员对此十分吃惊，非要请他去他家，用药给夫人服用，果然吐出几百条小蛇。京城的人都对他更加感到惊奇，却不知道他到底用什么法术。

囚字　郑仰田少椎鲁，不解治生，父母恶之，呼泣于野。老僧遇之，曰："吾迟子久矣。"偕入山，授之青囊、王遁诸家之术，于是言祸福无不中。魏阉召之问数，指"囚"字以问。仰田曰："此中国一人也。"阉大悦，出谓人曰："'囚'则诚囚也！吾诡辞以逃死耳。"

洴澼纩　《庄子》：宋人有善为不龟手之药者，世以洴澼纩（洴澼，洗也。纩，绵也。有不龟手之药，而以洗绵为业）。客闻之，请买其方百金。于是聚族而谋曰："我世为洴澼纩，不过数金；今一朝为鬻技，得百金，请与之。"客得之，以说吴王。吴王使之将，冬与越人水战，大败越人，裂地而封。夫不龟手，一也；或以封，或不免洴澼纩，则所用之异也。

【译文】囚字　郑仰田年轻时愚钝，不懂得经营产业，父母讨厌他，他就在田野里号哭。一个老和尚遇到他，说："我等你很久了。"带他一起进入山里，传授给他青囊、壬遁各家的法术，于是他预测吉凶祸福全都灵验。大宦官魏忠贤召他来占卜，指着"囚"字问他，郑仰田说："这意思是中国第一人。"魏忠贤特别高兴。郑仰田出来后对别人说："'囚'字确实就是囚犯的意思，我说假话免死罢了。"

洴澼纩　《庄子》里说：宋国有个人擅长制作让手不龟裂的药，他家世世代代以洗绵制衣物为业（洴澼，就是洗。纩，就是绵。有让手不龟裂的药，所以洗绵布为家业）。有个人听说这事，便花一百金买他家这药的配方。他召集全族人商议说："我们几辈子人洗绵布，也不过能赚取几金罢了。如今把配方卖掉，就能一下子得到一百金。请求大家同意卖给他吧。"那人得到配方后，献给吴王，吴王派他当将军，冬天和越国在水上交战，大败了越人，因为功劳有了封地。不龟裂的药是一模一样的，有人用来获取封地，有人却不免继续洗绵布，因为他们运用得不同。

轮扁斫轮　《庄子》：齐桓公读书于堂上，轮扁斫轮于堂下，释凿问曰："君之所读者，古人糟粕已夫。臣斫轮，不徐不疾，得之于心，应之于手，口不能言，有数存焉。臣不能以喻臣之子，臣之子不能受之于臣，行年七十而老于斫轮。"

屠龙技 《庄子》："朱泙漫学屠龙技于支离益，殚千金之产，以学屠龙，三年技成，而无所用其巧。"

象纬示警 王振劝上亲征瓦剌也先，百官伏阙上章恳留，不听。少顷居庸至宣府败报踵至，扈从连章留驾。王振大怒，皆令掠阵。至大同，振进兵益急，钦天监彭德清斥振曰："象纬示警，不可复前。若有疏虞，陷乘舆于草莽，谁执其咎？"振怒詈之，遂致土木之变。

【译文】轮扁斫轮 《庄子》里说：齐桓公在堂上读书，轮扁在堂下制作车轮，他停下来去问齐桓公："大王读的东西，只是古人的糟粕而已。我砍车轮，不能慢不能快，心里明白，手上就能做出来，却说不出其中的道理，因为这里有方法。我教不会我的儿子，我儿子也没法跟我学，所以快七十岁了我还砍轮子。"

屠龙技 《庄子》里说："朱泙漫跟着支离益学屠杀龙的技能，荡尽无数的家财，用来学习，三年后技能学成，却没有龙可以屠杀。"

象纬示警 宦官王振劝谏明英宗亲自带兵去讨伐瓦剌的也先，文武百官跪在朝堂恳请求皇帝留下来，皇帝却不听。不久，从居庸关到宣府被瓦剌打败的军报接踵而至，皇帝的随从们接连上奏请皇帝留下来。王振极其生气，让他们都去压阵。皇帝大驾到达大同，王振进兵更加迅疾，钦天监彭德清呵斥王振说："天象示警，不能再前进。万一有差池，让皇帝陷入敌人手里，谁来承担责任？"王振愤怒地骂他。终于导致"土木之变"。

卷十五·外国部

夷语

撑梨孤涂，匈奴称天为“撑梨”，称子为“孤涂”。戎索，夷法也。韎，夷乐官名。倓，夷赎罪货也。喽丽，南方夷语也。象胥，译语人也。款塞，款，叩也。驰义，慕义而来也。区脱，胡人所作以备汉者也。阏氏（音胭脂），单于之后也。裨王，匈奴小王也。藁街，蛮席之馆，汉时所立。兜毾（音兜达），夷服。谷蠡（音鹿厘），匈奴名。雁臣，北方酋长秋朝洛阳，冬还部落，谓之雁臣。天兄日弟，倭国王以天为兄，以日为弟。未明时出听政，日出便停理务，曰“以委吾弟”。賨幪，蛮夷布也。鞠角，朝鲜列水之间白鞠角。犛薄，旄牛。徼外，夷地。绝幕，幕，沙漠之地也，直度曰绝。白题，国名。汉颍阴侯斩白题将一人。戎狄荐居，聚而居也。魋结，匈奴束发之形也。休屠，匈奴君长。浑邪，亦匈奴之属。蹛林（蹛音带），匈奴祭也。龟兹（音纠慈），国名。（《汉书》作丘慈；《后汉书》作屈沮。）乌孙，国名。（《吕氏春秋》作户孙。）荤粥（音熏育），《五帝纪》：“北逐荤粥。”冒顿（音幕突），匈奴名。日磾（音密底），人名。令支（令音零），国名。乌托（音鸦茶），国名。朝鲜（音招先），日初出，即照其地，故名。近读为“潮”，非。可汗（音克寒），匈奴主号也。唐时匈奴尊天子为天可汗。弓闾，出《卫青传》，即穹庐也。轒辒，匈奴车也。革笥木荐，《治安策》：匈奴之革笥木荐，盾之属也。左薁健，匈奴王号。强犷，戎夷强犷。犷，粗恶貌。呼韩邪，汉单于名。屠耆，匈奴俗谓贤曰屠耆。赞普，吐番俗谓强雄曰赞，谓丈夫曰普，故号其君长曰赞普。牙官，戎狄大官之称。叶护，回纥俗谓其太子曰叶护。南膜，胡人礼拜曰南膜，即今之称佛号曰“南无”也。徼人，界外之人也。那颜，华言大人也。者华，言是也。

【译文】撑梨孤涂，匈奴把天称为“撑梨”，儿子称为“孤涂”。戎索，是夷人的法律。鞮，是夷人乐官的称呼。倓，是夷人赎罪的财货。喽丽，是南方夷人的语言。象胥，指的是翻译者。款塞，款是“叩”的意思。驰义，指的是倾慕仁义而来。区脱，是胡人建造用来防备汉人的东西。阏氏（读音是“胭脂”），是单于的皇后。裨王，是匈奴的小王。藁街，是蛮人的住所，是汉朝时建的。毾㲪读作“兜达”，是夷人的衣服。谷蠡读作“鹿厘”，是匈奴的名字。雁臣，北方的酋长秋天到洛阳朝见皇帝，冬天回塞外的部落，所以称之为雁臣。天兄日弟，倭国的国王把天当作兄长，把太阳当作弟弟。天没有亮就上朝听政，太阳出来就停止办理政务，说“委托给我弟弟”。賨幪，蛮夷人使用的布。鞠角，是朝鲜的列水之间称作“鞠角”。犛薄，是旄牛。徼外，是夷人的居住地。绝幕，幕，也就是沙漠的意思；直接穿过叫“绝”。白题，是一个国名。汉朝的颍阴侯斩杀一个白题国的将领。戎狄人“荐居”，也就是聚居。魋结，匈奴束发的形状。休屠，是匈奴的君长。浑邪，也是匈奴的附属。蹛林（蹛读作“带”），是匈奴祭祀。龟兹读作“纠慈”，是国名。《汉书》里面写成“丘慈”，《后汉书》里面写成“屈沮”。乌孙，也是国名。《吕氏春秋》写成“户孙”。荤粥读作“熏育”，《史记·五帝本纪》里说：“北逐荤粥。”冒顿读作“幕突”，是匈奴长官的名字。日磾读作“密底”，是一个人名。令支（“令”读作“零”），是国名。乌托读成“鸦茶”，也是国名。朝鲜读成“招先”，太阳刚升起，就照在那里，所以起这个国名。近来把朝读作“潮”，是不对的。可汗（读作“克寒”），是匈奴君主的名号。唐朝时匈奴尊称唐朝皇帝为天可汗。弓闾，出自《汉书·卫青传》，也就是穹庐的意思。辒，也就是匈奴的车。革笥木荐，《治安策》说“匈奴之革笥木荐”，是盾一类的。左薁健，是匈奴王的名号。强獷，“戎夷强獷”。獷，是粗野恶劣的样子。呼韩邪，是汉朝单于的名号。屠耆，匈奴的习俗把“贤”称作“屠耆”。赞普，吐蕃国的习俗把强雄的人称作“赞”，把丈夫称作“普”，所以他们的君王称作“赞普”。牙官，戎狄的大官的名称。叶护，回纥国习俗把太子称作“叶护”。南膜，胡人顶礼膜拜时说“南膜”，也就是如今口诵佛号时说的“南无”。徼人，也就是疆外的人。那颜，也就是汉语的“大人”。者，也就是汉语的“是”。

身毒（音捐烛），西域国名。煴蠡（音觅螺），匈奴聚落也。襜褴（音担蓝），一名临驷，代北胡名。三表五饵，三表，谓仁、信、义也；五饵，谓以声色、车服、珍珠、室宇、娱幸，坏其耳、目、口、腹、心也。二庭，谓南北于也。卢龙，即里永也，属辽西，今属永平府。北人呼里为卢，呼永为龙。吐谷浑，慕容廆之庶兄也，后因号其国。丐月，突厥中有丐月城。越裳南蛮，即九真也。殊裔遐圻，言化协殊裔，风衍遐圻。竫人（竫音净），小人也。柳子厚诗：“竫人长九寸。”海外有竫人国。月氏（音肉支），西域国名。楼烦、白羊，匈奴地名。白登，今在大同，上有白登台。夜郎，夷地，今属贵州。蛮烟棘雨，夷地风景也。筰关，西南夷地。邛筰，今属叙州。冉駹。西夷二族。羌棘，西南夷地。龙城，西夷。朔方，今属宁夏。大宛，西域国名。于寘，西域国名。越巂，今属邛州。玄菟，朝鲜郡名。受降城，汉武帝遣公孙敖塞外筑城也。庐朐，匈奴中山名。渠犁，西域国名。楼兰，西域国名。䩮𩏱，《匈奴传》：多䩮𩏱爇炭，重不可胜。比疏，辫发之饰。径路留犁，径路，匈奴宝刀也；留犁，饭匕也。根肖速鲁奈奈，榜葛刺国歌舞侑酒者，曰根肖速鲁奈奈。坚昆国，其人赤发、绿瞳。李陵居其地，生而黑瞳者，必曰陵苗裔。阴山，汉武帝夺其地，匈奴过此者，未尝不哭。逻些城（些琐），土番都城。徼外（徼音教）东北谓之塞，西南谓之徼。羸䁖（音连篓），交趾地名。

【译文】身毒（读作“捐烛”），是西域的国名。熐蠡（读作“觅螺”），是匈奴的部落名。襜褴（读作“担蓝”），又叫“临驷”，是北朝的胡人国名。三表五饵，三表，是仁、信、义；五饵，是用声色、车服、珍珠、房屋、娱乐，败坏人的耳、目、口、腹、心。二庭，是指南单于、北单于。卢龙，也就是里永，在辽西，如今属于永平府。北方人称“里”为“卢”，称“永”为“龙”。吐谷浑，是慕容廆的堂兄，后来也用来称他的国家。丏月，突厥国中有个丏月城。越裳南蛮，也就是所谓的九真。殊裔遐圻，意思是教化让不同少数民族协和，风气影响到远方。竫人（“竫”读作“净”），也就是小人的意思。柳宗元的诗里说：“竫人长九寸。”海外有个竫人国。月氏（读作“肉支”），是西域的国名。楼烦、白羊，全是匈奴的地名。白登，在如今的大同，上面有白登台。夜郎，是夷人的地方，如今属于贵州。蛮烟棘雨，是夷地特有的景象。筰关，是西南的夷人所在地。邛筰，如今属于叙州。冉駹，是西夷的两个少数民族。羌棘，是西南夷人的地区。龙城，是西夷人的地区。朔方，如今属宁夏。大宛，是西域的国名。于寘，是西域的国名。越巂，如今属邛州。玄菟，是朝鲜的郡名。受降城，是汉武帝派公孙敖在塞外修筑的城。庐朐，是匈奴的山名。渠犁，是西域的国名。楼兰，是西域的国名。䴥鍑，《汉书·匈奴传》里说："大多携带大锅和木炭，重得几乎搬不起来。"比疏，是用来装饰辫子的东西。径路留犁，径路，是指匈奴的宝刀；留犁，是吃饭用的勺子。根肖速鲁奈奈，是榜葛剌国唱歌跳舞来劝客人喝酒的人。坚昆国，这国家的人头发红色，瞳仁绿色。李陵在那里居住，所以生下是黑色瞳仁的，一定会说是李陵的子孙后代。阴山，汉武帝抢夺这里，匈奴路过山下，都要哭。逻些城（"些"读作"琐"），是土番的都城。徼外（"徼"读作"教"），东北的边疆称为塞，西南的边疆称为徼。羸膢（读作"连篓"），是交趾的地名。

外译

朝鲜国，周为箕子所封国。秦属辽东。汉武帝定朝鲜，置真番、临屯、乐浪、玄菟四郡，昭帝并为乐浪、玄菟二郡，汉末为公孙度所据。传至渊，魏灭之。晋永嘉末，陷入高丽。高丽本扶余别种，其王高琏居平壤城。唐征高丽，拔平壤，置安东都护府。后唐时，王建代高氏，并有新罗、百济，以平壤为西京，历宋、辽、金皆遣使朝贡。元时，西京内属。明洪武初，表贺即位，赐以金印，诰封高丽王。后其主昏迷，推门下侍郎李成桂主国事。寻诏更朝鲜，岁时贡献不绝。万历间，关白寇朝鲜，请救于朝，遣兵征复之。

【译文】朝鲜国，周朝时是箕子的所封之国，秦朝时属于辽东，汉武帝平定了朝鲜，设真番郡、临屯郡、乐浪郡、玄菟郡，汉昭帝合起来称为乐浪郡、玄菟郡，汉朝末年被公孙度割据。传到公孙渊时，被魏国灭掉。到了晋朝的永嘉末年，又并入高丽。高丽本是扶余的另一支，他们的大王高琏在平壤城居住。唐朝征伐高丽，占领了平壤，设立安东都护府。后唐时期，王建夺取高氏政权，吞并了新罗、百济，把平壤当作西京，经过宋、辽、金三朝，都派使者来朝贡。元朝时，西京附属元朝。明朝洪武初年，朝鲜上表庆贺朱元璋登基，朱元璋赐给他们一枚金印，封他们的大王为高丽王。后来他们的大王神志不清，就被人推举门下侍郎李成桂主掌国家大事。不久明朝下诏将国名改为朝鲜，每年都进贡，从未停止。万历年间，日本的丰臣秀吉侵入朝鲜，朝鲜向明朝求援，明朝派兵征讨日本军队，并且帮助朝鲜复国。

日本国，古倭奴国，其国主以王为姓，历世不易。自汉武帝译通之，光武间始来朝贡。后国乱，人立其女子曰毕弥呼为王，其宗女又继之，后复立男，并受中国爵命，历魏、晋、宋、隋，皆来贡，稍习夏音。唐咸亨初，恶倭名，更名日本，以国近日所出，故名。宋时来贡者，皆礼也。元世祖遣使招谕之，终不至。明洪武初，遣使朝贡，自永乐以来，其国王嗣立皆授册封，其幅员东西南北各数千里，有五畿七道，附庸之国百余。

琉球国，国主有三：曰中山王，曰山南王，曰山北王。汉魏以来，不通中华。隋大业时，令羽骑朱宽访求异俗，始至其国，语言不通，掠一人还。历唐、宋、元，俱未尝朝贡。至明初，三王皆遣使朝贡。后至中山王来朝，许王子及陪臣子来游太学，其山南、山北二王，盖为所并云。

【译文】日本国，是古时候的倭奴国，国主姓王，历代不变。从汉武帝时通过翻译和中国交流，到光武帝时期才来朝贡。后来他们国家发生内乱，国人让一个叫毕弥呼的女人做国王，她的长女又继承王位，后来又再立男人为国王，并且接受中国赐予的爵位，从魏国、晋朝、刘宋到隋朝，都来朝贡，渐渐学习汉语。唐朝咸亨初年，因为他们厌恶“倭”这个名字，武则天给他们改国号，从此称作“日本”，因为他们国家靠近日出的地方，所以起这个名。宋朝时前来朝贡，都按照礼仪而行。元世祖派使臣晓谕他们前来进贡，最后也没来。明朝洪武初年，他们派使者来朝贡，从永乐年间以后，他们的国王登基都接受明朝册封，他们的国土面积东西南北各有几千里，有五畿七道，附属的国家有一百多。

琉球国，有三个君主：一个是中山王，一个是山南王，一个是山北王。汉魏以后，不和中国往来。隋朝大业年间，皇帝派羽骑朱宽探访奇异风俗，才到那个国家。因为语言不通，就掳走一人回来。经历唐朝、宋朝和元朝，都没来中国朝贡过。到明朝初年，他们国家的三个君王都派使臣前来朝贡，后来中山王来中国朝拜，允许他的王子和陪从大臣去太学游学，当时，他们的山南国、山北国的两个王都被中山王吞并。

安南国，古南交地，秦为象郡。汉初，南越王赵佗据之。武帝平南越，置交趾、九真、日南三郡。建安中改交州，置刺史。唐改安南都护府，安南之名始此。唐末为土豪曲承美窃据，寻为汉南刘隐所并，未几，众推丁涟为州帅。宋乾德初内附，寻黎桓篡丁氏，李公蕴又篡黎氏，陈日煚又篡李氏。宋以远译，置不问，皆封为交趾郡王。元兴讨之，遂归附，封安南国王。明洪武初，遣使朝贡，仍旧封号，赐金印。权臣黎季犛其主而立其子。永乐初，发兵进讨，俘黎氏父子，郡县其地，设府十七，州四十七，县一百五十七。嗣反叛不常，宣德中，陈氏后陈暠表恳嗣王安南，因弃其地，宥而封之。暠寻死，黎氏遂有其地。嘉靖中，莫登庸篡之，乞降于朝，乃降为安南都统使司，以登庸为使。万历间，黎氏复立，莫氏窜居高平，诏以黎维谭为都统使，莫敬用为高平令，世守朝贡，毋相侵害。

【译文】安南国，也就是古时候的南交趾，秦朝时叫作象郡。汉朝初年，南越王赵佗割据这里。汉武帝平定南越，设立交趾郡、九真郡、日南郡。建安年间改名为交州，增设了刺史。唐朝改名为安南都护府，安南的名字从这时开始。唐末时被当地的地方豪强曲承美窃取占据，不久又被汉南的刘隐并吞，没多久，众人推举丁涟担任州帅。宋朝的乾德初年归附中国，不久黎桓夺取了丁氏的权力，李公蕴又篡夺黎氏的权力，陈日煚再篡夺李氏的权力。宋朝时因为那里太远了，所以丢手不管，都封作交趾郡王。元朝时朝廷领兵攻打，于是归附元朝，被封为安南国王。明朝洪武初年，他们派使臣上京朝贡，沿袭旧封号，赐给金印。权臣黎季杀死君主，并且立国主的儿子为王。永乐初年，明朝发兵去讨伐，俘虏黎氏父子，把国土设立为郡县，设有十七个府，四十七个州，一百五十七个县。从那以后还是常常发动叛乱，宣德年间，陈氏的后人陈暠上表恳请继续担任安南王，因而明朝抛弃这里，封给陈氏。陈暠不久去世，黎氏便占据这里。嘉靖中期，莫登庸篡权夺位，请求归顺明朝，于是他被降为安南都统使司，让莫登庸担任都统使。万历年间，黎氏再次担任国主，莫氏逃窜到高平居住，皇帝下诏让黎维谭担任都统使，莫敬用担任高平令，世世代代守在那里并且朝贡，不要互相侵犯伤害。

占城国，古越裳氏界。秦为象郡林邑，汉属日南郡，唐号占城。至明洪武初入贡，诏封占城国王。

暹逻国，本暹与罗斛二国，暹乃汉赤眉遗种。元至正间，暹降于罗斛，合为一国。明洪武初，上金叶表文入贡，诏给印绶，赐《大统历》，且乞量衡为中国式，从之。

爪哇国，古阇婆国。刘宋元嘉中，始通中国，后绝。元时称爪哇。明洪武初朝贡，永乐二年，赐镀金银印。

真腊国，扶南属国，亦名占腊。隋时始通中国，有水真腊，陆真腊，明洪武初入贡。

【译文】占城国，也就是古时候越裳氏的地界。秦朝时属于象郡的林邑，汉朝属于日南郡，唐朝号称占城。到了明朝洪武初年开始进贡，皇帝下诏封占城国王。

暹逻国，本来是暹国和罗斛国两个国家，暹是汉朝赤眉军的后代。元朝至正年间，暹国向罗斛国投降，合为一个国家。明朝洪武初年，用金制的叶子写就表文进贡朝廷，皇帝下诏赐给大印和绶带，并且赐给他们《大统历》，他们请求也用明朝的度量衡，朝廷同意了。

爪哇国，是古时的阇婆国。南朝的刘宋元嘉年间，开始和中国往来，后来中断。元朝时称他们国家是“爪哇国”。明朝洪武初年来朝贡，永乐二年（公元1404年）时，赐予他们镀金的银印章。

真腊国，是扶南的附属国，也叫“占腊”。隋朝时才开始和中国往来，有水真腊、陆真腊的不同，明朝洪武初年入朝进贡。

满剌加国，前代不通中国，自明永乐初朝贡，赐印，诰封国王。九年，国王率其子来朝后，进贡不绝。

三佛齐国，南蛮别种，有十五州。唐始通中国，明洪武初朝贡，赐驼纽镀金印。

浡泥国，本阇婆属，所统十四州。宋太平兴国中，始通中国。明洪武中，进金表；永乐初，王率妻子来朝，卒于南京会同馆。诏谥恭顺，赐葬石子冈。命其妻子还国。

苏门答剌国，前代无考。明洪武中，奉金叶表，贡方物；永乐初，给印诰封之。

【译文】满剌加国，以前和中国没有往来，从明朝永乐初年开始来朝贡，明朝赐给印章，并且用册封文书册封他们的国王。从永乐九年（公元1411年），他们的国王派他儿子前来朝贡后，便开始进贡不再中断。

三佛齐国，是南蛮的另一支种族，有十五个州。唐朝时才开始和中国往来，明朝洪武初年开始朝贡中国，赐予驼纽镀金印。

浡泥国，原来附属阇婆国，治理十四个州。宋朝的太平兴国年间开始和中国往来。明朝洪武年间，他们国家进献金表；永乐初年，他们的国王带着妻儿来中国朝见，在南京的会同馆去世。永乐皇帝下诏赐予他的谥号是“恭顺”，赐他葬在石子冈。并且护送他的妻儿回国。

苏门答剌国，在明朝以前考证不到。明朝洪武年间，他们国家进奉了用金制叶子书写的表文，进贡那里的特产；永乐初年，赐给他们印章和诰文。

苏禄国，国分东西峒，凡三王：东王为尊，西峒二王次之。明永乐间，王率妻子来朝，次德州，卒。葬以王礼，谥曰恭定。遣其妃妾还国。

彭亨国，其前无考。明洪武十一年，遣使表，贡方物。永乐十二年，复入贡。

锡兰山，古无可考。明永乐间，太监郑和俘其王以归，乃封其族人耶巴乃那为王，国人以其贤，故封之。正统天顺间，遣使朝贡。

【译文】苏禄国，国家分为东峒、西峒，一共三个王：东王是最尊贵的，西峒的两个王地位低一点。明朝永乐年间，他们的国王带着妻儿来中国朝拜皇帝，才到德州时就去世了。朝廷按王的葬礼埋葬他，并且赐予谥号“恭定”。并且让他的妃子和妻妾回国。

彭亨国，明朝以前没法考证。明朝洪武十一年（公元1378年），他们派使者送来表文，并且进贡那里的特产。永乐十二年（公元1414年），他们再次入朝进贡。

锡兰山，古时候的记录无法考证。明朝永乐年间，太监郑和带回他们的国王，便封他的族人耶巴乃那担任国王，因为他们的国人认为这人贤能，所以封他为国王。正统、天顺年间，他们曾经派使者前来朝贡。

柯支，古槃国。明永乐二年，遣使朝贡。

祖法儿，亦名左法儿。前代无考。明永乐中入贡。

溜山，前代无考。明永乐中，遣使入贡。

百花，前代无考。明洪武中入贡。

婆罗，一名娑罗，前代无考。明永乐中入贡。

合猫里，前代无考。明永乐中，同爪哇国入贡。

忽鲁谟斯，前代无考。明永乐中入贡。

【译文】柯支，是古时候的槃国。明朝永乐二年（公元1404年），他们派使者前来朝贡。

祖法儿，也称为“左法儿”。明朝以前的记录无法考证。明朝永乐年间来中国进贡。

溜山，明朝以前的记录无法考证。明朝永乐年间，派使者前来中国进贡。

百花，明朝以前的记录无法考证。明朝洪武年间来中国进贡。

婆罗，又称为“娑罗”。明朝以前的记录无法考证。明朝永乐年间来中国进贡。

合猫里，明朝以前的记录无法考证。明朝永乐年间，和爪哇国一起来中国进贡。

忽鲁谟斯，明朝以前的记录无法考证。明朝永乐年间入朝进贡。

西洋古里国，西洋诸番之会。明永乐中，遣使朝贡，封古里国王。

西番，即土番也。其先本羌属，凡百余种，散处河、湟、江、岷间。唐贞观中，始通中国。宋时，朝贡不绝。元时，曾郡县其地。明洪武初，诏各族酋长，举故有官职者至京授职。自是，番僧有封灌顶国师及赞善王、阐化王、正觉大乘法王、如来大宝法王者，俱赐银印。三年一朝，或间岁赴京朝贡。其地为指挥司三、宣慰司一、招讨司六、万户府四，又宣慰司二、千户所十七。

【译文】西洋古里国，是西洋各国的交会所在。明朝永乐年间，他们派使者前来朝贡，被封为古里国王。

西番，也就是土番。他们祖先本是羌族，一共有一百多支，分散居住在黄河、西宁河、长江、岷江之间。唐朝的贞观年间，才开始和中国往来。宋朝时，前来朝贡，不曾中断。元朝时，曾经把他们的国家设立为郡县。明朝的洪武初年，皇帝下诏各族的酋长，让本来有官职的到京城授予官职。从此以后，吐蕃的僧人被封为灌顶国师、赞善王、阐化王、正觉大乘法王、如来大宝法王的，都赐予银印。他们每三年朝贡一次，或者每隔一年就来京城朝贡。这里有三个指挥司、一个宣慰使司、六个招讨司、四个万户府，另有两个宣慰使司、十七个千户所。

撒马儿罕，汉罽宾国地。明洪武、永乐、正统间，俱遣使入贡。

罕东卫，古西戎部落。于明洪武间通贡，置卫，以酋长锁南吉剌思为指挥佥事。

安定卫，鞑靼别部。自明洪武中朝贡，赐织金文绮，立安定、阿端二卫。

曲先卫，古西戎部落也。明洪武四年置卫。

【译文】撒马儿罕，也就是汉朝的罽宾国。明朝的洪武、永乐、正统年间，都派使者来朝贡。

罕东卫，是古时候的西戎部落。在明朝洪武年间与中国往来并且朝贡，明朝在那里设立卫所，任命酋长锁南吉剌思担任指挥佥事。

安定卫，是鞑靼的另一支部落。从明朝洪武年间开始朝贡，赐予织金花纹罗绮，设立安定和阿端两个卫所。

曲先卫，是古时候西戎的部落。明朝洪武四年（公元1371年）设立卫所。

榜葛剌国，西天有五印度国，此东印度也，其国最大，明永乐初入贡。

天方国，古筠冲地。一名西域。明宣德中朝贡。

默德那国，即回回祖国也。初，国王谟罕蓦德生而神灵佑，臣伏西域诸国。隋开皇时，始通中国。明宣德中，遣使天方国朝贡。

哈烈，一名黑鲁。四面皆大山。维明洪武中，诏谕酋长，赐金币。永乐、正统间，遣使贡马。

【译文】榜葛剌国，西域有五个印度国，这是东印度，国家最大，明朝永乐初年入朝进贡。

天方国，是古时候筠冲的地域。又称为西域。明朝宣德年间入朝进贡。

默德那国，也就是回回教的祖国。很早以前，国王谟罕蓦德一出生就受到神灵保佑，臣服了西域各国。隋朝开皇年间，开始和中国往来。明朝宣德年间，中国派使者到天方国，他们就开始朝贡。

哈烈，又称作“黑鲁”。这里四面都是高山。明朝洪武年间，皇帝下诏传谕这个国家的酋长，赐予他们金币。永乐、正统年间，他们派遣使臣前来进贡马匹。

于阗，居葱岭北。自汉至唐，皆入贡中国。明永乐初，遣使贡玉璞。

哈蜜卫，古伊吾庐地。为西域诸番往来要地，汉明帝屯田于此。唐为西伊州。明永乐初设卫，封克安帖木儿为忠顺王，赐诰印。

火州，本汉时车师前后王地。汉元帝时，置戊己校尉，屯田于此，名高昌垒。前凉张骏置高昌郡，唐改为交河郡，后陷于吐番。其地为回鹘杂居，故又名回鹘。宋、元皆遣使朝贡。明朝名曰火州。永乐间、宣德间，俱遣使入贡马。

【译文】于阗，在葱岭的北边。从汉朝到唐朝，都来进贡。明朝永乐初年，他们派使臣进贡玉璞。

哈蜜卫，是古时候的伊吾庐的地域，是西域诸国往来的要冲，汉明帝在那里屯田。唐朝时设立为西伊州。明朝永乐初年在那里设立卫所，把克安帖木儿封为忠顺王，并且赐给文书和大印。

火州，本来是汉朝时车师国的前后王的地域。汉元帝时，设置戊己校尉，并且屯田，称作“高昌垒”。前凉时的张骏设立高昌郡，唐朝改名交河郡，后来被吐番灭国。这里有回鹘人杂居，所以又叫回鹘。宋、元两朝时这里都派使者朝贡。明朝称他们为“火州”。永乐年间、宣德年间，他们都曾派使臣入朝进贡马匹。

亦力把力，地居沙漠间，疑即焉耆，或龟兹地也。自明洪武以来，入贡不绝。

赤斤蒙古卫，西戎地。战国时月氏居之，秦末汉初属匈奴，汉武帝时为酒泉、敦煌二郡地。唐没于吐番，宋入西夏。明永乐初，故鞑靼丞相率所部男妇来归。诏建千户所，寻升卫。正德时卫遂虚。

土鲁番，汉车师前王地。唐置西州交河郡，析以为县，有安乐城，方一二里，地平衍，四面皆山。明永乐中入贡，至今不绝。然侵夺哈密，犯嘉峪关外七卫，地大人众，视昔悬绝矣。

【译文】亦力把力，在沙漠里，怀疑就是焉耆，或者是龟兹地区。从明朝洪武年间以后，一直朝贡，不曾中断。

赤斤蒙古卫，是西戎的地区。战国时被月氏国占据，秦末、汉初时又被匈奴占据，汉武帝时是酒泉、敦煌二郡的属地。唐朝被吐蕃占据，宋朝被西夏占据。明朝永乐初年，以前的鞑靼国的丞相带着他管辖的人民前来归附。皇帝下诏设立千户所，不久升为卫所。正德年间卫所被废除。

土鲁番，是汉朝的车师国的前国王的旧土地。唐朝设立西州交河郡，并且分设了县，那里有个安乐城，方圆一二里，土地平坦，四面全是山。明朝永乐年间他们入朝进贡，到如今仍然没有停止。可是他们曾经夺取了哈密，并且进犯嘉峪关外的七个卫所，地方大、人口多，和以前相比有天壤之别。

拂菻，前代无考。明洪武中入贡。

鞑靼，种落不一，历代名称各异。夏曰獯鬻，周曰玁狁，秦汉皆曰匈奴，唐曰突厥，宋曰契丹。自汉后匈奴稍弱，而乌桓兴，自鲜卑灭乌桓，而后魏蠕蠕独盛，自蠕蠕灭，而突厥起。自唐李靖灭突厥，而契丹复强。既而蒙古兼并之，遂代宋称号曰元。至于明兴，元主遁归沙漠，其遗裔世称可汗。永乐初，有马哈木、阿鲁台奉贡惟谨，因封马哈木为顺宁王，阿鲁台为和宁王。

【译文】拂菻，明朝以前的记录无法考证。明朝洪武年间入朝进贡。

鞑靼，他们的人种和部落不一致，历代的名称也不同。夏朝称他们是“獯鬻”，周朝称他们是“玁狁”，秦汉时称他们是“匈奴”，唐朝称他们是“突厥”，宋朝称他们是“契丹”。汉朝以后匈奴渐渐衰弱，乌桓却兴起，从鲜卑灭掉乌桓，后魏的蠕蠕却独自兴起，从蠕蠕灭亡后，突厥又兴起。从唐朝李靖灭掉突厥后，契丹又再次强盛。不久，蒙古把契丹吞并，于是灭掉宋朝，改国号为“元”。到了明朝建立，元朝的君主逃回沙漠，他们的子孙都自称可汗。永乐初年，有马哈木、阿鲁台两个部落进贡恭谨，因而封马哈木为顺宁王，阿鲁台为和宁王。

正统间，马哈木之孙也先大举入寇。成化中，也先之后称小王子复通贡，其次子曰阿著者先，子三：长吉囊、次俺答、次老把都，而俺答最犷桀。隆庆间执叛人来献，乃封顺义王，其子黄台吉等授都督官，开市通贡。

兀良哈，古山戎地。秦为辽西郡北境，汉为奚所据，所属契丹。元为大宁路北境，明洪武间，割锦义、建刹诸州隶辽东，又设都司于惠州，领营兴，会合二十余卫所，北平行都司也。随封子权为宁王，筑大宁、宽河州、会州、富峪四城，留重兵居守，后以北和来降者众，诏分兀良哈地，置三卫处之，自锦义辽河至白云山曰泰宁，自黄泥洼逾沈阳铁岭至开原曰福余，自广宁前屯历喜峰近宣府曰朵颜，命其长为指挥，各领所部为东北外藩。靖难初，首劫大宁，召兀良哈诸酋长率部落从行有功，遂以大宁界三卫，移封宁王于南昌，徙行都司于保定，自撤藩篱，而朵颜分地尤最险，与北卤交婚，阴为响导，名曰外卫肘腋之忧。后二卫浸衰，朵颜独强盛，故称朵颜三卫云。

【译文】正统年间，马哈木的孙子也先大举入侵中原。成化年间，也先的后人被称作小王子的又再次和明朝往来，入朝进贡，他的二儿子阿著者先有三个儿子：大儿子叫吉囊，二儿子叫俺答，三儿子叫老把都，其中俺答最勇猛粗犷。隆庆年间抓来叛变的人进献给朝廷，于是被封为顺义王，他的儿子黄台吉等人被授为都督官，和他们互市，并且入朝进贡。

兀良哈，是古时候山戎的所在地。秦朝时在辽西郡的北部，汉朝时被奚族占领，后来归附契丹。元朝是大宁路的北境，明洪武年间，把锦义、建刹等州附属辽东，又在惠州设立都司，治理营兴，加起来有二十多个卫所，都属于北平行都司管辖。又封朱元璋的儿子朱权为宁王，建筑了大宁、宽河州、会州、富峪四座城，留重兵把守，后来因为北方外族来讲和，并且投降的人不少，于是下诏分出兀良哈的地方，设立三个卫所，从锦义、辽河一直到白云山被称为泰宁，从黄泥洼经过沈阳、铁岭到开原被称为福余，从广宁前屯经过喜峰靠近宣府被称为朵颜，任命他们的酋长担任指挥，各自带领所属部落就是东北外藩。靖难之役开始的时候，朱棣先夺下大宁，召兀良哈等各位酋长，带领各自部落跟随朱棣清君侧立功，因此用大宁作为三卫的分界，把宁王移封到南昌，把行都司迁到保定，把屏障撤销，朵颜所分的地方最为险要，他们和北卤通婚，暗中做向导，名为外卫，实际上却成为掣肘的内患。后面的二卫渐渐衰弱了，唯独朵颜卫仍然强盛，所以称之为“朵颜三卫”。

女真，古肃慎地。在混同江之东，开原之北，即金人余裔也。汉曰挹娄，魏曰勿吉，唐曰靺鞨，元曰合兰府。明朝悉境归附，因其部族所居置都司一、卫一百八十有四、千户所二十，官其长为都督指挥、指挥千百户、镇抚等职，给之印，俾仍旧族统厥属，以时朝贡，其地面凡三十八城，二站九口、三河口。

吏部员外郎陈诚所记：洪武间来贡者，则有西洋琐里、琐里、览邦、淡巴。永乐间来贡者，则有古里班卒、阿鲁、阿丹、小葛兰、碟里、打回、日罗夏治、忽鲁毌恩、吕宋、甘巴里、古麻剌（其王来朝，至福州卒。赐谥康靖，敕葬闽县）、沼纳扑儿、加异勒、敏真诚、八答黑商、别失八里、鲁陈、沙鹿海牙、赛蓝、火刺札、吃刀麻儿、失剌思、纳失者罕、亦思把罕、白松虎儿、答儿密、阿迷、沙哈鲁、黑葛达。又有同黑葛达来贡者，共十六国，曰南巫里、曰急兰丹、曰奇剌尼、曰夏剌北、曰窟察尼、曰乌涉剌踢、曰阿哇、曰麻利、曰鲁密、曰彭加那、曰舍剌齐、曰八可意、曰坎巴夷替、曰八答黑、曰日落。至于宣德中曾入贡，曰黑娄、曰哈失哈力、曰讨来思、曰白葛达。

【译文】女真，是古时候肃慎国的地域。在混同江的东边，开原的北边，也就是金人的后裔。汉朝称之为“挹娄”，魏国称之为“勿吉”，唐朝称之为“靺鞨”，元朝称之为“合兰府”。明朝时他们整个部落都来归附，因而在他们部落居住的地方设立一个都司、一百八十四个卫所、二十个千户所，任命他们的酋长担任都督指挥、指挥千百户、镇抚等职务，赐予官印，让他们照旧统辖他们的族人，他们按时朝贡。他们的领土一共有三十八座城，二站九口、三河口。

据吏部员外郎陈诚的记录，洪武年间来入朝进贡的有：西洋琐里、琐里、览邦、淡巴。永乐年间来进贡的有：古里班卒、阿鲁、阿丹、小葛兰、碟里、打回、日罗夏治、忽鲁毋思、吕宋、甘巴里、古麻剌（他们的国王来朝贡，刚到福州就去世。皇帝赐谥号“康靖”，葬在闽县）、沼纳扑儿、加异勒、敏真诚、八答黑商、别失八里、鲁陈、沙鹿海牙、赛蓝、火剌札、吃刀麻儿、失剌思、纳失者罕、亦思将罕、白松虎儿、答儿密、阿迷、沙哈鲁、黑葛达。又有同黑葛达一同进贡的共十六个国家：南巫里、急兰丹、奇剌尼、夏剌北、窟察尼、乌涉剌踢、阿哇、麻利、鲁密、彭加那、舍剌齐、八可意、坎巴夷替、八答黑、日落。到宣德年间曾入朝进贡的有：黑娄、哈失哈力、讨来思、白葛达。

卷十六·植物部

草木

蓂荚　尧时有草生于庭，曰蓂荚，十五之前，日生一叶，十五后，日落一叶，小尽则一叶厌而不落，观之可以知旬朔，故又名之历草。

翣脯　尧时厨中自生肉脯，薄如翣形，摇鼓则生风，使食物寒而不臭。

佳谷　神农于羊头山（潞安长子县）得佳谷，宋真宗始给民占城稻种（今糯米）。

屈轶　尧时有草生于庭，佞人入朝，此草则屈而指之，名曰屈轶。

【译文】蓂荚　尧帝时有一种小草长在庭院里，叫“蓂荚”，每个月十五之前，一天长一片叶子，十五之后，一天落一片叶子，如果那个月是小月，就会有一片叶子蔫了，却不飘落。观察这种草的叶子可以知道日期的变化，所以又称之为“历草”。

翣脯　尧帝时厨房里自己生出肉干，非常薄，就像扇子，摇它的话就会吹风，让食物变冷而不会臭。

佳谷　神农在羊头山（在潞安的长子县）获得一种极好的谷种。宋真宗开始给百姓占城稻的种子（也就是如今的糯米）。

屈轶　　尧帝时有一种草长在庭院里，假如有奸人入朝，这种草就弯下来指着奸人，所以这个草号称“屈轶”。

峄阳孤桐　　在峄县峄山之上，自三代至今，止存一截。天启年间，妖贼倡乱，取以造饭，形迹俱无。

五大夫松　　今人称泰山五大夫松，俱云五松树，而不知始皇上泰山封禅，风雨暴至，休于松树下，遂封其树为大夫。五大夫，秦官第九爵也。此言可订千古之误。

虞美人草　　虞美人自刎，葬于雅州名山县，冢中出草，状如鸡冠花，叶叶相对，唱《虞美人曲》，则应板而舞，俗称虞美人草。

蓍草　　千岁则一本，茎其下必有神龟守之，用以揲蓍。多生于伏羲陵与文王陵上。

【译文】峄阳孤桐　　孤桐树在峄县的峄山上，从夏商周一直到如今，只剩一小截树。明朝天启年间，妖人叛乱，拿这一小截来烧火做饭，却一点痕迹也没有了。

五大夫松　　今人称泰山的“五大夫松”，都说是五株松树，他们不知道秦始皇帝到泰山举行封禅大典，突然刮起大风下起大雨，他在松树下休息，于是把这株松树封为五大夫。五大夫，是秦朝的第九等爵位。我这话可以订正自古相传的谬误。

虞美人草　　虞美人自杀后，葬在雅州的名山县，坟墓中生长出一种小草，长得像鸡冠花，叶子两两相对，假如有人唱《虞美人曲》，就会随着节拍起舞，所以俗称“虞美人草”。

蓍草　　蓍草每一千年只有一株，草茎下面必定有神龟看守着，用它来揲蓍算卦。蓍草大多生长在伏羲陵和文王陵。

挂剑草　季札墓前生草，其形如挂剑，故名。可疗心疾。

斑竹　尧二女为舜二妃，曰湘君、湘夫人。舜崩于苍梧，二妃哭泣，以泪洒湘竹，湘竹尽斑，故又名湘妃竹。

梅梁　会稽禹庙有梅梁，雷雨之夜，其梁飞出，五鼓复还。晓视梁上常带水藻，后为梅太守易去。

萍实　楚王渡江得萍实，大如斗，赤如日，剖而食之，甜如蜜。

【译文】挂剑草　季札的坟前长着一种小草，形状就像挂着的剑，所以如此取名。这草可以治疗心病。

斑竹　尧帝的两个女儿是舜帝的妃子，被称为湘君、湘夫人。舜帝巡幸到苍梧，死在那里，二位妃子在那里哭泣，泪水沾在湘地的竹子上，竹子全都染上泪斑，所以又叫湘妃竹。

梅梁　会稽山的大禹庙有一根梅梁，每当有雷雨的夜里，那根梅梁就会飞出庙外，五更天时飞回。第二天早晨去看，梁上常常沾着水藻。后来被梅太守换成别的梁柱。

萍实　楚王渡江时获得萍实，像斗一般大，像太阳一般红，剖开吃，像蜜一般甜。

孔庙桧　曲阜孔庙有孔子手植桧，如降香，一株无枝叶，坚如金铁，纹皆左纽，有圣人生则发一枝，以占世运。按桧历周、秦、汉、晋千百余年，至怀帝永嘉三年而枯，枯三百有九年至隋恭帝义宁元年复生。五十一年至唐高宗乾封三年再枯，枯三百七十四年，至宋仁宗康定元年再荣。至金宣宗贞祐三年，罹

湘君，
选自（明）陈洪绶版画《陈老莲离骚图像》

于兵火，枝叶俱焚，仅存其干。后八十一年，元世祖三十一年再发。至太祖洪武二十二年发数枝，极茂盛，至建文四年复枯。

汉柏 泰安州东岳庙东庑，有汉武帝手植柏六株，枝叶郁苍，翠如铜绿，扣其余干，如击金石，硁硁有声。曹操时赤眉作乱，大斧斫之，见血而止。今有斧创尚存。

【译文】孔庙桧 曲阜的孔庙中有孔子亲手栽种的桧树，就像是降香，整株树没有枝条和叶子，像铁般坚硬，树的纹路都左旋，假如有圣人出世，就长出一个枝条，用这个可以占卜世代的气运。按：桧树经历周朝、秦朝、汉、晋朝近一千年，到晋怀帝永嘉三年（公元309年）突然枯萎；枯萎三百零九年后，在隋恭帝义宁元年（公元617年）又透青；五十一年后到唐高宗乾封三年（公元668年）再次枯萎；枯萎了三百七十四年，到宋仁宗康定元年（公元1040年）再次繁茂；到金宣宗贞祐三年（公元1215年）遇到兵火的灾难，枝条和叶子都烧毁了，只剩树干；八十一年后，元世祖三十一年（公元1294年）再次透青；到明太祖洪武二十二年（公元1389年）长出好几条新枝，极为茂盛，到了建文四年（公元1402年）又枯萎了。

汉柏 泰安州的东岳庙的东廊下，有汉武帝手种的六株柏树，枝叶繁茂，像铜绿一般翠绿，敲击它的树干，好比敲打金属般，发出铿铿的声响。曹操时赤眉军作乱，用大斧子砍伐这些树，看见树流出血就罢手了。如今还能看见斧头造成的创痕。

唐槐 峄县孟子庙，有唐太宗手植槐，枝叶蓊郁，躯干茁壮而矮。

邵平瓜 邵平者，故秦东陵侯。秦破，为布衣，种瓜长安城东，瓜常五色，味甚甘美，世号“东陵瓜”。五代胡峤始以回纥西瓜入中国。

赤草 刘小鹤言：未央宫址，其地丈余，草皆赤色，相传为韩淮阴受刑之处，其怨愤之气郁结而成。

桐历 桐知日月正闰。生十二叶，边有六叶，从下数一叶为一月，闰则十三叶，叶小者即知闰何月也。不生则九州异君。

【译文】唐槐 峄县的孟子庙里，有唐太宗亲手种的槐树，枝叶郁郁葱葱，树干茁壮而矮小。

邵平瓜 邵平，是秦朝的故东陵侯。秦朝灭亡后，他变成平民，在长安的城东种瓜，他种的瓜常常有五种颜色，味道极为甘甜，世人称之为“东陵瓜”。五代时的胡峤开始把回纥的西瓜引进中国。

赤草 刘小鹤说：未央宫的旧址，有个一丈长的地方，长的草全是大红色的，相传这里是淮阴侯韩信被杀死的地方，他的怨恨愤怒之气郁结在那里形成赤草。

桐历 桐树懂得日子、月份和正、闰。它长出十二片叶子，每边有六片，从下向上计算，一片叶子代表一个月，假如有闰月就会有十三片叶子，叶子小的代表闰月。假如不长叶子，天下就换君王了。

知风草 南海有草，丛生，如藤蔓。土人视其节，以占一岁之风，每一节则一风，无节则无风，名曰“知风草”。

护门草出常山。取置户下，或有过其门者，草必叱之。一名“百灵草”。

虹草 乐浪之东有背明之国，有虹草，枝长一丈，叶如车轮，根大如毂，花似朝虹之色。齐桓公伐山戎，国人献其种而植于庭，以表伯者之瑞。

【译文】知风草　南海有种丛生的草，像藤蔓。本地人观察它的节，来占卜这一年的风，一节代表一风，没节就没风，所以被称作“知风草”。

护门草在常山生长。找来放在门边，有人从门前经过，草肯定会呵斥那人。又称作“百灵草”。

虹草　乐浪的东边有个背明国，那里有一种虹草，枝条长一丈，叶子大得像车轮，草根大得像车轮中心，花像早晨彩虹的颜色。齐桓公攻打山戎，背明国献上这种草的种子，于是齐桓公种在庭院里，代表霸者的祥瑞。

不死草　东海祖洲上有不死之草，一名养神芝，生琼田中，其叶似菰苗，丛生，长三四尺。人死者，以草覆之即活，一株可活一人，服之令人长生。

怀梦草　钟火山有香草，似蒲，色红，昼缩入地，夜半抽萌，怀其草，自知梦之好恶。汉武帝思李夫人，东方朔献之。帝怀之，即梦见夫人，因名曰怀梦草。

书带草　郑玄字康成，居城南山中教授。山下有草如薤，叶长而细，坚韧异常，时人名为“康成书带”。

八芳草　宋艮岳八芳草，曰金蛾，曰玉蝉，曰虎耳，曰凤毛，曰素馨，曰渠那，曰茉莉，曰含笑。

【译文】不死草　东海的祖洲上有种不死草，又叫养神芝，长在琼田里，叶子像菰米的苗，丛生，有三四尺长。假如有人去世，用草盖住他就能复活，每一株草可以复活一个人，服用它可以长生不老。

怀梦草　钟火山有种香草，像蒲草，红色，白天钻进地里，半夜抽出萌芽，怀揣它，自己能判断梦的好坏。汉武帝想念李夫人，东方朔献上了这种草。汉武帝把它放在怀里，当晚就梦见李夫人，所以叫怀梦草。

书带草　郑玄字康成，居住在城南山教徒弟。山下有种草，像薤，叶子又长又细，特别坚韧，当时人称之为“康成书带”。

八芳草　宋朝的艮岳有八种芳草，分别是金蛾，玉蝉，虎耳，凤毛，素馨，渠那，茉莉，含笑。

钩吻草　生深山之中，状似黄精，入口口裂，着肉肉溃，名曰钩吻，食之即死。但其花紫，黄精花白；其叶微毛，黄精叶光滑，以此辨之。

金井梧桐　世尝言：“金井梧桐一叶飘。”梧桐叶上有黄圈文如井，故曰金井，非井栏也。

沙棠木　可以御水，其实曰蒉，状如葵，味如葱，食之已劳，又使人入水不溺。

君迁　《蜀都赋》：“平仲君迁。”皆木名，注缺。按司马温公《名苑记》云，君迁子如马奶，俗云牛奶柿是也。今之造扇用柿油，遂名柿漆。

【译文】钩吻草　钩吻草在深山里生长，长得像黄精，吞入口中，口就会裂开，碰到皮肉，皮肉就会溃烂，被称作“钩吻草”，吃下去就会马上死亡。但这种草的花是紫色的，黄精的花却是白色的；这种草的叶子有微微的毛；黄精的叶子很光滑，可以通过这些辨别。

金井梧桐　世人常说：“金井梧桐一叶飘。”梧桐叶上有像井一般的黄圈纹理，所以称作“金井”，并不是真正的井栏。

沙棠木　沙棠木能防水，它的果实叫蒉，长得像葵，味道像葱，吃下去能解乏，又能让人进入水里不会淹死。

君迁　《吴都赋》里说“平仲、君迁”，这些全是树名。注释没有注。按：司马光《名苑记》里说，君迁的果实像马的奶，俗称牛奶柿就是这个。如今制扇子用柿油，所以被称为柿漆。

芋历　芋艿生子十二子，遇闰则多生一子。时人谓之芋历。

肉芝　萧静之掘地得“人手”，润泽而白，烹而食之，逾月齿发再生。一道士云：此肉芝也。《抱朴子》言：行山中见小人乘车马，长七八寸者，肉芝也，捉取服之，即仙矣。

桑木者，箕星之精神木也。蚕食之成文章，人食之老翁为小童。

肉树者，端山猪肉子也。山在德庆州，子大如茶杯，炙而食之，味如猪肉而美。

【译文】芋历　芋艿结十二个果子，碰到闰月就多结一个。当时人称之为“芋历”。

肉芝　萧静之挖掘地面时发现一个“人手”，又润泽又白，煮来吃下去，一个月后，已经掉的牙齿和头发又生长出来。有个道士说：“这是肉芝。”《抱朴子》里说：在山中走看见有七八寸高的小人乘着车子或马，也是肉芝，捉来服用，可以成仙。

桑木，是箕星的精气化成，是神木。蚕吃它能结出花纹，人吃它，老人变小孩。

肉树，是端山的猪肉子（端山在德庆州）。这种果子大得像茶杯，假如烤着吃，美味得就像猪肉。

哀家梨　哀仲家有梨，甚佳，大如升，入口即化。

汉武帝樊川园，有大梨，如五升瓶，落地则碎。欲取先以囊承之，名曰含消梨。

涂林　张骞使安石国十八年，得涂林种而归，即安石榴也。又得胡麻，遍植中国。

阿魏树出三佛齐国，其树有瘿，出滋最毒，着人身即糜烂，人不敢近。每采时，系羊于树下，骑快马自远射之，脂着于羊，羊即烂。故曰飞鸟取阿魏。

【译文】哀家梨　哀仲家有一株梨树，长的梨子特别好，有升这种量器那么大，吃到嘴里就化掉。

汉武帝的樊川园有种大梨，大得像五升的瓶子，掉在地上就碎了。想摘先用囊接着，被称为“含消梨”。

涂林　张骞到安石国出使了十八年，获得涂林种子后回国，也就是安石榴。又获得了胡麻的种子，后来中国到处都有种植。

阿魏树来自三佛齐国，这种树有瘤子，流出的汁液最毒，沾到人身上，肉就会腐烂，所以人们不敢靠近。每次采摘时，把羊拴在树下面，骑着飞快的马从远处射到树上，瘤子的汁液沾在羊身上，羊就腐烂了。所以被称为“飞鸟取阿魏”。

葡萄苜蓿　李广利始移植大苑国苜蓿葡萄。

甘蔗　宋神宗问吕惠卿，曰：“蔗字从庶，何也？”“凡草木种之俱正生，蔗独横生，盖庶出也，故从庶。”顾长康啖蔗，先食尾。人问所以，曰：“渐入至佳境。”

乌树，号柘树也。枝长而劲，乌集之，将飞，柘枝反起弹乌，乌乃呼号。以此枝为弓，快而有力，故名乌号之弓。

共枕树　潘章有美容，与楚人王仲先交厚，死则共葬。冢上生树，柯条枝叶，无不相抱。故曰共枕树。

【译文】葡萄苜蓿　李广利最早移植大宛国的苜蓿草和葡萄树。

甘蔗　宋神宗询问吕惠卿说：“‘蔗’字的声旁是‘庶’字，为什么呢？”吕惠卿回说：“大凡是草木，种下后都向上生长，只有甘蔗是横着生长，就像是庶出，所以从‘庶’字。”顾恺之（字长康）吃甘蔗时，总是先从底部开始吃，别人问他缘由，他说：“这样就能逐渐进入美好的境地。”

乌树，也就是号柘树。枝条长而坚硬，乌鸦停在上面，准备飞起时，柘树的枝条反着弹出乌鸦，乌鸦就呼号。用这种树的枝条制作弓，又快又有韧性，所以被称为“乌号之弓”。

共枕树　潘章很美丽，他和楚国人王仲先是关系特别好的朋友，他们死后埋葬在一起。坟上长出一棵树，枝条和叶子没有不抱在一起的。所以被称作“共枕树”。

木奴　李衡为丹阳太守，于龙阳洲上种橘千树。临终，敕其子曰：“吾洲里有千头木奴，不责汝衣食。岁上一匹绢，亦足用矣。”

化枳　晏子曰：“橘生淮南则为橘，生于淮北则为枳。叶徒相似，其实味不同。水土异也。”

七星剑草　草如剑形，上有七星，列如北斗。

骨牌草　叶上有幺二三四五六斑点，与骨牌无异。

【译文】木奴　李衡是丹阳太守，在龙阳洲上种植了一千株橘树。他临终前对他的儿子说：“我的洲上有一千头木奴，不用你负责你母亲的衣服和食物，每年给她供应一匹绢，也够她用了。”

化枳　晏子说：“橘子长在淮水以南就是橘子，长在淮水以北就变成枳。叶子徒然相似，果实味道却完全不一样。因为水土不同。”

七星剑草　七星剑草有剑的形状，上面有七颗星，排列得就像是北斗七星。

骨牌草　骨牌草的叶子上面有幺二三四五六的斑点，和骨牌没区别。

刘寄奴草　刘裕微时伐荻新洲，有大蛇数丈，裕射之。明日至此，见数童捣叶，裕问故，答曰：“我王为刘寄奴所伤，今合药敷之。”裕曰：“何不杀之？”曰：“刘寄奴王者，不死。”裕叱之，皆散走。裕得药，敷金创立效。遂呼其草为刘寄奴，裕之乳名也。

益智叶如蘘荷，茎如竹箭，子从中心出。一枝有十子，子肉白滑，四破去之，取外度，蜜煮为粽子，味辛。卢循飧宋武，又飧远公，名益智粽。

祁连仙树　祁连山有仙树一本，四味。其实如枣，以竹刀剖则甘，以铁刀剖则苦，以木刀剖则酸，以芦刀剖则辛。

【译文】刘寄奴草　刘裕还是平民时在新洲砍柴禾，看见一条几丈长的大蛇，刘裕用箭射中了它。第二天到那里，看见几个童子捣叶子，刘裕问他们缘故，小孩回说：“我们大王被刘寄奴射伤，如今做药给他敷伤口。”刘裕说：“为啥不杀死仇人？”对方回答说：“刘寄奴是要做王的人，杀不死。”刘裕呵斥他们，都散开跑走。刘裕得到他们留下的药，作为金疮药立刻见效。于是称这种草为“刘寄奴”，刘寄奴是刘裕的乳名。

益智树的叶子就像蘘荷，树干就像竹箭，果实从中心生出。一个枝条有十个果实，果肉既白又滑。假如从四边剥开果实去掉果肉，只留下外皮，用蜂蜜搅拌煮好，包成粽子，味道有些辛辣。卢循将这个给宋武帝刘裕吃，还给远公吃过，这种粽子被称作“益智粽”。

祁连仙树　祁连山有一株仙树，有四种味道。果实像枣子，用竹刀剖开味道甜，用铁刀剖开味道苦，用木刀剖开味道酸，用芦刀剖开味道辣。

桂　《南方草木状》：有三种，叶如柏叶，皮赤者为丹桂；叶如柿叶者为菌桂；叶似枇杷者为牡桂。今闽中多桂，四季开花有子，此真桂。其江南八九月开花无子者，此木樨也。

酒树　《扶南记》：顿逊国有树似石榴，采其花汁注瓮中，数日成酒，味甚美，名其树曰酒树。

面树　名桄榔树。树大四五围，长五六丈，洪直无枝条，其颠生叶，不过数十，似栟榈；其子作穗，生木端；其皮可作绠，得水则柔韧。胡人以此联木为舟，皮中有屑如面，多者至数斛，食之，与常面无异。

【译文】桂　《南方草木状》里说：桂树有三种，叶子像柏树的叶子，树皮是大红色的叫丹桂；叶子像柿子的叶子的叫菌桂；叶子像枇杷树的叶子的叫牡桂。如今福建有许多桂树，一年四季都开花结果实，是真正的桂树。江南八九月才开花没有果实的，是木樨。

酒树　《扶南记》里说：顿逊国有一种长得像石榴的树，采下花的汁液放在瓮里，几天后就变成酒，味道很醇美，所以给这种树起名叫酒树。

面树　面树又叫桄榔树。树有四五人合抱那么粗，高五六丈，树干笔直，没枝条，树顶长着叶子，不超过几十片，像栟榈；它的果实就像穗子，长在树顶；它的皮可以制作绳子，碰到水就变柔韧。胡人用这种绳捆绑木头制作船，树皮里有碎屑就像面粉，多的有几斛重，吃着和正常的面粉没有区别。

杨柳　隋炀帝开河成，虞世基请于堤上栽柳，一则树根四出，鞠护河堤；一则牵舟之女获其阴樾；三则牵舟之羊食其枝叶。上大喜，诏民间进柳一株，赐一缣；百姓竞献之。帝自种一株，群臣次第种之。栽毕，上御笔赐垂柳姓杨，曰“杨柳”。

薏苡　马援在交趾，以薏苡实能胜瘴气，还，载之一车。及援死，有上书谮之者，以前所载皆明珠文犀。

橄榄，南威也。《金楼子》云：有树名独根，分为二枝，其东向一枝是木威树，南向一枝是橄榄树。其树高峻不可梯，刻其根下方许，纳盐其中，一夕子皆落。此木可作舟楫，所经皆浮起。东坡诗：“纷纷青子落红盐，正味森森苦且严。待得余甘回齿颊，已输崖蜜十分甜。”三国吴时始贡橄榄，赐近臣。

【译文】杨柳　隋炀帝开凿运河完成后，虞世基请允许在河堤边栽上垂柳树，一是因为柳树根到处生长，可以维护河堤；二是因为牵船的女子可以获得荫凉；三是因为拉船的羊也能吃它的树叶。隋炀帝特别高兴，下诏让民间进献柳树，一株赐一匹布；百姓争着进献。炀帝亲手种了一株，各位大臣按官职各种一株。种完，隋炀帝亲笔赐予垂柳姓氏，叫作“杨柳”。

薏苡　马援在交趾的时候，因为薏苡的果实能防治瘴气，所以回京城时，拉了一车的薏苡。等马援死后，有人上书诬蔑他，说以前他车上载的全是明珠、文犀。

橄榄，也就是南威。《金楼子》里说：有种树叫独根，分出两个枝桠，向东生长的是木威树，向南生长的是橄榄树。这种树特别高大，没法爬上去。在树根下面挖出一个伤口，将盐放进去，一晚上它的果实全落下来。这种树的木头可以做船和船桨，在水里就漂浮起来。苏轼诗说："纷纷青子落红盐，正味森森苦且严。待得余甘回齿颊，已输崖蜜十分甜。"三国时的吴国最早进贡橄榄，皇帝赐给近臣。

瑞柳　唐中书省有古柳，忽一死枯，德宗自梁还，复荣茂，人谓之瑞柳。

义竹　《唐纪》：明皇后苑竹丛幽密，帝谓诸王曰："兄弟相亲，当如此竹。"因谓之义竹。

椰树，如栟榈，高五六丈，无枝条，其实大如寒瓜，外有粗皮，皮次有壳，圆而且坚，剖之有白肤，厚半寸，味似胡桃而极肥美，有浆，饮之，作酒气。俗人呼之"越王头"。其壳可镶杯壶，可作瓢。

文林果　宋王谨为曹州从事，得林檎，贡于高宗，似朱柰。上大重之，因赐谨为文林郎，号文林果。一云，唐高宗时王方言始盛栽林檎。

【译文】瑞柳　唐朝的中书省种有古柳树，忽然有一天枯死了。唐德宗从梁地回京，那棵树又重新繁茂，世人都称之为"瑞柳"。

义竹　《唐纪》里说：唐明皇的后宫有竹林幽深稠密，明皇对几个兄弟王爷们说："兄弟相亲相爱，应当像这些竹子。"所以称这些竹为"义竹"。

椰树，长得像栟榈，高五六丈，不长枝条，果实大得像西瓜，外皮粗糙，皮下有壳，壳是圆形，很坚硬，剖开来是白色果肉，有半寸的厚度，味道像核桃，却更加肥美，还有汁液，喝下去就能吐出酒的气息。

当地人称之为“越王头”。它的壳可以镶在杯子或水壶上，也能做水瓢。

文林果　宋朝的王谨担任曹州从事的时候，获得了林檎果，进献给宋高宗，这果子形状像朱柰。宋高宗特别喜欢，因而赐王谨担任文林郎，果子被称为“文林果”。另一种说法认为唐高宗时的王方言最早大规模栽种林檎。

不灰木　《抱朴子》：南海萧丘之上，自生之火，春起秋灭。丘上纯生一种木，虽为火所着，但少焦黑，人或得以为薪者，炊熟则灌灭之，用之不穷。束皙《发蒙》曰：“西域有火浣之布，东海有不灰之木。”

三槐　王旦父祐有阴德，尝手植三槐于庭，曰：“吾后世必有为三公者，植此所以志也。”

寇公柏　寇准初授巴东令，人皆以“寇巴东”呼之。手植双柏于庭，名“寇公柏”。人比邵伯甘棠。

【译文】不灰木　《抱朴子》里说：南海的萧丘上，有一种自己燃烧的火，春天燃烧，秋天熄灭。萧丘上只有一种树，虽然被火焚烧，却很少有烧焦烧黑的地方。有人得到这种树的木头来做柴，饭烧熟后就用水浇灭它，永远用不完。束皙《发蒙》说：“西域有用火来洗涤污渍的布，东海有烧不成灰烬的树。”

三槐　王旦的父亲王祐积了阴德，曾亲手在庭院里种了三株槐树，他说：“我的后代肯定有担任三公的，我种这三株树当作标记。”

寇公柏　寇准最开始被任命为巴东令，人们都称他为“寇巴东”。他在那里的院子里亲手种下两株柏树，被称为“寇公柏”，世人将其与邵公的甘棠相比。

铁树　广西殷指挥家，有铁树高三四尺，干叶皆紫黑色，叶类石榴。遇丁卯年开花，四瓣，紫白色，如瑞香，较少圆。一开，累月不凋，嗅之有铁气。

莱公竹　寇莱公死后，归葬西京。道出荆南公安县，人皆设祭哭于路，折竹植地，以挂纸钱。逾月视之，枯竹皆生笋，人号"莱公竹"。因立庙，号"竹林寇公祠"。

迎凉草　李辅国夏日会宾客，设迎凉草于庭，清风徐来。草色碧，干类苦竹，叶细如杉。

荔枝　蔡君谟曰：闽中荔枝，兴化最为奇特，尤重陈紫。其树晚熟，其实广上而圆下，大可径寸有五分，香气清远，色泽鲜紫，壳薄而平，瓤厚而莹，膜如桃花红，核如丁香母，剥之凝如水晶，食之消如绛雪，其味之甘芳，不可得而名状也。

【译文】铁树　广西的殷指挥使家里，有一株高三四尺的铁树，树干、树叶全是紫黑色，叶子有些像石榴的叶子。每次碰到丁卯年它就开花，花有四个花瓣，是紫白色的，就像瑞香的花，比起来稍圆一些。每一次开放，几月不凋谢，闻起来有铁的气味。

莱公竹　寇准（莱公）去世后，要安葬于西京。经过荆南的公安县时，百姓们都在路边设灵位来哭，并且折来竹枝插在地里用来挂纸钱。几个月后，只见枯竹都长出竹笋，世人称之为"莱公竹"。因而在那里建立了祠堂，称之为"竹林寇公祠"。

迎凉草　李辅国夏天大会客人时，在庭院里设有迎凉草，于是清风徐徐吹来。这种草是碧绿的颜色，枝干像苦竹，叶子细得像杉树的叶子。

荔枝　　蔡君谟说：福建的荔枝，要数兴化的最奇特，尤其是陈紫最受推重。这种树成熟得晚，果实上面宽，下面圆，大的直径有一寸五分，香气清远，色泽鲜紫，果壳薄而且平，果瓤厚而且晶莹，果膜像桃花的红色，果核像丁香母，剥开像凝结的水晶，吃下去像绛雪般融化，味道香甜，没有办法来形容了。

宋家香　　宋氏尝以馈蔡君谟，君谟以《诗序》谢之曰：世传此植已三百年。黄巢兵过，欲伐之，时王氏主其木，媪抱木欲共死，得不伐。今虽老矣，其实益繁，其味益甘滑，真异品也。

瑞榴　邵武县学宋时有石榴一株，士人观其结实之数，以卜登第多寡，屡验，因名“瑞榴”。

柯柏　柯潜官少詹，手植二柏于翰林苑后堂，号“学士柏”。复造瀛洲亭以临之。

种松　晋孙绰隐会稽山中，作《天台赋》，范荣期曰：“掷地有金石声矣。”绰于斋前种一松，恒手自壅治之。邻人高柔语曰：“松树子非不楚楚可怜，但无栋梁耳！”孙曰：“枫柳虽合抱，亦复何施？”

【译文】宋家香　　宋氏曾把他家的香馈赠给蔡君谟，蔡君谟写《诗序》来道谢说：“世人传说这树已经种了三百年。黄巢的军队经过这里时，准备砍它，当时主人姓王，他家的老奶奶抱着树准备和那棵树一起受死，树得以不被砍。如今虽然树很老了，它的果实却越发多，味道越发甘甜爽滑，真是神奇的品种。

瑞榴　　邵武的县学在宋朝时有石榴树一株，士人通过观察它结的果实多少，来占卜县学考中进士的多少，每次都很灵验，所以称作“瑞榴”。

柯柏　柯潜官拜少詹，他在翰林苑的后堂亲手种下两株柏树，号称为“学士柏”，又造了瀛洲亭面对着它。

种松　晋朝的孙绰在会稽山里隐居，撰写了《天台赋》，范荣期说：“我这篇赋文扔到地上会发出金玉相振般的声音。”孙绰在书斋前种下一株松，常常亲自护理。邻居高柔说：“你种的松树也不是不很可爱，只是并非可做栋梁的木材！”孙绰说：“枫树、柳树即使合抱那么粗细，又能做什么用？”

连理木　宋梁世基家，有荔枝生连理，神宗赐以诗曰：“横浦江南岸，梁家闻世贤。一株连理木，五月荔枝天。”

树头酒　缅甸有树，类棕，高五六丈，结实大如掌。土人以面纳罐中，悬罐于实下，划实取汁成酒。其叶，即贝叶也，写缅书用之。

嗜鲜荔枝　唐天宝中，贵妃嗜鲜荔枝。涪州岁命驿递，七日夜至长安，人马俱毙。杜牧之诗：“一骑红尘妃子笑，无人知是荔枝来。”

荔奴　龙眼似荔枝，而叶微小，凌冬不凋，七月而实成，壳青黄色，文作鳞甲，形圆似弹丸，肉白有浆，甚甘美。其实极繁，一朵五六十颗，作穗如葡萄然。荔枝才过，龙眼即熟。南人目为“荔奴”。

【译文】连理木　宋朝梁世基的家里有荔枝树生出了连理枝，宋神宗赐给他一首诗说：“横浦江南岸，梁家闻世贤。一株连理木，五月荔枝天。”

树头酒　缅甸有一种树，长得像棕树，高五六丈，果实大得像手掌。那里的人把面放在罐子里，将罐子悬挂在果实下面，划破果实取出汁液，也就成了酒。它的叶子就是所谓的贝叶，是写缅甸的文字时使用的。

嗜鲜荔枝　唐朝的天宝年间，杨贵妃特别爱吃新鲜荔枝。涪州每年派驿站人员负责快递运送，七天就能送到长安，但送荔枝的人和马都死掉。杜牧的诗里说“一骑红尘妃子笑，无人知是荔枝来”。

荔奴　龙眼形状像荔枝，叶子小点，冬天也不谢。七月里结果子，果壳是青黄色，花纹像鱼鳞，圆圆的就像弹丸，肉是白色，里面有汁液，特别甘甜。果实很多，每一串有五六十颗，作稻穗形状，像葡萄一般。荔枝刚下市，龙眼就成熟了。南方人把龙眼看成荔枝的仆人。

此君　王子猷暂寄人空宅，便令种竹，人问之，曰：“何可一日无此君！”

报竹平安　李卫公言：北都惟童子寺有竹一窠，才长数尺。其寺纲维每日报竹平安。

蕉迷　南汉贵珰赵纯卿惟喜芭蕉，凡轩窗馆宇咸种之。时称纯卿为“蕉迷”。

卖宅留松　海虞孙齐之手植一松，珍护特至。池馆业属他姓，独松不肯入券。与邻人卖浆者约，岁以千钱为赠，祈开壁间一小牖，时时携壶茗往，从牖间窥松，或松有枯毛，辄道主人，亲往梳剔，毕即便去。后其子林、森辈养志，亟复其业。

【译文】此君　王子猷暂时寄居别人的空宅，就让人种竹子，别人问他，他说：“怎么能有哪一天看不到它们呢！”

报竹平安　李靖（卫公）说：北都唯独童子寺有一丛竹子，才有几尺高。寺庙的管事和尚每天都要向主持禀报竹子是否平安。

蕉迷　南汉受皇帝宠幸的宦官赵纯卿唯独喜爱芭蕉，大凡是家里窗子房屋边都种了芭蕉。当时人称他是“蕉迷”。

卖宅留松　海虞的孙齐之亲手种下一株松树，特别珍视爱护。他的房产卖给别人后，唯独松树不肯卖掉。他和卖饮料的一个邻居约定，每年赠他一千钱，请他在墙壁上开个小窗，时不时带着一壶茶去，从窗子里窥看那株松树，松树如果有枯毛，就告诉主人，孙齐之亲自去梳理，做完就离开。后来他的儿子孙林、孙森等人奉养父亲，顺从他的意志，很快就买回家产。

青田核　《鸡跖集》：乌孙国有青田核，莫知其木与实，而核如瓠，可容五六升，以之盛水，俄而成酒，刘章得二焉。集宾客设之，一核才尽，一核又熟，可供二十客。名曰“青田壶”。

桃核　洪武乙卯出元内库所藏巨桃核，半面长五寸，广四寸七分，前刻“西王母赐汉武桃”及“宣和殿”十字，涂以金，中绘龟鹤云气之象，复镌“庚子甲申月丁酉日记。”命宋濂作赋。

汉高帝时，南粤王始献龙眼树，汉武帝时始得交趾荔枝，植上林。魏文帝始诏南方岁贡龙眼荔枝。

【译文】青田核　《鸡跖集》里说：乌孙国有一种植物的核叫青田核，树和果实的模样并不清楚，这种核像大瓠瓜，可以容纳五六升的液体，用它盛水，不一会儿就变作酒。刘章得到两枚，设宴款待宾客时用它，一个核变的酒刚喝尽，另个核的酒又成熟了，可以供给二十个宾客饮用。所以被称作“青田壶”。

桃核　洪武乙卯年（公元1375年）找出元朝皇宫内库藏的巨桃核，半面长五寸，宽四寸七分，前面刻着“西王母赐汉武桃”以及“宣和殿”等十个字，并且涂着金粉，中间绘画了神龟、仙鹤、云气，又刻着“庚子甲申月丁酉日记"几个字。皇帝让宋濂写赋文记录。

汉高祖刘邦时，南粤王最早进贡龙眼树；汉武帝时才获得交趾的荔枝，在上林苑种植。魏文帝开始下诏南方每年进贡龙眼、荔枝。

药名　将离赠芍药，亦名可离。相招赠文无，文无一名当归。欲忘人忧，赠丹棘，一名忘忧。欲蠲人之忿，赠青棠，青棠一名合欢。后人折柳赠行，折梅寄远（见《古今注》及《董子》）。又帝不愁（见《山海经》），芍药养性（见《博物志》），皋苏释忿（见《王粲志》），甘枣不惑（见束皙《发蒙记》）。树有长生（见《邺中志》）。木有无患（见《纂异文》）。

碧鲜赋　五色扈载游相国寺，见庭竹可爱，作《碧鲜赋》。世宗遣小黄门就壁录之，览而称善。刘宽夫《竹记》："坚可以配松柏，劲可以凌霜雪，密可以消清烟，疏可以漏霄月。"

【译文】药名　即将分离时赠爱人芍药，所以芍药也称作"可离"。招朋友聚会就赠"文无"，所以文无也称作当归。想让人忘掉烦忧，就赠丹棘，所以丹棘也称作忘忧。想要让别人消气，就赠青棠，所以青棠又称作合欢。后人折下柳枝送别，折下梅花寄给远方的人（见《古今注》和《董子》）。还有种药叫"帝不愁"（见《山海经》），芍药养性情（见《博物志》），皋苏能缓解忿怒（见《王粲志》），甘枣让人不迷惑（见束皙《发蒙记》），有让人长生的树（见《邺中志》），有能辟鬼的无患木（见《纂异文》）。

碧鲜赋　五代时的扈载去相国寺游览，觉得院中的竹子可爱，就写了《碧鲜赋》。柴世宗派遣宦官到墙壁边记下来，柴世宗看到后啧啧称赞。刘宽夫的《竹记》里说："论坚挺比得上松柏，论劲节可以冒霜雪。稠密的可以消除烟气，稀疏的可以漏下月光。"

榕城　福州有榕树，其大十围，凌冬不凋，郡城独盛，故号榕城。

相思树　潮凤凰山多相思树，树中有神，披发跣足。

念珠树在大理府，每穗结实百八枚。昔李贤者，寓周城，主人其妇难产，李摘念珠一枚使吞，珠在儿手中擎出，弃珠之地，从生珠树。

席草　储福，靖难时卫卒，流于曲靖，不食，死。妻范氏奉姑甚谨，一日见涧边草类苏，织席以奉姑。姑卒后，草遂不生。

【译文】榕城　福州有很多的榕树，有十围粗，冬天也不谢，唯独郡城里特别茂盛，所以福州被称为“榕城”。

相思树　潮州的凤凰山有许多相思树，树里有神仙，他披散头发、光着脚丫。

念珠树在大理府有，每个穗上能结一百零八颗果子。以前高僧李贤者在周城借住，借住的主人的妻子难产，李贤者脱下一颗念珠让她吞下，于是那个孩子出生，手里还拿着念珠，后来，扔掉念珠的地方，丛生了许多树，被称为念珠树。

席草　储福，是靖难之役时的守兵，后来流浪到曲靖，不吃东西，死掉了。他的妻子范氏对婆婆非常恭谨，有一天看见河边的一种草很像苏草，就织成席子让婆婆使用。她的婆婆死后，那种草就不长了。

蒌叶藤　叶似葛蔓附于树，可为酱，即《汉书》所谓蒟酱也，实似桑椹，皮黑、肉白、味辛，合槟榔食之，御瘴气。

神木　永乐四年，采楠木于沐川，方欲开道以出之，一夕，楠木自移数里，因封其山为神木山。

独本葱　元初，马湖蛮岁以独本葱来献，郡县疲于递送，元贞初罢之。

邛竹　《蜀记》：张骞奉使西域，得高节竹种于邛山。今以为杖，甚雅。

【译文】蒌叶藤　叶子像葛，藤蔓缠在树上，可以制作酱，也就是《汉书》里所说的“蒟酱”，果实就像桑葚，果皮是黑色，果肉是白色，味道很辛辣，混着槟榔来吃，可以抵御南方的瘴气。

神木　永乐四年（公元1406年），官府在沐川边采伐楠木。正准备打通道路，把楠木运送出去，有一天夜里，楠木自动前移了几里，因此这座山被封为“神木山”。

独本葱　元朝初年，马湖的蛮人每年都进贡独本葱，沿路的郡县运送得非常辛苦，到元贞初年就不再进贡。

邛竹　《蜀记》里说：张骞奉命出使西域，在邛山获得了高竹节的竹子种。如今用这种竹子制作手杖，特别雅致。

天符　容子山有木叶，名天符，叶如荔枝叶而长，其纹如虫蚀篆，不知何木，或以为刘真人仙迹。

吕公樟　松江之北禅寺，宋有回先生过之，手植一樟于殿。后数年樟死，回复造焉，问樟公安在，取瓢内药一丸，瘗诸根下，樟遂活，叶叶俱显瓢痕。人始悟吕仙也。

陈朝双桧　静安寺中有双桧，宋政和间，朱勔勒图以进，遣中使取之，风雨雷电震碎其一，遂止。

【译文】天符　容子山有一种树的叶子，叫天符，长得像荔枝的叶子却较长些，它的纹路像虫子啃的篆文，不知道是什么树，有人说这是刘真人的仙迹。

吕公樟　松江的北禅寺，在宋朝时有个回先生经过这里，在殿里亲手种下一株樟树。几年后樟树枯萎了，回先生又来访，问樟公在哪里，他取出瓢里的一丸药，埋在树根下面，樟树就复活了，每片叶子都有瓢的痕迹。当地人才醒悟，回先生也就是吕洞宾。

陈朝双桧　静安寺里有两株桧树，宋朝的政和年间，朱勔把它们画成图献给朝廷，朝廷派宦官去砍伐，但那天刮起大风雨，雷电震碎了其中一株，于是就停止砍伐。

竹诗　胡闰题诗于吴芮祠壁云："幽人无俗怀，写此苍龙骨，九天风雨来，飞腾作灵物。"明太祖见而赏之，召拜大理卿。

苦笋反甘　《梦溪笔谈》云：太虚观中修竹，相传陆修静手植，出苦笋而味反甘；归宗寺造盐虀而味反淡，盖中山佳物也。

水晶葱　宋孝宗问周必大："吉安所产何物？"对曰："金柑玉版笋，银杏水晶葱。"

【译文】竹诗　胡闰在吴芮祠的墙上题了一首诗："幽人无俗怀，写此苍龙骨。九天风雨来，飞腾作灵物。"明太祖看见后十分赞赏，就召胡闰担任大理卿。

苦笋反甘　《梦溪笔谈》里说：太虚观里有一丛高高的竹子，相传是陆修静亲手栽种的，长出的是苦笋，味道反而甘美；归宗寺里制作的盐虀反而味道很淡，这两种都是中山的好东西。

水晶葱　宋孝宗问周必大："你家乡是吉安，那里产什么？"周必大回说："金柑玉版笋，银杏水晶葱。"

巨楠 赤城阁前有巨楠，高数十寻，围三十尺，世传范寂手植。寂得长生久视之术，先主累召不赴，封逍遥公。

希夷所种 《方舆胜览》云：普州硗瘠，无异产，惟铁山枣、崇龛梨、天池藕三者，皆希夷所种。

骑鲸柏 大邑凤凰山有紫柏十围，根盘巨石上，号骑鲸柏。

【译文】巨楠 赤城阁的前面有一株巨大楠树，高几十丈，粗三十尺，世间相传是范寂亲手栽种。范寂得到长生不老的法术，刘备屡次征召他他也不去，就被封为逍遥公。

希夷所种 《方舆胜览》里说：普州的土地贫瘠多石，当地没有特殊的物产，唯独铁山枣、崇龛梨、天池藕这三样，全是陈抟种植的。

骑鲸柏 大邑的凤凰山有一株十围粗的紫柏树，树根盘绕在巨大的石头上，号称“骑鲸柏”。

芦根 秦始皇以东南气王，凿连江之九龙山，得芦根一茎，长数丈，断之有血，因名其山曰荻芦峡。

榕树门，桂林府之南门也。唐筑门时，榕一株，久跨门内外，盘错至地，生成门状，车马往来，径于其下。杨基诗云“榕树城门却倒垂”是也。

苴草 广西产，状如茅，食之令人多寿。暑月置盘筵中，蝇蚊不近，物亦不速腐，亦名不死草。又有木生子，形如猪肾，能解药毒，名猪腰子。

罗浮橘 严州城南，其山峻险不易登，上有罗浮橘一株，熟时风飘堕地，得者传为仙橘云。

【译文】芦根　秦始皇时因为东南的天子气非常旺盛，就凿开连江的九龙山，发现一个芦根，长几丈，砍断后流血，因而称这山是“荻芦峡”。

榕树门，是桂林府的南门。唐朝修城门时，种了一株榕树，时间长了，这株树跨越城门内外，盘根错节通到地里，长出门的形状，车马往来，直接从树根下面经过。杨基的诗里“榕树城门却倒垂”说的就是这株榕树。

苴草　苴草是广西当地的特产，长得像茅草，吃了会长寿。大夏天放在筵席的盘子上，苍蝇、蚊子不敢靠近，食物也不会很快腐烂，也叫不死草。另外还有木生子，长得像猪肾，能解药的毒，名叫“猪腰子”。

罗浮橘　严州的城南有一座特别险峻的山，不好攀爬，上面有一株罗浮橘树，橘子成熟时随着风飘到地上，获得的人相传这是仙橘。

玉芝　会稽陶堰岭出花生，叶下其根岁生一臼，取以面裹熟食，可辟谷。

百谷　《名物通》：粱者，黍稷之总名。稻者，溉种之总名。菽者，众豆之总名。三谷各二十种，为六十种。蔬果助谷各二十种，共为百谷。

君子竹　东坡诗：“惟有长身六君子，猗猗犹得似淇园。”又筼筜亦竹之类，生水边，长数丈，围尺五寸，一节相去六七尺。

樗栎　《庄子》：吾有大树，人谓之樗。其大本，拥肿而不中绳墨；其小枝，卷曲而不中规矩。《通志》：南多槲，北多栎，似樗，即柞栎也。古云：社栎以不材故寿。

【译文】玉芝　会稽山的陶堰岭出产花生，叶子下面的根每年长出白，取来拿面裹住熟食，可以辟谷（不吃东西也不饿）。

百谷　《名物通》里说："粱"，是小米、粟的总称。"稻"，是灌溉种植物的总称。"菽"，是豆类作物的总称。三种谷物各二十种，共六十种。蔬菜、水果辅助谷物的各有二十种，合起来被称作"百谷"。

君子竹　苏轼的诗里说："惟有长身六君子，猗猗犹得似淇园。""篔筜"也是竹类，生长在水边，长几丈，粗一尺五寸，每个竹节有六七尺长。

樗栎　《庄子》里说：我有一株大树，人称"樗树"。它的大树干，臃肿得无法做成平直的器物；它的小枝条弯曲得无法去做车轮之类的器物。《通志》里说：南方有很多的槲树，北方有很多的栎树，像樗树，也就是柞栎。古人说：土地庙前的栎树因为没有什么用，所以长寿。

楩楠　《文选》：楩、楠、豫章皆名克胜大任之材也。

瓜田李下　《文选》：君子防未然，不处嫌疑间。瓜田不纳履，李下不整冠。

薰莸异器　《左传》：一薰一莸，十年尚犹有臭。《注》：薰，香草也；莸，臭草也。

蒲柳先槁　《世说》：顾悦之与简文帝同年，发蚤白。帝问之，曰："松柏之姿，经霜犹茂。蒲柳之姿，望秋先零。"

【译文】楩楠　《文选》：楩树、楠树、豫章树都是建造房屋的木材。

瓜田李下　《文选·君子行》说：君子防患于未然，不处在让人疑惑、易产生嫌疑的境地。瓜田里上不要穿鞋子，李树下面不要整理冠帽。

薰莸异器　《左传》里说：用薰熏染一回，即使十年以后也还有留有香气，用莸熏染一次，即使十年后也还有臭味。《注》中说：薰，是香草；莸，是臭草。

蒲柳先槁　《世说新语》里说：顾悦之和简文帝年纪一样大，头发却早早白了。简文帝问他怎么回事，他回说："松树、柏树，经过秋霜后还是那么繁茂；柳树在秋天还没到来就开始凋零。"

馀桃　《韩子》：弥子瑕食桃而甘，以半啖卫君，君曰："爱我哉。"后子瑕得罪，君曰："是固啖我以馀桃者。"

二桃杀三士　齐公孙接、田开彊、古冶子皆勇而无礼。晏子谓景公馈之二桃，令计功而食。三子皆自杀。

祥桑　亳里有桑穀共生于朝，七日大拱，伊陟曰："妖不胜德。"于是太戊修先王之政，养老问疾，早朝晏退，三日而桑穀死。

金杏　分流山出。大于梨，黄于橘。汉武访蓬瀛，有献此者，今呼"汉帝果"。

【译文】馀桃　《韩非子》里说：弥子瑕吃下一个桃子觉得非常甘甜，就把剩下的半个让卫国国君吃，国君说："你好爱我。"后来弥子瑕获罪，国君说："这是强迫我吃下半个桃子的人。"

二桃杀三士　齐国的公孙接、田开彊、古冶子都很勇猛却不懂礼节。晏子对齐景公说赠给他们两只桃子，让他们按照功劳分食。因为争功，这三个勇士都自杀了。

祥桑　在亳里，有桑树和穀树共同生在商朝的朝堂边，七天就有两手合围粗细。伊陟说："妖异不能战胜德行。"于是商王太戊恢复先王的德政，供养老人、呵护病人，很早就上朝，很晚才退朝。三天后桑树和榖树就枯萎了。

金杏　金杏出自分流山。比梨子大，比橘子黄。汉武帝访求东海三仙岛时，有人献上了金杏，如今称作“汉帝果”。

花卉

桂花　草木之花五出，雪花六出，朱文公谓地六生水之义。然桂花四出，潘笠江谓土之产物，其成数五，故草木皆五，惟桂乃月中之本，居西方，四乃西方金之成数，故四出而金色，且开于秋云。

天花　生五台山，草本。花如牡丹而大，其白如雪，下有白蛇守之，人摘其花，必伤之。土人作法窃取，蛇见无花，则自触死。晒干，大犹如鲜牡丹，取数瓣点汤，甚美，其价甚贵。

琼花　王兴入秋长山，见琼花茎长八九寸，叶如白檀，花如芙渠，香闻数里，唐人植一株于广陵蕃釐观，至元时朽，以八仙花补之于琼花台前。

【译文】桂花　普通草木的花是五个花瓣，雪花是六个花瓣，朱熹（文公）说这因为“地六生水”。然而桂花却只有四个花瓣，潘恩（笠江）说土里长出的东西，它的成数是“五”，所以草木的花全是五个花瓣，唯独桂花是月亮里出产的，居于西方，“四”是属金的西方的成数，所以不仅四个花瓣，还是金色，还在秋天开放。

天花　天花出自五台山，是草本植物。花像牡丹，较大些，花白得像雪，下面有白蛇守护，假如有人摘花，那白蛇就一定会攻击人造成伤害。当地的人想办法去偷，蛇看见花消失了，就自己撞死。把这种花晒干后，就像新鲜的牡丹花一般大，取几瓣给汤调味，汤会特别鲜美，它的价格很贵。

琼花　王兴到秋长山里，看见琼花，花茎长八九寸，叶子像白檀叶，花像芙蓉花，香气飘到几里外。唐朝人在广陵的蕃釐观种下一株，到元朝时枯萎，于是用八仙花补种在原来的琼花台前。

金带围　江都芍药，凡三十二种，惟金带围者不易得。韩琦守郡时，偶开四朵。时王岐公珪为郡倅，荆公安石为幕官，陈秀公升之以卫尉丞适至，韩公命宴花下，各簪一朵。后四人相继大拜，乃花瑞也。

蔓花　胡人以茉莉为蔓花，宋徽宗时始名茉莉。

洛如花　吴兴山中有一树，类竹而有实，似荚，乡人见之，以问陆澄。澄曰："是名洛如花，郡有名士，则生此花。"

王者香　《家语》：孔子见兰花，叹曰："夫兰当为王者香，今与众花伍。"乃援琴作《猗兰操》。

【译文】金带围　扬州的芍药花，一共三十二种，唯独被称作"金带围"的最不容易弄到。韩琦当郡守时，金带围偶然开出四朵花。当时王珪（岐公）担任副职，王安石（荆公）担任幕官，陈升之（秀公）担任卫尉丞，刚刚到任，韩琦在花下设宴，四人各戴一朵。后来他们四人相继担任宰相，这是所谓的"花瑞"。

蔓花　胡人把茉莉称作"蔓花"，宋徽宗时才取名茉莉。

洛如花　吴兴的山里有一株树，长得像竹子却结果实，果实像皂荚，当地人看见后，询问陆澄。陆澄说："这花叫洛如花，哪个郡有名士，就会生出这种花。"

王者香　《孔子家语》里说，孔子看见深谷里的兰花，感叹着说："兰花应当给王者释放香气，如今却和各种普通花混在一起。"于是取出琴来弹《猗兰操》。

伊兰花　金粟香特馥烈，戴之发髻，香闻十步，经月不散。西域以"伊"字至尊，如中国"天"字也，蒲曰"伊蒲"，兰曰"伊兰"，皆以尊称，谓其香无比也。大约今之真珠与木兰是也。

断肠花　昔有妇人思所欢，不见辄涕泣，洒泪于北墙之下，后湿处生草，其花甚美，色如妇面，其叶正绿反红，秋开，即今之海棠也。

蝴蝶花　在贵州玄妙观，春时开，花娇艳。至花落之时，皆成蝴蝶翩翩飞去，枝头无一存者。

【译文】伊兰花　金粟花的香气特别浓烈，戴在发髻上，香气传出十步以外，过一个月也不散。西域因为"伊"字极为尊贵，就好比是中国的"天"字，所以把"蒲"称作"伊蒲"，把"兰"称作"伊兰"，因为尊贵所以这样称，认为它的香气是最好的，别的花比不上。大约就是如今的真珠花和木兰花。

断肠花　以前有个女子思念情人，看不到他就哭，泪水洒在北墙下面。后来沾湿泪水的地方长出一种草，它的花十分美丽，就像女子的容颜，它的叶子正面绿，反面红，花到秋天开放，也就是如今的"秋海棠"。

蝴蝶花　蝴蝶花出自贵州的玄妙观，春天开花，花色娇艳。到花落时，都化为蝴蝶翩翩飞走，枝头没有一朵花剩余。

优钵罗花　在北京礼部仪制司，开必四月八日，至冬而实，状如鬼莲蓬，脱去其壳，其核成金色佛一尊，形相皆具。

娑罗　夏津为昌化令，有娑罗树一株，花开时，香闻十里。津笑曰："此真花县也。"

兰花　蜜蜂采花，凡花则足粘而进。采兰花则背负而进，盖献其王也。进他花则赏以蜜，进稻花则致之死，蜂王之有德若此。

【译文】优钵罗花　优钵罗花种在北京的礼部仪制司，每回绽放一定是四月八日，到冬天时就结出果实，像鬼莲蓬，剥去外壳，核就像一尊金色的佛，佛的形体容貌都具备。

娑罗　夏津担任昌化县令时，那里有一株娑罗树，到开花时，十里范围内都能闻见这花的香气。夏津笑着说："这里是真正的'花县'啊。"（潘岳的河阳县被称为花县。）

兰花　蜜蜂采花时，只要是一般的花就用脚沾着花粉继续前进。假如是采兰花就背着花粉前进，大约这是献给蜂王用的。进献其他花，蜂王赏赐蜜，进献稻花，就会赐死，蜂王就像具有人的德行一样。

婪尾春　桑维翰曰：唐末文人以芍药为婪尾春者，盖婪尾酒乃最后之杯，芍药殿春，故名。唐留守李迪以芍药乘驿进御，玄宗始植之禁中。

姚黄魏紫　《西京杂记》：牡丹之奇者，有姚家黄、魏家紫。

木莲　白乐天曰：予游临邛白鹤山寺，佛殿前有木莲两株，其高数丈，叶坚厚如桂，以中夏开花，状如芙蕖，香亦酷似。山僧云：花折时，有声如破竹然。一郡止二株，不知何自至也。成都多奇花，亦未常见。世有木芙蓉，不知有木莲花也。

【译文】婪尾春　桑维翰说：唐末的文人把芍药称作“婪尾春”，原因是婪尾酒是宴会上最后一杯酒，芍药花是春天结束时的花，所以取名如此。唐朝的留守李迪把芍药通过驿车献给皇帝，唐玄宗开始把芍药花种在皇宫里。

姚黄魏紫　《西京杂记》里说：牡丹花中最好的品种有姚家黄、魏家紫。

木莲　白居易说：我游玩临邛的白鹤山寺，佛殿前有两株木莲，高几丈，叶子坚硬厚实，就像桂树叶，因为是在中夏开花，长得像荷花，香气也极为像。山里的僧人说：“折花的时候，有声音就像竹子破裂声。”一郡只有这里的两株，不知道从哪里移植过来的。成都有很多珍奇的花，但这种也不常见。世间有木芙蓉，不知道有木莲花。

国色天香　唐文宗内殿赏花，问程修己曰：“京师传唱牡丹者称首。”对曰：“李正封云，国色朝酣酒，天香夜染衣。”帝因谓妃曰：“妆镜前饮一紫金盏，正封之诗可见矣！”

茶花　以滇茶为第一，日丹次之。滇茶出自云南，色似衢红，大如茶碗，花瓣不多，中有层折，赤艳黄心，样范可爱。

佛桑　出岭南，枝叶类江南木槿，花类中州芍药，而轻柔过之。开时当二三月间，阿那可爱，有深红、浅红、淡红数种，剪插即活。

【译文】国色天香　唐文宗在内殿里赏花，问程修己说：“京城传唱的牡丹诗谁写得最好？”程修己回答说：“李正封的‘国色朝酣酒，天香夜染衣’。”唐文宗因而对贵妃说：“你在妆镜台前用紫金盏饮酒，李正封的诗句就能看到了。”

茶花　茶花以滇茶称为第一，日丹其次。滇茶出自云南，大红色，像茶碗般大，花瓣不多，中间有层次和褶皱，赤色的花，黄色的花心，样子可爱。

佛桑　佛桑出自岭南，枝叶长得像江南的木槿，花像中原的芍药，比芍药更轻软柔弱。开花时正当二、三月之间，婀娜多姿，十分可爱，有深红、浅红、淡红几种，剪下枝条插在地上里就能存活。

花癖　唐张籍性耽花卉，闻贵侯家有山茶一株，花大如盎，度不可得，以爱姬换之。人谓之“张籍花淫”。

海棠　宋真宗时始海棠与牡丹齐名。真宗御制杂诗十题，以《海棠》为首。晏元献公殊始植红海棠红梅，苏东坡始名黄梅为蜡梅。

花品　周濂溪《爱莲说》：菊，花之隐逸者也；牡丹，花之富贵者也；莲，花之君子者也。

舍东桑　《蜀志》：先主舍东有桑树高丈余，垂垂如盖，往来者皆怪此树非凡，谓当出贵人。先主少与诸儿戏树下，言：“吾必当乘此羽葆车盖。”

张绪柳　《南史》：齐武帝时，益州献蜀柳，枝条甚长，状似丝缕。帝以植于太昌灵和殿前，曰：“此柳风流可爱，似张绪少年时也。”

【译文】花癖　唐朝的张籍天性特别爱花，听说某贵人家有一株山茶花，花朵大得像盆，他心里琢磨着没法得到，就用喜爱的歌姬去换。世人称他是“张籍花淫”。

海棠　宋真宗时海棠开始和牡丹齐名。宋真宗御制十首杂诗，《海棠》是第一首。晏殊（元献公）最早种红海棠和红梅，苏东坡最早把黄梅起名叫蜡梅。

花品　周敦颐（濂溪）的《爱莲说》里说：菊花，是花中的隐士；牡丹，是花中的富贵人；莲花，是花中的君子。

舍东桑　《三国志·蜀书》里说：先主刘备家的东边有一株高一丈多的桑树，枝条垂下大如车盖，往来的人都觉得奇异，认为这株树不是一般树，说这里当会出贵人。刘备小时候跟小孩们在树下面玩耍，说："我定要乘坐在这样的车盖下面。"

张绪柳　《南史》里说：齐武帝时，益州献上蜀地的柳树，枝条特别长，形状就像丝线。齐武帝把它种在太昌灵和殿前，说："这株柳树风流可爱，好比是张绪少年的时候。"

美人蕉　其花四时皆开，深红照眼，经月不谢。

海棠香国　昔有调昌州守者，求易便地。彭渊才闻而止之，曰："昌，佳郡守也！"守问故，曰："海棠患，患无香，独昌地产者香，故号海棠香国，非佳郡乎？"

思梅再任　何逊为扬州法曹，公廨有梅一株，逊常赋诗其下，后居洛，思梅花不得，请再任扬州。至日，花开满树，逊延宾醉赏之。

榴花洞　唐樵者蓝超，于福州东山逐一鹿，鹿入石门，内有鸡犬人烟，见一翁，谓曰："皆避秦地，留卿可乎？"超曰："归别妻子乃来。"与榴花一枝而出。后再访之，则迷矣。

【译文】美人蕉　美人蕉一年四季都开花，花的深红色照耀人眼，开后一个月不谢。

海棠香国　以前有个人调任昌州当太守，他请求换个方便的地方。彭渊才听说他的想法劝止他，说："昌州，是一个好郡啊！"太守问他原故，他说："海棠的问题在于没香味，唯独昌州生长的海棠有香气，所以称为'海棠香国'，不是好郡吗？"

思梅再任　何逊担任扬州的法曹时，官府宅邸旁有一株梅花树，何逊常在树下赋诗。后来他居住在洛阳，想看梅花却没得看，就请求再到扬州任职。他刚到的那天，那株梅树开满了花，何逊请宾客在树下喝酒赏花。

榴花洞　唐朝一个樵夫叫蓝超，在福州的东山追逐一只鹿，鹿跑进一个石头门里，里面有鸡狗和人烟，见到一个老头对他说："我们都是躲避秦朝战乱来这里的，你能留下来吗？"蓝超说："我回去和妻子和孩子道别再过来。"老头赠他一枝石榴花后他就出去了。后来再去寻访，就迷路找不见了。

桃花山在定海，安期生炼药于此，以墨汁洒石上成桃花，雨过则鲜艳如生。

攀枝花　广州产，高四五丈，类山茶，殷红如锦，一名木棉。

一年三花　嵩山西麓，汉有道士从外国将贝多子来，种之，成四树，一年三花，白色，其香异常。

白蒻　韩诗：太华峰头玉井莲，开花十丈藕如船，冷比雪霜甘比蜜，一片入口沉痾痊。

【译文】桃花山在定海，安期生在这里炼药，他把墨汁洒在石头上生出桃花，雨后特别鲜艳，就像真的花。

攀枝花　攀枝花是广州盛产的，高四五丈，和山茶相似，殷红得像锦缎，又叫木棉。

一年三花　在嵩山的西边山脚，汉朝时有个道士从外国带回贝多树的种子，种在这里，活了四株，每年三次开花，花白色，香味与众不同。

白蒻　韩愈的诗《古意》里说："太华峰头玉井莲，开花十丈藕如船。冷比雪霜甘比蜜，一片入口沉疴痊。"

萱草忘忧宜男　《博物志》：萱号忘忧草，亦名宜男花。韩诗：萱草女儿花，不解壮士忧。

冰肌玉骨　袁丰之评梅曰："冰肌玉骨，世外佳人，但恨无倾城之笑耳。"

菊比隐逸　菊不竞春芳，后群卉而开，故以隐逸之士比之。

花似六郎　誉张昌宗者曰："六郎貌似莲花。"杨再思曰："乃莲花似六郎耳。"

先后开　大庾岭上梅花，南枝已落，北枝方开，寒暖之候异也。

【译文】萱草忘忧宜男　《博物志》里说：萱草又称作忘忧草，也称作宜男花。孟郊的《百忧》诗里说："萱草女儿花，不解壮士忧。"

冰肌玉骨　袁丰之品论梅花时说："冰肌玉骨，世外佳人，只遗憾没有倾国倾城的微笑。"

菊比隐逸　菊花不和群花在春天争着开放，它在百花之后开放，所以用隐士来类比。

花似六郎　称赞张昌宗的人说："六郎的容颜就像是莲花。"杨再思说："是莲花长得像六郎。"

先后开　大庾岭上的梅花，向南的树枝上的花朵凋落后，向北的树枝上的花朵才开，是由寒冷和温暖的气候不同造成的。

卷十七·四灵部

飞禽

鸟社　大禹即位十年，东巡狩，崩于会稽，因而葬之。有鸟来为之耘，春拔草根，秋啄芜秽，谓之鸟社。县官禁民不得妄害此鸟，犯则无赦。

精卫鸟　炎帝女溺死渤澥海中，化为精卫鸟，日衔西山木石，以填渤澥，至死不倦。

凤　《论语谶》曰："凤有六象九苞。"六象者，头象天，目象日，背象月，翼象风，足象地，尾象纬。九苞者，口包命，心合度，耳聪达，舌诎伸，色光彩，冠矩朱，距锐钩，音激扬，腹文户。行鸣曰归嬉，止鸣曰提扶，夜鸣曰善哉，晨鸣曰贺世，飞鸣曰郎都，食惟梧桐竹实。故子欲居九夷，从凤嬉。

【译文】鸟社　大禹即位十年后，就去东方巡狩，在会稽山去世，因而埋在那里。后来有种鸟飞来给大禹的坟头除草，春天拔去草根，秋天啄掉杂草，所以这里被称作"鸟社"。县官下令要百姓不准加害这种鸟，违反的话不会宽恕。

精卫鸟　炎帝的女儿在渤澥海里淹死，化成精卫鸟，每天到西山去口含木头、石块，要填满渤海，到死都不疲倦。

凤　《论语谶》里说："凤凰有六象九苞。"所谓的"六象"，意思是头像天，眼像太阳，背像月亮，翅膀像风，足像大地，尾巴像星星。所谓的“九苞”，意思是口包命，心合度，耳朵聪达，舌可屈伸，颜色光彩，肉冠是朱红色，脚上的距有锐利的钩，声音激烈高昂，腹部有花纹。步行时的啼鸣声是“归嬉”，栖息时啼鸣声是“提扶”，夜里啼鸣声是“善哉”，早晨啼鸣声是“贺世”，飞行时的啼鸣声是“郎都”。它只食用梧桐、竹子的果实。所以孔子想到九夷去居住，和凤凰嬉玩。

鸾，瑞鸟也。张华注曰：鸾者，凤凰之亚，始生类凤，久则五彩变易，其音如铃。周之文物大备，法车之上缀以大铃，和鸾声也，故改为鸾驾。

像凤　太史令蔡衡曰：凡像凤者有五色，多赤者凤，多青者鸾，多黄者鹓雏，多紫者鸑鷟，多白者鹄。此鸟多青，乃鸾，非凤也。

迦陵鸟鸣清越如笙箫，妙合宫商，能为百虫之音。《楞严经》云：“迦陵仙音，遍十方界。”

【译文】鸾，是一种瑞鸟。张华的注释说：鸾，仅次于凤凰，刚出生时像凤凰，再长大些身上的五彩会改变，它的叫声像铃。周朝的文物礼乐十分完备，周王乘坐的法车上系着大铃，就像鸾的啼鸣，所以把法车改称为鸾驾。

像凤　太史令蔡衡说：“只要像凤凰的鸟都有五种颜色，红色多一点的叫凤凰，青色多一点的叫鸾，黄色多一点的叫鹓雏，紫色多一点的叫鸑鷟，白色多一点的叫鹄。这只鸟青色多一点，那就是鸾，不是凤凰。”

迦陵鸟的啼鸣声像清越的笙箫，十分应和音乐的规律，所以能模仿出各种叫声。《楞严经》说：“迦陵鸟的仙音，传遍十方世界。”

毕方鸟　《山海经》：章峨之山，有鸟，状如鹤，一足，赤文青质而白喙，名曰“毕方”。其鸣自叫。见则邑有讹火。

鸾影　宋范泰《鸾诗序》：昔罽宾王结罝峻卯之山，获一鸾，三年不鸣。其夫人曰：“尝闻鸟见其类则鸣，可不悬镜以照之？”王从其言。鸾观影悲鸣，冲霄一奋而绝。嗟乎慈禽！何情之深也。鸾血作胶，以续弓弩、琴瑟之弦。

【译文】毕方鸟　《山海经》里说：章峨山有种鸟，长得像鹤，只有一条腿，羽毛青色、花纹红色、嘴巴白色，被称作“毕方”。它的啼鸣声像呼唤自己名字。它出现的地方会有怪火。

鸾影　南朝刘宋时的范泰在《鸾鸟诗序》里说：“以前的罽宾国王在峻卯山上结了网，捕获一只鸾鸟，这只鸾鸟过了三年都不啼鸣。王后说：‘我曾经听说鸟看见同类就会啼鸣，干吗不挂个镜子让它照着？’国王听从王后的建议。鸾鸟看见自己的影子，以为是同类，就悲伤地啼鸣，冲向天空，用力一叫就死掉了。哎！这鸟是多么深情。”鸾鸟的血可以制作胶，用来连接弓箭、琴瑟断掉的弦。

吐绶鸡形状、毛色俱如大鸡。天晴淑景，颔下吐绶，方一尺，金碧晃曜，花纹如蜀锦，中有一字，乃篆文“寿”字，阴晦则不吐。一名“寿字鸡”，一名“锦带功曹”。

孔雀自爱其尾，遇芳时好景，闻鼓吹则舒张翅尾，盼睐而舞。性妒忌，见妇女盛服，必奔逐啄之。山栖时，先择贮尾之地，然后置身。欲生捕之者，候雨甚，往擒之。尾沾雨而重，人虽至，犹爱尾，不敢轻动也。

杜鹃　蜀有王曰杜宇，禅位于鳖灵，隐于西山，死，化为杜鹃。蜀人闻其鸣，则思之，故曰“望帝”。又曰杜鹃生子寄于他巢，百鸟为饲之。

【译文】吐绶鸡的形状、毛色都像一般的大鸡。假如天气晴好，它的下巴会吐出绶带，方一尺，金色碧色照耀人眼，花纹像蜀锦，中间有个字，是篆文“寿”；阴雨天就不吐绶带。所以也被称为寿字鸡，又叫锦带功曹。

孔雀特别爱惜尾巴，碰到了好天气好景色时，它听见音乐声响起就会打开尾巴，左右顾盼地起舞。它天性妒忌，看见妇女盛装打扮，定会追逐去啄她们。它在山中休息时，先挑好放尾巴的地方，然后再放身子。想生擒它，等雨特别大时去抓。因为它的尾巴沾到雨变重了，人虽然接近它，它仍然爱惜尾巴，不敢轻易移动。

杜鹃　蜀国有个国王叫杜宇，把王位让给鳖灵，在西山隐居，死后化作杜鹃鸟。蜀地人听见它的啼鸣，就怀念他，所以又称杜鹃鸟为“望帝”。又说杜鹃把雏鸟寄养别的鸟的巢里，别的鸟帮它喂养。

鸿鹄六翮　刘向曰：“今夫鸿鹄高飞冲天，然其所恃者六翮耳。”夫腹下之毳，背上之毛，增去一把，飞不为高下。”

号寒虫　五台山有鸟，名号寒虫。四足，有肉翅不能飞，其粪即五灵脂也。当盛暑时，文采绚烂，乃自鸣曰：“凤凰不如我。”至冬，毛尽脱落，自鸣曰：“得过且过。”

秦吉了　岭南灵鸟。一名“了哥”。形似鸲鹆，黑色，两肩独黄，顶毛有缝，如人分发，耳聪心慧，舌巧能言。有夷人以数万钱买去，吉了曰：“我汉禽不入胡地！”遂惊死。

【译文】鸿鹄六翮　刘向说：“如今的大雁能高飞冲天，可它凭借的是六片大羽毛。假如肚子下面的小毛和背上的毛增加、减少一把，它飞得不会更高或更低。”

号寒虫　五台山有种鸟叫“号寒虫”。有四只脚，长着肉翅，所以不能飞翔，它的粪就是所谓的五灵脂。盛夏时，它羽毛的颜色花纹十分绚烂，于是就自己啼鸣说：“凤凰不如我。”到冬天羽毛都脱落完了，便又自己啼鸣说：“得过且过。”

秦吉了　秦吉了是岭南的灵鸟。又叫作了哥。长得像鸲鹆，黑色，唯独两个肩膀是黄色，头顶上的羽毛有条缝，就像人分开的头发，耳朵灵敏，心灵巧慧，舌头能学人话。有个夷人用几万钱买一只带走，秦吉了说：“我是汉禽，绝不去胡人的地方！”于是受惊而死。

变化　《月令》：三月，田鼠化为駕，八月駕化为田鼠。二物交化，即今所谓鹌鹑也。二月鹰化为鸠，八月鸠化为鹰，亦交化也。

赤乌　周武王伐纣，渡孟津，有火自上而下，至王屋，流化为乌，其色赤，其声魄。

布谷即斑鸠。杜诗：“布谷催春种。”张华曰：农事方起，此鸟飞鸣于桑间，若云谷可布种也。又其声曰：“家家撒谷。”又云：“脱却破裤。”因其声之相似也。

蠡母大如鸡，黑色，生南方池泽葭芦中，其声如人呕吐，每一鸣，口中吐出蚊虫一二升。

【译文】变化　《礼记·月令》里说：三月份，田鼠化为駕，八月再化为田鼠。这两种动物互相变化，“駕”也就是如今说的鹌鹑。二月份，老鹰化为斑鸠，八月份斑鸠化为鹰，也是互相变化。

赤乌　周武王征讨商纣王，渡过孟津时，有个火球从天上而降，落在周武王住的屋上，变成乌鸦，颜色赤红，发出魄魄的声音。

布谷鸟也就是斑鸠。杜甫的诗里说“布谷处处催春种”。张华说：春天开始耕种，这种鸟就在桑树间边飞边鸣，就像叫“谷可布种”。又说它的声音像“家家撒谷”，还说像“脱掉破裤”。因为它的叫声很像。

蟁母像鸡一样大，全身黑色，生长在南方池塘大泽的芦苇荡中，它的叫声就像人呕吐，每次叫，它的嘴里就吐出一二升多的蚊虫。

稚子，一名“竹豚”。喜食笋，善匿，不使人见。故杜诗有“笋根稚子无人见”之句。

鹢，水鸟，能厌水神，故画于舟首，舟名“彩鹢”。

捕鹯 魏公子无忌，方与客饮。有鹯击鸠，走巡于公子案下，鹯追击，杀于公子之前。公子耻之，即使人多设罻罗，得鹯数十四，责让以杀鸠之罪，曰：“杀鸠者死！”一鹯低头，不敢仰视；余皆鼓翅自鸣。公子乃杀低头者，余尽释之。

鹁鸽井 汉高祖庙，临城鹁鸽井旁，记云：“沛公避难井中，有双鸽集井中，追者不疑，得脱。”

【译文】稚子，又名竹豚。它爱吃竹笋，善于隐匿自己，不让人看到它。所以杜甫的诗里说“笋根稚子无人见”。

鹢，是一种水鸟，能降服水神，所以它被画在船头，也有船叫彩鹢。

捕鹯 魏国的公子无忌正和客人喝酒。忽然有一只鹯鸟攻击一只斑鸠，斑鸠跑到公子的案下躲着，鹯鸟追来，在公子眼前杀死斑鸠。公子觉得可耻，立即让人设下天罗地网，抓住了十几只鹯鸟，斥责它们杀害斑鸠的罪过，并且说：“杀死斑鸠的被处死。”有只鹯鸟低下头来不敢仰头看公子；其他的都扑打翅膀啼鸣。公子就杀死那个低头的，其他的都释放了。

鹁鸽井　汉高祖刘邦的庙，在临城的鹁鸽井旁，《碑记》说：“沛公刘邦曾在井中躲避灾祸，有两只鸽子停在井边，追兵就不疑心这里，刘邦得以逃过一劫。”

雪衣娘　唐明皇时，岭南进白鹦鹉，聪慧能言，上呼之为“雪衣娘”。上每与诸王及贵妃博戏，稍不胜，左右呼雪衣娘，即飞入局中，以乱其行列。一日语曰：“昨夜梦为鸷所搏。”已而，果为鹰毙，瘗之苑中，号“鹦鹉冢”。唐李繁曰：“东都有人养鹦鹉，以甚慧，施于僧。僧教之能诵经，往往架上不言不动。问其故，对曰：‘身心俱不动，为求无上道。’及其死，焚之，有舍利。”

白鹇　宋帝昺驻跸厓州山，为元兵所追，丞相陆秀夫抱帝赴海死。时御舟一白鹇，奋击哀鸣，堕水以殉。

【译文】雪衣娘　唐玄宗时，岭南献上一只白鹦鹉，特别聪慧，擅长学人话，皇帝叫它“雪衣娘”。皇帝常和诸王、贵妃玩玩博簺游戏，皇帝渐渐要输了，左右的宫女就喊“雪衣娘”，它就飞到博局上捣乱。有天它说：“昨夜梦见我被猛禽击杀。”后来，果然被老鹰杀死，埋在宫苑中，号称“鹦鹉冢”。唐朝的李繁说：“在东都洛阳，有个人养一只鹦鹉，因为很聪慧，就施舍给僧人。僧人教它念佛经。它常常在架上不说话也不移动，问它原因，它回说：‘身心俱不动，为求无上道。’等它死后，火化后发现了舍利。”

白鹇　宋末皇帝的海军停靠在厓州山附近，被元朝大兵所追，丞相陆秀夫抱着小皇帝跳进入海里淹死。当时皇帝的船上有一只白鹇鸟，奋然飞起，悲哀啼鸣，飞进大海，以死殉国。

鹁鸽诗　宋高宗好养鸽，躬自飞放。有士人题诗云：“鹁鸽飞腾绕帝都，朝收暮放费工夫。何如养个南来雁，沙漠能传二帝书。”帝闻之，召见士人，即命补官。

长鸣鸡　宋处宗尝买一长鸣鸡，着窗间。后鸡作人语，与处宗谈论，终日不辍。处宗因此学业大进。

宋厨鸡蛋　宋文帝尚食厨备御膳，烹鸡子，忽闻鼎内有声极微，乃群卵呼观世音，凄怆之甚。监宰以闻。帝往验之，果然，叹曰：“吾不知佛道神力乃能若是！”敕自今不得用鸡子，并除宰割。

【译文】鹁鸽诗　宋高宗爱养鸽子，亲自放飞。有个书生题诗说：“鹁鸽飞腾绕帝都，朝收暮放费工夫。何如养个南来雁，沙漠能传二帝书。”宋高宗听说这诗后，立刻召见他，下令给他补个官职。

长鸣鸡　宋处宗曾经买来一只长鸣鸡，放在窗边。后来鸡学会说人话，和宋处宗交谈，能一整天不歇。宋处宗因此学业大大进步。

宋厨鸡蛋　宋文帝的御厨在预备御膳煮鸡蛋时，忽然听见锅里有一种很轻微的声音，竟然是一堆鸡蛋在念观世音，音调凄怆。监管的厨师报告给宋文帝，宋文帝前往验看，果然不假，便感叹说：“我不知道佛教的神力竟能这般奇妙！”于是下诏以后不准再用鸡蛋，并且停止宰杀各种牲畜。

雁书　苏武使匈奴，留武于海上牧羝。汉使求之，匈奴诡言武死。常惠教使者曰：“天子在上林射雁，雁足上系帛书，言武在某泽中。”单于惊谢，乃遣武还。《礼记》：“鸿雁来宾。”（先至为主，后至为宾。）

孤雁　张华曰：雁夜栖川泽中，千百成群，必使孤雁巡更，有警则哀鸣呼众。故师旷《禽经》曰："群栖独警。"

飞奴　张九龄家养群鸽，每与亲知书，系鸽足上，移之，呼为"飞奴"。

鸩毒　《左传》："宴安鸩毒，不可怀也。"鸩，毒鸟也，黑身赤目，食蝮蛇，以其毛沥饮食则杀人。

【译文】雁书　苏武去匈奴出使，匈奴把他羁留在北海边放公羊。汉朝使者来寻找他，匈奴假称苏武已经去世。常惠教使者一种办法，让他们对单于这样说："天子在上林射下了大雁时，大雁的脚上发现系着帛布书写的信，信里说苏武在某某大泽中。"单于惊讶地赶紧道歉，于是把苏武遣返。《礼记》里说"鸿雁来宾"。（先到的是主人，后来的是客人）。

孤雁　张华说："大雁夜里在河边大泽旁栖息时，有成百上千只聚在一起，肯定会某只大雁做巡查，发现危险就发出悲哀的鸣叫来提醒所有的大雁。所以师旷的《禽经》里说："群栖独警。"

飞奴　张九龄家里养了一群鸽子，每回和亲戚朋友通信，他就把信件系在鸽子脚上，放飞出去，被称作"飞奴"。

鸩毒　《左传》里说："宴安鸩毒，不可怀也。"鸩，是毒鸟，黑色身体，赤色眼睛，能吃蝮蛇，用它的羽毛沾在食物酒水里就能毒死人。

周周鸟名周周。首重尾屈，将欲饮于河，则必颠，乃衔尾而饮。

金衣公子　唐明皇游于禁苑，见黄莺羽毛鲜洁，因呼为"金衣公子”。

戴颙春日携双柑斗酒，人问何之，答曰：“往听黄鹂声，此俗耳针砭，诗肠鼓吹。”

养木鸡　《庄子》：渻子为宣王养斗鸡，十日而问之曰：“鸡可斗乎？”曰：“未也。犹虚憍而恃气。”十日又问之。曰：“几矣。鸡有鸣者，已无变矣，望之似木鸡矣，其德全矣。异鸡无敢应者，反走矣。”

【译文】周周鸟名叫周周。头很重，尾巴是弯的，想去河里喝水，定会掉进河里，所以它用嘴含着尾巴来喝水。

金衣公子　唐明皇在禁苑游玩，只见黄莺鸟羽毛光彩鲜明，因而喊它“金衣公子”。

戴颙在春天带着两只柑子和一斗酒，别人问他去哪里，他回说：“去听黄鹂鸟叫，这是医治俗耳的针砭，激起诗情的音乐。”

养木鸡　《庄子》里说，渻子为宣王饲养斗鸡，十天后宣王问他说：“那些鸡可以去斗吗？”他回答说：“不行。它仍然空洞骄傲，凭仗气势。”十天后又问他。他回答说：“差不多了。别的鸡啼叫，它已经神色不变了。看着像木头做的鸡，它的德行都全面了。别的鸡看见它不敢应战，转身就逃走了。”

季郈斗鸡　《左传》：季、郈之斗鸡，季氏介其羽，郈氏为之金距。刘孝威诗：“翅中含白芥，距外曜金芒。”

乘轩鹤　卫懿公好鹤，鹤有乘轩者，及狄人伐卫，受甲者皆曰：“鹤有禄位，何不使战。”是以卫亡。

翮成纵去　僧支道林好鹤。有遗以双鹤者，林铩其羽，鹤反顾懊惜。林曰："鹤有凌霄之志，何肯为人耳目近玩！"养令翮成，置使飞去。

羊公鹤　昔羊叔子有鹤善舞，尝向客称之。客试使驱来，氃氋而不肯舞。故比人之名而不实。

【译文】季郈斗鸡　《左传》里说：季平子和郈昭伯氏斗鸡，季平子在自己的鸡的羽毛上洒着芥粉，郈氏在自己鸡的爪子装有金距。刘孝威诗说："翅中含白芥，距外曜金芒。"

乘轩鹤　卫懿公特别喜爱鹤，甚至让鹤乘坐大夫才能乘坐的轩车，后来狄人攻打卫国，士兵们都说："鹤有爵位，为什么不派它去打仗？"因此卫国灭亡。

翮成纵去　僧人支道林喜爱鹤。有人赠他一对鹤，支道林剪掉它们的羽毛，鹤回头看看自己的羽毛，好像懊恼可惜的样子。支道林说："鹤有一飞冲天的志向，哪肯给人做欣赏的玩物！"于是养好它们的羽毛，放它们飞走。

羊公鹤　以前羊祜有一只鹤善于翩翩起舞，他曾对客人夸耀。客人便让他把鹤赶过来看看，但那只鹤神情沮丧，不肯起舞。所以后来人们用"羊公鹤"比喻有名无实之人。

斥鷃笑鹏　《庄子》：穷发之北，有鸟名鹏，抟扶摇而上者九万里，且适南冥，斥鷃笑之曰："彼奚适也？我腾跃而上，不过数仞而下，翱翔蓬蒿之间，此亦飞之至也。而彼且奚适也？"

打鸭惊鸯　吕士隆知宣州，好笞官妓。适杭州一妓到，士隆喜之。一日群妓小过，士隆欲笞之。妓曰："不敢辞责，但恐杭妓不安耳。"士隆赦之。梅圣俞作《打鸭诗》："莫打鸭，惊鸳鸯，鸳鸯新向池中落，不比孤州老鸹鸧。"

【译文】斥鷃笑鹏　《庄子》里说：不长草木的极北地区，有只鸟名叫鹏，它乘着旋风可以飞到九万里高空，准备去南海，草丛里的小鸟嘲笑说："它这是去哪里？我飞跃而起，不超过几丈高就落下，在草丛里任意翱翔，这也就是飞的极致。而它是要飞到哪里去呢？"

打鸭惊鸯　吕士隆担任宣州太守时，爱好用鞭抽打官妓。正遇到一个杭州官妓到来，吕士隆很疼爱她。某天其他的官妓犯了小错，吕士隆准备鞭打她们。官妓们说："我们不敢推卸罪责，只怕杭州来的官妓会觉得不安。"吕士隆就饶过她们。梅尧臣（圣俞）听说这事后写一首《打鸭诗》说："莫打鸭，惊鸳鸯。鸳鸯新向池中落，不比孤州老鸹鸧。"

乌　燕太子丹质于秦，秦遇之无礼，欲归。秦王不听，谬言曰："令乌白头、马生角，乃可归。"丹仰天叹息，乌即头白，马为生角，秦王不得已而遣之。

乌伤　颜乌纯孝，父亡，负土筑墓，群乌衔土助之，其吻皆伤，因以名县。《唐雅》曰："纯黑而反哺者谓之乌，小而腹下白，不能反哺者谓之鸦。"

燕居旧巢　武瓘诗："花开蝶满枝，花谢蝶还希。惟有旧巢燕，主人贫亦归。"又唐诗："旧时王谢堂前燕，飞入寻常百姓家。"

【译文】乌　燕国太子丹到秦国做人质，秦王对他很不讲礼旧情，太子丹想回国，秦王不准，便假称说："让乌鸦的头变白色、马长出角，就能回国。"太子丹仰天叹息一声，乌鸦的头就变白色，马也长出犄角，秦王没办法，只好送他回去。

乌伤　颜乌十分孝顺，父亲死后，他背着泥土去建造坟墓，一群乌鸦衔着泥土帮他，乌鸦的嘴都磨破了，因此县名叫“乌伤”。《广雅》说：“纯黑色，而且反哺母鸟的叫乌，小一些腹部下面是白色的，而且不会反哺母鸟的叫鸦。”

燕居旧巢　武瓘的《感喇》诗里说：“花开蝶满枝，花谢蝶还希。惟有旧巢燕，主人贫亦归。”另外，刘禹锡《乌衣巷》诗说“旧时王谢堂前燕，飞入寻常百姓家”。

斗鸭　陆龟蒙有斗鸭阑。一日，驿使过焉，挟弹毙其尤者。陆曰：“此鸭善人言，欲进上，奈何毙之！”使者尽以囊中金窒其口，徐问人语之状，陆曰：“能自呼其名耳。”使者愤且笑，拂袖上马，陆还其金，曰：“吾戏耳。”

孝鹅　唐天宝末，长兴沈氏畜一母鹅，将死，其雏悲鸣，不复食；母死，啄败荐覆之，又衔刍草列前，若祭状，向天长号而死。沈氏异之，埋于蒋湾，名“孝鹅冢”。

蔡确鹦鹉　蔡确贬新州，有侍姬名琵琶，所蓄鹦鹉甚慧，每为确呼琵琶，及琵琶死，鹦鹉犹呼其名。确赋诗伤之。

【译文】斗鸭　陆龟蒙有斗鸭阑。某天，驿站的使者经过这里，用弹弓打死了最可爱的一只。陆龟蒙对他说：“这只鸭善于说人话，准备进献给皇帝，干吗打死它了！”使者把囊中所有的钱都给他，让他别告诉人，然后从容地问这鸭子说人话的具体情况，陆龟蒙说：“它能叫自己的名字。”使者生气，却又忍不住笑了，拂袖子上马，陆龟蒙归还他的钱，说：“我开玩笑罢了。”

孝鹅　唐朝天宝末年，长兴的沈氏饲养一只母鹅，母鹅快死时，小鹅悲哀地啼鸣，不再吃食物；母鹅死后，小鹅用喙衔着破垫子盖在母鹅身上，又衔来草料排列在母鹅前，就像祭祀模样，对天长长地号叫着死去。沈氏很惊讶，把它埋在蒋湾，这里就叫孝鹅冢。

蔡确鹦鹉　蔡确被贬到新州去时，他有个侍姬名叫琵琶，养的鹦鹉极为聪明，常常为蔡确喊琵琶的名字，等琵琶死后，鹦鹉仍然喊她的名字。蔡确写诗来表达哀情。

雁丘　金元好问过阳曲，见一猎者云："捕得二雁，内一死，一脱网去，空中哀鸣良久，投地亦死。"好问遂以金赎二雁，瘗之汾水滨，垒土为丘。今为雁丘。

见弹求鸮　《庄子》：长梧子曰："汝亦太早计，见卵而求时夜，见弹而求炙鸮。"

燕巢于幕　季札如晋，将宿于戚，闻钟声曰："夫子之在此也，犹燕之巢于幕上，而可以乐乎？"《吕氏春秋》：燕雀处堂，母子相爱，埃厥栋焚，燕雀不知。

禽经　金得伯劳之血则昏，铁得鹈鹕之膏则莹，石得鹊髓则化，银得雉粪则枯。翡翠粉金，鸡鹊厌火。

【译文】雁丘　金代的元好问经过阳曲时，看到个猎人说："刚捕到两只大雁，一只死掉，另一只逃出网，在空中悲哀地啼鸣很久，然后冲到地面也死掉了。"元好问拿钱买回那两只大雁，把它们埋葬在汾水边，堆起土坟。如今名叫"雁丘"。

见弹求鸮　《庄子》里说：长梧子说："你计划得也太早了，才看见鸡蛋就想要它半夜打鸣；才看见弹弓就要烧烤的鸟。"

燕巢于幕　季札去晋国，准备住在戚地，他听见钟声时说："孙文子在这里住着，好比是燕子在帘幕上筑巢，还可以演奏音乐吗？"《吕氏春秋》里说：燕雀在屋子住着，母子互相关爱，灶起火房子烧掉，燕雀不知道。

禽经　金子染着伯劳的血就变黯淡没光彩，铁涂着的鹖鹛熬出的油就光润明亮，石头沾着鹊鸟的骨髓就会化掉，银子抹上雉鸟的粪就会变黑。翡翠能砸碎金子，鸡鹊能防火。

风雨霜露　《禽经》云：风翔则风。风，鸢也。雨舞则雨。雨，商羊也。霜飞则霜。霜，鹔鹴也。露翥则露。露，鹤也。又云：以豚谶风，以鼍谶雨。豚，江豚也。鹊知风，蚁知雨。

禽智　陈所敏云：鸂鶒能水，故水宿之物莫能害。啄木遇蠹穴，能以嘴画字成符，蠹虫自出。鹤能步罡，蛇不敢动。鸦有隐巢，故鸷鸟不能见。燕衔泥常避戊己，故巢不倾。鹳有长水石，能于巢中养鱼，而水不涸。燕恶艾，雀欲夺其巢，即衔艾置巢中，燕遂避去。此皆禽之有智者也。

【译文】风雨霜露　《禽经》里说："风翔则风"，风，也就是鸢鸟。"雨舞则雨"，雨，也就是商羊。"霜飞则霜"，霜，也就是鹔鹴。"露翥则露"，露，也就是鹤。又说："用豚预测风，用鼍预测雨。"豚，也就是江豚。喜鹊能预测风，蚂蚁能预测雨。

禽智　陈所敏说：鸂鶒能役使水，所以住在水里的动物伤害不了它。啄木鸟遇到有蠹虫的树木，能用嘴在上面啄出符的形状，蠹虫自己就钻出来了。鹤能走出天罡七星步的步法，蛇看到就不敢移动。乌鸦有隐藏起来的巢穴，所以猛禽不能看见。燕子衔着泥巴筑巢时要避开戊己日，所以巢穴能够不颠覆。鹳鸟有一种能长期存水的石头，在巢穴里养鱼，水却不干涸。燕子厌恶艾草，雀鸟想夺取它的巢穴，就衔来艾草扔在燕子巢里，燕子就避开了。这全是有聪明智慧的飞禽。

大鸟悲鸣　杨震将葬，先葬数日，有大鸟高丈余，集震丧次悲鸣，葬毕方去。上闻，乃悟震坐枉，遣使具祭，官其子。

化鹤　《职方乘》云：南昌洗马池，尝有年少见美女七人，脱彩衣岸侧，浴池中。年少戏藏其一，诸女浴毕就衣，化白鹤去。独失衣女留，随至年少家，为夫妇，约以三年还其衣，亦飞去。故又名“浴仙池”。

化为大鸟　王仲变仓颉旧文为今隶书。秦始皇尝征仲，不至，大怒，诏槛车送之。仲化为大鸟飞去，落二翮于延庆州，今有大翮山。

【译文】大鸟悲鸣　杨震即将下葬，在下葬的前几天，有只一丈多高的大鸟，飞在杨震的灵堂上悲哀地啼鸣，下葬后才飞走。皇帝听说这件事，才豁然醒悟，知道杨震是受冤而死，于是派人去隆重祭祀，封他儿子当官。

化鹤　《职方乘》里说：南昌有洗马池，曾有个年轻人见到美女七个人，脱下彩色的衣裳放在岸边，去池中洗浴。年轻人开玩笑般藏起其中一件，七位女子洗浴后穿衣裳，化成白鹤飞走。只有丢掉衣裳的女子留下来，跟着到了年轻人家里，和他结成夫妇，约好三年后归还她的衣裳，到约定日子她穿上衣裳也飞走了。所以洗马池又称作浴仙池。

化为大鸟　王仲改进仓颉的旧字体变成隶书。秦始皇曾经召王仲入朝，他不去，秦始皇极其生气，下诏用囚人的车子送他来。王仲突然化成大鸟飞走，在延庆州遗落两根大羽毛，如今那里有座大翮山。

五色雀出罗浮山。贵人至，则先翔舞。

鵕鸃鸟产肇庆。形似山鸡，其羽有光，汉以饰侍中冠。

凤巢　永福隋时双凤来巢，宋初复至，守臣以闻，太宗遣使凿巢下石，得美玉，名其山曰“凤凰山”。

群乌啼噪　海盐乌夜村，晋何准寓此。一夕，群乌啼噪，准生女。后复夜啼，乃穆帝立准女为后之日。

【译文】五色雀出自罗浮山。假如有贵人去那里，它就会先飞翔起舞。

䴔䴖鸟产自肇庆，长得像山鸡，羽毛有光彩，汉朝时它的羽毛被用来装饰侍中的冠。

凤巢　永福在隋朝时有两只凤鸟飞到这里筑巢，宋朝初年又飞来，当地的官员报告朝廷，宋太宗派人凿开巢穴底下的石头，发现一块美玉，这座山被称作凤凰山。

群乌啼噪　海盐的乌夜村，晋朝时何准在这里寓居。有天夜里，一群乌鸦鸣叫非常喧闹，何准生下了女儿。后来乌鸦夜里又喧叫时，就是晋穆帝册立何准的女儿当皇后的时间。

问上皇　郭浩按边至陇，见鹦鹉一红一白鸣树间，问：“上皇安否？”浩诘其故，盖陇州岁贡此鸟，徽宗置之安妃阁。后发还本土，二鸟犹感恩不忘。

凤历　凤知天时，故以名历。凤鸣而天下之鸡皆鸣。凤尾十二翎，遇闰岁生十三翎。今乐府调尾声十二板，以象鸟尾，故曰尾声。或增四字，亦加一板，以象闰。

鸡五德　《韩诗外传》：“头戴冠，文也。足搏距，武也。见敌敢斗，勇也。见食相呼，义也。守夜不失时，信也。”故又称“德禽”。

陈宝　秦穆公时，陈仓人掘地得一物以献，道逢二童子，曰："此物名为蝹。" 蝹曰："彼二童子名为陈宝，得雄者王，得雌得霸。"陈仓人舍蝹逐童子，童子化为雉，飞入平林，以告于公。公大猎，果得其雌，化为石，置于汧渭之间，立陈宝祠，遂霸西戎。

【译文】问上皇　郭浩去陇地按察，只见一红一白两只鹦鹉在树上啼鸣，并且问郭浩："太上皇安好么？"郭浩诘问原由，才知道因为陇州往年向朝廷进贡这两只鹦鹉，宋徽宗把它们放在安妃阁上。后来送回本地，这两只鸟仍然感恩不忘。

凤历　凤凰知道时间，所以用"凤"命名历法。凤凰一叫，天下的鸡都叫。凤凰的尾巴有十二根翎毛，碰到了闰年时还能长出第十三根翎毛。如今的乐府调尾声有十二板，是象征着凤凰的尾巴，所以称作"尾声"。有人再增加四个字，也加一板，象征闰年。

鸡五德　《韩诗外传》说："头戴鸡冠，象征'文'。脚上带着搏斗的距，象征'武'。看见敌人敢战斗，象征'勇'。见到食物互相呼喊，象征'义'。守夜从不误时，象征'信'。"所以鸡又称作"德禽"。

陈宝　秦穆公时，陈仓人挖地时发现个东西准备进献给穆公，在半路碰到了两个童子，对他说："这东西叫作蝹。"蝹说："那两个童子名叫陈宝，抓到雄的就可称王，抓到雌的可称霸。"陈仓人丢掉蝹，去追那两个童子，童子化成野鸡，飞进树林里。陈仓人把这事告诉秦穆公，穆公就去举行大猎，果然得到一只雌的陈宝，化成了石头，就放在汧河、渭河之间，建起了陈宝祠，于是秦国在西戎地区称霸。

腰缠骑鹤　昔有客各言其志。一愿为扬州刺史，一愿多资财，一愿骑鹤上升。其一人曰："吾愿腰缠十万贯，骑鹤上扬州。"

隋珠弹雀　古云，以隋侯之珠弹千仞之雀，世必笑之。盖所用者重，所求者轻也。

雀跃者，言人喜悦，如雀之跳跃也。

爱屋及乌　《诗经》：“瞻乌爰止，于谁之屋。”恐因乌而伤其屋也。

【译文】腰缠骑鹤　古时候有几个人各自说自己的志向。一个想当扬州刺史，一个想有许多财宝，一个想骑着鹤飞到天上变成仙人。还有个人说：“我想腰缠十万贯钱，骑着鹤去扬州。”

隋珠弹雀　古人说，用隋侯的宝珠去打高飞的麻雀，世人肯定笑话他。因为使用的东西贵重，所求取的东西轻贱。

雀跃，说的是人喜悦时，像麻雀一般跳跃。

爱屋及乌　《诗经》有“瞻乌爰止，于谁之屋”的句子，意思是怕打乌鸦弄坏房屋。

越鸡鹄卵　《庄子》：“越鸡不能伏鹄卵。”谓其身小也。

燕贺　《淮南子》：大厦成而燕雀相贺。

贯双雕　《唐史》：高骈见双雕飞过，祝曰：“我贵当中之。”一发贯双雕，因号“双雕侍郎”。

鹊巢鸠占　《诗经》：“维鹊有巢，维鸠居之。”

闻鸡起舞　祖逖与刘琨同寝，中夜闻鸡鸣，蹴琨觉曰：“此非恶声也！”因起舞。

【译文】越鸡鹄卵　《庄子》说：“越地的鸡不能孵出大雁的蛋。”意思是越地的鸡太小了。

燕贺　《淮南子》说：大屋子即将建成时燕子和麻雀都来祝

贺。

贯双雕　《唐书》里说：高骈见到有一对大雕飞过，他祈祷说："我假如会大富大贵就能射中它们。"他一箭双雕，因而号称双雕侍郎。

鹊巢鸠占　《诗经》："喜鹊有巢，斑鸠来住。"

闻鸡起舞　祖逖和刘琨在一床上睡，半夜听见鸡叫声，祖逖踢醒刘琨说："这不是可厌的声音！"因而起床去练剑。

走兽

药兽　神农时有民进药兽。人有疾，则拊其兽，授之语，语毕，兽辄如野外，衔一草归，捣汁服之即愈。帝命风后记其何草，起何疾。久之，如方悉验。虞卿曰："神农师药兽而知医。"

夔　黄帝于东海流波山得奇兽，状如牛，苍身无角，一足，能入水，吐水则生风雨，目光如日月，其声如雷，名曰夔。帝令杀之，取皮以冒鼓，撅以雷兽之骨，声闻五百里。

【译文】药兽　神农时有个平民进献一头药兽。假如有人得病，就摸摸它，对它说一些话，说完后，它就跑到野外去，嘴巴衔着一株草回来，把那种草捣出汁液喝下去，病就痊愈。神农让风后记下衔着的是什么草，治的是什么病。过了很久，药方都得到验证。虞卿说："神农因为有药兽就懂得医术。"

夔　黄帝在东海的流波山上获得一只珍奇的兽，长得像牛，全身黑色，没有角，只有一只腿，能入水，吐出水就能刮风下雨，目光就像日月般明亮，声音像雷声般轰鸣，名字叫夔。黄帝让人杀死它，把皮蒙着鼓，用雷兽的骨头撑着鼓，鼓声传到五百里远。

獬豸　皋陶治狱，有獬豸游于庭（一角之兽，即今所画獬豸）。其罪疑者，令触之，有罪则触，无罪则不触，以定狱辞。

黄熊 舜殛鲧于羽山。鲧化为黄熊，入于羽泉。故禹庙祭品，戒不用熊。

白狐 禹年三十未娶，行涂山，有白狐九尾造禹。涂山人歌曰："白狐绥绥，九尾庞庞。成子家室，乃都攸昌。"禹遂娶之，谓之女峤。

【译文】獬豸 皋陶审案子时，有獬豸在公堂上徘徊（一只角的兽，也就是如今画的獬豸）。有可疑的犯人，就让它碰，有罪就会用角抵着他，没有罪就不抵着他，用这办法来判决。

黄熊 舜帝把鲧贬谪到羽山去。鲧化成了黄熊，没入了羽山的泉水。所以大禹庙的祭品，禁止用熊。

白狐 大禹都三十岁了还没娶妻，他路过涂山时，有只九尾的白狐到大禹面前。涂山的一个女人歌唱道："白狐绥绥，九尾庞庞。成子家室，乃都攸昌。"大禹就娶她为妻，称之为"女峤"。

野兔 文王囚于羑里七年，其子伯邑考往视父。纣呼与围棋，不逊，纣怒杀伯邑考，醢之，令人送文王食。命食毕，而后告，文王号泣而吐之，尽变为野兔而去。

麟绂 孔子在娠，有麟吐玉书于阙里，文云："水精之子孙，系衰周而素王。"孔母乃以绣绂系麟角，信宿而麟去。至鲁定公时，鲁人鉏商田于大泽，得麟，以示孔子，系角之绂尚在。孔子知命之将终，抱麟解绂，涕泗滂沱。

白泽 东望山有兽曰白泽，能言语。王者有德，明照幽远，则白泽自至。

【译文】野兔　周文王在羑里被囚禁了七年，他儿子伯邑考去看父亲。纣王跟他下围棋，他出言不逊，纣王发怒就杀掉伯邑考，把他剁成肉酱，派人送给周文王吃。周文王吃完后才告诉他实情，文王高声大哭，把食物吐出来，都变成野兔跑掉了。

麟绂　孔子还在母亲腹中时，有只麒麟在孔子家乡阙里吐下玉书一册，上面写道："水精的子孙，维持没落的周朝成为没有爵位的王。"孔子的母亲用绣花纹的丝带绑在麒麟角上，麒麟住了两晚就离开了。到鲁定公时，鲁国人鉏商在大泽打猎时，捕获一只麒麟，让孔子来看，绑在角上的丝带还在。孔子知道生命即将结束，就抱着麒麟解下丝带，泪水滂沱。

白泽　东望山上有只野兽叫白泽，能说人话。君王有德行，无论是遥远还是下层的贤人都能受到提拔，那么白泽自己前来。

昆蹄　后土之神兽，英灵能言语，禹治水有功而来。

角端　元太祖驻师西印渡，有大兽，高数丈，一角，如犀牛，作人语曰："此非帝王世界，宜速还。"耶律楚材进曰：此名角端，圣人在位，则奉书而至。能日驰一万八千里，灵异如鬼神，不可犯。

象，豕类也。张口而腹脏尽露，故名曰彖。《易经》用"彖曰"，盖取此义。

【译文】昆蹄　是大地的神兽，通灵，能说人话，因为大禹治水有大功就来到世间。

角端　元太祖把军队驻扎在东印度，有一只很大的兽，高几丈，只有一只角，长得像犀牛，用人话说："这里不是皇帝的世界，应当赶快回去。"耶律楚材对皇帝说："这只大兽叫角端。圣人在位时，就会捧着书来。能日行一万八千里，通灵神异得像鬼神，不可冒犯。”

象，也就是猪之类的动物。张开嘴巴五脏全都露出，所以叫“彖”。《易经》用“彖曰”，大约取义于此。

狮子，一名狻猊。《博物志》：魏武帝伐冒顿，经白狼山，逢狮子，使人格之，杀伤甚众。忽见一物自林中出，如狸，上帝车轭。狮子将至，便跳上其头，狮子伏，不敢动，遂杀之。得狮子还，来至洛阳，三十里鸡犬无鸣吠者。

酋耳，身若虎豹，尾长参其身，食虎豹。王者威及四夷则至。

虎伥　人罹虎厄，其神魂尝为虎役，为之前导。故凡死于虎者，衣服巾履皆卸于地，非虎之威能使自卸，实鬼为之也。

【译文】狮子，又称狻猊。《博物志》里说：魏武帝曹操攻打冒顿时，经过白狼山，碰到了狮子，让人杀死它，被它咬死咬伤的人很多。忽然有个动物从树木里窜出来，长得狐狸，上了曹操车子的辕。狮子即将攻击这里，它就跳上狮子的头，狮子就趴着不敢动，因而杀掉了狮子。曹操带着狮子回洛阳，三十里内的鸡狗没有敢打鸣吠叫的。

酋耳，外形像虎豹，尾巴比身体长三倍，能吃老虎豹子。君主的威势能震服四夷，就会出来。

虎伥　人假如被老虎吃掉，死后魂魄就变成老虎的仆人，给老虎做前导。所以只要是被老虎咬死的人，衣裳、帽子、鞋子都脱在地里，并非老虎的威势能让人自己脱下，其实是鬼脱的。

虎威　虎有骨如乙字，长寸许，在胁两旁皮内，尾端亦有之，名“虎威”，佩之临官，则能威众。又虎夜视，一目放光，一目视物。猎人候而射之，弩箭才及，光随堕地成白石，入地尺余。记其处掘得之，能止小儿啼。

仓兕　尚父为周司马，将师伐纣。到孟津之上，仗钺把旄，号其众曰：“仓兕。”夫仓兕者，水中之兽也，善覆人舟，因神以化，令汝急渡，不急渡，仓兕害汝。

斗榖于菟　《左传》：斗伯比淫于䢵子之女，生子文。䢵夫人使弃诸梦泽中，虎乳之。䢵子田，见而惧，归，夫人以告，遂收之。楚人谓乳为榖，谓虎为于菟，故曰：“斗榖于菟”。

【译文】虎威　老虎的一根骨头就像“乙”字，长一寸多，在胁部两旁的皮肤下面，尾巴末端也有，被称作“虎威”，假如佩带它去当官，那么可以威服众人。又说：老虎能在黑夜里看东西，一只眼睛放出光芒，一只眼睛看东西。猎人等候时机射老虎，弩箭快接近老虎，老虎的眼睛放出的光芒让箭落地变成白色石头，而且掉到地底下一尺多。记下那里挖掘出那块白色石头，能停止小孩的啼哭。

仓兕　姜子牙担任周朝的司马，带兵攻打纣王。到孟津边上时，他举起斧钺手持大旗，号令所有的军队说：“仓兕。”“仓兕”，是水中的兽类，善于撞翻船，通过神明的变化，让你快点渡过河，假如不快点，仓兕就来害你。

斗榖于菟　《左传》里说：斗伯比娶了䢵子的女儿，生下子文。䢵夫人把他扔到梦泽，老虎喂他。䢵子打猎，看见老虎喂他，十分害怕，回来后，他夫人告诉他丢弃子文的事情，于是把子文领回来。楚人把“乳”叫作“榖”，把“虎”叫作“于菟”，所以称子文是“斗榖于菟”。

貘　貘者象鼻犀目，牛尾虎足，性好食铁，生南方山谷中。

寝其皮辟湿，图其形辟邪。

穷奇　西北有兽，名曰穷奇，一名神狗。其状如虎，有翼能飞，食人，知人言语。逢忠信之人，则啮而食之；逢奸邪之人，则捕禽兽以飨之。

梼杌　西荒中兽也，状如虎，毛长三尺余，人面虎爪，口牙一丈八尺，好斗，至死不却，兽之至恶者。

山都　形如昆仑奴，毛遍体，见人辄闭目张口如笑，好在深洞中翻石觅蟹啖之。

【译文】貘　貘长着大象的鼻子，犀牛的眼睛，牛的尾巴，虎的蹄子，天生爱吃铁，生于南方的山谷中。假如睡在它的皮上可以防潮，假如画它的图形可以辟邪。

穷奇　西北有种兽，叫穷奇，又称作神狗，长得像老虎，有翅膀能飞，吃人，懂人话。碰到忠心诚信的人，就咬死吃掉；碰到奸佞邪恶的人，却抓来飞鸟野兽给他吃。

梼杌　是西方荒漠地区的野兽，长得像老虎，毛长三尺多，长着人脸、虎爪，牙齿长一丈八尺，爱打斗，斗死都不逃跑，在野兽中极为凶恶。

山都　样子像昆仑奴，全身是毛，它看见人就闭眼张嘴，就像是微笑，它喜欢在深洞里翻开石头找螃蟹吃。

饕餮　羊身人面，其目在腋下，虎齿人爪，声如婴儿，钩玉山中有之。

狼狈　二兽名。狼前二足长，后二足短；狈前二足短，后二足长。狼无狈不立，狈无狼不行。若相离，则进退无据矣。故世人言事之乖张，则曰“狼狈”。

风马牛　马喜逆风而奔，牛喜顺风而奔，故北风则牛南而马北，南风则牛北而马南。故曰风马牛不相及也。

【译文】饕餮　身子像羊、脸像人，眼睛在腋窝下，牙齿像老虎，手像人，声音像婴儿，钩玉山里就有。

狼狈　狼、狈分别是两种野兽。狼的两条前腿长，两条后腿短。狈的两条前腿短，两条后腿长。狼没有狈的帮助就站不起来，狈没有狼的帮助就不能走路。假如它们分开，那么就会进也不是，退也不是。所以世人说事情不顺，就说“狼狈”。

风马牛　马喜爱逆着风向跑，牛喜爱顺着风向跑，所以起北风，牛就向南跑，马向北跑，起南风，牛向北跑，马向南跑。所以说“风马牛不相及”。

种羊　西域俗能种羊。初冬，择未日，杀一羊，切肉方寸，埋土中。至春季，择上未日，延僧吹胡笳，作咒语，土中起一泡，如鸭卵。数日，风破其泡，有小羊从土中出。此又胎卵湿化之外，又得一生也。

猫　出西方天竺国，唐三藏携归护经，以防鼠啮，始遗种于中国。故“猫”字不见经传。《诗》有“貓”，《礼记》“迎貓”，皆非此猫也。

万羊　李德裕召一僧问休咎，僧曰：“公是万羊丞相，今已食过九千六百矣。数日后有馈羊四百者，适满其数。”公大惊，欲勿受。僧曰：“羊至此，已为相公所有矣。”旬日后贬潮州司马，又贬连州司户，寻卒。

【译文】种羊　西域有种习俗是种羊。初冬的时候，挑选一个未日，杀死一头羊，把肉切成方寸大小，埋在土壤中。到春天时，挑选一个上未日，请来僧人吹胡笳，念咒语，土壤里冒起一个泡，像鸭蛋。几天后，风把泡吹破，有小羊从土里出来。这又是在胎生、卵生、湿化和化生以外的另一种出生的形式。

猫　出自西方的天竺国，唐玄奘带它回来看护经书，预防老鼠啃经书，才在中国到处繁衍生息。所以"猫"字在十三经里没有出现过。《诗经》有"貓"字，《礼记》里的"迎貓"，都不是这种猫。

万羊　李德裕召一个僧人来问吉凶，僧人说："相公是万羊丞相，如今已经吃了九千六百只。过几天有人赠您四百只羊，恰好满一万。"李德裕很吃惊，准备不接受。僧人说："羊到这里，已经是相公的了。"果然十天后被贬为潮州司马，再贬为连州司户，不久后死去。

艾豭　卫灵公夫人南子与宋朝通，野人歌曰："既定尔娄猪，盍归吾艾豭。"（娄猪，雌猪也。艾豭，雄猪也。）

辽东豕　辽东有豕，生子头白，异而献之。行至河东，见豕皆白头，怀惭而返。今彭宠之自伐其功，何异于是！

李猫　李义府容貌温恭，而狡险忌刻，时人谓之"李猫"。

麋鹿触寇　秦始皇欲大苑囿，优旃曰："善。多纵禽兽于中，寇从东方来，以麋鹿触之，足矣！"

【译文】艾豭　卫灵公的夫人南子和宋国的公子宋朝通奸，百姓歌道："既然认定了你的娄猪，何不还我艾豭？"娄猪，也就是母猪。艾豭，也就是公猪。

辽东豕　辽东有一头猪生的小猪头上是白毛，主人认为很奇异就想献给皇帝。刚到河东，就发现这里的猪全是白头，于是惭愧地返回了。如今彭宠夸耀自己的功劳，和这个主人有什么区别！

李猫　李义府容貌温和恭敬，内心却狡诈刻薄，当时人称他是“李猫”。

麋鹿触寇　秦始皇想拓展园林的规模，名叫旃的优伶说：“这主意好，多多放些禽兽在里面，敌人从东方入侵，让麋鹿去碰死他们，足够杀敌了！”

犹豫　犹之为兽，性多疑。闻有声，则豫上树，四顾望之，无人，才敢下。须臾又上，如此非一。故今人虑事之不决者曰：“犹豫”。

沐猴　小猴也，出罽宾国。史言“沐猴而冠”，以“沐”为“沐浴”之“沐”者，非是。

刑天　兽名。即“浑沌”。见《山海经》。能挟干戚而舞。陶渊明诗“刑天舞干戚”，今误作“刑天無干戚”。

猬　形若彘，常在地食死人脑。欲杀之，当以柏插其墓。故今墓上多种柏树。一名“蝹”。秦缪公时，陈仓人掘地得之。

【译文】犹豫　犹是种野兽，天生多疑。一听见一点声音，就提前爬上树，四周看看，没有发现人，才敢爬下来。不一会儿又爬上去，像这样不止一次。所以如今的人思考事情没法决断的就叫“犹豫”。

沐猴　也就是一种小猴子，出产于罽宾国。《汉书》里说“沐猴而冠”，有人解释“沐”是“沐浴”的“沐”，大错。

刑天　是兽的名字，也就是所谓的“浑沌”，出自《山海经》。它能手持盾牌和斧子起舞。陶渊明有“刑天舞干戚”的诗句，如今错误地写成“刑天無干戚”。

猬　长得像野猪，常在地底下吃死尸的脑子。想杀死它，应当用柏树枝插在坟上，所以如今的坟上经常种柏树。又名叫蝹。秦缪公时，陈仓人挖土时发现一个。

猾　无骨，入虎口，不能噬，落虎腹中，则自内噬出。《书》曰："蛮夷猾夏。"则取此义。

犀角　一名"通天"。一名"分水"。一名"骇鸡"。"通天"用以作簪，则梦登天，知天上诸事。"分水"刻为鱼形，衔以入水，水开三尺，可得气，息水中。"骇鸡"谓鸡见之，则惊却也。

驯獭　永州养驯獭，以代鸬鹚没水捕鱼，常得数十斤，以供一家。鱼重一二十斤者，则两獭共畀之。

【译文】猾　它没有骨头，进入老虎的嘴里，老虎咬不动，进入虎的肚里，就从里面咬着逃出来。《尚书》说"蛮夷猾夏"的"猾"用的就是这个意思。

犀角　犀角又称作"通天"，也称作"分水"，还称作"骇鸡"："通天"的意思是用来做簪子，就会梦到上天，知道天上的各种事情；"分水"意思是把它刻成鱼形，含在嘴里进入水中，水会在周围分开三尺的没水区域，可以呼吸，因而在水中居住；"骇鸡"意思是鸡一见它，就被吓得退却。

驯獭　永州人养水獭，代替鸬鹚潜水捕鱼，常常得到几十斤鱼，卖出可以供一家人生活。假如有重一二十斤的鱼，就会有两只水獭一起驮着出来。

明驼　驼卧，足不帖地，屈足。漏明，则走千里，故曰明驼。唐制，驿有明驼使，非边塞军机，不得擅发。杨贵妃私发驼使，赐安禄山荔枝。

瘈狗 《左传》："国狗之瘈，无不噬也。"杜预注云："瘈，狂犬也。"今云"猘犬"。《宋书》云："张收为瘈犬所伤，食虾蟆而愈。"又槌碎杏仁纳伤处即愈。

畜犬 《晋书》曰：白犬黑头，畜之得财；白犬黑尾，世世乘车。黑犬白耳，富贵；黑犬白前二足，宜子孙。黄犬白耳，世世衣冠。

【译文】明驼 骆驼躺着，脚不贴地，弯屈着脚。漏明，可以行走千里，所以叫作明驼。唐朝的制度，驿站有明驼使，不是边塞的紧急军情，不准擅自使用明驼。杨贵妃私自用明驼，赐安禄山荔枝。

瘈狗 《左传》有"国狗之瘈，无不噬也"，杜预的注说："瘈，也就是狂犬。"也就是如今说的疯狗。《宋书》说："张收被疯狗咬伤，吃完虾蟆就好了。"又说捶碎杏仁，敷在伤口就能马上痊愈。

畜犬 《晋书》里说：有黑色头的白色狗，养着能发财；有黑色尾巴的白色狗，养着就会世世代代当大官。养有白耳朵的黑狗，会富贵；养前腿白色的黑狗，多子多孙。养白耳朵的黄狗，就会世代当官。

风生兽 生炎州，大如狸，青色。积薪数车以烧之，薪尽而兽不死，毛亦不焦，斫刺不入，打之如灰囊，以铁锤锻其头数十下，乃死，而张口向风，须臾复活。以石上菖蒲塞其鼻。即死。取其脑和菊花服之，尽十斤，得寿五百岁。

月支猛兽 汉武时，月支国献猛兽一头，形如五六十日犬子，大如狸而色黄。武帝小之，使者对曰："夫兽不在大小。"乃指兽，命叫一声。兽舐唇良久，忽叫，如大霹雳，两目如磹之交光。

帝登时颠蹶，搔耳震栗，不能自止。虎贲武士皆失仗伏地，百兽惊绝，虎亦屈伏。

【译文】风生兽　出生在炎州，大的像狸，黑色。用几车的木柴烧它，木柴烧完它也不死，毛也没焦，斧子砍，刀子刺，都不能进入它的身体，打它就像打在灰布袋上，用铁锤再敲几十下头才会死，可是它张着嘴迎着风，不一会就复活。用石头上的菖蒲堵塞鼻子，立刻就死。取出它的脑搅拌着菊花一起服用，吃完十斤，可以活到五百岁。

月支猛兽　汉武帝时，月支国进贡一头猛兽，长得像刚生下五六十天的小狗，像狐狸一样大，颜色是黄色的。汉武帝觉得它太小了，使者说："野兽好不好不在大小。"于是指着野兽，让它叫一声。野兽舔着嘴过了半天，忽然大叫一声，好比天上落下个霹雳，两只眼睛像闪电的光会聚般。汉武帝立即被吓得摔倒，震得直发抖，不能停止。宫殿的卫士也吓得把仪仗扔掉趴地上，各种野兽都惊呆了，老虎也趴倒。

舞马　唐玄宗舞马四百蹄，分为左右部，有名曰"某家骄"，其曲曰《倾杯乐》。皆衣以锦绣，缀以金银，每乐作，奋首鼓尾，纵横应节。

弄象　唐明皇有舞象数十。禄山乱，据咸阳，出舞象，令左右教之拜。舞象皆弩目不动，禄山怒，尽杀之。

弄猴　唐昭宗播迁，随驾有弄猴，能随班起居。昭宗赐以绯袍，号"供奉"。罗隐诗"何如学取孙供奉，一笑君王便着绯"是也。朱梁篡位，取猴，令殿下起居。猴望见全忠，径趋而前，跳跃奋击，遂被杀。

忽雷驳　秦叔宝所乘马也。喂料时，每饮以酒。常于月明中试之，能竖越三领黑毡。叔宝卒，嘶鸣不食而死。

【译文】舞马　唐玄宗有四百匹舞马，分为左右两部，有的叫某家骄。舞蹈时的曲子就叫《倾杯乐》。马穿着锦绣，点缀着金银的佩饰，每次音乐声起，就仰头摇尾，按着节拍前前后后，翩翩起舞。

弄象　唐明皇有几十头舞象。安禄山发动叛乱，占领了长安城，把舞象拉出来，让左右的人教它们对自己跪拜。舞象都瞪着眼不动，安禄山极其生气，把它们都杀掉。

弄猴　唐昭宗避乱逃出长安，跟着车驾的有只戏耍的猴子，这猴子能跟在文武百官后面一起上朝下朝。唐昭宗赐它绯袍，号称供奉。罗隐有一句诗说“何如学取孙供奉，一笑君王便着绯”，就是说它。朱全忠篡夺皇位后，取来这猴，命它在殿下跪拜。猴子一见朱全忠，直接跑上前，跳着猛扑他，于是被杀掉了。

忽雷驳　是秦叔宝乘坐的马。他喂给它草料时，每次给它喝酒。秦叔宝常在月光下骑着它，能竖着跳过三领黑毡。秦叔宝去世后，马一直悲鸣，不吃东西，然后死去。

铁象　曲端下狱，自知必死，仰天长吁，指其所乘马名铁象，曰：“天下欲振复中原乎？惜哉！”铁象泣数行下。

铸马　慕容廆有骏马，赭白，有奇相，饶逸力。至元寿元年，四十九矣，而骏逸不亏，奇之，比鲍氏骢，命铸铜以图其像，亲为铭赞，镌颂其旁，像成，而马死矣。

白獭　魏徐邈善画，明帝游洛水，见白獭爱之，不可得。邈曰：“獭嗜鲻鱼，乃不避死。”遂画板作鲻鱼悬岸，群獭竞来，一时执得。帝曰：“卿画何其神也！”

【译文】铁象　南宋的曲端被逮捕入狱后，知道自己肯定会死，于是仰天长叹，指着自己的坐骑“铁象”说：“老天不想让我收复中原吗？遗憾啊！”铁象也流下几行眼泪。

铸马　慕容廆有匹骏马叫作赭白马，它有奇异的骨相，有非凡的脚力。到光寿元年（公元357年），马活了四十九岁，仍然善于奔跑，慕容廆很惊异，把它比成鲍宣的骏马，让人给它铸个铜像，并亲自撰写铭文、赞文，镌刻在旁边，铜像铸成后，马就死去了。

白獭　魏国的徐邈善于画画，魏明帝到洛水边游玩，看见白獭，十分喜爱，却抓不到。徐邈说：“白獭特别爱吃鲻鱼，为了吃这种鱼不怕死。”于是在画板上画一条鲻鱼，挂在岸边，一群白獭都争着跑来，一会儿就抓住了。魏明帝说：“你的画何等神奇！”

赎马　周田子方尝出，见老马于道，询知为家畜也，叹曰：“少尽其力，而老弃其身，仁者不为也。”赎之归。

袁氏　后唐有孙恪者，纳袁氏为室。后至峡山寺，袁持一碧环献老僧。少倾，野猿数十，扪萝而跃。袁乃命笑题诗，化猿去。僧方悟即沙门向所畜者，玉环其系颈旧物也。

果下马　罗定州出马，高不逾三尺，骏者有两脊骨，又呼双脊马，健而能行。以其可在果树下行，名曰“果下马”。

【译文】赎马　周朝的田子方曾经外出，见到有一匹老马在路边，询问主人得知是家里养的，于是田子方叹息着说：“年轻时用尽它的气力，等它老了就抛弃它，这不是仁者能做的事。”于是赎回它。

袁氏　后唐有人叫孙恪，他娶袁氏女子为妻。后来到峡山寺，袁氏拿着碧玉环献给老僧。不一会儿，只见十几只野猴子，攀着藤萝蹦蹦跳跳而来。袁氏便用笔题诗留下来，自己变成猿猴离去。僧人这才恍然大悟，袁氏就是寺庙和尚以前养的猿猴，碧玉是它过去戴在脖子上的。

果下马　罗定州有一种马，不超过三尺高，好马会有两条脊梁骨，又称双脊马，健壮善跑。因为能在果树下走，所以称作“果下马”。

秽鼠易肠　唐公房拔宅上升，鸡犬皆仙，惟鼠不净，不得去。鼠自悔，一日三吐，易其肠，欲其自洁也。

八骏　穆天子八骏，一名“绝地”，足不践土；二名“翻羽”，行越飞禽；三曰“奔宵”，夜行万里；四名“超影”，逐日而行；五名“逾辉”，毛色炳熠；六名“超光”，一形十影；七名“腾雾”，乘云而奔；八名“挟翼”，身有肉翅。又有骅骝，亦古之良马也。

黑牡丹　唐末刘训者，京师富人。京师春游，以观牡丹为胜赏。训邀客赏花，乃系水牛累百于门。人指曰：“此刘氏黑牡丹也。”

【译文】秽鼠易肠　唐公房阖家人都飞到天上，连鸡、狗都成仙，只有老鼠因为不洁净，不能跟去。老鼠自己特别后悔，每天呕吐三回，想换掉肠子，是让自己洁净。

八骏　周穆王有八匹骏马，一叫绝地，跑起来脚不点地；二叫翻羽，跑起来比飞鸟还快；三叫奔宵，夜里奔跑一万里；四叫超影，能追赶太阳跑；五叫逾辉，毛的颜色光芒照人；六叫超光，跑得快导致它出现十个影子；七叫腾雾，乘着云跑；八叫挟翼，身上有肉翅膀。又有一种马叫骅骝，也是古时候的良马。

黑牡丹　唐末的刘训，是京城的有钱人。京城每年的春游时节，赏牡丹是最好的娱乐。刘训请客人来赏花，便绑了上百头水牛在门边。世人指点着说：“这是刘家的黑牡丹啊。”

辟暑犀　《孔帖》：文宗延学士于内殿。李训讲《易》，时方盛暑。上命取辟暑犀以赐。

辟寒犀　《开元遗事》：交趾进犀角，色黄如金。冬月置殿中，暖气如熏。上问使者，曰："此辟寒犀也。"

养虎遗患　汉王欲东归，张良曰："汉有天下大半，楚兵饥疲，今释不击，此养虎自遗患也。"王从之。

狐假虎威　楚王问群臣："北方畏昭奚恤，何哉？"江乙曰："虎得一狐，狐曰：'子毋食我，天帝令我长百兽。不信，吾先行，子随后观。'兽见皆走。虎不知兽畏己，以为畏狐也。今北方非畏昭奚恤，实畏王甲兵也。"

【译文】辟暑犀　《孔帖》里说：唐文宗请学士到内殿讲学。李训讲《易经》，当时正是大夏天。唐文宗命人取来辟暑犀赐给他。

辟寒犀　《开元天宝遗事》里说：交趾献上犀牛角，颜色像金子一般黄。冬天放殿里，就像熏笼一样发出暖气。唐玄宗问使者，使者回答说："这是辟寒犀。"

养虎遗患　汉王刘邦想回东边去，张良说："汉王已经拥有一大半的天下，楚兵饥饿疲乏，如今放过他们不攻打，等于是养老虎留下祸患。"刘邦听从这建议。

狐假虎威　楚王询问群臣："北方人畏惧昭奚恤，为什么？"江乙回答说："老虎抓到一只狐狸，狐狸说：'你不准吃我，天帝让我作为百兽的首领，假如你不信，我走在前面，你跟在后边看看是不是。'野兽看见它们都跑没影了。老虎不知道野兽害怕的是它自己，还以为是害怕狐狸。如今北方人并非畏惧昭奚恤，其实是畏惧大王的军队。"

狐疑　狐疑者，狐性多疑，故心不决曰“狐疑”。

黔驴之技　柳文：黔无驴，有好事者船载以入，放之山下。虎见庞然大物，环林间视之。驴一鸣，虎大骇，以为且噬己。然往来视之，览无异能。益习其声。稍近，宕、倚、冲、冒。驴不胜怒，蹄之。虎因喜，计之曰：“技止此矣！”跳梁大㘎，断其喉，尽其肉，乃去。

马首是瞻　晋荀偃曰：“鸡鸣而驾，塞井夷灶，惟余马首是瞻！”

【译文】狐疑　“狐疑”是说狐狸天性多疑，所以把心中没有决断叫作狐疑。

黔驴之技　柳完元的《黔之驴》里说：黔地不产驴子，有个多事的人用船运来一只拉到黔地，因为没处用，便放在山下。老虎看见驴子是如此大的动物，就绕着林子偷窥它。驴子一叫，老虎大吃一惊，以为要吃自己。可是来来回回看它，也没有什么奇异的能力。越发习惯它的叫声，渐渐靠近，冲撞冒犯它。驴极为生气，就用蹄子踢老虎。老虎便特别高兴，心想：“本事不过如此。”于是跳起猛啃它，咬断它的喉咙，吃完肉，才离去。

马首是瞻　晋国的大将荀偃对士兵们说：“鸡一叫我们就出兵，填上水井，推平灶，我的马头指向哪里就向哪里进攻！”

不及马腹　楚伐宋，宋告急于晋。晋侯欲救之，伯宗曰：“不可。古人有言曰：‘虽鞭之长，不及马腹。’天方授楚，不可与争。”

塞翁失马　《北史》：塞上翁匹马亡入胡，人吊之。翁曰：

“安知非福乎？”后马将骏马归。人贺之，翁曰：“安知非祸乎？”后其子骑，折髀，人吊之，翁曰：“又安知非福乎？”后兵，出丁壮者，免其子，以跛相保。

弃人用犬 晋灵公饮赵盾酒，伏兵将攻之，其右提弥明知之，趋登，扶盾以下。公嗾夫獒焉，明搏而杀之。盾曰：“弃人用犬，虽猛何为？”

【译文】不及马腹 楚国攻打宋国，宋国向晋国求救。晋侯想救他们，伯宗说：“不好。有句古话说：‘马鞭子虽然长，去鞭不着马肚子。’上天正授天命给楚国，不可以和他们争斗。”

塞翁失马 《北史》里说：塞上一位老翁，他有一匹马跑到胡地，邻居来宽慰他。老翁说：“怎么知道不会变成福祉呢？”后来那匹马带着骏马回来。邻居又来祝贺，老翁说：“怎么知道这不会变成祸害呢？”后来他儿子骑上那匹马，摔折大腿。邻居又来安慰，老翁说：“又怎么知道这不会变成福气呢？”后来打仗，每家都出成年男子，他的儿子被免除，因为他瘸了腿反而得以父子互相保全。

弃人用犬 晋灵公设宴招待赵盾，却埋伏杀手准备攻击他，赵盾的护卫提弥明知道这个阴谋，就跑上车，把赵盾扶下来。晋灵公唆使猛犬，提弥明和猛犬搏击把犬杀掉。赵盾说：“抛弃人而使用犬，即使很凶猛又能怎么样呢？”

跖犬吠尧 汉高祖既杀韩信，诏捕蒯彻。既至，上曰：“若教淮阴侯反乎？”对曰：“然。秦失其鹿，天下共逐之。高材捷足者先得焉。跖之犬吠尧，尧非不仁，吠非其主也。”

指鹿为马 秦赵高欲专权，乃先设验，持鹿献二世，曰：“马也！”二世笑曰：“丞相误也，谓鹿为马。”问左右，或默，或言。

淮阴侯，选自（明）陈洪绶版画《博古叶子》

高阴中言鹿者以法。

守株待兔　《韩子》：宋人有耕者，田畔有株，兔走触之，折颈而死，因释耕守株，觊复得兔，为宋国笑也。

【译文】跖犬吠尧　汉高祖刘邦杀死韩信后，下诏抓捕蒯彻。捕到后，汉高祖刘邦对他说："是你让韩信造反的吗？"蒯彻回答说："是我。秦朝失去政权，天下人都去争抢。有大才跑得快的先获取罢了。盗跖的狗对着尧帝狂吠，不是因为尧帝不仁德，是因为他不是自己的主人。"

指鹿为马　秦朝的赵高准备独揽大权，于是先试验下大臣，牵来一头鹿献给秦二世，赵高说："这是马！"秦二世笑说："丞相说错了，把鹿说成马了。"询问左右的人，有的沉默，有的人说话。赵高暗地里杀死那些说鹿的大臣。

守株待兔　《韩非子》里说：宋国有个人在耕地，田边有个树桩，兔子跑来撞在树桩子上，因为折断脖子死去，那人因而不再耕地就守着树桩，希冀再得到兔子，变成宋国的大笑话。

多歧亡羊　《列子》：杨子之邻人亡羊，既率其党，又请杨子之竖追之。杨子曰："嘻！亡一羊，何追之者众？"众曰："多歧。"既反，问："获羊乎？"曰："亡之矣。"曰"奚亡之？"曰："歧路之中又有歧焉，吾不知所之，所以反也。"

飞越峰　洪武初，夷人献良马十，其一白者，乃得之贵州养龙坑。坑旁水深而远，下有灵物，春和多系牝马，云雾晦冥，必有与马接，其产即龙驹。故此马首高九尺，长丈余，莫可控御。敕典牧者囊沙四百斤，压而乘之，行如电蹑，片尘不惊，赐名"飞越峰"，命学士宋濂赞。

燧人氏始著物虫鸟兽之名。稣始服牛。相土始乘马。伏羲始畜牺牲。夏后氏始食卵。汉文帝始剸洁六畜。后魏始禁宰牛马。唐高祖始断屠。

【译文】多歧亡羊　《列子》里说：杨子邻居的羊丢了，不但领着自己族人，又请杨子的奴仆一起去追赶。杨子说："丢了一只羊，怎么这么多人去追呢？"邻居说："因为有很多岔路。"后来回来了，杨子问："羊追到了吗？"邻居说："没追到。"杨子说："为什么没追上？"邻居说："岔路里面又分出岔路，我不知道去哪边追，所以回来了。"

飞越峰　洪武初年，夷人献上十四好马，其中一匹白色，是从贵州的养龙坑获得的。坑边的水很深远，下面有灵物。春天晴好的时节常常在那里系许多母马，云雾昏暗时，肯定有灵物来和马交配，生下的也就是龙驹。所以这种马的头有九尺高，身子有一丈多长，没法控制和驾驭。皇帝下诏让养马的人用囊装四百斤沙子，压在马身上，骑上它，跑起来像闪电般快，一点尘土都不会扬起，皇帝赐名"飞越峰"，让大学士宋濂写一篇赞文。

燧人氏最早给物、虫、鸟、兽起名字。稣最早使用牛耕田。相士最早骑马。伏羲最早用牺牲来祭祀。夏朝最早开始吃蛋。汉文帝最早阉割六畜。后魏最早禁止宰杀牛、马。唐高祖最早禁止屠杀动物。

黄耳　陆机有快犬曰"黄耳"，性黠慧，能解人语，随机入洛。久无家问，作书以竹筒戴犬项，令驰归，复得报还洛。今有"黄耳冢"。

白鹿夹毂　汉郑弘为淮阴守，岁旱，弘行田间，雨即至。时有白鹿在道，夹毂而行。主簿贺曰："闻三公车轮画鹿，明公必大拜矣！"果验。

麈出终南诸山。鹿之大者曰麈，群鹿随之，视麈尾为向道，故古之谈者挥焉。

飞鼠，其物飞而生子。难产者，以皮覆之则易，故又名“催生”。

【译文】黄耳　陆机有只善于快跑的狗叫黄耳，特别聪明灵慧，能听懂人话，跟着陆机到洛阳。因为很久没收到家书，陆机写信放在竹筒里，挂在狗脖子上，让它跑着回去，它回乡送完信，带着家人的回信回到陆机身边。如今还有黄耳冢。

白鹿夹毂　汉朝的郑弘担任淮阴太守时，那年大旱，郑弘行去田间巡视，就天降大雨。当时有白鹿在路上，夹着郑弘的车轮走路。主簿庆贺说：“我听说三公的车轮上画着鹿，您肯定会担任三公！”后来果然成真了。

麈出自终南山。鹿中比较大的叫麈，各种鹿都跟着它，把麈的尾巴作为向导，所以古时候的人用手持麈尾挥动来交谈。

飞鼠，它飞的时候产孩子。有人难产的话，用飞鼠的皮盖在身上生，就会容易点，所以飞鼠又称作“催生”。

糖牛，桂平出。里人知牛嗜盐，乃以皮裹手，涂盐于上，入穴探之。其角如玉，取以为器。

射鹿为僧　陈惠度于剡山射鹿，鹿孕而伤，既产，以舌舐子，干而母死，惠度遂投寺为僧。后鹿死处生草，名曰“鹿胎草”。

野宾　宋王仁裕尝畜一猿，名曰“野宾”。一日放于嶓冢山。后仁裕复过此，见一猿迎道左，从者曰：“野宾也。”随行数十里，哀吟而去。

凭黑虎　卓敬年十五，读书宝香山，风雨夜归迷失道，得一兕牛，凭之归，入门，乃黑虎也。

【译文】糖牛，出自桂平。当地老乡知道糖牛爱吃盐，便在手上套着皮，涂着盐，到洞穴里摸它。它的角长得像玉，可以制成器物。

射鹿为僧　陈惠度在剡山射中一头鹿，这鹿已经怀孕了，却被射伤，它生下小鹿，用舌头舔小鹿，舔干小鹿身上的羊水后母鹿就死掉了。陈惠度因而出家为僧。后来鹿死的地方生出一种草，叫鹿胎草。

野宾　宋朝的王仁裕曾养过一只猿，叫野宾。有天，在嶓冢山放生了它。后来王仁裕再路过这里，看见一只猿在路边迎接他，随从说："这是野宾。"它跟着王仁裕走了几十里路程，悲哀地啼呜，就离去了。

凭黑虎　卓敬十五岁的时候，在宝香山读书，有天因为刮大风下大雨，他夜里回家迷路，发现一只兕牛，凭借它回家，入门时，发现原来是一只黑虎。

题虎顾众彪图　明成祖出图，命解缙题句。缙诗云："虎为百兽尊，谁敢撄其怒？惟有父子恩，一步一回顾。"帝见诗有感，即令夏原吉迎太子于南京。

熊入京城　弘治间，有熊入西直门，何孟春谓同列曰："熊之为兆，宜慎火。"未几，在处有火灾。或问孟春曰："此出何占书？"孟春曰："余曾见《宋纪》：永嘉灾前数日，有熊至城下，州守高世则谓其倅赵允缁曰，熊于字'能火'，郡中宜慎火。果延烧十之七八。余忆此事，不料其亦验也。"

不忍麑　孟孙猎得麑，使巴西持归。麑母随之啼泣，巴西不忍，与之。孟孙大怒，逐巴西。寻召为其子傅，谓左右曰："天不忍麑，且吾子乎！"

【译文】题《虎顾众彪图》　明成祖取出《虎顾众彪图》，命解缙题上一首诗。解缙的题诗是："虎为百兽尊，谁敢撄其怒？惟有父子恩，一步一回顾。"明成祖看后很感慨，立即让夏原吉将太子从南京接回。

熊入京城　弘治年间，有只熊进入西直门，何孟春对同僚们说："熊出现的征兆，是要担心失火。"不多久，到处都失火。有人问何孟春："这是出自哪本占卜书？"何孟春说："我曾经看见南朝宋的史书里说：永嘉大火前几天，有熊到城下面，当时永嘉太守高世则对通判赵允绾说，'熊'意思是'能火'，郡中最好防火。后来果然火灾烧毁了十分之七八的地方。我想到这事就说了，没承想也能应验。"

不忍麑　孟孙捕猎得到一只麑，让西巴带回去。母麑跟在后面哭泣，西巴心里不忍，就归还给母麑。孟孙极其生气，赶走了西巴。不久又召他给儿子做太傅，他对左右人说："他对麑都不忍心，还会忍心伤害我儿子吗？"

的卢　刘表赠备一马，名曰"的卢"。一日，遇伊籍，曰："此马相恶，必妨主。"备未之信。表妻蔡氏忌备，嘱弟瑁设筵暗害。备觉，出奔，前阻檀溪，后为瑁兵所逼，乃下溪，策马曰："的卢的卢，今日妨吾。"的卢于急流深处，一跃三丈，飞渡西岸。瑁惊骇而退。

获两虎　《史记》：陈轸曰："卞庄子刺虎，馆竖子止之，曰：'两虎方共食一牛，牛甘必斗，斗则大者伤，小者亡，从而刺之，一举两得。'果获两虎。"

牛羊犬豕别名　《礼记》：牛曰太牢。羊曰少牢。又牛曰"一元大武"。羊曰"柔毛"，又曰"长髯主簿"。豕曰"刚鬣"，又云

"乌喙将军"。韩妒，六国时韩氏之黑犬。楚犷、宋猎，皆良犬也。又曰："大夫之家，无故不杀犬豕。"家豹、乌圆，皆猫之美誉。

【译文】的卢　刘表赠给刘备一匹马，叫的卢马。有天，碰到了伊籍，伊籍说："这匹马的面相凶恶，一定会对主人不利。"刘备并不相信他的话。刘表的妻子蔡氏猜忌刘备，嘱咐弟弟蔡瑁设宴席请刘备，却暗地里害他。刘备发现后，就骑着的卢马逃走，跑着跑着，被前边的檀溪挡住，后边有蔡瑁追逐，于是跳下溪中，他鞭打着的卢马说："的卢啊的卢啊，今天妨害我了啊。"的卢马在水流深而湍急的地方，一跳来有三丈高，飞到西边的岸边。蔡瑁看见后害怕地退回。

获两虎　《史记》里说，陈轸说："卞庄子准备刺杀虎，馆竖子劝阻他说：'两只虎正一起吃一头牛，牛肉美味，肯定它们打起来，有打斗，大老虎受伤，小老虎死亡，然后再去刺杀它，一举两得。'后来果然捕获了那两只虎。"

牛羊犬豕别名　《礼记》里说：牛被称作太牢。羊被称作少牢。又把牛称作一元大武。羊被称作柔毛，还称作长髯主簿。猪被称作刚鬣，又称作乌喙将军。韩妒，是六国时韩氏的黑犬。楚犷、宋猎，全是良犬。又说："大夫家，无缘无故不杀猪狗。"家豹、乌圆，全是猫的好名字。

鹿死谁手　石勒曰："使朕遇汉高，当北面事之。若遇光武，可与并驱中原，未知鹿死谁手。"

续貂　《晋书》：赵王伦篡位，奴卒亦加封秩。每朝会，貂蝉满座。语曰："貂不足，狗尾续！"

拒虎进狼　《鉴断》：汉和帝年才十四，乃能收捕窦氏，足继孝昭之烈。惜其与宦官议之，以启中常侍亡汉之阶。语曰："前门拒虎，后门进狼。"此之谓也。

【译文】鹿死谁手　石勒说："假如让我碰到汉高祖刘邦，当会臣服于他。假如碰到光武帝，可以和他一起争夺天下，还不知道鹿死在谁的手里。"

续貂　《晋书》里说：赵王司马伦篡权夺位，奴仆和兵卒都封官进爵，满座的官员佩戴着貂蝉。当时人说："貂不足，狗尾续！"

拒虎进狼　《鉴断》里说：汉和帝才十四岁，就能抓捕窦氏，能够继承汉昭帝的遗风。可惜他常常和宦官商议大事，导致中常侍灭亡汉朝。俗话说："前门拒虎，后门进狼。"说的就是这种事情。

焉得虎子　《吴志》：吕蒙欲从当，母叱之。蒙曰："不入虎穴，焉得虎子？"又班超使西域，鄯善王广礼敬甚备。匈奴使来，更疏懈。超会其吏士三十六人，曰："不入虎穴，不得虎子。"遂夜攻虏营，斩其使。

羊触藩篱　《易经》："羝羊触藩，羸其角。"

制千虎　《宋史》：常安民遗吕公著书曰："去小人不难，胜小人难耳。尝见猛虎负嵎，卒为人胜者，人众而虎寡也。今奈何以数十人而制千虎乎？"公著得书，默然。

【译文】焉得虎子　《三国志·吴书》里说：吕蒙想跟着姐夫邓当去杀敌，母亲呵斥他。吕蒙说："不去老虎窝，怎得老虎仔？"又有一个故事记载：班超出使西域，鄯善王广对他礼节完备。匈奴的使者来后，鄯善王广的礼数就不如之前了。班超召集士兵官吏三十六人，说："不去老虎窝，怎得老虎仔。"于是半夜进攻匈奴的营寨，斩杀匈奴的使者。

羊触藩篱　《易经》说:“公羊撞上藩篱,羊角被挂住。”

制千虎　《宋史》里说:常安民写信给吕公著说:“送走小人不难,战胜小人才难。我曾见猛虎负隅顽抗,最终被人打败,因为人多虎少。如今干吗要用几十个人去制服一千只老虎呢?”吕公著看后,沉默很久。

搏蹇兔　《史记》:范雎谓秦昭王曰:“以秦治诸侯,譬犹走韩卢而搏蹇兔也。”

瞎马临池　《世说》:顾恺之与殷仲堪作危语,有一参军在坐,曰:“盲人骑瞎马,夜半临深池。”以仲堪眇一目故也。

教猱升木　猱,猴属,性善升木,不待教而能者。《诗经》:毋教猱升木。

城狐社鼠　《韩诗外传》:“社鼠不攻,城狐不灼。”恐其坏城而伤社也。

【译文】搏蹇兔　《史记》里说:范雎对秦昭王说:“用秦国统治诸侯,好比放出韩卢犬去追打瘸了的兔子。”

瞎马临池　《世说新语》里说:顾恺之和殷仲堪比赛说危险的事情,有个参军在座上,说:“盲人骑瞎马,夜半临深池。”他这样说是因为殷仲堪有只眼瞎了。

教猱升木　猱,属于猴一类,天生善于爬树,不教就会。《诗经》里说“毋教猱升木”。

城狐社鼠　《韩诗外传》说“不捉土地庙里的老鼠,不烧城墙洞穴里的狐狸”,因为怕破坏城墙和土地庙。

陶犬瓦鸡　《金楼子》:“陶犬无守夜之警,瓦鸡无司晨之益。”

羊质虎皮　《杨子》:“羊质而虎皮,见草而悦,见豺而战,忘其皮之虎也。”

九尾狐　宋陈彭年奸佞不常,时号“九尾狐”。

猬务　猬似豪猪而小,其毛攒起如矢,言人事之丛杂似之。故事多曰“猬务”。

【译文】陶犬瓦鸡　《金楼子》说:“陶瓷制作的狗没有守夜警报的用处,瓦制作的鸡也没有早晨打鸣的用处。”

羊质虎皮　《杨子》说:“羊穿老虎皮,看见草就开心,看见豺就战栗,因为忘记它穿着老虎皮。”

九尾狐　宋朝的陈彭年特别奸佞,没操守,当时人称他为九尾狐。

猬务　刺猬长得像豪猪却小点,它的毛竖起来像一排箭,人事繁多就像刺猬毛。所以事情多叫“猬务”。

鳞介

龙有九子：一曰赑屃，似龟，好负重，故立于碑趺。二曰螭吻，好远望，故立于屋脊。三曰蒲牢，似龙而小，好叫吼，故立于钟纽。四曰狴犴，似虎，有威力，故立于狱门。五曰饕餮，好饮食，故立于鼎盖。六曰虮蝮，好水，故立于桥柱。七曰睚眦，好杀，故立于刀环。八曰金猊，形似狮，好烟火，故立于香炉。九曰椒图，似螺蚌，性好闭，故立于门铺。

尺木　龙头上有一物，如博山形，名曰尺木。龙无尺木，不能升天。

【译文】龙有九个儿子：一叫赑屃，长得像乌龟，喜欢背重的东西，所以被做成碑座；二叫螭吻，喜欢远望，所以放在屋脊上；三叫蒲牢，像龙却小点，喜欢吼叫，所以刻在大钟上；四叫狴犴，像老虎，有威风，所以放在监狱的门上；五叫饕餮，贪吃，所以刻在鼎的盖子上；六叫虮蝮，喜欢水，所以被放在桥柱上；七叫睚眦，爱好杀戮，所以刻在刀环上；八叫金猊，长得像狮子，喜欢烟气和火焰，所以被刻在香炉上；九叫椒图，长得像螺蚌，天生喜欢闭合，所以立在门铺上。

尺木　龙头上有个东西，长得像博山，被称为尺木。龙没有尺木，就不能升天。

攀龙髯　黄帝采铜，铸鼎于荆山下。鼎成，有龙垂胡髯下迎帝骑龙上，群臣后宫从上者七十余人，小臣不得上，悉持龙髯，髯拔，堕弓。抱其弓而号。后世名其处曰“鼎湖”，名其弓曰“乌号”。

龙漦　夏后藏龙漦于匮，周厉王发之，漦化为鼋，入于王府。府中童妾娠之生女，弃于道，有夫妇窃之至褒。后褒人有罪，纳女于幽王，是为褒姒。

痴龙　昔有人堕洛中洞穴，见宫殿人物九处，捋大羊髯，得珠，取食之。出问张华，华曰：“九仙馆也。大羊乃痴龙。”

【译文】攀龙髯　黄帝采来铜矿，在荆山下铸鼎。鼎铸好了，有一条龙垂下长胡须，来迎接黄帝骑在它身上，群臣和后宫妃子们跟着皇帝骑上龙的人有七十多个，地位低的臣子没能挤上去，都抓着龙的胡须，胡须被拔掉，掉下一张弓。小臣抱着弓大哭。后来把那地方叫作鼎湖，将那张弓叫作乌号弓。

龙漦　夏后把龙的唾沫藏在匣子里，传了几代，没人敢打开，周厉王打开了，唾沫变成一只大鳖，进入后宫。后宫的小宫女受了感应而怀孕，生下个女孩，被丢在路边，有对夫妇偷来把她带到褒国。后来褒国人有罪，把这个女子献给周幽王，这女子也就是褒姒。

痴龙　古时候有人掉进洛阳的洞穴中，看见宫殿、人物九个处所，捋着大羊的胡子，得到一枚宝珠，就吃掉了。他出来后问张华，张华说：“那叫九仙馆。大羊其实是痴龙。”

龙不见石，人不见风。鱼不见水，鬼不见地。

梭龙　陶侃少时，尝捕鱼雷泽，得一铁梭，还挂着壁。有顷，雷雨大作，梭变成赤龙，腾空而去。

画龙　叶公子高好龙，雕文画之。一旦，真龙入室，叶公弃而还走，失其魂魄。故曰叶公非好真龙也，好夫似龙而非龙者也。

行雨不职　唐普闻师聚徒说法，有老人在旁，问之，答曰："某此山之龙，因病，行雨不职见罚，求救。"师曰："可易形来。"俄为小蛇，师引入净瓶，覆以袈裟。忽云雨晦冥，雷电绕空而散。蛇出，复为老人而谢："非藉师力，则腥秽此地矣。"出泉以报。

【译文】龙看不到石头的样子，人看不到风的样子，鱼看不到水的样子，鬼看不到地的样子。

梭龙　陶侃少年时，曾在雷泽打鱼，捞上来一枚铁梭，回家后挂在墙上。没过多久，刮起大雷雨，铁梭变成一条赤色的龙，腾空飞去。

画龙　叶公子高喜欢龙，家里到处画着龙的样子。有天，真的龙来他家里，叶公害怕得转身逃走，吓得魂不附体。所以说叶公不是喜欢真的龙，他喜欢长得像龙其实不是龙的东西。

行雨不职　唐朝的普闻师聚集弟子们说法，有个老人在旁边听，问他是谁，他回说："我是这山的龙，因为生病，降雨的任务没完成好，受到惩罚，求您救我。"普闻师说："你改变形体再过来。"不一会儿，他变成小蛇，普闻师把他放进净瓶里，用袈裟覆住。忽然下起大雨，乌云昏暗，雷电在天空轰鸣后就消散了。小蛇从瓶子里出来，变回老人感谢说："假如不借助大师的法力，我就会死在这里了。"然后在那涌出一汪泉水来报答。

金吾亦龙种，形似美人，首尾似鱼，有两翼，其性通灵，终夜不寐，故用以巡警。

螺女 闽人谢端得一大螺如斗，畜之家。每归，盘餐必具。因密伺，乃一姝丽甚，问之，曰："我天汉中白水素女。天帝遣我为君具食。今去，留壳与君。"端用以储粟，粟常满。

射鳝 越王郢于福州溪中，见一鳝长三丈，郢射中之，鳝以尾环绕，人马俱溺。

鲙残鱼，出松江。昔吴王江行食鲙，以残者弃水面，化而为鱼。

【译文】金吾也是龙的子孙。长得像美人，头部和尾巴像鱼，有两个翅膀，通灵性，能整晚不睡，所以用金吾来给巡逻京城的武官命名。

螺女 福建人谢端获得像斗大的一个田螺，在家里养着。每次回家，就发现饭菜都端上桌了。他因而秘密窥伺，原来是个美丽女子干的。他问她是谁，她回答说："我是银河里的白水素女。天帝派我给你做饭。现在就走了，把壳留给你吧。"谢端用这个壳来装粟米，往往用不完。

射鳝 越王郢在福州的溪水中，看到有一条鳝鱼有三丈长，郢射中它，鳝鱼用尾巴缠住他们，人和马都掉进溪水里淹死了。

鲙残鱼，出自松江。古时候吴王在江上坐船吃生鱼片，把残渣扔进水面上，变成这种鱼。

横行介士 《抱朴子》：山中辰日称无肠公子者，蟹也。《蟹谱》："出师下岩之际，忽见蟹，称为横行介士。"

蛟龙得云雨 周瑜谓孙权曰："刘备有关张熊虎之将，肯久屈人下哉？恐蛟龙得云雨，终非池中物也。"

生龟脱筒　金华俞清老云："荆公欲使脱逢掖、著僧伽黎，遂去室家妻子之累，犹生龟脱筒，亦难堪忍。"

杯中蛇影　乐广为河南尹，宴客。壁上有悬弩照于杯中，影如蛇，客惊谓蛇入腹，遂病。后至其故处，知为弩影，病遂解。

【译文】横行介士　《抱朴子》里说：山中在辰日那天自称"无肠公子"的也就是螃蟹。《蟹谱》也记载："在下岩出兵，忽然看见螃蟹，称它是'横行介士'。"

蛟龙得云雨　周瑜对孙权说："刘备有关羽、张飞这等熊虎般勇猛的大将，怎么肯长期屈居人下呢？只怕蛟龙一得到云雨，最后就不是池中的动物了。"

生龟脱筒　金华的俞清老说：王安石想让我脱下儒服，穿上袈裟，便去除家室妻儿的累赘，但好比把活乌龟剥掉壳，也很难忍受。

杯中蛇影　乐广担任河南府尹时，有次设宴款待客人，墙上挂的弓弩影子落在杯子里，影子就像蛇，客人吃惊地说蛇被喝进肚子，于是就生病了。后来客人再去原来坐处，知道是弓弩的影子，病便痊愈了。

率然　《博物志》：率然一身两头，击其一头，则一头至；击其中，则两头俱至。故行军者有长蛇阵法。

鱼求去钩　汉武欲伐昆明，凿池习水战，刻石为鲸鱼，每雷雨至则鸣，鬐尾皆动。尝有人钓此，纶绝而去。鱼梦于武帝，求去其钩。明日，帝游池上，见一鱼衔钩，曰："岂非昨所梦乎？"取鱼去钩而放之。后帝复游池畔，得明月珠一双，叹曰："岂鱼之报也！"

打草惊蛇　王鲁为当涂令，黩货为务。会部民连状诉主簿贪贿，鲁判曰：“汝虽打草，吾已惊蛇。”

【译文】率然　《博物志》里说：常山有种蛇叫率然，一个身体有两个头，攻击其中一个头，另一个头就会回击；攻击中间部位，那么两个头都来回击。所以打仗有长蛇阵法。

鱼求去钩　汉武帝想讨伐昆明，就开凿池子用来训练水战，把石头刻成鲸鱼模样，每当下大雷雨时这鲸鱼便会啼鸣，胡须和尾巴都动起来。曾有人在池边钓鱼，钓丝断了就离去。有鱼给汉武帝托梦，请把鱼钩去除。第二天，汉武帝在昆明池边游玩，看见一条鱼的嘴边衔着鱼钩，说：“这莫非是昨夜梦到的鱼？”于是捉住鱼帮它拔掉钩又放了它。后来汉武帝再到池边游玩，得到明月珠一对，感叹地说：“这是那条鱼的报恩。”

打草惊蛇　王鲁担任当涂的县令，只把聚敛财物当作要事。正遇到当地百姓状告县里的主簿受贿，王鲁判案子时说：“你们虽然是打草，我这条蛇已经受惊。”

干蟹愈疟　《笔谈》：关中无蟹，有人收得一干蟹，土人怪其形以为异，每人家有疟者，借去悬于户，其病遂痊。是不但人不识，鬼亦不识矣。

鱼婢蟹奴　《尔雅》：鱼婢，小鱼也，亦曰妾鱼。大蟹腹下有数十小蟹，名蟹奴。

画蛇添足　陈轸对楚使曰：三人饮酒，约画地为蛇，先成者饮。一人先成，举酒而起，曰：“吾先成，且添为之足。”其一人夺酒饮，曰：“蛇无足，汝添足，非蛇也。”

【译文】干蟹愈疟　《梦溪笔谈》里说：关中的水里没有螃蟹，有人捉到一只干蟹，当地的人奇怪螃蟹的形状，每次有人家里患疟疾，借去挂在门边，病也就好了。这不只是人不认得，鬼也不认得。

鱼婢蟹奴　《尔雅》说：鱼婢，是小鱼，也称妾鱼。大螃蟹腹部下面有几十只小螃蟹，称作蟹奴。

画蛇添足　陈轸对楚国的来使说：有三个人喝酒，酒不够，约定在地上画一条蛇，先画好的人喝那杯酒。有个人先画好了，就举酒要喝，还说："我先画完，且让我给它添上脚。"其中一人夺回酒来喝，笑着说："蛇本来没有脚，你给它添上脚，就不是蛇了。"

髯蛇长十丈，围七八尺。常在树上伺鹿兽过，便低头绕之，有顷，鹿死，先濡令湿，便吞食之，头角骨皆钻皮自出。

珠鳖　广东电白海中出珠鳖，状如肺，有四眼六脚而吐珠。一曰"文魮"，鸟头鱼尾，鸣如磬而生玉。

鯈鱼　建昌修水出鯈鱼。郭璞云："有水名修，有鱼名鯈。天下大乱，此地无忧。"俗呼西河。

墨龙　抚州学有右军墨池。韩子苍《杂记》：池中忽时水黑，谓之黑龙。此物见，则士子应试者得人必多。屡验。

【译文】髯蛇有十丈长，有七八尺粗细。常在树上窥伺鹿经过，就低头缠绕住它，不一会儿，鹿死掉了，先用唾沫把鹿全身弄湿透了，才吞下去，鹿的头、角、骨头都钻着蛇皮露出来。

珠鳖　广东的电白海里出产一种珠鳖，长得像肺，四只眼、六只脚，吐珍珠。又称文魮，鸟头而鱼尾，叫声像磬声，能生出玉。

鯈鱼　建昌的修水里产出一种鯈鱼。郭璞说："有个修水，有鱼名叫鯈鱼。天下大乱的时候，这里没有忧患。"一般把修水称为西河。

墨龙　抚州的学校有一口王羲之的墨池。韩子苍的《杂记》里说：墨池中有时突然水变黑，称之为墨龙。这种东西出现，应举的士人考中的肯定很多。多次应验。

飞鱼 晋吴隶筑鱼塞于湖，忽闻空中云："晚有大鱼攻塞，勿杀！"须臾，大鱼果至，群鱼从之。隶误杀大鱼，是夕风雨横作，鱼悉飞树上。

咒死龙 石勒时大旱，佛图澄于石井冈掘一死龙，咒而祭之，龙腾空而上，雨即降。今有龙冈驿。

四蛇卫之 开刑鲋山。《山海经》云：颛顼葬其阳，九嫔葬其阴，四蛇卫之。

白帝子 汉高祖微时，见白蛇当道，挥剑斩之。后有老妪泣曰：吾子，白帝子也，化蛇当道，为赤帝子所杀。

【译文】飞鱼 晋朝的吴隶在湖里修起一条鱼塞，忽然听到半空里有声音说："夜里有大鱼来攻击鱼塞，不能杀它。"不一会儿，果然有一条大鱼过来，还有一群鱼跟在后面。吴隶失误杀死了大鱼，当晚就刮起大风，下起大雨，那些鱼都飞到树上去了。

咒死龙 石勒的时候发生大旱，佛图澄在石井冈掘出一条死去的龙，念咒来祭奠它，龙飞上天空，雨马上就落下来了。今天还有龙冈驿。

四蛇卫之 开州有一座鲋山。《山海经》说：颛顼葬在山的南面，九个妃子葬在山的北面，四条蛇守卫他们的坟。

白帝子 汉高祖刘邦还没发迹的时候，看到一条白蛇挡住去路，他拿剑杀死了它。后来有个老奶奶哭着说："我儿子是白帝的儿子，变成大蛇挡在道路上，被赤帝的儿子杀掉了。"

唤鱼潭 青神中岩有唤鱼潭，客至，抚掌，鱼辄群出。

斩蛟　隋赵昱为嘉川守。犍为潭中有老蛟作虐，昱持刀入水，顷之潭水尽赤，蛟已斩。一日，弃官去。后嘉陵水涨，见昱云雾中骑白马而下，宋太宗赐封“神勇”。

孩儿鱼　磁州出鱼，四足长尾，声如婴儿啼，因名“孩儿鱼”，其骨燃之不灭。

黄雀鱼出惠州。八月化为雀，十月后入海化为鱼。

【译文】唤鱼潭　青神县的中岩有个唤鱼潭，客人到那，拍手掌，鱼就一群一群地过来。

斩蛟　隋朝的赵昱担任嘉州太守时，犍为的水潭里有一条老蛟经常为害百姓，赵昱手持大刀跳进水中，不一会儿，潭水全部变成血红色，老蛟已经被斩杀了。有一天，他抛弃官职离去。后来嘉陵的水上涨，有人看见赵昱从云雾里面骑着一匹白马落下来，宋太宗赐封他为“神勇”。

孩儿鱼　磁州出一种鱼，有四只脚，长着长尾巴，叫声像婴儿的啼哭，因而取名叫孩儿鱼，它的骨头烧着就不会灭。

黄雀鱼出自惠州。八月时节就会变成雀，十月份后到海里又变成鱼。

五色鱼　陇州鱼龙川有鱼，五色，人不敢取。杜甫诗“水落鱼龙夜”，即此。

视龙犹蝘蜓　禹南巡狩，会诸侯于涂山，执玉帛者万国。禹济江，黄龙负舟，舟中人惧。禹仰天叹曰：“吾受命于天，竭力以劳万民。生寄也，死归也，余何忧于龙焉。”视龙犹蝘蜓，颜色不变。须臾，龙俯首低尾而逝。

双鲤　萧山县之城山，山颠有泉，嘉鱼产焉。阖闾侵越，句践退保此山，意其乏水，馈以米盐。句践取双鲤报之，吴兵夜遁。

【译文】五色鱼　陇州的鱼龙川里出产一种鱼，身体五色，百姓都不敢去抓捕。杜甫有诗句说“水落鱼龙夜”，说的也就是这种鱼。

视龙犹蝘蜓　大禹巡狩，在涂山大会诸侯，带着玉、帛进贡的有一万个国家。大禹渡过大江时，有黄色的龙夹着他的船，船上的人都十分害怕。大禹仰天长叹说：“我受天命，用尽全力为百姓。活着像寄居，死去像回家，我干吗怕龙呢？”把龙看成壁虎一般，脸上毫不畏惧。不一会儿，黄龙低头摇着尾巴离去了。

双鲤　萧山县的城山，山顶有泉水，泉水中出产一种好鱼。吴王阖闾入侵越国时，越王句践退守在这座山上，吴王猜想山上缺水，就赠给句践许多米、盐。句践从泉水中取出一对鲤鱼报答，吴国当晚就撤军了。

石蟹生于崖(海南岛)之榆林，港内半里许，土极细腻，最寒，但蟹入则不能运动，片时即成石矣，人获之，则曰石蟹。置之几案，能明目。

鲥鱼一名箭鱼。腹下细骨如箭镞，此渊材有“鲥鱼多骨之恨”也。其味美在皮鳞之交，故食不去鳞。肋鱼似鲥而小，身薄骨细，冬月出者名“雪肋”，味最佳。至夏，则味减矣。

龟历　陶唐之世，越裳国献千岁神龟，方三尺余，背上有文，皆蝌蚪书，记开辟以来事，帝命录之，谓之龟历。

【译文】石蟹生在崖山(海南岛)的榆林，海港内方圆半里，土质极为细腻，性最寒，但凡螃蟹一钻进去就不能运动，不一会儿就变成石头了，人们得到那个石头，称之为石蟹。放在桌案之上，对眼睛好。

鲥鱼又称作箭鱼。它的肚子下面有细骨像箭头一般，这让彭渊材有“鲥鱼多骨之恨”。这种鱼味道鲜美的部位在鱼皮和鱼鳞之间，所以吃的时候不用刮去鱼鳞。肋鱼像鲥鱼，稍小，很薄，鱼骨细，冬天捕捉的叫作雪肋，味道最好。到夏天，味道就不如了。

龟历　尧帝的年代，越裳国献上千岁的神龟，有三尺宽，龟背上有字，全是蝌蚪文，记录开天辟地以来所有的事。尧帝让人抄录，被称作“龟历”。

元绪　孙权时，永康有人入山，遇一大龟，载入吴，夜泊越里，缆舟于大桑树。宵中，树呼龟曰：“劳乎元绪，奚事尔耶！”因呼龟为“元绪”。

河豚状如蝌蚪，腹下白，背上青黑，有黄文，眼能开闭，触物便怒，腹胀如鞠，浮于水上，人往取之。河豚毒在眼、子、血三种。

中毒者，血麻、子胀、眼睛酸，芦笋、甘蔗、白糖可以解之。

集鳣　杨震聚徒讲学，有雀衔三鳣，集讲堂前。皆曰：“鳣者，卿大夫服之象也。数三者，三台也。先生自此升矣。”果如其言。

【译文】元绪　孙权时，有个永康县的人进入山里，碰到了一只大龟，把它装在船上准备运去吴国，夜晚船停泊在越里，船系在一棵大桑树边。大半夜时，大桑树对乌龟喊道：“辛苦不辛苦啦元绪，你准备做什么？”因此将乌龟叫作元绪。

河豚的样子长得像蝌蚪，肚子下面是白色，脊背上青黑色，有黄色纹理，眼睛能开闭，碰到东西就大怒，肚子鼓胀得像球，漂在水上，人就去捞取。河豚的毒在眼睛、河豚子、血三处。

中毒的人，血麻、子胀、眼睛酸，用芦笋、甘蔗、白糖可以解毒。

集鳣　杨震召集弟子们讲学，有只雀衔来三条鳝鱼，放在讲堂前。众人都说："鳝鱼是卿大夫官服上的象征。这里有三条，代表三公。老师以后要升官了。"后来果然这样。

子鱼　宋显仁太后谓秦桧妻曰："子鱼大者绝少。"桧妻曰："妾家有大者。"桧闻，责其失言，乃以青鱼百尾进。太后笑曰："我道这婆子村，果然！"

鲒鱼长二丈，皮可镳物。其子旦从口出，暮从脐入，腹里两洞肠，贮水以养子。肠容二子，两则四焉。

岩蛇龟身、蛇尾、鹰嘴、鼍甲，下有四足，足具五爪，大如癞头鼍，硬似穿山甲，其壳极坚，其爪极利，茅竹青柴到口即碎，着人之肌肤，咬必透骨。台温山下，此物极多。

【译文】子鱼　宋朝的显仁太后对秦桧妻子说："大的鲻鱼特别少。"秦桧妻子说："我家就有大的。"秦桧知道后，怪她说错了话，便进献了上百头青鱼。显仁太后笑着说："我说这老婆子土了吧唧，果然是这样！"

鲨鱼有两丈长，皮可以打磨东西。它的孩子早晨从嘴里吐出，夜里游回肚脐眼里，肚子里有两条肠子可以装水养育子孙，一个肠子容得下两条小鲨鱼，两条肠子能养四条。

岩蛇拥有乌龟的身子、蛇的尾巴、鹰的嘴、鼍的壳，下面有四只脚，脚上都具有五只爪子，像癞头鼋一般大，如穿山甲一般坚硬，它的壳极为硬，爪子极为锋利，茅竹、青柴放在它嘴里就咬碎了，咬人的肌肤一下就咬穿骨头。台州和温州的山下，这种动物特别多。

懒妇鱼　江南有懒妇鱼，即今之江豚是也。鱼多脂，熬其油可点灯。然以之照纺绩则暗，照宴乐则明，谓之“馋灯”。

脆蛇无胆，畏人。出昆仑山下。闻人声，身自寸断，少顷自续，复为长身。凡患色痨者，以惊恐伤胆，服此可以续命，兼治恶疽、大麻疯及痢。腰以上用首，以下用尾。

瓦楞蚶　宁海沿海有蚶田，用大蚶捣汁，竹筅帚洒之，一点水即成一蚶，其状如荸荠，用缸砂壅之，即肥大。

【译文】懒妇鱼　江南有种懒妇鱼，也就是如今的江豚。它的脂肪多，熬的油可以点灯，点灯照纺织的话却很暗淡，照着宴席娱乐的屋子就特别明亮，人们将其称作馋灯。

脆蛇没有胆子，畏惧人。出产于昆仑山下。听见人声，身体就断成一寸一寸的，不一会自己接上身体，恢复原来的长身体。只要是患上色痨病的，因为惊怕而破了胆，服用它可以延长寿命，还能治疗恶疽、大麻疯和癞痢。病在腰上面的部位用它的头治疗，病在腰下面的用尾巴治疗。

瓦楞蚶　宁海在沿海的地方有蚶田，将大蚶捣出汁液，用竹刷子蘸着洒出来，一点到水上也就变成一只蚶，它长得像荸荠，用缸砂把它们堵起来，就会变得又肥又大。

蝤蛑　陶縠出使吴越，忠懿王宴之，因食蝤蛑。询其名类，忠懿王命自蝤蛑以至彭蜞，罗列十余种以进。縠视之，笑谓忠懿王曰：“此谓一蟹不如一蟹也。”

牡蛎一名蠔山。《本草》：牡蛎附石而生，磈礧相连如房。初生海岸，身如拳石，四面渐长，有一二丈者。一房内有蠔肉一块，肉之大小，随房所生。每潮来，则诸房皆开，有小虫入，则合之，以充饥腹。

绿毛龟 蕲州出。龟背有绿毛，长尺余，浮水中，则毛自泛起。压置壁间，数年不死，能辟飞蛇。

蛤 隋帝嗜蛤，所食以千万计。忽有一蛤置几上，一夜有光。及明，肉自脱，中有一佛二菩萨像，帝自是不复食蛤。

【译文】蝤蛑 陶穀出使吴越国，忠懿王钱俶设宴款待他，他吃到梭子蟹，询问它的名字和其余种类，忠懿王让人从梭子蟹到彭蜞，列出十几种让他好好看。陶穀看完后，笑着对忠懿王说："这真是所谓的'一蟹不如一蟹'。"

牡蛎又称作蠔山。《本草衍义》里说：牡蛎附在石头上面生存，垒起来连一起像房子。最早是在海岸边出生，身子像一拳石头大小，四面渐渐长大，有一两丈长的。一个房里有蠔肉一块，肉的大小，是根据房子大小而不同。每次涨潮时，每间房子都打开，有小虫子进去，就合上房子，用来填饱肚子。

绿毛龟 蕲州出产一种绿毛的龟。龟背有绿色的毛，长一尺多，龟浮在水中时，毛就会自己漂起来。把龟压在墙壁下面，几年都不死，能驱除飞蛇。

蛤 隋炀帝爱吃蛤蜊，他吃过的有几千万个。某天忽然有一只蛤蜊放在桌案上，一整晚放出光明。到天亮，蛤蜊的肉自己掉出来，里面有个佛像和两个菩萨像，隋炀帝从此不再吃蛤蜊了。

蚌 沈宫闻戏于栖水，获一蚌。煮食时，中有一珠，长半寸，俨然大士像，惜煮熟失光，为徽人售去。

舅得詹事　燕文贞公女嫁卢氏，尝为舅求官。公下朝，问焉。公但指支床龟视之。女拜而归，告其夫曰："舅得詹事矣。"

三足鳖　黄庭宣知太仓，民有食三足鳖而化地上，止存发一缕、衣服等物，如蜕形者，人以其妇杀夫报官。庭宣令捕三足鳖，召妇依前烹治，出重囚食之，亦尽化去。

鱼羹荆花　许襄毅官山左，有民布田，其妇馌之，食毕而死。囊毅询其所馌物，及所经道路。妇曰："鱼汤米饭，度自荆林。"公乃买鱼作饭，投荆花于中，试之狗彘，无不死者。

【译文】蚌　沈宫闻在栖水玩，获得一只蚌。正煮来吃时，发现中间有一颗珠子，长半寸，仿佛是观音大士的形象，可惜煮熟了失掉光彩。后来被徽州人买走。

舅得詹事　张说的女儿嫁给卢姓男子，女儿曾为公公求官职。张说下朝后，她问怎么样。张说只指着支床用的乌龟示意。女儿下拜后就回丈夫家，并对丈夫说："公公得到詹事这个职位了。"

三足鳖　黄庭宣担任太仓知府，有人吃下三只脚的鳖，就在地上化掉了，只剩一缕头发和衣裳等东西，就像金蝉蜕壳一般，百姓说是他妻子杀死丈夫然后报官。黄庭宣让人捕来三足的鳖，让那人的妻子按之前的法子烹煮，然后给一个重刑犯吃，重刑犯吃完也化掉了。

鱼羹荆花　许进（襄毅公）在山东当官，有个农民耕田，他妻子给他送吃的，他吃完就死掉了。许进问她拿的是什么食物以及经过哪里。妻子说："是鱼汤和米饭，是从荆林经过。"许进就买鱼来做饭，把荆花放进去，试着让狗、猪吃，果然吃了就死了。

毒鳝　铅山卖薪者性嗜鳝。一日，市归，烹食，腹痛而死。张昺治其狱。召渔者捕鳝，得数百斤，中有昂头出水二三寸者七条，烹与死囚食，亦腹痛而死。

两头蛇　孙叔敖幼时遇两头蛇于路，杀而埋之。相传见此者必死，归泣告于母。母曰："蛇今安在？"对曰："恐害他人，已杀而埋之矣。"母曰："汝有利人心，天必祐之！"果无恙。

筝弦化龙　唐刺史韦宥，于永嘉江浒沙上获筝弦，投之江中，忽见白龙腾空而去。

【译文】毒鳝　铅山有个卖柴的人爱吃鳝鱼。有天，他买了鳝鱼回来煮着吃，吃后肚子疼就死了。张昺来判案。他让渔夫捕捞鳝鱼，有几百斤，其中昂着头露出水面两三寸的有七条，把它们煮了给死刑犯吃，吃后肚子疼死去。

两头蛇　孙叔敖幼年时在路边碰到一条两头蛇，就杀死埋起来。相传见到两头蛇的人必死无疑，他回来哭着对母亲说了这事。母亲说："那蛇现在埋哪里？"他回答说："怕它再害人，已经杀死埋起来了。"他母亲说："你有替人着想的心，上天肯定会保佑你！"后来果然没事。

筝弦化龙　唐朝的一个刺史叫韦宥，在永嘉江畔上的沙上捡到一根筝的弦，扔进江里，忽然看见一条白龙飞上天空。

牒蚌珠之仇　夏原吉治浙西水患，宿湖州慈感寺，夜有妪携一女来诉曰："久窟于潮音桥下，岁被邻豪欲夺吾女，乞大人一字为镇。"公书一诗与之。公至吴淞江，有金甲神来告曰："聘一邻女已久，无赖赚大人手笔，抵塞不肯嫁，请改判。"公张目视之，神逡巡畏避。公忆曰："是慈感蚌珠之仇也。"牒于海神。次日，大风雨，震死一蛟于钱溪之北。”

与蛇同产　窦武产时，并产一蛇，投之林中。后母卒，有大蛇径至丧所，以头击柩，若哀泣者，少间而去。时谓窦氏之祥。

得鱼忘筌　《庄子》：“筌者所以得鱼，得鱼而忘筌。”比受恩而不知报也。

鱼游釜中　广陵张婴泣告张纲曰：荒裔愚民，相聚偷生，若鱼游釜中，知其不可久。今见明府，乃更生之辰也。

巴蛇　《山海经》：“巴蛇食象，三岁而出其骨。”

【译文】牒蚌珠之仇　夏原吉去浙西治理水灾，住在湖州的慈感寺，夜里有个老婆婆带着一个女孩来诉苦：“我一直住在潮音桥下面，每年被邻居的豪强逼着抢夺我的女儿，请大人写张字条镇住他们。”夏原吉写一首诗给她。后来他去吴淞江，有个身穿金甲的神来对他说：“我给邻居的女儿下聘礼已经很久了，无奈她骗到大人的手笔，抵赖着不肯嫁给我，请大人改判。”夏原吉瞪着眼睛看他，那个穿金甲的神畏惧地避开了。夏原吉想起过去的事，说：“这是慈感寺的蚌珠的仇人啊。”于是写了一张牒文给海神。第二天，刮起大风下起大雨，钱溪北边就出现被雷电震死了一条蛟龙。

与蛇同产　窦武刚出生时，他母亲也生出一条蛇，家人把蛇放进树林。后来窦武的母亲去世，有条大蛇径直来到办丧事的地方，用头撞击棺材，仿佛在悲哀地哭泣，不一会儿就离开了。当时人说这是窦氏吉祥的征兆。

得鱼忘筌　《庄子》说：“鱼篮是捕鱼用的，捕到鱼就忘掉鱼篮。”后人用此比喻受恩的人不知道报答恩人。

鱼游釜中　广陵发动叛乱的张婴听完张纲的劝说，哭着说：“我是偏僻没见识的愚蠢的平民百姓，聚集众人，为了混口饭吃，就好比鱼在锅里游，知道是不能长久的。如今见到您，您就是我的再生父母。”

巴蛇　《山海经》里说：“巴蛇吞下大象，三年后吐出骨头。”

虫豸

鞠通　孙凤有一琴能自鸣，有道士指其背有蛀孔，曰："此中有虫，不除之，则琴将速朽。"袖中出一竹筒，倒黑药少许，置孔侧，一绿色虫，背有金线文，道人纳虫于竹筒竟去。自后琴不复鸣。识者曰："此虫名鞠通，有耳聋人置耳边，少顷，耳即明亮。喜食古墨。"始悟道人黑药，即古墨屑也。

蝗有四种：食心曰螟，食叶曰螣，食根曰蟊，食节曰贼。赵抃守青州，蝗自青、齐入境。遇风退飞，堕水而死。马援为武陵守，郡连有蝗，援赈贫羸，薄赋税，蝗飞入海，化为鱼虾。孙觉簿合肥，课民搏蝗若干，官以米易之，竟不损禾。宋均为九江守，蝗至境辄散。贞观二年，唐太宗祝天吞蝗，蝗不为祟。

【译文】鞠通　孙凤有一把能自动弹奏的琴，有个道士指着琴背面的蛀孔说："这里面有虫子，假如不除掉，琴就会迅速腐朽。"他从袖子里取出个竹筒，倒出一点黑药，放在孔边，一个绿色虫子钻出来，虫子的背部还有金线般的纹理，道士把虫子放进竹筒就离去了。后来琴不再自动弹奏。有见识的人说："这虫子叫鞠通，耳聋的人，把它放耳朵边，不一会儿就能听见声音了。这虫子喜欢吃古老的墨。"孙凤恍然大悟，道士的黑药也就是古墨屑。

蝗虫有四种：吃花心的叫螟，吃叶子的叫蝥，吃根的叫蟊，吃树干的叫贼。赵抃担任青州的太守时，有蝗虫从青州、齐州飞入境内，碰到大风就向后退飞，掉到水里淹死。马援担任武陵太守时，当地连续发生蝗灾，马援救济贫苦的百姓，降低赋税，蝗虫飞入海里，变成鱼虾。孙觉担任合肥主簿，让百姓去抓捕蝗虫，官府用米和他们交换，于是蝗虫最后没有损伤庄稼。宋均担任九江太守的时候，蝗虫一到境内就散了。贞观二年（公元628年），唐太宗祈求上天吞掉蝗虫，蝗虫没成为灾害。

水母　东海有物，状如凝血，广数尺，正方圆，名曰水母。俗名海蜇，一名虾蛇（音射）。无头目。所处则众虾附之，盖以虾为目也。色正淡紫。《越绝书》云："水母以虾为目，海镜以蟹为肠。"

海镜　广中有圆壳，中甚莹滑，照如云母。壳内有少肉如蚌，腹中有小蟹。海镜饥，则蟹出拾食，蟹饱归腹，海镜亦饱。迫之以火，蟹即走出，此物立毙。

百嘴虫　温会在江州观鱼，见渔子忽上岸狂走。温问之，但反手指背。不能言。渔子头面皆黑，细视之，有物如荷叶，大尺许，眼遍其上，咬住不可取。温令以火烧之，此物方落，每一眼底有嘴如钉。渔子背上出血数斗而死，莫有识者。

【译文】水母　东海有种动物，长得像凝结的血，宽几尺，是正方形或圆形，名叫水母，俗名海蜇，又称作虾蛇（读作"射"）。它没头没眼精，停留的处所就会有许多的虾子依附过来，因为它把虾当成它的眼睛。颜色淡紫。《越绝书》说："水母把虾当成眼睛，海镜把螃蟹当作肠子。"

海镜　广东的海中有一种圆壳状的动物叫海镜，中间极为晶莹润滑，照去就像云母。圆壳里有少许像蚌的肉，肚子里有小螃蟹。海镜饿了时，螃蟹就去觅食，螃蟹吃饱了就回到海镜肚子里，海镜也就饱了。假如用火接近它，螃蟹就逃出来，它就会马上死去。

百嘴虫　温会在江州赏鱼，只见有个渔人忽然到岸上来狂奔。温会问他原因，渔夫只能反着手指着背部，说不出话来。渔人的头脸全是黑的，仔细一看，有东西像荷叶一般的，一尺来宽，上面全是眼睛，咬住人就拿不下来。温会让人用火来烧它，这东西才掉下来，每只眼下面都有嘴像钉子般。渔人的背上流出几升血后就死了。没人认识这是什么东西。

自缢虫　汉光武六年，山阴有小虫千万，皆类人形，明日皆悬于树枝，自缢死之。

螟蛉　诗曰："螟蛉有子，蜾蠃负之。"螟蛉，桑虫也。蜾蠃，蒲芦也。蒲芦窃取桑虫之子，负持而去，养以成子。故世之养子，号曰螟蛉也。蜾蠃负螟蛉之子，祝曰："类我，类我！"七日夜化为己也，故又谓之"速肖"。

萤火，腐草所化。隋炀帝于景华宫，征求萤火，得数斛，盛以大囊，夜出游，如散火光遍于山谷。

【译文】自缢虫　东汉光武帝六年（公元30年），山阴有上千万的小虫，都长得像人，第二天都挂在树上，自缢死去。

螟蛉　《诗经》说："螟蛉有子，蜾蠃负之。"螟蛉，也就是桑虫。蜾蠃，也就是蒲芦蜂。蒲芦蜂偷来桑虫的幼虫，背着回洞穴，养成自己的儿子。所以世人把养子称作螟蛉。蒲芦蜂背着螟蛉的幼虫，祈祷着说："像我，像我！"过了七天七夜就像蜾蠃了，所以又称作"速肖”。

萤火虫是腐烂的草化成的。隋炀帝在景华宫，征集许多萤火虫，有几斛，装满大袋子，夜里出外游玩，就放出袋子里的萤火虫，仿佛火光遍布山谷中。

怒蛙　越王既为吴辱，思以报复。一日出游，见怒蛙而式之，左右问其故，王曰：“有气如此，何敢不式！”战士兴起，皆助越反矣。

守宫　蜥蜴。以器养之，喂以丹砂，满七斤，捣治万杵，以点女子体，终身不灭，若有房室之事则灭矣。言可以防闲淫佚，故谓之“守宫”。

绿螈　《二酉余谈》：一人为蛇伤，痛苦欲死。见一小儿曰：“可用两刀在水相磨，磨水饮之，神效。”言毕，化为绿螈走入壁孔中。其人如方服之，即愈。因号绿螈为“蛇医”。又云：蛇医形大色黄，蛇体有伤，此虫辄衔草傅之，故有医名。

【译文】怒蛙　越王句践被吴国侮辱后，想报仇。有天越王出去游玩，看见一只鼓胀着嘴的青蛙，就向它行礼，左右的人问为什么这样做，越王说：“它如此鼓着一股气，怎敢不行礼！”士兵们听后都精神昂扬，都帮助越国反对吴国。

守宫　蜥蜴，用容器养它，喂它吃丹砂，吃满七斤，用杵子捣上万次捣烂它，点在女子的身体上，一辈子都不会消失，除非有了房事那就会消失。这可以防止女人和人私通，所以称为“守宫”。

绿螈　《瑯嬛记》引用《二酉余谈》的记载：有个人被蛇咬伤，痛得想死。他看见个小孩对他说：“用两把刀在水里互相摩擦，喝磨完后的水，会有神奇的效果。”说完小孩就变成绿螈，钻进墙上的洞里。那人按照那办法服药，立即就好了。所以把绿螈称为蛇医。另种说法是：蛇医的形体大，颜色黄，哪条蛇受伤，它就含着草给蛇敷上药，所以被称作“蛇医”。

蜥蜴噏油　钱镠王宫中，使老媪监更。一夕，有蜥蜴沿银缸吸油，既竭。而倏然不见。次日王曰：“吾昨夜梦饮麻膏而饱。”更媪骇异。

寄居虫形似蜘蛛，而足稍长。本无壳，入空螺壳中载以行。触之，缩足如螺，火炙之乃出。

蛸虫　有蛸虫者，一身两口，争相啮也，遂相食，因自杀。人臣之争事，而亡其国者，皆蛸类也。

【译文】蜥蜴噏油　钱镠王的宫里让老太婆监督守夜。某一天夜里，有只蜥蜴靠近灯盏喝油膏，喝完后突然消失。第二天钱镠王说：“我昨晚梦见喝芝麻油膏喝饱了。”那个老太婆又害怕又吃惊。

寄居虫长得像蜘蛛，脚稍长。本没有壳，钻进空螺壳，背着壳走路。假如碰它，忙把脚缩进壳里，火一烤才会出来。

蛸虫　有一种蛸虫，一个身上两只嘴，互相啃咬，于是互相吃对方，因而自杀了。臣子间互相争权夺利，导致国家灭亡的，全是蛸虫之类。

螳臂　螳螂，一名刀螂。前二足如刀而多锯齿，能捕蝉。见物欲以二足相搏，遇车辙而亦当之。故曰：“螳臂当车”。

蚬，一名缢女。长寸许，头赤身黑，喜自经死。云是齐东郭姜所化。

恙，毒虫也，能伤人。古人草居露处，故早起相见问劳，必曰：

"无恙乎？"又曰：恙，忧也。又：猤，食人兽。

【译文】螳臂　螳螂，又叫刀螂。两只前脚像刀子却有许多锯齿，善于捕蝉。看见动物想用两只前脚去搏斗，碰到车轮也想去抵挡，所以有个成语叫螳臂当车。

蚬，又叫缢女，一寸多长，头是红色，身体黑色，爱好上吊死去。有人说是让齐国因为她发生大乱的东郭姜自缢而死后变成的。

恙，是一种毒虫，能害人。上古的人在草地居住，露天睡觉，所以早晨起来互相问安时，肯定会说："无恙吗？"又说：恙，意思是忧愁。又说：猤，是吃人的兽。

泥　南海有虫，无骨，名曰"泥"。在水中则活，失水则醉，如一堆泥。故诗人讥周泽曰"一日不斋醉如泥"。

蜮，一名"短狐"。处于江水，能含沙射人，所中者头痛发热，剧者至死。一名"射影"。凡受射者，其疮如疥。四月一日上弩，八月一日卸弩，人不能见，鹅能食之。一曰以鸡肠草捣涂，经日即愈。

蚁斗　殷仲堪父病疟，悸闻床下蚁动，谓是牛斗。

书押　米芾守无为州，池中蛙声聒人，芾取瓦片书"押"字投之，遂不鸣。上有芾书"墨池"二字为额。

【译文】泥　南海有一种虫子，没骨头，叫作泥。在水里能活，没水就仿佛醉了般，像一堆烂泥。所以后汉时期有人挖苦周泽说他"一日不斋醉如泥"。

蜮，又叫短狐，在江水里待着，能含着沙子射人，被射中的人头痛发热，严重的会死去。又称作射影。凡是影子被它射中的人，生出疮就像疥。四月一日这虫子含沙开始射人，八月一日后不再射人，人也看不见它，鹅却能吃它。又说：被射中的人生疮后，用鸡肠草捣烂涂在疮口，一天后就痊愈了。

蚁斗　殷仲堪的父亲得了痁疾，听见床下有蚂蚁打架的声音就心里害怕，说是牛在打架。

书押　米芾担任无为州的知州时，池里的蛙声很吵闹，米芾用瓦片写“押”字扔进池塘里，青蛙就不叫了。池塘上面有米芾书写的“墨池”匾额。

白虾　赵抃镇蜀时，以白虾寄余氏，放之池中，生息不绝；或畜他所，虾色辄变白。虾池在开化。

西施舌，似车螯而扁，生海泥中，常吐肉寸余，类舌。俗甘其味，因名“西施”。

蛛鹰　才宽守淮安，有盗杀，无名。适蛛堕于几，鹰下于庭。宽曰：“杀人者岂朱英乎？”按籍捕之，果然。

五蜂飞引　万鹏举为万安丞，有民妇诉其夫及五子为盗所杀，不知其尸者。一日，有五蜂旋绕行。万曰：“汝若真魂，宜前飞引。”蜂遥临掩骸处，得衣带上所系买布数人名姓，推鞫之，遂雪其冤。

【译文】白虾　赵抃担任蜀地太守时，寄给余氏寄一些白虾，这些白虾放在池中，能生息繁衍不绝，假如养在别处，虾的颜色就会变白。虾池在开化县。

西施舌，长得像车螯，稍微扁些，生在海泥里，常吐出一寸多长的肉，就像舌头。百姓喜欢这种味道，因此起名叫西施舌。

蛛鹰　才宽担任淮安太守时，有人被暗杀，不知道凶手是谁。正好有一只蜘蛛掉在他几案上，又有老鹰飞到庭院里。才宽说：“杀人的莫非是朱英吗？”于是按照户籍去抓捕，果然如此。

五蜂飞引　万鹏举担任万安县的县丞时，有个妇女告状说丈夫和五个孩子被强盗杀害，却不知道尸体在哪。某一天，有五只蜜蜂盘旋着飞行，万鹏举说：“你们假如真是死者的魂魄，就在前面飞着带路吧。”蜜蜂就带他们去掩埋尸收的地方，发现死者的衣带系着来买布的几个人的姓名，把这些人抓来审问，就为死者申冤。

水虎　沔水中有物曰“水虎”，如三四岁小儿，鳞甲如鲮鲤，射之不可入。七八月间好在碛上曝。膝头似虎，掌爪常没入水中，露出膝头。小儿不知，欲取戏弄，便杀人。

商蚷　《庄子》曰：“是犹使蚊负山，商蚷驰河也，必不胜任也。”（商蚷，马蚿也。）

偃鼠　《庄子》曰：“鹪鹩巢于深林，不过一枝；偃鼠饮河，不过满腹。”

谢豹　虢郡有虫名“谢豹”，见人时，以前脚交覆其首，如羞状。故得罪于人，曰“负谢豹之耻”。

【译文】水虎　沔水里有一动物叫水虎，像三四岁的小孩一般大，鳞甲就像穿山甲，箭都射不进身体里。七八月份时它喜爱在石头上曝晒。膝盖像老虎，爪子常常没入水中，只露出膝盖。小孩子不知道，想拿来玩，就会被它杀掉。

商蚷　《庄子》说：“这就好比让蚊子背起山，让商蚷渡过河，一定没法胜任。”（商蚷，也就是马陆。）

偃鼠　《庄子》说：“鹪鹩在深林里筑巢，只不过用一个枝条；偃鼠在河里喝水，只不过把肚子喝饱就够了。”

谢豹　虢郡有种虫子叫作谢豹，它看到人时，前脚交叉着盖在头上，就像害羞。所以得罪了别人时，就说“负谢豹之耻”。

玄驹，蚁也。河内人见人马数万，大和黍米，来往奔驰，从朝至暮。家人以火烧之，人皆成蚊蚋，马皆成大蚁，故今人呼蚊蚋曰“黍民”，名蚁曰“玄驹”。

鼷鼠五技　《旬子》：“鼷鼠五技而穷”。谓能飞，不能上屋；能缘，不能穷木；能游，不能渡谷；能穴，不能掩身；能走，不能先人。

飞蝉集冠　梁朱异为通事舍人，后除中书郎。时秋日始拜，有飞蝉集于异冠上，或谓蝉珥之兆。

群蚁附膻　卢垣书：“今之人奔尺寸之禄，走丝毫之利，如群蚁之附膻腥，聚蛾之投爝火，取不为丑，贪不避死。”

【译文】玄驹，也就是蚂蚁。河内人看见有几万兵马，大的像黍米粒，来回奔跑，从早晨到傍晚。家人用火烧，人变成蚊子，马变成蚂蚁。所以今人还把蚊子称作黍民，把蚂蚁称作玄驹。

鼷鼠五技　《荀子》里说：“鼷鼠有五种技能，却仍然常常陷入窘迫的情况。”这五种技能分别是：它能飞，却飞不到屋上；会爬树，却不能爬上树顶；会游泳，却不能游到溪水对岸；会钻洞穴，洞穴却连自己身子都盖不住；会跑，却跑不过人。

飞蝉集冠　南朝梁的朱异是通事舍人，后来又担任中书郎。当时中书郎的任命到秋天才有，在此之前有飞蝉停在朱异的冠上，有人说这是当中书郎的征兆。

群蚁附膻　卢垣写信说：“如今的人为一点点俸禄奔波竞争，为一点点小利到处追逐，就像一群蚂蚁靠近膻腥的东西，飞蛾跳进火里，为了夺利不觉得羞耻，贪污不怕死。”

萤丸却矢 萤，一名“宵烛”，一名“丹凤”，《类聚》曰：务成子曰：以萤为丸能却矢。汉武威太守刘子南得其方，合而佩之，尝与虏战，为其所围，矢下如雨，离数尺辄堕地，不能中伤。虏以为异，乃解围去。

丈人承蜩 《庄子》：痀瘘者承蜩，犹掇之也。仲尼曰：“子巧乎？有道邪？”曰：“我有道也。五、六月累丸二而不坠，则失者锱铢；累三而不坠，则失者什一；累五而不坠，犹掇之也。”仲尼曰：“用志不分，乃凝于神。”

以蚓投鱼 陈使傅缔聘齐，齐以薛道衡接对之。缔赠诗五十韵，衡和之，南北称美。魏收曰：“傅缔所谓以蚓投鱼耳。”

【译文】萤丸却矢 萤，又叫作宵烛，又称作丹凤。《艺文类聚》里抄录：务成子说：“用萤制成弹丸可以抵御飞箭。”汉朝的武威太守刘子南得到这办法，制成弹丸带在身上，曾和胡人交战，被敌人包围，箭如雨下，在他面前就落地了，没法伤到他。胡人觉得惊讶，就解除包围离开了。

丈人承蜩 《庄子》里说：一个驼背的老者去捕蝉，就像捡东西一般容易。孔子说：“你有技巧吗？还是有道？”驼背老者回答说：“我有道。训练五六个月可以在竿上累起两个弹丸不掉，那么失手就会非常少；假如能累起三个弹丸不掉，失手只有十分之一的可能性；假如累起五个弹丸不掉，那么粘捕蝉时就像捡东西一般容易了。”孔子说：“把心思用在一处，不分心，就能专注得像有神助。”

以蚓投鱼 陈朝派傅缔到齐国出使，齐国派薛道衡接见他。傅缔赠给薛道衡一首五十韵的诗，薛道衡也和了一首诗，南朝、北朝的人都称赞薛道衡写得好。魏收说：“傅缔就是所谓的‘用蚯蚓来钓鱼’

啊。”

投鼠忌器 贾谊策：“谚曰：‘欲投鼠而忌器。’鼠近于器，尚惮而不投，况贵臣之近主乎！”

蝶庵 李愚好睡，欲作蝶庵，以庄周为开山第一祖，陈抟配食，宰予、陶潜辈祀之两庑。

箕敛蜂窠 皇甫湜常命其子松，录诗数首，一字少误，诟詈且跃，手杖不及，则啮腕血流。尝为蜂螫手指，乃大噪，散钱与里中小儿及奴辈，箕敛蜂窠于庭，命捶碎绞汁以偿其痛。

【译文】投鼠忌器 贾谊的《治安策》说：“俗语说‘打老鼠却担心器物’，老鼠靠近器物，尚且因为害怕不敢扔，何况贵臣接近皇帝呢？

蝶庵 李愚特别爱好睡觉，他想建造一个蝶庵，把庄周当作开山鼻祖，陈抟列在一旁共同供奉，宰予、陶渊明等人在两边廊屋里祭祀。

箕敛蜂窠 皇甫湜曾经让他的儿子皇甫松抄录几首诗，抄错一个字，就骂他，而且跳起来，手杖来不及去打儿子，就咬皇甫松的手腕，都流血了。他曾被蜜蜂螫了手指，就大呼小叫，把钱给乡里的孩子和奴仆，让他们把蜂窠拿到庭院里，把它捶碎绞成汁液，来报手指被螫痛的仇。

石中金蚕 丹阳人采碑于积石之下，得石如拳。破之，中有一虫，似蛴螬状，蠕蠕能动，人莫能识，因弃之。后有人语曰：“若欲富贵，莫如得石中金蚕，畜之则宝货自至。”询其状，则石中蛴螬耳。

凤子　大蝶，一名凤子，见韩偓诗。《异物志》：昔有人渡海，见一物如蒲帆，将到舟，竞以篙击之，破碎堕地，视之，乃蝴蝶也。海人去其翅足，秤肉得八十斤，啖之，极肥美。

蜈蚣　葛洪《遐观赋》：蜈蚣大者长百步，头如车箱，屠裂取肉，白如瓠。《南越志》曰：蜈蚣大者其皮可以鞔鼓，其肉曝为脯，美于牛肉。

蝶幸　唐明皇春宴宫中，使妃嫔各插艳花，帝亲捉粉蝶放之，随蝶所止者幸之。谓之蝶幸。后贵妃专宠，不复作此戏。

【译文】石中金蚕　丹阳有个人在乱石堆下面找制作碑的石头，找出一块石头有拳头大小。他打破后，在里面发现一只小虫，就像金龟子幼虫，还在蠕动，别人都不认识，因而扔掉。后来有人告诉他说："你假如想富贵，不如得到石头里的金蚕，养着它金银财宝就会自然上门。"他询问对方金蚕的形状，就是石头里的小虫。

凤子　大蝴蝶，又叫凤子，韩偓的诗里提到过。《异物志》里说：以前有个人渡过大海，看见个东西很像蒲草织的帆，靠近船前时，大家争着用竹篙去敲击，把它打得破碎掉在地上，仔细看，原来是蝴蝶。海员折掉翅膀和腿，剩下的肉称了下有八十斤，吃起来，味道极为肥美。

蜈蚣　葛洪《遐观赋》里说：最大的蜈蚣有一百步长，头像车厢，杀死它割下肉，肉像冬瓜一样白。《南越志》里说：大蜈蚣的皮可以用来蒙着鼓，肉可以曝晒制成肉干，比牛肉味道好。

蝶幸　唐明皇春天时在宫中设宴，让嫔妃们各自在头上插鲜花，唐明皇亲自捉来一只粉色蝴蝶放掉，蝴蝶停在谁的头上就临幸谁。这被称作蝶幸。后来杨贵妃独享宠爱，不再玩这种游戏。

蠋　《埤雅》：蠋，大虫，如指似蚕，一名“厄”。《韩非子》：鳣似蛇，蚕似蠋，人见蛇则惊骇，见蠋则毛起。然妇人拾蚕，而渔者握鳣，故利之所在，皆为贲育。

蠁　《广雅》云：蠁，虫之知声者也。《埤雅》：蠁，善令人不迷。故从“嚮”。太冲“景福肸蠁而兴作”，言福如虫群起。

蟋蟀　贾秋壑《促织经》曰：白不如黑，黑不如赤，赤不如青麻头。青项、金翅、金银丝额，上也；黄麻头，次也；紫金黑色，又其次也。其形以头项肥，脚腿长，身背阔者为上。顶项紧，脚瘦腿薄者为上。虫病有四：一仰头，二卷须，三练牙，四踢脚。若犯其一，皆不可用。促织者，督促之意。促织鸣，懒妇惊。袁瓘《秋日诗》曰：“芳草不复绿，王孙今又归。”人都不解，施荫见之曰：“王孙，蟋蟀也。”

【译文】蠋　《埤雅》里说：蠋，是大青虫，长得像指头又像蚕，又称作厄。《韩非子》里说：鳝鱼像蛇，蚕像大青虫，人们见到蛇就惊恐，见到大青虫就汗毛竖起。可是女子捡蚕，渔夫抓鳝鱼都面不改色，所以说哪里有利益，谁都能变得像孟贲和夏育那么勇敢。

蠁　《广雅》里说：蠁，是虫子里能懂得声音的一种。《埤雅》里说：蠁，善于让人不迷路，所以这个字从“嚮”字变来。左思《蜀都赋》中“景福肸蠁而兴作”，意思说的是福祉就像一群虫子那样飞起。

蟋蟀　贾似道（秋壑）的《促织经》里说：蟋蟀的话，白色不如黑色的，黑色不如红色的，红色不如青麻头。青色脖子、金色翅膀、额头有金银丝，是上等；黄麻头，是次等；紫金黑色，是再次等。蟋蟀的形状以头和脖子肥大，腿脚长、身体背部宽大的为上品。头和脖子很紧，脚瘦腿薄的是上品。蟋蟀的病有四种：一是仰头，二是卷须，三是练牙，四是踢脚。假如犯了其中一种病，就不能使用。蟋蟀又称促织，说的是督促织布。所以说“促织鸣，懒妇惊”。袁瓘《秋日诗》说：“芳草不复绿，王孙今又归。”当时人都不懂其含义，施荫看见后说：“王孙，也就是蟋蟀。”

虱　苏隐夜卧，闻被下有数人齐念杜牧《阿房宫赋》，声紧而小，急开被视之，无他物，惟得大虱十余。

蠛蠓，一名“醯鸡”，蜉蝣之类。郭璞曰：“蠓飞硙则风，舂则雨。”

虮虱　《东汉记》：马援击寻阳山贼，上书曰：“除其竹木，譬如婴儿头多虮虱，而剃之荡然，虮虱无所复附。”书奏，上大悦，出小黄门头有虱者皆剃之。

【译文】虱　苏隐在夜里躺床上，听见被子下面有几人齐声朗诵杜牧的《阿房宫赋》，声音快速，却很微弱，急忙打开被子一看，没别的东西，只发现十几头大虱子。

蠛蠓，又称作醯鸡，是蜉蝣一类。郭璞说：“蠛蠓飞的模样像磨磨就有风，像舂米就有雨。”

虮虱　《东观汉记》里说：马援攻打寻阳山的山贼，他上书朝廷说：“除去山上的竹子、树木，好比婴儿的头上有许多的虱子，剃光头发也就没了，因为虱子没地方依附。”奏书上报后，皇帝特别开心，把宦官叫出来，头发上有虱子的全剃光头。

蚊　旧传有女子过高邮，去郭三十里，天阴，蚊盛，有耕夫田舍在焉。其嫂欲共止宿，女曰：“吾宁死，不可失节。”遂以蚊嘬死，其筋见焉。人为立祠，曰“露筋庙”。

当蚊　展禽者，少失父，与母居，佣工膳母；天多蚊，卧母床下，以身当之。

为官为私　晋惠帝尝在华林园，闻虾蟆声，谓左右曰：“此鸣者为官乎？为私乎？”

【译文】蚊　过去传说有个女子经过高邮，离城郭已经三十里远，天阴阴的，蚊子特别多，路边有农民的屋子，农民媳妇想请女子一起睡，女子说：“我宁肯去死，也不能丢失贞节。”于是就被蚊子咬死了，筋都显出来。人们给她修了个庙，叫露筋庙。

当蚊　展禽，幼年没了父亲，和母亲一起生活，给人帮佣，供养母亲。夏天蚊子多时，就躺在母亲床下面，用自己身子喂蚊子。

为官为私　晋惠帝曾经在华林园听到蛤蟆的叫声，对左右的人说：“这个叫声是为了公事呢，还是为私事呢？”

卷十八·荒唐部

鬼神

伯有为厉 郑子皙杀伯有，伯有为厉。赵景子谓子产曰：“伯有犹能为厉乎？”子立曰：“能。人生始化曰魄。既生魄。阳曰魂。用物精多，则魂魄强，是以有精爽至于神明。匹夫匹妇强死，其魂魄犹能凭依于人，以为淫厉，况良霄三世执其政柄而强死，其能为鬼，不亦宜乎！”

豕立人啼 齐侯田于贝丘，见大豕，从者曰：“公子彭生也。”豕人立而啼。

【译文】伯有为厉 郑国的子皙杀了伯有，伯有变成了厉鬼。赵景子问子产说：“伯有真的还可以变成厉鬼吗？”子产说：“可以。活人刚刚死去的时候叫作魄。变成魄以后，阳气叫作魂。在世时所享用的物品精美繁多的人，魂魄就会强大，因此有非凡的能力，可以达到神化的状态。普通的男人和女人横死，他们的魂魄还能依附在别人身上，成为惑乱人间的祸患，何况伯有在我国三世执掌政权却不得善终，他能化作厉鬼，不也是很合理的吗？”

豕立人啼 齐襄公到贝丘去打猎，看见一只大猪，随从说：“这是公子彭生。”那只猪便像人一样站起来大叫。

披发搏膺　晋侯杀赵同、赵括，及疾，梦大厉鬼披发搏膺而踊，曰："杀予孙，不义。余得请于帝矣！"

何忽见坏　王伯阳于润州城东僦地葬妻，忽见一人乘舆导从而至，曰："我鲁子敬也，葬此二百余年。何忽见坏？"目左右示伯阳以刀，伯阳遂死。

墓中谈易　陆机初入洛，次河南，入偃师。夜迷路，投宿一旅舍。见主人年少，款机坐，与言《易》理，妙得玄微，向晓别去。税骖村居，问其主人，答曰："此东去并无村落，止有山阳王家冢耳。"机乃怅然，方知昨所遇者，乃王弼墓也。

【译文】披发搏膺　晋侯杀了赵同、赵括，后来他得病的时候，梦见一个大厉鬼披散着头发，拍着胸脯直跳，说："你杀了我的孙子，这是不义之行，我已向上帝陈请冤屈了！"

何忽见坏　王伯阳在润州城的东边租了一块地埋葬妻子，忽然看见一个人乘着轿子带着一群人来到这里，说："我是鲁子敬，葬在这里已经二百多年了，为什么忽然来破坏我的坟？"说着就授意左右的随从给王伯阳看刀，王伯阳就死了。

墓中谈易　陆机第一次去洛阳，路过河南，到了偃师。夜里迷了路，投宿到一个旅舍。看见一个很年轻的主人，邀请陆机坐下，和他谈《周易》，所谈的义理玄妙精微，第二天早晨便告别而去。陆机到一个村子里租马，向人询问那个主人，村人回答说："从这里往东并没有村落，只有山阳王家的墓。"陆机于是很惆怅，这才知道昨天到的地方，原来是曾注过《周易》的王弼的墓。

生死报知　王坦之与沙门竺法师甚厚，每论幽明报应，便约先死者当报其事。后经年，师忽来，云："贫道已死，罪福皆不虚。惟当勤修道德，以升跻神明耳。”言讫，不见。

赵普久病，将危，解所宝双鱼犀带，遣亲吏甄潜谒上清宫，醮谢。道士姜道玄为公叩幽都，乞神语。神曰：“赵普开国勋臣，奈冤对不可避。”姜又叩乞言冤者为谁。神以淡墨书四字，浓烟罩其上，但识末“火”而已。道玄以告普。曰：“我知之矣，必秦王廷美也。”竟不起。

【译文】生死报知　王坦之和佛家的竺法师很亲厚，每当谈到幽冥地府轮回报应的事，就约定两个人中先死的要告诉活着的人这些事情。后来过了几年，竺法师忽然到来，说：“贫僧已经死了，轮回报应的奖惩都不是虚妄的。只有多多修道积德，才能够上升跻身神明之列。”说完，就消失了。

赵普病了很久，将有生命危险，于是解下自己所珍视的双鱼犀带，派亲信小吏甄潜去上清宫，祭神谢罪。道士姜道玄为赵普叩请幽冥地界，祈求神灵开言指示。神说：“赵普是开国元勋，奈何他的冤家对头不肯放过他。”姜道玄又叩头求问冤家对头是谁。神用淡墨水写了四个字，浓烟笼罩在字迹上面，只能看见最后一个“火”字罢了。姜道玄把这些事情告诉了赵普。赵普说：“我已经知道了，一定是秦王廷美啊。”最后没有病愈。

无鬼论　昔阮瞻素执无鬼论，自谓此理可以辨正幽明。忽有客通名谒瞻，瞻与言鬼神之事，辨论良久。客乃作色曰：“鬼神古今圣贤所共传，君何得独言无耶？仆便是鬼！”于是变为异形，须臾消灭。

魑魅争光　嵇中散灯下弹琴。有一人入室，初来时，面甚小，斯须转大，遂长丈余，颜色甚黑，单衣革带。嵇熟视良久，乃吹火灭，曰："耻与魑魅争光！"

厕鬼可憎　阮侃尝于厕中见鬼，长丈余，色黑而眼大，着皂单衣，平上帻，去之咫尺。侃徐视，笑语之曰："人言鬼可憎，果然！"鬼惭而退。

【译文】无鬼论　以前阮瞻素来主张无鬼论，自称这个道理可以明辨归正阴阳之事。忽然有一个客人投名帖拜见阮瞻，阮瞻和他谈论鬼神的事，争辩讨论了很久。客人忽然愤怒地说："鬼神之事是古今圣贤都承认的，你为什么偏偏要说没有呢？我就是鬼！"然后就变成别的样子，一会儿便消失了。

魑魅争光　嵇康在灯下弹琴。有一个人进到屋里，刚进来时，脸很小，一会儿就变大，长到一丈多，面色特别黑，身上穿着单衣，系着皮带。嵇康仔细看了很久，然后吹灭了灯火，说："我耻于和鬼争一盏灯的灯光！"

厕鬼可憎　阮侃曾经在厕所里见到鬼，身高一丈多，脸色很黑，眼睛很大，身穿黑色单衣，头戴平头巾，和阮侃相距只有咫尺。阮侃从容地看了看他，笑着对他说："人们都说鬼难看，果然很难看。"鬼惭愧地走了。

大书鬼手　少保冯亮少时，夜读书，忽有大手自窗入，公即以笔大书其押。窗外大呼："速为我涤去！"公不听而寝。将晓，哀鸣，且曰："公将大贵。我戏犯公，何忍致我于极地耶！公不见温峤燃犀事耶？"公悟，以水涤之，逊谢而去。

司书鬼名曰长恩。除夕呼其名而祭之，鼠不敢啮，蠹鱼不生。

上陵磨剑　汉武帝崩，后见形，谓陵令薛平曰："吾虽失势，犹为汝君。奈何令吏卒上吾陵磨刀剑乎？自今以后，可禁之。”平顿首谢，因不见。推问陵傍，果有方石可以为砺，吏卒尝盗磨刀剑。霍光欲斩之，张安世曰：“神道茫昧，不宜为法。”乃止。

【译文】大书鬼手　少保冯亮小时候，有一天夜里读书，忽然有一只大手从窗户伸了进来，冯亮就用笔在他的手上大大地画了一个押。窗外大声叫道：“快快给我洗掉！”冯亮不理他，睡了。天快亮的时候，窗外传来阵阵哀鸣，并且说：“大人您将要大富大贵。我不过是开玩笑冒犯了大人，您又怎么忍心置我于绝境呢！您没有见过温峤燃犀照水而死的事情吗？”冯亮大悟，用水洗去了笔迹，鬼恭恭敬敬地道谢后走了。

司书鬼管理书籍的鬼名叫长恩。除夕叫着他的名字来祭祀他，老鼠就不敢咬你的书，书里也不会长蠹鱼。

上陵磨剑　汉武帝驾崩了，后来现形，对负责看守陵墓的官员薛平说：“我虽然失去了权势，但依然是你的君主。怎么能让小吏到我的坟上磨刀剑呢？从今往后，要禁止这样的事情。”薛平磕头谢罪，汉武帝就消失了。薛平仔细地查看陵墓四周，果然发现有一块方石可以充当磨刀石，小吏曾经偷偷在这里磨过刀剑。霍光想要斩了磨刀的小吏，张安世说：“鬼神之道茫然不清，不应该奉为真实。”霍光就打消了这个念头。

见奴为祟　石普好杀人，未尝惭悔。醉中缚一奴，命指使投之汴河。指使怜而纵之。既醒而悔。指使畏其暴，不敢以实告。居久之，普病，见奴为祟，自以必死。指使呼奴至，祟不复见，普病亦愈。

再为顾家儿　顾况丧一子，年十七，其子游魂，不离其家。

况悲伤不已，因作诗哭之："老人苦丧子，日夜泣成血。老人年七十，不作多时别。"其子听之，因自誓曰："若有轮回，当再为顾家儿。"况果复生一子，至七岁不能言，其兄戏批之，忽曰："我是尔兄，何故批我？"一家惊异。随叙平生事，历历不误。

【译文】见奴为祟　石普爱好杀人，从来没有惭愧后悔过。这天石普喝醉的时候绑了一个奴仆，命令指使把他扔到汴河里。指使怜悯这个奴仆，所以放了他。石普酒醒后就后悔了。指使害怕他的残暴，不敢把真实情况告诉他。过了很长一段时间，石普生了病，看见那个奴仆变成鬼魂，觉得自己肯定要死了。这时指使把那个奴仆叫过来，鬼魂就不再出现，石普的病也好了。

再为顾家儿　顾况死了一个十七岁的儿子，这个儿子的灵魂不愿离开家里。顾况不能压抑心中的悲伤，因此作诗来哭自己的儿子说："老人丧子心中苦，日夜哭泣泪成血。老人年纪已七十，过不多久当分别。"他的儿子听了，就自己发誓说："如果有轮回的话，我要再做一次顾家的儿子。"后来顾况果然又生了一个儿子，到了七岁不会说话，他的哥哥们开玩笑打他，他忽然开口说："我是你们的哥哥，为什么要打我？"一家人都很惊讶。他就讲述自己平生的经历，清清楚楚没有错讹。

鬼揶揄　襄阳罗友，人有得郡者，桓温为席饯别。友至独后，温问之，答曰："旦出门，逢一鬼揶揄云：'我但见汝送人作郡，不见人送汝作郡。'友惭。"温愧却。

鬼之董狐　晋干宝尝病气绝，积日不冷。后遂悟，见天地间鬼神事如梦觉，不自知死。遂撰古今神祇灵异人物变化，名为《搜神记》，以示刘惔。惔曰："卿可谓鬼之董狐。"

昼穿夜塞　孙皓凿直渎，昼穿夜复塞，经数月不就。有役夫卧其侧，夜见鬼物来填，因叹曰："何不以布囊盛土弃之江中，使吾辈免劳于此！"役夫晓白有司，如其言，乃成，渎长十四里。

【译文】鬼揶揄　襄阳有一个叫罗友的人。有人得到了郡守的职位，桓温准备设宴席为这个人送行，只有罗友来得最晚，桓温问他，他回答说："早上出门，遇到一个鬼讥笑我说：'我只看见你送别人去做郡守，没见过别人送你去做郡守。'我觉得很羞愧。"桓温听后惭愧地离开了筵席。

鬼之董狐　晋朝的干宝曾经因为生病去世了，尸体很多天都不变冷。后来清醒过来，说自己看见了天地间各种鬼神的事，就好像做了一场梦梦醒了一样，不知道自己死了。于是干宝就撰写古往今来鬼神灵异和人物变化的事迹，命名为《搜神记》，拿着这本书让刘惔看。刘惔说："你可以说是鬼的董狐了。"

昼穿夜塞　孙皓开凿一条沟渠，每天白天凿开了夜里就又被堵上了，过了几个月还没有完工。有一个工人夜里在沟渠旁边躺着，看见有鬼将挖开的又填上，还叹息说："为何不用布袋装上土丢在江里呢？也免得让我们每夜堵得辛苦！"第二天早晨工人将这情况告诉了官府，官府便按鬼说的去做，沟渠于是才建成，长有十四里。

舌根生莲　西晋时，地产青莲两朵，闻之所司，掘得瓦棺。开，见一老僧，花从舌根顶颅出。询及父老，曰："昔有僧诵《法华经》万遍，临卒遗言，命以瓦棺葬此。今造为瓦棺寺。"

卞壶墓　卞壶父子死难，葬于金陵。盗尝开墓，面如生，爪甲环手背。晋安帝赐钱十万封之。后明高祖将迁之，夜见白衣妇人据井而哭，已复大笑曰："父死忠，子死孝，乃不能保三尺墓乎？”言已，遂跃于井。高祖感而遂止。

酒黑盗唇 李克用墓金时为盗所发，郡守梦克用告曰：“墓中有酒，盗饮之，唇皆黑，可验此捕之。”明日，获盗，寺僧居其半。

【译文】舌根生莲 西晋时，某一个地方长出两朵青莲，报告给官府，官府在这里挖掘出一个瓦棺。打开瓦棺，看见里面有一个老僧人，花从舌头根部穿过头顶长出来。问这里的父老乡亲，有人说：“从前有一个僧人诵读《法华经》上万遍，临死时留下遗言，要用瓦棺埋葬在这里。”如今这里已建成了一座瓦棺寺。

卞壶墓 卞壶父子两人在苏峻之乱中被杀，葬在金陵。曾经有盗墓贼掘开了他们的墓，发现他们的脸像活人一般，指甲环绕手背生长着。晋安帝赐十万钱将这个墓封上了。后来明高祖朱元璋想要将这个墓迁移，夜里看见一个穿白衣的妇人守在井边哭泣，哭过又大笑说：“父亲尽忠而死，儿子尽孝而死，居然还不能保住三尺大的坟墓？”说完，遂跳井。朱元璋有所感悟便打消了迁墓的想法。

酒黑盗唇 李克用墓中的金钱被盗墓贼盗走了，当地的郡守梦见李克用告诉他说：“墓里面有酒，盗贼喝了，嘴唇已经变成黑的了，可以根据这个特点来收捕他们。”第二天，抓住了盗贼，里面有一半是寺庙里的和尚。

为医所误 颜含兄畿客死，其妇梦畿曰：“我为医所误，未应死，可急开棺。”含时尚少，力请父发棺，余息尚喘。含旦夕营视，足不出户者十三年，而畿始卒。嫂目失明，含求蚺蛇胆不得。忽童子授一青囊，开视之，乃蛇胆也。童子即化青鸟去。

柳侯祠 韩文公《碑记》：柳宗元与部将欧阳翼辈饮驿亭，

曰："明岁吾将死，死而为神，当庙祀我。"及期死，翼等遂立庙。过客李仪醉酒，慢侮堂上，得疾，扶出庙门，即不起。

【译文】为医所误　颜含的哥哥颜畿客死他乡，他的妻子梦见颜畿说："我被医生所误诊，不该即刻便死，快快打开棺材。"颜含当时年纪还小，竭力请求父亲开棺，开棺后发现颜畿尚有呼吸。颜含早晚照顾哥哥，十三年足不出户，颜畿才死。嫂子双目失明，颜含寻求蚺蛇胆却一直没有收获。忽然有一个童子给了他一个青囊，打开来看，正是蛇胆。随后童子变成青鸟飞走了。

柳侯祠　韩愈《柳州罗池庙碑》里说：柳宗元和部将欧阳翼等人在驿亭里喝酒，柳完元说："明年我就要死了，死后会变成神，你们要立庙来祭祀我。"果然死在那时，欧阳翼等人遂为他立了庙。路人李仪喝醉了酒，在庙里说了不敬的话，便得了病，扶着出了庙门，就倒地不起。

义妇冢　四明梁山伯、祝英台二人，少同学，梁不知祝乃女子。后梁为鄞令，卒葬此。祝氏吊墓下，墓裂而殒，遂同葬。谢安奏封义妇冢。

三年更生　梁主簿柳苌卒，葬于九江；三年后，大雨，冢崩，其子褒移葬。房棺，见父目忽开，谓褒曰："九江神知我横死，遗地神以乳饲我，故得更生。"褒迎归，三十年乃卒。

开圹棺空　米芾书碑云，颜真卿之使贼也，谓饯者曰："吾昔江南遇道士陶八，八受以刀圭碧霞，服之可不死。且云七十后有大厄，当会我于罗浮。此行几是。"后公葬偃师北山。有贾人至南海，见道士弈，托书至偃师颜家。及造访，则茔也。守冢苍头识公书，大惊。家人卜日开圹，棺已空矣。

【译文】义妇冢　四明的梁山伯、祝英台两个人，少时一起读书，梁山伯不知祝英台是女人。后来梁山伯当了鄞县县令，死后葬在这里。祝英台来墓地凭吊，墓忽然裂开她便掉进去死了，于是便合葬了。谢安向朝廷上奏请封此墓为义妇冢。

三年更生　南朝梁的主簿柳苌死了，葬在九江。三年后，下大雨把坟墓弄崩坏了，其子柳褒打算将墓迁到别处。打开棺材时，看见柳苌睁开了眼，对柳褒说："九江神知道我是意外而死，就派地神用乳汁来喂养我，所以能复活。"柳褒将他接回了家，过了三十年才死。

开圹棺空　米芾所写的《颜鲁公碑阴记》里说：颜真卿将要出使贼地，对饯行的人说："我以前在江南遇到道士陶八，陶八给了我仙丹，说服用了可以不死。还说我七十岁后会有大难，当和我在罗浮山相会。可能就是这次了。"后来他葬在偃师的北山那里。有个商人到南海，看见有个道士在下棋，道士托他捎一封信到偃师的颜家。等他来拜访时，只见有坟墓。守墓的仆人识得颜真卿的笔迹，大吃一惊。家人择日打开坟墓，然而棺材里已经空了。

婢伏棺上　于宝父有嬖人，宝母妒甚。因葬父，推入墓中。数年而母丧，开墓，其婢伏棺上，微有息，舆还，遂苏。问其状，言宝父为之通嗜欲，家中事纤悉与之说，知与平时无异。

海神　秦始皇与海中作石桥，海神为之竖柱。始皇求与相见。神曰："我形丑，莫图我形，当与帝相见。"乃入海四十里，见海神。左右集画工于内，潜以脚画其形状。神怒曰："帝负约。速去！"始皇转马还，前脚犹立，后脚即崩，仅得登岸。画者溺死于海。又云："文登召山，始皇欲造桥度海观日出处。有神人召巨石相随而行。石行不驶，鞭之见血。今山下石皆赤色。

【译文】婢伏棺上　干宝的父亲有一个宠爱的小妾，干宝的母亲特别妒忌她。所以干宝在埋葬父亲时，他母亲将这个小妾也推到墓里。几年后干宝的母亲也死了，打开墓，那个小妾却伏在棺材上，还有微弱的呼吸，抬回家，便苏醒了。问她情况，她说干宝的父亲给她提供饮食等满足各种需求，还将家里的大小事都告诉她，干宝便知道她和以前没有什么不同。

海神　秦始皇在海中建造石桥，海神帮他竖桥柱。秦始皇请求和神相见。海神说："我形体丑陋，不要画我形体，就可以和你相见。"于是秦始皇向海中走了四十里，终于见到了海神。左右随从夹杂了一些画工，暗中用脚画出他的形状。海神发怒说："皇帝不信守约定，你们快回去吧。"秦始皇转过马往回走，前脚还站着，后脚处却崩塌了，勉强能登上岸。而画工却死于海中。另一种说法认为：文登的召山，是秦始皇要造桥度海去看日出的地方。有神人召来巨石相随而行。石头假如不走了，就用鞭子打它打得出血。如今山下的石头还全是红色的。

黄熊入梦　晋侯有疾，梦黄熊入梦。于时子产聘晋。晋侯使韩子问子产曰："何厉鬼乎？"对曰："昔尧殛鲧于羽山，其神化为黄熊，入于羽渊，实为夏郊，三代祀之。今为盟主，其未祀乎？"乃祀夏郊。晋侯乃间。

辇沙为阜　秦始皇至孔林，欲发其冢。登堂，有孔子遗瓮，得丹书曰："后世一男子，自称秦始皇，入我室，登我堂，颠倒我衣裳，至沙丘而亡。"怒而发冢。有兔出，逐之，过曲阜十八里没，掘之不得，因名曰兔沟。乃达沙丘，令开别路。见一群小儿辇沙为阜，问，曰“沙丘”。从此得病，遂死。

【译文】黄熊入梦　晋侯生了病，梦见了黄熊。当时子产正好到晋国来聘问。晋侯派韩子问子产说：“梦到黄熊是什么厉鬼呢？”子产回答说：“以前尧帝流放鲧到羽山，他的神变成了黄熊，进入到羽渊，而他的神灵却为夏朝郊祭，三代也祭祀他。今晋国为盟主，或者没有祭祀他吧。”于是赶快祭祀夏郊，晋侯的病便渐渐好了。

辇沙为阜　秦始皇到了孔林，想要打开孔子的墓。进屋，发现一个孔子留下的瓮，得到一纸丹书说：“后世有一个男子，自称叫作秦始皇。进我家，登我堂，颠倒我衣裳。一到沙丘就会死亡。”秦始皇很生气便就掘开了墓。有一个兔子跑了出来，就去追这个兔子，过了曲阜十八里路后不见了，掘地三尺也没有找到，因此把这里命名为兔沟。快要到达沙丘的时候，让人在大路之外再开一条路绕过去。看见有一群小孩将沙子堆成小丘，问是什么地方，小孩回答说是“沙丘”。秦始皇从此得了病，后来就死了。

钟馗　唐明皇昼寝，梦一小鬼，衣绛犊鼻，跣一足，履一足，腰悬一履，搢一筠扇，盗太真绣香囊。上叱问之，小鬼曰：“臣乃虚耗也。”上怒，欲呼力士，俄见一大鬼，顶破帽，衣蓝袍，系角带，靸朝靴，径捉小鬼。先刳其目，然后劈而食之。上问：“尔为谁？”奏云：“臣终南进士钟馗也。”

藏璧　永平中，钟离意为鲁相，出私钱三千文，付户曹孔䜣，治夫子车。身入庙，拭几席剑履。男子张伯，除堂下草，土中得玉璧七枚。伯怀其一，以六枚白意。意令主簿安置几前。孔子寝堂床首有悬瓮，意召孔䜣，问：“何等瓮也？”对曰：“夫子遗瓮。内有丹书，人弗敢发也。”意发之，得素书曰：“后世修吾书，董仲舒。护吾车，拭吾履，发吾笥，会稽钟离意。璧有七，张伯藏其一。”即召问，伯果服焉。

【译文】钟馗　唐明皇白天睡觉，梦到一个小鬼，穿着绛红色的围裙，一只脚不穿鞋，一只脚穿着鞋，腰里挂着一只鞋，插着一把竹扇，来偷杨贵妃的绣花香囊。皇上责问他，小鬼说：“小臣是虚耗啊。”皇上生气了，想叫力士进来，忽然看见一个大鬼，头顶破帽，身穿蓝袍，系着鱼带，穿着朝靴，径直来捉小鬼。先剜了小鬼的眼睛，然后把它劈开吃了。皇上问道：“你是谁？”他上奏说：“小臣是终南山的进士钟馗。”

藏璧　东汉永平年间，钟离意做鲁王的国相，自己拿出三千文钱，给户曹孔䜣，让他修整一下孔子的车舆。他亲自进入孔庙，擦拭孔子的桌子、席子、剑器、鞋子。又让男子张伯清除院子里的杂草，土里发现了七枚玉璧。张伯偷偷藏了一个，把六枚交给了钟离意。钟离意让主簿安放在孔庙的桌子上。孔子寝室的床头有一个悬挂着的瓮，钟离意召来孔䜣，问：“这是什么瓮啊？”孔䜣回答说：“这是孔夫子留下的瓮。瓮里面有丹书，人们不敢打开它。”钟离意打开它，发现一纸素书，上面写着：“后世整理我的书的人，是董仲舒。保护我的车，擦拭我的鞋子，打开我的箱子的人，是会稽的钟离意。院子里的玉璧有七枚，张伯藏了其中的一枚。”钟离意立刻召来张伯询问，张伯果然承认了。

灶神姓张名单，字子郭。一名隗。又云祝融主火化，故祀以为灶神。郑玄以灶神祝融是老妇，非灶神，于己丑日卯时上天，白人罪过，此日祭之得福。《五行书》云：“五月辰日，猎首祭灶，治生万倍。”

祠山大帝父张秉，武陵人，一日行山泽间，遇仙女，谓曰："帝以君功在吴分，故遣相配。长子以木德王其地。"且约逾年再会。秉如期往，果见前女来归，曰："当世世相承，血食吴楚。"后生子（火勃），为祠山神。神始自长兴自疏圣泽，欲通津广德，便化为狶，役使阴兵。后为夫人李氏所见，工遂辍，故避食狶。

泷冈阡表 欧阳修作《泷冈阡表》碑，雇舟载回，至鄱阳湖。舟泊庐山下，夜有一叟率五人来舟，揖而言曰："闻公之文章盖世，水府愿借一观。"赍碑入水，遂不见焉。修惊悼不已。黎明，泰和县令黄庭坚至，言其事，庭坚为文檄之。方投湖中，忽空中语曰："吾乃天丁也，押骊龙往而送至。"修归家扫墓，但见水洼中云雾濛蔽，有大龟负碑而出，倏然不见，惟碑上龙涎宛然在焉。

【译文】灶神姓张名单，字子郭，还有一个名字叫隗。还有人说祝融掌管火焰，所以祭祀祝融做灶神。郑玄把灶神祝融当作老年妇女，这不是灶神。灶神在己丑日的卯时到天庭去，汇报人间的罪过，这一天祭祀灶神会得到福气。《五行书》上说："五月的辰日，用猪头祭祀灶神，从事生产会获取万倍的利益。"

祠山大帝的父亲张秉是武陵人，有一天在山水间行走，遇到一个仙女，仙女对他说："上帝认为你在吴地有功劳，所以派我来和你结为夫妻。生下的长子将会因为木德而在吴地称王。"并约好了过几年再相会。张秉按时去了，果然看见以前看见的仙女来下嫁，对他说："应当世世代代传承，接受吴楚之人的祭祀。"后来生下了一个儿子，就是祠山神。祠山神最早自己从长兴疏浚圣泽，想要通到广德，就变成猪，并派遣阴兵做事。后来被他的夫人李氏看见了，工程就不再进行了，（因为祠山大帝曾经变化成猪）所以他们都不吃猪肉。

泷冈阡表　欧阳修写了《泷冈阡表》碑，雇船运送回去，走到了鄱阳湖。船停泊在庐山下，夜里有一个老人领着五个人来船中，作揖说："听说大人的文章超过世人，水晶宫里想借去看一下。"这几个人背着碑进入水中，一会儿就不见了。欧阳修又害怕又惋惜。天刚刚亮的时候，泰和县令黄庭坚来了，欧阳修对他说了这件事，黄庭坚为此写了文章来声讨夺碑的人。刚将檄文扔到湖里，忽然听空中有人说："我是天兵，押解骊龙到永丰去。"欧阳修回家扫墓，只看见水洼中云雾迷漫，有一只大龟背着碑出来，不一会儿又不见了，只有碑上的龙涎还清晰地留在那里。

五百年夙愿　张英过采石江，遇一女子绝色，谓英曰："五百年夙愿，当会于大仪山。"英叱之。抵仪陇任半载，日夕闻机声。一日，率部逐机声而往，忽至大仪山，洞门半启，前女出迎，相携而入，洞门即闭。见圆石一双，自门隙出，众取归。中道不能举，遂建祠塑像，置石于腹。

芙蓉城主　石曼卿卒后，其故人有见之者，恍惚如梦中言："我今为仙也，所主芙蓉城，欲呼故人共游。"不诺，忿然骑一素驴而去。

【译文】五百年夙愿　张英路过采石江时，遇到一个绝色的女子，对张英说："我们有五百年的夙缘，应当在大仪山相会。"张英呵斥了她。后来张英到仪陇任职了半年，每天早晚都能听见机关的响声。有一天，他带领部下循着机关声去找，忽然走到了大仪山，洞门半开，上次遇到的那个女子出来迎接，两人拉着手进入山洞，洞门就闭上了。随从的人看见有一对圆石，从门缝里出来，众人把它取回去。半路上举不动了，就建了一座祠庙塑上张英的塑像，把圆石放在塑像的肚子里。

芙蓉城主　石曼卿死后，他的老朋友中有些人还看见过他，恍恍惚惚好像在梦里说："我如今成仙了，掌管芙蓉城，想叫老朋友一起去游玩。"老朋友不答应，他就忿然骑着一头素驴走了。

文山易主　赵弼作《文山传》：既赴义，其日大风扬沙，天地尽晦，咫尺不辨，城门昼闭。自此连日阴晦，宫中皆秉烛而行，群臣入朝，亦爇炬前导。世祖问张真人而悔之，赠公"特进金紫光禄大夫、太保、中书令平章政事、庐陵郡公"，谥"忠武"。命王积翁书神主，洒扫柴市，设坛以祀之。丞相孛罗行礼初奠，忽狂飙旋地而起，吹沙滚石，不能启目。俄卷其神主于云霄，空中隐隐雷鸣，如怨怒之声，天色愈暗。乃改"前宋少保右丞相信国公"，天果开霁。按正史文集皆不载此事，传疑可也。信公至明景泰中，赐谥"忠烈"，人多不知，附记之。

【译文】文山易主　赵弼写《文山传》：文天祥就义之后，那天大风扬起沙尘，天地间都是一片黑暗，咫尺之内不能看清楚东西，城门白天里也关着。从那以后连续几天天空都是阴暗的，皇宫里都拿着蜡烛走路，群臣上朝，也都点着火把在前面引导。元世祖问过张真人之后十分后悔，便赠封给文天祥"特进金紫光禄大夫、太保、中书令平章政务、庐陵郡公"，谥号为"忠武"。命令王积翁写好牌位，洒扫干净柴市，立祭坛来祭祀他。丞相孛罗行礼进行初奠，忽然狂风席地而起，飞沙走石，让人睁不开眼。不久将文天祥的神位卷上了天空，空中传来隐隐的雷声，好像发怒的声音，天色更暗了。把神位改成"前宋少保右丞相信国公"，天空果然晴朗起来。考据发现正史和各家文集都没有记录这件事，记录下这件有疑义的事情就好了。信国公到了明朝景泰年间，又被赐谥号为“忠烈”，人们大都不知道，就附记在这里吧。

杜默哭项王　和州士人杜默，累举不成名，性英傥不羁。因过乌江，谒项王庙。时正被酒沾醉，径升神座，据王颈，抱其首而大恸曰：“天下事有相亏者，英雄如大王而不得天下，文章如杜默而不得一官！”语毕，又大恸，泪如迸泉。庙祝畏其获罪，扶掖以出，秉烛检视神像，亦泪下如珠，拭不干。

天竺观音　石晋时，杭州天竺寺僧，夜见山涧一片奇木有光，命匠刻观音大士像。

弄潮　吴王既赐子胥死，乃取其尸，盛以鸱夷之皮，浮之江上。子胥因流扬波，依潮来往。或有见其乘素车白马在潮头者，因为立庙。每岁八月十五潮头极大，杭人以旗鼓迎之，弄潮之戏，盖始于此。

【译文】杜默哭项王　和州有一个士人叫杜默，多次参加科举考试却没有出人头地，他的性格倜傥，豪爽不羁。有一次路过乌江时，去拜谒项王庙。当时正喝了点酒，微醉，径直登上神座，坐在项羽脖子上，抱着他的头大哭说：“天下的事有这样不公平的，像大王你这样英雄却得不到天下，像杜默我这样的好文章却得不到一官半职！”说完，又大哭，泪如涌泉。庙祝怕他获罪于神灵，搀扶他出去，举着蜡烛查看神像时，发现神像也泪下如雨，擦拭不完。

天竺观音　石晋时候，杭州天竺寺的僧人，夜里看见山涧有一片奇木发光，就让匠人把这块木头刻成了观音大士的像。

弄潮　吴王将伍子胥赐死后，把他的尸体收起来，装在皮袋里，扔在江中。伍子胥凭借流水扬起波涛，顺着潮水往来。有人看见他坐着白车白马站在潮头，就为他立了神庙。每年的八月十五潮头很大，杭州人用旗鼓来迎接潮水。弄潮的游戏，就是从这里开始的。

黄河神　黄河福主金龙四大王，姓谢名绪，会稽人，宋末以诸生死节，投苕溪中。死后水高数丈。明太祖与元将蛮子海牙厮杀，神为助阵，黄河水望北倒流，元兵遂败。太祖夜得梦兆，封为黄河神。

木居士　韩昌黎《木居士庙》诗：偶然题作木居士，便有无穷求福人。

显忠庙　《吴使》：孙皓病甚，有神凭小黄门云："金山咸塘风潮为害，海盐县治几陷。我霍光也，常统众镇之。"翌日，皓疾愈，遂立庙。

毛老人　南京后湖，一名玄武湖。明朝于湖上立黄册库，户科给事中、户部主事各一人掌之，烟火不许至其地。太祖时有毛老人献黄册，太祖言库中惟患鼠耗，喜老人姓毛，音与猫同，活埋于库中，命其禁鼠。后库中并不损片纸只字。太祖命立祠，春秋祭之。

【译文】黄河神　黄河的福主金龙四大王，姓谢名绪，是会稽人，宋朝末年以诸生的身份为宋尽忠而死，跳到了苕溪中。他死后水高了几丈。明太祖和元将蛮子海牙打仗，这位神灵来为明太祖助阵，黄河水向北倒流，元兵就大败了。明太祖夜里得到梦里的启示，封他为黄河神。

木居士　韩昌黎在《木居士庙》诗中说："偶然题作木居士，便有无穷求福人。”

显忠庙　《吴国备史》里说：吴主孙皓病得很厉害，有一个神附体在一个小官官身上说：“金山咸塘的风潮危害很大，海盐县几乎要被淹没了。我是霍光，常常统率众人镇守那里。”第二天，孙皓的病好了，就建了座庙。

毛老人　南京后湖，还有一个名字叫玄武湖。明朝时在湖上建了黄册库，户科给事中、户部主事各出一人来掌管，不允许烟火到这个地方。明太祖时有一个毛老人进献黄册，明太祖说仓库中最害怕老鼠，很高兴这个老人姓毛，读音和“猫”字相同，就把他活埋在仓库里，命令他禁止老鼠。后来仓中没有损失任何字纸。明太祖让人为毛老人建了祠堂，春秋两季祭祀他。

怪异

贰负之骸　《山海经》："贰负之臣曰危，与贰负杀窫窳。帝乃梏之疏属之山，桎其右足，反接两手与发，系石。"汉宣帝时，尝发疏属山，得一人，徒裸，被发反缚，械一足。因问群臣，莫能晓。刘向按此言之。帝不信，谓其妖言，收向系狱。向子歆自出救父，云："以七岁女子乳饮之，即复活。"帝令女子乳之，复活，能言语应对，如向言。帝大悦，拜向为中大夫、歆为宗正。

旱魃　南方有怪物如人状，长三尺，目在顶上，行走如风。见则大旱，赤地千里。多伏古冢中。今山东人旱则遍搜古冢，如得此物，焚之即雨。

【译文】贰负之骸　《山海经》里说："贰负有一个大臣叫危，危和贰负一起杀死了窫窳。天帝就把他囚禁在疏属山上，拷住他的右脚，背过他的两只手和头发绑在一起，系上石头。"汉宣帝时，曾经开垦疏属山，发现一个人，光着身子，披头散发，被反绑着，拷着一只脚。宣帝向群臣问这个人，大臣们都不知道这是谁。刘向按照上面的说法禀报，宣帝不相信，说他是妖言惑众，把他抓起来关在监狱里。刘向的儿子刘歆自己离开朝堂去救父亲，刘向对刘歆说："用七岁女孩子的乳汁喂那个人，他立刻就会复活。"汉宣帝就命令女子去喂他，果然复活了，能说话与人交流，所说的正像刘向说的一样。汉宣帝十分高兴，封刘向做了中大夫，刘歆做宗正。

旱魃　南方有一种怪物长得像人，高三尺，眼睛在头顶上，行走起来像一阵风。它出现的话就会发生大旱，千里之地颗粒无收。这种怪物大多藏在古墓里。如今山东人遇到大旱就到处搜查古墓，如果得到这种怪物，把它烧了就会下雨。

两牛斗　李冰，秦昭王使为蜀守，开成都两江，溉田万顷。神岁取童女二人为妇。冰以其女与神求婚，径至神祠，劝神酒，酒杯恒澹澹。冰厉声以责之，因忽不见。良久，有两牛斗于江岸旁。有间，冰还，流汗谓官属曰："吾斗疲极，当相助也。南向腰中正白者，我绶也。"主簿刺杀北面者，江神遂死。

随时易衣　卢多逊既卒，许归葬。其子察护丧，权厝襄阳佛寺。将易以巨榇，乃启棺，其尸不坏，俨然如生。遂逐时易衣，至祥符中亦然。岂以五月五日生耶！彼释氏得之，当又大张其事，若今之所谓无量寿佛者矣。

钱镠异梦　宋徽宗梦钱武肃王讨还两浙旧疆，甚恳，且曰："以好来朝，何故留我？我当遣第三子居之。"觉而与郑后言之。郑后曰："妾梦亦然，果何兆也？"须臾，韦妃报诞子，即高宗也。既三日，徽宗临视，抱膝间甚喜，戏妃曰："酷似浙脸。"盖妃籍贯开封，而原籍在浙。岂其生固有本，而南渡疆界皆武肃版图，而钱王寿八十一，高宗亦寿八十一，以梦谶之，良不诬。

【译文】两牛斗　李冰，秦昭王派他做蜀地的太守，他开凿了成都两江，灌溉了万顷田地。江神每年要娶两个小女孩做妻子。李冰就将自己的女儿派去和江神结婚，直接送到江神祠，劝江神喝酒，酒杯里的酒一直在荡漾。李冰大声斥责江神，忽然不见了。过了很久，有两头牛在江边打斗。过了一会儿，李冰回来，流着汗对下属说："我打斗得疲倦到了极点，你们应该帮助我。面朝南方并且腰中间有白色的牛是我，那白色是我的绶带。"主簿刺杀了面向北方的牛，江神就死了。

随时易衣　卢多逊被流放死后，朝廷允许把他归葬原籍。他的儿子卢察护丧，暂时停灵在襄阳的寺庙里。正准备换一个大棺材，于是打开棺材，发现他的尸体并没有腐坏，就像活着时候一样。就时时给他换衣裳，到了大中祥符年间仍然这样。难道就是因为他是五月五日出生的吗？要是让那些佛家的人遇到这样的事，应该又会大张旗鼓，就像如今所说的无量寿佛一样了。

钱镠异梦　宋徽宗梦见钱武肃王十分恳切地向他讨要两浙的旧地，并且说："我因为我们交好所以前来朝见，为什么把我羁留在这里？我要派我的第三个儿子来占有这些土地。"徽宗醒来后就对郑皇后说了，郑皇后说："我的梦也是这样，这到底是什么兆头呢？"不一会儿，韦妃那里来报说生了儿子，就是后来的宋高宗赵构。到了第三天，宋徽宗去看，抱到膝盖上，觉得很高兴，对韦妃开玩笑说："这个儿子长得像浙江人。"原来韦妃的籍贯是开封，但她原籍在浙江。难道徽宗的出生确有本原吗？后来宋室南渡的疆界全是钱武肃王的版图，而且钱镠活了八十一岁，高宗也活了八十一岁，用梦来预示这些事，实在不假。

马耳缺　欧公云：丁元珍尝夜梦与予至一庙，出门见马只耳。后元珍除峡州倅，予亦除夷陵令。一日，与元珍同溯峡，谒黄牛庙。入门，惘然皆如梦中所见，门外石马，果缺一耳，相视大惊。

见怪不怪　宋魏元忠素正直宽厚，不信邪鬼。家有鬼祟，尝戏侮公，不以为怪。鬼敬服曰："此宽厚长者，可同常人视之哉？"

苌弘血化碧　苌弘墓在偃师。弘，周灵王贤臣，无罪见杀。藏其血，三年化为碧。

【译文】马耳缺　欧阳修说：丁元珍曾经夜里梦见和我一起到一座庙里，出门看见有匹马只有一只耳朵。后来丁元珍到峡州去做通判，我也做了夷陵县令。一天，和丁元珍一起沿着峡谷走，到了黄牛庙。进门后，恍惚觉得好像是在梦中见过的寺庙，门外有一匹石马，果然缺了一只耳朵，我们两人面面相觑，大吃一惊。

见怪不怪　宋朝的魏元忠为人素来正直宽厚，不信邪和鬼。家里有鬼在暗中作祟，曾经戏弄他，他也不把这当作怪异。鬼尊敬佩服地说："这是一个宽厚的长者，能将他当一般人来看吗？"

苌弘血化碧　苌弘的坟墓在偃师。苌弘是周灵王的贤臣，没有罪却被杀了。有人把他的血藏了起来，三年之后变成了碧玉。

二尸相殴　贞元初，河南少尹李则卒，未殓。有一朱衣人申吊，自称苏郎中。既入，哀恸。俄顷，尸起，与之相搏，家人惊走。二人闭门殴击，及暮方息。则二尸共卧在床，长短、形状、姿貌、须髯、衣服一无异也。聚族不能识，遂同棺葬之。

刘宴判官李邈有庄客，开一古冢，极高大，入松林二百步，方至墓。墓侧有碑断草中，字磨灭，不可读。初掘数十丈，遇一石门，因以铁汁计，累日方得开。开则箭雨集，杀数人，众怖欲出。

一人曰："此机耳。"则投之以石，石投则箭出，投石十余，则箭不复发。遂列炬入，开第二门，有数十人，张目挥剑，又伤数人。众争击之，则木人也，兵仗悉落。四壁画兵卫，森森欲动。中以铁索悬一大漆棺，其下积金玉珠玑不可量。众方惧，未即掠取。棺两角飒然风起，有沙迸扑人面，则风转急，沙射如注，而便没膝。众皆遑走，甫得出墓，门塞矣，一人则已葬中。

【译文】二尸相殴　贞元初年，河南少尹李则死了，没有入殓。有一个穿着红衣的人来吊唁，自称是苏郎中。进来以后，悲伤大哭。过了一会儿，尸体起来了，和这个人相互搏斗，家人都被吓跑了。两个人就关上门打架，直到夜里才停下。大家发现有两具尸体一起躺在灵床上，高矮、形状、容貌、姿态、胡子、衣裳没有不一样的。全族人都不能分辨，就放在一个棺材里下葬了。

刘宴的判官李邈有个庄客，掘开了一座非常高大的古墓，走进松林走二百步，才能到达墓前。墓边荒草里有一块碑，字迹已经磨灭，不能辨识出来。才开始挖了几十丈，遇到一扇石门，因为铁门是用铁汁铸的，好多天才能打开，一开就有箭雨密密麻麻地射出来，杀死了几个人，大家都很害怕，想要出去，一个人说："这是个机关罢了。"于是大家就往里面扔石头，扔一块石头就会有箭射出来，扔了十几块石头，箭就不再发射了。大家打着火把进去，打开了第二道门，门里有几十个人，睁大双眼挥舞宝剑，又打伤了几个人。大家拥上去打他们，发现原来是木头人，他们的兵器都掉了。四面壁画上的卫兵蠢蠢欲动。中间用铁索悬挂着一个大漆棺材，棺材下面堆满了数不清的金银珠宝，众人感到有些害怕，没有立刻去拿。这时棺材两边忽然起了风，有沙子迸出扑在人脸上，风却变得更急了，沙子射出来就像往下灌一样，立刻就淹没了膝盖。大家都惊慌地跑了，刚刚走出大墓，门就关上了，就有一个人已经被埋在了里边。

公远只履 罗公远墓在辉县。唐明皇求其术，不传，怒而杀之。后有使自蜀还，见公远曰：“于此候驾。”上命发冢，启棺，止存一履。叶法善葬后，期月，棺忽开，惟存剑履。

鹿女 梁时，甄山侧，樵者见鹿生一女，因收养之。及长，令为女道士，号鹿娘。

风雨失柩 汉阳羡长袁玘常言：“死当为神。”一夕，痛饮卒，风雨失其柩。夜闻荆山有数千人啖声，乡民往视之，则棺已成冢。俗呼铜棺山。

【译文】公远只履 罗公远的坟墓在辉县。唐明皇求他的法术，他不肯传授，明皇一怒之下把他杀了。后来有使者从蜀地回来，看见罗公远说：“我在这里等陛下来。”唐明皇命人挖开他的坟，打开棺材，里面只有一只鞋。叶法善下葬后，一个月过去，棺木忽然打开，只有剑和鞋子在里面。

鹿女 南朝梁时，砍柴的人在甄山旁边看见有只鹿生了个女儿，就收养了这个小女孩。等到女孩长大了，就让她去当了女道士，道号叫作鹿娘。

风雨失柩 汉朝的阳羡县县令袁玘经常说：“我死后会成神。”一天夜里，袁玘喝了很多酒然后死了，他的灵柩在风雨中不见了。夜里人们听见荆山有几千人吃饭的声音，乡人到那里看，发现他的棺材已经被埋进坟墓了。民间把这座山叫作铜棺山。

留待沈彬来 沈彬有方外术，尝植一树于沈山下，命其子葬己于此。及掘，下有铜牌，篆曰：“漆灯犹未灭，留待沈彬来。”

辨南零水　李秀卿至维扬，逢陆鸿渐，命一卒入江取南零水。及至，陆以杓扬水曰：“江则江矣，非南零，临岸者乎？”既而倾水，及半，陆又以杓扬之曰：“此似南零矣。”使者蹶然曰：“某自南零持至岸，偶覆其半，取水增之。真神鉴也！”

试剑石　徐州汉高祖庙旁有石高三尺余，中裂如破竹不尽者寸。父老曰：“此帝之试剑石也。”又漓江伏波岩洞旁，悬石如柱，去地一线不合。相传为伏波试剑。

【译文】留待沈彬来　沈彬会使用方外法术，他曾经在沈山下种了一棵树，让他的儿子把他埋葬在这里。等到挖墓的时候，发现了一块铜牌，上面的篆文说：“漆灯犹未灭，留待沈彬来。”

辨南零水　李秀卿到了扬州，遇到陆鸿渐。陆鸿渐派一个士兵到江中打一些南零水。等水打到以后，陆鸿渐用杓扬了扬水说：“江水呢确实是江水，但不是江中的南零水，这是在岸边打的水吗？”然后他把水倒掉，倒到一半，又拿杓扬了扬水说：“这像是南零水了。”取水的人惊讶地说：“我从南零拿着水到了岸边，不小心洒了一半，在岸边取了些江水补充。先生真是神鉴啊！”

试剑石　徐州的汉高祖庙边有一块三尺多高的石头，中间像破开的竹子一样裂开一寸左右。老人们说：“这是汉高祖的试剑石。”还有漓江伏波岩洞旁边，悬着一块像大柱子一样的石头，离地面只有一条缝而不与地面相接。相传这是伏波将军马援的试剑石。

妇负石在大理府城南。世传汉兵入境，观音化一妇人，以稻草縻此大石，背负而行，将卒见之，吐舌曰：“妇人膂力如此，况丈夫乎！”兵遂却。

燃石出瑞州。色黄白而疏理，水灌之则热，置鼎其上，足以烹。雷焕尝持示张华，华曰：“此燃石也。”

他日仗公主盟　隋末温陵太守欧阳祐耻事二姓，拉夫人溺死。后人立庙，祈梦极灵。宋李纲尝宿庙中，梦神揖上座，纲固辞，神曰：“他日仗公主盟。”及拜相，值神加封，果署名额次。

【译文】妇负石在大理府城南的地方。世人相传汉兵入境的时候，观音变成一个妇人，用稻草捆着这块大石头，背着行走，将士们看见了，吓得吐舌头说：“这里的妇人力气这样大，何况男人呢！”大军就撤退了。

燃石产自瑞州，颜色黄白还有一些稀疏的纹理，用水浇它它会发热，把锅放置于上面，足够用来做饭了。雷焕曾经拿着这种石头给张华看，张华说：“这是燃石。”

他日仗公主盟　隋末的温陵太守欧阳祐以投降新朝为耻，就拉着夫人跳水自杀了。后人为他们建了庙，在这里祈祷很灵验。宋朝的李纲曾经睡在庙中，梦见神灵邀请自己上座，李纲坚决推辞，神灵说：“以后还要倚仗大人主盟。”等到李纲做了丞相的时候，恰逢这里的神灵被加封号，李纲果然来题写匾额。

天河槎　横州横槎江有一枯槎，枝干扶疏，坚如铁石，其色类漆，黑光照人，横于滩上。传云天河所流也。一名槎浦。

愿留一诗　陆贾庙在肇庆锦石山下，宋梁竑舣舟于此，梦一客自称陆大夫，云：“我抑郁此中千岁余矣，君幸见过，愿留一诗。” 竑遂题壁。

请载齐志　元于司马钦尝梦有赵先生者谓钦曰：“闻君修《齐志》，仆一良友葬安丘，其人节义高天下，今世所无也，请载之以励末俗。”钦觉而异之，及阅《赵岐传》，始悟为孙嵩也。岐处复壁中著书以名世，固奇男子。非嵩高谊，其志安得伸也？钦之梦，不亦可异哉！

【译文】天河槎　横州横槎江上有一个破木筏，上面的枝条十分繁密，坚硬得像铁石一样，颜色像漆一样，黑色的光光彩照人，横在河滩上。传说这是从天河上流下来，所以这里又叫作槎浦。

愿留一诗　陆贾庙在肇庆的锦石山下，宋朝的梁竑在这里停舟，梦见一个客人自称是陆大夫，说："我在这里已经抑郁无聊千年之久了，幸而先生路过，希望先生能为我留一首诗。"梁竑就为他题了一首诗在墙上。

请载齐志　元代的司马于钦曾经梦见一个赵先生对自己说："听说先生要编修《齐志》，我有一个好朋友葬在安丘，这个人仁义高过天下的人，如今世上已经没有这样的人了，请先生将他记载下来激励俗世中的庸人。"于钦醒来后觉得此事很奇怪，等到读《后汉书·赵岐传》，才明白他说的是孙嵩。赵岐在墙壁的夹层里写出《孟子章句》而扬名后世，自然是奇人，但逃亡的赵岐假如不是有孙嵩藏匿他的情谊，他的志向怎么能实现呢？于钦的梦，不也令人惊异吗？

三石　永安州伪汉时，有兵入靖江过此。黎明遇猎者牵黄犬逐一鹿，兵以枪刺鹿，徐视之，石也。已而，人犬与鹿皆化为石，鼎峙道旁。今一石尚有枪痕。

悟前身　焦竑奉使朝鲜，泊一岛屿间，见茅庵岩室扃闭，问旁僧，曰："昔有老衲修持，偶见册封天使过此，盖状元官侍郎者，叹羡之，遂逝。此其塔院耳。"竑命启之，几案经卷宛若素历，乃豁然悟为前身。

告大风　宋陈尧佐尝泊舟于三山矶下，有老叟曰："来日午大风，宜避。”至期，行舟皆覆，尧佐独免。又见前叟曰：“某江之游奕将也，以公他日贤相，故来告尔。”

【译文】三石　永安州在伪汉时期，有军队进入靖江经过这里。黎明时分遇到一个打猎的人牵着黄狗追一头鹿，军士用枪刺那头鹿，仔细去看它，原来是块石头。后来，人、狗和鹿都变成了石头，鼎立对峙在路边。如今有一块石头上面还有枪刺过的痕迹。

悟前身　焦竑奉命出使朝鲜，停泊在一处小岛上，看见有茅庵石室大门紧闭，询问旁边的僧人，僧人回答：“曾经有一个老僧在这里修行，偶然看见天子册封的使臣路过这里，原来是状元及第的侍郎，老僧十分羡慕这个人，然后就去世了。这是他的塔院。”焦竑让人打开门，桌椅经书都好像以前见过一样，突然明白那个老僧就是自己的前身。

告大风　宋朝的陈尧佐曾经在三山矶下停靠船只，有一个老人说：“明天午时有大风，最好躲避一下。”到了时辰，路上的船都翻了，只有陈尧佐的没有翻。又见先前那个老人来说：“我是长江里的巡逻兵，因为大人未来是贤明的宰相，所以先来告诉大人起风的消息。”

追魂碑　叶法善尝为其祖叶国重求刺史李邕碑文，文成；并求书，邕不许。法善乃具纸笔，夜摄其魂，使书毕，持以示邕，邕大骇。世谓之“追魂碑”。

牛粪金　东吴时，有道士牵牛渡江，语舟人曰：“船内牛溲，聊以为谢。”舟人视之，皆金也。后名其地曰金石山。

谓琯前身　房琯桐庐令，邢真人和璞尝过访。琯携之野步，遇一废寺，松竹萧森，和璞坐其下，以杖叩地，令侍者掘数尺，得一瓶，瓶中皆娄师德与永公书。和璞谓曰：“省此否？盖永公即琯之前身也。”

木客　兴国上洛山有木客，乃鬼类，形颇似人。自言秦时造阿房宫采木者，食木实，得不死，能诗，时就民间饮食。

【译文】追魂碑　叶法善曾经请求刺史李邕为他的祖先叶国重写一篇碑文，文章写成后，再请求李邕亲笔写到碑上，李邕没有答应他。叶法善就准备好了纸和笔，晚上摄来李邕的魂魄，让他写完，拿去给李邕看，李邕十分惊恐。世人把这个碑叫作追魂碑。

牛粪金　东吴年间，一个道士牵着牛过江，对船家说：“船里有牛粪，算作我对你的酬谢。”船家一看，都是金子。后来就把这个地方叫作金石山。

谓琯前身　房琯做桐庐县令的时候，邢和璞真人曾经来拜访。房琯和他一起到郊外散步，遇到一座破庙，里面的松树和竹子都很茂盛，邢和璞坐在树下，用手杖敲了敲地，让侍从的人挖了几尺地，发现一只瓶子，瓶里都是娄师德给永公的书信。邢和璞问房琯：“认识这个吗？”因为永公是房琯的前身。

木客　兴国的上洛山有一种木客，是鬼类，形貌很像人。自称是秦朝时建造阿房宫的伐木人，吃树上的果实，得到了不死之身，他还能写诗，偶尔到民间找吃的。

铜钟　宋绍兴间，兴国大乘寺钟，一夕失去，文潭渔者得之，鬻于天宝寺，扣之无声。大乘僧物色得之，求赎不许，乃相约曰：“扣之不鸣，即非寺中物。”天宝僧屡击无声。大乘僧一击即鸣，遂载以归。

驱山铎　分宜晋时，雨后有大钟从山流出，验其铭，乃秦时所造。又渔人得一钟，类铎，举之，声如霹雳，草木震动。渔人惧，亦沉于水。或曰此秦驱山铎也。

旋风掣卷 王越举进士，廷对日，旋风掣其卷入云表；及秋，高丽贡使携以上进，云是日国王坐于堂上，卷落于案，阅之异，因持送上。

【译文】铜钟 宋朝绍兴年间，兴国的大乘寺一天夜里丢了一口钟，文潭的渔夫得到了，卖到了天宝寺，这口钟敲却不会响。大乘寺的僧人四处寻访找到了，请求买回去，天宝寺不允许，就相互约定说："敲不响它，就不是自己寺内的东西。"天宝寺的僧人敲了很多次都不响，大乘寺的僧人一敲就响，就用车载着运回本寺了。

驱山铎 分宜县晋朝时候，有一口大钟雨后从山中流出来，查看钟上的铭文，是秦朝所造的。还有渔人得到一口钟，像铎一样，把它举起来，声音就像霹雳，草木都震动。渔人感到恐惧，把钟扔到水里去了。有人说这是秦朝的驱山铎。

旋风掣卷 王越中了进士，在朝廷做对策这天，有旋风把他的卷子吹上了云霄。到了秋天，高丽进贡的使臣带着他的卷子来进献，说是那天高丽国王正坐在朝廷上，卷子落在书桌上，国王读后觉得很惊讶，所以派人献上来。

风动石 漳州鹤鸣山上，有石高五丈，围一十八丈，天生大盘石阁之，风来则动，名"风动石"。

去钟顶龙角 宋时灵觉寺钟，一夕飞去，既明，从空而下。居人言江湾中每夜有钟声，意必与龙战。寺僧削去顶上龙角，乃止。

投犯鳄池 《搜神记》：扶南王范寻尝养鳄鱼十头，若犯罪者投之池中，鳄鱼不食，乃赦之。诖误者皆不食。

雷果劈怪 熊翀少业南坛，夕睹一美女立于松上，众错愕走，翀略不为意，以刀削松皮，书曰："附怪风雷折，成形斧锯分。"夜半，果雷劈之。

【译文】 风动石 漳州鹤鸣山上，有一块高达五丈的石头，它的四周有十八丈，在一块天生的大盘石上，风一吹来就动，叫作风动石。

去钟顶龙角 宋朝灵觉寺里的大钟一天夜里飞走了，天明后，又从空中落下。周围居住的人说江湾每夜都能听见钟声，猜想钟一定是去和龙搏斗了。寺里的僧人削去了钟顶上的龙角，钟就不再飞走了。

投犯鳄池 《搜神记》上说：扶南王范寻曾经养了十头鳄鱼，如果有疑犯，就扔到池子里，假如鳄鱼不吃他，就赦免他。被误判的人鳄鱼都不吃。

雷果劈怪 熊翀少年时在南坛求学，有天夜里看见一个美女站在松树上，众人都惊恐地跑了，熊翀却丝毫不以为意，用刀削下松树皮，写道："有怪依附必定被风雷摧折，修成人形定会被斧锯劈分。"到了半夜，松树果然被雷劈了。

飞来寺 梁时峡山有二神人化为方士，往舒州延祚寺，夜叩真俊禅师曰："峡据清远上流，欲建一道场，足标胜概，师许之乎？"俊诺。中夜，风雨大作，迟明启户，佛殿宝像已神运至此山矣。师乃安坐说偈曰："此殿飞来，何不回去？"忽闻空中语曰："动不如静。"赐额飞来寺。

橘中二叟 《幽怪录》：巴邛人剖橘而食，橘中有二叟奕棋。一叟曰："橘中之乐，不减商山。"一叟曰："君输我瀛洲玉尘九斛，龙缟袜八緉，后日于青城草堂还我。"乃出袖中一草，食其根，曰："此龙根脯也。"食讫，以水喷其草，化为龙，二叟骑之而去。

【译文】飞来寺　南朝梁时峡山有两个神人变成方士，到舒州延祚寺去，夜里拜见真俊禅师说："峡山地处清远的上流，我们想要在那里建一座足以标榜当地风物的寺庙，师父您允许吗？"真俊禅师答应了。半夜，风雨大作，天明开门一看，整座寺庙和塑像都已经凭借神力被运送到峡山了。真俊禅师坐下来说偈语道："此殿能飞来，何不飞回去？"忽然听见空中有人说："一动不如一静。"此寺就得名"飞来寺"。

橘中二叟　《幽怪录》里说：巴邛人剥橘子吃，橘子里有两个老人在下棋。一个老人说："橘子中的乐趣，不输给商山的乐趣。"另一个老人说："你输给我九斛瀛洲玉尘，八双龙缟袜，后天在青城草堂还给我。"然后从袖子里拿出一根草，吃了草根，说："这是龙根脯。"吃完后，用水喷那枝草，草变成了龙，两个老人骑着龙走了。

牛妖　天启间，沅陵县民家牸牛生犊，一目二头三尾，剖杀之，一心三肾。

猪怪　民家猪生四子，最后一子，长嘴、猪身、人腿、只眼。

陕西怪鼠　天启间，有鼠状若捕鸡之狸，长一尺八寸，阔一尺，两旁有肉翅，腹下无足，足在肉翅之四角，前爪趾四，后爪趾五，毛细长，其色若鹿，尾甚丰大，人逐之，其去甚速。专食谷豆，剖腹，约有升黍。

支无祁　大禹治水，至桐柏山，获水兽，名支无祁，形似猕猴，力逾九象，人不可视。乃命庚辰锁于龟山之下，淮水乃安。唐永嘉初，有渔人入水，见大铁索锁一青猿，昏睡不醒，涎沫腥秽不可近。

【译文】牛妖　天启年间，沅陵县百姓家的牛生了小牛犊，一只眼睛、两颗头、三条尾巴，把它杀死解剖，有一颗心，三个肾。

猪怪　有家百姓的猪生了四个小猪，最后一个小猪有很长的嘴、猪的身子、人的腿、一只眼。

陕西怪鼠　天启年间，有一种老鼠形貌像逮鸡的黄鼠狼，有一尺八寸长，一尺宽，身体两旁长着肉翅，肚子下没有脚，脚在肉翅的四角上，前爪有四个趾，后爪有五个趾，毛细细长长的，颜色像鹿一样，尾巴很肥大，人追它的时候它跑得很快。这种老鼠专吃谷子和豆类，剖开它的肚子，里面大约有一升小米。

支无祁　大禹治水的时候，到了桐柏山，捕获一个名叫无支祁的水兽，形状像猕猴，力气超过九头大象，人们不敢正眼看它。大禹命令庚辰将它锁在龟山下，淮水才安定下来。唐朝永泰初年，有一个渔人到水中，看见大铁索锁着一只青猿，昏睡着没有醒来，涎水唾液腥秽难闻，不能靠近。

饮水各醉　沉酿堰在山阴柯山之前，郑弘应举赴洛，亲友饯于此。以钱投水，依价量水饮之，各醉而去。因名其堰曰“沉酿”。

林间美人　罗浮飞云峰侧有梅花村，赵师雄一日薄暮过此，于林间见美人淡妆素服，行且近，师雄与语，芳香袭人，因扣酒家共饮。少顷，一绿衣童来，且歌且舞。师雄醉而卧。久之，东方已白，视大梅树下，翠羽啾啾，参横月落，但惆怅而已。

变蛇志城　晋永嘉中，有韩媪偶拾一巨卵，归育之，得婴儿，字曰“撅”，方四岁。刘渊筑平阳城不就，募能城者。撅因变为蛇，令媪举灰志后，曰：“凭灰筑城，可立就。”果然。渊怪之，遂投入山穴间，露尾数寸，忽有泉涌出成池，遂名曰“金龙池”。

【译文】饮水各醉　沉酿堰在山阴的柯山前面，郑弘参加科举考试赶赴洛阳，亲友在这里为他饯别。将钱扔到水中，按照市价量水喝，各自大醉离开。所以把这个堰叫作“沉酿”。

林间美人　罗浮山飞云峰边有个梅花村，赵师雄有一天傍晚路过这里，在树林里看见有一个美人化着淡妆，穿着素色衣裳，走到跟前来，赵师雄和她说话，感觉芳香扑面，于是留她到酒家一起喝酒。过了一会儿，有一个绿衣童子过来，边唱歌边跳舞。赵师雄大醉入睡。过了很久，黎明即将到来，看大梅树下，有一只翠色羽毛的鸟啾啾地叫着，参星横斜，月亮亦落，只剩下惆怅罢了。

变蛇志城　晋朝永嘉年间，有一个姓韩的婆婆偶然拾到一个很大的蛋，回来把它孵化了，孵出一个小孩，取名叫韩橛。才四岁的时候，刘渊修筑平阳城不成功，招募能修城的人。韩橛为此变成蛇，让婆婆拿着灰在他身后做记号，说：“按着灰制作的记号来修城，可以立刻修成。”照他的方法果然如此。刘渊觉得很奇怪，就把它扔到山中的洞里，露出几寸长的尾巴，忽然有泉水涌出来变成池塘，就把这个池子命名为金龙池。

有血陷没　硕顶湖在安东，秦时童谣云：“城门有血，当陷没。”有老姆忧惧，每旦往视。门者知其故，以血涂门。姆见之，即走。须臾大水至，城果陷。高齐时，湖尝涸，城尚存。

张龙公　六安龙穴山有张龙公祠，记云：张路斯，颍上人，仕唐，为宣城令，生九子，尝语其妻曰：“吾，龙也，蓼人。郑祥远亦龙也，据吾池，屡与之战，不胜，明日取决。令吾子射，系鬣以青绢者郑也，绛绢者吾也。”子遂射中青绢者，郑怒，投合肥西山死，即今龙穴也。

【译文】有血陷没　硕顶湖在安东地界，秦朝的童谣说：“城门若有血，全城被淹没 。”有一个老婆婆十分忧虑害怕，每天早晨去城门那里看。守门的人知道她来看的原因，故意把血涂在门上。老婆婆看见血迹，立刻跑了。不一会儿，大水来了，城池果然被淹没了。在北齐时，硕顶湖曾经干涸，可以看到城池还在。

张龙公　六安的龙穴山有个张龙公祠，《赵耕龙公碑》里说：张路斯，是颍上人，唐朝时候人在仕途，做过宣城县令，生了九个儿子。曾经对他的妻子说：“我是龙，是蓼地的人。郑祥远也是龙，他占了我的水池，我多次和他搏斗，不能取胜，明天我们要决战。让我的儿子来射，鬣毛上系着青绢的是郑祥远，系着红绢的是我。”他的儿子就射中了系青绢的，郑祥远很生气，跑到合肥的西山死了，那里就是如今的龙穴。

城陷为湖　巢湖在合肥，世传江水暴涨，沟有巨鱼万斤，三日而死。合郡食之。独一姥不食。忽过老叟，曰：“此吾子也，汝不食其肉，吾可亡报耶？东门石龟目赤，城当陷。”姥日往窥之。有稚子戏以朱傅龟目。姥见，急登山，而城陷为湖，周四百余里。

人变为龙　元时，兴业大李村有李姓者，素修道术。一日，与妻自外家回，至中途，谓妻曰：“吾欲过前溪一浴，汝姑待之。”少顷，风雨骤作，妻趋视之，则遍体鳞矣。嘱妻曰：“吾当岁一来归。”歘然变为龙，腾去。后果岁一还。其里呼其居为李龙宅。

【译文】城陷为湖　巢湖在合肥，世人传说有次江水暴涨的时候，沟里有一条重达万斤的大鱼，三天后死了，整个合肥的人都去吃，只有一个老婆婆不吃。忽然来了一个老人，对老婆婆说："这条大鱼是我的儿子，你不吃他的肉，我怎么能不报答你呢？东门外石龟的眼睛红了的时候，这座城就要被淹没了。"老婆婆每天都去看那只石龟。有小孩玩耍时用红色涂了石龟的眼睛。老婆婆看见了，急忙跑到山上，这时城池被淹没变成了湖，周围有四百多里。

人变为龙　元代的时候，兴业的大李村有一个姓李的人，向来修炼道术。有一天，他和妻子从娘家回来，走到半路，对妻子说："我想到前边小溪洗个澡，你稍等我一会儿。"过了一会儿，起了大风雨，他的妻子跑去看，只见他浑身都是鳞片。他嘱咐妻子说："我会每年回家一次。"然后变成龙，腾空而去。后来果然每年回一次家。他的家乡人把他住的地方叫作李龙宅。

妇女生须　宋徽宗时，有酒家妇朱氏，年四十，忽生须六七寸。诏以为女道士。

男人生子　宋徽宗时，有卖菜男人怀孕生子。

童子暴长　元枣阳民张氏妇生男，甫四岁，暴长四尺许，容貌异常，皤腹臃肿，见人嬉笑，如俗所画布袋和尚云。

男变为妇　明万历间，陕西李良雨忽变为妇人，与同贾者苟合为夫妇。其弟良云以事上所司奏闻。

【译文】妇女生须　宋徽宗时候，有一个卖酒人的妻子朱氏，到了四十岁，忽然长出了胡子，有六七寸长。朝廷下令让她去做了女道士。

男人生子　宋徽宗时候，有一个卖菜的男人怀孕生了小孩。

童子暴长　元代枣阳的百姓张氏生了一个男孩，长到四岁时，迅速长了四尺多，容貌和常人不一样，大肚子很臃肿，就像俗画上的布袋僧人一样。

男变为妇　明朝万历年间，陕西的李良雨忽然变成女人，和一起做买卖的人私自结成夫妇。他的弟弟李良云把这件事上报给官府知道。

卷十九·物理部

物类相感

磁石引针。

琥珀摄芥。

蟹膏投漆，漆化为水。

皂角入灶突烟煤坚。

胡桃带壳烧红，其火可藏数日。

酸浆入盂，水垢浮。

灯芯能碎乳香。

撒盐入火，炭不爆。

用盐擂椒、椒味好。

川椒麻人，水能解。

带壳胡桃煮臭肉，肉不臭。

瓜得白梅则烂。

栗得橄榄则香。

【译文】磁石吸引针。

琥珀吸住芥子。

将蟹黄放到漆里，漆就会化成水。

将皂角放到灶里可以使得烟囱里的煤灰脱落。

将核桃带壳烧红，壳里面的火可以保存几天不灭。

将醋倒入坛子里，可以清除水垢。

灯芯可以使乳香碎裂。

将盐撒火里，不会使炭爆裂。

在碾花椒时放点盐，可使花椒味道好。

四川产的花椒很麻口，水可以解除麻味。

用带壳的核桃来煮发臭的肉，可使肉不臭。

瓜和白梅放一起就会烂。

栗子和橄榄放一起就会更香。

猪脂炒榧，皮自脱。

芽茶得盐，不苦而甜。

井水蟹黄沙淋而清。

石灰可藏铁器。

草索可祛青蝇。

烰炭可断蚁道。

香油杀诸虫。

狗粪之中米，鸽食则死。

桐油杀荷花。

江茶枯菱。

粉螯畏椒。

蜈蚣畏油。

松毛可杀米虫。

麝香祛壁虱。

马食鸡粪，则生骨眼。

苍蝇叮蚕，生肚虫。

【译文】猪油炒榧子，可使榧子皮脱去。

芽茶中放点盐，就不苦而会觉得甜。

用井水可将螃蟹的沙子洗净。

石灰能保铁器不锈。

用草绳可驱蝇。

用木炭可以隔断蚂蚁的道路。

香油可杀各种虫子。

狗粪里的大米，鸽子吃了会死。

桐油能把荷花杀死。

江茶能让菱角枯萎。

蜘蛛怕遇到花椒。

蜈蚣怕遇到油。

松毛可杀死米虫。

麝香可驱除墙壁上的虱子。

马吃了鸡粪，会长骨眼。

苍蝇叮了蚕，就会生出肚虫。

三月三日收荠菜花茎置灯檠上，则飞蛾蚊虫不投。

五月五日收虾蟆，能治疟，又治儿疳。

香油沫龟眼，则入水不沉。

唾沫蝶翅，则当空高飞，乳香久留，能生舍利。

羚羊角能碎佛牙。

柿煮蟹不红。

橙合酱不酸。

麸见肥皂则不就。

荆叶辟蚊，台葱辟蝇。

唾津可溶水银，茶末可结水银。

【译文】三月三日那天收集荠菜的花茎放在灯盏上，能防飞蛾和蚊虫扑过来。

五月五日那天获取的蛤蟆，不仅能治疗疟疾，还能治儿疳。

香油抹在乌龟眼上，它就不能潜水。

将唾沫喷到蝴蝶翅膀上，它就能飞得更高。

乳香存放的时间久了，能产生舍利子。

羚羊角可以打碎佛牙。

柿子煮螃蟹能让螃蟹不红。

放些橙子到酱里，酱就不会酸。

麸子遇到肥皂便不好。

荆叶能驱蚊子，台葱能驱蝇子。

唾液能溶解水银，茶叶末能凝结水银。

薄荷去鱼腥。

荸荠煮铜则软，

甘草煮铜则硬。

蝎畏蜗牛。

磬畏慈菇，斧怕肥皂。

螺蛳畏雪，蟹怕雾。

河豚杀树，狗胆能生。

灯芯能煮江鳅。

麻叶可辟蚊子。

酒火发青，布衣拂即止。

琴瑟弦久而不鸣者，以桑叶捋之，则响亮如初。

黑鲤鱼乃老鼠变成，鳜鱼乃虾蟆变成，鳝鱼乃人发变成。

【译文】薄荷能清除鱼腥。

荸荠放在铜器里煮会变软，甘草放在铜器里煮会变硬。

蝎子害怕遇上蜗牛。

磬石怕遇上慈菇，斧头怕遇上肥皂。

螺蛳怕遇上下雪，螃蟹怕遇上起雾。

河豚将树弄死后，狗胆能让树再生。

灯芯可用来煮江里的泥鳅。

麻叶可用来驱逐蚊子。

假如酒点着的火发青的话，用布衣拂一下火就可以止住火发青。

琴与瑟长时间不弹，用桑叶捋一遍它们的弦，就会响亮如初。

黑鲤鱼是由老鼠变来的，鳜鱼是由虾蟆变来的，鳝鱼是人的头发变来的。

燕畏艾，雀衔艾而夺其巢。

骡马蹄曝干为末，放酒中即成水。

柳絮经宿，即为浮萍。

杜大黄嫩子掷水化为萍。

庚午、癸卯二日舂米，不蛀。

柳叶入水，即化为杨叶丝鱼。

人参与细辛同贮则不坏。

槿树叶和石灰捣烂，泥酒醋缸则不漏。

寻泉脉，以竹火循地照有气冲炎起，下必有泉。

试盐卤，以石莲子十个投卤中，浮起五个为五成，六个六成，七个七成。

【译文】燕子怕艾草，麻雀衔来艾草便可夺走燕子的巢。

将骡马的蹄子晒成细末，放在酒里就化成了水。

落水的柳絮经过一夜，就变成了浮萍。

杜大黄的嫩种子扔在水里会变成浮萍。

在庚午、癸卯这两天舂米，米中便不会生蛀虫。

柳叶落到水中，就变化成杨叶丝鱼。

人参和细辛混在一起储存就不会变坏。

槿树叶和石灰捣烂，用来泥酒醋的缸就不漏水。

要寻找泉水的水源，用竹火贴着地上照，如有气将火焰冲起，下边就一定有泉水。

要想知道卤的盐味，可将十个石莲子扔到卤水里，若浮起五个的话也就是五成咸味，六个六成，七个七成。

五成以下，味薄无盐矣。

以锈钉磨醋写字，浓墨刷纸背，名顷刻碑。

取乌贼鱼墨，书文券，岁久脱落成白纸。

灯盏中加少许盐，则油不速干。

油一斤，以胡桃一个捣烂投之，则省油。

造油烛，先以麻油浇其芯，则过霉不霉。

蜡烛风吹有泪，以盐少许实缺处。泪即止。

烧蜡有缺，嚼藕渣补之，即不漏。

写绢上字，以姜汁代水磨墨，则不沁。

蒲花和石灰泥壁及缸坛，胜如纸筋。

蓖麻子水研写字，只如空纸付去，以灶煤红丹糁之，字即现。

【译文】五成以下，就证明味道太薄少盐味。

用锈铁钉加醋磨墨写字，再用浓墨涂刷纸的背面，叫作顷刻碑。

拿乌贼的墨汁来写文书，时间久了文书就会变成白纸。

在灯盏中加一点盐，灯油就会烧得久些。

一斤油里扔进一个捣烂的核桃，能省油。

制造油烛时，先用麻油浇灯芯上，那么过霉雨天也不会发霉。

蜡烛被风吹后会流泪，用少许盐堵在流泪的缺口上，泪就停了。

点蜡时假如有缺口，嚼一点藕渣补上，就不再漏了。

在绢上写字，用姜汁替代水去磨墨，那么写的字就不会透到背面去。

用蒲花掺石灰来涂抹墙壁或者水缸、坛子，胜过使用纸筋。

蓖麻子加水研磨后写字，看上去如同一张空纸，但只要用灶里的煤灰或者红丹来染一下，字就会显现。

鸡子清调石灰粘瓷器，甚妙。

粘缀山石，以生羊肝研调面缀之，即坚牢。

池水浑浊，以瓶入粪，用箬包投水中则清。

金遇铅则碎。

核桃与铜钱同嚼，则钱易碎。

水银撒了，以鍮青石引之，皆上石。

伏中不可铸钱，汁不消，名炉冻。

菟丝无根而生，蛇无足而行，鱼无耳而听，蝉无口而鸣。龙听以角，牛听以鼻。

石脾入水则干，出水则湿。独活有风不动，无风自摇。

【译文】用鸡蛋清调石灰来粘接瓷器，特别好。

用生的羊肝研细和到面里粘接或连缀山石，会很牢固。

池水浑浊，可在瓶子里装上粪，再用箬竹的竹叶包住扔到水里，会变清。

金子遇到铅就会破碎。

将核桃和铜钱放在一起嚼，铜钱容易碎。

水银洒了，若用青石来引导，则洒了的水银都会上到石头上来。

三伏天里不能铸钱币，因为铁水不能消融，这叫作炉冻。

菟丝子无根能生长，蛇无脚能行走，鱼无耳朵能听见声音，蝉无嘴能鸣叫。龙用角来听声音，而牛则用鼻子。

石脾是含矿物质的咸水蒸发后凝结成的东西，进入水中便干了，出了水却显得润湿。独活这种植物有风时不会动，没有风时却能摇晃。

鸺鹠昼暗夜明。鼠夜动昼伏。南倭海滩蚌泪着色，昼隐夜显。沃山石滴水着色，昼显夜隐。

睡莲昼开，夜缩入水底。蔓草昼缩入地，夜即复出。

以形化者牛哀为虎。以魄化者望帝为鹃，帝女为精卫。以血化者苌弘为碧，人血为磷。以发化者梁武宫人为蛇。以气化者蜃为楼台。以泪化者湘妃为斑竹。无情化有情者，腐草为萤，朽麦化蝶，烂瓜为鱼。有情化无情者，蚯蚓为百合，望夫女为石、燕为石、蟹为石。物相化者，雀为蛤，雉为蜃，田鼠为鴽，鹰为鸠，鸠为鹰，蛤仍为雀。松化为石。人相化者，武都妇人为男子，广西老人为虎。

【译文】鸺鹠白天看不见东西，夜里能看见。老鼠夜里活动，白天睡觉。日本南边海滩上的蚌流泪有颜色，白天看不到，夜里能看见。沃山石滴的水也有颜色，白天能看见，夜里看不到。

睡莲白天开放，晚上便缩到水底。蔓草白天缩到地下，夜里会再出来。

形体能变化的事是牛哀变化成老虎；魂魄能变化的事是望帝变化成杜鹃，炎帝的女儿变化成精卫鸟；血能变化的事是苌弘的血变化成了碧玉，人的血变化成了磷；头发能变化的事是梁武帝的宫女头发变成蛇；气能变化的事是蜃吐的气变成楼台；泪能变化的事是湘妃的泪变成斑竹；没有情感的东西变成有情的事是腐烂的草变成萤火虫，朽败的麦子变成蝴蝶，烂掉的瓜变成鱼；有情的生物变成无情的事是蚯蚓变成百合花，望夫女变成石头、燕子变成石头、螃蟹变成石头；生物互相变化的有麻雀变成蛤，野鸡变成蜃，田鼠变成鴽，鹰变成斑鸠，鸠变成鹰，蛤蟆再变回为麻雀，松树变成石头；人互相变化的，有武都的妇人变化成为男子，广西的老人变成老虎。

人食矾石而死，蚕食之不饥。鱼食巴豆而死，鼠食之而肥。

风生兽得菖蒲则死。鳖得苋则活。蜈蚣得蜘蛛则腐。鸱鸮得桑椹则醉。猫得薄荷则醉。虎得狗则醉。橘得糯米则烂。芙蕖得油则败。番蕉得铁则茂。金得翡翠则粉。

犀得人气则碎。漆得蟹则败。

萱草忘忧，合欢蠲忿。鸧鹒疗妒，鹌鹑治魇，橐蜚治畏。

金刚石遇羚羊角则碎。龙漦遇烟煤则不散。

雀芋置干地多湿，置湿地反干。飞鸟触之堕，走兽遇之僵。

【译文】矾石，人吃了就会死，但蚕吃了可充饥。巴豆，鱼吃了会死，但老鼠吃了却变肥。

风生兽被菖蒲塞住鼻子会死。鳖有苋菜就会活。蜈蚣遇到蜘蛛就会腐烂。猫头鹰吃了桑椹会醉。猫吃薄荷就会醉。虎吃狗就会醉。橘子和糯米一起放就会腐烂。荷花遇到油就会枯败。香蕉树遇到铁器就会茂盛。金子遇到翡翠就会成化为粉末。

犀角遇到人的气息就会碎。漆遇到蟹黄就会剥落。

萱草可使人忘忧，合欢草可使人息怒。鸧鹒鸟可治疗妒妇吃醋，鹔鸈可以治疗做恶梦，橐蜚鸟可以治疗胆小。

金刚石遇到羚羊角会碎裂。龙的唾沫遇到烟煤就不会流散。

雀芋放在干的地方会显得很湿，放在湿的地方反而显得很干。鸟若碰到它就会掉下来，走兽若遇到它就会四肢僵硬。

终岁无乌，有寇。

鸡无故自飞去，家有蛊。

鸡日中不下树，妻妾奸谋。屋柱木无故生芝，白为丧，赤为血，黑为贼，黄为喜。

鸡来贫，狗来富，猫儿来后开质库。

犬生独，家富足。

鸦风鹊雨。

猫子生，值天德月德者，无不成。忌寅生人及子令生人见。

【译文】一整年没看见乌鸦，那就一定会有强盗。

鸡假如无缘无故飞走，那是家里有人被下了蛊。

中午时鸡还不下树，那是妻妾有奸计。屋子里的柱子无故长了芝草，白色预示有丧事，红色预示会见血，黑色预示有贼，黄色预示有喜事。

鸡跑进门会受穷，狗跑进门会变富，猫跑进门可以去开当铺。

狗生了独（一种比猿大的猴类），家庭会富足。

乌鸦叫将刮风；喜鹊叫将下雨。

猫生了小猫，假如正赶上有天德和月德的，那么事事顺利。但忌让寅年生的人看，也忌讳让陌生人看。

鼠咬巾衣，明日喜至。

鹳忽移巢，必有火灾。

鸡上窠作啾声，来日必雨。

凡鸡归栖蚤，则明日晴；归栖迟，则明日雨。

乌夜啼，主米贱。

鸦慢叫则吉，急叫则凶。一声凶，二声吉，三声酒食至。或动头点尾向人叫者，口舌灾患多凶。

【译文】老鼠咬汗巾和衣服，明天会有喜事来临。

鹳鸟突然迁移巢穴，必然会有火灾发生。

鸡上窝时发出“啾”的叫声，第二天必定有雨。

鸡若回来得早，第二天会天晴；回来得晚，第二天会下雨。

乌鸦夜里啼叫，预示米价会降。

乌鸦缓慢地啼叫是吉利的，若急速地叫则是不祥的。叫一声为不祥，叫两声为吉利，叫三声预示将会有酒菜吃。假如点头摇尾向人啼叫，将会有口舌之祸，多不祥之事。

鸡生子多雄，家必有喜。

夜半鸡啼，则有忧事。

燕巢人家，巢户内向，及长过尺者，吉祥。

雨时鸠鸣，有应者即晴，无应者即雨。

无故蚁聚及移窠者，天必暴雨。蚯蚓出，亦然。

白蚁虫，是日必吉辰。凡见蛇交，则有喜。

遇蛇会，急拜，求富贵必如意。

遇蛇蜕壳，急脱衣服盖之，凡谋大吉。

生鳖甲寸锉，以红苋覆之，尽成小鳖。

虾多，年必荒；蟹多，年多乱。

绩麻骨插竹园，四围竹不沿出。芝麻骨亦可。

梓木作柱，在下首，则木响叫，云争坐位。

杉木烰炭为末，安门臼中，则能自响。

钉楼板，用蹇漆树削钉，以米泔浸之，待干，钉板易入，其坚如铁。

【译文】鸡孵出的小鸡假如公的多，家里将有喜事。

半夜鸡叫，必有让人担心的事。

燕子在人家里做巢，巢穴口向内，且长度超过一尺的，是吉祥的。

下雨如有斑鸠鸣叫，有应和的天就会立即晴，没有就还会下雨。

无缘无故蚂蚁聚集或者挪窝，一定会有暴雨。若是蚯蚓出现，也是这样。

出现白蚁虫，当天一定是良辰吉日。但凡看见蛇交配，一定会遇到喜事。

遇到蛇聚会，快速下拜，求富贵会称心如意。

遇到蛇蜕壳，赶快脱去衣服盖住，那么谋划事情一定顺利。

生鳖甲切成一寸长的小段，用红苋菜盖住，那么都会变成小鳖。

虾特别多，必是荒年。螃蟹多，必会发生动乱。

用麻杆插竹园，边缘的竹子不会长出去。用芝麻杆也可。

梓木作梁柱，若放在下首，那么木就会发出响声，说是争坐位。

杉木炭研成细末，安放在门臼里，就能自己发出响声。

钉楼板时，使用蹇漆树削成钉，再加淘米水浸泡放干，则钉子很容易就能钉进板里，并且坚硬如铁。

荷花梗塞鼠穴，则鼠自去。

黄蜡与果子同食，则蜡自化去。

萝卜提硝，则硝洁白而光润。

灯芯蘸油，再蘸白矾末，能粘起炭火。

鸡蛋开顶上一小窍，倾出黄白，灌入露水，又以油纸糊好其窍，日中晒之，可以自升，离地三、四尺。

伏中收松柴，劈碎，以黄泥水中浸至皮脱，晒干，冬月烧之，无烟。竹青亦可。

竹篾以石灰水煮过，可代藤用。

【译文】将荷花梗塞进鼠洞里，那么老鼠就会离开这个洞穴。

黄蜡和果子一起食用，那么蜡会自行化掉。

用萝卜提炼硝，这样硝不仅洁白而且光润。

灯芯蘸点油，再蘸白矾末，就能粘起炭火来。

在鸡蛋顶上开一个小孔，将蛋黄和蛋清倒出来，灌露水进去，再用油纸将小孔糊好，在中午晒，鸡蛋能自己跳升起来，离开地面三、四尺。

夏天收集松木木柴，劈碎，用黄泥水泡到掉皮，然后晒干，冬天烧时没有烟。青竹子也可以这样。

把竹篾用石灰水煮过后，可以替代藤条使用。

身体

身上生肉丁，芝麻花擦之。

飞丝入眼而肿者，头上风屑少许揩之。一云珊瑚尤妙。

人有见漆生疮者，用川椒三四十粒，捣碎，涂口鼻上，则漆不能害。

指甲有垢者，白梅与肥皂同洗则净。

弹琴指甲薄者，僵蚕烧烟熏之则厚。

染头发，用乌头、薄荷入绿矾染之。

食梅牙软。吃藕则不软，一用韶粉擦之。

油手以盐洗之，可代肥皂。一云将顺手洗，自落。

脚根厚皮，用有布纹瓦或浮石磨之。

干洗头，以藁本、白芷等分为末，夜擦头上，次早梳之，垢秽自去。

【译文】若身上长了肉丁，可以用芝麻花来擦拭去除。

飞丝进入眼里并肿了起来的，用少许头皮屑揩下就可以了。又说用珊瑚更好。

若有人看见漆树就生疮，可用三四十粒川椒，捣碎后涂在口鼻上，就不怕漆了。

指甲里有脏污，用白梅和肥皂一起洗能洗干净。

弹琴的人指甲薄的，用僵蚕烧出烟来熏，指甲就会变厚。

染头发，可用乌头、薄荷加入绿矾来染。

吃梅子时牙软，吃藕就会消除，又说用铅粉一擦就会好。

可以用盐代替肥皂来洗油腻的手，也有人说顺水洗手，油会消除。

脚跟死皮厚，可用有布纹的瓦或者钟乳石来磨。

干洗头，用同等分量的蒿草根、白芷研成细粉，晚上擦在头上，第二天清晨梳掉，脏污就会自然没有。

狐臭，以白灰、陈醋和，傅腋下，一方以锻过明矾擦之尤妙。女儿缠足，先以杏仁、桑白皮入瓶内煎汤，旋下盐硝、乳香，架足瓶口熏之。待温，倾出盆中浸洗，则骨软如绵。

洗浴去身面浮风，以芋煮汁洗之，忌见风半日。

梳头令发不落，用侧柏叶两大片，胡桃去壳两个、榧子三个，同研碎，以擦头皮，或浸水常搽亦可。

取黡方：桑灰、柳灰、小灰、陈草灰、石灰五灰，用水煎浓汁，入酽醋点之。

入鼻中气，阳时在左，阴时在右，候其时则气盛，交代时则两管皆微。

妇人月信断三五日交接者是男，二四日交接者是女。

夏月面最热，扇面则身亦凉。冬月足最冷，烘足则身亦暖。

【译文】有狐臭的话，将白灰和陈醋拌到一起，敷在腋下。有一个偏方是用烧过的明矾来擦拭，更妙。女孩子缠足的时候，先把杏仁、桑白皮放到瓶子里熬汤，随即放入硝、乳香，把脚放到瓶口熏一熏。等水温了，倒进盆里泡脚洗脚，骨头就会柔软得像棉花一样。

洗头洗澡时要去掉身体和脸上的风尘，可以用山芋煮出汁水来洗，洗后半天不可见风。

梳头时让头发不掉的办法：用两大片侧柏的叶子，两个去壳的核桃，三个榧子，一起研碎，用来擦头皮，或者蘸着水常常搽头皮也可以。

去掉黑痣的方法：收集桑树灰、柳树灰、小灰、陈草灰、石灰共五种灰，用水煎成浓浓的汁水，再放一些醋，然后用这个汤汁来点黑痣就可以了。

人们进入鼻子里的气息，阳气旺盛时在左边，阴气旺盛时在右边，等到那个时间就气盛，阴阳二气交换时两边的气息就都很微弱。

女人的月经停止三五天的时候同房可以怀男孩，二四天的时候同房可以怀女孩。

夏天人的脸是最热的，用扇子对着脸扇身体也觉得凉快；冬天人的脚是最冷的，用火烘一烘脚身体也觉得暖和。

善睡者以淡竹叶晒干为细末，用二钱水一盏调服，则终夜不寐，可以防贼。如以热汤调服，则睡至晓。

附子末数钱，用水两碗煎数沸濯足，远行足不痛。

宣州木瓜治脚气，煎汤洗之。

面上生疮，疑是漆咬者，以生姜擦之，热则是，不热即非。

患咳逆，闭气少时即止。

【译文】爱睡觉的人可以把淡竹叶晒干研成细末，拿二钱用一杯凉水冲服，就可以整夜不睡，能够用来防贼。如果用热水冲服，就可以一觉睡到早上。

用两碗水煎几钱附子末，煎沸几次后用来洗脚，走远路时脚不会痛。

宣州产的木瓜可以治疗脚气，方法是用它煮热水洗脚。

脸上长疮，疑心是因为漆过敏的，用生姜来擦一擦患处，如果感觉发热的话就是漆过敏，如果不热就不是。

经常打嗝，屏住一会儿呼吸就可以停止。

脚麻，以草芯贴眉心，左麻贴右，右麻贴左。

蹉气筋骨牵痛则正坐，随所患一边，以足加膝上立愈。

脚筋抠，左脚操起右阴子，右脚操起左阴子，即止。

身上疖毒初起，以中夜睡觉未语时唾津涂之，涂数十次，渐消。

左边鼻衄，用带子缚七里穴。

脚转筋，款款攀足大拇指少顷，立止。

新为僧道，熬猪油涂网巾痕，数日后即一色。

【译文】脚感觉到麻木的时候，把草芯贴在眉心，左脚麻木贴右眉，右脚麻木贴左眉。

岔气了感觉筋、骨牵拉得很痛，可以先坐端正，在痛的那一侧，把脚放在膝盖上立刻就会好。

脚抽筋的时候，左脚抽筋就抓起右边的睾丸，右脚抽筋就抓起左边的睾丸，立刻会停止。

身上疮毒刚刚生出来的时候，用半夜睡觉没说话前的唾沫涂一涂，涂几十次，会渐渐消失。

如果左边鼻子流血，用带子绑住七里穴。

脚转筋的时候，慢慢抓住脚的大拇指一会儿，立刻会停止。

新成为僧人或道士的人，熬些猪油来涂抹以前戴网巾留下的痕迹，几天后头皮上的颜色就是一样的了。

衣服

夏月衣霉，以东瓜汁浸洗，其迹自去。

北绢黄色者，以鸡粪煮之即白，鸽粪煮亦好。

墨污绢，调牛胶涂之，候干揭起，则墨与俱落，凡绢可用。

血污衣，用溺煎滚，以其气熏衣，隔一宿以水洗之，即落。

绿矾百草煎污衣服，用乌梅洗之。

鞋中着樟瑙，去脚气。用椒末去风，则不疼痛。

洗头巾，用沸汤入盐摆洗，则垢自落。一云以热面汤摆洗，亦妙。

【译文】夏天衣裳上的霉斑，用东瓜汁浸泡后再洗，发霉痕迹就可以洗掉了。

变黄的北绢，使用鸡粪煮水就会立刻变白了，用鸽粪煮也很好。

墨水弄脏了丝绢，调些牛胶涂在墨迹上，等待干了揭起来，脏污就会和牛胶一起脱落，只要是绢类都可用这办法。

血弄脏了衣服，把尿液烧开，用蒸气熏衣裳，隔一夜再用水洗，立即可洗掉。

绿矾或草的汁弄脏了衣服，可用乌梅来洗。

鞋里放些樟脑，可以治疗脚气。用椒末祛除风邪，能防止疼痛。

洗头巾时，用开水放盐来漂洗，污垢就会自行脱落。又说用热面汤来漂洗，效果很妙。

槐花污衣，以酸梅洗之。

绢作布夹里，用杏仁浆之，则不吃绢。

伏中装绵布衣，无珠；秋冬则有。以灯芯少许置绵上，则无珠。

茶褐衣缎，发白点，以乌梅煎浓汤，用新笔涂发处，立还原色。

酒醋酱污衣，藕擦之则无迹。

霉征衣，以枇杷核研细为末，洗之，其斑自去。

毡袜以生芋擦之，则耐久而不蛀。

红苋菜煮生麻布，则色白如苎。

杨梅及苏木污衣，以硫磺烟熏之，然后水洗，其红自落。

【译文】槐花弄脏了衣服，用酸梅可以洗干净。

用绢作布的夹里，先用杏仁来浆洗绢，就不会使绢脱落在布里。

夏入伏天里缝制绵衣，则绵花不会起球；而秋、冬季节缝制时则会起球。放一点灯芯在绵絮上，就不会起球。

茶水弄脏了衣服，生出了白点，用乌梅煮水熬成浓汤，再用新毛笔蘸了汤涂在生白点的地方，会立刻恢复原来颜色。

酒、醋、酱弄脏了衣服，用藕擦拭可以消除痕迹。

霉斑侵蚀衣裳，将枇杷核研成细末，用来洗衣裳，霉斑就自行掉了。

毡袜用生芋头擦拭一遍，就能耐久穿而且不被虫蛀。

以红苋菜和生麻布一起煮，布的颜色会洁白如同苎麻。

杨梅或苏木弄脏衣服，先用硫磺烟熏，再用水洗，红颜色就会洗掉。

油污衣，用蚌粉熨之，或以滑石、或以图书石灰熨之，俱妙。

膏药迹，以香油搓洗自落，后用萝卜汁去油。

墨污衣，用杏仁细嚼擦之。

洗毛衣及毡衣，用猪蹄爪汤乘热洗之，污秽自去。

葛布衣折好，用蜡梅叶煎汤，置瓦盆中浸拍之，垢即自落，以梅叶揉水浸之，不脆。

油污衣，用白面水调罨过夜，油即无迹。

去墨迹，用饭粘搓洗，即落。

罗绢衣垢，折置瓦盆中，温泡皂荚汤洗之，顿按翻转，且浸且折，垢秽尽去。弃前水，复以温汤浸之，又顿拍之，勿展开，候干折藏之，不浆不熨。

【译文】油弄脏了衣裳，可用蚌粉来熨，或者用滑石粉、图书石灰来熨，都很好。

膏药脏污，先用香油搓洗掉，然后再用萝卜汁洗去香油的痕迹。

墨汁弄脏了衣裳，可将杏仁嚼烂擦拭除污。

洗毛衣或毡衣时，用猪蹄熬的汤乘热洗衣，脏污就去掉了。

葛布的衣服折叠好，用蜡梅叶煮水，放在瓦盆里浸泡并拍打，污垢就会自行脱落，将梅叶揉到水里浸泡衣服，衣服就不会那么生硬。

油弄脏衣服，用白面水调好涂在油迹上过一夜，油斑就没有了。

要清除墨迹，用饭粘住墨迹然后搓洗，墨迹立即就掉了。

罗绢质地的衣服有了污垢，叠起来放置于瓦盆里，先用温水泡后再用皂荚煮的水洗，提，按，翻，转，边浸泡边拍打，污垢都能洗掉。倒掉水，再用温水浸泡，边浸泡边拍打，别展开，等干了以后就那么折叠着收藏起来，不用上浆也不用熨烫。

颜色水垢，用牛胶水浸半日，温汤洗之。

洗白衣，白菖蒲用铜刀薄切，晒干作末，先于瓦盆内用水搅匀，捋衣摆之，垢腻自脱。

洗紬绢衣，用萝卜汁煮之。

洗皂衣，浓煎栀子汤洗之。

黄泥污衣，用生姜汁搓了，以水摆去之。

洗油污衣，滑石天花粉不拘多少为末，将污处以炭火烘热，以末糁振去之。如未净，再烘，再振，甚者不过五次。

【译文】衣物被有颜色的水染脏后，用牛胶水浸泡半天，再用温水洗。

洗白色衣服，将白菖蒲用铜刀切成薄片，晒干研成细粉末，将此放到瓦盆里用水搅拌均匀，提着衣服在水里摆一摆，污垢就自行脱落了。

洗绢类的衣裳，先用萝卜汁煮一下。

洗黑色的衣服，用栀子煮浓稠的水来洗。

黄泥弄脏了衣服，先用生姜汁液搓一遍，再放在水摆一摆就洗干净了。

洗被油弄脏的衣服，用滑石、天花粉不论多少研成细末，将脏污的地方用炭火烘热，用粉末搓敷污迹。假如没干净，就再烘一回，再搓敷，最严重不会超过五次就能洗干净。

漆污衣，杏仁、川椒等分研烂揩污处，净洗之。

墨污衣，用杏仁去皮尖茶子等分为末糁上，温汤摆之洗。字则压去油。罗极细，末糁字上，以火熨之。又法：以白梅捶洗之。

蟹黄污衣，以蟹脐擦之即去。

血污衣，即以冷水洗之即去。

洗油帽，以芥末捣成膏糊上，候干，以冷水淋洗之。

【译文】漆弄脏了衣服，用等量的杏仁和川椒研烂揩在脏的地方，用水即可洗净。

墨汁弄脏了衣服，用等量的去皮和尖的杏仁和茶子一起研成细末搓敷在脏处，将衣服温水漂洗。要洗去字迹的话就将杏仁榨出油，然后研磨过罗成细末，敷在字上，用火来熨。另一个方法：用白梅捶打洗衣。

蟹黄弄脏衣服，用蟹脐擦拭，就可除去脏污。

血弄脏衣服，立刻用冷水洗便可洗掉。

洗油腻的帽子，用芥末捣成膏状糊在帽子上面，等干了，再用冷水冲洗。

饮食

炙肉，以芝麻花为末，置肉上，则油不流。

糟蟹久则沙，见灯亦沙，用皂角一寸置瓶下，则不沙。

煮老鸡，以山楂煮即烂，或用白梅煮，亦妙。

枳实煮鱼则骨软，或用凤仙花子。

酱内生蛆，以马草乌碎切入之，蛆即死。

糟茄入石绿，切开不黑。

糟姜，瓶内安蝉壳，虽老姜亦无筋。

食蒜后，生姜、枣子同食少许，则不臭。

煮饭以盐硝入之，则各自粒而不粘。

米醋内入炒盐，则不生白衣。

用盐洗猪脏肚子则不臭。

腌鱼，用矾盐同腌，则去涎。

凡杂色羊肉入松子，则无毒。

藕皮和菱米同食，则甜而软。

芥辣，用细辛少许与蜜同研，则极辣。

晒胡芦干，以藁本汤洗过，不引蝇子。

杨梅核与西瓜子，用柿漆拌，晒干，则自开，只拣取仁。

【译文】烤肉时，把芝麻花研成末，放在肉上，肉里的油就不会流。

做糟蟹时间久了就会变沙，见到灯光也会变沙。把一个一寸长的皂角放在瓶子下，就不会沙了。

煮老鸡，加些山楂来煮很快便可煮烂，或者用白梅来煮，也很好。

用枳实来煮鱼，鱼刺就会变软，也有人用凤仙花子。

酱里生了蛆，把马草乌切碎放进去，蛆立刻就全死了。

糟茄子时放孔雀石进去，茄子切开里面不黑。

糟姜时，瓶里放些蝉壳，就算是老姜也没有筋。

吃了大蒜后，把生姜和枣放在一起吃一点，就不会有臭气。

蒸米饭时放些盐硝进去，米饭便粒粒独立而不会粘在一起。

米醋里放一些炒过的盐，就不长醋花。

用盐洗猪的内脏就不臭。

腌鱼时，用矾和盐一起腌，可以去腥。

在杂色羊肉里放些松子，就没有毒性了。

藕皮和菱米一起吃，就会又甜又软。

芥末很辣，如果加少许细辛和蜜一起研磨，就会更辣。

晒葫芦干时，用香草藁本熬的汤洗过，就不引苍蝇。

杨梅核和西瓜子，用柿漆拌一下，晒干，就会自己裂开，可以拣果仁了。

鸭蛋以硇砂画花写字，候干，以头发灰汁洗之，则花直透内。

炒白果、栗子，放油纸撚在内，则皮自脱。

夏月鱼肉放香油，耐久不臭。萝卜梗同煮银杏，则不苦。

煮芋，以灰煮之则酥。煮藕，以柴灰煮之，则糜烂，另换水放糖。

榧子与甘蔗同食，其渣自软，与纸一般。

晒肉脯，以香油抹之，不引蝇子。

食荔枝，多则醉；以壳浸水饮之则解。

腌鸭蛋，月半日做，则黄居中。一云日中做。

韶粉去酒中酸味，赤豆炒热入之，亦好。

荷花蒂煮肉，精者浮，肥者沉。

鸭蛋以金刚根同煮，白皆红。

【译文】在鸭蛋上用火山灰画花写字，等干了，再用头发灰调制的水来洗，花纹就直接透过蛋壳进到里面了。

炒白果、栗子，放些油纸撚在里面，果壳就会自己脱落。

夏天在鱼肉里放点香油，可以放长时间而不臭。萝卜梗和银杏一起煮，就不苦。

煮芋头，用灰来煮就会酥。煮藕，用柴灰来煮，就会稀烂，另换次水再放糖。

榧子和甘蔗一起吃，渣子就自己变软了，像纸一般。

晒肉干，在肉上抹些香油，不招苍蝇。

吃荔枝，吃多了会醉；把荔枝壳泡在水里，喝些这样的水就可以解除。

腌鸭蛋时，在每月月半时做，蛋黄就正好在正中间。有人说要在中午做。

铅粉可以去除酒里的酸味，红豆炒热时放些进去，也很好。

煮肉时放些荷花蒂，瘦肉就会浮起来，肥肉沉底。

鸭蛋和金刚根一起煮，蛋白都会变红。

天落水做饭，白米变红，红米变白。

饮酒欲不醉，服硼砂末。

吃栗子，于生芽处咬破气，一口剥之，皮自脱。

竹叶与栗同食，无渣。

茄干灰可腌海蜇。

寸切稻草可煮臭肉，其臭皆入草内。

煮老鹅，就灶边取瓦一片同煮，即烂。

吃蟹后，以蟹脐洗手，则不腥。

豆油煮豆腐有味。

篱上旧竹篾缚肉煮，则速糜。

馄饨入香蕈在内不嗳。

食河豚罢，以萝卜煎汤涤器皿，即去其腥。

灯草寸断，收糖霜重间之为佳。

【译文】用天上降下的水做饭，可以让白米变红，红米变白。

喝酒想要不醉，可以吃些硼砂末。

吃栗子时，在栗子要长芽的地方咬破放气，一口剥开，壳自然就脱落了。

竹叶和栗子一起吃，没有渣。

茄杆的灰可以腌海蜇。

把稻草切成一寸长来煮臭肉，肉的臭味都进入到稻草里了。

煮老鹅时，在灶边取一片瓦来一起煮，很快就能煮烂。

吃过螃蟹后，用蟹脐来洗手，就不会有腥气。

用豆油来煮豆腐很有味道。

用篱笆上的旧竹片捆着肉来煮，肉很快就可以煮烂。

馄饨里放些香菇，吃过就不会打嗝。

食过河豚，用萝卜烧水来洗碗碟，就可以去除腥气。

把灯草切成一寸长的小段，收藏白糖时一层白糖一层灯草最好。

糖霜用新瓶盛贮，以竹箬纸包好，悬于灶上，两三年不溶。

糟姜入瓶中，糁少许熟栗子末于瓶口，则无滓。

糟姜时，底下用核桃肉数个，则姜不辣。糟茄，须旋摘便糟，仍不去蒂萼为佳。

干蓼草上下覆铺，以贮糯米，则不蛀。

豆黄和松叶食之，甚美，可作避地计。

沙糖调水洗石耳，极光润。

食梅齿软，以梅叶嚼之，即止。生甜瓜以鲞鱼骨刺之，经宿则熟。

伏中合酱与面，不生蛆。

收椒，带眼收，不带叶收，不变色。

日未出及已没下酱，不引蝇子。

醉中饮冷水，则手颤。

造酱之时，缸面用草乌头四个置其上，则免蝇蚋。

【译文】白糖用新瓶来装并贮藏，用竹叶纸包好，悬挂在灶上，两三年都不会消溶。

糟姜要放在瓶里时，撒一些熟栗子的细末在瓶口，就不会有沉渣。

糟姜时，底层放几个核桃仁，姜就不辣。糟茄子时，摘了就立刻要糟，最好不要把茄子的蒂萼去掉。

用干的蓼草分别铺在下面并盖住上面，用来贮藏糯米，可以防虫蛀。

豌豆黄和松叶一起吃，味道很好，这可以作为隐居的食物。

水里放些沙糖来洗石耳，可以洗得很干净。

吃梅子牙齿会软，这时嚼梅叶，就可以防止。生甜瓜用腌鱼的鱼刺扎一下，过一夜里就熟了。

夏天做酱和面，不生蛆。

收花椒时，带着花椒籽一起收，不要带着叶收，就不会变色。

太阳还没有出来或者已经落下时做酱，不招苍蝇。

醉酒时如果喝冷水，手就会打颤。

做酱时，缸面上放上四个草乌头，就没有苍蝇、蚊子之类。

器用

商嵌铜器以肥皂涂之，烧赤后，入梅锅烁之，则黑白分明。

黑漆器上有朱红字，以盐擦则作红水流下。

油笼漆笼漏者，以马屁浡塞之，即止。肥皂围塞之，亦妙。

柘木以酒醋调矿灰涂之，一宿则作间道乌木。

漆器不可置莼菜，虽坚漆亦坏。

热碗足烫漆桌成迹者，以锡注盛沸汤冲之，其迹自去。

【译文】加了镶嵌装饰的铜器用肥皂涂一遍，烧红后，放到梅锅里烧，就会黑白分明。

黑漆器上如果有红色的字，用盐擦拭就会变成红水流下来。

油笼漆笼如果漏了，用马勃菌来堵塞，就不漏了。用肥皂围塞，也不错。

柘木用酒醋调和矿灰来涂抹，一夜间就变成了有间道的乌木。

漆器不可以装莼菜，如果装了即使是最好的漆也会被破坏。

热碗的碗底把漆桌上烫出痕迹来的，用锡器装沸水一冲，痕迹就消失了。

铜器或鍮石上青，以醋浸过夜，洗之自落。

针眼割线者，用灯烧眼。

锡器上黑垢，用焊鸡鹅汤之热者洗之。

酒瓶漏者，以羊血擦之则不漏。

碗上有垢，以盐擦之。

水焠炭缸内，夏月可冻物。

刀锈，木贼草擦之。

皂角在灶内烧烟，锅底煤并烟突煤自落。

肉案上抹布，以猪胆洗之，油自落。

焠炭瓶中安猫食，不臭，虽夏月亦不臭。

藁本汤布拭酒器并酒桌上，蝇不来。

香油蘸刀则不脆。

琉璃用酱汤洗油自去。

铁锈以炭磨洗之。刀钝以干焠炭擦之则快。

泥瓦火锻过，作磨刀石。

洗刀洗铁皮，松木杉木铁艳粉为细末，以羊脂炒干为度，用以擦刀，光如皎月。

洗缸瓶臭，先以水再三洗净却，以银杏捣碎，泡汤洗之。

【译文】铜器与石头上有青斑的，用醋浸泡一夜，再用水洗就脱落了。

针眼如果会切断线，用灯烧针眼就可以了。

锡器上的黑垢，用鸡、鹅所炖的热汤来洗就可去除。

酒瓶若漏，用羊血擦拭就不漏了。

碗上有污垢，用盐擦拭。

倒水在木炭缸里，夏天也可用来冻东西。

刀若生锈，用木贼草擦拭既可。

把皂角放在灶里烧出烟来，锅底的煤和烟囱里的煤灰就自己脱落了。

肉案上的抹布，用猪胆来洗，上面的油污就自己脱落了。

炭瓶里放猫食，不会发臭，即使是夏天也不会变臭。

用香草藁本做的汤来擦酒器或者酒桌，苍蝇不来。

用香油蘸刀，刀就不会发脆。

用酱汤洗琉璃就可以把上面的油洗掉。

铁锈可以用炭来打磨并洗去。刀钝了用干炭擦拭就会变快。

泥瓦经火煅烧过，可以做磨刀石。

洗刀或者洗铁皮时，把松木、杉木、铁艳粉研为细末，用羊油炒干，用来擦刀，可以让刀光洁得像月亮。

洗发臭的缸、瓶，先用水多次洗干净，然后把银杏捣碎，泡汤后再洗。

荷叶煎汤，洗锡器极妙。

釜内生锈，烧汤，以皂荚洗之如刮。

松板作酒榨，无木气。

镀白铜器，用萱草根及水银揩之如新。

锡器以木柴灰煮水，用木贼草洗之如银。或用腊梅叶，或用肥皂热水，亦可。

瓷器记号，以代赭石写之，则水洗不落。

竹器方蛀，以雄黄、巴豆烧烟熏之，永不蛀。

凡竹器蛀，以萵苣煮汤，沃之。

定州瓷器一为犬所舐，即有璺纹。

漆器以覆苋菜，便有断纹。

雨伞、油衣、笠子雨中来，须以井水洗之；不尔，易得脆坏。

【译文】用荷叶来烧水，洗锡器最好。

锅里生锈，烧开水，用皂荚洗，就好比刮的一般干净。

用松板来做压榨酒的东西，酒里没有木头的气味。

镀了白铜的器皿，用萱草根和水银擦拭就会像新的一般。

用木柴灰煮水，再用木贼草一起来洗锡器，就会像银器一般亮。或者用腊梅叶，或者用肥皂热水，也可以。

瓷器上要做记号，用代赭石来写，那么水便洗不掉。

竹器刚被虫蛀了，用雄黄、巴豆烧的烟来熏，就永远不会被蛀了。

凡是竹器被虫蛀了，用萵苣煮汤，泡一下就可以了。

定州的定窑瓷器一被狗舐，就有裂纹。

用漆器来盖苋菜，就会有断纹。

雨伞、油衣、笠子若从雨中来，必须用井水洗一下；不这样的话，容易变脆损坏。

铜器不得安顿米上，恐霉，坏其声。

手弄地栗，不可弄铜器，击之必破。

新锅先用黄泥涂其中，贮水满，煮一时，洗净，再干烧十分热，用猪油同糟遍擦之，方可用。

漆污器物，用盐干擦。

酒污衣服，用藕擦。

器旧，用酱水洗。

藤床椅旧，用豆腐板刷洗之。

鼓皮旧，用橙子瓤洗之。

汤瓶生碱，以山石数枚，瓶内煮之，碱皆去。

桐木为轿杠，轻复耐久。

【译文】铜器不可以安放在米上，害怕会发霉，从而影响它的声音。

手里玩着荸荠，就不可以玩弄铜器，不然的话，一定会把铜器打破。

新锅先用黄泥涂它的里面，装满水后，再煮一小时，洗净，再干烧到十分热，然后用猪油和糟擦拭一遍，才可以用。

油漆弄脏了器物，用盐直接擦。

酒弄脏了衣服，用藕来擦。

器物旧了，用酱水来洗。

藤床、藤椅旧了，用豆腐板来刷洗。

鼓皮旧了，用橙子瓤来洗。

水壶生了水垢，用山石榴几枚，在水壶里煮，水垢就全去掉了。

桐木做轿杠，又轻又耐久。

瓷器捐缺，用细筛石灰一二钱、白芨末二钱，水调粘之。

铁器上锈者，置酸泔中浸一宿取出，其锈自落。

松杓初用当以沸汤；若入冷水，必破。

试金石，以盐擦之，则磨痕尽去。

【译文】瓷器如果有缺损，用细筛筛出石灰一二钱、白芨末二钱，用水调和后粘上。

铁器上有锈，放在酸泔里浸泡一夜再取出，铁锈就没了。

松木做的杓子第一次用时应该盛热水；如果进入冷水，就一定会破。

试金石，用盐擦一下，上面的磨痕就全部去掉了。

文房

研墨出沫，用耳膜头垢则散。

蜡梅树皮浸水磨墨，有光彩。

矾水写字令干，以五棓子煎汤浇之，则成黑字。

肥皂浸水磨墨，可在油纸上写字。

肥皂水调颜色，可画花烛上。

【译文】研墨时出泡沫，用耳屎或头垢就可消去。

蜡梅树皮蘸水磨出来的墨汁，特别有光彩。

矾水写字并放干，再用五棓子煎汤浇它，就变成黑字。

肥皂浸水后用来磨墨，可以在油纸上写字。

肥皂水调颜色，可以在蜡烛上画花。

磨黄芩写字在纸上，以水沉去纸，则字画脱在水面上。

画上若粉被黑或硫烟熏黑，以石灰汤蘸笔，洗二三次，则色复旧。

蓖麻子油写纸上，以纸灰撒之，则见字。一云杏仁尤妙。

【译文】用磨黄芩在纸上写字，用水把纸脱去，字画却脱在水面上。

画上的粉如果被黑色或者硫烟熏黑，用石灰汤蘸笔，洗两三次，颜色就复原了。

用蓖麻子油在纸上写字，用纸灰撒在上面，才会看到字。还有人说用杏仁就更好了。

冬月以酒磨墨，则不冻。

盐卤写纸上，烘之，则字黑。

冬月以杨花铺砚槽，则水不冰。

花瓶中入火烧瓦一片，则不臭。

收笔，东坡用黄连煎汤，调轻粉蘸笔，候干收之。

擦金扇油，用绵子渍鹿血，藏久擦之，甚妙。

补字，以新面巾一个，用石灰少许投入，即化为粘水，贴上，悠久又无迹。

洗字，扇头绫轴上讹字，用陈酱调水笔蘸，照字写上，须臾擦去，无痕。

取错字法，蔓荆子二钱，龙骨一钱，相子霜五分，定粉少许，同为末，点水字上，以末糁之，候干即拂去。

【译文】冬天用酒来磨墨，就不会冻。

用盐卤在纸上写字，在火烘烤后，字迹才变成黑色。

冬天用杨花铺的砚槽里，水就不结冰。

花瓶里放一片火烧瓦，就不会发臭。

毛笔用过要收起来，苏轼用黄连来煎汤，再调些轻粉来蘸笔，等干了以后收起来。

擦销金扇的油，要用绵花浸些鹿血，收藏时间久一点，然后来擦，效果特别好。

补字的办法，用一个新面巾，放少量的石灰进去，就变成胶水，贴到要补的地方上，既持久又没有痕迹。

洗字的办法，扇头或绫轴上有错字，用笔蘸着陈酱调的水，照字的样子写上去，过一会擦去，便没有痕迹了。

去除错字的方法，蔓荆子二钱，龙骨一钱，相子霜五分，定粉少许，一起研成细末，在字上点水，再用细末敷上，等干了擦去就可以了。

砚不可汤洗。

真龙涎香烧烟入水，假者即散。夷使到本朝，本朝烧之，使者曰："此真龙涎香也。"烧烟入水，果如其言。

裱褙打糊，入白矾、黄蜡、椒末和之，褙书画，虫鼠不敢侵。

裱褙书画，午时上壁，则不瓦。又云日中晒多日，亦不瓦。一云用萝卜汁少许打糊，则不瓦。

【译文】砚台不可以用热水洗。

真的龙涎香烧出的烟可以进入水中，假的一遇水就散了。外国使者到本国朝廷上，朝廷烧了龙涎香，使者说："这是真的龙涎香，可以烧烟入水。"果然就像他所说的。

制作裱褙用的浆糊，放入白矾、黄蜡、椒末一起调和，用这种浆糊装褙书画，蛀虫和老鼠都不敢侵害。

裱褙书画时，如果在午时上墙的话，就不会凹凸不平。另一种说法认为在正午时晒几天，也不会凹凸不平。还有人说用萝卜汁少许来打浆糊的话也不会凹凸不平。

打碑纸，先以胶矾水湿过，方用。

新刻书画板，临印时，用糯米糊和墨，印两三次，即光滑分明。

打碑，挼皂荚水滤去滓，以水磨墨，光彩如漆。

鹿角胶和墨，最佳。和墨一两，入金箔两片，麝香三十文，则墨熟而紧。

【译文】要拓碑的纸，需先用胶矾水湿一下，才可以使用。

新刻成的书画雕板，临到印刷时，用糯米糊和墨汁，印上两三次，板就会光滑分明。

想要拓碑，把皂荚揉搓出水，滤去渣子，用这种水来磨墨，拓出的墨色便光彩如漆。

用鹿角胶和墨，最好。和一两墨，放入金箔两片，麝香三十文，那么墨就熟而且紧。

造墨，用秋水最佳。

蓖麻子擦砚，滋润。

洗油污书画法，用海漂硝、滑石各二分，龙骨一分半，白垩一钱，共为细末，用纸如污衣法熨之，大凡污多已干者，仍以油渍之。迹大，不妨。否则以水浸一宿，绞干，用药亦可。

瓶中生花，用草紧缚其枝，插在瓶中，可以耐久。

试墨点黑漆器中，与漆争光者，绝品也。

【译文】制作墨，用秋天的水最好。

用蓖麻子来擦拭砚台，会很滋润。

洗去书画上油污的方法，用海漂硝、滑石各二分，龙骨一分半，白垩一钱，一起研成细末，对纸上的污垢就像对待脏衣服一般去熨它，如果油污已经干了，就还用油来点它。油迹大了也不怕。不这样的话，还可以用水泡一夜，拧干后，用药也可以去除。

在瓶中养花，要用草紧紧绑着花枝，然后插在瓶中，这样可以耐久。

试墨时，把墨点在黑漆器里，与漆可以争光的，也就是绝品的墨了。

金珠

珍珠经年油浸，及犯尸气色昏者，团饭中以喂鸡或鸭或鹅，俟其粪下，收洗如新。

鹅鸭粪晒干烧灰，热汤澄汁，以油珠绢袋盛洗之光净。

银丝器不可用杉木作盝盛，久之色黑。

代赭石作末和盐煮金器，颜色鲜明。

玉器如打破，以白矾火上熔化，粘之，补瓷器亦炒。

象牙如旧，用水煮木贼令软，洗之。再以甘草煮水，又洗之，其色如新。

【译文】珍珠被油浸泡多年或者被尸体的气息所冲犯而变得气色昏暗的，可以裹在饭里喂给鸡或者鸭或者鹅，等它们排泄后，再拾回来洗一下，便光亮如新了。

鹅、鸭的粪晒干烧成灰，热水沉淀后的水，把油珠放在绢袋里用这种水洗就会光彩洁净。

银丝器不可以用杉木做的梳妆盒来装，因为时间久了银丝会变黑。

代赭石研成细末和盐来煮金器，颜色鲜明。

玉器如果被打破，用白矾在火上熔化，把破处粘起来，补瓷器也很好。

象牙如果旧了，用水把木贼煮软，然后来洗象牙。再用甘草煮水，再洗一遍，颜色就会像新的一般。

多年玉灰尘，以白梅汤煮之，刷洗即洁。

珠子用乳汁浸一宿，洗出鲜明。

象牙笏曲者，用白梅汤煮绵，令热，裹而压即直。

旧象牙箸煮木贼草令软，擦之，再以甘草汤洗之。

又法：以白梅洗之，插芭蕉树中，二三日出之，如新。

【译文】玉放置多年上面有灰尘，用白梅汤来煮一下，然后刷洗一遍就洁净了。

珠子用乳汁浸泡一夜，拿出来洗干净就会鲜艳明亮。

象牙如果像笏一般弯曲了，用白梅汤煮绵花，加热后，裹住象牙再把它压直即可。

旧象牙筷子，用煮软的木贼草擦拭它，再用甘草汤洗一遍即可。还有一个方法：用白梅洗一次，插在芭蕉树里，过两三天后取出来，就会光亮如新。

洗赤焦珠，木槵子皮热汤泡洗之。

研萝卜汁，浸一宿即白。

煮象牙，用酢酒煮之，自软。

【译文】洗赤焦珠，用木槵子皮加热水浸泡然后洗。

也可以用榨出的萝卜汁泡一夜就白了。

煮象牙，用醋或酒来煮，就软了。

果品

收枣子，一层稻草一层枣，相间藏之，则不蛀。

藏栗不蛀，以栗蒲烧灰淋汁，浸二宿出之，候干，置盆中，以沙覆之。

藏西瓜，不可见日影，见之则芽。

收鸡豆，晒干入瓶，箬包好，埋之地中。

藏金橘于绿豆中，则经时不变。

藏柑子，以盆盛，用干潮沙盖。

木瓜同法。

【译文】收藏枣子时，铺一层稻草放一层枣，这样隔着收藏，就不会被虫蛀。

要想贮藏的栗子不被虫蛀，要用栗蒲烧成灰用水调成汁，把栗子泡两夜再拿出来，晾干后，放在盆里，用沙子盖住即可。

贮藏西瓜时，不能让太阳照到，照到就会发芽。

收藏鸡头米，要晒干后再放到瓶中，用竹叶包好，埋到地下。

把金橘藏到绿豆中间，就长时间不会变坏。

贮藏柑子，要用盆来盛，并用干潮沙子盖住。

贮藏木瓜用相同的方法。

收湘橘，用汤煮过，瓶收之，经年不坏。

藏胡桃，不可焙，焙则油。

藏梨子，用萝卜间之，勿令相着，经年不坏。

梨蒂插萝卜内，亦不得烂。

藏香团，同法。

栗子与橄榄同食，作梅花香。

炒栗子、白果，拳一个在手，勿令人知，则不爆。

【译文】收藏湘橘，用开水煮过的器皿收藏，就可以多年不坏。

贮藏核桃，不可以焙，一焙就会出油。

贮藏梨子，用萝卜将其分开，不要让梨子挨着，就会多年不坏。

把梨蒂插到萝卜里，就不会烂。贮藏香团，也用同样的办法。

栗子和橄榄一起吃，有梅花的清香。

炒栗子或白果，抓一个攥在手里，不要让人知道，就不会爆锅。

水杨梅入烰炭，不烂。

以缸贮细沙，藏柑橘、梨、榴之属于其中，久而不坏。

如柑橘顿近米处，便速烂。

梨子纸裹入新瓶，可藏至二月。

石榴煎米泔百沸汤，淖过晾干，可至来年夏，不损坏。

梨子藏北枣中，可以致远。

榧子用盛茶瓶贮之，经久不坏。

【译文】水杨梅中放入木炭，就不会烂。

用缸装细沙，来贮藏柑橘、梨、石榴之类的水果在里面，长时间不会坏。如果柑橘放在靠近米的地方，就很快会腐烂。

梨子用纸裹好放入新瓶，可以藏到二月份。

石榴用煎米泔百沸汤淖一遍再晾干，可以放到来年的夏天，不会损坏。

梨子藏在北枣里，可以运到远处去。

榧子用装茶的瓶子来贮藏，就可以经久不坏。

藏生枣子用新沙罐，一层淡竹叶枝，古老铜钱数个，白矾少许，浸水井内，经年不坏。

藏桃、梅之属于竹林中，拣一大竹，截去上节，留五尺，通之，置果于竹中，以箬封泥涂之，隔岁如新撷。

摘银杏，以竹篾箍其根，过一宿，击篾则实尽落。

鸡头子连蒲元水藏于新瓷器内，供时旋剥，甚妙。

蜜饯夏月多酸，可用大缸盛细沙，时以水浸湿，置瓶其上，即不坏。

梨子怕冻，须用沙瓮，着稻糠拌和藏之，以草塞瓶口，使其通气，可留过春。

【译文】贮藏生枣子用新沙罐，铺一层淡竹叶枝，古旧的铜钱几个，白矾少许，浸到水井里，经年不坏。

贮藏桃、梅之类在竹林里，拣一棵大竹子，截去上节，留五尺长，把中间凿通，把果品放到竹子中，用竹叶封起来并用泥涂抹，隔一年拿出来还会像新摘的一般。

摘银杏的方法，用竹篾箍住树根，过一夜，敲一下竹篾银杏果就会全部落下来。

鸡头子与蒲元水一起藏在新瓷器里，随时可以剥，特别好。

蜜饯在夏天容易变酸，可以用大缸装上细沙子，经常用水浸湿，把装蜜饯的瓶子放在上面，就不会坏。

梨子最怕冻，要用沙瓮加稻糠拌一下来贮藏，并用草塞住瓶口，让它可以通气，就能留到过春节。

松子用防风数两置裹中，即不油。

梨子每个以其柄插萝卜中，藏漆盒内，可以久留。

风栗，以皂荚水浸一宿，取出晾干，篮盛挂当风，时时摇之。

收柑橘，用黄砂坛，以晒燥松毛拌之，则不烂。松毛湿，则又晒燥换之。无松毛，早稻草铡断，亦好。

闽中藏生荔枝，六七分熟者，用蜜一瓮浸之，密扎，令水不入，投井中，用时取出，其色如鲜。

收胡桃松子，以粗布作袋，挂当风中。

【译文】贮藏松子时用几两防风一起放在包裹里，就不会油。

贮藏梨子时把每个的柄部插到萝卜里，再收藏到漆盒内，就可以放很久。

做风栗的方法，用皂荚水泡一夜里，取出晾干，用篮子装着迎风挂起来，时不时地摇一摇。

收藏柑橘，要用黄砂坛，用晒干的松针来搅拌一下，就不会烂。松针如果湿了，就再换些晒干的。如果没有松针，用些铡断的早稻草，也很好。

福建贮藏荔枝，六七分熟的，用一瓮蜂蜜来浸泡，密封起来，不让水进去，然后放到井里，用时取出来，颜色就像新鲜的一般。

收藏核桃、松子，用粗布做成袋子，挂在迎风的地方。

收桃子，以麦麸作粥，先入少盐，盛盆内，候冷，以桃子纳其中，冬月取以侑酒极佳。桃不可太熟，须择其颜色青红可爱者。

凡果品皆忌酒，酒气熏即损坏。

葡萄方熟，用蜡纸裹紧，扎封以蜡，可留到冬。

栗蒲安在壳中，可以久留。

食胡桃多者，令人吐血。

黄蜡同栗子嚼，成水。

栗子同橄榄嚼，其味甘清，名曰："风流脯"。

【译文】收藏桃子，把麦麸熬成粥，先放一点少盐，装在盆里，等冷了，把桃子放在里面，冬天拿来佐酒是特别好的。桃子不可以熟得太过，要选择颜色青红漂亮的。

凡是果品都忌酒，酒气一熏就会坏。

葡萄刚熟时，用蜡纸裹紧，再用蜡封起来，可以留到冬天。

栗蒲放在壳里，可以放很长时间。

吃核桃太多的话，会让人吐血。

黄蜡与栗子一起嚼，就会成水。

栗子和橄榄一起嚼，味道很甜美，名叫风流脯。

菜蔬

收芥菜子，宜隔年者则辣。

生姜，社前收无筋。

茄子以淋汁过柴灰藏之，可至四五月。

小满前收腌芥菜，可交新。

葫芦照水种，则多生。或三四株，微去其薄皮，用肥土包作一株。麻皮扎好，其藤粗大生出者，止留一二个养老，其大如斗，可作器用。

【译文】收取芥菜子，最好收隔年的，会很辣。

生姜，社日前收取的没有筋。

茄子若洒些水放在柴灰里贮藏，可以放到来年的四五月份。

小满前收取并腌制芥菜，可以吃到接上新菜时。

葫芦对着水种植，就会生很多，或有三四棵的，稍微把它的薄皮去掉一点，用肥土包一棵，用麻皮捆扎好，如果藤很粗大并生出葫芦的，只留一两个等它长到老，就会有斗那么大，可以当作容器用。

花木

冬青树接梅花，则开洒墨梅。

石榴树以麻饼水浇，则多生子。

养石菖蒲，无力而黄者，用鼠粪洒之。

花树虫孔，以硫磺末塞之。

木樨蛀者，用芝麻梗带壳束悬树上。

竹多年生米，急截去，离地二尺通去节，以犬粪灌之，则余竹不生米矣。

海棠花以薄荷水浸之，则开。

银杏不结子，于雌树凿一孔，入雄树一块，以泥涂之，便生子。

【译文】冬青树嫁接到梅花上，就会开出墨梅来。

石榴树用麻饼水来浇灌，就会多结果实。

种植石菖蒲，如果看上去很蔫且变黄的，可以洒点鼠粪。

花树如果有虫孔，用硫磺末塞住即可。

木樨被蛀了，把芝麻杆带壳绑成一束悬挂在树上。

竹子年月久了会生竹米，这时赶快把生了竹米的竹子截断，把离地二尺的节全打通，给里面灌些狗粪，那么其他的竹子就不会生竹米了。

海棠花用薄荷水浸泡，就很容易泡开。

银杏树不结银杏果，在雌树上凿开一个小孔，放进雄树上拿来的一块木头，再用泥涂上，就会结果了。

草木花枝羊食，并不发。

芝麻杆挂树上，无蓑衣虫。

牡丹花根下放白术，诸般颜色皆是腰金。

冬瓜蔓上，午时用苕帚打之，则多生。

天道尚左，星辰左旋。地道尚右，瓜瓠右累。

【译文】草、树、花的枝条若被羊吃了，都不会再萌发了。

芝麻杆挂在树上，树上便不生蓑衣虫。

牡丹花根下面放些白术，所开的牡丹花无论什么颜色都会带有腰金。

午时用苕帚打冬瓜蔓，就会多结冬瓜。

天道崇尚左，所以星辰都向左旋转。地道崇尚右，所以瓜果都是右边结得多。

牡丹花每一朵十二瓣，闰月十三瓣。

凡果皆从下生上，惟莲子根从上生下。

贯仲与柏叶同嚼，无苦味。

蜀葵枯枝烧灰，可藏火。以干竹缚作火把，雨中不灭。茄杆灰藏火，亦妙。

皂荚树有刺，不可上。每至秋实时，以大篾箍束木身，用木砧砧之令急，一夕自落。

【译文】牡丹花每一朵有十二瓣，有闰月的话也就是十三瓣。

凡是瓜果都是地下的供养地上来结果，只有莲子根却是地上的供养地下来结果。

贯仲和柏叶一起嚼，没有苦味。

蜀葵的枯枝烧成灰，可以贮藏火。用干竹子绑成火把，在雨里也不会灭。茄子杆烧成灰贮藏火，也很好。

皂荚树有刺，无法攀登。每到秋天要收获时，先用大竹片围住树身，再用木板敲击来催促它，一夜之间就自己落了。

油纸灯入荷花池，叶即腐烂。

杏接梅花，即成台阁梅。

桑树接梨树，生梨，甘脆。

红梨花接海棠成西府。樱桃树接海棠成垂丝。

麻骨插榫柿，一夕即熟。

枸橘树可接诸色佳橘佳柑。

柳树可接桃，桃树可接梅。

冬青树可接木樨。

【译文】油纸灯放进荷花池，荷叶就会腐烂。

杏嫁接到梅花上，就成为台阁梅。

桑树嫁接到梨树上，结出的梨子既甜又脆。

红梨花嫁接到海棠上，就成了西府海棠；樱桃树嫁接到海棠上，就成为垂丝海棠。

把麻杆插到榫柿里，一夜里就熟了。

枸橘树可以嫁接各种品种好的橘子和柑子。

柳树可以嫁接桃树，桃树可以嫁接梅子。

冬青树可以嫁接木樨。

鸟兽

小犬吠不绝声者，用香油一蚬壳灌入鼻中，经宿则不吠。

乌骨鸡舌黑者，则骨黑；舌不黑者，但肉黑。

鸡未毵者，以苕帚赶之，则翼毛倒生。

母鸡生子，与青（一作续）麻子吃，则长生，不抱子。

【译文】小狗如果不停地吠叫，就装一蚬壳香油灌到它鼻子里，一夜里都不会再叫。

乌骨鸡如果舌头黑那骨头也黑；舌头不黑的就只肉黑。

小鸡还没有长翅膀时，如果用苕帚赶它，那么它的翅膀上的毛就会倒着长。

母鸡生蛋后，若和青麻子（有人说是续麻子）一起吃，就会长生，但不孵蛋。

竹鸡叫，可去壁虱并白蚁。

鹘带帽飞去，立唤则高扬去，伏地叫则来。

鸡黄双者，生两头及三足。

猫眼知时候，有歌曰："子午线，卯酉圆，寅申巳亥银杏样，辰戌丑未侧如钱。"

【译文】竹鸡的叫声，可以去除壁虱和白蚁。

鹘鸟带帽飞走，如果站着叫它就会高飞而去，如果趴在地上叫它就会回来。

鸡蛋若有双黄的，孵出的小鸡也就是两个头和三只爪。

猫眼知道时间，有歌谣这么唱："子（半夜）、午（正午）之时眯成线，卯（凌晨）、酉（黄昏）之时滴溜圆，寅、申、巳、亥像银杏，辰、戌、丑、未像铜钱。"

香狸有四个外肾。

鹰无肫而有肚，食肉故也。飞禽吃谷者有肫。

鸡吃猫饭，能啄人。

胡麻面啖犬，则黑光而骏。

虎至人家盗犬豕食，闻刀刮锅底声则去，盖闻声则齿酸故也。

【译文】香狸有四个外肾。

鹰没有肫（鸟类的胃）但却有肚（兽类的胃），这是因为它吃肉的原因。飞禽吃粮食的都有肫。

鸡如果吃了猫食，就能啄人。

用胡麻面喂狗，狗身上就又黑又光而且神骏。

虎跑到人家里偷狗或猪吃，一听到刀刮锅底的声音就跑了，因为听到这种声音后它会牙酸。

牛尾短者寿长，尾长者寿短。

猫鼻惟六月六日一次热。

杏仁末与犬食之，即死。

狗欲褪毛，饲以糟，则易褪。

鹿群夜宿，大者角向外，小者在内，圈匝如寨。行兵者仿之，作鹿角寨。

【译文】牛尾巴短的寿命长，尾巴长的寿命短。

猫的鼻子只在六月六日那天会热。

狗若吃了杏仁末，立即就会死。

狗要褪毛时，用糟来饲养它，毛就容易褪。

鹿群夜里休息时，大鹿犄角向外，小鹿在里边，重重围起来像营寨一般。行兵打仗的人模仿它们，创造了鹿角寨。

虎豹皮只可焙，不可晒。

猢狲病，吃壁上蟢子，即愈。

狗身上发癞，虫蝇百部汁涂之，即除。

马背鞍卷破脊梁，以渠中淤泥涂之，即愈。

辨牛黄真假，牛黄如鸡子大，重重叠叠，取置人指甲上磨之，其黄透甲，拭不落者，即真也。

【译文】虎豹的毛皮只可以用火焙干，不可以日晒。

猴子病了，吃墙壁上的蜘蛛，就会痊愈。

狗身上长癞疮，用虫蝇百部汁涂抹，很快就消除了。

马背上被马鞍磨破的地方，用车辙中的淤泥涂抹，很快就好了。

辨别牛黄真假的方法：牛黄像鸡蛋一般大，重重叠叠，取一些放在人的指甲上磨，它的黄色透过指甲，而且擦不掉的，也就是真的。

猫癞，以柏油擦之。再发，再擦。至三次，即除。猪癞，以猪油擦之，即好。

猫洗面至耳，必有客至。

人家燕雀顿绝者，必有火灾。

鹳仰鸣则晴，俯鸣必雨。

鹊巢低，其年大水。

鹘初声，或卧闻之，则一年安乐。

猫犬所生皆雄者，其家必有喜事。

犬死，以葵根塞其鼻，良久活。

孔雀毛入眼，损人眼；胆大，毒杀人。

【译文】 猫若长癞疮，用柏油来擦拭。再生的话，就再擦。到第三次擦，就会根除。猪若有癞疮，用猪油来擦拭，也会很快消除。

猫如果洗脸时超过了耳朵，家里一定会有客人来。

家里燕子、麻雀忽然消失了的话，就一定会有火灾。

鹳鸟如果仰着脖子鸣叫就一定会放晴，若低下头鸣叫则一定会下雨。

喜鹊的巢若很低，这一年一定会发大水。鹘鸟初试鸣声，若有人躺着听到那他一年都会平安快乐。

猫和狗生下的崽都是公的，这一家人一定有喜事。

狗若死了，用葵根塞住它的鼻子，过段时间就会复活。

孔雀毛进入眼睛，会损害人眼；孔雀胆毒性很大，能杀人。

狗虱，用朝脑擦毛内，以大桶或箱内闷盖之，虱即堕落，急令人掐杀之。

猫狗虱癞，用桃叶捣烂，遍擦其皮毛，隔少顷洗去之，一二次即除。

鸡病，以真麻油灌之。鸡哮，用白菜叶包鼠屎、香油掗之，即好。

鸡瘟，以猪肉切碎喂之。又将雄黄为末，拌饭喂之，立愈。

猪瘟，以萝卜菜连根喂之愈。牛马疥癞，用荞麦秆烧成灰，沐灰汁，浇之愈。

【译文】狗若有虱子，用樟脑擦毛下的皮，再用大桶或箱子把狗盖在里面，虱子就会掉下来，及时让人把掉下来的虱子掐死。

猫和狗若有虱子又有癞疮，用桃叶捣烂，把它的皮毛擦一遍，隔一会儿洗掉，这样一两次就可以除掉。

鸡若病了，用芝麻油灌它。鸡若哮喘，用白菜叶包些鼠屎、香油硬喂给它，立刻就会好。

鸡生了瘟，把猪肉切碎喂它。还可以把雄黄研成细末，拌饭喂它，立刻就痊愈了。

猪生了瘟，用萝卜菜连根喂它就会好。牛和马若有癞疮，用荞麦秆烧成灰，淋水成灰汁，往它们身上浇，就会好。

牛马瘟，用酒加麝香末些须在内，灌之。

牛马疥癞，用藜芦为末，水调涂之。

鹤病，用蛇或鼠或大麦煮熟喂之。

鹿病，用盐拌豆料喂之，常食菀豆则无病。

煨灶猫，用猪肠或鱼肠，入些须雄黄在内，煨熟饲之。

【译文】牛马若生了瘟，用酒加少量麝香末和在里面，灌它们。

牛马长了癞疮，用藜芦研成细末，用水调好后涂到患处。

鹤生了病，用蛇或老鼠或大麦煮熟喂它。

鹿生了病，用盐拌豆料喂它，若经常食吃菀豆就不会有病。

如果想治疗煨灶猫，就用猪肠或鱼肠，加入少许雄黄一起煨熟后来喂它。

牛中暑，用胡麻苗捣汁灌之，即好。无苗，即用麻子二三两捣烂，和井水调匀，灌之。

牛马猪驴瘟，用狼毒、牙皂各一两，黄连一两五钱，雄黄、朱砂各五钱为末。猪擦入眼中，牛马驴吹入鼻中。

凡鸡鹅鸭欲其速肥，胡麻子拌饭，加硫磺少许，喂七日，其膘壮异常。

【译文】牛若中暑，用胡麻苗捣成汁灌服，立刻就会好。没有胡麻苗的话，也可以用麻子二三两捣烂，加井水调匀，给它灌服。

牛、马、猪、驴生了瘟，用狼毒、牙皂各一两，黄连一两五钱，雄黄、朱砂各五钱研成细末。若是猪就擦到它眼睛里，若是牛、马、驴就吹到它的鼻子里。

想要让鸡、鹅、鸭迅速肥起来，用胡麻子拌饭，加少量硫磺，喂七天，就特别肥壮。

虫鱼

鱼瘦而生白点者，名虱，用枫树皮投水中，即愈。

鳖与蛸蛑被蚊子一叮，即死。

水中浮萍晒干，熏蚊子则死。

马蚁畏肥皂。

蛇畏姜黄。

稻草索悬数条于壁上，则蝇不来。

蚕畏雷，亦畏鼓，闻鼓声，则伏而不起。

令蛙不鸣，三五日以野菊花为末，顺风吹之。

辟蝇，腊月猪油以瓶悬厕壁上。

麻叶烧烟，能辟蚊子。

陈茶末烧烟，蝇速去。

治壁虱，荞麦秆作荐，可除。

【译文】养得鱼如果变瘦而且身上还生一种白点，那也就是有虱子了，把枫树皮扔到水里，就可以治好。

鳖和梭子蟹若被蚊子叮一口，立即就会死。

把水里的浮萍晒干，用来熏蚊子，蚊子立刻便会死。

蚂蚁怕肥皂。

蛇怕姜黄。

在墙上悬挂几条稻草绳索，苍蝇就不会来。

蚕怕雷，也怕鼓声，听到鼓声就趴着不起来。

想让青蛙不要叫，在月中时把野菊花研为细末，顺风吹撒即可。

防蝇的方法，把腊月里的猪油装在瓶子里悬挂在厕所的墙壁上。

麻叶烧出的烟，能驱走蚊子。

陈茶末烧出的烟，可以让苍蝇赶快逃开。

防壁虱，用荞麦秆做席子，便可驱除。

五月五日，取田中紫萍晒干，取伏翼血渍之又晒，又渍数次，为末作香烧之，大去蚊蚋。一云烧蝙蝠屎，可辟蚊子。

蚊蜃之属，得飞燕食之，则能变化。蜃之吐气成楼台，所以诱燕也。

凡鱼虾蟮入夜皆朝北方。

蜜蜂桶用黄牛粪和泥封之，能辟诸虫，蜜有收，蜂亦不他去，极妙。

收蜜蜂，先以水洒之，蜂成一团，遂嚼薄荷，以水喷之。再以薄荷涂手，徐徐拂拭，赶入桶中安干燥处。盖蜂畏薄荷，不螫人。

【译文】五月五日，取来田中的紫萍晒干，再取蝙蝠血浸泡再晒干，这样数次后，研成细末并制成香来烧，可以驱除蚊虫。另一种说法是烧蝙蝠屎也可以驱除蚊子。

蚊蜃之类，要捕得飞燕来吃，于是就会变化。蜃可以吐气变成楼台，也就是用来引诱燕子的。

凡是鱼、虾、鳝之类，到了夜晚都是朝着北方的。

蜜蜂桶如果用黄牛粪和泥来密封的话，能驱除各种虫子，把蜜收了，蜂也不到别的地方去，特别绝妙。

收蜜蜂时，先用水洒它们，蜂会聚成一团，然后再嚼薄荷，含水喷蜂。再把薄荷涂在手上，慢慢拂拭，把蜂赶到桶中干燥的地方。因为蜂怕薄荷，所以不螫人。

蚕食而不饮，二十二日而化蝉，饮而不食，三十日而蜕。蜉蝣不食不饮，三日而死。

辟蚊及诸虫，以苦楝子、柏子、菖蒲为末，慢火烧之，闻者即去。

辟蚊蚋，以干鳗鲡骨烧之，令化为水。

干菖蒲切片，置床褥下，可除壁虱。

头上虱，藜芦为末，糁擦其发中，经宿，虱皆干死自落。

【译文】蚕只吃东西不喝水，二十二天就变化为蝉，只喝水不吃东西，三十天就蜕变。蜉蝣不吃不喝，三天就死。

驱除蚊子和其他虫子，用苦楝子、柏树子、菖蒲研为细末，用慢火烧，虫子闻到就跑了。

驱除蚊虫，烧干鳗鱼的鱼骨，让它化成水。

把干菖蒲切成片，放在床褥下面，可以驱除壁虱。

头上有虱子，用藜芦研成细末，洒在头发里，过一夜里，虱子就会干死并自己落下了。

去头上虱，轻粉少许，糁头上一二日，自死。

八角虱，多在阴毛上，用轻粉敷之，脱去。

象粪能去壁虱，取其所食余草打荐，永无壁虱。

辣蓼晒干铺席上，除壁虱。

芸香置于帙中，辟蠹鱼；置席下，去壁虱。

虱入耳，以猪毛蘸胶卷入，粘出之。

【译文】去除头上的虱子，用轻粉少许，撒在头上，一两天，虱子自己就死了。

八角虱，多长在阴毛上，用轻粉敷上，虱子就跑了。

大象的粪便可以驱除壁虱，把大象吃剩下的草拿来编席子，永远没有壁虱。

把辣蓼晒干铺在席上，可以驱除壁虱。

把芸香放在书盒里，可以驱除蠹鱼；放在席子下，可以驱除壁虱。

虱子进入耳朵，用猪毛蘸胶塞进去，就可以粘出来。

断毡中蛀虫，鳗鱼骨烧烟熏之；置其骨于衣箱中，断白鱼诸虫咬衣服。烧烟熏屋舍，免竹木生蛀虫。

人为山中大蚁伤，急以地上土擦伤处，则不痛。

治厕中蛆，以莼菜一把投厕缸中，即无。

【译文】要根治毛毡里的蛀虫，可以用鳗鱼骨烧烟来熏；把鳗鱼骨放在衣箱里，可以根治白鱼等虫子再咬衣服。用鳗鱼骨烧烟熏房屋，可以避免竹木生蛀虫。

若有人被山里的大蚂蚁咬伤，要赶快用地上的土擦拭伤处，就不痛了。

治理厕所里的蛆，抓一把莼菜扔厕缸里，蛆就没有了。

卷二十·方术部

符咒

治脚麻法，口称木瓜曰："还我木瓜钱，急急如律令！"一气念七遍，即止。

治疟咒饼法，先面东烧香虔诚，于油饼中书一"摊"字，以笔圈之，从左边圈三次，将饼于香上诵"乾元亨利贞"七遍。当发日，早掐取所书字，用枣汤嚼饼食之，无不效。

病痞，多念《秽迹咒》，愈。

辟百邪恶鬼，令人不病疫，常以鸡鸣时存心念四海神名三七遍，曰："东海神阿明，南海神祝融，西海神巨来，北海神禺彊。"每入病人宅，存心念三遍，口勿诵。

【译文】治脚麻的方法，嘴里对木瓜说："还我木瓜钱，急急如律令！"一口气念七遍，立刻就不麻了。

对油饼念咒语来治疟疾的方法，先面朝东虔诚烧香，在油饼中间写一个"摊"字，用笔画圈围住，从左边圈三次，拿油饼到香上诵"乾元亨利贞"七遍。在疟疾发作的那天，早上把油饼写字的地方掐出来，和着枣汤嚼着吃了，没有不起效的。

有腹内郁结而成的病，多念《秽迹咒》，就能好。

避除各种邪鬼，让人不生病，经常在鸡鸣时在心里念四海神的名字三七遍，说：“东海神阿明，南海神祝融，西海神巨来，北海神禺彊。”每次进入病人的家时，也要在心里念三遍。不可以用嘴诵读出来。

咒疟法，取梨一个，先吸南方气一口，将梨子咒曰：“南方有池，池中有水，水中有鱼，三头九尾，不食人间五谷，唯食疟鬼。”咒三遍，吹于梨上，书“敕杀死”三字，令病人临发前食之。

一切疾患疼痛咒枣法，咒曰：“金木水火土，五行助力，六甲同威，天罡大神，收入枣心，枣入肠中，六腑安宁，万病俱息。急速求荣！”用枣一个，念咒一遍，吸罡气一口入枣中。男去尖，女去蒂，用水嚼下，忌厌物七日。

【译文】咒除疟疾的方法，取梨一个，先向南方吸气一口，对着梨子念咒语说：“南方有池，池中有水。水中有鱼，三头九尾。不食人间五谷，唯食疟鬼。”咒念三遍，吹于梨上，写“敕杀死”三字，让病人在要发病前吃了梨即可。

所有的疼痛疾病都可以用的咒枣法，咒语是：“金木水火土，五行助力，六甲同威，天罡大神，收入枣心，枣入肠中，六腑安宁，万病俱息，急速求荣！”用一个枣，念一遍咒，吸罡气一口吹到枣里。若是男子就去掉枣尖，若是女子就去掉枣蒂，和着水嚼着吃下，忌令人憎恶的东西七天。

咒齿痛，用纸一张，随大小方圆，折作七层，取三寸钉一枚，于屋栿或梁上，当纸中心钉之。下钉之时，先吸南方气一口，默咒曰：“南方赤虫子，故来食我齿，钉在栿梁上，永处千年纸。”每咒一遍，令患人咳一声，及吸气一口，下钉锤一捶。如是咒七遍，即七吸气，七捶钉其齿，立效。

咒风疹，用纸一张，熟挼之于患人身体上下冒掠之。其初欲行时取东方气一口，默念曰："东来马子，西来驴子，好面败容待文书，急急如律令！敕。"乃上下冒掠，弃乱纸于门外东道口而归。

如入山林，默念"仪方不见蛇"，默念"仪康不怕虎"。有蛇虺处，多以小瓦片书"仪方"二字，蛇自畏避。

【译文】咒牙痛的方法，用一张纸，大小方圆都无所谓，折成七层，拿一个三寸的钉子，在房屋的大梁上，在纸的中间钉下。钉时，先吸南方气一口，默诵咒语说："南山赤虫子，故来食我齿。钉在栿梁上，永处千年纸。"每咒一遍，就让病人咳一声，并吸一口气，并用钉锤砸一捶。这样咒七遍，也就是吸七次气，七次捶钉，病人的牙齿立刻就不痛了。

咒风疹的方法，用一张纸，揉成团然后在病人身体上下随便掠一遍。在最开始要行法时先向东方吸一口气，默念咒语说："东来马子，西来驴子，好面败容待文书，急急如律令！敕。"然后上下随便掠一遍，再把纸扔到门外东边路口后回来。

如果进入山林，要默念"仪方不见蛇"，或者默念"仪康不怕虎"。有蛇的地方，多用小瓦片写"仪方"二字，蛇自然就害怕地躲开了。

凡被蜈蚣咬，急以手指于地上"乾上"中书一"王"字，于"王"字内撮土糁咬处，即愈。

"多求致怨憎，少求人不爱，梵智求龙珠，水不复相见。"书此四句，雕贴于墙壁间，可断蛇。

辟蚊子，咒曰："天地太清，日月太明，阴阳太和，急急如律令！敕。"面北阴念七遍，吸气吹灯草上，点之。

"唵地哩穴哩娑婆诃"，此咒，居人家每夜点烛了，面北立志，心念诵七遍，将剔灯杖子，灯焰上度过，搅油七匝，能免一切蛾蠓投焰之苦。

去壁虱法，上写"欠我青州木瓜钱"，贴床脚，即去。

【译文】凡被蜈蚣咬伤的，要赶快用手指在地上的"乾上"方位写一个"王"字，并在"王"字里撮土敷在被咬的地方，就会没事了。

"多求致怨憎，少求人不爱，梵智求龙珠，水不复相见。"写这四句，雕刻或者贴在墙壁上，可以使蛇不来。

驱除蚊子，咒语是："天地太清，日月太明，阴阳太和，急急如律令！敕。"面向北暗中念七遍，吸气吹到灯草上，然后点着灯草即可。

"唵地哩穴哩娑婆诃"的咒语，人家每天夜里点着蜡烛后，面向北立下志向，用心念诵七遍，把剔灯的杖子在灯焰上掠过，再用它搅油七遍，就能免除所有飞蛾之类投火的痛苦。

去除壁虱的方法，在纸上写"欠我青州木瓜钱"，贴在床脚上，壁虱立刻就走了。

倒念《揭谛咒》七遍，能使网罟无所得。

遇夜行或寝处惊怖恶梦，即咒曰："婆珊婆演底，摄。"

脚转筋疼，书"木瓜"字于疼处，则止。

闭气念"乾元亨利贞"七遍，嚼钱即碎。

釜鸣，呼"婆女"七。

每闻鸦噪，默念“乾元亨利贞”七遍。

渡江者朱书“禹”字佩之，免风涛，保安吉。

蜂螫人，就地以竹写“丙丁火”三字七遍，取土揩螫处。

【译文】倒着念《揭谛咒》七遍，可以使捕鱼的人一无所得。

遇到夜行或者睡觉做了恐怖的恶梦时，就念咒语：“婆珊婆演底，摄。”

脚上转筋疼痛时，在疼的地方写“木瓜”二字，就会立刻止住痛。

闭着气念“乾元亨利贞”七遍，用嘴可以把钱嚼碎。

锅若响，要大声念七遍“婆女”。

每次听到乌鸦叫，默念“乾元亨利贞”七遍。

渡江的人用红笔写“禹”字佩带，就可以免除风涛的危险，保佑平安吉祥。

蜂螫了人，就地用竹子写“丙丁火”三字七遍，取土敷在被螫的地方即可。

降犬法，左手挑寅剔丁掐戌，念“云龙风虎，降伏猛兽”。其犬不吠而去，不咬人。

降蛇法，咒曰：“天迷迷，地迷迷，不识吾时。天濛濛，地濛濛，不识吾踪。左为潭鹿鸟乙步，右为鸟鹞三二步。”又念曰：“吾是大鹏鸟，千年万年王。”

【译文】降伏狗的方法，左手挑寅、剔丁、掐戌，念“云龙风虎，降伏猛兽”。狗就不再叫并离开了，而且也不咬人。

降蛇的方法，咒语是：“天迷迷，地迷迷，不识吾时。天濛濛，地濛濛，不识吾踪。左为潭鹿鸟乙步，右为鸟鹞三二步。”还有一个咒语是："吾是大鹏鸟，千年万年王。"

咒枣法治百病，咒曰："华表柱。"念七遍，望天罡取气一口，吹于枣上，嚼吃汤水下。华表柱，鬼之祖名也。

遇人捕鱼鳖飞禽走兽之属，但念"南无宝胜如来"，捕者终无所获。

赌骰子咒云："伊帝弥帝，弥揭罗帝。"

百鸟粪衣，念"护罗"七声。

【译文】包治百病的咒枣法，咒语是："华表柱。"念七遍，望天罡吸一口气，吹在枣上，和着热水嚼吃。"华表柱"，是鬼的先祖的名字。

遇到有人捕鱼鳖、飞禽、走兽之类，只要念"南无宝胜如来"，那人就会一无所获。

赌骰子时可以念咒语"伊帝弥帝，弥揭罗帝"。

若有鸟粪落到衣服上，念七声"护罗"。

方法

妇人怀娠欲成男者，以斧密置床下，以刀口向下，必生男；鸡伏卵，用此法，亦多成雄。

皂荚水触人眼，痛不可忍，持衬衣角揩之，即愈。

凡患偷针眼者，以布针一条，对井以目睛睨视之。已而，折为两段，投井中，眼即愈，勿令人知。

有脚汗人，岁朝密立于捣衣石上，即愈。

护生草，清明绝早取荠菜花茎，阴干，暑月作挑灯杖，能令蚊蛾不至。

【译文】女子怀孕想要男孩的，把斧头偷偷放在床下，刀口向下，一定生男孩。鸡孵蛋，也可以用这个方法，就可以有很多公鸡。

皂荚水溅到人眼里，痛得无法忍受，拿衬衣的衣角来擦，就不痛了。

凡是患了偷针眼的，用布针一条，对着井用眼睛斜着看它。然后，折成两段，扔在井里，眼睛就好了，但是不要让人知道。

有脚汗的人，元旦时偷偷站在捣衣石上，就好了。

护生草，清明时早早取来荠菜花的茎，阴干，夏天用来当挑灯杖，能让蚊子、飞蛾不来。

灯草于腊月内取溪河水浸七昼夜，阴干，夏月点灯，能去青虫。

禳鼠日，每月辰日塞穴，鼠当自死。

翼日挂帐，无蚊子。

食鱼骨鲠，取罾覆头，即下。

除夜五更，使一人房中向窗扇，一人问云："扇恁么？"答云："扇蚊子。"凡七问七答，乃已。端午日五更，亦然。

【译文】 灯草在腊月里用溪河水浸泡七天七夜，阴干，夏天点灯，能驱除青虫。

禳鼠日，在每月的辰日塞住鼠穴，老鼠就会自己死掉。

翼日挂帐，就没有蚊子。

吃鱼时被鱼刺卡住了，拿鱼罾来罩住头，鱼刺就下去了。

除夕夜五更时，让一个人在房里向窗外扇，另一人问："扇什么？"回答说："扇蚊子。"总共七问七答，然后才可以。端午节夜里的五更，也这样做。

树不生果，除夜着一人伏树下，一人持斧问云："你生果否？不生，斫汝作柴！"树下一人应云："我生！我生！"是年即结实。

辟火法，用绯红绢帛五尺至一丈，剪作幡形，悬竹竿上，投当风火中，风回火息矣。无绢帛，以绯衣服代之，亦可。

取逃走人衣服并带，用纸裹磁石，悬于井中，其人即回。

取霹雳木刻为鸟形，放在露天高处，众鸟皆集，不去。

【译文】 树如果不结果，除夕夜让一个人埋伏在树下，一个人拿着斧头问说："你结果不？不结果，就把你砍了当柴烧！"树下的那个人回答说："我结！我结！"当年便可以结果。

辟火的方法，用绯红的绢帛五尺到一丈长，剪成幡的样子，悬挂在竹竿上，扔到迎着风的火里，风吹来火就灭了。若没有绢帛，用红色衣服代替，也可以。

拿逃走的人的衣服和腰带，用纸裹住磁石，悬挂在井中，那人就会回来。

取霹雳木刻成鸟的形状，放在露天的高处，许多鸟便会聚集在这里，不会离开。

二麦秆顿于上流，水流入池塘中，可祛马蝗。

求雨法，命巫师入深山，择枫树有怪形者，以茅缆系之，喝问："有雨否？"一人应曰："必有雨！必有雨！"

猪尿胞贮萤火，缀网中沉之水底，则鱼聚观，夜举网则鱼必多。

取头垢涂针，及塞针孔，水上自浮。

取戎盐涂鸡鸭蛋上，相连十枚不落。

取蚕沙一石二升，用丁日就吉地埋，则蚕大熟。

取水獭胆，以箆子蘸画酒杯中，一半酒去，余半在盏，不倾。

【译文】放两根麦秆安顿在上流，水流到池塘里，可以祛除马蝗。

求雨的方法，让巫师进入深山，选择形状奇怪的枫树，用茅缆绑住，喝问："有雨吗？"一人回答说："一定有雨！一定有雨！"

猪尿胞里装上萤火虫，放在鱼网里并沉到水底，那么鱼都会聚集来看，夜里收网的话会捕到很多鱼。

用头垢涂到针上，并塞住针孔，可以让它在水上自己浮起来。

拿戎盐涂在鸡鸭蛋上，相连十枚都不落。

取蚕沙一石二升，在丁日找吉地埋下，当年蚕丝会大丰收。

取水獭的胆，用篾子蘸了在酒杯中划一下，一半酒倒掉，剩下一半还在酒杯里，不会出来。

置牛骨于地中，则水不涸。

削木令圆，举以向日，艾承其影，则得火。

以黑犬血和蟹烧之，鼠悉去。

如值火灾，急以瓶甑覆炕上，火即灭。

以白矾煮灯芯，点之，省油。

【译文】把牛骨埋在地下，水就不会干涸。

把一块木头削圆，举起来对着太阳，用艾绒承接它的影子，就会着火。

用黑狗的血和螃蟹一起烧，老鼠就全都跑了。

如果遇上火灾，赶快用瓶子或罐子扣在坑上，火立刻就灭了。

用白矾煮灯芯，点灯时，省油。

猪血浸新砖，砖堕水中，引鱼自聚。

岁夜聚富贵家田内泥打灶，主招财。

桃树撑门辟邪，祟不敢入门。

月厌上，取土泥塞鼠穴，则鼠远去。

人发结挂果树上，乌雀不敢食其实。

惊蛰日以灰糁门外，免虫蚁出。

七月上旬辰日斫木，不蛀。

熨斗内以纸衬之炒银杏，则不爆。

【译文】猪血浸泡新砖，砖若掉进水里，可以引得鱼儿聚集。

除夕夜拿富贵家地里的泥来砌灶，可以招财进宝。

桃树撑门可以辟邪，鬼祟不敢进门。

月厌上，用土泥塞住老鼠洞，老鼠就会远离。

把人的头发结挂在果树上，鸟雀不敢来吃树上的果子。

惊蛰那一天用灰洒在门外，免得虫蚁出来。

七月上旬的辰日砍刨木料，不会生蛀虫。

锅里用纸衬着炒银杏，就不会爆。

釜鸣，不得惊呼，男子作妇人拜，即止。或妇人作男子拜，亦可。

夜卧，以鞋一仰一覆，即无恶梦。

遇恶犬，以左手自寅吹一口气，轮至戌以指甲掐之，犬即退伏。

暗传书法，以杜仲末、白矾、蓖麻子各少许，研细，又入黄丹少许，少浸，写字候干，全不见字迹。以火烘之，即见字，看毕焚之。

【译文】锅发出响声，不可以惊呼，男人要做女人拜的姿势，这样便会停止。或者女人做男人拜的姿势，也可以。

夜里睡觉时，让鞋一只正着放，一只扣着放，就不会做恶梦。

遇到恶狗，从左手自寅位吹一口气，轮至戌用指甲掐，狗就退回去卧下了。

暗中传递书信的方法：用杜仲末、白矾、蓖麻子各少许，研细，再加入黄丹少许，稍微浸泡一会，写字等干了以后，完全看不见字迹。用火一烘，才会出现字迹，看过就烧了。

鸡子白调白矾末刷纸，作铫子煎茶，沸而不烧其纸。

五棓子书壁上，以青矾水喷之，则字现。

竹内膜纯阴，将酥涂其上，见太阳即飞，名飞蝴蝶。

上丑日取土泥蚕室，宜蚕。

上辰日取道中土泥门户，辟官事。

读书灯香油一斤，入桐油三两，耐点，又辟鼠耗。以盐置盏中，省油。

以姜擦盏，则不晕。

【译文】鸡蛋清调白矾末刷纸，做成茶壶来煎茶，茶开了纸却不会被烧。

用五棓子在墙上写字，用青矾水喷一下，字迹才会出现。

竹子的内膜性质纯阴，在它上面涂上酥，遇到阳光就会飞，名叫飞蝴蝶。

上丑日取土来泥蚕室，对蚕有好处。

上辰日取路上的土来泥门户，可以避开官事。

读书灯里每用香油一斤，就加入桐油三两，会特别耐点，还能避开鼠耗。把盐放入灯盏里，也省油。

用姜擦灯盏，灯光就不会有晕。